LONGE DA ÁRVORE

ANDREW SOLOMON

Longe da árvore

Pais, filhos e a busca da identidade

Tradução
Donaldson M. Garschagen
Luiz A. de Araújo
Pedro Maia Soares

11ª reimpressão

Copyright © 2012 by Andrew Solomon
Todos os direitos reservados

*Grafia atualizada segundo o Acordo Ortográfico da Língua
Portuguesa de 1990, que entrou em vigor no Brasil em 2009.*

Título original
Far from the Tree: Parents, Children, and the Search for Identity

Capa
Alceu Chiesorin Nunes

Imagem de capa
Herança. Artista: Thiago Rocha Pitta, 2007, fotografia (still do filme),
50 x 75 cm.

Preparação
Cacilda Guerra

Índice remissivo
Probo Poletti

Revisão
Jane Pessoa
Marise Leal

Dados Internacionais de Catalogação na Publicação (CIP)
(Câmara Brasileira do Livro, SP, Brasil)

Solomon, Andrew
    Longe da árvore : pais, filhos e a busca da identidade / Andrew
Solomon ; tradução Donaldson M. Garschagen, Luiz A. de Araújo, Pedro Maia Soares. — 1ª ed. — São Paulo: Companhia das Letras, 2013.

    Título original: Far from the Tree : Parents, Children, and the
Search for Identity.
    ISBN 978-85-359-2320-9

    1. Crianças com deficiência – Estados Unidos – Psicologia 2.
Crianças excepcionais – Estados Unidos – Psicologia 3. Identidade
(Psicologia) – Estados Unidos 4. Pais de crianças deficientes – Estados Unidos 5. Pais de crianças excepcionais – Estados Unidos 6. Pais
e filhos – Estados Unidos – Aspectos psicológicos I. Título.

13-08093	CDD-362.40830973

Índice para catálogo sistemático:
1. Crianças com deficiência : Aspectos psicológicos : Bem-estar
social 362.40830973

Todos os direitos desta edição reservados à
EDITORA SCHWARCZ S.A.
Rua Bandeira Paulista, 702, cj. 32
04532-002 — São Paulo — SP
Telefone: (11) 3707-3500
www.companhiadasletras.com.br
www.blogdacompanhia.com.br
facebook.com/companhiadasletras
instagram.com/companhiadasletras
twitter.com/cialetras

*Para John,
cuja diferença me faria desistir de
bom grado de toda a mesmice do mundo.*

A imperfeição é nosso paraíso.
E nesse travo amargo, o prazer,
Já que o imperfeito arde tanto em nós,
*Está na palavra falha, obstinada.**

Wallace Stevens, "Os poemas de nosso clima"[1]

* Tradução de Paulo Henriques Britto, em *Wallace Stevens: Poemas*. Companhia das Letras, 1987. (N. T.)

Sumário

1. Filho 11
2. Surdos 65
3. Anões 142
4. Síndrome de Down 204
5. Autismo 264
6. Esquizofrenia 348
7. Deficiência 416
8. Prodígios 473
9. Estupro 554
10. Crime 623
11. Transgêneros 694
12. Pai 784

Agradecimentos 815
Notas 821
Bibliografia 925
Índice remissivo 1003

1. Filho

Não existe isso que chamam de reprodução. Quando duas pessoas decidem ter um bebê, elas se envolvem em um ato de "produção", e o uso generalizado da palavra "reprodução" para essa atividade, com a implicação de que duas pessoas estão quase se trançando juntas, é na melhor das hipóteses um eufemismo para confortar os futuros pais antes que se metam em algo que não podem controlar. Nas fantasias subconscientes que fazem a concepção parecer tão sedutora, muitas vezes gostaríamos de nos ver, a nós mesmos, vivendo para sempre, e não a alguém com uma personalidade própria. Tendo previsto a marcha para a frente de nossos genes egoístas, muitos de nós não estamos preparados para filhos que apresentam necessidades desconhecidas. A paternidade nos joga abruptamente em uma relação permanente com um estranho, e quanto mais alheio o estranho, mais forte a sensação de negatividade. Contamos com a garantia de ver no rosto de nossos filhos que não vamos morrer. Filhos cuja característica definidora aniquila a fantasia da imortalidade são um insulto em particular: devemos amá-los por si mesmos, e não pelo melhor de nós mesmos neles, e isso é muito mais difícil de fazer. Amar nossos próprios filhos é um exercício para a imaginação.

Mas o sangue, tanto na sociedade moderna como nas antigas, fala mais alto. Pouca coisa é mais gratificante do que filhos bem-sucedidos e dedicados, e poucas situações são piores do que o fracasso ou a rejeição filial. Nossos filhos não são nós: eles carregam genes atávicos e traços recessivos, e estão sujeitos desde o início a estímulos ambientais que estão fora de nosso controle. E, contudo, somos nossos filhos; a realidade de ser pai ou mãe nunca abandona aqueles que enfrentaram a metamorfose. O psicanalista D. W. Winnicott disse certa vez: "Não existe bebê — no sentido de que quem se propõe a descrever um bebê vai descobrir que está descrevendo *um bebê e alguém mais*. Um bebê não pode existir sozinho, mas é essencialmente parte de uma relação".[1] Na medida em que nossos filhos se parecem conosco, eles são nossos admiradores mais preciosos, e, na medida em que são diferentes, podem ser os nossos detratores mais veementes. Desde o início, nós os instigamos a nos imitar e ansiamos pelo que talvez seja o elogio mais profundo da vida: o fato de eles escolherem viver de acordo com nosso sistema de valores. Embora muitos de nós sintam orgulho por ser diferentes dos pais, ficamos infinitamente tristes ao ver como nossos filhos são diferentes de nós.

Devido à transmissão de identidade de uma geração para a seguinte, a maioria dos filhos compartilha ao menos algumas características com os pais. São o que chamamos de identidades *verticais*. Atributos e valores são transmitidos de pai para filho através das gerações, não somente através de cadeias de DNA, mas também de normas culturais compartilhadas. A etnia, por exemplo, é uma identidade vertical. Crianças de cor têm, em geral, pais de cor; o fato genético da pigmentação da pele é transmitido através das gerações, junto com uma autoimagem de pessoa de cor, embora a autoimagem possa estar sujeita ao fluxo geracional. A linguagem é geralmente vertical, uma vez que a maioria das pessoas que fala grego educa os filhos para falar grego também, ainda que o entoe de forma diferente ou fale outra língua a maior parte do tempo. A religião é moderadamente vertical: pais católicos tendem a criar filhos católicos, embora as crianças possam se transformar em irreligiosas ou se converter a outra fé. A nacionalidade é vertical, exceto para os imigrantes. Cabelos loiros e miopia são muitas vezes transmitidos de pais para filhos, mas na maioria dos casos não constituem uma base importante para a identidade — o loiro porque é bastante insignificante, e a miopia porque é facilmente corrigida.

Muitas vezes, porém, alguém tem uma característica inata ou adquirida que é estranha a seus pais e, portanto, deve adquirir identidade de um grupo de iguais. É o que chamamos de identidade *horizontal*. As identidades horizontais podem refletir genes recessivos, mutações aleatórias, influências pré-natais, ou valores e preferências que uma criança não compartilha com seus progenitores. Ser gay é uma identidade horizontal; a maioria das crianças gays tem pais heterossexuais e, embora sua sexualidade não seja determinada por seus iguais, elas aprendem a identidade gay observando e participando de uma subcultura fora da família. A deficiência física tende a ser horizontal, bem como a genialidade. A psicopatia é também muitas vezes horizontal; a maioria dos criminosos não é criada por mafiosos e deve inventar sua própria insídia. O mesmo acontece com problemas como o autismo e a deficiência intelectual. Uma criança concebida por estupro nasce com desafios emocionais que a própria mãe desconhece, ainda que advenham de seu trauma.

Em 1993, fui designado pelo *New York Times* para investigar a cultura surda.[2] Minha suposição sobre a surdez era que se tratava de um déficit e nada mais. Ao longo dos meses que se seguiram, me vi arrastado para o mundo dos surdos. A maioria das crianças surdas nasce de pais que ouvem, e esses pais priorizam com frequência o funcionamento no mundo da audição, gastando uma enorme energia na fala oral e na leitura labial. Ao fazerem isso, podem negligenciar outras áreas da educação de seus filhos. Enquanto algumas pessoas surdas são boas em leitura labial e produzem um discurso compreensível, muitas não têm essa habilidade, e passam anos em consultas sem fim com audiologistas e fonoaudiólogos, em vez de aprenderem história, matemática e filosofia. Muitos topam com a identidade surda na adolescência, e isso significa uma grande libertação. Eles entram em um mundo que valida os sinais como linguagem e se descobrem. Alguns pais não surdos aceitam esse novo e poderoso desenvolvimento, outros lutam contra ele.

A situação toda me parecia impressionantemente familiar porque sou gay. Gays em geral crescem sob a tutela de pais heterossexuais que acham que os filhos estariam melhor se fossem como eles e, às vezes, os atormentam, pressionando-os a se adequar. Com frequência, essas pessoas homossexuais descobrem a identidade gay na adolescência ou mais tarde, encontrando grande alívio nisso. Quando comecei a escrever sobre os surdos, o implante coclear, que pode proporcionar uma espécie de fac-símile da audição, era uma inovação recente. Ele foi saudado pelos progenitores como uma cura milagrosa para um defeito terrível e foi lamentado pela comunidade surda como se fosse um ataque genocida a uma comunidade vibrante.[3] Desde então, ambos os lados moderaram a retórica, mas a questão é complicada pelo fato de que os implantes cocleares se mostram mais eficazes quando são feitos precocemente — em bebês, de preferência — e, assim, a decisão é muitas vezes tomada pelos pais antes que a criança possa ter ou expressar uma opinião informada.[4] Ao observar o debate, eu sabia que meus próprios pais corajosamente dariam consentimento para um procedimento precoce paralelo, se ele existisse, que garantisse que eu me tornaria heterossexual. Não tenho dúvidas de que o advento de uma coisa desse tipo, mesmo hoje, poderia acabar com a maior parte da cultura gay. Fico triste com a ideia dessa ameaça, mas, à medida que minha compreensão da cultura surda se aprofundava, eu percebia que as atitudes que eu achava ignorantes em meus pais se assemelhavam à minha própria reação provável à produção de uma criança surda. Meu primeiro impulso seria fazer tudo o que pudesse para corrigir a anomalia.

Depois, uma amiga minha teve uma filha anã. Ela se perguntava se deveria educar a filha para se considerar como todo mundo, apenas menor; se deveria providenciar para que a filha tivesse modelos de comportamento de anão; ou se deveria investigar sobre alongamento cirúrgico dos membros. Enquanto ela falava de sua perplexidade, identifiquei um padrão. Eu ficara perplexo ao notar minha afinidade com os surdos, e agora me identificava com uma anã; perguntei-me quem mais estaria lá fora esperando para se juntar à nossa alegre turma. Pensei que, se a identidade gay poderia advir do homossexualismo, uma doença, e a identidade de surdo poderia advir da surdez, uma doença, e se o nanismo como identidade poderia emergir de uma óbvia deficiência, então deveria haver muitas outras categorias nesse território intersticial complicado. Foi uma descoberta radicalizadora. Tendo sempre me imaginado em uma minoria razoavelmente pequena, vi de repente que tinha vasta companhia. A diferença nos une. Embora cada uma dessas experiências possa isolar aqueles que são afetados, juntos eles compõem um agregado de milhões cujas lutas os conectam de maneira profunda. O excepcional é ubíquo; ser inteiramente típico é o estado raro e solitário.

Assim como meus pais entenderam mal quem eu era, outros pais devem estar constantemente entendendo mal seus filhos. Muitos pais sentem a identidade horizontal de seu filho como uma afronta. A diferença marcante de uma criança em relação ao resto da família exige conhecimento, competência e ações que uma mãe ou um pai típicos estão desqualificados para oferecer, ao menos de início. A criança também é diferente da maioria de seus colegas e, portanto, menos compreendida ou aceita por um amplo círculo. Pais violentos agridem menos os filhos que se assemelham a eles; se seu pai é um espancador, reze para que você tenha os traços físicos dele.[5] As famílias tendem a reforçar as identidades verticais desde a primeira infância, mas muitas se opõem às horizontais. As identidades verticais em geral são respeitadas como identidade; as horizontais são muitas vezes tratadas como defeitos.

Alguém poderia argumentar que os negros enfrentam muitas desvantagens nos Estados Unidos hoje, mas há poucas pesquisas sobre como a expressão gênica poderia ser alterada para fazer com que a próxima geração de crianças nascidas de pais negros saia com cabelos lisos loiros e tez cor de creme. Na América moderna, às vezes é difícil ser asiático, judeu ou mulher, mas ninguém sugere que asiáticos, judeus ou mulheres seriam tolos de não se transformarem em homens brancos cristãos se pudessem. Muitas identidades verticais trazem desconforto às pessoas e, contudo, não tentamos homogeneizá-las. Poder-se-ia dizer que as desvantagens de ser gay não são maiores do que as dessas identidades verticais, mas há muito tempo a maioria dos pais busca transformar seus filhos gays em heterossexuais. Corpos anômalos são geralmente mais assustadores para aqueles que os testemunham do que para as pessoas que os têm, mas os pais se apressam a normalizar a excepcionalidade física, muitas vezes com grande custo psíquico para si e seus filhos. Rotular a mente de uma criança de doente — seja ela autista, deficiente intelectual ou transgênero — talvez reflita mais o desconforto que essa mente causa aos pais do que qualquer desconforto que cause ao filho. Em muitos casos, aquilo que foi corrigido talvez devesse ter sido deixado como estava.

Há tempos que *defeituoso* é um adjetivo considerado muito carregado pelo discurso liberal, mas os termos médicos que o substituíram — "doença", "síndrome", "condição" — podem ser quase tão pejorativos à sua maneira discreta. Muitas vezes usamos o termo "doença" para depreciar um modo de ser, e "identidade" para validar essa mesma maneira de ser. Trata-se de uma falsa dicotomia. Em física, a interpretação de Copenhague define energia/ matéria como se comportando às vezes como onda e às vezes como partícula, o que sugere que é ambas, e postula que é a limitação humana que nos torna incapazes de ver as duas ao mesmo tempo. Paul Dirac, vencedor do prêmio Nobel de física, identificou como a luz parece ser uma partícula se fizermos uma pergunta do tipo partícula, e uma onda se fizermos uma pergunta do tipo onda.[6] Uma dualidade semelhante atua nessa questão do eu. Muitas condições são tanto doença como identidade, mas só podemos ver uma se obscurecermos a outra. A política da identidade refuta a ideia de doença, enquanto a medicina ludibria a identidade. Ambas saem diminuídas com essa estreiteza.

Os físicos obtêm certos insights da compreensão da energia como onda, e outros insights por entendê-la como partícula, e utilizam a mecânica quântica para conciliar a informação que coletaram. Da mesma forma, temos de examinar *doença* e *identidade*, compreender que a observação acontece geralmente em um domínio ou no outro e chegar a uma mecânica sincrética. Precisamos de um vocabulário em que os dois conceitos não sejam opostos, mas aspectos compatíveis de uma condição. Temos de mudar o modo como avaliamos o valor dos indivíduos e das vidas, para alcançar uma visão mais ecumênica sobre a *saúde*. Ludwig Wittgenstein disse: "Tudo o que sei é o que tenho palavras para descrever".[7] A ausência de palavras é a ausência de intimidade; essas experiências estão sedentas de linguagem.

As crianças que descrevo aqui têm condições horizontais que são estranhas a seus pais. Elas são surdas ou anãs; têm síndrome de Down, autismo, esquizofrenia, ou múltiplas deficiências graves; são prodígios; são pessoas concebidas por estupro ou que cometem crimes; são transexuais. O desgastado ditado diz que a maçã não cai longe da árvore, o que significa que uma criança se assemelha a seus progenitores;[8] essas crianças são maçãs que caíram em outro lugar — algumas, um par de pomares de distância, outras, do outro lado do mundo. No entanto, miríades de famílias aprendem a tolerar, aceitar e, por fim, celebrar crianças que não são o que elas originalmente tinham em mente. Esse processo de transformação é com frequência facilitado e, às vezes, confundido por políticas de identidade e progressos médicos que se infiltraram nas famílias em um grau que seria inconcebível há vinte anos.

Todos os filhos são surpreendentes para seus pais; essas situações mais dramáticas são apenas variações sobre um tema comum. Assim como verificamos as propriedades de um medicamento estudando seu efeito em doses extremamente elevadas, ou examinamos a viabilidade de um material de construção expondo--o a temperaturas altíssimas, do mesmo modo podemos compreender o fenômeno universal da diferença dentro das famílias olhando para esses casos extremos. O fato de ter filhos excepcionais exagera as tendências dos pais: aqueles que seriam maus pais se tornam pais péssimos, mas aqueles que seriam bons pais muitas vezes se tornam extraordinários. Assumo uma posição antitolstoiana e digo que as famílias infelizes que rejeitam seus filhos diferentes têm muito em comum, ao passo que as felizes que se esforçam para aceitá-los são felizes de uma infinidade de maneiras.[9]

Uma vez que os futuros pais têm cada vez mais opções de escolher não ter filhos com desafios horizontais, as experiências de quem tem esses filhos são fundamentais para nossa maior compreensão da diferença. As primeiras reações e interações dos pais com uma criança determinam como ela verá a si mesma. Esses pais também sofrem mudanças profundas causadas por suas experiências. Se você tem um filho com deficiência, será para sempre o pai de um filho com deficiência; é um dos fatos básicos a seu respeito, fundamental para a maneira como as outras pessoas o percebem e decifram. Esses pais tendem a ver a aberração como doença até que o hábito e o amor lhes permitam lidar com sua nova realidade estranha — muitas vezes introduzindo a linguagem da identidade. A intimidade com a diferença promove a reconciliação.

Divulgar a felicidade aprendida por esses pais é vital para sustentar identidades que hoje estão vulneráveis à erradicação. Suas histórias apontam para todos nós um caminho para expandir nossas definições de família humana. É importante saber como pessoas autistas se sentem em relação ao autismo, ou anãs em relação ao nanismo. A aceitação de si mesmo faz parte do ideal, mas sem aceitação familiar e social ela não pode amenizar as injustiças implacáveis a que muitos grupos de identidade horizontal estão sujeitos, e não provocará uma reforma adequada. Vivemos em tempos de xenofobia, quando a legislação, com apoio da maioria, abole os direitos das mulheres, de pessoas LGBT (Lésbicas, Gays, Bissexuais, Travestis, Transexuais e Transgêneros), de imigrantes ilegais e de pobres. Apesar dessa crise de empatia, a compaixão prospera em casa, e o amor da maioria dos pais dos quais fiz o perfil atravessa linhas divisórias. Entender como eles chegaram a pensar bem de seus próprios filhos pode dar a nós motivo e discernimento para fazer o mesmo. Olhar no fundo dos olhos de seu filho e ver nele ao mesmo tempo você mesmo e algo totalmente estranho, e então desenvolver uma ligação fervorosa com cada aspecto dele, é alcançar a desenvoltura da paternidade egocêntrica, mas altruísta. É incrível a frequência com que essa reciprocidade é alcançada — com que frequência pais que supunham que não poderiam cuidar de uma criança excepcional descobrem que podem. A predisposição para o amor dos pais prevalece na mais penosa das circunstâncias. Há mais imaginação no mundo do que se poderia pensar.

* * *

Eu tinha dislexia quando criança; na verdade, ainda tenho. Não consigo escrever à mão sem me concentrar em cada letra enquanto a escrevo, e mesmo quando faço isso algumas letras ficam fora de ordem ou são omitidas. Minha mãe, que identificou a dislexia cedo, começou a trabalhar a leitura comigo quando eu tinha dois anos. Passei longas tardes em seu colo, aprendendo a emitir palavras, treinando como um atleta olímpico em fonética; praticamos letras como se nenhuma forma pudesse ser mais encantadora do que as delas. Para manter a minha atenção, ela me deu uma caderneta com capa de feltro amarelo em que o Ursinho Puff e o Tigrão estavam costurados; fazíamos cartões de memória e jogávamos com eles no carro. Eu adorava a atenção, e minha mãe ensinava com um senso de diversão, como se aquilo fosse o melhor quebra-cabeças do mundo, um jogo particular entre nós. Quando eu tinha seis anos, meus pais tentaram me matricular em onze escolas de Nova York, e todas me rejeitaram, alegando que eu nunca aprenderia a ler e escrever. Um ano depois, eu estava matriculado em uma escola onde o diretor permitiu a contragosto que minhas habilidades de leitura avançadas prevalecessem sobre os resultados dos testes que previam que eu jamais aprenderia a ler. Os padrões de triunfo perpétuo eram altos em nossa casa, e aquela vitória inicial sobre a dislexia foi formadora: com paciência, amor, inteligência e vontade, havíamos derrotado uma anormalidade neurológica. Infelizmente, ela preparou o palco para nossas lutas posteriores, tornando difícil acreditar que não poderíamos reverter a evidência arrepiante de outra anormalidade percebida — o fato de eu ser gay.

As pessoas perguntam quando eu soube que era gay, e eu me pergunto o que esse conhecimento implica. Levou algum tempo para eu me tornar consciente de meus desejos sexuais. A percepção de que o que eu queria era exótico e fora de sintonia com a maioria veio tão cedo que não me lembro de um tempo que a precedesse. Estudos recentes mostraram que com dois anos os meninos que virão a ser gays já são avessos a certos tipos de brincadeiras violentas; aos seis anos de idade, a maioria vai se comportar de uma maneira obviamente não conforme ao gênero.[10] Uma vez que pude perceber cedo que muitos dos meus impulsos não eram masculinos, passei a me inventar. No ensino fundamental, quando cada aluno foi convidado a indicar sua comida favorita e todo mundo disse sorvete, hambúrguer ou rabanada, eu orgulhosamente escolhi *ekmek kadayiff* com *kaymak*, que eu costumava pedir num restaurante armênio da rua 27 Leste. Nunca troquei figurinhas de beisebol, mas contava enredos de óperas no ônibus escolar. Nada disso me tornou popular.

Eu era popular em casa, mas estava sujeito a correções. Quando eu tinha sete anos, minha mãe, meu irmão e eu estávamos na Indian Walk Shoes e, na saída, o vendedor perguntou de que cor queríamos os balões. Meu irmão quis um balão vermelho. Eu quis um cor-de-rosa. Minha mãe contrapôs que eu não queria um balão cor-de-rosa e me lembrou que minha cor favorita era azul.[11] Eu disse que realmente queria o rosa, mas diante de seu olhar peguei o azul. Que minha cor favorita ainda seja o azul mas mesmo assim que eu ainda seja gay são provas tanto da influência de minha mãe como de seus limites. Ela disse certa vez: "Quando você era pequeno, não gostava de fazer o que as outras crianças gostavam de fazer, e eu o encorajei a ser você mesmo". E acrescentou, com certa ironia: "Às vezes acho que deixo as coisas irem longe demais". Algumas vezes pensei que ela não as deixou ir longe o suficiente. Mas seu incentivo à minha individualidade, embora ambivalente, moldou minha vida.

Minha nova escola tinha ideias quase liberais e deveria ser inclusiva — o que significava que nossa turma tinha algumas crianças negras e latinas com bolsa de estudos, as quais, em sua maioria, preferiam a companhia umas das outras. Em meu primeiro ano lá, Debbie Camacho fez uma festa de aniversário no Harlem, e seus pais, não familiarizados com a lógica da educação particular em Nova York, marcaram-na para o mesmo fim de semana da tradicional festa de reencontro de ex-alunos. Minha mãe perguntou como eu me sentiria se ninguém comparecesse à minha festa de aniversário e insistiu que eu fosse. Duvido que muitas crianças da minha turma teriam ido à festa, mesmo que não houvesse uma desculpa conveniente como aquela, mas, na realidade, apareceram apenas duas crianças brancas de uma turma de quarenta. Eu me senti francamente aterrorizado de estar lá. As primas da aniversariante tentaram me tirar para dançar; todo mundo falava espanhol, havia frituras esquisitas, tive uma espécie de ataque de pânico e fui para casa aos prantos.

Não tracei paralelos entre a ausência de todos na festa de Debbie e minha própria impopularidade, mesmo quando, alguns meses depois, Bobby Finkel deu uma festa de aniversário e convidou toda a turma, menos eu. Minha mãe ligou para a mãe dele supondo que houvera um erro; a sra. Finkel disse que seu filho não gostava de mim e não me queria em sua festa. Minha mãe me pegou na escola no dia da festa e me levou ao zoológico, depois fomos tomar um sundae de chocolate no Old-Fashioned Mr. Jennings. É somente numa visão retrospectiva que imagino como minha mãe ficou magoada por mim, mais magoada do que eu estava, ou do que eu deixava perceber que estava. Não adivinhei então que sua ternura era uma tentativa de compensar os insultos do mundo. Quando contemplo o desconforto dos meus pais com minha homossexualidade, posso ver como minhas vulnerabilidades deixavam minha mãe vulnerável, e como ela queria antecipar-se à minha tristeza garantindo que fôssemos a nossa própria diversão. A proibição do balão cor-de-rosa deve ser considerada, em parte, um gesto de proteção.

Felizmente minha mãe me fez ir à festa de aniversário de Debbie Camacho, porque acho que era a coisa certa a fazer e porque, embora eu não pudesse perceber na época, era o começo de uma atitude de tolerância que possibilitou que eu me aceitasse e encontrasse a felicidade na idade adulta. É tentador pintar a mim e minha família como faróis de excepcionalidade liberal, mas não éramos. Provoquei um aluno afro-americano na escola primária afirmando que ele lembrava a foto de uma criança tribal numa maloca africana que havia em nosso livro de estudos sociais. Eu não achava que isso fosse racista, achava que era engraçado e vagamente verdadeiro. Mais tarde, lembrei-me do meu comportamento com profundo pesar e, quando a pessoa em questão me encontrou no Facebook, pedi mil desculpas. Eu disse que minha única desculpa era que não era fácil ser gay na escola, e que eu tinha exteriorizado o preconceito que sofria na forma de preconceito com os outros. Ele aceitou meu pedido de desculpas e mencionou que também era gay; tornou-me humilde o fato de ele ter sobrevivido, numa situação em que ambos os tipos de preconceito estavam em jogo.

Eu lutava nas águas traiçoeiras do ensino fundamental, mas em casa, onde o preconceito nunca foi tingido com crueldade, meus déficits mais difíceis eram minimizados e meus caprichos eram, em sua maioria, vistos com bom humor. Quando estava com dez anos, fiquei fascinado pelo minúsculo principado de Liechtenstein. Um ano mais tarde, meu pai levou-nos numa viagem de negócios a Zurique, e certa manhã minha mãe anunciou que tinha arranjado para que todos fôssemos a Vaduz, capital do principado. Lembro-me da emoção ao ver que toda a família estava satisfazendo o que era claramente um desejo só meu. Vista agora, a preocupação com Liechtenstein parece estranha, mas a mesma mãe que proibiu o balão cor-de-rosa pensou e organizou aquele dia: o almoço em um café charmoso, uma visita ao museu de arte, uma visita à gráfica onde eles fazem os inconfundíveis selos postais do país. Embora nem sempre me sentisse aprovado, sempre me senti reconhecido e me era dada a latitude da minha excentricidade. Mas havia limites, e os balões cor-de-rosa estavam do lado errado deles. A regra de nossa família era interessar-se pela alteridade dentro de um pacto de igualdade. Eu queria parar de apenas observar o vasto mundo e habitar em sua amplitude: queria mergulhar para apanhar pérolas, memorizar Shakespeare, romper a barreira do som, aprender a tricotar. De certo ponto de vista, o desejo de transformar-me pode ser visto como uma tentativa de me libertar de uma forma indesejável de ser. De outro, era um gesto em direção ao meu eu essencial, um giro crucial na direção de quem eu viria a ser.

Mesmo no jardim de infância, eu passava o recreio conversando com meus professores, porque as outras crianças não me entendiam; é provável que os professores também não entendessem, mas tinham idade suficiente para ser educados. Na sétima série, eu costumava almoçar no escritório da sra. Brier, secretária do diretor da escola. Formei-me no ensino médio sem visitar o refeitório, onde eu teria sentado com as meninas e sido objeto de chacota por fazê-lo, ou com os meninos e ser objeto de chacota por ser o tipo de garoto que deveria realmente sentar-se com as meninas. O impulso para a conformidade que com tanta frequência define a infância nunca existiu para mim, e, quando comecei a pensar sobre sexualidade, a não conformidade do desejo pelo mesmo sexo me entusiasmou — a percepção de que o que eu queria era ainda mais diferente e proibido do que todo o sexo é para os jovens. Eu sentia a homossexualidade como se fosse uma sobremesa armênia ou um dia em Liechtenstein. Não obstante, pensava que se alguém descobrisse que eu era gay, eu teria de morrer.

Minha mãe não queria que eu fosse gay porque achava que não seria o caminho mais feliz para mim, mas também porque não gostava da imagem de ser mãe de um filho gay. O problema não era que ela quisesse controlar a *minha* vida — embora ela acreditasse, como a maioria dos pais, que sua maneira de ser feliz era a melhor maneira de ser feliz. O problema era que ela queria controlar a vida *dela*, e era a vida como mãe de um homossexual que ela desejava alterar. Infelizmente, não havia maneira de ela resolver seu problema sem me envolver.

Aprendi a odiar profunda e precocemente esse aspecto da minha identidade porque aquele desconforto repetia uma reação da família a uma identidade vertical. Minha mãe achava que era indesejável ser judeu. Ela aprendera essa atitude com meu avô, que mantinha sua religião em segredo para que pudesse ter um cargo de alto nível em uma empresa que não empregava judeus. Ele pertencia a um clube de subúrbio no qual os judeus não eram bem-vindos. Quando tinha seus vinte e poucos anos, minha mãe ficou noiva de um texano, mas o rapaz rompeu o noivado quando a família ameaçou deserdá-lo se ele se casasse com uma judia. Para ela, foi um trauma de reconhecimento de si mesma, pois até então não se pensava como judia; achava que poderia ser quem quer que parecesse ser. Cinco anos depois, ela decidiu se casar com meu pai, um judeu, e viver em um mundo em grande parte judaico, mas carregava o antissemitismo dentro dela. Ela via pessoas que se encaixavam em certos estereótipos e dizia: "Essas são as pessoas que nos dão um nome ruim". Quando lhe perguntei o que achava da beldade muito cobiçada da minha turma da nona série, ela disse: "Ela parece muito judia". Seu lastimável método de duvidar de si mesma foi organizado para mim em torno de ser gay: herdei seu dom para o desconforto.

Muito tempo depois da infância, agarrei-me a coisas infantis como uma barreira contra a sexualidade. Essa imaturidade intencional era revestida por um puritanismo vitoriano afetado que não visava mascarar o desejo, mas obliterá-lo. Eu tinha a ideia absurda de que seria Cristóvão para sempre no Bosque dos Cem Acres; com efeito, o último capítulo dos livros do Ursinho Puff era tão parecido com minha história que eu não suportava ouvi-lo, embora fizesse meu pai ler para mim centenas de vezes todos os outros capítulos. *A casa no cantinho do Puff* termina assim: "Onde quer que vão e o que quer que aconteça com eles no caminho, naquele lugar encantado no topo da Floresta, um menino e seu urso estarão sempre brincando".[12] Decidi que seria aquele menino e aquele urso, que me congelaria na puerilidade, porque o que o crescimento pressagiava para mim era humilhante demais. Aos treze anos, comprei um exemplar da *Playboy* e passei horas estudando a revista, tentando resolver meu desconforto com a anatomia feminina; foi muito mais penoso do que minha lição de casa. Quando cheguei ao ensino médio, eu sabia que, mais cedo ou mais tarde, teria de fazer sexo com mulheres; eu sentia que não seria capaz de fazê-lo, e muitas vezes pensei em morrer. A metade de mim que não planejava ser Cristóvão brincando para sempre em um lugar encantado planejava ser Anna Kariênina jogando-se na frente de um trem. Era uma dualidade ridícula.

Quando eu estava na oitava série da Horace Mann School, em Nova York, um garoto mais velho me apelidou de Percy [afeminado], numa referência ao meu comportamento. Tomávamos o mesmo ônibus escolar e, todos os dias, quando eu subia, ele e seus comparsas gritavam "Percy! Percy! Percy!". Às vezes eu sentava com um estudante sino-americano que era tímido demais para falar com os outros (e se revelou ser gay também), às vezes com uma menina quase cega, que também era objeto de considerável crueldade. Às vezes, todos os que estavam no ônibus gritavam a provocação durante toda a viagem. "Per-cy! Per-cy! Per-cy! Per-cy!" a plenos pulmões por 45 minutos: subindo a Terceira Avenida, pela FDR Drive, através da Willis Avenue Bridge, por toda a Major Deegan Expressway, e na rua 246, em Riverdale. A menina cega repetia que eu deveria "simplesmente ignorá-los", e então eu ficava lá fingindo de forma não convincente que aquilo não estava acontecendo.

Quatro meses depois que isso começou, cheguei em casa um dia e minha mãe perguntou: "Tem alguma coisa acontecendo no ônibus escolar? Outros estudantes estão chamando você de Percy?". Um colega contara para a mãe dele, que, por sua vez, telefonara para a minha. Quando admiti que era verdade, ela me abraçou por um longo tempo e depois perguntou por que eu não lhe havia contado. Isso nunca me ocorrera: em parte porque falar de algo tão degradante parecia apenas materializá-lo, em parte porque pensei que não havia nada a ser feito, e também porque achava que as características pelas quais eu estava sendo torturado seriam igualmente repugnantes para minha mãe, e eu queria protegê-la da decepção.

A partir de então, uma acompanhante passou a andar no ônibus escolar e o coro parou. Eu era apenas chamado de "bicha" no ônibus e na escola, muitas vezes a uma distância em que os professores podiam ouvir e não faziam objeções. Naquele mesmo ano, meu professor de ciências nos contou que os homossexuais desenvolviam incontinência fecal porque seus esfíncteres anais eram destruídos. A homofobia era onipresente na década de 1970, mas a cultura presunçosa da minha escola produzia uma versão pungentemente aprimorada dela.

Em junho de 2012, a *New York Times Magazine* publicou um artigo de um ex-aluno da Horace Mann, Amos Kamil, sobre o abuso predatório de meninos perpetrado por alguns membros masculinos do corpo docente da escola quando estudei lá.[13] O artigo citava estudantes que tiveram problemas de dependência de drogas e outros comportamentos autodestrutivos na esteira de tais episódios; um homem se suicidara na meia-idade, numa culminação do desespero que sua família rastreou até aquela exploração juvenil. O artigo deixou-me profundamente triste — e confuso, porque alguns dos professores acusados de tais atos haviam sido mais amáveis comigo do que qualquer outra pessoa na minha escola durante um período sombrio. Meu adorado professor de história levava-me para jantar fora, deu-me um exemplar da Bíblia de Jerusalém e conversava comigo nos períodos livres, quando outros alunos não queriam nada comigo. O professor de música concedeu-me solos de concertos, deixava-me chamá-lo por seu prenome e ficar em sua sala, e comandava as viagens do coral que estavam entre as minhas mais felizes aventuras. Eles pareciam reconhecer quem eu era e pensavam bem de mim de qualquer maneira. O reconhecimento implícito da minha sexualidade por parte deles me ajudou a não me tornar dependente de drogas ou suicida.

Quando eu estava na nona série, o professor de artes da escola (que também era treinador de futebol) insistia em iniciar uma conversa comigo sobre masturbação. Eu ficava paralisado: achava que isso poderia ser uma forma de cilada e que, se respondesse, ele diria a todos que eu era gay, e eu seria objeto de ainda mais chacota. Nenhum outro professor deu em cima de mim, talvez porque eu fosse um garoto magrela, socialmente desajeitado, de óculos e suspensórios, ou porque meus pais tivessem uma reputação de vigilância protetora, ou ainda porque eu assumisse um isolamento arrogante que me tornava menos vulnerável do que outros.

O professor de artes foi demitido quando surgiram alegações contra ele logo depois de nossas conversas. O professor de história foi embora e se suicidou um ano depois. O de música, que era casado, sobreviveu ao "reinado do terror" que se seguiu, como um professor gay chamou mais tarde, quando muitos professores homossexuais foram demitidos. Kamil escreveu-me que as demissões de professores gays não predadores decorreram de "uma tentativa equivocada de erradicar a pedofilia através de uma falsa equiparação dela com a homossexualidade". Os alunos diziam monstruosidades até para professores gays porque o preconceito deles era obviamente endossado pela comunidade escolar.

Anne MacKay, chefe do departamento de teatro, foi uma lésbica que sobreviveu com discrição às recriminações. Vinte anos depois de me formar, eu e ela começamos a nos corresponder por e-mail. Fui até a extremidade leste de Long Island para visitá-la uma década mais tarde, quando soube que ela estava morrendo. Havíamos ambos sido contatados por Amos Kamil, que na época fazia pesquisas para seu artigo, e estávamos ambos abalados pelas acusações que ele compartilhara conosco. A srta. MacKay havia sido a sábia mestra que uma vez explicou delicadamente que eu era provocado por causa da maneira como andava, e tentou mostrar-me uma passada mais confiante. Ela encenou *A importância de ser prudente* em meu último ano para que eu pudesse ter uma chance de estrelato no papel de Algernon. Eu fora até lá para lhe agradecer. Mas ela me convidara para se desculpar.

Em um emprego anterior, explicou, correra o rumor de que ela vivia com outra mulher, os pais reclamaram, e ela entrara numa espécie de esconderijo pelo resto de sua carreira. Agora, lamentava a distância formal que mantivera e achava que falhara com os estudantes gays, para quem poderia ter sido um farol — embora eu soubesse, e ela também, que se tivesse sido mais aberta teria perdido o emprego. Quando fui seu aluno, nunca pensei em perguntar sobre uma intimidade maior do que a que tínhamos, mas, conversando décadas depois, percebi o quão desamparados ambos havíamos ficado. Eu gostaria que pudéssemos ter tido a mesma idade por um tempo, porque a pessoa que sou aos 48 anos seria um bom amigo de quem ela era quando me dava aulas na juventude. Fora da escola, MacKay era militante gay; agora, eu também sou. Quando eu estava na escola, sabia que ela era gay e ela sabia que eu era gay; no entanto, cada um de nós estava aprisionado por sua homossexualidade de uma maneira que tornava a conversa direta impossível, deixando-nos apenas a bondade para dar um ao outro, em vez da verdade. Vê-la depois de tantos anos despertou minha antiga solidão e me lembrei de como uma identidade excepcional pode causar isolamento, a não ser que a transformemos numa solidariedade horizontal.

Na inquietante reunião on-line de ex-alunos da Horace Mann que aconteceu depois da publicação da matéria de Amos Kamil, um homem descreveu sua tristeza tanto pelas vítimas de abusos como pelos agressores, dizendo destes últimos: "Eles eram pessoas feridas, confusas, tentando descobrir como funcionar em um mundo que lhes ensinou que seu desejo homossexual era doentio. As escolas espelham o mundo em que vivemos. Elas não podem ser lugares perfeitos. Nem todo professor será uma pessoa emocionalmente equilibrada. Podemos condenar esses professores. Mas isso trata apenas de um sintoma, não do problema original, que é que uma sociedade intolerante cria pessoas que se odeiam e que se comportam de forma inadequada".[14] O contato sexual entre professores e alunos é inaceitável porque explora um diferencial de poder que obscurece a demarcação entre coerção e consentimento. Com frequência, isso causa traumas irrecuperáveis. Foi o que claramente aconteceu com os alunos entrevistados e descritos por Kamil. Ao perguntar-me como meus professores puderam fazer aquilo, pensei que alguém cujo ser íntimo é considerado uma doença e uma ilegalidade pode lutar para analisar a distinção entre isso e um crime muito maior. Tratar uma identidade como doença convida a verdadeira doença a assumir uma postura mais corajosa.

Os jovens têm oportunidades sexuais com frequência, especialmente em Nova York. Uma de minhas tarefas era passear nossa cadela antes de dormir, e quando eu tinha catorze anos descobri dois bares gays perto de nosso apartamento: Uncle Charlie's Uptown e Camp David. Eu passeava com Martha, nossa kerry blue terrier, num circuito que incluía esses dois empórios de carne com jeans, vendo os sujeitos se espalharem pela avenida Lexington, enquanto Martha puxava suavemente pela coleira. Um homem que disse se chamar Dwight me seguiu e me puxou para uma entrada de casa. Eu não poderia ir com Dwight ou os outros, porque se o fizesse estaria me transformando em outra pessoa. Não me lembro da aparência de Dwight, mas seu nome me deixa melancólico. Quando por fim mantive relações sexuais com um homem, aos dezessete anos, achei que estava me separando para sempre do mundo normal. Fui para casa e fervi minhas roupas, tomei um longo banho escaldante de uma hora, tempo longo, como se minha transgressão pudesse ser esterilizada.

Aos dezenove anos, li um anúncio na parte final da revista *New York* que oferecia terapia sexual para pessoas que tivessem problemas com o sexo.[15] Eu ainda acreditava que o problema de quem eu queria era subsidiário ao problema de quem eu não queria. Eu sabia que aquela parte de uma revista não era um bom lugar para achar tratamento, mas minha situação era embaraçosa demais para ser revelada a alguém que me conhecesse. Peguei minhas economias e fui a um escritório num prédio sem elevador do bairro de Hell's Kitchen, onde me submeti a longas conversas sobre minhas ansiedades sexuais, incapaz de admitir para mim mesmo ou para o assim chamado terapeuta que, na verdade, eu simplesmente não me interessava por mulheres. Não mencionei a movimentada vida sexual que eu levava então com homens. Comecei o "aconselhamento" com pessoas que devia chamar de "doutor", que prescreveram "exercícios" com minhas "parceiras substitutas" — mulheres que não eram exatamente prostitutas, mas que também não eram exatamente outra coisa. Em um protocolo, eu tinha de ficar nu e andar de quatro, fingindo ser um cão, enquanto a substituta fingia ser uma gata; a metáfora de representar intimidade entre espécies avessas é mais significativa do que me dei conta na época. Afeiçoei-me curiosamente a essas mulheres, uma das quais, uma loira atraente do Sul, acabou por me contar que era necrófila e pegara aquele emprego depois que começou a ter problemas no necrotério. Era preciso trocar constantemente de garota para que seu desembaraço não se limitasse a uma única parceira sexual. Lembro-me da primeira vez que uma porto-riquenha subiu em cima de mim e começou a se sacudir para cima e para baixo, gritando em êxtase: "Você está dentro de mim! Você está dentro de mim!". Enquanto isso, eu me perguntava com tédio ansioso se havia enfim conseguido o prêmio e me tornado um heterossexual qualificado.

As curas raramente funcionam com rapidez e eficácia completa para alguma coisa que não seja infecção bacteriana, mas isso pode ser difícil de notar quando as realidades sociais e medicinais estão em fluxo rápido. Minha recuperação foi a percepção da doença. Aquele consultório da rua 45 aparece em meus sonhos: a necrófila que achou minha forma pálida e suada suficientemente parecida a um cadáver para satisfazer sua fantasia; a mulher latina motivada pela missão que me introduziu no seu corpo com tanto júbilo. Meu tratamento durou apenas duas horas por semana durante cerca de seis meses e me deu um desembaraço com o corpo das mulheres que foi vital para posteriores experiências heterossexuais que fico contente por ter tido. Amei de verdade algumas das mulheres com quem mais tarde tive relacionamentos, mas quando estava com elas, jamais conseguia esquecer que minha "cura" era uma manifestação destilada da aversão por mim mesmo, e jamais perdoei totalmente as circunstâncias que me dispuseram a fazer aquele esforço obsceno. A tensão de minha psique entre Dwight e aquelas mulheres-gato tornou o amor romântico quase impossível para mim no início da minha vida adulta.

Meu interesse pelas diferenças profundas entre pais e filhos surgiu de uma necessidade de investigar o lócus do meu pesar. Embora gostasse de culpar meus pais, passei a acreditar que grande parte de minha dor vinha do mundo mais amplo ao meu redor, e uma parte dela vinha de mim. No calor de uma discussão, minha mãe me disse certa vez: "Um dia você pode ir a um terapeuta e contar-lhe como sua mãe terrível arruinou sua vida. Mas vai ser da *sua* vida arruinada que você estará falando. Então, faça uma vida para si mesmo em que possa se sentir feliz, e na qual você possa amar e ser amado, porque é isso que de fato importa".

Pode-se amar alguém, mas não o aceitar; pode-se aceitar alguém, mas não o amar. Eu sentia erroneamente as falhas na aceitação de meus pais como déficits do amor deles. Agora, penso que a experiência principal deles foi ter um filho que falava uma língua que nunca pensaram em estudar.

Como um pai ou mãe pode saber se deve apagar ou celebrar uma determinada característica? Em 1963, quando nasci, a atividade homossexual era crime; durante minha infância, era um sintoma de doença. Quando eu tinha dois anos, saiu na revista *Time*: "Mesmo em termos puramente não religiosos, a homossexualidade representa um mau uso da faculdade sexual. É um pequeno substituto patético de segunda categoria para a realidade, um voo lamentável para longe da vida. Como tal, merece justiça, compreensão, compaixão e, quando possível, tratamento. Mas não merece nenhum incentivo, nenhuma glamorização, nenhuma racionalização, nenhum falso status de martírio da minoria, nenhum sofisma sobre simples diferenças de gosto — e, acima de tudo, nenhum fingimento de que é outra coisa senão uma doença perniciosa".[16]

Não obstante, quando eu era pequeno, tínhamos amigos próximos da família que eram gays — vizinhos e tios-avós substitutos para mim e meu irmão que passavam os feriados conosco porque suas famílias não os queriam. Eu ficava sempre confuso com o fato de Elmer ter ido para a Segunda Guerra Mundial quando estava na metade do curso de medicina, lutado na Frente Ocidental e, depois, aberto uma loja de presentes quando voltou para casa. Durante anos, ouvi dizer que as coisas terríveis que vira na guerra o haviam mudado e que não tinha estômago para a medicina depois de voltar. Foi só depois que Elmer morreu que Willy, seu parceiro de cinquenta anos, explicou-me que ninguém pensaria em ir a um médico gay em 1945. Os horrores da guerra haviam impulsionado Elmer para a integridade, e ele pagou seu preço ao passar sua vida adulta pintando bancos de bar divertidos e vendendo louças. De vários pontos de vista, Elmer e Willy viveram um grande romance, mas um fundo de tristeza pelo que poderia ter sido marcava suas vidas. A loja de presentes era um pedido de desculpas para a medicina; o Natal conosco era um pedido de desculpas para a família. Sinto-me humilde perante a escolha de Elmer; não sei se teria tido a coragem de fazer escolha semelhante, nem a disciplina para evitar que o arrependimento minasse o meu amor, se tivesse feito isso. Embora Elmer e Willy nunca tivessem se considerado ativistas, sua tristeza e a de outros como eles foi a precondição da minha felicidade e da de outras pessoas como eu. Quando entendi a história deles com mais generosidade, reconheci que os temores de meus pais em relação a mim não eram simplesmente produto de uma imaginação hiperativa.

Na minha vida adulta, ser gay é uma identidade; a narrativa trágica que meus pais temiam por mim já não é inevitável. A vida feliz que levo agora era inimaginável quando eu pedia balões cor-de-rosa e *ekmek kadayiff* — tampouco quando eu interpretava Algernon. No entanto, a visão tríplice da homossexualidade como crime, doença e pecado permanece potente. Às vezes, eu achava que era mais fácil para mim perguntar às pessoas sobre seus filhos com deficiência, seus filhos concebidos em estupro, seus filhos que cometeram crimes do que teria sido olhar diretamente para a maneira como muitos pais ainda reagem ao fato de ter filhos como eu. Dez anos atrás, uma enquete da *New Yorker* perguntou a pais se eles preferiam ver seu filho gay, feliz com seu companheiro, realizado e com filhos, ou heterossexual, solteiro ou infeliz na união, e sem filhos.[17] Um em cada três escolheu a segunda opção. Não se pode odiar uma identidade horizontal de forma mais explícita do que desejar infelicidade e semelhança para seus filhos, em vez de felicidade e diferença. Nos Estados Unidos, novas leis contra gays surgem com monótona periodicidade; em dezembro de 2011, o estado de Michigan promulgou a lei de Restrição ao Benefício de Companheiro Doméstico de Funcionário Público, que exclui os parceiros de funcionários gays da cobertura de seguro-saúde, apesar de permitir que municípios e condados proporcionem essa cobertura a todos os outros membros da família, inclusive tios, sobrinhos e primos.[18] Enquanto isso, em grande parte do resto do mundo, a identidade que habito continua inimaginável. Em 2011, Uganda chegou perto de aprovar uma lei que faria com que alguns atos homossexuais fossem puníveis com a morte.[19] Um artigo na revista *New York* sobre gays no Iraque contém esta informação: "Corpos de homens homossexuais, muitas vezes mutilados, começaram a aparecer nas ruas. Acredita-se que centenas de homens foram mortos. Os retos de homens gays foram colados e fechados, e eles foram forçados a tomar laxantes e água até que suas entranhas explodissem".[20]

Grande parte do debate acerca das leis sobre orientação sexual girou em torno da ideia de que quem escolhe a homossexualidade não deve ser protegido, mas se nasce com ela talvez deva. Os praticantes de religiões minoritárias são protegidos não porque nascem assim e não podem fazer nada quanto a isso, mas porque afirmamos seu direito de descobrir, declarar e exercer a fé com a qual se identificam. Em 1973, militantes conseguiram tirar a homossexualidade da lista oficial de doenças mentais,[21] mas os direitos dos homossexuais continuam dependendo de alegações de que a homossexualidade é involuntária e imutável. Esse modelo da sexualidade como algo parecido com um aleijão é deprimente, mas assim que alguém postula que a homossexualidade é escolhida ou mutável legisladores e líderes religiosos tentam curá-la e privar os gays de direitos em seu campo de ação. Hoje, homens e mulheres continuam a ser "tratados" de homossexualidade em acampamentos de reforma religiosa e em consultórios de psiquiatras inescrupulosos ou equivocados. O movimento de ex-gays no cristianismo evangélico enlouquece milhares de gays ao tentar convencê-los, em oposição à experiência deles, de que o desejo é totalmente voluntário.[22] O fundador da organização anti-homossexual MassResistance sustenta que os gays devem se tornar alvos específicos de discriminação, devido à suposta natureza voluntária de sua perversão ostensiva.

Aqueles que pensam que uma explicação biológica da homossexualidade irá melhorar a posição sociopolítica dos gays também estão tristemente enganados, como a reação a recentes descobertas científicas deixa claro. O sexólogo Ray Blanchard descreveu um "efeito da ordem de nascimento fraternal" que sustenta que a chance de produzir filhos gays aumenta de forma constante em cada feto do sexo masculino que uma mãe carrega. Semanas depois de publicar esses dados, ele recebeu o telefonema de um homem que se decidira contra a contratação de uma mãe de aluguel que antes dera à luz meninos, dizendo a Blanchard que "não é o que eu quero [...] especialmente se estou pagando por isso".[23] O medicamento para artrite dexametasona, embora não conste de sua bula, é utilizado para tratar mulheres com risco de produzir filhas com um problema que masculiniza parcialmente sua genitália. Maria New, pesquisadora do Mount Sinai Hospital, em Nova York, sugeriu que a dexametasona ministrada no início da gravidez também reduz as chances de que a bebê venha a se tornar lésbica; com efeito, segundo essa pesquisadora, o tratamento torna as meninas mais interessadas em ter filhos e cuidar da casa, menos agressivas e mais tímidas.[24] Já foi dito que essa terapia pode conter o lesbianismo até na população em geral. Em estudos com animais, a exposição pré-natal à dexametasona parece causar muitos problemas de saúde, mas se há medicação que possa realmente limitar o lesbianismo, os pesquisadores vão descobrir uma mais segura. Descobertas médicas como essas continuarão a ter graves implicações sociais. Se desenvolvermos marcadores pré-natais para a homossexualidade, muitos casais abortarão seus filhos gays; se descobrirmos uma droga preventiva viável, muitos pais estarão dispostos a experimentá-la.

Não insistirei que pais que não querem ter filhos gays devam tê-los, assim como as pessoas que não querem ter filhos devam tê-los. No entanto, não consigo pensar nas pesquisas de Blanchard e New sem me sentir como o último *quagga*. Não sou evangélico. Não preciso verticalizar minha identidade para meus filhos, mas odiaria que minha identidade horizontal desaparecesse. Eu odiaria isso por aqueles que compartilham minha identidade e por aqueles que se encontram fora dela. Odeio a perda de diversidade no mundo, ainda que às vezes fique um pouco desgastado por ser essa diversidade. Não desejo para ninguém em particular que seja gay, mas a ideia de ninguém ser gay já me faz sentir falta de mim mesmo.

Todas as pessoas são tanto objetos como perpetradoras de preconceito. Nossa compreensão do preconceito contra nós informa nossas reações aos outros. A universalização a partir das crueldades que conhecemos, no entanto, tem seus limites, e os pais de uma criança com uma identidade horizontal muitas vezes falham na empatia. Os problemas de minha mãe com o judaísmo não fizeram que ela lidasse muito melhor com o fato de eu ser gay; o fato de eu ser gay não teria feito de mim um bom pai para uma criança surda até que eu tivesse percebido as semelhanças entre a experiência de um surdo e de um gay. Um casal de lésbicas que entrevistei que tinha um filho transgênero me disse aprovar o assassinato de George Tiller, o provedor de abortos, porque a Bíblia diz que o aborto é errado; no entanto, elas ainda estavam espantadas e frustradas diante da intolerância que tinham encontrado em relação à identidade delas e de seu filho. Estamos sobrecarregados com as dificuldades da nossa própria situação e fazer causa comum com outros grupos é uma perspectiva desgastante. Muitos homossexuais reagirão negativamente a comparações com os deficientes, assim como muitos afro-americanos rejeitam o uso da linguagem dos direitos civis por militantes gays.[25] Mas comparar pessoas com deficiências com pessoas que são gays não implica nenhuma negatividade em relação à homossexualidade ou à deficiência. Todo mundo tem falhas e é estranho; a maioria das pessoas também é corajosa. O corolário razoável para a experiência homossexual é que todo mundo tem um defeito, que todo mundo tem uma identidade, e que muitas vezes são a mesma coisa.

É assustador para mim pensar que, sem a intervenção constante de minha mãe, eu jamais teria adquirido fluência em letras; agradeço todos os dias pela resolução suficiente de minha dislexia. Por outro lado, embora eu pudesse ter tido uma vida mais fácil se fosse heterossexual, agora estou comprometido com a ideia de que sem minhas lutas eu não seria eu mesmo, e que gosto de ser eu mesmo mais do que gosto da ideia de ser outra pessoa — alguém que não tenho a capacidade de imaginar, nem a opção de ser. Não obstante, me perguntei muitas vezes se poderia ter deixado de odiar minha orientação sexual sem todas as celebrações do Orgulho Gay, das quais este texto é uma manifestação. Eu costumava pensar que estaria maduro quando pudesse ser simplesmente gay, sem ênfase. Decidi-me contra esse ponto de vista em parte porque não me sinto neutro em relação a quase nada, mas mais porque percebo esses anos de autodesprezo como um vazio bocejante, e a celebração precisa preenchê-lo e fazê-lo transbordar. Mesmo que eu lide adequadamente com minha dívida privada de melancolia, há um mundo exterior de homofobia e preconceito a consertar. Espero que algum dia essa identidade possa transformar-se em um fato simples, livre tanto de partidarismos como de culpa, mas isso está longe. Um amigo que achava que o Orgulho Gay estava ficando um pouco exagerado sugeriu certa vez que organizássemos uma Semana de Humildade Gay. É uma boa ideia, mas seu momento ainda não chegou. A neutralidade, que parece estar a meio caminho entre a vergonha e a alegria, é de fato o fim do jogo, a que se chega somente quando o ativismo se torna desnecessário.

É uma surpresa para mim que eu goste de mim mesmo; dentre todas as possibilidades detalhadas que pensei para meu futuro, essa nunca fez parte. Meu contentamento conquistado a duras penas reflete a verdade simples de que a paz interior depende com frequência da paz exterior. No evangelho gnóstico de são Tomás, Jesus diz: "Se manifestares o que está dentro de ti, o que está dentro de ti te salvará. Se não manifestares o que está dentro de ti, o que está dentro de ti te destruirá".[26] Quando me contraponho às posições antigay das modernas organizações religiosas, muitas vezes desejo que as palavras de são Tomás fossem canônicas, porque sua mensagem abrange muitos de nós com identidades horizontais. Manter a homossexualidade trancada dentro de mim quase me destruiu, e revelá-la quase me salvou.

Embora homens assassinos normalmente tenham por alvo pessoas não relacionadas a eles, quase 40% das mulheres assassinas matam seus próprios bebês.[27] Relatos de crianças abandonadas em lixeiras e as sobrecarregadas redes de adoção apontam para a capacidade de desapego dos seres humanos. Estranhamente, isso parece ter tanto a ver com a aparência da criança quanto com sua saúde ou caráter. Os pais costumam levar para casa uma criança com um defeito fatal interno, mas não uma criança com um pequeno defeito visível; numa fase posterior, alguns rejeitarão até mesmo filhos com graves cicatrizes de queimaduras.[28] As deficiências manifestas afrontam o orgulho dos pais e sua necessidade de privacidade; todos podem ver que aquela criança não é o que queriam, e eles deverão aceitar a piedade do mundo, ou insistir em seu próprio orgulho. Pelo menos metade das crianças disponíveis para adoção nos Estados Unidos tem algum tipo de deficiência. Porém, metade das disponíveis para adoção representa somente uma pequena proporção das crianças com deficiência.[29]

O amor moderno vem com mais e mais opções. Ao longo da história, as pessoas casavam-se apenas com membros do sexo oposto, de sua própria classe, raça, crença e localização geográfica — todas constituindo agora fronteiras cada vez mais contestadas. Da mesma forma, supunha-se que as pessoas deveriam aceitar os filhos que ganharam porque pouco se podia fazer para escolhê-los ou mudá-los. O controle da natalidade e as tecnologias de fertilização cortaram a ligação entre sexo e procriação: as relações sexuais não necessariamente geram bebês, nem são requisito para produzi-los. A análise de embriões antes da implantação e a expansão do domínio dos exames pré-natais dão aos pais acesso a uma riqueza de informações para ajudá-los a decidir se querem iniciar, continuar ou interromper a gravidez. As escolhas ampliam-se todos os dias. Pessoas que acreditam no direito de optar por crianças saudáveis e dentro da norma apelam para o *aborto seletivo*; aquelas para quem essa ideia é um anátema referem-se à *eugenia comercial*,[30] evocando um mundo destituído de variedade e vulnerabilidade. A vasta indústria da medicina pediátrica implica que os pais responsáveis devem consertar seus filhos de várias maneiras, e os pais esperam que os médicos corrijam os defeitos percebidos em seus filhos: administrar hormônio do crescimento humano para fazer os baixos mais altos, corrigir uma fissura labial, normalizar uma genitália ambígua. Essas intervenções aperfeiçoadoras não são exatamente cosméticas, mas não são necessárias para a sobrevivência. Elas levaram teóricos sociais como Francis Fukuyama a falar de um "futuro pós-humano",[31] em que eliminaremos a variedade dentro da humanidade.

Não obstante, enquanto a medicina promete nos normalizar, nossa realidade social continua a ser uma miscelânea. Se o clichê é que a modernidade torna as pessoas mais semelhantes, à medida que cocares tribais e sobrecasacas dão lugar a camisetas e jeans, a realidade é que a modernidade nos conforta com uniformidades triviais mesmo quando permite que sejamos mais dilatados em nossos desejos e em nossas maneiras de realizá-los. A mobilidade social e a internet possibilitam que qualquer pessoa encontre outras pessoas que compartilhem suas particularidades. Nenhum círculo fechado de aristocratas franceses ou de caipiras de Iowa foi mais apertado do que esses novos agrupamentos da era eletrônica. À medida que a linha divisória entre doença e identidade é contestada, a força desses apoios on-line é um cenário vital para o surgimento de eus verdadeiros. Em muitos aspectos, a vida moderna é solitária, mas a capacidade de cada indivíduo com acesso a um computador de encontrar pessoas que pensam da mesma maneira significa que ninguém precisa ser excluído do parentesco social. Se o local físico ou psíquico em que você nasceu não quer mais saber de você, há uma infinidade de locais do espírito que lhe acenam. As famílias verticais estão notoriamente se rompendo em divórcios, mas as horizontais estão proliferando. Se você é capaz de descobrir quem é, então pode encontrar outras pessoas que são semelhantes. O progresso social está tornando mais fácil conviver com condições incapacitantes, assim como o progresso da medicina as está eliminando. Há algo de trágico nessa confluência, como naquelas óperas em que o herói percebe que ama a heroína no momento em que ela morre.

Pais dispostos a ser entrevistados constituem um grupo que seleciona a si mesmo; aqueles que são amargos são menos propensos a contar suas histórias do que aqueles que encontraram valor em sua experiência e querem ajudar outras pessoas em circunstâncias semelhantes a fazer o mesmo. Porém, ninguém ama sem reserva, e todo mundo estaria melhor se pudéssemos eliminar o estigma da ambivalência dos pais. Freud postula que qualquer declaração de amor mascara algum grau de ódio, e qualquer ódio esconde ao menos um traço de adoração.[32] Tudo o que os filhos podem adequadamente exigir de seus pais é que tolerem seu próprio espectro confuso — que não insistam na mentira da felicidade perfeita, nem caiam na brutalidade desleixada de desistir. Uma mãe que perdeu um filho com uma deficiência grave escreveu-me uma carta preocupada porque, se se sentia aliviada, então sua dor não era verdadeira. Não há contradição entre amar alguém e sentir-se sobrecarregado por essa pessoa; na verdade, o amor tende a magnificar o peso. Esses pais precisam de espaço para sua ambivalência, possam ou não se permitir isso. Para aqueles que amam, não deve haver vergonha em sentir-se esgotado — até mesmo em imaginar outra vida.

Pensa-se que algumas condições marginalizadoras, como a esquizofrenia e a síndrome de Down, são inteiramente genéticas; outras, como a transgeneridade, acredita-se que são, em grande medida, ambientais. Natureza e criação são consideradas influências opostas, quando o que acontece com mais frequência, na expressão do autor de obras científicas Matt Ridley, é "natureza via criação".[33] Sabemos que fatores ambientais podem alterar o cérebro e, inversamente, que a química e a estrutura cerebral determinam em parte o quanto podemos ser afetados por influências externas. Da mesma forma que uma palavra existe como som, como conjunto de sinais em uma página e como metáfora, natureza e criação são diferentes estruturas conceituais para um conjunto único de fenômenos.

Não obstante, é mais fácil para os pais tolerar as síndromes atribuídas à natureza do que aquelas consideradas resultado da criação, porque a culpa é menor no primeiro caso. Se seu filho tem nanismo acondroplásico, ninguém vai acusá-lo de mau comportamento por ter produzido uma criança assim. No entanto, o sucesso de um indivíduo em se adaptar ao próprio nanismo e valorizar sua vida pode depender em grande parte da criação. Se você tem um filho concebido por estupro, pode sentir alguma culpa, quer pelo estupro em si, quer pela decisão de não abortar. Se você tem um filho que cometeu crimes graves, muitas vezes se supõe que você fez algo errado como pai ou mãe, e as pessoas cujos filhos não cometeram crimes podem, consequentemente, assumir ares de superioridade. Mas há indícios crescentes de que algum grau de criminalidade pode ser inato, e que até mesmo a instrução moral mais admirável pode ser ineficaz em influenciar uma criança que é tão predisposta a cometer atos horríveis que, na expressão de Clarence Darrow, seu crime mortal "era inerente ao seu organismo e veio de algum antepassado".[34] Pode-se ativar ou desestimular tendências criminosas, mas o resultado em qualquer direção não está de forma alguma garantido.

A percepção social de que algum suposto déficit é culpa dos pais é sempre um fator crítico na experiência tanto de filhos como de pais. O geneticista vencedor do prêmio Nobel James D. Watson, que tem um filho esquizofrênico, uma vez me disse que o psicólogo Bruno Bettelheim, para quem o autismo e a esquizofrenia eram causados por uma criação ruim, foi "depois de Hitler, a pessoa mais maligna do século xx". A atribuição de responsabilidade aos pais é com frequência resultado da ignorância, mas também reflete nossa crença ansiosa de que controlamos nossos destinos. Infelizmente, isso não salva o filho de ninguém, só destrói os pais de algumas pessoas, que desmoronam sob a tensão da censura indevida ou apressam-se em culpar-se antes que alguém tenha tempo para acusá-los. Os pais de uma mulher que morrera de uma doença genética me disseram que se sentiam muito mal porque não fizeram exames genéticos pré-natais, inexistentes na época em que sua filha nasceu. Do mesmo modo, muitos pais organizam sua culpa em torno de algum passo em falso fictício. Certa vez, almocei com uma ativista altamente instruída cujo filho sofre de autismo severo. "É porque fui esquiar quando estava grávida", disse-me ela. "A altitude não é boa para o desenvolvimento da criança." Senti-me muito triste ao ouvir isso. As raízes do autismo são confusas, e há dúvidas quanto ao que pode predispor crianças a ter esse problema, mas a altitude não está nessa lista. Essa mulher inteligente havia assimilado de tal modo uma narrativa de culpa que não sabia que aquilo tinha saído de sua imaginação.

Há algo de irônico no preconceito contra as pessoas com deficiência e suas famílias, porque seu fardo poderia sobrevir a qualquer um. É improvável que homens heterossexuais um dia acordem gays e crianças brancas não viram negras, mas qualquer um de nós poderia ficar incapacitado em um instante. Pessoas com deficiência são a maior minoria dos Estados Unidos; elas constituem 15% da população, embora apenas 15% desse grupo tenha nascido com sua deficiência e cerca de um terço tenha mais de 65 anos.[35] No mundo todo, cerca de 550 milhões de pessoas têm deficiências. Disse o estudioso dos direitos dos deficientes Tobin Siebers: "O ciclo da vida vai, na realidade, da deficiência para a capacidade temporária e a volta à deficiência, e isso somente se você está entre os mais afortunados".[36]

Em circunstâncias típicas, ter filhos que não cuidarão de você na velhice é ser o rei Lear. A deficiência muda a equação da reciprocidade; adultos com deficiência grave ainda podem exigir atenção na meia-idade, quando outros filhos adultos estão cuidando dos próprios pais. Em geral, considera-se que os períodos que exigem mais esforço para lidar com um filho com necessidades especiais são: sua primeira década, quando a situação ainda é nova e confusa; a segunda década, porque adolescentes conscientes com deficiência, como a maioria dos adolescentes, sentem necessidade de desafiar os pais; e a década em que os pais ficam debilitados demais para continuar a prestar cuidados e se preocupam muito com o que vai acontecer com seu filho depois que se forem.[37] Esse raciocínio, no entanto, deixa de levar em conta que a primeira década não varia muito em relação à norma, como acontece com as subsequentes. Cuidar de um bebê indefeso deficiente é semelhante a cuidar de um bebê indefeso não deficiente, mas continuar a cuidar de um adulto dependente requer uma bravura especial.

Em um artigo de 1962 frequentemente citado, o conselheiro de reabilitação Simon Olshansky disse sem rodeios: "A maioria dos pais que têm um filho deficiente mental sofre de uma dor crônica ao longo de suas vidas, independentemente de ele ser mantido em casa ou 'posto de lado'. Os pais de um deficiente mental têm pouco a esperar; eles serão sempre sobrecarregados com as demandas incessantes e com a dependência constante do filho. Os desgostos, as provações, os momentos de desespero continuarão até a morte deles ou do filho. A libertação desse sofrimento crônico só pode ser obtida através da morte".[38] A mãe de um indivíduo de vinte anos de idade com deficiências graves me disse: "É como se eu tivesse um bebê todos os anos nos últimos vinte anos — e quem escolheria fazer isso?".

Há muito tempo as dificuldades que essas famílias enfrentam foram reconhecidas por todo mundo, mas só recentemente os prazeres se tornaram tema de conversa. *Resiliência* é o comentário contemporâneo sobre o que antes era pensado como perseverança. É tanto uma maneira de atingir objetivos maiores — funcionalidade e felicidade — como um objetivo em si, inseparável do que Aaron Antonovsky, pai do estudo da resiliência, chama de "senso de coerência".[39] Pais cujas expectativas são desviadas por crianças com identidades horizontais precisam de resiliência para reescrever seu futuro sem amargura. Essas crianças também precisam de resiliência e, idealmente, os pais a promovem. Em 2001, Ann S. Masten escreveu na *American Psychologist*: "A grande surpresa da pesquisa sobre resiliência é a normalidade do fenômeno".[40] A resiliência antigamente era vista como uma característica extraordinária, vista nas Helen Kellers do mundo, mas pesquisas recentes sugerem que a maioria de nós tem potencial para ela, e que cultivá-la é uma parte crucial do desenvolvimento de todo mundo.

Mesmo assim, mais de um terço dos pais de filhos com necessidades especiais relata que cuidar deles tem efeitos negativos sobre sua saúde física e mental.[41] Pesquisadores que projetaram um estudo dos efeitos do estresse ininterrupto sobre o envelhecimento concordaram que criar um filho com necessidades especiais é um agente de estresse universalmente reconhecido. Ao comparar mulheres que tiveram essa experiência com mulheres que não a tiveram, eles descobriram que as primeiras tinham telômeros — a proteção no final de um cromossomo — mais curtos do que o grupo controle, o que significava que estavam envelhecendo mais rapidamente no nível celular.[42] Cuidar de crianças com deficiência faz com que a idade biológica ultrapasse a idade cronológica, o que está associado a problemas reumáticos prematuros, insuficiência cardíaca, função imune reduzida e morte precoce devido ao envelhecimento celular. Um estudo registrou que pais que descreveram uma carga significativa de cuidados morriam mais jovens do que aqueles com uma carga mais leve.[43]

Isso é verdadeiro, mas o oposto também é. Um estudo concluiu que 94% dos pais com filhos com deficiência disseram que "estavam se dando tão bem quanto a maioria das outras famílias" sem crianças desse tipo.[44] Outro afirmou que a maioria dos pais por ele pesquisado acredita "que isso os aproximou de seus cônjuges, de outros membros da família e de amigos; ensinou-lhes o que é importante na vida; aumentou sua empatia; gerou crescimento pessoal; e fez com que amassem seu filho ainda mais do que se ele tivesse nascido saudável".[45] Outro estudo concluiu ainda que 88% dos pais de crianças com deficiência sentiam-se felizes quando pensavam no filho. Quatro em cinco concordaram que a criança deficiente tinha aproximado a família; e nada menos que 100% subscreveram a declaração de que "aumentou a compaixão pelos outros devido à minha experiência".[46]

O otimismo pode provocar os resultados que parece refletir; filhos de mães inicialmente classificadas como otimistas tinham habilidades mais avançadas aos dois anos do que crianças em condição semelhante de mães pessimistas.[47] O filósofo espanhol Miguel de Unamuno escreveu: "Em geral, não são nossas ideias que nos fazem otimistas ou pessimistas, mas é nosso otimismo ou pessimismo que faz nossas ideias".[48] A deficiência não é preditiva da felicidade dos pais ou da criança, o que reflete o quebra-cabeça maior de que as pessoas que ganharam na loteria são, a longo prazo e em média, apenas um pouco mais felizes do que os amputados: as pessoas em cada uma dessas categorias se ajustaram rapidamente ao seu novo estado normal.[49]

A popular *coach* pessoal Martha Beck escreveu um livro apaixonante sobre as "encantadoras epifanias" que experimentou ao cuidar de seu filho com síndrome de Down.[50] A escritora Clara Claiborne Park disse de sua filha autista, na década de 1970: "Escrevo agora o que quinze anos atrás não pensaria ser possível escrever: que se hoje me fosse dada a opção de aceitar a experiência, com tudo o que isso implica, ou de recusar a generosidade amarga, eu teria de estender as mãos — porque dela veio para todos nós uma vida inimaginável. E não vou mudar a última palavra da história. Ela ainda é amor".[51] Uma das mães que entrevistei contou que não tinha nenhum propósito na vida até que seu filho com deficiências graves nasceu. "De repente, eu tinha esse objeto para toda a minha energia", explicou ela. "Ele me deu um motivo todo novo para estar viva." Respostas desse tipo não são incomuns. Uma mulher escreveu: "Este pensamento corre como um fio dourado brilhante através da tapeçaria escura do nosso sofrimento. Aprendemos muito com nossos filhos — em paciência, humildade, gratidão por outras bênçãos que havíamos aceitado antes como coisa rotineira; muito em tolerância; muito em fé — acreditar e confiar no que não podemos ver; muito em compaixão para com nossos semelhantes; e, sim, o mesmo tanto em sabedoria sobre os valores eternos da vida".[52] Quando trabalhei em uma prisão juvenil, um guarda de prisão com longa experiência exortava seu bando de criminosos: "Vocês têm de pegar o desastre da vida de vocês e achar uma mensagem!".*

Embora o otimismo possa impulsionar o dia a dia, o realismo possibilita que os pais recuperem uma sensação de controle sobre o que está acontecendo e passem a ver seu trauma como menor do que parecia no início. Os obstáculos possíveis são ilusões, culpa, escapismo, abuso de drogas e evasão; os recursos podem incluir fé, bom humor, um casamento sólido e uma comunidade solidária, juntamente com meios financeiros, saúde física e educação superior.[53] Não há uma lista definitiva de estratégias, embora palavras como "transformação" e "iluminação" ocorram.[54] As pesquisas são bastante contraditórias e muitas vezes parecem refletir o viés do pesquisador. Numerosos estudos, por exemplo, mostram que o divórcio é mais frequente entre pais de filhos com deficiência, e um número igual mostra que a taxa de divórcio é significativamente menor entre esses pais; outros concluem ainda que as taxas de divórcio são compatíveis com as da população em geral.[55] Pais que lidam mal com um filho com deficiência desgastam-se pelo esforço da mesma maneira que pais que estão lidando bem com a situação parecem ficar mais fortes, mas todos eles tanto se desgastam como são fortalecidos. Participar de um grupo parece sempre fazer sentido; o poder redentor de

---

* Em inglês, há um jogo de palavras: *"You gotta take your mess and find yourself a message!"*. (N. T.)

intimidades nascidas da luta é imenso. Em nossa era da internet, quando cada problema ou deficiência tem uma comunidade ligada a ele, pais de pessoas com qualquer problema determinado também podem encontrar sua comunidade horizontal. Embora a maioria das famílias encontre sentido em sua situação, menos de um em cada dez profissionais que lidam com elas acredita nisso.[56] "Eu estava decidida a não ficar perto de pessoas que nos viam como envolvidos numa tragédia", escreveu uma mãe exasperada. "Infelizmente, isso incluía minha família, a maioria dos profissionais e quase todo mundo que eu conhecia."[57] A recusa de um médico ou assistente social de reconhecer a realidade desses pais porque são mais felizes do que o previsto é uma espécie de traição.

Talvez a perspectiva mais difícil que os pais de filhos deficientes enfrentam é a internação, uma prática que agora é chamada nos Estados Unidos mais pelo eufemismo de "colocação fora de casa". A internação em uma instituição antes era a norma, e os pais que queriam manter os filhos deficientes em casa tinham de lutar contra um sistema projetado para levá-los embora.[58] Isso tudo começou a mudar em 1972, após a revelação das condições terríveis em Willowbrook, um lar para retardados mentais em Staten Island, Nova York.[59] Lá, haviam sido realizadas pesquisas médicas antiéticas nos moradores e o lugar estava grotescamente superlotado, com instalações sanitárias deploráveis e funcionários agressivos. "Abandonadas, algumas besuntadas com as próprias fezes, muitas das crianças estavam nuas e todas eram simplesmente largadas sentadas na enfermaria durante o dia inteiro", segundo o *New York Times*.[60] "O único som captado pelos técnicos era uma espécie de lamento lúgubre comunal." Os pacientes nessas instalações experimentavam o "institucionalismo", uma situação caracterizada por retraimento, perda de interesse, submissão, falta de iniciativa, juízo debilitado e relutância em deixar o ambiente hospitalar, o que um pesquisador comparou a "escaras mentais".[61]

Depois de Willowbrook, internar crianças tornou-se suspeito. Agora, pais que têm filhos com os quais é impossível lidar encontram muita dificuldade para achar uma internação apropriada e precisam enfrentar um sistema que pode fazer com que se sintam não responsáveis por ir atrás dessa opção. O pêndulo precisa voltar para um meio-termo apropriado. A questão nunca é fácil; como no caso do aborto, as pessoas deveriam poder fazer a escolha que é certa para elas sem se sentirem pior do que já se sentem. Agora, supõe-se que os filhos com deficiência devem viver no "ambiente menos restritivo possível", um objetivo louvável que

40

deveria ser idealmente aplicável também a outros membros da família. Disse um pesquisador: "Pôr muitas crianças e jovens gravemente deficientes no ambiente menos restritivo de suas famílias tem por consequência fazer com que essas famílias tenham de viver de uma maneira muito restritiva".[62] A criança, os pais e os irmãos são todos profundamente afetados pelas decisões de internação.

Meu estudo abrange famílias que aceitam seus filhos, e como isso se relaciona com a autoaceitação dessas crianças — uma luta universal que negociamos em parte através das mentes dos outros. Ao mesmo tempo, ele analisa a forma como a aceitação da sociedade em geral afeta tanto essas crianças como suas famílias. Uma sociedade tolerante abranda os pais e facilita a autoestima, mas essa tolerância evoluiu porque indivíduos com boa autoestima revelaram a natureza equivocada do preconceito. Nossos pais são metáforas de nós mesmos: lutamos pela aceitação deles como uma forma deslocada de luta para aceitar a nós mesmos. A cultura é também uma metáfora de nossos pais: nossa busca pela alta estima no mundo em geral é apenas uma manifestação sofisticada de nosso desejo primordial do amor dos pais. A triangulação pode ser estonteante.

Os movimentos sociais vieram em sequência: primeiro, a liberdade religiosa, o voto feminino e os direitos raciais, depois a liberação gay e os direitos dos deficientes. Essa última categoria tornou-se um nome genérico para diferenças de muitos tipos. O movimento das mulheres e o dos direitos civis estavam centrados em identidades verticais e, assim, ganharam força em primeiro lugar; as identidades horizontais só puderam emergir depois que o padrão foi definido por aqueles com maior força. Cada um desses movimentos toma emprestado descaradamente dos anteriores, e agora alguns tomam emprestado daqueles que os seguiram.

As sociedades pré-industriais eram cruéis com aqueles que eram diferentes, mas não os segregavam; o cuidado dessas pessoas era de responsabilidade de suas famílias.[63] As sociedades pós-industriais criaram instituições benevolentes para os deficientes, que muitas vezes eram levados para longe de casa ao primeiro sinal de anomalia. Essa tendência desumanizante montou o cenário para a eugenia. Hitler matou mais de 270 mil pessoas com deficiência, sob o pretexto de que eram "travestis da forma e do espírito humanos".[64] A presunção de que a deficiência podia ser extirpada era corrente em todo o mundo. Leis que permitiam a esterilização involuntária e o aborto foram aprovadas na Finlândia, Dinamarca, Suíça e Japão, bem como em 25 estados norte-americanos.[65] Em 1958, mais de 60 mil americanos já haviam sido castrados à força. Em 1911, Chicago aprovou uma lei que decretava: "Nenhuma pessoa que esteja doente, aleijada, mutilada ou de alguma forma deformada, de modo a ser um objeto de má aparência ou repugnante nas vias públicas ou outros locais públicos da cidade, deve neles se expor à visão pública".[66] Essa lei só foi revogada em 1973.

O movimento pelos direitos dos deficientes procura, no nível mais básico, encontrar um lugar para a diferença, em vez de apagá-la. Um dos seus sucessos mais marcantes é entender que os interesses dos filhos, dos pais e da sociedade não são necessariamente coincidentes, e que os filhos são os menos capazes de se defender. Muitas pessoas com profundas diferenças sustentam que mesmo asilos, hospitais e residências bem administrados são análogos ao tratamento dos afro-americanos submetidos às leis segregacionistas outrora vigentes nos estados sulistas americanos.[67] O diagnóstico médico está envolvido nessa resposta separada-e-desigual. Sharon Snyder e David Mitchell, ambos especialistas em estudos sobre deficiência, afirmam que aqueles que buscam curas e tratamentos muitas vezes "subjugam as próprias populações que pretendem resgatar".[68] Ainda hoje, as crianças americanas com deficiência têm quatro vezes mais probabilidade do que as não deficientes de não ir além da nona série dos estudos. Cerca de 45% dos britânicos com deficiência e em torno de 30% dos norte-americanos deficientes em idade de trabalhar vivem abaixo da linha da pobreza.[69] Em 2006, o Royal College de Obstetras e Ginecologistas de Londres propôs que os médicos considerassem a hipótese de matar bebês com deficiências extremas.[70]

Apesar desses desafios persistentes, o movimento pelos direitos dos deficientes fez progressos notáveis. A Lei de Reabilitação de 1973, aprovada pelo Congresso americano contra o veto do presidente Nixon, proibiu a discriminação contra pessoas com deficiência em qualquer programa financiado pelo governo federal.[71] A seguir, veio a Lei dos Americanos com Deficiências, aprovada em 1990, e várias leis subsequentes para escorá-la. Em 2009, na abertura dos Jogos Mundiais Olímpicos Especiais, o vice-presidente Joe Biden declarou que a defesa das necessidades especiais era um "movimento de direitos civis" e anunciou o novo cargo de assistente especial do presidente para a política relativa à deficiência.[72] Os tribunais, no entanto, limitaram o alcance das leis pertinentes à deficiência, e os governos locais muitas vezes as ignoraram completamente.[73]

Membros de minorias que desejam preservar sua identidade precisam definir-se em oposição à maioria. Quanto mais a maioria os aceita, mais rigorosamente eles precisam fazer isso, porque sua identidade separada desmorona se eles permitirem sua integração no mundo da maioria. O multiculturalismo rejeita a visão da década de 1950 de um mundo em que todos estão subordinados à americanidade uniforme, e opta por outra em que todos habitam suas próprias particularidades valiosas. Em sua obra clássica *Estigma*,[74] Erving Goffman sustenta que a identidade se forma quando as pessoas se orgulham daquilo que as tornou marginal, possibilitando assim alcançar autenticidade pessoal e credibilidade política. A historiadora social Susan Burch chama isso de "ironia da aculturação":[75] as tentativas da sociedade de assimilar um grupo fazem muitas vezes com que ele fique com sua singularidade mais pronunciada.

Quando eu estava na faculdade, em meados dos anos 1980, era prática comum falar de "diferentemente capacitado" em vez de "deficiente". Fazíamos piadas sobre os "diferentemente contentes" e os "diferentemente agradáveis". Hoje em dia, se você falar de uma criança autista, ela difere das crianças "comuns", enquanto um anão difere das pessoas "médias". Jamais utilize a palavra "normal", e de maneira nenhuma a palavra "anormal". Na vasta literatura sobre os direitos dos deficientes, os estudiosos enfatizam a separação entre *impairment* [dano, debilitação], consequência de uma condição orgânica, e *disability* [incapacidade, deficiência], resultado do contexto social. Ser incapaz de mover as pernas, por exemplo, é uma debilitação, mas não poder entrar na biblioteca pública é uma incapacidade.

Uma versão extrema do modelo social da deficiência é resumida pelo acadêmico britânico Michael Oliver: "Deficiência não tem nada a ver com o corpo, é uma consequência da opressão social".[76] Isso é falso e até mesmo ilusório, mas contém um desafio válido para se rever o pressuposto contrário predominante de que a deficiência reside toda na mente ou no corpo da pessoa deficiente. A capacidade é uma tirania da maioria. Se a maioria das pessoas pudesse bater os braços e voar, a incapacidade de fazê-lo seria uma deficiência. Se a maioria das pessoas fosse genial, aqueles de inteligência moderada estariam em desastrosa desvantagem. Não há nenhuma verdade ontológica consagrada naquilo que pensamos ser a boa saúde; trata-se de uma mera convenção, que foi surpreendentemente inflada no século passado. Em 1912, um americano que vivesse até 55 anos teria tido uma vida boa e longa; agora, morrer aos 55 é considerado uma tragédia.[77] Uma vez que a maioria das pessoas pode andar, ser incapaz de andar é uma deficiência;

o mesmo vale para ser incapaz de ouvir, bem como ser incapaz de decifrar insinuações sociais. É uma questão de votos, e os deficientes questionam essas decisões da maioria.

Os avanços médicos possibilitam que pais possam evitar a produção de certos tipos de crianças deficientes; muitas deficiências podem ser melhoradas. Não é fácil determinar quando explorar essas opções. Ruth Hubbard, professora emérita de biologia de Harvard, sustenta que os futuros pais que fazem exame para detectar a doença de Huntington, porque têm uma história familiar dessa doença, vivem um dilema: "Se eles se decidem pelo aborto, é o mesmo que dizer que uma vida em que se sabe que se acabará por morrer da doença de Huntington não vale a pena ser vivida. O que isso diz sobre a própria vida deles e de seus familiares, que agora sabem que têm o gene da doença de Huntington?".[78] O filósofo Philip Kitcher chamou o exame genético de "eugenia *laissez-faire*".[79] Marsha Saxton, uma professora de Berkeley que tem espinha bífida, escreve: "Aqueles de nós com condições testáveis representam fetos adultos vivos que não foram abortados. Nossa resistência ao aborto sistemático de 'nossos jovens' é um desafio à 'não humanidade', ao não status do feto".[80] Snyder e Mitchell falam de como a eliminação da deficiência marca "a conclusão da modernidade como projeto cultural".[81]

Certos militantes do campo dos direitos dos deficientes insistem na aceitação de qualquer filho que se conceba, como se fosse imoral não se conformar ao destino reprodutivo. Isso é o que o bioético William Ruddick chama de "concepção da 'hospitalidade' das mulheres", para a qual a mulher que interrompe a gravidez é não maternal, mesquinha e pouco acolhedora.[82] Na verdade, os futuros pais estão lidando em abstrato com algo que poderia se tornar tangível, e isso nunca é uma forma bem informada de fazer uma escolha: a ideia de uma criança ou de uma deficiência é extremamente diferente da realidade.

Há uma colisão problemática entre a priorização do aborto legal pelo feminismo e a oposição do movimento dos direitos dos deficientes a qualquer sistema social que desvalorize a diferença. "Os medos são genuínos, racionais e aterrorizantes", diz a militante dos deficientes Laura Hershey. "Todos nós enfrentamos a perspectiva de que aquilo que deveria ser uma decisão privada — a interrupção de uma gravidez — pode tornar-se o primeiro passo de uma campanha para eliminar as pessoas com deficiência."[83] Ela pode ser ingênua em relação ao motivo, mas está correta quanto ao resultado. A maioria dos chineses não odeia meninas, e ninguém na China está realizando uma campanha para eliminar mulheres. Mas os casais foram legalmente limitados a ter apenas um filho desde 1978, e, uma vez que muitos preferem um menino, eles dão as meninas para adoção ou as abandonam. Embora os futuros pais possam não estar dispostos a eliminar as pessoas com deficiência, os avanços da medicina, dando-lhes a capacidade de tomar decisões radicais, poderiam sem dúvida reduzir consideravelmente a população de deficientes. "Nesta sociedade liberal e individualista, talvez não haja necessidade de legislação eugênica", escreveu Hubbard. "Os médicos e cientistas precisam apenas proporcionar as técnicas que tornam as mulheres individualmente, e os pais, responsáveis pela implementação dos preconceitos da sociedade por escolha."[84]

Alguns ativistas manifestaram-se contra todo o Projeto do Genoma Humano, sustentando que ele implica a existência de um genoma perfeito.[85] Em parte, o Projeto do Genoma Humano foi interpretado desse modo porque seus autores o anunciaram para os financiadores como uma forma de curar doenças, sem reconhecer que não existe um padrão universal de bem-estar. Os defensores dos deficientes argumentam que na natureza a variação é a única invariável. A professora de estudos feministas e culturais Donna Haraway chamou o projeto de um "ato de canonização", que poderia ser utilizado para estabelecer padrões cada vez mais estreitos.[86] Michel Foucault, antes que o mapeamento do genoma fosse viável, descreveu como "uma tecnologia para indivíduos anormais aparece precisamente quando se estabelece uma rede regular de conhecimento e poder". Em outras palavras, o espectro da normalidade fica constrangido quando aqueles que estão no poder consolidam seu privilégio. Na concepção de Foucault, a ideia de normalidade "alegava assegurar o vigor físico e o asseio moral do corpo social; prometia eliminar indivíduos defeituosos e populações degeneradas e abastardadas. Em nome da urgência biológica e histórica, ela justificava os racismos do Estado". Desse modo, estimulava as pessoas fora da normalidade a perceberem-se como impotentes e inadequadas. Se, como Foucault também afirmou, "a vida é o que é capaz de erro" e o próprio erro está "na raiz do que faz o pensamento humano e sua história", então proibir o erro seria acabar com a evolução.[87] O erro nos tirou do lodo primordial.

Deborah Kent é uma mulher cega de nascença que escreveu sobre a dor que o preconceito da sociedade contra a cegueira lhe causou. Mostrando um nível de autoaceitação que era quase desconhecido antes do movimento pelos direitos dos deficientes, Kent disse que a cegueira é, para ela, uma característica neutra como seus cabelos castanhos. "Eu não ansiava pela visão mais do que por um par de asas", ela escreveu em um ensaio em 2000. "A cegueira apresentava complicações ocasionais, mas raramente me impediu de alguma coisa que eu quisesse fazer." Então, ela e seu marido Dick decidiram ter um bebê, e ela ficou chocada por querer que seu filho enxergasse. "Eu acreditava que minha vida não poderia ter sido melhor se eu tivesse visão plena. Se meu filho fosse cego, eu tentaria garantir-lhe todas as chances de se tornar um membro realizado e útil para a sociedade. Dick disse que concordava comigo completamente. Mas ele estava mais perturbado do que queria que eu soubesse. Se podia aceitar a cegueira em mim, por que seria devastador para ele, mesmo por um momento, se nosso filho fosse cego também?" Deborah engravidou com grande preocupação. "Eu não sabia se poderia suportar seu sentimento de devastação caso nosso bebê viesse a ser cego como eu."

Depois que sua filha nasceu, a mãe de Deborah também expressou temor de que o bebê pudesse ser cego. "Fiquei chocada", escreveu Deborah. "Meus pais criaram todos os seus três filhos, inclusive meu irmão cego e eu, com sensibilidade e um amor inabalável. Em todos nós eles tentaram cultivar confiança, ambição e respeito por si mesmo. No entanto, a cegueira nunca foi neutra para eles, não mais do que foi para Dick." A menina mostrou que enxergava, como Dick descobriu fazendo-a acompanhar seus movimentos. Ele ligou para os sogros a fim de contar a novidade; desde então, ele relembra o dia em que sua filha se virou para observar os movimentos de seus dedos. "Na voz dele, eu ouço um eco da excitação e do alívio que eram tão vívidos para ele naquela manhã, há muito tempo", escreveu Deborah. "Cada vez que ouço a história sinto uma pontada da velha dor, e por alguns momentos sinto-me muito sozinha de novo."[88]

A solidão de Deborah reflete uma disjunção entre sua própria percepção — de que ser cego é uma identidade — e a de seu marido — de que é uma doença. Sou solidário com seu ponto de vista e ao mesmo tempo fico perturbado com ele. Imagino como me sentiria se meu irmão anunciasse um ardente desejo de que meus sobrinhos fossem heterossexuais e telefonasse para todo mundo festejando que seu desejo se tornara realidade. Isso me machucaria. Ser gay e ser cego são coisas diferentes, mas ter uma individualidade que os outros percebem como indesejável é idêntico. Mas nossas decisões para maximizar a saúde (por mais complicada que seja a categoria a que essa palavra se refere) e evitar a doença (idem) não desvalorizam necessariamente aqueles que são doentes ou diferentes de alguma outra forma. Minhas próprias batalhas com a depressão contribuíram para uma identidade significativa para mim, mas se eu fosse escolher entre uma criança propensa à depressão e outra que nunca sofreria tantos estragos, eu ficaria com a opção B sem titubear. Mesmo que a doença se tornasse provavelmente um lugar de intimidade para nós, ainda assim eu não quereria que isso acontecesse.

A maioria dos adultos com identidades horizontais não quer ser objeto de pena ou admiração; eles simplesmente querem seguir com suas vidas sem serem observados. Muitos não gostam de Jerry Lewis por usar crianças patéticas a fim de obter fundos para a pesquisa genética. O correspondente da NBC News John Hockenberry, que tem uma lesão na coluna, disse: "As crianças de Jerry são pessoas em cadeiras de rodas na televisão arrecadando dinheiro para encontrar uma maneira de impedir que tivessem nascido".[89] A ira é generalizada. "Os adultos reagem à minha diferença ajudando-me, mas alguns de meus colegas de escola reagiram me xingando", escreveu Rod Michalko, que é cego. "Só muito mais tarde é que percebi que ajuda e xingamentos eram equivalentes."[90] Arlene Mayerson, uma especialista em legislação de direitos para os deficientes, afirma que a benevolência e as boas intenções estão entre os maiores inimigos das pessoas deficientes ao longo da história.[91] Os capazes podem ser narcisistas generosos: eles concedem avidamente aquilo que se sentem bem em dar, sem considerar como será recebido.

Por outro lado, o modelo social da deficiência exige que a sociedade modifique a maneira de fazer negócios para dar poder às pessoas com deficiência, e só fazemos esses ajustes quando os legisladores aceitam que a vida pode ser dolorosa para aqueles que vivem nas margens. Gestos paternalistas podem ser justamente desprezados, mas o aumento da empatia é muitas vezes uma precondição da aceitação política e um motor de reforma. Muitas pessoas deficientes dizem que a desaprovação social que experimentam é muito mais pesada do que a deficiência de que sofrem, sustentando ao mesmo tempo que sofrem somente porque a sociedade os trata mal, e que eles têm experiências únicas que os distinguem do mundo — que são eminentemente especiais e de forma alguma diferentes.

Um estudo que procurou determinar se o dinheiro está correlacionado à felicidade revelou que a pobreza está ligada ao desespero, mas que, depois que alguém sai da pobreza, a riqueza tem pouco efeito sobre a felicidade.[92] O que está correlacionado é a quantidade de dinheiro que uma pessoa tem em relação ao seu grupo social. Há muito campo para prosperar em comparações para baixo. Riqueza e capacidade são conceitos relativos. Há amplos espectros em todas essas áreas, e terras fronteiriças largas e sombrias em deficiência mental e física, assim como existem em status socioeconômico. Uma ampla gama de pessoas pode sentir-se rica — ou capaz — em relação ao contexto em que vive. Quando uma condição não é estigmatizada, as comparações são menos opressivas.

Não obstante, no outro extremo do espectro de deficiência há uma zona que corresponde à pobreza, um lugar de privação grave, onde a retórica não pode tornar as coisas melhores. A linha de pobreza da deficiência varia entre uma comunidade e outra, mas ela existe. Negar as realidades médicas que essas pessoas enfrentam é equivalente a negar a realidade financeira da criança da favela. O corpo e a mente podem estar quebrados de uma forma dolorosa. Muitas pessoas com deficiência sentem uma dor debilitante, lutam com incapacidades intelectuais e vivem em permanente proximidade da morte.

A reparação do corpo e do preconceito social arraigado são objetivos que dançam uma valsa preocupante: ambos os consertos podem ter consequências indesejáveis. Um corpo reparado pode ter sido alcançado por meio de um trauma brutal e em reação a pressões sociais injustas; um preconceito reparado pode eliminar os direitos que sua existência havia levado a existir. A questão do que constitui qualquer diferença protegida tem um peso político enorme. As pessoas com deficiência estão protegidas por leis frágeis, e se for decidido que têm uma identidade, em vez de uma doença, elas podem perder essas salvaguardas.

Todos os tipos de atributos constroem alguém menos capaz. O analfabetismo e a pobreza são deficiências, assim como a imbecilidade, a obesidade e o tédio. Idade extrema e extrema juventude são ambas deficiências. A fé é uma deficiência na medida em que nos refreia do interesse pessoal; o ateísmo é uma deficiência na medida em que nos protege da esperança. É possível ver o poder também como uma deficiência, pelo isolamento em que aprisiona aqueles que o exercem. O estudioso da deficiência Steven R. Smith afirma: "Uma existência completamente indolor também poderia muito bem ser vista como deficiente para a maioria das pessoas".[93] Da mesma forma, qualquer uma dessas características pode encarnar força, algumas com mais facilidade do que outras. Todos temos capacidades diferentes uns dos outros, e o contexto — que é construído socialmente — muitas vezes decide o que será protegido e admitido. Ser gay era uma deficiência no século XIX de um modo que não é agora; hoje, é uma deficiência em alguns locais de uma forma que não é em outros; e, para mim, era uma deficiência na juventude e não o é mais hoje. A questão toda é intensamente instável. Ninguém jamais sugeriu proteções legais para pessoas feias a fim de compensar as feições desalinhadas que irão comprometer suas vidas pessoais e profissionais. Para pessoas com deficiência por desorientação moral inata, não oferecemos apoio, mas prisão.

Uma vez que ainda não há um entendimento coerente das identidades horizontais como categoria coletiva, aqueles que lutam pelos direitos horizontais dependem muitas vezes da rejeição metódica, pelo movimento dos deficientes, dos modelos que veem na deficiência uma doença. Na medida em que essas concepções de direitos dizem respeito à identidade, elas se baseiam no modelo dos Alcoólicos Anônimos e outros grupos de recuperação de doze passos. O AA foi o primeiro a sugerir o controle de uma doença por meio da consideração dela como uma identidade e com o apoio de pessoas com um problema semelhante: atribuir significado a um problema era crucial para resolvê-lo. De certa forma, esse quase paradoxo pode ser reduzido à última cláusula da Oração da Serenidade de Reinhold Niebuhr, que é um princípio do movimento de recuperação: "Concedei-nos, Senhor, a serenidade necessária para aceitar as coisas que não podemos modificar, coragem para mudar aquelas que podemos, e sabedoria para distinguir umas das outras".

Nas últimas décadas, embora tenhamos passado cada vez mais de modelos com base na doença para modelos de identidade, essa mudança nem sempre é eticamente defensável. Depois que passei a ver a surdez, o nanismo, o autismo e a transgeneridade como identidades dignas de apreço, topei com os movimentos pro-ana e pro-mia, que procuram retirar as associações negativas em torno da anorexia e da bulimia, promovendo-as a escolhas de estilo de vida em vez de doenças.[94] Os sites pro-ana e pro-mia oferecem dicas sobre dietas radicais, analisam o uso de eméticos e laxantes e validam postagens de competições de perda de peso. Pessoas que seguem os conselhos desses sites podem morrer: a anorexia tem a maior taxa de mortalidade de todas as doenças mentais. Propor que os anoréxicos estão apenas explorando uma identidade é tão moralmente frouxo quanto aceitar a crença de membros de gangues de que estão apenas buscando uma identidade que por acaso implica matar pessoas. Está claro que identidade é um conceito finito. O que não está claro é a localização de seus limites. Em minha própria vida, a dislexia é uma doença, enquanto ser gay é uma identidade. Pergunto-me, porém, se teria sido o contrário caso meus pais não tivessem conseguido me ajudar a compensar a dislexia, mas tivessem alcançado o objetivo de alterar minha sexualidade.

* * *

O desejo de corrigir as pessoas reflete pessimismo quanto ao problema delas e otimismo em relação ao método de reparação. Em *Autobiography of a Face* [Autobiografia de um rosto], Lucy Grealy descreve o câncer infantil da mandíbula que a deixou permanentemente desfigurada — e, em sua própria visão, grotesca. Conheci Lucy, embora não muito bem, e não a achava feia. Sempre me perguntei de onde vinha a profunda convicção de sua repulsividade, porque isso contaminava tudo o que ela fazia, por mais que seu charme distraísse da ausência de sua mandíbula. Ela escreveu sobre como se preparou para uma de suas inúmeras cirurgias reconstrutivas fracassadas e pensou: "Talvez esse não fosse meu verdadeiro rosto, mas o rosto de algum intruso, algum intruso feio, e meu rosto 'verdadeiro', aquele que me era destinado desde sempre, estava ao alcance. Comecei a imaginar meu rosto 'original', aquele livre de todo desvio, todo erro. Eu acreditava que se nada disso tivesse acontecido comigo, eu teria sido linda".[95] A morte de Lucy por uma overdose de heroína aos 39 anos atesta, em parte, os custos opressivos pagos por pessoas anômalas que fazem seu caminho através de processos intermináveis de reparação.

Se as cirurgias tivessem funcionado, Lucy talvez tivesse tido uma vida feliz, tão boa quanto se tivesse ficado em paz com sua aparência. O fato de seu rosto se revelar irremediável faz pensar se sua mente teria sido igualmente sem conserto. O que poderia ter acontecido se sua energia estivesse focada na inteligência singular que produziu essa crônica do desespero intratável? Eu também teria tentado as coisas que Lucy tentou, talvez com o mesmo resultado; sempre tentei consertar o que pode ser corrigido e tendo a aceitar apenas o inevitável. Seu sonho de superar seu problema, durante décadas sustentado pelos médicos, acabou com ela. Um trabalho acadêmico recente sugere que as pessoas que sabem que sua condição é irreversível são mais felizes do que aquelas que acreditam que ela pode ser melhorada. Nesses casos, ironicamente, a esperança pode ser a pedra angular do sofrimento.[96]

Em 2003, instaurou-se um processo na Inglaterra contra um médico que havia realizado um aborto em uma mulher com gravidez em estágio avançado que iria dar à luz uma criança com fenda palatina.[97] Esse tipo de aborto é legal para mulheres cujos filhos possam vir a ter um defeito genético grave, e a pergunta era se esse defeito se encaixava nessa definição. Os documentos do processo citavam as palavras de outra mãe cujo filho tinha uma fenda congênita do palato: "Eu sem dúvida não faria um aborto, mesmo que o bebê tivesse uma fenda palatina ou leporina, hoje em dia isso pode ser reparado com sucesso. Não é uma deficiência".[98] Uma fenda palatina grave não tratada pode ter consequências terríveis e é, inegavelmente, uma deficiência. Mas não há nenhuma equação simples pela qual a existência da correção significa que a condição não é mais uma deficiência; retificar um problema não é a mesma coisa que preveni-lo. Bruce Bauer, chefe do setor de cirurgia plástica do Children's Memorial Hospital, de Chicago, que corrige deformidades faciais, disse que as crianças que ele opera merecem "a oportunidade de ter a aparência de quem elas de fato são — não diferente de qualquer outra pessoa".[99] Mas se a correção cirúrgica as torna "não diferentes" ou disfarça permanentemente a diferença é uma pergunta cheia de implicações e amplas ramificações.

A imprensa está repleta de histórias animadoras de intervenções cirúrgicas, tais como a de Chris Wallace, o menino que nasceu com pés tortos e que agora joga futebol americano profissional. "Eu amo os meus pés", ele disse.[100] As pessoas que procuram intervenções cirúrgicas quase sempre falam em termos de correção. Os transgêneros falam de procedimentos de reencaminhamento sexual, como meio de reparar um defeito de nascença. Aqueles que defendem implantes cocleares para os surdos usam a mesma retórica. A linha que separa a intervenção cosmética — o que alguns chamam de "tecnoluxo"— de procedimentos corretivos pode ser bem tênue, assim como a linha entre se tornar um eu melhor e a conformação com normas sociais opressivas. O que dizer da mãe que manda furar as orelhas da filha porque estão caçoando dela na escola, ou do homem que busca um antídoto cirúrgico para sua calvície? Essas pessoas podem estar eliminando um problema, ou podem estar simplesmente cedendo à pressão de seus grupos.

As companhias de seguros negam cobertura para muitos procedimentos corretivos, alegando que são cosméticos. Na verdade, uma fenda palatina pode causar desfiguração, dificuldade para comer, infecções de ouvido que levam à perda auditiva, graves problemas dentais, distúrbios de fala e linguagem e, talvez em consequência de tudo isso, graves problemas psicológicos. A falta da mandíbula de Lucy Grealy talvez não fosse considerada uma perda crucial por algumas pessoas, mas para ela era mortal. Por outro lado, mesmo um resultado cirúrgico positivo pode representar dificuldades para os pais. Em um site para pais de crianças com fenda palatina, Joanne Green escreve: "O médico lhe diz que tudo correu perfeitamente. Então, por que, quando você vê o bebê, nada parece perfeito? Seu doce, sorridente, amoroso, confiante e feliz bebê de duas horas atrás está agora doente e com dor. E então você dá uma boa olhada no rosto. Não a linha de sutura, não o inchaço, mas o rosto. E você ficará chocada com a diferença que verá no rosto do seu bebê. Pouquíssimos pais ficam inicialmente entusiasmados com a cirurgia. O bebê quase parece ser outro. E, afinal, você amava o antigo!".[101]

Qual é a urgência de um problema e quão terrível é a solução? Essa é a proporção que precisa ser levada em conta. É sempre essencial e ao mesmo tempo impossível determinar a diferença entre os pais que querem poupar a criança do sofrimento e aqueles que querem poupar eles mesmos de sofrer. Não é agradável ficar suspenso entre dois modos de ser; quando perguntei a uma anã o que ela achava do alongamento de membros, um processo realizado na infância que pode dar a alguém a aparência normal de estatura média, ela disse que isso só faria dela "uma anã alta". Na melhor das hipóteses, as intervenções médicas possibilitam que indivíduos saiam das margens para um centro mais cômodo; na pior, elas deixam as pessoas se sentindo ainda mais comprometidas e não menos alienadas. Alice Domurat Dreger, que escreveu sobre transgêneros e sobre gêmeos siameses, asseverou: "Longe de parecer uma rejeição da criança, a cirurgia de normalização pode parecer para alguns pais uma manifestação de amor total e incondicional. Mas os pais também podem procurar correções cirúrgicas porque acham que saberão como ser pai ou mãe para aquela criança, enquanto muitas vezes se sentem inseguros quanto a ser pai ou mãe da criança atual."[102]

Pessoas de nível socioeconômico mais alto tendem ao perfeccionismo e têm mais dificuldade em conviver com defeitos visíveis. Um estudo francês afirmou sem rodeios: "As classes mais baixas mostram uma tolerância maior com crianças gravemente deficientes".[103] Um estudo americano confirma essa conclusão, na medida em que famílias de renda mais alta são "mais propensas a enfatizar a independência e o autodesenvolvimento", ao passo que famílias de renda menor enfatizam "a interdependência entre os membros da família".[104] Famílias de nível de escolaridade mais alto e mais ricas são mais propensas a procurar internação para os filhos, e famílias brancas o fazem com mais frequência do que famílias de minorias étnicas, embora um número assombroso de pais dessas minorias perca filhos para famílias de acolhimento.[105] Fiz entrevistas consecutivas com uma mulher branca rica que tinha um filho autista de baixa funcionalidade, e com uma mulher afro-americana pobre cujo filho autista tinha muitos dos mesmos sintomas. A mulher mais privilegiada havia gasto anos tentando melhorar o filho sem sucesso. A menos favorecida nunca pensou que poderia melhorar o dela, porque nunca conseguira melhorar a própria vida, e ela não se afligia com sentimentos de fracasso. A primeira mulher achava difícil demais lidar com o filho. "Ele quebra tudo", disse, infeliz. A outra tinha uma vida relativamente feliz com o filho. "Tudo o que poderia ser quebrado ele já quebrou há muito tempo", disse ela. Corrigir faz parte do modelo da doença; aceitar faz parte do modelo da identidade; o caminho que uma família segue reflete seus pressupostos e recursos.

Um filho pode interpretar como sinistros até os esforços bem-intencionados para consertá-lo. Jim Sinclair, uma pessoa autista intersexual, escreveu: "Quando os pais dizem 'Eu gostaria que meu filho não tivesse autismo', o que eles realmente estão dizendo é 'Gostaríamos que o filho autista que temos não existisse e tivéssemos em vez dele um filho diferente (não autista)'. Leiam isso de novo. Isso é o que ouvimos quando vocês lamentam por nossa existência. Isso é o que ouvimos quando vocês rezam por uma cura. Isso é o que entendemos quando nos falam de suas mais caras esperanças e sonhos para nós: que o maior desejo de vocês é que um dia deixemos de existir e estranhos que vocês possam amar entrem atrás de nossos rostos".[106] Existem modelos tanto aditivos quanto subtrativos da maioria das deficiências: ou a pessoa tem um problema invasivo que pode ser removido, tal como uma infecção, ou a pessoa foi diminuída pelo problema, como quando um órgão falha. Camadas de doença ou divergência podem ser empilhadas em cima de uma pessoa "normal" persistente, que é obscurecida por elas — ou a condição pode fazer parte integral da pessoa. Se dermos audição a uma pessoa surda, nós a estamos liberando para a plena individualidade, ou comprometendo sua integridade? A reforma da mente de um criminoso lhe dá um eu mais autêntico, ou apenas uma personalidade que é apropriada para o resto da sociedade? A maioria dos pais supõe que um eu autêntico não autista está escondido dentro das pessoas autistas, mas Sinclair e muitos outros que têm autismo não veem mais ninguém dentro deles, não mais do que eu veria uma pessoa heterossexual — ou um jogador profissional de beisebol — trancado dentro de mim. Não está claro que possamos libertar a criança planejada através do amor que está dentro de um filho concebido por estupro. A genialidade talvez possa também ser vista como uma doença invasiva.

Aimee Mullins nasceu sem fíbulas nas canelas e suas pernas foram amputadas abaixo do joelho quando ela tinha um ano de idade. Agora ela é uma modelo

53

com pernas protéticas. "Quero ser vista como bela por causa da minha deficiência, e não apesar dela", declarou. "As pessoas não paravam de me perguntar: 'Por que você quer entrar neste mundo que é tão maldoso e gira em torno da perfeição física?'. É por isso. É por isso que eu quero fazer parte dele."[107] Bill Shannon, que nasceu com uma doença degenerativa do quadril, desenvolveu uma técnica de break dancing usando muletas e um skate. Virou cult e passou a ter seguidores no mundo da dança de vanguarda pelo trabalho que descreveu como sendo uma consequência natural de seus esforços para manter a mobilidade. Foi cortejado pelo Cirque du Soleil, mas, como não se imagina como um número de Las Vegas, concordou em ensinar suas coreografias. Ele treinou um artista são a se mover com muletas, tal como ele fazia. O número do Cirque du Soleil chamado *Varekai*, que usa a técnica e a coreografia de Shannon, é um enorme sucesso.[108] A deficiência de Shannon não é um espetáculo risível, mas a fonte de um empreendimento provocante e original. Mais recentemente, Oscar Pistorius, um sul-africano que tem duas pernas protéticas, classificou-se entre os maiores corredores mundiais dos quatrocentos metros e competiu nos Jogos Olímpicos de Londres, em 2012. A revista *Time* colocou-o entre as cem pessoas mais influentes do mundo e ele tinha contratos de patrocínio com a Nike e Thierry Mugler.[109] Pistorius foi acusado de assassinar a namorada, uma tragédia não apenas para ele e sua vítima, mas também para todos da comunidade de deficientes que o tinham como um exemplo a ser seguido. Ainda assim, alguns tipos de graça não teriam entrado no mundo se todos os quadris e pernas funcionassem da mesma maneira. A deformidade foi levada para o campo da beleza, uma catalisadora para a justiça, em vez de uma afronta a ela, e a sociedade mudou o suficiente para se maravilhar com um dançarino de muletas, uma modelo com pernas protéticas, um atleta cuja velocidade depende de panturrilhas de fibra de carbono.

Ostentar as tecnologias visíveis que compensam uma deficiência, como fazem Mullins, Shannon e Pistorius, pode dar poder aqueles que as utilizam. Para muitas pessoas, no entanto, esse trombetear da dependência da robótica é inconcebível. Sofro de depressão e passei dez anos buscando tratamento eficaz para isso. Na situação de alguém cuja capacidade de funcionar estaria comprometida sem medicamentos psicotrópicos, conheço o incômodo esquisito de reconhecer que sem esse reforço eu seria outra pessoa. Eu também me sentia ambivalente em relação à melhoria de minha vida emocional e, às vezes, sinto que seria mais fiel a mim mesmo se fosse taciturno, arredio e ficasse escondido na cama. Sei por que algumas pessoas escolhem não se medicar. Médicos perplexos e pais que não compreendem questionam as pessoas deficientes que rejeitam os mais recentes procedimentos e aparelhos. No entanto, esses deficientes podem ficar furiosos com a perspectiva de intervenções que os fariam funcionar mais como pessoas sem deficiência, sem mitigar a dura realidade de sua condição incapacitante. Alguns podem até amaldiçoar as engenhocas que os mantêm vivos: diálise, medicamentos, cadeiras de rodas, próteses, software de processamento de voz. Comecei a tomar medicamentos psicotrópicos muito depois da idade do consentimento e sinto certo domínio sobre a decisão. Muitas intervenções, no entanto, têm de ser feitas num estágio muito anterior. Os pais e médicos que buscam correções cirúrgicas e intervenção precoce para crianças iniciam uma narrativa de vida que consideram moral e pragmaticamente correta, mas jamais podem prever o que resultará de suas decisões.

O movimento pelos direitos dos deficientes supõe que a maioria das pessoas vivas está contente por estar viva, ou estaria se tivesse apoios adequados — que o desejo de estar morto é tão aberrante nos deficientes como em qualquer outro grupo de pessoas. Não obstante, existem indivíduos que foram citados como demandantes em processos bem-sucedidos contra seu próprio nascimento, ações geralmente apresentadas pelos pais em nome deles. O princípio extrapola a *wrongful death* [homicídio culposo por negligência médica], e o *wrongful birth* [nascimento injusto], que pode ser reivindicado quando a família não recebeu aconselhamento pré-natal adequado. Os processos de nascimento injusto são abertos pelos pais em seus próprios nomes e compensarão apenas os custos com que eles arcam enquanto pais — em geral para cuidado e apoio até que o filho faça dezoito anos. O processo de *wrongful life* [vida injusta] compensa a pessoa com deficiência, em vez de seus pais, e pode acarretar fundos para toda uma vida. Um processo de vida injusta se propõe a cobrir não uma perda, mas um ganho: o fato da existência de alguém.[110]

Em 2001, o mais alto tribunal de apelações da França concedeu uma grande quantia para um menino com síndrome de Down pelo "dano de ter nascido".[111] O tribunal decidiu que "a deficiência da criança é o verdadeiro dano a ser compensado, e não sua perda de felicidade" — no sentido de que ela merecia uma compensação financeira pela indignidade de estar viva. O mesmo tribunal concedeu mais tarde uma indenização a um garoto de dezessete anos que nasceu com deficiência mental, surdo e quase cego, dizendo que, se a ginecologista de sua mãe tivesse diagnosticado rubéola durante a gravidez, ela teria feito um aborto e seu filho não teria experimentado uma vida inteira de dor. Os deficientes físicos franceses ficaram furiosos com a implicação de que estar morto era melhor do que ser deficiente. Um pai disse: "Espero que essa não seja a maneira como o resto da sociedade olha para nossos filhos, pois isso seria insuportável". Em resposta aos amplos protestos, o legislativo francês proibiu os processos de vida injusta.

Nos Estados Unidos, a ideia de vida injusta foi validada em quatro estados, embora 27 outros a tenham rejeitado explicitamente.[112] Não obstante, processos de vida injusta foram abertos em relação à doença de Tay-Sachs, surdez, hidrocefalia, espinha bífida, síndrome da rubéola, síndrome de Down e doença renal policística, e os tribunais têm concedido indenizações, com destaque para o caso Curlender versus Bio-Science Laboratories.[113] Um casal submetido a exames genéticos não foi informado de que era portador da doença de Tay-Sachs e teve uma filha com a doença, que morreu aos quatro anos de idade. Eles argumentaram: "A realidade do conceito de 'vida injusta' é que esse demandante ao mesmo tempo *existe* e *sofre*. Se os réus não tivessem sido negligentes, o demandante poderia não ter vindo a existir". Eles receberam uma compensação pelo custo do tratamento, e indenização pela dor e pelo sofrimento parentais.[114]

Embora os processos de vida injusta tratem da questão ontológica a respeito de que tipo de vida vale a pena viver, não é isso o que os provoca. Ser deficiente acarreta despesas colossais, e a maioria dos pais que entram com processos de vida injusta o faz numa tentativa de garantir o cuidado de seus filhos. Numa distorção horrível, pais e mães precisam eximir-se das obrigações da paternidade responsável, afirmando em documentos legais que desejam que seus filhos jamais tivessem nascido.

Algumas pessoas podem suportar uma grande dose de dor e ainda experimentar grande felicidade, enquanto outras ficam infelizes com uma dor menos aguda. Não há nenhum modo de saber quanta dor um bebê pode suportar, e quando os pais alcançam uma percepção precisa disso as proibições sociais, as restrições legais e as políticas hospitalares tornam muito difícil interromper um tratamento. Mesmo entre adultos com consciência de si mesmos, muitas pessoas com existências aparentemente destituídas se aferram à vida, enquanto outras com situações invejáveis se matam.

Ao longo de mais de dez anos, entrevistei mais de trezentas famílias para este livro, algumas brevemente, outras em profundidade, e produzi cerca de 40 mil páginas de transcrições de entrevistas. Entrevistei, mas não escrevi sobre pais irreligiosos de filhos fundamentalistas; pais de filhos com dislexia e outras dificuldades de aprendizagem; pais de filhos obesos e de dependentes químicos; pais de gigantes com síndrome de Marfan, de crianças sem membros com síndrome de focomelia e de "bebês da talidomida" adultos; pais de bebês prematuros; pais de filhos com depressão e transtorno bipolar, de filhos com aids ou câncer. Conversei com pais que adotaram crianças deficientes ou de uma raça diferente vindas de outro país. Falei com pais de crianças intersexuais que não conseguiam decidir em que gênero criá-las. Conversei com pais de supermodelos, de valentões e de cegos.

Teria sido mais fácil escrever um livro sobre cinco situações problemáticas. No entanto, eu queria explorar o espectro da diferença para mostrar que criar um filho com habilidades extraordinárias é, sob certos aspectos, parecido com criar um filho com capacidades reduzidas, mostrar que a origem traumática de uma criança (estupro) ou atos traumáticos (crimes) podem ter paralelos surpreendentes com a condição de sua mente (autista, esquizofrênico, prodigioso) ou de seu corpo (nanismo, surdez). Cada uma das dez categorias que examinei representa um conjunto único mas relacionado de questões que, juntas, descrevem o espectro de problemas enfrentados por pais de filhos com identidades horizontais. Encontrei estudos excelentes sobre cada um dos meus tópicos e alguns sobre conjuntos menores de temas (livros gerais sobre deficiência, retardamento, genialidade), mas nenhum abordava a questão global de doença e identidade.

Cada um desses capítulos apresenta um determinado conjunto de questões e, em conjunto, eles indicam um espectro de problemas enfrentados por pais de filhos com identidades horizontais e pelos próprios filhos. Os próximos seis capítulos tratam de categorias classificadas há muito tempo como doenças, enquanto os quatro que os seguem descrevem as categorias que parecem ser mais socialmente construídas. Baseei-me sobretudo em entrevistados americanos e britânicos, mas investiguei um contexto não ocidental no qual aquilo que percebemos como uma doença aberrante é corriqueiro — a surdez congênita em uma aldeia no norte de Bali —, e um contexto não ocidental no qual aquilo que percebemos como uma identidade aberrante é corriqueiro — mulheres ruandesas que tiveram filhos concebidos por estupro durante o genocídio de 1994.

Embora eu tenha reunido estatísticas, baseei-me principalmente em depoimentos, porque números implicam tendências, enquanto histórias admitem o caos. Ao conversar com uma família, é preciso processar narrativas conflitantes, tentar conciliar as crenças genuínas — ou manipulações astutas — das várias partes. Trabalhei com um modelo psicodinâmico segundo o qual as interações das pessoas comigo no microcosmo da neutralidade jornalística indicavam como elas interagem com o mundo. Em todo o livro, refiro-me aos membros das famílias que entrevistei pelo prenome. Faço isso não para criar um verniz de intimidade, como os livros de autoajuda muitas vezes tentam fazer, mas porque vários membros delas têm o mesmo sobrenome, e esta é a forma menos complicada de não perder de vista meus entrevistados.

Precisei aprender muita coisa para ser capaz de ouvir esses homens, essas mulheres e esses filhos. No meu primeiro dia numa convenção de anões, resolvi ajudar uma adolescente que soluçava. "É assim que eu sou", ela disse entre suspiros, e aparentemente estava meio rindo. "Essas pessoas se parecem comigo." Sua mãe, que estava perto, disse: "Você não sabe o que isso significa para a minha filha. Mas também significa muito para mim encontrar esses outros pais que saberão do que estou falando". Ela supunha que eu também devia ser pai de um filho com nanismo; quando soube que não, ela riu: "Por alguns dias, agora, você poderá ser o aberrante". Muitos dos mundos que visitei eram animados por tamanho sentimento de comunidade que senti pontadas de ciúme. Não gostaria de banalizar a dificuldade dessas identidades, mas aprendi sobre isso ao entrar neles. A revelação era toda a alegria.

Embora negar a raiva e o tédio da paternidade possa ser devastador, permanecer neles também é um erro. Muitas das pessoas que entrevistei disseram que jamais trocariam suas experiências por qualquer outra vida — pensamento saudável, uma vez que a troca não está disponível. Aderir à nossa própria vida, com todos os seus desafios, limitações e particularidades, é vital. E isso não deve ser exclusivamente um princípio horizontal; deve ser transmitido de geração a geração, com as colheres de prata e os contos folclóricos. O crítico britânico Nigel Andrews escreveu certa vez: "Se algo ou alguém não funciona, é em um estado de graça, progresso e evolução. Vai atrair amor e empatia. Se funciona, apenas completou seu trabalho e está provavelmente morto".[115]

Ter um filho gravemente desafiador intensifica a vida. Os pontos baixos são quase sempre muito baixos, os altos são às vezes muito altos. É preciso um ato de vontade para crescer a partir da perda: o transtorno oferece a oportunidade para o crescimento, não o próprio crescimento. Altos níveis de estresse constantes podem envelhecer os pais de filhos profundamente deficientes, tornando-os mais irritadiços e vulneráveis, mas alguns cultivam uma resistência profunda e permanente. Na verdade, eles se tornaram mais hábeis para lidar com outras tensões da vida. Mesmo que o lado negativo os desgaste, o positivo continua a recompensar. Quanto mais difícil o problema, mais profundos esses aspectos positivos podem ser. Um estudo explica: "Mães que relatam altos níveis de demandas de cuidados de seu filho com deficiência intelectual também relatam maior crescimento pessoal e maturidade".[116] O estudioso canadense Dick Sobsey, pai de uma criança deficiente, e sua colega Kate Scorgie afirmam: "Pais de filhos com deficiências relativamente leves podem ser mais propensos a se ajustar ou a se acomodar fazendo alterações pequenas ou superficiais. Por outro lado, pais de filhos com deficiências mais graves podem achar mais difícil ou impossível continuar com suas vidas como eram antes e, em consequência, podem ser mais propensos a sofrer transformações".[117] Transformações positivas são alcançadas quando o desequilíbrio inicial, que é traumático e breve, dá lugar à reorganização psíquica, que é gradual e duradoura. Parece ser verdade que o que não nos mata nos torna mais fortes.

Os homens e mulheres que acreditam que ter um filho deficiente lhes deu um conhecimento ou esperança que não teriam de outro modo encontram valor em suas vidas, e aqueles pais que não veem essas possibilidades muitas vezes não o encontram. Aqueles que acreditam que seu sofrimento foi valioso amam com mais facilidade do que aqueles que não veem sentido em sua dor. Sofrimento não implica necessariamente amor, mas amor implica sofrimento, e o que muda com esses filhos e suas situações extraordinárias é a forma do sofrimento — e, em consequência, a forma do amor, forçado a assumir uma feição mais difícil. Não importa se o sentido está presente; importa apenas se ele é percebido. Ilusões de saúde física podem ser ilusões; alguém que tem insuficiência cardíaca congestiva provavelmente vai morrer disso, acredite ou não que tem esse problema. As ilusões de saúde mental são mais robustas. Se você acredita que suas experiências o têm vitalizado, então elas têm mesmo; a vitalidade é um estado interior, e experimentá-la é a sua própria verdade. Em um estudo, mães que viram vantagens em ter bebês prematuros experimentaram menos dor psicológica e foram mais sensíveis às necessidades de seus filhos, enquanto aquelas que não viram vantagens na experiência tiveram filhos que iam menos bem aos dois anos.[118] Um estudo que analisou crianças com várias complicações no nascimento chegou a uma conclusão simples: "Os filhos de mães que se esforçaram mais para encontrar sentido tiveram um desenvolvimento melhor".[119]

O mundo torna-se mais interessante por ter todo tipo de pessoa vivendo nele. Isso é uma visão social. Devemos aliviar o sofrimento de cada indivíduo no extremo limite de nossas capacidades. Essa é uma visão humanista com conotações médicas. Alguns pensam que sem sofrimento o mundo seria tedioso; outros, que sem o próprio sofrimento deles o mundo seria tedioso. A vida é enriquecida pela dificuldade; o amor torna-se mais agudo quando requer esforço. Eu costumava pensar que a natureza do desafio era extremamente importante. Em meu último livro, escrevi sobre como, em algum nível, eu amava minha depressão, pois ela havia testado meu valor e me transformado em quem eu sou. Agora acho que poderia ter tido o mesmo enriquecimento tendo um filho com síndrome de Down, ou tendo câncer. Não é o sofrimento que é precioso, mas o nácar concêntrico com que o contemos. A areia crua da angústia nunca será escassa. Há o suficiente dela na vida mais feliz para servir a esses fins instrutivos e sempre haverá. Somos mais solidários com os sobreviventes do Holocausto do que com os filhos descontentes do privilégio, mas todos nós temos nosso lado escuro e o truque é fazer algo glorioso dele.

Dizemos que nossas lutas nos enobreceram, mas não sabemos quem teríamos sido sem elas. Poderíamos ter sido igualmente maravilhosos; nossas melhores qualidades talvez sejam inerentes, em vez de circunstanciais. Não obstante, a maioria das pessoas olha para trás, mesmo para a infelicidade, com nostalgia. Certa vez, fui com um artista russo visitar sua mãe idosa em Moscou. Quando chegamos ao apartamento dela, nós a encontramos assistindo a um filme de propaganda soviética da década de 1940 na TV. Eu disse: "Nadejda Konstantinova, você foi enviada para o gulag, nesse momento exato, com base nessa exata filosofia. E agora você assiste a isso como entretenimento?". Ela sorriu, deu de ombros e disse: "Mas foi minha juventude".

A pergunta que me faziam com mais frequência sobre este projeto era qual desses problemas era o pior. Do meu ponto de vista, alguns deles parecem toleráveis; outros, desejáveis; outros, ainda, terrivelmente difíceis. A preferência varia e outras pessoas se deleitam com modos de ser que acho assustadores. Entendo, portanto, por que minha própria maneira de ser assusta algumas pessoas. Diferença e deficiência parecem convidar as pessoas a recuar e julgar. Pais julgam que vidas vale a pena viver, e com que vidas vale a pena conviver; ativistas julgam-nos por fazer isso; estudiosos da lei julgam quem deveria fazer tais julgamentos; médicos julgam quais vidas devem salvar; políticos julgam quanta adaptação as pessoas com necessidades especiais merecem; companhias de seguros julgam quanto valem as vidas. Os juízos negativos não se limitam às pessoas que se consideram dentro da corrente principal da sociedade. Quase todas as pessoas que entrevistei desgostaram em algum grau dos capítulos deste livro que não fossem o delas próprias. Surdos não queriam ser comparados a pessoas com esquizofrenia; alguns pais de esquizofrênicos ficaram assustados com os anões; criminosos não puderam suportar a ideia de que tinham alguma coisa em comum com transexuais. Prodígios e suas famílias se opuseram a estar em um livro com os gravemente deficientes, e alguns filhos de estupro acharam que sua luta emocional foi banalizada quando foram comparados aos ativistas gays. Pessoas com autismo muitas vezes apontaram que a síndrome de Down acarretava uma inteligência muito menor do que a delas.

A compulsão para construir essas hierarquias persiste mesmo entre as pessoas que foram prejudicadas por elas. A meio caminho da redação deste livro, uma mãe que falara comigo livremente sobre o autismo do filho adolescente transgênero concordou que eu poderia me referir a ele como homem; de início ela havia pedido para que eu evitasse o problema do gênero dele porque o preconceito contra pessoas trans e o potencial para escrutínio hostil a aterrorizavam. Quando cheguei ao fim da redação, uma mulher que eu conhecera bem como mãe de uma transexual admitiu que seu filho estava no espectro do autismo; ela não havia mencionado isso anteriormente porque achava que o estigma era demasiado significativo. Não há consenso sobre o que pode ser falado e o que precisa ser escondido. Tobin Siebers defende de forma comovente a solidariedade horizontal, mostrando que nosso desprezo por pessoas que não podem cuidar de si mesmas baseia-se em uma proposição falsa. Ele sustenta que a inclusão de pessoas deficientes "expõe a dependência generalizada de pessoas e nações umas das outras, desfazendo o mito perigoso de que indivíduos ou nações existem naturalmente em um estado de autonomia e que aqueles indivíduos ou países que caem em dependência são de alguma forma inferiores aos outros".[120]

O belo mosaico do multiculturalismo foi um antídoto necessário para o caldeirão do assimilacionismo. Agora é hora de os pequenos principados encontrarem sua força coletiva. A *intersecionalidade* é a teoria de que vários tipos de opressão alimentam uns aos outros — que você não pode, por exemplo, eliminar o sexismo sem resolver o racismo. Benjamin Jealous, presidente da Associação Nacional para o Progresso das Pessoas de Cor, a mais antiga organização de direitos civis dos Estados Unidos, contou-me como era irritante para ele, que cresceu em uma cidade branca, quando ele e seu irmão adotivo eram insultados por serem negros — e como foi muito mais penoso quando algumas das pessoas que não os tratavam com condescendência por causa da raça perseguiam seu irmão por ser gay. "Se toleramos o preconceito contra qualquer grupo, nós o toleramos em relação a todos os grupos", disse ele. "Eu não poderia ter relacionamentos que dependessem da exclusão de meu irmão, ou de qualquer outra pessoa. Estamos todos em uma única luta, e nossa liberdade é a mesma liberdade para todos."

Em 2011, o casamento gay foi legalizado no estado de Nova York, depois que diversos republicanos do Senado estadual concordaram em apoiá-lo. Um deles, Roy J. McDonald, disse que havia mudado de posição sobre o casamento gay porque tinha dois netos autistas, o que lhe fez "repensar várias questões". Jared Spurbeck, um adulto autista, achava que suas esquisitices eram "um sinal de pecado" quando era um jovem mórmon; quando começou a ler sobre mórmons gays, achou que a experiência deles era parecida com a sua. "Eu não podia ignorar os paralelos entre autismo e homossexualidade. Depois de aceitar um, eu não poderia deixar de aceitar a outra."[121]

Encontrei militantes de toda espécie enquanto fazia esta pesquisa e os admirei, mesmo quando às vezes achava sua retórica oportunista. As mudanças que procuravam pareciam, individualmente, restritas à província e à experiência deles em particular, mas enquanto grupo eles representam um repensar da humanidade. A maioria dos pais que se tornam militantes o faz porque quer estimular a mudança social, mas esse impulso nunca é puro. Alguns acham que é um alívio, porque os leva para fora de casa e longe de seu filho, sem que tenham de sentir culpa por isso. Alguns usam o ativismo para distrair-se do sofrimento; os pais muitas vezes elogiam o que mais lamentam em relação aos filhos para se defender contra o desespero. Mas assim como a crença pode resultar em ação, a ação pode resultar em crença. Você pode se apaixonar gradualmente por seu filho e, por extensão, pelas deficiências dele, e, por mais extensão ainda, por todas as corajosas desvantagens do mundo. Muitos dos militantes que conheci estavam determinados a ajudar outras pessoas porque não podiam ajudar a si mesmos. A militância substitui com sucesso a dor deles. Ao ensinar seu otimismo ou sua força aprendidos para os pais que sofrem com um diagnóstico recente, eles fortaleciam suas próprias famílias.

Entendo pessoalmente essa estratégia, pois a escrita deste livro lidou com uma tristeza dentro de mim e, para minha surpresa, curou-a em ampla medida. A melhor maneira de passar por essas horizontalidades é encontrar coerência, e na sequência dessas histórias reformulei minha própria narrativa. Tenho uma experiência horizontal de ser gay e uma vertical da família que me produziu, e o fato de não estarem totalmente integradas já não parece solapar nenhuma delas. O impulso em direção à raiva contra meus pais evaporou, deixando apenas traços residuais. Ao absorver histórias de clemência de estranhos, percebi que havia exigido que meus pais me aceitassem, mas resistira a aceitá-los. Depois que o fiz, fiquei contente por ter a ubíqua companhia deles. O dramaturgo Doug Wright disse certa vez que a família inflige as feridas mais profundas, depois as mitiga da maneira mais terna.[122] Quando percebi que não havia refúgio da intromissão de meus pais, aprendi a valorizá-la mais que a solidão e a chamá-la de amor. Comecei minha pesquisa ofendido; terminei-a tolerante. Parti para entender a mim mesmo e acabei compreendendo meus pais. A infelicidade é uma má vontade constante e, nestas páginas, a felicidade serviu como um estímulo para a anistia. O amor deles sempre me perdoou; o meu veio para perdoá-los também.

Sei que eu chocava minha mãe e preocupava meu pai, e eu costumava ficar furioso com eles por não abraçarem essa parte horizontal de mim, por não aceitarem as primeiras evidências disso. Escrever foi uma lição de absolvição, porque vi a bravura que o amor exige. A aceitação sempre foi mais fácil para meu pai do que para minha mãe, mas isso não ocorria só comigo; ele se aceita mais facilmente do que ela a si mesma. Na cabeça de minha mãe, ela sempre se sentiu aquém; na cabeça de meu pai, ele é vitorioso. A ousadia interior de tornar-me eu mesmo foi um presente de minha mãe para mim, ao passo que a audácia exterior para expressar esse eu veio de meu pai.

Quisera ter sido aceito mais cedo e melhor. Quando eu era mais jovem, não ser aceito me enfurecia, mas agora não estou inclinado a desmontar minha história. Se banirmos os dragões, banimos os heróis — e nos apegamos à estirpe heroica em nossa história pessoal. Nós escolhemos nossas próprias vidas. Não se trata simplesmente de decidir sobre os comportamentos que constroem nossa experiência; quando levamos em conta nossas preferências, escolhemos ser nós mesmos. A maioria de nós gostaria de ser mais bem-sucedida, ou mais bonita, ou mais rica, e a maioria das pessoas passa por episódios de baixa autoestima ou mesmo de ódio de si mesma. Desesperamo-nos uma centena de vezes por dia. Mas mantemos o imperativo evolutivo surpreendente do afeto por nós mesmos, e com essa lasca de grandiosidade resgatamos nossos defeitos. Esses pais escolheram, de um modo geral, amar seus filhos, e muitos deles optaram por valorizar suas próprias vidas, mesmo que carreguem o que grande parte do mundo considera um fardo insuportável. Filhos com identidades horizontais alteram-nos dolorosamente, mas também nos iluminam. São receptáculos para a raiva e a alegria — até mesmo para a salvação. Quando os amamos, conseguimos acima de tudo o arrebatamento de privilegiar o que existe sobre o que havíamos apenas imaginado.

Perguntaram a um seguidor do dalai-lama que estivera preso pelos chineses durante décadas se ele alguma vez tivera medo na cadeia, e ele disse que seu medo era que pudesse perder a compaixão por seus captores.[123] Pais muitas vezes acham que capturaram algo pequeno e vulnerável, mas os pais dos quais fiz o perfil foram capturados, trancados com a loucura, genialidade ou deformidade de seus filhos, e a busca é por nunca perder a compaixão. Um estudioso budista explicou-me certa vez que a maioria dos ocidentais pensa erradamente que o nirvana é aquilo a que você chega quando seu sofrimento acaba e só uma eternidade de felicidade se estende à frente.[124] Mas essa felicidade seria sempre ofuscada pelo sofrimento do passado e seria, portanto, imperfeita. O nirvana ocorre quando você não olha somente para a frente para se extasiar, mas também olha para trás, para os momentos de angústia, e encontra neles as sementes de sua alegria. Você pode não ter sentido aquela felicidade na época, mas, em retrospecto, ela é incontestável.

Para alguns pais de filhos com identidades horizontais, a aceitação atinge seu apogeu quando eles concluem que, enquanto supunham que estavam amarrados por uma grande e catastrófica perda de esperança, estavam de fato se apaixonando por alguém que ainda não conheciam o suficiente para querer. Quando olham para trás, esses pais veem como cada estágio de amar seu filho os enriqueceu de maneiras que nunca teriam imaginado, maneiras que são incalculavelmente preciosas. Rumi disse que a luz entra em você no local enfaixado.[125] O enigma deste livro é que a maioria das famílias aqui descritas acabou agradecida por experiências que teriam feito qualquer coisa para evitar.

2. Surdos

Na sexta-feira, 22 de abril de 1994, recebi um telefonema de um desconhecido que havia lido meu texto sobre política de identidade no *New York Times* e ouvira falar que eu estava planejando escrever sobre os surdos.[1] "Há um problema fermentando no Lexington", disse ele. "Se não for resolvido, vamos ver alguma coisa acontecer na frente do centro na segunda-feira." Recebi mais alguns detalhes. "Olha, a situação é séria." Ele fez uma pausa. "Você nunca ouviu falar de mim. E eu nunca ouvi falar de você." E desligou.

O Centro Lexington para Surdos, no Queens — principal instituição de Nova York da cultura surda, que incorpora a maior escola para surdos do estado de Nova York, com 350 alunos, da pré-escola ao ensino médio —, acabara de anunciar um novo CEO, e os alunos e ex-alunos estavam descontentes com a escolha.[2] Os membros do conselho de direção do centro haviam trabalhado com uma equipe de busca que incluía representantes de todos os setores da comunidade do Lexington — muitos deles surdos — para selecionar um candidato. R. Max Gould, um membro do conselho não surdo que acabara de perder seu posto no Citibank, tinha lançado seu próprio nome e sido eleito por uma margem estreita. Muitos eleitores surdos acharam que suas vidas estavam mais uma vez sendo controladas por pessoas que ouviam. Uma comissão central de militantes surdos, líderes estudantis, representantes do corpo docente do Lexington e ex-alunos organizou-se em poucos minutos, solicitou uma reunião com o presidente do conselho para exigir a renúncia de Gould e foi sumariamente ignorada.

Na segunda-feira, quando cheguei ao Lexington, uma multidão de estudantes fazia uma manifestação diante da escola. Alguns usavam placas-sanduíche que diziam O CONSELHO PODE OUVIR, MAS É SURDO PARA NÓS; outros usavam camisetas de ORGULHO SURDO. Cartazes de MAX, RENUNCIE estavam por toda parte. Grupos de estudantes subiram no muro baixo diante do Lexington para que suas palavras de ordem fossem visíveis para a multidão abaixo; outros as repetiam em silêncio, com as mãos se movendo juntas. Perguntei à presidente do diretório acadêmico, uma menina afro-americana de dezesseis anos, se ela também havia participado de manifestações pelos direitos raciais. "Estou ocupada demais sendo surda agora", ela disse por sinais. "Meus irmãos não são surdos, então estão cuidando de ser negros." Uma mulher surda que estava por perto fez outra pergunta: "Se você tivesse a chance de deixar de ser surda ou ser negra, qual dos dois escolheria?". A estudante ficou subitamente acanhada. "Ambos são difíceis", respondeu por sinais. Outra estudante interveio. "Eu sou negra, surda e orgulhosa, e não quero ser branca, ouvinte ou de alguma forma diferente do que sou." Seus sinais eram grandes e claros. A primeira estudante repetiu o sinal *orgulhosa* — seu polegar subiu até o peito — e depois elas desandaram a dar risadinhas e voltaram para o piquete.

Os manifestantes haviam tomado uma sala no interior do centro para discutir estratégia. Alguém perguntou a Ray Kenney, diretor da Associação Empire State dos Surdos, se ele tinha alguma experiência em liderar protestos. Ele deu de ombros e respondeu por sinais: "Aqui, é o cego guiando os surdos". Alguns membros do corpo docente tiraram licença médica para participar da manifestação. O diretor de relações públicas do Lexington me disse que os alunos só queriam uma desculpa para faltar às aulas, mas essa não era a minha impressão. Os representantes do corpo docente na comissão central estavam alertas. "Você acha que o protesto vai funcionar?", perguntei a uma professora. Seus sinais foram ordenados e enfáticos. "A pressão vem aumentando, talvez desde que a escola foi fundada, em 1864. Agora está explodindo. Nada pode detê-la."

As escolas desempenham um papel extraordinariamente importante na vida de crianças surdas.[3] Mais de 90% das crianças surdas têm pais que ouvem.[4] Elas entram em famílias que não entendem a situação delas e com frequência estão mal preparadas para lidar com o problema. Nas escolas, são expostas pela primeira vez ao mundo dos surdos. Para muitas, a escola é o fim de uma terrível solidão. "Eu não sabia que havia outras pessoas como eu até chegar aqui", contou-me uma menina surda no Lexington. "Eu achava que todo mundo preferia falar com alguém que ouvisse." Os estados americanos, com exceção de três, têm pelo menos um centro ou escola residencial para a educação de surdos. Uma escola para pessoas surdas é um modo fundamental de identificação consigo mesmo; as palavras "Lexington" e "Gallaudet" estavam entre os primeiros sinais que aprendi.

Em inglês a palavra "Surdo" com inicial maiúscula refere-se a uma cultura, distinta de surdo, que é um termo patológico; essa distinção se parece com aquela feita nos Estados Unidos entre "gay" e "homossexual". Um número crescente de pessoas surdas sustenta que não escolheria ouvir. Para elas, a *cura* — surdez como patologia — é execrada; a *adaptação* — surdez como deficiência — é mais palatável; e a *celebração* — Surdez como cultura — supera todas.

A declaração de são Paulo, na carta aos Romanos, de que "a fé provém de ouvir"* foi mal interpretada por muito tempo no sentido de que aqueles que não podiam ouvir eram incapazes de ter fé,[5] e Roma não permitia que ninguém herdasse propriedade ou título se não pudesse se confessar. Por essa razão, a partir do século xv, algumas famílias de linhagem nobre passaram a fazer a educação oral de seus filhos surdos.[6] A maioria dos surdos, no entanto, tinha de contar com as línguas de sinais básicos que podia formular; em ambientes urbanos, essas linguagens evoluíram para sistemas coerentes. Em meados do século xviii, o abade De L'Épée buscou uma vocação entre os surdos pobres de Paris e foi uma das primeiras pessoas não surdas a aprender a língua deles.[7] Utilizando-a como meio para explicar o francês, ele ensinou os surdos a ler e escrever. Era a aurora da emancipação: não era preciso falar para aprender as línguas do mundo falante. O abade De L'Épée fundou o Instituto para a Instrução de Surdos-Mudos em 1755. No início do século xix, o reverendo Thomas Gallaudet, de Connecticut, que se interessara pela educação de uma criança surda, partiu para a Inglaterra a

* As traduções da Epístola aos Romanos para o português preferem dizer que a fé provém da "pregação" (10,17), mas um pouco antes (10,16) Paulo lamenta que nem todos "prestaram ouvido" à boa-nova, e logo depois (10,18) pergunta: "Acaso não a ouviram?". (N. T.)

fim obter informações sobre a pedagogia dos surdos. Os ingleses disseram-lhe que o método oral deles era segredo, então Gallaudet viajou para a França, onde foi recebido calorosamente no instituto, e convidou o jovem surdo Laurent Clerc a acompanhá-lo de volta à América para fundar uma escola. Em 1817, eles montaram o Asilo Americano para a Educação e Instrução dos Surdos, em Hartford, Connecticut.[8] Os cinquenta anos seguintes foram uma idade de ouro. A língua de sinais francesa misturou-se a sinais caseiros americanos, bem como ao dialeto de sinais da ilha Martha's Vineyard (onde havia uma linhagem de surdez hereditária)[9] para formar a língua de sinais americana (LSA). Surdos escreveram livros, entraram na vida pública, realizaram-se amplamente. O Gallaudet College foi fundado em 1857, em Washington, D. C., para proporcionar educação avançada aos surdos; Abraham Lincoln autorizou a instituição a conceder diplomas.[10]

Depois que os surdos se tornaram altamente funcionais, pediram-lhes que usassem a voz. Alexander Graham Bell liderou o movimento oralista do século XIX, que culminou com o primeiro encontro internacional de educadores de surdos, o Congresso de Milão, em 1880, e um decreto para proibir o uso do "manualismo"— uma palavra depreciativa para a língua de sinais —, para que as crianças pudessem aprender a falar em seu lugar. Bell, que tinha mãe e esposa surdas, depreciava os sinais, chamando-os de "pantomima". Consternado com a ideia de "uma variedade surda da raça humana", ele fundou a Associação Americana para Promover o Ensino da Fala aos Surdos, que procurou proibir que pessoas surdas se casassem entre si e impedir que os alunos surdos se misturassem com outros alunos surdos. Ele defendia que os adultos surdos se submetessem à esterilização e persuadiu alguns pais ouvintes a esterilizar seus filhos surdos.[11] Thomas Edison aderiu ao movimento para promover um oralismo exclusivo.[12] Quando o Lexington foi fundado, as pessoas que ouviam queriam ensinar os surdos a falar e a ler os lábios para que pudessem funcionar no "mundo real".[13] O modo como esse sonho deu horrivelmente errado é a grande tragédia em torno da qual a moderna cultura surda se construiu.

Na época da Primeira Guerra Mundial, cerca de 80% das crianças surdas estavam sendo educadas sem linguagem de sinais, uma situação que prevaleceria por meio século. Professores surdos que ensinavam sinais ficaram subitamente desempregados. Os oralistas pensavam que os sinais desviariam as crianças de aprender inglês, e qualquer aluno que fizesse sinais em uma escola oralista levava uma reguada nas mãos. George Veditz, ex-presidente da Associação Nacional de

Surdos (ANS), protestou em 1913: "Uma nova raça de faraós que não conhecia José está tomando a terra. Inimigos da língua de sinais, eles são inimigos do verdadeiro bem-estar dos surdos. A minha esperança é que todos nós amemos e guardemos nossa bela linguagem de sinais como a mais nobre dádiva de Deus para as pessoas surdas".[14] Os surdos eram considerados idiotas — daí o uso na língua inglesa da palavra "dumb" [mudo] para descrever uma pessoa pateta —, mas essas limitações eram consequência de negar-lhes sua língua. O militante Patrick Boudreault comparou oralismo às terapias de conversão utilizadas para "normalizar" gays, um darwinismo social furioso.[15] Apesar de todos esses desdobramentos infelizes, as escolas continuaram a ser o berço da cultura surda.

Aristóteles afirmou que "das pessoas carentes de nascença de algum sentido, os cegos são mais inteligentes do que os surdos-mudos", porque "o discurso racional é uma causa de instrução em virtude de ser audível".[16] Na verdade, a comunicação expressiva e a receptiva cumprem essa função, mesmo quando não organizadas em torno da audição. Os estudiosos não percebiam que a linguagem dos sinais podia ser uma linguagem completa até o linguista William Stokoe publicar seu revolucionário livro *Sign Language Structure* [A estrutura da língua gestual], em 1960.[17] Ele demonstrou que o que era considerado um sistema grosseiro de comunicação gestual tinha uma gramática própria, complexa e profunda, com regras e sistemas lógicos. A língua de sinais depende predominantemente do hemisfério esquerdo do cérebro (o hemisfério da linguagem, que em pessoas não surdas processa a informação sonora e escrita) e em um grau muito menor do direito (que processa a informação visual e o conteúdo emocional dos gestos);[18] ela utiliza as mesmas faculdades essenciais que o inglês, o francês ou o chinês. Uma pessoa surda com uma lesão no hemisfério esquerdo depois de um derrame retém a capacidade de compreender ou produzir gestos, mas perde a capacidade de compreender ou produzir a linguagem de sinais, da mesma forma que uma pessoa não surda com uma lesão no hemisfério esquerdo perde a capacidade de falar e entender a linguagem, mas ainda compreende e produz expressões faciais.[19] Neuroimagens mostram que as pessoas que adquirem a língua de sinais bem cedo têm quase toda ela nas regiões da linguagem, ao passo que aquelas que a aprendem na idade adulta tendem a usar mais a parte visual de seu cérebro, como se sua fisiologia neural ainda estivesse lutando com a ideia dela como uma língua.[20]

Um feto de 26 semanas pode detectar som. A exposição no útero a sons específicos — em um estudo, a música de *Pedro e o lobo*, e, em outro, o som dos sobrevoos do aeroporto de Osaka[21] — faz com que um recém-nascido mostre preferência ou tolerância por esses sons. Bebês de dois dias filhos de mães francesas reagiram a fonemas do francês, mas não do russo; bebês de dois dias americanos preferem o som do inglês americano ao som do italiano.[22] O reconhecimento de fonemas começa vários meses antes do nascimento; um refinamento dessa capacidade, que inclui um estreitamento dela, ocorre durante o primeiro ano de vida. Aos seis meses, crianças de um estudo eram capazes de discriminar entre fonemas de todas as línguas; quando completaram um ano de idade, aquelas criadas em um ambiente de língua inglesa haviam perdido a capacidade de distinguir os fonemas de línguas não ocidentais.[23] Esses processos são incrivelmente precoces.

O período crítico para conectar significado a esses fonemas escolhidos é entre dezoito e 36 meses, e a capacidade de aquisição de linguagem diminui gradualmente e acaba por volta dos doze anos de idade, embora algumas pessoas excepcionais tenham adquirido linguagem muito mais tarde;[24] a linguista Susan Schaller ensinou a língua de sinais a um homem surdo de 27 anos de idade que não tinha nenhuma linguagem até então.[25] Durante o período crítico, a mente pode internalizar os princípios da gramática e da significação. A linguagem só pode ser aprendida por meio da exposição; em um vácuo, os centros de linguagem do cérebro de fato atrofiam. No período de aquisição da linguagem, a criança pode aprender qualquer língua e, uma vez que tenha a própria linguagem, pode aprender outros idiomas muito mais tarde na vida. As crianças surdas adquirem a linguagem de sinais da mesma maneira como as crianças que ouvem adquirem uma primeira língua falada; a maioria pode aprender a linguagem sonora em sua forma escrita, como uma segunda língua. Para muitas, no entanto, a fala é uma ginástica mística da língua e da garganta, enquanto a leitura labial é um jogo de adivinhação. Algumas crianças surdas adquirem essas habilidades de forma gradual, mas fazer da fala e da leitura labial o pré-requisito para a comunicação pode relegar crianças surdas à confusão permanente. Se passarem da idade-chave para a aquisição da linguagem sem adquirir alguma língua por completo, elas não poderão desenvolver habilidades cognitivas plenas e sofrerão permanentemente de uma forma evitável de retardo mental.

Não podemos imaginar pensamento sem linguagem, tanto quanto não podemos imaginar linguagem sem pensamento. A incapacidade de se comunicar pode resultar em psicose e disfunção; os que sofrem de dificuldade de audição muitas vezes têm linguagem inadequada, e pesquisadores estimaram que até um terço dos prisioneiros são surdos ou têm dificuldades auditivas.[26] Em média, a criança de dois anos que ouve tem um vocabulário de trezentas palavras; a criança surda de pais ouvintes da mesma idade tem um vocabulário de trinta palavras.[27] Se eliminarmos as famílias com altos níveis de envolvimento dos pais e aquelas que estão aprendendo a língua de sinais, os números tornam-se ainda mais alarmantes. Douglas Baynton, um historiador da cultura da Universidade de Iowa, escreveu: "A dificuldade de aprender inglês falado para uma pessoa profundamente surda desde cedo foi comparada à de um americano não surdo tentar aprender japonês falado enquanto está trancado dentro de um cubículo de vidro à prova de som".[28] Proibir a língua de sinais não aproxima as crianças surdas da fala, mas as distancia da linguagem.

Um foco oralista não existe apenas dentro da relação entre os pais e o filho; ele se torna essa relação. A mãe deve, como uma equipe de psicólogos escreveu, "impor-se sobre os padrões naturais de jogo-aprendizagem do filho, muitas vezes contra a vontade dele".[29] Muitas crianças surdas que finalmente conseguiram desenvolver habilidades orais se queixam de que sua escolaridade foi dominada pelo esforço de lhes ensinarem uma única habilidade — milhares de horas sentadas com um fonoaudiólogo que apertava seus rostos em certas posições, as faziam mover a língua em determinados padrões, exercícios de treinamento repetidos dia após dia. "Na minha aula de história, passamos duas semanas aprendendo a dizer *guilhotina*, e foi o que aprendemos sobre a Revolução Francesa", disse-me a militante da cultura surda Jackie Roth sobre a educação oralista que tivera no Lexington. "Então você diz *guilhotina* para alguém com a sua voz de surdo, e ele não tem ideia do que você está falando. Não entendem o que você está tentando pronunciar quando diz *coca-cola* no McDonald's. Sentíamo-nos retardados. Tudo dependia de uma habilidade totalmente chata, e nós éramos ruins naquilo."[30]

A Lei de Educação dos Indivíduos com Deficiências, de 1990, foi por vezes interpretada como afirmando que separado nunca é igual, e que todos devem frequentar escolas comuns.[31] Para usuários de cadeira de rodas, que agora contam com rampas, isso é magnífico. Para surdos, que são constitutivamente incapazes de aprender os meios básicos de comunicação utilizados pelas pessoas que ouvem, a integração é o pior desastre desde o Congresso de Milão. Se o oralismo destruiu a qualidade das escolas residenciais para surdos, a integração matou as próprias escolas. No final do século XIX, havia 87 escolas residenciais para surdos nos Estados Unidos; no final do século XX, um terço já havia fechado. Em meados do século XX, 80% das crianças surdas iam para escolas residenciais; em 2004, menos de 14% o fizeram.[32] Judith Heumann, a pessoa com deficiência de mais alto escalão no governo Clinton, declarou que a educação separada para crianças com deficiência era "imoral".[33] Mas Heumann cometeu um erro ao não fazer uma exceção para os surdos em seu *Diktat*.

Em sua decisão de 1982 relativa ao caso Conselho de Educação versus Rowley, a Suprema Corte dos Estados Unidos decidiu que uma menina surda estava recebendo uma educação adequada se fosse aprovada em seus cursos e sustentou que não havia necessidade de lhe providenciar um tradutor, embora sua língua principal fosse a de sinais, e mesmo que ela entendesse através de leitura labial menos da metade do que estava sendo falado. O juiz William Rehnquist afirmou: "A intenção da lei era mais para abrir a porta da educação pública a crianças deficientes em termos apropriados do que para garantir um determinado nível de ensino, uma vez dentro. A exigência de que um Estado forneça atendimento educacional especializado para crianças com deficiência não gera nenhuma exigência adicional de que os serviços assim proporcionados sejam suficientes para maximizar o potencial de cada criança".[34] Em escolas de surdos, o nível de instrução é frequentemente baixo; em escolas comuns, grande parte da instrução é inacessível aos alunos surdos. Em nenhum caso os surdos recebem uma boa educação. Apenas um terço das pessoas surdas completa o ensino médio, e, daquelas que frequentam o ensino superior, apenas um quinto completa seus estudos; adultos surdos ganham cerca de um terço a menos do que seus colegas não surdos.[35]

Filhos surdos de pais surdos com frequência têm um grau maior de realização do que filhos surdos de pais ouvintes. Surdos de surdos, como são coloquialmente chamados, aprendem a língua de sinais como primeira língua em casa. É mais provável que desenvolvam fluência no inglês escrito, mesmo que não haja uma língua falada em casa e frequentem uma escola onde o ensino é feito por linguagem gestual, do que filhos surdos de pais ouvintes que usam o inglês em casa e frequentam uma escola regular. Surdos de surdos também apresentam resultados melhores em outras áreas de estudo, inclusive aritmética, e estão à frente em maturidade, responsabilidade, independência, sociabilidade e vontade de se comunicar com estranhos.[36]

Consta que Helen Keller teria observado: "A cegueira nos isola das coisas, mas a surdez nos isola das pessoas".[37] A comunicação pela língua de sinais é mais significativa para muitos surdos do que ser incapaz de ouvir. Aqueles que falam por sinais amam sua língua, às vezes mesmo quando têm acesso às línguas do mundo sonoro. O escritor Lennard Davis, um "filho de adultos surdos" que leciona estudos sobre deficiência, escreveu: "Até hoje, se eu disser 'leite' com a língua de sinais, sinto-me mais lácteo do que se eu falar a palavra. Os sinais são como a fala posta para dançar. Há um constante *pas de deux* entre os dedos das mãos e o rosto. Aqueles que não conhecem a língua de sinais só conseguem ver os movimentos como distantes e sem nuances. Mas aqueles que a entendem podem ver o matiz mais fino de significado em um gesto. Tal como o prazer que algumas pessoas que ouvem sentem nas distinções gradativas entre palavras como 'seco', 'árido', 'ressecado', 'dessecado', ou 'desidratado', o surdo pode desfrutar de distinções equivalentes nos gestos da linguagem de sinais".[38] Jackie Roth disse: "Socialmente ou em segredo, sempre fazemos sinais. Nenhuma teoria poderia matar nossa língua".

A surdez é definida como uma deficiência de baixa incidência. Estima-se que um em cada mil recém-nascidos apresenta surdez profunda, e que o dobro disso tem deficiência auditiva menos grave. Outros dois ou três em cada mil vão perder a audição antes dos dez anos.[39] Os militantes surdos Carol Padden e Tom Humphries escreveram: "A cultura surda proporciona um caminho para as pessoas surdas se reinventarem, não tanto se adaptando ao presente, mas herdando o passado. Ela possibilita que os surdos pensem em si mesmos não como pessoas com audição inacabada, mas como seres culturais e linguísticos em um mundo coletivo uns com os outros. Ela lhes dá uma razão para existir com outros no mundo moderno".[40]

Depois de uma semana de protestos diante do Centro Lexington, os manifestantes foram ao gabinete do presidente do distrito municipal do Queens. A manifestação, embora ainda seríssima, tinha aquele ar de festa que se agarra a qualquer coisa pela qual as pessoas estão faltando ao trabalho ou à escola. Greg Hlibok, talvez o mais famoso ex-aluno do Lexington, ia falar.

Seis anos antes, a Universidade Gallaudet anunciara a nomeação de um novo presidente. Os estudantes fizeram campanha para que a universidade tivesse seu primeiro CEO surdo, mas um candidato não surdo foi escolhido. Na semana seguinte, a comunidade surda surgiu abruptamente como força política. O movimento Presidente Surdo Agora, liderado por estudantes militantes, dos quais Hlibok era o aparente líder, foi o Stonewall da cultura surda; Hlibok foi a Rosa Parks* dos surdos. Em uma semana, as manifestações fecharam a universidade; os protestos receberam cobertura substancial na mídia nacional; Hlibok liderou uma passeata em direção ao Capitólio que reuniu 2500 pessoas; e eles ganharam.[41] A presidente do conselho renunciou, e seu lugar foi tomado por um homem surdo, Phil Bravin, que de pronto nomeou o primeiro presidente surdo da Gallaudet, o psicólogo Irving King Jordan.

No gabinete do presidente do distrito municipal, Greg Hlibok foi eletrizante. A língua de sinais americana é relativamente não icônica; apenas um pequeno número de sinais se parece com o que descreve. Mas um usuário articulado pode criar uma imagem misturando sinais e gestos. Greg Hlibok comparou o conselho do Lexington a adultos brincando com uma casa de bonecas, andando em torno dos alunos surdos como se eles fossem brinquedinhos. Ele parecia estar construindo uma casa no ar; era possível vê-la à sua frente e testemunhar os braços intervenientes do conselho entrando nela. Os alunos aplaudiram, acenando com as mãos sobre a cabeça, com os dedos abertos, no típico aplauso da cultura surda.

Uma semana depois, houve um protesto na Madison Avenue, diante do escritório do presidente do conselho do Lexington. Vários membros do conselho participaram da passeata, inclusive Phil Bravin. Depois disso, membros da comissão central finalmente se reuniram com o presidente e um negociador externo. Marcou-se uma reunião de emergência do conselho, mas um dia antes Max Gould renunciou;[42] alguns dias depois, o presidente do conselho seguiu seu exemplo.

Quando estão entusiasmados, muitos surdos fazem sons altos, com frequência em tom agudo ou grave, que são exclamações de prazer sem palavras. Nas salas do Lexington, os alunos exultaram, e quem ouvisse aquilo ficaria paralisado pelo som. Phil Bravin, que assumiu a presidência do conselho do Lexington, diria para mim, alguns meses depois: "Foi a melhor coisa que poderia ter acontecido a esses estudantes, não importa quantas aulas eles tenham perdido durante os

---

* Stonewall: nome do bar em Nova York onde, em 1969, se iniciaram os protestos de homossexuais contra a violência policial, marco do movimento de Orgulho Gay. Rosa Parks: costureira negra que, em 1955, ao se recusar a ceder seu assento num ônibus para um homem branco que exigia que ela se levantasse, tornou-se o símbolo do movimento contra a segregação racial nos Estados Unidos. (N. T.)

protestos. Alguns são de famílias que disseram: 'Você é surdo; não queira demais'. Agora eles sabem que podem". Na formatura do Lexington, uma semana depois, Greg Hlibok disse: "Desde a época em que Deus fez a terra até hoje, este é provavelmente o melhor momento para ser surdo".

Jackie Roth não cresceu no melhor momento para ser surda, mas cresceu em tempos melhores que o de seus pais. Walter Roth, pai de Jackie, foi um bebê de rara beleza, e sua mãe ficou muito feliz com o filho, até descobrir que ele era surdo, quando então não quis mais saber dele. "Ela ficou envergonhada demais", disse Jackie. Walter foi dado à avó, para que esta o criasse. "Minha bisavó não entendia nada de surdez, mas tinha coração", continuou Jackie. Insegura quanto ao que fazer com Walter, ela o mandou para onze escolas diferentes — para surdos, escolas comuns, escolas especiais —, mas ele nunca aprendeu a ler ou escrever além da terceira série. Era tão bonito que parecia pairar acima dessas limitações. Então, ele se apaixonou por Rose, dez anos mais velha do que ele, cujo primeiro casamento acabara porque ela era estéril. Walter disse que não queria ter filhos mesmo, e eles se casaram. Dois meses depois, Rose estava grávida de Jackie. A mãe de Walter declarou que aquilo era um ultraje.

Walter e Rose não se orgulhavam de sua surdez; quando descobriram que a filha também era surda, ambos choraram. A mãe de Walter evitava a nova neta em favor da filha ouvinte que a irmã de Walter tivera. Os irmãos dele se casaram bem; deram festas e bar mitsvás caros em Nova York. Mas uma vez que Walter, sem instrução, era trabalhador manual em uma gráfica, ele e Rose viviam em relativa pobreza; sentavam-se a uma mesa de canto naquelas festividades, eram evitados e tentavam desesperadamente parecer que pertenciam à família.

"Você teria gostado de meu pai", disse-me Jackie. "Todo mundo o adorava. Mas ele traía minha mãe o tempo todo. Era um viciado em jogo que faria qualquer coisa para conseguir dinheiro, mas nunca tínhamos um centavo." Contudo, Walter tinha entusiasmo e imaginação, o que faltava a Rose. "Minha mãe escrevia lindamente. Meu pai era quase analfabeto. Mas ele sentava-se no jantar com um dicionário, escolhia uma palavra e a jogava para mim. 'O que significa isso?' Foi meu pai, que não tinha habilidades, que me estimulou. Minha mãe só queria que eu casasse, tivesse filhos, encontrasse alguém que cuidasse de mim." Walter era o único que enfatizava que as pessoas deviam dar o melhor de si mesmas. "Ele sempre me disse: 'Nunca saia de casa parecendo uma menina pobre. Se você se sentir um lixo, não deixe que ninguém saiba disso. Ande com a cabeça erguida'."

Jackie nunca teve permissão para usar a língua de sinais em público: sua mãe achava isso constrangedor. No entanto, seus pais nunca tiveram um amigo não surdo. Segundo Jackie, "é como se a comunidade surda fosse minha família estendida. Minha mãe sempre se preocupava com a forma como outras pessoas surdas os percebiam. Ela ficava chateada com o comportamento de meu pai, porque seus amigos surdos os desprezariam. Se eu fazia algo errado, ela se preocupava com minha imagem diante de outras pessoas surdas". Muitas pessoas surdas têm alguma audição residual; são capazes de ouvir ruídos altos, ou certos registros de som, talvez a parte aguda ou baixa de um som. Jackie tinha boa audição residual e era um gênio da 'discriminação dos sons e da leitura labial. Isso significava que, com aparelhos auditivos, ela poderia funcionar no mundo mais amplo. Com aparelhos de amplificação, era capaz até de usar o telefone. Aos dezessete anos, já havia frequentado quatro escolas diferentes, enquanto tentava descobrir quem ela era. "Sou surda? Sou ouvinte? Eu sou o quê? Não tenho ideia. Tudo o que sei é que eu estava sozinha", disse ela. No Centro Lexington, ela se viu atormentada por não ser surda o suficiente. Em outras escolas, era perseguida por ser surda. Sua irmã mais nova, Ellen, que era completamente surda, era interna no Lexington; seu caminho parecia mais fácil e mais simples do que o da irmã mais velha. Jackie sempre viveu entre dois mundos, e graças a suas habilidades orais tornou-se a intérprete da família. Ela relembrou: "Na hora de falar com o médico, era 'Jackie! Venha aqui!'. Quando chegava a hora de falar com o advogado, era 'Jackie! Venha aqui!'. Eu via coisas demais. Cresci muito, muito rápido".

Uma noite, quando Jackie tinha treze anos, sua tia ligou e disse: "Jackie, diga ao seu pai para nos encontrar no hospital. A mãe dele está morrendo". Chorando, Walter correu para o hospital. Quando voltou, às cinco horas da manhã, começou a acender e apagar as luzes para acordar a mulher e a filha. Walter estava fazendo uma espécie de dança e dizendo por sinais: "Mamãe surda! Mamãe surda!". Haviam ministrado antibióticos fortíssimos para sua mãe a fim de combater uma infecção muito grave e os medicamentos destruíram seus nervos auditivos. Nas semanas seguintes, Walter estava lá todos os dias para ajudá-la. "Ele queria conquistar o amor dela", lembrou Jackie. "Pela primeira vez ele quis ter uma mãe. Isso nunca aconteceu. Ela nunca quis seus conselhos ou ideias, ou nem mesmo seu carinho." No entanto, sete anos depois, quando Jackie riu no funeral dela,

Walter deu-lhe um tapa no rosto. "A única vez na minha vida em que ele fez isso", disse Jackie. "Finalmente ocorreu-me que ele amava a mãe, independente de qualquer coisa."

Quando Jackie tinha quinze anos, Walter foi contratado como tipógrafo pelo *Washington Post* e ia a Nova York para passar os fins de semana com a família. Ele sofreu um terrível acidente de carro poucas semanas antes de obter seu cartão do sindicato; ficou em coma por uma semana, hospitalizado por meses e incapaz de trabalhar por um ano. Como ainda não estava sindicalizado, não tinha seguro-saúde. A família, já financeiramente pressionada, ficou arruinada. Jackie mentiu sobre sua idade e encontrou trabalho como caixa de um supermercado, onde começou a roubar comida. Quando foi demitida, teve que admitir isso e Rose ficou horrorizada. No dia seguinte, Rose engoliu seu orgulho e pediu dinheiro à família de Walter. "Eles zombaram dela e não lhe deram um centavo", contou Jackie. "Estar sozinha no mundo, com todos aqueles parentes, é muito pior do que simplesmente ficar sozinha. Isso acaba com você."

Vivendo na escola, Ellen estava protegida da ruptura do casamento, mas Jackie viveu cada momento sombrio. "Eu era a intérprete de meus pais e por isso me tornei a juíza deles", disse. "Eu tinha muito poder, poder demais. Quando falo sobre isso, parece muito triste. Mas não estou triste quanto a isso. Eles eram pais maravilhosos. O dinheiro que tinham, eles gastavam com minha irmã e comigo. Iam além do que podiam e depois brigavam por causa disso na minha frente, e eu os amo. Meu pai era um sonhador. Se eu dissesse que queria ser cantora, ele jamais diria 'meninas surdas não cantam'. Ele simplesmente me diria para cantar."

Jackie foi aceita na faculdade na Universidade da Califórnia em Los Angeles no começo da década de 1970, quando o movimento de Orgulho dos Surdos estava em seu início. Rose não podia acreditar que houvesse intérpretes na universidade. "Por que pessoas que ouvem usariam a língua de sinais?", ela questionou a filha. Jackie aproveitou a distância física para começar de novo: "Na faculdade, eu regredi. Levei muito tempo para crescer novamente".

Walter morreu em 1986, quando Jackie estava com trinta anos. Rose lamentou sua morte, mas ficou mais feliz sem ele, e sua relação com Jackie melhorou; quando sua saúde se deteriorou, Jackie convidou-a para morar com ela no baixo Manhattan. "Ela ainda se lembrava de humilhações que sofrera quando era garotinha, anos e anos de amargura", contou Jackie. "Eu jamais quero ser assim." Como o pai havia pedido, Jackie viveu em um mundo muito maior do que seus pais foram capazes; foi atriz, corretora de imóveis, empresária, miss, militante, cineasta, e não tem nada da amargura da mãe. Sua graça contagiante e sua tenacidade admirável surgiram de uma colaboração entre sua inteligência e sua vontade. O custo, no entanto, foi considerável. A mãe de Walter rejeitou-o por ser surdo; a surdez de Rose a impediu de fazer uso de sua mente; Ellen foi embora para a escola e tornou-se marginal dentro da própria família; e o dom de Jackie para a discriminação de sons a obrigou a uma maturidade precoce. Ser surdo era uma maldição na família, mas ouvir também o era.

Conheci Jackie Roth em 1993, quando ela estava com 37 anos. Na casa dos cinquenta, ela se envolveu na indústria da comunicação, trabalhando em retransmissores de internet para permitir que pessoas surdas e ouvintes se comunicassem por meio de intérpretes. Entrou para o conselho de uma fundação que ensinava a língua de sinais aos pais, e os ensinou a apoiar crianças com implantes cocleares que proporcionam audição sintética. Seu trabalho concentrou-se no estabelecimento de pontes entre culturas — tal como fizera em sua família. Quando completou 55 anos, deu uma festa de aniversário. Foi um evento farto, generoso, para todas as pessoas que ela amava, e ele trouxe à tona o melhor de todos. Disse ela: "Era quase como se eu tivesse vivido em dois mundos muito distintos durante toda a minha vida, surdos e ouvintes. Muitos de meus amigos não surdos nunca tinham visto o lado surdo. As pessoas surdas nunca tinham visto meu lado ouvinte. Foi muito maravilhoso para mim ver todo mundo no mesmo lugar. Eu não poderia viver sem ambos, e finalmente percebi que é isso que eu sou. Pensando sobre a ansiedade que essas questões geraram, sou filha de minha mãe. Mas não é ótimo que eu tenha percebido isso em uma festa? Sou filha de meu pai também".

Tal como Jackie, o ator e dramaturgo Lewis Merkin lutou com o legado de vergonha que cercava a surdez em sua infância. "Quando era pequeno, eu olhava para essas pessoas surdas comuns que eram marginais, sem importância, totalmente dependentes dos outros, que não tinham educação, que se consideravam de segunda categoria", contou. "Recolhi-me em mim mesmo. Eu me sentia mal com a ideia de que era surdo. Demorou muito tempo para eu entender o que significava ser surdo, que mundo estava aberto para mim." Lewis também era gay. "Eu via drag queens desmunhecadas e caras vestidos com couro, e mais uma vez pensava: isso não sou eu; foi só com o tempo que assumi uma verdadeira identidade gay."[43] M. J. Bienvenu, professora de LSA e Estudos Surdos na Gallaudet, me disse: "O que experimentamos é muito parecido: se você é surdo, sabe quase exatamente o que é ser gay, e vice-versa".[44]

Mais de uma centena de genes da surdez foram identificados, e outro parece ser encontrado a cada mês. Alguns tipos de surdez são causados pela interação de múltiplos genes, em vez de por um único, e grande parte da surdez que ocorre mais tarde na vida também é genética.[45] Pelo menos 10% dos nossos genes podem afetar a audição ou a estrutura do ouvido, e outros genes e fatores ambientais podem determinar o grau de surdez. Cerca de um quinto da surdez genética está relacionada a genes dominantes; o resto surge quando dois portadores de genes recessivos produzem filhos juntos.[46] O primeiro avanço genético ocorreu em 1997, com a descoberta de mutações da conexina 26 no gene GJB2, que são responsáveis por uma grande proporção da surdez não adquirida.[47] Um em cada 31 americanos tem o GJB2, e a maioria dos portadores desconhece sua condição. Uma pequena proporção dos casos de surdez está ligada ao cromossomo X, e outro pequeno percentual é mitocondrial, o que significa que vem exclusivamente da mãe. Um terço da surdez é sindrômica, o que significa que se trata de um componente de uma doença com outras consequências físicas.[48] Das formas de surdez não sindrômica, algumas são reguladoras e baseadas em uma perturbação do processamento da mensagem de DNA; algumas estão diretamente relacionadas ao desenvolvimento da cóclea; e a mais frequente interfere nas junções comunicantes[49] em que os íons de potássio retransmitem o som como impulso elétrico para as células ciliadas do ouvido interno.

Há muito tempo que os geneticistas descartaram a ansiedade de Alexander Graham Bell a respeito da criação de uma raça surda, mas parece que o sistema escolar residencial, que possibilitou que pessoas surdas se conhecessem e casassem entre si, pode ter dobrado a taxa do gene DFNB1, relacionado à surdez nos Estados Unidos, nos últimos duzentos anos.[50] Com efeito, a prevalência mundial de genes da surdez parece estar ligada a situações históricas em que surdos se reproduzem entre eles. Pessoas cegas não se casam necessariamente com outros cegos, mas problemas de linguagem inclinaram os surdos a se casarem uns com os outros. O primeiro exemplo disso é a comunidade surda que prosperou sob o império hitita há 3500 anos, que, segundo agora se acredita, concentrou e difundiu a mutação 35delG.[51] Quando o GJB2 foi descoberto, Nancy Bloch, diretora executiva da ANS, comentou por e-mail para um artigo do *New York Times*: "Aplaudimos os grandes avanços feitos por meio da pesquisa de identificação genética, mas não aprovamos o uso desse tipo de informação para propósitos de eugenia e outros relacionados a isso".[52] O exame pré-natal pode captar certos tipos de surdez genética, permitindo que alguns futuros pais optem por não ter filhos surdos. Dirksen Bauman, professor de Estudos Surdos na Gallaudet, escreveu: "A questão sobre quais vidas vale a pena viver é agora respondida em consultórios médicos em vez de pelo programa T-4 dos nazistas. As forças da normalização parecem estar ganhando terreno".[53]

Ao mesmo tempo, a informação genética proporcionou conforto para alguns pais ouvintes de filhos surdos. A geneticista Christina Palmer descreveu uma mulher que viera procurá-la atormentada pela culpa, certa de que seu filho era surdo por causa dos shows de rock que assistira durante a gravidez. A geneticista encontrou a conexina 26 e a mulher chorou de alívio.[54] Deparei com um anúncio pessoal que começava assim: "SWM [*single white man*, homem branco solteiro] procura companheira com C26". Era a sua identidade e um mapa para um futuro genético; todos os filhos de um casal em que ambos têm C26 serão surdos.

A maioria das pessoas que ouve supõe que ser surdo é carecer de audição. Muitas pessoas surdas vivenciam a surdez não como uma ausência, mas como uma presença. A surdez é uma cultura e uma vida, uma linguagem e uma estética, uma fisicalidade e uma intimidade diferente de todas as outras. Essa cultura existe numa separação mais estreita entre corpo e mente do que aquela que constrange o resto de nós, porque a linguagem está enredada nos principais grupos musculares, não apenas na arquitetura limitada da língua e da laringe. De acordo com a hipótese de Whorf-Sapir, uma das bases da sociolinguística, a língua determina a maneira como compreendemos o mundo.[55] William Stokoe me disse, pouco antes de falecer, em 2000:[56] "Para estabelecer a validade da língua de sinais, tivemos de passar um longo tempo ruminando sobre como ela se assemelha à linguagem falada. Agora que a validade da língua de sinais foi amplamente aceita, podemos nos concentrar no que é interessante: as diferenças entre língua de sinais e língua falada, como as percepções de vida de um surdo diferem das percepções das pessoas ouvintes ao seu redor".

A militante surda M. J. Bienvenu declarou: "Não queremos ou precisamos nos tornar ouvintes para nos considerarmos normais. Para nós, a intervenção precoce não significa fones de ouvido, amplificadores e treinamento de uma criança para parecer tão ouvinte quanto possível. Ao contrário, um bom programa de intervenção inicial ofereceria às crianças surdas e aos pais ouvintes uma exposição precoce à LSA e muitas oportunidades para interagir com pessoas surdas que usam a língua de sinais. Somos um grupo minoritário com nossa própria língua, cultura e herança".[57] Barbara Kannapell, outra militante surda, escreveu: "Creio que 'minha língua sou eu'. Rejeitar a LSA é rejeitar a pessoa surda".[58] E Carol Padden e Tom Humphries escreveram: "Os corpos das pessoas surdas foram rotulados, segregados e controlados durante a maior parte de sua história, e esse legado ainda está muito presente no espectro de futuros 'avanços' em implantes cocleares e engenharia genética".[59] Esses implantes, dispositivos colocados no ouvido e no cérebro de maneira cirúrgica para proporcionar um fac-símile da audição, constituem uma questão candente entre as pessoas surdas.

Há adversários apaixonados desse modelo de cultura surda. Edgar L. Lowell, diretor da incondicionalmente oralista Clínica John Tracy, de Los Angeles, declarou: "Pedir-me para falar sobre o 'lugar da comunicação manual na educação de crianças surdas' é como pedir ao pastor para falar sobre o lugar do lobo em seu rebanho".[60] As memórias de Tom Bertling, *A Child Sacrificed to the Deaf Culture* [Uma criança sacrificada à cultura surda], contam a história de como ele foi enviado para um internato, onde recebeu uma educação na língua de sinais bem abaixo de seu nível intelectual. Bertling sentia que a LSA, que ele ridiculariza como "fala de bebê",[61] lhe foi enfiada goela abaixo; quando adulto, optou por usar o inglês. Uma pessoa surda me disse: "Nós realmente somos os israelenses e os palestinos". O crítico social Beryl Lieff Benderly descreveu-a como "uma guerra santa".[62] No final da década de 1990, quando o Instituto Smithsonian anunciou planos para uma exposição sobre cultura surda, pais indignados que acreditavam que uma celebração da LSA era uma contestação do oralismo protestaram que deveriam ser livres para escolher a educação oral para seus filhos, como se, nas palavras da historiadora surda Kristen Harmon, a comunidade surda estivesse sequestrando crianças.[63]

Contudo, o medo de perder um filho para o mundo surdo é mais do que uma fantasia sombria. Conheci muitas pessoas surdas que viam a geração anterior de pessoas surdas como seus pais. Os níveis mais elevados de realização pessoal de surdos de pais surdos eram usados frequentemente como argumento a favor de que as crianças surdas deveriam ser adotadas por adultos surdos.[64] Até uma pessoa a favor de pais ouvintes me disse: "Às vezes, a cultura surda parece os *moonies** para mim: 'Sua filha vai ser feliz, só não espere mais vê-la, ela está ocupada demais sendo feliz'.".[65] Cheryl Heppner, uma mulher surda que é diretora executiva do Centro de Recursos do Norte da Virgínia, e que aconselha pais de crianças surdas, disse: "Os surdos se sentem donos das crianças surdas. Admito isso. Sinto isso também. Eu realmente luto para não interferir no direito de um pai de ser pai, sabendo ao mesmo tempo que eles têm de aceitar que a criança nunca poderá ser cem por cento deles".[66]

Pessoas cuja língua é a de sinais tiveram de lutar por aceitação a partir do interior de uma linguagem que seus adversários não entendem; elas não podiam explicar o que queriam até que a dominaram. Isso criou uma raiva intensa que subjaz à política surda. O psicólogo surdo Neil Glickman falou de quatro estágios da identidade surda.[67] As pessoas começam fingindo que estão ouvindo, com o desconforto do único judeu no clube de campo tradicional ou da única família negra no bairro rico. Elas passam para a marginalidade, sentindo que não fazem parte da vida tanto dos surdos como dos ouvintes. Depois, mergulham na cultura surda, se apaixonam por ela e depreciam a cultura não surda. Por fim, alcançam a visão equilibrada de que há pontos fortes em ambas as experiências, dos surdos e dos ouvintes.

Para Rachel Barnes, ensinar uma criança a falar não tinha a ver com política, mas com amor.[68] Quando seu filho Charlie estava com duas semanas, a mãe de Rachel notou que ele não reagiu quando ela passou com seu carrinho por uma britadeira. Rachel observou o déficit às seis semanas. O médico não se convenceu até Charlie chegar aos oito meses de idade, e o pai de Charlie, Patrick, não acreditou até que o diagnóstico médico foi fechado. A primeira reação de Patrick foi comprar todos os livros que pôde encontrar sobre surdez, e a de Rachel foi procurar explicações sobre a causa daquilo. A família morava em uma pequena aldeia do sul da Inglaterra. Ela relembra: "A agente dos correios pergun-

---

* *Moonie*: membro da Igreja da Unificação, fundada pelo sul-coreano Sun Myung Moon, o reverendo Moon. (N. T.)

tou se eu gostaria que ela contasse para todo mundo. Respondi que sim, que gostaria que todos soubessem. Então, ganhei aliados muito depressa".

Rachel era professora, mas ela e Patrick logo concordaram que ele passaria a sustentar a família enquanto ela cuidaria de Charlie e, depois, da filha deles, Margaret. "De repente, sua casa não é mais sua, porque os profissionais entram como se fossem donos de você e da criança surda", contou Rachel. "Lembro-me de pensar muito fortemente: se eu pudesse fugir com você, Charlie, para uma ilha, eu o ensinaria a falar e nós ficaríamos muito bem!" Em 1980, quando ainda era um bebê, Charlie ganhou seu primeiro aparelho auditivo. A família tinha de escolher uma estratégia educacional. "Conhecemos alguém com um filho surdo que me disse: 'Rachel, é muito simples. Se ele é inteligente, vai aprender a falar'." Aos três anos, Charlie já começava a desenvolver aspectos da fala oral. Suas consoantes eram, em grande parte, incompreensíveis para todos, exceto para Rachel e Patrick, mas o menino estava usando a voz e eles tentavam recompensar cada esforço que ele fazia para falar. Com aparelhos auditivos, ele podia captar sons altos e Rachel passava dia após dia fazendo exercícios, dizendo milhares de vezes, o mais alto que podia, "isto é uma xícara", e lhe dava uma xícara.

No início, eles assistiam a desenhos animados, nos quais a narrativa simples dava uma estrutura para aprender frases; diante da surdez de Charlie, a baixa cultura tornou-se temporariamente alta cultura. Logo Charlie mostrou-se um leitor precoce e fluente. Patrick gostava de um livro sobre surdez e escreveu à autora pedindo-lhe para trabalhar com Charlie. "Ela era muito boa na análise da linguagem dele e percebeu, por exemplo, que ele não usava advérbios", contou Rachel. "Nós a víamos uma vez por mês e ela lhe passava exercícios, que ele e eu fazíamos juntos todas as noites." Quando estava com cinco anos, Charlie tentou contar à sua mãe uma história que continha a frase: "Então, a mãe pegou um pouco de lenha". Rachel não conseguia entender o que a mãe tinha pegado; ela pediu a Charlie que repetisse, para desenhar o que estava dizendo, e por fim ele trouxe um pedaço de lenha do porão. "Se ele podia se esforçar tanto, então eu também poderia", disse Rachel. "Sempre tive muito medo de ser mole demais com ele, especialmente no comportamento social, nas sutilezas sociais, porque ele ia precisar delas mais do que ninguém."

O problema seguinte foi a escola. Quando estava com seis anos, Charlie foi colocado em uma classe comum cujo professor era um homem com um grande bigode e barba, e quando os Barnes pediram que Charlie fosse transferido para outra classe, disseram-lhes: "Achamos importante que ele aprenda a leitura labial de alguém difícil". Rachel e Patrick retrucaram: "Nós achamos importante que ele aprenda a tabuada do nove". A situação não estava boa e era socialmente alienante. Charlie chegou em casa um dia e disse que, na aula de educação física, lhe pediram para ser a trave do gol. "Então, o enviamos para uma pequena escola particular muito estranha, com apenas cinquenta crianças, porque uma das dificuldades é que Charlie é inteligente. Naquela escola, você tem sua própria carteira e as pessoas conversam em latim, o que ele adorou, e em dado momento ele aprendeu a tocar cello", contou Rachel.

Depois veio a escola secundária. Eles se reuniram com o diretor da escola local, que disse: "Conheço gente como vocês. Vocês terão expectativas muito altas em relação a esta criança. Isso não é justo com vocês ou com a criança, por isso devem diminuir suas expectativas". Rachel ficou indignada, mas também abalada: "Lembro-me de estar em casa, apoiada em um armário de boticário. Eu disse a Patrick que ele nunca leria *Hamlet* e nunca falaria *armário de boticário* [*apothecary chest*]". Eles consideraram todas as escolas para as quais poderiam se qualificar, entre elas a Escola para Surdos Mary Hare, um internato em Berkshire. Embora todos os alunos de lá sejam surdos, saem-se melhor em testes padronizados nacionais do que a média das crianças britânicas. Patrick fora infeliz num internato e jurara nunca mandar um filho para esse tipo de escola; Rachel opunha-se ao ensino secundário particular e também se horrorizava com a perspectiva de Charlie ficar tão longe de casa. No final, no entanto, ele foi, e Rachel entrou para o conselho escolar. Ela contou: "Charlie sofreu com saudades de casa e chorou nos dois primeiros semestres. Eu sentia muita, muita saudade dele. No segundo, terceiro, quarto ano, ele ficou muito feliz, e o sexto foi um dos períodos de maior felicidade que já tivera. Na adolescência, é preciso que você comece a fazer bons amigos, ou você não aprende a fazer isso. Ele tinha amigos lá". Havia língua de sinais informal, mas o ensino era falado, e as pessoas eram estimuladas a usar a voz. "Uma alta proporção era curiosamente de pais surdos, inclusive de pais surdos usuários da língua de sinais que queriam que os filhos fossem criados na linguagem oral. É um lugar legal, contou Rachel.

Quando Charlie começou na escola, Patrick visitou o terapeuta da fala e disse: "Não conte para minha mulher que eu vim. Mas preciso que você ensine o menino a falar *armário de boticário*". O fonoaudiólogo achou que aquilo era um absurdo e Charlie concordou. Rachel deu uma risada enquanto contava essa história. "Ele falou *armário de boticário*. E também leu *Hamlet*." O amor de Charlie pela leitura e pelas palavras foi seu ponto em comum com a mãe. Uma tarde, enquanto conversávamos, ela folheou álbuns de fotos. Havia centenas de imagens de Rachel e Charlie caminhando, sentados, brincando, trabalhando. A irmã de Charlie fazia apenas uma aparição ocasional. "Patrick está batendo as fotografias, mas onde está Margaret?", disse Rachel. "Ela vai lhe dizer que a coisa era assim na maior parte do tempo. Acho que foi uma coisa muito boa Charlie ter ido para o internato aos doze anos, porque deu a Margaret e a mim uma segunda chance."

Rachel envolveu-se com caridade para surdos e achou a eventual hostilidade contra o mundo ouvinte ao mesmo tempo mistificadora e contraproducente: "Sempre achei que havia uma coisa na comunidade dos que usam a língua de sinais que incentiva uma adolescência prolongada. É poderoso como forma de experimentar a si mesmo, mas, em última análise, sem poder no mundo maior". Charlie também achava difícil a comunidade surda politizada, mas acreditava em algum grau de orgulho na surdez — ou ao menos orgulho de ser você mesmo, com a surdez fazendo parte disso. "Lembro-me de Charlie me contar sobre um menino em seu dormitório que rezava todas as noites para ficar curado. Ele comentou: 'Isso é muito triste, mamãe, não é? Eu nunca faria isso'. Pensei: Bem, fizemos alguma coisa certa."

Charlie se formou bem na Mary Hare e estudou design gráfico na faculdade. Conseguiu formar-se entre os primeiros, trabalhou por dois anos em uma empresa de design gráfico, depois decidiu que queria conhecer o mundo. Tirou um ano de licença e viajou para Austrália, Nova Zelândia, Sudeste Asiático e América do Sul. Depois, viajou sozinho pela África. Ainda assim, durante esse período, sentiu-se um pouco sem rumo e foi difícil para ele. Rachel sentia-se ao mesmo tempo preocupada e impotente. "Então, um dia, ouvi passos subindo as escadas e eram Patrick e Charlie", relembrou. "Patrick disse que Charlie tinha algumas novidades. Como mãe, você imediatamente pensa que ele está sendo processado, ou alguma coisa assim. Charlie disse: 'Fui aceito pelo Royal College of Art para fazer mestrado'. Nós nem sabíamos que ele se candidatara."

O Royal College, importante escola de arte de Londres, estava cheio de almas gêmeas. Para Charlie, reimaginar-se como artista inspirou equilíbrio nele e confiança. Mas Charlie é um solitário por natureza. Certa vez, disse a Rachel que seria um excelente monge, se não fosse por Deus. "Ele faz progressos imensos, mas ainda quero ajudar de alguma forma, e é duro não ter mais permissão para isso", lamentou Rachel.

Não tendo se envolvido com a política dos surdos, Charlie não tem nenhuma afeição especial por sua condição; com efeito, embora estivesse feliz por eu falar com seus pais, preferiu não se encontrar comigo, porque não queria falar com ninguém cuja principal preocupação fosse sua "deficiência", afirmando que considerava a surdez apenas uma pequena parte de quem ele é. Disse Rachel: "Não vejo qualquer benefício em Charlie ser surdo — para *ele*. Mas os benefícios para mim foram enormes. Se eu tivesse de lidar com uma deficiência em que você passa todo o seu tempo na piscina ou numa academia, eu teria achado muito difícil. Mas minha área é a literatura. Então, ter algo relacionado com a linguagem foi absolutamente fascinante. Fui criada entre pessoas muito inteligentes e muito exigentes. Pela primeira vez, por intermédio da deficiência, conheci pessoas que eram boas. Fui ensinada a desprezar as pessoas que eram apenas 'boas'. Fiz muitos amigos. Faço muito trabalho de caridade agora. Eu não teria feito nada disso sem o Charlie, teria? Teria sido uma vida bastante diferente".

Rachel admira a confiança de Charlie e, ainda mais, sua coragem. "Ele está construindo sua alma", disse ela. "Vivemos nesta sociedade em que as pessoas estão principalmente ganhando dinheiro ou status. Charlie adoraria o dinheiro e adoraria status, mas não é isso o que está fazendo. Ele está dedicando um tempo longo e lento a crescer, mas a vida é bastante longa."

Em 1994, logo após a formatura do Lexington, participei da convenção da Associação Nacional de Surdos em Knoxville, Tennessee, com quase 2 mil participantes surdos. Durante os protestos do Lexington, eu visitara famílias surdas. Tinha aprendido como funcionam as telecomunicações dos surdos; conhecido cães que entendiam a língua de sinais; discutido integração e oralização e a integridade da linguagem visual; tinha me acostumado com campainhas que piscavam luzes em vez de tocar. Observara as diferenças entre as culturas surdas britânica e americana. Eu me hospedara em um dormitório da Gallaudet. No entanto, não estava preparado para o mundo surdo da ANS.

A associação está no centro da autorrealização e do poder dos surdos desde que foi fundada, em 1880, e a convenção é o lugar onde se reúnem os surdos mais engajados para desenvolver o foco político e fazer intercâmbio social. Na recepção ao presidente, luzes mais fortes foram acesas, porque na penumbra as pessoas surdas recaem na mudez. Do outro lado da sala, era quase como se um estranho mar humano estivesse quebrando em ondas e brilhando na luz, à medida que milhares de mãos se moviam a uma velocidade impressionante, descrevendo uma gramática espacial com vozes e sotaques nitidamente individuais. A multidão era quase silenciosa; ouviam-se os aplausos, que fazem parte da língua, os estalos e bufidos que os surdos fazem quando usam os sinais e, de vez em quando, o riso grande e descontrolado deles. Os surdos tocam-se mais do que as pessoas que ouvem, mas eu tinha de ter cuidado com a diferença entre um abraço amigo e um abraço atrevido. Precisava ter cuidado com tudo porque não conhecia nada da etiqueta dessas novas circunstâncias.

Discuti a indústria de viagens para surdos com Aaron Rudner, então na Deafstar Travel, e com Joyce Brubaker, então na Deaf Joy Travel, que estava organizando o primeiro cruzeiro para gays surdos. Compareci a seminários sobre o uso da LSA, sobre aids, sobre violência doméstica. Conversei com Alan Barwiolek, que fundou o Teatro Surdo de Nova York, sobre a diferença entre peças traduzidas para surdos e peças surdas. Dei boas gargalhadas com comediantes surdos. (Ken Glickman, também conhecido como Professor Glick: "Meus encontros às cegas são sempre encontros surdos. Você já esteve em um encontro surdo? Você sai com a garota e depois nunca mais ouve notícias dela".) Durante o jantar, o aclamado ator surdo Bernard Bragg interpretou traduções para a língua de sinais de poemas de William Blake, enquanto sua massa esfriava: os usuários dessa língua podem falar com a boca cheia, mas não podem cortar a comida enquanto falam.

A associação promove o concurso Miss América Surda; a competição aconteceu na noite de sexta-feira. As jovens beldades, vestidas nos trinques e exibindo faixas de seus estados, foram objeto de considerável atenção. "Dá para acreditar naqueles sinais embaçados do Sul?", alguém disse, apontando para a Miss Missouri Surda. "Não acredito que alguém faça sinais assim!" (As variações regionais da língua de sinais podem ser perigosas: o sinal que na gíria de Nova York significa "bolo" em alguns estados do Sul significa "absorvente feminino"; minha própria articulação pobre levou-me a convidar alguém não para almoçar, mas para ter uma lésbica.) Genie Gertz, Miss Nova York Surda, filha de pais judeus russos que emigraram quando ela tinha dez anos, fez um monólogo eloquente sobre a descoberta da liberdade nos Estados Unidos — o que, para ela, incluiu deixar de ser uma desajustada social em um país que não respeita os deficientes e passar a ser surda e orgulhosa. Parecia uma ideia tão notável e radical que alguém pudesse ser surda e glamorosa: um sonho americano.

Às duas e meia da manhã, noite após noite, eu ainda estava acordado, conversando. Uma socióloga surda que conheci estava escrevendo uma dissertação sobre despedidas de surdos.[69] Antes da invenção do teletipo na década de 1960, que possibilitou que as pessoas surdas digitassem mensagens umas para as outras antes da internet, os surdos só podiam se comunicar por cartas, telegramas ou pessoalmente. Era possível levar dois dias apenas para convidar pessoas para uma festa pequena. Despedir-se nunca era fácil: você de repente se lembrava de alguma coisa que tinha esquecido de dizer e, sabendo que demoraria algum tempo até que pudesse fazer contato de novo, não ia embora nunca.

Alec Naiman, membro da Associação dos Pilotos Surdos, era um viajante do mundo até que um acidente em 2005, causado pela equipe de terra, que se esqueceu de que estava se comunicando com um piloto surdo, o deixou gravemente ferido. Quando o encontrei, tinha acabado de voltar da China. "No primeiro dia, conheci algumas pessoas surdas chinesas e fiquei com elas", contou-me. "Os surdos nunca precisam de hotéis; sempre lhes arranjam um lugar para ficar com outras pessoas surdas. Embora utilizássemos diferentes línguas de sinais, esses chineses surdos e eu conseguíamos nos fazer entender; e apesar de virmos de países diferentes, nossa cultura surda mútua nos mantinha juntos. No final da noite, já havíamos falado sobre a vida dos surdos na China e sobre a política chinesa." Assenti com a cabeça. "*Você* não poderia fazer isso na China", disse ele. "Nenhuma pessoa ouvinte poderia. Então, quem é o deficiente?" Por mais desconcertante que pareça, era impossível, na convenção da Associação Nacional de Surdos, não desejar ser surdo. Eu sabia que existia uma cultura surda, mas não imaginava que ela fosse inebriante.

Como conciliar essa experiência surda com o resto do mundo? M. J. Bienvenu lançou as bases para a abordagem bilíngue e bicultural, comumente referida como Bi-Bi,[70] utilizada nas escolas-modelo elementar e secundária no campus da Gallaudet. Em um currículo Bi-Bi, os alunos aprendem na língua de sinais e, depois, aprendem inglês como segundo idioma. Dá-se alta prioridade ao inglês escrito; muitos estudantes têm desempenho semelhante ao de seus congêneres não surdos. Em média, as escolas que empregam uma abordagem exclusivamente oral formam alunos de dezoito anos que leem num nível de quarta série; os estudantes de escolas Bi-Bi com frequência leem no mesmo nível. O inglês falado é ensinado como uma ferramenta útil dentro do sistema Bi-Bi, mas não é o foco principal.

M. J., aos quarenta e poucos anos quando nos conhecemos, tem a língua de sinais tão rápida, nítida e perfeitamente controlada que parece estar reorganizando o ar em uma forma mais aceitável. Ela foi uma das mais vociferantes e articuladas opositoras da linguagem da deficiência. "Sou surda", disse ela, desenhando o sinal para "surdo" com o dedo indicador indo do queixo à orelha, como se estivesse traçando um largo sorriso. "Ver-me como surda é uma escolha tanto quanto é me identificar como lésbica. Estou vivendo minhas culturas. Não me defino em termos de 'não ouvir' ou 'não' qualquer outra coisa. Aqueles que aprendem inglês forçado ao mesmo tempo que lhes negam a língua de sinais acabam semilíngues em vez de bilíngues, e são deficientes. Mas, para o resto de nós, é tão deficiente quanto ser japonês." Surda de pais surdos, com irmãs surdas, ela manifesta um prazer na língua de sinais americana que somente os poetas sentem pela língua inglesa. "Quando nossa língua foi reconhecida, ganhamos nossa liberdade", declarou. A palavra "liberdade" — mãos cerradas se cruzam diante do corpo, depois se separam e viram as palmas para fora — era como uma explosão em seu gesto. "Há muitas coisas que posso experimentar para as quais você não tem equivalente", disse ela.

Trata-se de um território complicado. Alguns argumentam que, se ser surdo não é uma deficiência, as pessoas surdas não deveriam ser protegidas pela Lei dos Americanos com Deficiências e não deveriam ter o direito a várias adaptações obrigatórias: tradutores em locais de serviço público, intérpretes em transmissão de centrais telefônicas, legendas em programas de televisão. Nenhum desses serviços está automaticamente disponível para pessoas nos Estados Unidos que só falam japonês. Se a surdez não é uma deficiência, então, com que base o Estado proporciona escolas separadas, e com que base provê seguro de invalidez da Seguridade Social? O escritor Harlan Lane, que leciona psicologia na Universidade Northeastern, disse: "O dilema é que os surdos querem ter acesso— como os cidadãos de uma democracia têm o direito de ter acesso — a eventos públicos, serviços de governo e educação, mas quando aceitam a definição de deficiência a fim de ganhar acesso, eles prejudicam sua luta por direitos, tais como uma educação para crianças surdas usando a melhor língua delas, o fim das cirurgias de implante nessas crianças e o fim dos esforços para desestimular o nascimento de surdos, antes de mais nada".[71]

Conheci muitos indivíduos surdos que disseram que ser surdo é, obviamente, uma deficiência. Eles estavam indignados com o pensamento de um grupo politicamente correto que sugeria que seus problemas não eram problemas. Conheci também pessoas surdas que aderiram ao velho ódio de si mesmo dos surdos, que ficaram envergonhadas e tristes quando deram à luz crianças surdas, que achavam que nunca poderiam ser nada mais do que gente de segunda classe. Suas vozes infelizes não podem ser esquecidas; de certo modo, não importa se seus ouvidos estão curados ou se sua autoimagem está curada, mas eles estão lá fora em grande número e precisam da ajuda de alguém.

Luke e Mary O'Hara, ambos não surdos, casaram-se jovens, mudaram-se para uma fazenda em Iowa e começaram a ter filhos logo.[72] A primeira, Bridget, nasceu com malformação de Mondini, uma síndrome em que a cóclea não é totalmente formada. Está associada com surdez degenerativa e outras deficiências neurológicas, entre elas enxaquecas, e, uma vez que afeta o sistema vestibular, falta de equilíbrio. A perda auditiva de Bridget foi diagnosticada quando ela tinha dois anos; o diagnóstico de Mondini veio muitos anos depois. Luke e Mary foram aconselhados a criá-la como qualquer outra criança, e Bridget tentou desesperadamente decifrar a comunicação oral e a leitura labial sem qualquer tipo de educação especial. "Minha mãe punha etiquetas em tudo na casa para que eu pudesse ver quais palavras combinavam com as coisas e me fazia usar frases completas, por isso tenho um bom inglês falado em comparação com outros surdos", explicou Bridget. "Mas nunca consegui ter confiança em mim mesma. Nunca dizia nada que não fosse corrigido." As dificuldades nos meios de se comunicar se cruzaram com os déficits da família em termos de conteúdo da comunicação. "Não sei como expressar meus sentimentos porque meus pais e minhas irmãs não sabiam", disse Bridget.

Bridget tinha três irmãs mais novas. "Minhas irmãs diziam: 'Nossa! Como você é burra!'. A linguagem corporal de meus pais deixava claro que eles pensavam a mesma coisa. Em algum momento, eu parei de fazer perguntas." Bridget sofria tantas gozações por seus erros que passou a suspeitar até mesmo de suas intuições mais fortes, o que a deixou profundamente vulnerável: "Fui criada na religião católica, então dependia do que os adultos me diziam e levava tudo ao pé da letra". Nós todos vivemos de acordo com normas que adquirimos socialmente; despojados dessas normas, não podemos nos regular, nem aos outros. A única pessoa em quem Bridget confiava de maneira incondicional era sua irmã Matilda, dois anos mais jovem.

Bridget foi a primeira pessoa surda a frequentar sua escola. Uma vez que nunca tinha aprendido a língua de sinais, não fazia sentido ter um intérprete, e ela precisava ler os lábios o dia todo. Voltava para casa exausta e, porque lia muito bem em inglês, se encolhia com um livro. Sua mãe lhe dizia para largar o livro e brincar com seus amigos. Quando Bridget dizia que não tinha nenhum amigo, sua mãe perguntava: "Por que você está tão zangada?". Bridget relembra: "Eu não sabia que havia uma cultura surda lá fora. Só pensava que eu era a pessoa mais burra do mundo".

Bridget e as três irmãs eram alvo do temperamento violento do pai. Ele batia nas garotas com um cinto. Bridget preferia as tarefas ao ar livre às de dentro de casa e com frequência ajudava o pai no quintal. Um dia, eles voltaram da limpeza com o rastelo e Bridget subiu para tomar banho. Um minuto depois, seu pai entrou nu no chuveiro com ela. "Eu era ingênua sob muitos aspectos porque não tinha comunicação com ninguém", recordou. "De alguma forma, eu sabia que aquilo não estava certo. Mas estava com medo." Nos meses seguintes, Luke começou a tocá-la, depois a forçou a realizar atos sexuais submissos. "No início, eu questionava meu pai. Ele aumentava o abuso físico e me batia. Quase que culpo mais minha mãe, por não fazer nada." Por volta daquela época, Bridget entrou no banheiro e deu com a mãe segurando um frasco de comprimidos. Quando viu a filha, Mary despejou os comprimidos no vaso sanitário. "Depois que fiquei mais velha, me dei conta de que ela chegara tão perto assim de se matar", contou Bridget.

Quando Bridget estava na nona série, seus avós levaram todos os netos ao Disney World, exceto ela, que fora antes, e agora era a vez dos outros. A mãe de Bridget os acompanhou, e assim ela ficou em casa com o pai. "Hoje não tenho nenhuma lembrança daquela semana", contou Bridget. "Mas tudo indica que contei alguma coisa para Matilda quando ela voltou da Disney World, pois mais tarde ela disse que não poderia ter nada a ver com meu pai por causa do que ele fez comigo." Eu me perguntei se o abuso estava ligado à surdez. "Eu era o alvo mais fácil", disse Bridget. Uma amiga dela sugeriu: "O pai acreditava que ela nunca diria nada porque era surda. É simples assim".

As notas de Bridget começaram a cair na décima série. As matérias eram ensinadas cada vez mais em aulas expositivas, em vez de leituras, e ela não conseguia acompanhar o que estava acontecendo e era torturada por colegas de classe. Sempre que ia ao banheiro, era espancada por um bando de meninas; um dia, chegou em casa com um corte no rosto que exigiu pontos. Logo, as meninas começaram a arrastá-la entre as aulas para o armário do zelador, onde os meninos se aproveitavam sexualmente dela. "O que me dava mais raiva eram os adultos. Eu tentava contar para eles. Eles não acreditavam em mim." Quando chegou em casa com a canela aberta e precisou levar pontos de novo, seu pai ligou para a escola, mas ela não tinha como ouvir o que ele falava, e ninguém lhe contou.

Bridget começou a ter ataques de vertigem. "Agora sei que é um sintoma da malformação de Mondini. Mas não posso deixar de pensar no quanto isso se devia também ao medo." Alguém lhe perguntou se ela gostaria de ouvir, e ela disse que não; na verdade, gostaria de estar morta. Por fim, um dia ela chegou da escola e anunciou que nunca mais voltaria. Naquela noite, seus pais lhe disseram que havia uma escola para surdos a apenas 45 minutos de distância de casa, o que nunca tinham mencionado porque queriam que ela fizesse parte do "mundo real". Bridget foi matriculada aos quinze anos. "Em um mês, aprendi a língua de sinais com fluência e comecei a florescer", contou. Como muitas outras escolas para surdos, esta tinha um nível baixo de educação, e Bridget estava academicamente à frente dos colegas. Havia sido impopular em sua escola anterior porque era considerada uma idiota. Era impopular na escola atual por causa de seu alto desempenho escolar. "Não obstante, tornei-me sociável e fiz amigos pela primeira vez", ela lembrou. "Comecei a gostar e a cuidar de mim mesma."

Bridget tentara fazer a mãe abandonar seu pai e ela sempre "jogara a carta católica", mas depois que Bridget foi para a Universidade de Nova York seus pais anunciaram seus planos de se divorciar. "Minha mãe achava que eu precisava ter os dois. Depois que saí, acho que ela se sentiu livre."

Nos anos que se seguiram, as dores de cabeça de Bridget aumentaram e, várias vezes, ela desmaiou e caiu. Quando por fim foi ao médico, ele disse que ela precisava de uma cirurgia imediata da malformação. Ela replicou que seus sintomas eram provavelmente psicossomáticos, e ele foi a primeira pessoa a lhe dizer: "Não seja tão dura consigo mesma". Bridget terminou sua licenciatura e conseguiu um emprego na área financeira, mas cinco anos depois os episódios de dor se intensificaram de novo. O neurologista lhe recomendou não trabalhar mais de vinte horas por semana. Ela voltou para a escola, formou-se em administração hospitalar e fez um estágio no Hospital Presbiteriano Columbia, em Nova York, mas logo teve outro colapso e seu neurologista a advertiu de que era perigoso demais continuar a trabalhar. "O médico me disse que eu ia me destruir."

Com trinta e tantos anos, Bridget começou a ter problemas de visão. Ela usava aparelhos auditivos extremamente potentes, que ampliavam tanto o som a ponto de estimular seu nervo ocular e embaçar sua visão. Seu médico recomendou um implante coclear. Ele achava que isso também poderia ajudá-la com a enxaqueca. Bridget fez o implante e é agora capaz de entender um pouco da fala. "Adoro meu implante", disse-me ela. Suas dores de cabeça diárias tornaram-se semanais. Sua visão voltou ao normal. Ela assumiu trabalhos voluntários, mas os empregadores querem consistência, e seus sintomas são imprevisíveis. "Eu quero demais aquele sentimento estimulante de ser produtiva", contou. "Mas tenho uma deficiência, e ou deixo que ela me destrua, ou posso aprender a desfrutar de minha vida. Eu gostaria de ter filhos, mas como se pode ter filhos quando se sabe que se pode ter sintomas e precisar parar com tudo?"

Em 1997, deram dez semanas de vida à mãe de Bridget, que estava com câncer. Ela estava doente demais para ficar sozinha. As três irmãs não surdas tinham famílias e não podiam cuidar dela, então Mary se mudou para o pequeno apartamento de Bridget em Nova York. Ela viveu mais dezoito meses. O fardo do que não era dito se tornou intolerável. "Não entrei no aspecto sexual, mas falei sobre o abuso físico", contou Bridget. "Ela começou a chorar, mas não estava pronta para admitir sua parte." Quando o cuidado se tornou maior do que Bridget poderia dar conta, Matilda mudou-se para lá para ajudar. "Matilda e eu conversávamos à noite, e ela falou sobre o abuso sexual", lembrou Bridget. "Isso lhe causara um forte impacto, ainda que tenha acontecido comigo e não com ela." A raiva de Matilda era aterrorizante para Bridget, embora boa parte dela fosse em nome de Bridget.

Pouco antes de Mary morrer, a tia de Bridget ligou para Matilda. Contou que Mary estava imaginando coisas loucas no hospital, chorando desesperadamente porque Bridget tinha sido abusada pelo pai e ela, Mary, não tinha feito nada a respeito. "Então, minha mãe nunca me pediu desculpas, mas ela sabia o que acontecera e pediu desculpas para outra pessoa", disse Bridget.

Um ano depois, Matilda se divorciou. "Não tive notícias dela durante quase dois meses", disse Bridget. "Então, ela veio para a cidade, e eu sabia que estava deprimida. Ela disse: 'Eu é que deveria ter morrido'." Algumas semanas depois, Bridget soube que Matilda se enforcara. Bridget me explicou: "Sinto que a deixei na mão. Que meus problemas, minha surdez e o abuso sexual eram um fardo para ela. Eu dissera muitas vezes: 'Matilda, qualquer problema que você tiver, fale comigo. Sei que tenho problemas próprios suficientes, mas estou sempre de braços abertos para você'".

As outras duas irmãs de Bridget haviam aprendido a língua de sinais e a ensinado aos seus filhos; elas agora têm videofones para que todos possam estar em contato. Quando perdeu o marido para a leucemia, uma delas fez questão de ter intérpretes no serviço fúnebre. Elas organizam uma viagem de família todos os anos, que inclui Bridget e seu pai. Perguntei como Bridget conseguia tolerar isso. "Ele está velho e inofensivo agora. O que ele fez comigo foi há muito tempo." Então, ela começou a chorar baixinho. "Se eu não participasse, minhas irmãs iriam querer saber o porquê. Elas não têm ideia do que aconteceu, pois eram muito mais jovens do que eu e Matilda. O que aconteceria se eu contasse para minhas irmãs?" Ela olhou pela janela por um longo, longo tempo. "O que aconteceu quando eu contei a Matilda?", por fim me perguntou. Ela encolheu os ombros estreitos. "Uma semana por ano na Disneylândia — é um preço pequeno a pagar."

Pouco depois que Bridget compartilhou sua história comigo, o *New York Times* revelou a história do reverendo Lawrence C. Murphy, que admitira ter abusado sexualmente de meninos surdos em uma escola católica de Wisconsin durante 22 anos. "As vítimas tentaram por mais de três décadas levá-lo à justiça", narrou o *Times*. "Elas contaram para outros padres. Contaram para três arcebispos de Milwaukee. Contaram para dois departamentos de polícia e para a promotoria. Usaram a linguagem de sinais, depoimentos por escrito e gestos explícitos para mostrar exatamente o que o padre Murphy havia feito com eles. Mas seus relatos caíram nos ouvidos surdos de pessoas que ouviam."[73] Essa história de abuso de crianças surdas está em toda parte, e Bridget é rara somente por estar disposta a me falar a respeito disso. É um segredo de polichinelo que crianças surdas têm problemas para contar suas histórias. Quando um grupo de teatro de surdos montou uma peça em Seattle sobre incesto e abuso sexual,[74] lotou um auditório de oitocentos lugares e contratou conselheiros para esperar do lado de fora do teatro. Muitos homens e mulheres caíram no choro e foram embora durante o espetáculo. "No final, metade do público estava soluçando nos braços dos terapeutas", relatou uma pessoa que estava lá.

A história de Megan Williams e Michael Shamberg[75] está na outra extremidade do espectro. Aos sessenta anos, Megan tem a boa aparência açoitada pelo vento e a sensibilidade liberal de Annie Hall — ela é uma idealista para quem o idealismo parece ter funcionado, uma mulher que fez documentários significativos, embora tenha vivido no meio do mundo do cinema comercial de Los Angeles. Enquanto ela é pragmática, Michael Shamberg, o produtor de cinema com quem ela foi casada por muito tempo, gosta de abstrações; enquanto ela sempre transborda energia, ele é um pouco distante; enquanto ela é brilhante e rápida, ele é meditativo e intelectual. Ambos são proativos e controladores. A militante surda Jackie Roth definiu: "Megan olhou para o mundo e não gostou muito do que viu, então o tomou em suas mãos e o consertou".

Quando o filho deles, Jacob, nascido em 1979, tinha oito meses de idade, Megan começou a suspeitar que ele era surdo. O pediatra disse que ele tinha as trompas de Eustáquio bloqueadas. Megan começou a bater panelas e frigideiras naquela noite, mas Jacob não reagiu. Ela o levou de volta ao médico, que disse: "Tudo bem. Eu vou encher alguns balões, ficar atrás dele e explodi-los com uma agulha. Você fica atenta aos olhos de Jacob e veja se eles piscam". Megan me contou: "Cada vez que ele explodia um balão, meus olhos piscavam, e eu pensei que deveria haver um teste mais sofisticado". No Hospital Infantil de Los Angeles, Jacob foi oficialmente diagnosticado.

Megan descobriu um curso sobre educação de surdos na Universidade Estadual da Califórnia em Northridge, uma universidade com uma grande população surda. "Havia um painel de pais que tinham filhos surdos. Aquelas mães só faziam chorar, então fiquei sabendo que os filhos delas tinham trinta anos. Pensei: não vou ficar infeliz com isso. Eu gostaria que não fosse assim, mas é, e eu vou resolver isso." Megan e Michael começaram a caçar adultos surdos. Ela contou: "Nós os convidávamos para um brunch e perguntávamos: 'Como você foi criado, do que gostou, do que não gostou?'.". Ela inventou uma linguagem de sinais primitiva para usar com Jacob em casa e ofereceu a um dos visitantes algumas panquecas, fazendo um círculo com seus dois dedos indicadores e polegares. O convidado disse: "Precisamos lhe dar algumas aulas. Você acabou de me oferecer uma xoxota".

Michael disse: "Nós aprendemos que adultos surdos bem-sucedidos não têm pena de si mesmos. Percebemos que tínhamos de mergulhar naquela cultura, porque era onde nosso filho ia viver". A questão mais urgente era o que fazer em relação a dar uma língua para Jacob. Quando ele estava com um ano de idade, Megan e Michael foram à Clínica John Tracy, um programa somente oral fundado por Spencer Tracy para seu filho surdo. Era considerada a melhor instituição para crianças surdas na Costa Oeste. "Era pintada de restos de verde hospitalar", definiu Megan. "Havia fotos da sra. Tracy com Richard Nixon na parede." Michael descreveu o lugar como sendo "furiosamente oral". Megan aprendera um pouco da língua de sinais e, em uma conferência na Clínica Tracy, disse ao instrutor: "Vamos apenas fazer sinais, já que estamos só você, eu e Jacob". O instrutor se opôs, mas disse que Jacob era inteligente e seria capaz de dizer *maçã* em um ano. Megan respondeu que nessa idade sua filha era capaz de dizer "mamãe, eu tive um sonho ruim", e que ela esperava o mesmo de seu filho. O instrutor disse: "Suas expectativas são altas demais". Esse foi o fim da história de Jacob e a Clínica Tracy.

Megan ficou espantada com o número de pessoas surdas convidadas para um brunch que não tinham relacionamentos verdadeiros com seus pais porque nunca houvera comunicação fluente em casa. Então, Megan e Michael contrataram uma mulher para ensinar a língua de sinais a toda a família, e ela foi morar com eles, para que todos pudessem aprender o mais rápido possível. "A gente sempre faz tim-tim com os copos no jantar", disse Megan. "Então cai a ficha. É linguístico, e também tridimensional e físico." Quando Jacob tinha dois anos e meio, Megan estava tentando vesti-lo e ele lutava contra ela. Ele fez, com sinais, "arranha e coça", e ela percebeu então o quanto era importante para eles compartilhar uma língua; o que parecia ser teimosia era, na verdade, um comportamento perfeitamente racional. Michael dominou uma ortografia com dedos e uma língua de sinais simplificada que funcionava para ele e para Jacob.

Megan deixou de lado seu trabalho para se concentrar na educação de Jacob. Ela ligou para a Gallaudet em busca de conselhos. "A telefonista atendeu e eu disse: 'Estou procurando alguém com quem eu possa falar sobre a educação de crianças pequenas aqui em Los Angeles'." Ela sugeriu Carl Kirchner, um filho de adultos surdos que usava fluentemente a língua de sinais e acabara de se mudar para a Costa Oeste. Megan levou Jacob à casa de Kirchner. "Eu entro e mãos estão voando", contou Megan. "Jacob ficou de olhos arregalados." Quando viu as duas filhas de Carl, ele fez o sinal de "meninas". Megan disse: "Nós estávamos a mil".

Kirchner tinha feito oficinas de pais nos anos 1970 e as chamado de Tripod. Megan sugeriu a criação de uma linha direta de aconselhamento com o nome de Tripod. Naquela época pré-internet, uma pessoa ligava para o número da Tripod e dizia: "Meu filho é surdo, eu preciso de um dentista, e estou em Memphis". Megan e Kirchner entravam em contato com pessoas surdas e suas famílias em Memphis, e encontravam um dentista que conhecia a língua de sinais. Alguém dizia: "Meu filho é surdo e receio que ele não é capaz de ler, e estou em Des Moines". Então eles encontravam um especialista em leitura para surdos em Des Moines. Por volta dessa época Jacob, então com cinco anos, perguntou a Megan se ela era surda. Ela disse que não e ele perguntou: "Eu sou surdo?", e ela disse que sim; então ele disse por sinais: "Eu queria que você fosse surda". "Isso foi uma resposta muito saudável", disse-me Megan. "Não 'eu queria estar ouvindo', mas 'eu queria que você fosse surda'."

Megan foi atrás de escolas para surdos. Em Riverside, os alunos estavam aprendendo a comprar alimentos. "Era uma instituição de formação profissional ou de reabilitação. Não era uma escola." Havia educação na língua de sinais para crianças surdas no sistema escolar público de Los Angeles, mas quando Megan visitou uma sala de aula, não se impressionou. "O professor usava a língua de sinais, mas o conteúdo era terrivelmente maçante. Voltei para Michael e Carl e disse: 'Não precisamos só de uma linha direta, precisamos de uma escola'." Eles acharam outras três famílias interessadas e um pequeno prédio pré-escolar; depois encontraram alunos suficientes para formar uma classe e precisavam de um professor. Megan queria alguém com formação tanto no método Montessori como em educação de surdos; apenas três pessoas no país tinham essa qualificação, e uma delas tornou-se o primeiro professor do programa escolar da Tripod.

Megan era constantemente apanhada nas ciladas da política dos surdos. Foi-lhe dito que ela não poderia fazer tudo aquilo porque não era surda o suficiente. "Tudo bem, eu não era surda, ponto final", disse ela. Jacob não era considerado surdo o suficiente porque não tinha pais surdos. Um ativista disse a Megan: "O que você está tentando fazer é muito nobre, mas a melhor coisa seria dar seu filho a uma família de surdos e deixá-la criá-lo". Megan ignorou esses ataques. Ela inventou a integração inversa, em que crianças sem deficiência são postas em uma sala de aula cujo foco são as necessidades das crianças com deficiência e aprendem como os alunos com deficiência aprendem. Na Tripod, cada sala de aula tinha dois professores, um com credenciais de educação de surdos, para dez alunos surdos e vinte ouvintes. Todo mundo usava a língua de sinais. Megan procurou alunos surdos filhos de surdos porque queria o nível deles de linguagem gestual.

O projeto exigia enormes quantidades de dinheiro, e Michael assumiu a tarefa de obtê-lo. Ele acabara de produzir *O reencontro*, e o elenco todo passou para outros filmes; ele os convenceu a pressionar os estúdios a dar para a Tripod a renda da bilheteria das estreias. "Michael cuidava das finanças e me sustentava, mas ele estava construindo uma carreira, e eu dei o meu sangue para a Tripod", disse Megan. Ela queria pôr a Tripod dentro do sistema público de ensino. O distrito escolar de Los Angeles estava contrariado com a contestação ao seu programa de educação para surdos, e ela transferiu o projeto para Burbank. "Então, as pessoas começaram a se mudar para Burbank porque estávamos lá. Burbank tornou-se um foco da cultura surda. Ainda hoje você pode entrar num McDonald's usando a língua de sinais e alguém começa a interpretar para você."

As pessoas que não utilizam a linguagem falada são muitas vezes lentas para compreender o uso apropriado da linguagem escrita, que é transcrita de um sistema que para elas é estranho. O programa escolar que Megan montou na Tripod não tinha precedentes no enfrentamento desse desafio. "A maior maldição da surdez é o analfabetismo", disse ela. "Jacob escreve melhor do que eu." Os testes mostravam que as crianças da Tripod alcançavam constantemente o nível apropriado ou se saíam ainda melhor, e o contexto social era excepcional. "Há tantas pessoas que usam a língua de sinais — professores, alunos não surdos, irmãos — que as crianças estão integradas em todos os níveis", explicou Megan. "Elas estão no conselho estudantil, estão na prática de esportes."

Jacob disse: "A Tripod é uma revolução. Eu tinha amigos que ouviam, amigos surdos, não importava. Mas a Tripod trata os alunos surdos como se nós não tivéssemos necessidades especiais, e, na verdade, nós temos. Foi útil para mim, mas em algum nível isso diz respeito à minha mãe, não a mim. Para ser justo, as escolas de surdos naquela época eram todas ruins. A Tripod era melhor do que a maioria, mas não havia professores suficientes, dinheiro suficiente, intérpretes suficientes. Eu tive muita sorte, sei disso, com esta família maravilhosa, mas ainda tenho muitas reclamações".

Megan suspirou quando lhe contei isso: "Houve algumas vezes em que tive de fazer o que era certo para o programa em vez de fazer o que era certo para o meu filho. Foi duro".

Michael tem uma resposta filosófica elegante para as tensões que levaram ao divórcio deles em 1991: "Megan transformou-se na Tripod. Primeiro, ela realmente queria ajudar nosso filho. Segundo, era um chamamento. Um chamamento digno, mas desgastante. Em última análise, nosso relacionamento teria se desintegrado por uma série de razões. Mas ela estava tão obcecada por aquela coisa que isso começou a corroer nosso casamento. A instituição parecia às vezes mais importante para ela do que a educação individual de Jacob. Em vez desse programa inovador gigantesco, poderíamos ter montado um grupo de três ou quatro pais que poderiam pagar as mensalidades de uma escola particular muito boa com intérpretes. Gostaria que Jacob tivesse recebido mais estimulação intelectual, mas, dito isto, acho que ele tende a demonizar as coisas um pouco demais".

Jacob considerava que o ponto forte da Tripod era para as crianças que ouvem. No entanto, Caitlin, sua irmã não surda, que cresceu no programa, invejava a maneira como a vida da família girava em torno da língua e da cultura do irmão. Mais fluente na linguagem de sinais do que Megan e Michael, ela chegou da escola na quarta série e disse: "Nosso projeto de classe é para cada um de nós ensinar alguma coisa aos alunos do primeiro ano". Megan perguntou: "E o que você vai ensinar?". "Não a língua de sinais!", respondeu Caitlin.

Jacob foi para o Instituto Técnico Nacional para Surdos, no Instituto de Tecnologia de Rochester, largou a escola depois de um ano e trabalhou em um resort no Havaí. Então, foi para a Gallaudet. "Eu estava lutando com a depressão e, honestamente, a Gallaudet é uma escola muito ruim", disse Jacob. "Mas algo importante aconteceu. Antes, eu desprezava a surdez, sentia muito ódio de mim mesmo. Na Gallaudet, comecei a encontrar muita gente surda que tinha os mesmos interesses que eu. Na realidade, não sinto o orgulho surdo com S maiúsculo, mas valorizo a cultura surda, e é um lugar onde tenho poder." Pela primeira vez, segundo Jacob, ele se sentiu normal. Megan lamentou o lado tardio disso: "Ele estava então com seus vinte e poucos anos. Considero isso uma falha de minha parte".

Conheci Jacob logo depois que ele se formou na Escola de Artes Visuais, aos 28 anos. Ele se estabelecera em Nova York e seus pais vinham vê-lo com frequência; apesar da terapia da fala, ele é incapaz de falar de uma forma que seja consistentemente compreensível. "Tive pena de mim por muito tempo, por ser surdo", disse ele. "No ano passado, tentei me matar. Não que quisesse morrer, mas sentia que não tinha controle sobre a minha vida. Tive uma briga feia com minha namorada e tomei um frasco inteiro de Klonopin [Rivotril]. Eu só queria desistir. Fiquei no hospital por três dias, inconsciente. Quando acordei, a primeira coisa que vi foi o rosto de minha mãe, e a primeira coisa que ela me disse foi: 'Parem o mundo. Eu quero descer'. Era exatamente como eu me sentia." Ele vai a um psiquiatra para obter medicação; eles sentam-se lado a lado e digitam um para o outro. O difícil, no entanto, é encontrar um terapeuta que conheça a língua de sinais. Jacob pode ter herdado seu lado desesperado do pai, que lutou contra a depressão durante a maior parte de sua vida adulta. "Então você acrescenta a surdez", disse Michael. "Mas Jacob é durão. Se o Holocausto acontecesse hoje, ele ficaria tão puto que descobriria uma maneira de passar por ele. Espero que descubra uma maneira de passar pela vida normal."

Megan não tem nada da depressão de Michael ou de Jacob; é uma mulher de ação. Ainda assim, tem uma ponta de tristeza. "Estou com sessenta anos", disse-me, "e às vezes me pergunto o que eu teria feito se ele não fosse surdo." Michael disse que não se permitiu essa fantasia: "Acho que de alguma forma Jacob foi selecionado para ser surdo e resolver essa merda, e esse é o caminho dele. Eu gostaria que ele pudesse ouvir coisas, mas em outro nível nunca penso sobre como seria se Jacob não fosse surdo. Não sei se ele seria mais feliz. Não acho que eu seria. Ele é simplesmente meu filho".

Eu quis saber por que o sentimento de luta de Jacob persistia em face de tanta aceitação e amor. Jacob disse: "Três noites atrás, saí para beber com outras pessoas de um curso que estou fazendo, e todas elas ouvem, e nós apenas escrevíamos um para o outro. Mas chega um ponto em que todos estão conversando, e eu fico tipo 'O que está acontecendo?'. Tenho sorte de que eles estão dispostos a estar comigo, mas ainda me sinto excluído. Tenho muitos conhecidos ouvintes. Mas bons amigos? Não. A cultura surda me ensina a ver o mundo, mas seria bem mais fácil sobreviver no mundo se eu pudesse ouvir. Se fosse para eu ter um filho com síndrome de Down, acho que abortaria. Mas e se minha mãe descobrisse que eu era surdo quando estava grávida e me abortasse? Não quero ser racista, mas caminhando sozinho à noite, vejo uma pessoa negra desconhecida se aproximando e me sinto desconfortável, apesar de ter amigos negros. Odeio isso. Então, é a mesma coisa quando deixo as pessoas pouco à vontade porque sou surdo; eu compreendo e odeio. Eu simplesmente odeio isso".

Ter uma visão pode ser uma experiência solitária, e nenhuma estratégia pode desdobrar-se em toda a sua glória sem outras pessoas para carregar a bandeira. O que Megan de início imaginou na Tripod foi ampliado e aperfeiçoado por aqueles que a seguiram. Spencer, o filho mais novo de Chris e Barb Montan,[76] nasceu surdo uma década depois de Jacob. "Eu nunca tinha conhecido uma pessoa surda", contou Barb, "então só posso descrever o que senti como uma queda livre." Chris é presidente da Walt Disney Music, e toda a sua vida se desenrolou em torno do som. Quando Spencer foi diagnosticado com surdez, ele ficou "abalado, arrasado". Disse que sua cabeça entrou em becos sem saída. "O que vai acontecer com ele? Como posso protegê-lo? Quanto dinheiro devo separar para isso?" Barb entrou em contato com a Tripod. "Eles disseram que me enviariam um material de imediato, mas não consegui atravessar o fim de semana", disse Barb. "Então fui aos escritórios da Tripod. Michael e Megan tiveram de criar uma rede; eu fui arrebatada de uma só vez."

Barb continuou: "No começo, tudo é tristeza, desgosto e horror. Minha mãe disse: 'Ele vai acabar em um asilo'. Na geração dela, quem era surdo e mudo era mandado para longe. Mas eu tinha esse filho lindo de olhos azuis, que só sorria para mim. Não demorou muito para que eu dissesse: 'Quem tem o problema aqui?'. Porque ele estava perfeitamente bem". Os Montan decidiram quase de imediato que aprenderiam a língua de sinais. "Spencer faria terapia da fala, mas aprenderíamos sua língua e sua cultura", disse Barb. "Tenho de ir para onde ele está indo. Não posso deixar acontecer nenhum atraso cognitivo." Chris preocupava-se que a diferença de linguagem prejudicaria sua capacidade de ser um bom pai. "Eu temia que Spencer não soubesse quem eu era enquanto pessoa no mesmo grau de seu irmão mais velho, que podia ouvir minhas inflexões. Eu disse a Barb: 'Não podemos fazer com que Spencer sinta que cresceu em um lar de ouvintes e foi deixado de lado'."

Alunos surdos da Universidade Estadual da Califórnia em Northridge vieram para instruir Spencer e sua família na LSA. "Eles estacionaram na entrada de minha garagem e começaram a falar por sinais. 'Spencer, como vai? Vejo que você tem um carro!'", Barb relembrou, fazendo sinais enquanto falava. "Eu não sei como ele sabia que era uma língua. Mas estava totalmente atento. Semana após semana após semana. 'Olá, como você está, pronto para trabalhar?'" Barb e Chris criaram um ambiente de sinais tão sólido que Spencer não sabia que tinha uma deficiência até os quatro ou cinco anos.

Barb tem uma memória quase fotográfica e revelou-se uma falante natural por sinais. Os anos de prática de Chris com o piano lhe deram uma destreza excepcional e ele tornou-se um fluente soletrador com os dedos. Spencer conseguia interpretar e compreender os sinais de seus pais, bem como a LSA completa. "Quando ele nasceu", contou Chris, "eu estava trabalhando como um louco, construindo uma empresa com Jeffrey Katzenberg e Michael Eisner. Eu poderia ficar no trabalho vinte horas por dia. Barb se virou para mim desde o início e disse: 'Acho que você está fazendo um bom trabalho como pai e sei que está construindo sua carreira na Disney, mas eu preciso de mais. Preciso que você seja mais uma pessoa — uma pessoa mais profunda, uma pessoa menos egoísta'." Chris disse a seus colegas de trabalho que teria de reduzir o ritmo. Nils, seu filho mais velho, foi diagnosticado com asma grave e transtorno de déficit de atenção. "Eu diria que Nils teve mais dificuldade para crescer", disse Barb. "Spencer era mais fácil. Nils é muito cerebral e Spencer é muito mais visceral, com ele há um clima de muito mais brincadeira, uma quantidade tremenda de bom humor, jogos de palavras, jogos de sinais."

Uma vez que a educação pública não começa antes dos cinco anos de idade, a Tripod tem um programa particular de pré-escola Montessori para crianças surdas e ouvintes. O desenvolvimento de Spencer na LSA foi rápido; as crianças não surdas da classe aprenderam quase tão rápido. "A maioria das crianças com deficiência está sempre recebendo ajuda", disse Barb. "Qual é o efeito disso sobre a autoestima de alguém? Mas se uma menina não surda não sabia o que fazer em matemática, Spencer podia ajudá-la." Na população em geral, observou ela, aprende-se a ler até a quarta série, e depois se lê para aprender. A mudança vem mais tarde para as crianças surdas. "Mas depois que Spencer aprendeu, ele deslanchou", disse Barb.

Em 1993, Barb e um amigo abriram a Tripod Captioned Films, a primeira companhia a legendar rotineiramente filmes com todas as informações não verbais: indicações de música, de tiros, de telefone ou campainha tocando. Quando Spencer estava com nove anos, Lou Marino, um treinador local de beisebol para jovens, deu-lhe uma lição de arremesso de bola. Lou disse: "Treinei durante trinta anos, como é que nunca vi uma criança surda?". Lou e Barb montaram os Cavaleiros Silenciosos, que se tornou uma liga regional de beisebol do sul da Califórnia para surdos. "Ele tem uma coordenação mão-olho incrível. Via a bola melhor do que as outras crianças", contou Chris. Ele e Spencer praticavam beisebol juntos. "Era uma maneira de conversarmos. Eu às vezes usava a língua de sinais, mas principalmente compartilhávamos a coisa. Ele tinha uma confiança tranquila, e quando era o arremessador, a equipe se organizava em torno dele."

Os Montan pensaram em implantes cocleares. Chris disse: "Em 1991, eu não tinha certeza sobre como a tecnologia avançaria. Se Spencer tivesse treze meses de idade hoje, eu provavelmente teria feito o implante, e digo isso conhecendo todas as grandes pessoas surdas que conhecemos, e como um forte defensor da cultura surda. É uma questão diferente hoje, do ponto de vista médico e político". Mas, se fosse fazer um implante quando jovem, Spencer teria de fazer treinamento auditivo para interpretar os dados que o implante iria produzir. "Ele perderia um ano de colégio, quando está tão socialmente bem encaminhado e eficaz em sua língua", disse Barb. "Não acho que valeria a pena."

Spencer mostrou-se ecumênico a respeito da língua, dizendo: "Sei que minha voz é útil e estou contente por desenvolvê-la. Mamãe e papai fizeram aulas de LSA para que pudéssemos nos comunicar. Se eles puderam aprender a LSA, eu posso fazer isso também. Minha língua principal é a LSA. Mas, com muito exercício, não preciso de tutores para me ajudar com meu inglês. Eu trabalho minha voz, e os garotos na minha escola e na minha liga de beisebol trabalham a língua de sinais. Queremos viver em um único mundo". Barb sentiu-se frustrada com o sentimento contra a fala no mundo surdo. "Spencer se dá bem comigo do jeito que eu faço sinais, com Chris da maneira como ele faz sinais, com seus amigos surdos em LSA fluente. Ele é totalmente bilíngue em inglês escrito e língua de sinais." Ao mesmo tempo, ela reconhece a imensa importância da sociedade surda. "Em toda cultura, você quer massa crítica, e ele tem isso com seus amigos surdos. Nós todos precisamos de nossa gente."

Barb acabou se tornando presidente da Tripod. "Ontem à noite, apareceu uma mãe cujo filho tem quatro anos. Ela não tem nada, senão preocupações. Spencer estava fazendo seu dever de casa de química — moles, fractais — e eu levantei o papel e disse: 'Seu filho fará isso'." Spencer disse: "Os pais de crianças surdas devem saber que não devem ter medo, para não deixar o filho com medo. Meus pais fizeram questão de que eu nunca sentisse medo".

Ainda grassam debates raivosos acerca de oralidade contra manualismo,[77] e se o ensino por sinais deve ser realizado na língua de sinais americana ou com técnicas como a Comunicação Total ou a Comunicação Simultânea, em que a língua de sinais e o inglês são combinados para permitir que os professores façam sinais enquanto falam. Esses métodos buscam proporcionar às crianças surdas vias múltiplas de comunicação, mas podem surgir problemas quando se tenta fundir gramáticas e sintaxes independentes.[78] A língua inglesa e a LSA têm estruturas diferentes; não se pode falar inglês enquanto se sinaliza em LSA, do mesmo modo que não se pode falar inglês enquanto se escreve em chinês. O inglês é uma língua sequencial, com palavras produzidas em ordem definida; a memória de curto prazo do ouvinte mantém as palavras de uma frase, depois capta o significado da relação entre elas. A LSA é uma língua simultânea em que cada sinal separado é amalgamado em sinais compostos; um movimento complexo e fluido pode significar, por exemplo, "ele mudou-se da Costa Leste para a Costa Oeste". Cada sinal inclui uma forma de mão, um lugar no corpo ou perto dele onde a forma é mantida e um movimento direcional. Além disso, expressões faciais não servem apenas para comunicar emoções, mas são componentes estruturais de sinais individuais. Essas obras compostas funcionam bem para a memória visual de curto prazo, que pode armazenar menos imagens separadas do que a memória auditiva. Se alguém precisasse primeiro fazer o sinal de "ele", depois "se mudou", depois "de" e assim por diante, o esforço mecânico seria tedioso e a lógica desapareceria; o mesmo amontoado ininteligível aconteceria se alguém precisasse falar várias palavras diferentes ao mesmo tempo. As formas de inglês manualmente codificado como Signed Exact English, Pidgin Signed English, ou Conceptually Accurate Signed English, que vão de palavra em palavra pela frase, como se estivesse sendo falada em inglês, são em geral preferidas por aqueles que ficaram surdos depois de falar a língua e que muitas vezes continuam a pensar em língua falada; no entanto, para crianças que adquirem uma primeira língua, linguagens de sinais baseadas nas orais são complicadas e confusas. Uma gramática inadequada ao meio não pode ser captada intuitivamente.

Gary Mowl, ex-chefe do departamento de LSA do Instituto Técnico Nacional para Surdos, em Rochester, corrige com frequência a gramática e a utilização de seus filhos em LSA. Disse ele: "As pessoas perguntam por que é preciso ensinar LSA para pessoas que usam a língua de sinais desde sempre. Por que se ensina inglês para estudantes que falam inglês? Porque muitas pessoas usam mal a língua".[79] Não obstante, há uma grande variedade de "vozes" individuais entre os usuários da LSA. Alguns movem as mãos e o rosto com precisão, alguns de maneira extravagante, alguns em tom jocoso e alguns com grande solenidade. A LSA também evoluiu; filmes de pessoas usando a língua de sinais no início do século XX mostram um uso diferente e menos nuançado da linguagem.

Benjamin Bahan, professor de LSA e Estudos Surdos na Gallaudet, é surdo filho de surdos. Ele descreveu de forma pungente como cresceu pensando que sua mãe, que tinha uma educação oral, era a inteligente da família, enquanto seu pai, que crescera usando a língua manual, era um pouco obtuso. Quando voltou para casa, depois de estudar LSA na faculdade, ele percebeu que o pai "tinha uma bela LSA, com características gramaticais e estrutura", enquanto a LSA de sua mãe era bem menos fluente.[80] A gramática da LSA é um lócus de precisão e orgulho. Muitos tradutores da língua de sinais perdem a metade do que é dito, traduzem mal e perdem o fio da conversa; descobri isso ao trabalhar com tradutores, muitos dos quais foram atraídos para a LSA mais por sua semelhança com o teatro do que por seu status de língua. A gramática é tão conceitualmente diferente da gramática oral que escapa até mesmo de muitas pessoas que a estudam em detalhe. Os tradutores fluentes podem achar difícil reorganizar as estruturas da LSA na língua inglesa, e vice-versa, e perder os padrões de significado. Sotaque e entonação tendem a desaparecer por completo.

As pessoas não surdas costumam supor erroneamente que existe uma língua de sinais universal, mas há muitas.[81] Devido ao trabalho de Laurent Clerc, a língua de sinais americana está bastante relacionada à língua de sinais francesa; em contraste, ela é muito diferente da língua de sinais britânica, que muitos usuários da LSA afirmam ser menos sofisticada. "Nós não temos tantos trocadilhos; não brincamos com as palavras do jeito que vocês fazem", admitiu Clark Denmark, professor de Estudos Surdos da Universidade de Lancashire Central, na Inglaterra. "É uma língua mais literal. Mas tem seus pontos fortes."[82] Há quem se preocupe que a propagação da LSA como uma espécie de língua franca para pessoas surdas levará à perda de outras línguas de sinais. Ninguém foi capaz de avaliar quantas línguas de sinais existem, mas sabemos de pelo menos sete na Tailândia e no Vietnã; o Irã tem a língua de sinais Casa de Chá e a língua de sinais persa; os canadenses usam tanto a LSA como a língua de sinais quebequense.[83]

A questão da surdez na maioria das sociedades é de exclusão linguística, e eu estava interessado na ideia de um contexto em que a língua de sinais fosse universal. Na pequena aldeia de Bengkala, no norte de Bali, uma forma de surdez congênita persiste há cerca de 250 anos e atinge consistentemente cerca de 2% da população.[84] Todos em Bengkala cresceram com pessoas surdas, e todos conhecem a língua de sinais exclusiva usada na aldeia, por isso a distância entre a experiência das pessoas surdas e não surdas é menor do que talvez em qualquer outro lugar do mundo.

Bengkala também é conhecida como Desa Kolok, ou Aldeia dos Surdos. Em 2008, quando a visitei, 46 dos cerca de 2 mil habitantes da aldeia eram surdos. Uma vez que essa surdez decorre de um gene recessivo, ninguém sabe quando ela vai surgir em sua família. Conheci pais ouvintes com filhos surdos, pais surdos com filhos ouvintes, famílias surdas com pais e filhos surdos, pais surdos ou ouvintes com uma mistura de filhos surdos e ouvintes. É uma aldeia pobre e o nível geral de educação é baixo, mas é ainda mais baixo entre os surdos. Kanta, um professor não surdo da aldeia, introduziu em 2007 um programa para educar os surdos de Bengkala em sua própria linguagem de sinais, kata kolok; a primeira turma de surdos tinha alunos de sete a catorze anos, porque nenhum deles tivera educação formal anteriormente.

A vida nas aldeias do norte de Bali baseia-se em um sistema de clãs. Os surdos podem tanto participar de seus clãs como ultrapassá-los; nos aniversários de seus filhos, por exemplo, eles convidam o próprio clã, bem como a aliança de surdos da aldeia, enquanto as pessoas que ouvem não convidam ninguém fora do seu clã.[85] Os surdos têm certos empregos tradicionais. Eles enterram os mortos e são policiais, embora não haja quase nenhum crime; consertam tubulações do sistema frequentemente defeituoso de água. Em sua maioria, também são agricultores que plantam mandioca, inhame e capim-elefante, usado para alimentar as vacas. Bengkala tem um chefe tradicional, que preside as cerimônias religiosas; um chefe administrativo, escolhido pelo governo central de Bali para supervisionar as funções governamentais; e um chefe dos surdos, tradicionalmente a pessoa surda mais velha.

Cheguei em Bengkala com o linguista balinês I Gede Marsaja, nascido em uma aldeia vizinha, que estudou kata kolok em profundidade. Descemos um desfiladeiro onde um rio corria sob uma parede de pura rocha de sessenta metros de altura. Vários moradores surdos nos esperavam junto à água, onde mantêm uma fazenda com um bosque de rambuteiras, um pouco de capim-elefante e uma variedade de pimenta extremamente ardida. Na meia hora seguinte, o restante dos surdos de Bengkala chegou. Sentei-me num cobertor vermelho em uma das extremidades de uma grande lona e os surdos se organizaram em torno das extremidades. As pessoas faziam sinais para mim, confiantes de que eu poderia entender. Gede traduzia e Kanta, o mestre-escola, dava ajuda adicional, mas para minha surpresa fui capaz de seguir muito bem e logo aprendi alguns sinais. Sempre que eu os usava, todo o grupo sorria. Eles pareciam ter vários níveis e tipos de sinais, porque, quando estavam fazendo sinais para mim, eram como um bando de mímicos, e eu podia seguir claramente suas narrativas, mas quando trocavam sinais entre eles eu não conseguia de forma alguma descobrir o que estavam dizendo, e quando faziam sinais para Gede estavam em algum lugar entre os dois extremos.

Para dizer *triste* em kata kolok, põem-se os dedos indicador e médio nos cantos internos dos olhos e depois eles descem como lágrimas. O sinal para *pai* é um dedo indicador acima do lábio superior para sugerir um bigode; o sinal para *mãe* é uma mão aberta virada para cima no nível do peito, segurando uma mama imaginária. Para dizer *surdo*, gira-se o dedo indicador enfiado no ouvido; o sinal para *audição* é a mão inteira mantida fechada ao lado da orelha e, depois aberta enquanto se afasta da cabeça, como uma espécie de explosão que sai do crânio. Em kata kolok, as palavras positivas em geral envolvem apontar para cima, enquanto as negativas envolvem apontar para baixo; um aldeão que tinha viajado disse aos outros que o dedo médio erguido é um palavrão no Ocidente, então eles mudaram o sinal e agora usam o dedo médio apontado para baixo para indicar *horrendo*. O vocabulário está em constante evolução, enquanto a gramática é bastante estática.

A linguagem de segunda geração é sempre mais sofisticada e organizada do que a de primeira geração, e uma linguagem de muitas gerações adquire uma arquitetura clara. A língua falada pelos agricultores do norte de Bali não apresenta um grande vocabulário, tampouco o kata kolok. Cerca de mil sinais foram identificados pelos estudiosos, mas os surdos de Bengkala conhecem claramente mais sinais do que isso e podem combinar sinais existentes para comunicar novos significados. Para os ocidentais instruídos, a intimidade requer o conhecimento mútuo alcançado à medida que a linguagem revela os segredos de duas mentes. Mas, para algumas pessoas, o eu se expressa em grande parte na preparação de alimentos e no ministério da paixão erótica e do trabalho compartilhado, e para essas pessoas o significado embutido nas palavras é mais um enfeite para o amor do que seu canal. Eu havia entrado em uma sociedade na qual, para surdos e não surdos, a linguagem não era o principal meio de sobrevivência no mundo.

Quando terminamos o almoço, catorze homens vestiram sarongues e duas mulheres puseram blusas de náilon rendadas. Como a maioria das pessoas surdas, eles eram capazes de sentir as vibrações do tambor e sua dança incluía movimentos que pareciam fluir de sua linguagem mimética. Eles se ofereceram para nos mostrar as artes marciais que usam como agentes de segurança da aldeia. Eu estava interessado na maneira como eles misturam a língua de sinais e o uso de mãos e pés como armas; um homem jovem chamado Suarayasa resistiu a participar da demonstração até que foi obrigado pela mãe a fazê-lo, e durante todo o tempo em que nos mostrou suas habilidades, também disse por sinais repetidamente "Olhe para mim!". Era furioso, mas brincalhão. As dançarinas voltaram e deram uma Sprite para todos, e depois os homens propuseram um mergulho no rio, então fomos nadar nus. A parede de rocha íngreme erguia-se acima de nós e longas trepadeiras pendiam, e os homens surdos se balançavam nelas. Fiz cambalhotas na água, outros plantaram bananeira, e montamos iscas para a pesca de enguias. Às vezes, um deles nadava debaixo da água até chegar ao meu lado, e então saltava para fora da corrente. Eles continuavam a fazer sinais para mim, e havia algo de exuberante, até mesmo alegre, na comunicação. Parecia possível contemplar aquilo como um idílio, apesar da pobreza e da deficiência dos aldeões.

No dia seguinte, Kanta traduziu do kata kolok para o balinês, dirigindo-se ocasionalmente a mim em seu inglês limitado; Gede traduziu o balinês de Kanta para o inglês, falando vez ou outra por sinais em seu kata kolok limitado; e os habitantes surdos de Bengkala dirigiram-se diretamente a mim na animada língua de sinais. A comunicação nessa confusão linguística se estabelecia pela pura força de vontade coletiva. Havia limites para o que se poderia perguntar porque muitas estruturas gramaticais não podiam ser traduzidas. Por exemplo, não há o modo condicional em kata kolok; a língua também não tem palavras categóricas (como "animais" ou a noção abstrata de "nome"), apenas específicas (como "vaca" ou o nome de alguém); não havia maneira de perguntar *por quê*.

Conheci a família de Santia, filho surdo de pais ouvintes, e sua esposa, Cening Sukesti, filha surda de pais surdos. Os dois tinham sido amigos de infância. Santia era um pouco lento, ao passo que Cening Sukesti era vibrante, animada e inteligente. Sukesti escolheu se casar com um homem surdo cujos pais não surdos tinham terra suficiente para eles trabalharem. Ela contou: "Nunca senti ciúmes de pessoas ouvintes. A vida não é fácil para eles. Se trabalharmos duro, vamos ganhar dinheiro também. Eu cuido das vacas, planto as sementes, fervo a mandioca. Posso me comunicar com todos. Se eu morasse em outra aldeia, talvez quisesse ouvir, mas gosto daqui".

Três dos quatro filhos de Santia e Sukesti são surdos. Quando seu filho Suara Putra tinha nove meses, amigos ouvintes de seus pais disseram que ele ouvia. Aos onze meses, começou usar a língua de sinais e agora é fluente, embora se sinta mais fluente na fala. Agora jovem, Suara Putra muitas vezes traduz para seus pais. Ele jamais desistiria de sua audição: "Eu tenho duas onde a maioria das pessoas tem uma", disse-me. Mas afirmou que poderia ter sido igualmente feliz surdo. Não obstante, disse, "acho que meus pais gostam de ter um filho ouvinte. Não que me amem mais, mas eu bebo menos e não peço dinheiro o tempo todo. No entanto, haveria menos tensão se eu fosse como eles". Sukesti contou que Suara Putra usa a língua de sinais ainda melhor do que seus irmãos surdos porque a língua falada o deixou mais à vontade para expressar ideias complexas.

Outro casal, Sandi e sua esposa Kebyar, morava com os dois filhos surdos, Ngarda e Sudarma. A esposa ouvinte de Ngarda, Molsami, veio de outra aldeia, e Ngarda estava contente por ter quatro filhos não surdos. "Já temos muita gente surda aqui", disse ele enfaticamente. "Se todos nós formos surdos, isso não é bom." Sudarma, por outro lado, insistiu que jamais se casaria com uma mulher ouvinte. "Os surdos devem ficar juntos", disse-me. "Quero viver entre as pessoas surdas, e quero filhos surdos."

Nessa comunidade, as pessoas falavam sobre surdez e audição do mesmo modo como pessoas de sociedades mais familiares poderiam falar sobre altura ou raça — como características pessoais, com vantagens e desvantagens. Eles não desconsideravam o significado da surdez nem subestimavam seu papel em suas vidas; não esqueciam se eram surdos ou ouvintes e tampouco esperavam que os outros esquecessem. A aliança surda em Bengkala é extremamente livre em todos os sentidos, exceto a geografia; sua liberdade baseia-se numa fluência linguística compartilhada apenas em sua aldeia. Eu tinha ido lá para investigar o modelo construcionista social da deficiência e descobri que onde a surdez não prejudica a comunicação ela não é uma desvantagem.

Não é possível recriar nos Estados Unidos um mundo de aceitação como o que recebe as crianças surdas em Bengkala, mas pais como Apryl e Raj Chauhan conseguiram um sucesso extraordinário na construção de uma comunidade, resolvendo os desafios diplomáticos de congraçar-se com uma cultura que os vê com desconfiança.[86] Nascida em um ambiente afro-americano privilegiado, Apryl cresceu entre artistas e tem grande facilidade de expressão. Ela irradia determinação e tenacidade. Raj é de origem mista indiana e paquistanesa, bonito e calmo; pode-se imaginar que ainda terá aparência tão jovem quando for velho. Ele trabalha em vendas pela internet, e fala com facilidade confiante. Muitos dos pais de crianças surdas que conheci pareciam ansiosos, mas os Chauhan eram tranquilos; seu senso inato de hospitalidade havia desarmado um mundo surdo que outros pais acharam ameaçador.

Em 2000, quando Zahra Chauhan nasceu, Apryl e Raj eram jovens batalhadores que tinham pouca experiência com bebês. O hospital de Los Angeles onde a filha deles nasceu não fazia exames de audição nos recém-nascidos. Quando Zahra estava com três meses, um incêndio no prédio onde eles moravam disparou alarmes estridentes; Apryl correu para o quarto do bebê e a encontrou dormindo profundamente. O pediatra disse a Apryl que recém-nascidos podem dormir em meio a qualquer coisa. Quando atingiu a idade em que outras crianças balbuciam, Zahra não balbuciou; os únicos sons que fazia eram pequenos grunhidos. Apryl e Raj tentaram testá-la, batendo palmas quando ela estava de costas. "Às vezes, ela reagia, às vezes não", disse Apryl. "Pensando bem, ela provavelmente nos via com o canto do olho." Aos vinte meses, Zahra havia produzido uma espécie de versão de *mamã* e *dada*, mas nenhuma outra palavra; o pediatra disse que muitas crianças não falam até os três anos.

Quando Apryl levou Zahra para seu checkup de dois anos, seu pediatra habitual estava doente e o substituto disse na mesma hora que eles deveriam fazer um teste de audição. "Os dois anos que perdemos teriam sido um tempo para nos educarmos, para expor Zahra à linguagem e para obter aparelhos de audição", Apryl disse com pesar. Quando a notícia chegou, Apryl ficou triste com ela, mas Raj, não. Ele explicou: "Apryl queria passar pelos estágios de vazio, medo, tristeza, dor, incerteza, e eu não. Aquilo era apenas algo a acrescentar à lista de coisas com que precisávamos lidar".

A intervenção precoce no condado de Los Angeles estava disponível para crianças desde o nascimento até três anos, então Zahra seria elegível para apenas um ano de serviços gratuitos. "Tive de me instruir o mais rápido possível para saber o que queríamos", disse Apryl. O médico disse que Zahra tinha alguma audição residual significativa nos registros baixos, então um implante coclear não era uma opção óbvia. Apryl disse: "Eu quero que ela tenha confiança em quem ela é. Se ela decidir um dia que quer um implante, tudo bem. Mas eu não podia tomar essa decisão por ela". Zahra passou a usar um aparelho auditivo transposicional que joga todos os sons de alta frequência no registro baixo onde reside sua audição residual. Mas Apryl sabia que aparelhos auditivos não fariam Zahra ouvir. "Eu havia perdido dois anos de comunicação com minha filha", disse ela. "Começamos com a repetição de 'apple, apple' [maçã]. Disseram-nos que é preciso repetir milhares de vezes para que uma criança surda entenda. Então, era o dia inteiro exercitando coisas. 'Água. Água. Livro. Livro. Sapato. Sapato'. Às vezes, ela repetia alguma coisa, mas não demorei muito tempo para achar que aquilo não era bom o suficiente. Então, em menos de um mês, decidimos usar sinais. Eu literalmente sentia que uma parte diferente do meu cérebro estava funcionando porque sentia fortes dores de cabeça." Raj, que já falava inglês, híndi, um pouco de espanhol e italiano, disse: "Eu sempre digo que é como uma pesquisa no Google: 'Malibu, quer, loja, suco', tudo de uma vez". No começo, Apryl e Raj aprenderam mais rápido do que Zahra, o que lhes possibilitou ensinar-lhe a língua de sinais, mas logo Zahra passou à frente.

Embora a LSA seja a língua principal de Zahra, Apryl e Raj queriam que ela também tivesse a maior fluência possível na fala e providenciaram-lhe uma terapia da fala. Aos cinco anos, ela ainda não tinha feito nenhum progresso e eles procuraram uma nova terapeuta, que perguntou a Apryl o que Zahra gostava de comer. Apryl disse que ela comia quatro coisas: cereais, manteiga de amendoim, pão e aveia. A terapeuta observou que eram todos alimentos moles. "Ela também tem um problema motor oral", explicou. "A língua não tem força para controlar os sons." Apryl e Raj começaram a fazer exercícios de língua com Zahra. O processo era muito parecido com o desenvolvimento de qualquer outro músculo, mas a língua, fibrosa, é realmente o músculo do corpo mais forte por centímetro: se fosse do tamanho de um bíceps, seria possível levantar um carro com ela. Os exercícios com frequência utilizavam uma espátula para empurrar a língua e fortalecê-la. Zahra também recebeu a instrução de mascar chiclete, tanto quanto possível. A mudança foi rápida. A menina sempre se recusara a comer carne, mas depois de reforçar a língua e se acostumar à mastigação, ficou totalmente a favor. Sua capacidade de produzir sons aumentou muitíssimo.

Todo esse progresso veio com um esforço considerável. Apryl tornou-se dona de casa em tempo integral para poder se concentrar mais em Zahra. "Até para nos dizer 'Preciso ir ao banheiro' significa, para ela, ter de parar, virar-se, chamar nossa atenção", contou Apryl. "É uma linguagem de corpo inteiro. Estamos sempre lhe dando acesso a sons. Se há um pássaro, Raj diz: 'Você ouviu o passarinho?'. Ou um avião, ou um helicóptero. Alguns dias, ela consegue identificar instrumentos na música — uma trompa, uma flauta, um piano — com os aparelhos auditivos. Ela ouve mais do que tecnicamente deveria."

Todas as pessoas surdas que conheci na Califórnia pareciam ter ido a festas na casa de Apryl e Raj. "Somos convidados para muitos eventos surdos e vice-versa", contou Apryl. "Fiquei sabendo de um homem surdo que trabalhava para a Nasa, um grande cientista, e o convidei. As pessoas da comunidade surda estão quase sempre dispostas a encontrar pais ouvintes. Mas é preciso procurá-las. Elas não virão até você." Eu havia conhecido muitos pais que se sentiam intimidados por adultos surdos e me perguntava o que tinha dado a Apryl e Raj a coragem de entrar naquele mundo. Raj explicou que havia crescido em uma pequena cidade na Geórgia, onde a Ku Klux Klan desfilava nos finais de semana e crianças negras e brancas sentavam em mesas diferentes no refeitório. "Cultura surda, cultura negra, indianos — você fica mais flexível", disse ele. Criado por uma mãe com um forte senso de história afro-americana, Apryl era uma militante quando criança. "Eu tinha amigos gays, então montamos organizações de homossexuais na escola. Quando tive uma filha surda, foi tipo: aqui está mais uma para eu me envolver." Ela estendeu as mãos. "Minha vida inteira me preparou para acessar o mundo surdo, e estou preparando Zahra para se sentir confortável em todos os mundos não surdos. Temos amplas cidadanias na família."

Em 1790, Alessandro Volta descobriu que a estimulação elétrica do sistema auditivo podia imitar o som.[87] Ele pôs hastes de metal em seus ouvidos e as conectou a um circuito, dando em si mesmo um choque desagradável e ouvindo o que parecia ser uma "pasta em ebulição". Em 1957, André Djourno e Charles Eyriès utilizaram um fio elétrico para estimular o nervo auditivo de um paciente submetido a uma cirurgia no cérebro, o qual ouviu um som parecido com grilos;

durante a década de 1960, pesquisadores começaram a pôr eletrodos múltiplos na cóclea.[88] Esses dispositivos, em vez de amplificar o som, como faria um aparelho auditivo, estimulavam diretamente as áreas do cérebro em que o som seria recebido por pessoas não surdas. Essa tecnologia foi aos poucos refinada e, em 1984, a Food and Drug Administration (FDA) aprovou um dispositivo para uso por adultos que perderam a audição. Uma vez que transmitia em um único canal, ele dava informações sobre o volume e o tempo dos sons, mas não transmitia o conteúdo desses sons. Em 1990, um dispositivo multicanal que estimulava diferentes áreas da cóclea já estava no mercado; hoje, alguns dispositivos operam em 24 canais. Um microfone capta sons do ambiente e os transmite para um processador de fala, que seleciona e organiza esses sons. Um transmissor e receptor/ estimulador recebe essas informações como sinais e as converte em impulsos elétricos. Passando através de um dispositivo instalado dentro do crânio, uma variedade de eletrodos envia esses impulsos às diferentes regiões do nervo auditivo, desviando das partes danificadas do ouvido interno.

O implante coclear não permite que se ouça, mas possibilita algo que se assemelha à audição. Dá à pessoa um processo que é (às vezes) rico em informações e (em geral) desprovido de música. Implantado cedo, pode proporcionar uma base para o desenvolvimento da linguagem oral. Ele torna o mundo ouvinte mais fácil. Isso é saudável? Pode-se também perguntar se uma árvore que cai em uma floresta vazia faz barulho. Cerca de 219 mil pessoas em todo o mundo — ao menos 50 mil delas crianças — receberam implantes até o final de 2010.[89] Cerca de 40% das crianças americanas diagnosticadas antes dos três anos recebem implante; eram 25% há apenas cinco anos.[90] Cerca de 85% das crianças que o recebem são filhos de famílias brancas com níveis de renda e educação maiores do que a média.[91] Depois que o dispositivo é implantado cirurgicamente, um audiólogo faz uma série de ajustes para garantir que esteja sintonizado com o cérebro do destinatário.

Em 2005, o executivo-chefe da Cochlear Ltd., principal fabricante de implantes, disse à *BusinessWeek* que os dispositivos em uso representavam apenas 10% do mercado potencial.[92] O implante é vendido em mais de setenta países. Alguns de seus adversários reclamam das limitações e dos perigos do próprio implante; de acordo com a FDA, uma em cada quatro crianças que o recebe experimenta reações adversas e complicações, a maioria das quais se resolve sozinha; outras exigem uma nova cirurgia.[93] Algumas pessoas sofreram paralisia facial desfigurante e o implante interfere em exames de diagnóstico, como a ressonância magnética. Um fio que sai de seu pescoço pode fazer você parecer um figurante de *Jornada nas estrelas*, mas é possível deixar o cabelo crescer e assim escondê-lo. Grande parte da cantilena sobre o perigo de implantes é alarmista; um pouco da propaganda sobre seu poder de transformação é exagero.

Um adulto surdo tardio que "recuperou" a audição com um implante brincou que ele faz todo mundo parecer R2-D2, o pequeno robô de *Guerra nas estrelas*, com laringite grave.[94] A proximidade do som possibilita que muitos indivíduos que já são funcionais na linguagem falada captem o sentido de muito do que ouvem; no entanto, pessoas que sempre foram surdas e que recebem os implantes na idade adulta com frequência os acham ineficazes ou simplesmente irritantes. Desacostumado a interpretar a informação auditiva, o último grupo talvez ache difícil fazê-lo, mesmo que receba audição perfeita; o cérebro se desenvolve em torno de inputs, e um cérebro que passou por um desenvolvimento sem som não está organizado para processá-lo. Mas é difícil prever o grau de plasticidade do cérebro de qualquer indivíduo. Em uma entrevista recente, uma mulher surda que recebeu aquilo que chamou de "ouvido biônico" na idade adulta contou que no começo teve vertigens e, depois, sentiu como se bolas de golfe pulassem em sua cabeça. "Achei que tinha sido um grande erro por cerca de cinco horas", disse ela. Na manhã seguinte, ela saiu para uma caminhada. "Pisei em um galho e ele estalou. Folhas farfalhavam. Fiquei deslumbrada."[95]

A surdez, que muitas vezes passava despercebida até os três anos de idade, agora é diagnosticada horas depois do nascimento e quase sempre antes dos três meses. O exame de recém-nascidos é financiado pelo governo federal.[96] A Associação Nacional de Surdos originalmente defendia esses exames porque os bebês surdos poderiam ter exposição à língua de sinais o mais cedo possível;[97] agora, em vez disso, essas crianças muitas vezes ganham implantes cocleares. "Isso é extremamente doloroso", disse o ativista Patrick Boudreault, que se opõe aos implantes. "Conselheiros genéticos e especialistas em implantes são os primeiros consultados — não pessoas surdas." Embora o dispositivo seja aprovado somente para crianças com mais de dois anos, crianças com menos de um ano receberam implantes. As crianças ouvintes aprendem os fonemas durante o primeiro ano de vida, e sua plasticidade neural começa a diminuir quando têm um ano. Um estudo australiano recente mostrou melhores resultados em pessoas que receberam implantes aos sete ou oito meses,[98] embora as vantagens da implantação antes de um ano de idade possam não compensar os riscos associados à anestesia em bebês. Em outro estudo, quase metade das crianças implantadas aos dois anos desenvolveu a língua falada equivalente à de crianças com audição da mesma idade; entre aquelas que receberam implantes aos quatro anos, apenas 16% conseguiram isso.[99] Nas crianças que se tornaram surdas mais tarde, em consequência de sarampo, meningite ou de um problema genético do desenvolvimento, a eficácia está ligada à rapidez com que os dispositivos são implantados.[100] Sem som, a arquitetura neural do córtex auditivo fica permanentemente comprometida.

Contudo, essas estatísticas são turvas devido à sua novidade. Será que alguém que recebeu o implante aos sete meses tem uma vantagem linguística quando está com doze anos?[101] Ninguém sabe como esses casos iniciais se comportam ao longo da vida porque não foram feitos há tempo suficiente. Além disso, os dispositivos implantados hoje são diferentes dos utilizados há uma década. Isso significa que todas as decisões sobre quão cedo as crianças devem receber implantes se baseiam em especulações e não na experiência.

Uma consequência não intencional do aumento dos implantes cocleares é que eles podem tornar os pais de crianças surdas descuidados em relação à aquisição da linguagem — o que a FDA, infelizmente, deixou de estabelecer como um dos critérios para o sucesso do implante em populações pediátricas. Quase todas as crianças que têm implantes exibem uma útil percepção do som, mas com os implantes mais antigos o som era muitas vezes demasiado ilegível para ser interpretado como linguagem. Esse problema foi reduzido, mas não eliminado, com os implantes mais novos. Um estudo mostrou que quase metade das crianças implantadas tinha discriminação de fala aberta (compreender som sem pistas visuais) maior do que 70%; dois terços tinham mais de 50%, e nove em cada dez tinham mais de 40%.[102] Em uma pesquisa da Gallaudet, quase metade dos pais de crianças com implantes acreditava que seus filhos "podiam ouvir e entender a maioria das palavras", ao passo que apenas um em cada cinco disse que seus filhos eram capazes de "ouvir e entender algumas palavras".[103]

Não obstante, uma revisão da ampla literatura sobre o tema concluiu que o implante proporciona apenas versões grosseiras e degradadas dos sons, e, portanto, as crianças com o implante recebem menos distinções finas da língua falada do que aquelas que ouvem.[104] Isso significa que algumas crianças com implante, não expostas à língua de sinais porque se espera que desenvolvam a fala, podem cair na assustadora categoria dos desnecessariamente prejudicados, que têm uma língua principal escassa. A Cochlear Ltd. mostrou que crianças com implante aprendem "mais e melhor" a linguagem oral, mas "mais e melhor" é um pouco vago se esse será seu único modo de comunicação.[105] Com demasiada frequência, os pais querem acreditar que os implantes fazem de seus filhos ouvintes e não lhes proporcionam qualquer educação especial para surdos. "Você deve tornar essas crianças bilíngues até que fique claro que elas são capazes de desenvolver uma linguagem oral satisfatória", aconselhou Robert Ruben, ex-presidente do Departamento Unificado de Otorrinolaringologia do Centro Médico Montefiore. "Uma linguagem de qualquer espécie, não importa o tipo, deve de algum modo ser posta na cabeça da criança o mais cedo possível."[106]

O implante destrói toda a audição residual. Embora exames auditivos precisos possam ser realizados em crianças muito jovens, não é possível determinar quão bem essas crianças podem ser capazes de usar sua audição residual. Qualquer pessoa com perda auditiva acima de noventa decibéis é classificada como profundamente surda, mas conheci pessoas assim que eram capazes de fazer um uso tão bom de sua audição residual que pude falar com elas quase como faria com uma pessoa ouvinte. A perda auditiva é medida como uma média de perda em vários registros; a maioria dos sons opera em muitas frequências e alguém com uma perda auditiva de cem decibéis ainda pode ser capaz de perceber sons de alta frequência.[107] Até mesmo Tom Waits e James Earl Jones produzem algumas ondas sonoras de alta frequência quando falam. Além disso, detecção de som e discriminação de som são duas capacidades distintas. Algumas pessoas são capazes de usar habilidades intuitivas, funções de alta frequência e outros dons naturais para discriminar sons bem além da capacidade de detectá-lo.

A reação original da Associação Nacional de Surdos aos implantes condenava a "cirurgia invasiva em crianças indefesas, quando os efeitos de longo prazo de natureza física, emocional e social sobre as crianças desse procedimento irreversível — que alterará a vida delas — não foram cientificamente estabelecidos".[108] À medida que os dispositivos evoluíram e entraram em uso mais amplo, a ANS moderou um pouco sua posição,[109] afirmando que "a decisão da cirurgia representa o início de um processo que envolve um compromisso de longo prazo e talvez para o resto da vida com treinamento auditivo, reabilitação, aquisição de competências linguísticas faladas e visuais, acompanhamento e possíveis cirurgias adicionais" e que "o implante coclear não é uma cura para a surdez".

Se você não está em uma aldeia no norte de Bali onde todos conhecem a língua de sinais e é contra os implantes para seu filho, vai se ver tentando a aprender uma nova língua ao mesmo tempo que seu filho a está aprendendo, e crianças podem aprender melhor uma língua do que adultos. Escolher a língua de sinais para seu filho surdo é, em alguns aspectos significativos, entregá-lo à cultura surda. Não é tão fácil abrir mão de seu próprio filho, e isso nem sempre funciona muito bem para pais ou filhos. Christina Palmer disse: "É a hipótese da etnia surda. Se você vem de uma família ouvinte, você não entende o aspecto cultural, a menos que de alguma forma se conecte com outras pessoas surdas e aprenda sobre a comunidade surda".[110] Enquanto a comunicação oral põe pressão sobre o membro surdo da família, a decisão de aderir à língua de sinais muda a base de poder, fazendo recair sobre os membros ouvintes a maior pressão de compreensão. Com efeito, os pais podem aprender os sinais e falar sempre desajeitadamente com o filho, ou podem empurrar a criança para a oralização e saber que ela vai sempre falar desajeitadamente com eles. É um ditado familiar da paternidade que os pais devem se sacrificar pelo filho e não o contrário, mas determinar a língua de sinais como a escolha correta é priorizar uma visão específica de como as margens entendem a corrente principal e vice-versa.

Nancy e Dan Hessey caíram apaixonadamente em ambos os lados desse debate desde que sua filha Emma ficou surda, e a busca deles foi tanto espiritual quanto médica.[111] Os dois se converteram ao budismo na idade adulta e se conheceram em um centro budista de Boulder, Colorado. Alguns anos mais tarde, Nancy fez uma histerectomia e ficou muito deprimida. Quando uma colega anunciou que ela e seu marido haviam decidido adotar um bebê asiático, Nancy determinou-se a fazer a mesma coisa. Dan estava decidido a não adotar, ele lembrou rindo, "porque poderia ficar fora de controle e dominar a sua vida", mas o desejo de Nancy acabou prevalecendo.

Em 29 de junho de 1998, Dan e Nancy chegaram a Hanói e foram quase imediatamente para o orfanato. "Não poderia ter sido mais alienante", disse Dan. "Arquitetura brutalista de Terceiro Mundo, fotografia imensa de Ho Chi Minh." O vice-diretor do orfanato explicou que a bebê que eles receberiam tivera pneumonia, perdera um quarto do peso e tinha de ficar no orfanato até que terminasse o tratamento com antibióticos. Nancy pediu para conhecê-la. "Eles a puseram em meus braços e ela olhou bem nos meus olhos e sorriu", contou Nancy. Mas a bebê sorrindo parecia incrivelmente abatida, e a filha do diretor do orfanato disse de repente: "Acho que vocês devem levá-la ao Hospital Internacional agora".

No hospital, alguém fez uma radiografia de tórax, disse que a pneumonia da bebê estava cedendo e deu uma receita de cefalosporina. Quando o rosto da menina ficou vermelho, Nancy se deu conta de que ela estava tendo uma reação alérgica; logo ela estava vomitando sangue e teve diarreia sanguinolenta. Nos dez dias seguintes, Dan e Nancy viveram no hospital; por fim, voltaram para o hotel. As adoções americanas de bebês vietnamitas tinham de ser processadas por Bangcoc, então Dan foi para a Tailândia. Nancy levava a bebê ao hospital todos os dias para ser submetida a nebulização. Sentada na sala de espera, Nancy viu o cartão de um médico israelense que dizia que sua clínica atendia a embaixada dos Estados Unidos. Nancy levou-lhe todos os registros médicos, ele fez exames de sangue e explicou que a bebê tinha citomegalovírus e HIV; garantiu a Nancy que as pessoas cuidariam da bebê até que ela morresse e que eles adotariam outra criança com quem ficariam felizes.

Dan ficou furioso. "O que nós íamos fazer, jogá-la de volta como um peixe que não vale a pena limpar e comer?", ele me disse. Mas a lei americana proibia a imigração de crianças soropositivas. Por sorte, os Hessey haviam certa vez acolhido um membro da comunidade budista local que estava morrendo de aids, de modo que Dan conhecia gente no Projeto de Aids do condado de Boulder que poderia ajudá-los. Enquanto isso, Nancy esperava e esperava que o governo vietnamita aprovasse a adoção. Depois de dois meses tensos, tudo se resolveu e a família toda voltou para casa.

Na chegada aos Estados Unidos, a criança, a quem deram o nome de Emma, foi internada para uma avaliação clínica no Hospital Infantil do Colorado, em Denver. Quatro dias depois, um médico ligou com notícia: Emma não era soropositiva. "Ondas de alegria se espalharam por toda parte", disse Nancy. Duas semanas mais tarde, Emma não conseguia ouvir nada além de um grande estrondo. Ela havia sido provavelmente exposta ao citomegalovírus no útero, o que fizera com que sua audição degenerasse até desaparecer quase por completo.

Um membro surdo da comunidade dos Hessey contou-lhes como a vida era muito melhor para crianças surdas de pais surdos. Nancy e Dan decidiram ser como pais surdos. Dan lera as invectivas dos surdos contra implantes cocleares e ele e Nancy decidiram "respeitar Emma por quem ela era, em vez de consertá-la". Mas não havia escolas para surdos em Boulder. A audióloga deles disse que deveriam se mudar para Boston, San Francisco ou Austin, onde a educação de surdos era boa. Assim, quando Emma estava com catorze meses, eles se mudaram para Austin e a criança foi matriculada nos programas de aprendizagem inicial na Escola para Surdos do Texas. Emma começou a andar, mas parou: seu foco motor estava totalmente voltado para fazer sinais. Dan e Nancy começaram a ter aulas de LSA, mas não mostraram muito dom para isso. Dan disse: "Você escuta histórias do tipo 'Os pais dessa pessoa surda nunca aprenderam a língua de sinais, como eles podem ter feito isso?'. Eu não conseguia aprender a fazer sinais para salvar minha própria vida". Nancy disse: "Mas, então, visitamos o programa oral da escola pública e conhecemos crianças que estavam proibidas de usar sinais, e foi horrível. Ficou muito claro para nós dois que tentar transformar uma criança surda em oral era sem dúvida abuso infantil".

No Texas, Emma teve um quadro grave de asma e a família viu-se no pronto-socorro toda semana. Dan e Nancy tiveram dificuldade de encontrar trabalho e o casamento se desfez. Dan disse: "A atenção de Nancy estava voltada completamente para a sobrevivência de Emma, o que era um problema real naquele momento. Mas eu não achava mais que ela pudesse colaborar comigo. Eu tinha sido rebaixado a um auxiliar de segundo plano". Quando Dan anunciou que tinha de voltar para o Colorado, Nancy se recusou a acompanhá-lo, mas tampouco queria viver e morrer no Texas. Ela tinha dado uma olhada no Centro de Aprendizagem para Surdos em Framingham, Massachusetts, e se deu bem com o diretor da escola, que lhe ofereceu um emprego. Dan, que não queria ficar meio país longe de sua filha, se mudou para o estado vizinho de Vermont.

Nancy começou a trabalhar em tempo integral na escola e queria que Dan ficasse com Emma em determinados horários; Dan estava ressentido e também com medo de cuidar de Emma sozinho. "A compaixão é a capacidade de cuidar incondicionalmente de outra pessoa, não com base na realização de suas expectativas", disse Dan. "Eu era bom na teoria e então a exigência ficou grande demais e foi muito humilhante." Nesse meio-tempo, nenhum deles era bom na língua de sinais. "Eu estava indo muito mal na LSA, e era meu trabalho, também", disse Nancy. Ela começou a falar com Dan sobre implantes cocleares. Os dois haviam sido saudados como heróis por seus amigos surdos por se mudarem para o outro lado do país a fim de garantir para a filha uma educação excelente em sinais, e agora, na visão deles, estavam se preparando para trair os valores surdos.

Quando Emma estava com quatro anos, fizeram-lhe o implante em um ouvido, numa operação que durou sete horas. Nancy a levou para acompanhamento pós-operatório e lhe disseram que o ferimento estava severamente infectado e que sua filha poderia morrer; Emma foi tratada com antibióticos intravenosos. Estabelecera-se uma ligação entre sua asma e uma alergia a produtos lácteos, soja, trigo e vários outros alimentos, e ela vinha se dando bem com uma dieta restrita e corticoides inalados. Após a cirurgia, ficou asmática de novo e nada parecia ajudar. Nancy deixou o emprego. Embora estivessem se divorciando, Dan e Nancy decidiram ambos voltar para Boulder. "É uma espécie de círculo", disse Nancy. "Ela veio para Boulder com audição, saiu surda e voltou quando estava começando a ouvir de novo."

Enquanto isso, Emma estava dividida entre duas culturas e duas línguas — exatamente onde seus pais esperavam que ela nunca estivesse. Naquele verão, ela foi para o acampamento de implante coclear quatro dias por semana para o treinamento auditivo. Por insistência de Dan e apesar das más recordações de Nancy da primeira cirurgia de implante, Emma recebeu o implante no outro ouvido. Dessa vez, tudo correu bem. Quando conheci Emma, ela estava com nove anos. Sua gramática e seu uso da língua não estavam à altura de sua idade, mas ela falava com fluidez e sem acanhamento. Nancy disse: "Ela se saiu melhor do que qualquer um dos profissionais com quem trabalhamos já viu. Eles acham que é porque ela era fluente em uma língua, a LSA, antes disso". Com o segundo implante, Emma saltou de uma taxa de sucesso de 25% para 75% no reconhecimento de sons abertos.

Dan e Nancy haviam jurado manter Emma em um ambiente bicultural, mas isso se tornou cada vez mais difícil. Eles perceberam que quando poderia escolher entre usar sinais ou falar, ela sempre falava. Gradualmente, quando ela estava com mais ou menos sete anos, eles permitiram que Emma parasse de usar a língua de sinais e estabeleceram um acordo amigável para partilhar em grande parte a criação da menina. Emma me disse: "Tivemos uma viagem difícil para ir para casa, mas fizemos isso porque somos todos fortes e gentis".

Dan disse: "Quando tem um filho deficiente, você diz: 'Eu tenho este novo bem em minha vida que me fará feliz e orgulhoso', ou então 'Sou escravo de meu filho, que estará cheio de necessidades até eu ficar tão velho e exausto que vou cair morto'. A verdade é que essa situação sempre envolve os dois aspectos. O budismo diz respeito exatamente a essas dualidades. Mas isso tornou as coisas mais fáceis? Não. Tive que reaprender minha prática budista do ponto de vista de jogar para valer. Perdi meu hobby".

A maioria dos seguros médicos agora cobre o implante, a cirurgia e o treinamento audiológico recomendado. O custo pode ficar bem acima de 60 mil dólares,[112] mas a cirurgia ainda é uma opção economicamente boa para as seguradoras. Estudos financiados pela indústria na Universidade Johns Hopkins e na Universidade da Califórnia em San Diego mostraram que o implante economiza uma média de 53 mil dólares por criança em relação ao custo de outras adaptações para a surdez.[113] Mas esse cálculo é complexo. Muitas pessoas que têm problemas de adaptação aos implantes gastam muito mais; as pessoas surdas que desenvolvem cedo uma boa linguagem de sinais não são tão caras como aquelas que precisam de adaptações para infâncias traumáticas. Para a maioria dos pais ouvintes, a escolha parece simples. Uma mãe disse: "Se seu filho precisa de óculos, você obtém óculos. Se seu filho precisa de uma perna, você obtém uma prótese. É a mesma coisa". Outra disse: "Se, aos vinte anos, Dorothy Jane quiser desligar sua voz, tudo bem. Eu quero que ela tenha uma escolha".[114] As pessoas com implantes que são reclassificadas como ouvintes não recebem as facilidades que teriam como deficientes. O problema é que quem não recebe implantes pode ser visto como tendo "escolhido" sua condição em vez de uma "cura", e então não "merecem" a "caridade" dos contribuintes. A existência dos implantes pode, portanto, tirar o estatuto de invalidez de outras pessoas surdas.

Rory Osbrink nasceu ouvinte e era uma criança entusiasmada e atlética.[115] Numa sexta-feira de dezembro de 1981, logo após seu terceiro aniversário, Rory caiu de cama com o que parecia ser uma gripe. Seus pais, Bob e Mary, puseram-no de repouso, deram-lhe líquidos e ficaram de olho nele. Ele melhorou no sábado e, no domingo, parecia ter piorado muito de repente, então o levaram ao pronto-socorro. Bob e Mary ficaram esperando enquanto os médicos faziam alguns exames. Por fim, um deles apareceu e anunciou: "Achamos que ele vai sair dessa". Atordoado, Bob perguntou: "Ele está com gripe, certo?". Eles disseram: "Ele está com uma meningite que avança rapidamente e entrou em coma". Rory ficou em uma tenda de oxigênio nos cinco dias seguintes e entrou e saiu do hospital durante quarenta dias. "Fizeram-lhe várias punções lombares e não podiam dar anestesia, porque isso mascararia a contagem de glóbulos brancos", lembrou Bob. "Eu era o único que conseguia segurá-lo enquanto ele gritava durante as punções. Ainda entro em choque se ouço os gritos de uma criança de três anos."

Bob Osbrink era músico e tinha o hábito de tocar violão e cantar para Rory à noite. No hospital, Rory parou de reagir ao canto de Bob. Em um esforço para controlar o trauma dos Osbrink, todos no hospital disseram que a audição de Rory voltaria, embora a equipe médica soubesse que sua surdez era permanente. "A falsa esperança é brutal", disse Bob. Eles levaram Rory para casa a tempo de passarem juntos o Ano-Novo, e quando fogos de artifício explodiram eles correram para confortá-lo, mas ele continuou dormindo. Quando ficou bem o suficiente para ficar de pé, ele caiu, porque a meningite muitas vezes afeta o ouvido interno, bem como a cóclea; ele não tinha nenhum senso de equilíbrio.

Bob Osbrink vive assombrado pela culpa desde então. "E se eu o tivesse levado mais cedo para o hospital? Os especialistas me disseram: 'Nós provavelmente teríamos diagnosticado gripe e dito que não era caso de internação'." Bob e Mary tiveram reações muito diferentes diante da experiência. Bob tornou-se muito ativo, tentando manter Rory ocupado, enquanto Mary se tornou protetora do filho. Bob contou: "Uma vez ela perguntou: 'Isso não o incomoda nada?'. Eu fiquei louco e disse: 'Claro que me incomoda. Está me dilacerando por dentro. Você senta e chora. Eu simplesmente não consigo sentar e não fazer nada'.". Bob desistiu da música. Durante um ano ele nem sequer ouviu rádio.

Nem Bob nem Mary sabiam o que fazer com uma criança surda. Segundo Bob, "ele não era um garotinho verbal de verdade. Seu irmão mais velho era muito articulado, falava com muita eloquência. Ele tinha um bom discurso antes dos três anos. Rory não era tão avançado". Os pais de Bob tinham um amigo que conhecia o dr. Howard House, fundador do Instituto do Ouvido House, e o médico falou a Bob sobre uma tecnologia totalmente nova, o implante coclear, que ainda não fora aprovado para crianças. "Conhecemos adultos surdos que fizeram o implante e vimos que eram capazes de ouvir sons. Lemos estudos sobre uma garotinha que também fizera e vimos que ela reagia às vozes dos pais. Rory já havia passado muito tempo no hospital. Iríamos fazê-lo passar mais?" Bob estava consciente de que a FDA não aprovara o dispositivo para crianças devido a dúvidas sobre como um cérebro em desenvolvimento reagiria a um objeto estranho inserido nele. O dispositivo ainda tinha um único canal, e nenhum dos adultos que o recebera se tornara totalmente verbal. Então Rory saiu caminhando pela rua e quase foi atropelado por um caminhão de bombeiros que passou em alta velocidade com as sirenes ligadas. Aos quatro anos, ele se tornou a segunda criança a receber um implante coclear. "Achamos que a percepção do som melhoraria a segurança dele e ajudaria em sua leitura labial. Foi um dia muito emocionante quando Rory sentou-se na cabine de teste e reagiu a um som." Mas o som que Rory percebia era extremamente primitivo e, em última análise, não muito útil.

O dano no ouvido interno significava que seu equilíbrio ainda era instável. Bob queria recuperar a promessa atlética de Rory, um projeto de longo prazo. Rory foi matriculado em escolas comuns e jogava nas equipes escolares. Bob treinava o time de beisebol de Rory e dava-lhe exercícios extras todas as manhãs e tardes. Aos oito anos, Rory já era um jogador de destaque, havia começado a usar a língua de sinais e se juntou a uma equipe de surdos. Bob treinava esse time também. Rory lia seus lábios e depois interpretava para os jogadores. "É possível ter um time de futebol internacional, onde todos em campo falam línguas diferentes e mesmo assim jogam da mesma maneira", disse Bob. "O próprio jogo permite que eles se conectem. Ele tem sua própria língua. Isso significava que Rory era 'aquele grande jogador', não 'aquele cara surdo'." Bob compartilha a música com o filho mais velho; os esportes eram sua ligação com Rory.

Bob estava interessado na língua de sinais, mas não a estudava, e Rory pediu-lhe para continuar a falar com ele; chegou mesmo a lhe pedir para manter o bigode. "Com o treinamento, você fala comigo mais do que ninguém, papai. Se posso fazer sua leitura labial, isso me mantém afiado." Mas depois Bob percebeu que isso fazia parte do hábito frequente dos surdos de parecer entender mais do que captam. "Só me dei conta mais tarde do quanto ele estava perdendo o tempo todo", disse Bob. "Eu sabia que ele era muito inteligente, mas não estava conseguindo avançar em álgebra. Resolvi assistir a uma aula. O professor escrevia fórmulas no quadro negro e falava de costas para a sala."

No final do ensino fundamental, Rory começou a trabalhar seriamente na LSA, e no ensino médio aprendeu sobre identidade surda. Ele ganhou uma bolsa de beisebol da Universidade do Arizona e foi se encontrar com o treinador. "Liguei para ele várias vezes e lhe falei sobre a situação de Rory", disse Bob. "Expliquei: 'Rory é um grande leitor labial; você só precisa olhá-lo direto nos olhos'. Então, o técnico chega, fica olhando para baixo e Rory diz: 'Técnico, se você olhar para cima, eu consigo ler bem os lábios. Fale um pouco mais devagar e eu vou entender'. O treinador pega um bloco de papel, joga-o em cima da mesa e começa a escrever anotações de forma agressiva. Rory dobrou o papel e disse: 'Eu não posso jogar para você'; partiu de carro naquela noite e foi para a Gallaudet."

Rory jamais voltou realmente para o mundo dos ouvintes. Em Gallaudet, formou-se em estudos surdos e filosofia, foi assistente residente em seu dormitório e jogou no time de beisebol. Quando se formou, o time dos Dodgers lhe ofereceu um teste. Ele entrou em contato com Curtis Pride, que jogava beisebol profissional e tem dificuldade de audição, o qual lhe disse que ninguém no mundo do esporte profissional iria ajudar "o cara surdo". Rory recusou a oferta dos Dodgers e fez mestrado em educação. "Tudo remete à experiência no Arizona", disse Bob. "De vez em quando, vamos a um jogo e observamos um cara jogar. Ele diz: 'Eu era tão bom quanto esse cara, não era?'. E eu respondo: 'Sim, com certeza'."

Mais tarde Rory casou-se com uma mulher que pertencia a uma quinta geração de surdos. Ele desligou o implante e nunca mais o utilizou; disse que com ele se sentia como "um pato em um mundo de galinhas". O mundo surdo tornou-se seu lar. Agora, Rory dá aulas para crianças surdas da quinta e da sexta séries. Desistiu do beisebol, mas treina um time de surdos que chegou a disputar um título e se tornou um ciclista fanático. Reescreveu o currículo da Califórnia para educação de surdos. "Ele me disse que lembra um pouco do som", disse Bob. "Mas não é uma memória muito vívida." Rory tem militado contra os pais que fazem implantes em seus filhos. "Quanto ao implante coclear pediátrico, ele não deve ser tolerado, pois ignora o direito de escolha da criança", escreveu.[116]

Sobre sua decisão, Bob explicou: "Fiz o que achava certo. Não foi uma grande discussão filosófica entre surdos e ouvintes, porque eu não tinha nenhuma ideia a respeito". Rory compreende por que seus pais tomaram essa decisão, e Bob entende por que seu filho a reverteu. "Eu me dou conta de que quando estava em um ambiente oral, ele captava cerca de 90%", disse Bob. "Isso parece muito, mas, se você se importa mesmo com as pessoas — e ele é um cara com muita empatia —, então você quer tudo. Eu aceito e tenho total respeito por quem ele é e o que ele quer. Eu costumava dizer às pessoas que tenho um filho que é surdo e outros três que não me escutam. Egoisticamente, eu adoraria que ele fosse capaz de cantar e tocar violão comigo, e ele gostaria que eu fosse fluente na língua de sinais."

Eu me perguntava se a criança deve sempre ganhar nesses debates, se existe algum mandado que ordene que o papel de um pai é mostrar-se à altura das circunstâncias, enquanto a função de uma criança é simplesmente ser. Bob Osbrink parecia ao mesmo tempo mais orgulhoso e mais melancólico do que muitas outras pessoas que eu entrevistara. Rory ficou surdo aos três anos, e três anos é muito tempo na vida de um pai e de uma criança. Gostaria de saber se a melancolia de Bob talvez resultasse de ele ter perdido uma conexão profunda com o filho não uma, mas duas vezes: primeiro, a música, depois, os esportes. "As coisas que me machucam são as que não percebi, como não saber quando ele agia como se entendesse quando não estava entendendo", disse Bob. "Rir quando todo mundo ria, mas sem saber qual era a piada. Sinto tristeza porque ele teve de passar por tudo o que passou. Uma parte de mim sempre será triste. Mas não acho que ele esteja triste, e eu certamente não estou triste em relação a quem ele é."

A especialista em bioética Teresa Blankmeyer Burke disse: "É raro alguém chorar por algo que não perdeu. Pense no gênero como analogia. Uma mulher pode se perguntar como seria ser homem, ou vice-versa; contudo, não é provável que essa curiosidade se manifeste em termos de perda".[117] Paula Garfield, diretora artística da companhia Deafinitely Theatre de Londres, e seu parceiro, Tomato Lichy, ficaram emocionados quando souberam que a filha deles era surda, porque isso deu a ela "um passaporte para a inclusão em uma cultura rica e variada".[118] A cultura geral acha que as crianças surdas são principalmente crianças a quem *falta* alguma coisa: *falta*-lhes audição. A cultura surda acha que elas *têm* alguma coisa: *têm* participação em uma bela cultura. Pais ouvintes são jogados de volta a sua própria dicotomia: eles têm um filho surdo, ou lhes falta um filho ouvinte?

Tal como Bob Osbrink, Felix Feldman pensava que a capacidade de funcionar no mundo oral era valiosa, que a aculturação era o objetivo natural e único.[119] Quando ele teve uma filha surda, não havia implante; quando teve netos surdos, o implante foi proposto e as crianças não se interessaram. Felix tem o velho estilo judeu de quem procura sempre o lado escuro que acompanha as coisas boas. Em sua opinião, e apesar de seu amor por sua progênie, é pouco recomendável a experiência de ter dois filhos surdos, e a chegada de três netos surdos não foi nenhuma bênção.

Esther, a filha mais nova de Felix e Rachel Feldman, nasceu com paralisia cerebral; com um aparelho auditivo, sua discriminação de som foi suficiente para o desenvolvimento da linguagem. Justamente quando a família estava lutando com seu diagnóstico, o pediatra disse-lhes que Miriam, a filha mais velha, era surda. Estávamos em 1961 e Felix e Rachel optaram por uma educação oral para Miriam, o mesmo para Ester. A ortodoxia ainda determinava que crianças que aprendiam por via oral não deveriam ser expostas à língua de sinais, que foi proibida na casa deles. "Nós quebraríamos os braços de Miriam se ela usasse sinais", disse Felix. Ele e Rachel frequentaram aulas para aprender a reforçar as lições orais em casa. Quando ficaram sabendo de um bom terapeuta da fala em Santa Monica, eles se mudaram para lá. A vida deles girava em torno da surdez. "Tínhamos contato com pessoas surdas, mas todas falavam", contou Felix.

Embora Esther funcione agora relativamente bem para uma pessoa com paralisia cerebral, o caminho foi longo e difícil. Miriam, embora muito mais surda, era uma criança-modelo. Tinha sessões de terapia da fala todos os dias na escola e aulas particulares três vezes por semana. Sua paixão era a patinação artística competitiva. O treinador foi autorizado a dar-lhe três sinais: um para dizer quando a música começava, um na metade da música, a fim de lhe dizer para acelerar ou desacelerar, e um no final, para dizer que a música terminara. "Ela competia acompanhada por música sem ouvir uma única nota", observou o pai. "Na escola, estava sempre entre os primeiros da classe. Com todas as crianças ouvintes. A partir apenas da leitura labial do professor. Ela nunca se viu como deficiente." Em 1975, aos quinze anos, Miriam competiu nos Jogos Mundiais de Inverno para Surdos, em Lake Placid, Nova York, e esteve pela primeira vez em um contexto no qual a linguagem principal era a de sinais. "Ela a aprendeu muito rápido, não havia nada que pudéssemos fazer", lembrou Felix.

Miriam me disse: "Foi difícil aprender a língua de sinais. Levou muitos anos, porque cheguei a ela muito tarde e com tantas ansiedades, minha mãe e meu pai sempre dizendo 'Não use sinais, não use sinais'. Na Olimpíada de Surdos, todo mundo se comunicava por sinais, e eu não sabia usá-los. Foi humilhante". Felix se sentiu traído ao ver Miriam falando por sinais, embora admita que suas habilidades verbais tenham permanecido fortes. Miriam fundou e dirige o Centro Comunitário dos Surdos Judeus em sua cidade na Califórnia; edita publicações, organiza eventos sociais em torno de feriados judaicos e é uma líder dentro de sua comunidade. Cerca de 80% de sua comunicação é feita por sinais e cerca de

20% através da fala. "Mas *todas* as minhas linguagens estariam melhores se tivessem permitido que eu usasse sinais desde criança", ela declarou.

Quando o implante coclear tornou-se viável, Felix tentou convencer Miriam, então na casa dos vinte anos, a fazê-lo, mas ela estava encantada com a cultura surda e a ideia lhe era repugnante. "Nós discutimos, brigamos, gritamos", contou Felix. "Eu perdi. Conhecemos pessoas mais jovens e mais velhas que o fizeram. Elas ouvem você, usam o telefone. Ouvem as notícias, assistem TV. Por que você não faria? Infelizmente, ela e seu ex-marido acham que isso é genocídio."

Os três filhos de Miriam — de dezessete, quinze e treze anos quando nos conhecemos — são surdos. Felix pressionou para que recebessem treinamento oral, mas é difícil para pais que não podem ouvir apoiar a instrução oral na forma intensiva que ela requer. "Miriam assumiu a linha da menor resistência", disse Felix. "Se não usassem sinais, eles falariam. É de partir o coração." Embora consiga se comunicar facilmente com Miriam, Felix é incapaz de ter uma conversa com os netos. O filho mais velho de Miriam está agora matriculado na única yeshiva ortodoxa do mundo para surdos e está aprendendo hebraico e iídiche. Miriam disse: "Eu tinha que seguir os lábios das pessoas o dia inteiro. Não quis que meus filhos passassem por isso. Meus filhos estão felizes, sabem soletrar e já faziam sinais com oito meses de idade. Eram capazes de me dizer como se sentiam e o que queriam". Perguntei se eles tinham amigos ouvintes na escola. "Quando minha filha entrou na escola, não havia outras crianças surdas em seu ano. O que ela fez? Ela ensinou as crianças que ouviam a usar sinais, e algumas delas ainda são suas melhores amigas."

Felix estava desesperado para que os netos fizessem o implante. Miriam comentou: "Toda vez que nos reunimos com a família, só falamos disso". Felix tinha oferecido a cada um dos netos 1 milhão de dólares para fazerem a cirurgia. Ele me disse: "Eu deveria ter feito o contrário. Se eles não fizerem os implantes, tirarei 1 milhão de dólares de cada um e farei doações". Ele fez uma encenação, baixando a voz e sussurrando extremamente alto: "A verdade é que ela não quer que eu seja feliz". Miriam virou-se para mim: "Eu não queria filhos surdos. Eu não os esperava. Agora que tenho crianças surdas, estou muito feliz, porque eles fazem parte do mundo em que vivo e compreendem de onde venho. Se eu tivesse filhos ouvintes, no entanto, minha família gostaria mais de mim". Então os dois começaram a rir. Felix disse: "Bem, essa é nossa história. Acho que seu livro deveria se chamar *Papai sabe tudo*".

* * *

Vai levar algum tempo até que as pessoas com implantes possam saborear as nuances de uma ópera de Verdi ou discernir a voz de uma única rolinha numa floresta cheia de corvos, mas os fabricantes de implantes estão se aproximando do ponto em que será possível a percepção de informação auditiva suficiente para o desenvolvimento consistente da fluência verbal. As objeções que restam são conceituais. Como Felix Feldman amargamente observou, muitos militantes surdos afirmam que os implantes cocleares fazem parte de uma tentativa de genocídio para destruir e eliminar a comunidade dos surdos. Alguns compararam a implantação pediátrica a cirurgias invasivas, equiparando-as àquelas usadas para "corrigir" condições intersexuais tão criticadas por adultos intersexuais militantes.[120] O ativista surdo britânico Paddy Ladd chama os implantes de "Solução Final",[121] e Patrick Boudreault fala de uma campanha de extermínio cultural e linguístico. Harlan Lane, professor da Universidade Northeastern, escreveu: "Você pode imaginar se alguém se levantasse e dissesse que em alguns anos seremos capazes de eliminar a cultura negra?". Para ele, o implante representa esse tipo de ataque. "Se as pessoas ouvintes vissem a comunidade surda como um grupo étnico com sua própria língua, ao contrário de alguém que é deficiente, então não haveria esse profundo mal-entendido."[122] É a pessoa ouvinte subjacente que é libertada pelo implante, ou é a pessoa surda autêntica que é destruída? Os especialistas em audição e as clínicas médicas tendem infelizmente a dar pouco apoio a campanhas para que os pais conheçam pessoas surdas antes de mandar fazer implantes em seus filhos surdos. Muitos médicos não proporcionam aos pais contatos com a comunidade surda e poucos pais procuram os contatos que lhes são oferecidos.[123] Somente a Suécia tem uma lei que exige que os pais se encontrem com representantes da comunidade surda e aprendam sobre suas vidas antes de tomar essa importante decisão médica para seus filhos.[124]

A questão, na verdade, é como definimos a relação entre pais e filhos. Há cem anos, estes eram efetivamente propriedade dos pais e se podia fazer quase tudo com eles, exceto matá-los. Agora, os filhos estão investidos de poder. Mas os pais ainda decidem o que eles devem vestir, o que devem comer, quando devem dormir, e assim por diante. As decisões sobre a integridade corporal também são da alçada dos pais? Alguns oponentes dos implantes propuseram que as pessoas façam sua própria escolha quando completarem dezoito anos. Mesmo deixando de lado as questões neurais que tornam isso impraticável, trata-se de uma proposta equivocada. Aos dezoito anos, você não escolhe simplesmente entre ser surdo e ser ouvinte, mas entre a cultura que conhece e a vida que não tem. Nessa idade, sua experiência do mundo foi definida por ser surdo, e desistir disso é rejeitar a pessoa que você se tornou.

Crianças com implantes experimentam dificuldades sociais; se o objetivo dos implantes é fazer com que elas se sintam bem consigo mesmas, os resultados são heterogêneos.[125] Algumas se tornam o que William Evans, da Universidade da Califórnia, chamou de "culturalmente sem-teto": nem ouvintes, nem surdos.[126] A população em geral não gosta de ameaças aos binários; binários promovem homofobia, racismo e xenofobia, o impulso constante de definir um *nós* e um *eles*. O muro entre audição e surdez está sendo derrubado por uma ampla gama de tecnologias: aparelhos auditivos e implantes que criam o que alguns ativistas chamam de *"cyborg mix"*, corpos que são aperfeiçoados de alguma forma.[127]

Embora alguns adolescentes com implantes os desconectem nessa fase da vida, a maioria os julga extremamente úteis. Em um estudo de 2002, dois terços dos pais relataram que seus filhos nunca se recusaram a usar o implante;[128] presume-se que há mais resistência adolescente a, por exemplo, cintos de segurança.

Barbara Matusky disse ao marido, Ralph Comenga, que teria filhos se ele insistisse, e ele insistiu.[129] Grávida de nove meses de seu filho Nicholas, ela ainda estava trabalhando — dirigia uma empilhadeira num armazém da Procter & Gamble, na Virgínia Ocidental. Estávamos em 1987 e ela nunca tinha ouvido a palavra "audiologia". Quando Nicholas completou seis meses, Barbara decidiu consultar um especialista porque pensava que o bebê talvez estivesse tendo infecções de ouvido. Teve de esperar três meses para marcar uma consulta. O especialista mandou a família ao Johns Hopkins para uma avaliação adicional, e foi outra espera de três meses. Quando finalmente conseguiu o diagnóstico, Barbara ficou ofendida pela expectativa de todos de que ficaria desesperada. Mas ela me disse: "Quando você pediu para fazer esta entrevista, eu disse: 'Se você está procurando alguém que ficou devastado por isso, não venha, porque essa não é minha história'. Mas posso lhe dizer agora que não dormia e chorava muito durante a noite. Eu deitava na cama e dizia: 'Se ele é surdo e quiser jogar futebol, o que fazer?'. Fiz isso com tudo em sua vida futura, tudo".

Barbara e Ralph no início escolheram uma educação oral para Nick. "Acabei com uma professora que me contou sobre a fabulosa terapia que ela fizera e como seus filhos eram bem-sucedidos", disse Barbara. "Todo dia eu pensava: 'Hoje ela vai desencadear a maravilha'. Isso nunca aconteceu." Nick adorava caminhões de lixo, então Barbara o levava para seguir um caminhão de lixo por horas, tentando ensinar-lhe palavras que acompanhassem o que estavam vendo, na esperança de que, se as palavras se referissem a coisas que lhe interessavam, as próprias palavras lhe interessariam. "Ser oral era horrível, tudo se resumia a falar palavras. Era tão intenso, totalmente antinatural. Virei uma maníaca." Ralph quis procurar um implante coclear, na época uma tecnologia ainda nova, e Barbara se recusou. "Não era uma decisão que eu poderia tomar, abrir a cabeça do meu filho. Você está tentando tomar uma decisão para um futuro adulto, mas o que você tem é um bebê. Diz respeito a quem eles são como pessoas, e você não sabe isso quando são crianças."

Barbara viu que Nick estava muito isolado e decidiu ter outro filho, um irmão não surdo que poderia ajudar a traduzir as coisas para ele. No dia em que deu à luz, Barbara falou ao hospital sobre os protocolos de exames de audição em recém-nascidos. Eles declararam que Brittany era ouvinte. "Ela estava em seu quarto chorando no berço, e eu estava brincando com Nick, e lembro de gritar: 'Brittany, você está bem, você pode me ouvir. Nick precisa de mim'. Eu não sabia que o que eu realmente queria era outro filho surdo. Depois que percebi que ela não ouvia, o que aconteceu em menos de dois meses, liguei para o audiologista e disse: 'Encomende aparelhos auditivos'. Liguei para a escola e disse: 'Ela é surda, precisa estar em uma turma'. Então, aos três meses, ela tinha aparelhos, estava vendo sinais, uma situação completamente diferente." Porém, quando dois professores foram designados para atender em domicílio e trabalhar na língua de sinais de Barbara e na exposição de Brittany à linguagem, Barbara achou a presença deles opressiva. "Eu dizia que meus filhos estavam bem onde eles precisavam estar", ela relembrou. "Então, eles me diziam: 'Pense em quão mais inteligentes eles seriam se você tivesse começado mais cedo'. Eles estavam certos, e eu não queria ouvi-los."

Brittany produzia uma ampla gama de fonemas e foi identificada como uma boa candidata para a educação oral, que Nick já estava recebendo. Por outro lado,

Nick não conseguia fazer um som de fala compreensível. "Eu podia ver que aquilo não ia funcionar para ele. Então me perguntava: 'Devo sacrificá-lo por ela? Ou ela por ele? Porque não podemos ser orais e gestuais'. Então decidi que começaríamos pela língua de sinais."

Eles moravam a duas horas de distância da Escola para Surdos de Maryland e ela matriculou os dois filhos nesse internato. A escola estava, então, fazendo uma versão de Bi-Bi, mas no dia a dia escolar usavam somente sinais. Barbara matriculou-se em um programa de treinamento de intérprete de LSA perto da escola. Ralph teve de se contentar com um curso de LSA em uma escola secundária local. Mas ela não podia suportar a ideia de interná-los — "de não querer filhos passei a ser apaixonada pelos meus" —, então ela os levava e buscava todos os dias. Os educadores de surdos não gostaram do arranjo, mas Barbara foi inflexível. "Essa era a parte que eu odiava. Surdos de pais surdos são ótimos, e surdos de pais ouvintes são subservientes e não tão bons. Meus filhos sentiram de fato o peso negativo de tudo isso. Eu questiono a comunidade surda a cada passo do caminho. Eu poderia ter dito: 'Aqui, peguem meus filhos. Que morem no dormitório. Fiquem com eles, vocês são os especialistas'. Será que o desenvolvimento de meus filhos teria ido mais longe? Posso lhe dizer, aquelas crianças que efetivamente perdem os pais ficam muito mais para trás." Depois que fez o treinamento de intérprete, Barbara assumiu uma posição de voluntária na escola e, por fim, conseguiu um emprego de secretária da instituição. Barbara lutava para dar aos filhos um sentimento de confiança. "O tempo todo da infância deles eu dizia: 'Vocês podem fazer qualquer coisa que queiram. Isso não limita vocês'. Então a coisa começou a me atingir. Não tinha nada a ver com eles. Tinha a ver com a pessoa ouvinte diante deles em uma entrevista."

No fim, Barbara se tornou defensora de cultura surda: "Durante muito tempo, não aderi a ela. Agora, eu me encontro com os pais e digo: 'Olha, aprender a LSA é a coisa mais difícil que você fará em sua vida. Você nunca vai ser bom o suficiente. Você continuará sem entender seu filho e nem sempre será capaz de comunicar o que quer dizer'. Essa é a verdade e não é fácil".

Quando a conheci, Barbara tornara-se chefe dos serviços familiares para os surdos em uma universidade local. Nick e Brittany estão muito menos interessados no ativismo surdo do que ela. Nick anuncia que a melhor coisa que ele poderia fazer pelas pessoas surdas era sair para o mundo, trabalhar e tornar-se ele mesmo. Para Barbara, que trabalhou duro para dar essa confiança aos filhos, tudo bem. "A comunidade surda os enche de orgulho, e então eles não querem deixá-los ir", reclamou ela. "Uma criança é criada em uma escola de surdos. Vai para a Gallaudet. Depois volta para a escola de surdos e leciona. Então, seu conhecimento do mundo é esse. Eles não trazem nada de novo e nada diverso." Em vez disso, Barbara matriculou os filhos em Northridge, onde há um excelente programa de estudos surdos e uma grande população de surdos.

Seus dois filhos fizeram ótimas apresentações em inglês escrito. Enquanto Nick faz pouco uso da linguagem vocal, Brittany decidiu na faculdade que voltaria para a terapia da fala e está pensando em fazer um implante. Ela quer trabalhar na produção de filmes, e quer se sentir à vontade no mundo da audição. "Ela quer facilitar para as pessoas ouvintes o máximo que puder", disse Barbara. "Brittany tem muita fala. O problema é que ela tem vergonha de usá-la. Ela tem uma intérprete na faculdade que lhe disse: 'Você não deve falar, porque as pessoas surdas soam horríveis quando falam'. Então ela mandou e-mails para meu marido perguntando se sua voz é horrível. E trata-se de uma intérprete, sua corda salva-vidas para a comunicação. Se eu encontrasse essa mulher, provavelmente a estrangularia." Brittany andava preocupada com a reação de seus amigos surdos se ela fizesse um implante. "Então, o que ela deve fazer?", perguntou Barbara. "Desistir de seus sonhos e se acomodar? Ou fazer um implante, se isso tornará mais fácil para ela obter o emprego com que sonha? Eles são surdos em um mundo de ouvintes, essa é a realidade."

Barbara se preocupa com seus filhos nesse mundo, mas não se arrepende. "Se meus filhos ouvissem, minha filha e eu não nos daríamos bem. Somos duas personalidades fortes. Meu filho teria se metido em muita confusão. Se eu tivesse tido filhos ouvintes, teria trabalhado e eles teriam ido para a creche. O fato de ter filhos surdos fez de mim uma mãe muito melhor. Eu gosto de lutar pela causa. Gosto de fortalecer as pessoas. Nós nos damos muito bem, o grupo todo. Espero que tenham filhos surdos. Quero que eles tenham filhos que sejam como eles."

As pessoas surdas no mundo ouvinte estarão sempre em desvantagem. Portanto, a questão é se elas preferem ser marginais em um mundo dominante, ou dominantes em um mundo marginal, e muitas pessoas preferem compreensivelmente a segunda hipótese. Ao mesmo tempo, aqueles que se opõem aos implantes cocleares — e que, em alguns casos, se opõem a aparelhos auditivos e outras tecnologias — são um bando barulhento, o que muitas vezes levou as pessoas a universalizar seus pontos de vista. Na verdade, essas concepções podem ser constrangedoras. "Parece haver uma pressão sutil de algumas pessoas surdas para desistir de aparelhos auditivos — uma espécie de libertação dos surdos equivalente à queima de sutiãs", escreveu Kathryn Woodcock, uma canadense surda. "Há preconceito na comunidade surda contra qualquer forma de escuta. No ponto em que estou de minha perda auditiva progressiva, em geral ainda consigo ouvir uma batida firme e múltipla numa porta de uma sala silenciosa. Isso me granjeou olhares desconfiados e até questionamentos abertos sobre o motivo de eu estar presente em um grupo de surdos. É um absurdo."[130] A comentarista Irene Leigh escreveu: "Embora eu me perceba como competente o bastante nos modos surdos e como capaz de participar da cultura surda, também consigo me comunicar bem com os usuários do inglês falado. Por esse motivo, às vezes fui rotulada como 'mente ouvinte', não como surda autêntica".[131]

Josh Swiller, um homem surdo criado no mundo ouvinte e educado oralmente, chegou tarde à identidade surda e escreveu de modo tocante sobre isso. Ele usou aparelhos auditivos e outros dispositivos. "Com os aparelhos você opera uma constante tradução de cada frase da linguagem para ela mesma. Como o aluno do segundo ano do colégio no bar da faculdade com uma carteira de estudante falsa, eu era capaz enganar a todos e fazê-los acreditar que era quem fingia ser. O fato de que essa maneira de enfrentar o mundo se baseasse em uma posição fundamentalmente insustentável, uma mentira de dois lados, me atormentava. Para os outros: consigo ouvir você; para mim mesmo: não importa o quanto eu não entenda ou quanto me sinta sozinho, desde que os outros pensem que consigo ouvir. Isso me deixava louco. Continuei a fazê-lo, era tudo o que eu sabia." Swiller foi para a Gallaudet. Logo após sua chegada, uma pesquisa do jornal da escola perguntou se os alunos tomariam uma pílula que lhes daria audição instantânea, e a maioria respondeu que não, porque se orgulhavam de quem eram. Swiller escreveu: "Mas quem somos nós? Eu queria saber. Quem olha através de nossos olhos?".[132] Anos mais tarde, ele postou uma breve biografia de si mesmo em seu site com esta descrição: "Em 2005, Josh fez uma cirurgia de implante coclear. O implante foi um sucesso notável. Ele também, com muito orgulho, usa a língua de sinais americana. Ele rejeita a postura defensiva e a desconfiança que divide a comunidade surda e acredita que nossas semelhanças deveriam — e irão — superar nossas discórdias".

* * *

Enquanto grassa o debate sobre implantes cocleares, aparelhos auditivos implantáveis e outros dispositivos auxiliares para a audição continuam sendo desenvolvidos e aperfeiçoados. Em paralelo, florescem pesquisas sobre curas biológicas, não protéticas, da surdez. Existem muitos tipos de perda auditiva, mas a maioria vem da perda das células ciliadas auditivas da cóclea. Essas células, que recebem o som de uma forma que ele pode ser transmitido por vias nervosas ao cérebro, são produzidas durante os primeiros três meses do período fetal e são incapazes de se regenerar — ou assim supunha a sabedoria convencional. No início da década de 1980, no entanto, Jeffrey T. Corwin, agora na Universidade da Virgínia, notou que tubarões adultos têm um maior número de células ciliadas receptivas que tubarões bebês, e pesquisas posteriores demonstraram que peixes e anfíbios produzem células ciliadas ao longo da vida para substituir as que foram perdidas.[133] Alguns anos mais tarde, Douglas Cotanche, diretor do Laboratório de Pesquisas sobre Audição Molecular e Celular da Universidade de Boston, descobriu que em pintinhos cujas células ciliadas foram completamente destruídas por envenenamento ototóxico ou trauma sonoro elas se regeneravam.[134] Os testes confirmaram que esses pintinhos recuperaram a audição. Essas descobertas levaram os pesquisadores a investigar se tais processos poderiam ser alcançados em seres humanos.

Em 1992, pesquisadores do laboratório Corwin deram ácido retinoico a embriões de camundongos; os ratos nasceram com seis ou nove fileiras de células ciliadas, em vez das três habituais. Com base nesse trabalho, em 1993 um grupo que trabalhava no Centro Médico Albert Einstein publicou um artigo na revista *Science* em que descrevia seu sucesso em provocar o crescimento de células ciliadas tratando o ouvido interno danificado de um rato adolescente com uma mistura de ácido retinoico e soro de vitelo.[135] Uma vez que a maioria das surdezes é degenerativa (mesmo quem nasce surdo em geral perde as células auditivas no útero), restava a questão de se as novas células ciliadas sobreviveriam no ouvido interno, ou se morreriam de novo como acontecera com as células antecessoras.

O professor de otorrinolaringologia Hinrich Staecker, da Universidade do Kansas, está agora tentando determinar o que é necessário para a haste neurítica se agarrar a uma célula ciliada, processo através do qual a reação da cóclea é transmitida ao cérebro.[136] No final da década de 1990, o crescente conhecimento sobre células-tronco inspirou a pesquisa sobre como se poderia diferenciá-las em células ciliadas auditivas e depois introduzi-las no ouvido interno. Em 2003, Stefan Heller e seus colegas conseguiram cultivar com sucesso células ciliadas auditivas a partir de células-tronco de camundongos. Seis anos depois, uma equipe da Universidade de Sheffield demonstrou que as células-tronco fetais auditivas de seres humanos poderiam ser cultivadas in vitro, e que elas se desenvolveriam em neurônios auditivos funcionais ou células ciliadas;[137] o tratamento das células com ácido retinoico ajudou a obter esse resultado.

A pesquisa genética sobre a surdez, que tanto irritou a comunidade surda por causa da sua relevância para o aborto seletivo, não tem como foco principal a interrupção da gravidez. Os cientistas esperam desenvolver terapias gênicas para promover o crescimento de células ciliadas auditivas, tanto in utero como pós-natais.[138] Com a identificação do gene ATOH1 como essencial para o desenvolvimento das células ciliadas auditivas, os pesquisadores se concentraram no desenvolvimento de terapias para introduzir e induzir a expressão desse gene em animais, e para inibir os processos que danificam as células existentes, entre eles o estresse oxidante, que parece ser um dos principais contribuintes para a perda de audição com a idade.[139] Outros genes atualmente em estudo controlam a função do canal de transdução que transmite mensagens das células ciliadas auditivas para o cérebro.

Entre as tecnologias agora em desenvolvimento temos a implantação de eletrodos que estimulam as fibras nervosas da audição, a miniaturização da tecnologia de implante, dispositivos cocleares totalmente implantáveis e aparelhos auditivos implantáveis.[140]

No início da década de 1960, uma epidemia de rubéola nos Estados Unidos provocou uma alta incidência de nascimentos de crianças surdas; essa geração, atualmente na meia-idade, é chamada de Bolsão da Rubéola.[141] Hoje, há vacinas que protegem as mães grávidas da rubéola, e a maioria das crianças, da rubéola e da meningite. A população surda diminui. Os implantes cocleares significam que uma grande proporção de crianças surdas está funcionando no mundo da audição. "Desde o tempo em que Deus fez o mundo até hoje, este é provavelmente o melhor momento para ser surdo", disse Greg Hlibok na formatura do Lexington; mas este é também o momento em que a população surda está diminuindo. À medida que fica cada vez melhor ser surdo, a surdez também fica cada vez mais rara. Os pais não conseguem entender o futuro de seu filho surdo conversando com adultos surdos, porque esses adultos cresceram em um contexto que desapareceu. Os pais que não fazem implantes em seus filhos hoje estão escolhendo um mundo cada vez menor. O movimento surdo nasceu em sua forma moderna somente quando Stokoe reconheceu a complexidade linguística da LSA, em 1960; alguns dizem que sua morte começou quando a cirurgia de implante recebeu aprovação da FDA, em 1984. Patrick Boudreault afirmou: "Ainda estamos procurando respostas para nossas próprias perguntas. Quem somos, por exemplo. O que a linguagem significa para nós. Como o mundo interage com as pessoas surdas. Estamos apenas começando a fazer essas descobertas e agora estamos sob pressão". Christina Palmer disse: "Eugenia e multiculturalismo estão em confronto direto".

Em 2006, um grupo de pessoas surdas propôs a fundação de uma cidade surda, em Dakota do Sul. Deveria se chamar Laurent, em homenagem a Laurent Clerc, e previa-se que sua população inicial seria de 2500 habitantes. Marvin T. Miller, o homem por trás desse plano, declarou: "A sociedade não está fazendo grande coisa para nos 'integrar'. Meus filhos não veem modelos em suas vidas: prefeitos, gerentes de fábricas, trabalhadores dos correios, donos de negócios. Então, estamos criando um lugar para mostrar nossa cultura peculiar, nossa sociedade peculiar".[142] A comissão de planejamento do condado se recusou a aprovar a proposta, e ela acabou não prosperando. O povo de Dakota do Sul reagiu à ideia de uma cidade surda mais ou menos como um bairro branco da década de 1950 teria reagido à notícia de um bairro negro vizinho. Mas mesmo os surdos tinham sentimentos bastante contraditórios a respeito. O site Deafweekly.com afirmou: "Alguns questionam a necessidade de uma cidade como essa, dizendo que esse 'isolamento' já saiu de moda".[143]

É difícil imaginar o mesmo sendo dito de Bengkala, porque essa comunidade se desenvolveu através de gerações. Ela pode ser percebida pelo conjunto da sociedade como uma comunidade de deficientes, um erro hereditário em larga escala. Mas é óbvio que não é artificial, e é assim porque é vertical. O vertical é considerado natural, e o horizontal, não natural. Os implantes passam a parecer mais "naturais" do que a surdez para pessoas não surdas, como Felix Feldman; resistir a eles parece ser o artifício. À medida que essa percepção se expande, mais pessoas fazem implantes, deixando menos gente para formar a cultura marginal, criando mais pressão para receber implantes, e assim por diante, até que restem poucas pessoas para povoar o mundo dos surdos. A perda da cultura surda seria uma grande tristeza; impedir qualquer criança de se submeter ao implante poderia ser considerado cruel. Ao estreitar as opções de um filho, os pais o definem como uma extensão deles próprios, em vez de uma pessoa em si mesma. No entanto, os implantes podem comprometer a opção de ser contente no mundo surdo. Quando qualquer identidade se torna uma escolha, ela é irrevogavelmente alterada, mesmo para as pessoas que a escolhem.

Por muitos anos, o meio que define a vida surda foi o convívio pessoal em clubes sociais de surdos, que agora em grande medida desapareceu, uma vez que os surdos podem se comunicar on-line. Eles costumavam se reunir no teatro dos surdos, mas com o advento da televisão e do cinema com legendas essa necessidade desapareceu. A cultura surda deve ser definida simplesmente como uma função de uma linguagem compartilhada utilizada para interações em pessoa?

Assim como a cultura surda está sendo forçada a se assimilar à cultura em geral, a cultura dominante está assimilando o mundo surdo. Cerca de 2 milhões de americanos conhecem a LSA.[144] Nos primeiros anos do novo milênio, houve um aumento de 432% em cursos de LSA.[145] Isso fez dela o quinto idioma mais ensinado no ensino superior, e o 15º mais ensinado na população em geral; um grande número de pessoas foi enfeitiçado pelo que percebeu como poesia em um sistema de comunicação física. Embora o ensino da língua de sinais para bebês surdos seja menos comum na era dos implantes cocleares, bebês não surdos estão sendo ensinados a usar sinais porque podem fazer uso deles antes que tenham o controle muscular oral para falar.[146] Mais pessoas que ouvem estão se candidatando a estudar na Gallaudet. Os surdos são ambivalentes em relação a tudo isso. Eles observam que a linguagem se separou da cultura e que muitos dos estudantes que a aprendem não sabem nada sobre a *Deafhood* ["surdidade"],[147] uma palavra da moda para a experiência profunda dos valores surdos. Edna Edith Sayers, professora de inglês na Gallaudet, referindo-se às aulas de LSA dadas fora do contexto acadêmico, observou: "De alguma forma, a popularidade da LSA se deu à custa do rebaixamento a algum tipo de artesanato ou hobby, como fazer colchas ou aeróbica, ministrado por voluntários entusiastas em porões de igrejas".[148]

Estou plenamente convencido de que existe uma cultura surda; estou convencido de que se trata de uma cultura rica. Que obrigações sociais estão ligadas ao reconhecimento de uma cultura? Podemos conferir-lhe um equivalente social ao status de marco com o qual definimos edifícios que nunca devem ser destruídos? Tudo bem falar de linhagem surda, na medida em que um determinado filho e seus pais aceitem. Mas nunca teremos uma sociedade em que as crianças sejam rotineiramente tiradas de seus pais e entregues a outro grupo de pessoas para serem criadas por ele. Os cerca de 90% ou mais de crianças surdas que nascem de pais ouvintes continuarão a ser criados como os pais decidirem. Se o implante coclear for aperfeiçoado, se as terapias genéticas avançarem para que as crianças possam ser de fato curadas, então as curas triunfarão. As identidades verticais durarão para sempre, e as horizontais, não. Harlan Lane escreveu, indignado: "A relação do pai ouvinte com a criança surda é um microcosmo da relação da sociedade ouvinte com a comunidade surda; é paternalista, medicalizadora e etnocêntrica".[149] Isso é verdade, mas Lane não parece reconhecer que os pais, por definição, têm licença para ser paternalistas. Embora possa ser difícil para as pessoas surdas aprender a falar, também é difícil para os pais aprender a língua de sinais — não porque sejam preguiçosos ou presunçosos, mas porque seus cérebros estão organizados em torno da expressão verbal, e no momento em que estão em idade de ser pais já tiveram uma perda considerável de plasticidade neural. Um dos motivos que levam os pais a fazer implantes nos filhos é para que possam se comunicar com eles. Talvez seja sábio fazê-lo: a intimidade entre pais e filhos é um dos pilares da saúde mental para ambas as partes.

O debate sobre o implante coclear é realmente um mecanismo de retenção para um debate maior sobre assimilação contra alienação, sobre em que medida a padronização das populações humanas é uma marca louvável do progresso, e em que medida é uma eugenia mal disfarçada. Jack Wheeler, CEO da Fundação de Pesquisas da Surdez, declarou: "Nós podemos vencer a surdez de recém-nascidos nos Estados Unidos. Se pudermos testar todos os bebês nascidos e organizar os pais como uma força política para que cada bebê receba o que precisa, independentemente de quanto dinheiro os pais tenham, então os 12 mil bebês que nascem surdos a cada ano se tornarão 12 mil bebês que se identificarão como crianças ouvintes".[150] A questão é se isso é desejável. Há uma corrida em andamento. Uma equipe é composta por médicos que farão os surdos ouvirem. Eles são taumaturgos humanitários. No outro time estão os expoentes da cultura surda. Eles são idealistas visionários. No entanto, cada um deles tornaria o outro irrelevante. Ao mesmo tempo que a cultura surda fica mais forte, ela está morrendo. "A surdez quase sempre dura apenas uma geração", declararam Lawrence Hott e Diane

Garey, diretores do filme *Through Deaf Eyes* [Através de olhos surdos]; alguns estudiosos chamaram a surdez de uma "cultura de convertidos".[151]

"Em um mundo cheio de curas na infância, eu não seria nem surdo nem gay. Isso não me faz sentir desamado ou mal a meu respeito, mas sei que é verdade", disse Rob Roth, com quem me encontrei na Associação Nacional de Surdos. Se a cultura surda puder ser tão visível, poderosa e orgulhosa como a cultura gay é agora *antes* que a cura seja aperfeiçoada, então talvez as realizações dos ativistas do Bolsão da Rubéola possibilitem uma longa história para a cultura surda. Se a cura vier antes que isso aconteça, então praticamente todos os pais ouvintes e muitos pais surdos curarão seus filhos, e as grandes realizações que se seguiram à revolta da Gallaudet serão a conclusão e não o início de uma história. Então, a história aqui contada será tão pungente e remota como uma história da Babilônia. Jacob Shamberg, que participou dos protestos da Gallaudet, escreveu-me: "Embora me sinta bastante confortável com minha deficiência e não veja o implante coclear como uma tentativa das forças do mal para destruir a cultura surda, tenho uma sensação de iminente extinção. Haverá sempre pessoas surdas em todo o mundo, mas há uma possibilidade real de que a surdez seja quase erradicada nos países desenvolvidos, dentro de cinquenta a cem anos. Digo 'quase' porque sempre haverá imigrantes, condições incuráveis, resistentes culturais e assim por diante. Mas não existirão mais pessoas como eu".

O mundo seria melhor com mais culturas? Acredito que sim. Da mesma forma que lamentamos a perda de espécies e tememos que a redução da biodiversidade possa causar efeitos catastróficos no planeta, também devemos temer a perda de culturas, porque a diversidade de pensamento, de linguagem e de opinião faz parte daquilo que torna o mundo vibrante. Ao comentar a morte das línguas tribais e das histórias tradicionais da África Ocidental, o etnólogo malês Amadou Hampâté Bâ disse: "Quando uma pessoa velha morre, é uma biblioteca que se queima".[152] E, no entanto, o que está acontecendo com a cultura surda aconteceu também com os quacres, os indígenas americanos, com tribos e países inteiros. Vivemos em um incinerador de culturas. Estima-se que até o final deste século, metade das 6 mil línguas atualmente faladas na Terra terá desaparecido. A Torre de Babel está desmoronando. Com essas línguas, vão-se muitos modos de vida tradicionais. O linguista australiano Nicholas Evans escreveu sobre a urgência de encontrar "uma nova abordagem para a linguagem e a cognição que coloque a diversidade no centro do palco", salientando que somos "a única espécie com um sistema de comunicação que é fundamentalmente variável em todos os níveis".[153] Os surdos desaparecerão junto com muitas etnias, suas línguas junto com muitas línguas.[154]

Penso que o único lugar para a esperança diante dessas estatísticas consternadoras é o reconhecimento de que novas culturas nascem o tempo todo. Este livro faz a crônica de inúmeras comunidades que nunca teriam surgido sem a internet e seu potencial para classificar as pessoas de acordo com um valor compartilhado, mesmo quando são infinitamente diversificadas em termos de localização, idioma, idade e renda. Algumas dessas comunidades são culturas. O código de computação que neste exato momento faz com que o movimento dos meus dedos crie um texto na tela que estou olhando é também linguagem, e essas línguas estão sendo geradas rapidamente. A preservação histórica é nobre, mas não deve impedir a invenção.

A cultura de meu próprio pai era pobre; ele cresceu num cortiço do Bronx, abriu caminho até a classe profissional e criou meu irmão e eu com muitos privilégios. Às vezes, ele manifestava saudade daquele mundo que deixara e tentava explicar isso para nós. Não é a nossa realidade; com efeito, não é a realidade de quase ninguém. O mundo em que ele nasceu, de imigrantes judeus da Europa Oriental que faziam trabalhos manuais e falavam iídiche, desapareceu. Não há dúvida de que alguma coisa se perdeu. Contudo, prefiro o próspero mundo americano em que cresci. Jackie Roth falou-me dos judeus hassídicos de hoje: "Eles se sentem seguros entre eles. Têm seu Shabat na noite de sexta-feira, vão à sinagoga. Têm suas próprias escolas, têm suas próprias tradições, têm tudo próprio deles. Por que se importar com o resto do mundo? Isso é o que está acontecendo com a comunidade surda. Ela será cada vez menor, e os excêntricos serão cada vez mais marginais. Temos que parar de nos fazer de surdos".

Meu primeiro livro tratava de um grupo de artistas soviéticos que demonstraram coragem e brilho diante de um sistema opressivo e cruel[155] — e então a Guerra Fria acabou e suas extraordinárias realizações se tornaram históricas. Embora alguns tenham conseguido entrar no comércio e nos museus da arte ocidental, muitos nunca mais criaram uma obra de arte decente. A cultura surda foi um empreendimento heroico durante todo esse tempo, uma linda e engenhosa maravilha, e agora, tal como a dissidência soviética e o teatro iídiche, está perdendo a relevância. Alguns aspectos dela serão levados adiante, mas a ocasião de sua brava dignidade está passando. Cada passo do progresso mata alguma coisa, mas também codifica suas origens. Não desejo a vida que meu pai deixou para trás, mas sei que algum espírito forjado naquela adversidade em particular me tornou possível.

Olhando para a voga da LSA entre pessoas ouvintes, a militante Carol Padden perguntou: "Como podem dois impulsos conflitantes existir ao mesmo tempo — erradicar a surdez e mesmo assim celebrar sua consequência mais ilustre, a criação e manutenção de uma forma única de linguagem humana?".[156] Uma coisa não tem relação com a outra. Você pode admirar a cultura surda e ainda assim optar por não entregar seus filhos a ela. A perda de diversidade é terrível, mas a diversidade pela diversidade é uma mentira. Uma cultura surda mantida pura quando a audição estiver disponível para todos seria o equivalente daquelas cidades históricas onde todos vivem como se estivessem no século XVIII. Aqueles que nascem sem audição continuarão a ter coisas em comum? A língua deles permanecerá em uso? É claro, exatamente como as velas permaneceram presentes na era da eletricidade, como usamos algodão em uma época de microfibras, como as pessoas leem livros apesar da televisão. Não vamos perder o que a cultura surda nos deu, e é uma causa digna delinear quais partes dessa cultura são preciosas e por quê. Mas a demanda vertical pelo progresso da medicina superará inevitavelmente qualquer agenda social horizontal.

3. Anões

Até comparecer à minha primeira convenção de anões — o encontro de 2003 da Pessoas Pequenas da América (PPA) em Danvers, Massachusetts —, eu não tinha ideia de quantos tipos de nanismo existem, nem quantas variedades de aparência estão reunidas nessa categoria.[1] O nanismo é um problema de baixa incidência que ocorre geralmente em consequência de uma mutação genética aleatória. Como a maioria dos anões tem pais de altura comum, eles não contam com uma comunidade vertical. De vez em quando, fala-se sobre a construção de uma cidade para pessoas pequenas (PPS);[2] há metrópoles onde seus militantes se instalaram; há uma inusitada concentração de nanismo entre os seguidores da seita menonita amish,[3] mas nunca houve uma concentração geográfica significativa de pessoas de baixa estatura. Isso significa que os encontros nacionais da PPA não são apenas ocasiões para assistir a palestras e consultar especialistas médicos: para alguns participantes, eles são a exceção anual de um certo tipo de solidão. Os encontros são emocionalmente intensos; uma anã que conheci me disse que era "feliz durante uma semana por ano", embora outros enfatizassem que amam as duas vidas — a do mundo maior, e aquela entre seus amigos da PPA. Mais de 10% dos norte-americanos de baixa estatura pertencem à PPA,[4] e a organização tem um papel na comunidade de PPS que é maior do que a de grupos semelhantes para populações comparáveis.

Ao chegar ao Sheraton Ferncroft Resort, onde a convenção estava acontecendo, fiquei impressionado pela forma como a concentração de PPS mudou minha percepção deles. Em vez de ver sobretudo a baixa estatura, vi que uma era lindíssima, que outro era pequeno demais, mesmo para um anão, que um deles ria alto e com frequência, que outro tinha uma expressão especialmente inteligente — e então comecei a reconhecer como até então eu reagia de forma genérica às pessoas pequenas. Compreendi como devia ser um alívio para eles o fato de ninguém estar focado na altura. A convenção da PPA era toda sobre estatura, é claro, mas era também o lugar em que a estatura se tornava abençoadamente irrelevante.

Seria difícil para alguém de fora reconhecer essa visão particularizante de, por exemplo, latinos ou muçulmanos. Dizer que a etnia ou a religião de alguém diminuiu, ainda que em caráter temporário, nossa capacidade de apreciar suas outras características pessoais pareceria intolerância. Mas o nanismo é a exceção a essas regras sociais. De acordo com Betty Adelson, autora de *The Lives of Dwarfs and Dwarfism* [A vida dos anões e o nanismo], "o único preconceito admissível na América politicamente correta é contra os anões".[5] Mary D'Alton, chefe do Departamento de Obstetrícia e Ginecologia da Universidade Columbia e líder no campo da gravidez de alto risco, disse-me que o nanismo é o diagnóstico mais difícil para se comunicar aos futuros pais. "Você anuncia que o bebê tem um buraco no coração e eles dizem: 'Mas você pode corrigir isso, certo?'. Mas quando digo a alguém que vai ter um anão, com frequência a pessoa parece ter nojo da ideia."[6]

Muitos dos participantes que conheci em meu primeiro dia na PPA eram capazes de identificar instantaneamente problemas de nanismo de que eu nunca ouvira falar ou imaginara e decerto nunca tinha visto. Na primeira noite, quando desci para a discoteca da conferência, vi um casal de irmãos que tinham nanismo primordial: eram plenamente desenvolvidos, de proporções perfeitas e mediam apenas 75 centímetros de altura. Seus pais estavam com eles para evitar que fossem pisoteados — um perigo mesmo na convenção de anões. Fiquei sabendo que a menina tocava percussão na banda de seu colégio; um colega empurrava sua minúscula cadeira de rodas e ela segurava o tambor no colo, parecendo "uma marionete", nas palavras de uma anã que não passava de um noventa centímetros de altura. A conferência contou com competições de atletismo, um show-maratona de talentos, composto por apresentações que iam de música cristã a break, e um desfile de moda, que mostrou uma ampla gama de estilos esportivos e formais, todos adaptados para corpos pequenos. A conferência também proporcionava uma chance ansiosamente aguardada para namorar. Um comediante anão brincou: "Você sabe que é um adolescente na PPA se teve mais namoradas nesta semana do que no ano passado".

Quando conheci Mary Boggs, no meu segundo dia de PPA, ela me contou que a organização mudara sua vida.[7] Em 1988, quando sua filha Sam nasceu, o obstetra supôs inicialmente que o tamanho diminuto do bebê fosse consequência de sua chegada prematura. Um mês depois, quando ela ainda estava na unidade de terapia intensiva neonatal, ele a diagnosticou com acondroplasia. "Teríamos preferido ter um filho que fosse surdo ou cego", confessou-me Mary. "Qualquer coisa que não fosse um anão teria sido melhor. Quando você pensa no que poderia dar errado na gravidez, isso não passa por sua cabeça. Pensamos: Por que, afinal, tivemos outro filho?"

Sam foi para a casa dos pais, nos subúrbios de Washington, D. C., ligada a um balão de oxigênio e a um monitor. Depois de seis meses, quando a menina foi declarada fisicamente saudável, Mary a levou a sua primeira reunião da PPA local. Quando Sam estava com um ano e meio de idade, enfiaram-lhe um dreno na cabeça para aliviar a hidrocefalia (o acúmulo de líquido cefalorraquidiano no crânio); felizmente, ela não teve os problemas esqueléticos que mais tarde afligem a vida de tantas pessoas com acondroplasia. Mary e seu marido puseram banquinhos por toda a casa; compraram extensores de interruptores de luz; mudaram o lugar da torneira da pia da cozinha. Esses ajustes domésticos eram mais fáceis de controlar do que os desafios externos. "Houve gente que nos perseguiu pelos corredores do supermercado para fazer perguntas", contou Mary. "Aprendemos a olhar para trás. Isso as espanta. Eu observava Sam não brincar com as outras crianças porque ela era pequena demais para fazer o que elas fazem. Dá uma grande tristeza."

Antes de Sam entrar no jardim de infância, seus pais a advertiram de que as outras crianças lhe dariam apelidos ofensivos, falaram de algumas possíveis ofensas e lhe ensinaram respostas adequadas. Mary foi à escola, explicou as necessidades especiais de Sam e deu à professora um livro sobre anões para que ela pudesse ler em voz alta para a turma. A escola rebaixou a pia e a torneira de água e instalou uma barra para que Sam pudesse usar o vaso sanitário. As crianças de sua turma aprenderam sua história, mas a cada ano isso era novidade para a nova turma que entrava no jardim de infância, e algumas a ofendiam. Então Sam decidiu fazer uma apresentação para cada nova turma. Ela explicava: "Eu sou pequena, mas tenho oito anos. Estou na terceira série. Sou anã e sou como todos vocês, apenas menor". Ela fez isso em todos os anos da escola elementar, e as provocações pararam.

Quando Sam tinha cinco anos, a família Boggs foi à sua primeira convenção nacional da PPA. "Nós entramos e vimos mil anões", contou Mary. "Sam ficou chocada. Achei que minha outra filha, que é de altura comum, ia chorar. Demorou dois ou três dias para a gente assimilar." Ao longo dos anos que se seguiram, a família Boggs persuadiu familiares e amigos a ir às reuniões, para que conhecessem outros anões além de Sam. "Os avós poderiam ver anões adultos e se dar conta de que Sam seria assim", disse Mary. Ela pensou por um minuto. "Nós fomos por Sam, mas também para que pudéssemos nos sentir confortáveis com ela. A fim de tornar mais fácil para nós amá-la direito."

O ensino médio foi mais difícil do que o ensino fundamental. "Pessoas que tinham sido amigas durante anos de repente não queriam mais sair com ela. Sam não era convidada para ir patinar ou ir ao cinema na noite de sexta-feira. Eles fingiam que não era por ela ser anã. Mas ela sabia." O departamento de atletismo deu-lhe uma *varsity letter*, um monograma de reconhecimento por ser treinadora da equipe de atletismo; ela participou do conselho estudantil e foi eleita tesoureira de sua classe. Apesar disso, estava reduzida a uma dupla de amigos. "Ela é um pouco solitária", disse Mary. "Ela se apaixonava por garotos da escola, mas acabou percebendo que os caras de estatura comum não estavam interessados em sair com ela. Foi uma grande virada quando ela começou a olhar mais para os caras interessantes na PPA."

Quando conheci Sam, ela estava às voltas com seu primeiro romance. Tinha quinze para dezesseis anos, era atraente e surpreendentemente madura e, com seu metro e quinze de altura, bastante pequena para uma adolescente com acondroplasia. Mary estava otimista sobre o futuro: "Eu preferiria que ela tivesse um namorado ou marido PP. Acho que seria mais fácil para ela. Seria legal. Quer dizer, se você tem um filho anão, a coisa não para por aí, vai durar para sempre. Teremos provavelmente um genro anão e netos anões. O que antes era uma família de tamanho médio vai se tornar, depois que formos embora, uma família anã! E pensar que, se eu soubesse disso no início da minha gravidez, talvez tivesse abortado".

Em 1754, William Hay, anão e primeiro memorialista notável da deficiência, descreveu uma visita a um general: "Nunca me senti mais humilhado do que quando andei com ele entre seus soldados altos, com aparência de ainda mais altos por causa de seus quepes. Para mim mesmo eu parecia um verme e não um homem: e não podia senão lamentar interiormente que, quando tivesse a mesma inclinação para o serviço do meu país e príncipe, eu quereria a força deles para realizá-la".[8] Esse sentimento de inadequação temperado com o desejo de transcendê-la tem sido uma narrativa comum entre os anões, mas, na longa pausa entre o primeiro relato digno de Hay e a literatura moderna sobre a experiência de ser uma PP, uma quantidade grosseira de preconceito sufocou com frequência aquela dignidade.

Woody Allen gracejou certa vez que *dwarf* [anão] é uma das quatro palavras mais engraçadas do idioma inglês.[9] Ser percebido em sua própria essência como cômico é um fardo significativo. Quando eu descrevia as outras categorias incluídas neste livro, meus ouvintes eram silenciados pela seriedade do empreendimento; ao mencionar os anões, os amigos caíam na gargalhada. Eu descrevia, por exemplo, o momento de uma convenção em que um anão torpe fez uma ameaça de bomba às oito da manhã, de tal modo que todos os hóspedes do hotel, a maioria se recuperando de uma noite de festança, tiveram de evacuar o prédio. As pessoas acharam hilária a simples ideia de cerca de quinhentos anões sonolentos, muitos deles de ressaca, reunidos no pátio do hotel. Isso teve alguma ressonância para mim; e sei que, há não muito tempo, as pessoas poderiam ter achado igualmente hilariante a ideia de quinhentos homossexuais sonolentos. Mas a homossexualidade pode ser escondida, e estar entre pessoas homossexuais não é uma piada visual. Transeuntes que talvez desviem os olhos discretamente de usuários de cadeiras de rodas olham para anões. Uma mulher normal que se casa com um cego inspira admiração; uma mulher de estatura comum que se casa com um anão inspira a suspeita de que tem um fetiche. Anões ainda aparecem em shows de aberrações,[10] em competições de arremesso de anão e na pornografia,[11] onde todo um subgênero que apresenta anões explora um voyeurismo coisificador. Isso dá provas de uma insensibilidade que vai além da exibida em relação a quase qualquer outro grupo deficiente. Barbara Spiegel, agora diretora de sensibilização de comunidade da PPA, contou o que lhe disse sua avó: "Você é uma menina bonita, mas ninguém vai se casar com você. Você precisa ser capaz de fazer tudo, porque vai ficar sozinha". A madrasta de Barbara queixava-se de ser vista na rua com ela.[12]

Mais de 80% das pessoas com displasias esqueléticas — as principais causas do nanismo, sendo a mais comum a acondroplasia, que resulta em membros encurtados, cabeça grande e tronco mediano — são filhas de pais de estatura comum sem história de nanismo na família, seja por causa de mutações não herdadas dos pais, chamadas de mutações *de novo*, ou porque ambos os pais são portadores de um gene recessivo.[13] Entre as outras formas de nanismo estão o nanismo pituitário, baseado na falta de hormônio de crescimento humano, e o nanismo psicossocial, causado por maus-tratos físicos graves.[14]

Os pais ainda lidam com um legado de culpa atribuída às mães. Dos tempos medievais até o século XVIII, dizia-se que os "nascimentos monstruosos" indicavam desejos não realizados de mulheres lascivas, cujos anseios obscenos supostamente produziam deformidades. Essa teoria, chamada de imaginacionismo, foi muito debatida durante séculos. Marie-Hélène Huet, historiadora de Princeton, nos conta como "no século XIX, descobertas nos campos da embriologia e da hereditariedade deram aos cientistas novas maneiras de explicar as semelhanças. Mas se a imaginação da mãe deixou de ser percebida pelo campo médico como um fator de semelhança, seu papel como moldadora da descendência nunca foi totalmente esquecido".[15] O cirurgião pediátrico John Mulliken conta que todos os pais e mães querem saber o que fizeram para provocar a situação. "Na maioria dos casos, a resposta é nada. Mas toda mãe é culpabilizada."[16]

Com frequência, o nanismo também está fora da experiência dos médicos com quem interagem inicialmente esses pais, que muitas vezes se lembram de terem sido notificados do problema com particular insensibilidade. Adelson relata como um médico falou para os pais de um filho recém-diagnosticado: "Vocês deram à luz um anão de circo";[17] outro fez a recomendação cruel de que a criança deveria "ser internada numa instituição ou enviada para viver com uma trupe de anões na Flórida". Uma mãe relatou que a maioria dos médicos agia como se sua filha tivesse um defeito e por isso não merecia ser tratada como um "verdadeiro" bebê.[18] Outra contou que estava na sala de parto com seu marido anão quando o médico disse para os dois: "Lamento informar-lhes que seu filho é anão".[19]

Esse comportamento, vindo de um médico, não é apenas uma violação de protocolo; a maneira como a notícia de uma condição de nanismo é comunicada aos pais pode ter um efeito duradouro sobre a capacidade deles de amar e cuidar de seu filho. É uma ajuda para mães e pais saber de imediato que a criança terá uma vida plena, que o nanismo não foi causado por atos cometidos durante a gravidez e que o filho pode levar uma vida feliz, saudável e independente. Os pais, por sua vez, influenciam amigos e familiares; pais envergonhados criam amigos desajeitados. Além da PPA, organizações como a Fundação Magic e a Fundação do Crescimento Humano têm sites cheios de informações e patrocinam salas de bate-papo on-line e grupos de apoio locais, proporcionando a pais de estatura comum de crianças anãs oportunidades para conhecer anões que levam vidas positivas e satisfatórias.

Não obstante, muitos pais começam com tristeza, choque e negação. A anã Ginny Sargent escreveu on-line: "Por mais que nós (como anões) sintamos que é ótimo estar vivo, ainda assim não posso evitar de me perguntar quanta dor (mais do que eu) minha mãe sentiu quando eu estava em desconforto [...] perturbada, magoada ou desanimada e abatida por minha singularidade".[20]

Matt Roloff, ex-presidente da PPA e pai no popular programa de televisão *A pequena grande família*, disse: "Meus pais não se perguntaram o que eu gostaria de fazer, com que tipo de mulher me casaria ou quantos filhos teria. Eles se perguntaram o que eu poderia fazer para ganhar a vida, se poderia me casar e se poderia ter filhos".[21] Ele agora está casado com Amy, também anã, e eles têm quatro filhos. *A pequena grande família*, que foi ao ar por quase quatro anos no Learning Channel, documentava a vida dos Roloff em sua fazenda, em Portland, Oregon. O programa é um pouco voyeurista, mas sem sensacionalismo, e ajudou a normalizar as percepções das PPS.

Amy Roloff cresceu em um lar em que poucas adaptações foram feitas para ela. Os amigos que iam visitá-la se perguntavam por que o telefone estava num lugar em que ela precisava subir em um banquinho para alcançá-lo. "Minha mãe disse: 'Se Amy precisa aprender a se adaptar fora de casa, é melhor que ela se sinta confortável e aprenda a se adaptar dentro de casa'." Nada foi realmente feito sob medida para minhas necessidades, e isso foi uma boa ideia, porque sou mais independente.[22] Os Roloff têm três filhos de estatura comum e um, Zach, com acondroplasia. Amy não queria montar uma casa que se adequasse às PPS da família e fosse estranha para as crianças de estatura comum, então manteve as coisas "normais". Ela incentivou Zach a ser ao mesmo tempo orgulhoso e indiferente em relação ao seu nanismo. "Ele disse um dia: 'Mãe, nós estávamos brincando e os garotos estavam um pouco violentos demais'. Eu disse: 'Zach, por que você não fica um pouco grato por isso? Talvez este seja um momento em que eles nem pensam em você como uma pessoa pequena; eles estão apenas andando e brincando com você? Isso é uma coisa boa'."[23]

Esse espírito de equalização estende-se a todos os seus filhos. Jeremy é o mais velho e o mais alto. "Eu tenho de lembrar a Matt que não podemos nos aproveitar de Jeremy porque ele é alto. Não quero que ele pense que só é bom para a família porque é alto." Mas mesmo o *New York Times*, ao comentar a aparição de seus filhos na TV, descreveu Jeremy como "um atleta lindo e jovem que domina a bola de futebol com graça preguiçosa", e disse que seu irmão Zachary tem "uma persona inteligente e intensa". Não há nada de errado com uma persona inteligente e intensa, mas é interessante observar o vocabulário diferente que surge quando o jornalista descreve, com intenção gentil, alguém cujo corpo não é bonito conforme as convenções de nossa sociedade.

Lisa Hedley tem seu próprio programa de rádio na National Public Radio e é executiva-chefe de um grupo de spas.[24] Era bailarina e vem de uma família proeminente de Nova York; ela vive entre a cidade e Connecticut. O filme que produziu e dirigiu para a HBO, *Dwarfs: Not a Fairy Tale* [Anões: não um conto de fadas], é alegre, mas lúcido sobre as dificuldades enfrentadas pelas pessoas cujas vidas narra. Lisa não tinha a sabedoria desse filme quando sua filha Rose nasceu, com acondroplasia. Após o nascimento, enquanto Lisa estava no hospital, "me deram um pequeno folheto chamado 'Meu filho é anão'[25] e alguns outros materiais que mostravam fotografias de um homem desdentado limpando a rua e de anões pastoreando ovelhas", ela lembrou. Lisa decidiu que faria o que pudesse para manter Rose longe dessas concepções de nanismo.

Quando a menina tinha dois anos, Lisa escreveu um artigo para a *New York Times Magazine* em que dizia: "Com uma única palavra, meu marido e eu nos tornamos membros involuntários de uma comunidade cujos laços não são apenas as alegrias e tribulações naturais da paternidade, mas também a dor profundamente confusa — uma nova compreensão de eventos aleatórios, um senso distorcido da realidade. Nunca me ocorreu, nem mesmo em meus mais loucos cenários de desastre, que eu iria ter um filho diferente o suficiente para provocar olhares e mudar a maneira como penso sobre uma ida às compras ou uma caminhada pela praia. Muito cedo aprendi que a maneira como as outras pessoas reagem a uma criança diferente torna-se parte integrante de sua experiência do mundo. A coisa mais importante em relação à reação das pessoas talvez seja que elas pegam as dicas de mim: se estou alegre e positiva, elas se deliciam em apontar todas as qualidades especiais de minha filha — olhos claros, sorriso encantador".[26]

Quando Rose completou quatro anos e desenvolveu uma consciência de sua condição, Lisa mandou-a a uma psicóloga infantil para que pudesse ter um apoio caso topasse com obstáculos e desafios ao entrar em contato com o mundo. "Rose ia um dia por semana depois da escola", contou Lisa. "Mas odiou aquilo desde o primeiro minuto. Ela não queria falar sobre si mesma. Era quase violenta em relação a isso. Percebi que estávamos medicalizando sua condição, transformando-a em algo que exigia tratamento, quando, na verdade, ela não precisa de nenhum tratamento."

Lisa teve de equilibrar sua relação com Rose com a que mantinha com seus outros três filhos, dois deles mais velhos que Rose e um mais novo. "Sou particularmente sensível às necessidades dela. Eu as neurotizei", explicou Lisa. "Sua escola fez um concerto no Carnegie Hall, e ela aparece com aquele andar engraçado de anã, indo para o seu lugar. Olho para o meu marido, tipo 'esquecemos que ela é anã?'. Tendo a ficar chocada de novo e muito triste em tais situações." Lisa sente que seria desonesto fingir o contrário para consigo mesma, para com Rose ou para com o mundo. "Adoro Rose e não consigo imaginar a vida sem ela. Não a trocaria por nada neste mundo. Mas sou muito alta, sou magra, fui dançarina de balé. Imaginava essas experiências para ela. Quando você tem um filho que não pode compartilhar essas coisas, lamenta a perda de uma vida imaginada. Por outro lado, tenho um sentimento quase violentamente apaixonado de quem ela é."

Rose recusa-se a dar ouvidos à autocomiseração. "Ela é muito heroica em relação a isso, muito forte", disse Lisa. "Mas sua batalha é incessante. Eu sou uma pessoa reservada e não gosto disso. É como ser celebridade quando você não pretendia ser isso. Andamos pela rua e as pessoas dizem 'Oi, Rose'. Ela está sempre tentando escapar disso, e nunca consegue."

Rose não se identificou com outras pessoas pequenas, então a família não se envolveu na PPA. É sempre difícil saber em que medida tais decisões criam uma atitude e em que medida a refletem. "Grupos de apoio e conferências: são coisas que nossa família faria em circunstâncias normais, participar de qualquer grupo, ir a qualquer organização?", perguntou Lisa. "A resposta é decididamente não. Perguntei a Rose: 'Você acha que seria melhor se conhecesse outras pessoas pequenas?' Ela disse: 'Não, eu quero levar a vida que tenho. Eu tenho muitos amigos. Sei quem eu sou'." Lisa tem um amigo com uma filha de baixa estatura, um ano mais nova que Rose. A família está muito envolvida com a PPA e volta de conferências com fotos de "adolescentes pequenos de fato bonitos", mas Rose não demonstra nenhum interesse. "A questão subjacente é saber em que medida estamos promovendo a negação", perguntou-se Lisa.

Há um clichê de que anões costumam ser "briguentos" (uma palavra particularmente nociva), e miríades de artigos são publicados com manchetes do tipo "Pessoa pequena, grande personalidade". Parte disso é apenas paternalismo. No entanto, em certa medida isso reflete as consequências, sobre a personalidade, de viver como um objeto de curiosidade quase universal. "Nenhum de meus outros filhos é tão duro como ela, nem meu marido, nem eu", disse Lisa. "Rose é muito brava. Isso vem do fato de ter de lidar o tempo todo com o nanismo."

A família organizou a vida em torno de Rose mais do que ela se dava conta. Eles tiveram a chance de se mudar para Londres, mas ficaram nos Estados Unidos porque não queriam perturbá-la. Rose é uma atleta séria, e sua paixão é montar. "Eu jamais teria escolhido isso para ela", disse Lisa com orgulho. "Mas meu filho mais velho era um cavaleiro muito bom, classificado no ranking nacional, e ela viu aquela glória. Ela é capaz de tolerar a entrada em uma pista, diante de um juiz. Compete contra garotas de estatura comum, todas essas meninas bonitas de tranças e pernas longas e esguias, e ainda assim ganha prêmios. Ela senta-se ereta e orgulhosa. As pessoas não param de comentar: 'Não é incrível?'. Ela não quer ser incrível porque é uma anã. O que ela quer é ser julgada como as outras."

Lisa é chamada com frequência para ser mentora e convenceu muitas mulheres a prosseguir com a gravidez depois de saberem que esperavam um anão. Ela também recomendou a adoção, e contou-me sobre uma família que simplesmente não conseguia lidar com a perspectiva de ter um filho deficiente. "A filha mais velha deles era líder de torcida, e eles achavam que ela ficaria devastada porque sua 'irmã seria uma aberração'; essas foram as palavras que a mãe utilizou. Ela acabou dando o bebê para adoção. Seu novo bebê jamais seria uma líder de torcida em Westchester, então ela não poderia amá-la." Outra família que ela conheceu já tinha um filho anão. "Essa família era econômica e demograficamente muito próxima de nós", disse Lisa. "Então, pensei que isso era perfeito: as meninas poderiam crescer juntas." Ela ficou chocada quando os pais decidiram submeter a filha ao alongamento de membros, um procedimento controverso que envolve quebrar ossos e alongar músculos repetidas vezes. "Foi uma dura lição, que só porque a filha deles é pequena não significa que teremos alguma coisa em comum, espiritual ou emocionalmente. Cinco anos subindo e descendo de cadeiras de rodas. O alongamento de membros é uma coisa que de fato me assusta por razões médicas, ainda mais porque as crianças estão ocupadas em formar suas identidades nessa fase da vida. Como as pessoas chegam ao melhor de si? Não tentando alterar detalhes o tempo todo."

Lisa disse que, apesar de todo o seu questionamento, o que a assustou de início havia, em algum grau, se tornado inquestionável. "Há muitos anos, eu estava no Hospital Johns Hopkins, para um dos tratamentos de Rose. Eu a estava carregando no elevador. Outra mãe entrou com o filho, que babava e era sem dúvida um caso muito profundo de síndrome de Down. Eu estava olhando para ela com muita pena, tipo 'eu posso lidar com a minha, mas não saberia o que fazer com o seu'. E essa era exatamente a maneira como ela estava olhando para mim."

Os pais podem estabelecer uma relação com o nanismo como uma identidade: ir a conferências de anões, envolver anões na vida dos filhos, pôr interruptores de luz em lugares de fácil acesso para uma pessoa de baixa estatura e adaptar a cozinha de tal modo que seja conveniente para uma pessoa pequena cozinhar. Há o perigo, no entanto, de que uma criança que cresça com a baixa estatura como identidade primária possa se sentir presa em um contexto que nunca escolheu. Mesmo que não sinta isso, ela terá de enfrentar as limitações inerentes à identidade. Você pode optar por associar-se sobretudo com pessoas que compartilhem sua religião, etnia, orientação sexual, convicção política, preferência de lazer ou status socioeconômico, mas simplesmente não existem anões suficientes para tornar viável uma vida exclusiva de anões.

Os pais podem preferir a integração completa: convencer o filho de que ser baixo não é tão diferente de ser alto, encorajá-lo a fazer amizade com outras crianças sem levar em conta a estatura, dizer que o mundo alto é o mundo real e que ele vai apenas precisar se acostumar com isso. Mas pode ser estressante ouvir constantemente que você não tem uma deficiência de fato. Barbara Spiegel contou que pedia ao pai para pegar-lhe um copo no armário e sua mãe dizia: "Você é bem capaz de fazer isso sozinha", e insistia que Barbara trouxesse arrastando uma escada do outro lado da sala, em vez de receber o copo na mão. "Às vezes, era um pouco exagerado", contou.[27] A ideia de ser como todo mundo, só mais baixo, é normalizadora, mas o contexto social nem sempre apoia essa normalização, e evitar o mundo das PPs pode custar um considerável isolamento. Com frequência, a vida fica difícil no ensino médio; poucos adolescentes de estatura comum irão namorar alguém de um metro de altura. "A maioria dos caras que eu achava atraentes era bastante alta", contou Barbara. "Eu realmente não me imaginava com um cara que fosse PP. Nunca imaginei que iria ter um marido — um não, dois! — PP."

O que é certo para um anão e sua família pode não ser bom para outro anão e sua família, e a maioria das famílias combina elementos de várias abordagens: proporcionam algum acesso ao mundo PP, fazem uma tentativa de deixar a criança à vontade no mundo não PP, e valem-se de tratamentos médicos que respondem a necessidades e desejos específicos de seus filhos. A natureza exata do equilíbrio difere de família para família. Uma pesquisa indica que as pessoas de baixa estatura costumam superar seus pais em medidas de contentamento geral,[28] o que significa dizer que ser pai ou mãe de um anão parece ser emocionalmente mais difícil do que ser anão. Outro estudo concluiu que as pessoas com acondroplasia tinham quatro vezes mais probabilidade do que seus parentes de ver sua condição como "não grave", em oposição a "grave" ou "letal".[29] Uma identidade própria, por mais cheia de problemas que possa ser, parece mais defensável do que a identidade de outra pessoa. É claro que as disparidades de renda e educação são fatores, e é obviamente um desafio maior apoiar uma criança de pequena estatura com deficiências intelectuais ou graves problemas de esqueleto e saúde do que lidar com alguém que é, na verdade, apenas baixo. É interessante notar que os parentes próximos de anões que percebiam o nanismo como mais penoso para o indivíduo afetado tinham maior probabilidade de alcançar uma pontuação mais baixa nos critérios de felicidade.

Ainda enfiamos as pessoas na classificação binária *deficiente* ou *não deficiente*; concedemos àqueles que são oficialmente deficientes assistência social, proteção legal e vagas de estacionamento especiais. É difícil, no entanto, demarcar onde começa a *deficiência*. Um homem de 1,65 metro de altura talvez preferisse ter 1,80, mas não é deficiente. Um homem que tem 1,20 metro de altura enfrenta desafios significativos. Muitos anões sofrem de graves deficiências físicas, mas, mesmo deixando de lado os problemas médicos, ser baixo tem um preço. O nanismo é reconhecido pela Lei dos Americanos com Deficiências, pela qual os anões são classificados como "ortopedicamente afetados", mas a PPA resistiu por muito tempo à classificação do nanismo como deficiência, embora sua posição tenha mudado agora.[30] Nenhuma lei exige que os supermercados ofereçam meios de pegar mercadorias de prateleiras altas. A legislação não obriga que bombas de gasolina ou caixas eletrônicos sejam instalados a uma altura acessível a pessoas pequenas. O governo federal não paga por equipamentos de adaptação para pessoas que desejam dirigir mas não conseguem, em virtude de sua baixa estatura. Paul Steven Miller, anão acondroplásico que participou da Comissão de Oportunidades Iguais de Emprego no governo Clinton, disse na ocasião: "É justo dizer que a PPA enquanto organização não é um elemento ativo no movimento mais amplo de incapacidade no nível nacional. Mas acho que é nessa direção que estamos indo".[31] Essa atitude reflete uma mudança na PPA, liderada por seus defensores Joe Stramondo e Gary Arnold, uma geração mais jovem do que Miller, no sentido de buscar uma definição cada vez mais ampla de *deficiência* e uma gama de serviços cada vez maior associada à situação dos deficientes.

Em *Extraordinary Bodies* [Corpos extraordinários], Rosemarie Garland Thomson afirma que "os 'fisicamente deficientes' são produzidos por meio de narrativas legais, médicas, políticas, culturais e literárias que contêm um discurso excludente".[32] Mas muito do que as pessoas muito baixas não podem fazer é determinado menos por atitudes sociais do que por arranjos físicos feitos pela maioria dos seres humanos para atender às pessoas mais altas; a retórica magnânima em torno da deficiência pode parecer uma confusão indesejável para alguns anões. A mãe de um anão preocupava-se: "Eu não conseguia decidir se deveria ou não solicitar uma autorização de estacionamento para deficientes. Nossa filha se sentiria estigmatizada? Na escola, deveríamos pedir banquinhos especiais nos banheiros? Há um problema de acomodação constante, mas devemos chamá-lo de deficiência?".[33] A atriz PP Linda Hunt escreveu certa vez: "O nanismo, afinal, não é como o câncer ou uma doença cardíaca. Não é fatal, e nem mesmo é uma doença. Ele é físico, penoso e inescapável. Você não o supera. Ele é você. Mas você não é ele, e isso é uma distinção importante".[34]

O público ainda carece de um entendimento matizado das várias palavras utilizadas para descrever pessoas pequenas. A primeira reunião da PPA (convocada em 1957 como um golpe de publicidade para beneficiar a cidade de Reno, Nevada) chamou-se Nanicos [Midgets] da América. O nome da organização nascente foi mudado em 1960 para Pessoas Pequenas da América, para que pessoas pequenas de todo tipo pudessem se sentir bem-vindas.[35] A palavra "midget", cunhada inicialmente para descrever PPS exibidas como curiosidades — derivada de "midget" [maruim], um mosquito pequeno e irritante —, é agora considerada muito ofensiva,[36] o equivalente PP de "nigger" [negro], "spic" [cucaracho] ou "faggot" [veado], e muitas mães me disseram temer que seus filhos ficariam sujeitos a essa denominação. Mas a população em geral não sabe que "nanico" é um insulto, e a maioria das pessoas que usam essa palavra o faz sem má intenção. O uso de uma palavra inadequada é prova de preconceito, se quem a utiliza não sabe que a palavra é estigmatizante? As estrelas mais famosas dos espetáculos de P. T. Barnum eram anões proporcionais, cujos corpos têm a mesma escala relativa das pessoas de estatura comum.[37] O termo foi frequentemente utilizado para se referir àquelas pessoas cuja pequena estatura resulta de uma anomalia pituitária, e não de uma displasia esquelética. Em 2009, quando o *New York Times* usou a palavra "midget" em um artigo publicado nas páginas de negócios, houve protestos da PPA, e o jornal revisou seu manual de redação.[38] Mas o termo "dwarf" também tem suas associações incômodas. Barbara Spiegel tem dois filhos com acondroplasia e tentou criá-los com um sentimento de orgulho por quem são. Quando a filha mais velha perguntou o que deveria dizer para os colegas de sua turma de jardim de infância sobre sua estatura, Barbara disse: "Diga que você é anã". A menina pôs as mãos nos quadris e respondeu: "Mas eu não sou de faz de conta!".[39]

A jornalista Lynn Harris perguntou a Betty Adelson como as pessoas de baixa estatura preferem ser chamadas. Ela respondeu que "a maioria das pessoas prefere simplesmente ser chamada por seu nome próprio".[40]

Em 1992, quando Rebecca Kennedy nasceu, em Boston, os médicos temeram que ela houvesse inalado mecônio (fezes pré-natais), e a levaram imediatamente para o berçário de cuidados especiais.[41] Depois de notar que sua cabeça era um pouco grande e seus membros um tanto pequenos, um dos médicos anunciou aos pais de Rebecca, Dan e Barbara Kennedy, que sua filha recém-nascida tinha "nanismo ou dano cerebral". A perspectiva de dano cerebral era aterrorizante e, assim, o diagnóstico de acondroplasia, feito três dias depois, com base em radiografias, revelou-se um grande alívio. As pessoas no hospital mostraram-se positivas em relação a Becky. "Uma geração antes, os pais recebiam uma visão negativa do que esperar", explicou Dan. "Deram-nos uma visão muito positiva do que esperar — talvez positiva demais. Disseram-nos mais ou menos o seguinte: 'As coisas estão bem, curtam a bebê, levem-na para casa'." Os médicos estavam expressando uma mudança de atitude pela qual as pessoas com deficiência lutaram com sucesso. A maioria das deficiências, no entanto, precisa de adequação, e os médicos não fazem nenhum favor aos pais se banalizarem os desafios futuros.

Durante cinco meses, tudo pareceu ir bem. Então Becky contraiu um vírus respiratório que dominou seu delicado organismo. Ela acabou na unidade de terapia intensiva por mais de um mês e sofreu uma traqueostomia. Durante dois anos, precisou de um suplemento de oxigênio e os Kennedy conviveram com um desfile de enfermeiras dentro de casa. Quando Becky estava com dois anos e meio, suas vias respiratórias já estavam desenvolvidas o suficiente para que a traqueostomia fosse fechada, e desde então ela tem sido uma criança razoavelmente saudável. "O nanismo não foi o grande problema, mas todas essas outras coisas, sim", Dan relembrou. "Sempre nos perguntamos qual seria o efeito desses dois anos — com a traqueostomia, a enfermeira noturna — sobre o desenvolvimento posterior de sua personalidade, e acho que ainda não sabemos."

Quando Becky adoeceu, Dan descobriu a PPA e foi posto em contato com Ruth Ricker. "Ruth tinha um bom emprego, descobrimos que frequentou a mesma faculdade que nós, era uma pessoa inteligente e engraçada e eu me sentiria feliz de ver Becky se tornar alguém como ela", disse Dan. Por intermédio de Ruth, a família começou a frequentar os eventos regionais da PPA. Dan e Ruth desenvolveram o site da PPA nos primeiros dias da internet, e Dan continuou a dirigi-lo e editá-lo por muitos anos.

Becky teve alguns problemas de aprendizagem, que Dan atribui à perda auditiva, uma complicação não rara entre pessoas com acondroplasia.[42] Quando entrevistei Dan, Becky tinha dez anos e meio e seu pai estava prevendo os tempos difíceis da adolescência: "Ela se olha no espelho e gosta do que vê. Mas não me iludo. Acho que sua crítica mais amarga do nanismo ainda está por vir. Todos os anões adultos com que já conversei, quase sem exceção, dizem que, no momento em que passam dos vinte anos, sentem orgulho de quem são e não mudariam nada. Mas seus anos de adolescência foram um inferno. Ela não tem muitos amigos agora, e a coisa só vai ficar mais difícil".

Dan começou a escrever *Little People: Learning to See the World Through My Daughter's Eyes* [Pessoas Pequenas: aprendendo a ver o mundo pelos olhos de minha filha]. "Vejo no nanismo uma metáfora da diferença", disse ele. "Se o valorizamos; se o tememos; se acabaríamos com ele, dada a oportunidade." A pesquisa que fez lhe deu ideias que ajudaram Becky. Ele pôs uma placa de deficiente em seu carro porque percebeu que caminhar longas distâncias era ruim para qualquer pessoa com espinha comprimida. Ele explica: "Lee Kitchens, ex-presidente da PPA, me disse que é melhor uma placa de deficiente agora do que uma cadeira motorizada quando ela tiver trinta anos". Em seu livro, Dan reclama que a sem-cerimônia com que as pessoas o abordam com perguntas sobre sua filha transmite "a mensagem implícita de que Becky é propriedade pública e que seus pais são obrigados a explicá-la para o mundo". Quer gostem ou não, os pais de crianças anãs sentem com frequência que devem apresentar suas famílias como emblemas da diversidade. "Eu gostaria de pensar que lidar com isso me fez uma pessoa melhor, mas ainda acho que não sou muito paciente. Para ser franco, sua vida está nas mãos de forças externas, e você tem de aceitar isso. Conviver com o nanismo sem dúvida me tornou melhor nesse aspecto", concluiu Dan.

Mais de duzentos problemas genéticos levam a uma estatura excepcionalmente baixa.[43] Cerca de 70% dos anões têm acondroplasia; entre os outros problemas que causam o nanismo estão a pseudoacondroplasia, a displasia espondiloepifisária congênita e a displasia diastrófica. A Pessoas Pequenas da América classifica como anão qualquer pessoa que tenha 1,47 metro ou menos em consequência de um problema médico. Tal definição não inclui oficialmente pessoas com problemas de nanismo que crescem acima dessa altura, nem se aplica a crianças sem anomalias genéticas cujo nanismo advém de desnutrição ou de maus-tratos e negligência dos pais. Não obstante, pessoas nessas condições costumam ser bem recebidas na PPA. A altura média de uma anã acondroplásica é de 1,20 metro, e de um anão, 1,30 metro. Há mais de 200 mil pessoas de baixa estatura nos Estados Unidos, e o geneticista especializado em doenças do tecido conjuntivo Victor McKusick estimou que existem vários milhões de anões no mundo todo.[44] A distância que essas pessoas precisam viajar para encontrar ajuda especializada pode ser considerável; os custos médicos podem ser assombrosos; os seguros muitas vezes cobrem apenas uma fração da despesa que uma família tem de enfrentar. Mais de duas dezenas de médicos fazem parte do Conselho Consultivo Médico da PPA e as conferências possibilitam que anões obtenham aconselhamento de especialistas.

A acondroplasia é causada por um gene hiperativo, o mesmo que faz com que os ossos das pessoas parem de crescer no fim da adolescência.[45] Esse mecanismo é posto em funcionamento prematuramente por uma variação de um único nucleotídeo. Os *achons* (gíria americana para pessoas com acondroplasia) têm pernas curtas em relação a um tronco de tamanho relativamente comum, e cabeça grande com testa protuberante. As pessoas com displasia espondiloepifisária congênita, um problema mais incapacitante, tendem a ser menores do que aquelas com acondroplasia; com frequência, têm pés tortos, fenda palatina, olhos muito separados, boca pequena e peito grande e arredondado que se desenvolve quando as costelas crescem mais rápido do que a coluna vertebral. A displasia diastrófica se distingue pelos pés tortos, fenda palatina, "polegar de carona", que é mais curto e tem pouca flexibilidade, e "orelha de couve-flor", semelhante às deformidades da orelha calcificada de muitos lutadores profissionais. Anões diastróficos ficam muitas vezes tão encurvados que são incapazes de andar. O problema advém de um gene recessivo, então ambos os pais devem ser portadores — e em geral desconhecem esse fato. Embora os números variem, parece que a acondroplasia ocorre em cerca de um em cada 20 mil nascimentos,[46] enquanto uma pessoa em 10 mil tem um problema de nanismo, alguns dos quais são fatais.[47]

Uma vez que os recém-nascidos têm sempre pernas curtas em relação à cabeça e ao tronco, a revelação do problema, tal como na surdez, pode se dar de imediato ou ser gradual. A maioria dos anões é diagnosticada aos dois anos de idade. Uma vez que têm peito pequeno, suas vias respiratórias podem ser perigosamente estreitas, levando a uma respiração rápida, obstruções e distúrbios do sono. As crianças com acondroplasia correm também o risco crescente de compressão do tronco cerebral, em que a pressão na parte inferior do cérebro impede seu funcionamento e pode causar a morte. Um estudo sobre a mortalidade da acondroplasia determinou que o risco de morrer nos primeiros quatro anos de vida é maior do que um em cinquenta casos. A chance de morrer na infância, na adolescência ou no início da vida adulta é também muito maior. A temperatura corporal de anões recém-nascidos é um pouco mais alta do que a da média dos bebês, e a retenção de dióxido de carbono faz com que suem mais. Hidrocefalia[48] e infecções de ouvido recorrentes e danosas causadas por variações na forma craniofacial também podem complicar o quadro. Vários outros problemas de baixa incidência estão associados ao retardo mental, entre eles o nanismo causado por quantidade de iodo inadequada,[49] restrições do crescimento intrauterino ou privação psicossocial. Embora o desenvolvimento cognitivo e intelectual prossiga geralmente em ritmo normal, pessoas pequenas ainda podem ter problemas na escola devido à falta de oxigênio causada por um sistema pulmonar subdesenvolvido, a danos à audição causados pelas recorrentes infecções de ouvido a que estão propensas ou à necessidade de concentrar a energia na compensação do estigma social.[50]

O diagnóstico precoce é fundamental; muitas complicações graves podem ser evitadas mediante tratamento profilático adequado. Crianças com acondroplasia devem fazer radiografias e ultrassonografias para monitorar seu desenvolvimento neurológico e esquelético. Elas podem precisar de tratamento dentário complexo se a mandíbula for demasiado pequena para seus dentes.[51] Algumas têm a coluna vertebral fina demais, o que provoca pinçamento de nervos. Isso pode causar fraqueza, entorpecimento e dor. As vias aéreas pequenas fazem com que os riscos da anestesia sejam maiores para os anões. Se uma curvatura da coluna vertebral não é corrigida desde cedo, a criança anã pode ficar corcunda. Um bebê com displasia esquelética não deve ser deixado sentado, pois sua cabeça é pesada demais para ser sustentada por sua coluna. Além disso, não deve ser colocado em assentos que curvem suas costas; os assentos de carro devem ser acolchoados para evitar que descanse o queixo no peito.

Uma vez que sua cabeça é pesada demais para o pescoço, muitas criancinhas com acondroplasia não conseguem mantê-la erguida quando estão agachadas; apenas um quinto delas aprende a engatinhar. Pôr a cabeça no chão e usar as pernas como propulsoras, rastejar, rolar e mover-se sentado são etapas desse processo. Quando está pronta para andar, a criança com acondroplasia costuma dobrar-se ao meio e manter a cabeça no chão enquanto endireita as pernas, e depois ergue a parte superior do corpo para alcançar uma postura ereta; o tônus muscular pode ser baixo e as articulações podem ficar invulgarmente rígidas ou soltas. As crianças de baixa estatura executam esses e muitos outros movimentos de uma forma singular ou em um estágio posterior de desenvolvimento, e os anões devem evitar ginástica, mergulho alto, acrobacias e esportes de choque devido a possíveis problemas ósseos e de articulações.[52] Eles são incentivados a fazer natação, jogar golfe e praticar outros esportes de menor impacto.[53] Uma vez que as crianças anãs devem comer apenas cerca de metade do que seus congêneres de estatura comum, muitos lutam com o excesso de peso, problema que a PPA tenta abordar em material educativo e debates.[54]

Na idade adulta, os anões podem sofrer de dores crônicas nas costas, alergias, problemas nos seios nasais, artrite, reumatismo, dificuldades auditivas, deformidades da coluna vertebral, dificuldades para dormir, dor de garganta crônica e paralisia ou fraqueza dos membros superiores ou inferiores; e têm probabilidade muito maior do que as pessoas de estatura comum de se submeter a cirurgias ao longo da vida. As questões cruciais para a maioria dos anões adultos dizem respeito ao esqueleto. As displasias estão com frequência associadas a estenose espinhal, deformidade e degeneração articular e problemas de discos vertebrais. Em adultos com acondroplasia, a coluna vertebral estreitada precisa muitas vezes ser descomprimida cirurgicamente para aliviar sintomas como dores agudas nas pernas, fraqueza, dormência e formigamento. A curvatura da coluna pode causar complicações mecânicas e neurológicas que afetam o coração e os pulmões, bem como a mobilidade. Entre as cirurgias mais frequentes realizadas em anões estão a cirurgia lombar de estenose espinhal, para evitar paralisia e dor, a cirurgia de medula cervical, que melhora a fraqueza dos membros, a divisão ou seção cirúrgica de osso para corrigir o arqueamento das pernas, a inserção de drenos para a hidrocefalia e intervenções para resolver a apneia obstrutiva.[55]

Os pais de Leslie Parks não ficaram contentes quando ela começou a sair com Chris Kelly durante o último ano do ensino médio, em Huntsville, Alabama.[56] O futuro que haviam imaginado para a filha não incluía um relacionamento romântico com um anão, ainda que ele fosse uma celebridade local, um DJ com o seu próprio programa de rádio. "Eu era a típica garota mediana, sem nada de especial", disse Leslie. "Então, meio que me encantei por ele. Eu estava no centro acadêmico e ele era o DJ das festas. Desde o início, meus pais diziam para 'cortar o mal pela raiz. Ele é divorciado, ele tem filhos, ele é anão, ele é DJ e ele não presta'." Leslie achava que estava namorando um astro, mas seus pais não viam a coisa dessa forma e a expulsaram de casa. Alguns meses depois, Leslie e Chris se casaram.

Quando Chris era mais novo, seus pais haviam tentado todos os "tratamentos" novos existentes no mercado, inclusive injeções de hormônio de crescimento feitas a partir da hipófise de macacos. Por causa, ou apesar, das injeções, Chris chegou a 1,47 metro de estatura, sendo considerado alto para uma pessoa com acondroplasia, e se recusou firmemente a considerar seu nanismo como um problema médico a ser curado. "Ele tornou-se DJ e comediante stand-up porque precisava da aprovação das massas para se sentir bem consigo mesmo", explicou Leslie. "O que ele não precisava em especial era de um relacionamento com uma única pessoa." Os dois filhos de Chris de seu relacionamento anterior eram ambos de estatura comum. Quando ficou grávida, poucos meses depois de se casar com Chris, Leslie não pensou que poderia ter um anão na barriga. Aos sete meses, ela fez um ultrassom. "Eles disseram: 'A cabeça é grande demais para sete meses, mas o fêmur é curto demais para sete meses. O que está acontecendo aqui?'." Leslie sabia exatamente o que estava acontecendo. "Fiquei arrasada. Foi bom ter descoberto com antecedência, pois tive tempo de superar o trauma antes do nascimento dele." Leslie não conseguia falar com o marido sobre seu desespero diante da perspectiva de um filho que se parecia com ele.

Garota que passou por uma puberdade precoce, Leslie sempre teve uma autoimagem distorcida. "Na terceira série, eu já estava me desenvolvendo, e as pessoas zombavam de mim. Sempre senti vergonha de meu corpo não estar certo." Estava acima do peso quando conheceu Chris, engordou depois de casada e ficou obesa e um pouco deprimida quando teve Jake. "Lembro-me de pensar, enquanto o levava do hospital para casa: 'Este é o pior trabalho de babá que já tive. Quando é que a mãe dele vem buscá-lo?'." Os pais de Leslie ficaram horrorizados de ter um neto anão, mas com o tempo essa atitude se suavizou. A mãe de Leslie era enfermeira pediátrica e mandou-a a um neurologista no Hospital Infantil de Birmingham que tinha experiência com anões. O pediatra de Leslie tinha lhe explicado que os vômitos frequentes de Jake eram normais e que ela poderia endireitá-lo quando ele arqueava as costas enquanto dormia. "Então, esse especialista disse: 'Ele dorme com a cabeça para trás e o pescoço arqueado? É assim que eles conseguem uma respiração mais livre e desobstruída. Não mova a cabeça dele'. Eu não sabia disso."

Chris, assim como os médicos locais, tendeu a minimizar o problema do filho, ao passo que os pais de Leslie consideravam a vida da filha uma calamidade. Leslie e Chris se distanciaram cada vez mais um do outro à medida que enfrentavam essas questões e acabaram se divorciando quando Jake estava com dois anos. Quando criança, Jake às vezes chorava e dizia: "Eu não quero ser pequeno".

Leslie queria chorar também. "O que estaria errado em deixá-lo saber que eu sofria por ele?", disse ela. "Você não quer que seu filho perceba que você acha a situação dele irremediável, mas também não quer negar a experiência dele. Algumas vezes, perguntei: 'Você já conversou com seu pai sobre isso?'. 'Não, eu estou chorando porque não quero ser como eu, o que significa que não quero ser como ele. Isso iria magoá-lo.'"

Jake teve alguns atrasos na aprendizagem; seu foco era mais social do que acadêmico. Quando terminou a terceira série, Leslie estava preocupada por ele estar ficando para trás. Exames revelaram que ele tinha uma deficiência de aprendizagem, então ela o transferiu para uma escola de educação especial. Ele a odiou. "Jake é capaz de atuar", disse Leslie. "Ele fez coisas na TV, é muito extrovertido. É capaz de pensar, é capaz de falar, mas, no que se refere a pôr as coisas no papel, não consegue de jeito nenhum. Anões jovens têm direito à terapia ocupacional livre para habilidades motoras finas, mas seu pediatra tem de indicá-lo. Eu não sabia pedir."

Quando Jake estava um pouco mais velho, Chris se casou de novo. Sua nova esposa, Donna, logo ficou grávida. Tal como Leslie, Donna imaginara que teria um filho normal e ficou surpresa quando o recém-nascido foi diagnosticado com acondroplasia. Donna ligou para Leslie a fim de pedir conselhos, e ela ficou furiosa. "Foi tipo: 'Sua vaca, tive de processá-lo para receber pensão alimentícia porque ele gasta tudo andando por aí com você. E agora quer que eu facilite as coisas para você?'." Mas quando viu Andy, o bebê, Leslie percebeu que tinha um papel a desempenhar. "Pensei que esse é o único irmão que Jake vai ter e preciso superar isso. Foi o que fiz." Leslie tomou Donna sob sua proteção, pôs a moça em contato com o médico em Birmingham e alertou-a sobre os desafios ortopédicos que teria de enfrentar. Leslie contou-me: "Há um ano, Chris e Donna vieram conversar comigo e disseram: 'Estamos fazendo nosso testamento. Você cuidaria de Andy se algo acontecesse conosco? Nós gostaríamos que você ficasse com ele'. Eu chorei e disse: 'Meu Deus, sim. Claro que ficaria com ele'".

Leslie e Chris têm atitudes muito diferentes em relação ao filho. "Papai é o lado do medo", disse-me Jake. "Mamãe é tipo: 'Sim, você vai jogar beisebol infantil, vai jogar beisebol, você é igual a todo mundo." Leslie contou: "Há muita dependência. 'Aonde você vai, mãe?' 'Vou só ao banheiro. Em 45 segundos eu volto.' Mas ele quase tinha ataques de pânico. Eu dizia: 'Saia do útero! Você nasceu! Vá embora!'. Mas ele precisa de alguém que diga: 'Tudo bem, você pode fazer isso'".

Leslie contou que foi a um evento familiar quando Jake tinha doze anos e todos a repreenderam por deixá-lo vaguear pelos corredores sem supervisão. "Eu expliquei: Ele está na sétima série. Vocês não estão pensando em qual é a idade adequada, estão pensando em qual é o *tamanho* apropriado."

Por fim, apareceram os problemas típicos da adolescência. "Não me vejo como uma pessoa pequena até que alguém chame minha atenção para o fato. Normalmente, as pessoas fazem isso", disse Jake. Leslie explicou: "Todo mundo adora Jake. Ele é muito popular. 'Sim, irei ao baile com você. Iremos como amigos.' Todos o adoram e Jake é o primeiro a sair dançando. Seus dois conselheiros dos últimos dois anos disseram: 'Como seria bom se todas as crianças tivessem a autoestima dele'. Mas sei que estamos entrando naquela fase dolorosa de querer namoradas".

Leslie decidiu levar Jake a uma convenção da PPA quando ele estava com treze anos. "Não conhecíamos ninguém. Ele havia planejado: 'Vou fazer um monte de amigos, vou ao baile, vou fazer isso, aquilo e aquilo outro'. Mas ele ficou aturdido, e eu também. Mais tarde, Jake me disse: 'Na vida normal, eu uso minha estatura para iniciar conversas com as pessoas, fazer amigos. Naquela primeira conferência, tudo que eu tinha era eu mesmo'." Naquela semana, Jake fez amizade somente com pessoas altas, a maioria delas irmãos e irmãs de anões. "Você é convencional demais!", Leslie disse a ele. "Por que não faz alguns amigos pequenos?" Mas ele ainda não estava pronto para isso. No ano seguinte, foi diferente. "Ele se tornou um adolescente de verdade", disse Leslie. "Dei uma espiada na dança e fiquei grudada na parede. Ele está dançando! Ele está dançando lento!" Leslie também apanhou o filho mentindo sobre sua idade para uma garota muito mais velha; pode ser difícil adivinhar a idade de pessoas de baixa estatura, e Jake é relativamente alto. "Eu disse: 'Se eu tiver que prender você, você não tem dezoito'", contou Leslie. "Mas, ao mesmo tempo, eu estava tão feliz que ele fosse capaz de fazer isso." Jake adora a PPA, e o importante para Leslie é que ele também está feliz em seu próprio mundo. Como Jake me disse: "Não é como se fosse a única coisa a meu respeito".

A questão permanente de cura versus aceitação que percorre todo este livro teve ressonância particular para Leslie Parks. Quando a conheci, ela havia feito recentemente uma cirurgia bariátrica. Já havia perdido treze quilos e aspirava perder mais 45. "Ser gorda foi minha cruz. Ser pequeno é a cruz de Jake. Tive terríveis sentimentos de culpa de que o estou abandonando. Como posso dizer ao meu filho: 'Você precisa aprender a se aceitar e ficar de bem com quem você é', mas eu, não? Que ele venha a ser alto não é uma prioridade para mim. Mas se o trabalho sobre a regulação daquele gene fosse ser testado, eu estaria lá. Sentindo-me tão mal em relação ao meu corpo, estou aberta ao que poderia ser feito por ele. Mas não quero impor meus problemas a ele. Infelizmente, é quase impossível passar essas duas mensagens ao mesmo tempo."

Embora a maioria dos anões seja atormentada pelo escárnio público e possa enfrentar restrições sérias e problemas de saúde, o clichê de que são crianças alegres parece manter-se.[57] Trabalhos recentes sugerem que se trata provavelmente de uma forma de compensação para aliviar situações sociais, em vez de uma característica biológica ligada ao nanismo.[58] Muitos anões acham, no entanto, que esse ponto de vista banaliza a dificuldade de suas vidas. O desenvolvimento emocional inicial parece ser razoavelmente positivo; em medidas de felicidade global, as pessoas pequenas se saem bem na infância, em comparação com a população em geral.[59] Os pais têm um período difícil quando seus filhos começam a perguntar por que são tão diferentes. Disfarçar os detalhes pode ser tão nocivo quanto destacá-los. Em *Living with Difference* [Vivendo com a diferença], a antropóloga Joan Ablon afirma: "A superproteção é uma armadilha em que os pais se veem cair em um momento ou outro".[60] Crianças anãs queixam-se com frequência de serem infantilizadas. Em seu guia para pais de anões, Richard Crandall, fundador da Fundação da Baixa Estatura, com sede na Califórnia, recomenda: "Não ceda à tentação de continuar a usar um carrinho de bebê para além da idade normal de seu uso. Sim, seu filho pode ter de dar quatro passos para cada um que você dá, e isso pode atrasá-la no shopping. Mas é melhor chegar meia hora mais cedo e caminhar junto com seu filho no ritmo dele do que tratá-lo como um bebê em um carrinho".[61] A Associação do Crescimento Restrito, equivalente britânica da PPA, resumiu os resultados de uma pesquisa de 2007, observando que aqueles que eram tratados de uma forma mais normal tendiam a se tornar mais autoconfiantes e, depois, adultos mais bem- sucedidos.[62]

Na adolescência, os anões começam a mostrar níveis mais elevados de depressão, bem como graus mais baixos de autoestima, quando comparados com seus irmãos de estatura normal. Os níveis de depressão parecem ser maiores para PPS com pais de estatura comum do que para PPS com pais anões, o que pode significar que, apesar dos melhores esforços de todos, pais que conhecem de primeira mão as dificuldades de ser anão são capazes de reagir com maior empatia ou sensibilidade às experiências de seus filhos.[63] De um ponto de vista mais profundo, isso reflete a diferença entre crescer com uma identidade vertical e crescer com uma horizontal; crianças anãs que crescem com adultos semelhantes a elas internalizam uma concepção mais autoafirmativa do *normal* do que aquelas que estão cercadas por membros da família de altura e proporções comuns. Quando os adolescentes alcançam sua altura máxima, o contraste entre anões e seus colegas é posto em relevo. Nesse momento, muitas PPS que estavam contentes de viver em um mundo de pessoas comuns começam a sentir necessidade de contato com outras PPS, para as quais sua aparência não é eroticamente aberrante. A PPA e organizações similares podem ser uma bênção, embora também possam ser uma provação; Ablon mostra que comparecer à PPA pode traumatizar as pessoas que culpam o nanismo por todos os seus problemas e que agora devem se haver com defeitos pessoais.[64]

Os anões são fitados cada vez mais à medida que amadurecem e deixam de parecer mais jovens do que de fato são. Um estudo recente observou que adultos com acondroplasia têm "autoestima mais baixa, menos instrução, rendimentos anuais mais baixos e são menos propensos a ter um cônjuge".[65] A estatística de renda testemunha a discriminação institucional contra PPS; o estudo constatou que, enquanto três quartos dos membros da família dos anões, presumivelmente semelhantes a eles no que diz respeito à maioria dos aspectos demográficos, ganhavam mais de 50 mil dólares por ano, menos de um terço dos anões ganhava esse montante.[66] A grande maioria dos membros em idade universitária da PPA frequentava o ensino superior, mas fora da PPA é provável que os números sejam muito mais modestos. Michael Ain, que tem acondroplasia e é cirurgião ortopedista pediátrico do Hospital Johns Hopkins, lembrou sua experiência quando era candidato à faculdade de medicina. "No campo em que você acha que as pessoas seriam mais compreensivas, elas foram as mais intolerantes. Alguns médicos me disseram: 'Você não pode ser médico. Nem mesmo se candidate'. O primeiro sujeito que me entrevistou disse que eu não poderia manter o respeito de meus pacientes por causa da minha estatura."[67] O grau de preconceito pode ser realmente espantoso. Ruth Ricker, ex-presidente da PPA, levou para jantar uma inquilina sua e os garçons perguntaram a esta: "O que *ela* gostaria de comer?". Ricker disse: "*Eu* sou aquela que tem o bom emprego, *eu* sou aquela com boa educação. *Eu* sou dona do apartamento, ela paga aluguel para *mim*, e me tratam como se eu fosse completamente incapaz".[68]

Alguns anões que não são membros da PPA consideram o fato de não participarem da associação uma postura política. John Wolin, jornalista de esportes do jornal *Miami Herald*, resumiu seus problemas com a PPA: "Quando se é diferente, quando o que você é tem a capacidade de determinar quem você é, há um desejo de resistir".[69] Outra PP declarou ao *Newsday*: "Acredite se quiser, mas a coisa mais difícil para um anão é encontrar outro anão pela primeira vez. Quando você se olha no espelho, não vê um anão. Você vê o que quer ver. Mas quando você vê outra PP na rua, então você vê a verdade".[70] Os membros da PPA acusam muitas vezes esses detratores de odiarem a si mesmos por não aceitarem seu nanismo e, com efeito, Wolin narra que foi guiado numa conferência da PPA por uma mulher mais jovem que participava da associação havia muito tempo, e conclui: "Ela estava toda uma vida de autoaceitação adiante de mim".

No dia em que Beverly Charles nasceu, em 1973, os médicos disseram a Janet, sua mãe, que a filha seria sempre pequena.[71] Mas Janet, que tinha pouca instrução e nenhuma experiência anterior de nanismo, não entendeu quão pequena eles queriam dizer. Quando ela deu a notícia ao marido — um veterano do Vietnã preso permanentemente a uma cadeira de rodas —, ele respondeu: "Pequena ou grande, vamos amá-la do mesmo jeito". Nos meses que se seguiram, Janet levou Beverly ao pediatra uma vez por semana para monitorar seu crescimento, mas Beverly comia pouco e seu peso permanecia implacavelmente o mesmo. "O médico disse que não precisávamos nos preocupar, a menos que ela começasse a perder peso, mas isso começou a acontecer por volta dos três meses, e eu fiquei apavorada", relembrou Janet. Descobriu-se depois que o nariz de Beverly estava completamente obstruído e ela não conseguia respirar e comer ao mesmo tempo: mamar era um desafio constante para ela.

Os médicos de Lancaster, Pensilvânia, onde os Charles moram, a encaminharam para especialistas em Hershey. Um deles recomendou tratamento em uma clínica na Alemanha e disse que tentaria levantar dinheiro a fim de enviar Janet e Beverly para lá. "Mas eu estava com medo", contou-me Janet. "Achei que iam ver como minha filha tinha crescido pouco e a tirariam de mim." O nanismo de Beverly é provavelmente consequência de uma escassez hipofisária, uma vez que ela não tem a deformidade característica das displasias, mas os médicos de Hershey disseram que não havia mais nada que pudessem fazer. Ninguém lhe disse que o Johns Hopkins, a menos de duas horas de distância, era um centro de excelência em nanismo, nem que a forma de nanismo de Beverly poderia muito bem ter respondido à utilização a tempo de hormônio de crescimento injetável.

Logo ficou evidente que Beverly tinha dificuldades significativas de aprendizagem. A mãe a acompanhava no ônibus da escola todos os dias para que ela não ficasse sozinha. O ensino fundamental foi solitário; a escola secundária era horrível. "Eles caçoavam de mim sem parar", contou-me Beverly. Um menino a intimidava de modo implacável. "Não acredito em violência", disse Janet. "Mas disse a Beverly que, na próxima vez que ele a incomodasse, ela simplesmente desse o soco mais forte que pudesse no nariz dele." Os pais do garoto visitaram Janet e perguntaram: "Onde está a sua filha, que fez o nariz do nosso filho sangrar?". Janet apontou para Beverly, de um metro de altura, sentada no sofá. A provocação parou.

Depois do ensino médio, Beverly continuou a viver em casa, trabalhando primeiro em uma loja do Exército da Salvação, depois em uma gráfica. Em 2001, quando Beverly estava com 27 anos, Janet viu na TV uma menção a uma organização chamada Pessoas Pequenas da América. Ela jamais ouvira falar dessa entidade nem sabia que existia uma comunidade de pessoas pequenas. As únicas outras pessoas pequenas que ela e Beverly conheciam eram um casal de idosos que trabalhava em uma mercearia no centro de Lancaster. Janet ligou para o chefe da sede local da PPA e disse: "Tenho de falar com você sobre minha filha. Você pode almoçar conosco no Friendly's?". Esse foi o início do que Janet chama de "renascimento" de Beverly. "Eu não estava mais solitária", contou Beverly. Elas compareceram a reuniões da sede local da PPA, sempre juntas, e no ano seguinte foram pela primeira vez à convenção nacional.

Quando conheci os Charles, Beverly estava a poucos dias de completar trinta anos e ainda vivia em casa. Fiquei tocado por seu afeto infantil: enquanto conversávamos, Beverly permaneceu sentada no colo da mãe. Janet assegurou-me que fora da jornada de trabalho elas nunca ficavam separadas: "Não deixo que ela vá a lugar nenhum sozinha. Veja como Elizabeth Smart* foi sequestrada; não quero correr riscos".

No final dos anos 1950, na Nova Inglaterra, o nanismo era considerado vergonhoso, e, quando soube que tinha dado à luz um anão, a mãe de Leslye Sneider teve um colapso nervoso e passou três anos em um hospital psiquiátrico.[72] "Minha mãe estava com 38 anos", contou Leslye. "Para começo de conversa, ela tem uma constituição muito frágil, e simplesmente não conseguia aceitar aquilo. Por isso, ela nunca me viu, nunca me segurou. Eu nasci e ela despencou." O pai de Leslye não se saiu muito melhor. "Quando os médicos lhe disseram que eu ia ser anã e minha mãe foi mandada para o hospital psiquiátrico McLean, foi a gota d'água. Então, ele voltou a morar com os pais e fui criada por todo o estado de Maine, por minha avó materna e algumas de minhas tias."

Quando a mãe de Leslye voltou do hospital, "ela fez o melhor que pôde com o que tinha", lembrou Leslye. "Mas nunca conseguiu lidar com o fato de eu ser uma pessoa pequena. Quando íamos às compras e alguém fazia um comentário ou ficava me olhando, minha mãe dizia: 'Oh, Deus! Por que tenho de lidar com isso?'." O pai de Leslye permanecia distante; suas relações mais próximas eram com as babás, sobretudo canadenses francesas que haviam migrado para o Maine. "Elas vinham de famílias católicas realmente maravilhosas e carinhosas. Eu costumava ir à igreja com elas, embora meus pais fossem judeus ortodoxos. Odeio pensar em como teria sido minha vida sem elas."

Até os onze anos, Leslye não conheceu nenhuma pessoa pequena. Naquele ano, sua mãe soube da PPA e a levou a uma conferência regional. Aos dezesseis anos, Leslye participou de sua primeira conferência nacional. "O tempo todo, recebíamos boletins da organização nacional, e sempre havia fotos de jovens se divertindo muito. Eram sempre os mesmos. Dentro da PPA, há pessoas à margem e gente que participa em silêncio, e depois tem a turma que está por dentro. De alguma forma, eu me identifiquei com essa turma." Leslye tinha sido infeliz na escola. "Acho que a PPA foi o que o ensino médio teria sido para mim se eu fosse

---

* Elizabeth Smart, aos catorze anos, foi sequestrada e estuprada pelo fundamentalista mórmon Brian David Mitchell em 2002, em Utah, num caso que chocou o país. Com o apoio da mulher, ele manteve a menina em cativeiro como sua esposa por nove meses. (N. T.)

de tamanho comum." Ela estava atrás de possibilidades de namoro, mas é difícil conhecer alguém suficientemente bem em uma semana para um compromisso de longo prazo. "Muitos de nós acabam em relacionamentos que talvez não rolassem se tivéssemos mais tempo para pensar sobre isso. Acabei com uma pessoa maravilhosa, mas estávamos distantes anos-luz em termos de interesses."

Por um longo tempo, não contaram a Leslye o que havia levado a mãe àquelas longas internações, mas de algum modo ela sempre soube. A compreensão de que havia levado a mãe a enlouquecer pesava sobre ela. "Em consequência disso, me interesso muito por desenvolvimento infantil e teoria das relações objetais", contou. "Provavelmente também em consequência disso, não tenho filhos. No lugar deles, tenho muita raiva não resolvida."

Muitos dos seus amigos mais próximos na PPA eram da Califórnia, de modo que Leslye se candidatou para estudar na Universidade da Califórnia em Los Angeles e foi aceita. Ela encontrou um terapeuta e passou a tomar antidepressivos, que usa desde então. "Isso me fez perceber que por muito tempo não funcionei de forma totalmente normal. De repente, opa! É assim que é ser normal?"

Leslye estava se aproximando dos cinquenta anos quando nos conhecemos e tinha feito as pazes com sua vida: "Sempre volto ao sentimento de que não gostaria que tivesse sido diferente. Tive algumas experiências incríveis em consequência de ser anã". Leslye fez amizade com Dustin Hoffman quando ele estava trabalhando em um projeto que incluía um anão. Durante nove anos, teve um caso com Paul Steven Miller* e conheceu muitas pessoas no primeiro governo Clinton. "Tomei contato com outra vida", disse. "Paul foi fundamental para eu retornar aos estudos." Quando nos conhecemos, Leslye dirigia o Sistema de Proteção e Advocacia de Albuquerque, uma importante agência de defesa dos direitos civis do governo local. "Às vezes me pergunto o que teve a maior influência em minha vida, se meu nanismo ou minha depressão e toda a depressão ao meu redor. O nanismo foi mais fácil de superar do que a tristeza."

Quando ela e Paul se separaram, Leslye se envolveu com Bruce Johnson, um artista que também é anão. "Eu não estaria com Bruce se não fosse pequena", disse ela. "Como posso me arrepender de ser uma PP quando isso me trouxe até aqui?" A família de Bruce teve o comportamento oposto à de Leslye — aberta e

---

* Paul Steven Miller (1961-2010) foi membro da Comissão para Oportunidades Iguais de Emprego durante dez anos e assessor especial do presidente Barack Obama. (N. T.)

receptiva. Quando ele nasceu, o conselho do médico aos seus pais foi: "Levem-no para casa e tratem-no como qualquer outro bebê", e foi o que fizeram. Apesar disso, ele admitiu: "Às vezes, quando observo outro anão, sinto como se estivéssemos fingindo ser adultos. É um projeto de vida aceitar sua aparência". Bruce é significativamente deficiente. "Se eu pudesse fazer tudo de novo, gostaria de não ser anão. Tem sido muito difícil. Tive muito mais complicações de saúde e cirurgias do que Leslye, e estou desgastado. Para mim, ela é a melhor coisa de ser anão, mas eu a teria amado de qualquer maneira."

Muitos anões manifestaram-se contra o arremesso de anões, um "esporte" em que um anão é posto em um arreio e um sujeito de estatura comum, muitas vezes bêbado, o joga o mais longe possível em um colchão ou outra superfície acolchoada.[73] Até agora, leis contra arremesso de anões só existem na França, na Flórida, em Michigan, em Nova York e na cidade de Springfield, Illinois. As proibições na Flórida e na França sobreviveram a contestações legais.[74] Desde sua promulgação, em 1990, a proibição em Nova York exigiu às vezes ação policial para que fosse cumprida. Em março de 2002, a polícia emitiu intimações a participantes de uma competição de arremesso de anões realizada em uma taberna de Long Island; em fevereiro de 2008, uma competição de "boliche de anão" planejada pelo dono de um bar de Staten Island foi cancelada depois que um jornal local noticiou que essa variante do arremesso de anões (em que um anão em um skate é jogado para derrubar um conjunto de pinos) também era ilegal.[75] Em 2005, uma investigação da Comissão de Câmbio e Valores Mobiliários sobre presentes excessivos e inadequados dados a corretores de valores descobriu o arremesso de anões entre os números apresentados em uma luxuosa despedida de solteiro de 160 mil dólares financiada pela Fidelity Investments para um dos seus principais corretores.[76]

É chocante que esse tipo de desumanização ainda ocorra hoje, mas a prática é particularmente demoníaca tendo em vista os problemas esqueléticos de que os anões em geral sofrem, e que podem ser exacerbados pelos impactos. Os anões que participam desse tipo de competição estão muitas vezes em situação difícil e podem ganhar uma renda extra desejável; alguns protestaram que devem ter liberdade para ganhar a vida como quiserem, dizendo que o futebol americano profissional também leva a danos corporais. Outros acreditam que tolerar essa prática fere não apenas os anões que aceitam ser arremessados, mas também o resto da comunidade anã, criando uma percepção pública de que anões são sub--humanos, perpetuando, desse modo, um clima de ridicularização. Os opositores do arremesso de anões afirmam que o arremesso de alguns anões implica a possibilidade de arremessar todos os anões, e destacam que o arremesso de mulheres ou mesmo de cães não seria permitido.[77]

Alguns membros da PPA argumentam que também é humilhante para um anão fazer o papel de elfo no espetáculo de Natal *Radio City Christmas Spectacular*. Para muitos anões, no entanto, o Radio City e lugares semelhantes significam dinheiro fácil, e atores anões salientam que, com poucas exceções — com destaque para Peter Dinklage, que atuou em *O agente da estação* e *Morte no funeral* e ganhou um Emmy por seu papel na série *Game of Thrones*, da HBO —, eles raramente são contratados para papéis principais. Um desses atores me disse: "Há um velho provérbio espanhol que diz: 'Não me importo se as pessoas riem de mim, desde que eu me mantenha aquecido'.". O ator anão Mark Povinelli contou: "Quando recebo um roteiro, folheio primeiro para ver onde vou morder o tornozelo de alguém, ou dar um soco nas partes baixas, ou lutar contra o grandalhão". Em 2009, a PPA baniu os recrutadores do Radio City da conferência. "Minha filha fez Radio City e adorou", disse-me o pai de uma anã. "Ela é enfermeira de oncologia pediátrica. Em nenhum momento de sua vida pensou que teria de ser um elfo para ganhar a vida." Joe Stramondo, presidente do comitê de advocacia da PPA e doutorando em bioética na Universidade de Michigan, disse: "Quando são retratadas de forma negativa, as pessoas com nanismo são geralmente retratadas *por* pessoas com nanismo. Isso complica a questão".[78]

Os estereótipos são persistentes. Na série *Celebrity Apprentice*, da NBC, o corredor de futebol americano Herschel Walker foi convidado a fazer um anúncio engraçado para o detergente All. "E se a gente usasse pessoas pequenas e as deixasse se lavar com detergente All na banheira, e você as pendurasse para secar?", ele propôs. Joan Rivers respondeu: "Podemos pendurá-los no meu terraço". Jimmy Korpai, pai de um anão, argumentou que essas celebridades estavam incentivando as pessoas a apontar para sua filha e rir dela, uma ocorrência comum para os anões, e que eles acham exaustiva. Korpai prosseguiu: "Imagine se eu dissesse o que Herschel Walker disse sobre uma pessoa negra"; ele entrou com uma reclamação na Comissão Federal das Comunicações.[79]

Quando os esqueletos do que parecia ser uma raça de anões foram encontrados na ilha de Flores, na Indonésia,[80] Alexander Chancellor escreveu no *The Guardian* sobre o chocante tom de desprezo que foi usado para descrevê-los. "As notícias na mídia começavam por descrever esses anões antigos como pertencentes a uma espécie 'humana', mas depois trataram de distanciá-los de nós, seres humanos modernos, tanto quanto possível, referindo-se a eles como 'coisas' e 'criaturas', apesar do fato de que eles claramente sabiam fazer utensílios de pedra, eram capazes de acender fogueiras sem fósforos e organizavam expedições de caça. Trata-se de conquistas que vão além da capacidade da maioria das pessoas que você vê por aí."[81] Hoje, os povos aka, efé e mbuti, da África Central, em geral não crescem mais do que um metro e meio. A palavra "pigmeu", usada com frequência para descrevê-los, foi considerada um insulto, mas esse pode ser o menor de seus problemas: os pigmeus africanos são muitas vezes escravizados e obrigados a trabalhar até a morte, têm sido alvos de tentativas de genocídio e foram até canibalizados por agressores em busca de "poderes mágicos".[82]

Um artigo publicado por Lynn Harris na revista on-line *Salon* em 2009 sobre a eliminação da palavra "midget" atraiu respostas extraordinárias do que são em geral leitores instruídos e refinados. Um deles escreveu: "Lide com isso. Tenha casca grossa. Espera aí, isso seria um anão com casca grossa, não é? Acho que anões têm pele fina. Que pena. É uma droga ser como você". Outro disse: "Apoio totalmente qualquer pessoa ou grupo de pessoas que me informam como *preferem* ser chamados. Porém, quando essas pessoas me dizem que *DEVO* usar apenas palavras aprovadas, minha resposta é lhes dizer que estou me lixando".[83]

Anna Adelson nasceu no Hospital Beth Israel, em Nova York, em 1974, e quando seus pais, Betty e Saul, a viram pela primeira vez, estavam cheios de alegria.[84] Betty conseguiu segurar Anna por alguns minutos antes que ela fosse levada para ser limpa. Na manhã e na tarde seguintes, Betty não conseguiu entender por que as enfermeiras não traziam o bebê. Ela insistiu em perguntar e uma enfermeira por fim trouxe Anna, mas aparentemente de má vontade. Naquela noite, depois que Saul foi embora para cuidar de David, o filho deles de quatro anos, o obstetra veio falar com Betty. "Ele me disse: 'Acho que há 50% de chances de ela ter síndrome de Hurler, que resulta em retardo mental e morte precoce'. Depois ele saiu e, sozinha, chorei a noite toda."

No dia seguinte, pouco antes de Betty e Saul irem para casa com Anna, o neonatologista do hospital disse que a bebê tinha "uma coisa chamada acondroplasia". Ele perguntou: "Existem pessoas baixas em sua família?". Betty respondeu: "Nossos avós vieram da Europa Oriental, temos muitos parentes baixos". O neonatologista continuou: "Alguém com uma espécie de cabeça grande?". Betty disse: "Eu uso chapéus grandes". O médico disse, com ar sombrio: "Ela vai ser baixa". Betty perguntou: "Baixa como?". Ele respondeu: "Menos de um metro e meio". Ele não deu mais nenhuma informação sobre as possíveis complicações e se esqueceu de mencionar que a maioria das mulheres com acondroplasia está mais perto de um metro e vinte do que de um metro e meio. Betty foi à biblioteca médica da Universidade de Nova York e fez pesquisas. Ela escreveu a um primo em segundo grau que era pediatra endocrinologista, que respondeu: "Existem essas organizações, a Fundação do Crescimento Humano e a PPA. Muitas pessoas desses grupos levam uma vida boa. Sua filha provavelmente ficará menos perturbada por isso do que você".

Quando Betty e Saul faziam caminhadas pela vizinhança, no Brooklyn, Betty sentia as lágrimas brotando cada vez que via uma pessoa com deficiência. "Você trava suas batalhas no mundo, mas fecha sua porta e ali dentro há conforto", disse ela. "Agora não havia portas a fechar. Eu queria encontrar outra família com um filho anão e queria encontrar um adulto feliz. Não parei até encontrá-los. Então, voltei a respirar de novo." Quando Anna estava com quatro meses, Betty e sua família descobriram o Hospital Johns Hopkins e o dr. Steven Kopits. "Ele pegava o bebê e exclamava com seu sotaque húngaro: 'Que lindo bebê é o seu!'. Ele nos disse tudo o que era preciso saber, e ao que deveríamos estar atentos. Escreveu uma longa carta para nosso pediatra e marcou um retorno para fazer o acompanhamento. Quando fomos ao Johns Hopkins, tive certeza de que a parte médica estava resolvida." Quando Kopits morreu, em 2002, a mãe de um anão diastrófico escreveu: "Chorei mais no seu enterro do que no de meu pai". A mãe de um anão acondroplásico declarou: "O dr. Steven Kopits foi o maior homem que conheci em minha vida".[85]

Na década de 1970, a Clínica Moore, da Universidade Johns Hopkins, realizava um simpósio anual de PPS e suas famílias. Betty foi ao seu primeiro quando Anna estava com dez meses. "Havia todas aquelas pessoas na piscina — muitas com deformidades que eu nunca tinha visto —, adultos e crianças de todas as formas e tamanhos. E em trajes de banho! Eu olhava ansiosamente, fitava-os e, envergonhada disso, fechava os olhos. Depois olhava um pouco mais. Até que me acostumei. No final do dia, elas tinham nomes e eram pessoas que eu conhecia. Trinta anos depois, muitas delas são minhas amigas. Sou uma pessoa mais profunda e melhor graças a isso."

A carreira de militante de Betty Adelson começou logo em seguida. Quando Anna estava com cinco anos, uma assistente social da Clínica Moore convidou alguns pais de crianças anãs para seminários de fim de semana, com o intuito de prepará-los para orientar outros pais. Betty e Saul compareceram e logo se uniram a cerca de vinte outras famílias que moravam na Costa Leste para formar um grupo chamado Pais de Crianças Anãs. Betty e três outras mães escreveram aos hospitais e clínicas de suas regiões para que, assim que um anão nascesse, eles pudessem convidar as famílias a fim de oferecer apoio. "Nós ajudávamos com informações e encaminhamentos médicos, mas talvez o mais importante fosse oferecer-lhes a oportunidade de se relacionar com outros que haviam percorrido um caminho semelhante", disse Betty.

Betty conseguiu ajudar muitos pais, mas alguns resistiam ao que ela tinha para oferecer. Ela contou ter falado com uma mulher que acabara de saber, em seu sétimo mês de gravidez, que estava esperando um anão. "Eu disse: 'Olha. Não é um mar de rosas, mas há muita coisa legal'. Ela não me telefonou. Então liguei para ela no dia seguinte. Ela disse: 'Decidimos fazer um aborto'." Betty explicou que algumas pessoas da PPA ansiavam por adotar uma criança anã. A mulher disse: "É um segundo casamento para ambos, meu marido e eu. Nós dois somos pessoas muito bonitas. Gostamos de esquiar; tivemos problemas antes; agora nossa vida em comum parece perfeita. Não queremos lidar com algo assim". Depois que Betty me descreveu esse encontro, perguntei: "Você teria considerado a ideia de um aborto, se tivesse sabido no início da gravidez que iria ter um anão?". Seus olhos se encheram de lágrimas. "Espero que não. Eu realmente espero que não."

Na época, Betty estava familiarizada com os obstáculos que os pais de crianças anãs encontram. Mas sua Anna era animada e sociável. "Fui até a escola Montessori local", contou Betty. "Ela fez tudo o que deveria. Segurou o gerbo e brincou com ele, se separou de sua mãe, desenhou." A escola disse que não poderia aceitar Anna porque ela poderia cair nas escadas. Depois de uma correspondência prolongada, o diretor recuou; mas àquela altura os Adelson já haviam decidido matriculá-la em uma creche ligada à sinagoga local, cujo diretor dissera em uma reunião de orientação: "Se seu filho tem necessidades especiais, por favor, nos avise, para que possamos ajudar!". Anna prosperou lá.

Anna é vegetariana desde os doze anos; participou de manifestações pelos direitos reprodutivos e viajou à Pensilvânia para ir de porta em porta nas campanhas de John Kerry e Barack Obama. No ensino médio, quando sua escola não quis que ela participasse de uma viagem de esqui, Anna arregimentou amigos para fazer piquete no gabinete do diretor. Ao relembrar o incidente, Betty riu. "Essa é minha Anna. Como eu não poderia estar contente com ela?"

Durante a adolescência, apesar do bom desempenho em geral, Anna achava difícil se concentrar nos estudos. Depois, anunciou que era gay. "Ela abriu o jogo me ligando da faculdade", disse Betty. "No dia seguinte escrevi-lhe uma longa carta. Disse-lhe que o mais importante para mim não era ela amar um homem ou uma mulher, mas que ela amasse e fosse amada — que experimentasse a paixão e a surpresa maravilhosa de encontrar alguém cujo sentimento em relação a ela fosse tão forte como o dela, afortunado e sincero. Eu sabia como minha reação seria importante para ela e estava feliz por poder dizer-lhe com honestidade que eu acreditava que o amor pelo mesmo sexo era tão verdadeiro e legítimo como o amor entre homens e mulheres." O pai e o irmão de Anna foram igualmente afirmativos.

A aceitação, por parte de Anna, de seu nanismo levou mais tempo do que sua luta com sua sexualidade. No início da adolescência, ela havia parado de frequentar os eventos da PPA, achando que o mundo de sua família e amigos de tamanho comum era suficiente, mas, apesar de alguma hesitação, retornou a eles quando estava com 25 anos. Logo se tornou presidente de sua sede local e organizou uma oficina sobre "A Diferença Dentro da Diferença" em conferências nacionais para indivíduos de baixa estatura que são separados da maioria das PPS por raça, religião, deficiência ou preferência de gênero. Na conferência de 2004, em San Francisco, ela iniciou a primeira oficina e recepção para os participantes LGBT, um avanço para a PPA, que tem muitos membros conservadores. Desde então, ela já organizou esse grupo na maioria das conferências.

Quando Anna ainda era adolescente, Betty decidiu escrever dois livros — um para o público mais amplo e outro para um público acadêmico —, como uma forma de homenagear e celebrar os anões que passara a conhecer e amar. Anna disse que aprovava o projeto, desde que não fosse um livro sobre ela. Vários anos mais tarde, depois de perceber as pilhas de pastas espalhadas pelo escritório da mãe, Anna a surpreendeu dando-lhe de presente um arquivo amarrado com uma fita vermelha e um bilhete que dizia "Organize-se, mamãe!". Quando as versões finais dos livros estavam sendo escritas, Anna já estava com quase trinta anos e cedeu ao pedido da mãe para escrever sobre ela. Ela é mencionada com grande tato e amor no posfácio do inestimável *The Lives of Dwarfs* [A vida dos anões].

Esse livro e inúmeros artigos acadêmicos de Betty ajudaram a organizar a história dos anões ao identificar figuras históricas que podem ter sido PPS e examinar indícios do papel delas do Egito dinástico e da Grécia antiga até os dias de hoje. Grande parte dessa história é uma narrativa de sofrimento e maus-tratos. Os corpos incomuns foram descritos ao longo da história como reflexos de pecado, como presságios dos deuses, como base para o riso, a caridade ou o castigo.[86] O Levítico estabelece que apenas homens com corpos perfeitos podem se tornar sacerdotes, um sinal da importância atribuída à forma normativa de tempos antigos. "Procurei precedentes para o que eu estava fazendo", contou Betty. "A maioria dos livros anteriores tinham títulos como *Freaks* [Aleijões], *Vitorian Grotesque* [Grotesco vitoriano] ou *Human Oddities* [Bizarrices humanas]. Pensei: existem anões desde quando existem pessoas, e como eles eram? Como foram suas vidas? Até a criação da PPA, poucos anões se conheciam, exceto os do ramo do entretenimento, ou, em tempos mais antigos, aqueles que eram, às vezes, reunidos por reis e rainhas na corte."

Por muitos anos, Betty assumiu um papel de liderança no comitê de advocacia da PPA. Em 2009, impressionada com o entusiasmo da nova geração de anões, ela decidiu que estava na hora de passar a tocha adiante, e, no banquete da conferência da PPA, o Conselho Executivo conferiu-lhe o Prêmio de Notáveis Serviços de 2009. Anna, que vivia então feliz com a namorada, a alguns quarteirões de distância de Betty e Saul, fez uma apresentação comovente.

"Ela ama e é amada, como eu esperava", disse Betty. "Se Anna fosse de tamanho comum, meu mundo teria sido mais acanhado? Sim. Reconheço o presente que me foi dado. Se alguém tivesse perguntado: 'Betty, você gostaria de dar à luz uma anã lésbica?', eu não teria marcado essa opção. Mas ela é Anna, pedra angular da família. Gostaria que o caminho não tivesse sido tão íngreme para ela, mas estou muito feliz por ela ter conseguido escalá-lo com graça."

Martha Undercoffer, que é anã, escreveu em um e-mail para o grupo de discussão Pais de Pessoas Pequenas e Nanismo do Yahoo!: "Criei um sistema seguro e fácil de usar. É um cartão de visitas. Na frente: 'Sim, eu notei seu comportamento em relação a mim'. (Por alguma razão, o público parece pensar que não percebemos como nos tratam.) No verso: 'Creio que você provavelmente não pretende causar nenhum dano com suas ações e/ou comentários, porém eles causaram mal e não foram apreciados. Se você quiser saber mais sobre indivíduos com nanismo, por favor visite www.lpaonline.org'".[87] Uma PP escreveu on--line: "Comprei um pequeno MP3 player e escuto música, assim não posso ouvir o que dizem a meu respeito e, tipo assim, estou no meu mundinho e posso fazer o que quiser".[88] A internet tem sido de valor inestimável para as PPS. "A geração atual de anões jovens tem uma capacidade de interagir que teria sido a minha maior fantasia", disse-me um anão mais velho.

Harry Wieder foi um dos militantes mais ativos da comunidade anã.[89] Deficiente físico que andava de muletas, era gay, quase surdo, sofria frequentemente de incontinência urinária e era filho único de sobreviventes do Holocausto. Ele podia ser autoritário e cansativo, e seu ativismo teve sempre tons de raiva, mas também era cheio de vida e incansável. Aos 57 anos, foi atropelado e morto por um táxi em Nova York. Quando eu estava descrevendo sua ladainha de problemas, as pessoas faziam referências engraçadas a Jó. No entanto, ele decidira que suas desvantagens seriam sua coroa de honra, e alcançava uma galhardia veemente com sua própria franqueza. Lembro-me de ele dizer que a maioria dos anões gays da PPA não se identificava por causa do estigma, mas que ele não acreditava nas opiniões dos outros. E acrescentou: "Os gays são chamados de fadas, e se sou fada e anão, sou minha própria história mágica para crianças. Onde Judy Garland se encaixa é uma incógnita".

Harry se queixava de que os anões, em sua maioria, estavam tão empenhados na política de inclusão que se recusavam a reconhecer que eram deficientes — "e, se eles não reconhecem que são deficientes, você acha que vão reconhecer que são gays?". Harry aprendera com a experiência de seus pais durante a guerra que ignorar nossa identidade não nos dá nenhuma proteção. Ele alcançou uma grande dignidade graças a essa crença. Em seu funeral, Charlotte Wieder, sua mãe, de 87 anos, ficou surpresa diante da grande manifestação de pesar e das muitas figuras públicas que compareceram — entre elas, o presidente do Conselho Municipal de Nova York, um senador estadual e muitos outros dignitários. Charlotte disse a um jornalista que não podia levar o crédito pelas realizações do filho; na verdade, ela sempre tentara conter seus excessos, por preocupação com sua saúde e por um desgosto causado por todo aquele estigma.

"Apesar de meu forte sentimento de proteção, eu não conseguia conter seu lado bom", declarou ela.

A visibilidade implacável dos anões é amplificada por seu lugar emblemático em contos de fadas como seres sobrenaturais, um fardo que não é compartilhado com nenhuma outra deficiência ou grupo com necessidades especiais. Um ensaio publicado no *New York Times* falou do "folclore cruel" em que anões são "Rumpelstiltskins feios".[90] Joan Ablon escreveu: "Os anões carregam com eles a bagagem histórica e cultural de status especial e até mesmo mágico. Assim, algumas pessoas da população em geral exibem grande curiosidade a respeito deles, fitando-os muitas vezes sem acreditar e, em alguns casos, chegando mesmo a tentar fotografá-los em um encontro casual".[91] Esse pasmo diante dos anões pode ser tão perturbador para eles quanto o menosprezo; trata-se, acima de tudo, de uma ênfase na diferença. A anã britânica Anne Lamott disse que pensava sobre ser pequena tanto quanto pensava sobre ter dentes — que simplesmente fazia parte de quem ela era e não um foco de consciência. Mas teve de reconhecer que era o foco para a maioria das outras pessoas que a encontravam.[92]

Taylor van Putten tem displasia espondilometafisária do tipo Kozlowski, uma doença que afeta pouco menos de uma em 1 milhão de pessoas.[93] Como é típico dessa malformação, ele é relativamente alto para um anão, medindo 1,37 metro, e não tem a estrutura facial característica das pessoas com acondroplasia. Taylor nasceu com 53 centímetros e 3,85 quilos — números que não sugeriam nanismo. Até seu segundo aniversário, sua altura estava no percentil de 90%. Não obstante, ele tinha um rosário de problemas. Quando sua mãe, Tracey, movia suas pernas para mudar as fraldas, ele gritava de dor, e quando começou a andar, por volta de um ano, sentia claramente um desconforto intenso. Queria sempre ser levado no colo. "Alguma coisa não estava certa", disse Carlton, pai de Taylor. Mas endocrinologistas e ortopedistas não conseguiam achar nada de errado, até que, quando Taylor estava com dois anos e meio, seus pais o levaram para a avaliação de um geneticista da Universidade Stanford, que encaminhou a família para um especialista em nanismo na Universidade da Califórnia em Los Angeles, onde Taylor recebeu seu primeiro diagnóstico verdadeiro.

Quando conheci Taylor, ele estava com dezesseis anos e já passara por quatro cirurgias de endireitamento dos membros, sofria de graves problemas nas costas, suas costelas estavam pressionando os pulmões e os médicos haviam recomendado que ambos os quadris fossem substituídos. "Estive engessado num total de quarenta semanas, isso é quase um ano da minha vida", contou. Ele descreveu a revelação gradual de que sofreria algum grau de dor durante toda a sua vida.

A mãe de Carlton van Putten era uma dos onze filhos de uma família cherokee da Carolina do Norte. Sua família não quis se juntar à reserva e foi rejeitada por seu povo. Uma vez que eram uma família de cor, foram condenados ao ostracismo pela comunidade branca. Cresceram em uma casa com piso de terra, que a mãe desinfetava com urina. Na faculdade, ela conheceu o pai de Carlton, um homem negro do Caribe. Logo após o casamento, o pai de Carlton aceitou um emprego na Califórnia. Ao atravessar o país, muitos hotéis não permitiram que ficassem no mesmo quarto, porque ele era negro e ela, não. "A história de meus pais me preparou para ser pai de Taylor", contou Carlton. "Minha mãe entra no hotel, e para o cara do hotel ela é branca. Mas, na cabeça dela, ela é negra. Às vezes, há uma grande discrepância entre o modo como vemos a nós mesmos e como o mundo nos vê."

Quando receberam o diagnóstico de Taylor, os Van Putten tiveram de descobrir uma forma de normalizar sua vida. "Enchemos a cabeça com livros sobre atitude positiva", disse Tracey. "Minha principal preocupação era alimentar sua autoestima. É provável que tenhamos exagerado um pouco, porque ele é quase arrogante. Onde quer que fosse, ele fazia amigos que realmente cuidavam dele, como guarda-costas. Eu o imaginava sendo enfiado em armários ou latas de lixo. Isso nunca aconteceu." Taylor riu ao ouvir isso: "A única vez que fui posto em um armário foi quando me pagaram dez dólares para fazer isso, e valeu a pena".

O trabalho de Carlton os levou para o leste de novo, e Taylor frequentou a escola primária na região de Boston. Ele era, em suas próprias palavras, "famoso na escola". Seu irmão Alex me contou: "Taylor era um rei". Surpreendentemente, ele era bonito, e suas proporções não aparentavam as de um de anão até por volta dos dez anos de idade. "Foi quando começaram os olhares", disse ele. "É a mesma curiosidade natural que faz alguém diminuir a marcha para olhar um acidente de trânsito e ver se alguém morreu. Há sangue? Nós simplesmente temos de dar uma olhada." A família Van Putten mudou-se para perto de San Diego quando Taylor estava terminando o primeiro ciclo do ensino fundamental. A transição para o segundo ciclo não foi tão ruim, mas depois, quando a família comprou uma casa a alguns quilômetros de distância, em Poway, eles tiveram de mudar de distrito escolar mais uma vez. "Esse foi meu período raivoso, socialmente retardado", contou Taylor. "Na sétima série, todo mundo já tinha feito amigos. Eu estava naquela de 'Por que devo tentar *de novo?*'. Foi quando comecei a olhar no espelho e dizer: 'Eu realmente não gosto disso. Pernas: curtas, atarracadas, em curva, fora de proporção. Tudo: braços, mãos, unhas'."

Depois de uma de suas cirurgias, receitaram-lhe analgésicos fortes. "Percebi que eu estava tendo um barato e gostei", disse. "Fumei muita maconha, tomei um monte de ecstasy, ácido, cogumelo." Tracey ficou perturbada, mas não surpresa: "Ele estava com raiva de nós e decidiu que iria nos punir".

O lado espiritual sempre foi enfatizado na vida de Taylor; Carlton é um cristão devoto que canta em sua igreja todas as semanas e lançou um álbum de músicas edificantes com o nome de Carlton David. Ele declarou: "Creio que existe um Deus. Acredito que Deus não faz lixo. É uma infelicidade que Taylor carregue um fardo tão pesado. Mas não creio que você receba encargos pesados se não pode lidar com eles". Taylor explicou: "Eu ia à igreja desde que nasci, e ainda vou. No meio do meu período de raiva, percebi que não me encaixo no cristianismo. Não acho que possa haver algum tipo de mestre das marionetes, que possa ser ao mesmo tempo cem por cento amor e poder e mesmo assim permitir que as civilizações se corrompam e apodreçam, e que indivíduos nasçam com esse tipo de dor". Com o tempo, porém, sua raiva começou a se dissolver. "Não dá para resolver o que tenho, mas posso vir a aceitá-lo. Larguei as drogas, e depois disso, na 11ª série, no ano passado, cercado por todas as pessoas mais legais que eu poderia querer, me matriculei em quatro cursos de pessoas comuns."

Taylor disse mais tarde que sempre conseguiu o que queria. "Mas isso exige um passo ou dois a mais do que a maioria das pessoas precisa. É bastante doloroso fisicamente, sobretudo nas pernas e nos tornozelos. Faço musculação e nado porque me importo em ser saudável e ter boa aparência. Ao fazer caminhadas com os amigos, minhas costas doem, meus quadris ficam prestes a cair. Preciso fazer uma pausa. 'Taylor, cara, o que há? Vamos.' E eu morrendo. Não acho que a maioria das pessoas se dê conta. Tenho de rir de propósito se alguém faz uma piada de nanico. Não acho engraçado, mas eles não estão tentando me magoar, e eu não vou fazer uma jihad contra as piadas. Fiz o papel de palhaço da classe na escola primária, fui o quieto-no-canto no ensino médio, e agora tento equilibrar isso. Outras pessoas não têm ideia de como é ser eu. Por outro lado, não tenho ideia de como é ser normal."

Antes Taylor queria ficar sozinho para o resto da vida, mas agora quer encontrar alguém. Ao repensar seu futuro, o avô é sua inspiração. "Veja o que ele encarou e enfrentou. Então, minha iluminação — eu meio que gosto de pensar nisso como minha iluminação — é que o nanismo pode ser um fator em tudo o que faço, mas não devo odiá-lo, não devo fazer com que ele me limite mais do que já limita."

Anões criaram sites de namoro, como datealittle.com, littlepeoplemeet. com, lpdate.org e shortpassions.com. "Grande parte da população anã perdeu a época em que as regras básicas foram aprendidas", disse um deles. "Somos ingênuos. Nunca nos inclinamos no cinema e deixamos a mão cair de leve sobre um seio. Em primeiro lugar, provavelmente não temos companhia. Em segundo, nossos braços não são longos o suficiente."[94] Os desafios podem ir além daqueles representados pelas normas sociais. John Wolin acrescentou: "Muitos de nós têm problemas para fazer sexo. Nossos braços e pernas podem ser muito curtos ou muito rígidos para dobrar em torno da outra pessoa. Por causa dos danos na medula espinhal, muitos de nós sofrem, podemos ter problemas com ereção ou podemos achar que o orgasmo é um convidado com mente própria".[95] Anões devem decidir como se sentem em relação ao envolvimento com pessoas comuns (PCS) em vez de PPS. No site da PPA, uma mulher queixou-se da dificuldade de não conseguir beijar uma PC ou olhar em seus olhos enquanto faziam sexo.[96] Harry Wieder disse: "Para pessoas de altura comum, o que é misterioso é a parte inferior do corpo, que é preciso procurar — é a parte sexualizada. Para mim, é o oposto. Eu olho para as pessoas abaixo da cintura todos os dias, e minha ideia de intimidade é a ocasião especial de olhar alguém cara a cara. Ao fazer sexo com PCS, a sensação de que eu precisava me relacionar com a metade inferior do corpo, e não tanto com a parte de cima, era problemática".[97]

Para muitas pessoas pequenas, a questão de ter como par outra pessoa pequena ou alguém de estatura comum é política. Alguns sustentam que os anões que se casam com pessoas de altura comum não se aceitam como anões e reduzem a quantidade disponível de cônjuges para PPS que buscam parceiros de tamanho semelhante.[98] As taxas de depressão parecem ser um pouco maiores entre aqueles que vivem casamentos de alturas diferentes.[99] Na PPA, embora quase todos os anões casados costumassem escolher outras PPs, um número crescente está casando com PCs; e, embora fossem estigmatizados na PPA, os casamentos mistos são agora muito mais aceitos. Fora da PPA, no entanto, a maioria dos anões e anãs que se casam ainda o fazem com seus semelhantes.[100]

Wolin escreveu que, antes de conhecer sua esposa, "eu temia — e *temor* não faz justiça à emoção brutal que eu sentia — que nunca iria me casar".[101] Na pesquisa para este capítulo, fiz amizade com a mãe de uma atraente jovem de baixa estatura. Um dia, sugeri que eu conhecia alguém que gostaria de ter um encontro romântico com ela. A mãe, pessoa emocionalmente contida, ficou chorosa: "Minha filha está com mais de trinta anos e, em todo esse tempo, você é a primeira pessoa que faz essa sugestão. Meu filho, que é de altura comum, todo mundo queria apresentá-lo a sua filha ou amiga. Mas ninguém nunca pensou em minha filha como um ser sexual".

Gravidez e parto representam outros desafios. Em muitas mulheres de baixa estatura, a abertura pélvica não é grande o suficiente para permitir que uma criança passe, por isso quase todos os partos são realizados por cesariana, que requer anestesia, um risco para as anãs.[102] A gravidez pode ser fisicamente estressante para os pais anões. Como parte do tema abrangente da falta total de privacidade dos anões, eles são interrogados com frequência sobre suas experiências de procriação e parto. "Como de costume, os comentários mais bizarros vêm dos adultos", uma mãe escreveu on-line. "ESTE BEBÊ É SEU? Eis uma pergunta que eu jamais pensaria em fazer a alguém com um bebê, mas que me é feita várias vezes por semana."[103] Adelson escreveu: "Para cada casal PP que decide ter um filho, a decisão é uma afirmação de suas próprias vidas, e um salto de fé na vida que podem esperar para seus filhos".[104] Com efeito, por essa razão, muitas pessoas pequenas, algumas com filhos biológicos e outras não, adotam crianças anãs dadas para adoção por pais de tamanho comum.

No entanto, muitos pais de tamanho comum não desistem dessas crianças, mesmo quando fortemente aconselhados a fazê-lo. Quando Clinton Brown III nasceu, seu pai, Clinton Sr., relembrou: "Pude ver de imediato que seus braços estavam esticados, suas pernas estavam esticadas e seu corpo era pequeno; quase desmaiei".[105] Uma cortina bloqueava a vista de Cheryl, a mãe de Clinton, mas não bloqueava a audição; o bebê não chorou e nenhum dos médicos ou enfermeiras disse nada. Quando Cheryl gritou "O que há de errado?", um dos médicos respondeu em voz baixa: "Temos um problema aqui". Embora ela quisesse ver e segurar seu bebê, ele foi levado embora. Mais tarde, um médico explicou que seu filho era deformado e provavelmente morreria em consequência da displasia diastrófica. Essas crianças afetadas de forma severa costumam ser entregues a instituições, disse ele, e ofereceu-se para lidar com a colocação de Clinton, sem o envolvimento dela, uma vez que às vezes era mais fácil para os pais desistir de uma criança que nunca tinham visto. Cheryl ficou indignada. "É o meu bebê", disse ela. "Quero ver o meu bebê." Os médicos foram vagos sobre o prognóstico; apenas poucos milhares de pessoas no mundo têm nanismo diastrófico. "As informações de que dispunham sobre isso ocupavam dois parágrafos", Cheryl relembrou. "Dois parágrafos sobre o que seria o resto de nossas vidas."

Clinton estava na incubadora quando Cheryl finalmente o viu, e ela foi autorizada a tocar apenas no seu dedo do pé, mas, quando o fez, os olhos dele se abriram e ela viu que eram azuis e lindos. Ela também viu tudo o que viria a conhecer como sinais de nanismo diastrófico: polegar em abdução ou caroneiro, sem juntas, que se ergue do fundo da palma da mão, nariz chato, orelhas deformadas e fenda palatina. Ele tinha escoliose e pés tortos, e suas pernas estavam amontoadas debaixo dele como um trem de pouso de avião. Sua cabeça era gigantesca. "Algumas crianças têm uma versão leve disso, mas ele tinha todos os sintomas possíveis", disse Cheryl. "Penso nisso como um pacote de luxo." Clinton Sr. contou: "Fomos para casa sem ele. Lembro-me de entrar em nossa rua, olhar para Cheryl e de haver apenas um vazio, sabe?". Clinton Sr. voltou ao seu trabalho de engenheiro numa empresa de TV a cabo, e Cheryl ao seu emprego em uma central de atendimento telefônico. Clinton fez sua primeira cirurgia quando estava com duas semanas, para reparar uma hérnia umbilical. Quando os pais o levaram para casa um mês depois, ele era tão minúsculo que Clinton Sr. podia segurá-lo em uma mão.

Com o recém-nascido em casa, Cheryl tentou tratá-lo como teria tratado qualquer bebê. "Quando eu era jovem, pensava que a vida tinha uma programação. Você vai à escola, você acha um emprego, você se casa. Quando se tem uma criança como Clinton, vem a pergunta: 'O que aconteceu com todas as coisas com que sempre contei?'." Quando Clinton estava com onze meses, Cheryl descobriu Steven Kopits. "A partir daquele momento, ele controlou tudo o que aconteceu com Clinton. Sem ele, Clinton não teria andado." Clinton Sr. contou: "Você entrava no consultório dele deprimido, e saía iluminado e com uma nova esperança". "Não eram pacientes para ele", disse Cheryl. "Eram seus filhos. Ninguém mais chega a esse nível. E ninguém irá chegar, porque nunca mais existirá um anjo como aquele neste planeta."

Kopits foi famoso por desenvolver programas cirúrgicos de longo prazo para seus pacientes; em vez de realizar uma única operação na esperança improvável de corrigir todos os problemas de um paciente, ele fazia uma que prometia colher benefícios no caminho e facilitar as operações subsequentes. No final, ele realizou 29 cirurgias em Clinton Brown III. "Eu havia perguntado ao meu pediatra como Clinton viria a ser", contou Cheryl. "Ele então me deu um livro sobre gente de circo. Fui ao dr. Kopits. Ele disse: 'Deixe-me lhe dizer uma coisa. Ele vai ser um belo rapaz'." As esperas na sala de recepção de Kopits eram famosas por serem longas; uma visita de rotina se tornava muitas vezes um caso para um dia inteiro. "Não tenho a menor dúvida de que eu esperaria dez horas", declarou Cheryl. "Ele dizia: 'Sinto muito, tenho de ver este'. Sabíamos que, se nossa criança precisasse, ele diria o mesmo a outra família."

Quando Clinton estava com quase três anos, após seis meses de constantes cirurgias, o dr. Kopits o designou para um dos fisioterapeutas de sua equipe e Clinton começou a andar. Kopits trabalhou nos pés tortos, em sua tíbia, nas fíbulas, nos joelhos, nos quadris. Clinton fez onze cirurgias nas costas, operou a fenda palatina e fez cirurgia para corrigir uma hérnia inguinal. Passou seis meses com o corpo engessado, deitado de costas, com um círculo de metal com quatro pinos fixados em seu crânio para imobilizar o pescoço e a coluna vertebral. "Morei no hospital com ele por um mês, dois meses, o que fosse preciso para sua reabilitação", contou Cheryl. O *call center* onde Cheryl trabalhava deu-lhe uma licença extra. Eles precisaram de duas apólices de seguro dos pais para a programação cirúrgica de Clinton; mesmo assim, as despesas não cobertas foram catastróficas. "Você já ouviu falar do Homem de Seis Milhões de Dólares?", perguntou-me Cheryl, apontando para o filho. "Você está falando com o Anão de Um Milhão de Dólares."

Uma vez que o nanismo diastrófico é um traço genético recessivo, qualquer outro filho que Cheryl e Clinton Sr. viessem a ter apresentaria uma chance em quatro de herdá-lo, então eles decidiram não ter mais filhos. "No começo, você vive em períodos de seis meses", disse Clinton Sr. "Com nosso tipo de criança, não se pode ter uma visão de longo alcance." Para Cheryl, "a coisa mais difícil era sair em público, o primeiro comentário ou olhar negativo. Eu sempre tive na cabeça que aquilo deveria ser uma experiência de aprendizagem para todos que topassem com Clinton e comigo. Fizemos disso uma pequena brincadeira: 'O.k., olhe para aquele, mamãe. Eles estão olhando para mim!'. Então Clinton fazia um pequeno aceno e sorria." Clinton Sr. contou: "Uma vez, estávamos em uma loja e um garotinho estava rondando. Então Clinton, que tinha doze anos, correu ao redor do corredor seguinte e, quando o garoto se aproximou, pulou na frente dele e o assustou. O garoto se apavorou e começou a chorar. Eu disse a Clinton: 'Isso não se faz'. Ele disse: 'Mas me senti *tão* bem, papai'. E eu disse: 'Tudo bem. Essa você ganhou'".

Clinton disse: "Quando eu era criança, me amargurava o fato de ser pequeno. Sentia raiva por não ter as mesmas oportunidades que os outros. Ou você encara a guerra, ou vacila. Era problema dos outros que eles não soubessem lidar com aquilo, e era problema meu que eu não soubesse como ensinar-lhes a lidar". Clinton Sr. acrescentou: "Uma vez ele disse que, se tivesse tamanho comum, 'estaria ótimo, não é mesmo?'. Ele tinha onze anos, naquele quarto de hospital. Eu tive que sair do quarto porque estava chorando e me sentia impotente. Quando voltei, ele disse: 'Tudo bem, papai, tudo bem. Eu tenho a resposta'".

"Eu era um grande fã de esportes e queria ser atleta", contou Clinton. "Costumávamos jogar hóquei na rua, mas todo mundo começou a ficar enorme e me atropelar, então não pude mais jogar. É apenas um pedaço grande de infância que perdi." Durante os longos períodos de imobilidade e cirurgia, Clinton recebeu instrução escolar em casa. Era sua distração principal, e ele deu duro. "Percebi que não tinha mais nada para fazer, então passei à frente de minha classe na maioria das coisas. Decidi que iria me sair muito bem nos estudos, porque tinha de ser o melhor *em alguma coisa*." Quando se formou, Clinton foi aceito na Universidade Hofstra — o primeiro membro de sua família a entrar numa faculdade. Ele resolveu concentrar seus estudos em finanças, ofereceu-se para ser conselheiro dos colegas e ajudou na semana de orientação para novos alunos. "Eu gostaria que toda a vida fosse a faculdade. Estou na grande fraternidade dos machos, sou amigo de todas as garotas do campus. Já namorei aqui e ali. Eu me divirto."

Com seus dedos sem juntas, Clinton ainda precisava de ajuda para abotoar uma camisa, mas ele se tornou cada vez mais independente em outros aspectos e conseguiu uma carteira de motorista e um carro adaptado. "Lembro quando ele nos contou que estava dirigindo", disse Clinton Sr. "Um amigo meu me conta que viu Clinton na Long Island Expressway! Eu digo: 'Você viu *Clinton* numa *van*, dirigindo na *LIE*?!'. Então, descobri seu horário escolar e fui escondido até a escola. Não queria que ele soubesse que eu estava lá, então estacionei nos fundos. Estava pensando que o professor era um bêbado ou um santo. Porque eles tinham providenciado um assento e um volante improvisados para Clinton. Ele saiu dirigindo. Eu não disse uma palavra porque — ora, porque estava sem palavras. Estava maravilhado."

"Quando foi para Hofstra, ele conheceu esse grupo de rapazes com quem tem saído nos últimos quatro anos", contou Cheryl. "Eles vão para bares e coisas assim. Eu perguntei: 'E como é que você senta naquele banquinho de bar?'. Ele respondeu: 'Eles me levantam, mamãe'. Eu disse: 'Seu corpo tem um metro de altura; seus amigos têm um metro e oitenta. Se você beber duas cervejas, isso equivale a quatro cervejas para eles'. Eu estava apavorada que ele estivesse bebendo e dirigindo. Passei por um bar e vi seu carro estacionado lá — é muito fácil reconhecê-lo, com todos aqueles acessórios. Não achei que pudesse entrar lá como queria, mas lhe deixei três mensagens e fiquei em casa junto ao telefone esperando ele ligar. Contei isso para a mãe de um garoto que fora colega de escola de Clinton. Ela me disse: 'Você tem muita sorte que ele esteja em um bar'. Pensei: 'Certo, se você tivesse me dito, quando ele nasceu, que minha preocupação seria que ele sairia dirigindo depois de beber com seus colegas de faculdade, eu teria ficado muito feliz'".

Clinton aprendeu a estabelecer limites com um público que vê seu tamanho como uma renúncia a todas as regras sociais. "Antes eu ficava muito abalado", contou ele. "Eu chorava. Agora simplesmente vou direto até a pessoa. Minha mãe diz sempre: 'Seja gentil, seja gentil'. Mas às vezes não dá para ser gentil. Eu passei pela mesa de um sujeito, e ele disse para o amigo: 'Meu Deus, olha só esse nanico'. Eu disse: '*Nunca* faça isso', e derrubei a cerveja no colo dele. Não se pode gritar com crianças. Elas não sabem nada. Então eu digo para o pai: 'Ouça. Por que você não ensina boas maneiras ao seu filho e aproveita para ter umas aulas também?'. E não faço diferente em lugares grã-finos." Lembrei-me dessa conversa quando Clinton e eu almoçamos um ano depois, em um agradável restaurante no centro de Manhattan, lugar que ele havia escolhido perto de seu escritório. Enquanto caminhávamos para nossa mesa, todas as pessoas por quem passávamos paravam de falar e olhavam, com exceção de alguns que espiavam pelo canto dos olhos. Se eu tivesse aparecido com um lêmure de cauda anelada ou com Madonna, não teria chamado tanta atenção. Não era hostil, mas com certeza não era relaxante — e foi completamente diferente da experiência que tive, por exemplo, empurrando uma criança com deficiência múltipla por um cais em San Diego. A piedade benigna pode ser desgastante, mas ainda é mais fácil do que o fascínio espantado.

Aos dezoito anos, Clinton teve seu primeiro emprego de verão em finanças; cinco dias por semana, ele fazia sozinho o trajeto de motoneta, trem e metrô, de uma hora e meia de ida, para os escritórios da Merrill Lynch em Manhattan. "Quero ter tudo o que puder no meu arsenal de educação. Meus pais se preocupam demais comigo, e minha solução para que deixem disso é eu me tornar independente financeira e fisicamente. Estive no hospital tempo demais, e meus pais eram meus melhores amigos. Agora não tenho limites, não tenho inibições, quero fazer muita coisa."

O grande problema na vida de Clinton é a mobilidade. Para distâncias mais longas, anda de motoneta. Ele sente dor sempre que caminha qualquer distância — muito antes do que Taylor van Putten, por exemplo. "Meus quadris, joelhos e articulações são muito ruins. Há falta de cartilagem entre os ossos. O frio torna as coisas piores." Apesar disso, fiquei impressionado com a maneira graciosa de Clinton balançar seu corpo. Ele é capaz de entrelaçar os dedos inflexíveis ao redor do cabo de um garfo ou de uma faca. "Descobri muita coisa sozinho. Antes eu pegava uma pizza ou um sanduíche e o colocava no topo da mão. Para escrever, uso dois dedos. Se pudesse mudar alguma coisa, eu adoraria caminhar como uma pessoa comum. Mas estou dançando a noite toda; estou fazendo de tudo." Com efeito, quando conheci Clinton na PPA, ele estava dançando e lá ficou muito tempo depois de eu ter ido para a cama. No dia seguinte, estava mancando com dor, mas também nas nuvens, e brincou comigo por eu ser a única pessoa de estatura comum na pista de dança: "Você sobressaiu como uma pessoa pequena".

O emprego de verão de Clinton na Merrill Lynch era no departamento jurídico, preenchendo formulários, e ele estava determinado a garantir uma promoção. Depois que se formou, foi contratado pela Mutual of America Capital Management Corporation, onde preparava declarações de renda e relatórios para analistas técnicos, obtinha cotações em tempo real das ações e ajudava os corretores a identificar tendências em certas ações da internet. Durante o tempo em que trabalhou lá, teve uma experiência ruim com o acesso inadequado no metrô.

Ele obteve permissão para se dirigir ao conselho diretor da Metropolitan Transportation Authority (MTA) de Nova York em sua próxima reunião pública. Ao chegar à sala de conferências no centro da cidade, encontrei uma multidão formada por seus amigos e parentes que apareceram para apoiá-lo. "Estou diante de vocês como representante de todos os cidadãos com deficiência de Nova York", disse Clinton, tranquilo e confiante. "Minha história é de uma violação da Lei dos Americanos com Deficiências, uma violação dos direitos civis e uma situação flagrantemente perigosa apresentada a todos os cidadãos em cadeira de rodas que usam metrô e trens da MTA. O objetivo deste discurso é mostrar o que está acontecendo no sistema de transporte de vocês, dizer-lhes o que isso significa para as pessoas atingidas e detalhar uma resolução. Estou pedindo para que sejam meus companheiros na busca de igualdade e trabalhem para corrigir este problema." Depois disso, no café da manhã, Cheryl confidenciou-me que ela jamais seria capaz de fazer uma coisa como aquela.

Cheryl disse que pensa com frequência se preferiria que as coisas tivessem acontecido de outro modo. "Quando ele nasceu, uma das enfermeiras começou a chorar e disse: 'Oh, eu me sinto tão mal. Por que vocês? Vocês são pessoas tão legais'. Eu disse: 'Por que não nós?'. Eu trocaria isso por outra coisa? Eu nunca o faria agora." Clinton Sr. concordou: "No meu emprego, tenho de trabalhar com sujeitos jovens, e quando eles se mostram preguiçosos ou dizem que não conseguem fazer certas coisas, digo a eles, sem mencionar que se trata de meu filho, que conheço alguém que demora meia hora para conseguir se vestir de manhã, só para sair e respirar ar fresco. 'Vocês têm duas mãos, dois braços e uma cabeça. Têm todas as ferramentas dadas por Deus que podem ter, e as estão desperdiçando'". Ele fez uma pausa. "E sabe do que mais? Eu também desperdiçava. Aprendi essa lição com Clinton."

Cheryl e Clinton Sr. têm uma certa admiração reverente pelo filho — sua coragem, suas conquistas acadêmicas e profissionais, seu grande coração. "Não acho que fiz alguma coisa para fazer dele o que ele é", disse Cheryl. "O que eu fiz? Eu o amei. Isso é tudo. Outro dia, pessoas muito acima de nós socialmente, muito mais instruídas, me ligaram e disseram que não conseguiam lidar com isso. Eles estavam envolvidos na política do Texas e achavam que o estigma seria prejudicial para eles, e deram seu bebê para adoção. Isso era exatamente o que eles iam fazer, e é o oposto do que eu ia fazer desde o início. Outro dia, Clinton chegou em casa e disse: 'Mãe, hoje vi um homem cego, com uma bengala, em

Manhattan. Havia pessoas indo e vindo com pressa e ele estava sozinho. Senti vontade de chorar, senti tanta pena dele, então me ofereci para levá-lo para onde ele precisava ir'. Clinton sempre teve essa luz nele, e nós tivemos sorte suficiente de sermos os primeiros a vê-la."

Há muitos tipos raros de nanismo para os quais ainda não foram encontrados os genes, mas para as formas principais eles foram localizados e muitos estão intimamente relacionados.[106] A acondroplasia, por exemplo, baseia-se, na maioria dos casos, numa mutação dominante no receptor do fator de crescimento fibroblástico 3 (FGFR3). Uma mutação diferente do FGFR3 causa a hipocondroplasia, uma forma mais branda de nanismo; outra mutação no mesmo lugar provoca displasia tanatofórica, uma displasia esquelética fatal. Como a acondroplasia é dominante, se dois anões acondroplásicos concebem uma criança, há 50% de chance de terem um filho anão, 25% de probabilidade de terem um filho de altura normal, e 25% de terem um filho duplo dominante; crianças duplo dominantes morrem na primeira infância. Numerosas outras displasias esqueléticas levam à morte no nascimento ou pouco tempo depois. A descoberta do gene da acondroplasia proporcionou uma compreensão mais profunda dos mecanismos do problema e permitiu o diagnóstico pré-natal de duplos dominantes, dando aos pais a opção de interromper a gravidez que estava fadada a acabar em tragédia. O processo também possibilita que as pessoas evitem filhos acondroplásicos saudáveis.[107]

O gene foi identificado por John Wasmuth em 1994; desde então, descobriram-se os genes da displasia espondiloepifisária congênita, da pseudoacondroplasia e do nanismo diastrófico.[108] Wasmuth estava preocupado com os usos potenciais de sua descoberta. Na entrevista coletiva em que a anunciou, estava acompanhado por diretores da PPA. Leslye Sneider, que se encontrava ao lado de Wasmuth naquele dia, relembrou que ele "entendia as implicações, e queria que o mundo nos visse — felizes, prósperos, bem — ali no palco com ele no mesmo momento em que recebia essa notícia". Sua posição era de que o exame deveria ser usado apenas para identificar duplos dominantes.[109] Uma vez que é pouco frequente, o nanismo não está incluído no exame genético padrão. É possível, no entanto, solicitar uma revisão para detectar acondroplasia, seja por pré-implantação para as pessoas que utilizam fertilização in vitro, ou por amniocentese ou biópsia de vilo corial (BVC). Em muitos casos, o problema será captado mais tarde na gravidez por ultrassom. Um quarto dos entrevistados em uma pesquisa recente optaria pelo aborto se descobrisse que estava esperando um anão. Um dado ainda mais impressionante nos diz que mais de 50% dos médicos entrevistados fariam essa mesma escolha.[110]

Desde então, a questão do exame tem sido muito debatida entre as pessoas pequenas, e alguns casais expressaram o desejo de eliminar fetos de tamanho normal para ter filhos anões.[111] O dr. Darshak Sanghavi, da Universidade de Massachusetts, apoia o direito dos anões de fazer essa escolha: "Muitos pais compartilham uma fé comovente de que ter filhos semelhantes a eles fortalecerá os laços familiares e sociais".[112] Como presidentes do Comitê de Advocacia da PPA, Betty Adelson e Joe Stramondo escreveram uma carta ao *New York Times* dizendo que os médicos que se recusam a atender esses pedidos "estão praticando ativamente eugenia coercitiva".[113] Um casal PP contou que foi fazer um exame genético pré-implantação com o propósito único de evitar um duplo dominante, mas várias clínicas lhes disseram que apoiavam a gravidez "saudável" e implantariam apenas embriões que não fossem anões.[114] Carol Gibson, que tem acondroplasia, tal como seu marido, disse: "Não podem me dizer que não posso ter um filho que será como eu. É incrivelmente presunçoso".[115] Muitas pessoas pequenas, desgastadas com tudo isso, optam por adotar crianças de baixa estatura, que muitas vezes são rejeitadas por suas famílias de nascimento, sobretudo nos países em desenvolvimento.

Ginny Foos e seu marido têm dois filhos com acondroplasia, um biológico e um adotado.[116] "Meu pesadelo é que meu filho biológico vai dizer que a culpa é minha", disse Ginny. "Meu marido e eu não poderíamos dizer isso aos nossos pais porque para eles foi um acaso. Mas ele poderia muito bem dizer: 'Você sabia da genética, foi em frente e me fez anão'." Ginny e o marido decidiram adotar uma criança anã porque, segundo ela, "o nanismo molda a alma, além do corpo. Há um vínculo imediato entre duas PPS, sejam amigos do mesmo sexo, parceiros ao longo da vida, ou qualquer outra variante. Quando conheci meu marido, havia algo que tínhamos em comum que era mais do que um atributo físico, era uma experiência de vida. Meu marido cresceu em Beirute — durante a guerra civil! — enquanto eu cresci em Boston, portanto, nossas histórias são muito diferentes. Contudo, simplesmente porque somos anões, somos parecidos".

Muitos anões levam uma vida plena e fecunda e, com frequência, o nanismo parece mais uma inconveniência do que uma deficiência. Por outro lado, os problemas médicos podem ser assustadores. Observadores das tendências em diagnóstico pré-natal manifestaram a preocupação de que os pais mais ricos optarão por exames caros e os mais pobres serão encarregados de trazer anões para o mundo, uma mudança demográfica preocupante.[117] O militante da deficiência acondroplásica Tom Shakespeare abordou essas questões em uma entrevista à rádio BBC: "Sou ambivalente sobre a deficiência. Não acho que seja uma tragédia, conforme a visão tradicional. Mas também não acho que seja irrelevante, como defende, de certa forma, a visão radical da deficiência. Acho que é uma situação difícil".[118] Ele identificou problemas tanto em buscar como em evitar esse tipo de gravidez. A vantagem de saber desde cedo que teremos um anão é que podemos nos acostumar à ideia e terminar o sofrimento com antecedência, se ele é parte do que sentimos, ou interromper a gravidez. A vantagem de não saber é que não se carrega o fardo da escolha, que pode ser terrível e pesado demais para os futuros pais.

A PPA reagiu à questão do exame genético com uma declaração que, entre outras coisas, diz: "Nós, como indivíduos de baixa estatura, somos membros produtivos da sociedade que devem informar ao mundo que, embora enfrentemos desafios, eles são, em sua maioria, ambientais (como acontece com as pessoas com outras deficiências), e valorizamos a oportunidade de contribuir com uma perspectiva singular para a diversidade de nossa sociedade. Nós, membros da PPA, temos um sentimento comum de autoaceitação, orgulho, comunidade e cultura".[119] Ericka Peasley, anã e conselheira genética que trabalhou nos documentos de posicionamento da PPA, enfatizou a esperança de que a informação genética não seja usada para eliminar a variedade humana: "É ótimo dar às famílias a oportunidade de tomar decisões precoces sobre malformações letais, em vez de terem de passar por uma gravidez inteira de um bebê que sabem que vai morrer. Mas achamos que as pessoas com acondroplasia ou outras displasias esqueléticas viáveis são capazes de ter vidas saudáveis e produtivas e, embora não questionemos o direito de ninguém de interromper a gravidez, queremos criar uma consciência de que esses problemas podem não ser um bom motivo para fazer isso".[120] Por enquanto, o exame genético é utilizado normalmente para diagnóstico, permitindo que as famílias saibam o que esperar e o que fazer. Uma criança com síndrome de Morquio, por exemplo, precisará ter acompanhamento da degeneração de acuidade visual e auditiva; essas crianças têm, às vezes, instabilidades cervicais, e a fusão das vértebras superiores pode prevenir danos significativos à medula espinhal.[121] Alguns pesquisadores estão estudando como desligar o gene que é ativado prematuramente na acondroplasia e detém o crescimento dos ossos. O trabalho deles não eliminaria o gene, mas alteraria sua atividade e poderia erradicar o fenótipo.[122]

Em artigo publicado no *New York Times*, Virginia Heffernan chamou o nanismo de "uma herança estimada — um traço, como a surdez, que é ao mesmo tempo um estigma, uma deficiência, uma fonte de orgulho e um pré-requisito para ser membro de uma cultura complexa, carismática e altamente exclusiva".[123] Ericka Peasley disse: "Quando eu era jovem, não sentia que não queria ser assim; eu só não conseguia entender por que as pessoas precisavam me ver do jeito que me viam, e me sentia sempre ferida por aquilo. À medida que envelheci, tive problemas no pescoço que me causam dor crônica. Temos informações agora de que o tempo de vida de pessoas com acondroplasia é menor. Você tenta descobrir se adicionar ao mundo essa perspectiva singular das PPS supera a deficiência e a dor reais e verdadeiras que podem vir junto com uma condição como essa. Alguns de nós talvez digam que, se você tirasse as cirurgias e as dores, mas deixasse a baixa estatura, aceitaríamos a condição — mas é tudo ou nada".

Monique Duras, uma francesa que mora em Nova York, foi com seu companheiro russo Oleg Prigov fazer uma ultrassonografia de cinco meses, esperando que tudo estivesse bem e supondo que o exame levaria cinco minutos.[124] "Nós queríamos saber se era menino ou menina e perguntamos o que estava acontecendo. Eles disseram: Vocês verão no relatório do médico", Monique lembrou. "Quando enfim falamos com o médico, ele mencionou que havia uma desproporção entre os membros de nosso filho e o tamanho de sua cabeça. Mas não foi uma grande advertência." A obstetra de Monique sugeriu um ultrassom adicional em um laboratório especializado, onde o médico confirmou que o feto tinha cabeça grande, mas observou que Oleg também tinha cabeça grande e os encorajou a ir desfrutar das férias de verão.

Quando retornaram, Monique estava no sétimo mês. Sua obstetra sugeriu outro ultrassom, que foi realizado por outro médico. Este os encaminhou para uma conselheira genética, que disse haver um risco de displasia esquelética. "Achei isso um pouco frio e distante demais, o fato de ela ter usado o termo médico", contou Monique. "De repente, senti uma carga pesada de preocupações em cima de mim." A conselheira genética disse: "A má notícia é que há um problema, e a boa notícia é que sabemos exatamente do que se trata. A acondroplasia é a forma mais comum de nanismo, e tem menos complicações do que outras formas de nanismo. Mas há um risco de hidrocefalia, compressão cervicomedular, estenose da coluna, doença pulmonar restritiva e obstrutiva, otite média, e arqueamento tibial". Monique quase desmaiou. "Eu não queria encarar aquilo. Estava quase de oito meses naquele momento. Pensei: 'Odeio todos esses estudos. Quem dera eu não soubesse de nada'. Pensei também: 'Quem dera tivéssemos sabido antes'. Minha obstetra não quis dar qualquer tipo de conselho, o que significa que não me deu nenhum apoio. Ela me disse para procurar a Pessoas Pequenas da América. Era tudo o que tinha a dizer sobre isso."

Monique conversou com médicos que conhecia na França. "Todos diziam que eu não deveria assumir problemas, questões ou diferenças que pudesse evitar. Todos achavam que deveríamos abortar." A conselheira genética em Nova York os encaminhou para uma psicóloga com formação em genética. "A psicóloga disse que, qualquer que fosse a decisão, há sempre um momento em que a gente se arrepende dela. Isso teve um forte impacto negativo em mim. Pensei: 'Não quero tomar uma decisão de que vou me arrepender'. É muito simples e muito básico."

Da possibilidade de abortar, Oleg disse: "Para minha família, isso estava fora de questão. Eles se converteram da Igreja Ortodoxa russa para o catolicismo e têm uma crença profunda. Minha mãe me enviou um fax de Moscou pedindo que repensássemos o assunto. Mas não contei a Monique; não cabia a minha mãe decidir isso". Monique disse: "Oleg não quer saber o que as pessoas estão pensando. Eu gosto de saber a opinião de todos. Eu examino todas as possibilidades, depois escolho. Mas essa é a maneira como eu faço tudo. Então finalmente decidimos abortar. Na França, você pode abortar em qualquer estágio da gravidez. Eu precisava estar longe de Nova York e mais perto de minha família. Eles eram contra eu ter esse filho, e eu queria o apoio deles".

Então, Oleg e Monique foram para a França e visitaram uma clínica em Lyon, cidade natal de Monique. Conseguiram uma consulta com a médica sênior, que analisa todos os casos genéticos pré-natais complexos do centro-leste da França. "Ela tem uma vasta experiência, e as pessoas que se consultam com ela quase sempre abortam", disse Monique. "Sentamos e começamos a falar com ela, e então a assistente entra com toda a papelada para iniciar o processo. Pensei: 'O que estou fazendo aqui?'. Eu estava tremendo. A médica disse: 'Se você não quer fazer isso, não faça'. Eu estava apavorada. Oleg disse: 'Se você ficar com o bebê, tudo bem'. Eu precisei ir até o ponto de quase fazê-lo, só para perceber o que eu queria fazer. E, de repente, ficou claro que eu teria o bebê." Monique me contou essa história com lágrimas no rosto e, no fim de tudo, começou a sorrir. "De repente, ficou muito claro", ela repetiu.

Monique e Oleg voltaram para Nova York. "Então, foi uma corrida contra o tempo para aprender tudo o que podíamos sobre acondroplasia." Eles se encontraram com Lisa Hedley, que era amiga de uma amiga, e sua filha Rose. "Agora que estávamos entrando nisso deliberadamente, não era assustador, mesmo quando soubemos coisas difíceis sobre ortopedia e outras complicações", disse Monique. "A psicóloga estava errada, eu nunca me arrependi. Naquela época, desejei não ter escolha. Mas agora estou tão feliz por ter tido, foi uma decisão positiva ter esse bebê, e não apenas algo que aconteceu comigo."

Quando conheci Monique e Oleg, Anatole tinha quatro anos. "Queríamos dar a Anatole um irmão ou uma irmã que fosse anão também", disse ela. "Não podemos fazer isso, sua condição é uma casualidade. De algum modo, precisamos garantir que ele não se sinta sozinho, como o estranho. Vamos organizar alguma interação com a PPA e, se houver uma conexão, vamos continuar." Monique é uma ardente defensora da medicina francesa, mas igualmente de um ambiente social americano. Ela e Oleg levam Anatole a Michael Ain, o ortopedista anão da Universidade Johns Hopkins. "Acho que é bom para Anatole vê-lo como um modelo a seguir", explicou Monique. Ela também gosta do fato de que os pacientes de Ain sejam quase todos pessoas pequenas e que ele seja bem versado nas cirurgias que possam precisar. Ela procura oportunidades para Anatole se misturar tanto com colegas deficientes como não deficientes.

"Eu estou numas de cultivar a diferença", disse Monique. "Então é isso que vou dizer a ele. 'O.k., você é diferente. Como você pode se beneficiar disso?' Estou começando a amar as proporções de Anatole, o jeito como ele é muito pequeno. Ele disse: 'Quero ser alto e forte, como o Homem-Aranha'. Eu disse: 'Anatole, você não vai ser alto como o Homem-Aranha e mamãe e papai. Mas você pode ser muito forte e muito pequeno'. Ele disse: 'Eu não quero ser diferente!'. Pensei: 'A coisa, está só começando'." Em grande parte da Europa, as identidades valorizadas ainda são coletivas e envolvem conformidade: católico, francês, branco. A diferença é evitada tanto quanto possível; é impressionante como o alongamento de membros tem sido particularmente popular na Europa meridional. "Eu estava olhando os folhetos de uma escola excelente e eles mencionam no final: 'Recebemos crianças com deficiência'", contou Monique. "Você nunca veria isso em uma escola francesa. Nova York é com certeza o melhor lugar para viver, e agora é o melhor momento também. Eu não gostaria de lidar com isso na geração dos meus avós."

A relação de Monique com a família na França manteve-se complexa. "A estética é tão mais importante lá", disse Monique. "Minha mãe ainda pensa em termos de 'pobre Anatole', e eu sei que ela o ama, mas toda a minha vida é muito estranha para ela. Ela respeita minhas escolhas, mas não pode compreendê-las, e assim a família que criei me afastou da que me criou."

Conversei com Anatole sobre a vida como PP alguns anos depois, quando ele tinha quase sete anos. Nessa ocasião, já tinha um irmão mais novo, que acabara de ficar mais alto do que ele. Perguntei se ele estava tendo dificuldades com isso. Ele pensou, depois disse: "Não, estou contente que ele vai ser capaz de alcançar as coisas para mim". Mas me mostrou com considerável orgulho que a cama superior do beliche no quarto que eles dividiam era sua, e explicou como estava muito mais adiantado na escola. "Anatole descobre como fazer as coisas, e ele é muito independente", contou Monique. "As crianças são mais simpáticas do que você pensaria, embora haja brincadeiras." Ela riu. "Mas ele é uma pessoa legal e, veja você, desperta o lado simpático das outras pessoas, talvez por isso sua vida não vá ser tão difícil, afinal."

Para anões, a função segue a forma. A forma de seus corpos determina suas capacidades físicas. Eles execram duas coisas: como são vistos pelas outras pessoas e como o mundo não está configurado para pessoas de suas dimensões. Em nenhum lugar os dois aspectos se confundem mais do que no debate em torno do alongamento ósseo de membros. O tratamento começa na idade de aceleração do crescimento, geralmente em torno de oito ou nove anos. A criança é sedada e inserem-se parafusos de metal nos ossos da perna abaixo do joelho, a intervalos de cerca de quatro centímetros, de modo que fiquem salientes para fora da perna. Cada perna é então quebrada em cerca de dez lugares. Uma vez que já não há um osso funcional na parte inferior da perna, fixa-se uma braçadeira larga na sua parte externa, presa aos parafusos salientes. Em cerca de um mês, o osso começa a se curar — com efeito, os fragmentos se aproximam um dos outros. Quando estão quase conectados, a braçadeira é ajustada para separá-los de novo e esticar a perna, mantendo as quebras no osso. Isso é repetido a intervalos regulares por cerca de dois anos, com o osso mantido perpetuamente quebrado, perpetuamente em processo de cura, e os ligamentos, os músculos e os nervos esticados o tempo inteiro. Quando a parte inferior das pernas está curada, o processo é repetido nos antebraços, depois na parte superior das pernas, depois nos braços. A cirurgia de alongamento dos ossos significa passar o fim da infância e a maior parte da adolescência com uma dor considerável, a fibra do corpo despedaçada.[125] Significa passar esses anos com enormes braçadeiras metálicas que cobrem o corpo e parafusos de metal que se projetam dos braços e pernas. Mas ela funciona. É possível acrescentar até 35 centímetros de altura numa pessoa, fazendo a diferença entre ter 1,15 metro e 1,50 metro, que pode ser a diferença entre ser visto como uma aberração e ser visto como normal.[126] A cirurgia custa entre 80 mil e 130 mil dólares.[127]

O alongamento dos membros é uma intervenção tanto estética quanto funcional, embora muitos dos que o escolheram evitem discutir o lado cosmético. Os céticos argumentam que o procedimento é complicado, doloroso e tem muitos efeitos colaterais preocupantes, e ademais não se justifica, uma vez que as pessoas pequenas podem funcionar muito bem na sociedade sem isso. Como aqueles que militam contra os implantes cocleares, os adversários do alongamento fazem objeções à implicação estigmatizante da cirurgia de que sua condição precisa ser corrigida.

Muitas vezes, é difícil distinguir a posição política da medicinal. Pessoas que fizeram o alongamento tendem a elogiá-lo, e alguns estudos mostram que ele aumenta a autoestima. "Olhar para cima o tempo todo é difícil", explicou um anão que passou pelo procedimento. "Não é apenas duro para o pescoço, mas duro para o espírito." A resposta tem um ar de profecia autorrealizável. As pessoas que optaram pelo tratamento precisavam presumivelmente de um estímulo de autoestima antes de começar e achariam difícil depreciar um processo ao qual dedicaram muitos anos de vida. Não obstante, as pessoas que sofreram complicações estão entre os adversários mais veementes do procedimento.

A tensão em torno dessa questão dentro da PPA ficou patente na decisão de convidar Dror Paley, o principal cirurgião de alongamento ósseo nos Estados

Unidos, para a convenção nacional de 2002 e depois desconvidá-lo quando alguns membros se opuseram à sua presença.[128] Gillian Mueller, que fez alongamento de membros quando criança e se tornou sua defensora aberta, disse: "A coisa mais importante que os pais podem fazer é aceitar o filho e ensiná-lo a aceitar a si mesmo. Nenhuma criança deve crescer acreditando que tem um problema que seus pais vão 'consertar' quando ela for mais velha". No entanto, ela afirma que o procedimento pode ajudar as pessoas a viver sem as desvantagens da baixa estatura.[129] Ela está feliz por tê-lo feito. Um executivo da PPA disse: "Temos de esperar uma idade em que se pode ter uma discussão de verdade com o indivíduo que vai se submeter ao tratamento, quando a decisão será realmente dele. Recomendamos que ele fale com um psicólogo, que haja um diálogo muito aberto e amplo sobre isso antes de tomar uma decisão".[130] Mas, tal como os argumentos para adiar implantes cocleares, este é profundamente equivocado. O tratamento só funciona durante a fase de crescimento natural, no final da infância e início da adolescência. É posterior ao período de aquisição da linguagem, mas muito anterior à maturidade plena.

Alguns médicos afirmam que o alongamento de membros pode ajudar a prevenir os problemas ortopédicos da coluna vertebral e outros associados ao nanismo,[131] e esse é um tema de debate urgente. Dan Kennedy, que não procurou o alongamento para sua filha, escreve com toda a franqueza: "O anão ganha um benefício considerável do alongamento de membros simplesmente porque seus braços ficam mais longos. Qual é a coisa mais importante que você consegue pensar além de ser capaz de se limpar?".[132] Cada caso de alongamento ósseo é diferente, portanto os riscos e benefícios não podem ser generalizados, e, uma vez que o procedimento é relativamente novo, o resultado a longo prazo não está claro. A taxa de complicações, que variam de leves e transitórias a graves e permanentes, é maior para o alongamento de membros do que para qualquer outra cirurgia ortopédica. A população-alvo do procedimento enfrenta muitos problemas ortopédicos mesmo sem cirurgia, o que torna ainda mais turvas as águas pantanosas.[133]

Algumas crianças parecem avançar facilmente para uma celebração de sua diferença. Para outras, a diferença é quase insuportável. Do mesmo modo, alguns pais conseguem tolerar ter um filho que é diferente, e outros não. Aos nove anos, eu teria dado qualquer coisa para não ser gay e teria passado por um procedimento como esse se houvesse um para a minha condição; agora que tenho 48, fico contente por não ter comprometido meu corpo. A questão é saber quais preconceitos de alguém com nove anos são próprios da sua idade e vão mudar com o tempo, e quais são leituras verdadeiras do coração que durarão até a idade adulta. A atitude dos pais frequentemente molda a mentalidade das crianças, e os cirurgiões devem tentar atravessar essa película para poder ver com clareza os interesses da pessoa em quem a cirurgia seria realizada. "Minha filha odiava ser anã", disse-me uma mãe. "Ela apontava para os anões que introduzimos em casa, pessoas adoráveis, e dizia: 'Prefiro morrer a ser como essa gente. Eles são uma aberração. Eu os odeio'. Ela não queria fazer parte do mundo deles. Nós nos esforçamos muito para torná-lo agradável a ela." A filha insistiu e está feliz por ter feito a cirurgia. Escrevendo sobre a cirurgia eletiva em crianças, o médico especialista em ética Arthur Frank observa, no Relatório do Centro Hastings: "A possibilidade de consertar torna inevitável a pergunta sobre consertar ou não".[134]

A cirurgia surgiu como um processo de excisão; o modelo aumentativo de cirurgia é uma intervenção moderna. Embora as descrições de procedimentos ortopédicos remontem à Grécia antiga, seu uso de uma forma reconhecível veio de Nicholas Andry, um médico francês do século XVIII.[135] É famoso o uso que Michel Foucault fez de uma imagem de sua obra *Ortopedia, ou a arte de corrigir e prevenir deformidades em crianças* (1743) para abrir seu *Vigiar e punir*, onde ela é vista como um modelo de perseguição. A imagem mostra simplesmente uma árvore curvada amarrada a uma estaca reta. Foucault teria considerado o alongamento dos membros uma forma de tortura posta em prática por uma sociedade que insiste na conformidade. No entanto, embora possa ser uma benemerência tornar o mundo mais acolhedor para os anões, é mais fácil em qualquer caso dado fazer os anões se adequarem ao mundo. A questão é se os anões que se acomodam ao mundo facilitam a continuação da injustiça social, se há um imperativo moral para eles recusarem esses procedimentos a fim de manter a pressão para que o mundo acomode outros anões. Isso pode ser demais para se exigir de uma PP que está tentando ter uma vida com alguma satisfação pessoal.

Embora o hormônio do crescimento humano (*human growth hormone* — HGH) não confira altura maior a pessoas com displasias esqueléticas, seu uso foi aprovado há muito tempo para pessoas com nanismo pituitário. Nos últimos anos, o HGH tem sido cada vez mais utilizado esteticamente em jovens da população em geral que não são altos e gostariam de sê-lo, ou cujos pais procuram protegê-los das desvantagens sociais da estatura baixa. Tal como o alongamento de membros, essa terapia hormonal deve ser realizada durante os anos de crescimento, em geral no início da adolescência. É discutível se ela é eficaz em pessoas com a hipófise funcionando de modo adequado, mas alguns estudos indicam que ela pode adicionar até dez centímetros à altura da pessoa. A FDA aprovou recentemente o medicamento Humatrope [somatropina] para "baixa estatura inexplicável", isto é, para homens com uma altura final de menos de 1,60 metro e para mulheres com uma altura final abaixo de 1,48 metro.[136] É evidentemente que não se pode saber a altura final de um indivíduo antes que ele a alcance, quando é tarde demais para o Humatrope, de modo que todo esse processo se baseia em estatísticas e suposições.[137] O custo do tratamento de pessoas com Humatrope durante os anos críticos de crescimento está entre 12 mil e 40 mil dólares. Alguns pais ricos têm procurado o HGH para crianças de estatura média porque acreditam que tornar seus filhos mais altos é uma forma de favorecê-los.

As vantagens da altura já foram amplamente estabelecidas. Pessoas altas conseguem mais votos em eleições e estudos recentes mostram que homens com mais de 1,80 metro ganham em média um salário 12% superior ao dos homens mais baixos.[138] Pessoas altas são ícones de beleza em filmes, na publicidade e nas passarelas da moda. A proporcionalidade é elogiada como a essência da beleza desde os tempos antigos. Vitrúvio, escrevendo na época de Cristo, disse que os escultores gregos haviam entendido isso perfeitamente e expressaram um ideal universal. "O corpo humano é de tal forma concebido pela natureza que o rosto, do queixo ao topo da testa e às raízes mais baixas do cabelo, é a décima parte de toda a altura"[139] — assim ele começa seu tratado sobre arquitetura, propondo um tipo de corpo muito distante do nanismo. A língua inglesa está cheia de expressões de louvor como "stand tall and proud", e de termos depreciativos como "fall short of", "comes up short", "paltry" e "puny".* O uso de "dwarf" [ananicar] como verbo — depreciativo, na maioria dos casos — não ajuda em nada. William Safire escreveu no *New York Times* sobre como Plutão foi reclassificado em "uma nova categoria chamada de planeta anão, e todos os livros didáticos em todos os idiomas devem se referir a ele com esse adjetivo depreciativo".[140] O jornalista John Richardson, que investigou a vida de PPS, escreveu: "Os anões nunca se assimilarão. En-

---

* *Stand tall and proud*: literalmente "erguer-se alto e orgulhoso", pode ser traduzido por "de fronte erguida e orgulhoso". *Fall short of*: "ficar aquém de"; *comes up short*: "não conseguir, não ser suficiente"; *paltry*: "insignificante, reles"; *puny*: "diminuto, fraco". (N. T.)

quanto estrelas de cinema tiverem lábios carnudos e rostos ovais, enquanto as mulheres sonharem com 'altos, morenos e bonitos', anões serão a diferença que permanece diferente".[141]

Kiki Peck nasceu com displasia de Kniest, uma mutação aleatória que leva a uma forma rara de nanismo, caracterizada por falta de colágeno do tipo II, que ocorre nas cartilagens e no gel claro que preenche o globo ocular.[142] Ela causa não só estatura diminuta como também inchaço das articulações, nariz achatado, miopia severa, perda auditiva e distorções de todas as outras áreas do corpo em que as cartilagens desempenham um papel importante. Kiki tem "cartilagem esburacada", que resulta em sintomas semelhantes aos da artrite e rigidez articular, tronco em forma de barril, mãos grandes e pés largos, quadris descritos por um de seus médicos como "parecidos com gelo derretendo" e ossos muito finos, com extremidades anormalmente grandes. Sua doença não foi notada no nascimento, mas quando sua mãe, Crissy Trapani, a levou ao médico para a visita de um mês de idade e ela havia perdido peso. O médico mandou Crissy parar de amamentar e usar mamadeiras para que pudesse manter um controle rigoroso dos hábitos alimentares de Kiki. As semanas que se seguiram foram assustadoras. Kiki foi diagnosticada com "insuficiência de crescimento" e sua vida estava em risco. Ela foi levada para o Hospital da Universidade de Michigan, a curta distância da casa dos Peck, e, embora nenhum de seus médicos jamais tivesse visto um caso de Kniest — na época, havia apenas duzentos casos conhecidos em todo o mundo —, eles chegaram a um diagnóstico correto a partir de imagens de radiografias de seus ossos de formato incomum.

Os meses que se seguiram foram tomados por visitas a geneticistas e outros especialistas. "Eu só queria falar com alguém que soubesse o que seria dela", contou Crissy. "Não havia ninguém." Descobriu-se que Kiki tinha miopia severa e estava apta a usar óculos com dois meses. "Fui a quatro lugares diferentes para achar óculos que servissem em seu pequeno rosto", lembrou Crissy. "A mulher estava ajustando os óculos e Kiki gritava, gritava, gritava. De repente, ela parou e simplesmente olhou. Dava para dizer a partir do olhar em seu rosto que ela expressava algo como 'Eu consigo ver!'" Como a cartilagem faz parte da estrutura interna do ouvido, Kiki também tinha um déficit auditivo significativo, e passou a usar aparelhos auditivos aos seis meses. "Isso foi outra aventura", disse

Crissy. "Tente manter aparelhos auditivos em um bebê de seis meses. Perdemos muitos, e não são coisas baratas para perder." Àquela altura, porém, Kiki começara a crescer e, embora não crescesse tanto quanto uma criança comum, mantinha o ritmo de acordo com sua condição.

Os pais de Crissy ficaram perturbados com o diagnóstico. "Quando contei ao meu pai, minha mãe disse que ele foi direto para o campo de golfe e bateu uma cesta inteira de bolas. Depois voltou e começou a pesquisar, e encontrou um grupo de Kniest em Minnesota." Toda a família foi até lá de avião para conhecê-los. "Lembro-me de me preparar para o choque de encontrar um adulto afetado pelo problema", disse Crissy. "Então, eu a conheci. Era uma pessoa ótima, supersimpática e superobsequiosa, com todos os tipos de respostas. Então, isso foi muito bom para mim e para os meus pais."

Construir uma vida foi extremamente desafiador e Crissy encontrou uma válvula de escape na poesia: a forma implica controle e foi uma boa maneira de ir em frente numa situação de impotência. "Não sabíamos se Kiki iria sobreviver. Não sabíamos que tipo de cirurgias ela poderia precisar. Não sabíamos o que aconteceria com sua coluna vertebral: os discos são cartilagens. Ela só começou a caminhar aos dois anos, e mesmo quando estava aprendendo a ficar em pé parecia sofrer de artrite, como se tivesse oitenta anos." Crissy disse que as pessoas com Kniest também são seguras de si e têm temperamento forte. "E são bastante inteligentes", acrescentou, "talvez porque tiveram de resolver problemas desde o primeiro dia. Já na pré-escola, os professores de Kiki diziam que ela sempre sabia o que queria, e sempre teve uma excelente autoimagem."

Quando conheci Kiki, ela estava na quinta série, com quase onze anos. Tinha muletas ao seu lado na sala de estar onde nos sentamos para conversar e recentemente começara a usar um suporte para manter as costas retas. Crissy e eu estávamos de jeans, mas Kiki usava um vestido de festa e grandes botas para nosso encontro; alguma coisa nela era incorrigivelmente festiva. "Quando acordo, estou dura", disse ela. "Não consigo fechar o punho, e quando chego à escola meus dedos ainda não estão prontos para escrever." Ela usa um triciclo para andar pelo prédio. Anunciou-me que planejava ser veterinária e estrela de rock quando crescesse. Crissy disse: "Tenho certeza de que ela será, um dia, se é isso que ela realmente quer fazer". Kiki pediu um chihuahua de estimação, porque achou que poderiam ser pequenos juntos. Como o dinheiro estava curto, ela ganhou um hamster.

Enquanto eu estava na casa deles, Kiki e seu irmão mais velho, Josh, tiveram uma discussão porque ela havia chutado alguma coisa e o atingira. "Eu precisava mudar aquilo de lugar", ela explicou. "Por que você não pode simplesmente se abaixar e fazer isso?", ele perguntou. Kiki respondeu: "Eu não quero, porque depois seria difícil me levantar". Josh ficou justamente indignado, mas Kiki tinha aquele olhar distante que passei a reconhecer em crianças deficientes que não sabem em que medida estão explorando sua diferença em benefício próprio. "Às vezes, meu irmão pensa que me dão atenção demais e tento dizer a ele que a culpa não é minha", disse ela. "Sim, é", retrucou Josh. "Às vezes, a gente diz mesmo que se odeia", Kiki me disse com firmeza. Ela parou, cruzou os braços e depois disse, em tom muito categórico: "A verdade é que nós nos amamos de verdade".

Crissy divorciou-se de Caleb, o pai de Kiki, quando a menina estava na segunda série. "Ele achava que ela precisava de menos cuidados médicos do que eu achava que precisava", contou Crissy. "Quando ela fazia cirurgias, Caleb não ia ao hospital; acho que ficava com medo. Durante os últimos dez anos, mal consegui manter a cabeça fora da água, lutando para respirar. Todo o meu tempo de férias era passado no Hospital da Universidade de Michigan." Crissy descreveu o círculo infindável: ortopedista quatro a seis vezes por ano, oftalmologista uma ou duas vezes por ano, audiólogo e otorrinolaringologista pelo menos duas vezes por ano cada, reumatologista periodicamente. Kiki faz terapia física com regularidade e Crissy faz exercícios de alongamento com ela todos os dias. "Tantas decisões", disse Crissy. "Ela vive com dor, e substituir os quadris pode ajudar, mas se a substituição for feita muito cedo pode prejudicar o crescimento de outras partes do corpo, então quando poderemos fazê-la? Como sua condição é muito rara, não há muita informação, e essa é a pior parte, realmente." Crissy suspirou. "Eu costumava correr maratonas, e alguém me disse uma vez que, se você sorrir o tempo todo, não sente a dor. Funcionou. Então, é o que eu faço com isso também."

Ser mãe de Kiki foi quase uma revelação para Crissy. "Eu era muito tímida. Era uma adolescente que se preocupava se estava alguns quilos acima do peso, ou se o cabelo e a maquiagem estavam corretos. Então, quando ela entrou em minha vida, foi tipo: 'Como posso dizer que tenho de ser do jeito certo, quando sei que ela nunca vai ser desse jeito certo?'. Por que sempre fui obcecada por isso? Mesmo quando tínhamos nossos acessos de raiva e eu estava no limite, eu percebia a força dela. Eu sempre fui muito tímida e envergonhada em relação à minha aparência, ou não me sentia muito bem comigo mesma. Eis que tenho essa criança que é o símbolo da autoestima nas circunstâncias mais extremas. É simplesmente uma fonte de admiração para mim." Crissy escreveu mais tarde: "Penso na palavra "corajosa", como devo dizê-la como um mantra, uma sílaba, uma batida. Ela é mais *corajosa* do que eu".

Alguns anos depois que Crissy e Caleb se divorciaram, e poucos meses depois de uma grande cirurgia nas pernas de Kiki, Crissy foi diagnosticada com câncer de mama, com necessidade de cirurgia, quimioterapia e radioterapia. "Houve um momento em que Kiki e eu brincamos uma com a outra sobre quem ia mais aos médicos", contou Crissy. "Ter Kiki por tanto tempo tornou o câncer mais fácil. Porque eu sou do tipo 'Eis somente mais uma coisa com que lidar e superar. Apenas vá em frente'. Não escondi a doença dos meus filhos. Josh ficou mais assustado. Kiki foi direta, como sempre. Sua reação foi: 'Minha mãe está sempre me levando ao médico e agora eu estou levando minha mãe'. Quando fiz mastectomia e estava deitada no sofá me recuperando, ela pôs uma toalha molhada na minha cabeça e cortou laranjas para me alimentar."

Quando soube que sua mãe precisava raspar a cabeça antes de começar a quimioterapia, Kiki se ofereceu para fazê-lo. Quando terminaram, Kiki anunciou que também rasparia a cabeça. Crissy tentou impedi-la, mas ela estava absolutamente inflexível. "Minha mãe se envolveu tanto com minha cirurgia", disse ela. "Espero que isso não tenha causado o câncer. Como passei tanto tempo me sentindo diferente, sei quanto isso é difícil. Então, eu queria que minha mãe tivesse alguém e não fosse diferente sozinha."

4. Síndrome de Down

Qualquer pessoa envolvida de alguma forma com deficiências já deparou com o texto "Welcome to Holland" [Bem-vindo à Holanda], uma fábula moderna escrita por Emily Perl Kingsley em 1987. Na verdade, já deparou com ele várias vezes: centenas de pessoas o encaminharam para mim desde que comecei a escrever este livro. O Google mostra mais de 5 mil postagens dele, em conexão com tudo, de leucemia a anormalidades cranianas. A coluna de jornal "Dear Abby" o republica todo mês de outubro. É uma recomendação padrão de médicos para pais de recém-nascidos com deficiência. A fábula foi musicada como canção folk americana e como cantata. Serve de tema para conferências e foi publicada em um dos livros da série *Canja de galinha para a alma*.[1] Existem pessoas que chegaram a dar a seus filhos deficientes nomes como Holland Abigail, por exemplo. O texto é tão emblemático para a deficiência como "How do I love thee?" [Como eu te amo?] é para o romance.* Muitos me disseram que ele lhes deu esperança e força para serem bons pais; outros me disseram que era otimista demais e criava falsas expectativas; e outros, ainda, disseram que ele não reconhecia adequadamente a alegria especial de crianças com necessidades especiais. Eis o texto em sua totalidade:

---

* "How do I love thee": título de poema famoso de Elizabeth Barrett Browning. (N. T.)

Com frequência, me pedem para descrever a experiência de criar um filho portador de deficiência, para tentar ajudar as pessoas que não compartilharam dessa experiência única a compreendê-la, a imaginar como deve ser. É mais ou menos assim...

Quando você vai ter um bebê, é como planejar uma fabulosa viagem de férias — para a Itália. Você compra uma penca de guias de viagem e faz planos maravilhosos. O Coliseu. O *Davi*, de Michelangelo. As gôndolas de Veneza. Você pode aprender algumas frases úteis em italiano. É tudo muito empolgante.

Após meses de ansiosa expectativa, finalmente chega o dia. Você arruma suas malas e parte. Várias horas depois, o avião aterrissa. A comissária de bordo diz: "Bem-vindos à Holanda".

"Holanda?!? Como assim, Holanda? Eu escolhi a Itália. Deveria estar na Itália. Toda a minha vida sonhei em ir à Itália."

Mas houve uma mudança no plano de voo. Eles aterrissaram na Holanda e lá você deve ficar.

O mais importante é que não levaram você para um lugar horrível, repulsivo, imundo, cheio de pestilência, fome e doenças. É apenas um lugar diferente.

Então você precisa sair e comprar novos guias de viagem. E deve aprender todo um novo idioma. E vai conhecer todo um novo grupo de pessoas que você nunca teria conhecido.

É apenas um lugar diferente. Tem um ritmo mais lento do que a Itália, é menos vistoso do que a Itália. Mas depois de estar lá por um tempo e respirar fundo, você olha ao redor... e começa a perceber que a Holanda tem moinhos de vento... E tem tulipas. A Holanda tem até Rembrandts.

Mas todo mundo que você conhece está ocupado indo e voltando da Itália... E todos se gabam de quão maravilhosos foram os momentos que passaram lá. E pelo resto de sua vida você vai dizer: "Sim, era para onde eu deveria ter ido. É o que eu tinha planejado".

E a dor que isso causa não irá embora nunca mais... porque a perda desse sonho é uma perda extremamente significativa.

Porém... se passar sua vida lamentando o fato de não ter chegado à Itália, você nunca estará livre para aproveitar as coisas muito especiais, as coisas adoráveis... da Holanda.

De 7 milhões a 8 milhões de americanos têm deficiência intelectual; uma em cada dez famílias americanas é diretamente afetada pelo retardo mental.[2] A síndrome de Down (SD), consequência de uma triplicação do cromossomo 21, é a forma mais comum de deficiência mental, ocorrendo em cerca de um em cada oitocentos nascimentos nos Estados Unidos, compondo uma população total de mais de 400 mil americanos.[3] Há muito mais desse tipo de gravidez: mais de 40% dos fetos com SD são abortados espontaneamente ou natimortos.[4] Além de retardo mental, a síndrome de Down pode acarretar problemas cardíacos (que ocorrem em cerca de 40% dos casos), frouxidão das articulações, distúrbios da tireoide, malformação do trato digestivo, leucemia, início precoce de sintomas de Alzheimer (em pelo menos um quarto dos casos, uma proporção muito maior para aqueles que vivem mais de sessenta anos), doença celíaca, baixa estatura, obesidade, problemas de audição e visão, infertilidade, deficiências imunológicas, epilepsia, boca pequena e língua saliente. O tônus muscular fraco afeta o desenvolvimento da mobilidade e da coordenação, e, por causa do tônus baixo na boca, a fala.[5] Nenhuma dessas características, exceto o desenvolvimento mental retardado, ocorre em todos os casos de SD. Pessoas com síndrome de Down também apresentam taxas excepcionalmente baixas da maioria dos tipos de câncer e não estão sujeitas ao endurecimento das artérias.[6] Elas têm cérebro menor, com reduções na maioria das áreas e menos neurônios no córtex.[7] Também têm densidade sináptica reduzida e atraso da mielinização, o processo de desenvolvimento através do qual os nervos são revestidos. Correm maior risco de apresentar depressão,[8] psicose, distúrbios de comportamento, ansiedade e autismo. A síndrome de Down parece ter existido em todas as populações humanas ao longo da história humana, e também foi encontrada em chimpanzés e gorilas.[9]

A forma original e mais confiável de exame pré-natal para SD é a amniocentese.[10] O médico utiliza uma agulha para retirar 10 ml ou 15 ml de líquido amniótico, no qual algumas células fetais estão à deriva; essas células são analisadas para detectar vários problemas genéticos. Algumas pessoas preferem evitar a amniocentese porque ela traz consigo o risco de aborto e porque parece invasiva para o feto. A biópsia de vilo corial (BVC) pode ser realizada mais cedo do que a amniocentese, mas apresenta um risco maior de aborto.[11] O "teste triplo", realizado no segundo trimestre de gravidez, examina o sangue da mãe para detectar proteínas e hormônios associados à SD. Introduzido em 1988, ele identifica cerca de dois terços a três quartos dos casos.[12] Um exame quádruplo, que procura por outro hormônio, eleva essa taxa de êxito até quatro quintos.

O exame de ultrassom é usado desde a década de 1970 para procurar defeitos de nascimento, e, à medida que as tecnologias de imagem e nossa capacidade de interpretar os exames se tornam mais sofisticadas, trata-se de uma maneira cada vez mais confiável de diagnosticar a SD. No início da gravidez, quase ao mesmo tempo que a BVC, um exame de translucência nucal — um tipo de ultrassom — mede o acúmulo de líquido na nuca do feto, que é maior na SD e outras anomalias. Com a gravidez mais avançada, ultrassom em 3-D pode fornecer informações mais precisas. Novos exames de sangue não invasivos podem substituir essas técnicas caso se mostrem igualmente precisos; um deles detecta RNA mensageiro placentário na corrente sanguínea da mãe, outro mede fragmentos do cromossomo 21 na corrente sanguínea.[13] Nenhuma técnica pode determinar a gravidade das possíveis deficiências, mentais ou físicas.

Na época em que Emily Perl Kingsley e seu marido, Charles, estavam esperando bebê, eles decidiram não fazer a amniocentese porque o risco de ferir o feto parecia grande demais.[14] "E se eu tivesse feito, teria interrompido a gravidez e perdido o que foi não apenas a experiência mais difícil, mas também a mais enriquecedora da minha vida", disse Emily. Jason Kingsley nasceu em 1974, no condado de Westchester, ao norte de Nova York. O médico disse a Charles que uma criança como aquela deveria ir para uma instituição e desencorajou os Kingsley a ver o bebê. Ele disse que "este mongoloide" nunca aprenderia a falar, pensar ou andar. Deram tranquilizantes a Emily e comprimidos para interromper a lactação, na suposição de que ela não levaria o bebê para casa. "Disseram que ele jamais seria capaz de nos distinguir de outros adultos", lembrou Emily. "Jamais seria criativo, nunca teria imaginação. Eu estava colecionando uma primeira edição de Lewis Carroll e pondo de lado todas as coisas de Gilbert e Sullivan que adoro; eu tinha montes de coisas que ia fazer com esse garoto, tudo sofisticado e fantástico. Ligo a televisão. De repente, não há ninguém que se pareça comigo. Todo mundo é tão perfeito! Eu tinha desaparecido. Chorei durante cinco dias sem parar."

Isso aconteceu logo depois da revelação das condições terríveis em Willowbrook,* e Emily e Charles não conseguiram suportar a ideia da internação

---

* Willowbrook State School, instituição para crianças com deficiência intelectual fechada em 1987 devido às suas condições precárias. (N. T.)

numa instituição. Mas era também um momento da década de 1970 em que os argumentos a favor das características adquiridas (contra as inatas) ganharam ascendência; as pessoas procuravam trazer alívio para vários problemas graves de seus filhos através de insights e bondade pródiga. Uma assistente social do hospital onde Jason nasceu mencionou que um programa novo e experimental chamado *intervenção precoce* poderia ajudar crianças com SD a aprender algumas habilidades básicas. "Tínhamos de experimentar", disse Emily. "Se fosse doloroso e desagradável, poderíamos interná-lo com base em nossa própria experiência, não em boatos." Então Emily e Charles levaram Jason para casa, e quando ele estava com dez dias foram ao Instituto do Retardo Mental. "Eu estava no estacionamento, com meu bebê de dez dias em meus braços, e não conseguia fazer meus pés passarem por uma porta que tinha esse nome na placa", lembrou Emily. "Estava paralisada. Charles chegou em seu carro, me viu lá, me agarrou pelo braço e me arrastou para dentro do prédio."

O médico do instituto disse quase o oposto do que lhes haviam falado na sala de parto: que tinham de começar com estimulações de todo tipo, especialmente dos sentidos de Jason, porque ninguém sabia o que poderia ser possível para uma criança que recebesse suficiente input positivo. Charles e Emily destruíram o elegante quarto do bebê com cores pastel que haviam criado e o pintaram de vermelho berrante com flores verdes e roxas estampadas. Emily convenceu o supermercado local a dar-lhe os flocos de neve gigantes que tinham sido usados como decoração de Natal, e eles também foram para o quarto. Penduraram coisas no teto com molas, de modo que estivessem sempre se movendo e balançando. "Só de entrar lá, dava náuseas", contou Emily. Ligaram um rádio e um aparelho de som para que houvesse música o tempo todo. Conversavam com Jason dia e noite. Moviam seus membros por meio de alongamentos e exercícios para melhorar seu tônus muscular. Durante seis meses, Emily choraria até dormir. "Quase o afoguei nas lágrimas que derramei sobre ele. Eu tinha essa fantasia, que inventaria uma pinça muito fina e tiraria cada cromossomo extra de cada célula do seu corpo."

Um dia, quando ele tinha quatro meses, Emily estava dizendo "Está vendo a flor?" pela enésima vez e Jason estendeu a mão e apontou para a flor. "Ele poderia estar apenas estendendo a mão", disse ela, "mas senti como se ele estivesse dizendo 'O.k., mãe, *entendi*'. Era uma mensagem para mim: 'Não sou um monte de purê de batata. Sou uma pessoa'." Emily ligou para Charles imediatamente.

"Ele está lá dentro!", comemorou. A fase seguinte foi quase eufórica. Emily e Charles tentavam inventar novas experiências para Jason quase todos os dias. Emily fez uma colcha de retalhos com diferentes tecidos — felpudo, veludo, grama sintética —, de modo que, cada vez que se mexesse, Jason teria uma sensação nova. Quando ele estava com seis meses, pegaram uma panela gigante, encheram-na com quarenta pacotes de Jell-O e derrubaram em cima dele para que pudesse se contorcer na gelatina, sentir a textura estranha e também comer um pouco. Esfregavam escovas nas solas dos seus pés para fazer seus dedos dobrarem. Ele aprendeu mais do que Emily e Charles poderiam esperar. Apesar de sua fala ter as cadências confusas típicas de pessoas com deficiência intelectual, ele conseguia se comunicar. Emily ensinou-lhe o alfabeto. Ele aprendeu números, aprendeu palavras em espanhol de tanto assistir a *Vila Sésamo*, programa do qual Emily fora uma das roteiristas desde 1970.

Jason começou a ler aos quatro anos, antes de muitas crianças normais, e um dia montou blocos de alfabeto para formar uma manchete: "Filho de Sam". Aos seis anos, tinha um nível de leitura de quarta série e era capaz de fazer cálculos matemáticos básicos. Os Kingsley começaram a aconselhar famílias que tinham acabado de ter bebês com Down. "Tornou-se uma cruzada apaixonada, que as pessoas não deveriam ser informadas de que seus filhos não tinham potencial. Íamos encontrá-las nas primeiras 24 horas e dizíamos: 'Vocês terão de trabalhar mais. Mas não deixem ninguém dizer que é impossível'." Quando fez sete anos, Jason já era capaz de contar até dez em doze idiomas. Havia aprendido a linguagem de sinais, além do inglês, e logo conseguiria distinguir Bach de Mozart ou Stravinsky. Emily levou Jason com ela para palestras dirigidas a obstetras, enfermeiras e psicólogos, bem como a pais de crianças com síndrome de Down. No ano em que Jason completou sete anos, eles deram 104 palestras. Emily achava que havia derrotado a SD, sentia-se triunfante.

Ela conseguiu que Jason aparecesse como convidado habitual em *Vila Sésamo*, e ele instaurou a tolerância para uma nova geração, brincando com outras crianças de uma maneira que reconhecia, mas não estigmatizava, sua condição. Ela escreveu um roteiro baseado em sua experiência e insistiu que os produtores escalassem crianças com síndrome de Down, embora atores com SD jamais tivessem aparecido na TV. Jason forneceu a voz para o personagem baseado nele. Jane Pauley fez um programa especial sobre Jason e um amigo que também tinha síndrome de Down e recebera tratamento precoce. Os dois meninos acabaram por escrever um livro, *Count Us In* [Conte conosco], em que Jason descrevia o obstetra que disse a seus pais que ele nunca aprenderia a reconhecê-los ou a falar. "Dê a um bebê com deficiência a oportunidade de ter uma vida plena, de experimentar um copo meio cheio em vez de um copo meio vazio", escreveu ele. "Pense em suas capacidades, e não em sua incapacidade."[15] Jason se tornou a primeira celebridade com SD; sua fama marcou o surgimento da síndrome de Down como identidade horizontal. Trinta anos depois, Emily recebeu um prêmio especial do Departamento de Saúde e Serviços Humanos dos Estados Unidos por seu trabalho mostrando pessoas com deficiências na mídia.

Haviam dito a Emily que seu filho era sub-humano. Quando isso se mostrou falso, tornou-se lógico questionar cada suposição tradicional em relação à SD, e Jason quebrou recordes e rompeu expectativas. No entanto, embora fosse capaz de aprender mais do que qualquer outra pessoa com síndrome de Down já houvesse aprendido, ele tinha limitações. As nuances lhe escapavam. Era capaz de ler melhor do que conseguia entender o que estava lendo. "Eu sabia que não poderia remover os cromossomos", disse Emily. "Mas achava de verdade que talvez ninguém soubesse do que essas crianças eram capazes. Ninguém conseguira fazer o que ele fazia. Então, por volta de seus oito anos, o resto do mundo o alcançou e ultrapassou, e comecei a me dar conta de todas as coisas que ele não podia e jamais seria capaz de fazer. Toda a coisa de foca amestrada era fantástica, mas no mundo real a inteligência para contar em muitas línguas não é tão importante quanto a inteligência social, e ele não a tinha. Eu não fizera a síndrome de Down ir embora."

Jason abraçava estranhos e não entendia que eles não eram amigos. Quis participar do acampamento infantil, mas depois de uma semana Emily recebeu um telefonema dizendo que as outras crianças não gostavam dele e não gostavam do modo como ele vivia abraçando todo mundo. Alguns pais disseram que, se Jason não fosse embora, eles iriam buscar seus filhos. Quando jogava futebol, ele esquecia ou não entendia em que time estava. Os garotos que tinham sido seus amigos começaram a rir dele dissimuladamente. Ele continuava a brincar com brinquedos para crianças pequenas e assistia a desenhos animados voltados para crianças com metade de sua idade. Parecia que o milagre estava se desfazendo: ele poderia ser um astro da televisão e um escritor de sucesso, mas não poderia funcionar em ambientes mundanos. "Foi um reajuste horrível para mim", contou Emily. Jason também estava angustiado. Uma noite, quando Emily o estava pondo para dormir, ele disse: "Eu odeio este rosto. Você pode achar uma loja onde possamos conseguir um novo rosto para mim, um rosto normal?". Outra noite, ele disse: "Estou cheio desse negócio de síndrome de Down. Quando é que ela vai embora?". Emily só conseguia beijá-lo na testa e dizer-lhe para ir dormir.

Emily começou a reformular suas palestras. Ainda queria encorajar as pessoas a não internar os filhos. Queria dizer que amava seu filho e que ele a amava. Mas não queria adoçar sua mensagem. Foi nessa época que escreveu "Welcome to Holland". Criar Jason não era o inferno que lhe haviam dito quando ele nasceu, mas também não era a Itália. Jason se tornara famoso por quebrar o molde, e era difícil decidir entre continuar a arrastá-lo para alturas maiores ou deixá-lo ficar onde estava confortável — se ele teria uma vida mais feliz com mais conquistas ou se a conquista era apenas um projeto de vaidade.

Quando Jason chegou à adolescência, seus colegas começaram a promover festas, mas ele não era convidado e passava as noites de sábado em casa, assistindo TV e deprimido. Emily ligou para outros pais de adolescentes com síndrome de Down e perguntou: "Seu filho fica solitário como o meu nas noites de sábado?". Então, quando Jason estava com catorze anos, os Kingsley começaram a promover uma festa mensal em sua casa, com refrigerantes, comida e dança. "Eles se sentiram normais demais e adoraram", contou Emily. Os pais sentavam-se no andar de cima e falavam sobre suas experiências compartilhadas, então se tratava mesmo de duas festas. Quando conheci Emily, as festas mensais aconteciam havia quinze anos. Ela comprara um aparelho de caraoquê e a garotada — muitos já não crianças — se esbaldava. "Eu sempre digo às pessoas: invistam na inclusão, mas mantenham um pé plantado firmemente na comunidade de síndrome de Down", contou Emily. "Este é o lugar de onde virão as amizades definitivas de seu filho."

Jason frequentara uma sala de aula para alunos com necessidades especiais, mas mesmo assim passou nos exames necessários para obter um diploma do ensino médio. Emily localizou um programa pós-ensino médio em Amenia, no estado de Nova York, onde jovens com dificuldades de aprendizagem, a maioria sem outros problemas, tinham cursos de gestão financeira, gestão de tempo, culinária e administração do lar, além de habilidades de escritório e outras relacionadas com o mundo do trabalho. As credenciais de Jason e suas notas nos exames estavam muito à frente das da maioria dos outros candidatos. "Os pais se assustaram quando viram que Jason estava se candidatando a essa escola", contou

Emily. "Eles acharam que ela ia se transformar em uma 'escola de retardados'. Então fui ao diretor e perguntei: 'Qual é o critério para entrar nesta escola? É a forma dos olhos? É a beleza? Se for assim, vamos andar pelo corredor e vou lhe mostrar alguns garotos que você deve expulsar'". Só depois que Emily ameaçou entrar com uma ação judicial foi que finalmente admitiram Jason; mais tarde ele foi considerado pela direção um "estudante-modelo".

Não obstante, muitas coisas permanecem ilusórias. Jason queria dirigir um carro. "É divertido para os garotos e sexy para as garotas", disse ele em *Count Us In*. "Você pode conseguir garotas se dirigir." Ele anunciou que, quando tivesse idade suficiente, iria querer um Saab turbo conversível vermelho. Emily fez uma pausa enquanto contava isso, profundamente frustrada. "Como você diz ao seu filho que ele nunca vai dirigir? Eu disse: 'Seu tempo de reação é mais lento do que o de outras pessoas'. Transformei a coisa em algo físico. Ele não é bobo. Não deveria dirigir, porque ele não tem capacidade de julgar, mas como dizer isso?" Jason vive numa solidão demográfica. Ele é muito inteligente para a maioria das outras pessoas com síndrome de Down; elas não conseguem acompanhá-lo em suas habilidades verbais, seus trocadilhos, seus jogos. Mas não é inteligente o suficiente para as pessoas sem deficiência. "Ele não tem pares", disse Emily com uma mistura de enorme orgulho e terrível arrependimento.

Jason descreveu uma vida para si mesmo que incluía uma família, um cão e uma cerca branca; ele tem uma espécie de namorada que também tem SD. Emily providenciou para que ele fizesse uma vasectomia. Embora muitos homens com SD sejam inférteis, alguns não são. "Basta um espermatozoide para fazer a coisa", disse Emily. "Não quisemos deixar a responsabilidade do controle de natalidade nas mãos de uma garota cuja capacidade não estava clara para nós. Se ele quiser montar casa com alguém e se casar, lhe darei o casamento do século. Ser um bom pai, no entanto, simplesmente não vejo como ele poderia ser."

O sonho de Charles era que o filho tivesse uma vida independente, então montou um apartamento para ele. Jason teve seu primeiro emprego na Barnes & Noble, arrancando as capas de revistas destinadas à reciclagem. Ele achou o trabalho terrivelmente chato e passou a inventar maneiras de se divertir. Quando seu supervisor disse que aquele não era seu trabalho, ele respondeu: "Sou uma pessoa adulta independente e tomo minhas próprias decisões" — o que mostra com exatidão o espírito que Charles e Emily haviam promovido, aplicado no contexto errado. Ele foi demitido logo depois. Seu emprego seguinte foi na Biblioteca Pública de White Plains. Ele desenvolveu sua própria maneira idiossincrática de arquivar vídeos e, o que não surpreende, a equipe da biblioteca queria fazer as coisas à maneira dela. Jason discutiu a respeito disso até que também tiveram de mandá-lo embora.

"Ele quer abrir uma loja onde dirá às pessoas quais são as mensagens mais profundas dos filmes da Disney", explicou Emily. "Você espera na fila, ele chama — próximo! — e você chega e diz: 'Por favor, Jason, você poderia me explicar o significado profundo de *O corcunda de Notre Dame*?'. Ele diria: 'O significado mais profundo é que o que há dentro da pessoa é que conta, se ela é uma boa pessoa, e isso é mais importante do que se ela é bonita. São cinquenta dólares, por favor. Próximo!'. Você não consegue explicar para ele que as pessoas já sabem disso e que, de qualquer modo, elas não vão descobrir isso em uma loja. Em alguns aspectos muito, muito básicos, ele é ignorante." Emily ergueu as mãos e me disse, com tristeza: "A principal tarefa da maioria dos pais é fazer com que seus filhos pensem que podem fazer qualquer coisa; a minha é cortar o barato dele. Em uma frase: 'Você não é inteligente o suficiente para fazer o que quer fazer'. Sabe o quanto eu odeio ter de dizer isso?"

Quando Jason tinha vinte anos, seu pai foi diagnosticado com câncer e, três anos depois, morreu. Jason ficou profundamente deprimido. Emily também ficou deprimida. Ela arranjou um terapeuta para Jason, depois se voltou para a Westchester Arc (em sua origem, o nome dessa organização era um acrônimo de Association for Retarded Citizens [Associação para Cidadãos Retardados]), da qual Charles havia sido presidente do conselho. Ela quis se habilitar para receber a ResHab, ou reabilitação residencial, na qual uma equipe de apoio vai à casa da pessoa e proporciona serviços e instrução em habilidades de vida independente.[16] Foi jogada de um lado para o outro pela burocracia até que caiu no choro diante de uma comissão e disse: "Meu filho está se destruindo. Eu não posso fazer tudo isso sozinha". Jason ganhou finalmente uma assistente social que ficava com ele vinte horas por semana. "Foi uma grande ajuda", disse Emily, "mas comecei a perceber que não era o suficiente. Tive de engolir o sapo e reconhecer que, por mais inteligente que seja, ele precisa de mais estrutura e supervisão. Ele não está comendo alimentos saudáveis regularmente, ou se levantando para chegar ao trabalho a tempo."

Emily decidiu que Jason precisava ir para uma residência comunitária.* "Foi um sentimento de fracasso", disse ela. "Tínhamos nos esforçado tanto para torná--lo o indivíduo com síndrome de Down que não precisa disso. Mas eu tinha de olhar para o que era melhor para ele, e não para algum ideal que havíamos construído para nós." Quando pôs Jason na lista de espera de uma instituição local, Emily descobriu que a espera era de oito anos. "Para criar um garoto como Jason, o garoto é o menor dos desafios. Jason estava lá para me abraçar quando a burocracia quase me matou." Serviços desse tipo estão raramente disponíveis para quem não tem os meios para batalhar nas agências oficiais. Fazer isso exige com frequência instrução, tempo e dinheiro — o que é uma ironia dolorosa, uma vez que esses serviços se destinam a beneficiar pessoas que talvez careçam dessas três condições.

Um dia, Emily avistou uma casa à venda em Hartsdale, Nova York, e percebeu que ela seria uma residência comunitária perfeita. Tinha três quartos, o suficiente para Jason e dois amigos sociáveis, ficava perto do principal ponto de ônibus e em frente havia um supermercado, um banco e uma farmácia. Emily comprou a casa, depois pediu que a Arc a administrasse. Agora, o Departamento de Retardo Mental e Deficiências de Desenvolvimento do Estado de Nova York aluga a casa de Emily pela quantia que ela paga de hipoteca. Jason mudou-se para a casa com dois de seus melhores amigos das festas que Emily promovia. Os três recebem cheques da Seguridade Social que vão direto para a Arc, que gasta o dinheiro para manter a casa e sua equipe.

"Eles se adoram, se chamam de os Três Mosqueteiros", contou Emily. Jason tem um emprego na estação de rádio local, onde está feliz. "Estou recuando um pouco", prosseguiu ela. "A tarefa fundamental é apreciá-lo pelo que ele é — e ele é fantástico. Qualquer coisa que tenha realizado, ele conseguiu porque realmente se empenhou. Nada é fácil para ele." Ela fez uma pausa. "Ele manteve muita dignidade em face disso. Eu de fato o admiro muito, para valer. Também me sinto triste por ele, porque é inteligente o suficiente para saber que quase todo mundo está realizando coisas que ele não consegue, inteligente o suficiente para perceber que sua vida é diferente."

Mesmo que uma criança nunca adquira as habilidades necessárias para uma

---

* Em inglês, *"group home"*, residência para pequenos grupos de crianças ou adultos com deficiências. (N. T.)

vida independente, ela acumula experiência e história. "Ele me dizia que queria um determinado vídeo e eu costumava lhe dizer: 'Você é inteligente o suficiente para assistir a algo melhor do que isso'. Eu achava que, se continuasse exigindo, ele teria uma vida melhor. Mas agora penso que, se é disso que ele gosta, quem sou eu para interferir? Então não compro coisas como *A torradeira valente*, mas não me meto se ele quiser comprar. Você pode ter tulipas e moinhos de vento às pencas, mas *jamais* chega à galeria Uffizi, e assim são as coisas."

Alguns anos mais tarde, Jason estava deprimido de novo e Emily refletiu com preocupação sobre sua tentativa original de fazer dele a criança com SD mais funcional da história. Ela disse: "Em retrospecto perfeito, eu teria feito diferente? Sua inteligência enriqueceu demais nossa relação e eu jamais gostaria de desistir disso, mas admito que crianças com Down que funcionam menos são mais felizes, menos obcecadas pela injustiça de sua condição. Sob muitos aspectos, elas têm uma vida mais fácil, mas é melhor? Ele sente tanto prazer nas palavras, no uso de sua mente". Fui a uma leitura na Barnes & Noble que Jason e seu amigo fizeram quando seu livro foi reeditado. Jason respondeu às perguntas do público com fluência e desenvoltura. Emily estava radiante e Jason também, o prazer dos dois com a inteligência dele era mútuo. Os pais de crianças com SD que foram ouvi-los também estavam radiantes, de esperança. Durante os autógrafos, as pessoas se aproximavam de Jason com reverência. Ele e Emily eram heróis, e Jason estava adorando ser um herói; eu podia compreender sua solidão, mas não podia deixar de perceber seu orgulho.

Uma vez, quando eu estava na casa de Emily, ela chamou Jason e se ofereceu para levá-lo com seus companheiros de casa à ópera *Os piratas de Penzance*. Depois de uma pausa, eu a ouvi dizer com melancolia: "Bem, acho que irei sozinha". O clichê diz que pessoas com síndrome de Down são incrivelmente doces, e elas são, mas são pouco sutis em seu pensamento, e a decepção nuançada de Emily não era compreendida por Jason, como poderia ser por uma criança comum de seis ou sete anos. "Ele não é muito introspectivo", disse ela. "Ele não entende as origens nem de seus próprios sentimentos. Então, é quase impossível para ele imaginar o que está acontecendo dentro de mim." Alguns anos mais tarde, ela disse: "Na verdade, em alguns aspectos, ele é o primeiro garoto com síndrome de Down que é realmente introspectivo. Não é uma bênção ter síndrome de Down e ser introspectivo, porque o que você vê quando olha dentro de si mesmo são inadequações. Essa é a profundidade com que ele pode olhar para si mesmo. Jason estava falando outro dia sobre o que poderia ter feito se não tivesse síndrome de Down. Eu nunca me permiti ter essa fantasia. É perigosa demais para mim".

Durante a maior parte da história registrada, a SD não foi comparada a férias entre moinhos de vento e tulipas. A ideia de que "idiotas" eram passíveis de melhora teve origem na tentativa de Jean Marc Gaspard Itard de educar o menino selvagem de Aveyron, no início do século XIX.[17] Suas teorias foram depois desenvolvidas por seu pupilo Édouard Séguin, diretor do Hospice des Incurables, em Paris, que estruturou um sistema para avaliar os intelectualmente deficientes e foi o primeiro a reconhecer os méritos do tratamento precoce. "Se o idiota não puder ser tocado pelas primeiras lições da infância, por qual processo misterioso os anos abrirão para ele as portas douradas da inteligência?", escreveu. Séguin emigrou para os Estados Unidos em meados do século XIX e criou instituições para o cuidado e a educação de deficientes, a quem ele deu a possibilidade de participar na vida social, muitas vezes através do trabalho manual.[18]

No entanto, até no momento em que Séguin provocava essa transformação, havia quem argumentasse que os cognitivamente deficientes não eram apenas burros, mas maldosos e depravados. A linguagem da retidão acusatória lembra o argumento imaginacionista de que as mulheres que davam à luz anões o faziam em virtude de sua natureza lasciva: deformidade e incapacidade eram interpretadas como prova de fracasso. O *Relatório feito para a Legislatura de Massachusetts*, escrito por Samuel G. Howe em 1848, articula essa visão pré-eugênica e desumanizadora: "Essa classe de gente é sempre um fardo para o público. As pessoas dessa classe são ociosas e muitas vezes maliciosas, e são pesos mortos para a prosperidade material do Estado. Elas são ainda piores do que inúteis. Cada uma delas é como um upas, que envenena toda a atmosfera moral ao seu redor".[19]

A primeira pessoa a descrever a síndrome de Down foi John Langdon Down, em 1866.[20] Ele chamou seus objetos de estudo de mongoloides ou idiotas mongoloides, porque seus rostos, com olhos ligeiramente oblíquos, se assemelhavam aos do povo da Mongólia.[21] Down propôs que a espécie humana havia evoluído de negros para asiáticos e daí para as pessoas brancas, e que os brancos nascidos com mongolismo eram, na verdade, um retrocesso aos seus primitivos antecedentes asiáticos — uma posição considerada então bastante progressista, na medida em que reconhecia a evolução.[22]

Por volta de 1900, os empregos exercidos pelos indivíduos com retardo mental treinados por Séguin passaram a ser reivindicados pelo grande afluxo de imigrantes, que executavam as tarefas de forma mais eficiente, e as instituições originalmente destinadas a educar as pessoas com deficiência intelectual foram usadas para excluí-las de uma sociedade industrial voltada para a eficiência.[23] Documentos médicos explicavam como classificar alguém como "idiota", "imbecil" ou "débil mental"; os eugenistas forneciam uma validação espúria da ligação entre retardo mental e criminalidade, e criaram-se leis que favoreciam a esterilização.

Ainda em 1924, um cientista britânico publicou um texto dizendo que essas crianças eram, na verdade, membros biológicos da raça mongol; essa concepção foi por fim contestada em 1930 por Lionel Penrose, um médico britânico que usou exames de sangue para provar que as pessoas brancas com SD eram geneticamente relacionadas a outras pessoas brancas e não a asiáticos. Penrose também definiu que o maior fator de risco para a SD era a idade materna, estabelecendo os 35 anos como ponto a partir do qual o risco aumentava. Oliver Wendell Holmes escreveu em uma decisão da Suprema Corte de 1927: "É melhor para todo o mundo que, em vez de esperar para executar descendentes degenerados por crimes, ou deixá-los morrer de fome por sua imbecilidade, a sociedade possa impedir aqueles que são manifestamente incapazes de dar continuidade a sua espécie. Três gerações de imbecis são suficientes".[24] A lei de esterilização forçada, aplicada a pessoas com diversas deficiências e desvantagens, mas particularmente focada em pessoas com deficiência intelectual, não foi revogada por quase cinquenta anos. Em 1958, o geneticista francês Jérôme Lejeune apresentou no Congresso Internacional de Genética sua prova de que a síndrome de Down era consequência de uma triplicação do cromossomo 21, do qual deveria haver apenas duas cópias;[25] o nome científico da SD é *trissomia 21*.

O psicanalista Erik Erikson (inventor da expressão "crise de identidade"), a pedido de sua amiga Margaret Mead, havia mandado seu filho recém-nascido Neil para uma instituição no dia de seu nascimento, em 1944, e manteve sua existência escondida até de seus outros filhos, com medo de que, se alguém soubesse que havia produzido um "idiota", sua reputação fosse prejudicada. Disseram-lhe que seu filho não viveria mais de dois anos; na realidade, Neil viveu duas décadas.[26] A ideia de que uma criança com deficiência era uma tragédia absoluta alcançou uma apoteose na descrição frequentemente citada de Simon Olshansky da "tristeza crônica" dos pais.[27] Não era a única voz nesse sentido. Em 1961, os psicanalistas

Albert Solnit e Mary Stark defenderam para uma nova mãe de SD "descanso físico; uma oportunidade para rever seus pensamentos e sentimentos sobre a criança desejada; uma interpretação e um investimento realistas da criança temida e indesejada por médicos e enfermeiras; e um papel ativo no planejamento e no cuidado do filho recém-nascido, tanto quanto ela seja capaz. Trata-se de medidas através das quais a mãe pode minimizar ou superar o trauma de dar à luz uma criança retardada".[28]

Em 1966, o dramaturgo Arthur Miller e sua esposa, a fotógrafa Inge Morath, internaram seu filho com SD e não mencionaram sua existência a quase ninguém.[29] Em 1968, o especialista em ética Joseph Fletcher escreveu na *Atlantic Monthly* que não havia "nenhuma razão para se sentir culpado em relação a 'se livrar' um bebê com síndrome de Down, quer se trate de 'se livrar' no sentido de internar em um sanatório, ou no sentido letal mais responsável de 'sacrificar'. É triste, sim. Terrível. Mas não acarreta nenhuma culpa. A verdadeira culpa surge apenas de um crime contra uma pessoa, e alguém com Down não é uma pessoa".[30] Willowbrook, o inferno da década de 1960 e início da de 1970, aconteceu por uma razão: pais que foram persuadidos de que seus filhos retardados não eram pessoas os abandonaram em condições repugnantes.

Contudo, no mesmo período em que o preconceito contra pessoas com deficiência intelectual aumentava, um novo movimento para ajudar os deficientes também se desenvolvia. O argumento de que os deficientes mereciam tratamento benevolente coincidiu com uma mudança pós-iluminista mais ampla em nossa concepção de educação inicial. Historicamente, ela havia sido um domínio das mães; a noção de que especialistas tinham algo a acrescentar só surgiu com a fundação dos primeiros jardins de infância, no início do século XIX, na Alemanha.[31] No final daquele século, Maria Montessori aplicou em crianças comuns as lições que havia aprendido em Roma com seu trabalho entre os intelectualmente desfavorecidos.[32] Logo começaram a surgir creches na Europa. Nos Estados Unidos, elas floresceram quando o New Deal subsidiou o emprego de professores, depois se espalhou ainda mais quando o esforço da Segunda Guerra Mundial convocou as mães para o mercado de trabalho. Ao mesmo tempo, estavam em andamento tentativas para reduzir a mortalidade infantil, dirigidas principalmente aos pobres. A nova ciência do behaviorismo ergueu-se em oposição à eugenia e sugeriu que as pessoas são feitas, não nascem, e podem ser educadas e moldadas para qualquer coisa. Ao mesmo tempo o campo emergente da psicanálise estava examinando como o trauma precoce poderia interferir no desenvolvimento saudável, e alguns de seus partidários começaram a questionar se os problemas dos pobres e deficientes poderiam ser consequência de privação inicial, em vez de inadequação orgânica.[33]

A Lei de Seguridade Social de 1935 continha uma disposição pela qual o governo federal deveria entrar com quantia igual à dos fundos estaduais para o tratamento de pessoas com deficiência.[34] Os pesquisadores logo começaram a examinar como um ambiente estimulante e enriquecedor possibilitava que crianças pobres transcendessem seus aparentes déficits. John Bowlby, o pai da teoria do apego, demonstrou que o bom cuidado materno era crucial para o desenvolvimento da criança saudável, uma ideia tão óbvia hoje que é difícil lembrar como era radical há meros sessenta anos.[35]

A eugenia foi finalmente desacreditada quando degenerou no Holocausto. Enquanto isso, o afluxo de veteranos deficientes no final da Segunda Guerra Mundial suavizou o preconceito social contra pessoas com deficiência em geral. Em 1946, o Departamento de Educação dos Estados Unidos criou uma Seção para Crianças Excepcionais, o que levou a melhores programas de educação para pessoas com necessidades especiais, mas essas crianças permaneciam segregadas da sociedade mais ampla. Em 1949, Ann Greenberg, mãe de uma criança com síndrome de Down, publicou anúncios no jornal *New York Post* procurando outros pais que compartilhavam suas preocupações. Um ano depois, eles fundaram a Associação para Cidadãos Retardados, hoje conhecida como Arc, e ainda uma das organizações mais proeminentes na área. A maioria dos pais pensava na SD inteiramente em termos de natureza: a criança tem uma anomalia genética e nada pode ser feito a respeito. Greenberg estava entre os pais militantes do lado da criação: a criança tem uma anomalia genética e há trabalho a ser feito.

Quando assumiu a presidência, John F. Kennedy criou uma comissão para estudar o retardo mental e sua possível prevenção.[36] A reintegração dos deficientes na sociedade mais ampla foi liderada, em parte, por sua irmã, Eunice Kennedy Shriver, cujo artigo sobre sua irmã Rosemary, publicado no *Saturday Evening Post* em 1962, enfatizava que mesmo as famílias de proeminência e inteligência podem ter crianças retardadas. Ela observava com tristeza as más condições de vida às quais a maioria das pessoas com retardo mental era condenada.[37] Sua concepção de mudança assumiu forma significativa na esteira da reavaliação das desigualdades sociais efetuada pelo movimento dos direitos civis. Durante muito tempo, os negros foram considerados constitucionalmente inferiores e, quando se levantaram contra essa caracterização, eles abriram a porta para outras pessoas marginalizadas fazerem o mesmo. O programa federal Head Start, lançado em 1965, era dedicado à ideia de que as pessoas não viviam na pobreza porque deficiências inerentes não as qualificavam para coisa melhor, mas porque não tinham recebido estímulo precoce apropriado e construtivo. O Head Start combinava saúde, educação e serviços sociais a pais treinados para serem parceiros ativos no tratamento de seus filhos.[38]

Até o final da década de 1960, insights do Head Start foram aplicados a pessoas com deficiência intelectual e, em particular, em crianças com síndrome de Down. Tornou-se claro que as pessoas com SD mostravam uma ampla gama de funcionamento e que era absurdo prever as capacidades de um recém-nascido simplesmente a partir de seu diagnóstico. Disso se concluía que descartar essas pessoas ao nascer era injusto e que suas capacidades deveriam ser maximizadas, tanto para dar-lhes uma vida melhor como para evitar custos posteriores. Intervir de maneira precoce era melhor em termos financeiros do que remediar depois. Em 1973, o Congresso aprovou, derrubando veto do presidente Nixon, a Lei de Reabilitação, que declarava: "Nenhum indivíduo qualificado como deficiente nos Estados Unidos deverá, unicamente em razão de sua deficiência, ser excluído da participação, ter negados os benefícios, ou ser submetido à discriminação em qualquer programa ou atividade que receba assistência financeira federal".[39] Mesmo com os cortes no orçamento dos anos Reagan, os programas para crianças com deficiência permaneceram em vigor; essa população se tornara arraigada e atraía a simpatia do público amplo. A causa chegou a um apogeu triunfal com a aprovação da Lei dos Americanos com Deficiências, em 1990, que estendeu a proteção de 1973 para além dos limites dos programas financiados pelo governo federal. Os pais, com apoio das próprias pessoas com deficiência, haviam capitalizado a mudança de ideias sobre a humanidade. Haviam validado vidas consideradas desprezíveis durante muito tempo. Se as minorias raciais e os pobres mereciam apoio e respeito, o mesmo se aplicava às pessoas com síndrome de Down e problemas relacionados. Se era melhor dar ajuda a esses outros grupos desde o início, o mesmo valia então para o auxílio a pessoas com deficiências intelectuais.

A intervenção precoce é agora um programa federal, a Early Intervention (EI), para crianças com qualquer uma de uma ampla gama de queixas — baixo peso ao nascer, paralisia cerebral, síndrome de Down, autismo — e tem elevado imensamente os níveis de funcionalidade em todos esses grupos.[40] Os serviços prestados pela EI, antes de a criança completar três anos, podem incluir fisioterapia, terapia ocupacional, aconselhamento nutricional e serviços de audiologia e visão, apoio de enfermagem, terapia fonoaudiológica e instruções sobre tecnologia assistencial, bem como apoio e treinamento para os pais que estão tendo problemas para enfrentar a situação. Isso implica uma forte ênfase na estimulação sensorial de todos os tipos. Os hospitais são obrigados a informar os pais sobre esses serviços. A EI está disponível para pessoas de todos os níveis socioeconômicos, às vezes através de visitas domiciliares e, às vezes, em centros especiais. Esses serviços precoces são também uma forma de treinamento dos pais e podem ajudar as famílias a se sentirem otimistas em relação a manter seus filhos em casa. A qualidade dos serviços para crianças com determinadas deficiências varia muito de estado para estado; Nova York, por exemplo, tem serviços especialmente bons para SD, e há histórias de pessoas que se mudam para o estado só para ter acesso a eles.

A EI é a expressão plena da vitória do argumento do adquirido contra o inato — o triunfo último da psicanálise, dos direitos civis e da empatia sobre a eugenia, a esterilização e a segregação. Ela se desenvolveu a partir de um nexo estranho entre política federal, ativismo dos pais e psicologia, e resultou da mudança de compreensão a respeito da criança sem deficiência e de novas teorias da educação infantil em geral. Ela continua a evoluir, e muitas formas de engajamento são agrupadas hoje sob essa rubrica agora onipresente.[41]

A mudança tanto no tratamento como na aceitação das pessoas com SD, no entanto, continua a ser impulsionada pelos pais. Ao exigir que os médicos tratem os problemas físicos de seus filhos com o mesmo respeito que dedicam às crianças sem deficiência, eles provocaram um aumento impressionante da expectativa de vida para as pessoas assim diagnosticadas. Se *intervenção precoce* é, em última análise, um termo guarda-chuva vago e em constante evolução para uma ampla gama de protocolos, ela foi, não obstante, a expressão organizadora para um repensar radical da vida das pessoas deficientes. Onde a ciência e a cura biológica ficaram paralisadas, o modelo social da deficiência conseguiu um triunfo fantástico. Muitas técnicas específicas são de valor inestimável no tratamento de necessidades específicas, mas o fundamental é que as crianças deficientes, assim como as crianças sem deficiência, prosperam quando são tratadas com atenção, engajamento, estímulo e esperança.

Quando a filha de Elaine Gregoli, Lynn, nasceu em 1970, alguns anos antes de Jason Kingsley, o obstetra anunciou ao pai do bebê: "Sua filha é uma idiota mongoloide".[42] Elaine, de apenas 23 anos de idade, já tinha um filho, Joe, de dois anos e meio, e decidiu não ter mais filhos. Ela nunca tinha ouvido falar da EI. "Lynn foi bebê por muito tempo", disse ela. "Só sentou com doze meses, só andou com quase dois anos." Elaine foi a uma agência do YAI, instituto para pessoas com deficiências, onde um médico lhe deu alguns pequenos exercícios para fazer com Lynn. Quando Elaine retornou, dois anos depois, a agência perguntou se ela gostaria de trabalhar lá em meio período, porque tinham uma menina pequena severamente prejudicada, com convulsões, e queriam uma enfermeira por perto. "Assim, Lynn frequentou o primeiro programa pré-escolar que o Brooklyn teve, por duas horas, duas vezes por semana, e eu estava lá para aprender o que pudesse", contou Elaine. Ela ficou cada vez mais interessada pelo campo novo da intervenção precoce, e a escola de Lynn lhe pediu para dirigir seu programa.

Tal como Jason Kingsley, Lynn foi imensamente nutrida pelo nascente movimento EI. Ela competiu na Paraolimpíada como ginasta e patinadora no gelo. Suas habilidades motoras sempre foram melhores do que suas habilidades cognitivas, então Elaine a colocou em programas recreativos comuns, mas não em educacionais. Ela participou de uma tropa regular de escoteiras e de um programa de natação com crianças comuns. "Mas ela sempre esteve com crianças mais novas", explicou Elaine. "Com dez anos, estava com as de seis anos. A gente a mantém onde ela pode se sair bem."

Às vezes, era preciso lembrar Elaine de que seu filho necessitava de elogios iguais para seus feitos. Lynn só caminhou quando estava com quase dois anos, mas era tão pequena que parecia muito mais nova. "Todos que nos visitavam exclamavam: 'Ela está andando!'", relembrou Elaine. "Um dia, meu filho me disse: 'Mãe, olha!'. Ele andou para a frente e para trás diante de mim. 'Eu também sei caminhar.' Depois disso, eu disse às pessoas: quando vieram à minha casa, olhem e elogiem meus dois filhos."

Apesar da atenção que Lynn exigia, a relação de Joe com a irmã era, em geral, positiva. Elaine lembra a história de um colega de escola que disse a Joe que sua irmã era retardada. Isso foi dito como um insulto, mas Joe não percebeu; ele apenas disse: "Sim, ela é", e iniciou uma conversa sobre o que isso significava. "Eu queria que Joe conhecesse aquela palavra, para que não fosse um choque para ele", contou Elaine. "Foi uma grande surpresa que ele tivesse se dado conta disso. Foi como dizer que ela tinha cabelos e olhos castanhos." Muitos anos depois, quando Joe e sua esposa estavam esperando seus filhos, o obstetra deles sugeriu que fossem a um geneticista. Joe concordou, mas sempre disse que queria ter o bebê, mesmo que tivesse síndrome de Down. "Fiquei surpresa com isso", disse Elaine. "Foi quando eu soube que Joe não sentia de fato que ela era uma coisa negativa."

Já adulta, Lynn trabalha em uma lanchonete, ganhando salário mínimo, e mora em uma residência comunitária; quando conheci os Gregoli, ela morava lá havia uns dez anos. Lynn lê em nível de primeiro grau; é capaz de fazer cálculos básicos de aritmética com uma calculadora. Elaine disse que muitas vezes se pergunta quão maior poderia ser a funcionalidade de Lynn se ela tivesse passado pela intervenção precoce como é praticada agora. Quando conheci Elaine, ela e Lynn acabavam de chegar de uma viagem à Disney World com Joe, sua esposa e os dois filhos pequenos. "Lynn foi a tia", disse Elaine. "Ela os levou a todos os passeios, comprou-lhes camisetas; foi realmente ótima. Os sobrinhos a adoram: brincam com ela, ela brinca com eles, ela gosta muito deles. Eu adoraria que Lynn fosse professora ou médica. E ela trabalha numa lanchonete. Mas para ela é perfeito. Ela adora o pagamento, vai ao banco e deposita o cheque em sua conta--corrente. Preenche seus próprios cheques. Isso é uma grande coisa para ela. Então aprendi a amar isso também."

Até sua aposentadoria em 2008, Elaine Gregoli foi diretora assistente do YAI/ Instituto Nacional para Pessoas com Deficiências — a mesma agência que ela visitou quando Lynn tinha dois anos. No YAI, parte do trabalho de Elaine era falar para os outros pais sobre a EI: "Todo pai quer ajudar seus filhos, mesmo que tenham a atenção desviada pela pobreza ou pela dependência de drogas. Uma vez que a intervenção precoce é gratuita, eles a procuram, e em geral acabam repetindo coisas com seus filhos depois que a assistente social vai embora". A organização oferece aconselhamento psicológico e cuidados para as famílias de pessoas com deficiência; atende 20 mil pessoas por dia. Elaine também aconselhava os pais que recebiam um diagnóstico pré-natal de SD: "Eles estão grávidos de quatro meses e precisam tomar uma decisão dentro de uma semana ou duas sobre a possibilidade de abortar. Eu lhes falo sobre todas as coisas boas e algumas dificuldades. Os pais talvez nunca aceitem o que aconteceu com eles, mas mesmo assim podem aceitar a criança. São duas coisas distintas: a perda dos pais e a pessoa real que quase sempre acabam amando"'.

Os dois movimentos fundamentais na educação de crianças deficientes depois que elas se formam na intervenção precoce são a *integração* e a *inclusão*. Ao contrário da EI, essas duas abordagens afetam as crianças sem deficiência. Nas décadas de 1970 e 1980, alguns pais defenderam a integração para que alunos deficientes pudessem estudar principalmente em salas de aula especiais dentro de escolas públicas comuns. A década de 1990 trouxe uma mudança para a inclusão, que educa crianças deficientes em salas de aula comuns, muitas vezes com um assistente especial.[43] A medida mais importante da legislação recente nessa área é a Lei de Educação dos Indivíduos com Deficiências, de 1990, que exige que todas as crianças com deficiência recebam uma educação pública gratuita adequada no ambiente menos restritivo possível.[44] Essa integração de crianças com deficiência em escolas comuns mudou a aparência da sala de aula americana. Crianças com deficiência intelectual são educadas geralmente em alguma combinação entre salas de aula especializadas e heterogêneas, a menos que suas deficiências sejam graves demais para que isso seja viável; elas podem ir para escolas especiais somente depois que foram feitas todas as tentativas de alcançar o ambiente menos restritivo.

Há duas questões essenciais no debate sobre essas filosofias: o que é melhor para a criança com um diagnóstico de deficiência, e o que é melhor para as crianças comuns (aquelas sem esse diagnóstico). Alguns pais se queixam de que crianças deficientes na sala de aula são uma distração e atrasam o aprendizado do restante. Por outro lado, Michael Bérubé, codiretor do programa de estudos sobre deficiência na Universidade Estadual da Pensilvânia, cujo filho tem SD, argumenta que os benefícios da inclusão são "verdadeiramente universais"[45] — porque estar em uma sala de aula com pessoas com deficiência quebra a desconfiança generalizada e o desconforto com as pessoas enfermas e torna mais humanos aqueles que são fisicamente capazes. As crianças com SD que são incluídas têm bons modelos para o desenvolvimento da linguagem, aprendem normas de comportamento e tendem a realizar mais seu potencial do que em um ambiente determinado por suas limitações. A educação integrada prepara pessoas com SD para o emprego supervisionado, libertando-as das oficinas protegidas de tempos passados; ela ajuda mais pessoas com esse problema a viver de forma relativamente independente. Com frequência, as escolas públicas são obrigadas a ser inclusivas; ainda há uma luta para incorporar essa política nas escolas particulares.

O problema é que as pessoas com síndrome de Down que estão em programas de inclusão são muitas vezes afastadas de seus pares, e as pessoas sem SD estão dispostas a ir somente até certo ponto no estabelecimento de relações com pessoas que têm SD. "Se o superintendente, o diretor e os professores da escola compram a ideia e se educam, acho que a inclusão funciona lindamente", declarou Arden Moulton, uma das fundadoras da Sociedade Nacional de Síndrome de Down (SNSD). "Mas isso também depende da criança. Algumas crianças não deveriam estar em programas de inclusão, assim como alguns garotos não deveriam estar em Yale." Betsy Goodwin, cofundadora da SNSD, disse: "Os puristas acabam com crianças solitárias. A adolescência é bastante difícil. Não se pode esperar que um adolescente normal tenha como seu melhor amigo um deficiente. Não é assim que a coisa funciona".

Em 1978, Betsy Goodwin era jovem e saudável e não esperava complicações quando sua filha, Carson, nasceu com síndrome de Down, em Nova York.[46] Na época, pacientes de médicos particulares eram geralmente aconselhados a internar o bebê numa instituição, e os pacientes de clínicas eram instruídos a levá-lo para casa. Na opinião de Betsy, isso acontecia porque os médicos que tinham relações pessoais com seus pacientes sentiam vergonha do que consideravam um fracasso. Seu obstetra disse: "Por que você não tem um bebê saudável, e vamos esquecer este?". Barton Goodwin estava aberto à possibilidade de abandonar Carson: temia perder Betsy para o mundo da deficiência. Betsy também estava assustada, mas com mais medo da alternativa. Ela ligou para sua amiga de infância Arden Moulton, que era assistente social, e contou que os médicos queriam que ela internasse sua filha numa instituição. Arden disse que era a última coisa que Betsy deveria fazer. No entanto, a falta de recursos para bebês com SD e suas famílias logo ficou clara. Alguns meses mais tarde, Betsy, que até então trabalhava como decoradora, decidiu criar uma organização para pais na mesma situação que ela e pediu ajuda a Arden. "Eu era uma profissional da área", relembrou Arden, "e ela tinha o ponto de vista de uma mãe." Foi assim que, em 1979, surgiu a Sociedade Nacional de Síndrome de Down.

O primeiro projeto da SNSD foi organizar uma conferência para cientistas que estavam pesquisando algum aspecto da trissomia do cromossomo 21, pois jamais houvera uma reunião desse tipo e o trabalho estava difuso. Naquele tempo, o gasto total com pesquisa sobre SD nos Estados Unidos era de cerca de 2 milhões de dólares por ano; agora se aproxima de 12 milhões, cifra que ainda é baixa para um problema que afeta tantas pessoas. Betsy foi a Washington para se reunir com o chefe dos Institutos Nacionais de Saúde, que lhe disse que, com a amniocentese, logo não nasceria mais ninguém com síndrome de Down. "Não sei se ele conhecia alguém católico", disse ela secamente, 25 anos mais tarde.

Betsy ficou grávida de novo quando Carson estava com dois anos e pensou em se submeter à amniocentese. Não tinha certeza se teria feito um aborto, caso tivesse sabido que Carson nasceria com SD. "Eu não sabia por que estava fazendo aquilo", disse ela. "Para interromper a gravidez? Honestamente, não sei dizer. Eu queria, pelo menos, saber. Mas, por alguma razão, o bebê insistia em ficar no caminho da agulha, de modo que nunca obtivemos uma boa leitura. A amniocentese é feita com até 22 semanas de gravidez, e um bebê pode sobreviver com 24, por isso ela estava ficando muito desagradável para mim. Por fim, eu disse a Barton: 'Você pode se divorciar de mim amanhã, mas não vou continuar com esse processo. Vou ter o que tiver'." O filho de Betsy nasceu normal, assim como outro filho, alguns anos depois. "Meus três filhos se dão muito bem", disse ela. "Esse foi outro aviso do obstetra: ela vai arruinar seu casamento, e todos os filhos que você tiver depois vão sofrer. Eu realmente acho que, quase sem exceção, os irmãos de crianças com Down se tornam mais sensíveis e atenciosos — talvez até mais realizados — do que o resto da população."

Os Goodwin adoravam Nova York, mas quando Carson completou onze anos Betsy achou que essa cidade não era o melhor lugar para promover a independência de alguém que não era capaz de formar juízos adultos. "Então, vim para Greenwich, Connecticut, que tem um policial em cada esquina. Pareceu-me uma cidade muito segura para uma jovem como ela andar por aí." Carson tem uma personalidade calorosa e é socialmente descontraída. Quando seus irmãos estavam na escola, ela adorava dançar. "Eu costumava ver um braço saindo de seu quarto e ela pegava um dos amigos de seus irmãos e o fazia dançar com ela", contou Betsy. "Alguns deles, já adultos, até hoje dizem: 'Eu nunca teria aprendido aquele passo se não fosse por Carson'."

Quando me encontrei com Carson, ela acabara de perder seu emprego no

Whole Foods porque, ao que parece, sempre punha os tomates no fundo do saco. "Ela nunca foi fã de tomate", explicou Betsy. "Eu lhe asseguro que os *donuts* estavam no topo." Carson tem dificuldade para entender que as outras pessoas pensam ou sentem de maneira diferente; o fato de sua mãe preferir John Coltrane a Britney Spears, por exemplo, a desconcerta. Ela sabe que sua síndrome de Down a torna diferente, ainda que não compreenda exatamente como. É por isso que, conforme Betsy, a dança lhe dá tanta alegria: "Ela adora tudo o que faz dela uma igual".

Nas últimas três décadas, a SNSD cresceu junto com a criança que a inspirou; desde que Carson nasceu, ela concedeu milhões de dólares em subvenções científicas e também apoiou os cientistas sociais que estudam as melhores estratégias educacionais para pessoas com deficiência intelectual. Uma vez por ano, a SNSD organiza uma conferência na qual os cientistas apresentam seu trabalho para os pais. A sociedade criou uma Buddy Walk [Caminhada com Companheiro] anual, que acontece em duzentos lugares de todos os Estados Unidos. Pessoas com síndrome de Down andam com um amigo para arrecadar dinheiro e conscientizar as pessoas; esse tipo de evento agora levanta cerca de meio milhão de dólares por ano para a organização. Ela também constrói comunidades para pessoas com síndrome de Down e suas famílias.

A Sociedade Nacional de Síndrome de Down teve de abrir caminho através de águas traiçoeiras. Alguns pais lamentam que uma organização que pesquisa maneiras de curar ou aliviar os sintomas da SD não ofereça a afirmação de que as pessoas com a síndrome precisam. Militantes antiaborto sustentam há muito tempo que a interrupção seletiva da gravidez desvaloriza a vida das pessoas deficientes; alguns tentaram persuadir a liderança da SNSD a tomar uma posição firme contra o aborto. A SNSD gostaria de ver mais pessoas que ficassem com crianças com SD, mas não porque sejam forçadas a fazê-lo por lei.

Até Ronald Reagan assinar a Emenda Baby Doe, em 1984, que classificou como maus-tratos infantis a negligência ou a negação de tratamento para crianças deficientes, pais e médicos podiam, se quisessem, deixar essas crianças morrerem.[47] Peter Singer, especialista em ética de Princeton, passou a defender o direito da mulher de optar pelo aborto até o final da gravidez e de cometer infanticídio de recém-nascidos, se assim o desejar.[48] Ele tem defendido essa posição com o argumento utilitarista de que a maioria das mulheres que eliminam um filho indesejado produzirá um filho desejado, e que a perda da felicidade da criança que é morta (cuja vida teria sido insatisfatória) é superada pela felicidade da criança saudável que vem depois. Embora a posição de Singer seja extremada, ela reflete a desvalorização generalizada das pessoas com síndrome de Down e o pressuposto de que suas vidas são desagradáveis para os outros e para si mesmas. Uma mãe contou que um psiquiatra lhe perguntou como era a relação dela com o filho com síndrome de Down; quando ela respondeu que era "fantástica", ele disse que não havia necessidade de ficar na defensiva.[49] Marca Bristo, que preside o Conselho Nacional sobre Deficiência, afirmou que "a concepção central de Singer equivale a uma defesa de genocídio".[50]

No início do século XXI, a resistência ao exame pré-natal daqueles que defendem os direitos dos deficientes já se havia cristalizado. Os estudiosos da deficiência Adrienne Asch e Erik Parens, em sua discussão fundamental do problema, escreveram: "O diagnóstico pré-natal reforça o modelo médico de que a deficiência em si, e não a discriminação da sociedade contra as pessoas com deficiências, é o problema a ser resolvido. O exame genético pré-natal seguido de aborto seletivo é moralmente problemático e é provocado por desinformação".[51] Alguns anos mais tarde, Asch escreveu: "Pesquisadores, profissionais e idealizadores de políticas públicas que endossam sem reflexão exames seguidos de aborto agem por desinformação sobre a deficiência e expressam opiniões que pioram a situação de todas as pessoas que vivem com deficiências, agora e no futuro".[52] Leon Kass, presidente do Conselho do Presidente sobre Bioética no governo de George W. Bush, afirmou que "tratamos" de doenças diagnosticadas pelo pré-natal "matando", em vez de cuidar daqueles que as terão.[53]

Evitar o nascimento de qualquer subclasse de pessoas as desvaloriza. Uma sociedade em que fetos com síndrome de Down são rotineiramente abortados acredita que a SD é um infortúnio grave. Isso não significa que alguém odeie ou queira matar pessoas com SD; com efeito, muitas pessoas que optam por interromper a gravidez de SD também fariam de tudo para ser gentis com quem vive com a síndrome. Mas sei por experiência própria como a solidariedade bondosa pode ser um preconceito nocivo; não me interessa conviver com pessoas que tenham pena de mim por ser gay, ainda que sua compaixão reflita um coração generoso e seja oferecida com flagrante cortesia. Asch sustenta que as mulheres abortam fetos deficientes por causa das vidas desafortunadas que resultariam de suas gestações; que esse infortúnio é produto do chauvinismo; que o chauvinismo poderia ser resolvido. Janice McLaughlin, da Universidade de Newcastle, escreveu: "Lamentar a escolha que a mulher é obrigada a fazer não é o mesmo que dizer que ela está errada ou é uma participante ativa da discriminação. Em vez disso, aponta para o fato de que ela também é uma vítima".[54] Mas os atos dessas mulheres não se limitam a refletir a sociedade: eles a criam. Quanto mais gestações são interrompidas, maior a chance de que outras mais serão interrompidas. A aceitação depende da população; somente a onipresença da deficiência mantém viva a conversa sobre os direitos dos deficientes. Uma população cada vez menor significa uma diminuição da aceitação.

Das 5500 crianças nascidas com SD nos Estados Unidos a cada ano, cerca de 625 nascem de mulheres que tiveram diagnóstico pré-natal e optaram por não abortar.[55] Um médico assegurou a Tierney Temple Fairchild, que recebeu um diagnóstico pré-natal de SD, que "quase tudo que você quer que aconteça vai acontecer. Só que vai acontecer num cronograma diferente".[56] Isso é falso. Uma grande parte não acontece em qualquer cronograma para as pessoas com SD. A observação, no entanto, foi útil para a família na decisão de não abortar, e eles não fizeram amniocentese em gestações posteriores. "Eu tinha uma escolha e escolhi a vida", escreveu Fairchild. "Isso faz de mim alguém pró-escolha ou pró--vida? Nossos partidos políticos nos dizem que não podemos ter as duas coisas. Eu escolhi a vida, mas sou grata por ter tido a escolha."[57]

Como a surdez e o nanismo, a síndrome de Down pode ser uma identidade ou uma catástrofe, ou ambas; ela pode ser algo a estimar ou algo a erradicar; pode ser rica e gratificante, tanto para aqueles a quem ela afeta diretamente como para aqueles que cuidam deles; pode ser uma coisa estéril e cansativa; pode ser uma mistura de tudo isso. "Nunca vi uma família que escolheu ter o bebê se arrepender muito", disse Elaine Gregoli. Há um movimento forte para fazer as gestantes com diagnóstico pré-natal de Down se relacionarem com famílias que criam filhos com SD. Muitos pais escreveram memórias que expressam as recompensas de criar esses filhos, alegando que há menos para se queixar na síndrome de Down do que nas atitudes do mundo.[58] Evidentemente, as pessoas que não gostam do fato de ter tido filhos com SD não tendem a escrever memórias, tampouco os de baixo nível socioeconômico, para quem os obstáculos para um bom tratamento podem ser intransponíveis.

De acordo com minha própria observação, alguns pais fabricam uma construção afirmativa da deficiência de seus filhos para disfarçar seu desespero, enquanto outros têm uma experiência profunda e genuína de alegria em cuidar de crianças deficientes, e às vezes a primeira postura pode gerar a segunda. Conheci ativistas da deficiência que insistiam que o contentamento de todos era autêntico, e conheci psicólogos que pensavam que nenhuma experiência correspondia a essa imagem. A verdade é que, embora algumas pessoas caiam em uma ou outra das extremidades do espectro, a maioria está espalhada em toda a sua ampla extensão.

Deirdre Featherstone não queria ter filhos, por isso ficou muito contente ao saber que era estéril.[59] No entanto, quando engravidou, em 1998, ela sentiu que não tinha saída e decidiu deixar as coisas rolarem. Estava com 38 anos, mas não inclinada a fazer a amniocentese. "Acredito que certas coisas não são da sua conta", disse ela. "Se o bebê deve ficar sozinho dentro de você durante nove meses, então você precisa deixá-lo sozinho. Você não deve enfiar coisas no ambiente dele." Seu marido, Wilson Madden, queria que ela fizesse o exame. "Eu quis dar isso a ele, porque ele gosta de planejar", explicou Deirdre. "Mas na noite anterior perguntei: 'E se descobrirmos alguma coisa?'. Ele disse: 'Não acho que faria qualquer diferença'. Eu disse: 'Bem, se eu descobrir que há algo de errado, esta criança está fora daqui, porque, como você bem sabe, eu não quero ser mãe de ninguém. Nem sequer tenho coragem de ser mãe de uma criança normal. Estou perfeitamente pronta para fazer um aborto se houver algo errado. Você não está. Então é melhor você parar de insistir com a amniocentese'."

Eles não fizeram o exame. "Graças a Deus, porque teria sido o maior erro da minha vida", contou Deirdre. "Você não pode avaliar o que não sabe." Um dia antes do nascimento de sua filha Catherine, Deirdre, que é joalheira e estilista, deveria cuidar dos acessórios de um desfile de moda. Ela trabalhou naquela tarde examinando as roupas, depois foi para casa e jantou comida tailandesa. Naquela noite, quando ela começou a vomitar, Wilson percebeu que ela estava em trabalho de parto; ela insistiu que era apenas a comida. Uma parteira fez o parto de Catherine em casa às dez da manhã seguinte e disse a Deirdre para procurar um pediatra imediatamente. O pediatra confirmou que a criança tinha síndrome de Down. "Eu já sabia que Catherine seria a pessoa mais legal que eu jamais conheceria", disse Deirdre. "Foi mais difícil para Wilson. É provável que seja sempre mais difícil para o pai, porque eles não tiveram uma relação física com a criança por nove meses." O pediatra indicou-lhes um exame genético no dia seguinte a fim de confirmar o diagnóstico. "Lágrimas descem pelo meu rosto, e ela ergue a mão", contou Deirdre. "Ela tem uma lágrima saindo do olho, e enxuga meu rosto. Vinte e três horas de vida."

Catherine nasceu em um mundo muito diferente do anterior à intervenção precoce em que Lynn Gregoli e Carson Goodwin haviam entrado, e Wilson achou que tinham de examinar todos os modos disponíveis de tratamento. Deirdre disse: "Uma das coisas que tornaram o período inicial difícil foi que ela tinha terapia três vezes por semana para a fala, terapia ocupacional, depois terapia física, e também terapia craniossacral. A agenda dela era tão cheia que para mim ficava difícil sair de casa. Essa foi provavelmente a única dificuldade, além de você ter de se ajustar ao fato de que alguém depende de você para viver. Eu disse a Wilson: 'Se isso é mais do que você pode segurar, sinta-se livre para ir embora. Não vou usar isso contra você e não acho que você seja uma má pessoa. Mas você não pode ficar contrariado para sempre'.". Wilson explicou: "Nunca me ocorreu ir embora. Mas eu demorei mais do que Deirdre para entrar na coisa toda".

Deirdre surpreendeu-se até consigo mesma. "Eu tinha muita certeza de que era uma mãe que não seria capaz de lidar com uma criança que era diferente em tudo. Estava simplesmente aliviada por amá-la. Ela era muito adorável. Todos os meus amigos tinham filhos que julgavam perfeitos, e então tiveram de enfrentar as limitações e problemas deles. Eu tinha um bebê que todos achavam que era um desastre, e minha jornada foi encontrar todas as coisas que são incríveis nela. Comecei sabendo que ela viera com defeito, e desde então todas as surpresas foram boas. Ela é uma das pessoas mais gentis, mais amorosas, mais atenciosas e sensíveis que já conheci. Ela é engraçada. Ela sempre destaca o lado positivo das coisas; não sei o quanto disso é personalidade ou se é a síndrome de Down. Quando ela decide que não vai fazer algo, não tem mais volta, o que também é típico da síndrome de Down."

A mãe de uma criança com necessidades especiais torna-se inevitavelmente uma adivinha. "Alguém que conheço me ligou chorando e dizendo: 'Acabei de descobrir que meu filho tem SD, o que devo fazer?'. Respondi: 'O que você quer fazer?'. Ela disse: 'É o meu bebê e eu quero tê-lo'. Eu disse: 'Vou lhe dizer: foi a melhor coisa que já me aconteceu. E se eu tivesse recebido a informação, teria cometido o grande erro de não tê-la. Você conheceu minha filha, nós nos divertimos muito'." Ao me contar isso, Deirdre acrescentou: "A síndrome de Down é fácil, ou, pelo menos, Catherine é fácil. O autismo é provavelmente uma experiência diferente. Eu tornaria a vida dela mais fácil? Sem a menor dúvida. Eu piscaria e a transformaria em normal? Não, eu não faria isso. Ela pode, em algum momento, ter uma opinião diferente e querer fazer uma cirurgia facial ou outro procedimento de normalização, o que houver quando ela crescer. Eu a apoiaria nisso, se for o que ela escolher? Se isso acontecer, apoiarei, mas espero que eu tenha criado Catherine com força pessoal e autoestima suficientes para ser feliz como ela é."

Deirdre nunca precisou enfrentar o corredor polonês do preconceito que tanto determinou as primeiras experiências de Emily Perl Kingsley. "As pessoas ainda desistem de seus filhos. As pessoas ainda fazem abortos quando descobrem", disse Deirdre. "Não estou aqui para julgá-las. Você odeia feijão, eu adoro feijão. Há muita correção política que acho ridícula. Mas acho certo tudo o que tornou inaceitável ridicularizar uma criança porque ela é diferente. Acho que nós somos menos tolerantes com o preconceito do que em qualquer outro lugar ou em qualquer outra época." Ela contou que, um dia, estava na escola pública de Catherine, em Tribeca, quando uma menina de cinco anos de idade disse: "Eu ouvi dizer que quando Catherine estava dentro de você, você quebrou seu ovo, e é por isso que ela saiu engraçada". Deirdre respondeu: "Se você quebra seu ovo, então você não tem nenhum bebê". A menina perguntou: "Você quer dizer que ela não está quebrada?". Deirdre respondeu: "Não, ela não está quebrada. Ela é um pouco diferente". Deirdre olhou para a área de recreio e disse: "Está vendo aquela menina ali? Ela tem cabelos ruivos crespos e você tem cabelos loiros. Aquele menino, ele é negro e sua mãe e seu pai são brancos, e eles são italianos, e a irmã dele é irmã dele, mas eles não estão relacionados biologicamente". Uma das mães que estava por perto disse: "Eu sou coreana e meu marido é branco". Outra disse: "Eu não me casei com um homem, mas tenho uma companheira, então meu filho também é diferente". Neste mundo de infinita variedade, Catherine era apenas outra variação sobre a ideia de que a única normalidade é a não normalidade. "Às vezes, vejo alguém com uma criança com Down e digo: 'Minha filha está na mesma situação, ela tem oito anos'", contou Deirdre. "Nove em cada dez vezes, as pessoas dizem: 'Parabéns. Bem-vinda ao clube'. Acho que muitos de nós se sentem afortunados."

Como mãe, Deirdre é incrivelmente paciente. Fui testemunha de sua negociação para vencer a resistência de Catherine em mais de uma ocasião, evitando de forma competente o confronto direto. Catherine tende a querer usar roupas inadequadas; às vezes ela insiste em um vestido de verão quando está frio lá fora.

"Eu digo: 'Por que você não usa calça sob o vestido, ou por cima do vestido?'. Às vezes, ela parece ter se vestido num abrigo para sem-teto. Ela é boa nisso. Então, o que vou dizer? Eu devo ajudar a construir sua autoestima, não derrubá-la." Porém, tem sido difícil manter o senso de humor em relação às inevitáveis batalhas com o sistema. Wilson disse: "É importante que ela não seja a criança mais lenta do lugar. Talvez a inclusão total o tempo todo não seja o melhor. Estamos procurando um acampamento que atenda crianças com necessidades especiais". Deirdre tem o instinto de uma tigresa quando se trata de educação de sua filha. "Seu primeiro jardim de infância não era nada adequado. Pedi transferência no segundo dia. Sua educação é demasiado importante, é mais importante do que respirar. Eu havia estado várias vezes no Conselho de Educação e, por fim, um dia contratei uma babá para Catherine por uma semana e enchi uma mala com meu computador, adaptador, cabos elétricos, celular, carregadores, roupas para vários dias, livros. Fui ao Conselho de Educação e disse: 'Preciso de uma reunião com o coordenador de necessidades especiais deste conselho'. 'Sinto muito, ela não está. Você pode voltar outra hora?' 'Não. Eu vou ficar. Não é problema. Tenho coisas suficientes para sete dias e vou ficar aqui até que ela tenha tempo, mas não quero apressá-la de forma alguma.' Sentei lá, tirei diferentes coisas da minha mala, assegurando-me de que todos vissem, roupa íntima, debaixo dela está o carregador, e eu vou tirá-lo agora, depois ponho a calcinha de volta. Depois de quatro horas e meia, alguém veio e perguntou: 'Em que podemos ajudá-la?'." Catherine estava em uma nova escola no final de fevereiro. "Nunca sou desagradável, mas deixo claro que preciso que certas necessidades sejam atendidas", esclareceu Deirdre.

Cinco anos mais tarde, perguntei a Deirdre como ia a educação de Catherine. "Perguntei-lhe sobre palavras do vocabulário para a escola, e ela disse que suas palavras novas eram *oportunidade* e *deficiente*. Pedi-lhe a definição de deficiente, ela pensou um pouco e depois respondeu: 'Você, mamãe'." Deirdre começou a rir. "Não tenho medo de que todo mundo descubra que sou uma mãe que não sabe o que está fazendo, porque já admiti isso. A questão é como você se educa. Às vezes, acho que sou uma ótima mãe. Às vezes, acho que sou péssima. Eu jamais disse que sei o que estou fazendo ao ser mãe de alguém. Eu mal sei o que estou fazendo ao ser esposa de alguém."

As pessoas nascidas com SD se desenvolvem devagar e param antes de atingir a maturidade intelectual típica, mas seu desenvolvimento em geral segue um ritmo constante. Qualquer pessoa capaz de se relacionar com uma criança normal através dos vários estágios de desenvolvimento pode se relacionar com alguém com SD. Os bebês demoram a fazer contato visual, demoram a sustentá-lo e demoram a ter comportamentos imitativos. Começam a falar somente quando estão com dois ou três anos, e não compõem frases com duas e três palavras antes dos três ou quatro anos. As crianças com SD muitas vezes não conseguem compreender os princípios fundamentais da gramática. Certa vez, perguntei a uma mulher que trabalhava com pessoas com SD por que alguns são muito mais espertos do que outros, e ela respondeu: "Por que alguns indivíduos sem SD são muito mais inteligentes do que outros?". Embora o paralelo se sustente, algumas pessoas têm SD "pior" do que outras. David Patterson, um geneticista que trabalha com a trissomia 21, escreveu recentemente: "É quase certo que os genes no cromossomo 21 não atuam sozinhos para causar as características que reconhecemos como a síndrome de Down. Eles devem atuar em conjunto com genes em outros cromossomos. Essa é provavelmente uma das razões para a ampla diversidade observada em pessoas com síndrome de Down".[60]

Pessoas com síndrome de Down com frequência são afetuosas e sociáveis, ansiosas para agradar e livres de cinismo.[61] Estudos mais extensos indicam que muitas pessoas com síndrome de Down também são teimosas, desafiadoras, agressivas e, às vezes, perturbadas. Além dos desafios físicos que algumas pessoas com SD enfrentam, muitas têm problemas comportamentais, entre eles o transtorno do déficit de atenção com hiperatividade e o transtorno de oposição e desafio; aquelas com casos mais leves tendem à depressão e à ansiedade acentuada.[62] A imagem popular é menos infundada do que incompleta. A experiência de viver com SD não é fácil. De acordo com um estudo amplo e recente, essas crianças têm geralmente "uma visão menos idealizada de si mesmas" e experimentam "exposições repetidas ao fracasso, o que contribui para a incerteza e o 'desamparo aprendido', que por sua vez foi associado à depressão e outros problemas".[63]

As pessoas com síndrome de Down têm energia relativamente baixa e são consistentes em seu comportamento, o que significa que exigem menos de quem cuida delas do que pessoas com muita energia e distúrbios caóticos, como o transtorno bipolar e o autismo. Tanto crianças como adultos com SD correm um risco mais elevado de maus-tratos físicos e abuso sexual.[64] Aqueles que têm problemas de comportamento são internados com mais frequência por suas famílias, porém também são menos propensos a se encaixar bem nessas instituições, porque cansam a equipe de apoio, e é mais difícil sair com eles em público.[65] Tudo isso, obviamente, exacerba os sintomas subjacentes ao seu comportamento.

Existem muitos tratamentos para os sintomas da SD, mas nenhum resolve a própria síndrome. O cromossomo extra não pode ser suprimido ou eliminado, embora exista um trabalho preliminar em terapia de genes para alcançar esse objetivo.[66] Regimes de vitaminas são utilizados para tratar as pessoas com SD desde a década de 1940, assim como anti-histamínicos e diuréticos utilizados para uma finalidade não incluída na bula desses medicamentos, embora nenhum deles tenha demonstrado algum benefício;[67] na verdade, alguns causaram efeitos adversos leves. Além disso, protocolos de cirurgia plástica podem normalizar a aparência de pessoas com SD.[68] Entre esses procedimentos estão um encurtamento pragmático da língua — que, segundo consta, reduz a baba, melhora a fala e ajuda a respirar melhor — e uma vasta gama de intervenções estéticas, como plástica do nariz, remoção de excesso de gordura do pescoço e retificação dos olhos para eliminar sua inclinação. A Sociedade Nacional de Síndrome de Down e outros grupos se opõem a essas medidas, consideradas desnecessariamente dolorosas e até mesmo cruéis — a versão para a SD do alongamento de membros para os anões —, e também se ofendem com o preconceito contra as pessoas que parecem ter Down. Esses grupos gostariam de usar a educação pública para mudar as reações a um rosto com SD, em vez de alterar sua aparência.[69]

Michelle Smith, consultora financeira do Banco Wachovia, é perfeccionista, e não é fácil para os perfeccionistas ter filhos com deficiência.[70] Ela deslocou seu perfeccionismo para a maternidade: se há uma maneira perfeita para lidar com uma criança com deficiência, Michelle Smith a descobriu. Ela até fez um trabalho perfeito de renunciar à perfeição.

Com cerca de quinze semanas de gravidez, Michelle fez um exame de sangue de alfafetoproteína. Sua obstetra disse que o resultado a punha em risco elevado de SD e ofereceu-lhe uma amniocentese. "Eu nem sequer disse ao meu marido que isso era uma opção", ela lembrou. "Entrei em negação completa e total. A pessoa que eu sempre fui teria sido a mãe nova-iorquina supercompetitiva: as roupas certas, o cabeleireiro certo, o emprego certo. Eu via pessoas com deficiência e ficava tão assustada que desviava o olhar. Mas coisas estranhas aconteceram durante minha gravidez. Liguei a televisão aleatoriamente e vi um episódio de *Touched by an Angel* com o sujeito com SD. Eu estava no Home Depot, grávida de oito meses, e uma garotinha com síndrome de Down veio até mim, desacompanhada de pai ou mãe, e pousou a mão na minha barriga. Pensei que alguém estava confiando em mim com essa gravidez."

No parto do filho de Michelle, Dylan, a parteira achou que o pescoço dele era um pouco grosso. Ela buscou o exame de sangue de Michelle. Uma hora mais tarde, disse a Michelle que seu filho tinha síndrome de Down. "Eles o puseram sobre minha barriga e ele me lançou um olhar assustador, que me fez sentir como se ele fosse o sábio e eu a criança", disse Michelle. "Eu me senti intimidada por ele, dessa forma muito bonita."

Michelle estava decidida a não olhar sombriamente para as coisas, mas no início foi difícil; o bebê trouxe à tona todos os seus medos e inseguranças. Quando levou Dylan do hospital para casa, entrou em seu apartamento pela porta dos fundos, porque teve medo do que o porteiro poderia dizer. Quando entrava em um elevador com Dylan, ela deixava escapar seu diagnóstico. "Eu achava que todo mundo estava olhando. Mas estava tudo na minha cabeça."

Segundo Michelle, seu marido, Jeff, não conseguiu lidar com o fato de ter um bebê com SD. "A gente tem uma conversa antes de se casar sobre filhos", disse ela. "Às vezes, sobre o dinheiro; às vezes, sobre religião. Raramente se discute o que você faria com uma gravidez de uma criança com necessidades especiais." Jeff disse que nada disso teria acontecido se Michelle tivesse feito a amniocentese. "Sim, teria acontecido", disse Michelle. "Ele ainda estaria aqui." Jeff passou por oito meses de depressão, e quando começou a sair dela Michelle já havia decidido pedir o divórcio.

Imediatamente após o nascimento, Michelle começou a fazer pesquisas sobre o tratamento para crianças com SD. Ela leu "Welcome to Holland", que a ajudou. "Li onze livros nas primeiras duas semanas. Depois conheci algumas outras mães, que foram a minha graça salvadora. Temos um grupo de quatro e nos chamamos de 'as mães de Down', e são todas mulheres de quem eu seria amiga de qualquer maneira." Elas lhe ensinaram como abrir caminho pela intervenção precoce e tudo o que se seguiu.

Michelle achou uma agência da EI localizada no World Trade Center. Três meses depois do nascimento de Dylan, aconteceu o ataque do Onze de Setembro.

Foi o fim do centro. Enquanto tentava descobrir o que fazer, Michelle sentiu a lutadora que havia dentro dela vindo à superfície. "O coordenador do serviço de sua agência fica entre dar o que você merece legalmente e economizar o dinheiro do Estado. Uma das outras mães disse, quando tive uma reunião ruim: 'Pobre pequena neófita. Vamos, recomponha-se'. Então contratei um advogado especializado em educação especial para ir comigo à segunda reunião. Eu não sei o que alguém pode fazer se é pobre ou inculto com uma criança síndrome de Down, e não sabe nem mesmo o que você não sabe."

Dylan logo mostrou ter problemas que a intervenção precoce não poderia resolver. Tinha crises intestinais recorrentes que o levaram ao hospital várias vezes — 41 idas ao pronto-socorro em seus primeiros onze meses de vida. "Eu tinha um 'cartão de milhagem' do pronto-socorro. Eu ligava e dava entrada a mim mesma." Dylan precisou de três grandes operações; os médicos de Columbia deram-lhe uma chance de 2% de sobrevivência. Jeff e Michelle ficaram na unidade de terapia intensiva com ele durante nove semanas seguidas. "Ele estava ligado em catorze máquinas", Michelle relembrou. "Trouxeram uma 15ª máquina, a de diálise. Sentei-me ali, olhando para ele e pensando: 'Vá embora. Está tudo bem. Eu não posso fazer isso também'. Eu me sentia tão culpada, dizendo que não poderia encarar ver meu filho morrer. O padre veio quatro vezes para dar a unção dos enfermos. Havia mulheres no segundo andar do hospital que ficaram tão abaladas com meu filho que vinham diariamente rezar por ele com o rosário." Enquanto Dylan lutava por sua vida, a síndrome de Down tornou-se secundária. Àquela altura, Jeff também havia superado sua reação negativa inicial. Sua conversão chegou tarde demais para o casamento, mas não para o filho. "Foi somente quando quase o perdemos que Jeff percebeu o quanto o amava", disse Michelle. "Agora eles são inseparáveis. Jeff adora esta criança."

Dylan fez um ano de idade com menos 55 centímetros de cólon e um coração remendado, mas sua saúde física é excelente desde então. "Ele tem um pequeno problema de gases; ele é fedorento, mas quem se importa?", contou Michelle. Dylan reagiu bem à EI. "Eu era uma dessas pessoas que teriam ficado aborrecidas se a pré-escola de meu filho tivesse crianças com necessidades especiais que poderiam atrasá-los", confessou ela. "Então, eu me torno encantadora para as outras mães. A mulher que dirige a creche acredita na inclusão como modo de vida. Ela me ligou na segunda semana de escola e disse: 'Ele tem um problema sério de gases. Não se enganem sobre isso: ele já é diferente. Se ele for agora o garotinho malcheiroso com síndrome de Down, as pessoas não vão querer brincar com ele'. Isso foi brutal, mas lindamente honesto. Achamos Beano, que é uma enzima que controla os gases." Não obstante, Michelle espera que a doçura de Dylan saia vencedora. "Minha avó tem um cachorrinho, e ele estava tentando entender esse filhote. Ele estava com uma peça de seu quebra-cabeça preferido na mão e a deu para o cãozinho. Ele dá suas coisas preferidas. Tem um coração espontâneo."

Michelle tem o fervor de um converso. "Na minha vida antiga, era como se eu estivesse tentando sintonizar FM em um rádio AM. De uma forma estranha, foi preciso que isso acontecesse para que eu pudesse ver do que era capaz. Tive de desenvolver cada atributo em que não era boa por causa dele. Eu levava uma vida superficial e presa ao meu ego, minhas coisas e minha imagem. Era muito crítica, e como posso ser crítica de alguma coisa agora? Devemos compartilhar todos os nossos talentos e dons, mas temos de saber primeiro quais são. Agora, tenho de ajudar as pessoas, em vez de usar meus talentos apenas para ganhar dinheiro."

Michelle aconselha os novos pais, incentivando-os a ficar com seus filhos com SD. No único caso em que o casal deu a criança para adoção, ela ficou arrasada. Perguntei-lhe sobre as pessoas que não compartilham seu dinamismo, sua espiritualidade e seu sentido de missão. "Todos compartilham", disse ela. "Essa é a coisa fantástica que acontece com os pais de portadores de necessidades especiais. Uma coisa que sai com intensidade de você. Sinto uma tremenda força e coragem nessas mulheres. Eu digo a elas o tempo todo: 'Sei que você acha que não sabe o que está fazendo. Confie em mim. Você é a mãe perfeita para esse garoto'." Ela parou por um segundo e sorriu. "Elas devem querer me bater."

Em cerca de 95% dos casos, a síndrome de Down é consequência de uma mutação espontânea, em vez de um gene transmissível, e as pessoas que têm SD raramente se reproduzem.[71] Uma vez que a SD estava entre as primeiras grandes anomalias genéticas para as quais havia exame pré-natal, e uma vez que é a anomalia genética mais comum que pode ser detectada no útero, ela está no centro do debate sobre o aborto. As estatísticas variam, mas cerca de 70% das grávidas que recebem um diagnóstico pré-natal de síndrome de Down hoje escolhem abortar.[72] Ironicamente, nos últimos quarenta anos, as perspectivas para as pessoas com SD melhoraram muito mais do que as de quase qualquer outra anomalia. Pessoas que mofavam em instituições e morriam aos dez anos agora estão lendo, escrevendo e trabalhando. Com educação e cuidados de saúde adequados, muitos vivem mais de sessenta anos; a expectativa de vida nos Estados Unidos para pessoas com SD está em torno de cinquenta anos, o dobro de 1983.[73] Pessoas com síndrome de Down também estão interagindo com um mundo que tem muito mais adaptações para indivíduos com necessidades especiais. O emprego com apoio significa que muitas pessoas altamente funcionais com SD podem encontrar trabalho; a tolerância geral da sociedade significa que alguém com SD que chega a um restaurante ou a uma loja com sua família tem maior probabilidade de ser bem recebido. Em um estudo recente feito no Canadá, perguntaram aos pais de crianças com SD se buscariam uma cura, caso houvesse uma disponível. Mais de um quarto disse que não o faria, e um terço disse não ter certeza.[74]

Esperava-se que o aborto dirigido eliminasse a maior parte da população com síndrome de Down, mas a proporção de pessoas que nascem com SD em um determinado ano aumentou ou permaneceu constante desde que o exame foi introduzido.[75] Essas crianças não estão uniformemente distribuídas por toda a população. Oitenta por cento dos nascidos com síndrome de Down são de mulheres com menos de 35 anos que não fizeram o exame,[76] e muitas delas são pobres, pois as pessoas mais ricas são mais propensas a procurar o exame pré-natal, mesmo que não estejam em uma categoria de risco. Estudos sugerem que entre as mulheres que levam a gravidez até o fim, aquelas com menos vantagens materiais podem ser menos perfeccionistas e ambiciosas com relação a seus filhos e, portanto, aceitam com mais facilidade a dependência permanente de crianças com SD.[77] Algumas agências especializam-se em arranjar adoções de crianças com SD; o diretor de uma delas me disse: "Quisera poder lhe mostrar uma lista das pessoas que já deram seus bebês para mim. Seria parecida com um *Quem é Quem na América*". Mais mulheres que escolhem fazer o exame pré-natal e abortar fetos diagnosticados com SD diminuem a população com SD, enquanto mais mulheres que concebem mais tarde na vida a aumentam. Como as pessoas com síndrome de Down que antes morriam aos dez anos estão vivendo até os sessenta, o número de indivíduos no mundo com síndrome de Down está aumentando; nos Estados Unidos, esse número pode dobrar, entre 2000 e 2025, para até 800 mil.[78]

Em 2007, o Colégio Americano de Obstetras e Ginecologistas recomendou que todas as mulheres grávidas fizessem translucência nucal no primeiro trimestre da gravidez, com a opção de aconselhamento genético e amniocentese ou BVC no segundo trimestre para aquelas com maus resultados na translucência nucal.[79] Grupos de direitos dos deficientes se opõem a esse protocolo; o colunista conservador George Will, que tem um filho com SD, chamou isso de "missão de busca e destruição".[80] Moderados pediram que as pessoas simplesmente sejam mais bem informadas sobre a experiência de ser pai ou mãe de um filho com síndrome de Down.[81] O professor de Stanford, Stephen Quake, que desenvolveu um dos novos exames de sangue para detectar a SD, declarou: "Trata-se de uma simplificação grosseira supor que esses exames levarão à eliminação em grande escala dos nascimentos com síndrome de Down. Um primo da minha esposa tem síndrome de Down. Ele é uma pessoa maravilhosa. Não é uma consequência óbvia que as pessoas vão interromper uma gravidez afetada".[82] Não obstante, os militantes temem que as mulheres que desejem manter a gravidez com SD possam se sentir pressionadas a interrompê-la à medida que o diagnóstico pré-natal ficar mais fácil. As pessoas sem seguro-saúde têm muito mais dificuldade para fazer exames pré-natais, e há quem tema que isso venha a fazer da SD uma condição de gente pobre.[83]

Em contraste, Michael Bérubé salienta que ter filhos com SD poderia se tornar território dos ricos se a triagem pré-natal se tornar universal e os seguros deixarem de cobrir as despesas médicas e educacionais daqueles que ficam com essas crianças.[84] A existência de exames proporciona um imperativo de usar e agir conforme o resultado deles. Um estudo concluiu que as mulheres que não se submetem ao exame pré-natal ou que mantêm uma gravidez que sabem que vai levar a uma criança com deficiência "foram julgadas mais responsáveis, mais culpadas e menos merecedoras de solidariedade e ajuda social após dar à luz uma criança deficiente do que as mulheres que não tiveram acesso aos exames".[85] Essas suposições demográficas parecem se anular mutuamente e apontam para a confusão em torno de problemas como a SD, que pode ser considerada tanto um fardo como um luxo, às vezes pela mesma pessoa. Michael Bérubé escreveu: "Muita coisa depende de se nossas tecnologias servem aos nossos desejos sociais ou nossos desejos sociais são feitos para servir às nossas tecnologias".[86] Em entrevista a um jornal, ele acrescentou: "Os 15 milhões de dólares gastos no novo exame para detectar Down pelo Instituto Nacional de Saúde Infantil e Desenvolvimento Humano poderiam ter ido para a tão necessária pesquisa sobre a bioquímica de pessoas que vivem com a doença".[87]

Exame pré-natal e apoio para pessoas com síndrome de Down não devem ser mutuamente excludentes, assim como os implantes cocleares não devem levar à morte da língua de sinais, ou a vacina para uma doença infecciosa não deve impedir o tratamento de pessoas que a desenvolvem. No entanto, na economia pragmática da medicina moderna, um grama de prevenção é considerado equivalente a uma tonelada de cura. À medida que as técnicas de diagnóstico pré--natal de SD se tornaram mais disponíveis, diminuiu o financiamento para a pesquisa nesse campo. Isso é particularmente trágico, pois o tratamento para os principais sintomas da SD, por muito tempo considerado impossível, é agora um campo cheio de promessas.[88] Em 2006, Alberto Costa demonstrou que o Prozac poderia normalizar o desenvolvimento comprometido do hipocampo em ratos que tinham uma deficiência parecida com Down. Mais tarde, ele descobriu que a memantina, medicamento usado no tratamento de mal de Alzheimer, melhorou a memória em ratos semelhantes, muito provavelmente por aquietar sistemas neurotransmissores que, ele acredita, interferem no aprendizado de pessoas com SD.[89] Em 2009, William C. Mobley, chefe do setor de neurociências da Universidade da Califórnia em San Diego, mostrou que o aumento dos níveis de norepinefrina no cérebro desses ratos possibilitava que eles aprendessem como ratos normais.[90] Em 2010, Paul Greengard, da Universidade Rockefeller, normalizou a aprendizagem e a memória em ratos desse tipo, diminuindo os níveis de beta--amiloide, que também está presente no mal de Alzheimer.[91]

Mobley disse: "Houve uma mudança radical em nossa capacidade de compreender e tratar a síndrome de Down. Houve uma explosão de informações. Há pouco mais de uma década, nenhum laboratório pensaria em desenvolver terapias para a síndrome de Down. Agora estou em contato com nada menos que quatro laboratórios que pesquisam tratamentos". Em comentário publicado no *New York Times*, Craig C. Garner, codiretor do Centro de Pesquisas e Tratamento de Síndrome de Down na Universidade de Stanford, disse: "Trata-se de um transtorno para o qual se acreditava que não havia esperança nem tratamento, e as pessoas pensavam: 'Por que desperdiçar seu tempo?'. Nos últimos dez anos, houve uma revolução na neurociência e agora percebemos que o cérebro é extremamente plástico, muito flexível, e sistemas podem ser reparados".

Tal como acontece com os surdos e seus implantes, e com os anões e o alongamento de membros, essa é outra batalha, dessa vez não tanto para a identidade, mas para a ciência. Se as pessoas com síndrome de Down podem ser normalizadas, devemos pensar com mais cuidado sobre a interrupção da gravidez com SD? Costa disse: "Os geneticistas esperam que a síndrome de Down venha a desaparecer, então por que financiar tratamentos? É como se estivéssemos em uma corrida contra as pessoas que promovem os métodos de rastreio precoce. Se não formos rápidos o suficiente para oferecer alternativas, esse campo de pesquisa pode ser extinto".[92]

Angelica Roman-Jiminez tinha 27 anos quando sua filha Erica nasceu, em 1992.[93] Erica era a primeira filha, e ninguém pensou em fazer amniocentese. Mas quando o bebê nasceu, Angelica percebeu que algo estava errado. "Lembro-me de segurar o braço do médico e dizer: 'Por favor, me diga'. Eu podia ver nos olhos do meu marido que havia alguma coisa." O médico disse a Angelica que seu bebê tinha "síndrome de Down leve", embora não exista nenhuma maneira de avaliar a severidade dos sintomas de Down em um recém-nascido.

Os médicos ofereceram a possibilidade de adoção, mas Angelica não estava interessada; mesmo assim, ela não sabia como contar às pessoas. "Liguei para os meus pais e disse: 'O bebê nasceu com...', e não consegui terminar a frase. Meu pai disse: 'Bem, ela tem todos os dedos das mãos? Tem todos os dedos dos pés?'. Respondi: 'Sim, sim'. Ele disse: 'Seja o que for, vamos lidar com isso'. A gente sempre ouve falar do amor incondicional pelos filhos, não importa o quê. E lá estava ele." O padre lhe disse: "Deus deu essa criança para você por um motivo. Tudo o que vi aparecer no seu caminho você foi capaz de resolver, e isso acontecerá do mesmo modo".

Nem todo mundo teve a elegância de reagir desse jeito. "Muitos de nossos amigos olharam para ela como se fosse a morte", contou Angelica. "Eu não conseguia sair do *por quê*. 'Por que isso aconteceu conosco?' Mas aí você se dá conta: 'Espera aí, ela está viva e precisa do nosso amor e atenção'. Eu ainda queria fazer anúncios do nascimento e enviei junto uma carta descrevendo como nossa vida seria agora." Embora seja católica, Angelica estava trabalhando no escritório da Igreja Episcopal da Trindade, em Manhattan, e uma amiga de uma colega de trabalho tinha um filho com síndrome de Down. "Ela ficou no telefone comigo por mais de uma hora e me falou dos livros que eu devia ler. Disse-me para ficar longe de tudo que fosse anterior aos anos 1980. Para entrar num grupo de apoio aos pais. Foi quando saí daquele 'por quê?'" O fato de Erica ter nascido no mesmo ano em que Jane Pauley apresentou Jason Kingsley em seu programa também ajudou. Imagens de pessoas com SD estavam proliferando, coisa que não acontecia até poucos anos antes.

Dentro de seis semanas, Angelica já havia inscrito Erica em um programa de intervenção precoce. "Quando sua filha nasce com uma deficiência, todos os grandes sonhos e esperanças se desfazem. Quando ela fez um ano, eu olhava sempre para ver se ela estava no mesmo nível das outras crianças do centro. Ela estava lutando com a mão, com suas habilidades motoras ampla e fina. Então, um dia, ela teve coordenação para pegar um biscoito, e eu quis pular de alegria. Alguns anos depois, ela precisou pôr tubos de ventilação nos ouvidos. É claro que queríamos o melhor quanto a isso, porque, se você não consegue ouvir, como é que sua linguagem vai se desenvolver? O médico disse: 'Bom, ela não vai ser perfeita'. Me deu vontade de dizer: como ele se atrevia a dizer aquilo? Ele também nunca vai ser perfeito."

O desenvolvimento da fala estava em andamento. "Ela apontava para o que queria, e nós a incentivávamos: 'Diga-nos o que você quer'. Uma vez, fizeram uma avaliação dela para a escola e a psicóloga me perguntou se Erica fazia sua cama de manhã. Eu disse: 'Bem, não. De manhã estamos sempre com pressa. Eu simplesmente faço isso, e saímos'. Ela marcou no questionário: 'Não lhe dão a chance'. Agora, eu sempre tento lhe dar a chance, seja para fechar o zíper do casaco ou amarrar seu cadarço. Ela é capaz de escrever seu nome, endereço e número de telefone."

Erica luta com a falta de discernimento, como fazem muitas pessoas com SD. "Tentamos ensinar a ela: 'Isso é perigoso, isso não é'. Ela é muito confiante, não tem medo de desconhecidos. Nós lhe ensinamos que, quando encontra alguém pela primeira vez, deve apertar a mão. Temos que explicar: 'Você não pode abraçar todo mundo. Nem todo mundo é bom'." Angelica estava com uma expressão séria. "Ela não recebe telefonemas. Não recebe muitos convites para festas. Nós a levamos em programas com outras crianças deficientes que têm aulas de balé e música. Sinto que essas outras crianças com necessidades especiais são suas companheiras. Quero que ela tenha um amigo que esteja passando pelas mesmas coisas que ela. Criei um grupo de escoteiras para meninas excepcionais. Temos meninas que são autistas, meninas com síndrome de Down, meninas em cadeira de rodas."

Esse trabalho ocupa uma grande parte do tempo de Angelica. "Também tenho uma filha mais nova, Leah, que está na pré-adolescência e às vezes se preocupa com a maneira como os outros a veem. 'Será que vão me aceitar, se tenho uma irmã com necessidades especiais?' Nós dizemos a Leah: 'Não há nada para se envergonhar. É assim que ela nos foi dada por Deus'." Erica não dá sinais de saber que poderia ser percebida como um embaraço. "Ela sabe que não consegue correr tão rápido quanto as outras crianças. Ou que ela não consegue pular corda da maneira que outras pessoas fazem. Mas nunca me perguntou por quê. Erica é do tipo 'Se você é bom para mim, eu serei boa para você'. Parte de mim quer que ela seja consciente, e outra parte diz: Bem, se ela for consciente, não será feliz."

Angelica procurou desde o início encontrar significado em sua experiência, e passou a ver a deficiência de Erica como uma ocasião para seu próprio crescimento moral. Quando a menina estava com nove anos, ela teve câncer de mama. "O fato de ter Erica me fez mais forte para lidar com aquilo. Eu me tornei essa pessoa mais forte por causa dela." A Igreja da Trindade fica a poucos quarteirões do Marco Zero, e Angelica estava lá no Onze de Setembro. Ela manteve a calma no meio do caos, e também por isso agradece a Erica. "Mais cedo ou mais tarde, Deus faz essas coisas acontecerem a nós, porque talvez o nosso papel seja o ajudar os outros e crescer com essa experiência", disse ela. "Acho que essa é minha missão agora, deixar as pessoas saberem e convidá-las para vir à minha casa, para ter conversas. Eu não pude deter os aviões. Não pude deter minha doença ou o problema dela. Você não pode deter o futuro."

Em seu livro de memórias, *Expecting Adam* [Esperando Adam], Martha Beck escreve: "Se você recordar a biologia do ensino médio, talvez lembre que uma espécie é definida, em parte, pelo número de cromossomos em cada indivíduo. O cromossomo extra de Adam o torna tão diferente de mim quanto uma mula é de um burro. Adam não faz menos do que uma criança 'normal' de sua idade faria: ele faz coisas diferentes. Ele tem prioridades diferentes, gostos diferentes, insights diferentes".[94] Beck escreve sobre as transformações que seu filho provocou em sua vida. "O imediatismo e a alegria com que ele leva a vida faz com que as grandes conquistas dos outros pareçam um desespero silencioso. Adam desacelerou-me a um ponto em que percebo o que está diante de mim, seu mistério e beleza, em vez de abrir meu caminho a porradas através de um labirinto de requisitos difíceis em direção a rótulos e realizações que não contêm nenhuma alegria em si mesmos."

As crianças com síndrome de Down tendem a conservar o que os especialistas chamam de "rosto de bebê". Elas têm "nariz pequeno e côncavo, com uma ponte afundada, feições menores, testa maior e queixo mais curto, bochechas mais cheias e queixo mais redondo, resultando em um rosto mais redondo".[95] Um estudo recente descobriu que tanto o registro como as variações de altura com que os pais falam com seu filho com SD se assemelhavam a padrões de voz que usam para falar com bebês e crianças pequenas. Assim, a infantilização vem de pais que não acham que estão fazendo isso, em reação a uma estrutura biológica facial que podem de forma não consciente registrar como significativa. A desigualdade intelectual impõe certos limites na intimidade para os pais, mas os estudos mostram que os pais de crianças com SD passam muito mais tempo com seus filhos do que a maioria dos pais passa com filhos normais.[96]

Outros estudos mostram que, em média, as crianças são mais amáveis, mais generosas e menos hostis para com os irmãos com síndrome de Down do que em relação a irmãos de desenvolvimento comum.[97] Elas também são mais compassivas e maduras. Isso segue sendo verdade ainda que irmãos de crianças com retardo mental possam sofrer ostracismo social e tenham risco elevado de problemas emocionais e psicológicos. As relações entre irmãos com e sem SD são calorosas e cordiais, sem a volatilidade das relações entre iguais. A brincadeira entre irmãos com e sem Down é mais hierárquica e pode conter menos riso. No entanto, escrevendo na revista *Newsweek* sobre seu irmão com SD, Colgan Leaming disse: "Meu irmão não é sua deficiência. Ele é um adolescente que adora esportes e PlayStation, que se preocupa um pouco demais com seu cabelo e é um pouco confiante demais, que é gentil com todas as pessoas que conhece, que faz você rir tanto que sua barriga dói. Ele é um garoto como qualquer outro. Kevin não tem 'necessidades especiais'. Tudo o que ele precisa é de uma chance".[98]

As reações dos irmãos podem se basear na minimização da deficiência, ou na celebração dela, ou ainda em uma combinação das duas atitudes. A escolha tem algo a ver com a dinâmica de determinada família, e algo a ver com a gravidade dos déficits da pessoa afetada. É fácil se concentrar nas histórias de indivíduos com síndrome de Down que funcionam muito bem, cujos pais têm um grande prazer ao ver como são inteligentes e bem-sucedidos dentro dos parâmetros da doença. Porém, levando em conta quão pouco essas crianças têm probabilidade de atingir em comparação com as crianças normais, universalizar inteligência e realização como medida de valor é, de certa forma, negar quem elas são.

Elas não são tão brilhantes e não podem alcançar muito pelos padrões gerais, mas têm virtudes reais e são capazes de realização pessoal. Muitos pais de filhos com SD iniciaram suas conversas comigo dizendo como seus filhos eram bem funcionais, e comecei a me perguntar por que eu só via pais desse tipo de criança. Quando comecei a falar com seus filhos, descobri que alguns deles eram extraordinariamente inteligentes e avançados para sua condição, e que muitos outros tinham algumas coisas em que se destacavam, a partir das quais seus pais generalizavam. A percepção de alta funcionalidade pelos pais com frequência excedia o nível real de realização dos filhos. Sem exceção, esses pais relatavam que seus filhos se esforçavam para agradar-lhes. Teimosas e intratáveis quando empacadas em uma ideia, as crianças tinham, no entanto, um entusiasmo, não tão típico dos outros distúrbios examinados neste livro, que era infinitamente comovedor para seus pais. As crianças com síndrome de Down são famosas por sua natureza doce, mas sua característica menos divulgada é que são altamente leais.

Adam Delli-Bovi está na extremidade inferior da funcionalidade da síndrome de Down e também foi diagnosticado com autismo.[99] Aos 26, tinha idade mental de uma criança entre quatro e cinco anos, e conhecê-lo, depois de ver Jason Kingsley falando na Barnes & Noble, tornou difícil acreditar que tinham o mesmo problema.

Susan Arnsten-Russell, a mãe de Adam, tinha 22 anos e morava em Ithaca, no estado de Nova York, quando descobriu que estava grávida: "Era no final dos anos 1970, as pessoas estavam numas de vida alternativa. Eu sabia que queria filhos e, já que não estava fazendo nada, deixei acontecer". Os pais arranjaram-lhe às pressas um casamento. Seu marido, Jan Delli-Bovi, tinha um sobrinho com síndrome de Down, mas nunca lhes ocorreu fazer um exame genético. Adam foi diagnosticado um dia após o nascimento. "Não houve um único momento em que eu tenha pensado em dá-lo para adoção", contou Susan. "Comecei a procurar logo um modo de poder usar esse desafio para algo bom. Não me dei tempo para lamentar. Meus pais acharam que era uma tragédia, então tive de transformar aquilo exatamente no oposto. Eu era muito jovem aos 22 anos." Susan candidatou-se à renda de seguridade suplementar federal para Adam. Quando o primeiro cheque chegou, ela usou-o para se inscrever em um curso de pós-graduação na Universidade Cornell chamado Aprendizagem e Crianças. Passou a se dedicar também a um trabalho voluntário numa creche e se envolveu com a EI.

A pesquisa e a aprendizagem de Susan foram cruciais. "Uma criança comum aprende sozinha. Ela aprenderá, não importa o que você faça", disse Susan. "Mas com Adam era preciso levar o ensino até ele, e ele te encontraria talvez a um quarto do caminho." Pouco depois de seu primeiro sorriso, um fisioterapeuta percebeu que ele estava tendo espasmos estranhos, e Susan o levou para fazer um eletroencefalograma, que mostrou constantes espasmos mioclônicos, que podem causar retardo grave. Susan e Jan aplicaram em Adam seis semanas de injeções de ACTH, um hormônio relacionado ao estresse. Eles consultaram um neurologista porque Adam parecia estar sofrendo demais com as injeções. O neurologista disse: "Se alguma cura há de vir, virá de Adam, e a melhor coisa que vocês podem fazer é rezar".

"Havia uma comunidade muito forte nesta cidade chamada Família", relembrou Susan. "Todos eles tinham nomes que seu líder lhes tinha dado, como Liberdade, Grato, Procurado, Oceano, Estadia. Eles começaram a fazer círculos de cura para nós. Tinham um terreno maravilhoso com uma lagoa maravilhosa, onde ficávamos nus com nossos bebês e todo mundo nadava e conversava. Eles vieram com ideias sobre como a alma dele estava tentando decidir se ficaria no mundo. Mesmo quando recém-nascido, você tem de se comprometer a se envolver no mundo, e ele não parecia ter se decidido a respeito quando chegou aqui."

Quando Susan levou Adam novamente ao médico, os espasmos tinham sumido. No entanto, ele tinha infecções persistentes das vias respiratórias superiores, e estava quase surdo do ouvido esquerdo. Sua visão era fraca e um de seus olhos vagava. Durante um tempo, ele usou um tapa-olho e, mais tarde, óculos com lentes potentes. Quando Adam completou um ano, a mãe de Susan comprou-lhe um fantoche de cachorro, e ele o adorou mais do que todas os seus outros brinquedos. "Então, ele começou a desenvolver todos aqueles comportamentos estranhos", contou Susan. "Ele adorava segurar as coisas e olhar fixamente para elas. Então, eu agia com verdadeira maldade. Pegava o boneco e punha na outra ponta do corredor. Cara, ele rastejava, rastejava, rastejava, até agarrá-lo. Eu levava o boneco para longe e ele ia atrás de novo. Então comecei a pôr o boneco em caixas transparentes para que ele pudesse vê-lo e tivesse de descobrir como tirá-lo de lá."

Susan e Jan conceberam outro bebê — "assim Adam teria companhia", disse Susan. Taciturna, desconfiada, linda e cheia de intensidade, Teegan é ferozmente leal ao irmão. Adam frequentou o sistema público de ensino em seus primeiros anos, e Teegan o defendia o tempo todo. "Se os professores não o entendiam, eu tentava fazê-los entender", contou. "Eu ia para sua sala de aula no período da manhã e ficava por lá até estar quase atrasada para minha própria aula. As gozações eram muito mais perturbadoras para mim do que para ele. Em grande parte do tempo, acho que ele nem percebia." Teegan sempre levava os amigos em casa para ver seu irmão. "Eu utilizava o modo como interagiam com Adam como uma medida do caráter deles."

Àquela altura, Susan e Jan já haviam se separado, e Susan estava se esforçando para pôr Adam em uma nova escola. "O outro lado da intervenção precoce é que ela cria expectativas e pressões", disse ela. "Você vê todos aqueles garotos maravilhosos, como Jason Kingsley, ou aquele que costumava aparecer em *Life Goes On*. Hoje, acho que Adam atingiu seu potencial máximo, mas naquela época eu achava que talvez ele não estivesse indo tão bem quanto os outros porque eu não estava fazendo tanto quanto os outros pais. Nesse grupo pequeno de crianças com síndrome de Down aqui em Ithaca, ele era o mais lento." Susan concordara com a inclusão porque era o que todo mundo estava fazendo, mas Adam sabia que não se encaixava; um dia ele tirou toda a roupa durante uma aula de matemática. "As crianças precisam estar em lugares onde se sintam bem-sucedidas, onde tenham pares", disse Susan. "Sim, elas precisam de modelos, mas também precisam ser modelos." Seus pais descobriram um acampamento de verão para crianças com retardo mental de moderado a grave, para onde Adam vai todos os anos desde então, e onde seu nível relativo de funcionalidade é suficiente para que possa ajudar os outros.

Susan crescera em um lar judeu não muito religioso. Ela tinha afeição pelo judaísmo como cultura, mas um conhecimento limitado da fé judaica. Um dia, Teegan disse que queria saber mais sobre o judaísmo. Susan foi à sinagoga mais próxima para inscrever Teegan na escola dominical e começou a levar os dois filhos aos serviços religiosos. "Ele adora rotina", disse Susan. "Ele ama horários, os rituais, o canto. O judaísmo funciona de verdade para nós porque tem essa natureza de luta e mística embutida." Das muitas pérolas de filosofia judaica que cita, ela apoia-se em especial na noção talmúdica, elaborada a partir de Êxodo 37,9, de que Deus existe no diálogo.[100] "Na Torá, descrevem a construção de uma enorme tenda no deserto, e em cima do veículo que transporta as tábuas põem dois anjos, um de frente para o outro, porque é ali que Deus existe, entre as pessoas. No dia em que Adam nasceu, minha vida ganhou um propósito, que se mantém desde então. Deus existe entre nós. Eu soube disso logo depois que ele nasceu, mas o judaísmo me deu um vocabulário para isso."

Adam conseguiu memorizar hebraico suficiente para um bar mitsvá. Pouco tempo depois, Susan conheceu William Walker Russell III, um engenheiro de som branco, anglo-saxão e protestante, que tinha um estúdio de gravação em uma antiga igreja, e quando ele a viu interagindo com Adam apaixonou-se por ela. Ele relembrou: "Susan disse: 'Eu sou mãe de dois filhos, um tem síndrome de Down e vai ficar comigo para sempre. Nunca estaremos os dois sozinhos'.". Susan e Will se casaram seis meses depois. "Adam começou a querer se vestir como eu desde o início; isso era incrivelmente elogioso para mim e incrivelmente embaraçoso para sair em público", contou Will. "É tipo: estou vestindo jeans, cinto de couro marrom e camisa oxford branca de colarinho abotoado da Gap. Ele está usando exatamente a mesma coisa. Eu imaginei que estava sendo aceito."

O casamento de Susan e Will coincidiu com o início da adolescência de Adam. A adolescência é um desafio para qualquer garoto de catorze anos, mas é ainda mais difícil para alguém que tem, sob muitos aspectos, quatro anos e meio de idade. "Will enfrentou a fase da testosterona", contou Susan. "De repente, Adam decidia destruir o lugar. Ele acionava os alarmes de incêndio." Segundo Will, "Adam estava testando seu poder pessoal. Quando um garoto de quatro anos se comporta mal, você o agarra e o leva para o quarto dele. Adam não é portátil para Susan. Assim, ela desenvolveu uma maneira de falar, mostrando uma paciência inacreditável, e passava o tempo que fosse necessário negociando. Uma vez, ele estava chutando e cuspindo. Eu cheguei por trás dele, numa contenção amorosa, agarrei-o e o levei para seu quarto no andar de cima. Lembro da expressão no rosto de Adam — o que acabou de acontecer? Ele parou rapidamente com aquele comportamento".

Susan adora dançar e começou a fazer improvisação de contato, que deriva da crença de que a dança é uma forma de comunicação. Um coletivo de dança chamado Dança Nova Inglaterra promove uma sessão semanal em que as pessoas podem dançar descalças e em estilo livre, num ambiente acolhedor e sem bebidas alcoólicas. Havia muito tempo que Susan percebera que a maior parte de sua comunicação com Adam era não verbal, por isso essa comunidade teve uma ressonância especial para ela. "Outras pessoas com síndrome de Down são muito sociáveis, muito extrovertidas", disse Susan. "Ele, não tanto. Um grande motivo de eu gostar das formas de dança que faço é que elas lhe dão uma maneira de interagir e se conectar com as pessoas sem ter de conversar." Todos os verões, o coletivo aluga um local no Maine junto a um lago onde o uso de roupas é opcional para duas semanas inteiras de dança, com uma forte ênfase na construção da comunidade e no voluntariado. Adam trabalha todos os dias durante duas horas na cozinha. "Todo mundo usa roxo", contou Susan. "É um lugar muito agradável e positivo para nós. É um momento em que tudo que Adam aprendeu durante o ano se funde e o prepara para o ano seguinte."

Quando estava na nona série, Teegan contraiu mononucleose e passou um longo período em casa, sob os cuidados da mãe. "Um dia, do nada, ela me disse: 'Você sabe que eu sempre terei um lugar para Adam onde quer que eu more'. Quando ela disse isso, comecei a pensar sobre uma equipe de apoio para Adam, e que ela é uma parte voluntária dessa equipe. Ela chegou a isso por conta própria." Para Teegan, isso sempre foi óbvio. "De certa forma, sempre fui a irmã mais velha", disse ela. "Às vezes eu ficava aborrecida por ter de cuidar dele em uma determinada noite. Mas nunca desejei uma vida sem ele. Seu agradecimento tem a forma do amor, mais do que a da gratidão. Eu sei que ele me ama, e é o bastante. Eu não trocaria isso por nada no mundo."

Will teve dificuldades com a dinâmica familiar existente: "A dupla principal é sempre Susan e Adam. Se Susan e eu estamos conversando e Adam interrompe, nossa conversa para, e houve momentos em que me ressenti disso". A maior tensão que aconteceu quando Will passou a viver na casa dizia respeito ao som. O maior prazer na vida de Adam são as músicas dos espetáculos da Broadway. Pouco tempo depois que o conheci, ele se ofereceu para cantar para mim. Seu canto é um zumbido monótono entusiasmado, como um refrigerador amplificado. Ele costuma cantar junto com seus discos preferidos, que ouve sem parar, em volume alto. Will é um engenheiro de som cuja vida está em seus ouvidos. Adam finalmente concordou em não cantar no carro quando Will estava dirigindo; Will descobriu como lidar com o som em casa. Quando pedi a Teegan para descrever a vida com Adam, ela disse "lenta". Will concordou: "Depende do ritmo de Adam. É como quando você está andando com uma criança de quatro anos — você desiste das suas prioridades. Eu aprendi que ninguém diz que uma porca tem de ser apertada em trinta segundos. Se for apertada em cinco minutos, dá no mesmo. Adam é o meu mestre zen".

Adam concluiu o ensino profissional e depois entrou em um programa de trabalho, colando etiquetas e selos e lacrando envelopes; quando isso não funcionou muito bem, começou a trabalhar como voluntário em uma cozinha comunitária, onde põe o sal e a pimenta nas mesas e enrola os talheres em guardanapos. "Ser útil é um dos seus valores", disse Susan. "Uma das outras mães com filhos com SD me contou que ela disse ao filho que iria levá-lo para fazer alguma coisa, mas ele tinha de ser como Adam. 'Adam está sempre sorrindo e ouve sua mãe, e se você concordar em ser como ele, eu levarei você comigo'. Assim, sempre que o garoto começa a agir de forma um pouco perturbadora, ela pergunta: 'Você está sendo como Adam?'. Funcionou. Adam é um modelo. Para um garoto que é mais inteligente do que ele."

Adam não tem permissão para assistir televisão ou ver vídeos no Shabat, então ele ouve CDs de musicais da Broadway em fones de ouvido. No jantar, na noite de sexta-feira, ele abençoa o pão. Também faz a lavagem ritual das mãos. Depois, toma um banho de água mineral; ele adora banhos, mas como é propenso a pegar doenças de pele causadas por fungos, não pode tomá-los no resto da semana. "O uso da privada ainda é um problema, então o submetemos a um horário", contou Susan. "Eu gostaria de fazer com que ele ouvisse mais o seu corpo; ele tem acidentes, às vezes. Temos de lidar com sua idade mental."

Eu estava curioso sobre o que significa na verdade *idade mental*. "Se você pensar sobre o grau de supervisão que tem de dar a uma criança de seis anos, ou o que uma criança dessa idade pode fazer, é disso que Adam precisa", disse Susan. "Pode ser mais parecido com cinco e, em alguns aspectos, mais com quatro. Porque crianças de seis anos geralmente são capazes de ler mais do que ele, de dar telefonemas e saber o que fazer em caso de emergência. Se a casa estiver em chamas e ele estiver assistindo TV, ele não vai sair. Talvez quando ficar muito, muito quente. Ele sabe atravessar a rua quando o semáforo diz 'ande', mas não sabe olhar ao redor e ver que um carro pode estar dobrando a esquina. Se deixamos Adam aos cuidados de alguém, eu digo: 'Imagine alguém que teve cinco anos de idade durante dez anos'. Ele é o Senhor Prestativo em casa: faz todas essas coisas que uma criança de cinco anos de idade nunca teria tempo suficiente para aprender." Teegan acrescentou: "Se você reunir um grupo de crianças com seis anos de idade, elas terão uma gama muito maior de capacidade do que qualquer uma com seis anos sozinha. Um poderá ter crescido com pais que trabalham na cidade, então ele sabe sobre computadores. Outro cresceu no campo e conhece todos os tipos de plantas silvestres, e sabe encontrar seu caminho na floresta. Se você mantiver alguém no nível de seis anos por tempo suficiente, ele se expandirá lateralmente. É isso o que ele está fazendo".

Susan parou de tentar resolver as contradições que a vida dela com Adam traz à tona. "Quando ele nasceu, a coisa mais importante para mim era que eu queria que ele fosse capaz de se comunicar. Agora sei que até as pessoas que não falam podem se comunicar." Em um aniversário, Susan comprara para Adam um chapéu de feltro preto, como os que eram usados no musical *Um violinista no telhado*. Ela comprara um CD com seleções da Broadway e a música favorita de Adam era "One", de *A Chorus Line*. No final de um dia em Ithaca, Adam disse que tinha algo para me mostrar e sentei-me na sala. Ele fez Susan achar seu chapéu, pôs o CD para tocar e os dois fizeram uma pequena imitação da dança de Michael Bennett em *A Chorus Line*, levantando os chapéus, girando ao redor, chutando nos momentos certos. Adam havia, de algum modo, aprendido os movimentos, e com um mínimo de estímulo de Susan fez a coisa toda, um pouco sem jeito, mas com charme. Olhando para aquele cabaré privado, fiquei impressionado com a insistência de Susan na dança como meio de comunicação, e pensei que o que a casa inteira tinha conseguido era intimidade. A crença genuína de Susan de que a felicidade era um conceito fluido parecia encher a sala com amor.

Nos Estados Unidos, cerca de três quartos das pessoas com deficiência intelectual vivem com os pais.[101] "O desejo natural dos pais de educar os filhos durante seus anos de crescimento deve ser especialmente encorajado para crianças cujo progresso é medido em centímetros", observa um estudo. "Sempre que as famílias decidem que não podem mais suportar o fardo do cuidado, a transição para uma internação em residência deve ser facilitada. O fortalecimento de pessoas com deficiência não pode ignorar aqueles que oferecem cuidados dia a dia."[102] A probabilidade de internação de crianças mais jovens com SD depende da gravidade de sua deficiência, do grau em que seu comportamento perturba a família e da capacidade dos pais para suportar o estresse de um filho deficiente.[103] Os irmãos podem precisar de atenção, que seus pais não podem dar quando alguém mais carente ocupa o foco; esses mesmos irmãos podem ficar profundamente angustiados pela internação de um irmão ou irmã, sentindo-se também vulneráveis ao exílio.[104]

Um estudo mostrou que quase 75% dos pais relataram sentimentos de culpa após a internação; metade disse que sentia culpa "constantemente" ou "todos os dias". Muitos sentem que ela reflete um fracasso no papel de pais. Quando a criança que foi internada chega em casa para visitá-las, as famílias costumam se sentir contentes e estressadas; quando a criança volta para sua residência, sentem-se tristes e aliviadas. Sentem-se pior se o filho está em uma instituição pequena, ainda que esse tipo seja em geral mais humano; instituições pequenas lembram casa, e a semelhança força os pais a reavaliar continuamente a decisão de mandar o filho para longe. Quando o cuidado é prestado por uma equipe pequena, alguns pais querem competir com ela. Com muita frequência, os pais relatam que a internação tornou mais fáceis sua vida funcional, mas não sua vida emocional. Não obstante, raramente trazem de volta os filhos que internaram; a tendência é manter qualquer decisão que tenham tomado. Os pesquisadores observam sentimentos positivos dos pais em relação à internação depois que internaram o filho; do mesmo modo, notaram sentimentos positivos nos pais que decidiram manter os filhos em casa. Em algum grau, as pessoas que ficarão mais felizes com uma internação têm maior probabilidade de internar os filhos, e as pessoas que estarão mais felizes com os filhos em casa tendem a mantê-los consigo. Em última análise, trata-se de resolver uma dissonância cognitiva: as pessoas ajustam os comportamentos para se adequar às decisões, de modo a evitar o conflito interno.[105]

A internação é um processo, não uma decisão tomada da noite para o dia. Separações preliminares, mediante o uso de serviços de substituição por algumas horas das pessoas que cuidam da criança e programas de um dia ou de fim de semana podem permitir que os pais explorem como vão se sentir com a internação; essas medidas podem também possibilitar que os pais adiem a internação ao aliviar um pouco a carga de cuidados. Além da adaptação psicológica gradual à internação, os pais enfrentam desafios práticos, como pesquisar as instalações adequadas e descobrir como se inscrever para uma vaga nas preferidas. Uma pessoa que trabalhou sobre esse tema contou que uma mãe lhe disse: "Eu jamais poderia pôr meu filho em um lugar desses!".[106] Dois anos depois, ela o internou exatamente no mesmo lugar que tanto a horrorizara. "Ligar para o Centro Regional foi o telefonema mais assustador que já dei", contou uma mãe.[107] Muitas pessoas com síndrome de Down são internadas entre dezoito e 21 anos, idade em que os filhos comuns estão saindo das casas de suas famílias; alguns especialistas acham que a criação de uma trajetória de vida que imita as fases das pessoas comuns é vantajosa.[108]

A proporção de crianças e jovens em instituições diminuiu em cerca de três quartos, mas o número total de pessoas em instituições subiu porque a expectativa de vida aumentou.[109] Embora ainda existam grandes instituições estaduais em 39 estados, a maioria delas deu lugar a uma vasta gama de instituições menores, mais acolhedoras, de base comunitária. Mais da metade dos pais visita apenas uma instituição, onde interna o filho às vezes por razões geográficas, mas com frequência sem levar em conta a variação da qualidade dessas instituições.[110] Em 2011, o *New York Times* noticiou maus-tratos horríveis em instalações residenciais em todo o estado de Nova York.[111] "Funcionários que abusavam sexualmente, batiam ou zombavam dos residentes quase nunca eram demitidos, mesmo depois de repetidas transgressões", afirmou o jornal. "Os registros estaduais mostram que, de cerca de 13 mil denúncias de maus-tratos feitas em 2009 dentro de lares estaduais ou licenciados pelo estado, menos de 5% foram encaminhadas à justiça. Um obstáculo complica qualquer esforço para tomar medidas contra funcionários acusados de maltratar as pessoas que estão sob seus cuidados: as vítimas muitas vezes não conseguem falar ou têm deficiência cognitiva grave. As autoridades locais apontam esse motivo para explicar a falta de julgamento dos casos. Mas outro fator parece influenciar. Em muitos casos, as pessoas com desenvolvimento deficiente não têm famílias ativamente envolvidas em suas vidas e, portanto, não contam com advogados." Esses maus-tratos marcam de maneira profunda a experiência de famílias que estão às voltas com a decisão de internar. Embora a média dos gastos com habitação e tratamento para as pessoas com deficiência intelectual nos Estados Unidos seja de 380,81 dólares por pessoa por dia, a quantia real varia bastante de estado para estado e até de condado para condado.[112]

As famílias costumavam ser aconselhadas a se desapegar emocionalmente dos filhos que internavam. Agora, muitas permanecem muito envolvidas; a internação fora de casa não significa abandono pela família. A maioria visita o internado pelo menos uma vez por mês e fala com ele por telefone com mais frequência. Muitos pais querem estar presentes para realizar uma transição progressiva e evitar o "trauma de transferência". "O momento para levar um adulto jovem para uma residência coletiva é quando você ainda está por perto", aconselhou Elaine Gregoli. "Ouvi histórias de horror de pais que têm pessoas de quarenta ou cinquenta anos em casa. Então, os pais morrem, e essas pessoas de meia-idade têm de ir para um novo ambiente, onde lhes pedem para fazer coisas para as quais nunca foram treinadas." Muitos pais aposentados que ainda cuidam dos filhos com SD os descrevem como um conforto em um mundo onde muitas pessoas idosas estão isoladas e sem propósito na vida.[113] No entanto, a maioria das pessoas com SD acabará por precisar de algum tipo de assistência externa, a menos que seus pais sobrevivam a elas, ou irmãos ou amigos as assumam; poucas são capazes de viver de forma totalmente independente. Cerca de três quartos das pessoas com síndrome de Down que ainda estão em casa quando os pais morrem são levadas para internação residencial.[114]

Algumas pessoas com SD se desenvolvem em casa e outras fora de casa, o que reflete a personalidade delas e a natureza de suas famílias. Viver em casa significa ter um ambiente familiar e, idealmente, mais amor. Porém, adultos com SD que vivem com os pais podem sentir falta de contato com seus semelhantes e uma considerável solidão. À medida que ficam mais velhos, esses indivíduos têm menos coisas para fazer fora de casa e tendem a não desenvolver a capacidade de fazer amizades. Um pai da zona rural da Pensilvânia, trabalhador da construção civil, contou que a filha havia sido feliz até o ensino médio; fora líder de torcida e membro da equipe de recepção da festa para ex-alunos, rodeada de amigos. Depois que se formou, no entanto, seus colegas de turma foram para a faculdade ou passaram a ter vidas ocupadas, e o pai acabou levando-a junto com ele em seu caminhão todos os dias. Ela trabalhava na Walmart algumas horas por semana e não tinha vida social. Vivia para os dois bailes anuais da Arc.[115] Em um estudo recente, apenas cerca de um quarto dos adultos com SD que viviam em casa era capaz de nomear um amigo que não fazia parte da rede social de seus pais.[116]

Ao lado das memórias escritas por pais, existem cada vez mais aquelas escritas por pessoas com síndrome de Down, que constituem um movimento vital de autodefesa. Existem hoje mais de oitocentos grupos de autodefesa nos Estados Unidos, e seus membros dirigem-se a legisladores, assistentes sociais e pais. Muitos deles estão organizados sob a bandeira da People First, uma organização internacional de autodefesa fundada na Suécia em 1968.[117] Em 1973, o primeiro encontro norte-americano aconteceu em Vancouver, onde "deficientes mentais" se reuniram em uma conferência chamada Que Possamos Ter Escolha. A People First está presente em 43 países e tem uma adesão estimada em cerca de 17 mil pessoas. Seu site explica: "Acreditamos que, se podemos aprender a falar em nossas reuniões e entre nós, podemos aprender a falar com qualquer um sobre as coisas que são importantes para nós. Falamos com nossos pais, nossos provedores de serviços, nossos assistentes sociais, com conselhos municipais e prefeitos. Conversamos com legisladores e comissões legislativas, com governadores e até com o presidente. Ainda que, às vezes, possa ser difícil nos entender, as pessoas nos ouvem porque sabem que nós sabemos do que estamos falando".[118] O fato de pessoas com deficiência intelectual terem se organizado nessa escala, mesmo com ajudantes, é impressionante, em especial quando se leva em conta o prognóstico para SD até poucas décadas atrás.

Até o final da década de 1960, ninguém com SD alcançara destaque de qualquer tipo, mas desde então surgiram atores, ativistas, escritores e artistas com esse problema. A primeira publicação importante de alguém com SD foi *The World of Nigel Hunt: The Diary of a Mongoloid Youth* [O mundo de Nigel Hunt: diário de um jovem mongoloide], publicado no Reino Unido em 1967.[119] Hunt era filho de um diretor de escola que, com sua esposa, tentou educar Nigel como qualquer outra criança e o incluiu nas aulas comuns de sua escola. O livro de Nigel reconta sua vida cotidiana, com referências comoventes à doença e à morte de sua mãe. *Count Us In*, de Jason Kingsley e Mitchell Levitz, é um relato alegre e às vezes engraçado de suas vidas, que inclui descrições dos desafios específicos que enfrentaram.[120] Em 2000, Windy Smith, que tem SD, dirigiu-se à Convenção Nacional do Partido Republicano, em Filadélfia, lendo em voz alta uma carta que enviou a George W. Bush;[121] ela veio a participar da Comissão Presidencial para Pessoas com Deficiência Intelectual do Departamento de Saúde e Serviços Humanos. Muita gente ponderou se isso representava uma manipulação exploradora da campanha de Bush e um crítico a chamou de "a peça mais grotesca de teatro político que já vi".[122]

Por um longo tempo, a pessoa mais notável com síndrome de Down foi o ator Chris Burke, que estrelou o programa de tevê *Life Goes On* [A vida continua], mas houve muitos outros, entre eles, Judith Scott, artista que trabalhava com fios, fibras e tiras de pano e que morreu em 2005, e Luke Zimmerman, um jovem ator da série de TV *A vida secreta de uma adolescente americana*, que também foi jogador de futebol na escola Beverly Hills High. Na Alemanha, Rolf "Bobby" Brederlow é um ator de considerável sucesso. Lauren Potter aparece no sucesso *Glee*, da Fox, como uma líder de torcida com SD e tem sua própria página de fãs no Facebook.[123] Arden Moulton contou que estava com Chris Burke e estranhos pediam-lhe um autógrafo: "Foi uma experiência espantosa. Ele era primeiro um astro, depois uma pessoa com deficiência". O efeito é incontestável. Uma jovem muito senhora de si mesma disse-me, a título de introdução: "Eu tenho síndrome de Down, como Chris Burke".

As pesquisas sugerem que as pessoas com síndrome de Down talvez tenham mecanismos de aprendizagem diferentes dos das crianças comuns, e novos estudos estão examinando se seus pontos fortes — que incluem, por exemplo, excelente memória visual de curto prazo[124] — podem ser aproveitados para possibilitar que elas aprendam mais, melhor e mais rápido. Uma vez que retêm as informações visuais com mais rapidez do que a informação auditiva, ensiná-las a ler o mais cedo possível é muito importante e pode desempenhar um papel maior no desenvolvimento de sua linguagem do que para crianças comuns. Muitos memorialistas, entre eles Michael Bérubé e Martha Beck, sugerem que seus filhos têm formas de inteligência que não se encontram em testes de QI — ilhas de insight, habilidades e até mesmo uma sabedoria que lhes ocorre com facilidade surpreendente.

No livro de memórias sobre seu filho Ned,[125] Greg Palmer diz que ele gosta de interagir com pessoas sem deficiência e conversar com elas; a ideia de isolá-lo entre outras pessoas com retardo mental é assunto proibido para Greg. Por muitos anos, os Palmer evitaram dizer ao filho que ele tinha SD, e quando finalmente deram a notícia, ele disse: "Acho um pouco difícil acreditar nisso". A incapacidade para compreender suas limitações era um dos indicadores de seu despreparo para a vida no mundo. Como muitos outros indivíduos com SD, ele tem uma mistura intrigante de habilidades notáveis — é capaz de tocar vários instrumentos musicais e escreve boa poesia — e limitações agudas — é incapaz de pegar um ônibus do outro lado da cidade sem se perder por completo. Greg Palmer reconhece que ele às vezes infantilizou o filho, faz uma autocrítica nesse aspecto e é igualmente crítico do mundo em geral, que continua a infantilizar Ned. Ele se queixa de pessoas que acham Ned adorável e engraçado, pessoas com quem ele gostaria de se envolver em um nível mais complexo. Ned é o autor deste poema, que revela sua sofisticação verbal, sua ingenuidade e seu desejo:

GAROTAS
Garotas são legais. Garotas são doces.
São o tipo de pessoa que eu amo encontrar.
Adolescentes, são o que eu amo.
Elas são como anjos dos céus.
Eu sou louco por garotas, eu sou louco por amor.

As garotas são como as asas de uma pomba.
Quando eu crescer e me sentir velho,
Vou encontrar todas as garotas que adoro segurar.
Eu gostaria de dar um beijo em todas as garotas.
Se não houvesse garotas, é das garotas que eu sentiria falta.*

As pessoas com síndrome de Down têm sentimentos amorosos e sexuais. Muitos homens com SD são estéreis, mas as mulheres são tão férteis quanto as sem deficiência. Os pais frequentemente se preocupam que a atividade sexual de seus filhos acarrete o nascimento de crianças de quem eles seriam incapazes de cuidar. A próxima fronteira para as pessoas com SD, no entanto, é o casamento. Em *Life Goes On*, o personagem de Chris Burke se casou com uma mulher com SD e eles moravam em um apartamento em cima da garagem de seus pais.[126]

Tom e Karen Robards eram executivos de Wall Street que se conheceram na Harvard Business School.[127] Seis anos após o casamento, em meados da década de 1980, decidiram começar uma família. Karen teve uma gravidez fácil e eles estavam totalmente despreparados para a síndrome de Down. Tom ficou arrasado, mas Karen disse: "Vamos amar David como qualquer outro bebê. Quando as pessoas não souberem o que dizer, diremos que devem nos felicitar".

"Tive grandes ataques de choro", contou Tom. "Então alguém que a gente nem conhecia nos ligou no hospital para dizer: 'Vocês não estão sozinhos'. Esse foi nosso primeiro momento de esperança." A mulher que telefonou era Barbara Chandler, diretora do Grupo de Apoio a Pais de Manhattan. Karen disse: "Lembro-me de ter perguntado: 'Existe alguma alegria em criar um filho com síndrome de Down?'. Ela respondeu: 'Sim. Há alegria. E também desgosto'.". Essa resposta honesta deu a Karen a energia que ela precisava. Os Robards foram consultar um pediatra no Upper West Side. "Não há nada que vocês possam fazer", disse ele. Tom e Karen ficaram chocados. "Isso significava que não havia nada em que

---

* No original: "*Girls are neat. Girls are sweet. / They're the kind of people I love to meet. / Teenage girls are what I love. / They're like angels from above. / I'm crazy for girls, I'm crazy for love. / Girls are like the wings on a dove. / When I grow up and am feeling old, / I'll find all the girls I love to hold. / I'd like to give all the girls a kiss. / If there weren't any girls, it's girls I'd miss.*" (N. T.)

a gente pudesse ao menos pensar?", perguntou-se Tom. Eles encontraram uma médica especializada em defeitos genéticos. Ela lhes disse para proporcionar todas as formas possíveis de estimulação infantil. O Programa de Intervenção Precoce do Estado de Nova York conseguiu que fisioterapeutas visitassem a família em casa. Fonoaudiólogos trabalharam em alimentação e mastigação para desenvolver habilidades motoras orais. O casal ingressou em um grupo de apoio. "Alguns de nossos amigos mais próximos são daquele grupo inicial", disse Karen. "Decidimos escrever um panfleto sobre as opções depois da EI. Somos advogados, gestores de investimento; sabemos fazer pesquisa. Vamos simplesmente telefonar para as escolas públicas, particulares e paroquiais e organizar todas as informações. Não foi tão simples. Enfrentamos a burocracia assombrosa das escolas públicas. Lembro-me de ligar para uma escola particular e dizer: 'Fiquei sabendo que vocês aceitam crianças com necessidades especiais'. Responderam que sim. Eu disse: 'Então, gostaria de falar-lhe sobre o meu filho. Ele tem síndrome de Down'. Ela disse: 'Oh, não tão especiais'. Então tentamos o setor paroquial. Mais uma vez, 'não'. O que faríamos?"

Então Karen e o grupo de pais levantaram 40 mil dólares para abrir a Fundação Cooke, agora chamada de Centro Cooke, uma das maiores organizações da cidade de Nova York voltada para a inclusão educacional de crianças com deficiência. Desde sua criação, o centro esteve aberto a crianças de todas as classes sociais. Era não religioso, mas começou sua atuação em conjunto com a Arquidiocese de Nova York, depois que Karen Robards convenceu o diretor de educação especial da arquidiocese a fornecer um espaço. Esse espaço consistia em dois grandes banheiros públicos, que foram reformados e transformados em duas salas de aula por um membro do grupo de apoio, um empreiteiro que fez a obra pelo preço de custo. "Se alguém tivesse me dito que eu ia passar os próximos vinte anos construindo o Centro Cooke, eu teria dito que ele estava louco", disse Karen. "Mas encontramos outras pessoas, estabelecemos laços e assumimos uma missão. Uma vez que você sente a vontade dentro de você, pode processar a devastação emocional, que vínhamos negando. Quanto ao que construímos a partir daí — você é sugado para dentro."

Eles contrataram dois professores de educação especial — "um para cada banheiro", brincou Karen. O princípio desde o começo era que as crianças do centro deveriam conviver com alunos de desenvolvimento comum, então os matricularam em escolas públicas para algumas matérias e lecionavam outras no

Cooke. David continuou a frequentar o Cooke e as escolas públicas, tornando-se a primeira criança com deficiência a ser incluída em uma sala de aula comum na cidade de Nova York. "Você precisa ter um lugar em ambos os mundos", disse Karen. "Jason Kingsley e seus pais haviam aberto muitas portas. Nós fomos capazes de atravessar aquelas portas. Quando são mais novos, nossos filhos podem ser incluídos de forma mais completa em salas de aula, porque todo mundo está aprendendo apenas cores e habilidades sociais. À medida que avançam, a diferença aumenta cada vez mais, e nossas crianças precisam muito se concentrar em habilidades para a vida. Como você entra em uma academia? Como tira dinheiro do caixa eletrônico? Coisas que são naturais para outras crianças requerem esforço de nossos filhos. Por isso, trabalhamos no desenvolvimento dessas habilidades, para que possam ser incluídas não somente no ensino, mas também na vida."

Quando David tinha sete anos, nasceu feliz e lampeiro o segundo filho dos Robards, Christopher. Com treze meses, ele começou a ter convulsões e acabou desenvolvendo estado de mal epiléptico (*status epilepticus*), uma doença muitas vezes fatal em que as convulsões acontecem quase que constantemente e não podem ser interrompidas. "Eu ficava pensando: ora, são apenas convulsões, nós encaramos a síndrome de Down e podemos lidar com isso", contou Karen. "Mas não eram apenas convulsões." Christopher apresentou atrasos cognitivos, retardo mental, atraso de fala e problemas motores. "Não chorei por causa de David", disse Karen. "Mas chorei sem parar por causa de Christopher. Como isso pode acontecer duas vezes em uma mesma família?" Mais tarde, Christopher seria diagnosticado com agenesia parcial do corpo caloso, que é a ligação nervosa entre as metades direita e esquerda do cérebro; um corpo caloso normal é cerca de 10 mil vezes maior que o de Christopher. A síndrome pode ter sido causada por um vírus que Karen contraiu no primeiro trimestre da gravidez.

"A questão em relação à síndrome de Down é que havia muitas crianças que a tiveram antes, havia pelo menos um caminho", disse Karen. Christopher tem algumas habilidades fortes e alguns déficits visíveis. Quando conheci a família, ele acabara de aprender a jogar paciência no computador, o que David não seria capaz de fazer. Mas David está sempre emocionalmente disponível; Christopher nunca demonstrou muito interesse por outras pessoas e poderia passar pelo Natal sem perceber que é um dia especial. "Durante mais ou menos cinco anos, ele teve convulsões semanais", disse Karen. "Não podíamos sair de casa sem nos preocupar com o que ia acontecer. Por isso, sofremos uma pressão muito diferente da de ter um filho com síndrome de Down."

Karen estava grávida de novo quando os problemas de Christopher começaram a surgir, e quando ele estava com dezoito meses nasceu Kate, sem deficiências. Quando pequena, Kate achava difícil relacionar-se com Christopher e tornou-se próxima de David, apesar da diferença de idade de nove anos. "Quando David notou que ela o estava superando, passou a competir muito com ela e não agia de modo lá muito gentil", disse Karen. Enquanto os Robards lidavam com essa dinâmica em casa, o Centro Cooke, que continuavam a supervisionar, cresceu e prosperou; tinha 186 funcionários quando o visitei, vinte anos após sua criação. "Você não pode aprender a viver na sociedade humana se está separado dela", disse Tom a respeito da inclusão. "Você aprende de seus colegas pelo menos tanto quanto de seus professores." Karen disse: "A educação especial é um conjunto de serviços que podem ser prestados em qualquer lugar. Mas precisam ser prestados. Não se pode simplesmente despejar uma criança em uma sala de aula comum e não treinar o professor ou incluir um apoio adicional. Nosso slogan no Cooke é: 'Quando todos estão incluídos, todos aprendem mais'. As crianças comuns aprendem a desenvolver a empatia, aprendem a apreciar a diversidade." O Centro Cooke agora ajuda escolas experimentais subvencionadas ["*charter schools*"] com programas para crianças com necessidades especiais, educa no setor público e forma paraprofissionais para a inclusão. O centro também trabalha com empresas para oferecer empregos a jovens deficientes.

Quando conheci os Robards, David estava com 23 anos e tinha trabalhado na arrecadação de fundos para a Sociedade Internacional de Síndrome de Down. Ele fizera estágio na News Corporation e na *Sports Illustrated*. "Ele arquivava a revista, depois que fechavam a edição", contou Tom. "Ninguém mais queria fazer esse trabalho. E ele adorava." Levava uma vida semi-independente em um ambiente supervisionado; tal como Jason Kingsley, David está na solitária extremidade superior do mundo da síndrome de Down. "Garotos que são altamente funcionais têm mais noção de que são diferentes", disse Karen. "Há tempos David diz que quer um emprego, um apartamento e uma esposa. Dissemos que podemos ajudá-lo nos dois primeiros desejos, mas o terceiro será por conta dele."

Para Karen, a personalidade de David é sua melhor propaganda: "Eu sempre disse que David irá muito longe porque é muito encantador. Quando ele olha para você com aqueles olhos azuis...". Ela sacudiu a cabeça e riu maravilhada.

"Se ele encontra alguém e sabe que um parente da pessoa está doente, da próxima vez ele perguntará: 'Como está seu pai?'. Se está ao telefone, sempre quer saber como está fulano ou beltrano. Ele pergunta para minha irmã: 'Como estão as meninas?'. David tem muito amor dentro dele." Tom concordou e explicou: "O QI mede duas dimensões, raciocínio matemático e capacidade linguística. Mas existem a inteligência emocional e a empática. David sempre teve uma percepção do que as outras pessoas estão sentindo. Talvez não do que estão pensando, mas do que estão sentindo. Todos nós aprendemos que temos pontos fortes e fracos. Eu nunca serei capaz de jogar basquete. É triste quando você percebe que é diferente? Ou é simplesmente aceitar de alguma forma sua própria identidade?".

Quando David terminou o ensino médio, não havia como continuar na educação pública com necessidades especiais. "Há muito poucos programas de nível pós-secundário", disse Karen. Eles por fim localizaram uma escola na Pensilvânia que David poderia frequentar e, aos 21 anos, ele morou fora de casa pela primeira vez. Não foi fácil para David, nem para seus pais. Quando conheci os Robards, David havia acabado de começar com o antidepressivo Effexor, depois de ficar profundamente abalado por um romance que não deu certo. Ele gostava de uma colega de escola com síndrome de Down. Ela havia encorajado suas atenções, mas já tinha um namorado, que era amigo de David. Quando foi excluído por ambos, ele ficou paralisado com a ansiedade. David tem uma infinidade de amigos, e "uma agenda que ele consulta todos os dias", de acordo com Tom. Karen disse: "David é um mestre do celular e adora se manter em contato com as pessoas, mas também gosta de estrutura. Então você provavelmente estaria nas noites de terça. Toda terça-feira ele vai ligar para você. Nós somos domingos e quartas. 'David, você acha que poderia ligar para nós numa noite diferente?' 'Não. Vocês são domingos e quartas.' Acho que a rigidez ajuda a estabilizá-lo. Eu gosto de saber o que vou fazer em um determinado dia, e ele é do mesmo jeito."

Passamos para a questão da cura. "Se você conversar com pessoas muito envolvidas na comunidade da síndrome de Down", disse Tom, "vai encontrar vários pontos de vista sobre se procurar uma cura para a síndrome de Down é um objetivo legítimo. Há pessoas que nem mesmo falarão sobre isso, porque falar sobre cura é diminuir o valor das pessoas que estão vivas com síndrome de Down. Alguns chegarão a dizer que se pudessem usar uma varinha mágica e transformar seu filho em alguém normal, não o fariam." Perguntei a Tom o que ele faria se tivesse a varinha mágica. "Se eu pudesse ter David como ele é, mas sem síndrome de Down? Eu faria isso imediatamente. Faria porque acho que, para David, é difícil estar no mundo com síndrome de Down, e eu gostaria de lhe dar uma vida mais feliz, mais fácil. Então, por David, eu faria. Mas a diversidade dos seres humanos faz do mundo um lugar melhor, e, se todas as pessoas com síndrome de Down fossem curadas, seria uma perda real. O desejo pessoal e o desejo social estão em oposição. A questão é se nós coletivamente aprendemos mais do que machucamos."

Karen assentiu com a cabeça. "Estou com Tom. Se pudesse curar David, eu o faria, por David. Mas acho que nós crescemos muito em consequência de ter de lidar com isso. Ganhamos muita motivação. Há 23 anos, quando ele nasceu, eu nunca acreditaria que poderia chegar a esse ponto, mas cheguei. Por David, eu o curaria em um instante, mas, por nós, eu não trocaria essas experiências por nada. Elas fizeram o que somos, e o que somos é muito melhor do que teríamos sido sem David."

5. Autismo

A característica do progresso é a redução das doenças. Atualmente, são incontáveis as moléstias infecciosas prevenidas com vacinas ou curadas com antibióticos; pode-se controlar o HIV com a terapia antirretroviral; é possível impor a remissão permanente a cânceres mortais. A compreensão de que a exposição materna a certos vírus pode causar surdez reduziu o número de crianças surdas nascidas de pais não surdos, e os implantes cocleares diminuem o número de pessoas funcionalmente surdas. Os tratamentos do nanismo pituitário fizeram recuar o número de pessoas pequenas. A síndrome de Down tanto é detectada mais cedo, levando alguns futuros pais a interromper a gravidez, quanto tratada com muito mais eficácia; a esquizofrenia é mitigada por neurolépticos. A genialidade e a criminalidade continuam a incidir a uma taxa constante. Por alguma razão misteriosa, contudo, o autismo parece estar aumentando.[1]

Alguns especialistas alegam que apenas passamos a diagnosticá-lo com mais frequência, mas o diagnóstico melhorado dificilmente há de ser a explicação cabal da escalada de um índice de um em 2500 nascimentos em 1960 para um em 88 hoje. Não sabemos por que o autismo vem aumentando; aliás, não sabemos o que é autismo. Trata-se de uma *síndrome*, não de uma *doença*, pois é um conjunto de comportamentos, não uma entidade biológica conhecida. A síndrome abrange um grupo altamente variável de sintomas e comportamentos, e pouco sabemos sobre onde ela se localiza no cérebro, por que ocorre ou o que a desencadeia. Não temos como mensurá-la, a não ser por suas manifestações externas. O ganhador do prêmio Nobel Eric Kandel disse: "Se conseguirmos entender o autismo, entenderemos o cérebro".[2] É um modo generoso de dizer que só vamos entender o autismo quando entendermos o cérebro.

Os pais de autistas são ativistas. Desde o auge da crise da aids, não houve uma campanha tão agressiva pelo financiamento e pela pesquisa, com um grande número de organizações (muitas das quais com nomes acronímicos incisivos como SafeMinds)[3] à procura de teorias de causalidade, do desenvolvimento de tratamentos comportamentais, da escolarização adequada, de subsídios de invalidez, de serviços de apoio e moradia supervisionada. A pressão do grupo de pais Cura para o Autismo já levou o Congresso a aprovar, em 2006, a Lei de Combate ao Autismo,[4] que autorizou uma verba de 1 bilhão de dólares, em cinco anos, para a pesquisa do autismo e distúrbios afins. Thomas Insel, diretor do Instituto Nacional de Saúde Mental, disse: "Nós recebemos mais telefonemas da Casa Branca referentes ao autismo do que todo o resto somado".[5] Entre 1997 e 2011, o número de livros e artigos publicados anualmente acerca do autismo cresceu mais de seis vezes.[6]

O autismo é considerado uma *perturbação onipresente* porque afeta quase todos os aspectos do comportamento, tanto as experiências sensoriais, as funções motoras, o senso físico de onde o corpo está, quanto a consciência interior. A incapacidade intelectual não faz parte do autismo per se; a síndrome se arraiga num transtorno de função social.[7] [8] Os principais sintomas, que podem se apresentar ou não em qualquer constelação em qualquer indivíduo com autismo, são falta ou atraso na fala; comunicação não verbal deficiente; movimento repetitivo, inclusive agitação dos braços e outros comportamentos autoestimulantes; contato visual mínimo; pouco interesse por amizades; falta de brincadeiras espontâneas ou imaginativas; empatia, insight e sociabilidade prejudicados; capacidade de reciprocidade emocional reduzida; rigidez; interesses altamente focados; fascínio por objetos como rodas girando e coisas brilhantes. Crianças e adultos autistas em geral pensam de maneira extremamente concreta e podem ter dificuldade para entender a metáfora, o humor, a ironia e o sarcasmo. Tendem ao comportamento obsessivo, estereotipado, apegando-se a objetos aparentemente aleatórios, dispondo os brinquedos pelo tamanho ou cor em vez de brincar com eles. As pessoas autistas adotam comportamentos autolesivos, que incluem morder a mão e bater a cabeça; podem apresentar deficiências sensório-motoras. Muitas crianças autistas não desenvolvem a capacidade de apontar para as coisas, tendo de levar as pessoas para aquilo que desejam indicar. Algumas apresentam ecolalia, a repetição de palavras ou frases, em geral sem aparentar compreender-lhes o significado. A dicção das pessoas autistas que falam pode carecer de entonação e, muitas vezes, elas falam com os outros demorada e repetidamente sobre seus objetos prediletos. São comuns os rituais alimentares e uma dieta muito limitada. Os indivíduos com autismo podem ser muito sensíveis à sobrecarga sensorial de espaços cheios de gente, de contato humano, de luzes fluorescentes ou oscilantes e de barulho. Muitos acham insuportáveis pequenos incômodos como etiquetas de roupa. É frequente ficarem desconcertados com coisas que agradam à maioria das outras pessoas. Enquanto grande parte das crianças autistas apresenta sinais precoces da síndrome (reconhecidos ou não), cerca de um terço parece se desenvolver normalmente e depois regredir, em geral entre o 16º mês de vida e o vigésimo.[9] Como qualquer um desses sintomas pode ocorrer em qualquer grau, o autismo é definido como um espectro que inclui diversas gravidades de diversos sintomas.

Numa cáustica reação a "Welcome to Holland",[10] com sua comovente descrição da deficiência como um lugar estranho mas bonito, repleto de serenas alegrias, a mãe de uma criança autista escreveu "Welcome to Beirut" [Bem-vindo a Beirute], equiparando a experiência de ter um filho autista à de ser bruscamente jogado em plena zona de guerra. Em parte, esse inferno se deve aos sintomas extremos do autista, que às vezes incluem a tendência a espalhar fezes nas paredes, a capacidade de passar muitos dias sem dormir, num estado de hiperatividade maníaca, a aparente incapacidade de se conectar ou falar com outro ser humano e a propensão a atos de violência aleatória. Não há tratamento para a configuração neurológica atípica que caracteriza o autismo, mas é possível educar a criança autista, ministrar-lhe remédios ou fazer modificações dietéticas ou de estilo de vida capazes de aliviar a depressão, a ansiedade e os problemas físicos e sensoriais que a afetam. Ainda não se descobriu o que torna um tratamento mais eficaz que outro em determinada pessoa. Para aumentar a frustração, muitas crianças não reagem a nenhuma forma de tratamento, mas a única maneira de descobrir isso consiste em tratá-las durante muito tempo e depois desistir. Os tratamentos reputados mais eficazes são incrivelmente trabalhosos e caros. Inúmeros relatos de "emergência" levam os pais a batalhar por um milagre ilusório, de modo que são grandes as chances de um pai ou mãe chegar à beira da loucura, ao limiar da bancarrota e, mesmo assim, continuar com um filho cujo comportamento perturbador não é resolvido. A maioria dos pais consegue, em última instância, aceitar situações incuráveis e dedicar-se a tratar das curáveis, mas o autismo defrauda essas nítidas divisões da "Oração da Serenidade".

O clichê em torno do autismo diz que a síndrome tolhe a capacidade de amar, e iniciei esta pesquisa interessado em saber em que medida um pai ou mãe pode amar o filho incapaz de lhe retribuir esse afeto. As crianças autistas em geral parecem habitar um mundo em que as deixas externas têm impacto limitado; dão a impressão de não ser confortadas nem comprometidas com os pais e de não ter motivação para gratificá-los. Cuidar delas chega a ser profundamente frustrante, porque a diferença entre déficits de emoção e déficits de expressão costuma ser opaca. É em grande parte incognoscível até que ponto as pessoas gravemente autistas são capazes de ouvir e entender tudo, mas não de se fazer ouvir ou entender, e até que ponto carecem inteiramente de alguns domínios da consciência. A questão de como amar pessoas com autismo é pascaliana. Se puderem receber afeto e, no entanto, este não lhes for dado, sem dúvida elas hão de sofrer. Se forem incapazes de receber afeto e, entretanto, lhes for oferecido muito, esse afeto pode ser desperdiçado — presumivelmente, o menor de dois males. O problema está no fato de que a emoção não é gratuita. Amar uma criança que não reflete nosso amor cobra um preço mais terrível que outro amor. Contudo, a maior parte das crianças autistas, apesar da reputação da síndrome, desenvolve, sim, apegos pelo menos parciais a outras pessoas, ainda que depois de um bom tempo.

Há outra maneira de enxergar o autismo. Sob o estandarte da neurodiversidade, certas pessoas, muitas no espectro autista, declaram que o autismo é uma identidade rica, ainda que também seja uma deficiência.[11] A tensão entre identidade e doença é comum à maioria das enfermidades descritas neste livro, mas em nenhum outro exemplo o conflito é tão extremo. Confrontar pais desesperadamente frustrados com a ideia de que o autismo não é uma adversidade pode parecer um insulto. Todavia, outros pais lançam uma luz mais positiva na diferença dos filhos. Os ativistas da neurodiversidade fazem lobby pela dignidade deles; alguns acreditam que falam em nome de uma comunidade autista maior e rejeitam os tratamentos que venham a erradicar o autismo. Como tais tratamentos não existem, essa é uma filosofia abstrata, mas as discussões tratam de onde e como usar as limitadas intervenções de que dispomos.

★ ★ ★

Betsy Burns e Jeff Hansen planejavam ter apenas um filho, mas quando sua filha Cece estava para fazer dois anos, Betsy decidiu que queria outro e engravidou quase de imediato. A caminho da amniocentese, "eu disse a Jeff: 'O que a gente faz se descobrir algo errado?'", recordou ela. "E ele respondeu: 'Simplesmente vamos amar a criança'. Assim, assumimos o compromisso de amar um filho com necessidades especiais, sem saber que já tínhamos um."[12]

Cece havia sido um bom bebê, gostava de brincar sozinha, embora não dormisse muito, mesmo sendo tão novinha; a recém-chegada Molly exigia mais — no entanto, era mais cativante. Com o tempo, Jeff e Betsy ficaram preocupados porque Cece não falava. Nunca dizia "leite"; dava a eles uma xícara. O médico garantiu que Betsy não passava de uma ansiosa mãe "de primeira viagem". Então Jeff, que era professor de inglês, arranjou emprego num colégio de Minnesota, e a família se mudou para St. Louis Park, nos arredores de Minneapolis. Quando Cece tinha três anos, Betsy ingressou num grupo de mães, no qual escutava as outras mulheres falarem dos filhos. "Tive um arrepio. Alguma coisa estava muito errada", contou. E não tardou a solicitar uma avaliação de intervenção precoce ao departamento de saúde local. A avaliadora disse: "É curioso que ela se interesse pelas minhas joias, mas não pelo meu rosto". E acrescentou: "Não pense que isso tem a ver com alguma coisa que você e seu marido fizeram. Não quero assustá-la quando eu usar a palavra 'autismo'". Jeff foi à biblioteca pública consultar livros sobre o assunto. "Nunca vou esquecer a cara aflita da bibliotecária quando amontoei aqueles livros no balcão", contou.

Como a intervenção precoce é uma estratégia-chave para o autismo, Betsy levou Cece quase imediatamente a uma creche pública, na qual algumas crianças com necessidades especiais ficavam em classes de crianças comuns. Cece fez fonoaudioterapia, terapia ocupacional, fisioterapia e musicoterapia. Não obstante, seu ar de falta de conexão se intensificou, e ela causava feridas em si mesma e era insone. Aos quatro anos, foi examinada por um neurologista local, que disse: "Se ela não fala depois de toda essa intervenção precoce de alta qualidade, nunca vai falar, e é melhor vocês se habituarem a isso. Essa menina tem autismo grave".[13]

Aliás, Cece falou quatro vezes na vida, e nas quatro ocasiões disse palavras condizentes com a situação. Quando ela tinha três anos, Betsy lhe deu um biscoito; a menina o devolveu, dizendo: "Coma você, mamãe". Jeff e Betsy se entreolharam e ficaram esperando que seu mundo mudasse. Cece passou mais um ano sem dizer nada. Então, um dia, Betsy se levantou para desligar a televisão, e ela disse: "Eu quero a minha televisão". Na escola, três anos depois, acendeu a luz e perguntou: "Quem deixou a luz acesa?". E, certo dia, um titereiro que visitou sua classe perguntou: "Oi, crianças! De que cor é a cortina?", e Cece respondeu: "Vermelha". A capacidade de formular e proferir tais frases sugere uma lucidez tantalizante por trás do silêncio. "Acho que, para ela, falar é como um congestionamento de trânsito", avaliou Betsy. "A fiação não deixa a ideia chegar à boca." Ter um filho totalmente incapaz de linguagem é penoso, mas batante claro; no entanto, ter uma filha que falou quatro vezes é sofrer numa escuridão apavorante. Se o trânsito ficou desimpedido o suficiente para que ela falasse naquelas ocasiões, acaso a intervenção correta poderia desimpedi-lo de vez? Convém ser agnóstico ao falar com Cece, sabendo que ela pode entender tudo, mas também que suas palavras talvez sejam ininteligíveis para ela.[14]

"Eu acho que ela é analfabeta", disse Betsy. "Acredito que tem uma inteligência tremenda em algum lugar. Pena que sua alma esteja presa." Na infância, Cece foi avaliada com QI 50; seu terapeuta mais recente acha que ela não tem deficiência intelectual. Quando a conheci, Cece tinha dez anos, e o que mais gostava de fazer era pegar uma porção de lápis de cor e riscar um pedaço da mesa e um pedaço de papel para sentir a mudança da sensação quando o papel acabava e a mesa começava. Mas durante um curto período, começou repentinamente a desenhar rostos oblongos com olhos, boca e chapéu. Depois parou. "Alguma coisa estava acontecendo", disse Betsy. "Assim como alguma coisa acontece quando ela pronuncia palavras."

Na tenra infância, Cece foi anestesiada pela primeira vez para tratamento dentário. Betsy se perguntou se não seria mais fácil se ela morresse em consequência da anestesia. "Minha mãe disse: 'A única coisa que você quer é livrá-la desse sofrimento'", recordou. "Mas Cece geralmente não sofria. Eu, sim. Eu estava louca. Quando ela voltou da anestesia, olhei para aquela pele clara, o cabelo tão loiro e aquelas maçãs do rosto altas. E me dei conta, em algum nível, de que aquela ia ser uma relação nova. Porque ela estava aqui para ficar." Não se sabe até que ponto Cece reconhece as pessoas ou gosta da companhia delas. "Às vezes, a gente se sente como uma parte da mobília", contou Betsy. "Mesmo quando ela se aninha em mim, pode ser apenas para testar um pouco um estímulo de pressão.

Não se trata de 'Eu te amo', e sim de 'Que quentinho; eu posso apertar'. Nem sei se ela me reconhece."

Betsy escreveu um romance, *Tilt* [Declive], sobre esse período de sua vida; nele, descreve o dia a dia com a filha. "O especialista em comportamento disse que lhe dar comida quando ela faz birra — e nós sabemos que ela quer comer, porque fica na frente do armário esmurrando a madeira — é recompensá-la pela birra e suborná-la para que pare. Mas, sendo o mundo tão horrivelmente desnorteador, que mulher não quer comer? Cece está se transformando numa espécie de criança-orbe luminescente." Em outra passagem, Betsy relata: "Volto ao banheiro, e ela está flutuando alegremente no banho, empurrando umas coisinhas marrons, umas coisinhas marrons que se desintegram, umas coisinhas marrons que são cocô. Meu Deus! Oh, meu Deus, ajudai-me. Eu grito saia, saia, saia. Mas por que imaginar que Cece me entende? Ela continua sorrindo. Eu a tiro do banho, mas ela é pesada, cai e escorrega pela lateral da banheira, e está com cocô no cabelo, há cocô nas minhas mãos, e Cece ri. Não posso recolocá-la na banheira porque o cocô tem de ir pelo ralo, não posso enxaguá-la na pia porque ela é muito grande, por isso estendo toalhas de banho no chão e embebo toalhas de rosto na pia e as torço sobre sua cabeça, vejo a água escorrer pelos seus flancos. E então percebo os buracos ainda abertos em sua perna e penso: que maravilha, cocô nas feridas."[15]

Jeff e Betsy organizaram a casa em torno do comportamento da filha. As prateleiras tinham um metro e oitenta de altura para que Cece não as alcançasse; a geladeira ficava trancada a cadeado porque ela fazia coisas esquisitas com a comida. Era hospitalizada com frequência porque não dormia ou se atirava por aí. Os médicos sugeriram várias vezes que os pais a internassem. Betsy entrou numa depressão catastrófica e acabou sendo hospitalizada.[16] "Eu queria que o inferno fossem os outros, não eu", disse posteriormente. No fim da temporada de Betsy no hospital, Jeff flagrou Cece tentando estrangular Molly. Os assistentes sociais providenciaram um lugar em que ela passaria três meses. "Não me contaram que seria permanente, pois sabiam que eu morreria", disse Betsy. "No dia 1º de janeiro de 2000, ela saiu de casa para sempre." Tinha sete anos.

O diretor da instituição propôs que Betsy e Jeff esperassem pelo menos um mês antes da primeira visita para que Cece se adaptasse. Embora esta estivesse indo bem, Betsy não pôde suportar aquilo e, várias semanas depois, no aniversário da filha, voltou a ser hospitalizada. "Jogar fora uma coisa que era parte dela é como jogá-la fora", disse. "Conservamos os cadeados e as prateleiras altas como uma pequena lembrança do tempo em que ela morava conosco." Betsy participava de um grupo de apoio de mães de filhos deficientes, e os membros fizeram lobby pelo estabelecimento de uma residência comunitária na localidade. Quando a visitei pela primeira vez, fazia dois anos que Cece estava lá. Uma das meninas da casa tem paralisia cerebral e chora quando a mãe vai embora. "Conversando com minha irmã, eu disse: 'Cece não chora quando eu vou embora'", contou Betsy. "E ela respondeu: 'Imagine o que você sentiria se chorasse'." Os pais de crianças como Cece receiam que seu amor seja inútil para os filhos e que o déficit de amor seja devastador para eles, e lhes é difícil dizer qual medo é pior. Três anos depois da internação de Cece, Betsy disse: "Estou me permitindo ver que detesto visitá-la. Sinto-me muito culpada se não a visitar num dos dias prescritos. Uma mulher do meu grupo de mães disse: 'Porque, se você faltar um dia, teme não ir nunca mais'.".

Quando me encontrei com Betsy para almoçar, ela se desculpou: "Preciso deixar meu telefone celular ligado porque Cece está no hospital e pode ser que entrem em contato comigo". Eu disse que lamentava saber disso, que essas ocasiões deviam ser dificílimas. "Pelo contrário", respondeu ela. "Este é um período em que sei que é bom para ela eu ser sua mãe. Geralmente, eu posso ser trocada por qualquer objeto com as mesmas dimensões."

E eis que Cece apresenta um intervalo em seu autismo. "Um dia, ao me despedir, pedi um beijo e ela esfregou o rosto no meu. Uma das atendentes disse: 'Cece está beijando a mãe!'. Eu não sabia que ela não fazia isso com as outras pessoas. Não que se possa chamar tal coisa de beijo, mas o ar que a envolve é verdadeiramente meigo, de modo que acaba funcionando como um beijo. Beijar-lhe a bochecha é como beijar uma coisa tão delicada e querida que é quase como se não existisse. Mais ou menos como ela própria."

Certa vez, Betsy explicou: "Para Cece, os ruídos e as sensações devem ser como um rádio sintonizado entre duas estações. Refiro-me ao modo como o mundo *entra* na gente, com seus rumores, exigências, unhas encravadas, telefonemas, cheiro de gasolina, roupa de baixo, planos e opções. Ela gosta de sapatos bem ajustados aos pés. Às vezes, na primavera, calçava botas só para senti-las. Adora brincar com cabelos encaracolados. E gosta de batata frita, daquela sensação crocante, salgada. Quem não gosta? Adora molhos e coisas que lhe despertem a boca. Acha muito engraçado aninhar-se debaixo das coisas. Gosta de movimento, passear de carro olhando pela janela. Gostava da pele macia do cotovelo das pessoas e as seguia para segurá-lo. Para pensar nas suas questões sensoriais, basta-me recuar um pouco, e elas são minhas. Eu gosto do crepitar das folhas quando ando. A mesma coisa quando piso em gelo muito fino e ele range. Há coisas de que tenho medo de me aproximar muito, passo um bom tempo tocando-as. Minha mãe tinha um casaco de pele de castor muito bonito e macio. Também há tantas coisas de que não quero chegar perto. Limusines me dão arrepios e, quanto mais compridas forem, mais arrepios me dão. Mas eu vivia tentando arrumar as palavras, e tentando entender como elas casam; como se separam, como se deixam transbordar umas nas outras. Cece desafia isso. *Obriga* o intelecto a se soltar. A gente recua para o nível intuitivo, porque essa é a única maneira de lê-la".

Embora não tenha linguagem falada, ela conhece alguns sinais e emprega erraticamente *mais*, *por favor*, *hora de ir embora*, *lá fora*, *água* e *suco*. Quando recebe a visita da mãe, vai buscar o casaco e as botas para indicar que quer sair. Quando não quer, tira o casaco da mãe e o deposita no chão com firmeza. "Ela faz alguma coisa; sabe que isso contém significado", explicou Betsy. "Temos de aprender sua linguagem, que pode ser tão confusa para nós quanto a nossa para ela."

É difícil achar um território neutro de intimidade com Cece. Nadar é uma das coisas que Betsy mais gosta de fazer com a filha. Mas isso implica ir ao espaço público de uma piscina, no qual a menina é incapaz de modificar seu comportamento. Um dia, pouco antes de eu conhecê-la, ela e a mãe foram à piscina do centro recreativo de St. Louis Park. Chegaram uma hora antes de fechar, quando lá estavam muitas famílias. Assim que entrou, Cece tirou a parte de baixo do biquíni, defecou na água, brincou com as fezes, então disparou a correr nua, e não havia quem conseguisse pegá-la. Uma das mães começou a gritar: "Contaminação! Contaminação!". E todas as outras se apressaram em tirar os filhos da água. Os salva-vidas apitavam e gritavam, e Cece postou-se no meio do caos, às gargalhadas.

No seu décimo aniversário, eu fui visitá-la na residência comunitária com Jeff, Betsy e Molly. Levamos um bolo, mas, por razão de segurança, sem velinhas. Tiramos os presentes da sacola. Cece se enfiou na sacola e lá ficou. A única outra coisa de que gostou foram as fitas, que ela se pôs a enroscar e desenroscar. "É provável que esta festinha, que perturba tanto a rotina, seja inquietante para Cece", observou Jeff. "Não sei para quem a estamos dando." Em termos práticos, o objetivo era mostrar para o pessoal da casa que os pais de Cece a amavam e que a equipe devia cuidar dela. "Que passou pela cabeça dessa menina quando nos viu chegar?", perguntou-se Jeff. "'Ih, lá vem aquela gente outra vez.'"

Betsy mencionou o assédio constante das pessoas com intervenções a propor. "Perguntam: 'Vocês experimentaram a terapia vitamínica?'. 'Já tentaram treinamento auditivo?' 'E se for alergia alimentar?' Nós experimentamos o treinamento de audiointegração. Compramos aquelas vitaminas horríveis. Fizemos integração sensorial. Adotamos a dieta de eliminação: reduzimos o trigo e o milho e excluímos o glúten e os laticínios; excluímos a caseína; excluímos o creme de amendoim. A gente espera uma mudança, mas está é torturando a garota. Acabei sentindo que a tinha abandonado; que não fizera todo o possível. Se eu fosse à Rússia; se cortasse a minha cabeça. Flagelação, imolação. Ir a Lourdes. Li que uns pais de crianças com necessidades especiais criaram um centro de pesquisa, faziam quarenta horas de terapia por semana, coisa dificílima para quem não pode bancar tais despesas e se pergunta se os filhos seriam normais se a gente fizesse tudo isso. Cece é quem é, e consigo reconhecer seus parâmetros e tento saber o que lhe dá conforto ou não. É a única coisa que posso fazer."

Cece tem acessos periódicos de raiva: atira objetos no pessoal da residência comunitária, joga-se no chão, morde-se. Os médicos procuram abrandar esses surtos com medicamento; nos nove anos que a conheço, ela já tomou Abilify, Topamax, Seroquel, Prozac, lorazepam, Depakote, trazodona, Risperdal, Anafranil, Lamictal, Benadryl, melatonina e o remédio homeopático Calms Forté. Toda vez que eu a visitava, a medicação estava sendo reajustada. Alguns anos depois do nosso primeiro contato, seus comportamentos destrutivos aumentaram inexplicavelmente, a ponto de a equipe da casa sentir-se incapaz de controlá-los. Betsy e um membro da equipe a levaram à sala de emergência. A enfermeira esclareceu que era preciso aguardar o psiquiatra de plantão para concluir a internação. "Tudo bem", disse Betsy. "Mas ela não vai ficar mofando aqui." Passados noventa minutos, Cece começou a esmurrar as máquinas de venda automática; duas horas depois, quando Betsy por fim tinha sido recebida pelo terapeuta, a conversa foi interrompida por gritos desesperados na sala de espera. A menina havia tentado quebrar a janela, e um segurança a trancara num quarto almofadado. A enfermeira, um atendente e o segurança estavam tentando mantê-la lá dentro enquanto ela se atirava na porta; chamaram dois seguranças armados para vigiar do lado de fora. "Que ótimo", disse Betsy. "É exatamente disso que nós precisamos aqui. Pistolas." Cece passou oito dias no hospital; os médicos tentaram tratá-la com remédios, mas eram poucos os que ainda não lhe tinham sido ministrados. Telefonaram para a residência comunitária, perguntando: "Tudo bem se ela comer cereal? Parece querer dez tigelas por dia". Quando saiu do hospital, Cece engordara cinco quilos, e seu comportamento não tinha melhorado de forma significativa.

Nesse meio-tempo, eles também estiveram às voltas com a doença bipolar de Jeff, que pesava sobre outros membros da família. Betsy precisou avisar a equipe da residência comunitária de que Jeff dificilmente se recuperaria dentro de um prazo determinado. "Não quero menosprezá-lo nem constrangê-lo. Eu o amo. Mas tenho de dar esses telefonemas, por Cece, não por Jeff. Ele pensa que, se não tivessem diagnosticado autismo em Cece, talvez sua doença bipolar não se manifestasse. É uma ingenuidade, mas eu penso a mesma coisa da minha depressão. Amar Cece fez isso conosco." Nos três anos que se seguiram à internação da filha, Jeff foi hospitalizado duas vezes devido a episódios maníacos mistos; Betsy foi internada três vezes por causa da depressão. "Talvez outra pessoa com constituição cerebral diferente aguentasse enfrentar tudo isso", disse Jeff. "Mas nós dois fomos parar na ala psiquiátrica."

Betsy tem relutado em vestir roupas típicas de adolescente em Cece; há anos que seu uniforme é o macacão. Na residência comunitária, ela fez amizade com um garoto com autismo grave chamado Emmett. Tal como Cece, ele era aflito, insone, por vezes violento e altamente medicado. Um dia, Betsy entrou no quarto da filha e deu com Emmett com ela, sem calça nem fralda — "explorando, digamos" — enquanto Cece corria de um lado para outro junto às janelas. A atendente não devia deixá-los sozinhos, mas a oportunidade surgiu quando ela foi chamada para atender uma crise em outro lugar. "Cece e Emmett nunca pensarão em romance, mas pode ser que venham a pensar em proximidade e prazer", ponderou Betsy. "Eles levam uma vida tão dura, talvez assim encontrem um pouco de felicidade." Entretanto, é muito difícil que a equipe da residência tolere tal coisa, e o risco de gravidez assusta a todos.

"As pessoas vivem dizendo: 'Não sei como você aguenta!'", contou Betsy. "Acontece que eu não posso acordar e dizer: 'Não vou mais me ocupar disso'." Eu respondi que algumas pessoas simplesmente resolvem não se ocupar mais disso e deixam que o Estado se encarregue. "Ouvir tal coisa", respondeu Betsy, "é como se estivessem arrastando um ancinho nas minhas entranhas." Uma noite, ao chegar da escola, Molly perguntou: "Por que Deus não cura o autismo de Cece, já que Ele pode tudo?". Jeff respondeu: "Talvez seja assim que Cece deve ser". Molly declarou: "Ora, Deus é você e você, Deus é esta mesa, Deus é tudo". E Betsy prosseguiu: "E Deus também é Cece". Mais tarde, ela me disse: "Nos dias bons, percebo a luz divina nela e, nos dias ruins, peço a compreensão de Deus. Assim é o autismo: ele simplesmente é. Cece é a lição zen. Por que ela tem autismo? Porque tem. E como é ser Cece? Sendo Cece. Porque ninguém mais é e nós nunca vamos saber como é ser ela. Não é nenhuma outra coisa. E talvez a gente nunca mude isso, e talvez deva parar de tentar".

A palavra "autismo" foi empregada pelo psiquiatra suíço Eugen Bleuler, em 1912, para designar um estado em que "o pensamento fica divorciado tanto da lógica quanto da realidade".[17] Durante muitos anos, isso que classificamos como autismo foi uma parte da "esquizofrenia infantil".[18] Em 1943, Leo Kanner, psiquiatra austríaco radicado nos Estados Unidos, identificou o autismo como um distúrbio diferente.[19] Escolheu *autista* para enfatizar a solidão extrema das crianças que estudou. Ele acreditava que o autismo era instigado pela "ausência genuína de afeto maternal", ideia que a influente psicanalista Margaret Mahler continuou explorando. Fazia tempo que o imaginacionismo — a ideia de que mães com desejos pervertidos produziam filhos deformados e perturbados — tinha sido abandonado para explicar o nanismo e outras deformidades físicas, mas persistia no que se referia àqueles com diagnóstico psiquiátrico e combinava muito naturalmente com o relato freudiano da experiência formativa em idade precoce. A teoria de Kanner de que os pais desprovidos de afeto tornam os filhos autistas conduziu ao conceito de "mãe geladeira" — embora depois ele tenha aceitado que o autismo podia ser inato.[20] Foi Bruno Bettelheim, o influente e controverso psicólogo da metade do século XX, quem disse: "O fator desencadeante do autismo infantil é o desejo dos pais de que o filho não exista".[21]

A pesquisadora Isabelle Rapin, que trabalha com autismo desde 1954, me disse: "Nós aprendemos que se tratava de um distúrbio psiquiátrico esotérico, raro, de crianças que apresentavam altos índices de inteligência, mas eram perturbadas. Era causado pelas mães e tratado com a psicanálise, que visava quebrar a bola de vidro para que a borboleta voasse. Ninguém acreditava que existissem autistas altamente funcionais".[22] Em 1964, Bernard Rimland, pai de um autista, escreveu *Infantile Autism: The Syndrome and Its Implications for a Neural Theory of Behavior* [Autismo infantil: a síndrome e suas implicações para uma teoria neural do comportamento], propondo uma explicação inteiramente biológica do autismo.[23] Em 1965, um grupo de pais criou a Sociedade Nacional para Crianças Autistas; dizem que, na primeira reunião, eles usaram crachás em forma de geladeirinhas.[24] "Nós, mães, gostaríamos de receber um pedido de desculpas", disse Eustacia Cutler, mãe da proeminente intelectual autista Temple Grandin. "Nós merecemos. E os pais também."[25]

Em 1944, o pediatra austríaco Hans Asperger publicou um estudo de caso de quatro crianças parecidas com as monitoradas por Kanner.[26] No entanto, ao passo que este veio a ser uma das vozes mais influentes na psiquiatria do mundo de língua inglesa, o trabalho de Asperger permaneceu na sombra e, até 1981, só tinha sido publicado em alemão. Tal como Kanner, Asperger acreditava que seus pacientes eram capazes de grande melhora. Também lhes reconheceu os pontos fortes, que em geral incluíam criatividade, gosto artístico muito desenvolvido e insights além de sua idade. Acreditava que a doença por ele documentada era uma aflição de pessoas de alta classe média que pressionavam os filhos e depois se retraíam quando estes as decepcionavam.

As crianças com síndrome de Asperger são altamente verbais no início da infância, embora usem a linguagem de modo idiossincrásico. Costumam ter desenvolvimento cognitivo normal e se interessam por interações humanas, ainda que com certa incompetência; um site da internet criado por um homem com síndrome de Asperger explicou que empatia é "conseguir adivinhar o que outra pessoa está sentindo". Em geral, elas carecerem de traquejo social básico; Asperger cunhou o termo "pequenos professores" para descrever seus pacientes.[27] Eles tendem a ser mais conscientes da sua situação do que as pessoas com autismo clássico, coisa que leva muitos à depressão clínica. Via de regra, ficam mais à vontade reagindo à comunicação do que tendo de iniciá-la. Hoje, a Associação Americana de Psiquiatria caminha no sentido de eliminar o diagnóstico; indivíduos com síndrome de Asperger simplesmente teriam *transtorno do espectro autista*, uma categoria que abrange pessoas com autismo grave e pessoas com outros diagnósticos associados, como o transtorno desintegrador da infância.[28] Essa mudança reconhece que é quase impossível traçar linhas divisórias claras entre esses diagnósticos.

Ainda que alguns considerem que os que têm linguagem sofrem de autismo altamente funcional, possuir um vocabulário rico nem sempre ajuda as pessoas com déficits sociais extremos. Embora muitos autistas possam aparentar nenhum envolvimento, os indivíduos com síndrome de Asperger chegam a ser hiperenvolventes; podem ficar próximos demais e falar sem parar sobre temas obscuros. Uma pesquisadora contou que entrevistou um rapaz com síndrome de Asperger que lhe pareceu ótimo — eles tiveram uma conversa agradabilíssima. Na semana seguinte, tiveram a mesma conversa. Uma semana depois, voltaram a ter a mesma conversa. Um clínico falou-me de um paciente que, aos dez anos de idade, correu para a rua em meio ao trânsito, quase foi atropelado e provocou um acidente. Sua mãe disse: "Mas eu mandei você olhar para os dois lados antes de atravessar a rua!". Ele respondeu: "Eu olhei para os dois lados". Um psiquiatra que conheci descreveu um paciente que era um gênio da matemática, QI 140, totalmente verbal, mas incapaz do ponto de vista social. Quando a moça bonita ao balcão do McDonald's lhe perguntou o que desejava, ele respondeu: "Eu desejo meter a mão no meio das suas pernas, por favor". E ficou completamente desconcertado quando chamaram a polícia; afinal de contas, ele havia respondido à pergunta e pedido "por favor".[29]

Vozes proeminentes entre os adultos no espectro — como Temple Grandin,[30] escritora, professora e projetista de equipamentos para pecuária, ou Ari Ne'eman, fundador da Rede de Autorrepresentação Autista[31] — atuam muitíssimo bem e são competentes na comunicação interpessoal. Mas ambos me disseram que essa é uma aptidão adquirida, que a interação social de que desfrutamos baseava-se num estudo interminável. Grandin escreveu: "Minha mente funciona como um mecanismo de busca da internet instalado para dar acesso apenas a imagens. Quanto mais imagens eu armazeno na internet do meu cérebro, tanto mais disponho de modelos de documento para agir numa situação nova".[32] Muita gente no espectro autista só aprende a sorrir ou chorar como peças de teatro. John Elder Robison, autor da autobiografia *Olhe nos meus olhos*, fala nas horas e horas dedicadas a memorizar expressões humanas para poder interpretá-las e produzi-las. "Eu nem entendia o que significava olhar nos olhos de alguém. E, no entanto, ficava envergonhado porque as pessoas esperavam que eu o fizesse, e eu sabia disso, mas não o fazia. Quando fiquei mais velho, ensinei a mim mesmo a agir 'de modo normal'. Sei fazê-lo muito bem para enganar uma pessoa comum uma tarde inteira ou até mais."[33] Todo autista tem um padrão único de fragilidades e pontos fortes, e pode ser extremamente competente num campo mas totalmente incompetente em outros. Ao mesmo tempo, o mais afetado no fim do espectro é tão diferente do menos afetado que às vezes é difícil aceitar a persistente metáfora da estrutura de espectro.

Aos vinte e poucos anos, fiz amizade com um homem autista. Ele só começou a falar aos sete anos, ria de coisas que nada tinham de engraçado e não dava a menor importância para as convenções sociais. Era racional, metódico, capaz de fazer cálculos de cabeça com a rapidez de um raio e ganhava uma fortuna no mercado de ações. Tinha memória fotográfica e havia reunido uma bela coleção de arte. Quando o visitei num fim de semana, ele pôs um único disco de Philip Glass no CD player e — como se Philip Glass já não fosse bastante repetitivo — deixou-o tocar constantemente todo o fim de semana. Em outra ocasião, quando lhe contei que ia a Los Angeles, ele me deu indicações detalhadas de todos os lugares que eu pretendia visitar; explicou que tinha ficado fascinado com a cidade e passara quatro meses passeando de carro dez horas por dia. Nós brigamos quando ele se recusou a reconhecer uma coisa ofensiva que fizera. Eu supunha que seu desdém pelas normas sociais fosse afetação; só depois compreendi que nossa amizade tinha sido solapada por um estado neurológico sem conserto.

A poetisa Jennifer Franklin encontrou uma musa à altura de seu poder de expressão na filha autista gravemente deficiente, Anna Livia Nash. Nos seus poemas sobre Anna, ela se vale do mito grego de Deméter, que, com a perda de sua filha Perséfone, que some de sua vida, cria o inverno no mundo como expressão dessa perda revoltante.[34] Jenny escreveu:

Fui a última a te ouvir
Gritar porque não

Queria que fosse verdade. Choraste
Atormentada e o sol

Seguiu brilhando por entre as folhas.
Não era certo.
. . . . .

Todos os que não eram tua mãe

Tentaram me consolar. Jurei
Nunca mais rir.

Mesmo na assombrosa novidade
Da devastação, não percebi

Como seria fácil
*Cumprir essa promessa.**

Anna brincava estranhamente com os brinquedos: estudava cada um deles com cuidado quando o recebia, quase como se o estivesse catalogando, depois o colocava atrás de si. Acordava no berço e fazia consigo mesma barulhinhos que pareciam trinados. Nunca apontou nada. Jenny chamou várias vezes o pediatra, e ele insistia em lhe dizer que não se preocupasse. Pouco antes de Anna completar dois anos, Jenny ingressou num curso Mamãe e Eu e, no primeiro dia, notou que as outras crianças interagiam com ela muito mais do que Anna. "De repente, me dei conta de que vivia tentando fazer um show para ela a fim de lhe chamar a atenção", disse. Tornou a levá-la ao pediatra, que, uma vez mais, achou-a muito bem, mas quando ela disse: "Minha filha já não fala como falava", ele mudou de atitude e a mandou imediatamente a um neurologista pediátrico. O clínico do Centro Médico da Universidade Cornell diagnosticou TGD-SOE — "transtorno global do desenvolvimento sem outra especificação" (que os críticos preferem chamar de "o médico está por fora") —, explicando que Anna era muito afetuosa para ser considerada autista. "Fique aqui no consultório hoje e veja o que é *autismo*. Não é o que ela tem", disse o médico. Jenny considera esse diagnóstico pela metade um "grave desserviço".

Seu marido, Garrett, é oncologista e estava habituado à morte e à doença. Jenny, que sempre acreditou que tudo seria conforme o planejado, sentiu-se pega de surpresa. Como ela escreveu num poema, "Eu não só/ Te perdi num instante;/ Abandonei as infinitas possibilidades/ Do que podias ter sido". Pôs-se a pesquisar

---

* No original: *"I was the last to hear you/ Scream because I did not// Want it to be true. You cried/ Out in torment and the sun// Kept shining through the leaves./ That wasn't right./ . . . . .// Everyone who wasn't your mother// Tried to comfort me. I vowed/ To remain unlaughing.// Even in the stunned novelty/ Of devastation, I didn't realize// How easy it would be/ To keep this promise"*. (N. T.)

educação de autistas e descobriu que Anna estava apta para o serviço de intervenção precoce. Além disso, Jenny e Garrett pagavam do próprio bolso duzentos dólares por hora a um especialista que submetia a menina a quatro horas semanais de terapia comportamental; ele também treinou terapeutas locais que eram pagos pelo Estado para tratar de Anna. O casal vendeu sua casa de campo em Massachusetts e deu cada centavo que tinha aos terapeutas. Jenny passava vinte horas por semana aprendendo com eles. Os acessos de cólera de Anna chegavam a durar 45 minutos e ela deixava os braços da mãe cobertos de hematomas e arranhões.

A menina pareceu reagir à intervenção comportamental estruturada em casa. A cidade de Nova York ainda não tinha escolas que adotassem esse sistema, mas, aos quatro anos, Anna foi aceita na Academia Reed, uma escola em Garfield, Nova Jersey, com apenas 24 alunos e 26 professores. O trabalho prendia Garrett a Nova York, mas Jenny se mudou para Nova Jersey para que Anna frequentasse a Reed. Essa escola recorre à análise aplicada do comportamento (AAC), um sistema inicialmente desenvolvido pelo neuropsicólogo O. Ivar Lovaas na Universidade da Califórnia em Los Angeles.[35] Ele usava um misto de reforço positivo e punição física severa, parecido com o adestramento de animais; hoje, a maioria dos programas de AAC só usa incentivos. Quando a criança faz algo desejável, é recompensada; quando faz algo indesejável ("estereótipos", como bater a cabeça, agitar os braços, balançar o corpo ou produzir ruídos estridentes), é interrompida e conduzida a comportamentos desejáveis. A cada ato positivo, recebe uma etiqueta adesiva no quadro de mérito, e quando acumula certo número de etiquetas pode escolher um presente. Aos sete anos, Anna tinha um pouco de linguagem, mas quase nunca a usava. Quando ela começava a balbuciar de forma incoerente, o professor a interrompia com ordens — mandava-a bater palmas, girar ou pôr a mão na cabeça. Quando era adequada, sua reação parecia romper o mecanismo interior da balbuciação, e isso lhe valia uma etiqueta. Então ela tinha de responder a perguntas como "Onde você mora?", "Quantos anos tem?", "Em que escola está?". Às vezes, o professor a mandava ler, cantar ou fazer uma lição, tudo também recompensado. Ao chegar ao número completo de etiquetas, ela tinha cinco minutos para fazer o que quisesse, com a condição de não recomeçar a estereotipia. Algumas vezes, ela pedia uma guloseima; outras, preferia ser levada nas costas, de cavalinho.

Jenny manteve o sistema em casa. "A única ocasião em que não o uso é quando ela está no quarto e vai dormir", contou. "Depois que lhe dei boa-noite e li dez livros para ela, se Anna começar a balbuciar, que balbucie." Quando conheci Jenny, Anna ia completar seu terceiro ano na Reed. Tinha melhorado muito. Já não machucava a si mesma e conseguia tolerar ir ao supermercado. Se antes arranhava e puxava o cabelo da mãe todos os dias, agora o fazia talvez uma vez por mês. Usava a linguagem mais prontamente. Para Jenny, foi um alívio perceber que Anna dava a impressão de gostar daqueles desenvolvimentos. "Nos primeiros dias, a coisa mais difícil do mundo para mim era vê-la chorar e fazer pirraça, em casa, por causa do desempenho AAC insuficiente", contou Jenny. "Mas ela nunca chora na escola. Quando empregado de modo apropriado, o sistema não é ruim."

Anna volta para casa às quatro horas e Jenny trabalha incessantemente com ela até as nove, usando o quadro de mérito e o sistema de recompensa. Quando a filha vai dormir, Jenny, muito agitada para conciliar o sono, se acalma com a leitura, a escrita e filmes. "Passo a noite acordada e faço as coisas que posso fazer sozinha no escuro, quando não preciso ver ninguém exercendo atividades normais das quais não tenho como participar." Jenny acorda às cinco da manhã para preparar o café da manhã da filha e faz exercícios com ela até o ônibus escolar chegar. Exausta, volta para a cama, onde fica até as quatro da tarde. "Eu tinha tanta vergonha no começo, mas agora consegui aceitar que é isso que preciso fazer para sobreviver."

Jenny tem ficado deprimida, sobrecarregada, mostrando até uma propensão suicida. "Mas não posso desistir da minha filha. Ela não pediu para nascer; não pediu para ter esse problema; é completamente vulnerável. Se eu não cuidar dela, quem cuidará?" Nos primeiros tempos de Anna na Reed, Jenny tinha esperança de que ela se tornasse "indistinguível de seus pares" e se integrasse às crianças comuns, mas isso acabou se mostrando improvável; *indistinguível* é o clichê oferecido muitas e muitas vezes aos pais, e nada tem de realista. Anna é ridicularizada por ser diferente; ironicamente, sua impermeabilidade ao ridículo é o que mostra seu despreparo para a escolarização regular. "Eu queria muito que Anna Livia chegasse ao ponto de saber que estão caçoando dela."

No início da gravidez, Jenny teve enjoos matinais insuportáveis e chegou a pensar em aborto. "Por mais difícil que seja reconhecê-lo", contou, "há ocasiões em que penso: 'Não seria melhor para todo mundo?'." Ela descreveu uma viagem à França em que visitou o Musée de Préhistoire em Les Eyzies-de-Tayac. "Vi os ossos de uma mãe segurando um bebê. Foram enterrados nessa posição incomum, e parece que os arqueólogos ficaram confusos com isso, mas eu não fiquei.

Pensei: 'Seria tão bom se acontecesse alguma coisa, se Anna Livia e eu simplesmente desaparecêssemos assim'. Mas eu nunca lhe faria mal."

As incompetências associadas ao autismo às vezes se aglomeram num nível terrível de dor — dor pela pessoa com autismo e dor pelos que tentam cuidar dela. Scott Sea, pai de uma menina autista, descreveu essa experiência na revista *Slate*: "Quando a gente vê calça e fralda emboladas no chão, sabe que chegou tarde demais. Uma mancha vermelha na porta, no rodapé, na parede. Você entra e o quarto é o local de um crime. Um esquartejamento? Na verdade, é apenas sua filha no pior estado. Cocô em toda parte. Respingos de sangue brilhando como tinta, coágulos pretos, fezes marrons amareladas e uma poça de vômito de quase um metro de diâmetro, no meio da qual está sua filha, numa mão um exemplar amassado da *Family Circle*, a outra tentando alcançar a TV. Está nua, só de meias nos pés, ensopadas de sangue até os tornozelos. As mãos pingando, o rosto marcado como uma canibal, sua expressão é de extrema perplexidade. A marca sangrenta de uma mão nas suas costas quando ela se equilibra enquanto você lhe tira as meias encharcadas. Na chuva morna do chuveiro, ela começa a cavar. Está escavando à procura do excremento comprimido, duro como um pão francês. Os behavioristas, os gastroenterologistas, os especialistas em habilidades de vida, todos eles sugerem estratégias, terapias, vídeos, dietas, óleos e programas. Por certo, ela sabe o que a gente quer: que use o banheiro adequadamente. E há ocasiões em que faz isso. Entra, senta-se, termina. Isso talvez em 5% do tempo. Um cocô enorme, do tamanho de uma bola de *softball*, descoberto na privada. Gritamos um para o outro e olhamos, maravilhados, como se estivéssemos vendo um arco-íris ou uma estrela cadente. Tamanho é o nosso entusiasmo".[36]

Fred Volkmar, chefe do Centro de Estudos da Criança de Yale, fala de um de seus pacientes, um gênio da matemática de 24 anos que se desenvolveu graças ao cuidado primoroso da mãe e que perguntou a ela: "Por que a gente precisa de mãe? Por que a gente tem de ter família? Eu não entendo". Mais tarde, sua mãe disse: "Ele pensa em tudo muito intelectualmente. Mas não compreende como isso faz com que eu me sinta". A psicanalista britânica Juliet Mitchell observou: "Em casos extremos, a violência da sua própria inexistência leva você a arquejar: não é que você seja anulado; você nem mesmo existe para ser anulado. Não há vestígio de equivalência psíquica, no qual seu reconhecimento do outro se correlacione com o reconhecimento de você por parte desse outro".[37]

A mitologia irlandesa sustenta que um bebê pode ser roubado ao nascer, ficando outro em seu lugar, um bebê-fada.[38] Este é exatamente igual ao que foi levado, só que não tem coração; só quer ficar sozinho, apega-se muito a um pedaço de madeira que lembra seu lar encantado e, em vez de falar, crocita ou murmura. Quando a mãe tenta acariciá-lo ou amá-lo, ele ri, cospe e se vinga com atos bizarros. A única solução é jogá-lo numa fogueira. Martinho Lutero escreveu: "Uma criança assim é tão somente uma massa de carne, uma *massa carnis*, pois não tem alma".[39] Walter O. Spitzer, professor de epidemiologia na McGill, que prestou depoimento sobre o autismo no Congresso dos Estados Unidos em 2001, deu a impressão de remontar a essa mitologia ao descrever os autistas como quem tem "a alma morta num corpo vivo".[40] Os defensores do autismo naturalmente rejeitam semelhantes analogias; a destacada defensora do autismo Amanda Baggs disse: "Ser visto à luz do fantasma de quem se esperava que você fosse é uma espécie de violência emocional para muitos deficientes".[41] Os ativistas da neurodiversidade, como Baggs, alegam que a criança que parece "perdida" num mundo diferente talvez esteja satisfeita nesse mundo. Obviamente, essa posição é apresentada por gente capaz de se comunicar, e, como uma das características centrais do autismo é a falta de empatia, é lícito suspeitar das afirmações dos autorrepresentantes autistas a favor de outros. No entanto, eles observam com precisão que os pais escolhem tratamentos com base em conjecturas acerca do que os filhos devem querer. Os pais podem se esforçar muito para ajudar os filhos a saírem do autismo e fracassar nisso; podem também fazer com que os filhos percam características do autismo e depois constatar que eles detestavam ser "tratados" e se sentiam mais felizes do jeito que eram.

Nancy Corgi, mãe de dois autistas, não teve uma relação afável com o destino. Foi muito receptiva no trato com os filhos, mas pagou um alto preço para conservar a serenidade. "Defender e lutar por essas crianças durante dezenove anos", disse, "mudou completamente a minha personalidade. Eu não hesito em comprar briga, sou contestadora. Ninguém se opõe a mim. Faço o que tenho de fazer e consigo o que quero. Eu não era assim, muito pelo contrário." Eu tinha conhecido tantas famílias que procuravam olhar para o lado bom de situações horríveis que achei qualquer coisa tonificante nas afirmações audaciosas de Nancy sobre sofrimento e repulsa, na sua capacidade de dizer que, se soubesse como seus filhos iam ser, não teria tido nenhum. [42]

A mãe de Nancy notou algo estranho em Fiona, de dezoito meses, e um dia, no cabeleireiro, conversou com uma mulher que tinha um filho autista. Ele se parecia com sua neta. Ela telefonou para Nancy e disse: "Marquei consulta com o tal neurologista pediátrico, seria muito bom se você levasse Fiona". Grávida de quatro meses e meio do segundo filho, Nancy decidiu seguir o conselho da mãe. O médico deu uma olhada em Fiona e disse: "Ela é TGD". Nancy ficou chocada. "Não se tratava de uma coisa a ser resolvida em uma semana, curada", recordou. Fiona tem características autistas clássicas, não tem nenhum envolvimento com outros seres humanos, e não dava sinal de desenvolver a fala sozinha. Detesta que a toquem e não tolera roupa no corpo. "Os mantimentos ficam trancados no porão, do contrário ela joga tudo nas paredes", contou Nancy. "Também é capaz de pôr fogo na casa." Aos dois anos e oito meses, Fiona começou a ir à intervenção precoce na Universidade de Massachusetts. "Às três horas, eu começava a tremer, sabendo que ela estaria de volta mais ou menos às três e meia", contou Nancy. "Não queria que ela voltasse para casa. Quando recebi ajuda da assistência à infância, eu me trancava no quarto. Só queria ficar sentada no chão do closet, sem barulho, sem luz, sem ninguém."

No verão depois que seu segundo filho, Luke, fez dois anos, Nancy e a irmã estavam na praia em Cape Cod, e esta lhe disse: "Você tem mais um problema". Nancy ficou estupefata. "Meu filho parecia totalmente normal, depois de eu ter lidado com minha filha", recordou. Entretanto, ao contrário da irmã, ela não tinha experiência com crianças normais. "De uma hora para outra, toda a minha vida se reduziu a fazer exames, exames e exames", disse Nancy. Seu marido, Marcus, é contador. "Ele lida todos os dias com a Receita Federal. Está acostumado à burocracia teimosa, ridícula. Tem paciência e know-how para tratar com companhias de seguro, requerimentos, o lado financeiro do sistema educacional. Essa era a parte dele, e a mim cabia lidar com as crianças. Quantos anos nós fomos e voltamos de Mass Pike para fazer avaliação no Hospital Infantil de Boston? Meus filhos têm dezessete e dezenove anos, e continuo fazendo isso."

Embora os dois filhos sejam diagnosticados no espectro, o autismo de cada um se manifesta de maneira diferente. Aos oito anos, Fiona saltou da janela do primeiro andar porque queria fazer purê de batata e sabia que, se encontrasse a chave da porta da rua na garagem, podia pegar as batatas e cozinhá-las. Com treinamento, enfim desenvolveu linguagem, mas sua sintaxe e afeto são esquisitos. "Se eu ficar conversando com alguém quando minha filha está à mesa, ela começa a falar sozinha", contou Nancy. "Eu vou a concertos, vou à ópera, faço teatro com amigas. Compro ingresso para Fiona porque ela gosta de se vestir bem e gosta de música. Ela resmunga e é estranha, não tem ideia de como se relacionar com as outras pessoas, mas não interrompe nem incomoda a gente." Luke era um garotinho meigo, mas a adolescência o atingiu em cheio. Tomava clomipramina desde o jardim de infância, mas mudou para Risperdal e Paxil na puberdade, quando os sintomas se intensificaram. "Ele é basicamente ansioso e bastante lerdo", disse Nancy. "Só fala daquilo que lhe interessa: vídeos, filmes e bichos. Bom senso igual a zero. Se um menino de quatro anos lhe disser um palavrão, ele é capaz de jogá-lo longe com um murro. Porque está bravo. Dois minutos depois, fica adorável. É realmente horrível." Fiona estudou, com acompanhamento, numa escola regular da primeira à oitava série. Os déficits de inteligência e o comportamento problemático de Luke o desqualificaram para a escolarização regular.

Nancy tende a expressar raiva, mas também sente desespero, e quando seus filhos eram pequenos esse desespero ficava mais próximo da superfície. "Eu acordava às três da madrugada e, uma vez mais, me dava conta de que não era apenas um pesadelo. Então olhava para Marcus, de manhã, e dizia: 'Como você se atreve a dormir?'. O que restou — de nós dois — é muito menos do que quando nos casamos." Marcus trabalhava o dia inteiro — muito mais do que Nancy achava necessário. Sua mãe, que morava numa rua próxima, perguntava-lhe como iam as coisas, mas quase nunca a visitava. A sogra se afastou completamente. "Ninguém nunca arregaçou as mangas para ajudar", contou Nancy. "Ninguém gostava dos meus filhos. Eles não eram agradáveis, mas, se alguém tivesse agido como se fossem, talvez fosse uma ajuda."

Nancy e Marcus tinham uma forma suplementar de seguro-saúde chamada Mass Health, que ajudava a pagar um acompanhante para as crianças. Então a Mass Health sofreu uma fraude orçamentária e eliminou os Corgi de seu sistema. No fim, Nancy e Marcus passaram a pagar a ajuda do próprio bolso, mas o valor era elevado. Nancy resolveu matricular Fiona numa escola residencial aos catorze anos; ela e o marido lutaram com unhas e dentes para consegui-lo. "Meu marido teve um ataque de nervos, começou a chorar e disse: 'Eu não sei o que mais nós podemos fazer para mostrar a vocês do que ela precisa'. Essa foi uma das duas vezes que o vi chorar." Eles matricularam Luke aos quinze anos. "São dois garotos que precisam de supervisão como se fossem crianças pequenas", disse Nancy. "Por isso ficam na escola 281 dias por ano."

Luke adora meninas bonitas, mas suas atenções desajeitadas em geral esbarram em rejeição. Nancy é obrigada a lhe explicar demoradamente essas experiências dolorosas para consolá-lo. Ele também é descontrolado e muito forte. Na ocasião em que Nancy e Marcus foram a um casamento e deixaram os filhos com uma babá que já tinha cuidado deles antes, Luke pegou o filho de dois anos da mulher e o atirou do outro lado da sala. "No ano passado, ele bateu na minha mãe", contou Nancy. "Mandou o meu pai calar a boca." Os Corgi são sócios de um clube de praia, em Cape Cod, que Nancy frequenta desde a infância. Um ano depois que os conheci, informaram a Nancy que Luke tinha feito gestos obscenos para uma moça na piscina e não seria mais admitido — embora, na verdade, tenha sido meramente uma tentativa desastrada de entabular uma conversa. Nancy escreveu uma carta explicando que o autocontrole do filho era prejudicado pela biologia de seu cérebro. Não fez a menor diferença: Luke não pôde voltar. "Nós estamos habituados a viver no leprosário, não é mesmo?", disse Nancy.

Apesar da revolta persistente, Nancy consegue falar dos filhos com ternura. "Meus filhos são muito carinhosos, fofos e doces", disse. "Fiona não era tanto quando pequena. Mas agora a gente senta no sofá e eu a acaricio e abraço. Eu a punha na cama, dava-lhe um beijo e dizia que a amava. Pedia: 'Diga "Eu te amo"'. Ela repetia comigo 'Eu te amo'. Por fim, entendeu o que significava e passou a me dizer essas palavras por sua própria iniciativa. Uma vez, peguei no sono no sofá. Ela foi buscar um cobertor, cobriu-me e me deu um beijo. Fiona está funcionando muito além do que esperávamos. As pessoas dizem: 'Vocês podem se dar uma palmadinha nas costas', e nós damos." Mas Nancy temia constantemente que se aproveitassem de Fiona e tentou esterilizar os dois filhos. "A melhor coisa que podemos esperar é nunca ter netos", disse ela com tristeza. "Às vezes, meu marido me pergunta: 'Você se casaria comigo outra vez?'. Eu respondo: 'Sim, mas sem os meninos'. Se soubéssemos o que sabemos agora, não o teríamos feito. Eu amo os meus filhos? Amo. Faço tudo por eles? Faço. Eu os tenho, faço isso e os amo. Não faria de novo. Acho que quem diz que faria mente."

Certas pessoas não verbais com autismo parecem carecer de linguagem, seja a receptiva, seja a expressiva. Algumas têm dificuldade para controlar a musculatura oral-facial envolvida na produção da fala e podem ser auxiliadas por teclados em que digitam. Outras não dispõem de acesso ao processo inconsciente pelo qual nossos pensamentos surgem numa fieira de palavras. Há ainda as que apresentam deficiências intelectuais tão grandes que não desenvolvem a capacidade linguística. A relação entre a linguagem e a deficiência intelectual é desnorteante; ninguém sabe ao certo o que se esconde por trás da mudez. Alison Tepper Singer, ex-vice-presidente da Autismo Fala e fundadora e presidente da Fundação Autismo Ciência, contou-me que sua filha de onze anos enfim teve linguagem — "o que significa que ela diz: 'Quero suco', não que diga: 'Sinto que você não entende como a minha mente funciona'".[43][44]

Micki Bresnahan falou do desafio de decodificar as comunicações do filho. Embora tivesse pouquíssima linguagem na infância, ele dizia reiteradamente "robô" quando chorava. Ela lhe comprou robôs de brinquedo e passou a levá-lo para assistir a filmes de robô, mas ele continuava gritando "robô" em sua aflição. Depois de dois anos e vários terapeutas, Micki compreendeu que o filho pensava que tinha sido transformado em robô durante uma cirurgia de cifose, ocasião em que colocaram pinos de metal em sua coluna. "Ele não conseguia expressar isso, e eu não conseguia entender", disse Micki. "Os testes mostraram que o menino tem inteligência normal. Mas funciona muito devagar. Se ele não sabe se vestir e é um gênio, o que significa isso? Significa que ele não sabe se vestir." O garoto tem fala limitada e acesso apenas ocasional a ela. "Meu filho precisa ficar chateado para falar", contou Micki. "É neurológico. Ele fica cada vez mais agitado, e é como se o fizesse para poder falar. Atualmente isso é mais triste do que quando ele era pequeno. Ele não vai casar, ter filhos, ser avô, comprar casa. Todas essas coisas que a gente faz é que dão textura à vida adulta. Não há nada daqui até o horizonte."[45] Outra mãe disse acerca do filho de treze anos: "Se ele fosse surdo e precisasse de sinais, eu aprenderia a língua de sinais. Mas, para mim, é impossível aprender sua linguagem porque nem ele a conhece".[46]

Em 2008, Carly Fleischmann, uma menina canadense com autismo que nunca tinha usado a linguagem, começou a digitar, aos treze anos. Seus pais nem sabiam que ela sabia ler e entendia a fala deles. "Ficamos atônitos", disse o pai. "Percebemos que dentro dela havia uma pessoa articulada, inteligente e emotiva que não conhecíamos. Mesmo os profissionais a rotulavam de moderada a gravemente incapaz em termos cognitivos." Uma das primeiras coisas que ela escreveu foi: "Se eu pudesse contar para as pessoas uma coisa a respeito do autismo, seria que eu não quero ser assim, mas sou. Portanto, não fiquem bravos. Sejam compreensivos". Depois escreveu: "É difícil ser autista porque ninguém me entende. As pessoas acham que sou muda porque não sei falar ou me comporto de modo diferente. Acho que têm medo das coisas que parecem ser diferentes delas". Quando um pai escreveu a Carly perguntando o que seu filho autista queria que ele soubesse, obteve a seguinte resposta: "Acho que gostaria que você soubesse que ele sabe mais do que você pensa". Quando os pais lhe perguntaram da emergência inesperada da linguagem, ela disse: "Acho que a terapia comportamental me auxiliou. Creio que ela me permite ordenar as ideias. Infelizmente isso não me torna normal. Acreditar ajudou. Depois aconteceu um milagre, vocês me viram digitar. Então, vocês me ajudaram a esquecer que sou autista".[47]

Harry e Laura Slatkin moram numa casa elegante no Upper East Side de Manhattan. Harry é executivo do ramo de perfumes para casa e homem de sociedade muito gregário, criador de fragrâncias para Elton John, Oprah Winfrey e outros. Laura dirige uma bem-sucedida empresa de velas aromáticas. A riqueza dos Slatkin ajudou-os a obter serviços pelos quais outras famílias precisam batalhar, e eles se transformaram em destacados ativistas e filantropos do autismo. Os Slatkin tiveram gêmeos em 1999, e, enquanto Alexandra parecia se desenvolver normalmente, David, aos catorze meses, tendia a correr de um lado para outro no corredor, rindo à toa, coisa que muito impressionou sua mãe. Depois de alguns encaminhamentos médicos inúteis, enfim diagnosticaram nele um atraso global do desenvolvimento. Em geral, os médicos recorrem a esse diagnóstico para suavizar a notícia, e Laura ficou animada com a que recebeu. "Não me pareceu tão horrível assim", recordou, "porque, para mim, *atraso* significava que o desenvolvimento ainda viria, só que ia demorar." Mas, então, ela telefonou para outro médico e soube que, na verdade, David devia ser autista. "Isso foi uma punhalada no coração que mudou definitivamente nosso mundo."[48]

A intervenção precoce levou os terapeutas a trabalhar com David em casa, e Laura começou a ler de tudo. "Nós estávamos tão nervosos, não sabíamos o que nos esperava", contou. "Uma noite, eu estava escrevendo minhas ideias num diário. Ele aprenderia a falar? Entraria na escola? Teria amigos? Chegaria a se casar? O que vai acontecer com David? Simplesmente comecei a chorar, e Harry disse: 'Laura, pare de chorar, porque isso não vai ajudar David. Não serve de nada para nós. Você precisa canalizar toda a sua energia e fazer uma coisa construtiva'. E, na manhã seguinte, nós começamos a trabalhar."

Eles fundaram o Centro Nova York para Autismo para oferecer educação, participação da comunidade e pesquisa médica. Recorreram a todos os bons contatos de que dispunham. Tendo descoberto que nenhuma escola da cidade oferecia análise aplicada do comportamento, reuniram-se com o secretário municipal de Educação e se propuseram a abrir uma que a oferecesse; como acreditavam no acesso universal, queriam que sua escola se integrasse ao sistema de ensino público. A escola *charter** do Centro Nova York para Autismo foi instalada no Harlem, no prédio da PS 50, uma escola pública regular; em 2005, seu diretor e o corpo docente foram escolhidos pessoalmente pelos Slatkin e outra mãe de autista, Ilene Lanier. O município financia a escola com 81 mil dólares por aluno/ano. Há um professor para cada aluno. Com decoração alegre e inundada de luz, é um oásis no sistema de ensino público. O diretor, Jamie Pagliaro, criou um programa para que alunos da oitava série da PS 50 trabalhem com as crianças na escola *charter*, e agora há mais dessas crianças pedindo para participar do que eles podem absorver. Mais de mil famílias estão na lista de espera da escola *charter*.

Laura e Harry doaram meio milhão de dólares ao Hunter College para desenvolver um programa que prepare educadores para o trabalho com crianças autistas. Os Slatkin esperam que, com um corpo docente suficientemente preparado, surja uma rede de escolas semelhantes, de modo que todas as crianças autistas de Nova York tenham a possibilidade de participar de um programa como esse. "A diferença entre uma educação ruim e uma educação superior é a diferença entre ser capaz de viver de forma independente ou não", disse Laura. Além disso, os Slatkin trabalham com as universidades Cornell e Columbia para erigir um centro de ponta que forneça intervenção precoce de alto nível e atendimento clínico regular aos autistas. Também criaram um *think tank* chamado Transitioning to Adulthood, que estuda o aprimoramento das instalações residenciais para adultos com autismo e oferece treinamento vocacional adequado.

---

* Escola parcialmente financiada pelo governo, comum nos Estados Unidos desde o final da década de 1980. Pode contar também com apoio de empresas privadas e, em geral, tem mais liberdade curricular que as escolas públicas. (N. T.)

Ao mesmo tempo que montavam esses programas, os Slatkin ajudavam David. "O primeiro ano é o ano da esperança", disse Laura, "embora a gente não saiba disso na época. É o ano em que ainda é possível imaginar que seu filho é um dos menos afetados e vai sair dessa." No fim desse ano, Laura disse ao terapeuta de David: "Eu só queria saber onde David está em comparação com as outras crianças com quem você trabalha". A resposta foi: "Eu diria que seu filho é, provavelmente, a criança mais afetada que já vi". Laura me explicou: "Ele não tinha percebido que não sabia disso. Aquele foi o dia da esperança perdida, o pior da minha vida. Eu pensava que estávamos progredindo, pensava que David talvez aprendesse a falar, que talvez frequentasse uma escola regular, que eu tinha feito tudo direitinho. Providenciei ajuda para ele cedo, procurei os melhores médicos do mundo, os melhores educadores, quarenta horas de tratamento por semana: o máximo que alguém já tinha recebido. Com um ótimo programa educacional, a maioria das crianças é capaz de avanços assombrosos; é o que nós vemos todos os dias na escola *charter*. Mas David não ia ser uma delas. Desmoronei. A vida de antes acabou para mim. Daquele dia em diante, fui obrigada a usar as palavras 'gravemente afetado pelo autismo'. Precisava tomar seu futuro nos braços e com ele firmar um novo acordo de paz".

Os Slatkin experimentaram todas as formas de intervenção. Numa delas, a terapeuta lhes disse para fazer tudo quanto David quisesse. "David gostava de correr em volta da mesa da sala", contou Laura. "Então a terapeuta disse: 'Corram em volta da mesa com ele'. Pedem para a gente entrar no mundo deles. Eu queria era tirá-los do seu mundo." O período que se seguiu foi tétrico. David nunca desenvolveu linguagem, e sua compreensão parece ser virtualmente nula. Não sabe se comunicar por sinais nem usar os métodos de troca de imagens que funcionam com muitas crianças autistas. Ao fundar a escola *charter*, Laura e Ilene supunham que seus filhos iam frequentá-la, mas o sistema de ensino público exigia que os alunos fossem admitidos por sorteio, e nenhum dos dois foi escolhido. Para Ilene, essa foi uma perda significativa, mas os Slatkin sabiam que David não tiraria muito proveito nem mesmo da melhor escola do mundo.

David acordava toda madrugada às duas e meia e ficava pulando no quarto. "Uma noite, começou a se atirar contra as paredes, e eu me virei para meu marido e disse: 'Existem lugares para crianças como David, e nós precisamos pensar a respeito, porque não podemos viver assim'", recordou Laura. "Harry reagiu com muita violência. Disse: 'Nunca mais diga isso; meu filho não vai para lugar nenhum'. Imaginei que um dia Harry chegaria ao ponto de não aguentar mais. Por isso lhe disse: 'Eu vou pesquisar'." David não tem sossego. "Toma Risperdal, que devia causar uma sedação forte", contou Laura. "O remédio não afeta em nada sua hiperatividade. Acho que ajudou a reduzir a agressividade, mas faz tanto tempo que David o toma que não sei como ele seria se não o tomasse. Uma vez, tentamos tirar essa medicação dele, e foi como tirar a heroína de alguém. Harry propôs comprarmos um desses dardos anestésicos que atiram nos javalis e dispará-lo no traseiro dele."[49]

À medida que crescia, David foi se tornando mais violento e destrutivo. No documentário *Autism Every Day*, Harry conta, chorando, que eles puseram cadeados em todas as portas da casa de campo, "pois não queríamos que David acabasse entrando na lagoa. Mas havia ocasiões em que preferíamos que o fizesse, porque não queríamos que passasse o resto da vida sofrendo". A irmã gêmea de David chegou a dizer: "Não quero voltar da escola; não quero entrar nesta casa; não aguento mais escutar isso". Harry disse: "Estamos falando de um menino que comia suas próprias fezes ou as espalhava nas paredes, passava seis dias sem dormir, beliscou Laura com tanta força que ela precisou ir ao médico, arrancava punhados de cabelo da irmã".

Laura começou a procurar seriamente uma internação residencial. "Vai ser dolorosíssimo, mas sei que esse é o seu destino", disse. "É só questão de tempo." Na sala de estar a um passo da Quinta Avenida, ela reconheceu a inevitabilidade disso com serenidade e tristeza, a cabeça baixa. "Todo dia eu preparo o café da manhã e o almoço de David. E o faço com amor. Fico preocupada com o ambiente institucional. Ninguém vai saber que ele gosta do bacon crocante e do macarrão com pouca manteiga, não muita."

O ativismo pode impedir a autoanálise, mas Laura Slatkin optou pelo ativismo com perspicácia para desalojar parte de sua tristeza. "Trabalho nessa escola que meu filho não frequenta", disse ela, "e patrocino uma pesquisa que provavelmente não o ajudará, e tenho um *think tank* para projetar instituições em que ele talvez nunca seja atendido, porque é pouquíssimo o que posso fazer por ele, e me sinto melhor sabendo que pelo menos posso fazer com que a esperança de algumas famílias se realize, a mesma esperança que eu tinha antigamente e nunca se realizou para nós."

A única maneira de que temos para descrever o autismo é por sintomas tão variáveis que alguns clínicos falam em *autismos*.[50] Não se conhece sua causa ou mecanismo. O modificador *idiopático* que costuma ser usado para descrever o autismo é na verdade uma indicação de que hoje ele é inexplicável. Os pesquisadores têm desenvolvido numerosas hipóteses sobre o "déficit nuclear" a partir do qual fluem todos os outros sintomas. Um princípio popular é o da *cegueira mental*, isto é, a incapacidade de reconhecer que as ideias da outra pessoa diferem das nossas.[51] Mostra-se um saco de balas a uma criança e pergunta-se o que ela acha que ele contém. Ela pensa que contém balas. Abre o saco e vê que contém um lápis. Então se pergunta à criança o que ela acha que outra criança vai pensar quando lhe mostrarem o saco fechado. As não autistas esperam que a outra seja enganada tal como elas foram. Já as autistas esperam que a outra saiba que o que há no saco é um lápis. Vários exames de imagem recentes demonstraram que os neurônios espelho, normalmente ativados quando a pessoa pratica ou observa uma ação, só são acionados nos autistas quando eles estão fazendo alguma coisa e permanecem inativos quando estão observando outra pessoa.[52] Isso combina com a cegueira mental. Uta Frith, do University College de Londres, teorizou que as pessoas com autismo carecem do impulso à coerência central que possibilita aos seres humanos organizar e aprender a partir da informação exterior.[53] Outros falam em falta de flexibilidade. E há quem proponha que a questão central nas pessoas com autismo é a superexcitação e a subexcitação atencionais.[54] Todas essas versões podem ser verdadeiras, mas nenhuma em particular explica as demais.

Em suas memórias, *Send in the Idiots* [Que venham os idiotas], Kamran Nazeer, que tem autismo, escreve: "O desafio dos indivíduos autistas é estarem sobrecarregados até pela sua própria mente. Em geral, reparam em mais detalhes que as outras pessoas. Conheço um que, depois de visitar um prédio uma única vez, é capaz de desenhá-lo de memória com todos os detalhes arquitetônicos, situando não só as salas como os poços de elevador, os corredores, as escadarias". Outra mulher que ele descreve consegue tocar uma peça musical do começo ao fim após ouvi-la pela primeira vez. "Ao mesmo tempo, a capacidade dos indivíduos autistas de categorizar ou processar essa informação é mais limitada", escreve Nazeer. "Com tal combinação de alto input e baixo output, ocorre uma espécie de bloqueio inevitável. Por consequência, os indivíduos autistas procuram se concentrar em tarefas simples que não envolvam outras pessoas."[55] John Elder

Robison, diagnosticado com a síndrome de Asperger, recorda: "As máquinas nunca foram ruins para mim. Nunca me enganaram e nunca me magoaram. Eu era encarregado das máquinas. Sentia-me a salvo entre elas".[56]

Embora tenha contribuído pouco para deslindar os mecanismos do autismo, a tomografia cerebral revelou os substratos orgânicos de alguns desses fenômenos. Um estudo realizado em Yale descobriu que, nos adultos com autismo ou síndrome de Asperger, a região do cérebro ativada durante o processamento de rostos correspondia, nas pessoas não autistas, à região ativada no processamento de objetos.[57] No entanto, os autistas com fixações podem reconhecer estes últimos na região em que a maioria das pessoas registra fisionomias. Assim, num menino autista, a mesma região do cérebro se iluminava ao ver tanto sua mãe quanto uma xícara de chá. Mas ele tinha fascínio pelos personagens Digimon japoneses e, quando os via, a região em que a maior parte de nós processa as conexões íntimas se acendia repentinamente.[58]

Bob e Sue Lehr não tinham intenção de adotar uma criança deficiente. Contudo, em 1973, quando Bob era professor convidado em Utah, o casal soube de uma criança mestiça que ninguém na região queria. Decidiram integrá-la a sua família, que já incluía um filho biológico branco e uma filha mulata adotada. O estado de Utah exigia que os casais aguardassem um ano entre a solicitação e a finalização da adoção, mas o advogado dos Lehr informou que era possível contornar esse sistema. Sue me disse: "Nós devíamos ter desconfiado".[59]

Quando a família voltou para casa em Tully, no norte do estado de Nova York, ficou claro que havia algo errado com Ben. "Ele era uma massa amorfa", contou Bob. "Nós o pegávamos no colo, e ele não retesava o corpo ao ser erguido." Os Lehr telefonaram para a Divisão de Serviços da Criança e da Família de Utah, solicitando o prontuário médico do menino. Depois de alguns meses sem resposta, recorreram a um promotor, que escreveu para lá; a repartição pública se ofereceu para levar Ben de volta a Utah. "Como?", perguntou Sue. "Não podia me imaginar dizendo simplesmente: 'Puxa, o meu filho veio com defeito; vou devolvê-lo', como se ele fosse um suéter." O pediatra da família submeteu-o a uma bateria de testes. Por fim, recomendou a Sue e Bob que apenas levassem Ben para casa e o amassem. Bob era psicólogo experimental e continuou trabalhando nessa área, mas o cuidado do filho adotivo passou a ser sua principal preocupação.

Sue, que era professora de ginástica, voltou à Universidade de Syracuse para fazer doutorado em educação especial.

A escola local não queria Ben e tornou sua vida um inferno, e os Lehr processaram o município. Sue disse às autoridades: "Vocês não podem proibi-lo de entrar no prédio por ser pardo. Diga onde está escrito que podem rejeitá-lo por ter autismo". O trabalho na escola foi modificado para Ben, mas ele era obrigado a fazê-lo, embora tivesse pouca linguagem e não conseguisse iniciar a fala. Certas pessoas incapazes de produzir palavras orais podem se comunicar por escrito, as que carecem de controle muscular para manuscrever digitam, e as que não têm controle para digitar lançam mão de outros métodos. Ben aprendeu *comunicação facilitada* ou CF,[60] sistema em que uma pessoa o ajudava a usar o teclado dando apoio físico não direcionado aos seus braços quando ele digitava. Debateu-se muito se aquilo que se expressa com o uso da CF é realmente a linguagem da pessoa deficiente ou a do facilitador; os pais de Ben têm certeza de que ele controla suas falas.

À medida que crescia, Ben passou a bater a cabeça no chão, a se cortar com facas, a enfiar a cabeça nas janelas, tudo isso com muita frequência. "Seu comportamento era uma maneira de se comunicar", disse Sue. "Não a melhor, mas outros garotos se comunicam usando drogas ou dirigindo bêbados." Quando Ben era adolescente, Bob e Sue o levaram à RadioShack, sua loja predileta. Ele se assustou com a escada rolante e, ao chegar ao alto, sentou-se de pernas cruzadas e começou a bater na cabeça com as mãos e a gritar enquanto a multidão se aglomerava. Sue sempre levava consigo um teclado de CF e, quando ela o tirou da bolsa, Ben digitou: *Bata em mim.* "E eu pensei: 'Ah, sim, em plena loja com um segurança, sendo que você é preto e eu, branca'", recordou Sue. "Então ele digitou: *Como um toca-discos.*" Sue pensou imediatamente numa agulha travada num disco riscado; deu-lhe uma palmadinha no ombro e disse: "Tilt". Ben se levantou e eles percorreram a loja com tranquilidade.

No ensino médio, Ben começou a ter problemas horríveis de comportamento. Sue contou: "Eu não gostava do seu auxiliar, Willie, um sujeito obeso e desleixado que sempre usava calça de moletom. Mas achei que talvez estivesse sendo excessivamente crítica. Depois ele foi preso por ter estuprado a filha de três anos. Nesse meio-tempo, Ben começou a digitar que Willie o maltratava e deu à fonoaudióloga pormenores suficientes para que ela mandasse o diretor chamar a polícia. Willie dizia: 'Ben está com dificuldade, por isso nós vamos subir à sala de halterofilismo e levantar pesos'. E era lá que Willie o estuprava enquanto outro sujeito observava. Assim, passamos algum tempo com Ben em casa e cuidamos dele para que não pensasse que era culpa sua". Quando voltou para a escola, ele desenvolveu relações significativas com os colegas de classe, com o auxílio de uma acompanhante particularmente bem sintonizada. No último ano do ensino médio, usava a CF para escrever uma coluna no jornal da escola. Convidou uma garota não deficiente para o baile de formatura (para o desgosto do namorado dela); no baile, foi eleito para a corte real. Na colação de grau, quando ele recebeu o diploma, toda a plateia se levantou. Sue e Bob começaram a chorar ao me contar isso. "Milhares de pessoas na sua formatura. E todas aplaudiram Ben de pé."

Fiquei impressionado com a decisão precoce dos Lehr de ajudar o filho, mas não de "consertá-lo". "Sua irmã me perguntou: 'Você já imaginou como seria se Ben fosse normal?'", contou Sue. "E eu disse: 'Ora, acho que ele é normal para si próprio'. Eu desejava que ele não tivesse tantos problemas de comportamento? Sem dúvida. Desejava que tivesse uma linguagem melhor? Sem dúvida." Boa parte do que Ben digita é obscura. Ele passou algum tempo digitando *E você pode chorar*. Ninguém nunca entendeu o que ele queria dizer. Outro dia, digitou: *Quero parar com esses sentimentos idiotas, mágoas idiotas. Fico zangado, então pareço bobo.* Bob contou que nas conferências é cercado por pais ávidos por uma cura: "Tudo vai melhorar no ano que vem e outras patacoadas desse tipo. Nós fomos vanguarda em dizer: 'Não. Vai melhorar agora. Vamos tornar tudo tão bom quanto possível para ele'".

Depois do ensino médio, Bob e Sue deram entrada em uma casa para Ben a treze quilômetros da deles. Seu cheque da previdência social cobria a hipoteca e a maior parte das contas fixas. Ele ganhava dinheiro fazendo mesas de madeira e vendendo-as em feiras de artesanato. Sempre havia alguém ao seu lado, ou um atendente treinado, ou um inquilino que morava na casa em troca de cuidar dele. Como Ben tem paixão por água, os Lehr arranjaram lugares em que pudesse nadar e lhe compraram um ofurô. Uma década depois, a mãe de Sue morreu; com a herança, os Lehr fizeram uma viagem de camping de três meses pela Europa. "Cada membro da família podia escolher uma coisa que quisesse fazer", contou Sue. "Ben optou por nadar em qualquer extensão de água que encontrasse. Assim, esteve no Mediterrâneo, esteve no Egeu, esteve em piscinas, lagos e rios. Temos uma fotografia dele em Atenas. Está batucando nas pedras com suas pequenas baquetas e com ar muito alegre."

Quando eles voltaram da Europa, Bob descobriu que tinha Alzheimer, mal que avançara consideravelmente quando o entrevistei para escrever este livro. Durante dois anos, ele preferiu que ninguém soubesse de nada, salvo Sue, mas Ben digitava: *Papai está doente*. Vendo a contrariedade de Sue, acrescentava: *Mamãe está arrasada*. Enfim, Bob sentou-se e explicou que Ben tinha razão, papai estava doente, mas não ia morrer já. Em face desse diagnóstico, os Lehr voltaram a despertar para o efeito profundo que Ben tinha tido sobre eles. "Sem dúvida, enfrentei a notícia de modo diferente do que a enfrentaria se não tivesse Ben", afirmou Bob. Sue disse: "Acho que aprendemos muito com Ben, aprendemos a ler as pessoas, a tentar entender o que elas pensam ou sentem e não conseguem articular. A tratá-las como seres humanos mesmo que suas ideias e sentimentos sejam confusos. O que fazer para que você se sinta seguro, amado, bem? Aprendi como isso funciona por ter Ben. De modo que já estava com tudo pronto quando Bob precisou".

O autismo é associado à subconectividade entre hemisférios e a uma superabundância de conexões locais; parece que a poda neuronal que ajuda o cérebro médio a evitar sobrecarga não ocorre no autismo. Muitas crianças autistas nascem com a cabeça menor que o normal, mas, entre o sexto e o 14º meses, muitas têm a cabeça maior do que o normal. O cérebro das crianças autistas é em geral 10% ou 15% aumentado, o que parece se resolver à medida que elas crescem. O cérebro humano consiste na massa cinzenta, onde o pensamento é gerado, e na massa branca, que transmite esse pensamento de uma região a outra. No autismo, observou-se inflamação nas regiões do cérebro que produzem a massa branca; uma quantidade excessiva é produzida em pouquíssimo tempo, criando um barulho terrível, algo parecido com o que a gente captaria se, cada vez que pegasse o telefone, ouvisse não só a voz da pessoa para a qual ligou como uma centena de outras vozes na linha ao mesmo tempo. O fato de você e a outra pessoa falarem claramente acabaria se perdendo na cacofonia. No autismo, também se observaram perdas neurológicas no cerebelo, no córtex cerebral e no sistema límbico. Os genes do autismo podem alterar os níveis de neurotransmissores do cérebro em estágios cruciais de desenvolvimento.[61]

É bem provável que "autismo" seja uma palavra-ônibus. O comportamento autista pode ser sintoma de uma variedade de causas, assim como a epilepsia pode ser provocada por um defeito genético na estrutura cerebral, um ferimento na cabeça, uma infecção, um tumor ou uma pancada; ou assim como a demência pode resultar do mal de Alzheimer, da degeneração cerebrovascular, da doença de Huntington ou do mal de Parkinson. Nenhum gene isolado ou conjunto de genes causa a síndrome, embora muitos genes que foram identificados estejam funcionalmente conectados entre si, formando uma rede no cérebro. Ainda não está claro se os genes ligados ao autismo sempre ou às vezes requerem gatilhos ambientais para se ativar e, nesse caso, tampouco que gatilhos são esses. [62] Os pesquisadores estão estudando muitas possíveis influências de desenvolvimento: hormônios pré-natais; vírus como o da rubéola; toxinas ambientais como plásticos e inseticidas; vacinas; desequilíbrios metabólicos e drogas como a talidomida e o valproato. [63] O autismo pode ser genético, determinado por novas mutações espontâneas ou hereditárias; tem forte correlação com a idade paterna, possivelmente devido a mutações germinativas *de novo* que ocorrem de modo espontâneo no esperma de pais mais velhos. Num estudo recente, a taxa de autismo quadruplicou quando os pesquisadores compararam pais na faixa dos trinta anos com outros na faixa dos vinte, e parece ser mais drástica a situação dos pais em estágios posteriores da vida. [64] Os pesquisadores também conjecturam que o autismo seja causado por incompatibilidades genéticas entre mãe e filho que se desenvolvem durante a gestação. [65] Outros propõem uma teoria de *acasalamento preferencial*, sugerindo que pessoas com tipos particulares de personalidade se encontram mais prontamente na nossa era móvel, on-line, de modo que duas pessoas com moderadas tendências autistas — "hipersistematizadoras" — geram filhos nos quais essas características aparecem concentradas. [66]

Se soubéssemos o que se passa no cérebro do autista, teríamos a possibilidade de determinar quais genes estão implicados. Se soubéssemos quais genes estão implicados, teríamos a possibilidade de entender o que se passa no cérebro. Tendo apenas um conhecimento fragmentário de cada coisa, ambos os objetivos são esquivos. Até duzentos genes podem estar implicados no autismo, e alguns indícios sugerem que são necessários vários para que a síndrome se manifeste. [67] Às vezes, genes epistáticos ou modificadores influenciam a expressão dos genes primários; às vezes, fatores ambientais influenciam a expressão desses genes. Quanto mais íntima for a relação entre o genótipo (os genes que você tem) e o fenótipo (os comportamentos ou sintomas que você manifesta), mais fácil é discernir. [68] No autismo, algumas pessoas com genótipo compartilhado não compartilham um fenótipo, e algumas com fenótipo compartilhado não compartilham um genótipo. A pesquisa genética demonstrou "penetrância variável" no autismo, isto é, a pessoa pode possuir genes de risco conhecidos e não ser autista e, inversamente, pode ser autista sem ter nenhum gene de risco conhecido.[69]

Se um gêmeo idêntico é autista, o outro tem de 60% a 90% de possibilidade de também ser autista, embora o segundo gêmeo possa apresentar uma versão mais branda ou muito mais grave do autismo. Isso indica que o transtorno conta com uma forte base genética. Ainda que características como a cor dos olhos ou a síndrome de Down sempre sejam compartilhadas por gêmeos idênticos, muitas outras características não o são, e, no autismo, a correlação é a mais elevada em qualquer distúrbio cognitivo — mais que na esquizofrenia, na depressão ou no transtorno obsessivo-compulsivo.[70]

Se um gêmeo fraterno (não idêntico) é autista, o outro terá de 20% a 30% de possibilidade de ser autista.[71] Gêmeos fraternos não têm genética idêntica, mas têm ambientes quase idênticos. Irmãos não gêmeos de crianças com autismo têm aproximadamente vinte vezes mais probabilidade de apresentar a síndrome do que os membros da população geral. Mesmo os parentes próximos não afetados de pessoas com autismo têm probabilidade de apresentar algumas dificuldades sociais subclínicas.[72] [73] Tudo isso sugere que há fortes fatores genéticos no autismo, mas que só os genes não explicam todas as instâncias da doença.

Um transtorno comum pode ser causado por um único gene anômalo. Assim, quem sofre do mal de Huntington, por exemplo, tem o gene de Huntington aberrante. Nesse aspecto, o autismo é o contrário do mal de Huntington. Centenas de anomalias genéticas diferentes podem predispor uma pessoa ao autismo. Nenhuma *variante genética rara* ocorre em muita gente, mas grande parte da população tem algum tipo de variante. O genoma está repleto de "pontos quentes", regiões que sofrem mutação mais fácil e frequentemente que outras. Certas doenças, como o câncer de mama, estão ligadas a um número reduzido de mutações genéticas específicas, cada uma das quais ocorre num trecho particular de um cromossomo particular, e são rastreadas com facilidade porque as mulheres que as têm reproduzem com frequência. A genética do autismo é mais difícil de mapear porque parece haver muitas variantes genéticas raras a ele associadas que não costumam ser herdadas. Estão salpicadas em todo o genoma. Como observou Matthew State, codiretor do Programa de Neurogenética de Yale, "dizer que você achou um pico de ligação de autismo na parte do genoma que está estudando é o mesmo que dizer que você mora perto do Starbucks. Quem não mora perto do Starbucks?".[74]

O diretor do Instituto Nacional de Saúde Mental (INSM), Thomas Insel disse: "São necessários 5 mil genes para criar um cérebro normal, e, conceitualmente, qualquer um deles pode dar errado e causar autismo".[75] Segundo Michael Wigler, do Laboratório Cold Spring Harbor, nenhuma mutação isolada está associada a mais que 1% dos casos de autismo, e muitos desses genes implicados ainda precisam ser discernidos.[76] Não está claro se os complexos sintomas do autismo provêm de vários efeitos genéticos separados — que, por exemplo, comprometem a linguagem separadamente dos comportamentos sociais — ou se um efeito genético, provocado por múltiplos genes, desemboca em várias regiões do cérebro para gerar as características da síndrome. A maioria dos genes associados ao autismo é pleiotrópica, o que significa que tem efeitos múltiplos. Alguns desses efeitos estão ligados a doenças que em geral co-ocorrem com o autismo, como o transtorno do déficit de atenção com hiperatividade, a epilepsia e os distúrbios gastrointestinais. A maior parte demonstra reduzidos tamanhos de efeito, o que significa que um gene pode estimular em 10% ou 20% a probabilidade de a pessoa desenvolver autismo — não dez vezes como aconteceria com muitos alelos de risco de doença.[77]

Muitas doenças genéticas ocorrem porque um gene particular tem estrutura anormal. Todavia, em algumas outras, um gene falta inteiramente; em outras, ainda, há cópias a mais de determinado gene. Assim, consideremos a frase "Eu sou feliz" como substituta de uma sequência no genoma. O modelo mais frequente de doença seria a frase aparecer como "Eu sou ferliz", ou "Eu sog feliz", ou outra perturbação similar. Entretanto, num caso raro, ela pode aparecer como "Eu s flz", ou "Eu uosuosuosusousosuo felllliz". Wigler e seu colega Jonathan Sebat examinaram principalmente essas variações no número de cópias. Um princípio básico da genética é termos um par de cada gene, um da mãe e um do pai. Mas, às vezes, a pessoa na verdade tem três, quatro ou até mesmo doze cópias de um gene ou grupo de genes; ou então nenhuma. A pessoa comum tem pelo menos uma dúzia de variações no número de cópias, em geral benignas. Certas posições no genoma parecem estar ligadas a distúrbios cognitivos. As repetições nessas posições se associam à vulnerabilidade à esquizofrenia, ao transtorno bipolar e ao autismo. No entanto, supressões na mesma região são ligadas unicamente ao autismo. Wigler descobriu que muitos autistas por ele estudados possuem grandes supressões, chegando a faltar-lhes nada menos que 27 genes. [78] Hoje em dia, Sebat está estudando se as pessoas com autismo e uma repetição apresentam a mesma síndrome que as que têm autismo e uma supressão.[79] Ele detectou algumas correlações significativas — por exemplo, que as pessoas com uma supressão têm, sistematicamente, a cabeça maior do que as com duplicação no mesmo lugar.[80]

A meta final é mapear esses genes, descrever-lhes a função, desenvolver sistemas-modelo, esclarecer os mecanismos moleculares e celulares e, enfim, conceber aplicações práticas das descobertas. Ainda estamos identificando as variantes raras; estamos na ponta do iceberg. Wigler assinalou que, mesmo que obtenhamos todas as informações, precisamos enfrentar interações de genes que nem sempre se sujeitam ao mapeamento matemático. "Provavelmente, há uma interação entre personalidade e déficit", disse ele. "Você e eu podíamos ter deficiências semelhantes, mas faríamos escolhas diferentes. Parece estranho que uma pessoa de dois anos de idade esteja escolhendo aquilo de que ela pode e não pode dar conta, mas é provável que elas o façam. Você podia ter dois filhos criados no mesmo ambiente empobrecido, e um abraça o sacerdócio e o outro vira ladrão, certo? Acho que isso pode acontecer internamente."

"Estamos hoje no mesmo lugar em que estávamos 25 anos atrás com a genética do câncer", disse Daniel Geschwind, codiretor do Centro de Genética Neurocomportamental da Universidade da Califórnia em Los Angeles. "Conhecemos cerca de 20% da genética; considerando que o trabalho começou tarde em comparação com a pesquisa sobre a esquizofrenia e a depressão, o progresso é notável."[81] O autismo é uma categoria balaio de gatos para uma constelação inexplicável de sintomas. Toda vez que se descobre um subtipo de autismo com um mecanismo específico, ele deixa de ser chamado de autismo e recebe um nome diagnóstico próprio. A síndrome de Rett produz sintomas autistas; o mesmo vale, com frequência, para a fenilcetonúria, a esclerose tuberosa, a neurofibromatose, a epilepsia de displasia cortical focal, a síndrome de Timothy, a síndrome do X frágil e a síndrome de Joubert. Costuma-se dizer que as pessoas com esses diagnósticos têm "comportamentos de tipo autista", mas não autismo em si. Entretanto, se o autismo é definido pelo comportamento, parece contraproducente descrever como "não autistas" aqueles cujo comportamento autista tem origem conhecida.

Até recentemente, os pesquisadores dedicaram uma energia limitada a essas síndromes infrequentes, mas, hoje em dia, alguns têm voltado a atenção para elas com a ideia de que, se conseguirmos entender por que tais distúrbios causam comportamento autista, talvez possamos obter acesso aos mecanismos maiores do autismo.

A rapamicina, uma droga imunossupressora que costuma ser usada em transplante de órgãos, suprimiu ataques e reverteu deficiências de aprendizado e problemas de memória em ratos adultos com esclerose tuberosa; pode ser que tenha efeito semelhante em alguns seres humanos com a doença.[82] O dr. Alcino Silva, da Universidade da Califórnia em Los Angeles, disse a respeito desse trabalho: "A memória é tanto questão de descartar detalhes triviais quanto de armazenar informações úteis. Nossas descobertas sugerem que os ratos com a mutação não conseguem distinguir os dados importantes dos desimportantes. Suspeitamos que o cérebro deles está repleto de ruído insignificante que interfere na aprendizagem".[83] Isso evoca as experiências sensoriais descritas por muitos autistas; o "barulho" pode ser um mecanismo importante da síndrome.

Tanto a síndrome do X frágil quanto a de Rett são mutações de um único gene. Pessoas com X frágil têm uma mutação genética que codifica uma proteína que, por seu turno, bloqueia um freio importante na síntese de proteína no cérebro. Ainda que não se conheça o mecanismo pelo qual a mutação causa déficits intelectuais e comportamentais, uma teoria corrente diz que esses sintomas resultam de uma produção excessiva de proteína. Os ratos criados artificialmente com a mutação X frágil têm superprodução de proteína e apresentam problemas de aprendizagem e déficits sociais. Uma terapia da síndrome do X frágil seria bloquear o receptor metabotrópico de glutamato 5 (mGluR5), que é um importante estímulo à síntese de proteína no cérebro.[84] As drogas que agem assim reduziram a proteína excessiva, suprimiram os ataques e normalizaram o comportamento em ratos com X frágil. A genética e o mecanismo da síndrome de Rett diferem dos associados à do X frágil, porém os ratos criados artificialmente com a mutação da síndrome de Rett também reagiram a drogas que visam a um caminho afetado por sua mutação.[85]

Uma descoberta surpreendente a partir dos estudos de ratos com síndrome do X frágil ou a de Rett é que mesmo ratos adultos apresentaram reversões notáveis de sintomas com medicação. Atualmente, as drogas para a síndrome do X frágil e a de Rett estão num estágio inicial de testes em seres humanos, e dados muito preliminares com pelo menos um composto sugerem efeitos positivos sobre o engajamento social em crianças com síndrome do X frágil.[86] A pesquisa biomédica recente tem se surpreendido com descobertas empolgantes em ratos, que não podem ser replicadas em seres humanos. No entanto, tais descobertas oferecem um desafio significativo à suposição de que os distúrbios de desenvolvimento se instalam no cérebro e não podem ser revertidos. Se eles forem consequência de uma função prejudicada dos caminhos celulares, talvez seja possível resolver alguns sintomas do autismo sem alterar os genes. Em outras palavras, pode ser que os sintomas do autismo reflitam não o desenvolvimento cerebral, que geralmente é irreversível, e sim a função cerebral, muitas vezes flexível. Não obstante, está claro que instigar o funcionamento cerebral normal numa pessoa cujo cérebro se desenvolveu sem ele não resolverá de vez os sintomas. Geraldine Dawson, diretora de ciências da Autismo Fala, disse: "Você consertou o motor encrencado do carro deles, mas ainda falta ensiná-los a dirigir".[87]

Em 2012, Wigler e outros cientistas do Laboratório Cold Spring Harbor descobriram um vínculo entre os genes afetados pela síndrome do X frágil e os genes cujo desenvolvimento é perturbado em algumas crianças com autismo idiopático.[88] Isso sugere que as medicações promissoras na síndrome do X frágil podem ser úteis a um subconjunto maior de autistas. Wigler e Sebat acreditam que enfim vamos ver que outras coisas fazem as variantes genéticas raras. Algumas provavelmente inutilizam ou duplicam enzimas que uma droga pode imitar ou inibir. Outras talvez afetem os níveis de neurotransmissores ou modifiquem o pH ou o ambiente da sinapse, e quiçá seja possível reverter esses efeitos. "Vou ficar assombrado se não houver tratamentos farmacológicos para mais do que isso", disse Wigler. "Nunca conheceremos todos os genes e nunca teremos tratamento que funcione em todo mundo, mas devemos ser capazes de encontrar bons tratamentos para um subgrupo de pacientes."

O pesquisador do autismo Simon Baron-Cohen, de Cambridge, postula que as mulheres são empáticas, "programadas" para compreender os outros, ao passo que os homens são sistematizadores, "programados" para organizar informações factuais e mecânicas. Nessa ótica, o autismo é uma expressão exacerbada da virilidade cognitiva — escassa em empatia e farta em sistemas.[89] Baron-Cohen vem investigando a extensão em que os níveis geralmente elevados de testosterona pré-natal alteram as estruturas do cérebro, engendrando o autismo. Visto que mais andrógenios circulam no útero durante a gravidez de um menino, um excesso menor causaria autismo mais num feto masculino que num feminino. Essa pode ser uma explicação parcial do porquê de o autismo ocorrer com duas vezes mais frequência em homens que em mulheres.[90]

De fato, os autistas em geral são sistematizadores; muitos têm uma capacidade técnica extraordinária. Alguns são prodígios que não funcionam de forma independente em muitas áreas da vida, mas têm uma capacidade incomum em determinado domínio: às vezes relativamente insignificante, como a capacidade de fazer uma lista das datas da Páscoa em todos os anos até o fim dos tempos, e às vezes útil, como a faculdade de criar desenhos meticulosamente precisos, ou de guardar na memória um design complexo, ou de produzir um mapa perfeito de Roma depois de sobrevoar a cidade uma única vez. Se isso tem a ver com a testosterona pré-natal é objeto de controvérsia, mas há virilidade nesse modo de ser.[91]

Um trauma extremo pode provocar um comportamento parecido com o autismo. Certas pessoas parecem autistas depois de um ferimento perinatal. Crianças excessivamente maltratadas tiradas dos orfanatos da Romênia da época de Nicolae Ceauşescu muitas vezes apresentavam comportamentos com características autistas, conquanto os exames mostrassem que eram desconectadas não só das outras pessoas como também do mundo material.[92] Bruno Bettelheim, um sobrevivente do Holocausto, tinha visto um retraimento de estilo autista em outros prisioneiros em Dachau e, com base nisso, concluiu equivocadamente que todo autismo era ligado a maus-tratos.[93] Mas os maus-tratos de certo podem exacerbar os sintomas associados ao transtorno.

Muito amiúde, a presença de autismo confunde pais e médicos, de modo que outras doenças podem não ser detectadas ou ficar sem tratamento. Margaret Bauman, da Faculdade de Medicina Harvard, descreveu as crispações e contorções espasmódicas que um de seus pacientes autistas sofreu durante anos. Presumiu-se que esses eram sintomas de autismo e, portanto, não foram examinados. O encaminhamento a um gastroenterologista revelou que o paciente tinha úlceras esofágicas; quando estas foram tratadas, os espasmos cessaram.[94] Fred Volkmar, de Yale, descreveu um menino de nove anos com problemas motores tão graves que era incapaz de segurar um lápis. Quando ele passou para a terceira série e os outros alunos estavam aprendendo escrita cursiva à caneta, Volkmar sugeriu equipá-lo com um laptop. A professora se opôs a dar uma "muleta" ao garoto. Volkmar disse: "Se você tivesse uma perna só e eu lhe desse uma muleta, isso seria uma benesse".

Cerca de um terço dos autistas tem pelo menos um diagnóstico psiquiátrico além do autismo, em comparação com os 10% da população geral, mas em sua maioria esses fatores complicadores não são tratados. Um em cinco sofre de depressão clínica; e cerca de 18%, de ansiedade.[95] Elizabeth, amiga autista de Kamran Nazeer, herdara a tendência à depressão dos pais, não autistas. "Os médicos relutaram em prescrever antidepressivos ou em fazer um diagnóstico correto do mal-estar", escreve ele com tristeza. "Isso realmente não era causado pelo autismo?"[96] Ela acabou se suicidando.

John Shestack e Portia Iversen fundaram a Cura para o Autismo Já, que foi a principal financiadora privada da pesquisa do autismo até se fundir com a Autismo Fala; eles criaram o Intercâmbio de Recursos Genéticos do Autismo, o maior banco aberto de genes do mundo; recrutaram proeminentes geneticistas do autismo. "A crença em que a criação ruim causava autismo levou a que, cinquenta anos depois de que a síndrome foi descrita, ainda não se tivesse feito nenhuma pesquisa significativa", disse Portia. "Quando nosso filho, Dov, foi diagnosticado, o autismo passava despercebido, não era examinado ao microscópio. Eu não me achava boa em ciência. Mas, assim como quem está no segundo andar de uma casa em chamas acaba aprendendo a pular, eu aprendi a ciência do autismo." Ela queria aumentar o contato dos pesquisadores com as famílias afetadas pelo problema. "A coisa mais efetiva que nós podíamos fazer era receber os dados", disse.[97]

Tal como no caso de Carly Fleischmann, constatou-se que Dov Shestack tinha inteligência normal — uma mente que havia passado muitos anos encarcerada no silêncio. Quando ele tinha nove anos, Portia lhe pediu que apontasse a letra *s*, ele a apontou, e ela não tardou a perceber que ele sabia ler. "Foi de fato chocante", contou. "A gente não acredita que eles saibam ler, já que não tem ideia de que são capazes de pensar." Tendo compreendido que Dov conseguia se expressar, ela lhe perguntou o que tinha feito em todos aqueles anos. "Fiquei escutando", foi a resposta. Sua educação continua problemática; ele precisa de assistência individual, mas é cognitivamente normal. "A crença popular diz que é impossível uma pessoa agir como retardada e ser inteligente", observou Portia. "Mas é possível."

Portia Iversen tem investigado o mistério mais profundo do autismo: a relação entre o que se pode observar e o que se passa dentro dos autistas. "Alguns autistas parecem desmotivados para se comunicar. Não posso ser categórica, mas é o que parece. Mas também há pessoas desesperadas para ser compreendidas. No meu filho, vejo uma grande fissura entre o distúrbio e a personalidade. Em geral, ele não faz o que quer fazer nem age como quer agir. De manhã, muitas vezes começa a emitir ganidos, agitando as mãos; é como uma tempestade química. Ela simplesmente toma conta dele. Apesar disso, Dov é muito mais feliz do que antes de eu perceber que ele estava dizendo alguma coisa. Mesmo forçada, a comunicação é a diferença entre vida e morte."

Dada a ampla gama de sintomas, que raras vezes coincidem num caso único, o diagnóstico é extremamente sutil e torna-se mais difícil graças à ideia de um espectro do autismo que desaparece na normalidade numa extremidade. "É como o QI, o peso ou a altura", salientou Daniel Geschwind. "Há um peso ótimo; há uns gramas extras que algumas pessoas podem achar não atraentes; há a obesidade que solapa tudo o mais na saúde da pessoa."[98] A mente de todo mundo às vezes fica desordenada em certa medida, e é complicado saber até que ponto um espectro contíguo à normalidade também pode ser categórico. "As salas de aula", disse Isabelle Rapin, "são dicotômicas, e esse é único motivo dessas classificações de crianças cujas diferenças não são preto ou branco: assim elas podem ser colocadas na sala ou no centro certo. Isso é política, não biologia."[99]

Os inumeráveis questionários e inventários, poucas vezes totalmente suficientes para o diagnóstico, abrangem a Lista de Checagem de Comportamento Autista, a Escala de Avaliação do Autismo na Infância, a conhecida Lista de Verificação de Autismo em Crianças Pequenas, a Entrevista Diagnóstica para Transtornos Sociais e de Comunicação, de sete horas de duração, a Entrevista Diagnóstica para Autismo — Revisada, e o altamente conceituado Programa de Observação Diagnóstica do Autismo — Genérico. É difícil encontrar um instrumento coerente que se aplique tanto às pessoas falantes quanto às não verbais. Qualquer um desses testes pode produzir resultados diferentes, dependendo de quem o conduz. No Programa de Observação Diagnóstica, por exemplo, é preciso convencer a criança a participar de uma brincadeira imaginativa. Alguns examinadores que observei tinham vitalidade e imaginação tremendas; outros eram acanhados ou autoritários, ou estavam cansados, ou eles próprios nada tinham de imaginativo. Além disso, o examinador precisa saber distinguir entre o que as crianças não podem fazer (autismo) e o que não querem fazer (questão de personalidade ou estado de espírito). A gravidade dos sintomas autistas tende a variar em qualquer indivíduo, de modo que uma pessoa pode ter desempenho diferente de um dia para outro. Aumentou o número de adultos que procuram diagnóstico, portanto os testes precisam funcionar em gente de idades variáveis. No entanto, por ser um transtorno de desenvolvimento, o autismo só é diagnosticado se os sintomas se iniciarem antes dos três anos de idade; os sintomas de aparência autista que se manifestam mais tarde não são considerados de desenvolvimento.[100]

Em muitos casos, a medicina se apressa a rejeitar a percepção dos pais. August Bier, um médico em atividade no início do século xx, disse: "Uma mãe inteligente em geral faz um diagnóstico melhor que o de um médico fraco".[101] A proximidade com que o pai ou a mãe observa pode ser tão poderosa quanto a expertise com que o médico observa, e colocá-los em oposição mútua é um desastre para todos. Mas a medicina muitas vezes está despreparada para as perspectivas parentais que não se ajustem a um modelo de doença. Para muitos pais, o diagnóstico é a própria travessia do Estige rumo ao inferno. Para outros, como Kathleen Seidel — defensora dos direitos dos deficientes, fundadora do site Neurodiversity.com e mãe de um jovem adulto diagnosticado com síndrome de Asperger aos dez anos —, pode ser uma revelação. "Vejo o diagnóstico como um auxílio para fundamentar o reconhecimento na nossa vida", disse ela. "Pudemos dar sentido a coisas antes inexplicáveis para nós; sentimo-nos confirmados. Ao mesmo tempo, senti aquele repuxo de expectativas diminuídas em virtude de um diagnóstico, e não me pareceu certo nem saudável pensar assim. Deus tem mil maneiras de construir um cérebro. O supercomputador Cray é usado na computação realmente complexa, intensa, que envolve a manipulação de quantidades imensas de dados. Chega a esquentar tanto que precisa ser mantido num banho de resfriamento líquido. Requer um tipo muito específico de cuidado. E acaso o Cray é defeituoso porque exige um ambiente favorável para funcionar? Não! Ele é excelente! Pois meu filho é assim. Precisa de apoio, precisa de atenção. E é maravilhoso."[102]

Icilda, mãe de Marvin Brown, delineou o que ela pode e o que não pode influenciar, e não reclama daquilo que não tem remédio. É fácil contemporizar com a "sabedoria simples", edulcorando as duras circunstâncias das quais isso geralmente brota ou representando-o de maneira mais simples ou sensata do que de fato é, mas Icilda Brown me pareceu mais em paz com a situação de seu filho do que qualquer outra mãe que conheci. Uma vida inteira sem escolha conferiu-lhe o dom da aceitação. Ela exigiu bons serviços para o filho, mas não esperava que tais serviços o transformassem em outra pessoa. A história de pais da classe média ou abastada de filhos autistas é uma saga interminável de ataques a moinhos de vento; em contraste, admirei tanto a aquiescência de Icilda quanto a felicidade que era seu corolário.[103]

Icilda foi criada na Carolina no Sul, filha de um casal afro-americano de agricultores pobres, pais de dez filhos. Mudou-se para Nova York na década de 1960 e passou a ganhar a vida fazendo faxina. Casou-se jovem e, aos trinta anos, já tinha cinco filhos. Marvin era o segundo mais novo. Aos dois anos, contou Icilda, ele era diferente. "Começou a falar aos três, mas depois parou de repente e, até os cinco, não voltou a tentar falar." O diagnóstico de autismo foi feito quando ele tinha quase quatro anos, em 1976. "Marvin nunca chorava", recordou Icilda. "Era feliz brincando e correndo para lá e para cá. Levantava cedo: às duas da madrugada diariamente. Quando Marvin levanta, eu levanto. Ele não parava quieto. Eu acabei me acostumando." Limpar casas para viver não é um trabalho fácil, e Icilda o fez durante muitos anos, com as três ou quatro horas de sono que a vida com Marvin lhe permitia. "Eu rezava para não ficar demasiado cansada", contou. "Rezava pedindo orientação, ajuda para fazer a coisa certa e força para aguentá-lo, porque era disso que eu precisava todo santo dia."

Icilda matriculou Marvin num programa para crianças autistas no Hospital Jacobi, no norte do Bronx, a uma hora de sua casa. A maioria dos meninos do programa frequentava escolas públicas perto do Jacobi, e, como Marvin detestava viajar, Icilda pegou a família e se mudou para perto das escolas. Marvin agitava as mãos e apresentava muitos outros comportamentos repetitivos. Tinha fala limitada. Muito embora o marido de Icilda a tivesse abandonado quando Marvin estava com dez anos, ele sempre contara com uma mãe constante e atenta, com as mesmas escolas, o mesmo apartamento, com o máximo de continuidade de que Icilda era capaz. "Quando está triste, ele conta: 'Estou muito triste'", disse Icilda. "Quando está contente, está contente. Quando se zanga, diz: 'Estou bravo!'. E eu trato de acalmá-lo e lhe dou palmadinhas. Digo: 'Senta aí e relaxa'. Consigo acalmá-lo." Sendo testemunha de Jeová devota, ela sempre confiou na comunidade da sua religião. "Nossa igreja foi o maior consolo e ainda é. Todos lá deram muito, muito apoio. Todos o conhecem; ele os conhece."

Quando Marvin cresceu, ficou mais fácil cuidar dele em alguns aspectos. Passou a dormir mais; era mais capaz de ficar sozinho. Mas se tornou mais acanhado no que se referia à sua enfermidade. Quando ele fez vinte anos, Icilda parou de limpar casas e arranjou emprego cuidando dos idosos em Mt. Vernon, Nova York, coisa que aliviou um pouco sua jornada. Aconselhada por profissionais, convenceu-se de que morar numa residência comunitária faria bem a Marvin e tratou de arranjar um lugar para ele. Antes de levá-lo para lá, disse: "Você só fica se quiser". Prometeu que o levaria para casa todo fim de semana. No começo, Marvin disse que não gostava do lugar, mas ela insistiu para que tentasse um pouco mais. No fim do ano, ele não se mostrou mais contente, e Icilda o levou para casa. Uns cinco anos depois, quando estava participando de um programa no Bronx, Marvin se irritou; mais tarde, outros que presenciaram o incidente afirmaram que um dos professores o havia provocado. Ainda que Marvin não tivesse histórico de violência, o funcionário do programa chamou a polícia, que o algemou e o levou a um hospital psiquiátrico. Quando soube que o filho estava trancafiado, Icilda foi correndo buscá-lo. Encontrou-o apavorado e extremamente confuso. E ficou indignada. "Escrevi uma carta ao prefeito, ao inspetor — a todo mundo. Pedi a uma pessoa para a qual eu tinha feito faxina que me ajudasse a escrever. Jogaram todo o estado em cima deles. Submeteram o programa a uma sindicância." Outras pessoas intimidadas haviam passado pela mesma experiência, e a mulher que era responsável foi afastada do emprego. Icilda transferiu Marvin para um novo programa, no qual o prepararam para arranjar emprego; com supervisão, ele trabalhou numa livraria e num serviço de mensageiros, além de aprender o ofício de porteiro.

Icilda tinha 62 anos quando nos conhecemos, e fazia 43 que cuidava de crianças. "Ele recebe muita supervisão", disse. "Mas, sabe, me chama de 'minha amiga'." Isso ela contou com vaidade, alegria e um sorriso tímido. Icilda se transformou num recurso comunitário; reúne-se com centenas de outros pais e fez vídeos de Marvin que são exibidos nos centros em que ele recebeu ajuda. "Eu digo: 'Vocês estão vendo meu filho hoje. Agora olhem para os seus correndo e sem falar. Pois ele era assim. Se vocês desistirem, seus filhos não terão nenhuma chance'." Abriu um sorriso largo. "Eu olhei para trás e disse ao Senhor: 'Oh, obrigada por me teres acompanhado nesses caminhos tão *longos*'."

A Sociedade de Autismo da América estima que 1,5 milhão de americanos está no espectro;[104] o Centro de Controle e Prevenção de Doenças afirma que 560 mil pessoas menores de 21 anos têm autismo; o Ministério da Educação americano diz que o autismo está crescendo a uma taxa de 10% a 17% ao ano, e esses números, nos Estados Unidos, podem chegar a 4 milhões na próxima década.[105] Um trabalho recente sugere que mais de 1% da população mundial pode estar no espectro. Parte do incremento se deve à ampliação das categorias: pessoas que outrora talvez fossem classificadas de esquizofrênicas ou retardadas mentais agora estão no espectro, assim como algumas antes consideradas esquisitas, mas que não foram diagnosticadas. A defesa agressiva dos pais tem ajudado a estabelecer melhores serviços para crianças com autismo do que para as que sofrem de outros males. Se vincularmos serviços melhores a uma categoria diagnóstica, alguns médicos aplicarão esse diagnóstico a crianças para as quais ele não é de todo adequado a fim de ter acesso a esses serviços. Pais que antes evitavam, talvez, o rótulo do autismo para não ser injustamente culpados pela deficiência dos filhos agora estão dispostos a aceitá-lo para que estes se habilitem a receber serviço de educação especial. A Califórnia, por exemplo, tem uma substituição diagnóstica considerável; o estado registrou um recuo do retardo mental coincidente com um aumento de doze vezes, em vinte anos, dos serviços para o autismo.[106] A pesquisadora do autismo Laura Schreibman estima em 5 milhões de dólares o custo do autismo ao longo da vida; mesmo os pais com plano de saúde total têm tremendas despesas. Muitos convênios médicos se recusam a pagar estratégias de trabalho intensivo como a análise aplicada do comportamento, que é mais educacional que médica, e muitos pais com recursos processam a companhia de seguro-saúde, a direção da escola, o governo local ou os três. Ter um filho gravemente afetado já é desgastante; esses procedimentos jurídicos costumam levar os pais à exasperação.[107]

O autismo está aumentando? Já se investiu tempo e energia inconcebíveis para dar resposta a essa pergunta, e não se chegou a um consenso, mas parece razoável concluir que tanto o diagnóstico quanto a incidência cresceram. Na década que passei trabalhando neste livro, as pessoas ouviam minha lista de capítulos e logo se ofereciam para me apresentar a amigos que estavam às voltas com o autismo pelo menos dez vezes mais do que para me apresentar a pessoas envolvidas com outras doenças. O diretor do Instituto Nacional de Saúde Mental, Thomas Insel, recordou uma ocasião, na década de 1970, em que uma criança autista foi admitida no Hospital Infantil de Boston; o chefe do serviço reuniu os residentes para observá-la, dizendo que era possível que eles nunca mais vissem uma criança autista. Hoje em dia, duas crianças autistas moram na própria rua de Insel, que tem nove casas. Steven Hyman, ex-diretor do instituto e ex-reitor de Harvard, disse: "O aumento do diagnóstico do espectro do autismo reflete a desestigmatização e uma educação mais ampla. Isso significa que não há crescimento da incidência? Não, mas confunde nossa capacidade de sabê-lo".[108] Vários estudos que aplicam os critérios diagnósticos atuais mostram que, por tais critérios, gente antes considerada não autista seria considerada autista, se bem que esse trabalho sempre seja um tanto especulativo.[109] [110]

Muitos cientistas argumentam que o autismo regressivo nada tem de regressivo — que uma criança com um genótipo particular simplesmente começa a apresentar sintomas em determinado estágio de desenvolvimento; o autismo aparece no tempo certo, como os dentes ou os pelos do corpo.[111] Todavia, muitos pais cujos filhos regrediram afirmam quase o contrário: que a regressão é causada por um gatilho ambiental específico. Como ela em geral ocorre mais ou menos na idade em que as crianças são imunizadas, muitos pais atribuíram o autismo dos filhos a vacinas, em especial à vacina contra sarampo, caxumba e rubéola (SCR), e às que contêm o conservante timerosal, cujo principal componente é o mercúrio. A SCR foi introduzida nos Estados Unidos na década de 1970 e, na de 1980, era de uso generalizado. Como ela não é eficaz no primeiro ano de vida, quando os anticorpos maternos lhe bloqueiam a ação, a primeira dose é ministrada aproximadamente aos treze meses. Em 1998, o gastroenterologista britânico Andrew Wakefield, do Royal Free Hospital, publicou um trabalho na *Lancet*, propondo uma associação entre a SCR e problemas gastrointestinais em crianças autistas. Ele e seus colegas descreveram só doze casos; não obstante, jornalistas se apropriaram da história e muitos pais deixaram de vacinar os filhos.[112] Na Grã-Bretanha, as taxas de imunização contra o sarampo declinaram de 92% para menos de 80%, e a incidência da doença disparou. Enquanto apenas 56 crianças contraíram sarampo na Inglaterra e no País de Gales em 1998, e nenhuma morreu, em 2008 notificaram-se 5008 casos no Reino Unido, que resultaram na morte de duas crianças.[113]

Numerosos estudos demográficos fracassaram sistematicamente em demonstrar um vínculo entre vacinas e autismo. Um estudo dirigido pelo Centro de Controle e Prevenção de Doenças acompanhou 140 mil crianças e não detectou nenhuma relação;[114] um estudo japonês demonstrou que crianças não vacinadas tinham, aliás, um índice mais elevado de autismo. Quando se soube que Wakefield havia sido recrutado por um promotor público interessado em processar os fabricantes de vacinas, que onze dos doze sujeitos do estudo estavam envolvidos nessa ação, e que Wakefield fora pago por tal serviço pela Legal Aid Corporation do Reino Unido, dez dos treze autores do estudo retiraram seu nome dele. Algum tempo depois, o editor da *Lancet* pediu desculpas por ter publicado o trabalho, que qualificou de "fatalmente viciado"; em 2010, depois de uma investigação do Conselho Médico Geral do Reino Unido, o periódico se retratou de tudo.[115] Com o advento de cada prova absolutória das vacinas, os acólitos de Wakefield passaram a apresentar uma desculpa e a recorrer a novos argumentos que mantivessem as vacinas no centro da atenção pública. Como o timerosal foi excluído de todas as vacinas ministradas de forma rotineira a crianças sem nenhuma redução da taxa de diagnóstico de autismo, alguns propuseram que o problema provinha da combinação de vacinas e de seu suposto ataque ao sistema imunológico, ou simplesmente do excesso de vacinas ao mesmo tempo.[116]

Presenciar uma regressão autista parece traumatizar muito mais os pais do que reconhecer um transtorno presente desde o nascimento; os pais são possuídos pela ideia de que o filho que antes brincava e ria com eles pode ser redescoberto. A maior parte do nosso entendimento da regressão autista procede de conversas com os pais sobre o desenvolvimento dos filhos. Em geral, os pais de crianças que regridem presenciam a perda da linguagem do filho mais ou menos aos dezesseis meses de idade. Conheci um menino que foi avaliado porque tinha um irmão autista e, por conseguinte, era considerado de alto risco. Aos seis meses, esse garoto ria, brincava e se divertia ao se relacionar com o diagnosticador. Com pouco mais de um ano, deu a impressão de não se lembrar do mesmo diagnosticador; não riu, não sorriu nem percebeu a presença de outras pessoas; mostrava-se fraco e de olhos vidrados. Era difícil acreditar que se tratava da mesma criança. Alguns pesquisadores indagam se semelhante regressão resulta da perda de função ou se a aparente sociabilidade precoce na infância depende de regiões do cérebro que não as da sociabilidade mais madura. Os pesquisadores avaliam que entre 20% e 50% dos casos de autismo envolvem regressão.[117]

Evidence of Harm [Evidência de dano],[118] do jornalista David Kirby, descreve a evolução da hipótese vacina-autismo e fala nas divisões entre pais convencidos de que as vacinas prejudicaram os filhos e cientistas e legisladores envolvidos com o desenvolvimento de vacinas. Cada lado acredita que o outro, motivado por conflitos de interesse financeiros, distorceu a ciência deliberadamente. Citando a incapacidade dos demandantes de produzir substrato científico adequado às alegações de sua causa, o Programa Nacional de Compensação de Danos Causados por Vacinas está em vias de anular mais de 5 mil processos que alegam que as vacinas são responsáveis por tornar as crianças autistas. O debate é quase sempre acrimonioso. Katie Wright, filha de Bob e Suzanne Wright, cofundadores da Autismo Fala, afirmou que seu filho começou a apresentar sinais de autismo logo depois de ser vacinado e que se recuperou parcialmente graças a tratamentos concentrados no dano causado pela vacina; ela exortou os próprios pais e os cientistas que eles apoiam a abandonar "estratégias fracassadas" e adotar sua perspectiva. Os Wright postaram uma declaração no site da Autismo Fala esclarecendo que as opiniões pessoais de sua filha diferiam das deles.[119] O argumento da vacina é defendido pela ex-pôster da *Playboy* e comediante Jenny McCarthy. Os críticos têm observado que ela se promove consideravelmente com sua cruzada e ganha muito dinheiro com palestras.[120]

Em março de 2008, a Corte Federal de Reclamações de Atlanta reconheceu, no caso Hannah Poling, que uma vacina contra catapora provavelmente agravou um distúrbio mitocondrial oculto, criando sintomas de tipo autista numa criança. Os contrários à vacinação consideraram o caso como justiça atrasada.[121] Alguns traçaram paralelos entre eles próprios e os primeiros tempos do movimento antitabagista. "Tivemos uma epidemia de câncer do pulmão e de doenças cardíacas nos anos 1950 e 1960, e os fabricantes de cigarros recorreram a toda aquela ciência que mostrava que os cigarros nada tinham a ver com o problema",[122] disse Lenny Schafer, criador do *Schafer Autism Report* e pai adotivo de um rapaz com autismo.

Por outro lado, muitos ativistas da neurodiversidade e dos direitos do autismo se irritam com os argumentos contra a vacina, que lhes parecem cientificamente infundados e ofensivos para as pessoas com autismo. Kathleen Seidel disse: "Os júris e os juízes ouvem essas histórias, e as pessoas se deixam guiar pelo coração. Mas o coração, quando guia, nem sempre leva à justiça".

Estudos epidemiológicos não demonstram nenhuma correlação entre vacinação e autismo. Isso significa que *nenhuma* criança tem uma vulnerabilidade acionada por vacinas? Uma mãe cujo filho regrediu me contou: "O pediatra lhe deu a vacina, e, dentro de 24 horas, ele estava com uma contagem de leucócitos de 31 mil. Foi internado e, no hospital, disseram que era sépsis. Quando saiu, ele se mostrou menos envolvido socialmente. Muito menos envolvido. Foi como se eu tivesse levado um menino para o hospital e voltado para casa com outro". Segundo Portia Iversen, "não se pode confrontar a experiência de uma pessoa com um monte de provas". Insel disse: "Parece-me que a história é o aumento das alergias alimentares, da asma, do diabetes, do autismo, do transtorno bipolar pediátrico, que chegou a quarenta vezes nos últimos dez anos. Eu me pergunto se não está ocorrendo algo mais geral que explique tudo isso. Não sei o quê. Mas me parece um fator ambiental". Infelizmente, a vida moderna tem demasiadas variáveis ambientais que catalogar: telefones celulares, viagens aéreas, televisores, comprimidos de vitamina, aditivos alimentares. Muita gente acredita que os metais pesados ambientais afetaram seus filhos.[123] Mas não falta quem ponha a culpa numa vasta série de outras substâncias, em especial o bisfenol A, um polímero artificial composto de estrogênio usado em plásticos, cuja produção anual é de mais de 3 milhões de toneladas. A maioria dos geneticistas reconhece que essas questões não foram resolvidas por completo e tardarão muitos anos a sê-lo.[124]

No entanto, contrariando boa parte da ciência aceita, em 2011 o psiquiatra de Stanford Joachim Hallmayer e seus colegas examinaram gêmeos idênticos e fraternos em busca de autismo e usaram modelos matemáticos para mostrar que a genética determinava tão somente 38% dos casos por eles estudados, ao passo que os fatores ambientais compartilhados pareciam ser os principais responsáveis em 58% dos casos. A taxa de concordância em gêmeos idênticos foi mais baixa que o previsto, sugerindo que a genética não conta a história toda; a taxa de concordância em gêmeos fraternos foi mais elevada do que se esperava, sugerindo que o ambiente — talvez o ambiente uterino — tem um papel significativo.[125] Neil Risch, diretor do Instituto de Genética Humana da Universidade da Califórnia em San Francisco e planejador do estudo, explicou: "Não estamos tentando dizer que não existe um componente genético, muito pelo contrário. Mas, na maioria dos indivíduos com transtorno do espectro autista, não se trata simplesmente de uma causa genética".[126] Joseph Coyle, editor da *Archives of General Psychiatry*, classificou o estudo de "inovador".[127] Um grupo separado, num estudo publicado ao mesmo tempo na mesma revista, descobriu que mães que tomaram inibidores seletivos de recaptação de serotonina (ISRS), uma categoria de antidepressivos, pouco antes ou durante a gravidez tiveram filhos com risco aumentado de autismo.[128] Todos esses dados são preliminares, e aqueles que mostram que o autismo é 70% hereditário são mais robustos, porém a corrente principal da ciência precisa reconsiderar a ideia de risco ambiental significativo.[129]

Mark Blaxill, um refinado graduado de Princeton, é fundador de uma firma de consultoria empresarial e um dos mais sofisticados defensores da causação do autismo pelas vacinas. Ele e a esposa, Elise, passaram por dez tentativas de fertilização in vitro, dez abortos e duas gravidezes ectópicas. Por fim geraram duas filhas. A segunda, Michaela, teve desenvolvimento aparentemente normal no primeiro ano de vida, mas antes de ela completar dois anos, Elise começou a achar que algo estava errado. Quando Michaela tinha dois anos e nove meses, a família recebeu um diagnóstico. "Eu não era engajado", disse Mark. "O trabalho me absorvia. Michaela era uma criança fácil. Meu modo de lidar com o desgosto foi me empenhar de verdade em aprender tudo que pudesse, tanto que quase fui à escola vocacional de neurociência; aquilo me consumia."[130]

Quando conheci Mark, Michaela estava com doze anos e tinha feito um progresso considerável. Mark listou as dez pessoas que cuidavam dela: terapeutas, babás, médicos ocupados com sua saúde física delicada. Ele sabia perfeitamente que pouca gente podia se dar a esse luxo. No entanto, estava frustradíssimo. "Quando começou, Michaela teve diagnóstico autista de síndrome plena. Não falava. Agora se envolve, é meiga e muito social. A linguagem ainda não chegou ao nível de uma Asperger, mas está se aproximando. Só que a única coisa que lhe interessa é conversar sobre o Grilo Falante e o Pinóquio. Nossa tarefa é afastá-la disso. Quero que ela converse sobre algo que não seja o Grilo Falante."

Mark está consumido pelo ativismo. "Acho que o autismo é uma erupção cerebral", disse-me. "E, se você tiver ideias politicamente incorretas, como o fato de o autismo ter se originado nas vacinas e no mercúrio, é acusado de obstruir a investigação científica. Nós acreditamos que é a epidemia; é ambiental. Estou insatisfeito com as soluções, insatisfeito com a ciência, insatisfeito com as instituições. A pesquisa genética tem falhado horrivelmente. E o trabalho do Centro de Controle e Prevenção de Doenças é defender a segurança da vacina, de modo que produz estudos mentirosos que lhe dão o resultado que eles querem." Mark falou num estudo, do qual é coautor, que mostrou níveis reduzidos de mercúrio nos primeiros cortes de cabelo de crianças autistas, coisa que tomou como prova de que elas não são capazes de eliminar o mercúrio com a eficiência dos outros bebês.[131] Ele tem publicado trabalhos revisados por pares em revistas respeitáveis como a *NeuroToxicology*. Para quem entra em contato com sua paixão, é difícil não se deixar converter — exceto pelo fato de que grande parte da ciência que ele cita foi solidamente refutada e grande parte da ciência que ele menospreza parece ter forte base empírica. É claro que a ciência é sempre objeto de revisão, mas, como assinalou Bruce Stillman, presidente do Laboratório Cold Spring Harbor, a ciência não pode ter segundas intenções, e parece que essa tem.

Mark disse: "Fui capitão do time de futebol, presidente do grêmio estudantil, ganhei o National Merit. Para os meus pais, era um prazer ter um filho como eu. Essa coisa da defesa do autismo é uma missão, não se trata de vencer ou ganhar mais dinheiro que fulano ou sicrano nem de ser o melhor — você se relega à margem da sociedade respeitável se fizer o que eu escolhi fazer. É libertador. Porque não dou a mínima para a opinião do *New York Times*; só quero fazer o que é certo e deixar uma marca no mundo".

A legislação americana dá muito mais garantias de educação do que de atendimento médico. A educação é responsabilidade do Estado; o atendimento médico é uma responsabilidade pessoal controlada em grande parte pelas companhias de seguro. Por esse motivo, alguns defensores preferem manter o tratamento do autismo no terreno da educação, não no da medicina; até agora, as intervenções pedagógicas parecem funcionar melhor que as médicas, de sorte que a maioria dos tratamentos atuais se baseia na escola. Tal como a síndrome de Down e muitas outras deficiências, convém identificar e tratar o autismo o mais cedo possível.

A intervenção precoce requer detecção precoce. Ami Klin e seus colegas de Yale empreenderam uma experiência em que adultos tanto autistas quanto não autistas assistiam ao filme *Quem tem medo de Virginia Woolf?*. Graças ao rastreamento computadorizado, os pesquisadores descobriram que, ao contrário dos não autistas, os autistas não deslocam o olhar de um lado para outro entre os protagonistas que estão discutindo. Com base nesse trabalho, eles exibiram a crianças vídeos de outras crianças e as mães; os garotos com desenvolvimento típico olham para os olhos, ao passo que os com risco de autismo prestam atenção a objetos ou bocas.[132] Embora se aceite amplamente a importância do diagnóstico precoce porque o tratamento precoce é eficaz, não há consenso quanto a como deve ser esse tratamento.[133] Como escreveu Bryna Siegel, psicóloga da Universidade da Califórnia em San Francisco, em *Helping Children with Autism Learn* [Ajudando crianças com autismo a aprender], "o quadro do tratamento do autismo é complicado pelo fato de haver muitas perspectivas diversas pelas quais encarar o tratamento: desenvolvimentista, comportamental, educacional, cognitiva e médica. Os profissionais dessas diferentes perspectivas em geral não entendem o vocabulário uns dos outros".[134]

Charles Ferster, um psicólogo comportamental americano, foi o primeiro a propor que as pessoas aprendam mediante o condicionamento, tal como os animais.[135] A ideia levou, na década de 1960, às intervenções comportamentais atualmente empregadas no tratamento do autismo, em especial à análise aplicada do comportamento.[136] Esses tratamentos consistem em observar a criança, detectar seus comportamentos negativos ou obsessivos e desenvolver para eles substitutos positivos. Os atos desejáveis recebem reforço positivo: por exemplo, se a criança falar, obtém algo que deseja. Os atos negativos não recebem reforço: os ataques de mau humor não são recompensados. Há muitos tratamentos comportamentais em circulação. Boa parte desse ensino continua sendo forçada para a criança e, assim, exige manutenção constante, porém muitos pais o consideram vital — assim como muitos pais que ouvem exigem uma linguagem que lhes possibilite comunicar-se com os filhos surdos.[137]

Outros tratamentos bem-sucedidos envolvem o aprendizado com o comportamento de pessoas com autismo. O dr. Stanley Greenspan acumulou uma quantidade enorme de publicidade com o seu Developmental, Individual Difference, Relationship-Based Model [modelo desenvolvimentista de diferença individual baseado no relacionamento] (DIR®/Floortime™), que inclui ficar no chão com a criança autista a fim de estabelecer uma conexão. O treinamento de integração auditiva[138] e a terapia de integração sensorial procuram lidar com as hipersensibilidades particulares das crianças autistas.[139] A fonoaudiologia lhes apresenta o uso da linguagem e as auxilia na articulação. Soma Mukhopadhyay, sem qualificação na área, desenvolveu o Método de Sugestão Rápida na Índia para tratar do próprio filho, que era não verbal e hoje escreve poesia.[140]

Cães adestrados parecidos com os cães-guias geralmente são valiosíssimos para crianças e adultos autistas, ajudando a evitar acessos de pânico, prover orientação física e construir uma ponte emocional entre as pessoas autistas e o mundo social.[141] Uma mãe exultou com a mudança no filho, Kaleb, quando um cão adestrado entrou na família. "Ele se mostra muito mais seguro e confiante do que antes. Parece lidar muito melhor com as coisas. Para Kaleb e Chewey, é importantíssimo ficar juntos 24 horas por dia. Os dois precisam saber que um é a constante do outro." Uma peça de arguição sobre se Kaleb devia ser autorizado a levar o cachorro à escola dizia: "Desde que ganhou Chewey, K. D. passa menos tempo irritado, faz a lição de casa e dorme entre seis e oito horas por noite. Tem menos dificuldade para se deslocar entre sua casa e os lugares públicos, inclusive a escola".[142]

Alguns pais modificam a dieta dos filhos, já que se ouvem histórias de gente com autismo que não tolera glúten, caseína e outras substâncias presentes em vários alimentos.[143] Os ISRSs, a classe de antidepressivos que abrange o Prozac, o Zoloft e o Paxil, são usados para controlar a ansiedade que acomete algumas pessoas autistas; os resultados parecem ser variados.[144] Entre um quinto e um terço dos autistas desenvolvem epilepsia e são auxiliados por medicamentos anticonvulsivantes.[145] Às vezes, prescrevem-se drogas estimulantes comumente usadas contra o transtorno do déficit de atenção com hiperatividade para acalmar pessoas com autismo, bem como vários sedativos e antipsicóticos como o Haldol e o Mellaril.[146]

Os resultados obtidos com todos esses tratamentos são incoerentes; e o esforço e o custo para iniciá-los, exorbitantes. Mesmo que chegue a desenvolver e manter a fala, a capacidade funcional e certo grau de consciência social, a pessoa autista não se tornará não autista; sempre persistirá um perfil cognitivo característico. Kamran Nazeer contou como descobriu, já adulto, algo que é óbvio para a maioria das crianças: "Comecei a entender. Uma conversa é desempenho, uma série de justaposições. Eu lhe digo uma coisa. Nada, nem uma frase entre as que eu disse, um tema, um ponto de vista, absolutamente nada se conecta com algo que você contém. Então você diz uma coisa. E assim vamos avançando". Semelhantes insights resolvem alguns desafios associados ao autismo, mas não o eliminam.[147]

Bruce Spade foi fotógrafo profissional em Londres durante 27 anos, e sua sensibilidade para a beleza estranha mostra, em toda uma vida de fotografias de seu filho autista, Robin, imagens que olham em profundidade para uma pessoa que algumas vezes está inexplicavelmente atormentada e outras, exuberante, algumas vezes zangada com a câmera e outras, apaixonada por ela. Robin é capaz de muita ternura. "Ele tinha aquela coisa que Harriet e eu chamávamos de 'mergulhar'", contou Bruce. "Não sei se você já viu um mergulhão grande, com sua crista, fazendo a dança nupcial. Eles ficam fora da água e sacodem a cabeça, emitem muitos sons estridentes. Robin nos fitava nos olhos, sacudia a cabeça e, às vezes, dizia: 'Olhem, olhem'. E, quando 'mergulhava' junto de você, era o sinal; tinha chegado a sua vez." Mas Robin era inesgotável e esgotante; à medida que crescia, suas explosões de raiva tornavam-se cada vez mais assustadoras. Quando ele tinha um acesso na rua, Bruce ou Harriet tratavam de contê-lo até que se acalmasse. Os dois bem que queriam ter outro filho — "um filho que soubesse brincar", nas palavras de Bruce —, mas estavam muito cansados para cogitar tal coisa.[148]

Aos nove anos, Robin foi para o internato. "Sem isso, eu teria de parar de trabalhar e viver do seguro-desemprego para cuidar dele", disse Bruce. No ano seguinte, quando voltou para casa nas férias de verão, Robin estava sempre com fome e sua mãe não podia dizer não. "Ela não parava de lhe dar comida", contou Bruce. "O banco traseiro do carro ficava repleto de embalagens." Robin gostava de comer, mas estava engordando num ritmo apavorante; logo, chegou a pesar quase 140 quilos. "Isso quase destruiu nosso casamento", disse Bruce. Caminhar dava ansiedade a Robin por ser tão grande; logo ele ficou com todas as unhas dos pés encravadas. Harriet teve um caso. "Nós brigávamos tanto que a reconciliação ficou impossível", contou Bruce. "Harriet vive dizendo: 'A gente já devia ter se divorciado', mas não o fizemos porque nenhum dos dois conseguiria enfrentar a situação sozinho."

Então a escola de Robin foi fechada porque uma criança fugiu e morreu, revelando uma supervisão inadequada que provocaria ansiedade em qualquer pai ou mãe. Só dois estabelecimentos do Reino Unido aceitariam uma pessoa violenta como Robin. Bruce e Harriet escolheram o Hesley Village and College, em Yorkshire, uma fazenda vitoriana de 22 hectares com um hotelzinho próprio, área verde, pub, bistrô, salão de beleza, agência de correio e padaria, tudo isso para setenta autistas. No dia em que Robin chegou, um dos profissionais o convidou a dar uma volta, e Robin o atacou com uma cabeçada, pulou em cima dele e o espancou até deixá-lo inconsciente. Seguiram-se meses de ferimentos autoinfligidos. Ele batia a cabeça com tanta força que chegava a quebrar as portas, e com tanta frequência que precisou tirar radiografias do crânio; arranhava a própria pele até sangrar. Depois foi se aclimatando ao lugar, e a violência diminuiu.

Robin tem uma sexualidade exuberante. "Ele se masturba muito", contou

Bruce. "Ele tenta olhar para o nariz das pessoas; isso o excita. Suponho que seja um orifício, é o que lhe basta. Quer olhar para o meu, e às vezes eu deixo, só um minuto, para que se satisfaça. Não quero desencorajá-lo: Robin tem tão pouco prazer na vida, e essa é uma coisa que posso fazer por ele, não chega a ser difícil se eu não pensar no fato de que ele é meu filho e de que se trata de sexo. Mas não quero que ele fique obcecado por narinas, por isso procuro não fazer isso com muita frequência. Há uma garota no colégio, Robin fica com o ritmo acelerado quando a vê. E, embora ela seja muito barulhenta e ele não se dê bem com barulho, fica acanhadíssimo quando a garota está na mesma sala."

Agora Robin parece mais contente no Hesley, mas seu comportamento errático persiste. Alguns meses antes de eu conhecer Bruce, Robin voltou para casa nas férias e não conseguia dormir. Depois que ele passou quatro dias seguidos acordado, Bruce e Harriet pediram a um médico que receitasse um sonífero; isso fez com que ele dormisse umas três horas. Quando acordou, começou a se retorcer, parecia angustiado, de modo que Harriet se sentou na cama para acalmá-lo. Robin agarrou sua mão e lhe atravessou o tendão com uma mordida. "Ela foi parar no hospital", contou Bruce. "Estava tremendo, em estado de choque, quase inconsciente. Foi uma noite terrível." Os dois levaram o filho de volta ao colégio e se perguntaram se as temporadas em casa ultrapassavam o que ele podia aguentar. "Mas então Robin voltou para lá na penúltima semana, foi amável, afetuoso, uma companhia adorável", disse Bruce. "Punha seus pratos sujos na máquina de lavar louça. É um progresso imenso. Nós ficamos muito orgulhosos, tal como outro casal fica quando o filho tira o primeiro lugar em Cambridge."

Em *O jardim das cerejeiras*, Tchékhov afirma: "Quando se sugerem muitos remédios para um só mal, quer dizer que esse mal é incurável".[149] O autismo convida a tratamentos que vão do otimismo à charlatanice. A lista desses tratamentos de eficácia duvidosa é ainda mais longa do que a daqueles que ocasionam melhora, e os pais com fantasias de remissão total ficam à mercê dos visionários mais mirabolantes que mercadejam uma série de procedimentos bizarros como se fossem uma grande descoberta. Na década de 1980, Barry Neil Kaufman e Samahria Lyte Kaufman desenvolveram a terapia da opção e o Programa Son-Rise, a ela associado, para tratar do filho, que, segundo eles afirmam, se curou completamente do autismo; aliás, um comentarista assevera que os médicos que trataram do menino manifestaram dúvida quanto a ele ter tido autismo.[150] No Son-Rise, a consulta inicial com os pais custa 2 mil dólares; e o programa de uma semana com a criança, 11500 dólares. Um psiquiatra de Nova York bolou a terapia do abraço, na qual os pais refreiam fisicamente os filhos quando estes apresentam comportamento problemático; isso parece exacerbar a tensão entre filhos e pais.[151] As livrarias regurgitam livros como *Uma cura para meu filho*,[152] sobre um menino que foi curado de autismo por xamãs na Mongólia. Às vezes, parece que todo pai ou mãe cujo filho está prosperando se sente compelido a escrever um orgulhoso volume efetivamente intitulado *Onde eu acertei*. Muitos deles generalizam a partir de estratégias que podem, por mero acaso, ter coincidido com a "emergência" de seus filhos.

Embora se despejem tempo e dinheiro consideráveis em tais métodos comportamentais e conceituais pouco testados, eles em geral não representam um perigo físico para as crianças. No entanto, a quelação tem um grande potencial de causar dano a longo prazo e um potencial ainda maior de causar sofrimento desnecessário a curto prazo.[153] Inicialmente, esse procedimento foi desenvolvido para eliminar metais pesados do corpo de soldados feridos na Primeira Guerra Mundial. Ministram-se compostos sintéticos — em geral por injeção intravenosa, mas às vezes intramuscular ou por via oral — para ligar metais, que então são expelidos no sangue, na urina ou no cabelo. A quelação é recomendada pelos defensores da teoria segundo a qual um conservante à base de mercúrio usado em algumas vacinas causa autismo.[154] Embora uma pesquisa extensiva não tenha conseguido corroborar sua eficácia, calcula-se que uma em cada doze crianças autistas americanas foi submetida à quelação. Pelo menos uma delas morreu de hipocalcemia — uma queda fatal dos níveis de cálcio que leva à insuficiência cardíaca — durante o procedimento.[155] Muitas outras tiveram dor de cabeça, náuseas e depressão. Alguns pais garantem ter observado melhoras miraculosas em consequência da quelação, e essas afirmações, feitas com sinceridade, transformaram a "desintoxicação" de crianças autistas num negócio florescente, muitas vezes clandestino, e em grande parte desregulamentado. Um "protocolo" de patente pendente que usa o Lupron — uma droga de castração que altera o corpo tão profundamente quanto um medicamento é capaz de alterá-lo — combina os possíveis efeitos da testosterona pré-natal no desenvolvimento do autismo com a puberdade normal. Apesar da falta de uma prova verificável de sua eficácia, ele é preconizado por uma equipe formada por pai e filho; achando que sua prática constitui "um perigo para a comunidade de pacientes", o Conselho de Medicina de Maryland e as autoridades de pelo menos seis outros estados suspenderam a licença médica do pai, ao passo que o filho, que não é médico, foi processado por exercício ilegal da medicina.[156] Outras intervenções físicas — pôr as crianças em câmaras hiperbáricas de oxigênio ou em tanques com golfinhos, dar-lhes algas verde-azuladas ou megadoses de vitaminas — em geral não são nocivas nem úteis, embora ofereçam alguns perigos, sejam sem dúvida desorientadoras e custem muito dinheiro.[157]

Na primeira vez em que estive com Amy Wolf, ela disse a respeito da filha, Angela: "Ela não tem fala e é frequentemente incontinente; está numa instituição de tempo integral, 24 horas por dia; é bonita e nos adora; e não pode ficar um minuto no mundo sem ajuda. Anda e gosta de andar. É incapaz de abotoar uma blusa. Distingue os talheres, sabe comer com garfo, a colher é um pouco difícil; não sabe cortar as coisas; precisa de um canudinho boa parte do tempo. Tem muito pouco medo e consciência, de modo que vai para o meio de uma rua movimentada se você se distrair. Ela entende mais do que consegue expressar, quanto, ninguém sabe. Tem prazer nas coisas. Às vezes, fica completamente distante. Às vezes é inteligente e entra muito em contato. Às vezes, quando me vê, fica contentíssima, o que é fantástico. Ela gosta de gente — mas não de muita gente ao mesmo tempo. Detesta médico; detesta dentista; detesta sapataria; detesta cabeleireiro; detesta grandes festas; detesta surpresas; detesta mudanças na rotina — e, hoje em dia, de modo geral, parece perfeitamente em paz com a vida. Os primeiros catorze anos foram horrendos".[158]

Em 1972, aos vinte anos, Amy resolveu abandonar a vida de sofisticação urbana em que foi criada em Nova York e se mudou para uma comunidade alternativa em Taos, Novo México. Casou-se com um curandeiro e acupunturista e, em 1979, engravidou. Quando Angela nasceu, logo ficou claro que a criança tinha problemas. Foi colocada num colete ortopédico para corrigir o corpo contorcido, o quadril deslocado e um pé aparentemente torto. Seu corpo era hipotônico, com músculos frouxos, elásticos, que não mantinham os membros no lugar, feito uma boneca de trapo. Angela só começou a andar com quase dois anos. As palavras vieram, mas devagar, e ela era magra de dar dó. Segundo Amy, Taos oferecia pouco apoio. "Não havia antidepressivos", Amy recordou. "Não havia serviços;

nada de internet; nenhum terapeuta. Havia fossas negras, damasco secando ao sol, povoados índios, tendas, hippies, cultura hispânica antiga e rituais indígenas. E Angela e eu, agora muito afastadas daquela comunidade de que eu tanto gostava antigamente." Embora se dissesse curandeiro, o marido não se dispôs a lidar com uma filha deficiente e fugiu.

Quando Angela tinha três anos, Amy se divorciou e voltou com ela para Nova York. Ia recomeçar. Naquela idade, Angela falava um pouco e conseguia recitar "Twinkle, Twinkle, Little Star". Era capaz de distinguir o carro da família na rua. Estava começando a aprender a ir ao banheiro. Então, pouco a pouco, tudo retrocedeu. Ela perdeu a fala e ficou incontinente. Seu tônus muscular não melhorou. Amy tinha uma longa história de abuso de substâncias e perdeu o controle. "Eu estava dirigindo, quando ela tinha uns quatro anos, bêbada, com ela no banco traseiro, havia jogado vodca na sua garganta, pensando em matar nós duas atirando-nos num barranco em Long Island Sound", lembrou.

Mas acabou entrando nos Alcoólicos Anônimos e está sóbria desde então. Com o apoio dos pais, começou a procurar tratamento. Angela não era agressiva com os outros, mas se autoagredia com frequência. Em geral, por estar "descontrolada e, às vezes, profundamente aflita e quase sempre incompreensível". Quando Angela tinha sete anos, uma colega falou a Amy sobre uma japonesa chamada Kiyo Kitahara, que conseguira melhoras impressionantes em crianças autistas. Tinha fundado uma escola em Kichijoji, no Japão, um subúrbio de Tóquio. Amy a conheceu em Boston. Seu intérprete ofereceu: "A sra. Kitahara diz: 'Ponha sua carga nos nossos ombros'. A sra. Kitahara fará Angela falar dentro de seis meses, mas você tem de levá-la ao Japão". Assim, Amy e a mãe levaram Angela a Tóquio e a matricularam na Escola Higashi.[159] Então Amy foi fisicamente impedida de entrar no estabelecimento e só podia ver Angela durante seus períodos de atividades atléticas por trás de uma cerca de arame farpado. "Fiquei em Tóquio e olhava todo dia para ela por aquela cerca", recordou. "Angela parecia bem, eles a faziam patinar muito. Depois soubemos que estava sendo privada de água para aprender a ir ao banheiro. Tudo me pareceu obscuro e esquisito. Passaram-se cinco meses, então peguei a minha filha preciosa e dei o fora de lá." Algum tempo depois, estabeleceu-se uma Escola Higashi em Boston, mas foi reiteradamente acusada de crueldade física e agressão aos alunos deficientes.

Amy continuou sonhando com um filho saudável. "Eu queria muito outro bebê; e tive outro bebê. Até o nascimento de Noah, vivi em contínuo sofrimento psicológico. E a decisão de tê-lo ajudou com as cicatrizes." Ela achou a gravidez aterrorizante e foi "testada até quase morrer", lembrou. Seus pais financiaram a construção de uma residência comunitária a ser administrada pela Associação de Saúde Mental do Condado de Nassau, e Angela, aos onze anos, mudou-se para lá pouco antes do nascimento de Noah. Quando o conheci, ele estava no ensino médio e fazia trabalho voluntário de musicoterapia com crianças autistas. "Desde os seis anos de idade, se Noah visse um cego, atravessava a rua para ajudá-lo", contou Amy. "É espiritualmente aberto, ainda livre de toda a raiva que continuo tendo." Noah concordou: "Isso me ensinou muita tolerância e aceitação. Como se alguém disser 'retardada' perto da mamãe — meu Deus, o que ela faz é desnecessário. Mesmo que conheça a pessoa há cinco segundos, ela compra briga".

"Sempre que sonho com Angela, ela conversa comigo", disse Amy. "Ter perdido a fala foi terrível. E deixar de ir ao banheiro aconteceu neste ano. Largar mão é uma experiência contínua: não acaba nunca. Tenho de controlar minha raiva; tenho de controlar minha sobriedade. Já houve parentes próximos que me aconselharam a matá-la, e se dispuseram a me ajudar. Já apareceu gente oferecendo as curas mais idiotas possíveis: coisas para pôr na banheira, *gripe water*, gente que me deu exemplares de *Quando coisas ruins acontecem a pessoas boas* e um monte de disparates. Também tenho visto a grande injustiça no modo como estruturaram nossa escala de salários, já que as pessoas que fazem o trabalho clínico prático com essa população são tão dinâmicas e geralmente tão hábeis e inspiradas, e fazem o que garçons e garçonetes fazem. Uma boa medida de uma sociedade é como ela cuida dos doentes. A nossa sociedade é cruel." Amy falou com a paixão de um político em campanha. "Minha história inclui uma tristeza contínua que transcende tudo o mais. Não há noção de tempo; é sempre a mesma coisa. Eu esqueço a idade que tenho porque não a posso medir desse jeito."

Embora os déficits do autismo sejam famosos, o público em geral não tem tanto conhecimento de que as pessoas com autismo também podem ter importantes aptidões que nos faltam. Os autistas tendem a ter melhor desempenho que os outros em certos testes cognitivos, como as avaliações do pensamento espacial.[160] Joyce Chung, que foi coordenadora de autismo no Instituto Nacional de Saúde Mental e cuja filha tem autismo, disse: "Se você retirar a capacidade de uma pessoa vir a ser autista, isso também retiraria as coisas que nos tornam interessantes como seres humanos? Talvez as mesmas estruturas genéticas também produzam a criatividade e a diversidade".[161] Thorkil Sonne, executivo de uma empresa dinamarquesa de telecomunicações e pai de um autista, montou uma agência especializada em Copenhague que emprega pessoas com autismo em projetos empresariais, apresentando-as não como indivíduos deficientes a serem contratados por caridade, e sim como pessoas com aptidões singulares.[162]

Mas a ideia de gênio misterioso também pode ser usada para desumanizar os autistas. John Elder Robison escreve: "Ser *savant* é uma vantagem ambígua, pois esse foco como que de raio laser geralmente tem um custo: capacidade muito limitada em áreas não *savantes*. Alguns dos meus designs eram verdadeiras obras-primas de economia e funcionalidade. Muita gente me disse que eram expressões de um gênio criativo. E hoje eu não consigo entendê-los. Mas a minha não é uma história triste, pois minha mente não se apagou nem morreu. Apenas reformou a instalação elétrica. Tenho certeza de que minha mente tem o mesmo poder que sempre teve, mas numa configuração mais focalizada".[163] Ouvi Temple Grandin dizer a mesma coisa, e meu amigo que tocou o CD de Philip Glass me contou que, à medida que sua capacidade social melhorava, seu pensamento puramente matemático se enfraquecia. A cura pode ser sua própria doença: quando você tira aquilo que é percebido como errado, pode ser que também tire o dom da pessoa.

Conheci Temple Grandin quando ela tinha sessenta anos e era famosa pela capacidade de narrar sua consciência autista para pessoas não autistas. Tratadora de rebanhos bovinos e projetista de equipamentos para pecuária hoje usados na maioria dos matadouros dos Estados Unidos, Grandin afirma que vive o medo como emoção primária e tem um reflexo de sobressalto superdesenvolvido, mais ou menos como o que protege os animais contra os predadores. "Eu penso em imagens", disse. "Percebi que isso podia me ajudar a entender os animais, porque eu penso mais ou menos como um animal pensa." A indústria do gado a chocou tanto pela ineficiência quanto pela desumanidade. Seu objetivo sempre foi melhorar o tratamento dispensado aos animais, coisa que Temple acredita poder fazer com mais eficácia reformando os lugares em que eles são abatidos.[164]

Quando foi diagnosticada na infância, no começo da década de 1950, ela apresentava a gama completa dos sintomas autistas, e disseram que sua mãe,

Eustacia Cutler, era uma mãe geladeira. Eustacia conseguia lidar com o comportamento estranho de Temple, mas não com sua frieza emocional. "A pirraça é difícil de administrar, as lambanças fecais cheiram mal, mas a rejeição magoa", escreveu Eustacia em suas memórias. "'Crescei e multiplicai-vos', Deus nos cochicha ao ouvido, depois nos larga para enfrentar essa batata quente." Temple recordou: "Aos dois anos e meio, eu ficava sentada farejando o espaço, comendo fiapos do carpete, gritando, o comportamento estereotipado".[165] A mãe inventou um sistema behaviorista próprio para ajudá-la, e ela e a babá que arranjou mantinham-na interagindo constantemente. Quando a conheci, Eustacia explicou: "É preciso tirá-los do limbo de sua autoabsorção".[166] Temple teve aulas de arte e mostrou talento para o desenho em perspectiva. A mãe fazia o que podia para lhe estimular a aptidão. "A gente quer ser reconhecida por fazer o que as outras pessoas querem", lembrou Temple. "Quando uma criança é bem pequena, convém arranjar quem passe 48 horas por semana trabalhando com ela, mantendo-a engajada. Não creio que o método seja tão importante assim."

Ela exprime uma gratidão considerável pelas atenções que recebeu. "Na época, punham crianças como eu em instituições. Tive quinze anos de ataques de pânico incessantes, o que era difícil para todo mundo. Se não tivesse encontrado antidepressivos aos trinta e poucos anos, eu teria ficado dilacerada pelos problemas de saúde ligados ao estresse, como a colite. Tive muita sorte de contar com ótimos mentores quando estava no colégio." Ela se cala e me olha como se tivesse se surpreendido a si própria. "Quer dizer, o que seria de mim se minha mãe tivesse me internado? Fico com raiva só de pensar nisso." Eustacia achava que tinha de inventar tudo. "Por que os médicos não sabiam tanto quanto eu?", perguntou-se quando conversamos. Na adolescência, Temple disse à mãe: "Eu não sei amar". Eustacia escreveu: "A adolescência já é dificílima para qualquer criança, mas a adolescência autista é invenção do diabo". Mas a escola de Temple tinha um estábulo cheio de cavalos maltratados que o diretor havia comprado barato, e ela gostava de cuidar deles.

Muitos anos depois, Eustacia pôde admirar a pessoa em que Temple se transformou. "Devagar, sem nenhum conceito inato, sem uma pista intuitiva, tendo por única guia a inteligência consciente, e mesmo assim sem segurança, ela ensinou a si mesma, durante anos, 'a encontrar as caras que a gente encontra'. Que inteligente e valente da parte dela querer nos conhecer de algum modo, armada de uma máscara tão precária, tão improvisada. O autismo é um exagero daquilo que existe em todos nós. E estudá-lo tem sido minha forma de exorcismo." O que não quer dizer que isso tenha sido isento de decepções. "Apesar de seus feitos extraordinários, ela sabe que uma parte do sonho que chamo de 'vida' está um pouco além do seu alcance. Isso explica sua ânsia por fazer com que eu entenda o sonho *dela*: que não a esquecerão. Seu desejo veemente de algum tipo de reconhecimento é real. Como se o amor fosse demasiado instável e misterioso para merecer confiança."

Temple recebe milhares de cartas de pais e dá conselhos prontamente. "Alguns desses garotos, é preciso arrancá-los lá de dentro. Se a gente não for um pouco invasiva, não chega a lugar nenhum com eles", disse. Ela recomenda o tratamento comportamental e o médico, e qualquer coisa que engendre alfabetização. "Seu filho tem um chilique no Walmart porque se sente dentro do alto-falante num concerto de rock. Enxerga como um caleidoscópio; a audição vai e volta, e cheia de estática. Acho que alguns desses meninos estão recebendo a HBO dessintonizada, mas só de quando em quando recebem um pedacinho de imagem nessa HBO dessintonizada." Temple acredita firmemente que quanto melhor se conseguir fazer com que uma pessoa funcione, mais feliz ela tem possibilidade de ser. As crianças autistas precisam desenvolver aptidões condizentes com sua capacidade. "Você tem um garoto que adora geologia. Ora, em vez de desenvolver seu interesse para que ele entre numa carreira, os pais, professores e terapeutas insistem no treinamento de habilidades sociais. E o treinamento de habilidades sociais é importante mesmo. Mas não fique preso a isso a ponto de descuidar das suas aptidões." Temple Grandin atribui seu sucesso ao autismo; "O gênio também é uma anormalidade", explicou. Sem ser imodesta, ela transformou aquilo que o mundo chama de doença na pedra angular da sua inteligência brilhante.

Em meio a tudo isso, eis que surge o movimento da neurodiversidade com o enaltecimento de certos aspectos do autismo. Uma das mais importantes instituições beneficentes do autismo passou a se chamar Cura para o Autismo Já quando se fundiu com a Autismo Fala. Embora se opor à cura do autismo seja mais ou menos como se opor às viagens intergalácticas, um dos gritos de guerra da neurodiversidade é: "Não à cura para o autismo já". Como toda política de identidade, essa é uma atitude forjada e polida em oposição ao preconceito, mas que se equilibra na linha finíssima entre revelar uma verdade fundamental e tentar criar essa verdade. Os conservadores queixam-se de que pedir à sociedade que aceite a lógica social atípica das pessoas autistas é solapar os próprios princípios que fazem dela uma sociedade; os militantes do movimento da neurodiversidade opõem-se à ideia de que o comportamento autista carece de coerência social e sustentam que se trata de um sistema diferente e igualmente válido. Lutam por uma definição própria de direito civil.

Thomas Insel disse: "É importantíssimo reconhecer a esquizofrenia, o transtorno bipolar ou o autismo como algo que aconteceu a uma pessoa, mas que ainda há quem possa lutar contra a doença". Jim Sinclair, um adulto autista e cofundador da Rede Internacional do Autismo, escreveu: "O autismo não é uma coisa que a pessoa *tenha* ou uma 'concha' dentro da qual esteja presa. Não há uma criança normal escondida por trás do autismo. O autismo é uma maneira de ser. É *onipresente*, colore todas as experiências, todas as sensações, percepções, pensamentos, emoções e encontros, todos os aspectos da existência. Não é possível separar o autismo da pessoa — e, se fosse possível, a pessoa que você deixaria não seria a mesma com que começou".[167] A terminologia politicamente correta na maior parte do mundo da deficiência procura identificar a pessoa antes da afecção: diz "pessoa com surdez" em vez de "pessoa surda", ou "pessoa com nanismo" em vez de "anão". Alguns defensores do autismo discordam da ideia de que eles sejam "um ser com algo adicionado", preferindo "pessoa autista" a "pessoa com autismo". Outros preferem simplesmente *autista*, como substantivo: "Os autistas devem receber aceitação social". Sinclair acha que dizer "pessoa com autismo" é o mesmo que designar um homem como "pessoa com masculinidade" ou um católico como "pessoa com catolicismo".[168]

Muitos ativistas da neurodiversidade indagam se os tratamentos existentes são para o benefício das pessoas autistas ou para consolar os pais. As idiossincrasias podem ser desconcertantes, mas por quanto tormento uma criança precisa passar para abrir mão delas? Assim se referiu Isabelle Rapin aos seus pacientes adultos: "Não podemos impor nossos valores de sucesso a quem, na verdade, tem necessidades muito diferentes".[169] Joyce Chung, mãe de uma autista, disse: "Nossa luta era para não viver a doença de nossos filhos como uma mágoa narcisista". Em outras palavras, o autismo é algo que aconteceu ao filho, não aos pais. Alex Plank, que tem síndrome de Asperger e cujo site Wrong Planet, um fórum afirmativo para pessoas com autismo e suas famílias, tem mais de 45 mil membros, disse: "As instituições com as melhores conexões são as fundadas por pais de gente com autismo que não têm as mesmas prioridades que os autistas, principalmente se a ideia de sucesso desses pais for fazer com que o filho seja igual a eles quando crianças".[170] Ari Ne'eman, que tem síndrome de Asperger e se tornou um destacado autorrepresentante quando ainda estava na faculdade, usa o coloquial *aspie* quando se refere a si mesmo. Ele disse: "A sociedade desenvolve a tendência a examinar as coisas do ponto de vista de uma curva do sino. A que distância estou do normal? O que fazer para me ajustar mais? Mas o que há no alto da curva do sino? Mediocridade. Esse é o destino da sociedade americana se continuarmos insistindo em tornar a diferença patológica".[171]

Em dezembro de 2007, o Centro de Estudos da Criança da Universidade de Nova York produziu uma série de anúncios publicitários de seu programa de tratamento na forma de exigência de resgate. Um deles dizia em tom ominoso: "Nós estamos com seu filho. Vamos fazer com que ele, enquanto viver, não seja capaz de cuidar de si nem de interagir socialmente. Isso é só o começo". Assinado: "Autismo". Outro dizia: "Capturamos seu filho. Estamos destruindo sua capacidade de interação social e levando-o a uma vida de isolamento completo. Agora depende de você". Assinado: "Síndrome de Asperger". Harold Koplewicz, diretor do centro na época, esperava levar as crianças com problemas de saúde mental sem tratamento para as mãos de profissionais competentes. Mas muita gente, inclusive pessoas com transtorno do espectro autista, achou as peças publicitárias humilhantes e estigmatizadoras. Os ativistas do autismo encabeçaram uma campanha contra elas; o principal organizador foi Ne'eman. Num memorando para os membros da sua Rede de Autorrepresentação Autista, ele escreveu: "Essa campanha publicitária altamente ofensiva apoia-se em alguns dos mais antigos e afrontosos estereótipos da deficiência a fim de, mediante intimidação, levar os pais a recorrer aos serviços do Centro de Estudos da Criança da NYU. Embora nós, pessoas com diagnóstico de autismo e síndrome de Asperger, em geral tenhamos dificuldade com algumas formas de interação social, não somos incapazes disso e podemos ter sucesso e empenhar-nos nos nossos próprios termos quando apoiados, aceitos e incluídos tais como somos".[172]

Ne'eman iniciou uma campanha de envio de cartas e recrutou os principais grupos de deficiência americanos para apoiar sua posição. A campanha cresceu rapidamente e não tardou a ser divulgada pelos jornais *New York Times*, *Wall Street Journal* e *Washington Post*.[173] Koplewicz ficou assombrado com os protestos. Em 17 de dezembro, fez questão de dizer que os anúncios tinham chegado para ficar, mas a revolta se intensificou, e dois dias depois ele os suspendeu. Foi um triunfo importantíssimo para o movimento da neurodiversidade e para a comunidade mais ampla que endossa os direitos da deficiência. Logo depois da debacle, Koplewicz dirigiu uma audiência pública on-line com a participação de mais de quatrocentas pessoas.

Ari Ne'eman não deixa de ter traquejo social, mas seu esforço é visível. Ele disse: "A interação social neurotípica é como uma segunda língua. A gente pode aprender uma segunda língua com grande fluência, mas ninguém se sente tão à vontade com ela como com seu próprio idioma". Quando Ne'eman estava no ensino médio, sua capacidade intelectual, seus déficits sociais e seu estilo de aprendizado incomum faziam com que o considerassem tanto deficiente quanto talentoso, coisa que dificultava decidir que cursos ele devia fazer. "Existe por aí esse estereótipo do *aspie* inteligentíssimo, mas é preciso reconhecer e respeitar a diferença humana e a diversidade da neurologia humana, independentemente de a pessoa ser brilhante em termos acadêmicos", afirmou Ne'eman. "Do ponto de vista das relações públicas, é bom contar com Vernon Smith, que tem síndrome de Asperger e ganhou o Nobel de economia, ou com Tim Page, que tem Asperger e ganhou um Pulitzer. É *um* ponto a favor do respeito e do reconhecimento da legitimidade da diversidade neurológica humana. Mas seria um grande erro dizer que *só* se deve respeitar as diferenças das pessoas se resultarem num talento especial qualquer." Em 2010, aos vinte anos, Ne'eman foi nomeado pelo presidente Barack Obama para o Conselho Nacional para a Deficiência. Essa escolha gerou uma tempestade de críticas dos que alegavam que a caracterização positiva do autismo feita por Ne'eman reduziria as verbas necessárias ao tratamento de seus filhos.[174]

O termo "neurodiversidade" foi cunhado por Judy Singer, uma socióloga australiana cuja mãe e cuja filha têm síndrome de Asperger, e ela própria está no espectro. "Foi numa oficina numa sinagoga que tentaram nos convencer a desenvolver um decálogo melhor que os Dez Mandamentos da lei de Deus", contou. "Meu primeiro foi 'Honrar a diversidade'."[175] Singer e o jornalista americano Harvey Blume pensavam por linhas paralelas, e, embora ela tenha sido a primeira a usar a palavra, ele foi o primeiro a publicá-la em 1998.[176] "Nós dois notamos que a psicoterapia estava em baixa; e a neurologia, em alta", explicou Singer. "Eu estava interessada nos aspectos ativistas libertadores daquilo: fazer pelas pessoas neurologicamente diferentes o que o feminismo e o direito dos gays fizeram pelos seus representados." O movimento se acelerou com a ampliação do espectro e com o aumento da comunicação entre pessoas autistas. "A internet", disse Singer, "é um dispositivo protético para quem não pode socializar sem ela." Para qualquer um que tem dificuldades com a linguagem e as normas sociais, um sistema de comunicação que não opere em tempo real é uma dádiva do céu.

Camille Clark, que blogou durante alguns anos como Diva do Autismo, diagnosticada com síndrome de Asperger, é uma importante porta-voz da neurodiversidade e mãe de um adulto com autismo e espinha bífida. "As crianças autistas amam os pais", disse ela. "Você pode aprender a enxergar como seu filho exprime afeto e não se magoar se ele não mostrar afeto como os filhos comuns. Pode ser que os filhos surdos nunca pronunciem as palavras 'eu te amo', e é possível que os pais surdos nunca ouçam tais palavras, mas isso não significa que os filhos surdos não gostem dos pais. Para muita gente com síndrome de Asperger e autistas, simplesmente estar na presença dos outros é um esforço tão grande quanto para uma pessoa NT (neurotípica) ser anfitriã de uma grande festa."[177] Muitos autistas acham o contato visual inquietante; Kathleen Seidel, fundadora do Neurodiversity.com, contou que aprendeu a desviar o olhar como um modo de respeitar as necessidades do filho. Ele, por sua vez, sabia que o contato físico tinha valor para ela e às vezes lhe dava um abraço.

Clark sente que o conceito de neurodiversidade vai muito além do autismo. "As pessoas com transtorno bipolar, esquizofrenia, dislexia, síndrome de Tourette e outros transtornos deviam se incluir", escreveu-me ela. "Os pais de autistas precisam ser sensatos no que se refere ao que os filhos podem ou não podem fazer, e não devem esperar que eles venham a ser 'normais'. As pessoas autistas são preciosas assim como são. Não têm valor só se puderem se transformar em pessoas menos obviamente autistas." Jim Sinclair escreveu: "As maneiras como nos relacionamos são *diferentes*. Se você forçar as coisas que suas expectativas lhe dizem que são normais, vai encontrar frustração, decepção, ressentimento, talvez até raiva e ódio. Se se aproximar com respeito, sem preconceitos e com abertura para aprender coisas novas, vai encontrar um mundo que você nunca teria imaginado".[178] Um ativista comentou comigo que as tentativas de "curar" pessoas autistas são menos como uma cura do câncer do que uma cura do canhotismo.

Muitos ativistas da neurodiversidade receiam que, na eventualidade de um teste genético, o aborto seletivo resulte num "genocídio". "Não quero envelhecer para saber que não nascerá mais gente como eu", disse Gareth Nelson, um homem com síndrome de Asperger e cofundador do site Aspies For Freedom.[179]

Como na maioria das deficiências descritas neste livro, a questão do aborto é emblemática da tensão entre identidade e modelos de doença. Ne'eman declarou: "Nós nunca dissemos que o autismo não representa uma deficiência, mas ele não representa uma doença. Dê aos indivíduos autistas as oportunidades educacionais e oportunidades de prosperar e ter sucesso nos seus próprios termos". Seidel disse: "Nunca excluí a possibilidade de a pesquisa genética produzir terapias úteis para os problemas vividos pelas pessoas autistas. Sou totalmente favorável, por exemplo, ao desenvolvimento de antagonistas capazes de corrigir defeitos da função motora oral ou do metabolismo da serotonina, aliviar a ansiedade crônica, reduzir a tendência à superexcitação ou diminuir a agressão. Mas minha principal preocupação é tornar a vida positiva para as pessoas no espectro autista que estão aqui agora, um grupo que, aliás, inclui meu filho".

Alguns pais de crianças gravemente autistas descartam os autorrepresentantes por não serem de fato autistas. Nisso há uma ironia central. O número em expansão de diagnósticos é decisivo para quem afirma que há uma epidemia — crucial para quem faz lobby por recursos para a pesquisa. Mas as pessoas mais funcionais, cuja inclusão tem incrementado as cifras, em geral são as que combatem parte dessa pesquisa. Roy Richard Grinker, marido de Joyce Chung e autor de *Unstrange Minds* [Mentes não estranhas], livro que alega não haver epidemia, disse: "Nos dois extremos desse espectro, há uma perspectiva anticientífica. O pessoal da neurodiversidade fica furioso porque os cientistas querem curar o autismo; o pessoal antivacina fica furioso porque os cientistas não fazem os estudos que sabem que deviam ser feitos. Suas premissas são tão diferentes que é impossível um diálogo verdadeiro. Eles são incapazes de conversar uns com os outros porque têm fundamentos epistemológicos e filosóficos muito diferentes".[180]

Thomas Insel disse: "Essa é a comunidade mais polarizada e fragmentada de que tenho conhecimento. Acho que essas crianças têm uma coisa seriamente errada. E argumentar que elas apenas precisam ser aceitas tais como são é menosprezá-las de uma maneira terrível, a elas e a si próprio. Duvido que fizéssemos isso com a maioria dos cânceres ou com as doenças infecciosas. É claro que espero que não façamos tal coisa com pessoas que têm um distúrbio cerebral como esse. A maior parte dos pais quer que seus filhos tenham a vida mais plena possível, e isso não é possível para quem não aprendeu a usar o banheiro. Não é possível para quem carece de linguagem".

"Por favor, não escreva sobre eles", pediu-me Lenny Schafer, editora da *Scha-*

fer Autism Report, quando mencionei a neurodiversidade. "Eles são um punhado de barulhentos que chamam muito a atenção da mídia. Trivializam aquilo que o autismo realmente é. Dizer que não se trata de uma doença é como roubar o dinheiro da caneca de lata de um cego; é fazer com que pessoas que deviam operar mudanças políticas e sociais pensem que autismo não é problema. É retardar o financiamento da pesquisa." Outros críticos são até mais veementes. John Best, pai de uma criança com autismo, é o autor do blog Hating Autism. Uma postagem recente mostrou um macaco fazendo autofelação e a legenda "Um idiota neurodiverso matutando sobre o estudo de vacina". O blog antineurodiversidade e antigenética Age of Autism apresentou um cartão de Ação de Graças com a imagem de photoshop de Alison Singer, Thomas Insel e outros que não apoiam a hipótese da vacina comendo um bebê no jantar de Ação de Graças.[181]

Seidel classificou de "histriônica e estigmatizadora" a afirmação de Insel segundo a qual o autismo "rouba a alma da criança". E explicou: "Não creio que ele tenha citado algum exemplo específico de pais cuja 'superaceitação' os tenha levado a negligenciar as necessidades médicas dos filhos, ou a privá-los de uma educação adequada, ou a impedir que eles aprendam a se comunicar da melhor maneira possível, ou a tolher a pesquisa das causas e do tratamento de problemas específicos associados ao autismo. Gente como Lenny Schafer inventou esse argumento sem pé nem cabeça dizendo: 'Oh, o pessoal da neurodiversidade simplesmente quer que as crianças autistas apodreçam num canto e nunca tenham nada que as ajude'. Isso é tolice. Nenhum pai ou mãe em sã consciência deixa o filho apodrecer num canto".

Por outro lado, Kit Weintraub, que tem dois filhos com autismo, escreveu: "O fato de meus filhos terem uma anomalia de desenvolvimento não quer dizer que eu não os ame como eles são. Como com qualquer outra afecção que lhes ameaçasse o futuro e a felicidade, faço o que está ao meu alcance para ajudá-los a ser tão funcionais e normais quanto possível. E 'normal', para mim, não significa uma 'criança robô estereotipada, treinada para fazer a minha vontade'. Significa: 'capaz, como a maioria das pessoas sem autismo, significa ter uma vida independente, repleta de sentido: capaz de falar, capaz de se comunicar, capaz de formar e manter relações'".[182]

Algumas pessoas autistas ficam incomodadas com a percepção de que os ativistas que celebram aspectos do autismo falam a favor de si mesmos. Jonathan Mitchell, um autista que combate a neurodiversidade em seu blog, disse: "O neurodiverso atinge um público vulnerável, já que muita gente no espectro está descontente com a sociedade. As pessoas autistas se sentem desvalorizadas e têm baixa autoestima, e a neurodiversidade oferece uma válvula de escape tentadora. O mesmo vale para os pais de filhos às vezes gravemente autistas que querem vê-los como gente que não seja apenas deficiente ou destroçada".[183] Claro, o movimento mais amplo pelos direitos da deficiência pode ser intolerante com a ciência. Judy Singer disse: "Saí do movimento pelos direitos da deficiência porque eles eram tão orientados sociologicamente, quase como os criacionistas no seu ódio à biologia". Na maioria dos casos, porém, os membros do movimento da neurodiversidade não negam a biologia; a presença do prefixo *neuro* deixa claro que a biologia faz parte da argumentação. O que eles investigam é o significado dessa biologia.

Boa parte da antipatia decorre de ideias divergentes de amor. Muita gente que defende a análise aplicada do comportamento ou apoia a hipótese da vacina acredita que as famílias que não aceitam seu ponto de vista relegam os filhos à ruína. Muitos ativistas da neurodiversidade acham a AAC desumanizadora; e a hipótese da vacina, insultante. Clark alega que a AAC só é apropriada para animais. Seidel acredita que os pais que descrevem os filhos autistas como vítimas da vacina desprezam sua própria prole: "Eu me preocupo muito com o profundo impacto psicológico sobre meu filho, a longo prazo, da proliferação do conceito errôneo de que as pessoas no espectro autista estão envenenadas. É cientificamente incorreto e simbolicamente ofensivo".

É ingênuo criticar alguns ativistas do autismo por serem autistas: idiossincráticos, obstinados, detalhistas, pouco predispostos a imaginar como os ouvintes hão de reagir às suas palavras e relutantes em transigir numa posição, a menos que lhes deem um motivo racional, intelectualmente sustentável, para fazê-lo. Essas qualidades tornam as pessoas autistas ativistas talvez um pouco menos persuasivas do que elas desejam, já que o charme favorece de modo considerável o ativismo em geral. Mais difícil é explicar a agressividade do movimento antidiversidade. Schafer se queixa do fato de os militantes da neurodiversidade "nos verem como desprovidos de amor, malvados, e isso é justamente o que não somos". No entanto, é o pessoal da antineurodiversidade que, no grupo de discussão Evidence of Harm [Evidência de dano] no Yahoo!, chama os adversários de "preguiçosos", "bárbaros da vacina", "prostitutas baratas", "interessados apenas num cheque" e "escrupulosos fascistas com mania de limpeza" que disseminam "uma hipérbole maliciosa de relações públicas".[184]

Sarah Spence, uma neurologista pediátrica que trabalhou no Instituto Nacional de Saúde Mental, disse: "Quando mitigamos alguns sintomas subjacentes em pessoas com autismo grave, elas se mostram mais felizes. Na qualidade de clínicos, sentimos que elas não gostam de ficar 'no seu mundo'. Querem fugir. Nós gostaríamos de acolher a política da neurodiversidade, mas a ciência e o apoio clínico vêm antes da política".[185] Simon Baron-Cohen disse: "O autismo é tanto uma deficiência quanto uma diferença. Precisamos achar meios de atenuar a deficiência e, ao mesmo tempo, respeitar e valorizar a diferença".[186]

A tentativa de ditar uma política preto/branco para uma afecção do espectro é inerentemente viciada. Certas pessoas ficam frustradas por não serem capazes de se comunicar bem, outras parecem não se importar com isso; algumas aceitam que a fala é difícil ou impossível para elas e se comunicam por meio de teclados ou outras tecnologias de apoio; outras, pela observação cuidadosa, desenvolvem aptidões suficientes para se virar. Certas pessoas ficam dilaceradas com seus déficits sociais, outras não se mostram nada interessadas pela amizade, e há as que fazem amizades à sua maneira. Algumas ficam devastadas pelo autismo, algumas se orgulham dele e algumas simplesmente o aceitam como um fato da vida. Nisso há condicionamento social: as que são desdenhadas com frequência têm menos probabilidade de se sentir bem consigo mesmas do que as que recebem mensagens de apoio. Mas também há uma questão de personalidade. Certas pessoas autistas são otimistas e animadas; outras, retraídas e deprimidas; o autismo coincide com toda a gama de personalidades que se encontra na população neurotípica.

Steven Hyman disse: "A gravidade é importante, claro. Ela define os objetivos da pessoa na vida e se ela pode atingi-los, e se vive o sofrimento e a deficiência em decorrência do que pensa e sente ou se é feliz com o seu modo de ser". Para Insel, "a abordagem da neurodiversidade ameaça os mais incapacitados. No outro extremo do espectro, ajuda as pessoas a se aceitarem, assim como nos estimula a aceitar a singularidade delas. O que ouço numa parte dessa comunidade é: se você nos aceitar como somos, quer dizer que vai nos ajudar a ser tudo quanto podemos ser". Jennifer Franklin, mãe de Anna, falou com paixão em tais manifestos. "Se Anna Livia fosse uma adulta que quisesse usar fralda e não aprender a usar o banheiro, eu concordaria com qualquer coisa. Meu maior desejo é que ela desenvolva uma consciência que lhe permita ingressar no movimento da neurodiversidade. No dia em que Anna chegasse ao ponto de conseguir dizer a um terapeuta: 'Minha mãe é uma bruxa por me ter feito passar por isso', eu sentiria que fiz o meu trabalho."

Grandin argumenta que tanto a pessoa autista quanto a sociedade precisam se adaptar. Descreveu o sofrimento de gente que não conseguia se comunicar, tinha dificuldade para usar o banheiro e se machucava regularmente. "Seria bom se pudéssemos prevenir as formas mais graves do autismo não verbal", disse. "Mas, se nos livrarmos de toda a genética do autismo, vamos nos livrar de cientistas, músicos, matemáticos, e só sobrarão burocratas ressecados. Em minha mente vejo os homens da caverna conversando ao redor da fogueira e, num canto afastado, um cara *aspie* lasca a primeira lança de pedra, imagina como prendê-la numa haste e, para isso, corta os tendões de um animal. Pessoas sociáveis não fazem tecnologia."

Não obstante, refutando a proposição segundo a qual só quem tem poucos dos problemas vividos pelas pessoas autistas gravemente afetadas é ativo na comunidade da neurodiversidade, os três administradores do site autistics.org declararam que nenhum deles domina o uso do banheiro e que um não tem fala. "Nós nos sacudimos, damos petelecos, balançamos, nos retorcemos, esfregamos, batemos palmas, pulamos, guinchamos, zumbimos, gritamos, bufamos e temos tiques",[187] escreveram, afirmando que esses comportamentos não os impedem de ser felizes. Num vídeo intitulado *In My Language*,[188] a ativista da neurodiversidade Amanda Baggs descreveu sua perspectiva. Ela tem comportamentos repetitivos e não fala. "A maneira como penso e reajo às coisas parece tão diferente dos conceitos padronizados que alguns não a consideram sequer como pensamento", diz. "Só quando digito uma coisa na sua linguagem é que você me trata como alguém que tem comunicação. Gente como eu é oficialmente descrita como misteriosa e enigmática, as pessoas não admitem que elas é que estão confusas. Só quando se reconhecerem as muitas formas de ser gente é que a justiça e os direitos humanos serão possíveis."

Jane Meyerding, que é diagnosticada com a síndrome de Asperger e trabalha na Universidade de Washington, escreveu: "Se todas as pessoas no espectro autista 'saíssem' e trabalhassem pelo aumento da flexibilidade institucional até que nossas 'necessidades especiais' se acomodassem, o mundo seria um lugar muito mais confortável e menos alienante também para os outros. Num mundo assim, seria normal as crianças terem estilos diferentes de aprendizagem, assim como é normal terem diferentes cores e texturas de cabelo. Nele, todos 'teriam um sotaque'".[189] Joyce Chung contou que sua filha, "batalhando com uma coisa que ela não conseguia articular bem", acabou explicando: "Acho que é por causa do meu autismo, mamãe". Tal afirmação teria sido possível vinte anos atrás, e a capacidade dessa autoconsciência que se aceita a si própria é uma característica da maturidade, da libertação e até do triunfo sobre a doença? "Quando ficam com pena de mim por causa da minha filha, eu não entendo esse sentimento",[190] escreveu Roy Richard Grinker. "O autismo é menos uma doença que se deve esconder do que uma deficiência que se deve acomodar; é menos um estigma com reflexos negativos na família dela do que uma variante da existência humana."

Kate Movius, mãe de um autista, escreveu: "Ainda não produziram um momento 'heureca!' para Aidan, ninguém revelou uma criança ideal por baixo do autismo. Eu é que fui revelada, reconstruída, e recebi um novo modo não simplesmente de ver Aidan como ele é, mas de ver a mim mesma".[191] Kathleen Seidel disse: "A palavra 'incurável' é bem devastadora, mas também se pode encará-la como significando que o autismo é duradouro. Olhar para essa joia por facetas diferentes não trivializa os desafios das pessoas que têm obstáculos enormes. Procuro enxergar o quadro inteiro, inclusive sua parte bonita. O autismo participa da nossa humanidade tanto quanto a capacidade de sonhar. Deus manifesta todas as possibilidades, e essa é uma das possibilidades no nosso mundo. Faz parte da condição humana — ou das condições, talvez".

No caso da surdez, tanto a medicina como o ativismo vão a galope; no do autismo, arrastam-se. Ao contrário da surdez, o autismo não se estabeleceu como uma cultura nem mesmo aos olhos do mundo externo progressista. Não há nenhuma língua formal do autismo que seja reconhecida pelos linguistas. Não há universidade com uma longa história de educação de pessoas autistas, a não ser que se conte o Instituto de Tecnologia de Massachusetts (MIT). As instituições paralelas às que demarcam a reivindicação do direito à cultura da surdez — o teatro do surdo, os hábitos sociais dos surdos, os clubes de surdos — inexistem para os autistas. A complexidade da ciência significa que, para o autismo, ainda falta muito para que o progresso da medicina transcenda a política de identidade, mas o modelo da surdez devia deixar claro para o pessoal da neurodiversidade que eles estão numa corrida, na qual sua principal vantagem é o passo de tartaruga do outro lado. Entretanto, os autistas também têm a seu favor as realizações muito reais das pessoas autistas; o diagnóstico retrospectivo, ainda que seja uma ciência precária, sugere que Mozart, Einstein, Hans Christian Andersen, Thomas Jefferson, Isaac Newton, assim como muitos outros visionários, hoje seriam diagnosticados no espectro.[192] Se a gente falar num mundo sem Helen Keller, a maioria das pessoas não sentiria tanta falta dela; se falar num mundo sem esses gênios específicos, todos ficariam empobrecidos.

Bill Davis foi criado no Bronx, meteu-se em gangues de rua e depois se qualificou para o crime organizado. Um dia em 1979, uma aspirante a modelo de vinte anos entrou na boate que ele administrava. "Tirou um cravo de um vaso, colocou-o na minha lapela e disse: 'Você fica comigo'. Estamos juntos desde então", contou ele. Passados dez anos, Bill e Jae se mudaram para Lancaster, Pensilvânia, onde nasceu sua filha Jessie. Cinco anos depois, chegou o filho Christopher. Jae ficava em casa com os meninos. Bill trabalhava num bar. Aos dois anos, Chris parou de falar. Aos dois e meio, ficava num canto balançando o corpo para a frente e para trás. Jae percebeu que algo estava muito errado e, embora não tivesse carta de motorista, anunciou certa manhã que ia levar Chris à Casa Seashore, um hospital infantil na Filadélfia. Não recebeu uma resposta satisfatória, de modo que, dois dias depois, disse: "Vou ao Kennedy Krieger, em Baltimore, e, se não der certo, a gente segue até Haddonfield, Nova Jersey, onde fica a Escola Bancroft". Bill respondeu: "Você não pode dirigir por aí sem habilitação". Na semana seguinte, Jae tirou carta. "Ocorre que aqueles eram os melhores lugares do país, mas quando e como ela descobriu isso?", disse Bill. "E ainda arranjou tempo para aprender as regras de trânsito?"[193]

Chris não dormia. Agitava as mãos. Feria a si mesmo. Esfregava fezes no corpo e as jogava nos pais. Mordia-se. Enfiava os dedos nos olhos. Passava horas com os olhos fixos no ventilador de teto. Jae intuíra que ele ia exigir uma paciência infinita e achava difícil aproximar-se progressivamente das coisas, inclusive da própria intimidade. Ela e Bill fragmentaram tudo em pequenas tarefas. "Era mais ou menos assim: 'Posso pôr a mão em você?'. 'Oh, muito obrigado. Você é fantástico'", contou Bill. "Ele não andava até o fim do quarteirão. Então eu o levava até a metade do quarteirão e dizia: 'Que belo passeio!'."

Chris tinha dificuldade para entender causa e efeito. Gostava do movimento do carro e se punha a gritar sempre que ele parava no sinal fechado. Jae preparou cartões vermelhos e verdes e, quando o automóvel se aproximava do sinal vermelho, mostrava a ele o cartão vermelho e, quando podia seguir adiante, mostrava-lhe o verde. Quando Chris compreendeu a correlação, parou com a gritaria. Tendo deduzido que ele conseguia absorver informações visuais, Jae criou um sistema de cartões de memória. "E sempre observava o que ele via", contou. Interessada no trabalho de Vincent Carbone, um analista comportamental, viajou à Penn State e o encurralou no consultório.[194] Quando ele disse que precisava sair, ela respondeu: "Você não entendeu. Eu não vou deixá-lo sair daqui enquanto você não concordar em me ajudar". Depois de resistir durante uma hora, Carbone lhe disse que ela podia participar do seu curso seguinte. Jae passou uma semana lá e, nos anos subsequentes, desenvolveu diversas variantes úteis da metodologia. Carbone se interessou tanto por essas modificações que mandou uma equipe a Lancaster observar o trabalho de Jae com Chris. Quando este tinha seis anos, ela passou a aceitar outras crianças autistas. Descobriu que um menino não verbal gostava de relógios, então lhe comprou relógios e elogiou seu interesse. Um dia, ele disse repentinamente para si mesmo: "Muito bem, Juan". Foi o começo da fala.

Jae recrutou residentes do Franklin and Marshall College e da Universidade Rutgers para ajudá-la a implementar suas técnicas, ensinando-lhes e dirigindo-os no trabalho na casa. Instalou câmeras no quarto de Chris e filmava os estudantes para lhes corrigir os erros. Levava-os a conferências e programas de treinamento. Escrevia cartas de recomendação quando eles se inscreviam na pós-graduação. Quando Chris cresceu, Jae havia treinado mais de quarenta residentes; quando outras famílias da região souberam de seu trabalho, encaminhou residentes também para elas.

Jae se recusava a acreditar que, se Chris não falasse até os cinco anos, nunca falaria. Aos sete, ele começou a produzir palavras; aos dez, conseguia proferir sentenças breves. Aprendeu a associar os retratos dos presidentes americanos com os respectivos nomes, e Jae passou a fazer jogos numéricos para que aprendesse aritmética e a contar dinheiro. Quando o vi pela primeira vez, o quarto de Chris estava repleto de material didático: as contas e bolas de gude que usava para aprender a contar caíam da sapateira; um armário continha uns quinhentos cartões de memória feitos em casa; havia instrumentos musicais em toda parte; prateleiras e prateleiras de tigelas de tudo, desde moedas até monstros de plástico de *Vila Sésamo*. Além disso, havia uns quatrocentos videoteipes empilhados pelo

338

quarto, abarrotando prateleiras, enfiados por baixo ou ao lado das coisas, uma biblioteca de Alexandria de cassetes.

Quando um residente novo começava, Jae dizia: "Veja estes duzentos dólares. Você vai entrar naquele quarto, no qual eu escondi uma coisa. Procure e adivinhe o que é e onde está". A pessoa entrava no quarto escuro, e os outros residentes se punham a gritar, a fazer barulho e observações absurdas. O recém-chegado ia ficando cada vez mais frustrado e enfim dizia: "Eu não entendo o que você está fazendo! O que você quer afinal?". E Jae respondia: "Vamos, se você a achar, eu lhe dou duzentos dólares!". Quando a pessoa finalmente saía, Joe explicava: "Assim é a vida de uma criança autista".

Bill encarava a devoção de Jae como um desafio e se encarregou de negociar com o Estado o pagamento do tratamento. "O pessoal das escolas locais tinha estado às voltas com pais exaltados que diziam: 'Meu filho precisa de quarenta horas de terapia', e respondia: 'Lamento, você saiu perdendo'", recordou Bill. "Eu dizia: 'Ora, no caso Etheridge versus Collins...'. Eles me *detestavam*. Mas eu fui criado no meio das gangues irlandesas de Nova York. Por certo não era uma professora primária de Lancaster que ia me atemorizar." Se fosse possível determinar que aquilo que Bill e Jae faziam em casa era mais adequado a Chris do que o que o distrito escolar oferecia, este teria de subscrever o programa. Bill apresentou um orçamento anual: custo do material; custo das oficinas; custo dos residentes. Nesse meio-tempo, o desenvolvimento de terapias tinha se tornado um projeto familiar. Jessie, a irmã de Chris, pegava dois instrumentos iguais — por exemplo, um triângulo —, tocava um deles debaixo da mesa e pedia a Chris que o tocasse em cima; Jae explicou o mecanismo desse exercício a Jessie. Quando o primeiro psicólogo do distrito foi verificar as solicitações da família, perguntou a Jessie, de oito anos: "O que você está fazendo?". Ela respondeu: "Colhendo dados de discriminação sonora". O psicólogo disse ao comitê distrital: "Os Davis sabem mais do que eu. Deem o que eles querem".

Mesmo assim, os Davis, que não tinham convênio médico, precisavam pagar muita coisa do próprio bolso. Chris tinha ginástica, fonoaudiologia, avaliações hospitalares e consultas com uma legião de médicos que não aceitavam a Medicaid. "Eu era barman em quatro bares, às vezes, levava para casa 2500 dólares por semana", contou Bill. "Mas, juro por Deus, não conseguíamos pagar o aluguel. Quando as coisas ficavam realmente difíceis, eu levantava fundos no bar: pedia uma bola de beisebol aos Phillies; procurava os Flyers e conseguia uns tacos de hóquei. Vendia-os no bar e ganhava 6 mil dólares num piscar de olhos."

Como muitas pessoas autistas, Chris tem problemas intestinais. Ir ao banheiro pode ser doloroso, coisa que o leva a adiar isso o máximo de tempo possível. "Então seus movimentos aumentam, depois explodem movimento atrás de movimento", disse Bill. "Ele diz 'banheiro' e me abraça. Eu o limpo e desinfeto o quarto. Meu Deus, que imundície. Tudo amontoado com filmes velhos, e ele pisa naquilo e faz xixi por cima. É horrível. Mas é o que funciona." A casa exalava sujeira e, ao mesmo tempo, era impregnada de amor. Bill contou que, para Jae, que teve uma infância dura, a oportunidade de criar os filhos num lar perfeito era o sonho da sua vida. "Para ela, largar a casa foi uma decisão real", disse.

Quando Chris tinha nove anos, os Davis decidiram que estava na hora de ele ingressar no sistema escolar. O distrito autorizou Jae a treinar os professores de Chris. A que se incumbiria da sua educação foi para a casa deles no verão anterior ao início das aulas. "Era aberta, muito disposta a aprender e exalava bondade. Vi que podia trabalhar com ela", contou Jae. Naquele outono, Chris ficou numa classe com dois outros garotos, a professora treinada por Jae e quatro professoras assistentes.

Pouco tempo depois que Chris entrou na escola, Jae começou a dizer que estava cansada. "Levantava-se às seis horas da manhã, ia para a cama às três da madrugada", explicou Bill. "Sempre escrevendo; sempre na internet; sempre telefonando; sempre viajando. De modo que eu me surpreendi quando ela começou a dizer: 'Você cuida dele?'." Por fim, Jae consultou um médico e descobriu que, aos 45 anos, estava com um tumor cervical maligno no colo do útero do tamanho de um grapefruit e já com metástase nos pulmões e na espinha; um rim cessara de funcionar; ela tinha sofrido um pequeno ataque cardíaco; e perdera muito sangue com uma hemorragia interna a ponto de precisar de uma transfusão de emergência de cinco horas.

Quando conheci Jae, haviam lhe dado alguns meses de vida. Uma enfermeira ministrava-lhe em casa a quimioterapia que ela esperava que lhe valesse um pouco mais de tempo. Mesmo sem cabelo e um tanto macilenta, era bonita e dona de uma delicadeza que contrastava com o machismo de Bill. Tinha feito questão de que eu a visitasse apesar do seu estado. "Que sorte a minha Chris ter entrado na escola", disse-me. "Ele está pronto para fazer as coisas sozinho. Bill vai cuidar para que tenha o que precisar. Eu sempre enxerguei o que ele enxergava, mas Bill sente o que ele sente. Eu fiz o que me cabia fazer." O sistema de circuito fechado de televisão que Jae instalou para monitorar os professores de Chris continuava em funcionamento para que ela, sem se levantar, pudesse ver o que estava acontecendo no quarto dele. "É uma experiência tão esquisita para mim, tudo acontecendo de uma vez, minha morte, Chris na escola", disse Jae. "Estou mais preocupada com minha filha e meu marido do que com Chris. Sinceramente, ele é uma criança feliz. Mas é difícil fazê-lo conceituar as emoções, por isso estou lutando para ajudá-lo a entender que eu não vou estar aqui."

Chris andava agressivo, em especial com Bill, a quem mordia, esmurrava e dava cabeçadas. Mas levou muitos de seus vídeos para baixo e começou a se deitar com eles e a mãe na cama de hospital. Ao chegar, encontrei Jae drogada e melancólica; Chris estava exigente, barulhento, e não cessava de bater em si mesmo e nas coisas. "Não bata no papai", dizia Bill acariciando a testa irada do filho com uma mão e segurando a de Jae com a outra. Então Chris disse repentinamente a ela com sua voz grossa: "Eu te amo", e deitou a cabeça em seu peito.

Jae morreu numa tarde tranquila de outubro, dez dias depois que a conheci. Legou seu material de ensino às universidades de que recebeu ajuda. "Não vale a pena escrever essas coisas", disse Bill, "porque o mais importante de tudo é a própria Jae, não as coisas que eu possa registrar." Pouco depois da morte de Jae, a cidade de Lancaster premiou-a com o Red Rose Award pelo seu trabalho. Passados alguns dias, a Intermediate Unit, que tinha combatido os Davis por causa de suas prioridades educacionais, anunciou a bolsa de estudos Jae Davis para pagar a participação de dez famílias por ano na Conferência Nacional sobre Autismo. O Franklin and Marshall College criou o Jae Davis Internship Program; a Penn State anunciou a bolsa de estudos Jae Davis Parent Scholarship; a Organização para Pesquisa do Autismo instituiu o prêmio Jae Davis Memorial Award.[195]

Bill enfrentou a dor. "Nosso casamento mudou por completo no dia em que Chris foi diagnosticado", contou. "Nós raramente fazíamos sexo; raramente víviamos um momento íntimo ou romântico. Quando saíamos para jantar, coisa que acontecia uma vez por ano, conversávamos sobre Chris. As coisas apenas substituíam outras coisas. Se Chris nunca trabalhar ou casar, que importa? Deixe Chris ser Chris. Ele nos ensinou tudo. Ensinou-nos a lidar com ele; como ele aprendia; a deixá-lo viver sua vida. Na noite passada, fomos de carro a um lugar a que a mãe e Chris costumavam ir, e ele começou a chorar. E eu sei que foi por causa disso. Meu filho não é um quebra-cabeça. Eu sei exatamente o que ele é."

Bill, que sempre gostou de tatuagem, começou a inscrever a deficiência de Bill no corpo. Traz a palavra "autismo" estampada no peito; um laço enorme formado por peças coloridas de quebra-cabeça, o símbolo da Sociedade de Autismo da América; e o símbolo da Unlocking Autism [Destrancando o Autismo]: um *U*, um *A* e uma chave.

Perdi o contato com Bill durante algum tempo. "Jae empurrava Chris para a frente com tanto vigor, e quando ela morreu, ele disse: 'Nada de escola'", contou Bill quando voltamos a nos encontrar. "Pensei: 'Ora, se o que ele quer é passar o dia todo assistindo televisão, vamos continuar obrigando-o a fazer todas as outras coisas?'." Bill foi processado por absenteísmo escolar; quase enlouqueceu com as contas médicas de Jae, a família ficou sem teto e passou um tempo morando em bancos de praça em Lancaster. Dezoito meses após a morte de Jae, Chris começou a amadurecer. Parou de espalhar fezes. Começou a entender que o mundo tinha regras diferentes das suas e que ele precisava se render a elas. Foi quase como se a atenção excessiva e o mimo da mãe exigente fossem necessários para fazê-lo sair para a comunicação, ao passo que as exigências mais duras do pai fossem necessárias para ajudá-lo a enxergar seu propósito: como se a mãe lhe tivesse dado a linguagem e o pai o tivesse feito usá-la.

Sempre tive dúvidas quanto às afirmações de Bill a respeito da capacidade verbal de Chris; ele demonstrava apenas uma compreensão ocasional de algumas dezenas de palavras e em geral empregava só substantivos e memorizava frases curtas. Na minha última visita, fiquei admirado ao vê-lo digitar inscrições complexas no computador; quando eu estava lá, ele entrou no eBay à procura de vídeos. A verdade é que conhecia muitas palavras, mas não se mostrava inclinado a usá-las para se conectar com os outros. Mas sua capacidade de expressar emoção também tinha aumentado. Quando entrei, Chris começou a agitar as mãos e a soltar sons estridentes; pensei que fosse só um susto, mas quando me sentei no sofá ele se aninhou perto de mim.

Certa vez, Temple Grandin se descreveu como "uma antropóloga em Marte", descrição de que o neurologista Oliver Sacks se apropriou para intitular um de seus livros.[196] Mas Chris era como um marciano numa sala cheia de antropólogos. "Caso ele sinta tudo", disse Bill, "converso com ele sobre tudo isso e o amo total e completamente. Nunca se sabe." Será um preconceito neurotípico propor que a natureza humana implica um desejo ardente de ser amado, aplaudido, aceito?

* * *

Duas ficções diametralmente opostas contribuem para um conjunto único de problemas. A primeira procede da literatura de milagres de pais de autistas. Na sua forma mais extremada, descreve lindos meninos e meninas que se alçam do sofrimento como se tivesse sido uma geada passageira de inverno e, graças ao esforço heroico dos pais, saltitam entre as violetas de um prado primaveril, totalmente verbais, radiantes com o fresquíssimo êxtase de seu charme espontâneo. Essas narrativas de falsa esperança debilitam as famílias que estão encarando o diagnóstico. O outro enredo é o do filho que não melhora, mas os pais crescem o suficiente a ponto de celebrá-lo em vez de procurar fazer com que ele melhore, e ficam satisfeitos com essa mudança. Isso não faz senão encobrir as dificuldades que muitas famílias enfrentam e confundir os déficits autênticos do autismo. Embora a vida de muita gente com autismo siga sendo um tanto inescrutável, em geral a vida das pessoas cujos filhos têm autismo é reconhecidamente dura: às vezes, horrivelmente dura. O preconceito social agrava a dificuldade, mas é ingenuidade propor que tudo seja preconceito social; nada é mais devastador do que ter um filho incapaz de exprimir amor de modo compreensível, um filho que passa a noite inteira acordado, requer supervisão constante, grita e esperneia, mas não consegue comunicar o motivo ou a natureza de seu mal-estar: essas experiências desnorteiam, esmagam, exaurem e nada têm de gratificantes. Pode-se mitigar o problema com uma combinação de tratamento e aceitação, específica em cada caso. É importante não se deixar levar pelo impulso de só tratar ou pelo de só aceitar.

O mundo da deficiência tem visto muitos filicídios. Os que matam os filhos autistas costumam afirmar que é para poupá-los do sofrimento, mas, para quem questiona o movimento pelos direitos do autismo, basta ler essas histórias e ver como é urgente apoiar a causa da legitimidade da vida autista.[197]

Em 1996, Charles-Antoine Blais, de seis anos, foi assassinado pela mãe, que não cumpriu pena de reclusão, mas passou um ano numa casa de recuperação e depois foi nomeada representante pública da Sociedade de Autismo de Montreal. Em 1997, Casey Albury, de dezessete anos, morreu estrangulada pela mãe com o cinto de um roupão de banho depois de ter se recusado a saltar de uma ponte. A mãe disse à polícia: "Ela era uma desadaptada. As pessoas tinham medo dela porque era diferente. Pena que não foi mais rápido. Fazia tempo que eu queria matá-la". Essa mulher foi condenada a dezoito meses de prisão por homicídio culposo. Em 1998, a mãe de Pierre Pasquiou foi sentenciada a três anos com suspensão da pena por ter afogado o filho. Em 1999, James Joseph Cummings Jr., de quarenta anos, morreu esfaqueado pelo pai dentro da casa em que morava. Cummings pai pegou cinco anos de reclusão. No mesmo ano, Daniel Leubner, de trinta, foi queimado vivo pela mãe, que foi condenada a seis anos de prisão. Em 2001, Gabriel Britt, de seis anos, foi asfixiado pelo pai, que jogou seu corpo num lago e depois foi condenado a quatro anos por ter se declarado culpado de um crime menos grave. Ainda em 2001, Jadwiga Miskiewicz estrangulou o filho de treze anos, Johnny Churchi, e foi condenada a uma temporada num hospital psiquiátrico; o médico-legista disse que ela tinha "um padrão de excelência rigoroso, do qual já não estava à altura". Em 2003, Angelica Auriemma, de vinte anos, foi afogada pela mãe, Ioanna, que primeiro havia tentado eletrocutá-la. A mãe de Angelica disse: "Eu me preocupava obsessivamente"; cumpriu três anos de prisão. Nesse mesmo ano, Terrance Cottrell morreu asfixiado quando sua mãe e outros membros da igreja o submeteram a exorcismo. Um vizinho relatou que a mãe havia contado que "o sujeitaram durante quase duas horas. Ele mal conseguia respirar. Então ela disse que o diabo começou a falar pela boca de Junior, embora ele não soubesse falar direito, gritando: 'Me matem, me peguem'. E acrescentou que a igreja assegurava que aquela era a única maneira de curá-lo". Ela não foi processada; o pastor que conduziu o exorcismo recebeu pena de dois anos e meio de reclusão e multa de 1200 dólares. Em 2003, Daniela Dawes estrangulou o filho Jason, de dez anos, e pegou quatro anos de liberdade condicional. Inconsolável, seu marido assegurou: "Até aquele dia, ela foi a melhor mãe que alguém podia querer". Em 2005, Patric Markcrow, de 36 anos, foi sufocado pela mãe, que foi sentenciada a dois anos com suspensão da pena; no mesmo ano, Jan Naylor matou a tiros a filha autista Sarah, de 27 anos, e pôs fogo na casa, matando-se também; o *Cincinnati Enquirer* escreveu que ambas "morreram de desesperança". Em 2006, Christopher DeGroot morreu queimado quando seus pais o trancaram na casa e a incendiaram. Os dois foram condenados a seis meses de prisão. Em 2006, Jose Stable degolou o filho Ulysses. Chamou a polícia e disse: "Eu não aguentava mais". Cumpriu pena de três anos e meio. Em 2007, Diane Marsh matou o filho Brandon Williams, de cinco anos; a autópsia apurou que a morte foi causada por múltiplas fraturas no crânio e overdose de comprimidos de Tylenol; o menino estava com as pernas cobertas de queimaduras porque a mãe o castigava mergu-lhando-o em água fervendo. Ela foi condenada a dez anos. Em 2008, Jacob Grabe morreu baleado pelo pai, que se declarou inocente por motivo de insanidade.

A vasta maioria dessas sentenças sugere que os tribunais têm o hábito de tratar o filicídio como o resultado compreensível, ainda que infeliz, do estresse de criar um filho autista. As penas são leves, e tanto a Justiça quanto a imprensa costumam aceitar a afirmação de motivos altruístas do assassino. Depois de en-venenar o filho autista de dezesseis anos, Zvia Lev declarou: "Eu não suportava ver meu guri crescer lentamente para se transformar num homem sem cérebro". Estimulando uma sentença branda, o juiz disse: "Sua verdadeira punição é ter de viver à sombra do crime que perpetrou, cuja lembrança há de persegui-la até o fim da vida". Referindo-se ao assassinato de Charles Blais, o presidente da Socie-dade de Autismo de Montreal disse que o homicídio era "inaceitável, mas com-preensível".[198] Laura Slatkin afirmou: "Nós conversamos com muitas famílias que dizem: 'Todos compartilhamos secretamente esse sonho macabro'".[199] Cammie McGovern, mãe de um autista, escreveu num artigo no *New York Times*: "Por mitificar a recuperação, receio que tenhamos colocado a barra numa altura im-possível que faz com que os pais de meio milhão de crianças autistas se sintam um fracasso". As crianças autistas podem progredir muito, prossegue McGovern, mas esperar recuperação completa — "a pessoa que seu filho seria sem o au-tismo" — é entrar "numa perigosa paisagem emocional", numa paisagem com margem para o homicídio.[200]

No entanto, "altruísmo" é uma palavra problemática para explicar atos que deixam na sua esteira crianças mortas. Um estudo quantitativo mostrou que quase metade dos pais que matam o filho deficiente não chega a cumprir pena de reclu-são. "Ainda que a gente possa matar uma pessoa que está resfriada, e isso poria fim ao sofrimento provocado pelo resfriado, um método mais adequado é dar-lhe as-sistência médica, repouso, abundância de líquidos e compaixão", escreveu em seu blog o autista adulto Joel Smith. "Se um motorista embriagado, que não planeja o resultado, pega prisão perpétua por matar uma criança inocente, decerto um pai ou mãe que planeja o assassinato do filho merece a mesma sentença."[201]

O perigo de enxergar a deficiência exclusivamente como doença e em hipó-tese alguma como identidade se evidencia na explicação dada pela dra. Karen Mc-Carron por ter asfixiado a filha Katie, de três anos, em 2008: "O autismo me deixou oca. Talvez assim eu pudesse consertá-la, e no céu ela seria perfeita".[202] Uma das amigas de McCarron disse: "Karen nunca descansava uma noite que fosse. Lia todos os livros. Empenhava-se tanto".[203] O avô paterno de Katie McCarron reagiu com indignação a essas racionalizações: "Alguns jornais andaram dizendo que ela fez isso para acabar com a dor de Katie; pois eu garanto que Katie não estava com dor nenhuma. Era uma menina bonita, adorável e feliz. Todo dia recebia uma torrente de amor e devolvia esse amor com abraços, beijos e riso. Fico extremamente revoltado quando leio declarações que insinuam uma justificativa por terem tirado a vida da minha neta". Em outra ocasião, ele disse: "Se essa gente é 'defensora' das pessoas com autismo, imagine como hão de ser os adversários".[204]

Stephen Drake, analista de pesquisa da organização Não Morto Ainda, escreveu: "No dia 9 de junho, o *Chicago Tribune* publicou um artigo sobre o caso McCarron. O título era 'Assassinato da filha põe em foco o preço do autismo', deixando bem claro o sentido do artigo. Dedicou-se mais espaço a juízos simpáticos a Karen McCarron e a opiniões negativas sobre o autismo em si do que a descrições da vítima ou a comentários dos membros profundamente enlutados da família". Dave Reynolds, editor da *Inclusion Daily Express*, escreveu a respeito de tal cobertura: "Em todos os casos, os vizinhos e familiares descreveram a assassina como uma mãe carinhosa e dedicada. Em todos os casos, apresentou-se a assassina como vítima da deficiência da filha e vítima de um sistema de serviço social incapaz de fornecer apoio suficiente". Reynolds se queixa de que esses assassinatos são explorados para angariar subsídios para programas de tratamento e receia que isso "reforce a ideia de que essas crianças são um fardo horrendo para os pais e a sociedade. Ninguém pode justificar o assassinato de uma criança nem simpatizar com a assassina. Cada uma dessas mulheres tinha uma infinidade de alternativas ao homicídio".[205]

Outros contestariam com veemência a existência de uma infinidade de alternativas à disposição dos pais de autistas; aliás, muitos dos que acabaram se voltando contra os filhos batalharam muito para conseguir colocações que se mostravam enganosas. Heidi Shelton, que malogrou na tentativa de matar o filho de cinco anos e se suicidar, disse: "Não posso deixar Zach viver neste mundo em que ele é constantemente rejeitado por todos, inclusive pela família, pelo sistema educacional etc.".[206] John Victor Cronin, que em vão tentou matar o filho de 26 anos, a esposa e a si próprio, só conseguiu colocar o filho numa instituição depois de ter sido julgado. Sua mulher disse: "Não há aonde ir até que as pessoas quase sejam assassinadas; então arranjam um lugar para gente como Richard".[207] Se é que sentimos alguma responsabilidade por esses pais — e a efusão de solidariedade que em geral acolhe esses assassinos sugere que a sentimos —, seríamos muito mais úteis a eles e a seus filhos se oferecêssemos mais estratégias de resolução. Precisamos de assistência temporária e de instalações residenciais satisfatórias e gratuitas; precisamos de narrativas positivas do autismo que livrem os pais da compulsão de eliminar a síndrome, mesmo ao preço de eliminar o filho.

Os pais de autistas geralmente ficam privados de sono. Com frequência empobrecem devido ao custo do tratamento. Vivem sobrecarregados com as necessidades incessantes dos filhos, que quase sempre requerem supervisão constante. Estão sujeitos a se divorciar e a se isolar. A passar horas sem fim lutando com os provedores de seguro-saúde e com a autoridade educacional que determina que serviços seus filhos vão receber. A perder o emprego por excesso de faltas para administrar crises; muito amiúde, têm péssimas relações com os vizinhos porque os filhos destroem as coisas ou são violentos. O estresse leva as pessoas a atos extremos; o estresse extremo leva-as para além do tabu social mais profundo: o abate do próprio filho. Alguns alegam ter matado o filho autista por amor, e há os que reconhecem ódio e raiva. Debra L. Whitson, que tentou assassinar o filho, explicou-se assim à polícia: "Esperei onze anos para ouvir meu filho dizer: 'Eu te amo, mamãe'.".[208] A paixão desnorteia, e a maioria desses pais age impelida por uma emoção tão poderosa que identificá-la como amor ou ódio é reduzi-la. Nem eles sabem o que sentem; só sabem o quanto o sentem.

Mais da metade das crianças assassinadas nos Estados Unidos são mortas pelos pais, e mais ou menos metade desses pais alega ter agido altruisticamente.[209] Entretanto, está demonstrado que a aceitação social desse rótulo tem um efeito tóxico. Os criminologistas relatam de maneira coerente que o uso da palavra "altruísmo" pelos estudiosos de bioética aumenta não só o número de filicídios como a frequência dos maus-tratos, desinibindo os pais já inclinados à violência.[210] É comum ocorrerem episódios de imitação depois de casos espetaculosos em que se endossa o motivo altruísta. Os especialistas em perfis do FBI argumentam que, em muitos desses homicídios, o motivo real é a necessidade de poder e controle. A transigência dos tribunais manda um recado para a sociedade, para os outros pais e para as pessoas com autismo, dizendo que a vida autista é menos valiosa que as outras.[211] A linha de raciocínio se aproxima perigosamente da eugenia.

6. Esquizofrenia

O trauma da síndrome de Down é estar presente já durante o pré-natal e, portanto, poder solapar os primeiros estágios do vínculo afetivo. O desafio do autismo é começar ou ser detectado no início da infância e, assim, transfigurar a criança à qual os pais já se afeiçoaram. O choque da esquizofrenia é manifestar-se no fim da adolescência ou no começo da vida adulta e os pais terem de aceitar que o filho que eles conheceram e amaram durante mais de uma década pode estar irremediavelmente perdido, ainda que pareça ser o mesmo de sempre. De início, os pais acreditam de modo quase universal que a esquizofrenia é invasiva, uma camada sobreposta a mascarar o filho querido, que de algum modo precisa ser libertado dessa captura temporária. O mais provável é que a esquizofrenia, como o mal de Alzheimer, não seja uma doença de acumulação, e sim de substituição e supressão; em vez de esconder a pessoa outrora conhecida, a enfermidade até certo ponto a elimina. No entanto, conservam-se vestígios, mais notavelmente na persistência da história pessoal, pois a pessoa com esquizofrenia recorda fatos de uma infância em que a doença mental não tinha nenhum papel evidente. Ela conta aos pais as coisas que eles fizeram bem e tentaram fazer bem, assim como qualquer história de trauma. Conhece os primos pelo nome e preserva certas aptidões — um *backhand* malicioso no tênis, talvez, ou a capacidade de arquear a sobrancelha num gesto de surpresa ou desdém. Pode manter outras conexões com o que havia antes: o senso de humor, a aversão a brócolis, o gosto pela luz do sol do outono, a preferência por canetas esferográficas. Pode conservar os aspectos mais básicos da personalidade, inclusive a amabilidade.

A traição da esquizofrenia é essa justaposição irracional de coisas que desaparecem e coisas que não desaparecem. A esquizofrenia pode suprimir a capacidade de se ligar a outra pessoa, ou de amá-la, ou de nela confiar, o uso pleno da inteligência racional, a aptidão de funcionar em qualquer contexto profissional, a faculdade básica de cuidar do próprio corpo, assim como grandes extensões de autoconsciência e clareza analítica. Como é mais notório, o esquizofrênico desaparece num mundo alternativo de vozes que ele, de maneira equivocada, percebe como exteriores; essas relações geradas internamente tornam-se muito mais reais e importantes que qualquer interação com o mundo exterior. As vozes em geral são cruéis e muitas vezes estimulam um comportamento bizarro ou inadequado. A pessoa que as ouve costuma ficar apavorada e quase sempre é paranoica. Às vezes, as alucinações são visuais e também olfativas e transformam um mundo repleto de ameaças reais num retorcido inferno de terror inevitável. Embora muitos esquizofrênicos fiquem curiosamente apegados a seus delírios, o desvanecimento do mundo não ilusório os deixa numa solidão incalculável, a residência fixa num planeta privado daninho do qual eles não conseguem sair e no qual não podem receber visitas. Entre 5% e 13% das pessoas com esquizofrenia cometem suicídio.[1] Se bem que, em certo sentido, isso não seja o pior; uma mulher cujo irmão esquizofrênico se suicidou disse: "Mamãe acabou se conformando com a morte de Roger, mas nunca se conformou com a vida dele".[2]

Poucas coisas podem ser piores do que perceber que nossos sonhos são verdadeiros. Qualquer um conhece o delicioso alívio de se espreguiçar para dar as boas-vindas a um novo dia, livre dos sombrios horrores que chegam com o sono. A psicose é um distúrbio grosseiro da capacidade do indivíduo de distinguir o eu da realidade. Nos esquizofrênicos, a membrana entre a imaginação e a realidade é tão porosa que ter uma ideia não se distingue muito de ter uma experiência. Nas fases iniciais da doença, eles geralmente têm sintomas de depressão, porque a própria psicose é angustiante e devido à natureza desesperada do pensamento esquizofrênico. Essa é a época de maior risco de suicídio. Nas etapas mais tardias, toda a capacidade emocional fica reduzida, e a pessoa pode parecer ausente e desprovida de emoções.

Ao entrevistar esquizofrênicos, fiquei impressionado com o fato de os mais profundamente mergulhados na doença não sentirem pena de si mesmos, coisa que contrastava muito com minha experiência com pessoas com depressão e outros distúrbios psiquiátricos — grupo quase sempre queixoso ao qual pertenço. Nos estágios iniciais, as pessoas se mostravam horrorizadas e tristes, mas as que estavam doentes havia muito tempo, não. Queixavam-se de determinados delírios ou se sentiam culpadas por não funcionar melhor, mas, surpreendentemente, tinham poucas queixas da doença em si. Muitas delas outrora se destacaram pela vida maravilhosa, mas a mulher que havia sido uma beldade parecia, ao contrário de seus pais, não pensar nas aventuras amorosas que teria tido; um sujeito de boa índole que havia sido popularíssimo no colégio não foi capaz de me falar, como faziam seus pais, do imenso prazer que toda uma vida de amizades podia lhe ter dado; um homem que sobressaía em Harvard à época de seu primeiro surto psicótico nunca mencionou, como seus pais, a carreira que perdeu por tão pouco. Parecia que a doença apartara esses esquizofrênicos tão inteiramente da vida que eles mal tinham consciência dela. Tinham era uma graça estoica em relação à doença, coisa que me comoveu muito.

Quando o conheci, Harry Watson solapou minhas percepções da esquizofrenia. Incrivelmente bonito aos 38 anos, mostrava uma expressão tão agradável e aberta, um modo de falar tão simples e divertido que eu não teria visto nada errado se já não estivesse informado. Isso aconteceu numa festa de sua talentosa meia-irmã Pamela; ele havia chegado com sua mãe, Kitty, uma mulher elegante e despreocupadamente inteligente, e os três tinham tudo para ser figurantes em *Núpcias de escândalo*. "Acho que Harry sempre espera que isto seja mais divertido do que acaba sendo para ele", contou-me Kitty mais tarde. "Ele começa a suar. No dia seguinte, mal consegue sair da cama."[3]

Pamela e Harry são filhos de Kitty; Harry tem outras duas meias-irmãs por parte do pai, Bill. Único homem e o mais novo dos quatro, nasceu em 1969 na Califórnia, muito mimado e querido. "Ele era um excelente jogador de beisebol", contou Kitty. "Aos dez anos, contou que o técnico o havia convidado a ser *pitcher*; Harry respondeu: 'Duvido que eu consiga aguentar tanta pressão'. Não é esquisito num garoto de dez anos? Ele me contou que, mesmo naquela idade, sentia que alguma coisa estava errada." Pamela, que é romancista e jornalista, disse: "A gente ouve muito essa história, mas ele era um garoto adorável. Um grande atleta, carismático, que todos queriam imitar. Então minha mãe e o pai dele, meu padrasto, se divorciaram quando ele tinha doze anos, no ano em que entrei na faculdade. A mensagem que Harry vivia recebendo do pai era não mostrar fraqueza. Em vez de reconhecer que se sentia esquisito, ele simplesmente escondia isso". Até concluir o ensino médio, Harry tinha amigos e parecia ser um adolescente normal. "Ele se apresenta como se fosse muito melhor do que é, de modo que, mesmo depois do diagnóstico, os terapeutas detectaram muito menos do que deviam ter detectado", explicou Kitty. "Harry continua pensando que, se agir como se fosse normal, vai ser tratado mais normalmente pelo mundo. Tudo isso significa que ele acaba não recebendo toda a ajuda de que precisa."

"Passamos muito tempo sem ter ideia do que estava acontecendo, por isso não providenciamos tratamento adequado para ele", lamentou Pamela. "Os resultados foram catastróficos. Harry estava nas mãos do psicólogo ganancioso, incompetente e aético que o meu padrasto arranjou, e nenhuma de nós se deu conta de como a situação era ruim. Ele ficou magoadíssimo quando descobriu que aquele cara era um charlatão — coisa que só conseguiu enxergar depois de muitos anos e muitas hospitalizações — e nunca mais conseguiu confiar assim em outro terapeuta." Reconhecer a psicose pode ser um projeto gradual. "Durante anos, eu esquecia instantaneamente as coisas erradas que o meu irmão dizia e fazia", prosseguiu Pamela. "Quando eu tinha 24 anos e Harry dezoito, ele ficou muito deprimido e fechado, e minha mãe me convenceu a voltar para casa no Natal e conversar com ele. Nós nos fechamos no quarto e só saímos seis horas depois. Harry me contou que todo mundo pensava que ele era gay. Estava convencido de que a namorada achava que ele era gay, que todos os amigos o julgavam gay, que minha mãe e o pai dele pensavam que ele era gay. Eu disse: 'Isso é ridículo! Ninguém acha que você é gay'. Foi uma revelação e ele pareceu liberto, e eu me senti muito bem por tê-lo ajudado. No fundo, era um delírio muito complicado e prolongado. Ele precisava mesmo de um tratamento sério."

Harry se matriculou no Rollins College, graduou-se em filosofia e estudou psicologia — "evidentemente, tentando entender o que estava acontecendo com ele", disse Kitty. No fim do ano, Pamela e Harry foram a Palm Springs passar o Natal com o pai dele e suas outras filhas. "Harry estava muito hostil", Pamela contou. "Uma noite, de súbito anunciou que tinha tomado ácido com uma de minhas meias-irmãs. Na tal viagem de LSD, descobriu que seu cérebro é sempre assim. Trata-se, basicamente, de uma declaração de esquizofrenia." No entanto, apesar dos pequenos episódios de esquisitice até concluir a faculdade em 1992, Harry dava a impressão de estar se aguentando.

Quatro anos depois da formatura, ficou completamente psicótico pela primeira vez, apavorado com seus próprios pensamentos; na primavera de 1996, foi internado no Hospital Psiquiátrico Langley Porter, em San Francisco. "Nós começamos a jogar Scrabble, porque é difícil saber sobre o que conversar com uma pessoa louca assim", disse Kitty. "Ele apontou para um furgão na rua, afirmando que era lá que o FBI ficava com seu equipamento. Achava que as enfermeiras estavam tentando envenená-lo e não queria tomar os remédios. Quando foi hospitalizado, estive no seu apartamento e dei com um caos completo, um verdadeiro reflexo do interior de sua cabeça."

Harry passou dez dias no Langley Porter. Quando teve alta, arranjou emprego em programação de computador. "Foi bem durante algum tempo, depois começou a dizer que seu apartamento estava infestado de microfones escondidos", contou Kitty. "Tinha parado de tomar um dos remédios. Propus: 'Venha passar a noite aqui em casa'. Ele respondeu: 'Sua casa também está cheia de microfones, vou mostrar onde ficam os transmissores'. Aí me leva lá embaixo à lavanderia e aponta para o lugar em que acha que a coisa está. Tornei a interná-lo no Langley Porter, e isso continuou acontecendo durante anos. Toda vez, nos três primeiros dias depois de sair do hospital, a gente vê o autoengano aumentar." Eles estavam perdendo a guerra. "A essa altura, infelizmente, as vozes já o dominavam", Pamela contou. "Como competir se elas ficam falando lá dentro 24 horas por dia? É uma coisa *tão grave* que os pais de filhos com doenças mentais não tardam a vê-la. Se tivéssemos percebido que havia um problema quando ele tinha quinze anos, talvez desse para fazer alguma coisa. Só aos trinta anos, quando enfim estava muito desamparado, muito alucinado e suficientemente convencido, foi que ele voltou a ficar nas nossas mãos para se tratar."

Naquele ano, Kitty viveu uma verdadeira descida aos infernos. "O pai dele tinha uma casa em Napa", contou. "Em 1997, Harry foi passar um fim de semana lá e não voltou mais. Depois de quase um ano, apareci lá um dia, e, ao dar comigo, ele gritou: 'Que diabo você veio fazer aqui?', como se estivesse possuído por um demônio. Eu disse: 'Seu pai e eu achamos que você precisa voltar para a cidade, começar a consultar um médico regularmente, morar comigo lá em casa e continuar tomando remédio'. Ele respondeu: 'Não vou'. Insisti: 'Se não for, nós o mandamos embora e você fica na rua'. Morrendo medo de que ele resolvesse pagar para ver, contratei um detetive particular que o seguisse por aí e evitasse que lhe acontecesse alguma coisa ruim. Um detetive na pista de uma pessoa com o delírio paranoico de que era perseguido pelo FBI. Ele disse aos berros que me detestava. Quarenta e oito horas depois, mudou-se para minha casa." Pamela recordou: "Harry também tem problema com álcool e andava bebendo em Napa. Várias garrafas de tequila, até cair. É assombroso que esteja vivo. Porque a bebida o deixava incrivelmente deprimido. Era quando ele ia de carro até a ponte Golden Gate e, às vezes, ficava parado lá em cima, pensando em pular. Contou que uma vez chegou muito perto disso. Mas ele não gosta de se arriscar, por isso é menos suicida do que a gente imagina".

Nos meses subsequentes a Napa, ter Harry em casa foi um grande alívio para Kitty, mas também foi um estresse constante vê-lo perdido na sua loucura. "Eu levava gente para casa e nunca sabia quando ele ia voltar a si", disse Kitty. "Sempre acabava largando os remédios e tendo de ser internado outra vez. Eu vasculhava seu quarto. Era o contrário das pessoas dependentes. Quando não achava nenhuma garrafa, ficava muito preocupada." Harry não tardou a voltar para seu apartamento. "Não adiantava tocar a campainha, ele não atendia, então eu entrava", relatou Kitty. "Precisava subir uma escada íngreme, e Harry ficava espiando lá do alto. Eu tinha certeza de que não ia me jogar escada abaixo, mas ele gritava muito e isso assustava." Pamela contou: "Harry estava obeso, incrivelmente hostil e nervoso, e não acreditava em nenhuma palavra que lhe diziam. Tinha um desprezo tão evidente que era horrível conversar com ele. Estava ficando como o Jim Morrison nos últimos anos, enfurnado dentro de casa, enchia a saladeira de macarrão e comia aquilo tudo diante da televisão. Era difícil imaginá-lo funcionando, fosse do jeito e da forma que fosse."

Três anos depois de Napa, quando Harry tinha 32 anos, Kitty resolveu lhe dar mais uma chance e optou por fazê-lo no McLean, o hospital psiquiátrico ligado a Harvard. "Tirá-lo de San Francisco e levá-lo ao McLean foi uma proeza e tanto", disse Pamela. "Continuo sem saber direito como minha mãe conseguiu. Harry ficava tão escondido na sua toca em San Francisco, e ela teve de persuadi-lo a ceder, pois não tinha o poder legal de obrigá-lo." Harry foi admitido como interno de longo prazo. Passou a tomar remédios novos e a trabalhar com o terapeuta que é o dele até hoje. Embora não seja alto, estava pesando cem quilos; os médicos o convenceram de que isso não era inteligente nem sadio, e, depois de uns seis meses, ele começou a fazer dieta e correr. Os outros pacientes cantarolavam o tema de *Rocky* quando ele corria pelo campus relvado do McLean.

"Era difícil arrastar toda aquela banha", contou Kitty. "De repente me ocorreu uma coisa: por que não há uma academia de ginástica aqui?". Ela levantou o dinheiro para montar uma. Harry ajudou a escolher o equipamento. Em parte, a motivação de Kitty era acreditar de fato no exercício físico, mas aquilo também lhe dava um pretexto para entrar e sair do hospital sem que Harry percebesse que ela estava constantemente de olho nele. Hoje em dia, a academia de ginástica recebe umas setecentas visitas por mês. Harry perdeu trinta quilos desde que se internou no McLean. "Ele corre todos os dias", contou Pamela. "Diz que tem uma doença. Pra ser franca, se você me tivesse mostrado esse cenário antes de Harry sair de San Francisco, teria parecido um resultado impossivelmente alentador." Mas os anos entre seus primeiros surtos de psicose e o McLean cobraram seu tributo. "Não só houve perda de tempo como, depois de quinze anos de psicose, o cérebro já não é o que era", explicou Pamela. "Ele é um cara muito prejudicado, mas a gente vê que é muito inteligente, articulado e divertido. E que vida interessante e dinâmica poderia ter tido. Harry é doente a ponto de não poder fazer nada, mas está bem o suficiente para entender o quanto já perdeu na vida. Bem o suficiente para saber que não deve dizer aos outros que as vozes são reais, mas não a ponto de acreditar nisso. Ele me contou que estava preocupado porque 'a junta' ia tomar umas decisões terríveis a seu respeito. Eu disse: 'Meu Deus, o problema dessas vozes, que são tão desinteressantes, é serem tão chatas e burras. A *junta*? Até o programa de televisão mais cafona consegue ser melhor que isso'. Pelo menos a gente ri. Harry e eu também discutimos sobre um obstáculo real que ele precisa superar: o fato de não querer mesmo parar de ouvi-las. Ainda que elas o assustem, não deixam de ser amigas." Kitty simplesmente disse: "Harry está passando por um período dificílimo para decidir se quer ficar no mundo real ou no outro".

Hoje Harry mora num apartamento próprio em Cambridge. Corre uma hora por dia, assiste à televisão e frequenta muito cinemas e cafeterias. Vai às consultas com o terapeuta. Interessa-se por peixes e possui um aquário de água salgada e um de água doce. Também teve emprego numa estufa de plantas que faz parte do programa vocacional do McLean. Mas, no mundo de Harry, nada é estável por muito tempo, e, numa de minhas últimas visitas a Kitty, ela me revelou que ele deixou de ir à estufa. "Seu mundo estagnou na pequenez em que está", disse.

Kitty se esfalfa na busca incessante de ajudar a levantar Harry, e, embora tenha tido mais sucesso do que se podia esperar, a frustração incansável lhe custa muito. "Ter meus filhos foi muito libertador", disse Pamela, "porque eu simplesmente não podia viver e respirar isso todo santo dia." Enquanto fala, ela põe o celular na mesa entre nós. "É tanto para Harry quanto para meus filhos. Ele telefona sempre que se sente alucinado e precisa de ajuda para sair disso. Sei que, quando não telefona, é porque está tudo em ordem." Kitty reconhece as vantagens dessa situação, mas também fica frustrada com ela. "Eu esperava que Pamela se envolvesse mais", disse. Ao mesmo tempo, sente que, enquanto puder, deve carregar o máximo do fardo do cuidado com o filho. "Harry é muito solitário, mas, quando alguém procura travar amizade, ele começa a ter pensamentos paranoicos a respeito da pessoa", Kitty disse. "Ele me contou que estava correndo, e um cara chamou: 'Harry, Harry'. Era o sujeito que faz panquecas no restaurantezinho que ele frequenta. Os dois conversaram um pouco. 'Eu me senti como se fosse membro de uma comunidade', disse ele." Mas Harry e a mãe também brincam. Kitty continua ligada ao McLean, redecorando os quartos dos pacientes. Ele lhe disse: "Puxa, mamãe, parece que eu arranjei uma oportunidade para você iniciar uma carreira nova".

Encontrar o equilíbrio entre estímulo e pressão continua sendo quase impossível. "Harry realmente faz o máximo que pode no momento", disse Pamela. "De certo modo, sinto que somos gêmeos. Não há quase nada que ele me explique que eu não sinta que posso extrapolar a partir da minha própria experiência. Sou autora de ficção, e ele também é ficcionista à sua maneira. Cria outros mundos; às vezes, *vive* em outros mundos. Há personagens, há planetas. Ele tem um grande senso estético, e isso inspira seus delírios. É um mundo muito perigoso, assustador, solitário, mas nele também há momentos de beleza. Minha mãe merece um crédito enorme, simplesmente por não ter desistido. Meu padrasto não conseguiu ficar, lutar; era duro demais para ele, mas isso fez aparecer a guerreira que há em minha mãe. É minha mãe, são os médicos — e, acima de tudo, é Harry. Acontece que ele tem muita determinação. Para mim, é um herói. Uma pessoa que está há quinze anos no Vietnã. E ainda se levanta e encontra coisas com que se alegrar. Eu teria estômago para aguentar a vida que ele leva? Não sei."

Kitty teve uma existência cheia de encantos antes de Harry adoecer. "Eu era muito mais frívola antes de ser arrastada, esperneando e gritando, para o universo da doença mental", contou. "Agora vivo ajudando as pessoas, ou dando-lhes conselhos, ou arranjando médico para elas. Tenho certeza de que isso fortaleceu meu caráter, mas, sinceramente, eu preferia ser feliz e frívola." Kitty sabe que Harry se sente culpado pelo efeito que teve na sua vida, por isso procura minimizar a coisa. Eu lhe perguntei quanto de sua energia emocional Harry ocupava, e seus olhos se encheram de lágrimas. Ela encolheu os ombros e forçou um sorriso. "Toda ela. Todinha", disse quase com culpa. "Não posso fazer nada."

Em termos gerais, considera-se que a esquizofrenia apresenta sintomas positivos — a presença de alucinações psicóticas — e sintomas negativos e cognitivos — desorganização psíquica, ausência de motivação, embotamento afetivo, perda da linguagem (chamada *alogia*), retraimento, comprometimento da memória e diminuição geral da funcionalidade.[4] Um especialista a explicou como "autismo com delírios", descrição que, embora inadequada, não deixa de ser esclarecedora. Eis como uma paciente expõe seus sintomas positivos: "Eu não tinha sossego porque era assediada por imagens horrendas, tão vívidas que me davam uma sensação física real. Não posso dizer que realmente via as imagens; elas não representavam nada. Na verdade, eu as sentia. Minha boca parecia cheia de pássaros rangendo entre meus dentes, e as patas, o sangue e os ossos quebrados me asfixiavam. Ou então via gente que eu tinha sepultado em garrafas de leite, em estado de putrefação, e eu consumia aqueles cadáveres podres. Ou devorava a cabeça de um gato que, ao mesmo tempo, mordia meus órgãos internos. Era terrível, intolerável".[5]

Agora, para contrastar, outro paciente descreve sua experiência de sintomas negativos e cognitivos: "Passo o tempo todo perdendo o contato emocional com tudo, inclusive comigo. A única coisa que resta é um conhecimento abstrato do que se passa ao meu redor e do que se passa dentro de mim. Mesmo essa doença que se embrenha no centro de toda a minha vida, eu só consigo observá-la com objetividade. Não consigo imaginar nada mais horripilante que um ser humano bem-dotado, instruído, vivenciando sua própria deterioração gradual plenamente consciente dela, o tempo todo. Pois é o que acontece comigo".[6] O prêmio Nobel Eric Kandel explicou como a esquizofrenia arrebata o desejo de prazer: "Imagine uma pessoa que adora jantar fora, mas não tem o menor interesse em fazê-lo". O princípio do prazer diz que nós sempre procuramos gratificação e evitamos o sofrimento, mas, no caso das pessoas com esquizofrenia, pelo menos metade disso é falso.[7]

Foi com terrível clareza que Emily Dickinson descreveu essa descida à psicose:

I felt a Cleaving in my Mind —
As if my Brain had split —
I tried to match it — Seam by Seam —
But could not make it fit.

The thought behind, I strove to join
Unto the thought before —
But Sequence ravelled out of Sound
Like Balls — upon a Floor.[8]

Embora a maioria das pessoas a viva assim, como uma súbita fissura, a esquizofrenia parece ser, de fato, um transtorno de desenvolvimento inscrito no cérebro antes mesmo do nascimento. É degenerativa, ao contrário do autismo, que, embora generalizado e persistente, normalmente não se torna mais debilitante com o tempo. Há uma síndrome rara de esquizofrenia na pré-adolescência e na infância. Entretanto, no seu curso habitual, a doença se desdobra em quatro etapas previsíveis. É assintomática até a puberdade na *fase pré-mórbida*, embora pesquisas recentes indiquem atraso no andar e no falar, brincadeiras mais isoladas, desempenho escolar ruim, ansiedade social e memória recente fraca. Segue-se a *fase prodrômica*, que dura quatro anos em média, na qual, pouco a pouco, começam a aparecer sintomas positivos. Nessa fase, o adolescente ou jovem adulto sente mudanças na cognição, na percepção, na volição e na função motora; ideias estranhas lampejam em sua mente; ele luta para entender se crenças ilógicas são verdadeiras; e se torna desconfiado e cauteloso. Algumas pessoas que vão desenvolver esquizofrenia mostram-se curiosamente desligadas do mundo real mesmo

---

* Em tradução literal: "Senti o golpe na mente —/ Como se partisse meu cérebro —/ Tentei costurá-lo — Ponto por Ponto —/ Mas não consegui encaixá-lo.// O pensamento de trás, eu me esforcei para juntar/ Ao pensamento anterior —/ Mas a Sequência se emaranhou do Som/ Como Bolas — sobre o Chão." (N. T.)

na infância e, pouco a pouco, resvalam na psicose. A maioria parece ter um surto dramático, às vezes em reação a um trauma e às vezes sem nenhum gatilho óbvio, que as transformam de maneira súbita a ponto de deixá-las irreconhecíveis. Isso assinala a entrada na *fase psicótica*, com o início das alucinações ou delírios esquisitos, inclusive o de controle, a inserção de pensamento, a irradiação de pensamento e a extração de pensamento. Isso em geral acontece entre os quinze e os trinta anos de idade e dura cerca de dois anos.[9]

Ainda não se descobriu que fato maturativo desencadeia a psicose. São três as possibilidades principais. Uma é que a avalanche de hormônios na adolescência altera a expressão genética no cérebro.[10] A segunda é que ocorre um erro na mielinização, ou seja, no processo adolescente pelo qual o cérebro envolve os prolongamentos dos neurônios numa membrana para torná-los funcionais ao máximo.[11] A terceira é que há uma disfunção na eliminação ou poda sináptica. Durante o desenvolvimento cerebral normal na infância, células novas migram no interior do cérebro, posicionam-se e estabelecem conexões sinápticas. Faz-se um excesso de tais conexões; na adolescência, somente aquelas que se fortaleceram pela repetição — que parecem úteis à pessoa em particular — tornam-se estruturas neurais permanentes. Um cérebro malsão pode podar demais, de menos ou no lugar errado.[12]

Quando a pessoa adoece, ocorrem outras mudanças na *fase progressiva*, que levam à deterioração clínica, salvo se efetivamente controladas com medicação. À medida que o paciente tem repetidos episódios psicóticos, o estado piora, encontrando seu nível em mais ou menos cinco anos e fixando-se na *fase crônica e residual*. A essa altura, o cérebro terá sofrido uma perda irrecuperável de massa cinzenta. Os sintomas positivos tendem a se desvanecer um pouco, ao passo que os negativos se tornam mais pronunciados. Os pacientes ficam incapacitados e persistentemente sintomáticos. Enquanto mais de 80% deles reagem bem aos antipsicóticos durante o primeiro episódio, só metade dos tratados nesse estágio apresenta reação comparável.[13]

Quando Janice Lieber nasceu, em 1953, sua mãe, Connie, teve pré-eclampsia, uma elevação potencialmente fatal da pressão arterial materna, e o parto foi difícil. Janice mostrou-se distanciada desde o começo. Connie achava que ela podia ser autista; os pediatras diziam que era retardada mental. Quando ficou claro seu talento para a matemática, o diagnóstico de autismo firmou-se. Aos 22 anos, Connie teve um surto psicótico no último ano da faculdade. Seu pai, Steve, levou-a para casa; ao chegar, ela jogou pela janela todas as coisas de que gostava porque uma voz assim tinha ordenado. Connie chamou o médico, que prescreveu Mellaril, um dos primeiros antipsicóticos, durante o fim de semana. Na segunda-feira, Janice consultou um psiquiatra e recebeu um diagnóstico.[14]

Connie resolveu aprender tudo sobre a esquizofrenia, mas não havia muita informação disponível. Então ela e Steve foram a Columbia participar de um encontro sobre a doença e souberam da Aliança Nacional para Pesquisas sobre Esquizofrenia e Depressão (Anped).[15] Na época, a Anped havia arrecadado 50 mil dólares para apoiar a investigação científica. Em breve, Connie tornou-se presidente da entidade, função que exerceu durante quase vinte anos; quando ela se afastou, Steve, que administra um fundo de investimento, assumiu a presidência. Os Lieber transformaram a Anped na maior patrocinadora de pesquisa de psiquiatria e cérebro do mundo; em 2011, tinha dado mais de 3 mil subvenções, totalizando quase 300 milhões de dólares, a cientistas de 31 países.[16] Os dois analisam pessoalmente mais de mil projetos de pesquisa por ano. Enfocam propostas originais de jovens pesquisadores que não conseguem obter outros recursos. Herbert Pardes, presidente do Hospital Presbiteriano de Nova York, disse: "A maioria dos prêmios Nobel podia aprender ciência com os Lieber".[17]

Connie e Steve dedicaram-se messianicamente à Anped. Um dos psiquiatras de Janice perguntou-lhe se se incomodava com o fato de seus pais serem tão ocupados, e ela respondeu: "Não fico com a minha mãe tanto quanto gostaria, mas sei o que ela faz. Ela se dá a mim e aos outros. À humanidade". Steve sentia que sua dedicação mostrava a Janice o quanto ela era importante na vida deles e, ao mesmo tempo, aliviava um pouco a pressão que acompanha o fato de ser uma criança doente. "Ela era o emblema do desafio, e isso foi mais saudável do que ser o próprio desafio", disse. Quando começaram, os Lieber achavam que tardariam dez anos a chegar a uma descoberta científica capaz de mudar a vida da filha. Como isso não aconteceu, decidiram ajudar Janice diretamente e, em 2007, inauguraram a Clínica Lieber em Columbia, que oferece serviços de reabilitação. Janice está num programa que ensina sensibilidade interpessoal e outras aptidões práticas a pessoas com esquizofrenia. Ela tem progredido muito, dada a psicose em curso que enfrenta, e agora tem uma vida independente.

Connie aconselhou milhares de pais. "Meu nome aparecia em muito material", disse ela. "E nós nunca tivemos um número de telefone que não constasse na lista; eu não acredito nisso. Qualquer um nos localizava, e, podendo ajudar, eu ajudava." Ela sorriu. "Alguns tiram proveito, mas eu lhes dou ouvidos."

Assim como "autismo", "esquizofrenia" é uma palavra-ônibus. Eugen Bleuler, que a cunhou em 1908, na verdade falava em "esquizofrenias".[18] Em 1972, o destacado neurologista Frederick Plum proferiu sua frase famosa: "A esquizofrenia é o cemitério dos neuropatologistas",[19] querendo dizer que ninguém havia entendido nem entenderia sua etiologia. Atualmente, sabemos mais de esquizofrenia do que de autismo. Não está claro se se deve subclassificá-la conforme a biologia (genótipo) ou segundo o comportamento (fenótipo). Apesar da variedade de genótipos e fenótipos da esquizofrenia, não se vinculou nenhuma forma ou curso particular dela a um conjunto particular de marcadores genéticos.[20] Algumas pessoas sem os defeitos genéticos têm o problema, e outras com essas mutações, não; são marcadores de vulnerabilidade, não garantias de doença. Um membro de uma família com um gene defectivo pode ser esquizofrênico, mas outro com o mesmo defeito genético pode ser bipolar ou gravemente depressivo.[21]

É evidente que a esquizofrenia ocorre em famílias; o indicador mais confiável da possibilidade de desenvolver a doença é ser parente em primeiro grau de quem a tem. No entanto, a maioria dos que desenvolvem a esquizofrenia não tem um parente na mesma situação. "Fato número um: a maioria dos esquizofrênicos não tem pai ou mãe esquizofrênica", disse Deborah Levy, psicóloga e professora de Harvard. "Fato número dois: a incidência da esquizofrenia não é decrescente e, aliás, está aumentando em certos lugares. Fato número três: esquizofrênicos têm taxa reprodutiva baixíssima. Ora, como explicar a persistência dos genes que a provocam? Uma explicação possível é a maioria dos portadores e transmissores de esquizofrenia não serem esquizofrênicos."[22] Gêmeos idênticos apresentam uma taxa de concordância apenas ligeiramente superior a 50% — a vulnerabilidade compartilhada é enorme, mas as consequências dessa vulnerabilidade não são de modo algum predestinadas.[23] Os filhos do gêmeo sadio e os do gêmeo doente correm o mesmo risco agravado da doença. Assim, a pessoa pode ter genes de suscetibilidade, não expressá-los como esquizofrenia e então transmiti-los aos filhos, que podem desenvolver esquizofrenia. Ninguém sabe o que protege alguns portadores de gene da doença. Um dos mecanismos da psicose é o desequilíbrio nos neurotransmissores, particularmente na dopamina.[24] Os cérebros esquizofrênicos apresentam volume reduzido no córtex frontal e no hipocampo, além de desregulação do corpo estriado.[25] É muito provável que a genética se misture com o ambiente para provocar uma mudança na bioquímica, a qual tem um efeito degenerativo nas estruturas cerebrais.[26] Um novo trabalho sugere que a vulnerabilidade genética pode ser ativada por um parasita.[27]

Todo mundo tem uma planta de mais ou menos 30 mil genes, mas a maneira como eles se expressam depende da forma como os cromossomos se configuram e de como os processos externos suprimem ou ativam a expressão do gene. Grande parte da bioquímica determina quando, como, se e até que ponto um gene pode ser ativado, e os genes da esquizofrenia podem ficar inexpressivos, ao passo que os genes protetores podem ser superexpressivos. Tal como no autismo, em vez de uma única anomalia genética que explique uma grande proporção dos casos, cada uma de uma multiplicidade das chamadas *mutações privadas* — muitas variações no número de cópias — pode ser suficiente para causar a doença.[28] Isso ocorre com mais frequência nos filhos de pessoas mais velhas, especialmente de pais mais velhos. Outro mecanismo é a mutação genética espontânea, o processo responsável pela maior parte das ocorrências da síndrome de Down. Constata-se agora que certos defeitos genéticos espontâneos, sejam alterações no número de cópias, sejam mutações de um gene único, se encontram na esquizofrenia, no autismo e no transtorno bipolar.[29] Acaso a doença mental está num espectro único, não num conjunto de entidades mórbidas discretas? "Eu diria que é mais ou menos como uma rede", afirmou John Krystal, diretor do departamento de psiquiatria de Yale e editor da importante publicação *Biological Psychiatry*.[30]

A melhor maneira de determinar o que os defeitos genéticos fazem de fato é introduzi-los de modo artificial no genoma de ratos de laboratório. Os animais são observados para ver se imitam aspectos da doença em seres humanos; depois os pesquisadores procuram entender como o gene afeta o desenvolvimento do cérebro. Obviamente, é impossível saber se ratos têm alucinações. Não obstante, alguns desses ratos transgênicos se isolam, ficam hiperagressivos ou antissociais; outros se recusam a se associar a animais do gênero oposto ou fogem de estranhos. Muitos se negam a fazer trabalho recompensado com comida, desistindo de tarefas que ratos normais executariam com entusiasmo — uma aproximação surpreendentemente boa da desmotivação das pessoas esquizofrênicas.[31] Eric Kandel, que concebeu e está esboçando parte desses vastos protocolos de pesquisa, chegou ao que ele chama de "mudança de paradigma na esquizofrenia". Muitas doenças surgem a partir do modo como um gene se expressa regularmente; desliga-se o gene, e os sintomas desaparecem. A esquizofrenia pode se originar em genes, mas desligá-los não mitiga a doença; quando ela entra em cena, é para se desdobrar até o fim.[32]

Em 2011, tomei conhecimento de uma conversa de um executivo de biotecnologia com James Watson, o prêmio Nobel que, com Francis Crick, descobriu a estrutura do DNA e tem um filho com esquizofrenia. O executivo opinou que a pesquisa da doença era difusa e caótica; ele tinha um ótimo plano para obter a colaboração de todos de modo que cada um se beneficiasse do conhecimento dos demais. Esperava conseguir inspirar uma descoberta científica se arrecadasse 400 milhões de dólares para atacar o problema. Watson disse: "Estamos longe da fase em que a colaboração é útil. Não sabemos o suficiente; ninguém concebeu nada que sirva de base sobre a qual outro venha a construir. Precisamos de um insight, não de um aperfeiçoamento. Se eu tivesse seus 400 milhões de dólares, encontraria cem cientistas jovens e brilhantes e daria 4 milhões a cada um. Se eu escolhesse bem, um deles acabaria produzindo algo".

Todos os parentes de uma pessoa com esquizofrenia que conheci tinham medo desses caprichos genéticos. Um homem me contou que sua namorada se recusou a casar com ele porque seu irmão esquizofrênico representava um risco para os futuros filhos do casal. "A história da esquizofrenia é a história da culpa", escreveu Maryellen Walsh em seu guia para familiares e amigos de pessoas com a doença.[33] As mães é que ficam com o maior ônus dessa culpa. Freud jamais sugeriu que um trauma precoce engendrasse a esquizofrenia nem preconizou a psicanálise para os transtornos psicóticos. A expressão peçonhenta "mãe esquizofrenogênica" foi proposta pela analista freudiana Frieda Fromm-Reichmann em 1948. Na sua esteira, apareceram teorias da esquizofrenia que culpavam a família inteira.[34] Um autor escreveu: "A função do paciente é semelhante à de um mediador malsucedido das diferenças emocionais entre os pais".[35] Outro, Gregory Bateson, disse que a ocorrência da esquizofrenia é provável numa "criança cuja mãe fica ansiosa e se afasta quando o filho reage a ela como uma mãe amorosa".[36] Esse pensamento foi um antecessor da terapia familiar voltada para sistemas, com base na ideia de que a psicopatologia de uma família inteira se manifesta num indivíduo único na forma de psicose.[37]

Thomas Insel, diretor do Instituto Nacional de Saúde Mental, disse que o progresso mais notável desde a década de 1950 foi o fim do jogo da "culpa e vergonha", mas, na minha experiência com pessoas às voltas com a esquizofrenia, tanto a culpa quanto a vergonha continuam altamente operantes.[38] Em 1996, duas décadas depois que a teoria dos sistemas familiares saiu de moda nos círculos profissionais, um levantamento nacional constatou que 57% dos entrevistados seguiam acreditando que a esquizofrenia era causada pelo comportamento parental.[39] Uma epidemia de livros de autoajuda como o desenfreado best-seller *O segredo*[40] alega que a saúde mental é meramente uma questão de pensamento positivo. William James chamou as primeiras versões dessa filosofia, incluídas na Ciência Cristã e em outros movimentos metafísicos americanos do século XIX, de "a religião dos de mente saudável", que celebra "a eficácia vencedora da coragem, da esperança e da confiança e tem o correlativo desprezo pela dúvida, pelo medo, pela preocupação".[41] Esse conceito é popular por sugerir que as pessoas sadias ganham a saúde que têm graças à coragem pessoal. Mas, para os que não estão bem, sugere-se que a falta de disciplina e o caráter fraco são a fonte de sua psicose e tortura.

A interiorização da culpa por parte das mães interfere justamente no apoio de que as pessoas com esquizofrenia mais precisam. "Às vezes eu me sentia como se trouxesse uma letra 'E' escarlate estampada no peito", escreveu a especialista em bioética Patricia Backlar, que tem um filho esquizofrênico. "Esse 'E' podia significar esquizofrenogênica, mas é provável que imputasse vergonha pessoal."[42] Outra mãe escreveu: "Toda uma geração de profissionais da saúde mental foi educada para acreditar que a família causa esquizofrenia. Alguns continuam tratando dos nossos filhos. E nos maltratando".[43] O psiquiatra E. Fuller Torrey, fundador do Treatment Advocacy Center, acha o problema da culpa absurdo. "Qualquer um que tenha criado um filho sabe que os pais não têm poder suficiente para provocar uma doença como a esquizofrenia simplesmente favorecendo mais um filho do que outro ou dando a ele mensagens incoerentes", escreveu.[44]

Quando os médicos do Hospital Judaico de Long Island quiseram recrutar Philip e Bobby Smithers para um estudo genético da esquizofrenia, nos anos

1990, a mãe deles fez o possível para impedi-lo. "O que nós ganhamos com isso?", perguntava. Na primeira década do novo milênio, Philip, Bobby e seu irmão mais velho não afetado, Paul, tinham trinta e poucos anos, e a esposa de Paul, Freda, queria saber até que ponto seus filhos podiam ser vulneráveis. Quando começou a investigar a família estendida, ela encontrou doença em toda parte: a tia de Paul passara toda a vida adulta internada com "depressão pós-parto", um tio era "doente da cabeça" e muitos primos "esquisitos" mal funcionavam. Ainda que Paul e Freda namorassem desde o tempo de colégio, ela estivera só uma vez com o pai de Paul, pois este mantinha todo mundo longe de si. "Você pensaria que, quando os irmãos de Paul começaram a ter um comportamento estranho", disse Freda, "a mãe contou ao médico que havia um histórico familiar de esquizofrenia. Mas eles não fizeram isso, de modo que os dois levaram anos para ser diagnosticados."[45]

O hábito do segredo é difícil de quebrar. "Todo ano nós temos um Dia de Ação de Graças com a família de Freda e depois outro com a minha", Paul contou. "Se misturarmos as duas, eu fico na defensiva, minha mãe fica na defensiva por causa dos meus irmãos, e, para a família de Freda, é desagradável ver essa gente doente. Não discuto isso nem com meus amigos mais íntimos. Não é que negue a situação como o resto da minha família. Simplesmente não gosto de falar nisso. Tenho um vínculo emocional com meus irmãos. Penso neles todo dia. Mas será que tenho uma relação com eles? Não. Eles são muito medicados."

Paul e Freda, que agora têm dois filhos, morrem de medo de que eles desenvolvam esquizofrenia. Chegaram a pensar em recorrer a um doador de esperma, mas não chegaram a tanto. "Estamos jogando no escuro com a genética", disse Paul. Freda descreveu seu medo como uma estafa mental constante. E acrescentou: "De certo modo, nós os torturamos. Lemos um artigo dizendo que as pessoas que desenvolvem esquizofrenia têm determinadas características. Nós os despimos; examinamos o corpo inteiro deles à procura de dedos palmeados nos pés. Alguém disse que os esquizofrênicos nascem mais no inverno, então nós nos programamos para ter bebês só no verão. Maluquice, eu sei. De certo modo, isso é muito libertador. Todo mundo quer que seu filho seja o mais inteligente e o mais atlético. Nós não ligamos para isso. Contanto que eles sejam sadios". Em 2008, Paul e Freda concordaram em participar de uma pesquisa sobre a genética da esquizofrenia. "Não saíamos de perto do telefone", disse ela, "esperando descobrir qual era o gene para poder testar os meninos."

Em 1668, John Bunyan escreveu: "Mandai-os [...] recuperar para a razão aquele que era alienado [...] e quem for capaz de assim fazer [...] terá o nome e a fama que deseja; poderá ficar na cama até meio-dia".[46] Pouco foi o progresso entre o tempo de Bunyan e a modernidade; durante séculos, os tratamentos da esquizofrenia foram ineficazes, bárbaros ou as duas coisas. No século XIX, incluíam arrancar dentes; na metade do XX, incluíam a lobotomia.[47]

O desenvolvimento de medicamentos antipsicóticos, a começar pelo Thorazine em 1950, foi um avanço miraculoso no tratamento dos sintomas positivos da esquizofrenia.[48] Infelizmente, esses remédios têm efeito insignificante sobre os sintomas negativos. Como disse Helen Mayberg, catedrática de neuroimagiologia na Universidade Emory, "é como se a sua casa estivesse pegando fogo; você chega com os carros de bombeiro e joga água em tudo; acaba com o incêndio. A casa continua chamuscada, inundada, com a estrutura instável e quase inabitável, ainda que as chamas já não lambam as paredes".[49]

O dano causado pela doença persiste, e as técnicas para mitigar esse dano constituem um suplício em si. O Thorazine derruba a personalidade tanto quanto a lobotomia antigamente, e, embora os medicamentos mais novos sejam melhores, o número de pessoas com esquizofrenia que param de tomá-los indica como eles são detestados pelos pacientes que precisam fazer uso deles. Na década de 1970, os soviéticos ministravam antipsicóticos para torturar ou subjugar e, com eles, conseguiam induzir sintomas de deficiência psicológica. "A gente perde a individualidade, a mente fica entorpecida; as emoções, destruídas; a memória, perdida em consequência do tratamento, todas as peculiaridades sutis da pessoa se apagam",[50] disse um sobrevivente a esse tratamento numa audiência no Senado sobre o abuso soviético da psicofarmacologia. "Embora eu tenha medo de morrer, prefiro que me fuzilem a isso." Uma paciente chamada Janet Gotkin descreveu seu tratamento contemporâneo no sistema psiquiátrico americano em termos semelhantes: "Fiquei alienada de mim mesma, dos meus pensamentos, da vida, uma prisioneira das drogas e da mistificação psiquiátrica; meu corpo, pesado como o de um urso, movia-se aos trancos, cambaleava, quando eu tentava manobrar as curvas do mundo exterior. Essas drogas não são usadas para curar, mas para torturar e controlar".[51] Outro paciente disse: "Os músculos da mandíbula enlouquecem, tanto que a gente morde a parte de dentro da boca e a mandíbula fica travada e a dor é latejante. A coluna vertebral endurece tanto que é quase impossível movimentar a cabeça ou o pescoço, e, às vezes, as costas se dobram como um arco e não dá para ficar de pé. A dor *tritura* você até a *fibra*. A gente sofre de inquietude, sente que tem de caminhar, andar. Mas, assim que começa a andar, acontece o contrário. Precisa sentar e descansar".[52] Esses relatos aludem a antipsicóticos e neurolépticos mais antigos, porém os efeitos colaterais dos medicamentos modernos diferem mais em grau do que em natureza.

Na época em que entrei em contato com os membros de sua família, Malcolm Pease tinha morrido aos 52 anos, mas ainda não se sabia ao certo de quê. Os doze anos anteriores tinham sido os melhores de sua vida adulta. Mas, um belo dia, uma enfermeira de sua residência comunitária o encontrou encolhido numa posição que parecia confortável. Estava frio e morto. "Ele estava muito acima do peso", disse seu irmão Doug, "em grande parte por causa da medicação. Tinha atrás de si uma vida inteira de tabagismo intenso. Como ele era jovem, chamaram a polícia; descartaram o suicídio praticamente ali mesmo."[53]

De dezessete parentes da geração de Malcolm, irmãos e primos, quatro têm doença mental grave. Muitos preferem não tocar no assunto, posição pela qual Penny Pease, a mãe de Malcolm, que tinha 85 anos quando ele morreu, sente desprezo. "Falo nisso o tempo todo, com muita gente", contou.

No ensino médio, Malcolm não apresentava sinais significativos de doença. "Ele era um ótimo atleta", recordou Penny. "Um jogador de bridge fantástico, e de *cribbage*, e, nossa, como era competitivo. Adorava esquiar; adorava tudo. Nós não tínhamos a menor ideia." Estava cursando o primeiro ano na Franklin Pierce, no outono de 1975, quando começou a ouvir vozes e a desenvolver fantasias paranoicas. Em março, seu companheiro de quarto telefonou para avisar a família Pease de que alguma coisa andava muito errada, e os pais de Malcolm o levaram para casa. "A gente sabia que ele estava com problemas", disse Penny. "Ele não tinha muita coerência." Seu irmão Doug contou: "Malcolm estava completamente descontrolado, não sabia por quê, e nós também não sabíamos por quê". Em novembro, ele agrediu o pai. "Meus pais o internaram no Institute of Living, em Hartford, Connecticut, um dos melhores hospitais psiquiátricos particulares", disse Doug. "Uma verdadeira prisão. Eles o entupiam de sedativos. Meu irmão é um fantasma no seu antigo corpo, ao qual a gente não tem acesso porque ele está dopado. Os outros pacientes parecem *A noite dos mortos-vivos*." Malcolm não tardou a sair de lá, contrariando as recomendações, e seus pais entraram com uma ação para que ficasse hospitalizado. Foi reinternado dezenas de vezes no decorrer dos anos.

Quando não estava hospitalizado, morava com os pais. "Eles tentavam devolver-lhe a saúde pelo amor", explicou o outro irmão de Malcolm, Peter. Mas ele não persistia nos remédios. A irmã deles, Polly, contou: "Quando estava se sentindo normal, ele pensava: 'Não preciso mais tomar isso'. Então se arrebentava outra vez. E outra vez. E outra vez". Sem o medicamento, ficava paranoico. "Quando alguém se aproximava, ele pensava: 'Ah, você só está querendo me pôr no hospital e me obrigar a tomar antipsicótico'", disse Peter. "Claro que tinha razão."

Todos procuravam manter o máximo de normalidade possível. "A única coisa que se podia fazer era contar-lhe, com ternura, como era a realidade", disse Doug. Polly recordou: "Às vezes, chegava a ser engraçado. Lembro que Malcolm perguntou onde minha mãe estava quando assassinaram Martin Luther King e se ela tinha como provar que não o tinha matado". Às vezes também havia poesia. Numa de suas internações, quando lhe perguntaram no que estava pensando, ele respondeu: "Eu não gosto de sexo nem de beijo de língua. Há gás fora do oceano Índico, e há diamantes no polo norte". Apesar da loucura, Malcolm mantinha uma coerência central. "Ele não desapareceu", disse Penny. "Continuava gostando de bichos e jogando baralho. Tinha saudade dos amigos de antes da sua doença." Polly acrescentou: "A coisa que o fazia ser ele estava sempre presente. Mas nem sempre no lugar em que a gente podia encontrá-la".

As internações tornaram-se cada vez mais frequentes. "A eterna discussão, ano após ano, era: 'Você precisa continuar tomando os remédios', e Malcolm se recusava", contou Doug. "Longe dos médicos, ele se sentia mais livre, mais vivo. Meio baratinado. Geralmente agitado. Ficar desperto e vivo ou virar um zumbi ambulante? E tentava achar o melhor lugar, no meio." Quando o pai de Malcolm teve câncer, Peter decidiu que era hora de interferir. "Eu levava comigo a essência de quem Malcolm era e nunca deixava aquele em que ele se transformou substituí-la", disse.

Um dos primeiros antipsicóticos, a clozapina, foi retirado do mercado em 1975 porque podia reduzir a concentração de glóbulos brancos, estado chamado *agranulocitose*. Os pesquisadores finalmente se deram conta de que a clozapina era o tratamento mais eficaz da esquizofrenia e que, em muitos pacientes, sua eficácia superava o risco de efeito colateral. Malcolm começou a tomar clozapina quando ela voltou ao mercado, em 1990. Peter disse: "Sempre havia o suficiente daquele que ele de fato era para eu amar, mas, às vezes, ficava comprimido, não se expandia. Então tudo voltou com a clozapina. O sorriso, o riso, o senso de humor. Quando a gente sabe quem a pessoa é, pode devolvê-la a si mesma". Nas relações humanas, Malcolm se conservou profundamente afetuoso. "Ele sempre se preocupava com todo mundo", contou Polly. Doug manifestou uma compreensão enorme pela realidade de Malcolm: "Ele sempre sentia que tinha prejudicado as pessoas ao longo do caminho. Nós achamos uma carta do seu primeiro médico, datada de 2002. Trinta anos depois, dizia: 'Caro Malcolm, pelo que é do nosso conhecimento, não, você nunca magoou ninguém. Espero que esteja passando bem. Afetuosamente, dr. Koff'". Penny acrescentou: "Ele não mudou. Eu não passei a amá-lo mais porque estava doente; nunca o amei mais; também nunca o amei de modo diferente".

Aos 39 anos, Malcolm progrediu, foi morar numa residência apoiada em Framingham e arranjou emprego de empacotador no Stop & Shop. "Era o que ele conseguia fazer, e era formidável", disse Doug. "A gente só faltava sair dançando pelas ruas." Malcolm ficou bem com a clozapina durante mais ou menos cinco anos, e então tudo começou a desmoronar outra vez. "Ele vivia brincando com os medicamentos", contou Doug. "Precisou ser internado novamente. Fui visitá-lo no hospital, e o médico disse: 'Bom, agora Malcolm vai voltar para casa. Ele está ótimo'. Então eu o levei de volta a Framingham. Naquela noite, ele tentou se suicidar ingerindo sabão de lavar roupa." Malcolm foi levado ao hospital às pressas. "É ridículo tentar suicídio comendo Tide", comentou Peter. "Mas a ideia não deixa de ser interessante. Vou lavar essa doença, tirá-la do corpo de uma vez!"

O primeiro marido de Polly e a primeira mulher de Peter tinham medo de Malcolm e eram intolerantes com ele, coisa que criou tensão nos dois casais e acabou resultando em separação. Entretanto, todos os sobrinhos e sobrinhas de Malcolm gostavam dele. "Ele simplesmente tinha sua essência particular, forte", disse Peter. "Nenhuma outra esquisitice além do fato de ser louco. Quando estava bem, a gente se divertia muito." A temporada de Malcolm em Framingham foi relativamente feliz. Ele tinha passado décadas recusando-se a dirigir, mas, quando começou a tomar clozapina, isso mudou, e Peter lhe comprou um Ford Ranger. "Foi um dos melhores dias de toda a minha vida, vê-lo sair dirigindo da concessionária com aquele sorriso enorme nos lábios", contou Peter. Malcolm era muito benquisto na residência de Framingham. Um dos outros residentes contou a Peter: "Toda manhã, Malcolm descia à sala coletiva e dizia: 'Maurice, aonde eu posso levar você hoje?'.". Peter disse: "Parte de seu sacerdócio era transportar as pessoas na sua caminhonete vermelha, como um taxista".

Ninguém esperava que Malcolm morresse quando aconteceu. Peter disse: "Claro que a doença reduz a expectativa de vida da pessoa, e a medicação, por mais que ajude, também reduz a expectativa de vida. Mas, enfim, ele foi para o melhor lugar ao qual podia ter ido. Vamos aceitar essa morte por causa da qualidade de vida que ele tinha".

Malcolm participou de um estudo do Hospital McLean de genética da esquizofrenia.[54] Quando ele morreu, os pesquisadores disseram que gostariam de estudar seu cérebro. Penny apoiou a ideia. Doug gosta de repetir seu comentário no enterro: "Malcolm não concluiu os estudos por causa da doença. Mas enfim entrou em Harvard e está ensinando os neurocientistas". O departamento de medicina legal colheu amostras de sangue para eliminar a possibilidade de crime. Meses depois, a família soube que a própria clozapina liquidou a vida que ela tinha resgatado. "Nós nem sabíamos que a morte por clozapina era possível, mas, pouco a pouco, estamos aprendendo mais a esse respeito", escreveu-me Peter. "Parece que a toxicidade da clozapina aumentou com o tempo porque o fígado dele não a estava processando. Sugeriram que a função hepática deve ser testada regularmente para averiguar se não há acúmulo de toxicidade, é um procedimento padrão. Portanto, é provável que se trate de uma questão de imperícia, que nós não vamos perseguir. Parece que a clozapina, em nível elevado, causa arritmia cardíaca e parada respiratória/coma. E nós ficamos com a tragédia final: o medicamento que o obrigamos a tomar, contra o qual ele tanto clamava e combateu com tanto vigor durante quase toda a vida, o matou. Ainda bem que não sabíamos a causa da morte quando celebramos sua vida e fizemos as cerimônias fúnebres. Essa notícia nos arrasa, e é muito difícil superar."[55]

Os movimentos de libertação dos anos 1960 questionavam o próprio conceito de doença mental. Michel Foucault atacou sistematicamente a ideia de que insanidade fosse mais que um jogo de poder dos autodeclarados sãos.[56] Erwin Goffman sustentava que os hospícios enlouqueciam as pessoas.[57] R. D. Laing disse: "Não existe uma 'doença' como esquizofrenia, mas o rótulo é um fato social e político"; ele via na esquizofrenia uma "estratégia especial que a pessoa inventa para enfrentar uma situação intolerável" e afirmava: "A loucura não precisa ser apenas colapso. Também pode ser um avanço. É potencialmente libertação e renovação, bem como escravização e morte existencial".[58] Thomas Szasz destacou-se como o grande apologista da ideia de que a esquizofrenia é sempre uma ficção.[59]

Essa geração presenciou uma grande experiência social chamada *desinstitucionalização*, que tirou gente com doença mental aguda das grandes instituições estatais, diminuindo o número de esquizofrênicos internados a longo prazo, nos Estados Unidos, de mais de meio milhão em 1950 para cerca de 40 mil hoje.[60] Esse movimento lança mão de uma curiosa mescla de otimismo válido, oportunismo econômico e rigidez ideológica. Se o tratamento anterior dos esquizofrênicos era desumano, o atual geralmente é insignificante. O dinheiro e o pessoal não foram transferidos para os equipamentos comunitários destinados a prestar serviço quando as instituições fossem fechadas; as diretrizes federais são muito vagas, e a supervisão quase não existe.

A visão do tratamento como um mecanismo de controle social enfurece quem tenta avançar abrangendo políticas de tratamento. E. Fuller Torrey, talvez o crítico mais proeminente das realidades sociais em torno da esquizofrenia, disse: "A liberdade de ser demente é ilusória, uma fraude cruel perpetrada contra os que não podem pensar claramente pelos que não querem pensar claramente".[61] O juiz Berel Caesar escreveu com tom cáustico em 1990: "O direito ao tratamento transformou-se no direito ao não tratamento", por consequência, "relegamos muita gente a uma vida de desespero total, destruímos a saúde mental e emocional de quem a ama e dela cuida e destruímos famílias — em detrimento definitivo da pessoa deficiente e até para sua destruição".[62]

A terapeuta Ann Braden Johnson, autora de *Out of Bedlam: The Truth about Deinstitutionalization* [Fora da confusão: a verdade sobre a desinstitucionalização], queixa-se do "mito de que a doença mental é um mito" e argumenta que a desinstitucionalização resultou de uma política surgida quando as ideias acerca daqueles que se desviam da norma mudou, coisa que por sua vez ocasionou o advento da psiquiatria biológica, que tornou lógico gastar os dólares da saúde mental em algo diferente do atendimento custodiado.[63] A institucionalização quase universal foi ruinosa, mas a desinstitucionalização quase universal é igualmente ruim. A pesquisadora da esquizofrenia Nancy Andreasen assinala que os hospitais públicos eram "pequenas comunidades para si próprias, nas quais os pacientes moravam juntos como uma família e tinham uma chance de se empregar produtivamente na horta, na cozinha ou na lavanderia do hospital".[64] Uma das falácias do sistema novo é sua ambição de ordenar. "Os pacientes que vejo não se ajustam à maioria dos programas existentes, e os programas a que eles poderiam se ajustar simplesmente não existem", escreveu Johnson. "Os burocratas que conceberam os programas em geral nunca viram um paciente, muito menos trataram dele." Há um vácuo de empatia em qualquer sistema que devolve pessoas que não sabem viver numa comunidade a comunidades que podem não estar preparadas para lidar com elas. A falta de apoio e o acesso errático à medicação frequentemente resultam numa rápida deterioração, mas os familiares que tentam frear isso são frustrados pelos tribunais. O pai idoso de um esquizofrênico disse: "As autoridades afirmam que é opção e direito deles viver feito animais abandonados. Por que o suicídio rápido é ilegal e o suicídio gradual, um direito?".[65]

Quando o irmão de Madeline Grammont, William, começou a agir erraticamente, o pai deles se recusou a admitir o que estava acontecendo. William tinha tirado notas excelentes no exame de admissão ao curso de matemática e entrara no segundo ano de Harvard. No fim do terceiro ano, teve de parar. "Meu pai ficou mortificado", contou Madeline. William foi para a casa de campo da família em New Hampshire. "Alimentava-se de alho e tinha facas em toda parte", disse Madeline. "Dormia no chão. Meu pai arranjou uma casinha na floresta para ele, longe dos turistas de verão para que ninguém o visse. Aliás, meu pai esteve com ele só três vezes em trinta anos." William ia uma vez por semana ao armazém da cidadezinha, em geral vestindo apenas uma toalha, falando sozinho; os adolescentes do lugar zombavam dele. O pai afirmava que ele era apenas um pouco excêntrico, mas a irmã se preocupava, e, quando seu pai dominador ficou fragilizado pela idade, ela foi visitar William. "Cocô de camundongo e de rato em toda parte, frascos de maionese abertos e apodrecendo", contou. "Pratos quebrados espalhados. O quarto dele era nojento. William olhou para mim com curiosidade, mas tinha perdido a fala. Soltava uns guinchos, nada mais."[66]

Assim, Madeline assumiu o caso. Solicitou a tutela de William, obteve um diagnóstico de esquizofrenia e o levou a um centro de atendimento residencial. Lá ele voltou a usar uma fala rudimentar. "Uma vez levei flores para ele — uns lírios —, William se inclinou para cheirá-las", disse ela. "Depois disso, passei a levá-las toda vez e continuo levando-as", contou. "Saio com ele a cada duas ou três semanas. William não consegue entabular uma conversa e fala muito pouco, mas parece cada vez mais capaz de entender. Basicamente, recebeu o primeiro tratamento aos 52 anos. Esse tipo de negação, o jeito de ser do meu pai — isso o comeu vivo, e agora ele não passa de uma ruína vazia. Escoou-se toda uma vida que não precisava ter se escoado."

O cérebro se compõe de massa cinzenta, feita de corpos celulares; massa branca, axônios que conectam os corpos celulares e criam sinapses; e ventrículos, espaços que contêm fluido e possibilitam a circulação do líquido cefalorraquidiano. Quem perde tecido encefálico fica com ventrículos maiores, e uma característica cardeal da esquizofrenia é o aumento dos ventrículos laterais.[67] Se o autismo se caracteriza pela superabundância de conectividade sináptica, a esquizofrenia é marcada pela sua escassez. As pessoas com esquizofrenia também têm menos espinhas dendríticas, que formam as sinapses, e menos interneurônios, um tipo de célula cerebral que regula a atividade mental.[68] Os sintomas positivos da esquizofrenia parecem estar ligados a anomalias no lobo temporal, no qual se localizam a percepção auditiva e a emocional.[69] Os sintomas negativos parecem ligados a danos nos lobos frontal e pré-frontal, em que se arrimam a cognição e a atenção.[70]

A vulnerabilidade genética à esquizofrenia é suscetível de precipitar traumas, inclusive variações no ambiente uterino. As complicações da gravidez e do trabalho de parto prejudicam o cérebro fetal em desenvolvimento, e é mais provável que os pacientes de esquizofrenia tenham um histórico delas. As infecções maternas durante a gestação, como a rubéola e a gripe, também aumentam o risco; é provável que o alto índice de partos, no inverno, de pessoas que desenvolvem esquizofrenia esteja ligado ao aumento das infecções virais maternas no segundo trimestre.[71] Fatos estressantes durante a gravidez têm sido correlacionados à esquizofrenia; a taxa é mais elevada, por exemplo, em filhos de mulheres que viveram uma invasão militar quando grávidas ou cujo marido morreu no período da gravidez.[72] A fome na Holanda durante a Segunda Guerra Mundial levou a um aumento extraordinário da incidência da esquizofrenia vinte anos depois. Os cientistas propõem que o estresse pré-natal resulta na liberação de hormônios que perturbam o neurodesenvolvimento fetal; o estresse pode ativar o sistema de dopamina da mãe, e isso é capaz de desregular o do feto.[73]

Fatos pós-natais, como um trauma craniano na primeira infância, aumentam o risco de desenvolver esquizofrenia.[74] O estresse na vida também tem um papel; o risco é particularmente alto entre imigrantes que vão de ambientes subdesenvolvidos para cidades — pessoas que enfrentam uma falta exponencial de familiaridade.[75] O fator ambiental pós-uterino associado com mais frequência à piora dos sintomas psicóticos é o abuso de drogas recreativas, inclusive o álcool, as metanfetaminas, os alucinógenos, a cocaína e a maconha, particularmente na adolescência.[76] Quando os japoneses deram metanfetaminas aos operários para aumentar a produtividade durante a recuperação do pós-guerra, provocaram níveis epidêmicos de psicose; embora muita gente tenha se recuperado quando deixou de usar drogas, outros tiveram recorrência temporária, e alguns sofreram incapacidade prolongada ou mesmo permanente.[77] Um estudo seminal realizado nos anos 1980 com cerca de 50 mil voluntários suecos mostrou que os que usaram maconha mais de cinquenta vezes tinham seis vezes mais probabilidade de desenvolver esquizofrenia.[78] "A relação entre o abuso de drogas e a psicose talvez seja como a existente entre o tabagismo e o câncer de pulmão", disse Ciryl D'Souza, um psiquiatra de Yale. "É um contribuinte, não uma causa necessária. Mas alguns estudos sugerem que, se fosse possível eliminar a cânabis, os índices mundiais de esquizofrenia teriam uma redução de pelo menos 10%."[79]

Na esquizofrenia, certa combinação gene-ambiente provoca desregulação da dopamina, do glutamato, da noradrenalina, da serotonina e do ácido gama-aminobutírico (GABA) dos neurotransmissores, levando ao excesso de atividade numa via dopamínica. Isso induz a psicose e outros sintomas positivos. Provocar artificialmente descargas excessivas de dopamina pode gerar sintomas de esquizofrenia mesmo em pessoas sadias; suprimi-la pode mitigar tais sintomas. A hipoatividade em outra via dopamínica cria cognição deficiente e outros sintomas negativos. Os medicamentos antipsicóticos bloqueiam a capacidade do cérebro de processar altos níveis de neurotransmissores em algumas regiões; imitam níveis controlados desses neurotransmissores em outras. Todos os antipsicóticos baixam os níveis de dopamina, mas baixar a dopamina não basta por si só para abrandar permanentemente todos os sintomas da esquizofrenia, e as pesquisas recentes concentram-se em drogas que afetem receptores particulares de glutamato e outros transmissores.[80] Anissa Abi-Dargham, da Universidade Columbia, vem delineando quais receptores de dopamina estão superestimulados e quais estão subestimulados, a fim de mapear metas cada vez mais específicas para os medicamentos.[81]

Intervenções não químicas podem ter um papel secundário significativo. As terapias verbais ajudam na administração de sintomas que não reagem à medicação. A terapia cognitivo-comportamental (TCC), que ensina as pessoas a redirecionar os pensamentos e comportamentos presentes, tem o melhor histórico de desempenho, muitas outras terapias verbais apresentam expoentes poderosos, e a professora de direito Elyn Saks escreve ternamente acerca de suas experiências redentoras com a psicanálise na luta contra a esquizofrenia.[82] O que a gente faz com o cérebro o altera, e, se for possível levar uma pessoa com esquizofrenia a um modo racional durante algum tempo, os efeitos positivos são substanciais. A teoria é que, assim como quem perde a fala devido a um ataque pode reaprender a falar mediante a fonoaudiologia, a pessoa com psicose pode conseguir treinar um modo de sair dela parcialmente.

Como a doença é associada à perda progressiva de massa cinzenta, identificar a pessoa rápido, tratá-la e conservá-la bem há de limitar a morbidade da doença e evitar que ela fique incapacitada. "Já não se justifica o niilismo terapêutico que se difundiu na área durante a maior parte do século XX", disse Jeffrey Lieberman, presidente do Departamento de Psiquiatria de Columbia e diretor do Instituto de Psiquiatria do Estado de Nova York. "Na história da humanidade, não houve época melhor que a atual para ter doença mental, contanto que se saiba onde e como obter bom tratamento rapidamente."[83] Como no caso do autismo, a detecção e a intervenção precoces são decisivas, ideia essa que agora engendrou uma Associação Internacional de Intervenção Precoce em Psicose.[84] A intervenção precoce comportamental no autismo é capaz de diminuir a expressão dos sintomas; o treinamento parece afetar o desenvolvimento real do cérebro. A intervenção precoce é igualmente promissora na esquizofrenia, mesmo que *precoce* signifique aos dezoito anos de idade, não aos dezoito meses. Thomas McGlashan, professor de psiquiatria de Yale, propõe que o diagnóstico e a medicação mais precoces durante o primeiro mergulho da pessoa na psicose conseguem, de fato, interromper a degeneração do cérebro que caracteriza o avanço da esquizofrenia.[85]

Dada a insuficiência de curas, o grande enfoque está em intervir mais cedo ainda: prevenção na fase prodrômica (pré-psicótica). Como diz Lieberman, os pacientes estão numa "situação Humpty Dumpty", na qual, "com nossos instrumentos atuais, é mais fácil impedir que a morbidade da esquizofrenia ocorra do que restaurar as pessoas depois que tiver ocorrido".[86] Como assinala Jack Barchas, presidente do Departamento de Psiquiatria da Universidade Cornell, quanto mais tempo se puder manter uma pessoa funcionando, tanto mais sólida é a história psíquica que ela tem e a que pode recorrer — de modo que mesmo adiar o início da esquizofrenia seria válido.[87] Experts conceberam um cardápio de sintomas que indicam a fase prodrômica: desconfiança; pensamento mágico, inusual ou esquisito; mudanças extremas de padrões de comportamento; funcionamento diminuído; incapacidade de ir à escola ou de atuar num emprego. O que complica é o fato de muitos deles também serem sintomas da adolescência comum.[88] Em estudos que acompanharam pacientes identificados como prodrômicos, apenas um terço desenvolveu esquizofrenia de fato, embora muitos outros venham a desenvolver graves distúrbios. A partir de 2003, McGlashan experimentou dar o antipsicótico olanzapina (Zyprexa) a pessoas que se mostravam prodrômicas e mostrou que a taxa de desenvolvimento de esquizofrenia recuou um pouco; também fez com que muita gente que podia não ter desenvolvido a síndrome ficasse obesa, indolente e de olhos vidrados. "O resultado positivo foi apenas marginalmente significativo, e o negativo ficou claro", disse ele.[89] É difícil imaginar o que fazer com essa matemática, pois, embora os medicamentos poderosos bloqueiem o início da psicose, eles têm demasiados efeitos indesejáveis para ser usados em pessoas que talvez sejam apenas rabugentas no presente, sem que enxerguemos a diferença.

Estudos na Inglaterra e na Austrália mostram que as terapias cognitivo-comportamentais e outras não biológicas são capazes de diminuir ou adiar o início dos sintomas.[90] Antioxidantes e outros neuroprotetores como os ácidos graxos ômega 3 conseguem adiar o início da psicose sem efeitos colaterais.[91] "Tudo indica que pouco importa qual é a intervenção", disse McGlashan. "A intervenção comportamental psicocognitiva foi tão boa quanto a medicação. Se você os mantiver engajados, relacionando-se e desafiando suas experiências sintomáticas, pode adiar esse crescendo rumo a um episódio psicótico agudo. Talvez esteja ajudando a evitar a perda de conexões aprendidas no cérebro."[92] As famílias de pessoas com alto risco de desenvolver a esquizofrenia precisam aprender o que observar, e os médicos devem se encontrar frequentemente com os pacientes, já que eles podem decair na psicose em poucos dias. Embora os antipsicóticos não sejam recomendáveis antes que a psicose se instale, a reação agressiva à ansiedade e à depressão é indicada.

Um forte movimento para classificar a fase prodrômica como doença na quinta edição do *Manual Diagnóstico e Estatístico de Transtornos Mentais* — a bíblia da psiquiatria —, como "síndrome de risco de psicose" ou "síndrome de sintomas psicóticos atenuados" foi abandonado na primavera de 2012. O diagnóstico daria proteções e compensação aos médicos para tratar agressivamente os pacientes — mas, como é dificílimo quantificar o grau de risco de psicose num indivíduo qualquer, os artífices do novo manual acabaram determinando que havia um potencial excessivo de tratamento desnecessário, estigmatizante e nocivo. É sensato que uma pessoa com risco de desenvolver esquizofrenia seja tratada com intervenções benignas e monitoramento rigoroso, mas não se pode desdenhar a questão do estigma, pois ela diz respeito à autoimagem e ao seguro-saúde.[93] McGlashan escreveu: "Para mim, o essencial é que a síndrome de risco de psicose deve ser tratada como um transtorno psiquiátrico autêntico; ela é real e pode ser muito perigosa quando desconsiderada". Não obstante, John Krystal assinalou: "Quanto mais no início de um processo de doença mental você estiver, menos sabe com o que está lidando. A intervenção precoce é quase sempre preferível e mais dura — às vezes, tão dura que deixa de ser preferível. O que fazem no *Manual Diagnóstico e Estatístico de Transtornos Mentais* é uma questão de moda, como o comprimento das saias. Mas temos um sistema de saúde dicotômico. Os bons médicos ocultam os sintomas dos clientes para que eles obtenham cobertura do seguro e tratamento quando parecem doentes, ao passo que os ruins os punem com base nessa lista de controle".[94]

Mesmo com identificação precoce, pode ser dificílimo manter o tratamento a vida inteira. Lieberman fala num paciente de que tratou no início da carreira: "Tinha 21 anos, era de uma escola da Ivy League, o primeiro da classe, popular, atlético, parecia destinado à grandeza. Desenvolveu sintomas psicóticos, diagnostiquei esquizofrenia e o mediquei. Ele melhorou quase completamente. Então resolveu voltar a estudar e, como não gostava do medicamento, parou de tomá-lo. Ficou doente outra vez, retornou, nós o tratamos, ele melhorou, retomou os estudos e teve outra recaída. Novo tratamento, e ele progrediu. Tudo se repetiu. Mas dessa vez não houve melhora. Ele não sarou mais".[95]

Físico do MIT, George Clark trabalha em astrofísica teórica; é ao mesmo tempo gentil e quase inteiramente ocupado pelo intelecto. Sua esposa, Charlotte, é capaz de ser dura depois de uma existência árdua, ao mesmo tempo crítica e solidária, como se tivesse o hábito de detectar fraqueza em toda parte e depois perdoá-la. Tem olhos azul-claros por trás dos óculos de aro de metal, cabelo muito branco e sempre arrumado e mãos hábeis que usa para dar ênfase ao que diz. Os dois tinham mais de oitenta anos quando nos conhecemos, e vi com quanta gratidão George transferiu a dificuldade para Charlotte.[96]

Quando eles se casaram, em 1980, cada qual tinha uma filha problemática. A de George, Jackie, então com dezenove anos, fora diagnosticada com esquizofrenia quatro anos antes. A filha de Charlotte, Electa Reischer, da idade de Jackie, era desarticulada e confusa, mas passaria mais dezoito anos sem receber diagnóstico. Charlotte me contou que George sofrera mais que ela porque antes Jackie era muito promissora, ao passo que Electa sempre foi esquisita. "No dia em que dei à luz, vi que ela era diferente", contou Charlotte. "Flácida como um saco de açúcar." Charlotte procurou ser para essa filha a mesma mãe que tinha sido para os outros filhos, mas a conexão exigia esforço. "Electa era distraída. As outras crianças ficavam com medo dela; viam que tinha alguma coisa estranha." A família morava no Paquistão, pois o pai de Electa trabalhava na Usaid. Os outros filhos iam bem nos colégios internacionais, mas, aos cinco anos, Electa não conseguia acompanhar nada. Um ano depois, o pai foi transferido para a Jordânia. Ela entrou na escola americana em Amã, tinha professora particular e Charlotte a ajudava. "Aos oito anos, sabia ler", contou Charlotte. "Mas não se interessava; aliás, não se interessava por nada."

Quando Electa tinha nove anos, seu pai morreu repentinamente de ataque cardíaco, e Charlotte se mudou para Washington com a família. Electa sofreu *bullying* na quarta série local; Charlotte matriculou-a numa escola especial, que a ajudou durante algum tempo. Aos catorze anos, ela saiu de controle. "Andava, desculpe a expressão, dando por aí a qualquer um que quisesse, e foi expulsa do colégio", recordou a mãe. "Por isso a pus num colégio interno. Lá ela sofria muito. Eu disse: 'Eu sofria quando você estava aqui. Você precisa concluir o ensino médio'. Assim ela tirou o GED [diploma equivalente ao do supletivo]. Então resolveu ser cabeleireira. Pensei: 'Cabeleireira?'. Mas ela gostava e era boa nisso. Aquele foi seu melhor período. Mas estava enlouquecendo devagar, devagar."

Numa clara manhã de outubro, Charlotte telefonou para Electa, então com 37 anos, e a ouviu dizer: "Não posso conversar pelo telefone". Charlotte convidou: "Venha tomar um café comigo". Ao chegar, Electa disse: "Não posso conversar nesta casa". Então Charlotte propôs: "Vamos dar uma volta". Electa explicou que também não podia conversar na calçada: só no meio da rua. E elas foram se esquivando dos veículos enquanto Electa explicava que a máfia estava atrás de George, e que talvez ele fizesse parte dessa organização. Meses depois, Charlotte recebeu um telefonema: um dos amigos de Electa a tinha encontrado no ginásio, toda encolhida em posição fetal, chorando. O amigo a levou à sala de emergência, e os médicos fizeram um eletrocardiograma. Ela começou a gritar e espernear e acabou indo parar na enfermaria psiquiátrica, onde finalmente recebeu diagnóstico de esquizofrenia; também era alcoólatra.

Nos anos que se seguiram, a psicose de Electa foi contida pela medicação, embora ela sofresse infindáveis efeitos colaterais. Seu peso subiu para mais de 130 quilos. "Mal conseguia andar", contou Charlotte. "Tinha sido a beldade da família." Passou a articular as palavras devagar e passava longas horas dormindo. Conheceu outra esquizofrênica, Tammy, que veio a ser sua parceira romântica. Então, depois de dez anos de clozapina, o estado de Electa começou a se deteriorar no início de 2006. "Lembro-me de ter lhe perguntado: 'Você não está tomando os remédios, está?'", recordou Charlotte. "Ela respondeu num tom muito agressivo: 'Eu não preciso mais de remédio nenhum'." Em outubro, não atendia à porta e seu telefone estava desligado. Nem Tammy nem Charlotte conseguiam descobrir o que estava acontecendo. "Ela tinha um cartão de crédito na minha conta", disse Charlotte, "e eu ficava esperando a fatura para saber aonde tinha ido e se ainda estava viva, mas quando a fatura chegou a 10 mil dólares fui obrigada a cancelar o cartão."

Enfim Charlotte convenceu um juiz a autorizar a polícia a arrombar a porta. "A pia estava entupida, e havia comida e vermes na casa inteira. Tive de voltar duas vezes ao tribunal para poder interná-la, e, quando ela chegou ao hospital, não conseguiram nem colocá-la no chuveiro. Duas enfermeiras tiveram de segurá-la para que a lavassem. Mas, pouco a pouco, a medicação foi fazendo efeito. Ela começou a se lavar, a ficar contente de nos ver." Agora com cinquenta anos, Electa nunca mais voltou a trabalhar depois do colapso. "Ainda sabe cortar cabelo, mas não tão bem como nos velhos tempos", disse Charlotte. "Eu a estimulo a cortar o meu de vez em quando, e ela também corta o de Tammy. Isso mantém uma parte dela viva."

Charlotte e George eram amigos de infância e fazia muito tempo que não tinham contato; quando ela enviuvou e ele se divorciou, os dois se reencontraram. Compraram uma casa deliberadamente pequena para evitar que Jackie e Electa fossem morar com eles. "Jackie tinha sido bonita, muito agitada e popular", contou Charlotte. "Cedo deu sinais do intelecto do pai. Era uma flautista brilhante e campeã de xadrez." Quando tinha quinze anos, a matemática, tão fácil para ela um ano antes, ficou de repente incompreensível, e George descobriu que não conseguia explicar-lhe as equações simples que antes ela era capaz de lhe explicar. Ele consultou o terapeuta chefe do MIT, que disse que Jackie era esquizofrênica. A mãe dela abandonou a família, saindo de um casamento que já era um caos.

Quando Charlotte e George ficaram juntos, Jackie tinha dezenove anos e acabava de ser expulsa de uma residência comunitária. "Foi quando eu estava decidindo se queria morar com George", disse Charlotte. "E decidi que sim. Jackie, supostamente, estava tomando Thorazine. Na verdade jogava o remédio na privada. Durante o jantar na primeira noite depois da minha mudança para lá, ela pegou um prato e o jogou no outro lado da sala. Ninguém nunca tinha feito uma coisa dessas à minha mesa." Charlotte começou a estabelecer regras básicas. Pouco depois que Jackie completou vinte anos, mandou-a arrumar sua cama, e ela se enfureceu. George ouviu a gritaria e desceu. "Ele é muito forte", disse Charlotte. "Jackie também. Ele lhe agarrou os dois pulsos; ela cuspia em seu rosto. Ele continuou segurando-a. Por fim ela disse: 'Papai, eu não sei o que está acontecendo comigo'."

Alguns meses depois, Jackie foi de carona de Massachusetts a Nova York para fazer uma surpresa à mãe distante. Quando esta lhe perguntou como tinha sido a viagem, ela respondeu que fora "estuprada só cinco vezes". Charlotte disse: "Obviamente, a gente nunca sabe no que acreditar. Não sabemos o que aconteceu, e ela também não". Jackie passou os anos subsequentes entrando e saindo de manicômios, residências comunitárias e outras acomodações de proteção que variavam segundo as flutuações de sua psicose. Enfim a clozapina entrou em cena. "Ela é muito meiga agora que está sendo medicada", disse Charlotte.

Quando a conheci, Jackie tinha 49 anos, havia quinze que tomava clozapina e morava numa residência comunitária com outras sete mulheres. Passava os dias num programa ao qual se referia como "o clube". Quando seu assistente social julgava necessário, ela passava alguns dias ou semanas internada. Ao contrário da maioria dos esquizofrênicos, Jackie não engordou com os medicamentos antipsicóticos. Joga tênis, nada um quilômetro e meio por dia e faz ioga. É a antítese da melancólica indolência de Electa.

Todo sábado, Charlotte e George recebem Jackie e Electa em casa. Electa geralmente vai com Tammy; às vezes, Jackie leva uma ou outra mulher do "clube" ou da residência comunitária. "Graças a Deus, Jackie e Electa se gostam tanto quanto os esquizofrênicos são capazes de gostar de alguém", contou Charlotte. "Não digo que não quero mais ser mãe delas. Mas a gente chega a um ponto em que tem 81 anos e não devia estar cuidando das filhas como se tivessem cinco aninhos. Aliás, nem estou convencida de que isso as faz feliz. Electa se lembra de como era estar bem, coisa que a impede de ser feliz. Jackie é muito desorientada para ser feliz."

Fui a um dos almoços de Charlotte. Jackie se integrou instantaneamente, intensa e cheia de perguntas, ao passo que Electa era um peixe-boi, grandalhona, lerda, afável. Jackie substituía as palavras sem nenhum motivo particular, chamando seu carro de "meu visto", por exemplo. Começou o almoço recitando Rilke num ritmo vertiginoso e sem expressão, mas, quando Charlotte lhe pediu que repetisse o poema de forma mais clara, ela disse: "Não posso; é muito doloroso". Contou-me com orgulho que decorava poesia na banheira: "Recito para mim mesma na água fria". Falou persuasivamente na importância do exercício físico no tratamento da doença mental, e acrescentou: "Quando jogo tênis com minha irmã, sei quando ela trapaceia. Esse é o jeito de ela planejar o futuro. Isso é trapaça".

Então as coisas descambaram para um verdadeiro caos. Quando perguntei a Jackie de seus remédios, ela explicou que não podia tomar pílula anticoncepcional porque não queria ficar com varizes. "Mas, com exceção da alma do meu pai, duvido que algum homem consiga me engravidar", disse. "É o que está na Bíblia que ele escreveu. Eu me sinto responsável, exatamente como Jesus Cristo se sentiu responsável quando distribuiu 2 mil cigarros. Não eram panelas de pão. Na minha opinião, eram cigarros. É por isso que ela mata as filhas que tive com a alma do meu pai. Uma delas é dez anos mais velha que eu por alguma razão. A outra, eu lhe dei um dólar e 25 centavos para o refrigerante. Prefiro muito mais ter bebês com mulheres. A maioria das pessoas não admite que elas sejam gays, e são. Na minha opinião, todas elas são gays."

Então olhou para mim com atenção e disse de repente: "Quer mais pepino?", e me ofereceu o prato. Eu me servi de um pouco mais. "Gosto muito do meu programa", disse ela, "e também tenho uma ligação real com a poesia. Adoro fazer arte. É um verdadeiro prazer na minha vida atualmente." Tão de repente quanto entramos na psicose nós retornamos a terreno firme. Era evidente que Jackie não tinha consciência da mudança. Mais tarde, Charlotte disse: "Isso vai e vem. Parece que não faz mal a ninguém, nem mesmo a ela, se bem que é preciso se acostumar um pouco".

Electa tem algumas alucinações invasivas. "Se o que Jackie tem é esquizofrenia", disse Charlotte, "tendo a achar que Electa está sendo medicada para uma doença que ela não tem. Mas é claro que a tem; é apenas um estado difuso." Os sintomas negativos de Electa são muito mais pronunciados. "Eu me sinto letárgica", contou ela. "Preciso me animar para ir à mercearia. Só consigo ir uma vez por mês. Por isso como muita coisa estragada." Quando lhe perguntei da ocasião em que parou de tomar o remédio e ficou muito doente, seus olhos se encheram de lágrimas. "Eu queria me sentir bem outra vez", disse.

"Eu ajudo!", atalhou Jackie. "Espera aí", ordenou e foi correndo pegar cópias de seus poemas recentes. Um era sem pé nem cabeça, mas o outro continha estes versos:

> *E quando tentei achar a*
> *amante para mostrar como eu*
> *a amava, só encontrei*
> *vazio e frenesi*
> *com aquele barulho alto no*
> *fundo abafando minha*
> *voz de quatro em quatro segundos...**

O "barulho alto" são as vozes invasivas, subindo implacável e constantemente acima de qualquer tentativa de uma mente racional — e uma mente racional escreveu esse poema que parece repleto de autoconhecimento para o trabalho de alguém que acreditava ter concebido quatrocentos bebês com o próprio pai. Pensei nas Erínias perseguindo Orestes, a angústia absurda de uma tortura incessante, exteriorizada. Eu disse a Charlotte: "Você tem muito que fazer".

"Às vezes, a vida não deixa nenhuma opção", ela respondeu.

---

* No original: *"And when I tried to find the/ lover to show her how much I/ loved her, all I found was/ emptiness and frenzy/ with that loud sound in the/ background drowning out my/ voice every four seconds..."*. (N. T.)

Quando a determinação de um paciente de continuar tomando um remédio detestável claudica, em geral os membros da família são os primeiros a notar e intervir — apesar dos obstáculos que o paciente possa arquitetar. O afeto dos pais sempre aspira a redespertar uma emoção comparável no seu objeto. Assim como quem tem autismo, as pessoas com esquizofrenia muitas vezes são descritas como incapazes de apego emocional, mas isso raramente procede. "O afeto embotado ou o vazio emocional que se tornou um estereótipo da esquizofrenia não é embotado o tempo todo e, em muitos casos, não é embotado a maior parte do tempo", disse Deborah Levy.[97] Os especialistas em esquizofrenia Larry Davidson e David Stayner escrevem: "Embora talvez pareçam apáticas e vazias para os outros e, quiçá, também sentindo uma distância emocional extrema mesmo de si próprias, as pessoas com esquizofrenia continuam manifestando um desejo fervoroso de amor e relacionamentos que muito contrastam com a imagem da concha vazia". É bom que os pais saibam que, para a maioria dos esquizofrênicos, uma penumbra de afeto é reconfortante, por mais que pareça não penetrar seu isolamento.[98]

Os pacientes que têm uma relação de confiança com alguém — pai ou mãe, um amigo, um médico — tendem mais a tomar o medicamento. "Entre 40% e 50% dos meus pacientes são recalcitrantes", disse Jean Frazier, que trabalha principalmente com pacientes jovens no Hospital McLean. "Às vezes, eles me procuram e dizem: 'Dra. Frazier, eu estou me sentindo melhor e quero parar com a medicação'. Alguns deixam muito claro que, se eu não atender seu desejo, vão parar do mesmo jeito. Por isso eu digo: 'Não acho que seja a coisa mais sensata a fazer, porque você vai correr o risco de recorrência. Mas neste ponto do seu tratamento talvez valha a pena averiguar para ter certeza'. Então a gente faz um plano de diminuir a medicação em cerca de 30% por semana. Eu digo: 'Quero apoiá-lo no que você sente que precisa acontecer. Mas prometa que você e/ou seus pais vão me avisar imediatamente se as alucinações retornarem. Você precisa concordar em voltar a tomar o remédio se isso acontecer'. Converso com as famílias sobre o potencial de ideação suicida. Quase todos eles têm recorrência de sintomas e percebem que precisam mesmo da medicação. É um processo de aprendizagem. Quem está descompensado de verdade perde todo o autoconhecimento, mas, quando começa a descompensar, sabe que alguma coisa está errada. Eles ficam com medo. Então, com um pouco de sorte, acabam me contando".[99]

A mãe de um esquizofrênico me disse que o terapeuta de seu filho mandou que ele escrevesse um lema e o afixasse na geladeira: "'Eu sou boa gente e os outros também me acham boa gente', e isso teve um ótimo efeito sobre ele", contou ela.[100]

George Marcolo tinha muitos amigos no colégio em Nova Jersey. Havia sido maconheiro na adolescência e, no último ano do ensino médio, tomou LSD. Semanas mais tarde, resolveu experimentar novamente, mas em vez de uma dose tomou quatro. "Depois disso, as coisas começaram a ficar esquisitas", recordou. "Acho que o ácido acelerou o progresso da doença que, acredito, já estava em mim." George era um aluno brilhante na faculdade de física. "É a pessoa mais inteligente da família", disse seu pai, Giuseppe. George lembrou: "No dia 1º de novembro de 1991, quando eu estava no Boston College, acordei e me senti como numa viagem de ácido. Não tinha tomado nem feito nada. E aquilo durou oito anos". Ele consultou um médico no campus, que disse que não era nada, ia passar. Na época, George aceitou a explicação; agora fica indignado. "Se alguém me disser: 'Sinto que estou drogado, mas não tomei droga nenhuma', eu digo: 'É melhor você fazer um exame'."[101]

Ele relutou em contar aos pais ou amigos o que estava acontecendo. "Tinha medo de que pensassem que eu era louco. Substituí o álcool e a erva por remédio. Tudo aumentou. A comida tinha gosto ruim. Se me houvessem medicado na época, eu teria evitado oito anos assim." Apesar dos sintomas, ele manteve a média de 3,7 em física. "Mas a coisa é progressiva", explicou. "As vozes foram se tornando cada vez mais presentes." George arranjou emprego numa empresa nova de informática em Wall Street. Poucos meses depois, parou de trabalhar, e não houve meio de seus pais fazerem com que voltasse. Os dois tinham se divorciado quando George estava no ensino médio, e ele morava com a mãe, Bridget. Ela me disse: "Os rapazes saem da faculdade e, se ninguém lhes der um empurrão, não percebem que precisam ganhar a vida. Pensei que George estivesse numa forma extrema dessa situação. Ficava preocupada, exasperada às vezes. Mas não enxerguei o verdadeiro problema". As coisas foram ficando mais estranhas. "Ele dizia saber no que os vizinhos estavam pensando nas outras casas", recordou Giuseppe. Bridget ficou pasma. "Mesmo assim, não imaginei que fosse psicose", lamentou.

Os Marcolo fizeram questão de que George consultasse um terapeuta e, depois de uns quatro meses, ele contou que andava ouvindo vozes. "Fiquei tão assustada que nem pensei na palavra 'esquizofrenia'", contou Bridget. Os Marcolo levaram alguns meses para conseguir entrar em contato com David Nathan, um psiquiatra de Princeton que atendia gente com distúrbios de pensamento; ele reconheceu instantaneamente a gravidade da doença de George e o medicou. George não trabalhava desde aquela temporada em Wall Street, logo depois da faculdade.

Ele escondia os comprimidos na boca e os cuspia quando os pais não estavam vendo. Durante uma recaída, bateu três vezes o carro. Por fim, tornou-se obediente à medicação depois de uma década. Suas vozes são persistentes, mas um tanto banais. "Às vezes, dizem coisas críticas, mas disso eu não faço caso", disse. "Algumas são idiotas, sabe? Às vezes, a gente acaba tendo as mesmas conversas com uma voz nova que não sabe o que você contou às antigas. No começo, eu pensava que as vozes eram pessoas ao meu redor. Depois percebi que elas não faziam o que diziam que iam fazer. De modo que agora eu as ouço, converso com elas, mas não acredito que façam o que quer que seja. Enquanto falo com você, eu posso ignorá-las. O remédio nunca fez com que fossem embora, mas torna mais fácil lidar com elas. Gosto de conversar com algumas, outras acho intoleráveis. Muito embora deteste tudo isso, há vozes de que eu certamente sentiria falta se desaparecessem."

Há alguns anos, George se mudou para a casa de Giuseppe, que concentrou quase a vida inteira no filho do meio. "Não tenho namorada porque não posso bancar outras distrações", disse Giuseppe. "Preciso fazer o que preciso fazer por George." O irmão mais velho de George tem intenção de cuidar dele quando Giuseppe morrer. Aos 35 anos quando nos conhecemos, George estava tomando clozapina e fazia exame de sangue com regularidade. "Estou melhor do que costumava estar", ele disse. "Ainda fico um pouco paranoico quando estou em público, mas consigo funcionar. Meus pais vigiam muito meus remédios e prestam atenção ao meu comportamento. Eu não faço muita coisa. Basicamente, converso com as vozes o dia todo. Quando papai está em casa e quero conversar com elas, vou para outro cômodo. Não gosto que me vejam falando sozinho, nem mesmo meu pai." Giuseppe encontrou maneiras de lidar com as vozes. Ele contou: "George começa a rir com elas e eu digo: 'George, me deixe participar, quero saber o que todo mundo está dizendo', e a gente faz um pouco de piada com isso". Bridget disse: "Não parece ser uma conversa de altíssimo nível. Como uns caras batendo papo na esquina. Me incomoda ouvi-la, mas eu respiro fundo e nunca o mando parar".

Toda semana George visita o dr. Nathan; Giuseppe em geral vai junto e assiste à sessão. George gosta desse arranjo, que o poupa de explicar tudo duas vezes, para o pai e para o médico. "Não há muito que eu possa fazer fora tomar remédio e ir ao médico", contou. "Só espero que os fatos ruins se reduzam ao mínimo. Obviamente, minha situação é estressante para meus pais, e sei que não tenho culpa, mas me sinto mal com isso."

Giuseppe disse: "Não ligo para o que isso fez comigo. Mas fico no quarto e choro pelo que lhe falta. O que a vida devia ser, podia ser, e não é para ele". Bridget disse: "George é uma pessoa maravilhosa — decente, boa, gentil. Merece muito mais. No começo, eu pensava: 'Ele nunca vai ter uma vida normal'. Mas, pensando bem, o que é uma vida normal? Quem tem vida normal? O que cada um de nós está fazendo aqui? Eu me orgulho tanto dos meus três filhos pelo que eles realizaram. O mais velho é tão talentoso e determinado. Meu caçula é ótimo no que faz. Mas George é admirável. Veja tudo que faz com o que acontece na sua cabeça. Ele devia ser meu maior orgulho".

Com o movimento da intervenção precoce surgiu o movimento da recuperação, que propõe tratamento biológico para os sintomas positivos e métodos psicológicos para os negativos e cognitivos. O enfoque está em melhorar a qualidade de vida mesmo daqueles cujo estado clínico é precário, enfatizando que as pessoas deficientes têm capacidades que devem ser maximizadas.[102] O gerenciamento de caso garante que mesmo os pacientes que sofrem sintomas psicóticos continuados, erosão da capacidade cognitiva e limitações sociais tenham quem cuide de seu plano de saúde, leve-os ao médico, assegure que eles tenham onde morar. Os pacientes recebem ajuda para achar um local de trabalho em que suas deficiências sejam toleradas e apoiadas; alguns recebem treinamento de reabilitação para desenvolver a capacidade de trabalho. O treinamento da capacidade social os ensina a interagir com os outros de maneira mais aceitável. Os pacientes fazem exercícios cerebrais com computador que aumentam a memória, a tomada de decisão e a atenção. Qualquer coisa que possibilite à pessoa integrar-se ao tecido social é preciosa. Uma mãe cujo filho tinha sido diagnosticado recentemente falou em entrar num posto de gasolina e olhar para o frentista adolescente. "Dois anos atrás, eu pensaria que ele levava uma vida triste, desperdiçada, inútil", disse ela. "Agora pensei: 'Ah, se ao menos meu filho fosse como ele'."[103]

Durante um longo período, Nora, irmã de Marnie Callahan, manteve conversas constantes com Eric Clapton. Morou algum tempo com Marnie, mas um dia esta saiu do quarto, grávida de oito meses, e deu com ela, então aos 24 anos, parada à porta com uma tesoura na mão. "Perguntei: 'O que você está fazendo?'", recordou Marnie. "Nora respondeu: 'Não tenho a menor ideia de por que estou aqui. Quem é você?'. Peguei o telefone às sete da manhã e disse: 'Mamãe, papai, vou levá-la para casa agora mesmo'." Nos anos subsequentes, Nora morou com a mãe, tomando e parando de tomar os medicamentos até que eles deixassem de ser plenamente eficazes. "Por fim minha mãe sofreu um ataque", contou Marnie. "Não posso dizer que Nora o tenha causado, pois minha mãe tinha pressão altíssima, mas não adiantou. Nora a empurrou e ela quebrou o ombro. Assim, fui ao estado do Maine e solicitei a tutela. Conversava com Nora ou fazia coisas ligadas a ela quatro ou cinco vezes por dia." Agora, aos 53 anos, Nora está em domicílio assistido, mas mantém a irmã informada de seus contatos com Eric Clapton. No entanto, boa parte do que ela foi sobrevive no seu eu perturbado e perturbador. "Nora vê as pessoas com tanta clareza", contou Marnie. "É quase como se, na nossa ordem social, tivéssemos aprendido a mascarar e esconder. Os esquizofrênicos passam ao largo disso. Apesar do seu comportamento brigão e do contra, ela simplesmente tenta sobreviver, como todos nós. Não posso abandoná-la. Visito-a em seu apartamentozinho, e mesmo com toda a sua dor ela continua com essa luta dentro de si. Ainda tenta ter dignidade no dia a dia. Um arranjo de flores aqui, uma coisinha bonita ali. Um pequeno toque criativo. Isso não morre."[104]

Jeffrey Lieberman, da Universidade Columbia, mostrou uma frustração considerável com o escasso uso que se faz dos instrumentos de que dispomos. "O problema é que as pessoas se tornam pacientes psiquiátricas no seu crônico descampado, enfiadas num lugar qualquer do quarto, fumando cigarros, sem fazer nada, indo ao médico uma vez por mês para obter uma receita", disse.[105] "Atualmente, temos meios médicos e sociais com que ajudar as pessoas. Mas, devido às limitações de recursos, à falta de consciência e ao estigma, a maioria não recebe auxílio." Apenas um pequeno percentual das pessoas com esquizofrenia é refratário — insensível ao tratamento médico — e precisa de hospitalização permanente, explicou ele. O resto podia ser administrado com hospitais de atendimento de curto prazo e serviços comunitários adequados. "Temos internos no hospital cujas famílias não querem ou não podem acolhê-los de volta, e eles são incapazes de ter uma vida independente, e não conseguimos encontrar residência supervisionada para eles. Acabamos jogando-os num albergue de sem-teto." Nos Estados Unidos, 150 mil pessoas com esquizofrenia não têm onde morar; um em cada cinco esquizofrênicos é sem-teto em determinado ano.[106] Eles não tardam a abandonar os medicamentos e a voltar ao hospital de atendimento de curto prazo. Isso não é bom nem para seu benefício médico nem para o interesse econômico do Estado.

A Pesquisa Nacional sobre Uso de Drogas e Saúde de 2008 informa que o custo é a principal barreira ao atendimento de doenças mentais graves.[107] Menos da metade dos esquizofrênicos nos Estados Unidos conta com serviços ambulatoriais; um pouco mais da metade recebe prescrição médica; e a metade dos que ficam sem tratamento culpa o custo e as questões de convênio médico. Quando perguntei a Jean Frazier se do ponto de vista emocional era desgastante trabalhar com pacientes esquizofrênicos, ela respondeu: "O que me deixa acabada é o atendimento gerenciado. Quando sou obrigada a preencher mais um formulário só para aumentar a dose de um antipsicótico já aprovado, isso realmente causa impacto na qualidade do serviço que posso prestar".[108] O tratamento da esquizofrenia nos Estados Unidos custa mais de 80 bilhões de dólares por ano, despesa que podia ser controlada com programas de participação ativa para os pacientes — a maior parte dos quais, com o apoio para ficar no tratamento apropriado, podia evitar tanto a descida ao inferno da alucinação quanto os decorrentes encarceramentos e hospitalizações caríssimos, cobertos em grande parte pelo contribuinte.[109] Do modo como as coisas funcionam atualmente, as famílias é que têm de organizar grupos de apoio, construir centros comunitários, criar sites na internet e escrever memórias repletas de conselhos.

Um parente só pode confiar um esquizofrênico ao atendimento institucional se ele representar um perigo "agudo" a si próprio ou a outrem, e o ônus da prova é difícil, muito embora pelo menos um em cinco esquizofrênicos tente o suicídio.[110] Um esquizofrênico preso por um pequeno delito depois de ter abandonado a medicação foi visto comendo fezes no vaso sanitário da cela. Alegando que ninguém morre por comer excremento humano e que, portanto, o homem não era um perigo para si, o juiz se recusou a interná-lo.[111] Kenneth Duckworth, ex--diretor médico do Departamento de Saúde Mental de Massachusetts, disse: "É mais difícil entrar num hospital público que na faculdade de medicina de Harvard".[112] As famílias são rotineiramente obrigadas a mentir quanto aos sintomas de um parente para obter serviços.

Entre metade e dois terços das pessoas com esquizofrenia vivem com a família ou dependem principalmente do cuidado dos pais, mas, segundo uma pesquisa recente, apenas cerca de 3% dessas famílias consideram tal arranjo adequado.[113] "O problema é que as pessoas se exaurem, sobretudo porque um parente com esquizofrenia às vezes parece não ter gratidão pela quantidade enorme de coisas que a gente faz por ele", explicou Lieberman.[114] A família precisa ser um centro de tratamento, uma unidade ambulatorial, uma constelação de olhos para vigiar, uma série de mãos para cozinhar, limpar, acalmar ou reprimir — em suma, um sistema interligado e, no entanto, incessantemente cambiante de organizações para a disciplina ou o abrigo do paciente. Os familiares muitas vezes desistem da carreira profissional ou a comprometem para fazer esse trabalho, o que resulta em dificuldades econômicas, e enfrentam o estresse daquilo que os profissionais da área chamam de "contato contínuo" com o parente doente. Ezra Susser, epidemiologista da Escola de Saúde Pública de Columbia que trabalhou com indigentes esquizofrênicos, disse: "É preciso ter muitíssimo cuidado para não criar uma situação em que a família se sente moralmente coagida a fazer mais do que de fato pode fazer".[115] Embora o envolvimento da família melhore a vida dos esquizofrênicos, não os transforma em quem eles seriam sem a doença, e o custo desses cuidados para a família deve ser comparado com o benefício que se pode alcançar.

Há pouco tempo, a Organização Mundial da Saúde empreendeu um grande estudo para localizar os melhores resultados em pessoas com esquizofrenia.[116] Encontrou os melhores resultados a curto prazo na Nigéria e na Índia, países em que o tratamento médico costuma ser extremamente precário. O motivo parece ser as estruturas de apoio familiar existentes nessas sociedades. "Para mim, quando comecei a trabalhar aqui, foi dificílimo entender que uma família fosse capaz de largar o filho ou a filha e simplesmente ir embora", disse Cyril D'Souza, que é indiano.[117] "Se você se adapta a tudo o mais — medicação, dosagens, acesso ao atendimento, status socioeconômico —, os que melhoram tendem a ter relações familiares profundas." É discutível se as estruturas de parentesco nas sociedades em desenvolvimento são preferíveis às ocidentais no caso de pessoas com saúde perfeita, mas a divisão do trabalho nas famílias estendidas proporciona evidentemente melhor qualidade de cuidados quando se trata de gente com doença mental. No Senegal, quando uma pessoa é internada num hospital psiquiátrico, um membro da família em geral a acompanha e lá fica o tempo que ela ficar. Esses hábitos asseguram que os psicóticos estejam incorporados de modo permanete ao tecido social.[118]

No Ocidente, pelo contrário, as famílias costumam despojar os esquizofrênicos de direitos. Algumas pessoas com esquizofrenia não têm noção de seu próprio estado e precisam ser altamente monitoradas, outras, porém, são as principais especialistas em sua própria doença, e algumas oferecem à família sugestões de como interagir com elas. Os grupos de apoio a famílias de esquizofrênicos proliferaram nos últimos vinte anos, à medida que diminuiu o estigma de ter produzido um filho mentalmente enfermo. Esso Leete, fundadora do Grupo de Apoio Social de Denver, tem esquizofrenia e pleiteia: "Só critique construtivamente. Não descarte todo conflito como sintomático da doença. Ache um papel para nós na família que não seja o do parente 'doente'".[119] Um site de grupo de apoio propõe: "Lide com as alucinações num espírito de indagação compartilhada. Não pressione se a pessoa começar a se irritar".[120]

Enquanto os sintomas positivos da esquizofrenia são os mais perturbadores e surpreendentes para os de fora, os sintomas negativos quase sempre são os mais incômodos para as famílias às voltas com a hostilidade, a ausência de higiene pessoal e a apatia de um filho ou filha. É difícil lembrar que esses não são defeitos de caráter. O pai de um esquizofrênico disse: "Agora meu filho meigo, inteligente, divertido não só estava muito doente como tinha se tornado distante, frio, amargo, insultantemente grosseiro. Seria fácil detestá-lo". Vinte e cinco anos depois, o pai seguia lutando com esse problema: "Como continuar gostando de um filho capaz de ser um estranho desagradável?".[121] Uma mãe disse: "Esses meninos morrem, mas não são enterrados". Um grupo ativista chamado Famílias do Coletivo Mentalmente Doente, formado por famílias de esquizofrênicos em Massachusetts no início da década de 1980, afirmou: "O filho doente habita um mundo diferente e esse mundo, de forma consciente ou inconsciente, aterroriza os pais".

A esquizofrenia não pode ser curada apenas com estímulo e amor, mas pode se exacerbar enormemente com o descaso.[122]

Malcolm Tate, um homem com grave esquizofrenia paranoica, passou dezesseis anos ameaçando matar os parentes, que tentavam com persistência encontrar tratamento para ele. Foi hospitalizado várias vezes, e várias vezes teve alta cedo demais e não tomava o remédio por conta própria. Por fim, em dezembro de 1998, a mãe e a irmã o levaram para casa na Carolina do Sul, a irmã o matou a tiros na beira da estrada, depois chorou. "Eu tinha medo de que, um dia, Malcolm perdesse a cabeça e fizesse mal a mim e à minha filha, e simplesmente não sabia mais o que fazer", disse ela no tribunal. Foi condenada à prisão perpétua.[123]

A família de Rosemary Baglio é repleta de esquizofrenia. O tio voltou da Segunda Guerra Mundial meio "tantã". Morava com a família de Rosemary em Malden, um bairro operário irlandês de Boston, e, na infância, ela adorava subir ao seu quarto. Nos dias bons, ele punha rolos na pianola e mostrava às crianças o sapateado irlandês. Nos ruins, ficava às turras com suas alucinações. Quando Rosemary tinha vinte e tantos anos, seu irmão Johnny, de dezessete, ficou psicótico. Ela contou à mãe que algo estava errado, mas esta se recusou a lhe dar ouvidos. Quando Johnny começou a quebrar as coisas, foi Rosemary que o levou ao Hospital Geral de Massachusetts. "Minha mãe não deixava ninguém que não fosse da família visitá-lo", recordou Rosemary. "Nós não podíamos contar que ele era maluco. Assim, Johnny acabou perdendo o contato com todo mundo."[124]

Rosemary teve nove filhos. O terceiro, Joe, foi o primeiro menino na família. "Tinha cabelo ruivo muito bonito, meigos olhos castanhos, sardas, era adorável", contou ela. "Todo mundo gostava de Joe." No ensino médio, ele começou a ter problemas. Os pais acharam que estava se metendo com drogas. Suas notas pioraram. Joe passava a noite toda acordado. "Enfim, quando ele tinha dezessete anos, eu lhe disse: 'Papai e eu vamos levá-lo para ser examinado. Precisamos descobrir o que está acontecendo'. Ele ficou apavorado." Naquele mesmo dia teve a primeira crise nervosa de verdade. "A cozinha tinha uma despensa comprida com uma janela no fundo, e os armários eram todos de vidro", disse Rosemary. "Voltei para casa e dei com tudo arrebentado, e o teto da cozinha estava todo manchado de sangue."

Rosemary o encontrou internado no hospital, com uma artéria do braço cortada. Quando ela chegou, Joey disse: "Desculpe, mãe, desculpe". Ela começou a chorar, e ele ponderou: "Ainda bem que sou eu que estou aqui, não uma das minhas irmãs". Passou um mês no hospital.

Rosemary estava decidida a não repetir o isolamento que a mãe impusera a Johnny. "Fiquei muito triste, mas ele estava doente, e pronto. Eu sabia perfeitamente o que estava acontecendo." Joey concluiu o ensino médio e arranjou emprego numa loja de fotografia. Mas, um dia, Rosemary recebeu um telefonema avisando que ele estava correndo no meio do tráfego e gritando coisas incoerentes. Quando Joey saiu dessa internação, Rosemary resolveu colocá-lo numa casa de recuperação, mas, um ano depois, ele estava psicótico outra vez. A Tri-City Authority, responsável pelos serviços de saúde mental em Malden, afirmou que Joey não estava tão doente assim, pois era capaz de dar o nome e o endereço. Morava numa ladeira erma e pedregosa acima de Malden; Rosemary não o deixava entrar em casa por temer que machucasse os irmãos. "Você pode sacrificar os outros oito por um que é doente? Ele era tão doce por dentro que, se um dia fizesse mal a alguém, como ia viver com isso depois? Eu também precisava protegê-lo."

Para manter contato, Rosemary prometeu pagar os cigarros de Joe; dava-lhe dinheiro só para um maço por vez, de modo que ele era obrigado a ir à casa dela diariamente. "Eu via se ele tinha o que comer, dava-lhe o dinheiro, e lá ia ele", contou Rosemary. Seu marido, Sal, não conseguia enfrentar a doença do filho; trinta anos depois, Rosemary pediu-me que a entrevistasse na casa de sua filha porque achava que o marido podia desmoronar se a ouvisse falar no assunto. "O Dia de Ação de Graças estava chegando e fazia muito frio", ela me contou. "Eu disse ao funcionário do tribunal: 'Hoje você tem de dar um jeito para que eu converse com o juiz'." Nesse meio-tempo, ela havia mandado Joe ir buscar o dinheiro dos cigarros no tribunal. E o colocou na frente do juiz. "Seus tênis não tinham sola. Ele estava imundo de passar a noite deitado no chão. Eu disse ao juiz: 'O senhor é capaz de receber alguém no Dia de Ação de Graças sabendo que o seu filho vive desse jeito?'." O juiz o internou.

Quando seu estado se estabilizou, Joe foi para a casa dos pais de Sal, que eram octogenários, em Somerville, a oito quilômetros de distância. Para conservar a saúde mental, precisava tomar uma injeção diária de Prolixin em Malden. "No primeiro dia, ele foi de ônibus de Somerville a Malden", disse Rosemary. "Esperou, esperou, e ninguém apareceu. Tomou o ônibus de volta a Somerville. Foi para lá três dias seguidos, mas a pessoa estava de licença médica, e ninguém nos avisou. Joey não tomou as injeções. No quarto dia, começou a alucinar. Foi para o quintal do pai de Sal, engatinhando feito um bicho. Meu sogro aparece na varanda dos fundos. Diz: 'Joey, entre que o vovô vai ajudá-lo'." Joey atacou o avô com tanta violência que ele teve de passar por uma cirurgia no cérebro; se tivesse morrido, Joey teria sido acusado de homicídio. Passou um ano internado no Hospital Estadual de Bridgewater para doentes mentais.

"Oh, ele estava mal", contou Rosemary. "Então perceberam que seu prazo de internação tinha vencido no seguro-saúde. No dia seguinte, Joe ficou miraculosamente curado e voltou para casa. Eu disse: 'Se hoje você fizer alguma coisa que prejudique alguém, eu o levo para o tribunal e o processo por cada centavo que esta casa vale'." Joey foi transferido a outro hospital e, por fim, melhorou o suficiente para ter alta. Na época, estava com vinte e poucos anos. Rosemary até queria recebê-lo em casa outra vez, mas, se o fizesse, ele perderia os serviços disponíveis para quem não tem aonde ir. Enfim, ele foi morar numa casa de recuperação com o tio Johnny. Nos últimos anos, dedicou-se a fotografar os outros residentes, imagens impressionantes tanto pela desolação que mostram quanto pela bondade com que a retratam. Joey também desenhava, talento que vinha da infância. Sua primeira psiquiatra ainda tem um desenho seu pendurado no consultório, um autorretrato a nanquim. "É preciso olhar com atenção", disse ela quando o vi, "mas há outro homem na orelha de Joe. Representa as vozes cochichando."

No dia 5 de abril de 2007, Johnny engasgou com um pedaço de carne e morreu. Dois dias depois, detectaram câncer de pulmão em Joey. "Assim que ele foi diagnosticado, nós o levamos para casa, danem-se as consequências", contou Rosemary chorando. "Ele tinha quimio todo dia. Encontraram câncer no cérebro, começaram outra quimio. Então aquilo voltou para o pulmão. E Joey nunca se queixava. Ele me disse: 'Mãe, acho que desta eu não escapo'. E então: 'Mãe, se eu estiver lutando, deixe-me lutar. Mas se eu estiver indo embora, por favor, deixe-me ir'. Foi o que aconteceu. Ele simplesmente se foi, comigo ali perto." Johnny e Joe estão enterrados lado a lado.

Quando conheci Sal, seis meses depois que Joey tinha morrido, ele era um farrapo humano. Pesava cinquenta quilos, estava cadavérico e triste. Rosemary transbordava com seu relato, mas a tristeza fizera com que ele se voltasse totalmente para dentro. "Posso fazer com que Sal melhore?", perguntou ela. "Não. Posso fazer com que queira viver? Não. Passei 32 anos lutando por Joey, protegi-

-o e por ele batalhei cada centímetro do caminho. E não consegui salvá-lo. Não consegui salvá-lo."

Seis meses antes que Johnny se asfixiasse, Rosemary colocou a casa dos pais, na qual foi criada, em benefício irrevogável dos herdeiros. "Fiz isso para que quando a gente morrer, na eventualidade de a casa de recuperação fechar, os que estiverem vivos não fiquem na rua. Agora a coisa está estipulada de tal modo que, se meus netos desenvolverem a doença, o que é provável, não fiquem sem teto. Estamos esperando para ver quem é o próximo."

A autorrepresentação esquizofrênica difere da política dos direitos dos surdos, da Pessoas Pequenas da América ou da neurodiversidade porque se presume que os militantes desses movimentos tenham uma compreensão exata de si próprios. Com frequência eles são acusados de não valorizar a realidade comum; anões realmente não têm como saber o que é ser alto, e pessoas com autismo podem não conceber os prazeres da inteligência social. Entretanto, a compreensão que eles têm de suas circunstâncias costuma ser razoável. A qualidade definidora da esquizofrenia é que ela implica delírio, coisa que complica sua exigência de identidade. As pessoas que obtêm um senso de coerência a partir da sua esquizofrenia conseguem chegar à autoaceitação ou estão presas a uma rede de negação que é um sintoma da própria doença? As decisões dos esquizofrênicos se complicam com a *anosognosia*: ter por sintoma da doença a certeza de que não estar doente.[125] Na peça elisabetana *The Honest Whore* [A prostituta honesta], Thomas Dekker escreve: "A prova que de que és louco é não o saberes".[126]

A autorrepresentação esquizofrênica levanta questões ontológicas incômodas. Há um eu mais real do que a própria experiência corrente do paciente, um eu verdadeiro capaz de se desvencilhar do eu sintomático? "Não devíamos estar no negócio de escolher um eu", escreveu Elyn Saks nas memórias de sua esquizofrenia.[127] Um pai disse: "Pensei que, para o meu filho, melhorar significasse parar de ouvir vozes. A melhora só significa que ele não as ouve tanto". Às vezes penso que a ênfase sobre o insight entre psicóticos é como nosso enfoque no arrependimento entre criminosos. Autoconsciência e remorso pressupõem que as pessoas aberrantes são mais parecidas conosco do que sugerem seus atos, e isso nos consola. Mas de pouco servem se não mudarem o comportamento. Embora a inteligência em geral seja associada a melhores resultados na vida das pessoas com esquizofrenia que sobrevivem a ela, os esquizofrênicos de QI mais elevado têm mais probabilidade de se suicidar que os de QI mais baixo; o insight gera baixa autoestima e mais depressão, mesmo naqueles que se saem melhor em alguns tipos de autocuidado.[128] Além disso, os que têm delírios são menos sujeitos ao suicídio do que aqueles cujos delírios desapareceram — muito embora alguns esquizofrênicos se suicidem devido a alucinações de comando. Esse insight que a sociedade impõe às pessoas com esquizofrenia permite-lhes agir de acordo com o que o mundo espera. Mas não convém interpretar mal isso. "Você não imagina quanta gente que interage com você escuta vozes, mas tem o insight de não lhes dar atenção", disse John Krystal. "Fico assombrado com os pacientes que vejo, muitos dos quais funcionam incrivelmente bem apesar das alucinações constantes. Entender o que está acontecendo pode salvá-los. Mas não os torna felizes."[129]

Um artigo recente na *New Yorker* descreveu Linda Bishop, uma mulher com psicose cujo prontuário no hospital diz que ela era "inteligentíssima" e "muito agradável" e que "nega peremptoriamente ter uma doença". Linda recusava-se a assinar qualquer documento que dissesse que ela era doente mental. O artigo explica: "Quando psicótica, ela se via como a heroína de um conto de injustiça terrível, papel que lhe dava autoconfiança e propósito". Linda acabou se matando de fome numa casa abandonada, convencida de que estava cumprindo a vontade do Senhor e, ao que tudo indica, em paz no interior de sua loucura — mais feliz, em muitos aspectos, que os pacientes mais sensatos de Krystal.[130]

O movimento Orgulho Louco acredita que a autodeterminação é um direito humano fundamental e deve se estender a pessoas com esquizofrenia e outras doenças mentais. Juntar gente afligida pela psicose cria um sentimento de identidade horizontal entre pessoas que talvez quase não tenham outra comunidade. Os membros procuram minimizar a dependência de medicamentos psicotrópicos e assumir o controle de sua cura; Judi Chamberlin, uma das primeiras ativistas, disse: "Se não for voluntário, não é tratamento".[131] Gabrielle Glaser escreveu no *New York Times*: "Assim como os militantes dos direitos dos homossexuais reivindicavam a palavra 'queer' [bicha, esquisito] como um emblema de honra, não um insulto, esses autorrepresentantes chamam-se orgulhosamente de 'mad' [loucos]; dizem que seu estado não os exclui da vida produtiva". O Orgulho Louco vem inspirando ações em todo o globo, inclusive manifestações recentes na Austrália, na África do Sul e nos Estados Unidos que atraíram tanto apoiadores quanto membros voyeurísticos do público.[132] Um organizador do Coletivo Radical de

Saúde Mental de Asheville, um grupo do Orgulho Louco na Carolina do Norte, disse: "Antigamente você era rotulado pelo seu diagnóstico e, se alguém descobrisse, era sentenciado à morte profissional e social. Nós esperamos mudar tudo isso através da conversa".[133]

Os proponentes do Orgulho Louco defendem uma ampla gama de práticas promotoras da saúde. David W. Oaks, dirigente da MindFreedom International que tem diagnóstico de esquizofrenia, trata a doença com exercícios, aconselhamento de pares, dieta e caminhadas na mata; recusa a medicação e exorta os demais a desafiarem o establishment psiquiátrico. Acerca do período em que foi medicado à força na juventude, afirmou: "Acertaram uma bola de demolição na catedral da minha mente". E sobre seu trabalho desde então: "O espírito humano é excêntrico, único, invencível, estranho, irrefreável e maravilhoso. De modo que se trata realmente de recuperar aquilo que é ser humano perante a assim chamada normalidade".[134] Sally Zinman, da Rede de Clientes de Saúde Mental da Califórnia, disse: "David é como o Malcolm X do movimento do sobrevivente psiquiátrico. Está dizendo aos quatro ventos a verdade em toda a sua crueza e pureza".

Oaks chamou a atenção do establishment para sua causa; quando ele organizou uma greve de fome em protesto contra o modelo biológico de doença mental, a Associação Americana de Psiquiatria se reuniu com os grevistas, mas, não tendo vislumbrado um acordo, acabou emitindo uma declaração nos seguintes termos: "É lamentável que, em face do notável progresso científico e clínico, um pequeno número de indivíduos e grupos insista em questionar a realidade e a legitimidade clínica dos transtornos que afetam a mente, o cérebro e o comportamento". Mais recentemente, o ativista antifarmacêutico Peter Breggin lançou uma campanha contra o uso de antipsicóticos, dizendo: "A melhora aparente apresentada pelos pacientes é, na verdade, uma deficiência, a perda da capacidade mental".[135]

É absurdo, sentimental até, negar a natureza biológica da doença mental — ou a natureza biológica da saúde mental, seja qual for a definição que se dê a esse estado. Mas seria desastroso rejeitar David Oaks e Sally Zinman como um mero par de malucos. A relação deles com Foucault e Laing é como a de Thomas Jefferson com Rousseau ou a de Lênin com Karl Marx. As ideias são a precondição da ação, mas os filósofos que engendram novos conceitos raramente os põem em prática. O Orgulho Louco representa a "literalização" da antiga máxima sobre os lunáticos assumindo o controle do hospício. Esses militantes acreditam que estão se livrando de um jugo de opressão. Os dois têm uma doença grave e sofreram uma opressão tirânica; a questão é se eles podem lidar com a opressão sem fazer afirmações falsas acerca da natureza da saúde mental.

Ainda que a maioria dos propugnadores do Orgulho Louco critique o fato de os profissionais da medicina promoverem medicamentos como o principal tratamento da doença mental, muitos dependem dessas drogas para funcionar e defendem o direito dos outros de optarem por tomá-las. Eles ressaltam que se pode fazer mais para mitigar os efeitos colaterais naqueles que precisam se medicar. Outros ativistas falam em ser "pró-escolha" no tocante a remédios.[136] Os tratamentos farmacológicos da esquizofrenia trazem o perigo de incapacidade neurológica, disfunção metabólica, distúrbios hematológicos e rápido aumento de peso. Muita gente que, de início, vive a doença mental como uma perda cataclísmica pode decidir privadamente até que ponto o tratamento compensa os efeitos colaterais. O ativista Will Hall escreveu em seu *Harm Reduction Guide to Coming Off Psychiatric Drugs & Withdrawal* [Guia de redução do dano do abandono das drogas psiquiátricas e abstinência]: "Numa cultura polarizada entre a propaganda pró-medicação da indústria farmacêutica e a agenda antimedicação de alguns militantes, nós oferecemos uma abordagem de redução do dano para ajudar as pessoas a tomarem decisões próprias".[137]

A romancista britânica Clare Allan escreveu: "Parece haver uma espécie de acordo, um contrato que a gente assina quando surta pela primeira vez, segundo o qual, caso saia da loucura e retorne ao mundo 'normal', promete nunca falar no que aconteceu. O estigma ligado à doença mental priva as pessoas de sua experiência, diz a elas, de modo efetivo, que durante meses ou anos, ou a intervalos periódicos (como acontece com frequência), elas deixaram totalmente de existir. Acaso é de admirar que grupos como o Orgulho Louco tenham necessidade de abordar a questão da autoestima?". Tal como outros movimentos do orgulho mencionados neste livro, este apoia gente com uma doença intratável no seu sentimento de totalidade e valor. Dá ênfase ao cultivo de boas práticas de autocuidado para manter o bem-estar físico e emocional. Em vez de voltar a atenção para um estado pré-psicótico, os ativistas do Orgulho Louco enfocam passos concretos que as pessoas mentalmente doentes podem dar para construir uma vida presente funcional e verdadeira. Em resposta a Allan, um comentarista on-line disse: "Segundo meu médico, eu sou louco. E também me orgulho de ser quem sou, e é tolice fingir que a minha loucura não faz parte disso".[138] O site Icarus

Project explica: "Somos uma rede de pessoas que vivem ou são afetadas por experiências geralmente diagnosticadas e rotuladas de doenças psiquiátricas. Acreditamos que essas experiências sejam aptidões loucas que precisam de cultivo e cuidado, não doenças ou transtornos".[139]

Muito se pode dizer a respeito de aceitar a si mesmo, sejam quais forem os distúrbios que a pessoa apresenta, mas os obstáculos que a isso se opõem são difíceis de superar no caso dos esquizofrênicos. Alguns que conheci encontraram significado em sua doença, mas nenhum se mostrou particularmente exultante com isso. Apesar das declarações comoventes dos autorrepresentantes, o Orgulho Louco não tem nada comparável ao alcance do movimento dos direitos do autismo.[140] Desconfio que isso se deva em parte ao fato de a agonia às vezes ser tão implacável na esquizofrenia, mas sobretudo por causa do início tardio da doença. As pessoas com autismo não podem se imaginar nem ser imaginadas sem ele; é intrínseco à personalidade delas. Aqueles que têm esquizofrenia podem se imaginar sem ela porque a maioria não a teve nas duas primeiras décadas da vida. Ao propor "bem-estar", eles conceitualizam não uma ficção inacessível, e sim um passado conhecido. O Orgulho Louco é positivo para quem a ele adere, e isso tem fortes implicações filosóficas, mas, na sua maioria, aqueles que descem à experiência da psicose a vivenciam como um tormento até que os sintomas negativos e os antipsicóticos os entorpeçam.

Tendo reconhecido a necessidade do Orgulho Louco, Clare Allan disse: "As pessoas só podem jogar as cartas que têm na mão, e é assim que elas chegam a ser quem são. Mas quem há de desejar seriamente que o filho desenvolva problemas de saúde mental? O parceiro? Os amigos? A realidade que reconheço a partir da minha experiência e da dos meus amigos, e do que tenho visto nas enfermarias, é a desesperança e o desespero". Alison Jost, do Centro Interdisciplinar para Bioética de Yale, escreveu que parece fácil comparar o Orgulho Louco com os direitos da deficiência. "Mas na verdade", prosseguiu, "por mais que nossa sociedade se torne desestigmatizadora, a doença mental sempre será causa de sofrimento."

O filho de Walter Forrest, Peter, mergulhou na esquizofrenia no último ano do ensino médio, brigando com os irmãos com tanta agressividade que era preciso contê-lo fisicamente. "Foi como se a cabeça dele tivesse explodido", contou Walter. "Peter sempre foi a popularidade em pessoa, depois teve probleminhas de ajustamento social, e agora estávamos rolando no chão com ele." Semanas depois, Peter disse no carro: "Papai, não segure o volante desse jeito, se não eu saio daqui". Walter ficou perplexo. "Peter tinha um senso de humor diferente, de modo que fiquei pisando em ovos", contou. "Alguns dias depois, Peter foi ao consultório do psicólogo do colégio e se desmanchou num desamparo total."[141]

Ele desenvolveu a doença aguda rapidamente. Seu pai notava uma grande perda a cada dia. Certa noite, Peter o agrediu e tentou jogá-lo pela janela. Por fim, atacou-o com uma faca de cozinha, e Walter teve de chamar a polícia. Peter passou seis meses numa enfermaria de segurança. Como a maioria dos pais, Walter se digladiava com a percepção gradual de que os problemas do filho não eram transitórios. Ele explicou: "O terapeuta que mais o ajudou disse: 'Você tem um grande *quarter-back*, um craque. Ele é atropelado por um caminhão e fica todo arrebentado. Ora, o que a gente espera não é que ele volte a ser um craque, mas que volte a andar'". Atualmente, Peter está numa instituição residencial e visita o pai quatro vezes por ano. "Eu o levo para jantar, ele passa a noite em casa e volta para lá", disse Walter. "Há alguma coisa positiva na relação? Ela oferece momentos de prazer? Não. Eu adoraria se ele tivesse um emprego com salário mínimo, empacotador de supermercado ou coisa que o valha, e sinto que tem feito alguma coisa para se valorizar. Mas o melhor que consegue é quase o pior, e isso é tanto mais triste: porque o 'podia ter sido' dilacera o coração da gente. Para ser franco, seria melhor se ele tivesse morrido. Melhor para ele, melhor para todo mundo. Isso parece ser a pior coisa que se pode dizer. Mas esta vida é dificílima para ele e dificílima para todos. Por que o caminhão não o esmagou completamente se era para causar esse tipo de dano?"

Walter passou um bom tempo olhando pela janela. "E agora eu vou chorar. Sabe, isso *é* uma morte. A alegria é um dos poucos presentes que podemos dar aos nossos semelhantes, em especial aos filhos, e eu não pude dar alegria nenhuma a Peter."

As pessoas evitam, caçoam e não entendem quem tem esquizofrenia. Pouco se progrediu na redução do uso de termos estigmatizantes como "maluco", "pirado" e "lelé". Quando *Um estranho no ninho*, filme que plasmou a percepção da esquizofrenia em toda uma geração, estava sendo rodado no Hospital Estadual de Oregon, em 1975, os produtores tiveram a possibilidade de usar pacientes mentais autênticos como figurantes, mas se recusaram porque sua aparência "não era esquisita a ponto de corresponder à imagem pública das pessoas com doença mental".[142] Ainda que a Lei dos Americanos com Deficiências se proponha a proteger os doentes mentais, a proteção à disposição deles é escassa. O número de programas ambulatoriais ou de vagas de internação é desafortunadamente inadequado, mas também são raras as circunstâncias em que as pessoas com esquizofrenia conseguem ter uma vida independente. Um estudo americano de 1990 mostrou que 40% dos proprietários de imóveis rejeitam inquilinos com um distúrbio psiquiátrico conhecido.[143] Aqueles que são francos quanto à sua esquizofrenia simplesmente não arranjam emprego, mesmo que estejam assintomáticos há anos.[144] Apenas de 10% a 15% deles aguentam um emprego de tempo integral, mas as estruturas do trabalho são muito benéficas; um destacado pesquisador observou: "Não conheço nenhum tratamento tão eficaz como um emprego".[145] Proprietários de imóveis lutam com unhas e dentes para manter as instalações de tratamento e as residenciais longe de seus bairros. James Beck, do Instituto Nacional de Saúde Mental, o diz sem rodeios: "São poucos os que toleram trabalhar com esquizofrênicos crônicos. Médicos e enfermeiros não gostam de tratar de pacientes que não saram".[146]

Embora as pessoas com esquizofrenia tenham um comportamento errático, a maioria delas não oferece perigo a desconhecidos. Os esquizofrênicos são tão propensos a cometer homicídio como os membros da população em geral, normalmente relacionado com o abuso de drogas;[147] todavia, mesmo incluindo os usuários de drogas, só 0,3% perpetra homicídio. Um estudo de 1998 detectou taxas de violência em pacientes psiquiátricos que não abusam de drogas compatíveis com as da população geral, e tal violência tem cinco vezes mais probabilidade de visar aos membros da família.[148] Quase uma em quatro famílias que moram com parentes esquizofrênicos é ameaçada de danos físicos ou os sofrem.[149] Não obstante, como a violência esquizofrênica pode reagir a alucinações e ter por alvo desconhecidos ao acaso, ela inspira uma sensação de fatalidade equivalente à dos desastres de avião, que nos assustam muito mais que os acidentes de trânsito fatais, muito embora sejam consideravelmente mais raros.

Em 2011, foram manchete dois casos de homicídio cometido por pessoas com esquizofrenia: Deshawn James Chappell assassinou Stephanie Moulton, a assistente social que cuidava dele;[150] e o surto de Jared L. Loughner, no Arizona, resultou em seis mortos e treze feridos, entre eles a deputada federal Gabrielle

Giffords, que ficou em estado grave. Os dois homens já eram considerados potencialmente violentos antes desses incidentes, e ambos os casos evidenciam o malogro do sistema.

Quando Deshawn Chappell era menino, sua mãe, Yvette, achava que ele ia ser pastor. Aos dezenove anos, Deshawn mudou. "Dizia que o diabo o mandava fazer coisas", recordou Yvette. "Falava em maldições e bruxas." Aos 21, tomava banho várias vezes por sentir bichos andando na pele; não conseguia dormir porque as vozes não deixavam. Mesmo assim, recusava a medicação devido aos efeitos colaterais. Só na sua quinta prisão por agressão é que foi encaminhado para o Departamento de Saúde Mental. Essa detenção, em novembro de 2006, ocorreu porque seu padrasto, que o criara, o demitiu do emprego. Deshawn fraturou três ossos da órbita esquerda do padrasto. O boletim de ocorrência dizia que, quando os policiais chegaram, o homem estava "segurando a cabeça com um pano e sangrava pela boca".

Apesar dos antecedentes violentos, Deshawn percorreu o estado de hospital em hospital e acabou numa residência comunitária, na qual ninguém da equipe dispunha de informações completas sobre sua história. Stephanie Moulton, uma moça miúda, tinha de cuidar sozinha de sete pessoas com esquizofrenia porque o orçamento não permitia apoio adicional. O sistema falhou com ela e com o agressor. No dia 20 de janeiro de 2011, Deshawn Chappell espancou Stephanie Moulton, matou-a a facadas e jogou seu corpo seminu no estacionamento de uma igreja. "Foi totalmente absurdo ela ser assassinada no trabalho se a única coisa que fazia era tentar ajudar as pessoas", disse sua mãe. Yvette Chappel manifestou profunda solidariedade com a família de Stephanie. Explicou que tinha passado anos tentando conseguir tratamento para o filho.

Ao contrário de Deshawn Chappell, Jared Loughner nunca fora internado. Mas, antes de ter o surto num supermercado de Tucson, no qual a deputada Giffords estava em reunião com eleitores, dezenas de pessoas estavam a par da sua instabilidade. No ano anterior, seu comportamento na Pima College tornara-se cada vez mais estranho e ameaçador; a polícia foi acionada cinco vezes por causa dele. Meses antes do tiroteio, um colega disse num e-mail: "Temos uma pessoa mentalmente instável na classe que me deixa morto de pavor. É um desses cuja fotografia acaba aparecendo nos noticiários quando ele resolve ir à aula com uma arma automática".

Em setembro de 2010, Jared Loughner foi suspenso da escola e lhe disseram que só poderia voltar se apresentasse um atestado de saúde mental. "Era evidente que ele tinha problemas mentais", declarou um dos professores ao *Wall Street Journal*. "Ele falava a língua X e todos os outros falavam a língua Y." Dois meses após a suspensão, Jared comprou uma arma. Dois meses depois disso, teve o ataque de fúria. Seus pais, com quem morava, limitaram-se a dizer: "Não sabemos por que isso aconteceu".[151]

Em maio de 2011, dois meses depois do ataque armado, Larry A. Burns, do tribunal distrital federal, julgou Jared mentalmente incapaz de ir a julgamento. O *New York Times* noticiou: "O sr. Laughner, 22, balançava o corpo para a frente e para trás na cadeira durante a audiência, fazia menção de mergulhar o rosto nas mãos e interrompeu o juiz com uma crise histérica. 'Ela morreu na minha frente, você é um traidor'". O psiquiatra nomeado pelo tribunal constatou que Jared "tinha delírios, ideias estranhas e alucinações". Burns queria medicá-lo de modo compulsório; seus advogados alegaram: "O sr. Loughner tem o direito legal à integridade física, livre da ingestão forçada de medicação psiquiátrica". Um tribunal de recursos retirou-lhe o remédio; Jared passou cinquenta horas sem dormir, andou até ficar com chagas nos pés e parou de comer. O presídio reiniciou a medicação, argumentando que ele era um perigo para si próprio, e Burns reconheceu o direito da administração carcerária de agir assim.[152]

Jared voltou a ser medicado por representar um perigo para si mesmo, mas, se deixasse de ser incapaz de ser submetido a julgamento, as consequências jurídicas seriam letais. Cynthia Hujar Orr, ex-presidente da Associação de Advogados de Defesa Penal, indagou: "É ético e correto ajudar uma pessoa a recuperar a capacidade só para depois persegui-la por crime passível de pena de morte ou por homicídio?". Uma psicóloga da prisão disse que Jared soluçava incontrolavelmente e escondia o rosto toda vez que ela se encontrava com ele. Por fim, declarou-se culpado para escapar à pena capital, mas seu crime e doença constituem um castigo maior do que qualquer punição concebida pelo sistema judiciário. Sem dúvida alguma, Jared Loughner, bem como Deshawn Chappell, está em agonia constante.[153]

Nos Estados Unidos, a instituição com o maior número de esquizofrênicos é o Presídio do Condado de Los Angeles.[154] Na cadeia, há no mínimo três vezes mais doentes mentais que nos hospitais. Aproximadamente 300 mil pessoas com doenças mentais estão encarceradas no país, a maioria condenada por crimes que não teria cometido se tivesse sido tratada; outras 550 mil estão em liberdade condicional.[155] Poucas estão presas por crimes violentos; a maior parte cometeu uma miríade de pequenas transgressões inevitáveis para pessoas insensíveis à realidade social. Não são médicos que lidam com elas, mas policiais — e depois carcereiros e outros criminosos. Segundo o Departamento de Correção, um quarto dos presidiários de Massachusetts precisava de tratamento de saúde mental em 2011, bem mais que os 15% em 1998.[156]

Se compararmos o que o sistema de saúde mental economiza com o aumento das despesas do sistema penal, fica ridiculamente óbvia a natureza sovina no pequeno e perdulária no grande desse planejamento financeiro. Os processos contra Deshawn Chappell e Jared Loughner custarão centenas de milhares de dólares ao contribuinte. É difícil não pensar que, por uma fração desse custo, as vítimas talvez ainda estivessem vivas. Se acomodar as pessoas com deficiências físicas é um dever moral, todos saem ganhando se se der tratamento adequado às pessoas com doença psiquiátrica grave; se as convicções morais não servirem, que prevaleça o interesse econômico.

"Enquanto as outras meninas experimentavam os sapatos de salto alto da mãe, eu me embrulhava em bandagem elástica, pois achava bacana", recordou Susan Weinreich. Ela vivia com os lábios feridos ou simplesmente sangrando, pois tinha a compulsão de mordê-los. Envergonhada, dizia à mãe, Bobbe Evans: "Por que eu não consigo parar?". Bobbe respondia: "Quando você crescer passa". Mas a esquizofrenia só se manifestou de forma cabal quando Susan entrou na Escola de Design de Rhode Island, em 1973.[157]

"Eu sempre soube que algo estava errado", disse Susan, "mas só no primeiro ano da faculdade foi que isso ficou óbvio para as outras pessoas." Nessa época, o pai dela abandonou a mãe. "Foi um tranco tão grande que os sintomas começaram a vir à tona", contou. Incapaz de acompanhar o curso, Susan começou a frequentar um psicanalista freudiano cujo tratamento incluía regressão a estados da infância. Infelizmente, a regressão era um dos sintomas de Susan, e ela precisava justamente fugir disso, não se aprofundar ainda mais. "Eu era muito dependente dele", disse. "Passava o dia em casa e só saía à noite, ficava andando pelas ruas e estudando a lua. Via corpos deformados; rostos ensanguentados, diabos, corpos pendurados nas árvores. Todas as pessoas reais que eu via pareciam distorcidas. Faltavam-

-lhes braços, pernas. Lembro que me sentia muito ameaçada pelas manchas no asfalto e pelas sacolas de plástico presas nos arbustos em janeiro."

No segundo ano, Susan entrou no departamento de vidro soprado da faculdade. "Eu tinha uma necessidade intensa de ficar perto do fogo", disse. No primeiro semestre do terceiro ano, a escola a convidou a se retirar. "Eu simplesmente estava implodindo, me queimava com cigarro e quebrava as janelas com os punhos. Nos melhores momentos, ia à biblioteca médica da Universidade Brown e procurava, procurava, procurava o que estava errado em mim." Naquele ano, Susan foi hospitalizada três vezes. Os médicos explicavam que ela precisava tomar remédios o resto da vida, mas não lhe contavam o que tinha de errado; Susan, por sua vez, se recusava a dar informações para que o hospital entrasse em contato com seus pais. "Mesmo sem entender o que estava acontecendo, eu tinha um desejo muito forte, *muito forte*, de proteger minha família. Acreditava que tinha seios de bebê e seios de adulta, e que os de bebê iam cair e os de adulta iam ficar no seu lugar. Mas acreditava que, se minha mãe fosse ao meu apartamento e pernoitasse lá, aqueles homenzinhos e mulherzinhas iam sair dos meus seios. Os homens tinham foices; e as mulheres, sacos de estopa. Iam machucá-la. Eu temia que mamãe os visse, o que significava que ela ficaria sabendo do diabo dentro de mim. Isso eu não podia tolerar."

No verão posterior ao seu segundo ano, quando ela ficou com o gato do irmão, que ia viajar, o animal se escondeu debaixo de uma velha espreguiçadeira de vinil. "Achei que a cadeira estava infestada de pulgas, depois as pulgas viraram esperma. Peguei uma lata de tinta e a pintei toda de branco, depois peguei uma faca de cozinha e comecei a esfaqueá-la." Susan passou meses sem tomar banho e dez anos sem escovar os dentes. "Eu era como um bicho, o cabelo desgrenhado e gorduroso. Me cortava e pintava as paredes com o sangue."

Bobbe ouviu pela primeira vez a palavra "esquizofrenia" quando o analista de Susan lhe telefonou, em 1979, perguntando sobre a modalidade de seu plano de saúde, pois decidira por fim que ela precisava ser internada, talvez até o fim da vida. "Isso fez minha mãe se ligar", disse Susan, "e ela foi a Rhode Island, me enfiou no carro e me levou para longe daquele cara." Bobbe a levou a um médico, que disse que ela precisava ser internada com urgência. Susan desenvolvera pelos faciais, possivelmente devido aos medicamentos, e resolveu deixá-los crescer. "Quando vi minha filha, que eu queria que fosse uma coisinha linda, com barba na cara, foi horrível", contou Bobbe. Susan disse: "Eu tinha todo tipo de delírio sobre o significado daquilo. Os pelos desciam até a mandíbula e eram muito densos, grosseiros, sexuais". Bobbe decidiu levá-la direto para o Hospital Four Winds, em Katonah, a melhor clínica psiquiátrica a uma distância não muito grande. Susan teve uma consulta com Sam Klagsbrun, que dirigia o hospital. "Ainda me lembro do consultório dele naquele dia, e me lembro até das estrelas de Davi que eu tinha entalhado nas minhas botas e desenhado na minha blusa verde", contou Susan. "Das queimaduras de cigarro nela. Ele me explicou o que eu tinha de errado. Deu o diagnóstico." Susan foi internada no Four Winds.

A essa altura, o pai de Susan tinha desaparecido completamente de sua vida; pouco depois, Bobbe voltou a se casar. "Eu queria que a *minha* vida prosseguisse", disse ela. "Aos amigos, eu só dizia: 'Susan está com um problema, e o divórcio o precipitou'. De fato, eu a queria fora da minha vida e me sentia aliviada porque a tinham tirado das minhas mãos. Não me orgulho de dizer isso, mas é o que lembro que senti. Queria ter conhecido alguém como a Susan do presente quando ela estava tão doente, pois isso teria me dado muita esperança. Mas não havia ninguém."

Susan ficou quatro meses no Four Winds, saiu, depois voltou e lá passou mais seis meses e, enfim, foi para uma casa de recuperação, na qual morou por nove meses em 1980, antes de voltar para casa. Tinha 24 anos. "Eu voltava do trabalho", Bobbe contou, "e ela estava escondida num lugar qualquer, não respondia quando eu a chamava. Sam Klagsbrun aconselhou: 'Você precisa mandá-la embora'. Perguntei: 'Mas como eu posso fazer isso?'. Ele respondeu: 'Diga que você faria tudo neste mundo por ela se ela estivesse progredindo, mas que isto aqui não a está ajudando'. E eu a mandei embora. Provavelmente, foi a coisa mais difícil que fiz na vida." Bobbe chorou. "Ela partiu depois de escrever um bilhete dizendo que ia se matar. Então telefonou para Sam e voltou para o Four Winds."

Os relatos de Susan sobre o Four Winds são rapsódicos: "Era uma utopia psiquiátrica. Havia patinhos correndo por lá e um galinheiro. Eu passava o dia no bosque de pinheiros. Se uma companhia de seguro ouvisse isso hoje, entraria em pânico. O tratamento de Sam era fantástico. Eu era uma criancinha. Ele me afagava; me abraçava. Me tirou de uma poça na chuva". Klagsbrun tinha iniciado um programa destinado a doentes terminais, para pacientes não psiquiátricos, no alojamento em que moravam os clientes psicóticos. "Pegue uma pessoa como eu, que era claramente psicótica e não vivia na realidade, e faça-a enfrentar a maior das realidades, que é a morte", disse Susan. "Mesmo na minha confusão, eu compreendia aquilo até certo ponto, e aquilo empurrava a realidade de volta para dentro de mim. Lá estava eu, ativamente autodestrutiva, e, no entanto, aquela gente se mostrava tão desesperada por viver. Foi o que me levou a fazer *a* pergunta, que é: você quer viver ou morrer? Percebi que queria avançar em direção à vida."

A vida emocional de Susan começou a renascer. "Me lembro da primeira vez que senti amor, depois de tudo aquilo. Não lembro sequer quem era — é provável que fosse Sam. Simplesmente comecei a sentir o que era amar alguém. Não me lembro de ter ficado extática; só me lembro da sensação igual à de quando eu era menina e ia pescar e um peixe mordia a isca. Apenas aquele puxão na outra ponta da linha. Depois de tantos anos tão isolada dentro de mim e tão desconectada, o remédio sugava alguns sintomas e, à medida que a psicose recuava, deixava espaço para meu coração crescer. Seguiram-se outros episódios psicóticos, e eu não vivia muito amor nessas ocasiões. Mas, durante cada remissão, minha experiência de empatia e vínculo se expandia." Susan continuou mexendo com arte, e Klagsbrun adaptou um pequeno anexo para que lhe servisse de ateliê. "Meu trabalho tem um lado sombrio", disse ela, "mas se trata de criatividade, e criatividade é dar vida."

Quando chegou ao fim da fase mais intensa do tratamento, Susan aceitou um emprego no hospital, o qual rendia benefícios, e o convênio pagou a eletrólise para a remoção dos pelos faciais. Ela estava com 26 anos. "Preparar-me para o mundo maior ainda era um desafio difícil", disse. "Eu não sabia nem quem era o presidente da república. Meu ego era como um queijo suíço. Eu ainda tinha uma porção de visões catastróficas. Não sabia cuidar de mim fisicamente." Susan começou a frequentar uma terapeuta, Xenia Rose, e com ela permaneceu por vinte anos. "Ela me fez escrever uma agenda. Tinha anotações como 'levantar' e 'escovar os dentes', porque eu não fazia ideia de como era o transcurso de um dia." Rose também se dispôs a ver Bobbe. "Foi uma ajuda enorme para mim", disse esta, "porque eu precisava era chorar e dizer o que pensava. Mas a doença de Susan não era eu; era ela. Quando comecei a me soltar, ela começou a emergir."

Aos trinta e tantos anos, Susan apresentava uma estabilidade razoável. O Zyprexa "revolucionara" sua vida. Ela dormia treze horas por noite, mas era coerente. Por fim, mudou para o Abilify, que era menos sedativo. "Eu cresço como um relâmpago", disse. "O que você está vendo aqui hoje é uma alma completamente diferente do que eu era cinco anos atrás: em termos de desenvolvimento físico, visual, verbal. Trabalhei muito, em cada nível, para erradicar todo

405

resquício da doença. Tenho umas coisinhas intermitentes desencadeadas aqui e ali, mas só duram um ou dois dias. Hiperestimulação sensorial, um pouco de paranoia, erros de percepção e distorções no meu mundo pensante e visual. Alguns, quando estão estressados, ficam com dor nas costas. Quando me estresso, minha mente é que vai embora. Mas depois volta."

Entre as muitas coisas que é preciso pôr em dia, talvez a mais desafiadora seja a vida amorosa. Quando a conheci, Susan estava com quase cinquenta anos e ainda não tinha tido uma experiência sexual completa. "Eu gostaria de viver o amor. Mas acaso sei o que é amor? Até agora, é a minha mãe." Susan riu. "Coitada da minha mãe. Inscreveu-me em três agências matrimoniais simultaneamente. Foi extenuante. Mas vi nisso um meio de crescer em termos de desenvolvimento. A esquizofrenia me deu a capacidade de achar uma coisa dentro de mim, partes de mim que, de outro modo, talvez eu não conseguisse alcançar."

Susan também tentou entrar em contato com o pai. Um dia, ela me contou que tinha acabado de falar com ele por telefone, pela primeira vez em décadas. "Eu disse que o amava", ela disse. "Senti que era certo dizê-lo, apesar do abandono em que ele me deixou. Tinha lhe escrito uma carta porque ele ia fazer oitenta anos e achei que ia livrá-lo de certa culpa. Queria que soubesse que ele me deu o instrumento de que eu precisava para sair do buraco, minha arte, porque ele alimentou minha criatividade. Meu pai telefonou depois de uma semana. Tivemos uma conversa muito superficial sobre cultivo de mariscos, se é que é isso que ele faz lá, e então ele ficou um pouco chorão e desembuchou: 'Eu nunca vou me perdoar por ter me separado de vocês'. Fiz um esforço enorme para não pular para dentro do carro e ir para lá. Mas decidi não telefonar mais. Nós temos muita coisa em comum."

Bobbe enfim conseguiu aceitar, entender e ter orgulho da filha. Trabalha numa empresa de turismo e dá tudo que ganha a Susan. Esta, por sua vez, dá ao Four Winds a maior parte do que recebe com a venda de sua arte rica, estranha, bonita. Começou a falar em público. Bobbe a ouviu discursar num jantar de saúde mental na Grand Central Station. "Não pude acreditar. Havia umas trezentas pessoas — e aquela é *Susan*. Quer dizer, como isso aconteceu?", disse Bobbe. O relacionamento de Susan com ela está quase completamente resolvido. "Ela é, sem dúvida, uma pessoa muito mais forte que eu", Bobbe disse. "O que a salvou? Foi sua arte; foi o dr. Klagsbrun; foi o apoio dos irmãos e o meu. Mas, acima de tudo, foi Susan. Ela tinha uma coisa que sempre quis aflorar. Eu mereço uma condecoração. Mereço mesmo. Mas Susan merece muitas condecorações. É duro para mim ela ter passado pelo que passou. Mas também reconheço que, se não tivesse passado por tudo isso, ela não seria quem é hoje. E hoje é a mulher mais maravilhosa, charmosa e linda. Susan dizia: 'São as cartas que você deu a si mesma, mamãe'. Acho que uma coisa que finalmente consegui entender é que, quando a gente aprende a conviver com coisas desagradáveis, às vezes, de repente, elas passam a ser agradáveis."

Os delírios das pessoas com esquizofrenia nem sempre são cruéis. "Meu filho estava fazendo palavras cruzadas", contou-me uma mãe, "e ficou muito zangado porque as vozes não paravam de lhe dar as respostas." Um jovem indiano considerava seus delírios como inusitadamente positivos: "Eu ouvia as folhas sussurrarem poemas de amor para mim". Outro homem disse: "Eu queria achar um medicamento que fizesse as vozes horríveis irem embora e deixasse as que eu amo". A relação com as vozes pode ser mediada pela afeição ou até pela mera urgência. Uma mãe de San Francisco disse: "Embora não sejam agradáveis, elas são amigas dele. É uma coisa privada, e ele as compreende. Seu psiquiatra o aconselhou a ser gentil com as vozes e conversar com elas como se fossem crianças".[158]

Embora a esquizofrenia tenha sido descrita no mundo antigo e nomeada há um século, seus mistérios continuam dando margem a confusões. Michael Foster Green, professor do departamento de psiquiatria da Universidade da Califórnia em Los Angeles, escreve: "Quando uma doença é considerada inexplicável e insondável, as pessoas tendem a reagir a ela com um de dois extremos: ou a *estigmatizam*, ou a *romantizam*. É difícil saber o que é pior".[159] Quem nunca sofreu uma queimadura de terceiro grau pode não saber o que sentem os que a sofrem, mas, se a pessoa tiver sofrido uma queimadura de primeiro grau ela consegue imaginar essa dor; a depressão é uma versão extrema de sentimentos banais. Já a esquizofrenia é fundamentalmente diferente. O psiquiatra existencialista alemão Karl Jaspers identificou "um abismo de diferença" entre a psicose e o pensamento normal.[160] O esquizofrênico em geral não pode resgatar a língua que ele sabe, porém, mesmo que o conseguisse, não existe língua adequada para seu uso. Só podemos entender os horrores da psicose no nível da metáfora.

Quem ama o irmão, ou filho, ou filha, ou amigo esquizofrênico sabe que essa pessoa, ainda que afetada por um genoma traiçoeiro, também é a soma de suas experiências. No livro sobre a doença de seu irmão, Jay Neugeboren escreve: "Quando os profissionais pagos agem como se Robert fosse um mero recipiente de carne, no qual certa vez surgiram os produtos químicos (ruins) que o fizeram adoecer e no qual agora é preciso entornar outros produtos químicos (bons), eles o despojam daquilo que Robert ainda possui em abundância: sua humanidade. Como não se revoltar contra cada uma e todas as tentativas quando se chega, no caso de seres humanos com a vida como a de Robert, a reduzir sua humanidade a sua biologia?".[161] Andy Behrman, um escritor com transtorno bipolar, explicou: "A doença mental não pode ser tratada separadamente da pessoa; as duas estão ligadas de modo inextricável. Eu respondi à pergunta 'Onde termina e onde começa a doença mental?'. No meu caso, nós somos um só. Fiz amizade com o inimigo. Meu tratamento é bem-sucedido precisamente porque leva em conta tanto a mim quanto meu transtorno e não traça demarcação entre nós".[162]

Às vezes, apresentamos um conhecimento retrospectivo a partir da reação à medicação. Se você melhorar com Depakote, deve ter transtorno bipolar. Se melhorar com Zyprexa, é provável que seja esquizofrênico. No entanto, por mais úteis que esses agentes sejam, o trabalho com eles ainda é inconsistente, enredado em teorias não comprovadas, preocupado com neurotransmissores que têm um papel obscuro na doença. O pensamento redutivo sobre a natureza da doença mental — a sugestão de que ela pode ser descrita pela química — satisfaz quem financia a pesquisa, e essa pesquisa pode ajudar quem sofre. Isso também é desonesto. A esquizofrenia não tem margens; transforma-se naquilo que ela invade.

A esquizofrenia clássica é uma doença horrível, mas saber o que seu filho ou você tem pode ser estranhamente reconfortante; classificação constrói identidade. Há uma comunidade de pessoas que têm a doença ou dela tratam. Mas essa enfermidade opera em gradações sutis e às vezes desconcertantes. O psicanalista Richard C. Friedman, que trabalhou no esboço da terceira edição do *Manual Diagnóstico e Estatístico de Transtornos Mentais*, disse: "O problema do diagnóstico psiquiátrico é termos passado de um modelo analógico para um digital, no qual as coisas não são matéria de graus complexos, mas de uma grande quantidade de 'sim' e 'não' que são como '0' e '1'. Há muitas vantagens práticas em classificar as pessoas, mas a experiência clínica mostra que não é assim que a mente funciona. Temos de lidar com muitas camadas de fenômenos contínuos".[163]

Ninguém nunca soube dizer exatamente o que há de errado em Sam Fischer. Eu o conheci quando ele tinha 33 anos por intermédio de um psiquiatra que estava tratando de sua esquizofrenia, mas outro clínico diagnosticou síndrome de Asperger. É evidente que Sam tem um transtorno de estado de ânimo, com períodos de depressão intensa e episódios ocasionais de hipomania, um sentimento não psicótico, mas excessivo, de valor e poder. Suas interações sociais manipuladoras sugerem transtorno de personalidade limítrofe. Ele tem ansiedade e fobias, sinais de distúrbios de personalidade obsessivo-compulsivo e narcísico, além de um prolongado transtorno de estresse pós-traumático. Em suma, apresenta uma grande multidão de sintomas psiquiátricos reunidos no cérebro como para um evento de gala. "Ninguém me entende de verdade", disse ele. "Sou demasiado esquisito para isso."[164]

Sam nasceu ictérico, com menos de dois quilos e meio, embora a termo. Não comia. Os médicos temiam que ele estivesse morrendo, e seus pais, Patricia e Winston, passaram o começo da vida de Sam no Hospital Infantil de Filadélfia, no qual os médicos procuraram tumores no cérebro e moléstias renais. Sam também tinha escoliose e um testículo não descido que precisava ser extraído cirurgicamente. Nunca engatinhou e demorou para começar a andar. Nos primeiros testes padronizados, recorda sua mãe, ele era "um gênio linguístico e quase um retardado quando se tratava de quebra-cabeças".

No jardim de infância, Sam consultou seu primeiro psiquiatra, que disse que ele estava "caminhando na beira de um abismo". No ensino fundamental, não aprendia aritmética nem conseguia escrever ou desenhar por falta de coordenação. Patricia lembrou: "Winston e eu dissemos: 'Agora existem calculadoras. Que importa se ele não puder praticar esporte nem desenhar?'. Sam falava em parágrafos completos e fluentes. Na floricultura, sabia dar o nome das plantas mais desconhecidas. Para nós, era maravilhoso; devia ter sido um sinal de que algo não era nada maravilhoso. Tínhamos certeza de que os pontos fortes superariam os fracos, muito embora os especialistas nos avisassem reiteradamente que, na maioria das pessoas, os déficits prevalecem sobre os pontos fortes".

Na quinta série, uns garotos mais velhos amarraram Sam numa cerca e o deixaram 25 minutos gritando até que um professor o descobrisse. Em mais de uma ocasião, ele foi empurrado escada abaixo. Seus pais o puseram numa escola de educação especial pública, mas isso tampouco lhe serviu. "Era como se Sam tivesse dislexia ao contrário; sabia ler e não tinha problemas para decodificar as coisas, mas não era capaz de fazer mais nada", contou Patricia.

Sam havia percebido que era gay, mas continuava intensamente isolado no ensino médio. Então aconteceu algo no banheiro da escola. Sam o descreveu como uma "tentativa de estupro" e lamentou com amargor: "Aquela orientadora educacional sacana disse: 'Ele é do último ano, e você está apenas começando, de modo que nós não vamos fazer nada'. Isso arruinou de vez a minha vida". Sam sente que o episódio foi minimizado, enquanto seu pai sente que foi exagerado. Winston explicou que alguém deve ter mostrado a genitália para o filho e tentado seduzi-lo. Seja como for, Sam ficou traumatizado e começou a ouvir vozes. Disse: "Era a voz dos meus inimigos na escola, e deixei de ser muito pacífico e fiquei efetivamente belicoso".

A família levou-o a um psiquiatra, mas Sam não se deu bem com a medicação. "A molindona não adiantou nada", contou Winston. "O Ativan ajudou. O Risperdal foi um desastre, ferrou com sua coordenação. O Prolixin, um fiasco; ele tinha ânsia de vômito o tempo todo. Ficou claro que ia ser uma longa caminhada."

No fim do último ano do ensino médio, Sam tentou o suicídio pela primeira vez, mas sem muito empenho. "Eu o tirei da banheira quando ele estava tentando se afogar. É provável que tenha tapado o nariz", disse Winston. Durante algum tempo, Sam deu a impressão de funcionar um pouco melhor, mas foi hospitalizado três anos depois, quando teve um confronto com a polícia. "Estava falando sozinho e a polícia o deteve, então ele disse ou 'Quero matar fulano', ou 'Quero me matar'", explicou Winston. "Ficou em custódia protetora e explodiu. Oito pessoas caíram em cima dele, prenderam-no e lhe deram Haldol. Fiquei desesperado. Sam dizia: 'Me dê alguma coisa que me faça morrer'. Foi terrível." Depois ele entrou naquilo que chamava de "Período de Sam Porco Gordo". E explicou: "Eu era racista e odiava todo mundo. Não comi nada dos 21 aos 24 anos, só junk food umas oito vezes por dia. Tinha obsessão pelo hóquei no gelo. Não sei o que me fez virar um porco tão horrendo, nojento e odioso, mas foi isso que me aconteceu".

Winston e Patricia levaram Sam numa visita ao Gould Farm, um centro de reabilitação em Massachusetts, no qual ele passou uma noite, mas depois fez questão de voltar para casa, alegando que as pessoas lá eram "até mais gordas e mais doentes do que eu". Os Fischer ficaram desnorteados. Sam é a própria negação do princípio freudiano de que compreender o próprio comportamento ajuda a pessoa a modificá-lo; Sam entende perfeitamente o que há de errado com ele, coisa que o levou a se sentir superior aos residentes do Gould Farm, mas é incapaz de lidar com isso, motivo, aliás, pelo qual foi levado para lá.

Depois da infância focada na botânica e do seu período "porco" de fixação no hóquei, Sam ficou obcecado pelo auge do rock 'n' roll, paixão que compartilha com Winston. Sai à procura de versões em vinil de músicas há muito tempo esquecidas por quase todo mundo e identifica o momento em que recebe um disco encomendado como a única ocasião em que sente genuína felicidade. Mas foi expulso do Princeton Record Exchange no dia em que esmurrou um dos empregados. Geralmente, Winston se encarrega de pôr panos quentes nas coisas. "Gosto de quando ficamos juntos, mas é demais. Sou seu único amigo. Estamos chegando a um estágio em que não sei quanto tempo isso há de continuar. Se tivéssemos podido deixá-lo no Gould Farm, talvez ele chegasse à percepção existencial de que tinha ou de construir uma vida, ou de acabar num hospital, mas nunca fomos capazes de enfrentar a ideia de obrigá-lo."

Sempre que Sam manifesta interesse por outras pessoas, Winston e Patricia procuram incentivá-lo. Infelizmente, essa atitude parece ativar alguns de seus déficits mais alarmantes. "Nós estávamos numa loja de discos", Winston contou. "Ele ficou com medo da capa de um álbum do The Knife. Consegui o número do telefone do solista. Sam estabeleceu uma relação telefônica com ele. Ligava com excessiva frequência, como é seu costume. A mulher ou namorada costuma dizer: 'Você pode fazer esse garoto parar de telefonar? Isso está me deixando louca'. E assim, aquele que foi uma espécie de momento ideal, no qual você explora o disco de que tinha medo, acha o cara e faz amizade com ele, acaba se transformando num pesadelo que o leva a se sentir péssimo consigo mesmo."

Sam se dedica a inventar bandas de rock e a produzir as capas de seus discos — desenhando a arte, fazendo listas de músicas, escrevendo encartes e letras. "Minhas letras tratam de amor, ódio, vingança", disse. "Todas têm orientação homossexual." Ele e eu passamos horas vendo suas capas. "Esquecimento em órbita. Realidades frias e ocasionais alegrias de viver no Exército Britânico, do espaço sideral, de fenômenos estranhos e do sexo", escreveu Sam numa delas. Ele também toca guitarra — tem três.

Sua outra obsessão são os soldados. "O único grupo que me entende", contou. "Eles me olham diretamente nos olhos e tentam fazer com que me sinta 'infrágil', como acreditando em mim. Ao contrário dos meus pais, que não fazem nenhum esforço." Para Winston, a obsessão não é irracional: "Sua fantasia é ser protegido, por isso ele ficava atrás de mim para que eu o ajudasse a conhecer soldados". Pode-se questionar a sensatez de satisfazer esses desejos por pessoas que acabarão se irritando com isso, mas parte da *folie à deux* é que Winston se agrega a Sam na sua atrapalhada realidade. "Arranjei emprego num jornal e percebi que podia fazer uma reportagem sobre a base militar de Fort Dix", contou Winston. "Eles nos mostraram a base; Sam teve oportunidade de tirar retrato dos soldados, de conhecê-los e conversar com eles." Ele também se interessa por exércitos estrangeiros. "Quando formos à Inglaterra, por exemplo, vamos tomar o trem de Bristol e simplesmente soltá-lo", disse Winston. "Ele acaba tendo uma grande conversa com algum militar." Patricia é ambivalente a esse respeito, mas acata tudo, já que Winston passa o dia com o filho enquanto ela trabalha. "O psiquiatra de Sam diz que preciso ser enérgica, mas como ser enérgica com a simpatia de Winston?"

Sam telefona para os soldados. Winston conseguiu arranjar listas telefônicas do Exército Britânico. "Sei que esses soldados têm medo e também sei que pensam que estão fazendo uma coisa importante" disse Sam. "Os rapazes e homens ingleses são bonitos. Pele rosada muito delicada. A primeira vez que me apaixonei foi por um soltado britânico. Uma experiência dolorosíssima porque foi amor à primeira vista. Nós conversamos uma hora e eu queria passar a vida com ele. Nunca mais nos vimos. Seu nome era sargento Gibbs. Tinha 33 anos e eu, 27. Quis beijá-lo, mas ele estava com uma metralhadora. Fiquei com o coração partido depois disso. Nosso primeiro gato morreu pouco tempo depois que isso aconteceu. Foi um período muito difícil." Winston explicou: "Há um cara encarregado do portão de um daqueles prédios públicos grandes perto do Hyde Park. Sam teve uma conversa de vinte minutos com esse sujeito e só sabe seu sobrenome, Gibbs. Mas o cara virou o herói dos seus sonhos, como se tivessem um relacionamento completo".

"Nós sabemos de onde vem a fixação militar de Sam", disse Patricia. "É uma fixação sexual e, aliás, muito conhecida. Mas ele também pensa que vive numa zona de guerra e sente que essa gente entende o que é sobreviver em situação de guerra. Não posso acreditar que eles conversem com Sam, mas conversam. O que estraga tudo é ele telefonar muitas e muitas vezes. Eu digo: 'Anote cada telefonema e faça uma lista das pessoas para as quais você pode ligar de novo'. Abro uma conta telefônica de quatro páginas e digo: 'Você não acha que anda telefonando demais?'. Ele explode. 'Não, não acho, não acho, eles não se incomodam.'" Patricia finalmente bateu o pé e disse: "Você não pode ficar telefonando assim", e Sam a agrediu. Winston chamou a polícia. Mas eles receiam que impor limites mais firmes venha a agravar as coisas.

"Todo ano Sam e eu íamos a Montreal", contou Winston. "Eu o levava para ver os caras do Black Watch tocarem gaita de foles. Há seis anos, Sam pediu para conversar com alguém do Black Watch. Mandaram um cara que acabou se revelando gay. Os dois mantiveram contato, e no ano seguinte, quando voltamos para lá, Sam estava decidido a perder a virgindade. Eu lhe dei alguns preservativos, e o cara ficou de levá-lo a uma casa de banho. Fiquei esperando junto ao telefone: vai ser horrível, maravilhoso? Não foi nada. O sujeito se deu conta de que não queria assumir a responsabilidade. Agora ele é um inimigo, como todo mundo que Sam fica conhecendo."

Conheci Sam num almoço em Princeton. Ele e Patricia cozinharam juntos; é a sua atividade comum mais tranquila, e eles prepararam uma refeição deliciosa. Sam anunciou: "Este foi o pior inverno da minha vida. Tentei suicídio seis vezes". Patricia, que estava à mesa, disse: "Você pensou nisso; não tentou". Sam respondeu: "Eu enfiei uma faca nos pulsos. Sofri dois colapsos nervosos. Sou muito sensível aos medicamentos". "E ao álcool", lembrou Patricia. "E às drogas", acrescentou Winston. "E às pessoas. E à vida", disse Patricia. Sam recebe um subsídio de deficiente do seguro social, assim como uma mesada dos pais, e está planejando mudar-se para o Reino Unido. "Mas Patricia é uma sacana! Uma ave agourenta. 'Você não vai para a Inglaterra! Esqueça!'. É a única coisa que ela sabe dizer. Eu avisei que não ir este ano arruinaria minha vida, mas, por mais que eu diga, não adianta."

A verdade é que desses pais perplexos emana uma grande quantidade de amor e insight. "Não acredito em normalidade", disse Winston. "É só uma média entre extremos." Patricia contou: "Ele acha que, se os discos certos chegarem pelo correio, seus problemas estão resolvidos. Ou talvez que será livre se mudar para a Inglaterra. É a falta de filtros, a falta de autocontrole, a falta de capacidade de se agarrar a alguma coisa, esse é o problema. O resto é realidade. Ele não tem amigos. Não tem ocupação. Nós somos a prova viva de sua dependência. Se dissermos não a algo que ele quer, então é 'Vocês não me deixam viver a minha vida'. Quando dizemos 'O que mais queríamos era dar-lhe a possibilidade de viver a sua vida', então é 'Vocês querem me jogar na rua'. Ele pode analisar a situação tão bem quanto nós. Mas é irremediável. Na verdade, as alucinações são o de menos nisso tudo".

Antes de partir de Princeton naquele dia, fui me despedir de Sam. "Puxa, obrigado", eu disse. "Sei que deve ser difícil receber um sujeito completamente desconhecido em casa e que faz tantas perguntas." Para minha surpresa, Sam me deu um abraço afetuoso, então me fitou nos olhos e disse: "Você não me pareceu um desconhecido". Uma capacidade de conexão profundamente enternecedora lampejou na sala, e um certo "eu" que ele vinha mostrando por baixo da doença pareceu me tocar. Então voltou a desaparecer, perdido no monólogo sobre um disco que nunca ouvi e que talvez nem exista.

Um dos médicos de Sam me disse que ele provavelmente tem uma síndrome neurológica em parte ligada ao desenvolvimento fetal, que se manifesta de maneiras que não conseguimos mapear. O tema diagnóstico provoca em Patricia um ruído que é, em proporções iguais, um riso e um soluço reprimido. "Ultimamente tem sido dificílimo, com muita gritaria, bateção de portas e aumento da pressão arterial", disse ela. "Estou no modo brigar-ou-fugir, e nós não devíamos brigar e eu não devia fugir. Controlo-me a maior parte do tempo, a não ser que esteja muito, muito cansada. O último psiquiatra de Sam apresentou o caso numa reunião e voltou dizendo: 'Todos concordam que ele precisa de estrutura', e eu olhei para a cara dele: 'O que você pensa que eu sou, uma idiota?'. Nunca pensei nisso: Sam e estrutura! Venha à nossa casa e veja se consegue criar alguma estrutura! Nós fizemos o humanamente possível e impossível para criar estrutura."

O progresso deles consiste em parar de prever o progresso; essa é sua paz. "O problema", disse Patricia, "é que estamos envelhecendo e ainda nem escrevemos um testamento, porque não sabemos o que botar nele. Não há quem cuide de Sam. Minha fantasia é a gente se aguentar até que ele complete 55 anos e entre numa residência assistida. De modo que tenho de continuar até depois dos oitenta anos. Isso é particularmente difícil para Winston, mas é difícil para mim também. Mas é pior para Sam. Ele percebe pelo nosso jeito que nós estamos perdendo o ânimo, deve perceber. Sam é muito, muito sensível. Eu queria poder protegê-lo do nosso desespero."

As famílias aprendem a enfrentar as mais diversas dificuldades, lutam para amar além dessas divisões e, em quase todos os desafios, encontram uma mensagem de esperança e uma oportunidade de crescimento e sabedoria. Em certos casos, a esquizofrenia e os transtornos psicóticos a ela associados chegam a prestar esse serviço. Não obstante, a esquizofrenia pode pertencer a uma classe em si de trauma ingrato. A cultura rica da surdez, o fortalecimento do nanismo centrado na Pessoas Pequenas da América, a meiguice extrema de muitas crianças com síndrome de Down, a autorrealização da brigada dos direitos do autismo — nada disso está presente no mundo da esquizofrenia, apesar do Orgulho Louco. Podemos hesitar em curar algumas doenças problemáticas porque elas também são identidades ricas, mas a esquizofrenia clama de forma quase incondicional por tratamento. Os pais admiráveis que conheci durante esta pesquisa estariam em melhores circunstâncias se a esquizofrenia não existisse. Para mim, seu sofrimento me pareceu interminável e singularmente inútil.

7. Deficiência

TOMANDO O TREM

Alguém diz que as coisas vão melhorar para ele
Nas montanhas
Assim embarcamos no trem matinal,
Na esperança de chegar à clara cidade caiada
No ardor da tarde.
Tenho tudo de que vamos precisar:
Revistas com bonitas ilustrações,
As balas de Natal que ele quer o ano todo,
Sua garrafa de água e a colher de forma especial.
Tranquilo e feliz, meu filho dormita.
Seu peito semicrescido sobe e desce
Em silenciosos hosanas, sua respiração borbulha
Leitosa como a de um bezerro recém-nascido.
O trem passa por rocha e carvalhiça
Por horas até que súbito, à direita,
Lampeje o olho ferozmente estilhaçado do oceano.
Este não é o caminho das montanhas

E por que todo mundo fala espanhol?

Antigamente eu sabia espanhol

Um funcionário uniformizado gesticula sua necessidade

De picotar nossa passagem, mas

Minha bolsa só contém dois mapas

Do Texas litorâneo.

O funcionário para o trem. É preciso fazer algo conosco.

Uma estação alta de mogno polido

Aproxima-se à verde sombra das palmeiras.

No nosso vagão, três filas de assentos desaparecem.

No lugar em que estavam, a areia varre o chão.

Preciso encontrar minha mala.

Nela há facas e uma câmera

Para registrar o que nos acontece.

A fila de assentos à nossa frente

Desaparece.

A fila de assentos atrás de nós

Também sumiu, toda gente se foi.

A areia sussurra mais alto, junto aos meus tornozelos.

Acho minha mala no vagão seguinte,

Fechos arrombados, lâminas de faca desintegradas até a ferrugem,

A câmera cheia de areia.

Só restam cinco assentos.

Nos nossos dois, outra mulher de cabelo escuro

Cobre com uma manta os joelhos

De outro menino retardado.

Eu recordo a frase espanhola:

¿Dónde está mi hijo?

Uma moça responde:

Eles o tiraram do trem.

O trem anda outra vez, depressa.

A areia no vagão subiu-me aos joelhos.

Fora, um deserto se estira até o horizonte.

Num lugar ao longo das dunas infinitas

Meu filho se arrasta sozinho,

Sem o andador sequer.

Toda manhã da nossa vida

Nós embarcamos nesse trem

E viajamos até o ponto da nossa separação.

Elaine Fowler Palencia[1*]

Deficiência designa o problema do idoso cuja dor nos tornozelos transforma as caminhadas longas num suplício ou do veterano de guerra que voltou para casa sem as pernas. A palavra também é usada em relação às pessoas outrora classificadas de mentalmente retardadas e às que têm o aparelho sensorial comprometido. *Deficiência múltipla* alude a pessoas cujas incapacidades ocorrem em mais de uma maneira ou em virtude de mais de uma doença. *Deficiência grave* indica uma invalidez considerável. *Deficiências múltiplas graves* (DMG) aplicam-se a quem tem um número esmagador de problemas. Alguns indivíduos com DMG são incapazes de movimento controlado, locomoção, pensamento verbal e autoconsciência.[2] Com a aparência mais ou menos igual à de outras pessoas, elas podem não aprender o próprio nome, ou não exprimir apego, ou não demonstrar emoções básicas como medo ou alegria. Podem não se alimentar. No entanto, elas são humanas e, com frequência, amadas. A paixão por esses filhos não contém

---

* No original: *"TAKING THE TRAIN // Someone says things will be better for him / In the mountains / So we board the morning train, / Hoping to reach the bright, whitewashed city / In the blaze of afternoon. / I have everything he will need: / Magazines with pretty pictures, / The Christmas candy he wants all year, / His water bottle and specially shaped spoon. / Quiet and happy, my son dozes. / His half-grown chest rises and falls / In silent hosannas, his breath bubbles / Milky as a newborn calf's. / The train bores through rock and scrub oak / For hours until suddenly, off to the right, / Glints the fierce splintered eye of the ocean. / This is not the way to the mountains / And why is everyone speaking Spanish? / I knew Spanish once / A uniformed official mimes his need / To punch our tickets, but / My purse contains only two maps / Of coastal Texas. / The official stops the train. Something must be done with us. / A tall station of polished mahogany / Looms in the green shade of palms. / In our coach, three rows of seats have vanished. / Where they stood, sand dusts the floor. / I must find my suitcase. / In it are knives, and a camera / To record what is happening to us. / The row of seats in front of us / Vanishes. / The row of seats behind us / Is gone too, all its people gone. / The sand whispers higher, to my ankles. / I find my suitcase in the next car, / Catches sprung, knife blades crumbled to rust, / The camera full of sand. / Only five seats remain. / In our two, another dark-haired woman / Tucks a blanket about the knees / Of another retarded boy. / I recall a Spanish phrase: / ¿Dónde está mi hijo? / A young woman answers: / They put him off the train. / The train is moving again, fast. / The sand in the coach has climbed to my knees. / Outside, a desert stretches to the horizon. / Somewhere along the endless dunes / My son crawls alone, / Without even his walker. / Every morning of our lives / We board this train / And ride to the point of our separation."* (N. T.)

418

motivação egoísta nem previsão de reciprocidade; escolhe-se contrariamente à frase "amar as coisas por razões" do poeta Richard Wilbur.[3] Encontra-se beleza ou esperança na existência desse filho, não nos seus feitos. Grande parte da paternidade envolve alguma luta para mudar, educar e aprimorar a prole; as pessoas com deficiências múltiplas graves podem não vir a ser nada mais, e há uma pureza irresistível no engajamento parental não com o que podia ou devia ser ou será, mas simplesmente com o que é.

Embora a imprecisão dos critérios de DMG torne muito mais difícil ordenar estatísticas relevantes do que doenças isoladas, que apresentam definições claras, sabe-se que nos Estados Unidos nascem cerca de 20 mil pessoas com DMG por ano.[4] Hoje, muitas das que não viveriam além da infância sobrevivem muito mais tempo graças ao desenvolvimento da medicina. Discute-se ativamente se convém priorizar o prolongamento da vida dessas crianças independente de sua dor percebida e das ramificações para aqueles que se responsabilizarão por elas. Há trinta anos, aconselhava-se os pais a renunciar aos filhos com deficiências graves, muitas vezes a deixá-los morrer. Nos últimos vinte anos, eles vêm sendo orientados a conservá-los e amá-los. A maioria dos estados oferece renda suplementar aos membros da família que têm de parar de trabalhar para cuidar de uma criança com DMG, assim como descanso, atendimento médico e serviços domiciliares. Os indivíduos com DMG capazes de absorver algum grau de escolaridade têm acesso a um sistema mais inclusivo. Esses serviços não são prestados por mera generosidade; pessoas que funcionam melhor são menos dispendiosas ao longo da existência. Para cada dólar investido na reabilitação vocacional daqueles que têm deficiência, a Administração de Seguridade Social economiza sete dólares.

David e Sara Hadden se casaram aos vinte e poucos anos e se prepararam para uma vida altamente dinâmica em Nova York. David trabalhava no Davis Polk, um dos melhores escritórios de advocacia da cidade, e Sara não tardou a engravidar do primeiro filho, Jamie. Três dias depois que ele nasceu, em agosto de 1980, um residente entrou no quarto dela no hospital e disse: "Seu filho ficou roxo, e nós não sabemos o que está acontecendo". Os médicos não detectaram nada de errado e mandaram a família para casa com um monitor de apneia que faria soar um alarme caso Jamie parasse de respirar. Isso não aconteceu, e David e Sara acharam que ele estava bem. Quando Jamie tinha três meses, o pediatra

disse que o tamanho de sua cabeça não estava acompanhando a curva de crescimento normal e propôs tirar radiografias do crânio para averiguar se sua moleira — a parte elástica do crânio do bebê — não tinha se ossificado prematuramente. A moleira estava perfeita. "Ficamos contentes", recordou Sara. "Alheios
ao fato de que a cabeça não crescia."

Semanas depois, o médico recomendou-lhes consultar um neurologista, e
eles foram ao Hospital Columbia-Presbyterian, onde o médico disse que Jamie
tinha pigmentação preto e branco na retina, e explicou: "Vocês estão com um
problema sério. Se pensam em ter mais filhos, esperem. Este menino é cego e, ao
que parece, vai ser gravemente retardado, e pode ser que não viva muito". A seguir, atendeu o telefone e disse ao interlocutor: "Estou com um casal com um
problema seriíssimo. Mas, em compensação" — quando ele disse "em compensação", o casal o encarou, cheio de expectativa —, "quero falar com você sobre
outro caso". David e Sara saíram do consultório em silêncio.

Na manhã seguinte, Sara disse a David: "Não sei por que estou dizendo isso,
mas sinto que Jamie precisa ser batizado com urgência". Fazia muitos anos que
eles não iam à igreja, mas procuraram nas páginas amarelas e acharam uma perto de casa. "Não compreendi isso na época", Sara disse, "mas acho que estava
reconhecendo que Jamie tinha alma. Me irritei com uma pessoa dando palmadinhas na minha cabeça e dizendo: 'Os desígnios de Deus são misteriosos'. Eu
acredito que a vida é um mistério, mas não acho que uma divindade específica
nos tenha dado esta situação por um motivo específico. Mesmo assim, encontramos consolo na Igreja." David disse: "Quando Sara propôs batizar Jamie, foi o
começo para nós".

A única coisa em que Sara acreditava àquela altura era na cegueira de Jamie;
achava que seus atrasos estivessem ligados à falta de visão e se recusava a tomar
conhecimento de que o cérebro não crescia. Um mês depois da consulta com o
neurologista, os dois levaram Jamie para fazer um eletroencefalograma. A técnica se pôs a cutucar a cabeça do menino ao aplicar os eletrodos. "Foi quando vira-
mos advogados", explicou David. "Foi quando dissemos: 'Essa não! Você não vai
fazer isso com o nosso filho'. Foi o começo; eu sempre tinha sido uma pessoa
bem-comportada que acatava as regras. Jamie fez de mim um advogado muito
melhor. Me obrigou a desenvolver aptidões de advocacia que provinham da paixão, não de arrazoados intelectuais. Concordamos em ser entrevistados apesar
de prezarmos muito nossa privacidade, porque isso faz parte da advocacia. E Ja-

mie foi um pioneiro nessa arena logo a partir dessas primeiras visitas ao hospital, e nós nos orgulhamos muito dele."

Aos dois anos, Jamie conseguia erguer o corpo e ficar sentado, mas aos três perdeu essa capacidade; foi capaz de rolar até os onze anos, mas já não o faz. Nunca desenvolveu a fala nem se alimentou. No começo, conseguia urinar, mas os processos neurológicos relevantes não tardaram a falhar, e ele precisa usar um cateter permanente. "Quando soubemos que Jamie era retardado, fiquei com medo", contou Sara. "Eu tinha aquela visão de Helen Keller segundo a qual, se eu achasse a chave certa, se conseguisse simplesmente fazer os sinais na mão dele o tempo suficiente, Jamie aprenderia a falar. Todos os professores me instigavam, dizendo: 'Isso, isso, isso é o que você precisa fazer, quanto mais, melhor; maximizar o potencial dele!'. Até certo ponto, foi um apoio maravilhoso, mas, por outro lado, também um sentimento de culpa assombroso."

Os médicos estavam plenamente convencidos de que o estado de Jamie era anômalo, e, quando ele tinha quatro anos, os Hadden resolveram ter outro filho. Liza nasceu com a saúde perfeita. Quatro anos depois, eles decidiram que seria bom para Liza ter um irmão que um dia a ajudasse a cuidar de Jamie e, assim, tiveram Sam. Quando este tinha seis semanas, Sara o estava pondo na cama e, de repente, ele começou a se contorcer, e ela entendeu imediatamente que se tratava de uma convulsão.

"Com o diagnóstico, a gente tem o prognóstico", explicou; "e com o prognóstico, mais paz de espírito." Mas o diagnóstico permaneceu indefinido, muito embora tenha ficado claro que os dois meninos tinham uma síndrome. Os Hadden puseram um anúncio nos jornais de hospital e na revista *Exceptional Parent* à procura de outras crianças com enfermidade parecida. Submeteram os garotos a exames na Universidade de Nova York, no Hospital Infantil de Boston e no Mass Eye and Ear; passaram a se corresponder com médicos da Johns Hopkins. A constelação de sintomas de Jamie e Sam parece ser única, de modo que ninguém é capaz de prever qual é o melhor tratamento para os meninos, até que ponto eles podem se deteriorar ou quanto tempo vão viver.

Sam era ainda mais frágil que Jamie. Vivia fraturando as pernas porque tinha ossos quebradiços; enfim passou por uma cirurgia de fusão espinhal total. Alimentado por um tubo desde uma idade muito mais precoce que Jamie, Sam vomitava o tempo todo. Aos dois anos, passou seis semanas no hospital devido a convulsões contínuas. Quando foi internado, sua capacidade cognitiva era maior que a de Jamie, mas ele a perdeu no espaço de seis semanas. Tanto David quanto Sara ficaram sobrecarregados de trabalho. "As pessoas não paravam de perguntar: 'Por que vocês não providenciam ajuda?'", contou Sara. "Mas a ideia de ajuda era tão acachapante quanto as coisas em que precisávamos de ajuda." Quando ela explicou a Liza que Sam ia ser como Jamie, a menina disse: "Devolva-o e arranje outro bebê". Foi duro ouvir isso, porque era exatamente o que a própria Sara andava pensando. "Por causa da depressão, não por não o amar", disse Sara. "Àquela altura, meu maior objetivo no dia era pôr toda a roupa na máquina de lavar, mas nem sempre eu o atingia." Alguns meses antes do diagnóstico de Sam, Sara chegou ao fundo do poço. "Sentei no chão da cozinha, tentando me convencer a ir para a garagem com os garotos, ligar o motor do carro e fazer com que os três morrêssemos com o monóxido de carbono", contou ela.

Mas também havia alegria. "Se soubéssemos que a doença ia se repetir, não teríamos arriscado", afirmou Sara. "Dito isto, se me mandassem apagar essa experiência de uma vez por todas, eu não a apagaria. Para Sam, foi um grande benefício ser o irmão mais novo de Jamie. Eu ficava muito menos inquieta ao cuidar dele; sabia o que fazer. Sam era mais fácil de amar. Jamie é um lutador; vai defender seus direitos. Sam simplesmente se agarraria à gente, encolhido. A imagem que sempre me ocorre é o mundo de amor que Woody Allen pôs num dos seus filmes." David concordou: "Nós temos aí um filme adorável de Sara dançando com ele quando era pequeno. Sam estava de pé mesmo. E Sara dançando rock. Ele podia cair de uma hora para outra. Mas Sara e Sam eram Fred Astaire e Ginger Rogers. Eram mágicos juntos. Isso me deixa absolutamente assombrado, o impacto que uma pessoa cega, retardada, que não fala e não anda exerce sobre as pessoas. Ele tem um modo de abrir e tocar os outros do qual nós nem chegamos perto. Faz parte da história da nossa sobrevivência: nosso encanto com seu jeito de comover tanta gente".

Quando Jamie tinha quase nove anos, Sara tentou tirá-lo da banheira e ficou com hérnia de disco. As três crianças tiveram catapora. Os meninos usavam fraldas e era difícil trocá-las. "Acho que toda mãe que fica em casa 24 horas por dia merece uma condecoração", disse David. "Mas Sara merece dezesseis Purple Hearts.* Tivemos Sam sendo levado às pressas ao hospital com convulsões; tive-

---

* Purple Heart [coração púrpura]: condecoração norte-americana reservada aos soldados mortos ou feridos durante o serviço militar. (N. T.)

mos a nossa de quatro anos; e depois tivemos Jamie, com sua imprevisibilidade. Muito mais do que éramos capazes." Eles conseguiram uma internação de emergência para Jamie, em junho de 1989, num estabelecimento para adultos a cerca de quarenta minutos de sua casa no norte de Connecticut. David e Sara participaram de uma ação popular contra o estado de Connecticut, visando substituir as instituições grandes por atendimento comunitário. "Jamie constrangeu o Departamento de Retardo Mental com a ideia de que o máximo que eles podiam oferecer a um menino de oito anos era uma instituição de sessenta leitos para adultos", contou David com orgulho. Um artigo sobre a luta saiu na revista dominical *Hartford Courant*, com Jamie na capa, e, em 1991, a Associação para Cidadãos Retardados de Hartford criou uma residência comunitária. Os Hadden decidiram que Sam também devia morar lá. Visitavam-no diariamente. Com Liza na primeira série e os dois meninos fora de casa, Sara decidiu que, como seu melhor meio de comunicação com os filhos sempre fora o tato, faria um curso de massagem; trabalhou quinze anos como terapeuta da massagem.

Dois anos depois que mudou para a residência comunitária, Sam estava tomando um banho rotineiro quando a atendente encarregada dele foi buscar um remédio, coisa que não devia fazer. Para tomar banho, ele ficava numa cadeira que cabia na banheira, com um cinto de segurança atravessado nos quadris. Talvez tenham esquecido o cinto, talvez o velcro tenha cedido. A atendente se ausentou menos de três minutos e, quando voltou, Sam estava submerso. David recebeu o telefonema no escritório e ligou imediatamente para Sara, que estava levando Liza para o colégio interno. Os três se encontraram na sala de emergência do hospital. "O médico entrou", contou David. "A expressão dele disse tudo. Sara e eu ficamos passados, atordoados, e Liza se enfureceu, sabendo que alguém tinha feito besteira." Sara disse: "Tínhamos conversado sobre querer que os meninos morressem, e entrávamos em pânico quando isso parecia estar acontecendo. Foi melhor para Sam. Tenho muita saudade dele, para mim foi uma perda trágica — mas ele passou muito tempo travando uma luta difícil, e tenho certeza de que agora está num lugar melhor".

Naquela noite, os Hadden foram visitar Jamie na residência. A atendente que deixara Sam na banheira estava presente. "Jogada no sofá, em estado de choque, não parava de chorar", contou Sara. "Eu lhe dei um abraço e disse: 'Marvika, podia ter sido qualquer um de nós'. Ela não devia tê-lo deixado sozinho na banheira, mas é tão difícil ser vigilante a cada minuto. Todo mundo faz cagada. O tempo todo. Se ele estivesse em casa, não posso dizer que não o teria deixado na banheira para ir pegar uma toalha. É incrivelmente difícil contratar e conservar gente qualificada para fazer esse trabalho tão árduo de cuidado direto, e a remuneração é péssima. Se começarmos a acusar as pessoas de crime por terem cometido um erro, em que isso vai ajudar? Eu não quis fazer nada que desestimulasse outras pessoas a ingressar nesse campo relativamente ingrato. De mais a mais, nós tínhamos de continuar frequentando a residência comunitária porque Jamie estava lá. Aquela gente salvou nossa vida — cuidando dos nossos filhos todo santo dia."

A atendente foi processada por homicídio por negligência. "Nós dissemos ao promotor: 'Nosso desejo é que o senhor não leve isso adiante'", recordou David. "'Essa mulher vai perder o emprego. Não vai conseguir outro como esse. O problema na verdade corrigiu a si próprio.' Nós dois queríamos que a compaixão e a cura se estabelecessem o mais depressa possível." Marvika acabou condenada a cinco anos, com suspensão do cumprimento da pena, e uma das cláusulas da liberdade condicional era nunca mais trabalhar em cuidado direto. Depois da condenação, David lhe deu um dos lenços que Sam usava no pescoço como babador. "Ela deixou escapar um gemido angustiado que ecoou nos corredores de mármore do tribunal."

O videoteipe do enterro de Sam registra uma extraordinária efusão de amor — grande parte dele por David, Sara, Liza e Jamie, assim como por Sam. "Eu já imaginava que Sam fosse morrer", contou David. "Pensava que seria uma sensação de alívio. E foi. Mas também foi uma aguda sensação de perda, o sentimento de que, se eu pudesse voltar no tempo e salvá-lo, daria o braço direito por ele. Não esperava me sentir assim." Quatro anos depois, quando eles finalmente sepultaram as cinzas de Sam, Sara disse: "Que eu enterre aqui a raiva que sinto de terem me roubado duas vezes: uma o filho que eu queria, outra o filho que eu amava".

Na primeira vez em que visitei Jamie, que tinha vinte e poucos anos, à primeira vista ele parecia inerte. Reparei que seu quarto era muito bonito: quadros emoldurados e pôsteres enfeitavam as paredes, um edredom de estampa delicada cobria a cama, e era muito boa a roupa pendurada no armário. Achei meio excêntrico escolher coisas visualmente agradáveis para uma pessoa cega, mas Sara disse: "É um gesto de respeito e também uma mensagem para as pessoas que trabalham com ele: que nós cuidamos dele e esperamos que elas façam o mesmo". Jamie, que é alto e de ossos grandes, precisa ser erguido e recolocado na cama com uma polia. O esforço necessário para que fique bem acomodado é tremendo, mas, embora ele pareça capaz de sentir desconforto, de início me impressionou pela aparente incapacidade de sentir prazer. Entretanto, estar no quarto com Sara, David e o filho é presenciar uma humanidade vibrante. "A morte de Sam teve o efeito de amadurecer Jamie", disse-me Sara. "Mas talvez a mudança tenha se operado em nós." [5]

Nas visitas posteriores, descobri que Jamie às vezes abre os olhos e parece olhar fixamente para a gente; chora, sorri e de vez em quando dá uma espécie de risada. Aprendi a pousar a mão em seu ombro, já que o tato é seu principal meio de comunicação. Liza tirou quinze dias de licença do trabalho para ler para Jamie *As crônicas de Nárnia*, para o caso de ele as entender. O gesto era um tanto incongruente, mas vi que ele podia se acalmar com a voz e a presença da irmã, e que era bom para ela reconhecer o eu essencial dele. "É um estado bruto, simplesmente ser uma pessoa sem tentar impressionar ou obter ou realizar nada", disse David. "É puro ser. De um modo totalmente inconsciente, ele é o ser humano que é. Acho que pensar nisso ajuda a criar energia suficiente para neutralizar as exigências da situação."

Quando a equipe da residência comunitária se sindicalizou e entrou em greve, Sara disse: "Eu apoio muito suas esperanças e desejos, mas me entristece a facilidade com que eles são capazes de ir embora. Quero que amem Jamie a ponto de achar tão difícil abandoná-lo quanto eu acharia. É um trabalho, e eles o fazem muito bem e gostam de Jamie, mas não o amam. Com isso, para mim fica difícil confiar neles, especialmente com o espectro do que se passou com Sam". Alguns anos depois, quando Jamie tinha se mudado para uma residência um pouco mais distante, Sara me escreveu: "Nossas visitas a Middletown são como uma excursão para observar baleias. Muitas vezes, viajamos para encontrar Jamie dormindo e temos de nos conformar com comentários do tipo 'Vocês deviam ter chegado uma hora antes; ele estava se divertindo muito!'. Ou, pior, às vezes somos devolvidos aos mares inquietos da preocupação quando o vemos se sentindo aflito e tentando entender a causa. Temos esperança nesses momentos maravilhosos, como há duas semanas, em que o vemos 'subir à tona' e podemos sentir seu prazer de estar vivo".

Sara e David descreveram uma dinâmica de seu casamento em que ora um, ora outro entra num lugar sombrio. Eles se revezam apoiando-se mutuamente. "Dá muito trabalho tirar o outro lá de dentro, e isso faz parte da parceria", disse

David. Quando os conheci, os Hadden tinham começado a fazer gestalt-terapia, e seu primeiro exercício fora traçar uma linha do tempo de suas vidas. "Eu estava concluindo a linha e tive de desenhar o nascimento dos nossos três filhos", contou Sara. "E simplesmente perdi a vontade de fazer aquilo e comecei a chorar. Existe tanta dor que — na crise de viver até o fim a logística da nossa vida — não havia nenhum espaço para senti-la; nós engolimos tanta coisa para fazer com que a vida acontecesse."

Em *The Exceptional Child in the Family* [A criança excepcional na família], Alan O. Ross escreve que as expectativas dos pais "pressupõem invariavelmente que o filho conseguirá superar ou pelo menos atingir o nível de realização socio-cultural deles". E prossegue: "Quando o filho não corresponde a essa imagem, os pais em geral precisam de ajuda para adaptar seu comportamento à reali-dade — necessitam aprender a lidar com a dissonância entre a imagem que têm de 'um filho' e a realidade do 'seu filho'".[6] A tensão geralmente está menos liga-da à gravidade das deficiências do filho do que à capacidade dos pais de lidar com elas, à dinâmica entre os membros sadios da família e à importância do lu-gar dos pais na maneira como as pessoas de fora os percebem. Renda, tempo disponível para dar atenção ao filho e apoio fora da família são fatores significa-tivos. O estresse mais insidioso talvez seja o isolamento social que pode advir quando amigos se afastam ou quando os pais preferem evitar a pena ou a incom-preensão deles. O nascimento de uma criança saudável costuma expandir a rede social dos pais; o nascimento de uma criança deficiente diminui essa rede.

Susan Allport, uma autoridade em apego materno, escreve que, nas popula-ções não deficientes, "não se trata de pai ou mãe provendo de cuidado o filho incapaz, mas de pai ou mãe e filho executando, juntos, danças de reprodução e sobrevivência cuidadosamente sincronizadas, rigorosamente selecionadas. O re-cém-nascido nasce sabendo seus passos, mas, como todos os dançarinos de salão, precisa de um parceiro. Os pais são preparados para o comportamento parental pelos seus hormônios e pelo ato do parto, mas, para que esse comportamento tenha continuidade, precisam de parceiros que reajam de maneira adequada".[7] Essa ideia aparece inúmeras vezes na literatura do apego. "É provável que não exista mamífero em que o compromisso materno não surja aos poucos e seja cronicamente sensível a deixas externas", escreve a bióloga evolutiva Sarah Blaffer

Hrdy. "A criação tem de ser provocada, reforçada, mantida. A própria criação precisa ser criada."[8] No *Handbook of Attachment* [Manual do apego], a importante antologia médica na área, Carol George e Judith Solomon propõem que o apego materno é "transacional, em vez de linear e unidirecional".[9] Como são feitas as transações com um filho com DMG que em geral só consegue expressar apetite ou dor, depois sinalizar satisfação quando a fome e o desconforto são aplacados?

No entanto, o apego parental aos filhos com DMG ocorre frequentemente; como todo amor, é, em certa medida, um ato de projeção. Pensamos que amamos os filhos porque eles são encantadores e os pais porque cuidaram de nós, porém muitos filhos cujos pais os negligenciam continuam amando-os, e muitas mães e pais de filhos detestáveis são apaixonados por eles. A pediatra Carrie Knoll descreveu um casal cuja filha foi diagnosticada com holoprosencefalia, doença em que o cérebro, uma concha vazia, sustenta apenas as funções automáticas mais primitivas da vida. "Os pais nunca hesitaram em considerá-la um bebê normal", escreveu Knoll. A criança morreu com algumas semanas de vida. "Quando telefonei para dar os pêsames à família", prosseguiu ela, "entendi que os dois a choravam tanto quanto quaisquer outros pais teriam chorado. Para eles, ela era simplesmente sua filha."[10]

Louis Winthrop e a esposa, Greta, ficaram contentíssimos quando sua filha Maisie nasceu. Na noite seguinte, depois de ser alimentada, ela deu a impressão de ter pegado no sono junto ao seio da mãe. A enfermeira estava disposta a deixá-la assim, sem perturbá-la, mas Greta, incomodada depois de um parto difícil, pediu-lhe que a levasse. No corredor bem iluminado do hospital, a enfermeira notou que o bebê estava roxo. Maisie teve convulsões durante 24 horas. Não se sabe se as teve por privação de oxigênio ou se parou de respirar devido a uma convulsão. Quando os ataques cessaram, seu tronco encefálico estava sangrando muito; o sangramento podia ser um sintoma do dano ou sua causa. "Havia um nível de cinza infindável", contou-me Louis, "entre ela estar completamente bem e morrer. Se tivéssemos percebido mais cedo que o bebê não estava apenas dormindo... bem, é impossível saber."[11]

Louis perguntou ao médico se Maisie ia sarar. "Eu não me apressaria a guardar dinheiro para pagar seus estudos em Harvard", foi a resposta. Louis e Greta ficaram ofendidos. "Eu não conseguia acreditar que foi essa a maneira escolhida por ele para me contar que minha filha ia ser profundamente retardada", disse Louis. A seguir, eles consultaram um audiologista, que explicou que Maisie teria uma surdez parcial. "Não sou muito efusivo, mas me saiu uma lágrima quando ele estava falando", contou Louis. "O médico disse: 'Você precisa ser forte, do contrário não vai conseguir enfrentar isso, nem ela. Se não puder ser forte por si, trate de ser forte por ela'. Fiz um esforço e parei de chorar, e pensei: 'Sim, eu tenho de ser o forte'." No entanto, ele ficava magoado com o modo como outros pais o evitavam: "Você vai ao Central Park com uma criança com necessidades especiais, e o outro pai finge que não vê. Não lhe passa pela cabeça aproximar-se e propor que os filhos dele brinquem com o seu. Sei como ele se sente porque, antes de Maisie nascer, eu era um desses no parque".

Louis e Greta tiveram outra filha, Jeannine, que é saudável. "Somos diferentes com Jeannine por causa de Maisie", disse Louis. "Meu medo é não lhe darmos atenção suficiente porque Maisie requer tanta energia. Mas, por outro lado, temos mais contato com o quanto Jeannine é um milagre e ficamos mais entusiasmados com cada coisinha que ela faz porque sabemos que o desenvolvimento saudável não é uma inevitabilidade." Embora tenham lutado, os Winthrop contam com certas vantagens. "Nós podemos ver que é uma pessoa que está aí", prosseguiu Louis. "Outros encontram Maisie brevemente e pensam que somos loucos, mas não nos falta ânimo. Nós a amamos muito mais do que eu imaginava que pudesse amar alguém. Ainda sou perseguido pela sombra de Maisie, a que não parou de respirar. A que nós conhecemos só um dia. Eu cheguei a pensar uma ou duas vezes que talvez fosse melhor para todos nós se ela morresse. Não sei dizer até que ponto é solidariedade com a frustração e a dor de Maisie e até que ponto é uma coisa egoísta. Acontece nos meus devaneios. Nos meus sonhos, Maisie costuma estar bem e conversar comigo."

A filósofa Sophia Isako Wong, cujo irmão tem síndrome de Down, perguntou: "O que faz a vida de um pai ou mãe valer a pena — ou, em outras palavras, que recompensa os pais esperam em troca do sacrifício de criar os filhos?".[12] Durante a maior parte do século xx, a percepção padrão era que as famílias de filhos deficientes não podiam esperar nada; sua realidade emocional ficou sintetizada no famoso conceito de "tristeza crônica" do orientador de reabilitação Simon Olshansky.[13] Recorrendo ao vocabulário emocional de *Luto e melancolia*, de

Freud, o mundo psiquiátrico referia-se a tais nascimentos com o vocabulário da morte. Considerava-se que os pais que manifestavam emoções positivas estavam supercompensando para dissimular a raiva, a culpa e poderosos desejos de fazer mal ao filho.[14] Um estudo de 1988 concluiu: "Os pesquisadores e provedores de serviços no campo das deficiências de desenvolvimento encaram a totalidade da família como enredada numa série de crises agudas intercaladas de tristeza crônica. Assim, considera-se a tarefa do apoio à família como a mitigação da nuvem mortal de tragédia que paira sobre ela".[15]

A resposta à pergunta de Wong muda não só de família para família como no transcurso do tempo; tal como muitos outros grupos de identidade examinados neste livro, esse tem feito um progresso social radical, e a "nuvem mortal" já se dissipou um pouco. Estudos mostram que as pessoas que observam pais de crianças deficientes notam mais estresse do que esses pais relatam.[16] Como a própria deficiência — que pode parecer inconcebivelmente horrenda àqueles que apenas imaginam como ela deve ser, mas é muito menos temível para muitos para os quais ela é um fato da vida —, a experiência trabalhosa de criar um filho com deficiência grave pode acabar virando rotina, embora, como no caso da síndrome de Down, do autismo e da esquizofrenia, a questão da internação possa preocupar muito.

Ao mesmo tempo que algumas pessoas com deficiências graves estão sujeitas a crises agudas ou a ataques assustadores, grande parte de seu atendimento tem um ritmo, e a natureza humana se adapta a qualquer coisa com ritmo. O atendimento pode ser feito com competência. É mais fácil lidar com um estresse extremo, mas estável, do que com um estresse menos extremo, mas errático. Esse é um dos motivos pelos quais os pais de pessoas com síndrome de Down vivem uma experiência menos difícil do que a de quem tem filhos esquizofrênicos ou autistas; com a síndrome de Down, a gente sabe com quem está lidando dia após dia, e as exigências impostas mudam relativamente pouco; com a esquizofrenia, nunca se sabe que esquisitice está prestes a irromper; com o autismo, qual será o momento do colapso.

As expectativas parentais não administradas ou desinformadas são um veneno, e os diagnósticos específicos das deficiências de um indivíduo ajudam muito. Jerome Groopman escreveu na *New Yorker*: "A linguagem é tão vital na arte do médico quanto o estetoscópio ou o bisturi. De todas as palavras que ele emprega, o nome que dá à doença tem o maior peso. O nome da doença passa a fazer parte da identidade de quem a sofre".[17] A tristeza de um prognóstico ruim é muito mais fácil do que o caos da falta de prognóstico. Uma vez que o rumo está claro, a maioria das pessoas consegue aceitá-lo. Como conhecimento é poder, suportam-se com mais nobreza as síndromes associadas a perspectivas funestas do que as que pouco se pode entender. A identidade é uma função da certeza.

Paul e Cris Donovan casaram-se na metade da década de 1990 e se mudaram para Bay Area, na Califórnia, para que Paul trabalhasse no setor tecnológico. Pouco depois, Cris ficou grávida de Liam. O parto foi normal, e Liam pesava cerca de três quilos e meio. No entanto, os médicos ficaram preocupados porque ele não abria os olhos e, quando o examinaram, viram que seus globos oculares eram do tamanho de uma ervilha. "Foi o começo da nossa descida pelo declive", recordou Cris. Liam precisou de cirurgia urgente para desobstruir os intestinos. Uma semana depois, foi submetido a outra operação, dessa vez para corrigir um defeito no coração. Logo a seguir, desenvolveu um coágulo de sangue que quase o matou. Quando chegou à sexta semana de vida, tinha passado por seis cirurgias sérias e acumulado mais de 1 milhão de dólares em contas hospitalares, pagas pelo ótimo plano de saúde de Paul.[18]

"Tirando o fato de que seria cego, não sabíamos se ele ia melhorar, sarar ou o que podia acontecer", disse Paul. "Um dos objetivos no caso de uma criança com necessidades especiais é ajudá-la a alcançar seu potencial. Portanto, é útil saber que potencial é esse. Nós nunca soubemos. Em certos aspectos, isso é péssimo, pois impede de estabelecer e atingir metas. Em certos aspectos, é ótimo, porque a gente nunca para de tentar." Enfim, Liam foi diagnosticado com síndrome CHARGE, um diagnóstico "guarda-chuva" de muitas crianças com DMG. O nome é um acrônimo: *C* de *coloboma*, um buraco numa das estruturas do olho; *H* de *heart defects* [defeitos cardíacos]; *A* de *atresia* das cóanas (obstrução da passagem que liga o nariz à garganta); *R* de retardo do crescimento e/ou desenvolvimento; *G* de anomalias *genitais* e/ou urinárias; e *E* de *ear abnormalities and deafness* [anomalias do ouvido e surdez]. A cegueira de Liam não provém de um coloboma e sua audição é perfeita; não obstante, ele correspondeu a todos os demais critérios do diagnóstico da síndrome CHARGE, além de apresentar outros sintomas que não se incluem neles. Entretanto, Paul disse: "É conveniente ter uma resposta simples à pergunta 'O que está errado?'".

Liam se recusava a comer ou então vomitava. O acúmulo de líquido nos pulmões causou-lhe pneumonia. Apesar do tubo de alimentação nasal, ele não engordou no primeiro ano de vida. Quando se irritava, prendia a respiração até desmaiar; sua comunicação comportamental é um modo de exprimir dor, e isso ocorria com frequência. Paul e Cris tiveram de aplicar ressuscitação cardiopulmonar em Liam umas cinquenta vezes. Paul contou: "Um dos meus melhores amigos perguntou: 'Quando você vai colocá-lo numa instituição?'. Eu o respeitei por me ter feito essa pergunta. Doeu, mas foi bom. Porque, se a gente decidir não o internar numa instituição, está decidido. A vida tem seu curso natural. Quando estiver com dezoito ou 22 anos, pode ser que ele se mude para uma espécie de residência. Nossa obrigação é dar-lhe a melhor qualidade de vida e alcançar seu potencial, seja qual for".

No fim do primeiro ano de vida, Liam pesava apenas sete quilos; nos primeiros três meses depois da cirurgia para implantação de um tubo de alimentação direto, engordou mais quatro. Precisava de uma válvula de derivação para aliviar a hidrocefalia. A medula estava comprimindo o tronco encefálico, e para que este pudesse se deslocar os cirurgiões a rasparam. Liam passou por uma cirurgia cardíaca porque a válvula mitral estava se fechando. Foi preciso remover a válvula de derivação. No fim do 18º mês, ele tinha passado por quinze operações. Paul saía do hospital para trabalhar e depois voltava; Cris simplesmente morava lá. Começou a chorar quando falou desse período. "Não me lembro de ter chorado muito na época", disse, compungida. "Era um estado de crise constante."

No começo, Paul e Cris tinham esperança de que um dia Liam aprendesse a andar e a falar. Quando ele fez dois anos, entenderam que ia ter problemas permanentes, mas esperavam que melhorasse um pouco; no ano que se seguiu, Paul se deu conta de que a vida com Liam ia se tornar mais difícil, não mais fácil. "Só lembro que uma vez não aguentei mais e comecei a chorar, horrorizado, e foi a primeira noite", contou. "Mas acho que a gente derrama mil lágrimas singulares, ao acaso numa terça-feira, quando vê o filho de seis meses de outra pessoa pulando." Cris disse: "O pessoal da intervenção precoce mantém a gente vivo. Depois, quando eles acham que você está preparado, mandam-no a um *play group*. Eu não estava pronta para aceitar que aquele fosse o meu grupo". A primeira vez que os Donovan estabeleceram metas para Liam, recordou Paul, o documento ficou com trinta páginas. "No segundo ano, fomos atrás de três coisas. Queríamos que ele andasse, falasse e comesse."

Quando o conheci, Liam parecia estar com os bonitos olhos fitos na distância, um dos quais ele não tardou a tirar da órbita com um gesto nervoso. "O homem que os confeccionou é um artista", disse Cris, recolocando o globo ocular no lugar. "Estudou os olhos de Paul e os meus e fez o par de olhos que um filho nosso podia ter. Não é meramente pela estética, mas também para favorecer o desenvolvimento saudável dos ossos da órbita." Aos sete anos, Liam ficava numa cadeira de rodas, e era difícil saber até que ponto reagia aos estímulos ao seu redor. Paul aproximou a boca do ouvido dele e começou a dizer baixinho: "É Liam, o maravilhoso Liam, eu te amo, Liam, Liam, Liam, Liam". O menino sorriu. Impossível dizer se foi um reconhecimento do conteúdo da música, uma reação à intimidade da comunicação ou só uma reação ao ar roçando nas suas orelhas um tanto deformadas, mas era evidente que Paul conseguia fazer o filho sorrir, para a gratificação dos dois.

Ninguém sabe que determinada criança vai precisar de vinte cirurgias em quatro anos; a questão do que fazer se resolve a cada procedimento. Deve ser difícil para pais que não trilharam esse caminho entender o gradualismo da coisa, e, embora o efeito cumulativo de todas essas intervenções seja brutal, negar um único deles pode ser fatal. Paul reconheceu que, por vezes, teve dúvidas sobre as operações, mas disse que sempre sentiu que Liam podia sentir prazer, e que ele e Cris acreditam que um ser humano capaz de experiências positivas justifica o apoio médico. "O sorriso de Liam me penetrou naquelas noites", disse Paul, mostrando-me fotografias do bebê aos sete meses, quando estava entre a vida e a morte, com um tubo de alimentação enfiado no nariz. Liam realmente sorria; parecia quase feliz.

Alguns anos depois do nascimento de Liam, Paul e Cris decidiram ter outro filho. Fizeram avaliação pré-natal por imagem do coração do feto, pois um defeito indicaria que ele tinha a mesma síndrome do irmão, mas decidiram ter o filho em qualquer caso; só queriam estar prevenidos. A primeira filha deles, Clara, nasceu saudável; assim como, alguns anos depois, a caçula Ella.

Com Liam crescendo e aumentando de peso, Paul precisou ajudar mais no cotidiano; por isso arranjou um emprego menos exigente, que lhe permitia voltar para casa todos os dias às cinco da tarde e fazer duas ou três horas de fisioterapia com o filho. Os Donovan tiveram de aprender o que esperar do sistema, da família, de Liam e de si próprios. Tomaram a decisão de não centrar a vida inteiramente em torno dos problemas do filho. "Certos pais largam o emprego e vão para a educação especial", disse Paul. "O mundo antigo acaba. Nós temos nossa vida, e isso é uma parte dela. Nossa filosofia matrimonial é que nós vimos em primeiro lugar. Se não tivermos um casamento saudável, nossos filhos não terão uma vida saudável." Cris acrescentou: "Pode ser que achem isso uma criação ruim, mas eu não pesquisei tudo. Não tenho todas as informações. Não estou à procura de outro diagnóstico. É assim".

Em casa, os Donovan geralmente deixam Liam debaixo da mesa de centro. Ele se enfia lá, escorregando, e os dois penduram brinquedos ao seu alcance. Numa festa, um conhecido recente perguntou: "Ei, o seu garoto está debaixo da mesinha. Tudo bem com ele?". Em tais circunstâncias, Paul e Cris gostam de explicar. Sempre dão informações às crianças que fazem perguntas. "A gente diz: 'É que ele não enxerga'", contou Paul. "As crianças perguntam: 'O quê?'. Eu respondo: 'Ora, o que você vê pelo nariz?'. Eles se espantam: 'Como assim?'. Eu digo: 'Isso mesmo. Liam não tem a menor sensação. Não tem nem mesmo orientação para o visual. Está completamente perdido no espaço'. Eles saem correndo: 'Mamãe, o que você vê pelo nariz?'." Paul se referiu a Liam, aos sete anos, como dono "de um belo espírito, de uma mente adequada e de um corpo frustrantemente inadequado". Não sabia engatinhar, mas conseguia se sentar com apoio e até se arrastar num assoalho liso. Por isso a casa dos Donovan não tem tapetes. A maior parte dos músculos de Liam era demasiado frágil para ser útil, mas alguns tendões ficavam tão tensos que era impossível descerrar-lhe as mãos ou estirar-lhe as pernas; não obstante, ele conseguia segurar uma bola grande jogada com delicadeza. É incapaz de mastigar, de modo que sua comida precisa ser amassada. "Eu bem que queria ganhar tanto pudim de chocolate como ele", disse Paul.

Nos dias que passamos juntos, quando Liam começava a chorar, Paul explicava: "Ele chora assim quando não é o centro das atenções". Paul acha que basta ouvir dizer seu nome para que Liam se sinta incluído; Cris garante que ele sabe o que está acontecendo. "Dá sinais de inteligência que a gente só vê quando passa muito tempo em sua companhia", disse. "Seus professores e atendentes gostam quando ele fica malcriado assim; mostra que está pensando." Liam ri das piadas; parece gostar de certos programas de televisão e fica deitado em silêncio e satisfeito quando passa *Vila Sésamo* ou *American Idol*. Paul está tentando fazer com que ele se entusiasme com o hóquei. "É uma característica aprendida", disse. Embora Liam não saiba se vestir, aprendeu a estender o braço quando os pais o vestem. "É mais *intake* que *outtake*", disse Paul. "Mas está presente."

Liam estava numa escola especial quando o conheci. Paul e Cris o queriam num contexto mais acadêmico. "Sem desafios, não vamos saber do que ele é capaz", explicou Cris. Mas os Donovan não combateram o sistema tanto quanto outros pais de crianças deficientes. Depois de lutar um ano para conseguir uma cadeira de rodas para Liam, simplesmente compraram uma. Tinham encontrado uma casa de que gostaram muito e queriam comprá-la, mas a encarregada de necessidades especiais daquele distrito era pouco diligente, de modo que eles escolheram a casa em que moram por causa dos serviços sociais na região. "Liam não vai correr na Maratona de Boston na terça-feira", Paul disse. "Não vai estudar direito em Harvard na quinta-feira. Não significa que não lutamos pelos seus direitos e não tentamos lhe dar o que ele necessita, mas isso tem sido num sentido colaborativo, não competitivo ou negativo. Com a dependência que um filho tem, aprendi muito a administrar a independência das outras filhas. As meninas podem fazer o que lhes dá na telha e vou me orgulhar delas. Isso é muito libertador."

O catolicismo é levado a sério na família Donovan. Paul vai à missa todo domingo com as meninas; às vezes, leva Liam. Nos primeiros e piores anos com Liam, o casal assistia à missa junto diariamente. "Quando ele estava no hospital, isso me dava algo a que me agarrar, mas era mais o ritual do que a fé", explicou Paul. Cris disse: "É a estrutura. Era uma maneira relaxante de enfrentar cada dia que ia ser uma droga". Paul fez a lista das dez coisas que lhe possibilitavam perseverar, e a primeira foi "conservar a fé", isso, segundo ele, no sentido mais amplo possível. "Não tem de ser religião. Mas para mim era. Eu acho que há um plano. A cruz caiu algumas vezes. Nós tivemos de levantá-la do chão. Isso tornou minha fé mais relevante; tornou-a mais autêntica." Levar Liam à igreja também faz parte de uma visão social. "Na nossa igreja, todas as crianças são perfeitas", disse Paul. "Elas precisam saber que certas coisas não se ajustam à norma. Liam é uma delas."

Quando terminou o fim de semana que passei com os Donovan, Cris comentou que estava se sentindo bem com suas resoluções de Ano-Novo. Perguntei quais eram. "Na verdade, você faz parte delas", foi a resposta. "Resolvi fazer coisas de que tenho medo. Isso — conversar com você sobre mim e as piores partes da nossa vida — é algo que posso devolver ao mundo, e decidi fazê-lo, e estou contente por tê-lo feito. Ajudou-me a soltar tudo dessa maneira; ajudou-me a ver como tudo é difícil, e como eu adoro meu filho."

Ter um filho deficiente pode tanto trazer isolamento quanto ser a introdução a novas redes, e os meios de lidar com essa experiência vêm sendo sistematizados nas últimas décadas. Criar tal filho esclarece a dinâmica de um casamento como o fazem as amizades; para pais que não têm intimidade real entre si ou com amigos, o caminho pode ser difícil. "O isolamento social continuou sendo um correlato de disposição menos positiva, de mais depressão, de menos apego", constatou um estudo.[19] Participar de grupos de apoio, de autorrepresentação e de pesquisa médica ajuda os pais a reestruturar suas experiências. Também é útil estabelecer conexões sociais com aqueles que cuidam de seus filhos. Para quem é obrigado a aceitar uma realidade externa imutável, a única maneira de avançar é adaptar a realidade interna. Muitas estratégias de convivência são de uma simplicidade zen. Em vez de resolver o caos, encontrar beleza e felicidade em pleno caos. Lembro-me de uma amiga que me contou que, quando descobriu que o marido não podia satisfazer suas necessidades, ela mudou de necessidades; os dois tiveram uma longa e boa vida juntos.

A empatia e a compaixão dão mais certo quando combinadas com a convicção de que você é capaz de criar uma vida significativa para si e para sua família. O termo técnico que designa isso é "lócus de controle interno", no qual a pessoa determina sua própria trajetória, ao contrário do "lócus de controle externo", no qual a pessoa se sente inteiramente à mercê das circunstâncias e fatos externos.[20] Para obter um lócus de controle interno, as pessoas procuram harmonizar seu estilo de vida com suas prioridades; ocorre incompatibilidade quando, por exemplo, um homem trabalha cem horas por semana ao mesmo tempo que valoriza muito seu papel de marido ou pai. Paradoxalmente, porém, os pais de crianças deficientes em geral conseguem um sentimento de controle fazendo uma afirmação firme e positiva de sua falta de controle. Com muita frequência, o mais importante é a crença em algo maior que a própria experiência da pessoa. A fonte mais comum de coerência é a religião, mas não faltam outros mecanismos. Pode-se acreditar em Deus, na capacidade humana para o bem, na justiça ou simplesmente no amor.

Aqui há muitos achados ovo-galinha. É difícil saber até que ponto as experiências positivas geram percepções positivas e até que ponto ocorre o inverso. Engrandecer a nobreza do problema é uma estratégia de convivência, mas alguns pais e alguns estudiosos da deficiência exaltam o catálogo de maravilhas até que o filho deficiente acabe parecendo não meramente rico em significado, mas quase preferível a outras experiências de paternidade. O filho deficiente se transforma numa luminosa lareira familiar em torno da qual todos se unem numa canção compartilhada. Esse sentimentalismo chega a ser destrutivo; faz com que os pais que estão passando por um período difícil se sintam pior, acrescentando camadas de culpa e derrota à sua experiência geral de dificuldade. No entanto, é mais fácil perdoar se se leva em consideração a história de preconceito intenso contra a qual isso é uma reação.

Quando nasceu, Max Singer tinha um olho fixado para a esquerda e o outro com a pupila aumentada. O primeiro neurologista a que Susanna e Peter Singer levaram o filho encaminhou-os a um destacado neurologista pediátrico de Nova York. Ele examinou o bebê e, voltando-se para Peter, disse: "É melhor o senhor levar sua bela esposa para casa e tratar de fazer outro filho, porque nunca vai tirar nada deste aqui. Não sei se ele vai aprender a andar, a falar, ou se será capaz de reconhecê-lo, de funcionar ou mesmo de pensar". E explicou que Max tinha síndrome de Dandy-Walker, uma malformação congênita que afeta o cerebelo e os espaços cheios de fluido que o cercam. Outros médicos aprimoraram o diagnóstico: Max tinha síndrome de Joubert, um subtipo da de Dandy-Walker. Exames mais recentes demonstraram que, na verdade, ele não tem síndrome de Joubert, de modo que seu médico atual retomou o diagnóstico mais amplo de Dandy--Walker, "mas, a essa altura", observou Susanna, "não faz muita diferença".[21]

Susanna descreveu o dia em que recebeu o diagnóstico como o pior de sua vida. "Não tenho certeza de que foi bom para nós saber instantaneamente que algo estava errado", disse. "Isso retardou meu apego a ele." A seguir, os Singer levaram Max a um neuro-oftalmologista para entender qual era o problema com seus olhos. O médico determinou que Max enxergava. Tudo o mais era incerto. "O primeiro médico disse que ele ia ser um vegetal", contou Susanna. "O segundo, que podia ser levemente retardado. Tivemos esses diagnósticos, mas nenhum prognóstico do seu significado, e nos disseram que só depois da autópsia é que íamos saber do que se tratava de fato. É dificílimo viver sem expectativas claras."

Susanna optou por não discutir os problemas de Max publicamente quando ele era pequeno. "Eu não sabia o que ia acontecer e não queria que Max sentisse que as pessoas sabiam algo a seu respeito quando, na verdade, a coisa não seria tão óbvia assim." Susanna é empresária artística e representa muitos artistas proeminentes, entre os quais Sol LeWitt e Robert Mangold. "*Eu* não o levava aos eventos do mundo da arte", disse ela. "Escondia-o. E me arrependo disso. Foi solitário para nós dois." Quando Max tinha três meses, os Singer contrataram uma babá de Trinidad e Tobago chamada Veronica, que viveu com eles os vinte anos seguintes. "Ela era como uma segunda mãe, e talvez mais do que isso", disse Susanna. "Se Max tivesse de escolher entre nós e ela, a escolhida seria ela. Veronica ficava o tempo todo com ele. Nunca perdia a paciência." Seguindo o conselho, os Singer tentaram ter outro filho, mas Susanna sempre abortava. Eles decidiram adotar; quando Susanna e Peter estavam na agência de adoção escolhida, receberam um telefonema de Veronica dizendo que Max tinha chegado da escola com febre. Susanna deixou a reunião para levá-lo ao médico. "Max quase nunca adoece; aliás, à parte as deficiências, é muito sadio. Mas a agência disse que Max dava trabalho de verdade e que nós não tínhamos condições de atender às necessidades de mais um filho. Rejeitou-nos. Talvez fosse mesmo difícil para outro filho ser irmão de um garoto como Max — mas acho que os dois teriam se beneficiado muito."

Max consegue andar quando alguém o envolve com o braço, ajudando-o a ficar de pé. "A menos que ele decida que não quer", disse Susanna, "e nesse caso para e cruza as pernas, o que torna quase impossível movê-lo. Quando quer ir ao cinema ou chegar perto da TV, ele é praticamente capaz de correr." Max sabe usar o banheiro e movimenta bem o braço esquerdo e a perna direita. "Pode fazer muito mais do que faz", explicou Susanna. Max entende a linguagem, mas é incapaz de produzir fala. Em muitos aspectos, isso parece um grande avanço em comparação com não ter capacidade expressiva nem receptiva, mas a mistura vem com frustrações próprias; é enlouquecedor compreender e não poder responder. Max consegue balançar ou sacudir a cabeça. Na esperança de que ele aprendesse a fazer sinais, Peter e Susanna frequentaram por dois anos o Instituto Americano de Língua de Sinais; em breve, ficou claro que Max carecia do controle motor necessário à linguagem dos sinais. Ele consegue sinalizar "mais", "terminou", "música" e "desculpe". Não gosta de dispositivos de fala, mas, quando é obrigado a usar uma *talking machine*, aparelho que transforma a digitação ou outros símbolos em som, é capaz de formar sentenças bastante complicadas. Consegue ler palavras curtas; sabe escrever seu nome completo.

"Max gosta mesmo de quase tudo", Susanna disse. "É muito curioso. Não tem medo de nada, exceto de cachorro muito grande. É ajustado e se sente muito amado. Como está numa escola especial, nunca foi marginalizado ou ridicularizado. Por outro lado, não tem nenhuma deformidade física que leve as pessoas a evitá-lo. Isso o ajuda muito. Eu, sinceramente, nunca fui bonita. Mas acho que ele é. Além de muito afetuoso. Não tem controle muscular para beijar, mas abraça apertado e com frequência. Quando Veronica estava conosco, Max passava o braço pelas suas costas o tempo todo. Quando a gente ria, ele olhava para ter certeza de que ela também estava rindo. Ele é muito meigo."

Aos nove anos, Max foi pela primeira vez a um acampamento especial de verão, e Susanna telefonava todos os dias para saber dele. Enfim, um dos outros campistas atendeu ao telefone e lhe deu alguns conselhos amistosos: "Sra. Singer, Max está aproveitando muito. Meus pais sempre vão embora quando eu estou no acampamento; talvez valha a pena a senhora fazer a mesma coisa". Depois, Max passou a frequentar um acampamento administrado pela Academia Hebraica para Crianças Especiais. Os Singer são judeus seculares, mas os acampamentos de verão costumam ser administrados por instituições religiosas. "Não gosto de religião, mas entendi que não se trata de mim", disse Susanna. "Todo ano, Max vai a esse acampamento, volta mais maduro e aprende muita coisa."

Max é relativamente bem socializado e independente do ponto de vista psicológico. Quando embarcou pela primeira vez no ônibus dos Jogos Olímpicos Especiais, empurrou Susanna para afastá-la. "Isso me deixou orgulhosa", disse ela. "Desde o começo, eu queria que esse menino se sentisse a coisa mais fantástica do mundo. E consegui. Às vezes, me arrependo um pouco porque ele pode ser muito arrogante, mas eu consegui." Ela sorriu. "Não é uma coisa alegre ter um filho com necessidades especiais. Mas Max nos dá muita alegria. Quando ele nasceu, tive de mudar de ideia acerca do significado de ser bem-sucedida, por ele e por mim; sua felicidade é seu sucesso para ele; e a minha, para mim. Queria que ele fosse um pouco mais aplicado na escola. Queria que se dispusesse a produzir mais em vez de gostar de ficar à toa. Mas talvez ele fosse assim de qualquer jeito. Sua disposição básica é como a minha. Vai ver que é por isso que gosto dela. Alegre e calma. Basicamente feliz e disposta a se adaptar."

Max gosta dos filmes de Jim Carrey, tem senso de humor e adora música clássica. "Meu pai é um grande amante de ópera; aliás, eu me chamo Susanna por causa das *Bodas de Fígaro*", contou ela. "Me deram um CD de Cecilia Bartoli e eu o toquei, Max ficou extasiado."[22] Susanna levou-o à Metropolitan Opera House e ao Carnegie Hall para ver a cantora. Foram assistir a uma entrevista dela no

Hunter College. Ele vai a suas noites de autógrafos. "Max é fanático", disse Susanna. "Não posso deixar de reconhecer que Cecilia Bartoli, cujo cachorro se chama Figaro, é muito boa para Max há anos." Ela autografou discos para ele, e até uma fotografia. Susanna também possuía um cachorro velho e bravo, que morreu quando Max tinha doze anos. "Ninguém gostava muito dele, só eu e Max, que o adorava como um irmão", contou Susanna. "Ele ia viajar para o acampamento, e eu disse: 'Max, eu quero muito um cachorro novo. Tudo bem?'. Ele respondeu: 'Não, não, não, não'. Então propus: 'E se pusermos nele o nome de Cecilia Bartoli?'. Max concordou. Compramos o cachorro, mas, como era macho, seu nome ficou sendo Bartoli, e nós o chamamos de Bart."

Quando conheci os Singer, Max tinha vinte anos. "A adolescência não é fácil para meninos como ele", disse Susanna. "Aquele anjinho que eu tinha antes, já não o tenho, pelo menos não o tempo todo. Ele gosta de garotas, principalmente das bonitas, mas seu comportamento com elas não é dos mais adequados. Tem namoradas de certo modo, mas não digo que haja muita ligação entre eles. Sei que Max sabe a diferença entre gente como nós e ele; e ele depende de todo mundo."

Naquele ano, as coisas tinham mudado de súbito e para pior: Peter e Susanna não entendiam por quê. Max passou a se comportar tão mal que eles o levaram a um neurologista; aparentemente, os remédios prescritos não fizeram senão piorar tudo. Enfim, descobriram que Veronica lhe tinha dito que ia embora no outono. Ela não tocara no assunto com Susanna e Peter. Max não conseguia explicar o que o atormentava. "Essa é uma das piores coisas em ter um filho capaz de pensar, de reagir, de amar e de ter os sentimentos que nós temos, mas não de nos contar. Não posso nem mesmo imaginar o que é ser incapaz de exprimir um medo e uma tristeza tão grandes. Quando discutimos o problema, Max acabou aceitando; quando voltou do acampamento, já tínhamos arranjado outra pessoa e ele gosta muito dela. Adaptou-se melhor do que eu esperava e melhor do que nós; eu chorei muito."

Veronica foi embora porque se cansou depois de vinte anos, porque Max estava tão grande que era fisicamente difícil movê-lo, porque ela desejava voltar a Trinidad e Tobago, e porque tinha horror à ideia de Max um dia se mudar para uma residência comunitária. "Sempre que falávamos nisso, Veronica chorava", contou Susanna. "Eu vivia dizendo: 'Você sabe que é melhor para ele'. Ela *sabia*. Eu queria que Max saísse de casa mais ou menos na época em que estaria entrando na faculdade. Acho triste ver filhos de quarenta e tantos anos morando com os pais idosos. Quero estar com ele durante a transição, para ajudá-lo, de modo que, quando acontecer alguma coisa com Peter e comigo, ele não seja lançado no caos de uma hora para outra."

É difícil achar um lugar em condições de cuidar de uma pessoa tão deficiente fisicamente como Max, mas no qual a equipe se disponha a conversar com ele mesmo que ele não saiba falar e a lidar com a profundidade de seu entendimento. Seus pais enfim encontraram um local que parecia adequado, mas ainda estava em construção quando os conheci, e eles aguardavam. Susanna é objetiva no que se refere à residência comunitária. "Não vamos sentir um grande vazio quando ele partir. Não o sentimos quando vai para o acampamento. Peter e eu ficamos melhor quando Max está ausente. Não temos quem nos ajude nos fins de semana, e, quando Peter passa o dia jogando golfe, sou eu que fico com Max. Peter enfrenta o mesmo problema quando preciso fazer alguma coisa. Não creio que venhamos a ter o problema do ninho vazio. Acho que seria muito diferente com um filho normal, e acabo ficando triste por não ficar triste."

Já ouvi mães de filhos saudáveis expressarem a fantasia de um filho que fosse eternamente frágil, vulnerável e dependente, que não passasse pela rebeldia da adolescência nem pelo despego da vida adulta. Cuidado com as coisas que você deseja. Filhos deficientes são responsabilidade dos pais por toda a vida; 85% das pessoas com retardo mental vivem com os pais ou sob sua supervisão, ou num arranjo que permanece comum até que eles se tornem incapazes ou morram.[23] Isso costuma causar uma ansiedade terrível nos pais à medida que envelhecem; também pode lhes dar um senso de propósito permanente. Alguns que começam com entusiasmo acabam ficando esgotados com filhos que precisam de atenção especial e, na meia-idade ou mais tarde, começam a se desesperar. Outros, que de início queriam entregar os filhos para adoção, se apaixonam por eles paulatinamente.

A expectativa de vida das pessoas com deficiências vem aumentando; nos anos 1930, a média dos pacientes institucionalizados do sexo masculino morria por volta dos quinze anos, e as mulheres, com cerca de 22; na década de 1980, a idade subiu para 58 no caso dos homens e para mais de sessenta no das mulheres, embora as pessoas sem mobilidade morram mais jovens.[24] Para os pais — até que aprendam as rotinas, formem o vínculo emocional e tenham lamentado a fantasia do filho saudável imaginário —, o estresse inicial costuma ser esmagador. Entretanto, numa amostra diversa de pais idosos de filhos adultos deficientes em desenvolvimento, um grupo de pesquisa descobriu que quase dois terços sentiam que seu papel continuado de cuidadores lhes dava um senso de propósito, ao passo que mais da metade se sentia menos solitária com os filhos ainda em casa.[25]

Em 1994, Bill Zirinsky e Ruth Schekter, proprietários da livraria Crazy Wisdom, em Ann Arbor, Michigan, tiveram o primeiro filho, um garoto ruivo a quem deram o nome de Sam. O parto foi normal, mas as coisas desandaram nos meses subsequentes. Sam não tinha apetite, seu tônus muscular era precário e ele não estava passando pelas etapas normais de desenvolvimento. Não conseguia sentar nem rolar. Primeiro, seu pediatra pensou que se tratasse de um vírus, mas, aos seis meses, os exames neurológicos e endócrinos revelaram que Sam tinha um distúrbio grave. O pediatra disse pressentir que sua vida seria curta; que a doença podia ser degenerativa; que ele talvez sofresse de desmielinização do sistema nervoso, que podia afetar a sensação, a cognição e o movimento; e que Sam provavelmente seria "como um vegetal". A informação caiu, nas palavras de Ruth, "feito uma bola de chumbo".[26]

Bill e Ruth dedicaram toda a sua energia a descobrir qual era o problema. "Durante seis meses, pensamos que nosso filho estivesse apenas se desenvolvendo devagar", disse Bill. "Num fim de semana, fomos obrigados a enfrentar a realidade de que ele estava seguindo um caminho completamente diferente." O casal entrou em contato com vários pediatras, e a única coisa que lhes diziam era que estavam cometendo um equívoco ao procurar médicos de bebês normais. Enfim, Ruth telefonou para um dos pediatras de sua lista e descreveu o filho para a enfermeira, que disse: "O dr. Weinblatt *adora* casos assim". A seguir, os dois procuraram o neurologista que sempre os acompanharia, Darryl De Vivo, no Hospital Columbia-Presbyterian. Bill recordou: "Quando perguntamos se Sam podia ter uma vida normal, se ainda era possível, o dr. De Vivo disse delicadamente: 'Não me parece que seja o caso'. Compreendi que estávamos lidando com uma coisa irremediável".

A irmã mais velha de Bill tinha paralisia cerebral, de modo que ele se sentia em condições de cuidar de uma criança deficiente. Ruth disse: "Seria diferente se ele tivesse sido diagnosticado ao nascer. Todo o apego nos primeiros seis meses foi crucial. Àquela altura, eu já estava tão comprometida com ele. Lembro-me com muita clareza, nas semanas que se seguiram, de me perguntar se eu voltaria a sentir alegria, e me lembro de querer sacrificar minha vida pela dele, sabendo que abriria mão de tudo para que Sam sarasse. Foram dois sentimentos muito profundos e totalmente novos para mim".

Sam nunca andaria, falaria, comeria ou ouviria. Era alimentado por um tubo de alimentação gástrico (tubo G), ficava numa cadeira de rodas e tinha convulsões. Aos quase dez anos de idade, pesava apenas quinze quilos. Sofria de refluxo e tinha dores constantes. Determinou-se que sua doença era um distúrbio degenerativo neurometabólico não diagnosticável. "Havia parentes que, com o passar dos anos, talvez conhecessem Sam ou ouvissem falar nele", Bill contou. "Na concepção deles, Sam era, estou citando, 'um vegetal', uma espécie de ideia dos anos 1950. Muitos outros amigos e parentes nem sempre o entendiam, mas percebiam que ele era mais complexo do que parecia. Trata-se dos 20% dos nossos amigos que realmente passaram tempo com Sam e conseguiram conhecê-lo, que o olham nos olhos, depois brincam ou leem um livro com ele. Sam espelhava a maneira como as pessoas entendiam a consciência." Alguns perguntavam se Ruth achava que ele sabia quem ela era, e Ruth explicava que ele sabia quem muita gente era. Sam gostava de coisas visuais; gostava de ficar na água; gostava de equinoterapia. "Ele abre um sorriso quando cavalga", contou Bill. "Quando está se sentindo bem, é realmente uma delícia." Entre as fotografias de família de Sam, estão as do casamento de uma de suas prestadoras de cuidado infantil. Ela lhe pediu que fosse pajem na cerimônia, e lá está ele, preso por uma correia à cadeira de rodas e segurando uma almofada de veludo com as alianças. "Sam teve um fim de semana horrível", disse Ruth. "Sofreu muitas convulsões e fomos obrigados a drogá-lo para valer. Mas, quando chegou a hora de percorrer a nave, ele se recompôs totalmente e ficou radiante. Sinto que entendeu que a cerimônia era algo especial."

Sendo o distúrbio de Sam desconhecido, era impossível prever o risco de recorrência. Quando ele estava com quatro anos, Bill e Ruth decidiram tentar o segundo filho. No começo, Juliana parecia saudável, mas, no quarto mês de vida, iniciou-se o padrão de não se alimentar bem. No quinto mês, Ruth e Bill a levaram ao dr. Weinblatt. Quando conheci a família, Juliana tinha quase sete anos e seu distúrbio era um pouco mais ameno que o de Sam. Tinha deficiência auditiva grave, mas não era surda. Sabia andar, embora não fosse longe e o fizesse com muita dificuldade. Em vez do tubo G introduzido cirurgicamente no estômago pelo abdome, recebia o alimento por um tubo gástrico-nasal menos invasivo, que Ruth aprendeu a pôr quando Juliana o tirava. Ela não tinha convulsões e sua saúde parecia menos incerta que a de Sam. Tal como o irmão, era miúda: aos sete anos, parecia ter dois. "Ela é uma fada", disse Bill, "uma garotinha deliciosa e engraçada de outro planeta. É muito sensível, como Sam, e continua se desenvolvendo emocionalmente, ainda que o desenvolvimento cognitivo seja limitado. A reação emocional dos dois a muita coisa é correspondente à idade: amor, ciúme, entusiasmo, apego, tristeza, compaixão, desejo, esperança."

Ruth tinha mais noção que Bill de que os filhos não iam viver muito. Embora Juliana parecesse estável, a doença de Sam era evidentemente progressiva e tornava sua existência cada vez mais difícil. Numa semana média, ele passava dois dias bem, três em que o estômago lhe doía durante algumas horas, ou tinha convulsões leves, ou vomitava, e passava dois dias aflito e precisava de colo a maior parte do tempo. "Eu queria mesmo que as pessoas entendessem que nossa vida não era extremamente infeliz", disse Ruth. "Para mim, Sam era bonito e continuou sendo. Não posso culpar ninguém por desistir de um filho como Sam ou Juliana; é um desafio enorme. Mas eu nunca quis desistir." Os quatro passavam o verão em Long Island com os pais de Bill numa casa à beira-mar, e, com a deterioração do estado de Sam, entraram em contato com uma pediatra local. Esta mencionou que, ao mesmo tempo que é fácil deixar um filho morrer negando-lhe suporte à vida em Nova York, é dificílimo cortar o vínculo com ele uma vez que esse vínculo tenha sido estabelecido. O casal ficou furioso. "Nós nos sentimos violentados", disse Bill. "Essa médica não entendia que nós achávamos que Sam queria ficar aqui neste mundo." Bill e Ruth fizeram uma longa caminhada, e ela disse acreditar que Sam lhes diria o que fazer. "Pelos padrões de qualquer um, ele já levava uma vida extraordinariamente deficiente", disse Ruth, "mas nós tínhamos passado nove anos com ele e sabíamos que podia ter prazer, sentir amor, gostar de seu ambiente, adorar ir à escola. Se isso ainda era verdade, eu achava injusto deixá-lo morrer."

Alguns anos antes, Bill e Ruth tinham resolvido adotar uma criança, e a escalada da doença de Sam coincidiu com a notificação de que haviam encontrado uma filha para eles. Um dos dois tinha de ir à Guatemala finalizar a adoção. Eles continuaram adiando, mas fazia 35 dias que Sam se achava no hospital e a filha nova estava aguardando. Então decidiram que Bill ficaria no hospital enquanto Ruth iria à Guatemala. "Foi muito difícil ir", disse Ruth. "Mas ele esperou. Morreu um dia depois do meu regresso."

Quando os visitei, dois anos depois da morte de Sam, Bill e Ruth estavam em Long Island outra vez. Aos dois anos, Leela, sua filha adotiva, já era maior que Juliana, que aos sete pesava pouco mais de nove quilos. Antes da adoção, os assistentes sociais haviam manifestado receio de que uma criança normal enfrentasse dificuldades naquela família, mas parecia não ser o caso. "Nosso amor por Leela é diferente", contou Ruth. "Eu vivo fazendo malabarismos com essas duas coisas, e sentindo que Juliana está sendo negligenciada porque Leela é um ímã que atrai a atenção de todos: ela é verbal, é interativa, é divertidíssima. Mas, por outro lado, dou excessiva atenção a Juliana? Não é fácil." Bill disse: "Muita gente dá muita atenção a Leela. Juliana observa. Mede e avalia constantemente cada detalhe. Para nós, às vezes é doloroso vê-la observando as pessoas darem tanta atenção à irmã".

Ao contrário de Sam, Juliana não ficava presa a uma cadeira de rodas, e o tamanho reduzido parecia condizente com seus déficits cognitivos; o que seria esquisito numa menina que aparentasse sete anos de idade era menos esquisito numa que aparentava quase dois. À parte o tubo de alimentação nasal, ela não tinha nada de estranho. Quando Juliana estava longe o suficiente para não ouvi-los, Bill e Ruth aproveitaram para dizer que não sabiam quanto tempo ela ia viver. Perguntei se ela compreendia a fala. Bill contou que lera em voz alta suas anotações sobre a morte de Sam quando a família visitou um neurologista. De repente, Juliana tinha começado a chorar. "Sua reação não foi necessariamente uma linguagem receptiva, mas alguma coisa receptiva há de ter sido", disse Bill. "Receptividade para os sentimentos ou para o campo vibracional dos pais. Nós dois temos a sensibilidade de não conversar na frente dela sobre coisas que podem contrariá-la, assim como você não o faria com uma criança mais obviamente normal em termos cognitivos. Por precaução."

Juliana faleceu dois anos depois desse dia que passei em Long Island, mais ou menos com a mesma idade que Sam. Seu estado se deteriorou, e antes de morrer ela perdeu a capacidade de andar, depois o resto do controle motor e, no fim, não conseguia sentar. "Mas a gente sente que Juliana não está de todo descontente com seu caminho", escreveu Bill num e-mail. "Às vezes fica frustrada e às vezes chora com pena de si mesma. No entanto, manifesta certa sabedoria e resignação meditativa, o que é muito bom. Ao mesmo tempo, sofre fisicamente, e isso é penoso para ela e para nós." Quando eu elogiei a qualidade do cuidado que ele lhe dispensava, Bill escreveu: "Acho que a maioria das pessoas que conheço, se tivesse tido um filho profundamente deficiente, saberia ficar à altura da situação. Preciso acreditar nisso. É meu modo de construir um mundo bom".

Depois da morte dela, Bill disse: "Eu teria escolhido o caminho mais fácil. Mas agora, sabendo o que sei, ia querer Sam outra vez e ia querer Juliana outra vez. Como abrir mão do amor que vivi com esses dois seres humanos? Fui mais próximo de Sam do que de qualquer ser humano na vida. Passei mais tempo na cama com ele, olhando-o nos olhos, do que com qualquer outra pessoa. Passei uma quantidade enorme de tempo com Juliana, simplesmente junto dela, amando-a. De modo que é como perguntar a qualquer pai ou mãe se eles trocariam o amor que conhecem por um filho abstrato 'melhor'. Eu faria tudo de novo". Ruth estendeu a mão e acariciou a de Bill com um olhar de compaixão profunda. "Estou convencida de que não foi a fé em Deus que nos deu essa perspectiva. As pessoas sempre nos afagam com esses ditadinhos como 'Deus só dá aquilo com que a gente é capaz de lidar'. Mas filhos como os nossos não são predeterminados como um presente. São um presente porque foi isso que a gente escolheu."

Os irmãos de indivíduos gravemente deficientes são objeto de estudos extensivos, mas sem resultados conclusivos. Um deles diz que as pessoas com irmãos nessa situação "sentiam que viver com um irmão ou irmã deficiente os ajudava a ser mais responsáveis, mais tolerantes", mais capazes de enxergar "o bom nos outros, de desenvolver mais senso de humor e de ser mais flexíveis". Todavia, também se detectou nelas "vergonha, culpa, isolamento e preocupação com o futuro do irmão deficiente". Outro estudo de irmãos de deficientes opôs diagnósticos clínicos de depressão ao "mero sentir-se mal" e descobriu que, embora fossem mais infelizes, eles não costumavam apresentar mais problemas psiquiátricos diagnosticáveis do que seus pares. Com frequência, quanto mais evidente ou grave a deficiência, tanto mais fácil é para o irmão saudável, pois a pessoa deficiente não se apresenta de um modo que leve os outros a esperar um comportamento normal; crianças que no começo parecem normais e depois mostram que não o são exigem mais explicação. As piores deficiências parecem associadas ao melhor ajustamento do irmão. "Esse resultado mostrou-se intimamente ligado à maior clareza e resignação de toda a família com um déficit visível", disse um estudo. Outro observou que o diagnóstico fazia uma diferença enorme para os irmãos mais novos, que podiam dar uma explicação simples aos amigos; aqueles cujo irmão não tem um diagnóstico claro enfrentam mais dificuldade.[27]

A razão citada com mais frequência para internar filhos no apogeu da institucionalização era que conservar um deficiente em casa constituía uma injustiça com os irmãos saudáveis, pois aquele exigia muito da energia e da atenção dos pais e envergonhava o filho não deficiente. Um trabalho mais recente mostra que filhos sadios costumam ficar perturbados quando os pais institucionalizam o irmão; o livro *Gêmeos*, de Allen Shawn, pormenoriza a dor que ele sentiu quando sua irmã foi levada.[28] Atualmente, considera-se mais amiúde que o interesse do irmão não deficiente requer que se mantenha o irmão deficiente em casa. Isso também pode ser melhor para a este último, mas é impressionante que a conversa continue priorizando o interesse do irmão não deficiente em oposição ao do deficiente.

John e Eve Morris se apaixonaram assim que se conheceram numa festa da Cornell, a universidade em que estudavam. Casaram-se jovens e se mudaram para San Diego. "Eu o amava tanto que não queria mais ninguém, nem mesmo filhos", disse Eve. Só aos trinta anos ela se dispôs a engravidar. "Tampouco queria abrir mão da minha liberdade", prosseguiu. "Acabei descobrindo que gostava muito mais de ser mãe que da minha liberdade."[29]

O obstetra escolhido por Eve e John, um mórmon devoto, estava horrorizado com a taxa de cesarianas do hospital local: uma em cada cinco partos. Antes do nascimento de Alix, ele disse a John e Eve que não acreditava "que a natureza fizesse tanta besteira assim". Eles se animaram com seu entusiasmo. Quando entrou em trabalho de parto, Eve recebeu um monitor cardiofetal externo. Os médicos que depois examinaram a tira do monitor disseram que ela indicava perigo e que Eve devia ter passado por uma cesariana na mesma hora, mas, pelo visto, o obstetra não o notou. Quando ela deu à luz, Alix estava "essencialmente morta"; seu índice de Apgar era zero e ela estava muito roxa. Foi levada para a UTI neonatal. "O sonho de uma paternidade normal se desfez diante dos meus olhos", disse John.

Os médicos tiveram o cuidado de não apresentar conclusões sobre a doença de Alix logo depois do parto — talvez porque más notícias interfiram na vinculação afetiva dos pais, talvez devido a preocupações com a responsabilidade, talvez por não poderem prever a extensão e a gravidade dos problemas dela. Embora seja possível que tenham reconhecido prontamente a paralisia cerebral, só muitos meses depois foi que comunicaram o diagnóstico a Eve e John. Paralisia cerebral é qualquer deficiência causada por danos no cérebro antes do nascimento, pouco depois ou nos três primeiros anos de vida. Vem em muitas formas e tamanhos, com uma ampla gama de possíveis incapacidades motoras. Ainda bebê, Alix sempre gritava quando Eve tentava amamentá-la, engasgando com o leite porque sua garganta estava constantemente em carne viva devido à regurgitação, mas os Morris ainda não entendiam a extensão da deficiência da menina. "Demoramos muito a encarar a ideia de que algo tinha saído muito errado", contou John. Eve disse: "Eu havia sido animadora de torcida; era boa aluna e entrei na Cornell; meus pais me adoravam e nunca me infligiram maus-tratos; eu tinha tido uma vida em que tudo dava certo, e agora era difícil pensar que nem tudo estava dando certo. Esses hábitos me fizeram passar muito tempo em negação. Quando enfrentei o que havia de errado em Alix, eu já a amava mais do que qualquer coisa neste mundo".

John é advogado com certa experiência em responsabilidade. Ele e Eve processaram o médico e o hospital quando Alix tinha dezoito meses. Dois anos depois, entraram num acordo que incluía o pagamento de uma indenização e de uma pensão fiscalizada pela Justiça. A pensão é monitorada rigorosamente; John e Eve têm de apresentar relatórios anuais de despesas. Logo compraram um carrinho de bebê personalizado e uma van para cadeira de rodas, depois contrataram uma moça chamada Erika Lundeen para cuidar de Alix em regime de meio período. "Erika não foi apenas uma filha para nós, nem apenas uma amiga, nem uma pessoa que meramente trabalhava lá em casa", disse John. "Foi tudo isso ao mesmo tempo." Quando a conheci, Erika era recém-casada. Alix tinha sido sua dama de honra: vestida para a ocasião, percorrera a nave de cadeira de rodas. "Vamos fazer tudo para mantê-la na nossa vida", disse Eve. "Quero que ela tenha filhos, então vou começar a cuidar dos filhos dela. Tocar o barco." Erika mora a um quilômetro e meio de distância, numa casa de propriedade de John e Eve. "Você se lembra do livro *É tarefa de uma aldeia?*", perguntou John. "Estou tentando construir uma aldeia para que sempre haja uma segunda e uma terceira camadas de gente que conhece Alix bem." Quando a menina estava com dois anos,

John e Eve tiveram um filho, Dylan, que recebeu o nome do cantor preferido de seu pai, e a personalidade simpática, saudável, entusiástica do garoto aliviou um pouco a dor do casal. "Meu conselho é ter outro filho", disse Eve. "Assim a gente sabe o que é tê-lo como se deve."

O principal empreendimento de John e Eve, realizado com as economias dos dois e parte da indenização de Alix, foi construir uma casa na região de Point Loma, em San Diego. Projetada por Eve, o imóvel fica numa colina com vista para o mar. Os corredores e esquinas são bem largos para acomodar uma cadeira de rodas. Há um balanço grande numa extremidade da sala de estar; a sensação de movimento é uma das principais alegrias de Alix. A banheira de hidromassagem no sótão quase não é usada porque ficou difícil carregar a menina para colocá-la ou tirá-la de dentro, mas ela a adorava quando era menor. Tem um banheiro totalmente equipado, quarto ergométrico com cama embutida da qual é impossível cair e uma "área sensorial" repleta de fontes, luzes, sons e vibrações que Alix pode acionar apertando um botão (coisa que só faz por acaso). A casa é bonita mas não chamativa, espaçosa, acolhedora e funcional, com um ambiente despretensioso, artesanal. As vigas são troncos de árvore aparentes, e as portas dos armários da cozinha foram feitas de ramos de salgueiro que Eve conseguiu perto da casa da mãe. A casa também representa a resignação a fatos difíceis. "Quando Alix tinha seis anos, entendemos que ela era assim e que essa era sua doença, coisa que não ia mudar", disse Eve. "Paramos de fazer fisioterapias específicas, tentando ensinar-lhe coisas novas."

Eve não tardou a ingressar num grupo de mulheres com filhos com paralisia cerebral, mas nunca fez terapia. "Quando movemos a ação, às vezes eu desejava que ela tivesse morrido", contou. "Por isso pensei em procurar um terapeuta. Mas aqui, quando a gente entra com um processo, é possível que requisitem suas conversas com o terapeuta, e eu não queria que ninguém soubesse que eu tinha sentido coisas desse tipo. Fui criada num bairro de classe dominante, no qual todo mundo devia ser igual e agir da maneira estabelecida. Fico muito bem em casa com Alix. Mas nunca vamos jantar fora como uma família porque ela é muito imprevisível. Quando John recebe os amigos, ou quando há uma festa de aniversário, ou quando visito meus pais, quero que Alix esteja muito bem. Queria até que estivesse muito bem para você." Eve fez uma expressão doída. "Às vezes sinto muita tristeza. Quando minhas amigas falam nas coisas ruins das suas meninas, me pego dizendo: 'Ainda bem que não tenho nenhuma menina'. Claro que tenho uma menina, mas ela é quase outro ser. Ninguém entende o que é isso, agora eu sei o que é, e pronto. Quando você veio nos entrevistar, pensei: 'Ora, fico contente em ter uma conversa tão longa, já que você prometeu não fazer perguntas sobre o passado nem sobre o futuro, porque o presente é a única coisa que me prende'."

Quando os conheci, fazia pouco tempo que os Morris tinham preparado um plano patrimonial, nomeando Erika tutora das duas crianças; aos 25 anos, Dylan assumiria a principal responsabilidade legal por Alix, ainda que a pensão garantida pela Justiça seja suficiente para remunerar um profissional. Eve se preocupa muito com o futuro papel de Dylan. "Não quero que ele tenha de desempenhar o papel que John desempenha", disse. Aos dezesseis anos, Dylan afirmou que gostava da irmã e que sempre teria prazer em cuidar dela. "Ela nunca deixou de ir nos meus jogos de beisebol", disse-me ele. "Eu nasci nisto aqui. Coisa que afeta toda a minha vida." O treinador de Dylan contou ter percebido que ele devia ter contato com uma criança deficiente, porque nunca vira tanta maturidade numa pessoa que não tivesse prestado algum tipo de cuidado muito difícil.

Eve se opõe de forma sistemática à implantação cirúrgica de um tubo G em Alix. Aos dezoito anos, quando a conheci, ela se arranjava sem isso, embora precisasse ser alimentada de quatro em quatro horas para evitar a regurgitação. As incapacidades de Alix são inusitadamente graves para alguém com paralisia cerebral. Todos os outros filhos das mulheres do grupo de Eve sabem andar e têm pelo menos uma fala rudimentar. Um deles está na faculdade e outro é empacotador num supermercado. "Em geral as bênçãos são mescladas", disse John. "Esses meninos sabem que não se adaptam, que não têm namorado ou namorada, que as crianças riem deles. Nunca ninguém mexeu com Alix. Ela é tão profundamente deficiente e indefesa que nem mesmo o pior diabinho de quatro anos ri dela. Quanto a nós, somos obrigados a pensar nas convulsões, mas não na possibilidade de ela fumar maconha atrás da escola. O papel fundamental dos pais é o mesmo: ser provedor, amar e sempre dar aos filhos as melhores oportunidades possíveis. Acho que fazemos isso com Alix tanto quanto com Dylan."

John e Eve se habituaram às necessidades da filha; aquilo que antes era embaraçoso tornou-se intuitivo. Alix está mais estável do que nunca em termos médicos; em compensação, seu tamanho impossibilita a família de fazer certas coisas de que gostavam no passado, levá-la para nadar ou andar pela casa com ela no colo. O trabalho de colocá-la ou tirá-la da cama ou do banheiro vai se tornando bem mais difícil à medida que John e Eve envelhecem. "É emocionalmente mais fácil, embora fisicamente mais difícil", disse Eve. As qualidades de impotência que se interpretam como inocência numa criança pequena parecem incongruentes numa pessoa com estatura de adulto: a língua descontrolada, os membros agitados, o corpo que se estira e retorce, os músculos crispados. Apesar dos movimentos involuntários, Alix está sempre impecavelmente arrumada. "Pinto suas unhas, mantenho o cabelo comprido e ponho roupas bonitas nela para que as pessoas tenham o que dizer", explicou Eve. "Elas chegam e dizem: 'Olhe que unhas mais lindas as suas!' em vez de falar no que há de errado em Alix." Para Eve, o pior de tudo é a compaixão que quase sempre substitui a relação. "Detesto o olhar de piedade, gente que diz: 'Você é uma ótima mãe'."

A semana que passei com os Morris deixou-me assombrado com o muito que eles têm para fazer e com o pouco que isso os atrapalha. John corre habitualmente, e Alix adora a sensação do vento no rosto, de modo que todo dia ele a instala num carrinho leve e percorre oito quilômetros. Eve a leva de cadeira de rodas até o porto. Todo ano, faz para Alix uma fantasia de Halloween que incorpore a cadeira de rodas: num ano, ela era uma E. T. numa espaçonave alienígena; no outro, um caminhão de sorvete; e, mais recentemente, um centro de distribuição de rosquinhas Krispy Kreme. Eve fez curso de arte, e as fantasias são maravilhosas. John e Eve têm uma distribuição de tarefas bem equitativa. Ele é mais resistente; ela, mais sensível. "John não se afeta quando Alix chora", contou Eve uma tarde. "Deita-se ao seu lado e lhe faz companhia, mesmo que ela passe quinze minutos chorando. E eu tento dar um jeito." Quando é possível dar um jeito, explicou, sua ansiedade chega a ser útil, mas geralmente isso é impossível, e a serenidade de John exerce uma função mais vital. Eve cuida da higiene pessoal da filha, inclusive lhe dá banho dia sim, dia não, ao passo que John, quando está em casa, se encarrega de quase todas as suas refeições. Alix não consegue mastigar alimentos sólidos e não engole líquidos sem o risco de engasgar. Cinco vezes por dia, John lhe dá um suplemento alimentar hiperproteico misturado com creme de arroz e um pouco de papinha de bebê. Toda manhã, John e Eve acordam às cinco e meia para preparar Alix para a escola. Demoram uns quarenta minutos para despertá-la e vesti-la. Então é preciso dar-lhe de comer. O ônibus escolar chega às seis e meia; para eles, seria mais fácil levá-la de carro, mas preferem que ela viva a atmosfera social do ônibus. Quando Alix completou dezoito anos, seu convênio médico tirou-a do sistema pediátrico, por isso, na época de minha visita Eve passara a levá-la a um novo clínico geral, a um novo neurologista e assim por diante. Dias depois, um técnico de cadeira de rodas os visitou, e houve uma reunião de família para examinar a atual cadeira de Alix e decidir que modificações eram necessárias para melhor servi-la. Demoraram três horas para encomendar a cadeira nova.

Eve manteve um diário nos primeiros anos de Alix, mas nunca o releu. John disse: "Lembramos de todas as coisas que esperávamos que ela fizesse um dia, as tantas horas de fisioterapia ensinando-lhe a se virar por vontade própria, a levantar a cabeça". Eve falou numa conversa recente com o ortopedista, que lhe informou que, futuramente, pode ser que Alix volte a ter dificuldade para engolir e venha a precisar de um tubo G. Ela disse: "Pensei que tivéssemos chegado à etapa em que Alix já não ia melhorar nem piorar. A gente não relaxa nunca". John concordou. "Fui convidado várias vezes para participar da diretoria da Paralisia Cerebral Unida local", disse. "Sabe quando as pessoas dizem: 'Já fiz minha doação no escritório'? Pois eu a faço em casa. Mas, por outro lado, se um pai ou mãe pudesse pedir uma única coisa para o filho, o que pediria? Não que ele entre em Harvard, e sim que seja feliz. Alix é feliz a maior parte do tempo. Portanto, se eu pudesse pedir só uma coisa, seria essa, e já a consegui."

O campo das deficiências profundas não costuma ter grandes escândalos, mas o tratamento Ashley sacudiu esse mundo. Ashley X, cujo sobrenome não foi revelado, nasceu em 1997, e tinha uma aparência saudável. Quando ela se mostrou extremamente sensível aos três meses, seus pais pensaram que fosse cólica. Resultou que era encefalopatia estática, diagnóstico que, como a paralisia cerebral, descreve uma lesão cerebral estável de origem desconhecida. A doença deixou-a com funções limitadas: Ashley nunca aprenderá a falar, a andar ou a se alimentar, não consegue se virar. Dorme, acorda, respira — e sorri.[30]

Na tentativa de defender sua privacidade e a da família, o pai dela se recusa a conversar cara a cara com quem quer que seja da mídia; apresenta-se como PA (Pai de Ashley). Explicou-me por telefone que, inicialmente, ele e a esposa se recusaram a dar um tubo G a Ashley porque tinham uma aversão visceral à ideia de cirurgia. "Ela não consegue mastigar e vivia lutando com a mamadeira", contou. "Passávamos de seis a oito horas por dia procurando alimentá-la o suficiente." Acabaram introduzindo um tubo. Apesar da função cerebral comprometida,

Ashley não é insensível. "Gosta da nossa companhia, da nossa voz", disseram seus pais numa declaração escrita. "Quando falamos com ela, em geral irradia um sorriso largo. Gosta de música, de passear ao ar livre, de nadar em dia de calor, de balanço etc." Seus pais começaram a chamá-la de "anjo da almofada", pois ela costumava ficar deitada numa almofada e nunca dava trabalho; os dois propuseram que a expressão fosse usada para designar outras pessoas com deficiências múltiplas graves.

Quando Ashley passou da primeira para a segunda infância, cuidar dela tornou-se mais difícil. De hora em hora, seus pais a mudam de posição e a deitam na almofada. "Cuidamos para que esteja bem coberta e puxamos sua camisa para cobrir a barriga; enxugamos a baba, e assim por diante", explicou PA. "Também é preciso trocar a fralda, alimentá-la pelo tubo, vesti-la, banhá-la, escovar seus dentes, fazer alongamento, distraí-la." Tudo isso foi ficando mais difícil à medida que Ashley ia crescendo. "A gente começa a ter dificuldade para incluí-la nas atividades", contou-me PA. "Você quer carregá-la, mas o corpo dói. Pouco a pouco, ocorreu-nos que o aumento do tamanho e do peso era seu pior inimigo, e a ideia de tomar uma providência para evitá-lo foi uma epifania." Quando Ashley tinha seis anos, sua mãe (MA) conversou com sua própria mãe, que a lembrou de uma vizinha que tinha feito tratamento com hormônio para não ficar excessivamente alta; esse procedimento não era raro na década de 1950, quando as moças com mais de um metro e 75 de altura eram consideradas feias.

O pediatra de Ashley recomendou que PA e MA consultassem o dr. Daniel Gunther, um endocrinologista do Hospital Infantil de Seattle. No consultório, várias semanas depois, Gunther confirmou que era possível atenuar o crescimento de Ashley com a ministração de estrogênio para fechar as placas de crescimento. Como Ashley passa uma hora chorando quando espirra, pois não tolera o menor desconforto, PA achou que ela ia sofrer com a menstruação e as cólicas que às vezes a acompanham. Propôs uma histerectomia. Achando que os seios a atrapalhariam quando ela se virasse na almofada ou estivesse presa por faixas à cadeira de rodas, pediu que extraíssem os botões mamários da filha, as pequenas glândulas em forma de amêndoa que crescem e se transformam em seios na puberdade. Tudo isso resultaria numa pessoa mais fácil de deslocar — coisa que, por sua vez, alegou ele, significava circulação, digestão e estado muscular melhores para ela, além de menos dores e infecções. Dar a Ashley um físico infantil permanente a deixaria, como disse seu pai, "com um corpo mais condizente com seu estágio de desenvolvimento mental".

MA e PA precisaram convencer o comitê de ética do hospital de que aquele era um conjunto viável de procedimentos, e, com esse propósito, PA preparou uma apresentação de Power Point. O comitê de ética dedicou muito tempo à questão. "A solicitação dos pais tinha dois aspectos importantes", disse o dr. Douglas Diekema, então na chefia do comitê. "Avaliamos se convinha permitir que ocorresse a atenuação do crescimento e se convinha autorizar a histerectomia. A primeira pergunta era: essas coisas têm o potencial de melhorar a qualidade de vida da menina? A segunda questão era: qual é o potencial de dano presente, e é importante não permitirmos que isso siga adiante mesmo com a perspectiva de algum benefício? O comitê de ética se esforçou para conceber os problemas potenciais que esse tipo de coisa podia causar a uma menina. Acaso uma pessoa na situação de Ashley se importaria em ser trinta centímetros mais baixa? A conclusão foi: nas circunstâncias de Ashley, a altura tinha pouquíssimo valor."[31] Gunther disse: "No fim, foi o vínculo óbvio de amor existente entre Ashley e os pais que os convenceu de que aquilo era o melhor a fazer".[32]

Em 2004, os médicos do Hospital Infantil de Seattle procederam à histerectomia e à mastectomia bilateral em Ashley, que então tinha seis anos e meio. Quando lhe abriram o abdome para a histerectomia, aproveitaram para extrair o apêndice, prevendo que ela não seria capaz de comunicar os sintomas de apendicite, caso viesse a desenvolvê-la.[33] Adulta, Ashley tem um metro e trinta de altura, pesa 28 quilos e meio e nunca irá menstruar, ter seios ou o câncer de mama tão comum em sua família. "Foi um sucesso em tudo quanto se esperava", escreveram seus pais.

PA estimulou o dr. Gunther e o dr. Diekema a publicarem o protocolo, que em outubro daquele ano apareceu na *Archives of Pediatrics & Adolescent Medicine*. Seguiu-se uma grande celeuma. Arthur Caplan, do Centro para Bioética da Universidade da Pensilvânia, classificou o procedimento de "solução farmacológica de uma mazela social — o fato de a sociedade americana não fazer o que deve para ajudar as crianças gravemente deficientes e suas famílias".[34] Deu a entender que, com melhores serviços de apoio, os pais de Ashley não teriam sido levados àquele ato radical. Militantes feministas e da deficiência protestaram na sede da Associação Americana de Medicina, pedindo que publicassem uma condenação oficial.[35] Um blogueiro escreveu: "Se 'Ashley' fosse uma criança 'normal' e os pais decidissem mutilá-la cirurgicamente, eles seriam jogados na cadeia, que é onde deviam estar. Os 'médicos' envolvidos neste caso deviam ter o diploma cassado". Outro escreveu: "Por que não a mataram logo em vez de cortá-la pedaço por pedaço? Muito mais conveniente, eu diria". Segundo o grupo Reação Feminista em Ativismo da Deficiência, "não surpreendia que a primeira a receber o 'Tratamento Ashley' tivesse sido uma menina, já que as meninas, sobretudo as meninas com deficiências, são consideradas objetos mais fáceis de mutilar e assexualizar".[36] O *Toronto Star* queixou-se dos "aleijados de designer".[37]

Pais de filhos com deficiência compraram a briga. Julia Epstein, diretora de comunicações do Fundo de Educação e Defesa dos Direitos da Deficiência e mãe de um deficiente, qualificou a expressão "anjo da almofada" de "extremamente infantilizadora".[38] Outra escreveu: "Meu filho tem onze anos, não anda, não fala etc. etc. Não vai ficar mais fácil de carregar. E, mesmo assim, não entendo a remoção de tecido sadio e órgãos que funcionam". Um pai escreveu: "Cuidar de um adulto com deficiências físicas de um metro e tanto de altura e mais de cinquenta quilos não é um passeio no parque. A prova disso é minha hérnia de disco. Mas me dá náuseas imaginar que seja aceitável a prática médica de impedir cirurgicamente o crescimento de uma criança. Dentro dessa lógica, por que não recorrer a uma amputação quádrupla? Afinal de contas, ela não vai usar os braços nem as pernas".[39] De certo modo, esses comentários sobre a atenuação do crescimento ecoam as atitudes para com o alongamento dos membros de pessoas com nanismo.

A reação negativa chocou os administradores do hospital, bem como PA e MA. "Foi tão extrema e violenta", disse PA. "Chegaram a enviar e-mails com ameaças." O Sistema de Proteção e Advocacia de Washington, uma agência federal de controle, decidiu que a esterilização involuntária exigia mandado judicial e que, por conseguinte, o hospital tinha violado a lei. Depois desse relatório, o Hospital Infantil de Seattle concordou em nomear uma parte desinteressada para defender os interesses de todo indivíduo deficiente a quem propuserem tratamento para restringir o crescimento. O debate prossegue desde então, e muitos comentaristas opinam que a questão está fora do alcance da ética médica. No fim de 2010, o Grupo de Trabalho de Atenuação de Crescimento e Ética de Seattle publicou novas diretrizes fundadas num acordo incômodo: "A atenuação do crescimento pode ser uma decisão aceitável do ponto de vista ético porque os benefícios e os riscos são semelhantes aos associados a outras decisões tomadas pelos pais em prol dos filhos profundamente deficientes e das quais pessoas sensatas discordam. Mas os médicos e as instituições não devem proporcionar atenuação do crescimento por mera solicitação dos pais. É importante contar com salvaguardas como critérios de elegibilidade, um processo de decisão meticuloso e o envolvimento de consultores ou comissões de ética".[40]

Escrevendo no Relatório do Centro Hastings, um membro do Grupo de Trabalho queixou-se do ataque ao tratamento Ashley, dizendo: "Essa ingerência notável em decisões médicas particulares carece de qualquer pretensão plausível de danos a terceiros, a não ser o desgaste emocional de saber que nem todos compartilham a posição moral ou política da pessoa. Por esse critério, devia ser lembrado aos pais que procuram implante coclear num filho surdo, correção cirúrgica de pés tortos ou escoliose, ou que dão ordem de não ressuscitar um filho em estado terminal, que suas decisões podem ser ultrajantes para outrem". Porém, na mesma edição, outro autor alegou: "Se não se deve recorrer à atenuação do crescimento em crianças sem essas deficiências, não se deve recorrer a ela em nenhuma outra criança. Fazê-lo seria discriminação".[41]

As questões morais enredadas em casos como o de Ashley tornaram-se continuamente mais complexas nos últimos cinquenta anos. É problemático resolver condições de identidade, e é problemático negligenciar imperativos médicos ou sociais. PA criou uma página na internet para contar seu lado da história; chegou a ter quase 3 milhões de acessos, e, quando conversamos, ele me contou que passa cerca de dez horas por semana blogando. Chamando os reclamões de minoria barulhenta, disse que aproximadamente 95% das mensagens que ele e MA receberam foram de apoio. Uma pesquisa da rede de TV paga de notícias MSNBC com mais de 7 mil entrevistados mostrou 59% de apoio ao tratamento.[42] "Mais de 1100 atendentes e membros de famílias com experiência direta com anjos da almofada se deram ao trabalho de nos mandar mensagens de apoio", escreveram os pais de Ashley. "Se os pais de crianças como Ashley acreditam que esse tratamento vai melhorar a qualidade de vida dos filhos, que sejam diligentes e tenazes em dá-lo a eles." No entanto, na esteira da controvérsia, o procedimento ficou indisponível.

Gunther disse: "O argumento segundo o qual não se deve usar um tratamento benéfico porque é possível abusar dele não passa de uma falácia. Se não usássemos as terapias disponíveis porque é possível abusar delas, praticaríamos muito pouco a medicina".[43] Escrevendo no *New York Times*, Peter Singer, especialista em ética de Princeton, disse: "O que importa na vida de Ashley é não sofrer e poder desfrutar de tudo quanto ela é capaz de desfrutar. Para além disso, Ashley é preciosa não tanto pelo que é, mas porque seus pais e irmãos a amam e se preocupam com ela. Discursos sublimes sobre a dignidade humana não devem se interpor no caminho de crianças como ela ao receberem o tratamento que é o melhor tanto para elas quanto para suas famílias".[44]

Minhas conversas com PA deixaram claro para mim que ele amava a filha e acreditava com fervor no tratamento Ashley. Enquanto escrevia este livro, conheci uma série de famílias que não sabiam o que fazer quando os filhos cresciam e ficavam muito grandes para lidar com eles. Os ativistas da deficiência se referiam com frequência à perda da dignidade de Ashley, mas, depois de ver tanta gente igualmente deficiente erguida por polias com correntes para sair da cama, colocada em aparelhos de metal para preservar o tônus muscular, levada ao chuveiro com sistemas de cordas, não consigo enxergar dignidade nisso.

Arthur Caplan e outros mencionaram a necessidade de mais apoio social às famílias de pessoas com deficiências, mas PA e MA não recorreram ao tratamento porque lhes faltavam recursos para obter cordas, polias e enfermeiras, fizeram-no porque sentiam uma intimidade diferente ao carregar eles mesmos a própria filha. A maioria dos seres humanos — crianças ou adultos, fisicamente incapacitados ou fisicamente sãos — prefere o contato humano ao apoio mecânico. Se essa intimidade justifica a intervenção cirúrgica ou não é uma questão aberta ao debate desprezar a intimidade e dizer que a única coisa necessária é mais acesso a dispositivos assistenciais é passar ao largo do problema.

Alguns ativistas disseram que o procedimento não foi realizado pelo bem de Ashley, e sim para tornar a vida de seus pais menos estressante. Não se pode separar essas coisas. Se a vida dos pais de Ashley for mais fácil, eles poderão lhe dedicar uma atenção mais serena e positiva, e a vida dela será melhor. Se ela sentir menos dor, a existência de seus pais há de melhorar. Elas são yin e yang, essas vidas, e muito mais importante que a opção de recorrer a um procedimento é o fato de PA e MA não terem se separado de Ashley nem dado mostras de desejar fazê-lo. Ashley gosta de passear de carro e de ouvir vozes; gosta de ser erguida e carregada; e esse tratamento parece significar que ela pode ter tais experiências durante muitos anos em vez de ir para uma residência comunitária. O cuidado parental, que com tanta frequência supera outras formas de cuidado, provavelmente também aumentará sua longevidade.

Não é verdade que "não é amor o que encontrando alterações se altera".[45] O amor se altera o tempo todo; é fluido, está em fluxo perpétuo, evolui a vida inteira. Nós nos comprometemos a amar nossos filhos sem conhecê-los, e conhecê-los muda a maneira como os amamos. Os ativistas ficam revoltados com as coisas que Ashley perdeu: ser alta, chegar à maturidade sexual. Todas essas consecuções fazem parte do ciclo natural da vida, mas não são exaltadas simplesmente porque ocorrem na maioria das pessoas. É um cálculo moral sutil medir com exatidão o que se perde e o que se ganha com a atenuação do crescimento e a histerectomia. Nunca se disse que o tratamento Ashley é recomendável a pessoas com cognição significativa.

Mas o cálculo fica muito mais complicado com histórias como a de Anne McDonald. Ela também era um anjo da almofada permanentemente incapaz de andar, de falar, de se alimentar ou cuidar de si; ficou pequena porque era malnutrida no hospital australiano em que a internaram nos anos 1960. "Tal como Ashley, vivi a atenuação do crescimento. Talvez seja a única pessoa na Terra que pode dizer: 'Eu estive lá. Fiz a mesma coisa. Não gostei. Preferiria crescer'", escreveu ela numa coluna para o *Seattle Post-Intelligencer*.[46] "Minha vida mudou quando me ofereceram meios de comunicação. Aos dezesseis anos, aprendi a soletrar apontando para as letras num painel alfabético. Dois anos depois, usei a soletração para instruir os advogados que impetraram o habeas corpus que me permitiu sair da instituição em que estava havia catorze anos." Anne McDonald enfim concluiu o curso superior, especializando-se em filosofia da ciência e belas-artes. Viajou pelo mundo todo. "Ashley está condenada a ser um Peter Pan e não crescer nunca, mas não é tarde demais para que aprenda a se comunicar", prosseguiu McDonald. "É profundamente contrário à ética deixá-la naquela almofada sem fazer todo o esforço possível para lhe dar voz própria."

A história e os textos de McDonald apontam para a inescrutabilidade das pessoas incapazes de se exprimir. Não obstante, a atenuação de seu crescimento foi causada pela horrível negligência da instituição em que seus pais a abandonaram, ao passo que a de Ashley foi ocasionada por seus pais, que a amam, para conservá-la consigo. A inteligência de McDonald não tinha chance de se manifestar; a de Ashley recebeu todo o estímulo. "Tomara que ela não entenda o que lhe aconteceu; mas receio ser provável que entenda", escreveu McDonald. PA se equivoca ao sugerir que Ashley é definitivamente incapaz de desenvolvimento mental; a maleabilidade mesmo das partes mais básicas do cérebro significa que a maioria das pessoas se desenvolve com a mera passagem do tempo. Uma carta na *Pediatrics* protestou: "A ideia de que podemos ter certeza quanto ao prognóstico de comunicação 'nuançada' numa criança de três anos é simplesmente errada; muita coisa depende de como a criança é criada e do cuidado que recebe e, aos três anos, muitos pais ainda estão demasiado confusos e tristes para se engalfinhar com o futuro".[47] Comentando a história de Ashley, Alice Domurat Dreger escreveu com ternura sobre sua mãe limpando as lentes dos óculos de seu avô quando ele se acercava do fim da vida: "para o caso de ele ainda enxergar".[48]

As pessoas deficientes mais funcionais falam, necessariamente, pelas pessoas deficientes menos funcionais, e os insights das pessoas deficientes mais funcionais são preciosos; afinal, sua situação é mais próxima da das pessoas deficientes menos funcionais do que a da população geral. Uma pessoa altamente funcional que foi pouco funcional — como Anne McDonald — tem uma autoridade particular. No entanto, as declarações de causa comum em geral são turvadas pela projeção. McDonald parece recontar sua própria história em vez de reagir à de Ashley. Esta é essencialmente incognoscível tanto para os pais quanto para os ruidosos defensores que acreditam falar em seu nome. Os defensores dos direitos do deficiente reclamam de um mundo que se recusa a acomodar sua realidade, mas PA tem uma queixa parecida: a de que um grupo tirânico de pessoas com poder impede a acomodação de um indivíduo e de suas necessidades específicas.

"Uma agenda/ideologia coletiva está sendo empurrada goela abaixo em todos os indivíduos com deficiências, tanto faz que ela lhes sirva como indivíduos ou não", escreveu PA. "Isso é inquietante numa sociedade que tanto acredita no bem-estar das crianças e nos direitos individuais. Sentimos no dia a dia os benefícios para Ashley. Indagamos se isso pode ajudar outras crianças na mesma situação. Recebemos muitas críticas de pessoas com deficiências que se baseavam no sentimento do quanto o tratamento seria inadequado para elas. Obviamente, Ashley está numa categoria de deficiência muitíssimo diferente da de uma pessoa capaz de blogar, escrever e-mails e tomar decisões sozinha. Um abismo separa as duas, não uma falácia como temem ou afirmam alguns. A física newtoniana funciona bem na maioria dos casos, mas não nos casos extremos. Como mostrou Einstein, ela falha em altas velocidades. A relatividade as explica muito bem. Assim, essa ideologia da comunidade da deficiência funciona bem. Nós a apoiamos. Neste caso extremo, ela falha horrivelmente."

Nossa compreensão da ciência do cérebro é tão avançada e, no entanto, tão primitiva. Ainda temos muito que aprender sobre a plasticidade do cérebro e a neurogênese, e a natureza do silêncio de qualquer um sempre é objeto de especulação. Cometemos erros ao fazer tanto demais quanto de menos. Norman Kunc, que nasceu com paralisia cerebral e hoje é consultor e porta-voz em questões de deficiência, explicou como pode ser grande a brecha entre a intenção benigna e as consequências problemáticas do tratamento de pessoas com deficiências. Chegou a comparar com o estupro suas experiências iniciais com a fisioterapia. "Dos três aos doze anos, três vezes por semana", disse ele, "mulheres mais velhas que eu, mais poderosas que eu, com mais autoridade que eu, levavam-me para sua sala, seu espaço, seu território. Tiravam parte da minha roupa. Invadiam meu espaço pessoal. Agarravam-me e apalpavam-me, manipulando-me o corpo de modo doloroso. Eu não sabia que tinha alternativa a não ser aceitar aquilo. Para mim, é uma forma de violência sexual, muito embora eu fosse completamente assexuado. Trata-se do poder e do domínio que fazem parte do abuso. É claro que a terapeuta não tem a mesma intenção que o estuprador, mas há uma diferença entre cuidado e competência. Muitos profissionais do serviço humano presumem que, como eles cuidam das pessoas, seus atos são inevitavelmente competentes. No momento em que você questiona a competência de seus atos, eles entendem que está questionando seu cuidado com a pessoa."[49]

Kunc argumenta que fazer uma coisa com amor não a torna necessariamente boa. Mesmo fora do mundo da deficiência, todos nós, na família, perpetramos e somos objeto de atos de amor que, no entanto, prejudicam. É provável que esse dano seja maior e mais frequente nas identidades horizontais porque as boas intenções são menos informadas. Pelo fato de eu ser gay, meus pais me magoam de maneiras que não o fariam se eu fosse como eles — não porque queiram me magoar, mas porque carecem de compreensão suficiente do que é ser gay. Suas intenções essencialmente boas, porém, são decisivas para minha identidade adulta. Não tenho como saber se PA prejudicou ou ajudou a filha, mas acredito que tenha agido de boa-fé. Pais são imperfeitos e cheios de erros. A intenção não oblitera os erros, mas, ao contrário de Kunc, acredito que pelo menos os mitiga. É horrível ser magoado por aqueles que a gente ama, mas é menos horrível quando a gente sabe que eles tinham a intenção de ajudar.

A palavra "genocídio" é muito empregada nos movimentos de identidade. Pessoas surdas falam em genocídio por causa do grande número de crianças surdas que recebem implante coclear; as com síndrome de Down e seus parentes falam num genocídio cometido mediante a interrupção seletiva da gravidez. No entanto, pouca gente proporia que as pessoas surdas ou com SD fossem mortas ou abandonadas à própria sorte. Conquanto alguns pais assassinem os filhos autistas, a prática costuma ser considerada chocante e errada. No entanto, nos casos de deficiências múltiplas graves, muito mais gente se conforma com esse tipo de solução. Isso se deve, em parte, ao fato de tais crianças geralmente só viverem por meio de intervenção médica extrema; elas são uma invenção moderna, e a ideia de deixá-las morrer pode ser defendida como "permitir à natureza seguir seu curso".[50]

Em *Rethinking Life and Death* [Repensando a vida e a morte], Peter Singer cita o pediatra australiano Frank Shann, que descreveu duas crianças sob seus cuidados.[51] Uma havia sofrido uma intensa hemorragia no cérebro e, por isso, não tinha córtex cerebral; só era capaz de funções automáticas. No leito vizinho, achava-se uma criança que sofria de uma doença cardíaca, que ia morrer sem um transplante do coração. O garoto vegetativo tinha o mesmo tipo de sangue que a outra criança e seu coração podia salvá-la, mas, para tanto, era preciso retirar seus órgãos antes que ele estivesse legalmente morto. Como isso era impossível, os dois meninos morreram em semanas. Shann disse: "Se o córtex cerebral estiver morto, a pessoa está morta. Proponho que seja legal usar em transplantes os órgãos do corpo de uma pessoa morta". Singer não concorda que a obliteração do córtex seja equivalente à morte, mas, mesmo assim, sente que a morte das duas crianças foi um desperdício trágico. Os defensores da deficiência diriam que é impensável matar uma criança gravemente deficiente para salvar uma não deficiente, assim como seria impensável matar uma criança não deficiente para salvar outra. É óbvio que pessoas mortas têm menos direitos que as vivas, e Shann afirmava que o primeiro menino de seu relato estava desprovido dos direitos dos vivos. Pode ser que haja ciência nisso, mas é esquisito descrever como *morta* uma pessoa que respira, espirra, boceja e até produz uma forma de sorriso reflexo.

Peter Singer sustenta que o que está em questão é a *pessoalidade*. Propõe que nem todas as pessoas são seres humanos; os animais sensíveis de consciência superior também são pessoas. Opina ainda que nem todos os seres humanos são pessoas. E escreveu em *Ética prática*: "Na esfera moral, matar um bebê incapaz não é equivalente a matar uma pessoa. Com muita frequência, não há nada de errado nisso".[52] Em outra parte, afirmou: "Se compararmos um bebê humano gravemente defeituoso com um animal não humano, por exemplo, um cachorro ou um porco, com frequência descobrimos que o não humano tem capacidades superiores, tanto reais quanto potenciais, de racionalidade, autoconsciência, comunicação e de qualquer outra coisa que seja plausível considerar moralmente significativa".[53] Singer inverte de maneira efetiva o *cogito, ergo sum* e diz que quem não pensa não existe.

Quase todo mundo concorda que não se pode matar crianças incapazes contra a vontade dos pais, mas se elas devem ser mantidas vivas contra a vontade dos pais é uma questão mais difícil. Em 1991, Karla Miller, grávida de cinco meses, entrou em trabalho de parto e foi levada às pressas ao hospital, em Houston. Os médicos lhe disseram que estava tendo um "aborto trágico" e perguntaram se ela e o marido preferiam deixar a natureza seguir seu curso ou passar por um procedimento experimental que, era quase certo, deixaria a criança viva, mas com o cérebro gravemente afetado. O casal rezou e decidiu se abster de medidas heroicas. Então a administração informou que a política do hospital era ressuscitar todos os bebês nascidos com mais de quinhentos gramas, portanto, se não quisessem que o bebê fosse salvo, eles que saíssem do hospital imediatamente. Como Karla estava com hemorragia e em perigo de sangrar até a morte, o casal optou por ficar. Ainda que em muitos estados Karla pudesse ter abortado um feto nesse estágio de desenvolvimento, não tinha o direito de recusar apoio à vida quando a criança tivesse saído de dentro dela. A menina nasceu com 630 gramas, e o pessoal médico introduziu um tubo em sua garganta para oxigenar os pulmões subdesenvolvidos. Ela é cega e nunca andou nem falou.[54]

Os Miller cuidaram dela, mas moveram uma ação de *wrongful life* [vida injusta] contra o hospital, afirmando que este agira contra sua vontade e, por esse motivo, devia prover uma compensação financeira para custear os cuidados permanentes da criança. Um tribunal adjudicou aos Miller 43 milhões de dólares de indenização e despesas, mas essa decisão foi anulada pelo tribunal de recurso. A política oficial impediu sua filha de morrer; a política oficial disse que era problema deles passar o resto da vida atendendo às necessidades da menina.[55]

O caso Miller suscitou uma onda de protestos enorme, e uma coalizão de dezessete instituições de deficiência entrou com um *amicus curiae*, afirmando: "A maioria dos adultos com deficiências, inclusive os que têm deficiência desde o nascimento, escolhe a vida e tem qualidade na vida. A maioria dos pais de filhos com deficiências valoriza e acredita que a vida dos filhos tem qualidade". O *Inclusion Daily Express*, focado na deficiência, escreveu: "Muitos defensores dos direitos dos deficientes acreditam que o processo dos Miller promove o infanticídio — o assassinato de bebês —, sobretudo dos que tem deficiências".[56] Entre as pessoas fora da comunidade de direitos dos deficientes, as opiniões foram menos concludentes. "Acho verdadeiramente inadequado atropelar os desejos dos pais, em particular de crianças assim", disse Ellen Wright Clayton, expert em pediatria da Universidade Vanderbilt.[57] George Annas, especialista em direito sanitário e bioética da Universidade de Boston, disse: "A verdade é que ninguém sabe o que é melhor para crianças como essa, e não devia haver nenhuma regra absoluta".

Para fins jurídicos, a referência foi uma sentença de 1978, pronunciada em Nova York, em que o juiz escreveu: "Se é melhor não nascer a nascer com deficiências brutais é um mistério que convém deixar para os filósofos e teólogos. Por certo, o direito não pode se declarar competente para resolver essa questão, particularmente em face do alto valor quase uniforme que o direito e a humanidade atribuem à vida humana, não à sua ausência. As implicações de tal proposição são assombrosas".[58]

A ópera, gênero artístico dedicado em grande medida a encontrar beleza na catástrofe, não deixou Julia Hollander, uma diretora que trabalhou na English National Opera, despreparada para a vida. Antes mesmo de conceber sua segunda filha, Imogen, Julia quis pensar profundamente na doença e se apresentou como voluntária num dos hospitais de Madre Teresa em Calcutá. Grávida de Imogen, Julia parecia estar bem até que, na 38ª semana, entrou em repentino trabalho de parto na madrugada de 19 de junho de 2002. A dor era lancinante. "Eu já tinha tido um trabalho de parto demorado", recordou, "e até que foram 24 horas divertidas em comparação com isso." Ela telefonou para a parteira, que a aconselhou a ir ao A&E, o pronto-socorro em Oxford. Um administrador do hospital disse que não podiam atendê-la porque ela já estava registrada numa casa de parto; durante a discussão, a bolsa de Julia se rompeu e ele a aconselhou a ir para a casa de parto naquele instante. Jay Arden, o companheiro de Julia e pai do bebê, levou-a numa viagem de quarenta minutos, e lá chamou uma parteira. Com o ritmo cardíaco do bebê na metade do que devia ser, a parteira mandou-os ir imediatamente a um hospital próximo. A essa altura, Julia estava gritando de agonia e, sabendo que o bebê corria perigo, esforçou-se para parir, mesmo com apenas três centímetros de dilatação. Deu à luz minutos depois de chegar ao hospital. Duas semanas antes, tivera uma hemorragia na placenta, mas, como Imogen já estava encaixada, a cabeça havia impedido o sangue de sair.[59]

Sangue no útero é veneno. Ocorre hemorragia em uma em cada cem gravidezes, e com frequência o bebê nasce bem. Mas Imogen parecia ter ataques epilépticos. Julia e Jay a transferiram para o hospital de Oxford que se recusara a atendê-los; lá a colocaram numa unidade de terapia infantil especial, a antessala da terapia intensiva. Mais tarde, Julia escreveu: "No Limbo, os bebês morreram e agora pairam entre a vida e a pós-vida. Estes aqui nasceram, mas ainda não entraram na vida".[60] Passada uma semana, Imogen abriu os olhos e, dez dias depois, foi para casa com os pais.

Imogen não conseguia pegar o seio da mãe e gritava o tempo todo. "Não havia lógica nos seus berros", recordou Julia. "Minha outra filha chora, mas sei que para se eu ficar com ela; em geral chora especificamente para me chamar. Não era que Imogen estivesse precisando de mim, e nada que eu fizesse a acalmava. Isso era detestável." Cuidar de Imogen tornou-se cada vez mais difícil. Era raro que dormisse e nunca ficava acordada sem gritar. Jay conseguia aquietá-la pelo menos durante algum tempo, embalando-a feroz e exaustivamente, mas, depois de algumas semanas, precisou voltar a trabalhar. Quando Imogen tinha um mês e meio, "lembro-me de tê-la jogado na cama, dizendo: 'Eu te odeio. Eu te odeio!'", recordou Julia. "Olhando para trás, parecia que a natureza estava me mandando rejeitar aquele bebê." Lacônicos, os médicos continuavam dando a entender que Imogen podia estar bem. Julia e Jay recorreram a terapias de massagem, a consultores de lactação, a remédios para cólicas, ao registro diário de choro e ingestão de alimento. Ocasionalmente, Imogen tinha momentos de tranquilidade e sono, mas nunca uma expressão de alegria ou prazer. Então começou a vomitar a cada mamada. Julia achou duas estatísticas na internet que não a deixaram mais: oito entre dez pais que lidavam com filhos gravemente deficientes estavam "a ponto de explodir", e 16% dessas famílias na Grã-Bretanha desistiam de cuidar dos filhos.

Uma visitante enviada pelo Serviço Nacional de Saúde (SNS) para avaliar a situação chamou Julia de santa. "Claro que ela estava lá para fazer com que eu desenvolvesse o vínculo, pois o SNS não vai cuidar desses bebês se puder evitá-lo", disse-me Julia. "Imogen não parava de gritar, de modo que eu estava habilitada para a santidade." Com esse heroísmo coexistia uma raiva espantosa. "Uma noite no escuro, sem luar e sem velas, embalando o corpinho furioso de Immie, tive o impulso de balançá-la com um pouco mais de força", ela escreveu mais tarde. "Como se fosse dar com a cabeça dela na parede. Seria tão simples — seu crânio frágil ficaria esmagado como um ovo cozido, era só balançar com um pouco mais de força. Não contei a ninguém minha fantasia, mas ela me deixou muito perturbada — a facilidade com que imaginei, real e verdadeiramente, destruir minha filha." Agora o sorriso de Imogen estava tão atrasado que sua ausência era um sinal seguro de dano cerebral. O desespero que Julia e Jay vinham mantendo sob controle assaltou a fortaleza.

Quinze ou vinte dias depois, Julia tirou uma semana de folga paga pelo Estado e deixou Imogen com uma cuidadora. Estava ávida por aquela liberdade, mas achou profundamente humilhante entregar a filha a uma mulher "melhor do que eu em amar uma pessoa como aquela". Apesar da ausência de diagnóstico, receitaram uma série de remédios para Imogen; o aviso do pediatra, segundo o qual "grandes problemas" estavam por vir, não chegou a ser um mapa rodoviário coerente. Jay começou a se distanciar. "Fiquei furiosa com ele por não gostar da filha", explicou Julia. "Me lembrava o tanto que eu estava presa àquele amor impossível e não retribuído por ela." Aquele vínculo repleto de ambivalência absorvera todo o amor que ela podia dar a Jay, e ele começou a ameaçar ir embora. "Estávamos descobrindo como a dor pode ser egoísta", escreveu Julia.

Jay propôs asfixiarem Imogen — para poupá-los, a ela e a eles, de sofrimento. Seria exatamente igual à síndrome de morte súbita infantil. Julia ficou horrorizada, muito embora também desejasse a morte de Imogen. "Eu não podia viver com ela e não podia viver sem ela", disse. "O que era melhor para Imogen? Ela tinha o direito de viver? A palavra 'direito' é tão pesada, não é? Acho que somos muito, muito confusos quanto aos filhos e à vida." Julia decidiu que asfixiar o bebê podia ser uma boa ideia; no entanto, Jay a dissuadiu alegando que, se ela fosse presa, seria a devastação da filha mais velha do casal, Elinor, que aos dois anos de idade estava ficando tímida e triste. Julia tentou imaginar como se preparar para as etapas seguintes. "É uma coisa muito confusa, chorar uma pessoa que está viva", escreveu. "A gente sente que não deve fazer isso." Cogitou-se processar o SNS. Julia e Jay podiam receber 3 milhões de libras esterlinas para cuidar de Imogen até os vinte anos de idade, mas, para tanto, precisavam provar não só que o funcionário do hospital de Oxford que os mandara para a casa de parto havia sido negligente, coisa evidente, como que Imogen não teria perdido uma parte tão grande do cérebro se Julia tivesse sido atendida. A avaliação ia durar seis anos. Julia ficou apavorada com a longa batalha e com a ideia de ficar em situação financeira precária e totalmente responsável por uma criança com lesão cerebral.

Pouco antes dos cinco meses, as pálpebras de Imogen começaram a tremer, e seus pais a levaram a um neuropediatra. Depois de testá-la, ele disse com voz vacilante: "É provável que Imogen nunca ande nem fale". Julia sentiu que, se a unidade de terapia infantil especial era o limbo, aquilo era o inferno. Os outros exames tardariam vários dias. A equipe imaginou que Julia fosse passar a noite no hospital — o mesmo que se recusara a recebê-la quando estava em trabalho de parto —, como faz a maioria das mães. Mas, contou ela, "fiz uma coisa muito cruel na primeira noite. Disse: 'Não vou ficar'. Aquela grande instituição havia me traído e o que eu queria dizer era: 'Vocês que se fodam'. Não olhei para os outros pais quando passei por eles. Tinha resolvido pendurar a auréola. Entrei no carro e fui para casa". Julia ficou obcecada pela ideia de autorizar Imogen a morrer. Mandou incluir uma ordem de não ressuscitação no prontuário da menina. Naquele fim de semana, tirou a filha do hospital para batizá-la. O batismo não fez senão confirmar seu desejo de ver Imogen morta; para Julia, a fixação implacável dos médicos na vida chegava a ser sádica.

Na terça-feira, o neurologista mostrou as tomografias computadorizadas de Imogen a Julia e Jay. Quando ele ergueu a cabeça, "vimos que a forma cinzenta se encolhia aos poucos no interior de sua moldura oval e era substituída por um negrume", escreveu ela. "Quando ele pôs o dedo na faixa em que os olhos se projetavam, a forma era toda preta, com uma borda rendada que mais parecia a franja de uma toalhinha de crochê preta. O neurologista explicou que o pretume era o espaço em que devia estar o córtex cerebral de Imogen; a borda rendada, seus restos dilacerados." E disse: "Falando rigorosamente, ela não tem inteligência".

Julia respondeu que precisava de tempo para absorver aquilo tudo, e o médico concordou em manter Imogen no hospital por uma semana. Julia estava preocupada com a ideia de que aquela menina jamais conseguiria conhecê-la, nunca seria capaz de sentir mais do que fome e talvez dureza e maciez. A decisão quanto ao que fazer dali por diante cabia inteiramente a Julia. Ela e Jay não eram casados, e, embora ele constasse como pai na certidão de nascimento, a antiquada legislação britânica (depois modernizada) não lhe dava pátrio poder. Jay insistia em perguntar aos médicos se Imogen podia ser como Christopher Nolan, o menino com síndrome do encarceramento, privado de oxigênio ao nascer, cuja mãe persistiu em ensiná-lo apesar de todas as dificuldades, até que uma droga lhe desse o uso de um músculo, que ele usou para digitar belas poesias. "Quando o neurologista disse: 'Não há a menor possibilidade de ela ser como ele', foi até um alívio", disse Julia. "Depois disso, Jay teve muita firmeza para se recusar a cuidar dela. Ou eu ficava com ele e perdia Imogen, ou ficava com Imogen e o perdia. Achei que era ela quem precisava de mim. Tinha necessidade de ver a prova de que não precisava de mim, e era meu ego que precisava que ela precisasse de mim." Mais tarde, Julia escreveu: "Não podia ser o amor não correspondido que eu tinha imaginado. Em vez disso, meu amor existia num vácuo".

Dois dias antes da data em que Imogen voltaria do hospital para casa, Julia interrompeu as visitas diárias. Parecia uma farsa: ir ver uma pessoa que nunca poderia dizer se tinha recebido visita ou não. Julia ficou na cama, encolhida num quarto escuro. Chegou uma visitante do SNS que adotara um filho com paralisia cerebral. "Era uma pessoa muito filosófica, sábia", disse Julia. "Me lembro de ter dito a ela: 'Quando você acha que é a melhor ocasião para abandonar o filho quando a gente decide fazê-lo?'. A resposta foi: 'Sempre será a pior coisa que você fez na vida'. Isso ajudou: nunca haveria uma ocasião perfeita."

Assim que a mulher foi embora, Julia telefonou para um advogado, perguntando se ela corria o risco de perder Elinor se entregasse Imogen ao sistema. Ele garantiu que não. Julia perguntou o que dizer no hospital e anotou as palavras. No dia que Imogen voltaria para casa, ela não foi ao hospital; ficou junto ao telefone com Jay, esperando que tocasse. A enfermeira que ligou disse que Imogen estava bem e perguntou quando Julia ia buscá-la. "Eu não vou", respondeu ela. Seguiu-se um silêncio estupefato. A enfermeira pediu-lhe que fosse com Jay a uma reunião no dia seguinte. No hospital, Julia usou a frase que o advogado lhe tinha dado: "Não sou a mãe certa para essa criança". O consultor não questionou a decisão. "Foi uma reunião muito amável", contou Julia. O médico perguntou se alguma vez lhes passara pela cabeça fazer mal à menina, o tom de voz sugerindo a resposta necessária. Jay respondeu: "Não posso dizer que não pensei nisso". E o médico disse: "Então vamos tirar esse fardo de vocês". Antes de sair do hospital, eles foram ver Imogen, e Julia a pegou no colo e disse à assistente social: "Eu a amo mesmo, sabe?". Ao sair do hospital, quis dar meia-volta, mas Jay não vacilou. "É ela ou eu", disse, e eles seguiram caminho, Julia chorando em silêncio. Em

466

casa, jogaram fora a roupa, os chocalhos, as mamadeiras e protetores de mamilo, o berço, o esterilizador, o cadeirão.

Dias depois, uma mãe provisória foi buscar Imogen no hospital. Tania Beale era uma cristã convicta, mãe solteira de um filho deficiente. "Imogen está estendida no berço quando eu entro", Tania escreveu posteriormente num artigo para o *Guardian*. "Sinto perplexidade, perda, confusão. Seus pais e eu nos avaliamos uns aos outros. Quem é essa gente que tem coragem de se separar desse lindo pedacinho de humanidade? Há alguma coisa em Imogen. Ela é determinada. Não vai ser desprezada. Eu tenho um *sling* de pano, e ele passa a ser o lar de Immie. Ela fica junto ao meu coração, chupando meu dedo. Nos meses seguintes, carrego-a assim sempre que estou acordada."[61] Naquele primeiro dia, Jay e Julia deram a Tania o carrinho e a cadeirinha de automóvel. Julia ficou impressionada com Tania; achou-a forte e digna. "Senti que não me encarava como a mamãezinha patética que tinha fracassado. Isso me deixou tão agradecida", disse. Os serviços sociais britânicos acham que a criança que é acolhida cedo deve ser adotada pelos pais provisórios. A razão explícita disso é o fato de essa adoção ser mais estável; porém, ao contrário dos pais provisórios, os pais adotivos não são pagos pelo serviço que prestam, de modo que os motivos do Estado são mistos. Para Julia, a capacidade de uma estranha de amar sua filha foi ao mesmo tempo um alívio e uma afronta. A adoção significaria o fim cabal e irreversível de seus direitos maternais e era assustadora; ela desejava manter o vínculo.

Alguns anos depois, Julia me disse: "Acho que agora Tania sente que nosso envolvimento com Imogen é para o bem da criança. Por outro lado, cheguei a uma fase em que gostaria que Tania fosse a mãe dela". Tania já não quer adotar a menina. "Cheguei na hora errada", disse Julia. Ela esperava fazer amizade com Tania, mas isso não aconteceu. Quando Imogen vem visitá-los, Jay lhe faz cócegas até que a filha ria; leva-a ao piano e toca para ela. "Immie reage parando de gritar e levantando a pesada cabeça como se estivesse concentrada na música, os olhos arregalados e a boca aberta numa expressão que se pode chamar de assombro", escreveu Julia. Ela começou a organizar coletas de fundos para crianças deficientes e passou a ser atuante no hospital em que Imogen ficou quando estava doente. Publicou um livro sobre suas experiências. A família não pode viver com Imogen, mas tampouco pode afastá-la do centro de sua consciência.

"Sei que vejo uma Immie diferente da que sua família conhece", escreveu Tania. "Um dia, ela sorri. É rápido, mas sorri. Descubro que sorri em reação a um assobio. No seu primeiro aniversário, Immie está na cadeira e chuta uns sinos, sorri ao ouvir o barulho que fazem e abre muito a boca ao ver um bolo de creme de chocolate. Pouco a pouco, está aprendendo que viver pode valer a pena." Julia disse que o sorriso é um reflexo muscular; médicos o confirmavam. A menina que Tania descrevia parecia ser diferente a ponto de uma obliterar a outra. Quando conheci Julia, Imogen ainda recebia alimento pela boca e mastigava; um ano depois, perdeu o que Julia chamava de sua "única aptidão", passando a ser alimentada por um tubo G. Atualmente, Imogen toma baclofeno, que muitas crianças paroxísticas tomam para relaxar os músculos; três anticonvulsivantes; duas drogas para o aparelho digestivo; e hidrato de cloral para dormir. Dorme num engradado especial, uma prancha com a forma de suas pernas e braços, à qual fica presa por correias para não machucar os membros convulsivos. Faz fisioterapia três vezes por semana. Nesse regime, Imogen terá uns vinte anos de vida.

"Graves ataques epilépticos deviam tê-la matado", disse Julia. "É assim que a natureza destrói essa pessoa. Mas não. Havia uma droga capaz de conter as convulsões. É duríssimo querer que o próprio filho morra. Até certo ponto, minha raiva é contra a invenção desses filhos. Porque, quando nasci, eles não sobreviviam. Essas Imogens vão se multiplicando à medida que aumenta a sofisticação e a tirania da intervenção." Por outro lado, Tania escreveu: "Imogen continua sendo profundamente deficiente, mas conhece sua família, a biológica e a adotiva, e se entusiasma quando os avós a visitam". A aura de tranquila certeza de Tania decerto contrasta com a tendência de Julia ao drama obscuro. Certa vez, Elinor perguntou: "Mamãe, se eu ficar com lesão cerebral, posso ir morar com Tania também?". A pedido de Tania, Julia mandou retirar o carimbo de não ressuscitação dos documentos de Imogen. Enquanto Tania não a adotar, essas decisões ficam exclusivamente nas mãos de Julia. "Mas não vou tomá-las sozinha", disse ela. "Seria cruel."

Os textos de Julia acerca de suas experiências — primeiro artigos de jornal, depois um livro — foram um grito de expiação que provocou reações variadas. Alguns leitores acharam-na corajosa, outros a classificaram de interesseira. Na nossa última entrevista, ela disse: "Ontem, saí com Imogen. É um pesadelo andar seis quarteirões empurrando uma cadeira de rodas. Tantos carros grandes estacionados na calçada, então você avança o equivalente a dois automóveis, onde o espaço é largo o suficiente, e vai para o meio da rua, com o tráfego em sentido contrário. Quando tiver percorrido seis quadras, você é uma pobre mártir. Toda vez que ela está comigo eu experimento ser mãe de uma criança deficiente. As pessoas abrem caminho na calçada e sorriem para a gente, aquele sorriso que diz: 'Pobrezinha, ainda bem que eu não sou você!'. Posso me imaginar lustrando minha auréola no fim de cada dia. Ao mesmo tempo, posso me imaginar a pessoa mais furiosa do mundo".

Na definição de Peter Singer, Imogen, Ashley e outros como elas não são pessoas. Entretanto, os pais que conheci e que viviam com filhos assim e deles cuidavam geralmente enxergavam muita pessoalidade neles. Em qualquer caso, é impossível determinar até que ponto essa pessoalidade é observada, e até que ponto é imaginada ou projetada. Singer não sugere que os pais convencidos da pessoalidade dos filhos devam tratá-los como se fossem não pessoas, mas abre o arcabouço moral para que se pense que essas crianças são descartáveis. Não tenho certeza de que isso nos conduzirá a propostas hitleristas de eliminar uma gama mais ampla de deficientes, como afirmam os ativistas, mas tampouco tenho certeza de que os argumentos de Singer sejam tão racionais quanto ele dá a impressão de que são. Sua falácia é a presunção de onisciência, para si e para a ciência.

O defensor da deficiência australiano Chris Borthwick escreve que seria central para os especialistas em ética sopesar tal questão, "a identificação de uma classe de pessoas que são 'humanas', mas não humanas, se é que se pode encontrar alguém assim".[62] Ele diz que nós admitimos que o estado de uma pessoa é vegetativo quando um médico não se convence de que ela esteja consciente — em outras palavras, o que está em pauta não é a consciência, mas a manifestação legível da consciência. Borthwick considera a consciência como essencialmente incognoscível. Aponta para um estudo publicado na *Archives of Neurology*, no qual quase dois terços de um grupo de 84 pessoas julgadas "em estado vegetativo recobraram a consciência" em três anos. "É forçoso indagar", escreve ele, "à luz da evidência, por que escritores sensatos, morais e éticos conseguem extrair essas qualidades de permanência e certeza de dados que são, para não colocar a questão de maneira mais forte, claramente passíveis de outras interpretações." Borthwick sustenta que, mesmo que alguns seres humanos sejam não pessoas, não os podemos identificar com certeza. É difícil não pensar em Anne McDonald e Christopher Nolan, que tantos profissionais julgaram não pessoas, e no fim emergiram para uma pessoalidade reluzente. A mesma lógica que nos leva a deplorar a pena de morte em casos em que a prova não é de todo conclusiva devia nos causar hesitação nesses casos supostamente evidentes.

Refletir sobre as opiniões de Singer e Borthwick me fez lembrar de Susan Arnsten, mãe de Adam Delli-Bovi, que tem síndrome de Down, e seu fascínio pela ideia judaica de que Deus existe entre as pessoas, não dentro delas.[63] Fez-me pensar no trabalho da cultura dos surdos que mostra que a língua de sinais surge espontaneamente quando há duas pessoas para se comunicarem por meio dela, mas continua adormecida em crianças isoladas de outras que a podiam empregar. Recordou-me a revolta que Jay Neugeboren sentiu quando sugeriram que a esquizofrenia de seu irmão podia ser definida em termos químicos, não em termos espirituais ou pessoais. Rejeito tanto a ciência pretensiosa por trás da posição de Singer quanto o sentimentalismo dulcificado dos que asseveram que tratamos toda vida humana de modo igual, sempre. É claro que se deve procurar respostas práticas, mas é insensatez achar que essas respostas são mais do que aproximadas. Nós nos atribuímos pessoalidade um ao outro e a atribuímos ou negamos a essas crianças deficientes. Não se descobriu tanto quanto se propõe. Certa vez, a psicanalista Maggie Robbins disse: "Consciência não é substantivo, é verbo. Tentar defini-la como um objeto fixo é a receita do desastre".[64] Tania enxerga em Imogen algo elementar, uma qualidade que se pode chamar de graça, e Julia não; afirmar que uma das duas está sonhando é cometer uma injustiça arrogante.

As filhas da formiga rainha cuidam da mãe e das irmãs; em certas espécies de aves, os filhotes mais velhos ajudam os pais a criar os mais novos; mas, em geral, associa-se pouca reciprocidade à paternidade não humana.[65] A paternidade humana é uma relação fundamentalmente bilateral e vitalícia, em vez de unilateral e temporária. Antes mesmo da mudança radical e derradeira em que os filhos, na plenitude da vida, passam a cuidar dos pais idosos e incapacitados, as manifestações de reciprocidade podem determinar o status social e o amor-próprio dos pais. Em geral, a perspectiva dessa retribuição é obnubilada pela reciprocidade precoce do olhar adorador do filho, da afeição implícita na dependência, das palavras de adulação balbuciadas pela primeira linguagem avara da prole. Para os pais de filhos com DMG, a reciprocidade precoce pode ser infrequente; e a reciprocidade completa, impossível.

Mas o prazer de cuidar dos filhos não está somente na reciprocidade. A escritora francesa Annie Leclerc fala no "gosto profundo que temos pelas crianças",[66] e a psicóloga feminista Daphne de Marneffe diz que a capacidade da mãe de reagir ao filho contribui "não só para seu reconhecimento do filho como para seu próprio senso de prazer, eficácia e autoexpressão". Há muito que a psicanálise propõe que o cuidado inicial da mãe é uma forma de autocuidado. Freud explica que "o amor dos pais, comovente e no fundo tão infantil, não é outra coisa senão o narcisismo dos pais renascido".[67]

Esses interesses comuns parecem ter fortalecido a maioria dos pais que entrevistei para escrever este capítulo, mas nem todos eles conseguem realizá-los. Alguns ativistas da deficiência, adversários do aborto e fundamentalistas religiosos alegam que, para começo de conversa, quem não está disposto a criar filhos deficientes não deve engendrar filho nenhum. Mas a realidade é que a maioria das pessoas embarca na paternidade com otimismo, e mesmo as que consideram com ponderação um cenário bem pior não são capazes de prever adequadamente como reagirão quando estiverem nessa situação.

A ambivalência existe em todas as relações humanas, inclusive na relação pais-filhos. Anna Freud afirmava que a mãe não pode satisfazer as necessidades do filho porque são infinitas, mas que filho e mãe acabam superando essa dependência.[68] As crianças com DMG têm necessidades permanentes que vão muito além dessa infinitude. Em *A mãe dividida*, a psicóloga britânica Rozsika Parker queixa-se de que, na nossa sociedade aberta, moderna, a extensão da ambivalência materna é um segredo obscuro.[69] A maior parte das mães encara o desejo ocasional de se livrar dos filhos como se fosse o equivalente a um assassinato. Parker propõe que ser mãe requer dois impulsos: o de aguentar e o de rejeitar. Para ser uma mãe bem-sucedida, é necessário nutrir e amar o filho, mas não o asfixiar e se agarrar a ele. A maternidade implica navegar entre o que Parker denomina "a Cila da intromissão e a Caríbdis da negligência".[70] Ela propõe que a ideia sentimental de uma sincronia perfeita entre mãe e filho "pode lançar uma espécie de tristeza na maternidade — um estado constante de suave mágoa de que uma unidade deliciosa sempre pareça fora de alcance".[71] A perfeição é uma virtude no horizonte, e a própria aproximação dela revela-nos sua imutável distância.

A porção obscura da ambivalência materna para com o filho típico é colocada como decisiva para a individuação dele. Mas filhos gravemente deficientes que nunca serão independentes não tiram nenhum benefício dos sentimentos negativos dos pais, de modo que sua situação exige um estado impossível de pureza emocional. É absurdo pedir aos pais de filhos gravemente deficientes que sintam uma emoção menos negativa que a dos pais de filhos saudáveis. De acordo com minha experiência com esses pais, todos eles sentiam tanto amor quanto desespero. Ninguém pode decidir ser ambivalente ou não. Só podemos decidir o que fazer com nossa ambivalência. A maioria desses pais optou por atuar sobre um lado da ambivalência que sentem, e Julia Hollander escolheu atuar sobre o outro lado, mas não estou convencido de que a própria ambivalência seja diferente entre uma dessas famílias e a outra. Sou suficientemente criatura do meu tempo para admirar a maioria dos pais que ficaram com os filhos e por eles fizeram bravos sacrifícios. No entanto, respeito Julia Hollander por ser sincera consigo mesma e por ter feito aquilo que todas as outras famílias enxergaram como uma opção.

8. Prodígios

Ser muito dotado e ser deficiente são surpreendentemente parecidos: isolamento, incompreensão, espanto. Uma das impressões mais alarmantes que surgiu durante minha pesquisa foi que muita gente chega a valorizar anormalidades obviamente indesejáveis. Do mesmo modo, variações obviamente desejáveis costumam ser desalentadoras. Muitos futuros pais que temem a ideia de um filho deficiente desejam um que seja talentoso. Esses filhos podem criar beleza no mundo; podem derivar um prazer intenso de suas realizações; podem estender a vida dos pais a novos alinhamentos maravilhosos. Pessoas inteligentes em geral têm filhos inteligentes, mas a genialidade deslumbrante é uma aberração, uma identidade tão horizontal quanto qualquer outra neste estudo. Apesar dos avanços do século passado em psicologia e neurociência, o prodígio e a genialidade são tão pouco conhecidos quanto o autismo. Assim como os pais de filhos com deficiências graves, os pais de filhos excepcionalmente talentosos são guardiões de crianças fora do alcance de sua compreensão.

Um *prodígio* é capaz de funcionar no nível de um adulto avançado em determinado domínio antes dos doze anos de idade. Emprego a palavra no sentido amplo, incluindo qualquer um que desenvolva em idade precoce uma aptidão inata profunda, mesmo que o faça de modo mais gradual ou menos público que os prodígios clássicos. *Prodígio* deriva do latim *prodigium*, um monstro que viola a ordem natural. Essas pessoas apresentam diferenças tão evidentes que parecem um defeito congênito. A ansiedade da anormalidade vai além da etimologia. Pouca gente deseja ser identificada como prodígio, especialmente dada a correlação entre prodígio e exaustão, prodígio e esquisitice. Os prodígios são, aos olhos de muitos prodígios, patéticos, estranhos, excêntricos com pouca chance de sucesso social ou profissional na vida, e suas proezas são mais prestidigitações de festa do que arte.

A designação "prodígio" costuma refletir *timing*, ao passo que "genialidade" reflete a capacidade de acrescentar algo de valor à consciência humana. Muita gente tem genialidade sem precocidade, ou prodigiosidade sem genialidade. O poeta francês Raymond Radiguet disse: "Prodígios infantis existem assim como há homens extraordinários. Mas raramente são a mesma coisa".[1] No entanto, aqui me envolvi com um continuum que engloba os dois fenômenos e permite que as palavras se sobreponham de maneira considerável. As pessoas deste capítulo mostram como o surgimento de uma capacidade desproporcional, em qualquer estágio, altera a dinâmica familiar, tanto quanto o faz o surgimento da esquizofrenia ou da deficiência, em qualquer estágio. Mas a realização prematura e o mérito final são identidades muito diferentes.

Assim como a deficiência, a prodigiosidade obriga os pais a redesenhar a vida em torno das necessidades especiais do filho. Uma vez mais, é preciso recorrer a experts; uma vez mais, as principais estratégias destes para lidar com a aberração geralmente solapa o poder parental. A prodigiosidade de um filho requer que os pais saiam em busca de uma nova comunidade de gente com experiência semelhante; eles não tardam a enfrentar o dilema da integração e precisam decidir se fazem os filhos conviver ou com pares intelectuais muito velhos para travar amizade com eles, ou com pares da mesma faixa etária que ficarão desconcertados e hostis diante de suas realizações. Como qualquer outra anomalia de desenvolvimento, a genialidade pode ser um obstáculo para a intimidade, e a saúde e a felicidade das famílias de prodígios não excedem as de outras mencionadas neste livro.

A prodigiosidade se manifesta com enorme frequência no esporte, na matemática, no xadrez e na música; aqui, me concentro nos prodígios musicais porque minha capacidade de entender a música excede minha compreensão do esporte, da matemática ou do xadrez. O desenvolvimento de um prodígio musical depende da colaboração parental; sem esse apoio, a criança não tem acesso a um instrumento nem ao treinamento que até o gênio mais ardente exige. Como dizem David Henry Feldman e Lynn T. Goldsmith, especialistas na área: "O prodígio é um empreendimento de grupo".[2]

O pai ou mãe é o progenitor de grande parte do comportamento do filho, conta-lhe repetidas vezes quem ele foi, é e pode vir a ser, harmoniza realização e inocência. Ao construir essa narrativa, os pais em geral confundem a anomalia de se desenvolver depressa com o objetivo de se desenvolver profundamente. Não há delimitação clara entre apoiar e pressionar o filho, entre acreditar nele e forçá-lo a se conformar com que se imagina para ele. É possível prejudicar os prodígios alimentando-lhes o talento à custa do crescimento pessoal ou cultivando seu desenvolvimento geral em detrimento da aptidão especial que podia lhes dar a mais profunda satisfação. Você pode levá-los a sentir que seu amor depende do sucesso deslumbrante deles, ou que você não dá a mínima para seu talento. Os prodígios convidam o sacrifício do presente pelo futuro putativo. Se as expectativas da sociedade pela maioria das crianças com diferenças profundas são demasiado baixas, as expectativas depositadas nos prodígios tendem a ser perigosamente altas.

A musicalidade parece não expressar uma vantagem evolutiva, entretanto, toda sociedade humana tem música. Em *The Singing Neanderthals* [Os neandertais cantantes],[3] o arqueólogo Steven Mithen argumenta que a música tem um papel decisivo no desenvolvimento cognitivo. Um trabalho recente sobre a fala endereçada às crianças — as tonalidades exageradas a que quase todo mundo recorre ao se dirigir a bebês — mostra que estes preferem tais enunciações melódicas.[4] O acadêmico John Blacking diz que a música "está no corpo, aguardando que a ponham para fora e a desenvolvam".[5] Os membros de uma cultura são capazes de distinguir a música alegre da triste de outra cultura.[6] Apesar dessa capacidade inata de discernimento musical, a música, como qualquer linguagem, é plasmada pela exposição; absorvemos as progressões harmônicas características de nossa cultura e sentimos a realização ou o revés das expectativas musicais aprendidas. O sociólogo Robert Garfias sustenta que a música e a linguagem falada são um sistema único adquirido na primeira infância, e que a música pode ser nosso "meio primordial de manter um processo de socialização".[7]

Assim como as crianças surdas começam a se comunicar por meio de gestos físicos, os prodígios musicais usam desde o início tons melódicos para transmitir informações. Para eles, a música é fala em si. Dizem que Händel cantava antes de aprender a falar.[8] O pianista Arthur Rubinstein cantava uma mazurca quando queria bolo.[9] John Sloboda, psicólogo da música que estuda por que reagimos emocionalmente a combinações de notas e ritmos, escreveu: "Os idiomas musicais não são idiomas e não têm significado referencial à maneira como o têm os idiomas como o inglês. No entanto, eles apresentam características estruturais multiniveladas parecidas com a sintaxe ou a gramática".[10] Isso significa que, no sentido proposto pelo linguista Noam Chomsky, uma estrutura musical profunda no cérebro pode ser vitalizada pela exposição a sons. Leon Botstein, diretor do Bard College e ele próprio um ex-prodígio, disse: "O que gera um grande músico é a gravitação emocional para a música como uma forma alternativa de comunicação linguística".[11] Tal como no caso da linguagem falada ou de sinais, é preciso haver não só um meio de expressão como pessoas que o recebam, reajam a ele e o estimulem, motivo pelo qual o envolvimento parental é decisivo no surgimento dessa faculdade.

Não obstante, o fato de a música ser a primeira linguagem não garante o uso brilhante dessa linguagem, assim como a fluência em inglês das crianças americanas não transforma todas elas em poetas.

Para Evgeny Kissin, chamado de Zhenya pelos que o conhecem, a música foi inquestionavelmente sua primeira língua, a qual seus pais entendiam.[12] Na metade da década de 1970 os amigos que visitavam a professora de piano Emilia Kissina, em Moscou, ouviam seu filho pequeno tocar piano. Em 1976, quando Zhenya tinha cinco anos, um amigo, frustrado com a relutância de Emilia em matricular o menino numa academia especial ("Eles perdem a infância, eles se esforçam demais nesses lugares", dizia ela), arranjou um encontro com Anna Pavlovna Kantor, da famosa Escola Gnessin. Inicialmente, Kantor também resistiu. "Era setembro", recordou. "Eu disse que os exames haviam terminado fazia tempo. 'Quando você conhecer esse garotinho', retrucou o amigo, 'vai entender que nada terminou.' Uma semana depois, a mãe veio com o filho de cabelo todo cacheado, feito um anjo. Ele abriu os olhos, e eu vi uma luz dentro dele. Sem saber ler música ou o nome das notas, Zhenya tocou tudo. Eu lhe pedi que traduzisse uma história em música. Disse que estávamos entrando numa floresta escura, cheia de animais selvagens, muito sinistra, e então o sol vai nascendo aos poucos, e os passarinhos começam a cantar. Ele começou pelas notas graves do piano, num lugar escuro e perigoso, e depois cada vez mais claro, os passarinhos despertando, os primeiros raios do sol, e enfim uma melodia encantadora, quase extática, as mãozinhas a correr as teclas. Eu não queria dar aula para ele. Uma imaginação assim pode ser muito frágil. Mas a mãe disse: 'Não se preocupe, ajudante inteligente e fiel. Zhenya se interessa por tudo que é novo para ele. Tente'."

Os Kissin tinham a vida típica da intelligentsia judaica soviética: fisicamente desconfortável, constantemente frustrante, os prazeres da mente a substituir os incômodos ordinários da carne e as intrusões permanentes da ideologia no espírito. Eles presumiam que a irmã de Zhenya, Alla, ia tocar piano como a mãe, ao passo que Zhenya seria engenheiro como o pai, Igor. Aos onze meses, Zhenya cantou toda uma fuga de Bach que a irmã vinha exercitando. Começou a cantar tudo quanto ouvia. "Chegava a ser embaraçoso sair à rua com ele", recordou Emilia. "Como aquilo prosseguia incansavelmente, sem parar, fiquei assustada."

Aos dois anos e dois meses, Zhenya se sentou ao piano e, com um só dedo, tocou alguns tons que andava cantando. No dia seguinte, fez a mesma coisa e, no terceiro, tocou com as duas mãos, usando todos os dedos. Era capaz de ouvir um disco e reproduzir a música. "As baladas de Chopin, ele as tocava com as mãozinhas minúsculas, e sonatas de Beethoven, rapsódias de Liszt", a mãe me contou. Aos três anos, começou a improvisar. Gostava especialmente de fazer retratos musicais das pessoas. "E o resto da família tinha de adivinhar quem eu estava tocando", lembrou ele.

Kantor lhe ensinou a tradição russa segundo a qual a imaginação e o espírito do intérprete devem ser iguais aos do compositor. "O maior triunfo de Anna Pavlovna", explicou Emilia, "é ter preservado o dom do menino. Soube suplementar o que estava presente sem nunca substituí-lo." Quando perguntei a Zhenya como ele conseguia evitar o esgotamento de tantos meninos-prodígio, ele respondeu: "Simplesmente isso: eu fui bem criado". Aos sete anos, Zhenya começou a escrever suas composições. Tocava como se isso fosse uma emancipação necessária. "Quando eu chegava da escola, ia para o piano sem tirar o casaco e tocava", contou. "Fiz minha mãe entender que era exatamente disso que eu precisava." Ele fazia listas, para Anna Pavlovna, das coisas que queria aprender: "Quando pedia uma peça difícil, eu escrevia entre parênteses: 'Lênin dizia que difícil não é sinônimo de impossível'.".

Zhenya deu seu primeiro recital em maio de 1983, aos onze anos. "Eu me senti tão aliviado", recordou. "No intervalo, fiquei impaciente para voltar ao palco." Depois do recital, a esposa de um figurão do Sindicato dos Compositores felicitou a professora e o aluno e prometeu convidá-lo a se apresentar. Isso era uma porta de entrada para a fama e o conforto naquele período soviético de penúria. Mas Kantor ficou preocupada. "Ele ainda é muito novo", respondeu. "Não convém que seja superexposto." Um desconhecido que estava por perto interrompeu-as e se identificou como médico. "Ao ver o estado de entusiasmo com que o menino voltava ao palco para bisar, percebi que seria ainda mais perigoso para ele ficar tão superexcitado por dentro, sem descanso", explicou. "Ele precisa se apresentar." Um mês depois, Zhenya tocou na sede do Sindicato dos Compositores.

Quando esteve em Moscou em janeiro seguinte, o famoso maestro Daniel Barenboim ouviu Zhenya tocar e providenciou um convite para uma apresentação no Carnegie Hall. Os espetáculos musicais gozavam de um status especial entre as artes na União Soviética porque do ponto de vista ideológico os atos interpretativos eram menos suspeitos que os criativos. Mas o governo procurava conservar seus gênios, de modo que nem Zhenya nem a professora foram informados da história do Carnegie Hall. Meses depois, ele tocou os dois concertos para piano de Chopin em Moscou. Posteriormente, os pais lhe disseram que tinham uma surpresa: uma visita a uma cidadezinha do interior. Anos mais tarde, Zhenya soube que eles haviam organizado a viagem porque sabiam da sensação que o concerto suscitaria e não queriam expô-lo a tantos elogios.

Quando começou a fazer turnês, Zhenya passou a ter aulas particulares das "matérias habituais: história, literatura, matemática, materialismo dialético, leninismo, ciência militar e assim por diante". Nunca tinha tido convívio real com gente de sua idade, e escapar da escola comum foi um alívio. Em 1985, saiu da União Soviética pela primeira vez para tocar numa homenagem especial a Erich Honecker em Berlim Oriental. "Havia uns artistas de circo, depois eu toquei 'Widmung', de Schumann/Liszt, e a 'Valsa em Mi Menor' de Chopin, e a seguir um mágico fez truques", ele recordou. Dois anos depois, com o afrouxamento das restrições de viagem sob a nova política da glasnost, Zhenya tocou para o renomado maestro Herbert von Karajan, que apontou para ele e disse com lágrimas nos olhos: "Gênio". Ao contrário de muitos prodígios, Zhenya não chora a infância perdida. "Às vezes, eu lamento o curso da minha vida ter se iniciado tão cedo", contou-me. "Não havia como resistir a isso. Mas, mesmo que minha carreira tivesse começado mais tarde, a música sempre seria a única coisa importante para mim." Em 1990, aos dezoito anos, ele estreou no Carnegie Hall para o embevecimento da crítica;[13] em 1991, a família emigrou para Nova York. Anna Pavlovna Kantor foi com eles.

Antes que nos conhecêssemos em 1995, haviam descrito Zhenya para mim como um canceriano — peculiar, fechado, incompreensível — e, naquele primeiro contato, ele explicou com clareza que tinha pouco a dizer a respeito de si além dos fatos. Nunca gostou muito de conversar, nem de jornalistas, nem da atenção que muitas celebridades acham lisonjeira. É indiferente ao sucesso, a não ser na medida em que lhe possibilita tocar mais. Zhenya é muito alto e muito magro, tem a cabeça estranhamente grande, olhos castanhos enormes, pele clara, uma cabeleira castanha emaranhadíssima em que a gente é capaz de perder alguma coisa. O efeito geral é levemente desengonçado, e seu comportamento combina o tenso com o beatífico. Vê-lo sentar-se ao piano é ver uma lâmpada acender-se: por decorativa que possa ter parecido, só então sua verdadeira utilidade fica evidente. Zhenya dá mais a impressão de receber energia do instrumento do que de nele pôr energia. "Não sei se conseguiria viver se, de uma hora para outra, não pudesse mais tocar", disse. Ele toca como se isso fosse um ato moral capaz de redimir o mundo.

Nos anos 1990, Zhenya sempre fazia suas turnês acompanhado da mãe e de Kantor. A dinâmica entre as duas mulheres era ao mesmo tempo íntima e respeitosa; nenhuma criticava o desempenho de Zhenya sem consultar a outra. Ao chegar a uma nova sala de concerto, ele repassava o programa. Kantor ficava avaliando a apresentação em silêncio, ao passo que Emilia percorria o lugar para examinar a acústica. Nunca deram margem para que Zhenya se tornasse arrogante. "Elas não queriam que eu me enxergasse como um grande prodígio", disse. "Em compensação, quando eu merecia, sempre me elogiavam." Enquanto seu pai e sua irmã desapareciam na sombra, Zhenya ficou com a mãe e a professora de piano; um crítico se referiu a eles como um "bicho de três cabeças".

Embora toque piano com a fluidez com que eu falo, Zhenya fala com a trapalhice com que eu toco piano. Sua inteligência profunda e suas ideias complexas são insinuadas, mas não expressas na conversação. Ele tem um ligeiro defeito de fala, certa demora nas consoantes explosivas, que irrompem como bexigas estourando. Seus discursos são saturados de pausas; nada orgânico leva de uma palavra à seguinte. Quando ele era pequeno, Kantor lhe explicava uma coisa e, então, como não obtinha resposta, tornava a explicar, de forma mais elaborada. Por fim, perguntava: "Você entendeu?". Zhenya dizia: "Sim, faz tempo que eu entendi". Não lhe ocorria dizer isso. Quando ele tinha vinte e poucos anos, a regente de uma orquestra com a qual Zhenya ia tocar reparou que ele estava ensaiando durante o intervalo e comentou que não conseguia trabalhar sem um descanso ocasional. Zhenya respondeu: "É por isso que você não é solista". Ele é muito solícito, mas sua franqueza cândida permeia-lhe a comunicação; a crítica Anne Midgette escreveu no *Washington Post*: "O concerto foi tão fascinante justamente por causa da desajeitada aflição que acompanhava o primor técnico".[14]

Passei algum tempo flertando com a ideia de que a música era uma primeira língua até fazer essa pergunta a Zhenya cerca de um ano depois de nos conhecermos. Estávamos no seu apartamento, no Upper West Side de Manhattan. Nosso encontro tinha sido improvisado; eu queria saber algo sobre a estrutura de uma cadência de Rachmaninoff. "Esta?", perguntou ele, e tocou seis compassos. Na fita magnética do nosso encontro, a transição emocional é mais surpreendente que a passagem da fala para a música: as notas contêm todo o sentimento ausente nas palavras. Pensei num peixe que salta no deque de uma embarcação e depois torna a deslizar para a graça pura na água. Um desejo ardente de ser compreendido — a beleza primordial da música de Zhenya — distingue-a da habilidade técnica. Embora só estivesse tocando para mostrar as passagens que eu tinha mencionado, senti pela primeira vez que estávamos conversando plenamente; foi tão íntimo quanto uma confidência ou um abraço.

Ele me disse: "A música exprime o que sinto; não sei me expressar pela fala. Também não gosto de falar na música: ela fala por si". Para Zhenya, a música explica o mundo, e é por isso que ele parece explicar o mundo para seu público.

Mais de uma década depois de nosso primeiro contato, perguntei-lhe se tinha realizado plenamente seus insights; ele se limitou a dizer: "Ainda não". Mais tarde, acrescentou: "De menino, quando eu tocava, era apenas por gostar da música e eu tocava do modo como a sentia. À medida que minhas ideias vão ficando melhores e mais claras, percebo o quanto é difícil para mim realizá-las. No passado, fui tentado a começar a reger, mas agora não quero isso, exatamente porque me dou conta de como é difícil tocar piano. É por isso que agora fico mais nervoso antes dos meus concertos". É a descrição mais acertada a respeito de como cresce um prodígio.

Para Zhenya Kissin, a música é o repositório da intimidade; outros a usam para exprimir aquilo que as circunstâncias ou o temperamento os proíbe de dizer. O pianista Yefim Bronfman, chamado de Fima, o protótipo do gênio explosivo, nasceu em Tashkent em 1958.[15] Seu pai, Naum Bronfman, tinha sido recrutado pelo Exército soviético e caído prisioneiro dos alemães; fugiu e conseguiu percorrer 960 quilômetros a pé para retornar a Moscou, onde foi preso e torturado por Stálin. A mãe de Fima, Polina, foi prisioneira dos nazistas na Polônia. Naum era violinista e lecionava no conservatório de Tashkent; Polina, pianista, dava aulas em casa. "Sempre desconfiamos que escutavam nossas conversas", disse-me Fima. "De modo que a única maneira de nos expressarmos era pela música. Foi isso que nos fez trabalhar tão arduamente nela." A música se transformou num reino da liberdade, num meio pelo qual os Bronfman conseguiam articular tudo que não podiam dizer num apartamento infestado de aparelhos de escuta. Parte da beleza do desempenho maduro de Fima é essa urgência persistente. Se alguns músicos conversam em música porque seu cérebro não tem uma conexão forte com a linguagem falada, Fima — que não se casou e, como Zhenya Kissin, mora com a mãe — permanece naquelas conversas originais suprimidas e produz música com a necessidade de quem teve a fala negada nos seus mais importantes diálogos da infância. A música russa do século xx explorou de modo sistemático os méritos expressivos da ambiguidade, de saber dizer coisas que um burocrata não é capaz de identificar e rotular de subversiva. A música pode liberar as pessoas encerradas em praticamente qualquer tipo de silêncio.

A origem do gênio é tema de debate filosófico há pelo menos 2500 anos. Platão acreditava que a genialidade era concedida pelos deuses aos seres humanos passivos.[16] Longino propunha que se tratava de algo que a pessoa faz: que o gênio não recebe divindade, mas a cria.[17] John Locke (que, reveladoramente, não tinha filhos) achava que os pais podiam engendrar gênios; ele disse: "Imagino a mente das crianças virada para este ou aquele lado como a própria água".[18] Essa ideia da Idade da Razão, o período em que *gênio* adquiriu o significado atual, abriu caminho para a imagem romântica da genialidade envolvida em mistério. Immanuel Kant afirmou: "Se um autor é dono de um produto de seu gênio, ele próprio não sabe como obteve as ideias para isso".[19] Arthur Schopenhauer disse:

"O talento acerta um alvo que ninguém consegue acertar; o gênio acerta um alvo que ninguém consegue enxergar".[20]

Em 1869, *Hereditary Genius* [Genialidade hereditária], de Francis Galton, anunciou que a genialidade não podia ser alcançada por quem não tivesse nascido para isso.[21] Lewis M. Terman, um eugenista e seguidor de Galton, desenvolveu o Teste de Inteligência Stanford-Binet, que media o QI, para classificar recrutas do Exército durante a Primeira Guerra Mundial; depois do Armistício, pressionou para que o teste fosse aplicado em crianças em idade pré-escolar para prever o sucesso acadêmico. Como esses testes de inteligência quantificáveis são inerentemente tendenciosos, as medições de QI baixo pareciam demonstrar a inferioridade de grupos "indesejáveis".[22]

A questão de como o QI elevado se correlaciona com a genialidade é debatida desde que se introduziram os testes. Terman acompanhou um grupo de cerca de 1500 crianças com QI altíssimo; setenta anos depois, seus críticos afirmaram que elas não realizaram nada além do que seu status socioeconômico permitia prever. Um menino excluído por Terman por não ser suficientemente inteligente, William Shockley, foi um dos inventores do transistor e ganhou o prêmio Nobel de física.[23] Não obstante, eugenistas defendiam a psicometria. Paul Popenoe, que preconizava a esterilização forçada dos "inferiores", asseverou que "nunca um filho de operário não qualificado se tornou um eminente homem de ciência nos Estados Unidos".[24] Hitler era muito versado nas ideias de Galton e Popenoe; de fato, este colaborou entusiasticamente com os colegas nazistas e os defendeu até que isso deixasse de ser vantajoso.[25] O Holocausto teve um efeito arrefecedor sobre a noção de supremacia inata, e, em 1944, o antropólogo Alfred Kroeber propôs que a genialidade era contextual.[26] Por que a Atenas do século V, ou a Itália do Renascimento, ou a dinastia Song produziram pencas de gênios? A genialidade não devia ter uma frequência constante na população?

Se a genialidade provier da genética, uma meritocracia dificilmente será mais justa que o direito divino dos reis; isso também mitifica a superioridade inata. Se a genialidade resultar do trabalho, as pessoas brilhantes hão de merecer a glória e a riqueza que angariam. A perspectiva comunista diz que qualquer um pode ser gênio se simplesmente trabalhar para tanto; a perspectiva fascista propõe que os gênios inatos são uma espécie diferente do resto da humanidade. Muita gente fica aquém do seu potencial por falta de disciplina, mas uma visita a uma mina de carvão demonstra de modo cabal que o trabalho árduo por si só não forma gênios nem garante riqueza. A história da inteligência excepcional não é menos política que a história da deficiência intelectual ou a da doença mental.

Leon Fleisher nasceu em 1928 em San Francisco, cidade em que seu pai imigrante fazia chapéus para Lucille Ball.[27] O irmão de Leon tomava aulas de piano a contragosto, e Leon escutava. "Quando meu irmão saía para jogar bola, eu ia para o piano e tocava como a professora queria", recordou Leon. Logo seus pais passaram as aulas de piano para Leon, que pouco tempo depois foi estudar com um russo chamado Lev Schorr, o "fazedor de prodígios de San Francisco. Ele só achava que a aula estava boa quando eu começava a chorar. Mas depois me levava para almoçar e me oferecia costeleta de cordeiro".

Em 1937, o regente da Sinfônica de San Francisco ouviu um dos primeiros recitais de Leon e decidiu que o garoto devia estudar na Itália com o famoso pianista Artur Schnabel. Este recusou educadamente, já que não tinha interesse por alunos de nove anos. Alguns meses depois, o maestro convidou Schnabel para jantar, fez com que o garoto entrasse de maneira furtiva e obrigou o pianista a escutá-lo. Schnabel se dispôs na hora a dar aulas a Leon, desde que ele não voltasse a dar concertos; em sua opinião, a mãe de Leon queria apenas fama, e o importante era manter o menino focado na música. Leon e a mãe foram para Como em 1938. As aulas eram diferentes de tudo que o garoto conhecia. "Os fazedores de prodígios separam técnica de música", disse ele. "Schnabel sustentava que técnica é a capacidade de fazer o que a gente quer. Recomendava sentar numa poltrona confortável e estudar a música antes de começar a tocar — nada de martelá-la sem primeiro pensar em como a gente gostaria que ela soasse." O mestre nunca tinha mais que meia dúzia de alunos e fazia com que cada um assistisse às aulas dos outros. "Ele dava uma aula inteira com doze compassos, e nós saímos cambaleando como inebriados", lembrou Leon, "repletos não só de informação como também de inspiração. Schnabel traficava transcendência."

Às vésperas da Segunda Guerra Mundial, a Itália estava longe de ser o melhor lugar para um aluno judeu estudar com um pianista judeu, e Schnabel não tardou em mandar Leon de volta para os Estados Unidos. Pouco tempo depois, emigrou para Nova York, de modo que o pai de Leon teve de arranjar emprego numa fábrica da Costa Leste. "Isso foi uma responsabilidade enorme para um garotinho assumir", disse Leon. Mas sua mãe era muito determinada. "Mandou-

-me escolher entre ser o primeiro presidente judeu ou um grande pianista", acrescentou ele com tristeza.

Leon Fleisher estreou no Carnegie Hall em 1944, aos dezesseis anos, e logo se estabeleceu. A ascensão de sua carreira foi meteórica, e, três anos mais tarde, Schnabel deu seus estudos por concluídos. "Fiquei desolado quando ele me mandou embora", contou Leon. "Lembro-me de depois ter ouvido a gravação de uma das sonatas de Beethoven e adorado sua beleza extraordinária. Mas não sabia ao certo se a teria tocado exatamente daquele modo."

Leon passou duas décadas coberto de glória; aos 36 anos, foi acometido de distonia focal, uma doença neurológica que provoca contrações musculares involuntárias, que o impossibilitou de usar o terceiro e o quarto dedos da mão direita. A distonia focal está associada à repetição incessante de movimentos que envolvem a coordenação motora fina apesar dos primeiros indícios de dor. O filho de Leon, o jazzista Julian Fleisher, explicou: "Ele usava a mão direita incansavelmente porque a mãe mandava; usou-a até ela quebrar". Leon entrou em depressão; seu casamento ruiu. "Levei dois anos de desespero para perceber que meu vínculo era com a música, não com ser pianista de duas mãos", disse. Ele se reinventou como regente, professor e intérprete do limitado mas pirotécnico repertório da mão esquerda.

A maturidade de Leon é altamente autoconsciente. "A gente pode interpretar uma peça como se estivesse no meio do acontecimento ou como um narrador", explicou. "Sabe: 'Era uma vez um…'. Pode ser mais expressivo. Solta a imaginação do ouvinte. Não dita: 'É isso que eu sinto, portanto, é o que você deve sentir'. Um prodígio não é capaz disso, mas um intérprete plenamente desenvolvido é." Ele descreve os alunos jovens e inteligentes como quem quer construir uma casa em torno de um objeto decorativo. "Eu lhes explico: 'O quarto vai ser aqui; a cozinha, ali; e a sala, lá. Os cômodos precisam estar prontos antes que a gente os encha de coisas bonitas. Primeiro a estrutura'." Seu filho observou, com ironia, que esse modo de pensar tremendamente nuançado não se estende às relações humanas: "Não é uma questão de ser gentil, e sim de notar a mente das pessoas que ele ama. Mas na música tudo está presente".

Perguntei-me se a distonia de Leon tinha lhe trazido alguma recompensa. "Ela me obrigou, portanto me capacitou, a mudar de rumo, a expandir meu campo de… qual é palavra companheira de visão: 'aurisão'? Se me fosse dada a chance de voltar atrás e não ter distonia focal, não sei se eu mudaria alguma coisa." A distonia comprovou o que ele aprendeu com Schnabel: a musicalidade exige modéstia. "Schnabel comparava o intérprete ao guia de montanha alpino", disse Leon. "Sua meta é levá-lo ao topo da montanha para que você desfrute o panorama. Ele não é o objetivo. O panorama que é."

Quando Leon tinha setenta e poucos anos, o Botox relaxou permanentemente os músculos contraídos de sua mão, e o Rolfing facilitou ainda mais o movimento do tecido mole. Ele voltou a tocar com as duas mãos, e suas gravações subsequentes lhe valeram altas honras. "A técnica já não é o que era, o que restou é a musicalidade", contou Julian. "Ele quase não toca notas, toca o significado delas." Leon disse: "Não estou de modo algum curado. Quando toco, uns bons 80% ou 90% da minha concentração e consciência estão em como lidar com a mão. Desgastei a cartilagem entre as articulações, de modo que osso esfrega osso nos meus dedos, é mais ou menos como *A pequena sereia*. Ela se apaixonou por um homem e seu desejo foi realizado: tornou-se humana. O preço era cada passo que dava doer como se ela estivesse pisando em facas. É um conto de fadas de que me lembro com muita clareza".

Prodígios musicais por vezes são comparados com atores infantis, mas estes representam crianças; ninguém paga para ver um garotinho de seis anos interpretar Hamlet. Nenhuma disciplina foi transformada permanentemente pelas revelações de uma criança. Leon Botstein disse: "Os prodígios confirmam a sabedoria convencional, não a modificam". Pode-se assimilar rapidamente o desempenho musical porque ele se baseia em regras, é estruturado e formal; a profundidade vem depois. Mozart foi o prodígio arquetípico, mas, se não tivesse passado dos 25 anos de idade, nada saberíamos dele como compositor. Depois de examiná-lo aos oito anos em 1764, o advogado inglês Daines Barrington escreveu: "Ele tinha um conhecimento minucioso dos princípios fundamentais da composição. Também era um mestre da modulação; e suas transições de uma tecla a outra, excessivamente naturais e acertadas". No entanto, Mozart não passava de uma criança. "Quando ele estava tocando para mim, seu gato de estimação entrou, ao que ele abandonou de pronto a espineta, e não conseguimos trazê-lo de volta durante um tempo considerável. De vez em quando, também corria pela sala com um bastão entre as pernas à guisa de cavalo."[28] Todo prodígio é uma união incongruente de maestria e infantilidade, e o contraste entre a sofisticação musical e a imaturidade pessoal chega a ser surpreendente. Uma menina-prodígio que entrevistei tinha trocado o violino pelo piano aos sete anos. Ela se dispôs a me revelar o porquê disso se eu não contasse nada à sua mãe. "Eu queria ficar sentada", disse.

A maioria das pessoas que recebem treinamento precoce rigoroso não se tornam músicos singulares. Veda Kaplinsky, da Juilliard School, talvez a professora de piano de jovens mais valorizada do mundo, explicou: "Antes que a criança chegue aos dezoito ou dezenove anos, não se sabe se ela terá capacidade emocional de expressão".[29] Uma infância madura pode ser a receita de uma vida adulta imatura — princípio muitíssimo corroborado publicamente por Michael Jackson. Um provérbio japonês diz que um prodígio de dez anos se torna, aos quinze, um talentoso rapaz a caminho da mediocridade aos vinte.[30]

O velocista se entrega de forma insensata à sua arrogância contra o corredor de maratona, e, do mesmo modo, os pais que estimulam o narcisismo dos filhos não lhes fazem nenhum favor. É melhor realizar alguma coisa antes de ficar famoso, porque, se a fama chegar primeiro, ela em geral descarta a realização. O empresário Charles Hamlen, que promoveu a carreira de muitos músicos excelentes, fala com desânimo nos pais que querem que os filhos estreiem no Carnegie Hall aos doze anos. "Ninguém constrói uma carreira tocando no Carnegie Hall", disse. "Você constrói uma carreira, e então o Carnegie Hall o convida a tocar."[31]

Schnabel viu Leon Fleisher como um menino com aptidões notáveis, não como um feixe de aptidões preso inconvenientemente a um menino, porém muitos pais carecem de sofisticação para fazer tal distinção. Karen Monroe, uma psiquiatra que trabalha com crianças-prodígio, disse: "Quando se tem um filho cujo dom é de tal modo eclipsante, é fácil para os pais se distraírem e perderem o filho de vista".[32] Van Cliburn estava entre os ilustres prodígios do século XX, embora só tenha sido catapultado à fama aos 23 anos, quando, no auge da Guerra Fria, ganhou o concurso de piano Tchaikóvski, em Moscou, e foi recebido nos Estados Unidos com um desfile com papel picado nas ruas. A mãe era sua professora de piano e, quando estava dando aula, dizia: "Você sabe que agora eu não sou sua mãe".[33] Sobre a infância, Van Cliburn disse: "Havia outras coisas que eu gostaria de fazer fora estudar piano, mas sabia que minha mãe tinha razão quanto ao que eu devia fazer". Van Cliburn morou a vida toda com a mãe. Mas interrompeu sua carreira depois da morte do pai, que também era seu empresário, porque não conseguia suportar a pressão e sofria de depressão e alcoolismo, tornando-se uma figura venerada na sociedade de Fort Worth — bom, afável, piamente reacionário e representante de uma competição epônima, o Concurso Internacional de Piano Van Cliburn, que se tornou tão prestigiosa quanto a que ele venceu.

Em 1945 havia cinco concursos de piano no mundo; hoje há 750.[34] Robert Levin, professor de música de Harvard, disse: "O repertório preferido é uma música com tantas dificuldades técnicas que, há apenas trinta anos, menos de 1% dos pianistas o tocavam. Agora cerca de 80% o tocam. Não é um progresso. Reflete um comportamento puramente gladiatório, físico. Não se pode mandar um estudante jovem aprender as notas e depois adicionar a expressão. É o mesmo que dizer a um chef: 'Primeiro faça a comida, depois acrescente o sabor'.".[35]

Sue e Joe Petersen sempre colocaram as necessidades pessoais do filho Drew acima de seu talento, mas na maioria das vezes as duas coisas pareciam coincidir.[36] Drew só começou a falar aos três anos e meio, mas Sue jamais acreditou que lhe faltasse inteligência. Aos dezoito meses, numa ocasião em que a mãe estava lendo uma história para ele e saltou uma palavra, Drew estendeu o braço e apontou para a palavra omitida na página. Não produzia muito som nessa fase, mas já lhe dava muita importância. "Os sinos de igreja suscitavam uma grande reação", contou Sue. "O canto dos passarinhos o fascinava."

Sue, que tinha aprendido piano na infância, ensinou-lhe o básico num velho instrumento vertical, e Drew ficou encantado com a partitura. "Ele precisava decodificá-la", contou Sue, "de modo que tive de reavivar o pouco que ainda sabia de memória, que era a clave de sol." Drew disse: "Foi como aprender treze letras do alfabeto e depois querer ler um livro". Ele imaginou sozinho a clave de fá e, quando iniciou as aulas formais aos cinco anos, o professor disse que podia pular a matéria dos primeiros seis meses. Um ano depois, Drew estava tocando sonatas de Beethoven na sala de recitais do Carnegie Hall e foi levado à Itália para participar de um festival juvenil em que os outros concorrentes eram uma década mais velhos que ele. Sue disse: "Achei aquilo delicioso, mas também pensei que não devíamos levá-lo muito a sério. Drew era apenas um garotinho".

A família tinha lá suas diferenças com o professor, e Sue foi aconselhada a entrar em contato com uma professora chamada Miyoko Lotto, que avisou que lhe faltava tempo para dar aula a Drew, mas se dispôs a ouvi-lo tocar e encaminhá-lo a outra pessoa. Quando ele terminou, Lotto disse: "Eu tenho tempo às terças-feiras às quatro".[37] Anos depois, recordou: "Ele mal alcançava os pedais, mas tocava com toda nuança adulta que se quisesse. Pensei: 'Oh, meu Deus, esse é mesmo um gênio. Não está imitando nem repetindo. Sua musicalidade vem de dentro.'."

O entusiasmo dela não agradou tanto assim. Sue disse: "Era tão extremo que me dava nos nervos". Joe disse: "Era simplesmente ridículo". Sue não podia levar Drew a Manhattan toda semana, mas arranjou um professor em Nova Jersey recomendado por Lotto. Esta enviava e-mails a Sue de quinze em quinze dias para saber como iam as coisas. De vez em quando, convidava Drew a tocar para ela. "Parecia muito informal, mas, visto agora, era tudo regulamentado e inten-cional", observou Sue.

Um dia, a caminho do jardim de infância, Drew lhe perguntou: "Posso ficar em casa para aprender alguma coisa?". Sue ficou desconcertada. "Ele lia livros enormes, enquanto as outras crianças ficavam segurando um M inflável", disse. Drew contou: "No começo, eu me sentia sozinho. Depois a gente aceita isso, sim, você é diferente de todo mundo, mas, de qualquer modo, as pessoas vão ser suas amigas". Os pais de Drew o puseram numa escola montessoriana, depois numa particular. Compraram-lhe um piano novo porque, aos sete anos, ele anunciara que o vertical deles não tinha contraste dinâmico. "Custou mais do que já paga-mos pelo que quer que fosse, exceto a entrada da casa", contou Sue. No ensino médio, Drew tocava com frequência e tinha começado a fazer natação competi-tiva com uma equipe que treinava nove horas por semana. Quando ele tinha ca-torze anos, Sue achou um programa de ensino domiciliar desenvolvido por Har-vard; quando o conheci, ele tinha dezesseis anos e meio e estava a caminho de um bacharelado nessa universidade.

Na minha convivência com os Petersen, fiquei impressionado não só com sua devoção mútua como com a facilidade com que evitavam o esnobismo que tende a acompanhar a música clássica. Sue é enfermeira escolar; Joe trabalha no departamento de engenharia da Volkswagen. Eles não esperavam a existência a que Drew os levou, mas não se deixaram intimidar nem ficaram presunçosos por vivê-la; essa vida continuou sendo tanto uma diligência quanto uma arte. Joe disse: "Como descrever uma família normal? Só sei descrevê-la como uma família feliz. O que meus filhos fazem enche esta casa de alegria". Quando perguntei em que medida o talento de Drew os afetou na relação com o irmão caçula, Sue respondeu: "É perturbador e diferente. Não seria muito diferente se o irmão de Erik tivesse uma deficiência ou uma perna de pau".

Para Drew, a atração gravitacional da música é inexorável. Ele contou: "Pensei que em Harvard eu fosse encontrar uma matéria que me interessasse de verdade, talvez mais do que a música. Não encontrei, e sei lá se desejo encontrá-la". Como Lotto estava na Manhattan School of Music, Drew continuou sua educação musical lá. "Ele disse: 'Não quero empresário nem publicidade por ora; não quero uma infância na música; quero uma vida na música'", recordou Sue. Ela rejeitou convites para que Drew fosse ao programa *Oprah*. "Ele tinha sete anos", recordou, "e disse: 'Eu não sou um número de circo'." Aos dezesseis, continuava sem querer empresário. "A gente precisa resistir", explicou.

Perguntei a Drew como conseguia expressar tanto através da música tendo tão pouca experiência de vida, e ele respondeu: "Só posso expressá-la pela música, não por palavras. Talvez eu também só possa viver essa experiência através da música". Presumimos que certas intimidades são reservadas à fala, outras ao sexo, outras ao esporte — mas não seria a música o lócus da intimidade e a fala, o lócus da formalidade? Um ano depois que nos conhecemos, Drew foi selecionado para uma *master class* com o pianista chinês Lang Lang, na época com 28 anos, e fui vê-los interagir. Lang Lang, para quem a fala é fácil, orientava seis alunos. Dizia o mínimo a Drew, e este lhe dizia o mínimo; no entanto, o modo de tocar de Drew mudou a ponto de incorporar os insights do professor com uma fluência que nenhum dos outros foi capaz de mostrar.

Sue disse: "O talento dele é uma lente de aumento sobre o que eu preciso fazer. Para ser franca, não tenho como saber o que é certo ou errado no que faço, só mesmo perguntando a ele". Drew retrucou: "Você vive perguntando. É tão perguntadora quanto eu sou não conformista". Ela disse: "Felizmente, suas respostas são bastante convincentes".

Pode-se dividir o talento musical em três componentes: o atlético, o mimético e o interpretativo. É preciso habilidade física para movimentar as mãos ou os lábios com a precisão que a maioria dos instrumentos requer. Ser músico exige a capacidade mimética de reproduzir técnicas alheias. "Isso não deve ser desprezado como mera replicação", opinou Justin Davidson, crítico musical da revista *New York*.[38] "É assim que a gente aprende a falar, a escrever, a se exprimir. Os músicos tremendamente dotados para a imitação conseguem reproduzir interpretações requintadíssimas em idade muito precoce. Mas as produzem porque aprenderam com um professor, com uma gravação, ouvindo outros pianistas ou porque isso brota dentro deles? Todo mundo faz as duas coisas." Para Robert Levin, "é difícil transmitir uma mensagem se você não aprendeu a pronunciar as palavras. Quem tem uma mente assombrosa, mas descuida da habilidade técnica, está tão destinado ao fracasso quanto quem é perfeito no que faz, mas não tem mensagem. A gente precisa pegar esses elementos aparentemente incompatíveis e fazer um vinagrete de disciplina e experiência". Como disse Pierre-Auguste Renoir, a destreza nunca estorvou a genialidade.[39]

O desempenho musical, como na língua de sinais, exige que a destreza manual seja a sede do significado emocional e intelectual. Às vezes, esse significado está presente desde o começo, como no caso de Drew Petersen. Às vezes, chega mais tarde. O violoncelista e pedagogo Steven Isserlis queixou-se para mim de que é muito frequente ensinar música como um esporte competitivo. "Deviam ensiná-la como um misto de religião e ciência", disse. "Ser capaz de movimentar os dedos com muita rapidez é impressionante, mas nada tem a ver com música. A música mexe com a gente, a gente não mexe com a música."[40]

Mikhail e Natalie Paremski tinham uma situação confortável no sistema soviético: Mikhail na Agência Atômica Russa, Natalie no Instituto de Engenharia Física.[41] Sua filha Natasha, nascida em 1987, mostrou um interesse precoce pelo piano; seu irmão mais novo, Misha, não. "Eu estava na cozinha e pensei: 'Quem está tocando?'", recordou Natalie. "Então vi: 'É a bebê tocando de ouvido canções infantis'. Meu marido disse que a vida de músico era terrível; pediu-me para não lhe dar aulas." Mas Natalie achou que algumas lições não fariam mal. Seis meses depois, Natasha tocou uma mazurca de Chopin num concerto infantil. "Ela decidiu ser pianista aos quatro anos", contou Natalie. Natasha era sempre a primeira da classe na escola. "Nós não nos preocupávamos com a música porque ela era ótima em matemática, física, química. Não teria dificuldade para fazer qualquer outra coisa se perdesse o talento musical."

Quando a União Soviética ruiu, as pessoas privilegiadas na era soviética passaram a ser objeto de considerável suspeita. Em 1993, Mikhail foi brutalmente espancado ao voltar do trabalho à noite. Na ocasião, os médicos disseram a Natalie: "Prepare-se para ficar viúva". Fazia anos que um caça-talentos vinha importunando Mikhail para que fosse trabalhar nos Estados Unidos, mas os Paremski não queriam sair da Rússia. Depois da agressão, Natalie mudou de ideia. "Três dias mais tarde, levei a papelada ao hospital. Eu mesma movi a mão de Mikhail para que assinasse. Quando ele despertou do seu quase coma, contei: 'Você vai para a Califórnia'."

Mikhail foi primeiro; a família seguiu em 1995. Natasha entrou na quarta série, na qual todos os alunos eram dois anos mais velhos. Em poucos meses, estava falando inglês sem sotaque e tirava nota máxima em todas as provas. A família não tinha condições de comprar um bom piano; por fim, acharam um barato que "soava como um repolho", lembrou Natasha. Natalie convenceu a escola a deixar a menina estudar por conta própria para poder se apresentar. "Todo mundo dizia: 'Você deve ser orgulhar tanto da sua filha'", contou Natalie. "Eu dizia que não era eu que tinha de me orgulhar, a própria Natasha se encarregava disso — mas aprendi que os americanos não achavam educada essa resposta. Por isso agora sempre digo: 'Eu me orgulho tanto da minha filha', e então talvez a gente possa conversar." Natasha concorda que foi seu próprio ímpeto que a levou ao sucesso. "O que eles fizeram para que eu praticasse?", perguntou. "O que fizeram para que comesse ou dormisse?"

Aos treze anos, Natasha participou de um concurso na Itália e um dos jurados viu que ela ia tocar seis sonatas de Prokófiev. Ele disse: "Você não pode tocar essa peça, pois é sobre a prisão e você nunca esteve presa". Natasha ficou indignada. "Eu não vou para a prisão para aperfeiçoar minha música", respondeu. Ela não vê nada estranho na capacidade de um músico de expressar emoções que ele não viveu. "Se eu as tivesse vivido, isso não me ajudaria necessariamente a exprimi-las melhor na minha música. Eu sou atriz, não personagem; meu trabalho é representar uma coisa, não vivê-la. Chopin escreveu uma mazurca, o sujeito na plateia quer ouvir a mazurca, e tenho de decifrar a partitura e torná-la apreensível para o tal sujeito, e isso é mesmo difícil de fazer. Mas não tem nada a ver com minha experiência de vida. Nós precisamos continuar povoando o mundo de som. Se você eliminar uma coisa — se privar o mundo, por exemplo, do segundo concerto de Brahms — algo há de estar errado. Este mundo, com esse Brahms nele, é o meu mundo — e uma parte do que constitui este mundo vem por meu intermédio."

Aos catorze anos, Natasha concluiu o ensino médio com louvor, e o Mannes College for Music, em Nova York, lhe ofereceu uma bolsa de estudos integral. Ela contratou um empresário, mudou-se para o Leste e começou a estudar em tempo integral. Morava com uma família anfitriã em Nova York durante a semana e passava os fins de semana com seu empresário no subúrbio. Natalie se preocupava com o déficit de sentimento em Nova York. "Não há tempo para visão! As pessoas apenas lutam para sobreviver, como em Moscou", disse — ao que a filha respondeu: "Visão é como eu sobrevivo". Nesses primeiros tempos em Nova York, Natasha e a mãe se telefonavam constantemente. No entanto, Natalie contou: "Esse era meu presente para ela: eu lhe dava a sua própria vida".

Conheci Natasha quando ela tinha quinze anos e a entrevistei pela primeira vez quando tinha dezesseis. Um ano depois, em 2004, fui à sua estreia no Carnegie Hall, na qual tocou o *Concerto para piano nº 2* de Rachmaninoff.[42] Ela é uma moça bonita, de cabelo exuberante e corpo de sílfide, e estava com um vestido preto de veludo sem mangas, para que os braços se sentissem livres, e sapatos de salto desvairadamente alto que, em sua opinião, lhe dava mais apoio nos pedais. Seu modo de tocar era tão viril quanto sua roupa era feminina, e o público a ovacionou. Seus pais não compareceram. "Eles são compreensivos demais para vir", disse Natasha antes do concerto. Natalie explicou: "Se eu estivesse lá, ficaria tão preocupada com cada nota que não ia parar quieta na poltrona. Isso não ajudaria minha filha em nada".

No Mannes, Natasha se alçou rapidamente a estrela. "Minha professora quer que eu tenha consciência exata do que estou fazendo", contou-me quando tinha vinte anos. "Isso pode destruir a espontaneidade. Se a gente tem consciência de que vai correr um risco, e o risco vai ser este, então não há mais risco nenhum. Tocar deve ser 100% intuição e 100% lógica." Seu irmão caçula, que estava conosco, disse com sarcasmo: "Que afirmação lógica!". Natasha replicou: "Mas ao mesmo tempo muito intuitiva. Quando eu toco, é assim que uso o cérebro, a respiração e tudo o mais. Mas não fico...". Natasha hesitou, numa rara falta de palavras.

"... pensando em você mesma", concluiu sua mãe. Natasha acenou a cabeça. "É por isso que eu fico preocupada: ela emagrece, fica sem comer por causa do piano."

Natasha sacudiu a cabeça. "O resto da vida distrai tanto."

Em 2005, ela foi convidada a se apresentar com Sting num concerto beneficente para o príncipe de Gales. "Fez amizade com Madonna", contou sua mãe. "Eu não fiz amizade com ela", protestou Natasha. "Ela me disse: 'Vocês, músicos clássicos, são todos metidos a besta. Deviam pensar seriamente em usar shorts bem curtinhos'." O *New York Times*, que se recusara a resenhar sua estreia, escreveu sobre uma apresentação posterior: "Juventude, no caso dela, denota frescor, mas também a crueza da madeira recém-cortada. Ela mergulhou na partitura e apareceu com todos os tipos de notas e passagens novas que a gente sentia não ter ouvido antes". Apesar desse sucesso, Natasha continua humilde. "Todo mundo me telefona, dizendo: 'Sua filha é tão pé no chão'. É um elogio bem americano."

Certas pessoas podem dizer o nome de qualquer nota que ouvem com a facilidade com que a maioria é capaz de dizer o nome de uma cor. O fenômeno do *ouvido absoluto* é detectado em apenas cerca de uma em mil para uma em 10 mil pessoas.[43] O resto de nós funciona no ouvido relativo — a capacidade de ouvir os intervalos entre as notas. Assim, praticamente qualquer um consegue cantar "Parabéns a você", mas poucos sabem dizer se está cantando em mi bemol. Para quem tem ouvido absoluto, a identidade exata das notas é inconfundível. Um pesquisador mencionou uma mulher que tocou a escala no piano para a filha de três anos, dizendo o nome das notas; uma semana depois, o alarme do forno tocou e a menina perguntou: "O micro-ondas sempre canta em fá?". Outra criança se queixava quando um de seus brinquedos, com a bateria fraca, tocava um quarto de tom mais baixo.[44]

Algumas pessoas que não têm ouvido absoluto inato podem se exercitar para reconhecer as notas. O treino lhes ensina a produzir um sol, por exemplo, e elas conseguem calcular outras notas a partir dele.[45] Essa capacidade parece ser latente num percentual muito mais elevado da população. Como a medida do ouvido absoluto era, por tradição, a capacidade de dar nome às notas, não havia como detectar essa aptidão nas pessoas que, para começar, não tinham sido educadas para saber o nome das notas. David Ross, um psiquiatra de Yale, descobriu que certas pessoas que não tinham aprendido o nome das notas conseguiam dizer quando uma banda tocava uma canção favorita um semitom mais baixo. Daniel Levitin, um psicólogo da Universidade McGill, descobriu que um número surpreendentemente grande de pessoas é capaz de produzir o primeiro tom de sua canção predileta.[46] Outro pesquisador demonstrou que muita gente consegue identificar o tom correto do sinal de linha do telefone.[47]

Nem sempre o ouvido absoluto aumenta a capacidade musical. Uma cantora falou no seu esforço para acompanhar as outras cantoras do coro quando elas descem um quarto de tom. Seu impulso natural é cantar o que está escrito em dissonância com as demais. Outro músico contou que o regente de sua orquestra juvenil disse: "Você está tão decidido a tocar o fá sustenido que não presta atenção ao que está acontecendo. O fá sustenido é uma nota diferente quando a gente toca em ré maior, no qual ela é a terceira, e quando toca em sol, no qual ela é o tom sensível". Para ser músico, o garoto teve de aprender a suprimir seu ouvido absoluto.[48]

Como muitas outras aberrações, a musicalidade pode ser mapeada fisiologicamente. As pessoas com ouvido absoluto têm um *planum temporale* aumentado no córtex cerebral auditivo.[49] No caso dos violinistas, há um aumento na região do cérebro que controla o movimento da mão esquerda.[50] Em muitos músicos, as partes do cérebro que controlam a coordenação motora e a linguagem são maiores em volume ou metabolismo, coisa que sugere que a música é tanto atlética quanto linguística.[51] No entanto, não está claro se essas características são a base da capacidade musical ou o resultado da prática repetitiva.

Robert Greenberg é professor de linguística. Sua esposa, Orna, é pintora.[52] Embora nenhum dos dois seja particularmente musical, seu filho Jay, ainda bebê, escutava absorto as canções de ninar de uma gravação de Mamãe Gansa e chorava toda vez que a música parava, e eles a repetiam. Aos dois anos, o garoto começou a tocar violoncelo; aos três, inventou uma forma própria de notação musical. Alguns anos depois, recebeu uma bolsa de estudos para estudar na Juilliard School. "O que você faria se visse um menino de oito anos capaz de compor e notar plenamente meio movimento de uma magnífica sonata para piano no estilo de Beethoven, diante dos seus olhos e sem piano, em menos de uma hora?", escreveu Samuel Zyman,[53] que ensina composição na Juilliard.

Aos catorze anos, Jay explicou no programa *60 Minutes* que tem múltiplos canais funcionando o tempo todo na cabeça e que ele se limita a transcrever o que ouve. "Meu cérebro é capaz de controlar duas ou três músicas diferentes ao mesmo tempo, junto com o canal da vida cotidiana e tudo o mais", disse. "A mente inconsciente dá ordens à velocidade da luz. Eu simplesmente a ouço como se fosse a delicada apresentação de uma obra já escrita."[54] Sustentar semelhante prodígio é um trabalho em tempo integral. "Tivemos de contrair dívidas e sacrificar nossa carreira, mas não por sermos 'pais de artista'", contou-me Robert. "É porque essas mudanças eram essenciais para o bem-estar, a saúde mental e a autoconfiança do nosso filho, assim como para sua capacidade de encontrar mentores e amigos."

A neurocientista Nancy Andreasen propõe "que o processo criativo é semelhante nos artistas e nos cientistas; sendo altamente intuitivo, pode surgir de estados mentais inconscientes ou oníricos durante os quais se criam novas ligações nos córtices associativos do cérebro".[55] As descrições de Jay de seu processo compositivo corroboram tais observações. Quando lhe perguntaram como achava uma ideia musical, ele respondeu: "Ela vem a mim. Em geral, escolhe o momento mais inconveniente para aparecer, quando eu estou a quilômetros da folha de papel ou da caneta mais próxima, para não falar em computador com software de música. Por exemplo, estou caminhando e ouço certa cadência tocada por dois oboés, um fagote e um didjeridu. Então vou para casa e tiro mais ideias disso para outras melodias que, enfim, se unem para formar uma peça completa".

Aos catorze anos, Jay assinou contrato com a Sony Classical. O encarte do álbum de uma gravação de sua *Quinta Sinfonia* e seu *Quinteto de Cordas* dá uma ideia da mente oblíqua que ele tem: "A Fantasia foi o último movimento a ser concluído, com exceção de umas pequenas revisões técnicas no *finale*; também é o movimento estruturalmente mais perfeito da peça, pois segue uma função matemática: $y = 1/x^2$. O gráfico dessa função tem base em torno das assimptotas dos eixos x e y; de muito perto do zero, mas não exatamente nele, ascende de forma lenta, mas constante, entre os números inteiros de $x = 1$ e $x = 0$ para quase roçar o eixo y, que, uma vez mais, ele não chega a alcançar; isso se espelha ao longo do eixo. O *Quinteto* descreve as três facetas da psique humana segundo a teoria freudiana: o superego, ou consciência que restringe o resto da peça (o Adágio); o ego, em contato com a realidade e consumando o antigo ditado segundo o qual 'para quem sente, a vida é uma tragédia; para quem pensa, é uma comédia' (o Scherzo); e o id: o impulsivo e instintivo, o inconsciente e, enfim, o mais gratificante (o Prestíssimo)".[56] A partir disso, ninguém consegue imaginar como sua música é lírica e como pode ser fascinante.

Os modos de Jay são reticentes, muitas vezes grosseiros até; se você fala pouco, ele parece entediado; se fala muito, mostra desdém, como que a dizer que a energia dele e a sua podem ser mais bem aproveitadas em outras atividades. Um jornalista me contou que entrevistá-lo foi "como jogar pedras num poço". Seu pai disse: "Ele adora ouvir música ao vivo; isso o alimenta. Detesta a parte em que querem que ele suba no palco. Schubert não precisa subir no palco; por que ele há de precisar?". A misantropia de Jay tem uma aura de triunfo, como se fosse a prova de uma autenticidade que presumivelmente falta aos músicos com mais tato social. "Ele se dá melhor com adultos, mas muitos adultos têm medo dessa precocidade e se sentem ameaçados, ou incomodados, ou intimidados", disse Robert. Jay, sem dúvida, tem uma humanidade mais profunda do que deixa o público ver, e é mais simpático na música ou até em seu blog do que pessoalmente. Nesse misto de aptidão reflexiva e ingenuidade arrogante, ele não se distingue muito de Ari Ne'eman, o autista que foi classificado tanto de bem-dotado quanto de deficiente. "Minha música expressa meus sentimentos, ainda que eu não tenha consciência disso", observou Jay.[57] Muita gente depende da música para comunicar suas emoções aos demais; Jay depende dela para manifestar suas emoções a si próprio.

Durante grande parte da história, prodígios foram considerados possessos; Aristóteles acreditava que não podia haver genialidade sem loucura.[58] Paganini foi acusado de se colocar nas mãos do diabo.[59] O criminologista italiano Cesare Lombroso disse em 1891: "A genialidade é uma verdadeira psicose degenerativa pertencente ao grupo da insanidade moral".[60] A neurociência recente demonstra que o processo de criatividade e o de psicose se mapeiam de modo semelhante no cérebro, cada qual sujeito a um número reduzido de receptores de dopamina D2 no tálamo. Um continuum flui entre os dois; não há uma linha nítida.[61]

Norman Geschwind, o pai da neurologia comportamental, observou que os prodígios geralmente têm um misto de aptidões e dificuldades, entre as quais dislexia, aquisição tardia da linguagem e asma: "patologias de superioridade".[62] Estas podem ser graves. Um casal me contou que seu filho era capaz de identificar mais de cinquenta peças musicais aos dois anos de idade. Gritava "Mahler Quinta!" ou "Quinteto de Brahms!". Aos cinco anos, foi diagnosticado com autismo limítrofe. O pediatra recomendou romper a obsessão em expansão tirando-lhe completamente a música, coisa que os pais fizeram. Os sintomas de autismo diminuíram, mas ele perdeu a afinidade com a música. Alguns pesquisadores afirmam que a predisposição musical é uma função de uma hipersensibilidade ao som de tipo autístico. Segundo o psiquiatra israelense Pinchas Noy, a música é a defesa organizadora dessas crianças contra a barulheira que as assedia.[63] É provável que vários músicos descritos neste capítulo correspondam ao critério clínico de transtornos do espectro autista.

A associação entre genialidade e loucura leva muitos pais a temerem filhos prodigiosos. Miraca Gross, especialista australiana em crianças dotadas, propõe que elas têm mais resiliência que as outras, ao passo que as crianças *extremamente* dotadas têm menos resiliência.[64] Zarin Mehta, presidente da Filarmônica de Nova York, contou que ele e a esposa dizem: "Graças a Deus que não temos filhos talentosos assim".[65] O pianista-prodígio Elisha Abas, que se esgotou aos catorze anos, mas fez uma espécie de *rentrée* aos trinta e poucos, disse: "Às vezes os ombros de uma criança não são bastante grandes para controlar sua genialidade".[66]

Qualquer um que trabalhe com prodígios vê o estrago que pode ocorrer quando a pessoa é assíncrona, isto é, tem idades intelectual, emocional e física que não se ajustam. Ter mente adulta num corpo de criança não é melhor do que ter mente infantil num corpo adulto. Joseph Polisi, diretor da Juilliard, disse: "Crianças pequenas normais pegam o violino ou vão ao teclado e se transformam diante dos olhos da gente. É assustador".[67] Sua colega Veda Kaplinsky acrescentou: "A genialidade é uma anormalidade, e as anormalidades não aparecem uma por vez. Muitas crianças dotadas têm transtorno de déficit de atenção, ou transtorno obsessivo-compulsivo, ou síndrome de Asperger. Quando os pais se confrontam com os dois lados do filho, apressam-se a reconhecer o positivo, o talentoso, o excepcional; tratam de negar todo o resto". O desempenho musical é um exercício prolongado da sensibilidade, e a sensibilidade é o estopim da fragilidade. Os pais de muitas crianças excepcionais precisam ser educados para enxergar a identidade dentro de uma doença percebida; os pais de prodígios confrontam-se com uma identidade e precisam ser educados para reconhecer a possibilidade de doença dentro dela. Mesmo aqueles sem um diagnóstico lateral necessitam mitigar a solidão de ter sua principal relação emocional com um objeto inanimado. A psiquiatra Karen Monroe explicou: "Se você passa cinco horas por dia estudando e as outras crianças estão jogando beisebol lá fora, vocês não estão fazendo a mesma coisa. Mesmo que você adore isso e não consiga se imaginar fazendo outra coisa, não quer dizer que não se sinta sozinho". Leon Botstein disse sem rodeios: "A solidão é a chave da criatividade".

O suicídio é um risco perene. Brandenn Bremmer tinha uma capacidade musical prodigiosa, concluiu o ensino médio aos dez anos e foi categórico ao dizer a um entrevistador: "Os Estados Unidos são uma sociedade que exige perfeição".[68] Quando Brandenn tinha catorze anos, seus pais saíram para fazer compras e, ao voltar, descobriram que ele tinha dado um tiro na cabeça e deixado um bilhete. "Ele nasceu adulto", disse sua mãe. "Nós simplesmente observávamos seu corpo crescer."[69] Terence Judd se apresentou com a Orquestra Filarmônica de Londres aos doze anos; ganhou o Concurso de Piano Liszt aos dezoito; e se suicidou aos 22 jogando-se de um penhasco.[70] O violinista Michael Rabin teve um colapso nervoso e "se recuperou", mas morreu devido a uma queda aos 35 anos, o sangue repleto de barbitúricos.[71] O holandês Christian Kriens, um destacado prodígio do violino, do piano, da regência e da composição, deu um tiro na cabeça aos trinta e tantos anos; o bilhete que deixou dizia que ele se sentia incapaz de suportar a carreira musical.[72]

Embora, em seus escritos sobre as necessidades emocionais das crianças dotadas, Julian Whybra tenha discorrido sobre "o problema crescente do suicídio entre crianças intelectualmente dotadas",[73] outros sustentam que nenhuma pesquisa mostra que essas crianças são menos resistentes que as outras do ponto de vista emocional.[74] Isso não significa que a genialidade seja irrelevante no suicídio. Algumas pessoas são impelidas ao suicídio por suas aptidões, ao passo que outras resistem ao suicídio devido a aptidões semelhantes. A genialidade é tanto uma proteção quanto uma vulnerabilidade, e os gênios cometem tanto mais quanto menos suicídio. O fato de os números perfazerem a mesma média não implica que tais índices sejam ontologicamente idênticos. As nuanças dessa dialética — o que leva certas pessoas ao suicídio impede outras de recorrer a ele — não foram exploradas de modo adequado.

Quando esses suicídios ocorrem, os pais tendem a ser responsabilizados — e alguns empurram mesmo os filhos até o ponto de ruptura. A presença da "mãe de artista" ou do pai exigente que nunca está satisfeito povoa a literatura profissional. Alguns pais empenham-se em ajudar os filhos e outros, em ajudar a si próprios; muitos não reconhecem a brecha entre esses objetivos. Alguns veem o sonho de maneira tão vívida que perdem o filho de vista. Robert Sirota, presidente da Manhattan School of Music, disse: "As mães mandavam castrar os filhinhos na Itália renascentista para lhes dar uma carreira musical, e a mutilação psicológica de hoje é igualmente brutal".[75] A saúde mental, a independência de pensamento e a inteligência transformam-se em importantes amortecedores de uma aptidão extraordinária que nada tem a ver com elas. Os prodígios fracassados são condenados a carregar para sempre a lembrança venenosa de si mesmos como promissores. A narrativa de prodígios é com frequência empurrada em direção ao triunfo ou à tragédia, quando a maioria tem de encontrar satisfação no entremeio. Certa vez, o violinista Jascha Heifetz caracterizou a prodigialidade como "uma doença geralmente fatal", doença à qual ele "era um dos poucos que tinha tido a sorte de sobreviver".[76]

A forma mais crua e direta de exploração é a financeira. Em "The Awakening" [O despertar], Isaac Babel descreve a subcultura dos prodígios na Rússia anterior à guerra, na qual, para a família, eles representavam uma possível saída da pobreza. "Quando um menino completava quatro ou cinco anos, a mãe levava a frágil criaturinha ao sr. Zagursky. Este tinha uma fábrica que produzia meninos-prodígio em massa, uma fábrica de anões judeus de gola de renda e sapatos de verniz."[77] A pianista-prodígio Ruth Slenczynska escreveu em *Forbidden Childhood* [Infância proibida] acerca das bofetadas que tomava: "Toda vez que eu cometia um erro, ele se inclinava e, muito metodicamente, sem dizer uma palavra, dava-me um tapa no rosto". Sua estreia em 1931, aos quatro anos de idade, recebeu elogios entusiásticos. Ela se lembra de Rachmaninoff dizendo-lhe: "Daqui a um ano, você vai ser magnífica. Daqui a dois, inacreditável. Quer uns biscoitos?". Um dia, ela ouviu o pai dizer: "Ensine Ruth a tocar Beethoven porque isso rende dólares". Ela desmoronou; quando desistiu do piano, contou, "eu tinha dezesseis anos, sentia-me com cinquenta e aparentava doze". Seu pai a expulsou de casa; suas palavras de despedida foram: "Sua cadelinha piolhenta! Você nunca há de tocar duas notas sem mim".[78]

Um psicólogo estudou de perto e documentou pormenorizadamente toda a infância do pianista húngaro Ervin Nyiregyházi.[79] Seus pais nunca o estimularam a aprender a se vestir ou a cortar a própria comida. Davam-lhe uma dieta superior à do resto da família. Ele não ia à escola. Os pais exploravam sua genialidade para obter privilégios; foram convidados a apresentá-lo à realeza europeia. Mais tarde, Ervin disse: "Eu era como um cartão de visita. Aos cinco anos, percebi que estava num mundo de estranhos". O pai teve diversos *affaires* com as patrocinadoras de Ervin; a mãe esbanjava o dinheiro que o filho ganhava.

Quando ele tinha doze anos, o pai morreu, e a mãe transformou sua principal alegria numa labuta horrenda. "Minha mãe me detestava", disse Ervin. Ele também a detestava e, certa vez, elogiou Hitler por tê-la exterminado. Como muita gente cujo talento precoce é superelogiado, ele mostrava a magoada mistura narcisista de arrogância com insegurança desesperada. "Qualquer obstáculo que aparecia no meu caminho, eu simplesmente desistia", contou. Ele se casou dez vezes e se divorciou nove. Por algum tempo foi um sem-teto. Embora tenha vivido até a velhice, só dava concertos de vez em quando, com resultados variáveis; sem a mãe para quem ou contra quem tocar, não tinha motivo para uma expressão autêntica.[80]

O pai de Lorin Hollander era spalla da orquestra regida pelo lendário Arturo Toscanini e tão irascível quanto o maestro. "Fui uma criança maltratada", contou-me Lorin. "Quando tocava uma coisa diferente do que ele queria, era derrubado do banco do piano com um safanão ou um soco."[81] Depois de sua estreia triunfal em 1955, aos onze anos, a vida de Lorin começou a se acelerar. "Aos catorze, eu já dava cinquenta concertos e gravava um disco por ano. Aos dezesseis, comecei a ter graves episódios depressivos e também a perder o controle da mão e do braço direitos." Cinquenta e dois anos depois da sua primeira apresentação no Carnegie Hall, ele disse: "O medo do palco, muitas vezes o pavor do palco, era debilitante. Eu não sabia que tinha opção, que havia outra coisa na vida. Nada que eu fazia correspondia ao meu nível. Esse nível não era só de perfeição técnica, mas que cada nota estivesse impregnada de toda a paleta das emoções humanas, do questionamento espiritual, da busca da beleza".

A vida pessoal de Lorin ficou confusa. "Não sei se você chama isso de vício em sexo. Mas não fui sexualmente fiel nos meus casamentos. Não há desculpa. É pura burrice. Eu não tinha com quem conversar sobre desejos, sedes e necessidades", disse. "O talento vem acompanhado desse inferno. Ninguém conta isso para a gente. A música começa a correr cada vez mais depressa, mais depressa, e a gente não aguenta. Depois de todas as apresentações, eu ia me esconder. Saía do palco depois de um concerto com o público aplaudindo de pé. Saía pela porta dos fundos para me afogar na minha vergonha."

Lorin tem trabalhado com pais de crianças dotadas, prevenindo-os dos perigos. "Não é possível entender os superdotados estendendo nossa compreensão da média", disse. "A partir do entendimento dos superdotados, a gente pode descer, mas não vice-versa." Em outras palavras, Tolstói pode nos ensinar a compreender o camponês, mas os camponeses em geral não podem nos explicar as complexidades metafóricas de *Anna Kariênina*.

★ ★ ★

O controle parental cruel não é uma invenção recente. O mantra da infância de Mozart era "Depois de Deus vem o papai".[82] Paganini disse acerca do pai: "Quando ele achava que eu não estava sendo industrioso o bastante, deixava-me sem comida para me compelir a redobrar o esforço".[83] No início do século XIX, o pai de Clara Wieck examinava cotidianamente o diário da filha e também escrevia nele longos trechos, umas vezes de próprio punho, outras fazendo-a copiá-los, enquanto a preparava para ser uma das pianistas singulares da era romântica. "Ele insistia em usar a primeira pessoa o tempo todo, como se Clara estivesse escrevendo", conta seu biógrafo. "Parecia assumir a personalidade da filha." Ao perceber que ela estava apaixonada pelo compositor Robert Schumann, ele disse: "Você vai ter de abandonar um dos dois, ele ou eu". Ela se casou com Schumann, e o pai se recusou a lhe entregar os diários.[84]

À falta de hotéis adequados na cidade nas décadas de 1960 e 1970, a famosa Orquestra de Cleveland alojava os artistas visitantes nas casas dos membros da diretoria, e os pais de Scott Frankel abriram a sua para Itzhak Perlman, Pinchas Zukerman e Vladimir Ashkenazy. Aos cinco anos, Scott estava aprendendo piano; como tinha ouvido absoluto, não tardou a aprender a improvisar em qualquer tom. "Minha mãe compunha jingles e tinha planos para que eu fizesse muito sucesso nesse campo", contou ele. "O trabalho do meu pai não correspondia ao seu interesse nem à sua capacidade estética. De modo que ele era muito sensível à maravilha que seria se eu viesse a fazer algo que me interessava."

O primeiro professor de piano de Scott sabia que ele tinha um talento notável; o garoto também o sabia. "Há algo palpável quando sua aptidão o enche de uma sensação divina de destino", disse ele. "Isso separa você, se é que não isola, dos colegas de escola." Tocando para os pais, "comecei a pensar que eles gostavam de mim pelo que eu era capaz de fazer, talvez em detrimento de quem eu era. A pressão transformava a música numa região perigosa. Recentemente, meu parceiro e eu recebemos amigos para almoçar, e um deles me pediu para tocar e eu disse: 'Não', e pareceu uma grosseria, e voltei a sentir aquela raiva. Não consigo me livrar dela". Scott acredita que a necessidade de controle de sua mãe ia muito além da música. "Ela queria determinar a que escola eu ia, quem eram meus amigos, a carreira a seguir, com quem me casar, que roupa usar e o que dizer. Quando comecei a me apartar de suas ideias, ela se enfureceu. Era inconstante, carnívora, não respeitava limites, achava que eu era uma extensão dela. Meu pai não podia ou não queria me proteger contra ela, ou as duas coisas." Scott começou a estudar no Instituto de Música de Cleveland com uma professora de piano russa que desprezava o Centro-Oeste. "Tínhamos aquelas aulas demoradas e ferozes", contou. "Quando alguma coisa ia mal, seu pior insulto era dizer que soava como espanhol. Dizia: 'A maneira como você está tocando o Bach — ora, não soa como espanhol?'. Mas a Orquestra de Cleveland tinha uma competição de concerto, e eu me inscrevi, toquei o melhor que pude e ganhei. Ela não conseguiu acreditar." O prêmio incluía uma estreia com a orquestra; em breve, Scott foi para Yale, onde descobriu sua vocação: compor musicais.

Quando ele contou aos pais que era gay, os dois ficaram furiosos. "Eu me magoava com o afeto tacanho", disse. "Você tem de levar o pacote inteiro. Não dá para separar os pedacinhos brilhantes dos outros." Aos vinte e poucos anos, Scott ficou com tanta raiva dos pais que parou de escrever música. "O interesse deles fez com que eu quisesse comer o bebê", contou ele, "para privá-los da cafetinagem e da comercialização em benefício próprio. Claro, isso teve o efeito colateral de eu dar um tiro no pé em termos de carreira e éthos. Fiquei completamente à deriva, e mais nada fazia sentido. A única coisa que eu tinha eram as drogas, o sexo e a terapia." Scott passou dez anos sem pôr as mãos num piano. "No entanto, a música continuava me invadindo. Eu me aproximava de um piano e sentia emoções de que não conseguia me livrar." Enfim, começou a compor os musicais que o levaram à Broadway.

Ele explicou como a inspiração chega depressa quando ele encontra a letra certa e disse que isso soava como um processo repleto de alegria. "A música tem uma topografia de alturas e abismos incríveis. Mas minha escrita geralmente se arrima na dor", disse. "As cores envernizadas do desapontamento, do desespero e da desesperança vêm da minha experiência de vida." Ele me mostrou uma fotografia no seu iPhone, aos cinco anos, todo sorrisos. "Este é o documento A." Então me deu a lista de antidepressivos que estava tomando. "Documento B. Acho que aquele menininho sorridente é meu natural, minha natureza essencial, e, se me tivessem deixado crescer sem ser tão prejudicado, eu estaria compondo música despreocupada em vez de música no estilo Sturm und Drang." Ele sacudiu a cabeça e detectei mais tristeza do que raiva em seu protesto. "Os acordes seriam tão bons quanto", arrematou.[85]

A mãe da violinista Vanessa-Mae controlava todos os aspectos da sua vida: as contas bancárias, as roupas e a foto sexualmente provocante tirada para a capa do disco que ela lançou aos dezessete anos. Vanessa-Mae estava proibida de cortar pão para não se machucar, proibida de ter amigos para não se distrair. A mãe dizia: "Eu te amo porque você é minha filha, mas você só vai ser especial para mim se tocar violino". Aos 21 anos, Vanessa-Mae escolheu um novo empresário, "esperando desesperadamente ter uma relação mãe/filha normal". Queria companhia, não supervisão. Desde então, a mãe não voltou a falar com ela; quando uma equipe cinematográfica da BBC pediu para entrevistá-la, ela escreveu: "Minha filha tem quase trinta anos. Essa parte da minha vida já está mais do que encerrada". Embora tenha um sucesso extraordinário e uma fortuna pessoal avaliada em 60 milhões de dólares, Vanessa-Mae disse: "Eu me sentia mais velha aos doze anos do que me sinto agora". E explicou: "Sempre levo comigo o e-mail que ela enviou à BBC e, toda vez que o remorso me faz pensar em como nossa relação podia ter sido, eu o leio e me dou conta de que nunca será".[86]

Nicolas Hodges nasceu na música. A mãe, uma cantora de ópera que se apresentou no Covent Garden, desistiu da carreira para constituir família. Nic começou a aprender piano aos seis anos e, aos nove, começou a compor uma ópera com o tema Perseu. Aos dezesseis, contou aos pais que decidira ser compositor, não pianista. "Foi como se eu os tivesse apunhalado", disse Nic. "Tudo que eu pensava que era para mim e por minha causa era, na verdade, para ela e por causa dela. Ficou chocantemente claro que minha mãe não dava a mínima para o que eu queria."

Com o tempo, à medida que sua relação com a música se aprofundava, Nic percebeu que não conseguia conciliar a habilidade tanto de compositor quanto de pianista, e que tocar rendia mais. Queria "me concentrar em quem eu já era e vir a ser não menos que isso, e sim mais". A mãe ficou felicíssima. "Então lhe escrevi uma carta dizendo que nunca mais queria conversar com ela, e passei um ano sem entrar em contato." Hoje Nic toca principalmente repertório contemporâneo, que sua mãe detesta. Mesmo 25 anos depois, ele disse: "É quase uma infidelidade, e o parceiro jamais esquece a perda da confiança. Quando toco música do século XIX, ela diz: 'Isso é ótimo! Oh, você gosta disso! Gosta mesmo!'. Quando pus um CD de Chopin certa ocasião em que minha mãe estava em meu apartamento, ela disse: 'Quer dizer que você ainda gosta de Chopin?'. Foi como dizer: 'Você gosta de rapazes, mas ainda gosta de moças também?'. Ela esperava que eu fizesse alguma coisa que apontasse para ela, que a alimentasse". A decisão final de Nic de voltar a se apresentar contém uma estranha mistura de desafio com aquiescência. "Voltei ao que ela queria inicialmente, mas, a essa altura, a escolha foi minha", explicou. "Para mim, tê-la decepcionado tanto e tão de repente quando eu tinha dezesseis anos facilitou muito descobrir o que eu queria mesmo fazer."[87]

Desenvolver uma vida na música exige uma força de vontade tremenda. Quando o pianista Rudolf Serkin era diretor do Instituto de Música Curtis, talvez a escola de música mais prestigiada do mundo, um aluno lhe disse: "Estou na dúvida entre ser pianista e entrar na faculdade de medicina". Serkin disse: "Eu o aconselho a ser médico". O garoto retrucou: "Mas o senhor ainda nem me ouviu tocar". Serkin observou: "Se você tem essa dúvida, não vai conseguir ser pianista". Mas questionar a decisão de ser músico pode ser importantíssimo.[88] Mesmo um gênio duradouro como o violoncelista Yo-Yo Ma pensou em outras carreiras depois de sua juventude prodigiosa. "Era como se o curso da minha vida tivesse sido predeterminado, e eu queria muito ter o direito de escolher", escreveu. Ele exprimiu gratidão pelo fato de seus pais terem compreendido "que uma aptidão física precoce precisa se combinar com um desenvolvimento emocional maduro para que surja uma voz musical".[89] A cantora Thérèse Mahler, descendente do compositor Gustav Mahler, é igualmente grata por não ter sido empurrada para a música. "Eu podia ter realizado mais se me tivessem obrigado", disse-me ela. "Mas não teria descoberto o quanto preciso da música. Como nunca me obrigaram, sei que é uma escolha minha."[90]

Decidir *não* desenvolver uma vida na música depois de um início prodigioso também exige força de vontade. Veda Kaplinsky disse: "Quando ficam adultos, é muito difícil para eles distinguir a profissão de si próprios. Não conseguem se imaginar fazendo outra coisa, por mais que não queiram ser músicos". Alguns músicos maravilhosos simplesmente não querem a vida de concertista. Como me contou o prodígio do piano Hoang Pham, "quando você é jovem, enxerga o sucesso, mas não consegue tocá-lo de verdade. Quando fica mais velho, pode nadar até um pouco mais perto da coisa que quer tocar e percebe que, na verdade, ela não é exatamente o que parecia. Há agitação no mar, e tudo é um pouco mais áspero do que parecia, e a coisa que você achava tão linda à distância é toda irregular e meio caindo aos pedaços. Mas, a essa altura, você já nadou tanto que prefere continuar avançando".[91]

A mãe de Ken Noda, Takayo Noda, viu um anúncio de curso de piano no *Village Voice* e matriculou o filho de cinco anos.[92] Dois anos depois, o professor sugeriu que ele fizesse a prova de admissão na *precollege division* da Juilliard. Takayo tinha querido ser dançarina, mas, como era de uma proeminente família de políticos de Tóquio, seu pai proibira.[93] Ela queria dar ao filho a oportunidade artística que lhe havia sido negada. "De repente, minha mãe estava sentada ao meu lado, observando-me praticar, fazendo questão de que fossem duas horas completas, castigando-me quando eu errava", recordou Ken. "Eu adorava música, mas comecei a detestar o piano. É um instrumento muito recalcitrante, difícil, que não vibra; basicamente, não passa de uma máquina de escrever."

Quando o casamento de seus pais se desintegrou, as sessões de treino ficaram mais extenuantes ainda. "Berros violentos", contou Ken. "Era um pesadelo. Deviam instituir um exame para credenciar as pessoas para serem pais e mães de filhos talentosos. Eu tentei de todas as formas acreditar que a minha não era o protótipo da 'mãe de artista', porque ela dizia a todo mundo que não era, mas era. Podia ser adorável quando eu ia bem, mas, quando eu não ia bem, virava uma bruxa." Nesse meio-tempo, o pai de Ken o abandonou efetivamente. "Ele sempre manifestava desprezo pelo que eu fazia. No fundo, não era por mim; era desprezo por ela. Como eu não tinha tempo para ter amigos e como precisava de alguém que me amasse, continuei trabalhando para que ela gostasse de mim pelo menos às vezes. Sabe, eu nasci com dois cordões umbilicais: o físico, com que todo mundo nasce, e o outro, feito de música." Aquela que Ken chama de sua "primeira carreira" iniciou-se quando ele tinha dezesseis anos. Depois de um concerto de estreia feliz em 1979, sob a regência de Daniel Barenboim, foi contratado pela Columbia Artists Management. Barenboim disse a Takayo: "Há tanta emoção, tanta coisa dentro dele, mas fisicamente ele é tenso, quase se contorce para tocar, e receio que acabe se machucando". Ken foi aluno de Barenboim. A proficiência técnica lhe era difícil, mas ele tocava com um insight pungente. "Eu era uma alma velha", disse. No entanto, mesmo uma alma velha precisa flertar um pouco com a juventude. "Começar cedo, ser preparado, ser posto em determinado caminho, conhecer gente muito poderosa, importante, que o vê nove vezes em dez na imagem que quer fazer de você, isso tudo é intoxicante, assustador e acaba até matando", disse Ken. Quando ele tinha dezoito anos, Takayo trocou o marido por um pintor italiano. "Foi quando a ficha caiu e percebi que era ela que estava encurralada e que eu lhe servia de válvula de escape."

Aos 21 anos, ele saiu do armário, coisa necessária tanto para sua saúde mental quanto para sua música. "Os jovens gostam de histórias românticas, histórias de guerra, luta entre o bem e o mal e filmes antigos porque a maior parte de sua vida emocional é e deve ser fantasia, eles põem essa emoção fantasiosa na música que tocam, e isso convence. Mas, à medida que vamos ficando mais velhos, a emoção fantasiosa perde o frescor", disse. "Durante algum tempo, consegui extrair dessa vida de fantasia o significado de uma perda, o significado de um romance frustrado, o significado da morte, o significado do êxtase sexual. Tinha uma capacidade assombrosa de imaginar esses sentimentos, e isso faz parte do talento. Mas ela acaba, em todo mundo. É por isso que tantos prodígios têm a crise de meia-idade no fim da adolescência ou aos vinte e poucos anos. Se a imaginação não for alimentada pela experiência, a capacidade de reproduzir esses sentimentos na música diminui gradualmente."

Ken teve uma longa sequência de concertos com regentes formidáveis; suas apresentações eram agendadas com anos de antecedência. Aos 27 anos, ele teve uma crise que o levou à beira do suicídio. "Eu estava me asfixiando. Minha música começou a ser cautelosa, um pouco anal-retentiva. Eu nunca erro notas; sempre fui um intérprete limpo, mas a limpeza tornou-se quase hipocondríaca. Eu me sentia incapaz de exprimir o que quer que fosse." Ele entrou no escritório do diretor da Columbia Artists Management e anunciou que ia embora. Seu empresário disse: "Mas você tem concertos marcados nos próximos cinco anos". Ken respondeu: "Quero cancelar toda a minha vida". Quinze anos depois, ele me contou: "Foi de longe a experiência mais eletrizante que já tive".

Ken tinha economizado o suficiente para viver algum tempo em ótima situação econômica sem trabalhar. "Então passei um ano passeando por Nova York.

Sentava-me nos parques; visitava museus; ia a bibliotecas — todas as coisas que nunca tinha podido fazer. As pessoas perguntavam: 'Onde será seu próximo concerto?'. E eu respondia: 'Em lugar nenhum'. Foi o melhor ano da minha vida, porque minha identidade e autoestima não tinham absolutamente nada a ver com meu talento." Então James Levine, diretor artístico da Metropolitan Opera, propôs contratá-lo como seu adjunto, e assim começou a segunda vida de Ken na música. Ele assiste os cantores; enquanto Levine é um pouco desconectado em termos sociais, o brilho e a amabilidade de Ken atraem os artistas. "A vida musical que tenho agora é um sonho", contou. "Eu adoro o teatro. Adoro os cantores. Adoro a Metropolitan." Ele se apresenta ocasionalmente, em geral como acompanhador, ocupando o lugar discreto de que gosta. "Faço isso para provar a mim mesmo que não parei por medo do palco", disse.

Ken demorou anos até reconhecer o quanto sua nova carreira se parecia com a moenda implacável da anterior. Acordava todo dia antes das cinco, estudava óperas, ia para o teatro às seis e meia, estudava algumas horas, ensaiava e assistia os artistas, ficava até dez ou onze da noite e ia para casa. Aos 45 anos, ele desenvolveu uma infecção por estafilococos; quando o médico do pronto-socorro lhe pediu um contato de emergência, Ken se deu conta de que não tinha ninguém que quisesse informar e entrou em depressão. Sentiu sua musicalidade exaurir-se outra vez. Isso lhe serviu de sinal de alerta: só quando a musicalidade decresce é que ele nota a decadência psíquica subjacente. "É facílimo cair na armadilha de pensar que você viveu todas essas emoções, porque passou o dia todo reproduzindo-as. Com a meia-idade, comecei a ansiar pela vida — essa vida sobre a qual sempre li nos livros, ou vi no cinema, ou presenciei na casa de outras pessoas."

Ken iniciou seu primeiro relacionamento sério aos 47 anos. "Eu tinha tido muitos casos, e todos foram de certo modo teatrais, romances do tipo meteórico", contou. "Quando enfim comecei a viver, tive aquele medo incrível de que minha capacidade de produzir arte se dissipasse." Periodicamente, esse medo o impelia a recuar. "Na primeira vez que rompi com Wayne, ele ficou inconsolável", recordou Ken. "Na segunda vez, veio atrás de mim três semanas depois." Ken também descreveu uma incompetência social que foi o legado de seu isolamento. Em meio a uma festa do Orgulho Gay, ele anunciou que precisava ir ensaiar na Metropolitan. Wayne disse: "Você é meu parceiro. Não pode ir embora assim. Não pode voltar correndo para o teatro e se esconder numa sala de ensaio". Ken me disse: "Eu nunca brinquei com outras crianças, por que hei de sair e brincar com meu parceiro aos 47 anos de idade?". Pouco tempo depois, Ken doou seu piano e suas partituras a uma ação beneficente. "É uma sensação maravilhosamente simples voltar para casa e não ter piano."

Após um período de distanciamento, Ken agora tem uma relação cordial com o pai; Takayo expressou um grande arrependimento pela infância dele, e os dois também se reconciliaram. "Não consigo ter um sentimento de amor irresistível por ela", disse. "Também não a odeio. Mas a ligação é muito poderosa, e preciso lutar para ter outro foco na vida." Calou-se. "A força e o foco que tenho vieram do modo como ela me dirigiu. Isso me levou muito longe. Nunca vou perdoá-la pela minha primeira vida na música, que eu detestava, mas nunca conseguirei lhe agradecer o bastante pela minha segunda vida na música, que adoro."

Alguns que amam os aplausos confundem esse fervor com paixão pela música. "Infelizmente", disse Veda Kaplinsky, "eles vão ser infelizes. Porque, na maior parte do tempo, trata-se de você e sua música, não de você e seu público." O crítico Justin Davidson explicou: "Aos catorze anos, você faz isso porque é o que esperam, você é bom nisso e ganha recompensas. Aos dezessete ou dezoito anos, se esse ainda for o motivo pelo qual você o faz, é grande a chance de se espatifar. Se música é expressão, a essa altura você deve estar expressando a si mesmo, não a outra pessoa". Às vezes, os adultos a quem o prodígio quer agradar estão competindo entre si. Como as crianças surdas que aprendem a língua de sinais na escola, muitos músicos partilham com os professores uma linguagem querida que seus pais não conseguem dominar. A relação entre professor e aluno com frequência triangula o vínculo pai-filho, como no caso de Leon Fleisher, sua mãe e Schnabel. Pode vir a ser como um divórcio litigioso, com o professor e os pais a darem instruções diferentes, com objetivos diferentes, e a criança canhestramente aprisionada no meio. Um professor me falou numa aluna tão ansiosa com a divergência entre sua mãe e o professor que abandonou uma carreira promissora e foi estudar matemática.

A menina-prodígio texana Candy Bawcombe, seus pais e professores reconheceram, juntos, o potencial dela, e juntos se prejudicaram no esforço de realizá-lo.[94] Candy distinguia-se em vários aspectos das outras crianças de Cleburne,

Texas, nos anos 1960. Era adotada; seus pais, nortistas, gostavam de escutar a Sinfônica de Chicago no rádio. Puseram Candy num curso de balé. Ela detestava o balé, mas ficava fascinada com o pianista que tocava durante as aulas. Disse aos pais: "Se vocês me deixarem largar o balé, vou estudar piano e nunca vou parar". O pároco emprestou ao pai de Candy um piano vertical Steinway de 1893 que um antigo paroquiano levara ao Texas numa carroça coberta.

O professor de Candy percorria o Texas com o Coro Masculino de Dallas e, quando ela tinha sete anos, começou a levá-la consigo para tocar. "Em Mineola, uma senhora me pediu autógrafo", recordou Candy. "Eu disse: 'Ainda não sei escrever direito'. Ela respondeu: 'Não faz mal, querida. Você vai ser a próxima Van Cliburn'." O pessoal passou a gracejar chamando-a de Van Cleburne. "Comecei a me sentir como um número de circo", lembrou Candy. "Por fim, disse aos meus pais que não me sentia bem fazendo aquilo, que ficava com dor de barriga."

Os pais a tiraram dos shows quando ela tinha oito anos. Alguém os apresentou a Grace Ward Lankford, a grande dama de Fort Worth que havia criado, efetivamente, o concurso Van Cliburn. Lankford ofereceu-se para pôr Candy numa escola particular de Fort Worth, hospedá-la durante a semana e assumir sua educação musical. Os pais de Candy declinaram, mas levaram a sério as avaliações da capacidade da filha, e Lankford passou a dar aulas a Candy. Sua mãe fazia questão de que ela praticasse quatro horas por dia, mas de qualquer modo a menina estava decidida a fazê-lo. "Eu tinha dito aos quatro anos de idade: 'Vou ser pianista de concerto'", contou ela. "Não havia outra opção para mim." Naquele ano, Candy ganhou um concurso em Fort Worth. Quando ela tinha dez anos, detectaram câncer avançado de cólon em Lankford, que viveu apenas mais três meses. Ninguém queria que Candy presenciasse uma doença terminal, de modo que ela nunca mais viu sua mentora. Disse aos pais que não podia tocar sem Lankford. Eles receberam um telefonema. No leito de morte, Lankford tinha pedido à renomada pianista húngara Lili Kraus, artista residente na Universidade Cristã do Texas, para acolher Candy como aluna.

"Fiquei deslumbrada com o glamour", disse Candy. "Lili Kraus era uma rainha europeia. Os robes de brocado. O colar de pérolas de três voltas que usava todo santo dia. O violinista Felix Galimir contou-me depois: 'Todos os homens da Europa estavam apaixonados por Lili Kraus'." Candy havia aprendido o *Concerto em sol menor* de Mendelssohn e achou que ia impressionar a nova professora.

509

"Ela escutou e então disse: 'Agora, meu bem, eu vou ensiná-la a tocar piano'. Tirou todos os meus livros de cima do piano, jogou-os no chão e disse: 'Toque uma escala'. Eu toquei a escala de dó maior. Então ela começou: 'Toque sol menor. Toque si bemol maior. Toque escala invertida. Toque quatro oitavas'. Mandava-me fazer coisas de que eu nunca tinha ouvido falar. Toda a minha vida desmoronou, veio abaixo." A mãe de Candy ficara meio intimidada com Lankford, mas tinha pavor de Lili Kraus; ela levava os vestidos da professora para consertar em casa. Candy transferiu muito sentimento para a nova professora. "Se você conta com a personalidade forte de uma concertista mundialmente famosa na sua vida aos onze anos, como isso pode não eclipsar sua mãe?", indagou ela. "Eu queria emular Kraus em tudo." Candy desenvolveu uma relação com a professora além do alcance de sua mãe, mas esta se tornou seu sargento instrutor, que a obrigava a passar quatro horas diárias ao piano. "Nada era mais importante que isso", disse ela. "Nunca."

Candy passou um ano e meio tocando exclusivamente exercícios: arpejos, trinados, escalas, Czerny, escalas em terças, escalas em oitavas. "Achei que ia enlouquecer. Que tinha sido feito dos concertos?" Enfim, Kraus decidiu que Candy estava pronta para uma sonata de Mozart. Elas estabeleceram uma rotina: Kraus passaria todo o verão em turnê pela Europa, e nesse período Candy tinha música para aprender de cor; quando madame voltasse em setembro, Candy reaprenderia as mesmas peças "da maneira correta". Seu pai teve mais de uma oportunidade de ser promovido, mas isso implicava mudança, o que era inconcebível enquanto Candy estivesse estudando com Kraus.

Virou piada recorrente apresentar a menina como a "aluna de Lili Kraus que será a próxima vencedora do concurso Van Cliburn", o qual, para Candy, "apertava cada vez mais o parafuso". Ela queria ir para a Juilliard, mas não tolerava a ideia de deixar Kraus. "Sou a única aluna que aprendeu a verdadeira técnica de Kraus", contou. "Passei catorze anos com ela para chegar a tanto." Mas ela decidiu que queria deixar sua marca tocando a versão para concerto da fantasia *Wanderer*, de Schubert, e Kraus disse: "Sou a única pianista que toca essa peça". Foi o começo do problema. "Madame Kraus estava lutando para dar prosseguimento à sua carreira o máximo de tempo possível", lembrou Candy. "Queria minha juventude, e não a podia ter."

Candy se sentia pressionada pelo foco da mãe e pelas oportunidades de carreira que o pai perdera. Sentia-se impelida por Kraus para o triunfo de um modo que elevasse, mas não eclipsasse, a reputação da professora. Sentia o fardo persistente das esperanças de Lankford e de ser uma filha adotiva que precisava se provar valiosa o bastante para não ser abandonada. Sentia a ansiedade terrível iniciada com seu ato de atração de feira no Texas. Tendo se matriculado na Universidade Cristã do Texas, começou a lutar cada vez mais com o trabalho e a saúde física. Enfim, estava se preparando para participar do concurso Van Cliburn, tocando o *Concerto para piano nº 2* de Prokófiev.

Pouco antes da competição, Candy ficou muito doente e perdeu quase catorze quilos em um mês. Os médicos diagnosticaram anorexia, e ela passou os cinco anos seguintes cada vez mais fraca; por fim, chegou a pesar 38 quilos, embora tivesse um metro e oitenta de altura. Seus rins estavam falhando e ela precisou receber suporte à vida. Kraus escreveu em seu diário que estava se despedindo de Candy antes que esta morresse. No hospital, Candy refletiu sobre seu desespero. "Muitas vezes acusei minha mãe: 'Você não gosta de mim porque eu não venci o concurso Cliburn'. Pensei que ela só tinha me enxergado como prodígio do piano. Madame Kraus gostava de mim; eu era sua filha e ela me chamava de Candy Bandy. Mas continuava sendo 'Candy Bawcombe, pianista'. Por que não posso ser simplesmente 'Candy Bawcombe, pessoa?'." Por fim, ela descobriu que tinha doença de Crohn; demorou um ano até que voltasse a andar.

Quando tinha quase trinta anos, escreveu a Lili Kraus: "Eu tenho de deixá-la, madame Kraus. Tenho de deixar Fort Worth, meus pais e meu mundo tal como o conheço e ir para Nova York". Candy vendeu tudo que tinha para pagar a Juilliard. "Meus pais choraram muito", recordou. "Sabiam que eu precisava fazer alguma coisa, mas não sabiam o que vinha pela frente."

O que ela descobriu na Juilliard foi gente. "Estava tão cansada de ser sozinha, na estrada, na carreira, na vida, em tudo o tempo todo", lembrou. Lá, Candy se envolveu com um violinista, Andrew Schast. Este foi convidado a trabalhar na Sinfônica de Dallas, e Candy se casou com ele e retornou ao Texas. Não muito tempo depois, o casamento começou a ruir. "Ele era o reconhecido maestro, e eu não tinha o que fazer", recordou. Sua relação com Kraus tinha sido envenenada pela demonstração de superioridade desta; agora lhe era difícil não competir com o marido. "Eu estava disposta a abandoná-lo", contou. Mas descobriu que estava grávida. A maternidade os uniu de maneira inesperada; concentrou a energia de Candy em outrem que não ela própria. "Como prodígio, você sempre é a pessoa mais importante na sala", disse. "Senhorita Perfeita, era o que eu sempre tinha sido, e agora não se tratava de mim. Sucede que era isso que eu realmente sempre quis."

Candy por fim passou a ser a organista e diretora artística da igreja episcopal local. Quando fui ao culto, perguntei a alguns fiéis o que achavam da música. Todos sabiam que ela era uma ótima artista, mas muitos não escutavam música clássica fora da igreja, e alguns nunca haviam gostado do gênero antes de ingressar na St. Andrew. Escutar Candy tocar lá era um pouco como *A festa de Babette*, já que a congregação se levantava, sentava-se e folheava o hinário enquanto choviam harmonias perfeitamente sublimes à sua volta.

Os pais de um prodígio não podem saber se esse filho terá aptidão suficiente para fazer carreira musical e tampouco se esse filho vai querer tal vida. A pressão pode ser esmagadora, e mesmo quem gosta de se apresentar em público pode não querer passar a vida viajando, coisa que torna quase impossíveis as relações estáveis. Os pais estão preparando o filho para uma vida de que ele vai gostar quando adulto? Muitos deles concentram-se tenazmente numa carreira solo e não se dignam a explorar outros modos de ter uma vida na música, como apresentações em concertos orquestrais e de câmara.

A tia de David Waterman, Fanny, chamada de "a professora de piano mais conhecida da Grã-Bretanha", fundou o Concurso Internacional de Piano de Leeds; e as duas irmãs mais velhas de David eram prodígios.[95] Seus pais estavam muito exaustos para impelir também o terceiro filho para a música. Preferiram pressioná-lo para que fosse um aluno excelente em tudo, e ele, firmemente decidido a não ser prodígio, aprendeu violoncelo num ritmo recreativo. Na adolescência, apaixonou-se pela música de câmara e pela sociabilidade que ela implicava. Integrou um quarteto amador quando estava estudando filosofia em Cambridge e lá fez doutorado, a fim de conservar seu alojamento no campus enquanto decidia se seria violoncelista profissional.

Em 1979, fundou o Endellion String Quartet com outros três músicos que tinham sido prodígios; trinta e tantos anos depois, o grupo só precisou fazer uma substituição e vai muito bem. David contou como foi libertador para ele ter uma educação variada e saber que podia atuar em muitas outras áreas. Isso não quer dizer que seu início tardio não tenha tido um custo. "Se o quarteto passar uma semana sem tocar, o nível a que eu despenco nesse período chega a ser alarmante. Coisa que não acontece com os outros. Tenho certeza de que isso se deve ao arraigamento profundo dos movimentos deles." No entanto, David admitiu que a educação eclética o ajudou nas relações humanas. "Saber se expressar claramente é muito importante para o quarteto", disse.

Perguntei se ele lamentava os anos perdidos de prática precoce. "O mais provável é que eu seria um solista fracassado em vez de um músico de câmara bem-sucedido", respondeu. "Hoje eu seria um violoncelista melhor se tivesse tomado essa decisão na adolescência. Mas acho que seria uma pessoa muito menos feliz. E isso faria de mim um violoncelista inferior."

Músicos como Ken Noda, Candy Bawcombe e David Waterman levam uma vida mais tranquila na música do que seus pais imaginaram para eles; outros decidem continuar tocando, mas desistem da ideia de ser ouvidos. Louise McCarron, uma moça que conheci na faculdade, mostrava um talento brilhante de pianista. Aos vinte e poucos anos, estava prestes a estrear no Kennedy Center. Seus pais chegaram a alugar um ônibus para levar os amigos e parentes à apresentação. Dois dias antes, todos foram avisados de que Louise tinha se machucado e não podia tocar. Imaginei que a causa fosse estresse repetitivo de tanto praticar, mas era simplesmente uma dor no dedo mínimo. Nos 25 anos passados desde então, Louise nunca marcou nem fez uma apresentação pública. Mora sozinha num apartamento com dois pianos e estuda oito horas por dia. Namorar e casar são coisas impossíveis porque ela precisa "dar tudo" à sua arte. Nas poucas ocasiões em que vai a uma festa, apresenta-se às pessoas como concertista, muito embora nunca tenha dado um concerto.

Conquanto o gosto pela riqueza e pela fama impulsionem alguns pais de prodígios à exploração, a maioria não é venal; eles são genuínos e incapazes de separar seus desejos dos desejos dos filhos. Os filhos pequenos refletem as ambições dos pais. Se você sonha ter um filho gênio, vai vislumbrar genialidade no seu e, se acredita que a fama mitiga toda infelicidade, verá um anseio de proeminência no rosto de seu filho. Enquanto muitos concertistas são ensimesmados, em geral os pais de prodígios é que são notórios narcisistas. Chegam a investir suas próprias esperanças, ambições e identidade naquilo que os filhos fazem, não naquilo que são. Em vez de cultivar a curiosidade, eles podem correr atrás da fama. Embora às vezes me parecessem cruéis, quase nunca eram rancorosos; os maus-tratos que perpetravam refletiam um trágico mal-entendido sobre onde um ser humano termina e outro começa. O poder absoluto corrompe absolutamente, e nenhum poder é mais absoluto que a paternidade. Os filhos desses pais, embora sejam objetos de atenção obsessiva, sofrem por não ser vistos; sua dor não se organiza tanto em torno do rigor do exercício quanto ao redor da invisibilidade. O desempenho implica abrir mão dos prazeres do momento presente em troca de triunfos futuros, e esse impulso precisa ser aprendido. Se depender de sua vontade, as crianças não se tornam instrumentistas de primeira categoria antes de completar dez anos.

Quando telefonei para Marion Price a fim de combinar nossa entrevista, convidei-a a trazer a filha violinista, Solanda, para jantar, mas ela disse: "Nossa família é cheia de nove-horas para comer, de modo que nós vamos jantar antes de ir".[96] Os Price chegaram agasalhados, e propus que pendurassem os casacos. Falando pelo marido e pela filha, Marion disse: "Não é preciso", e eles passaram toda a entrevista segurando os capotes. Eu lhes ofereci bebida, porém Marion recusou: "Nós estamos muito acostumados com nosso horário, e não está na hora de beber". Em três horas, nenhum deles tomou um gole de água. Servi biscoitos caseiros, e Solanda olhava muito para eles; toda vez que o fazia, Marion lhe endereçava um olhar severo. Quando eu fazia uma pergunta a Solanda, a mãe se precipitava a responder por ela; nas poucas ocasiões em que Solanda respondia, foi lançando olhares ansiosos para a mãe, como que receando não dar a resposta certa.

Os Price vivem em torno do talento musical dela. Dez anos mais velha que Solanda, Sondra é pianista; Vikram, quatro anos mais velho que Solanda, é violoncelista. Quando esta tinha cinco anos, os pais puseram os três numa orquestra infantil; agora eles se apresentam como um trio. Marion é afro-americana; o pai de Solanda, Ravi, é indiano e compõe e toca *smooth* jazz. "Nós ouvimos a palavra 'superdotado', ouvimos a palavra 'musical'", disse Marion. "Vemos três crianças que, quando praticam juntas, parecem uma só pessoa." Uma peculiaridade da língua inglesa é a palavra "play" significar tanto *brincar*, como fazem as crianças para se divertir, quanto *tocar*, como fazem os músicos para ganhar a vida, e é ilusório inferir desses homônimos que apresentação e treino sejam atividades recreativas.

"Temos um caso com a música desde que Solanda foi concebida", disse Marion. Solanda começou a ter aulas de piano aos quatro anos. "Mas ela se apaixonou por Itzhak Perlman e o violino. Ganhou este violino quando tinha quase cinco anos. O estímulo sempre esteve presente, mas quando a gente tem uma filha que, um momento depois de ganhar o violino, começa a fazer música, também há uma coisa inata." Solanda explicou: "Escolhi o violino porque achei que soava como minha voz". Ela começou a estudar na Juilliard pouco antes dos seis anos. Mas o instrutor "pelejava muito para acompanhar o que Solanda realmente necessitava", contou Marion. "Solanda digeria tudo na hora. Queria tocar o *Concerto em ré maior* de Beethoven, o *Concerto em ré maior* de Brahms, o *Concerto em mi menor* de Mendelssohn. E teoria musical é o próprio ar que ela respira."

Os três filhos dos Price foram educados em casa. Marion desenvolve o currículo e Ravi se encarrega do ensino propriamente dito. Perguntei a Solanda se tinha amigos, e Marion disse que os irmãos de Solanda eram seus melhores amigos. Perguntei-lhe o que fazia para se divertir. "Basicamente a Juilliard", respondeu a menina.

Solanda foi convidada para tocar numa cerimônia importante na capital do país. "Fiquei nervosa", contou. "Foi muito chocante estar lá, muito mesmo, mas toquei o melhor possível e não decepcionei." Marion disse que tanto Solanda quanto o trio são convidados para tocar em todo o país. "Ela tocou na série *Midori and Friends*, e Midori estava presente. Temos fotografias para provar. Estamos em busca de mais oportunidades." Numa rara intervenção, Ravi disse: "Precisamos elevar isso ao próximo nível, no qual seria lucrativo, como convém". Marion ficou evidentemente constrangida com a referência ao dinheiro. Tinha havido algumas apresentações pagas, disse, mas em geral seus filhos tocavam por prazer — "e acontece que a alegria deles é algo que leva alegria aos outros", explicou. "Não acho que sejamos pais controladores. Pais envolvidos. Pais solidários. Mas não acho que sejamos controladores. Eu sei o que parece ser. Acho que nós simplesmente somos capazes de reagir ao que nossos filhos pedem."

Em geral, não peço para os músicos tocarem quando os entrevisto. No entanto, Marion estava com um estojo de violino no colo, então perguntei a Solanda se ela gostaria de tocar. Marion disse: "O que você acha que vai tocar, Solanda?". A menina respondeu: "Acho que vou tocar a chacona de Bach". Marion propôs: "Que tal Rimsky-Korsakov?". Solanda respondeu: "Não, não, não, a chacona é melhor". Chamou-me a atenção que Solanda tivesse escolhido o instrumento devido à semelhança com sua voz; agora ele lhe dava a única chance de ser ouvida por cima da mãe. Solanda tocou "Verão", das *Quatro estações*, de Vivaldi. Tocou com um tom claro, alegre, se bem que não com tanto brilho que explicasse o porquê de sacrificar a infância por aquela arte. Eu esperava que Solanda se iluminasse com o instrumento, mas, ao contrário, ela ressaltou a melancolia aguda do violino.

Ao mesmo tempo que o comportamento dos pais pode ser prejudicial, esses pais podem ser vitimizados com os filhos pela indústria da música clássica. Muitos empresários parecem acreditar que a única maneira de manter um público pagante consiste em garantir um fluxo constante de músicos jovens. Sempre houve mercado para prodígios, mas, nos últimos trinta anos, a tendência tem sido encontrar um novo por semana. Os que têm interesse a curto prazo nas pessoas que usam estabeleceram todo um aparato, para o qual até mesmo a saúde mental da criança é apenas uma preocupação mercenária. "É como queimar combustível fóssil", disse Justin Davidson. "Repondo constantemente o estoque de prodígios, você inunda o mercado. Esses empresários estão criando um excedente de pessoas que podem fazer uma pequena margem de coisas, muitas das quais já não são de grande interesse. Preparam-nas para um futuro que está no passado." "É uma obsessão desconcertante", disse-me a pianista Mitsuko Uchida. "Pergunte se essa gente gostaria de ser representada no tribunal por um garotinho de sete anos; se quer ser operada por um superdotado de oito anos."[97] A crítica Janice Nimura escreveu: "A criança-prodígio é a versão refinada da aberração de circo. Olhar boquiaberto para o menino com cara de cachorro na barraca de feira é exploração, mas olhar boquiaberto para um concertista de seis anos no programa *Today* é uma coisa boa, inspiradora até, mostra a que alturas o potencial humano pode subir".[98] Embora a etiqueta proíba ficar olhando para os anões, não proíbe espiar a privacidade do prodígio.

Pressionar crianças talentosas pode ser um tiro que sai pela culatra; não pressioná-las também. Quando perguntaram ao pai do regente e compositor Leonard Bernstein por que se opusera à carreira do filho, ele respondeu: "Como eu podia saber que ele ia ser Leonard Bernstein?".[99] Fazendo as entrevistas para este capítulo, comecei a sentir que metade dos pais dessas crianças as coagiu a uma vida musical desagradável, ao passo que a outra metade conteve insensatamente os filhos. Jonathan Floril goza da duvidosa distinção de ter vivido os dois clichês.[100]

Menino no Equador no início da década de 1990, ele queria muito ter aulas de música, mas sua mãe, Elizabeth, não dava importância à música, ao passo que o pai, Jaime Iván Floril, que abandonara a esposa antes do nascimento de Jonathan, dirigia uma academia de música e não achava que o filho justificasse o treinamento. Mas acabou cedendo e deixando-o ter aulas de piano aos onze anos. Três meses depois, o professor lhe disse que Jonathan tinha um talento demasiado importante para o Equador e precisava estudar na Europa.

A mãe de Jonathan ficou furiosa com a ideia de ele ir para o estrangeiro e travou uma batalha judicial para obter sua guarda e mantê-lo consigo. "Ela estava me matando", recordou Jonathan, "porque a paixão pela música era tudo para mim." Passados dois meses, Jaime fechou sua academia para levar o filho à Europa. Elizabeth tinha alertado a polícia de que o marido pretendia sequestrar o menino, de modo que eles atravessaram a fronteira da Colômbia, nos Andes, de madrugada e embarcaram para Madri. Jonathan, que tinha estudado piano menos de seis meses, foi admitido no quinto ano do Conservatório Rodolfo Halffter.

Elizabeth continuou tentando recuperá-lo, e Jonathan teve de declarar muitas vezes à polícia espanhola que queria permanecer lá. "Com todo o peso da minha mãe nas costas, eu não sabia se o que tinha feito era certo ou errado, e meu pai não podia me dar a resposta", disse. Ele começou a ler em busca de orientação moral: a *Ética*, de Aristóteles, e a *República*, de Platão, São Tomás de Aquino, José Ortega y Gasset. Quando Jonathan tinha vinte anos, perguntei-lhe o que achava da mudança para a Espanha. "Minha mãe dizia que a música ia me impedir de viver minha infância", respondeu. "Mas eu já não queria viver minha infância." Entre os onze e os dezesseis anos, ele venceu mais de vinte competições; sem conseguir colocação de professor de música, seu pai arranjou um trabalho burocrático. "Meus tempos de prodígio foram muitíssimo estressantes", contou Jonathan. Ele voltou ao Equador pela primeira vez aos quinze anos, quatro depois de sua partida, para dar um concerto importante. Embora a mãe o tenha recebido com alegria, havia se aberto entre eles um abismo intransponível.

No ano seguinte, Jonathan recebeu bolsa de estudos integral na Manhattan School of Music; em breve, estreou em Valência e foi considerado pela crítica "mais que um prodígio, tanto pelo que toca quanto pelo como toca".[101] Os estudos o estavam mudando. "Comecei a me adaptar a diferentes critérios de musicalidade", disse Jonathan. "Meu pai queria que eu trabalhasse um repertório que me parecia sem sentido; ele ficou contra mim, coisa que me levou a detestá-lo. Eu precisava fazer alguma coisa além de ganhar outro prêmio." Tendo fugido da mãe no Equador, Jonathan então abandonou o pai. "Ele queria que eu aprendesse seleções populares e gravasse um CD. Eu achava que ia me perder num modo superficial de fazer música. Então ele me mandou embora de casa em Madri. Tive de fazer as malas em duas horas. Foi mesmo drástico." Perguntei qual tinha sido o efeito desse segundo exílio, e Jonathan disse: "Para mim, minha maneira de seguir pela vida como músico é quase uma peregrinação. Às vezes, sinto os dedos percorrendo as teclas, é quase como um cego lê em braile. Há tanto significado que a gente só o encontra quando roça o instrumento. Procuro trazer algo nobre para o mundo, algo nobre como a paixão de Jesus Cristo. Não que eu seja uma pessoa religiosa, mas acredito que existe algo superior a nós que faz da música o que ela é. Posso servir essa coisa, mesmo sem vê-la nem conhecê-la". Aos vinte anos, Jonathan não toca uma mazurca de Chopin sem conhecer as mazurcas populares que a inspiraram, não toca um noturno sem estudar a época do *bel canto*. "Recentemente, retomei as gravações da década de 1930 de música equatoriana", contou-me. "Meu modo de pensar e ser ainda está radicado no meu país, por isso preciso manter vivo esse pedaço de mim." Perguntei como ecoava nele o trauma de abandonar a mãe, depois o país e então o pai. "Duvido que houvesse outro caminho", disse ele. "Eu entendo que meus pais tenham se voltado contra mim. Nós todos detestamos o que não compreendemos."

Gore Vidal escreveu: "O ódio de um dos pais pode fazer um Ivan, o Terrível, ou um Hemingway: no entanto, o amor protetor de dois pais dedicados pode com certeza destruir um artista".[102] O trauma e a privação precoces transformam-se no motor da criatividade de algumas crianças. Uma pesquisadora examinou uma lista de gente eminente e descobriu que mais da metade tinha perdido um dos pais antes dos 26 anos — o triplo da taxa da população geral.[103] Uma criação horrível pode tanto matar quanto despertar o talento. É uma questão de combinação entre o modo de agir dos pais e o que determinada criança necessita. Robert Sirota disse: "É facílimo destruir um talento; muito menos provável é a educação vir a criar aptidão onde não existia nenhuma".

Lang Lang, muitas vezes alardeado como o pianista mais famoso do mundo, é a encarnação da genialidade aperfeiçoada pela punição.[104] Seu pai, Lang Guoren, queria ser músico, mas foi mandado para uma fábrica durante a Revolução Cultural. Quando seu filho de dezoito meses deu sinal de ser um prodígio, a aspiração de Lang Guoren ressurgiu. Desde os três anos de idade, Lang Lang acordava às cinco horas da manhã para praticar. "Minha paixão era tanta que eu queria devorar o piano", disse. A professora ficava assombrada com sua memória; Lang Lang conseguia memorizar quatro peças grandes por semana. "Minha professora vivia mandando os alunos aprenderem mais", contou ele, "mas me mandava diminuir a velocidade." Aos sete anos, na primeira competição nacional infantil da China, em Taiyuan, Lang Lang recebeu menção honrosa pelo talento e correu ao palco, gritando: "Eu não quero prêmio por talento, não quero!". Quando outro concorrente tentou consolá-lo, dizendo que também tinha ganhado menção honrosa, ele disse: "Você pensa que pode competir comigo? Que diabo sabe tocar?". O prêmio de Lang Lang foi um cachorrinho de pelúcia; ele o jogou na lama e o pisoteou, mas seu pai o pegou e o guardou em cima do piano de casa, em Shenyang, para que Lang Lang não esquecesse o quanto precisava estudar.

Lang Guoren era membro da polícia especial — um emprego prestigioso. No entanto, decidiu que precisava levar o filho a Beijing e conseguir uma vaga na Escola Primária Anexa ao Conservatório de Música, ao passo que a mãe de Lang Lang, Zhou Xiulan, ganharia dinheiro para sustentar o filho e o marido. "Eu tinha nove anos, e foi de fato muito triste sair de casa, e me dei conta de que meu pai tinha largado o emprego para ficar comigo", disse Lang Lang. "Sentia muita pressão." Lang Guoren lhe ensinou sua máxima: "O que os outros tiverem, eu o terei incontestavelmente; o que eu tenho, ninguém mais há de tê-lo".

Lang Guoren comparou o abandono do emprego com "uma espécie de amputação". Alugou o apartamento mais barato que encontrou, sem calefação nem água corrente, e disse ao filho que o aluguel era muito mais alto do que na realidade. "Tanto dinheiro?", perguntou Lang Lang, chocado. "É melhor eu estudar muito." Morria de saudade da mãe e chorava com frequência. Lang Guoren, que sempre desprezara o trabalho doméstico, era obrigado a cozinhar e limpar. A professora que eles procuraram em Beijing foi cruel ao avaliar Lang Lang. "Disse que eu tocava que nem um plantador de batata", recordou, "que devia provar coca-cola e tocar Mozart daquele jeito; minha música era uma água insossa. Disse: 'Volte para casa. Não seja pianista'. E me mandou embora."

Pouco tempo depois, Lang Lang ficou na escola depois da aula para tocar piano na comemoração da fundação da República Popular da China, e voltou para casa com duas horas de atraso. Quando ele entrou, Lang Guoren o espancou com um sapato, depois lhe deu um punhado de comprimidos, dizendo: "Você é mentiroso e vagabundo! Não tem razão para viver. Não pode voltar a Shenyang coberto de vergonha! Morrer é a única saída. Engula estes comprimidos!". Quando Lang Lang se recusou a tomar os comprimidos, Lang Guoren o arrastou até a sacada do apartamento e o mandou saltar. Mais tarde Lang Guoren explicou seu comportamento com um provérbio chinês: "Quem não se solta do filho não pode combater os lobos". Em outras palavras, mimar expõe todo mundo ao desastre. Mas Lang Lang ficou furioso e passou meses sem tocar piano, até que o pai engolisse o orgulho e lhe suplicasse que o fizesse.

Lang Guoren também suplicou a outro professor que trabalhasse com seu filho e acompanhava as aulas para poder reforçar a instrução em casa. "Ele nunca sorria", disse Lang Lang. "Gritava comigo, às vezes me batia. Nós éramos como monges. Os monges da música." Um amigo da família comentou que Lang Guoren nunca mostrava afeto nem deixava o filho saber que ele estava satisfeito. "Só quando o menino dormia profundamente é que se sentava ao seu lado, em silêncio, e o olhava, arrumava o edredom e lhe acariciava os pezinhos", escreveu esse amigo.

Quando os dois foram passar o verão em Shenyang, Lang Guoren considerou a viagem uma mera troca de lugar para os exercícios de piano. Zhou Xiulan brigou com o marido, perguntando: "Que importa ser um 'grande mestre' ou não? Que diabo você anda fazendo, age como se estivesse se preparando para a guerra todo dia? No que é que isso se parece com uma família?". O menino procurava distraí-los das brigas com sua música; um amigo disse: "Cada vez que os pais brigavam, a música dele progredia". Lang Lang estudava tanto que desmaiava e ia receber soro intravenoso no hospital diariamente, mas sua agenda de exercícios não se alterava jamais. "Meu pai é um verdadeiro fascista", disse ele. "O prodígio é muito solitário, um ser isolado do mundo."

Enfim Lang Lang foi aceito na Escola Primária Anexa e, a seguir, aos onze anos, fez um teste para representar a China no Concurso Internacional de Jovens Pianistas na Alemanha. Não foi selecionado. Lang Guoren mandou a esposa levantar o dinheiro necessário para inscrever o filho por conta própria, coisa contrária ao protocolo e potencialmente humilhante. Antes do concurso, enxergou num pianista cego do Japão o mais perigoso adversário e orientou Lang Lang a eliminá-lo em técnica. Então o garoto tentou integrar essa abordagem à sua arte. Quando ele venceu, Lang Guoren chorou de alegria; quando outras pessoas lhe falaram na reação de seu pai, Lang Lang retrucou que aquele homem era incapaz de chorar.

Em 1995, aos treze anos, ele participou da segunda edição do Concurso Internacional Tchaikóvski de Jovens Músicos. Lang Guoren escutava às escondidas os exercícios dos outros concorrentes e exortava o filho a fazer a mesma coisa quando alguém estava trabalhando a mesma peça que ele. Em sua opinião, se o pianista anterior tocasse com força, ele que o fizesse com delicadeza; se o outro tocasse suavemente, a ordem era começar com força. Essa tática faria com que os jurados se lembrassem dele e chamaria a atenção do público. Quando, mais tarde, perguntaram a Lang Guoren como um garoto de treze anos podia tocar algo comovente como o *Concerto para piano nº 2* de Chopin, ele respondeu que recomendara a Lang Lang pensar na separação da querida mãe e da querida terra natal. O garoto venceu.

Meses depois, Lang Guoren tirou o filho do conservatório. Tinha conseguido uma audição com Gary Graffman no Curtis. Lang Lang recordou: "Meu pai disse: 'O Chopin deve ser leve como o vento; o Beethoven, pesado; quando usar sua força explosiva, seja firme, generoso e natural como se você fosse uma mistura do time de futebol inglês com o brasileiro'.". O jovem foi aceito imediatamente e se mudou para os Estados Unidos com o pai. Durante a primeira aula no Curtis, disse: "Quero vencer todas as competições que existem". "Por quê?", quis saber Graffman. Lang Lang respondeu: "Para ser famoso". Graffman se limitou a rir, mas os outros alunos disseram que o colega devia se esforçar era para ser um músico magnífico; ele não entendeu a diferença. Embora depois tivesse aprendido a ter mais tato, nunca abandonou de todo esse modelo olímpico. Graffman me disse: "Com a maioria dos alunos, a gente procura fazer com que se entusiasmem com o conteúdo emocional da música. Com Lang Lang era justamente o contrário: eu tinha de acalmá-lo o bastante para que pudesse aprender".

Aos dezessete anos, Lang Lang arranjou um empresário, que lhe proporcionou o primeiro grande salto no Festival de Ravinia, nos arredores de Chicago. Os críticos ficaram extasiados. Nos dois anos seguintes, os ingressos de todos os concertos de Lang Lang esgotaram, e ele fez numerosas gravações e enfeitou muita capa de revista. "Quanto mais altas as expectativas, melhor eu toco", contou-me. "O Carnegie Hall me faz tocar melhor do que nunca."

Toda história de um prodígio extraordinário, como toda carreira política, contém uma sequência de retrocessos que choca o protagonista; o mundo ouvinte tem de passar por sua própria adolescência de rejeição entre a rapsódia infantil e o respeito adulto. Muitas vezes, a *Schadenfreude* torna o retrocesso cruel. Lang Lang é socialmente permeável, com uma sensibilidade para agradar ao seu público específico que em geral evoca mais Beyoncé do que Sviatoslav Richter. Conquanto essas qualidades não sejam incompatíveis com a profundidade, sua tendência a agradar à plateia ofende certos públicos mais requintados. A extensão da construção de uma marca pessoal é indicada pelo fato de ele ter registrado seu nome como marca. Toca como "Lang Lang™". Assinou contrato de patrocínio com a Audi, a Montblanc, a Sony, a Adidas, a Rolex e a Steinway. John von Rhein, do *Chicago Tribune*, que ajudou a lançar a carreira de Lang Lang, disse alguns anos atrás: "A música se transformou num acessório do desempenho acrobático do solista. Ele só precisava de um terno branco de lantejoulas e de um candelabro, e Ravinia podia tê-lo vendido como o novo Liberace".[105] Anthony Tommasini, do *New York Times*, escreveu que a estreia solo de Lang Lang no Carnegie Hall, em 2003, foi "incoerente, autocomplacente e clamorosamente vulgar".[106]

A tensão narrativa entre as obras-primas dos compositores e a leitura que Lang Lang faz delas é exagerada pelo fato de ele ter sido criado numa cultura não ocidental. "A música clássica ocidental na China em geral é como a comida chinesa no Ocidente: conhecida, mas não a original", disse Lang Lang. Ele pode fazer uma interpretação impecável de um concerto de Mendelssohn e prosseguir com uma sonata autocomplacente de Mozart tocada com dinâmica pomposa e ritmo dilatado. Mas logo volta a tocar com elegância, e os críticos são obrigados a reconhecer sua virtuosidade. Cinco anos depois de condená-lo com tanta veemência, Tommasini escreveu que Lang Lang tocava "com domínio total e encantadora alegria".[107] Ao ver Lang Lang se apresentar, sempre fico impressionado com a sensação que ele dá de estar se divertindo muito. "Não me limito a dar como concertista", disse-me ele. "Também recebo. Meu pai é introvertido, minha mãe, extrovertida, e eu sou as duas coisas: a disciplina do meu pai e a felicidade da minha mãe."

Conversei com Lang Lang pela primeira vez em 2005, em Chicago, quando ele tinha 23 anos. Naquela tarde, tinha assistido a um recital particularmente adorável, no qual ele tocou a *Sonata para piano nº 3 em si menor* de Chopin. Depois da apresentação, uma fila de quatrocentas pessoas esperou com toda a paciência para receber seu autógrafo no CD, e Lang Lang não fraquejou nem uma vez. Mais tarde, convidou-me para conversar no seu camarim. Quando chegamos, Lang Guoren estava assistindo à televisão. Trocamos um aperto de mão, tratamos de amenidades e então, na sua mescla característica de brusquidão e intimidade, ele tirou a roupa e se deitou para tirar uma soneca. Pela minha experiência, todo mundo gosta de Lang Lang e ninguém gosta de Lang Guoren, mas Lang Lang não é tão afetuoso quanto parece, e seu pai não é tão ríspido quanto parece; eles são colaboradores num fenômeno único. "Aos vinte anos, eu me tornei um sucesso imenso e comecei a gostar do meu pai", contou-me Lang Lang. "Ele escuta muito bem e me ajuda a lavar roupa, a fazer as malas. Sou um garoto mimado. Depois de um grande recital, não há outra pessoa que faça uma massagem às duas da madrugada enquanto conversa sobre a apresentação."

Certa vez, eu disse a Lang Lang que, pelos padrões americanos, os métodos de seu pai seriam considerados maus-tratos e que a atual cordialidade entre eles me surpreendia. "Se meu pai tivesse me pressionado como pressionou e eu não me saísse bem, seria abuso infantil e eu ficaria traumatizado, talvez destruído", ele respondeu. "Ele podia ter sido menos rigoroso e nós provavelmente chegaríamos ao mesmo lugar; não é preciso sacrificar tudo para ser músico. Mas nós tínhamos o mesmo objetivo. Portanto, como a pressão enorme me ajudou a ser um astro da música famoso no mundo todo, coisa que adoro ser, eu diria que, no fim, para mim foi uma maneira maravilhosa de crescer."

Vários livros recentes remontam ao adágio segundo o qual a prática faz a perfeição, fixando em 10 mil horas a carga horária da maestria.[108] O número é calculado a partir da observação do psicólogo sueco K. Anters Ericsson, segundo a qual, aos vinte anos de idade, os grandes violinistas da Academia de Música de Berlim tinham praticado a média de 10 mil horas numa década, cerca de 2500 horas a mais que o grupo mais talentoso seguinte.[109] As aptidões e talvez os neurossistemas se desenvolvem com o exercício. Levantamentos recentes em que as pessoas foram classificadas pelo talento e depois acompanhadas pelo tempo de prática mostraram que este era mais importante que o talento.[110] David Brooks escreveu no *New York Times*: "A principal característica não é uma genialidade misteriosa. É a capacidade de desenvolver uma rotina de treino deliberada, árdua e tediosa. Nós nos construímos pelo comportamento".[111]

Sem dúvida, há uma considerável dose de verdade nessa ideia; não fosse assim, a educação seria fútil; e a experiência, uma perda de tempo. Ao viajar de avião, prefiro um piloto que voa há uma década a um novato, e ninguém opta por comer o primeiro suflê de quem quer que seja. Mas a santificação das 10 mil horas como base da realização é de um sentimentalismo digno de Horatio Alger.* Leopold Auer, o grande pedagogo do violino do século passado, dizia aos alunos: "Pratiquem três horas por dia se vocês forem bons, quatro se forem meio burros. Se precisarem de mais do que isso, parem. Melhor tentar outra profissão".[112]

A própria inclinação a treinar assiduamente pode ser inata, e estimulá-la é no mínimo tão importante quanto estimular o talento básico. O psicólogo Walter Mischel, da Universidade Stanford, desenvolveu o chamado teste do marshmallow nos anos 1960.[113] Isolava uma criança de quatro a seis anos com um marshmallow e lhe dizia que ela podia comê-lo naquele instante, mas, se aguardasse quinze minutos, ganharia um marshmallow extra. As crianças que conseguiram esperar foram submetidas, anos mais tarde, ao teste de avaliação escolar SAT e obtiveram, em média, 210 pontos acima das que não o conseguiram.[114] Mais recentemente, Angela Lee Duckworth, uma psicóloga da Universidade da Pensilvânia, deu a alunos do ensino médio a opção entre receber um dólar de imediato e dois dólares dentro de uma semana, e, uma vez mais, os que conseguiram adiar a gratificação tinham níveis muito superiores de aproveitamento escolar, independentemente do QI. "A inteligência é de fato importante", disse ela, "mas não tanto quanto o autocontrole."[115]

---

* Horatio Alger Jr. (1832-99): autor de mais de cem livros dirigidos ao público juvenil. Seus protagonistas eram rapazes pobres, honestos e determinados que, lutando contra as adversidades, ascendiam socialmente e realizavam o sonho americano. (N. T.)

Ellen Winner, que estuda a genialidade, delineou uma disputa entre o "mito do senso comum" de que o talento é inato e o "mito dos psicólogos" de que o talento aumenta através do trabalho e do estudo.[116] O crítico Edward Rothstein escreveu: "O ataque contemporâneo à genialidade é, ele próprio, uma mitologia, uma tentativa de compreender o incompreensível diminuindo-o, reduzindo-o".[117] Rothstein sugere que aqueles que enfatizam o papel do mero trabalho escutam Bach e Beethoven e flertam com a ideia de que, com esforço suficiente, eles podiam ter composto tal música. Veda Kaplinsky, gracejando, comparou a questão com o que certa vez ouviu um psiquiatra dizer a respeito do sexo no casamento: "Se o sexo for bom, é 10%. Se for ruim, é 90%". Ela explicou: "Se o talento estiver presente, é 10% do pacote. Se não estiver presente, passa a ser 90%, porque eles não podem superar sua falta. Mas simplesmente ter talento é na verdade uma parte muito secundária do necessário para vencer na música".

Músicos me falaram amiúde em chegar ao virtuosismo no violino praticando horas e horas por dia ou lendo Shakespeare, estudando física e se apaixonando. Segundo o violinista Yehudi Menuhin, "a maturidade, na música e na vida, tem de ser adquirida pela vivência".[118] O compositor e concertista Gabriel Kahane disse: "Sempre há uma garota coreana que ficou trancada no porão treinando mais do que você. É impossível ganhar esse jogo".[119] Porém, em termos mais profundos, *vida normal* nesse contexto é um eufemismo de vida mais rica. A dedicação obstinada a um instrumento constrói proficiência — mas a música incorpora a experiência.

Quando eu dizia que estava escrevendo sobre prodígios, as pessoas sempre mencionavam um pianista de sete anos chamado Marc Yu que tinha participado dos programas de TV *Jay Leno*, *Ellen DeGeneres* e *Oprah*.[120] Fui convidado à sua estreia em Nova York, um recital no apartamento de uma socialite de Shanghai, na Park Avenue. Marc acabara de completar oito anos, mas era tão pequeno que parecia ter seis. Ceceava solenemente o nome de sua seleção seguinte, tocava-a com intensidade e musicalidade incongruentes, então girava no banco e olhava para sua deslumbrante mãe, Chloe, para ver como tinha se saído.

Como suas pernas eram curtas, instalaram uma pequena plataforma com extensores que lhe possibilitavam controlar os pedais. Quando ele estava tocando um noturno de Chopin, a engenhoca se deslocou e os pedais deixaram de reagir.

Pondo-se de quatro, Chloe se enfiou no acanhado espaço abaixo do filho e tentou realinhar o dispositivo. Marc não perdeu uma só nota. Sem conseguir fazer a coisa funcionar, Chloe a levantava e tornava a descê-la com força. Foi tão absurdo: o garotinho concentrado no dedilhado, e a linda mulher, de vestido, ruidosamente agachada aos seus pés, a melodia jorrando sem parar. Foi como se Marc e Chloe estivessem num diálogo com que o resto de nós tivesse topado por acaso, uma interação privada que, por ironia, só podia ocorrer diante de uma plateia.

Bem depois do fim do recital e da hora de dormir da maioria dos meninos de oito anos, Marc anunciou que havia aprendido o *Concerto do imperador* e o tocou para alguns de nós, descontando os longos silêncios para as passagens orquestrais de modo a entrar no tempo exato. Transbordava impaciência e bravata entusiasta, tal como faz minha sobrinha de oito anos quando quer que eu a admire nadando. Quando Marc conversou com adultos fascinados por ele, mas não muito interessados no que tinha a dizer, imaginei que sua relação com a mãe devia ser a única em que ele não é esquisito.

Chloe Yu nasceu em Macau e, aos dezessete anos, veio estudar nos Estados Unidos. Casou-se aos 25, e Marc nasceu um ano depois, em Pasadena. Desse dia em diante, Chloe tocou piano para ele. "Marc só começou a falar depois dos dois anos", recordou. "Eu estava preocupada. Então ele começou a falar inglês, cantonês, mandarim e um pouco do dialeto de Shanghai. Fiquei tão aliviada!" Quando tinha quase três anos, Marc tirava alguns acordes ao piano com dois dedos; em um ano, superou a capacidade de Chloe de lhe dar aulas. Aos cinco, acrescentou o violoncelo ao seu regime. "Não tardou a pedir outros instrumentos", lembrou Chloe. "Eu disse: 'Chega, Marc. Seja realista. Dois bastam'."

Chloe desistiu da tese de mestrado em que estava trabalhando. Divorciara-se do pai de Marc, mas, como não tinha dinheiro, acabou indo morar com o filho na casa dos ex-sogros, que lhe cederam um quarto em cima da garagem. Os avôs de Marc não aprovavam sua dedicação "excessiva" ao piano. "A avó o adora", disse Chloe. "Mas queria que ele fosse um menino normal de cinco anos." Quando Marc entrou na pré-escola, Chloe sentiu que ele estava pronto para se apresentar e entrou em contato com asilos de idosos e hospitais, oferecendo recitais gratuitos para que o menino tocasse sem pressão. Em breve, os jornais começaram a escrever sobre o jovem gênio. "Quando entendi o quanto ele é talentoso, fiquei empolgadíssima!", contou Chloe. "E também com muito medo!"

Aos seis anos, Marc ganhou uma bolsa de estudos para jovens superdotados que cobriu a entrada de um Steinway. Aos oito, viajava à China com a mãe a cada dois meses para estudar com o dr. Minduo Li. Chloe explicou que, enquanto os professores americanos lhe davam amplas ideias interpretativas para explorar livremente, o dr. Li lhe ensinava medida por medida. "No futuro, Marc dirá às pessoas: 'Nasci americano, mas fui treinado na China'. A China o amará por isso." Perguntei a Marc se achava difícil viajar para tão longe para ter aulas. "Bom, por sorte eu não tenho descompensação horária", respondeu ele. Enruguei a testa. "Sabe... jet lag", desculpou-se.

Marc estava recebendo educação domiciliar para acomodar sua agenda de apresentações e treinos. "Depois de um café da manhã enorme, ele fica sonolento", disse Chloe. "Por isso programamos algo menos intenso — trabalhar a técnica, fazer a lição de casa talvez. No final da manhã, ele tira uma soneca e depois faz alguma coisa que use o cérebro, aprende material novo. É tudo questão de administrar o tempo. Marc devia estar na terceira série, mas está adiantado em todas as matérias." Ele estava tendo aulas preparatórias para o ensino médio e fazendo um curso de SAT. Chloe faz as vezes de empresária e examina com ele os convites para apresentações. "Primeiro consulto meu chefe", contou ela. Marc a encarou com expressão de franca incredulidade. "Eu sou seu chefe?", perguntou. Mais tarde Chloe disse: "Se ele mudar de ideia e resolver ser matemático, aceitarei. Talvez fique chateada no começo porque já perdemos tanto tempo com isso — seria como brigar com o namorado. Não é fácil, é?". Marc tratou de tranquilizá-la: "Eu gosto do piano. É o que vou fazer". Chloe sorriu. "Sim, agora. Mas a gente nunca sabe. Você tem só oito anos."

Tocar como Marc requer um nível extraordinário de concentração. Ele disse: "O quanto eu me exercito depende do meu estado de espírito. Quando quero realmente realizar uma coisa ou pouco antes de um concerto, são de seis a oito horas por dia. Mas quando não estou com ânimo para praticar, talvez de quatro a cinco horas. Eu estava interessado em compor, mas decidi que preciso me concentrar". Sua música exige de Chloe disciplina igual. Perguntei-lhe o que achava de suas antigas ambições. Ela sorriu e estendeu os braços para o filho. "Esta é a minha obra", disse. Quando os visitei em Los Angeles, Chloe acabara de se casar novamente, e Marc havia tocado no banquete da cerimônia. Entretanto, ela se recusou a mudar para uma casa com o marido, pois temia que isso interferisse nos treinos com Marc; eles moram a alguns quarteirões de distância. Lembrei-me dos casais com filhos deficientes que acabam se separando por causa das necessidades incomuns dos filhos.

As crianças gostam de ter heróis, e o de Marc é Lang Lang. Ao ler uma reportagem na revista do *Los Angeles Times* na qual Marc declarava sua admiração, Lang Lang entrou em contato. "Admiro muito Lang Guoren", disse Chloe. "Não quero que me chamem de *controladora* ou *mandona*. Mas quero ser forte por Marc tal como ele foi forte por Lang Lang." Alguns anos depois, Lang Lang providenciou para que Marc tocasse com ele no Royal Albert Hall. Assisti ao concerto, e depois, quando nos encontramos, fiquei impressionado com a delicadeza paternal de Lang Lang com seu protegido; nunca o tinha visto tão vulnerável.

Perguntei a Chloe o que achava das 10 mil horas. "É mais o estímulo, creio eu, do que a natureza", respondeu ela. "O pai de Marc não se interessava por música, de modo que a natureza veio de mim. O estímulo também veio de mim." Chloe tem opiniões firmes sobre o modo americano de criar os filhos. "Nos Estados Unidos, todas as crianças precisam ser versáteis. Têm dez atividades diferentes e não sobressaem em nenhuma. Os americanos querem que todo mundo tenha a mesma vida; é o culto da média. Isso é maravilhoso para crianças deficientes, que obtêm coisas que não obteriam de outro modo, mas é um desastre para crianças superdotadas. Por que Marc haveria de passar a vida aprendendo esportes pelos quais não se interessa se ele tem esse dom magnífico que lhe dá tanta alegria?" De volta à Califórnia, perguntei a Marc o que achava de uma infância normal. "Eu já tenho uma infância normal", disse ele. "Quer ver meu quarto? Está bagunçado, mas pode entrar assim mesmo." Então subimos. Ele me mostrou um helicóptero amarelo de controle remoto que seu pai mandou da China. A estante estava abarrotada de livros do Dr. Seuss, *Jumanji* e *O vento nos salgueiros*, mas também *Moby Dick*; e de vídeos da *Vila Sésamo* e também de uma série de DVDs intitulados *The Music of Prague, The Music of Venice* e assim por diante. Sentamos no chão e ele me mostrou seus quadrinhos favoritos de Gary Larson, depois jogamos Mouse Trap. Marc tinha um par de falsos polegares com luzes dentro e o usou num truque de mágico que fazia parecer que a luz que ele punha na boca descia e acabava saindo pelo seu traseiro.

Depois descemos, e Marc se sentou numa lista telefônica colocada no banco do piano para que as mãos ficassem a uma altura confortável para tocar. Ele se mexeu um pouco, disse: "Não, não está bom", arrancou uma página da lista telefônica, tornou a se sentar e mergulhou na "Fantasie-Impromptu" de Chopin, a qual impregnou de uma qualidade de anseio nuançado que parecia quase inconcebível numa pessoa com uma prateleira cheia de vídeos do Monstro das Bolachas. "Está vendo?", disse-me Chloe. "Ele não é uma criança normal. Por que iria ter uma infância normal?"

A música clássica é, em grande medida, meritocracia, coisa que faz dela um bom caminho rumo à mobilidade social para pessoas industriosas isoladas pela geografia, nacionalidade ou pobreza. Durante muitos anos, os prodígios eram sobretudo judeus da Europa Oriental; atualmente, o campo está dominado por leste-asiáticos. Gary Graffman, ele próprio um prodígio judeu, tem apenas seis alunos, todos chineses. A teoria geral do domínio asiático da música clássica é que ele reflete números elevadíssimos. "São mais de 300 mil crianças aprendendo instrumentos na China", disse Graffman. "Se você vir uma criança em Chengdu que não esteja carregando um estojo de violino, é porque ela estuda piano." O chinês e outras línguas tonais reforçam a acuidade auditiva em bebês e crianças pequenas, e as mãos chinesas típicas, com a palma larga e espaços generosos entre os dedos, são especialmente aptas para o piano.[121] A disciplina e a competitividade são muito valorizadas e com frequência reforçadas em muitas culturas asiáticas. Tendo sido perseguido durante a Revolução Cultural, o estudo da música ocidental adquiriu o encanto de um prazer proibido.

No entanto, muitos ocidentais desconfiam dos estereótipos da "mãe tigre". Mas o psicólogo húngaro Mihaly Csikszentmihalyi escreveu: "É impossível ser excepcional e normal ao mesmo tempo".[122] A questão de quando se especializar recebe respostas muito diferentes de um lugar para outro; os estudantes europeus estreitam seu campo de estudo muito mais cedo que os americanos, e os asiáticos concentram-se mais cedo ainda. Sendo a música uma língua, é preciso treinar desde a mais tenra idade para ter uma percepção intuitiva de sua gramática e produzi-la sem sotaque. Graffman explicou: "Você pode começar com o piano ou o violino aos dezesseis anos e aprender a tocar bem, mas estará muito atrasado para ser um solista de primeira categoria". A especialização precoce impõe sacrifícios. "Os pais da classe alta querem que os filhos tenham arte, esporte e serviço comunitário", disse Robert Blocker, decano da Yale School of Music. "Mas isso é muito dispersivo para quem realmente quer ser músico. O êxito extremo costuma resultar da identificação e especialização precoces."[123]

Se a aposta for compensadora, fica mais fácil conviver com os sacrifícios. Quando Lang Lang me contou que estava reconciliado com a criação que teve, pensei nas pessoas que, muito tempo depois do fato, se alegravam porque os pais as estimularam a se submeter ao alongamento dos membros — e aquilo que parece maus-tratos no presente deixa de sê-lo quando termina com bons resultados. Por outro lado, quantas crianças que detestavam estudar piano lamentam, quando adultas, o fato de os pais as terem deixado abandonar as aulas? O perigo é que forçar a criança a uma especialização precoce pode levá-la a acreditar que só tem um meio de alcançar o sucesso. "É irresponsável não contar com um plano B", disse Karen Monroe. Os prodígios que não se saem bem terão trabalhado com um empenho insano numa coisa que já não os pode sustentar, descuidando de aptidões necessárias para levar qualquer outro tipo de vida. Blocker dirigiu uma reunião, na Coreia, de pais que esperavam mandar os filhos a escolas de música ocidentais. Depois de explicar o processo de admissão, guardou suas anotações e disse: "Acho verdadeiramente lamentável vocês todos terem vindo aqui hoje. Muitos mandarão os filhos para outro país aos doze, treze ou catorze anos de idade. Um dos pais irá junto e a família ficará dividida. Os alunos que passam por isso tão jovens ficam vazios quando chegam a nós. Não se trata de falta de sentimento, de anseio, de intelecto e de música; é que eles não receberam o estímulo do carinho ou de um almoço em família". Seguiu-se um silêncio glacial.

Se Chloe Yu desprezava a ideia de uma infância normal, May Armstrong simplesmente teve de se curvar ante a realidade de não poder conseguir tal coisa com seu filho Kit, nascido em 1992. Pode-se dizer que Chloe, que acredita no domínio do estímulo, tem impelido o filho para a destreza; May, por sua vez, parece ter sido coagida por Kit a uma inevitabilidade alarmante.[124] Ele sabia contar aos quinze meses; aos dois anos aprendeu a fazer contas de adição e subtração com May e de multiplicação e divisão sozinho. Cavando no jardim, explicou à mãe o princípio da alavanca. Aos três anos, fazia perguntas para as quais a resposta era a teoria da relatividade. May, que é economista, ficou francamente desconcertada. "Uma criança com essa capacidade pode aprender sozinha", disse. "A mãe quer proteger, mas Kit era tão capaz que não precisava de proteção. Não posso dizer que isso tenha sido fácil."

May saíra de Taiwan aos 22 anos para estudar nos Estados Unidos e passava as férias sozinha; o pai de Kit não participava da vida deles. "Eu sabia muito bem o que era solidão e achei que ele precisava de um hobby só dele com o qual pudesse se divertir", contou ela. Assim, o menino começou a aprender piano aos cinco anos, muito embora a mãe não se interessasse por música. Na primeira aula, ele observou a professora lendo música e, quando voltou para casa, fez seu próprio papel pautado e começou a compor sem um instrumento: absorveu toda a linguagem escrita da música. May comprou um piano usado, e ele passou a tocar o dia todo. Bastava-lhe ouvir uma única vez uma melodia no rádio para reproduzi-la.

May o matriculou numa escola. "As outras mães diziam querer que os filhos crescessem no jardim de infância", disse. "Pois eu queria que o meu encolhesse. As professoras diziam que Kit se deixava tiranizar pelos outros garotos, e estive lá um dia e vi uma criança tomar-lhe um brinquedo. Expliquei que ele precisava se defender, mas a resposta foi: 'Esse menino vai se entediar daqui dois minutos, aí eu pego o brinquedo outra vez. Para que brigar?'. De modo que Kit já era sensato. O que eu podia lhe ensinar? Mas ele parecia sempre feliz, e isso era o que eu mais queria. Olhava-se no espelho e caía na gargalhada." No fim da segunda série, Kit concluiu a matemática do ensino médio; aos nove anos, estava em condições de entrar na faculdade. May chegou à conclusão de que Utah era um lugar limpo e seguro para um garoto de nove anos iniciar o curso de graduação e o levou para lá. "Os outros alunos geralmente achavam a presença dele esquisita", contou ela, "mas Kit, não." Nesse meio-tempo, seu desempenho no piano tinha avançado tanto que ele foi aceito por um empresário.

Aos dez anos, Kit visitou o centro de pesquisa física de Los Alamos com seu empresário, Charles Hamlen. Um físico confidenciou a Hamlen que, ao contrário dos pós-doutorandos que costumavam visitá-los, Kit era tão inteligente que ninguém "conseguia achar o limite do seu conhecimento".[125] Anos depois, ele ganhou uma residência no MIT, onde ajudou a editar trabalhos de física, química e matemática. "Kit simplesmente entende tudo", disse May, quase resignada. "Um dia, quero trabalhar com pais de deficientes, pois sei que a perplexidade deles é igual à minha. Não tenho ideia de como ser uma mãe para ele, nem existe lugar em que eu possa descobrir."

May mudou-se para Londres a fim de estar com o professor de piano de que Kit gostava, muito embora não tivesse autorização de trabalho no país e não pudesse arranjar emprego. "Eu não estava nada contente com isso", disse ela, "mas senti que não tinha escolha." Kit não tardou a conhecer o venerado pianista Alfred Brendel, e este, que nunca tivera alunos, acolheu-o. Recusou pagamento pelas aulas e, quando soube que Kit treinava num showroom de piano porque May não tinha condições de comprar um instrumento decente, mandou entregar um Steinway no apartamento dela. Quando Kit tinha treze anos, um jornalista inglês que se opunha veementemente à promoção de crianças como concertistas foi a uma de suas apresentações. "Sua interpretação é tão sofisticada, sua alegria de tocar, tão óbvia, seu compromisso ao estender sua compleição miúda para alcançar as notas graves tão total que minhas objeções pareceram mesquinhas", escreveu o jornalista no *Guardian*.[126]

May credita a Brendel a maestria de Kit. "Ainda não tenho ouvido bom o suficiente para ser útil a Kit", disse. "A única coisa que posso fazer é lembrá-lo de que ele não fez absolutamente nada para merecer ser quem é." Ela restringiu a agenda e a exposição à mídia de Kit durante sua adolescência, permitindo que desse apenas doze concertos por ano. "Mas agora o sr. Brendel diz que ele está pronto para uma agenda de concertos cheia; Kit tem dezoito anos, e isso não depende de mim. Eu preferiria que fosse professor de matemática. É uma vida melhor, sem viajar tanto. Mas ele decidiu que a matemática é seu hobby, e o piano, seu trabalho." Kit está fazendo mestrado em matemática pura em Paris; diz que o faz "para relaxar". Perguntei a May se nunca receou que Kit, como muitos jovens de capacidade notável, tivesse um colapso nervoso. Ela achou graça. "Se alguém aqui tiver um colapso nervoso", disse, "serei eu!" Como muitos pais de crianças excepcionais, May reduziu suas ambições. Tinha esperança de arranjar um bom emprego quando se doutorasse em economia — coisa de que abriu mão com a chegada de Kit. "Sendo mãe, e mãe chinesa, o sacrifício faz parte do jogo", explicou. "Eu queria aprender a me sacrificar com alegria, mas até agora não consegui chegar a tanto. Cá estou na meia-idade e percorrendo Paris de bicicleta, ofegante e sem fôlego. Que aconteceu? Mas reconheço que ele me deu uma vida fascinante."

Os prodígios não são beneficiados pela Lei dos Americanos com Deficiências; não há legislação federal voltada para a educação de superdotados. Mas, se reconhecemos a importância de programas especiais para estudantes cujo cérebro atípico codifica diferenças menos aceitas, devemos extrapolar e criar programas para aqueles cujo cérebro atípico codifica capacidades notáveis. Daniel Singal escreveu na *Atlantic Monthly*: "O problema não é a busca da igualdade, e sim a hostilidade à excelência que a acompanha".[127] Escrevendo na *Time* em 2007, o educador John Cloud criticou os valores "radicalmente igualitários" subjacentes à Lei Nenhuma Criança Deixada para Trás, que dá pouco apoio a estudantes superdotados.[128] O *Templeton National Report on Acceleration* [Informe Nacional Templeton sobre Aceleração] de 2004 assevera que o sistema escolar visa refrear as crianças com capacidade notável.[129] Uma vez mais, compete aos pais defender as necessidades dos filhos, com frequência em face de um sistema educacional hostil ou indiferente. Leon Botstein observou causticamente: "Se pusessem Beethoven numa creche de hoje, iriam medicá-lo e ele seria um funcionário do correio".

A retórica do antielitismo que animou a política americana em suas guerras culturais na geração passada reflete uma preferência dirigida a pessoas extraordinárias que possam passar por pessoas comuns. Essa tendência é apresentada como democrática, embora costume ser; lembra o triste assimilacionismo, ecoando o equivocado esforço para fazer crianças gays se comportarem como heterossexuais. Muitas crianças superdotadas têm de optar entre ser excluídas ou se esconder; muitas se desidentificam na tentativa de parecer menos dotadas para ser aprovadas pelas demais. Uma pesquisa sobre estudantes de QI superelevado mostrou que quatro em cinco se monitoravam o tempo todo, procurando conformar-se às normas das crianças menos dotadas;[130] em outro estudo, 90% não se dispunham a se identificar como parte da turma dos "crânios".[131]

Antes acreditava-se que promover os prodígios academicamente os prejudicava socialmente — embora muitos já estivessem marginalizados por causa de sua capacidade. Vários pais caçoaram do fato de os amigos de seus filhos já terem mais de setenta anos; Robert Greenberg disse que Jay se socializou sobretudo pela internet, onde ninguém sabia sua idade. A internet deu uma sociedade aos prodígios, assim como a outras comunidades de identidade: um lugar em que eles podem se conectar com pessoas de ideias afins e minimizar diferenças alienantes.

Nos anos 1990, Miraca Gross estudou crianças muito aceleradas que iniciavam a faculdade entre onze e dezesseis anos.[132] Nenhuma lamentava a aceleração, e a maioria travava amizades boas e duradouras com crianças mais velhas. Pelo contrário, as crianças superdotadas forçadas a conviver com outras da mesma idade sentiam raiva e sofriam de depressão e autocrítica. Atualmente, a maior parte dos programas para superdotados mantém as crianças algum tempo num ambiente baseado na idade e o resto do tempo num ambiente baseado nas aptidões. Nenhum deles proporciona um ajuste perfeito. O prodígio matemático Norbert Wiener escreveu que o prodígio conhece "o sofrimento de pertencer metade ao mundo adulto e metade ao mundo das crianças ao seu redor".[133] Explicou: "Eu não era uma mistura de menino e homem, mas totalmente menino para fins de companhia e quase totalmente homem para fins de estudo".

Dois tipos diferentes de crianças se agrupam na rubrica *prodígio*: o virtuose bebê decidido, determinado, e o jovem que ama a música com todas as suas forças e, portanto, tem mais chance de fazer uma carreira ininterrupta. Os do segundo tipo são mais amplamente inteligentes, curiosos, com frequência articulados e tomados de um senso de humor e de perspectiva acerca de si mesmos. Procuram aparentar uma sociabilidade normal na adolescência e acabam entrando na faculdade, não no conservatório. Faz parte de sua constituição serem pragmáticos, espertos, equilibrados e saudáveis, além de terem o entusiasmo e a aptidão musicais.

Joshua Bell é bom em tudo.[134] É o violinista mais destacado da sua geração; aos dez anos, foi o quarto colocado num torneio nacional de tênis; é o melhor em vários videogames; é um dos mais rápidos na solução do Cubo de Rubik; tem um cargo no MIT Media Lab; e é engraçadíssimo quando aparece no circuito de *talk shows*. Bonito e charmoso, parece fascinado por qualquer interlocutor, mas também mostra a impenetrabilidade de uma pessoa que quer privacidade em público. Quem entra em contato com ele pela primeira vez fica assombrado com sua sociabilidade, e quem o conhece há muito tempo, com sua inescrutabilidade.

Os pais de Josh não eram uma combinação óbvia; quando se conheceram, Shirley acabara de chegar de um kibutz e Alan era padre episcopaliano. Tendo abandonado o sacerdócio, ele fez doutorado em psicologia e assumiu um cargo de responsabilidade no Instituto Kinsey de pesquisa da sexualidade em Bloomington, Indiana. "Ele era tão aberto e tolerante comigo", recordou Shirley. "Eu sabia as respostas para tudo." Shirley é uma presença forte e não liga para limites. Quer lhe dar de comer, beber com você, jogar pôquer com você, ficar conversando até tarde. Morena, ágil e bonita, parece imensamente poderosa e comoventemente vulnerável — disposta a ser franca com todo mundo na medida exata em que é franca consigo mesma.

Alan fora cantor de coro e Shirley tocava piano; todos os seus filhos aprenderiam música. Josh nasceu em 1967. Aos dois anos, esticava elásticos de puxador a puxador das gavetas de uma cômoda, abrindo-as para variar as tensões e criar diversos sons quando os dedilhava; já adulto, gracejava que tinha progredido "da credência para a cadência". Começou a tocar violino aos quatro anos, aprendendo músicas novas com rapidez. "Entra num ouvido e lá fica", contou Shirley. A música passou a ser um mundo que eles compartilhavam intimamente, mas a criatividade de Josh estava sempre impregnada de tristeza. "Ele acordava chorando de madrugada", prosseguiu ela. "Meus outros filhos, eu sempre os podia abraçar e consolar. Mas não havia o que fazer com Josh."

Josh tornou-se uma celebridade local aos sete anos, quando tocou o *Concerto para dois violinos* de Bach com seu professor e a Orquestra Sinfônica de Bloomington. Sua interpretação era elegíaca, mas carecia de domínio técnico. "Minha mãe, embora fosse dedicada e praticasse comigo, não era uma grande disciplinadora, tampouco meu pai", disse ele. "Em dia de prova, eu rachava de estudar de manhã, e quando tinha um concerto passava a véspera treinando, vivia sem o menor planejamento. Às vezes, ficava dias sem pegar no violino, fugia pela porta dos fundos do prédio de música quando devia estar praticando, passava a tarde toda jogando videogame e voltava correndo na hora em que minha mãe ia me buscar."

Vista com os olhos de hoje, ele acredita que essa falta de supervisão foi benéfica. "Fazer unicamente música não é tão bom para a saúde mental da gente", disse, "nem para a música."

No verão em que completou doze anos, Josh entrou no Meadowmount, um programa intensivo para músicos de instrumentos de cordas, onde teve as primeiras aulas com Josef Gingold, um dos maiores professores de violino do século xx. Os Bell lhe pediram que tivesse Josh como aluno em tempo integral. "Eles sempre deram todo apoio à minha educação", contou Josh. "Se minha mãe fosse indulgente, eu não teria me desenvolvido como músico — pelo menos não do mesmo modo."

Shirley soube de uma competição de músicos do ensino médio patrocinada pela revista *Seventeen*; tendo faltado um ano na escola, Josh mal pôde se habilitar. Ela estava muito nervosa para acompanhá-lo. "Quando eu soube por um telefonema que ele tinha ganhado, soltei um grito", recordou. Depois suspirou. "Eu adoro ter filhos. Os meus são a minha vida. Mas fui negligente com a caçula. Se Josh fosse tocar no dia do aniversário dela, nós íamos ao concerto dele. Eu estava em turnê com Josh quando ela era pequena e não ouvia seus gritos aqui dentro. Mas as crianças superdotadas têm lá suas necessidades, e quem há de satisfazê-las?" O problema não era só de alocação de tempo. "A música de Josh me dava uma alegria tremenda", contou Shirley. "Cada sucesso dele me enchia de prazer. Os outros filhos viam isso e ficavam magoados." Josh também tem seus remorsos devido ao efeito de sua carreira sobre as irmãs, mas sente que o envolvimento da mãe foi tão decisivo "que praticamente não havia como evitá-lo".

Quando Josh começou a se apresentar com assiduidade, a preocupação da mãe passou a ser como ele ia sustentar seu momentum com a plateia. "Quando Josh tinha catorze anos, isso era menos milagroso do que quando tinha doze, embora ele tocasse muito melhor", disse ela. Enquanto isso, sua situação no colégio foi ficando cada vez mais desconfortável. "Eu tinha a tal 'síndrome da alta exposição'", disse. "Alguns professores sentiam-se ameaçados quando alguém fazia uma coisa fora do comum e infernizavam minha vida." Josh concluiu o ensino médio aos dezesseis anos. "Para mim era inconcebível ficar em casa depois disso", contou. Ou seja, o papel de Shirley teve de mudar.

"São necessárias duas pessoas para esse tipo de relação simbiótica, e duas para lidar com a separação", disse ela. Shirley ficou triste quando Josh a afastou da administração de seus negócios. Ele se mudou para um apartamento num condomínio em Bloomington que os pais haviam comprado, e Shirley ia lá para cuidar de sua roupa, "para continuar envolvida". Josh recordou: "Administrar minha vida tinha se transformado no mundo da minha mãe. Veio a separação. Então começamos a sentir mais que éramos duas pessoas diferentes, e que eu podia falar dos meus êxitos e nós podíamos nos comportar como adultos". Aos 22 anos, ele foi morar com sua primeira namorada séria, a violinista Lisa Matricardi. "Durou sete anos", disse. "Transferi para Lisa parte da minha dependência da minha mãe — provavelmente de modo pouco saudável."

Josh tirou diploma de artista na Universidade de Indiana em apresentação, teoria musical, proficiência em piano e alemão. Logo estreou no Carnegie Hall e, aos dezoito anos, ganhou o prestigioso Avery Fisher Career Grant; Ken Noda também foi premiado nesse ano. Atualmente ele dá mais de duzentos concertos por ano. Além disso, dirige a Orquestra de Câmara Saint Paul. Josh figurou entre os primeiros músicos clássicos a mesclar estilos, fazendo um elegantíssimo vídeo para o canal VH1 de uma dança húngara de Brahms. Tocou com o baixista de *bluegrass* Edgar Meyer e colaborou com os jazzistas Chick

Corea e Wynton Marsalis. Gravou com Sting, Regina Spektor e o compositor e cantor Josh Groban. Todos os discos de Josh Bell estiveram entre os *Top 20* da revista *Billboard*; *Romance of the Violin* vendeu mais de 5 milhões de cópias e foi o Álbum Clássico do Ano. Indicado para vários Grammy, ele ganhou um, e possui um Stradivarius de 4 milhões de dólares. "Ele me permitiu realizar as cores que eu tinha imaginado na música que gosto de tocar", disse. "Foi como conhecer a garota com que você vai casar." Josh gosta do estilo de vida luxuoso e é o equivalente a um rock star da música clássica. Mas, de perto, a vida de rock star não é tão glamorosa assim. "Ele está tão estressado, não consegue fixar a atenção em nada", contou sua mãe, queixando-se de que Josh começou a tomar remédio para pressão alta antes de completar quarenta anos. Perguntei-lhe se o aspecto negativo a entristecia. "O que me dá o maior prazer é quando ele telefona para pedir minha opinião sobre alguma coisa em que eu ainda possa ser mãe", respondeu Shirley. "Nós temos um vínculo musical real. Preciso tomar cuidado para não ser muito intrometida, que é minha natureza. Já não o conheço tão bem assim."

Josh ficou indignado quando lhe contei essa conversa. "Ela me conhece muito bem", disse. "Mesmo agora, confio mais na opinião dela do que na de qualquer um. Quando estou planejando o programa de um recital, ainda a consulto. Ainda quero sua aprovação depois de um concerto. Fico chateado quando toco algo que achei ótimo e ela diz que gostou mais da última vez que toquei." Josh teve um filho com a ex-namorada Lisa em 2007 e contou que ela e o bebê eram "basicamente um só, o que é normal entre mãe e filho. Quando você tem quinze anos e sua mãe continua tão envolvida, é pouco saudável. Quando eu tinha vinte e poucos anos, minha mãe ainda se encarregava dos meus impostos". Ele não a consultou sobre a decisão de ter um filho. "Sua aprovação ou reprovação ainda tem tanto poder", disse, "é melhor não deixar que se meta quando se trata de coisa importante."

Como a maioria dos pais de filhos com identidades horizontais, Shirley receia que o filho seja solitário. "Ele tem um problema com intimidade", disse. "Não quer que ninguém o incomode. Eu sei, porque ele não quer que eu o incomode. É totalmente livre, brincalhão e muito engraçado em público. É humilhante estar na sua presença. Quer dizer, o que vai sair da boca dele? Fico sempre esperando para ouvir. Mas, no fundo, ele é um enigma. Acho que é por isso que atrai as pessoas, porque elas não podem conhecê-lo. Nem eu. Eu não conseguia consolá-lo quando era pequeno e, de certo modo, isso não mudou. Acho que faz parte da sua natureza de gênio, e me magoa."

O advento da gravação sonora, em 1877, teve consequências sociais de grande envergadura, tornando a música ubíqua mesmo para quem não a sabia tocar nem podia se dar ao luxo de contratar músicos.[135] Hoje não há nada exclusivo em ouvir música; não requer habilidade maior que a de ligar um iPod nem despesa maior que a de comprar um rádio. As apresentações magníficas outrora ouvidas unicamente na corte podem ser vividas no supermercado, no carro ou em casa. Tal como a língua de sinais antes do implante coclear e a pintura antes da fotografia, a apresentação ao vivo tinha uma urgência diferente antes do fonógrafo. Para os músicos interessados em exposição ao vivo, essas mudanças tecnológicas podem parecer limitativas; para os interessados em distribuição ampla, podem ser emocionantes. Embora a relação causal seja mais oblíqua, a nova ciência turva as possibilidades futuras dos prodígios musicais tão certamente como ameaça as culturas surda e gay e a perspectiva da neurodiversidade no espectro do autismo. Aqui as discussões sobre adaptação e extinção são tão relevantes quanto para muitas das ditas deficiências.

Apesar do número cada vez maior de músicos superlativos, o público que sabe escutar vem se reduzindo — por causa das qualidades dissonantemente estranhas de grande parte da música do fim do século xx, da onda no antielitismo, do preço cada vez mais elevado dos ingressos de concertos, da eliminação dos programas de educação musical na infância e da dispersão, estimulada pela tecnologia, dos usuários de mídia em pequenos grupos muito segmentados. Esse cruzamento de arcos ecoa a experiência de outros grupos de identidade que vêm obtendo aceitação justamente quando a medicina ameaça eliminá-los. Nós desincorporamos a música, como tantas outras coisas, na vida moderna. A exploração dos prodígios faz parte de sua reincorporação. Se você vir Mac Yu tocar, por exemplo, verá uma criança miraculosa, coisa diferente de simplesmente ouvir seu desempenho capaz on-line. Justin Davidson disse: "Uma criança de oito anos comunicando algo ao vivo na sala de concerto traz tudo quanto ela é nesse momento. Grande parte disso são seus oito anos. É a eles que as pessoas reagem. Não há apresentação abstrata além do que o artista faz. Como distinguir o dançarino da dança? É impossível. E tentá-lo é artificial".

* * *

Conrad Tao, outro prodígio nascido nos Estados Unidos frequentemente identificado como chinês, é mais velho que Marc Yu e mais novo que Kit Armstrong.[136] Seus pais, cientistas, emigraram da China no início da década de 1980 para estudar em Princeton. Quando houve o massacre da praça Tiananmen, em 1989, pouco depois do nascimento de sua filha, eles decidiram ficar um pouco mais nos Estados Unidos. Se regressassem, teriam de se sujeitar à política do filho único; "Conrad é produto do fato de termos ficado", explicou sua mãe, Mingfang Ting. Ela se tornou pesquisadora científica na criação de modelagem computacional de previsão de mudanças climáticas na Universidade de Illinois, e seu pai, Sam Tao, era engenheiro na Alcatel-Lucent. Ambos se concentravam em realização, mas nenhum dos dois em arte. "Criados durante a Revolução Cultural, só cantávamos canções patrióticas, e essa era toda a música que tínhamos", contou Mingfang. Ela e Sam percebiam a música como um luxo, o qual queriam oferecer aos filhos. Quando Conrad tinha dezoito meses, um amigo da família sentou-o no banco do piano e começou a tocar; Conrad o empurrava para o lado e completava as melodias. O amigo disse: "Se vocês não conseguirem fazer deste menino um músico, a culpa é sua". Conrad tocava tão incessantemente que seus pais temiam que prejudicasse os dedos, e a professora os aconselhou a trancar o piano.

Mingfang não se deixou intimidar tanto pelo talento do filho, mas, preocupada com as ramificações de ele ser chamado de prodígio, incitava-o a experimentar outras aptidões que não conseguia dominar imediatamente. "Não posso me atribuir o mérito do seu talento", disse, "mas posso me atribuir o mérito de ele ser humilde." À medida que sua música progredia, Mingfang receou que ele estivesse perdendo as melhores oportunidades de desenvolver a arte. "Um prodígio em Champaign, Illinois, pode não ser um prodígio em outro lugar", disse. Assim, quando Conrad tinha quase cinco anos, ela tirou um período sabático e a família mudou-se para Chicago; um ano depois, mudaram-se para Nova York, onde Conrad foi aceito como aluno de Veda Kaplinsky na Juilliard. O piano foi para sua salinha à prova de som. "Dizem que ele não tem a sensação de sala de concerto, mas isso não deixa de ser bom se nós também pudermos curtir a vida", ponderou Mingfang.

Eles estimularam Conrad a se abster de competições "porque elas são tristes", disse a mãe. "Se você ganhar, fica chateado pelos amigos que perderam, se perder, fica chateado por si mesmo." Conrad deu uma explicação diferente, se bem que com igual sensibilidade pelos demais: "Já tenho vários concertos para dar. Muitos outros não têm, e, se eu entrar em concursos, tiro deles a chance de tocar". Mingfang admite que a atitude da família não é tipicamente chinesa. "Se eu tivesse ficado na China, talvez quisesse meu filho em todas as competições e pode ser que lhe desse menos amor se ele fracassasse. Mas fiquei americanizada. Agora acredito que, sem calma no coração, não se pode produzir beleza de verdade." Em sua própria opinião, Mingfang é uma mãe híbrida, muito flexível para o padrão chinês e muito firme para o modelo americano. Conrad é ambivalente. "Não quero me desfazer do rótulo asiático porque isso me parece realmente pouca autoestima", disse ele. "Mas ser classificado de pianista menino-prodígio sino-americano, aí são rótulos demais. Meus pais são muito mais gratos à liberdade do que alguns americanos que conheço, porque não foram criados com ela. E eu sou o beneficiário."

Conrad está fazendo estudo independente porque sua agenda de concertos ficou muito complicada para a escola regular. Ele reconhece que não tem muita vida social, mas a escola também não era tão fantástica assim. "Todo mundo me achava um cobrão, e isso eu não posso discutir", disse ele. Veda Kaplinsky temia que, se ele seguisse uma educação liberal, perdesse a concentração na música, porém Mingfang o incentivou a se matricular em Columbia e continuar os estudos na Juilliard. "A música é como o clima: um sistema gigantesco com um número infinito de variáveis", explicou-me Mingfang. "O trabalho de Conrad se parece muito com o meu; trata-se de descobrir estruturas para entender o que parece ser caos."

A inteligência da pessoa tem valor de novidade quando é recém-desperta, e, aos quinze anos, Conrad se encontrava nessa inocência particular. Disse ele: "Acho que o mundo tem tanto para me ensinar quanto Veda, assim como pessoas que não conheço. Os livros têm muito a me ensinar. Os filmes têm muito a me ensinar. A arte, a vida, a ciência, a matemática, tudo tem muito a oferecer. Eu sou uma esponja. Vivemos numa era pós-moderna, na qual a garotada ouve todo estilo de música e quer tocar tudo ao mesmo tempo que manda torpedos. Eu sou um desses garotos". Ele acredita que é preciso cultivar novos públicos. "Sempre lamentei o fato de os roqueiros *indie* serem mais receptivos à experimentação do que a comunidade clássica." Suspirou. "Minhas opiniões sobre música mudam toda semana. Sou adolescente, propenso a desequilíbrios hormonais. Procuro me expor o máximo que posso. Ser político é saber pegar qualquer argumento e torcê-lo a seu favor. Eu não sei fazer isso; sou artista e só posso argumentar de acordo com meu ponto de vista."

O abismo entre a música clássica e a popular não cessa de se alargar, e a primeira abordagem desse problema foi, para os compositores clássicos, tentar entrar nessa brecha com uma música que falasse aos dois públicos. "Sempre houve uma espécie de zona desmilitarizada entre a presunção de uma e o amadorismo da outra", disse Justin Davidson, "mas, independentemente de como as estéticas venham a se fundir, a gente lida com um mundo capitalista comercial, por um lado, e um mundo sem fins lucrativos por outro. É difícil que dois modelos econômicos tão diferentes se acomodem."

Receosos de que sua linguagem pareça estar morrendo e desejosos da aclamação generalizada e das recompensas financeiras que a acompanham, compositores e concertistas têm embarcado numa popularização que outrora desprezavam. Lang Lang aparece em anúncios populares; Joshua Bell toca música de gêneros mesclados que vão de temas cinematográficos até *bluegrass*; Conrad Tao considera que produzir um público para sua música faz parte de seu trabalho. Jovens compositores-concertistas como Christian Sands, Nico Muhly e Gabriel Kahane empenham-se numa música que tenha grande acolhida e suavize as diferenças entre clássico e pop. Lutam para salvar sua própria identidade da extinção.

Christian Sands foi criado no gospel, no jazz e no pop.[137] Aos três anos, depois de apenas um ano de aulas de piano, foi o primeiro colocado no show de talentos da igreja; aos quatro, ganhou o prêmio local de compositores em New Haven, Connecticut. Seu pai, Sylvester, trabalhava na Cargill, a gigante do setor agrícola, no período noturno, de modo que Chris passava as noites em casa com a mãe, Stephanie. "A música fazia com que eu me sentisse segura, foi o meio com que ele e eu enfrentávamos a necessidade de ser fortes", contou ela. Quando Chris começou o jardim de infância, a professora disse a Stephanie que ele era incapaz de ficar quieto na cadeira e parecia estar em outro planeta. Stephanie disse: "Chris não está em outro planeta; está apenas compondo música de cabeça. Vai parar de se mexer se você deixá-lo tocar uma canção de ninar ou algo assim para os colegas antes da sesta". O quarto de Chris era contíguo ao dos pais e, quando ele ia para a cama e era muito tarde para tocar piano, os dois ouviam o clicar de suas unhas na escrivaninha como se fosse um teclado.

Chris improvisava desde o começo. "Era capaz de misturar uma coisinha de Chopin no meio do seu Bach", contou Sylvester. Quando ele tinha sete anos, sua professora o aconselhou a mudar para um professor de jazz. "Eu podia inventar, e ninguém dizia: 'Não faça isso'", recordou Chris. "Pensava que minhas mãos tinham um cérebro próprio. Eu as chamo de 'gente pequena', porque cada dedo faz uma coisa diferente quando quer."

Seu professor arranjou uma atuação para ele no Sprague Hall, o amplo salão de concerto de Yale. "Era um trio", disse Chris. "O baixista tinha 65 anos; o baterista, uns 58; e eu, nove, e era o líder. Não prestei atenção no público. Era quase como quando você é criança e está brincando com um brinquedo, e seus pais têm visita; você não liga se eles estiverem na mesma sala, simplesmente faz seu trenzinho andar ou termina de montar a torre de blocos. Meu brinquedo era o piano, e eu ficava num mundo próprio criado por mim." Chris foi aplaudido de pé. Seus pais o encontraram nos bastidores, deitado no chão de smoking e lendo um livro.

Começou a chover convites. Quando Chris tinha onze anos, sua música tocava no rádio e ele vendia CDs feitos em casa. No ano seguinte, deu um concerto especial para os 15 mil alunos da sexta série do distrito escolar de New Haven. Foi convidado para animar uma festa da Skull and Bones, uma sociedade secreta de Yale. Um dos presentes era o médico de Dave Brubeck, que mais tarde conseguiu que Chris tivesse aula com Brubeck. Aos quinze anos, ele conheceu o dr. Billy Taylor, que produziu seu primeiro disco importante. No ensino médio, ele tocava em público nada menos que quatro vezes por semana.

A modéstia de Chris inspira astuciosamente um pouco de assombro. Ele é bonito e afável e gosta de fingir que até o trabalho pesado é fácil. Quando um amigo se queixou de que Chris nunca tinha tempo para se socializar, ele respondeu: "Você é meu amigo, mas a música é meu amor e sempre virá em primeiro lugar". Stephanie disse: "Ele precisa se isolar, mesmo de nós. Isso pode doer. Ele sempre esteve no leme do barco, e só cuidamos para que não afunde". Sylvester disse: "Nós o aconselhamos: 'Reze antes de tocar e use o seu dom para o povo, não para si próprio'.". Stephanie falou em assistir a *talk shows* sobre jovens celebridades e em tentar imaginar como ser mãe de Chris. "Não sei se cheguei a entender o que é ser superdotado, mas entendi que não lhe dar o piano é a mesma coisa que lhe negar o ar." Apesar de tudo, seus pais não queriam que ele se privasse dos prazeres comuns da juventude. Nos intervalos de seus concertos noturnos, eles escapavam pela porta do palco para brincar de pega-pega ou de luta.

Em 2006, aos dezessete anos, Chris foi convidado a tocar no Grammy Awards para o lendário pianista Oscar Peterson. Avisaram-no de que o jazzista estaria no palco numa cadeira de rodas. Chris começou a tocar a melodia "Kelly's Blues", de Peterson. "Bem no meio do meu segundo estribilho, ouvi alguns aplausos e pensei que fossem para mim", contou Chris, "então, de repente, ouvi um acorde e pensei: 'Epa, não fui eu toquei esse acorde', e ergui a vista." Peterson tinha se levantado da cadeira de rodas e ido para o outro piano no palco, e os dois começaram algo entre um diálogo e um duelo pianístico que encerrou o show triunfalmente.[138]

Chris prosseguiu na Manhattan School of Music, onde, segundo Sylvester, aprendeu os nomes do que ele já vinha fazendo. Quando perguntei a seus pais que papel cada um havia desempenhado no desenvolvimento da sensibilidade musical do filho, Sylvester se atribuiu certas harmonias de que gosta, e Stephanie disse que lhe havia ensinado a compor uma história. Quando visitei a família Sands em casa, Chris tinha 21 anos e estava escrevendo uma ópera, meio jazz, meio clássica, mais ou menos baseada em seu romance com uma meio-soprano de Dubai. "A história dela é esquisita como a minha", contou. "Por isso essa ópera é sobre o meu fazer jazz enquanto todo mundo praticava esporte, e o fazer ópera dela enquanto todo mundo se ocupava com compras e islã." Ele riu. "Quero fazer música operística ou quero jazz desalmado, agressivo, ou ser afro-cubano, ou usar esse novo estilo latino? Desde a aurora dos tempos, o homem põe paus aqui, bagas ali. Sempre foi assim, por isso tudo é categorizado, e é por isso que há tantos gêneros e subcategorias. Minha música é uma fera nova, e é indomável, e corre desenfreadamente pelas ruas de Nova York."

A educação musical foi excluída na maioria das escolas públicas, mas as pessoas não são apenas ignorantes da música clássica; em geral são educadas longe dela. Em 2007, o gorducho e taciturno Paul Pott cantou a ária "Nessun dorma", de Puccini, no *Britain's Got Talent* e recebeu uma ovação assombrosa; o clip do YouTube de sua apresentação teve quase 100 milhões de visualizações. Seus fãs reagiram à beleza da música de Puccini apesar do claro desempenho amadorístico, ainda que pungente. O mesmo aconteceu alguns anos depois, quando Jackie Evancho, de oito anos, cantou "O mio babbino caro", também de Puccini, num programa americano semelhante.[139] Puccini era reconhecidamente um populista; não obstante, esses fenômenos sugerem que muita gente que nunca pensou em escutar música clássica é capaz de se deslumbrar com ela.

Paradoxalmente, enquanto a educação em música clássica desaparece, a educação dos próprios músicos continua ossificada. "Os conservatórios, em essência, não mudam desde o Reino do Terror", disse Robert Sirota. "A gente precisa de iconoclastas dispostos a reexaminar o repertório, a reexaminar o que é um concerto, a reexaminar como as pessoas ouvem e escutam."

Bunny Harvey e Frank Muhly se casaram por acaso.[140] O ex-namorado de Bunny havia sido expulso da Universidade Brown e pediu a seu amigão Frank para cuidar dela. Bunny, que trabalhava meio período como *go-go dancer*, estava tendo um relacionamento com uma mulher. "Mas algo perverso em mim decidiu aceitá-lo como um projeto", contou ela, "e o tiro acabou saindo pela culatra, pois me apaixonei." Frank largou a faculdade e levava uma vida alheia à ambição de carreira, trabalhando em filmes ocasionais e em outros projetos freelance. Em 1974, Bunny ganhou o Rome Prize de pintura e eles foram morar dois anos na Itália.

Quando voltaram aos Estados Unidos, ela e Frank decidiram ter um filho. "Eu não sabia o que era necessário para ser mãe ou pai", disse ela. "Agora penso que é como a arte: você tem o material e lida com ele da maneira mais criativa e amorosa possível." Nico Muhly nasceu em Vermont; aos nove meses, imitava a voz dos pássaros e, em breve, identificou um bútio de cauda vermelha pelo grito. No inverno, a família ficava em Providence, onde um colega de Nico, na quarta série, cantava num coro. Um dia ele o convidou para acompanhá-lo. Nico se sentiu imediatamente em casa ao ouvir a música do coral elisabetano. "O centro de Providence era um deserto", disse ele. "Bem no meio, ficava aquela velha igreja anglicana, dirigida por um homem esquisito e incompreensível, que proporcionava uma música interessantíssima." Alguns meses depois, Bunny levou Nico à igreja da Trindade, em Boston, e o diretor musical lhe perguntou se gostava de órgão; Nico se sentou e tocou de memória um prelúdio e uma fuga de Bach. Bunny começou a chorar. "Como ele conseguia alcançar os pedais?", disse.

544

"Eu sabia que ele cantava, mas não que tinha aprendido órgão. Aquela coisa incrível tinha ficado escondida de mim." Naquele mesmo dia, num café da Harvard Square, Nico começou a compor um "Kyrie" num guardanapo de papel. Tinha descoberto repentinamente o que lhe interessava.

"Foi como um canto de passarinho — algo a desencadeia e ela aparece completa", disse Frank. Bunny começou a levar para casa CDs e partituras da biblioteca Wellesley, e Nico ficou obcecado. "Um dia era Messiaën", contou ele. "No outro, eu decidia que queria aprender tudo sobre a marimba. Nada do século XIX, nunca. Cedo, cedo, moderna, moderna. Aquela música simplesmente me enlouquecia como se fosse um narcótico."

Bunny voltou à Academia Americana em Roma como artista convidada quando Nico tinha doze anos. Ele frequentava a escola pública italiana. Um estúdio de compositor estava vago na academia, e um dos professores concordou em lhe dar aulas de piano. "Em casa, Nico era uma criança extraordinária numa situação normal, mas lá todo mundo era peculiar, e, de certo modo, ele pôde ser uma criança normal naquela situação extraordinária", contou Bunny. Nico disse: "Tudo parecia muito encantado. Todo mundo me mimava tanto quanto podia. E eu virei músico".

De volta a Providence, ele dirigiu todos os seus musicais de colégio, inserindo trechos de Stravinsky e ABBA em *Bye Bye Birdie*. Mas a situação financeira em casa andava difícil. Nico começou a desenvolver transtorno obsessivo-compulsivo com uma forte propensão depressiva. Aos catorze anos, ganhou uma vaga no programa musical de verão de Tanglewood, onde conheceu jovens compositores, muitos deles estudantes de prestigiados programas: pela primeira vez, viu-se imerso num ambiente completamente musical. Embora carecesse do treinamento dos colegas, tinha outra experiência que o fazia se sentir igual a seus pares. "Eu era cosmopolita. Sabia reservar uma passagem de trem para Nápoles. Muitos garotos eram levados em rédeas curtas; seus pais na Coreia telefonavam para o dormitório duas vezes por dia." Nico se matriculou em inglês e árabe em Columbia e também na Juilliard. "Entrei numa fuga dissociativa maníaca", contou ele. "Tinha todo o comportamento autodestrutivo que você possa imaginar, a não ser que nunca saía para trepar com os caras no parque; era só escrever música. Eu acordava no meio da noite e me escondia, diminuía o brilho do monitor. Era como comer escondido. Então percebi que conseguia parar de me obcecar quando bebia demais. O que é o pior. Então fui àquele psicólogo ridículo e me acalmei emocionalmente."

Nico é auditivo e Bunny, visual, mas partilham a linguagem da comida. Bunny é uma chef espetacular, cultiva suas verduras e sabe abater e temperar animais; pouco depois que o conheci, Nico me enviou uma fotografia dela segurando a carcaça de um porco. Sua mãe francesa era uma dona de casa impecável, possuía duas prensas de pato e cristalizava suas violetas; quando Nico se mudou para um dormitório de Columbia, a avó lhe mandou um bandolim de trufa. Ele afirma que só quando entrou na faculdade foi que soube que se podia comprar maionese numa loja. "Acho que me orgulho muito do fato de Nico gostar disso em mim", disse Bunny. "Sempre esperei que encontrasse a felicidade em alguma coisa. É a música. Mas eu lhe dei um senso de graça e segurança em fazer coisas e cometer erros e simplesmente brincar na cozinha, e isso é bom para ele e sua música." Os dois resolvem suas pendengas ocasionais trocando e-mails sobre comida, contou Nico. "Ela me escreve vinte parágrafos sobre sua acelga, e tudo fica bem outra vez."

Em tudo quanto Bunny diz, sente-se uma luta quase fanática pela franqueza, ao passo que Nico é um fabulista para quem a verdade é uma coisa sem brilho. Eles se gostam e se irritam, mas compartilham um compromisso com o processo. "Dentro da música, ainda que a gente não a ouça, há uma maquininha que faz o que é preciso fazer", disse Nico. "Algumas peças são revelações incríveis. Outras ficam enterradas, apagadas até." Seu segundo disco, *Mothertongue*, inclui uma melodia simples e bonita. "Embora seja uma canção folclórica, nela há uma enorme peça de matemática que eu imaginei, estruturei e depois esqueci completamente. Em tudo há um compromisso com uma subnarrativa de criação."

Encomendaram-lhe um balé para o American Ballet Theatre, uma ópera para a Metropolitan, arranjos para Björk. Alguns críticos acham sua música demasiado sedutora. O compositor John Adams, que o influenciou muito, disse: "Não sei se é bom uma pessoa tão jovem se preocupar tanto com a atratividade do som". Na opinião de Nico, a ideia de que a genialidade não pode ser agradável é um vestígio da brutalidade musical da pós-tonalidade. "Existe uma língua franca da música clássica moderna que é indiscriminadamente feia", disse. *"Speaks Volumes* é muito bonita de propósito, só para dizer que a gente pode fazer isso e, mesmo assim, dar-lhe significado e conteúdo emocional. Se há profundidade emocional nesse meu material, é por causa das repetições que tranquilizam você, dão-lhe uma sensação de segurança e depois lhe tiram isso, uma perversão do que você espera; ou uma coisa sendo tão bonita e açucarada que você pergunta se não é doce de bruxa." Nico normalmente tem dois computadores e consegue compor enquanto joga Scrabble e escreve e-mails. "Não tenho ambição", disse. "Só tenho obsessão. Isso não avança nunca." Ele reconheceu que as pessoas misturam a exuberância dele com o fato de ainda não ter encontrado uma voz única. "A conversa fica muito mais fácil se você apenas confessar aquilo a que você se alçou. Assim, se dizem que meu trabalho é derivativo, só me resta dizer: 'Vou mostrar exatamente o compasso do qual estou copiando'." No entanto, ele é ambivalente quanto ao papel da linguagem na descrição da música. "Conheço gente que não para de falar na natureza da arte. Dá vontade de dizer: 'Mas a sua música é ruim de ouvir'. Quem vai a um concerto não deve lutar para entendê-lo. Sinceramente, acho que parte disso é eu não ser sacana. Quero dar prazer às pessoas. Música é alimento. É preciso consumi-la. Eu adoro a expressão 'melhor que o silêncio'. Esta peça musical é melhor que o silêncio? Nós estamos no ramo da arte, mas também estamos no ramo do entretenimento, e da nutrição espiritual e emocional. Você tem de levar isso consigo." Ter um filho prodígio implica eclipsar-se, e alguns pais se eclipsam com mais prontidão do que Bunny Harvey. Não senti que ela lamentasse ou invejasse o talento ou o sucesso de Nico; é óbvio que está orgulhosa e contente. Mas o sucesso dele realça nitidamente os problemas de uma vocação artística limitada pela necessidade de financiar a vida do filho. É um dilema feminista clássico: Bunny podia ter tido uma carreira mais rica se não fosse mãe, e podia ter sido uma mãe melhor se não tivesse uma carreira. Nico se sente culpado e, portanto, irritado com o fato de ela se sacrificar por ele, e Bunny se sente eclipsada pela independência do filho. Pretendia ser uma pintora que tinha um filho e acabou sendo uma mãe que também pinta. Nico carrega o fardo da decepção dela. Eles representam uma espécie de "Liebestod" prolongada em que Nico tem de matar permanentemente a mãe para ser sua melhor obra de arte. "Não aguento mais ouvir dizer que ela sacrificou sua capacidade de ser artista para que eu pudesse sê-lo", disse. "É uma pena. Por outro lado, sua alegria em cozinhar transferiu-se por completo para mim. É central no meu modo de pensar sobre tudo." Bunny se distancia um pouco dos triunfos do filho. "As pessoas me felicitam pelo grande sucesso de Nico", disse. "Eu nada fiz por esse sucesso. Mas a tarefa pela qual podiam parabenizar Frank e a mim é ele ser uma pessoa que sabe ser feliz. Escolhe uma melancolia controlada, mas tem alternativas."

Embora seja generoso com sua biografia pessoal, Nico protege ferozmente sua alma. É uma ostentação de privacidade. "Na música sacra inglesa antiga, há muitos anteparos entre você e o cerne da questão", disse ele. "Com a música de Benjamin Britten, por mais exuberante que seja, sempre há uma espécie de obliquidade. Mas a gente enxerga o coração pulsante, a relíquia." A linha popular de Nico Muhly é ele parecer alegre e na verdade ser triste: o coração pulsante é triste e os anteparos diante dele são amáveis. Isso o reduz terrivelmente. Ele integra o espectro emocional de tal modo que podemos ouvir alegria e tristeza, ambas ao mesmo tempo, mas Nico nunca as promedia. A gente pode enfiar a mão em sua alegria e tirar um surpreendente punhado de tristeza, mas, ao examinar essa tristeza, descobre que ela está coberta de partículas de alegria.

Corrigir um preconceito contra a genialidade é uma responsabilidade social em parte porque a maioria das realizações depende de um contexto social: de certo modo, essa é a identidade horizontal suprema. Um homem com um dom natural para esquiar que nasceu pobre na Guatemala muito provavelmente nunca descobrirá essa aptidão; alguém cujo principal talento fosse o de programador de computador não iria longe no século xv. De que teria se ocupado Leonardo da Vinci se tivesse nascido inuíte? Galileu teria feito avançar a teoria das cordas se estivesse por aqui na década de 1990? Idealmente, um gênio não só deve ter as ferramentas e as condições necessárias para realizar seu talento como também uma sociedade receptiva de pares e admiradores. Como notou Alfred Kroeber nos anos 1940, gênio suscita gênio.[141] "Se eu enxerguei mais longe", reconheceu Sir Isaac Newton, "foi por estar de pé em ombros de gigantes."[142] Tal como a *santidade*, a *genialidade* é um rótulo que só se pode afixar adequadamente depois de um tempo considerável e da realização de alguns milagres. Nós ajudamos os deficientes na busca de um mundo mais humano e melhor; devemos abordar a genialidade com o mesmo espírito. A comiseração impede a dignidade das pessoas deficientes; o ressentimento é um obstáculo paralelo para as pessoas de enorme talento. Tanto a comiseração quanto o ressentimento são manifestações de nosso medo de gente que é radicalmente diferente de nós.

Joseph Polisi, diretor da Juilliard, observou que a dedicação à música clássica se alicerça num "modo adquirido de escutar". À medida que a cultura pop americana foi se tornando uma avassaladora força global, no fim do século xx, e o multiculturalismo passou a ser a palavra-chave da solicitação de subsídios sem fins lucrativos, o elitismo percebido da música clássica e experimental erodiu seu público num ritmo alarmante. Virou moda descartar a música clássica e experimental por ser exclusivista, o que é uma discussão semântica. Ninguém impede a não elite de entrar nos sacrossantos salões da música clássica, mas esta é um gosto adquirido essencialmente fundamentado nas tradições aristocráticas e litúrgicas europeias. A indagação profunda é se o esforço vale a pena. Lucrécio definiu o sublime como a arte de trocar prazeres fáceis por prazeres mais difíceis,[143] e, quase 2 mil anos depois, Schopenhauer proclamou que o contrário de sofrimento é tédio.[144] A música clássica, que pode parecer enfadonha para o não iniciado, contém complexidades que a tornam eletrizante para quem a estuda. Com uma miríade de defeitos percebidos, as pessoas aprenderam a encontrar sentido na dificuldade, e, embora os desafios da surdez ou da síndrome de Down eclipsem os rigores de aprender a gostar de Prokófiev, a busca de significado pelo esforço não é de todo dessemelhante. Em ambos os casos, os prazeres adquiridos com esforço suplantam os passivos.

Serviços melhores para pessoas com deficiências e desvantagens permitem-lhes funcionar melhor e, desse modo, pagam-se de diversas maneiras. Educar o superdotado é igualmente de interesse público. Se creditarmos os avanços científicos e culturais a esse grupo de identidade, negar-lhes reconhecimento e apoio sai caro para a população em geral. Vivemos numa sociedade anti-intelectual em que pessoas de desempenho extraordinário tanto podem ser consideradas excêntricas quanto louvadas como heroínas. Margaret Mead observou em 1954: "Há hoje nos Estados Unidos um desperdício horrendo de talentos de primeira categoria. Nem os professores, nem os pais, nem as outras crianças, nem os pares da criança toleram o menino-prodígio".[145] Os eleitores querem que o presidente da República seja uma pessoa com quem eles se sintam à vontade tomando cerveja, não um líder singular com atributos que lhes faltam. O talento das celebridades é minimizado assim que as leva à proeminência. Esse fenômeno, que não tem nenhuma utilidade, faz parte daquilo que a crítica social Rhonda Garelick chama de "crise na admiração".[146]

Fiquei impressionado com muitos ex-prodígios que, sendo críticos do modo como foram criados, lutavam para saber como criar seus filhos talentosos. A filha de Candy Bawcombe, com quase dezesseis anos quando entrevistei Candy, tem ouvido absoluto, toca piano e estuda canto. "Quando Katie começou a aprender piano aos três anos, eu quis ser extremamente organizada", contou Candy. "'Tem de ser todo dia às três e meia, e vamos fazer assim'. Isso causou um atrito tremendo. Tive de desistir de tudo isso." Perguntei por quê. Candy, que tivera o cuidado de não criticar a própria mãe, respondeu: "Porque eu não queria que um dia Katie me culpasse de uma vida que ela não queria". Nic Hodges teve um conflito semelhante. "Seria uma grande ingratidão dizer que ter aulas de piano aos seis anos é realmente uma coação", disse. "Sou músico, e isso não teria acontecido se minha mãe não fosse como era." Agora ele está enfrentando os dilemas da paternidade. "Se você investe a vida inteira numa empresa familiar, quer que os filhos continuem investindo nela", disse Nic. "Quer que eles sejam artistas que saibam tudo que você sabe e se beneficiem de tudo quanto você viveu. Todos os pais querem isso, e nunca dá certo."

O pai de Jeffrey Kahane foi criado na pobreza de imigrante, nove pessoas morando em dois cômodos; tornou-se um psicólogo respeitadíssimo e decidiu que o filho percorreria uma distância parecida.[147] Sempre se esperou que Jeffrey tocasse em casa: "Eu realmente encontrava consolo e alegria no piano, mas aquilo estava envenenado. Não queria que meu amor pela música fosse absorvido pela necessidade incrível do meu pai". Jeffrey conheceu uma menina chamada Martha quando os dois tinham dez anos; escreviam longas cartas prometendo casar-se e ter dois filhos — e o fizeram. Martha era estudante de música em Berkeley e acabou se dedicando à psicoterapia; Jeffrey tornou-se um reconhecido pianista e regente.

Seu filho Gabriel nasceu em 1981. Martha notou que o menino cantava com afinação perfeita aos dois anos; aos quatro, ele lhe perguntou: "Você ouve o som de jazz que o trem está fazendo?". No entanto, seu talento não foi estimulado pela disciplina, e seu professor de violino enfim disse que não tinha sentido prosseguir. "Minha mãe era a disciplinadora, e meu pai, que tocava e se ausentava com frequência, mantinha-se muito afastado da minha educação musical", recordou Gabriel. "Os dois estavam certos e os dois estavam errados."

As influências musicais de Gabriel eram variadas. Ele ouvia CDs de rap de Dr. Dre, Cypress Hill e House of Pain, mas também gostava da música dos pais: *Graceland*, de Paul Simon, *Blue*, de Joni Mitchell, Beatles. Começou com *jazz piano*, cantou num coro e se envolveu com um teatro musical. Quando queria

550

aprender uma coisa, aprendia-a — "a velocidade com que aprendeu a tocar piano na adolescência foi alucinante", disse Martha —, mas a escola não lhe despertava interesse, coisa que preocupava Martha constantemente e estava longe de preocupar Jeffrey. "Eu achava que Gabriel precisava fazer a lição de casa", contou Martha. "Jeff não acreditava no sistema educacional. Lembro que ele me disse: 'Gabe é um grande talento'. Entendi isso um pouco, mas não como Jeff entendia."

Gabriel largou a escola sem concluir o ensino médio. "Foi mortificador esse garoto inteligentíssimo não se formar", disse Martha. "Acaso o fato de eu ter sentido isso faz de mim uma mãe prepotente?" Gabriel passou pelo Conservatório de Música de New England, fez teste de percepção musical e foi aceito imediatamente; mas, depois de um ano, achou aquilo limitado. Estava namorando uma moça que estudava na Brown; lá se inscreveu e foi aceito. "Minha húbris teve utilidade", disse. "Escrevi um ensaio convincente sobre o porquê de ter sido um vagabundo na escola." Na Brown, apegou-se à ideia de realizar algo que sobrevivesse a ele. "Ser mais criativo que interpretativo foi um modo de lidar com o impulso de morte", explicou. Começou a compor, e seu primeiro musical ganhou um prêmio do Kennedy Center.

Quando se formou, Gabriel mudou para Nova York e começou a compor o que viria a ser as *Craigslistlieder*, um ciclo de canções anunciado on-line como libreto, que ele lançou em 2006. Tocava as canções "num bar sujo, o piano caindo aos pedaços, para um punhado de fãs de jazz do Brooklyn que não sabiam nada de música clássica", contou Gabriel, "e eles enlouqueciam". Mas seu trabalho também apelava para músicos clássicos. Em 2007, Natasha Paremski encomendou sua primeira sonata. Em 2008, ele gravou um disco epônimo e recebeu uma encomenda da Filarmônica de Los Angeles. Assisti a seu concerto de estreia no Jazz at Lincoln Center. Ainda que a obra fosse clássica no ânimo e apesar de tocada com uma dezena de outros músicos, sua centralidade fazia como parecesse incrivelmente intimista.

Gabriel me contou que tinha de escrever música para se fortalecer por causa do tanto que ele não podia fazer. Perguntei-lhe se lamentava aquelas lacunas em sua educação musical. "Em todos os casos em que testemunhei uma pessoa em cuja infância ocorreu prepotência, há um desenvolvimento freado ou uma relação envenenada com a arte, e duvido que isso valha a pena. Meu pai e eu temos uma relação profundamente inequívoca — e, se há uma coisa em que continuo tentando ser como ele, é no apetite por conhecimento como base e fundamento da razão pela qual nós fazemos o que fazemos", respondeu.

Seu pai queria acima de tudo não reproduzir com o filho prodigioso a relação que tinha tido com o pai controlador. "Recuei tanto para me desvincular dos êxitos de Gabe que fui longe demais", contou Jeff. "Gabe me disse: 'Eu queria que você me tivesse feito praticar mais'. Mas não posso deixar de pensar que ter a possibilidade de encontrar seu caminho resultou numa presença artística muito incomum." Martha disse: "Gabe é uma pessoa tão boa. E isso está na sua música. Ele me contou que às vezes pensa no modo como reajo à sua música quando está compondo, e me agradeceu por ter lhe dado essa sinceridade emocional".

Gabriel gravou ou tocou com os músicos pop Rufus Wainwright, My Brightest Diamond e Sufjan Stevens, assim como com estrelas clássicas como a violoncelista Alisa Weilerstein e o barítono Thomas Quasthoff. O *New York Times* chamou-o de "um polímata intelectual".[148] Ele me disse que "gostaria de chegar a uma linguagem unificada". Explicou: "A ideia de ser um músico distorcedor de gêneros está desgastada, mas me sinto cada vez mais oprimido na sala de concerto. Detesto o elitismo reacionário da instituição, sua falta de ironia. No mundo clássico, as pessoas não entendem que Lennon e McCartney tinham um senso de harmonia tão apurado quanto o de Schubert".

Aquilo que poucos adultos podem fazer ainda menos crianças podem. Entretanto, afinal de contas, a genialidade é apenas marginalmente mais assombrosa que o próprio desenvolvimento. Crianças pequenas passam do não verbal para o verbal em dois anos, e para a alfabetização em mais cinco. Conseguem dominar várias línguas ao mesmo tempo. Aprendem como as formas das letras se relacionam tanto com o som quanto com o significado. Entendem a ideia abstrata dos números e os meios pelos quais os números caracterizam tudo que nos cerca. Elas conseguem fazer tudo isso enquanto aprendem a andar, a mastigar, talvez a jogar uma bola, talvez a desenvolver o senso de humor. Os pais de prodígios ficam intimidados e boquiabertos com o que os filhos são capazes de fazer — mas isso também acontece, adequadamente, com os pais de crianças que não são prodígios. Lembrar-se disso é a maneira mais segura de alguém permanecer saudável ao criar um filho cujas aptidões diferem de forma extraordinária das suas ou as excedem radicalmente.

Todos os pais de prodígios fazem um investimento enorme num resultado duvidoso com grandes riscos: abandono do desenvolvimento social, desapontamentos paralisantes, mudanças de residência constantes, até mesmo rupturas familiares permanentes — tudo na esperança de um estilo de vida esquivo que pode não ser aquilo que a versão adulta do prodígio acaba querendo. Enquanto alguns pais pressionam os filhos de maneira excessiva, provocando-lhes crises nervosas, outros deixam de apoiar a paixão da criança por seu próprio talento e a privam na única vida de que ela teria gostado. Podemos errar em qualquer direção. O erro da prepotência é mais óbvio e mais presente na nossa cultura, mas o outro pode ser igualmente grave. Dada a falta de consenso quanto a como criar crianças comuns, não surpreende que não exista nenhum consenso quanto a como criar crianças notáveis, e muitos pais de prodígios ficam desconcertados com um filho cuja medida interna de felicidade é radicalmente desconhecida.

A mãe de Goethe comentou como era contar-lhe histórias: "O ar, o fogo, a água e a terra, eu os apresentei como bonitas princesas, e tudo em toda a natureza adquiriu um significado mais profundo. Inventávamos estradas entre as estrelas e as grandes mentes que encontraríamos. Ele me devorava com os olhos; e, quando o destino de um de seus personagens favoritos não era como ele desejava, eu via isso na raiva estampada em seu rosto ou no esforço para não prorromper em lágrimas. Ocasionalmente, ele interferia dizendo: 'Mãe, a princesa não vai casar com o alfaiate infeliz, mesmo que ele mate o gigante', então eu parava e adiava a catástrofe para a noite seguinte. Assim, minha imaginação muitas vezes era substituída pela dele; e, na manhã seguinte, quando eu consertava o destino conforme suas sugestões e dizia: 'Você adivinhou, é assim que termina', ele ficava entusiasmadíssimo e a gente chegava a ver seu coração batendo".[149]

A frase "minha imaginação muitas vezes era substituída pela dele" denota tudo quanto há de mais bonito na criação de uma criança notável. Nessa substituição da própria imaginação, facilita-se o crescimento da do filho. Para os pais de prodígios, esse sensato autoapagamento pode cobrar um preço alto, mas aqueles que conseguem trilhar seu caminho pela luz da genialidade do filho encontram grande consolo nos modos como este refaz o mundo.

9. Estupro

O filho gerado em um estupro tem um começo de vida tão difícil quanto um filho com nanismo ou síndrome de Down. A gravidez geralmente é tomada como uma calamidade, convulsionando uma vida familiar que pode já estar atormentada por conflitos. A mãe não só duvida de sua capacidade de enfrentar as dificuldades inerentes à maternidade como fica insegura sobre a possibilidade de um dia aceitar a própria existência do filho. Raras vezes aparece alguém de confiança para ajudar. Todas as mulheres que acabam de se tornar mães tendem à ambivalência, mas a hostilidade e a repulsa experimentadas pela mãe de uma criança gerada em um estupro podem ser exacerbadas pela família. O mais provável é que a sociedade trate mal mãe e filho.

Como acontece na maior parte das deficiências, as pessoas que não se enquadram no problema lutam para encontrar a humanidade que ele encerra, enquanto as que o apresentam são atraídas para seus pares em busca de apoio, afirmação e identidade coletiva. No caso dos nascidos de um estupro, no entanto, a imperfeição não é perceptível por estranhos, às vezes nem mesmo pela família, pelos amigos e pelo próprio filho, que, no entanto, é obrigado a conviver com aquela sombra psicológica. Sua identidade horizontal é ao mesmo tempo profunda e oblíqua. Muitas vezes, sua identidade é um segredo de família, como pode acontecer com a adoção, e a decisão sobre quem vai revelar o quê, quando e a quem se torna um pesado jogo de empurra. A surdez, o autismo e a genialidade de um filho só podem ser mantidos em segredo durante um curto período. Sem dúvida outras pessoas vão notar, e em geral a própria criança nota. Os filhos concebidos em estupro podem passar a vida sem conhecer sua própria identidade. Com isso, quem é a mãe aos olhos do filho e quem é o filho aos olhos da mãe são situações muitas vezes cambiantes. Ao contrário da adoção, porém, que segundo muitos especialistas deve ser informada à criança antes mesmo que ela possa entender seu pleno significado, o estupro é demasiado perturbador e assustador para ser explicado a uma criança pequena. É aterrador para qualquer filho perceber a vulnerabilidade de um dos pais, e pior ainda sentir-se corresponsável por essa vulnerabilidade.

As identidades horizontais normalmente se originam no filho e, a seguir, extravasam para os pais. Aqueles concebidos em estupro, no entanto, adquirem sua identidade horizontal por intermédio do trauma materno; nesse caso, o próprio filho está em segundo plano e terá muito menos probabilidade de encontrar outros de excepcionalidade similar com quem consolidar sua identidade. A mãe tem a identidade horizontal mais forte, e o filho é submetido à solidão existencial decorrente desse fato. A mãe de um esquizofrênico pode se ver num clube ao qual nunca imaginou pertencer, mas essa associação é determinada por seu filho; a mãe de uma criança concebida em estupro tem de lidar antes de tudo com o dano causado a si própria. Sua identidade como mãe deriva diretamente de sua identidade como vítima de estupro. Seu filho personifica a violência cometida contra ela e lhe dá um testemunho permanente de algo que ela quer esquecer. Em vez de ficar transtornada por uma descoberta surpreendente sobre o filho, ela sabe o que está errado antes mesmo de saber que está grávida. Logo em seguida, como muitas outras mães de crianças excepcionais, ela deve se pôr a pensar se será capaz de amar um filho que é o contrário de tudo o que ela pode ter imaginado ou desejado.

Muita gente vê os filhos de estupro como intrinsecamente defeituosos — inclusive suas próprias mães. Ao contrário de outros filhos que se percebem excepcionais, estes não se aglutinam num grupo que favoreça sua identidade; não há uma maneira óbvia de proclamar a parte de si mesmo rejeitada pelos outros. Mesmo quando o filho conhece sua origem, não lhe será fácil localizar outras pessoas de identidade semelhante. Lidar com uma diferença definidora que permanece oculta é no mínimo tão difícil quanto lidar com uma deficiência visível. Uma das poucas organizações que se propõem a preencher esse vazio, a Stigma Inc., tem como lema a frase: "As sobreviventes de estupro são as vítimas [...] seus filhos são as vítimas esquecidas".[1]

Historicamente, o estupro é visto menos como a violação de uma mulher do que como um roubo praticado contra o marido, ou pai, a quem essa mulher pertencia, que assim sofreu uma afronta e um prejuízo econômico (a perda da possibilidade de essa mulher vir a se casar, por exemplo).[2] O Código de Hamurabi se refere à maior parte das vítimas de estupro como adúlteras.[3] Mil anos depois, a cidade-estado de Atenas, privilegiando a proteção das linhagens, tratava estupro e adultério da mesma forma;[4] e a lei inglesa do século XVII tomava posição semelhante.[5]

A mitologia clássica está cheia de estupros, muitas vezes praticados por um deus licencioso.[6] Assim, Zeus estuprou Europa e Leda; Dioniso, Aura; Posêidon, Etra; Apolo, Evadne. É digno de nota que todos esses estupros tenham resultado em filhos, que, em vez de personificarem a vergonha, eram semideuses. O estupro de uma vestal por Marte produziu Rômulo e Remo, os gêmeos que fundaram Roma. Mais tarde, Rômulo organizaria o rapto das sabinas, a fim de povoar sua nova cidade.[7] No Renascimento, encontram-se frequentes representações desse fato decorando arcas matrimoniais. No entanto, a hostilidade que a origem dessas crianças pode suscitar é reconhecida há muito tempo. Nas sociedades antigas e medievais, as mulheres que davam à luz crianças concebidas em estupro eram autorizadas a deixá-las morrer ao relento.[8]

A misoginia aparece com frequência nos textos sobre estupro ao longo da história. O médico romano Galeno afirmava que as mulheres não podiam conceber num estupro — como não poderiam conceber sem um orgasmo baseado no prazer e no consentimento.[9] Embora prometendo às mulheres que a Providência divina não deixaria impune "a brutalidade bárbara" que sofreram, Santo Agostinho também nota que o estupro preserva a humildade das mulheres "que talvez alimentassem qualquer secreta fraqueza, capaz de degenerar em soberba altivez, se no desastre público semelhante humilhação lhes fosse poupada". Talvez, conclui Agostinho, algumas necessitassem da provação, e indaga: "Não vos inflava o orgulho os dons de pureza, continência e castidade?".* Enquanto outras, a quem o orgulho não manchava, foram submetidas a tal situação para que não incorressem em erro futuro.[10]

Nas colônias americanas, uma mulher não podia apresentar queixa de estupro. O marido, o pai ou, se fosse uma serva, o patrão deveriam apresentar a queixa a um juiz. A suposição era de que as mulheres recorriam a esse tipo de acusação para dissimular sexo consensual ilícito. Essas mulheres eram consideradas culpadas, a menos que conseguissem provar sua inocência. No Massachusetts puritano, uma mulher que ficou grávida devido a um estupro foi julgada por fornicação.[11] O costume de culpar as mulheres só começou a mudar com os movimentos pela justiça social do começo do século XIX. O *Kingston British Whig* observava, em 1835, que "o mau caráter de uma mulher não deve ser motivo para que fique fora da proteção da lei".[12] O estupro de negras nos Estados Unidos não era reconhecido como tal, já que ninguém pode violar o que lhe pertence, e os filhos concebidos nesses estupros também eram escravizados. Homens negros acusados de estupro eram quase sempre condenados, quando não mortos sem julgamento; já os brancos muitas vezes faziam acordos em dinheiro com suas vítimas brancas para evitar o processo. Na década de 1800, a preocupação principal da justiça era proteger homens brancos de serem falsamente acusados.[13] Para obter indiciamento por estupro, a mulher tinha de provar que havia resistido, em geral mostrando lesões físicas, e dar um jeito de "provar" que o homem tinha ejaculado dentro dela.[14]

O estupro continuou sendo pouco denunciado até meados do século XX porque as mulheres temiam consequências adversas se o revelassem. Uma vítima de estupro que engravidou na década de 1950 disse que "se um homem quisesse se livrar da responsabilidade de ser reconhecido como o verdadeiro pai, bastava reunir cinco de seus camaradas que *jurariam* ter feito sexo com a garota. Rotulada como promíscua, ela teria pouco recurso contra o sujeito, e também sofreria a grande vergonha de ter um filho fora do casamento".[15] O advento da psicanálise não ajudou muito. Embora Freud tenha escrito pouco sobre o estupro, seus seguidores viam o estuprador como uma pessoa vítima de apetite sexual perverso e incontrolável que se aproveitava do masoquismo "natural" da mulher.[16] Ain-

---

* *A Cidade de Deus contra os pagãos*. Trad. Oscar Paes Leme. Vozes de Bolso, 2012, p. 71. (N. T.)

da em 1971, o criminologista Menachem Amir declarou que as mulheres têm "um desejo universal de ser possuídas com violência e tratadas com agressividade pelos homens", e concluiu: "A vítima é sempre a causa do crime".[17]

Horrorizadas, as feministas da década de 1970 começaram a afirmar que o estupro era um ato de agressão e violência, e não de sexualidade. O livro seminal *Against Our Will: Men, Women, and Rape* [Contra nossa vontade: homens, mulheres e estupro],[18] de Susan Brownmiller, lançado em 1975, sustenta que o estupro tem pouco a ver com desejo e tudo a ver com dominação. Segundo a autora, ele ocorre em proporções muito maiores do que se admite, como resultado do diferencial de poder entre homens e mulheres, e ela reivindica leis "sem menção a gênero ou a atos específicos" que destituam o estupro de seu conteúdo sexual e assim suprimam a ideia de que ambas as partes estavam implicadas.[19]

A lei americana definia estupro como "ato de intercurso sexual praticado por um homem com uma mulher que não seja sua esposa, pela força e contra a vontade dela".[20] As feministas criticaram essa definição, incluindo nela o sexo não consensual dentro de relacionamentos e casamentos, estendendo-a a qualquer contato sexual involuntário diferente da penetração peniano-vaginal, eliminando o ônus de provar que o intercurso foi causado por força irresistível e suprimindo a especificidade de gênero. O novo conceito de estupro abrangia o ataque sexual praticado por um conhecido e o contato coercitivo mesmo depois de pronunciadas palavras de consentimento. É famosa a afirmação de Michel Foucault sobre todas as relações sexuais: "Não há diferença alguma, em princípio, entre meter o punho na cara de alguém e o pênis em seu sexo".[21] Um soco na cara é violência que emprega os mecanismos da violência; estupro é violência que mancha a aparelhagem do amor. O estupro viola o ser íntimo e privado além do ser externo e social. Não é exclusivamente sexo nem exclusivamente violência; é a expressão humilhante de um diferencial de poder que une com agressividade esses dois motivos e comportamentos.

Hoje em dia, os profissionais das áreas médica e policial estão bem preparados para agir em caso de indício de estupro. Nos Estados Unidos, as definições legais ainda variam de estado para estado, e nem sempre coincidem com as definições usadas pelo FBI e outros órgãos federais.[22] Variam ainda mais de país para país: muitos deles consideram a sodomia forçada um crime mais grave que a penetração vaginal forçada.[23] Como meu foco são mulheres que têm filhos concebidos em estupro, não falo de homens, crianças e mulheres depois da menopausa que tenham sido estuprados, mas ninguém está imune à humilhante expressão do diferencial de poder representado por um estupro.

Da mesma forma que outros movimentos de conscientização social transformaram a experiência de criar um filho portador de deficiência, o feminismo transformou a experiência de criar um filho concebido em estupro. A ideia da "vítima digna" teria parecido risível há poucas décadas; como em todas as deformidades e anormalidades, ter sido estuprada era vergonhoso. Como o crime era pouco denunciado ou discutido, raramente era objeto de punição. As definições feministas de estupro conseguiram revogar a ideia de culpa da vítima. Termos como "agressão sexual" e "conduta sexual criminosa" estabelecem a primazia da violência e mudam nossa percepção de estupro, que, de algo que uma mulher sofre, passa a ser algo praticado por um homem.

Apesar desses grandes avanços, com frequência o estupro ainda permanece invisível. Recomendamos a nossas filhas que tenham cuidado ao entrar no carro de um estranho ou voltar para casa com um homem que conheceram num bar, mas 80% dos estupros são cometidos por pessoa conhecida da vítima. Mais da metade das vítimas de estupro nos Estados Unidos tem menos de dezoito anos, e um quarto destas — um oitavo do total —, menos de doze. O estupro é frequente também em relacionamentos permeados pelos maus-tratos e em casamentos violentos. Mulheres pobres que dependem de um homem para a sobrevivência se sentem com menos direitos sobre o próprio corpo. O Centro de Controle e Prevenção de Doenças afirma que o estupro é "um dos crimes menos denunciados", e que apenas de 10% a 20% das agressões sexuais são objeto de denúncia.[24]

Não há muitos textos sobre a criação de crianças concebidas em estupro, e os que existem tratam sobretudo de conflitos genocidas pelo mundo ou estão contaminados por invectivas antiabortistas. As mulheres que entrevistei estavam ansiosas por contar sua história, na esperança de que isso pudesse ajudar outras mulheres. Infelizmente, porém, era óbvio que elas faziam isso com grande dificuldade. Muitas só concordavam em se encontrar comigo em lugares públicos, já que não confiavam em mim a ponto de nos reunirmos num espaço mais reservado. Outras insistiam em locais bastante privados porque o assunto era tão espinhoso que elas não conseguiriam falar a respeito num lugar em que outra pessoa pudesse entreouvir nossa conversa.

Marina James garantiu que a biblioteca de seu bairro em Baltimore seria um local bom e tranquilo para conversar, mas quando ali chegamos ela estava fechada.[25] Era um dia de mau tempo, em março, mas Marina me levou até um banco numa praça pública, onde poderíamos ser vistos, mas não ouvidos. Aos 26 anos, ela destacava seus pensamentos mais surpreendentes com a expressão "é claro", e parecia acreditar que qualquer pessoa de inteligência mediana teria tomado as mesmas decisões que ela.

Marina ingressara no Antioch College em 2000. "Grande parte da filosofia da faculdade é querer o melhor e fazer o bem a outrem", explicou Marina. "Isso sempre foram coisas que considerei importantes." Depois do primeiro ano, ela resolveu dar um tempo e foi morar em Nova York com um namorado; ficou grávida e fez um aborto, o que acabou com a relação. Então voltou ao Antioch. Numa festa realizada no campus, quando ela tinha vinte anos, o aluno que era o DJ pôs um sedativo em seu copo e estuprou-a com violência. "É mais uma lembrança física do que intelectual", disse ela. "Não guardo imagens disso na cabeça, mas sinto coisas no corpo."

Marina não prestou queixa. "Sei o que os advogados de defesa fazem com as vítimas de estupro", disse. "Bebi, usei drogas, me diverti. Que justiça posso esperar? Pareceria muito aborrecimento por nada." Quando falou sobre sua experiência a outras moças da faculdade, no entanto, algumas revelaram que tinham sido estupradas pelo mesmo homem. Nenhuma quis apresentar queixa, mas elas deram declarações por escrito que Marina apresentou ao diretor, fazendo com que o estuprador fosse expulso da faculdade. Por não ter procurado a polícia, Marina sente-se culpada pelos estupros que ela imagina que ele possa ter cometido desde então.

Quando percebeu que estava grávida, Marina achou que faria outro aborto. Mas no terceiro mês mudou de ideia. Não queria passar por aquilo tudo outra vez. Ela teria o bebê e o daria para ser adotado. Mas, com o passar dos meses, ela se decepcionou com o processo da adoção. Tinha feito uso recreativo de drogas pouco antes de saber que estava grávida, e um intermediário da adoção recomendou que ela não revelasse nada sobre isso no formulário que ia preencher para não afugentar possíveis pais adotivos. Esse engodo perturbou-a bastante. "O intermediário seria o único a tirar proveito da situação, e todas as pessoas envolvidas estavam sendo feitas de bobas", disse. "Minha filha seria mestiça, e todas as famílias eram brancas e gostavam do fato de eu ser uma moça branca e instruída. A construção da identidade racial dela seria importante, e achei que nenhuma daquelas pessoas poderia ajudá-la nisso."

Assim, Marina decidiu ficar com o bebê. "Agora que tenho Amula e venho sendo uma boa mãe para ela, estou certa de que tomei a decisão certa. Mas na época eu não sabia disso. Foi uma tortura." Marina deu à luz naquele mesmo ano e escolheu o nome, derivado de "amuleto", porque queria que o bebê fosse um sinal de sorte e uma proteção contra o mal que lhe dera origem. Marina ficou paralisada por um transtorno de estresse pós-traumático, talvez misturado com depressão pós-parto. "Eu me sentia como se fosse outra pessoa, e nem sequer conseguia lembrar quem tinha sido antes", contou.

Marina continuou seus estudos de assistência social, levando a filha às aulas, mas passou a ter pesadelos frequentes, além de dificuldade para dormir e comer. Amula começou a ir para uma creche e viu outras crianças que eram trazidas e levadas pelos pais. Antes de fazer dois anos, perguntava: "Por que eu não tenho pai?". Isso fez Marina chorar, e ela não queria chorar diante da filha, por isso decidiu buscar aconselhamento. "Mas eles continuavam querendo que eu falasse sobre o estupro", disse. "Todos pedem detalhes. Não quero continuar revivendo aquela meia hora de minha vida: tenho toda esta outra vida que prefiro viver."

Aos 26 anos, Marina é uma idealista que vive padrões elevados quase ostentatórios, como se estivesse determinada a ludibriar a debilidade e a autopiedade. É atraente, equilibrada e um tanto severa. Fala facilmente de sua própria vulnerabilidade, mas não a demonstra. É difícil imaginar até que ponto ela sempre foi assim e em que medida o fato de ser sido estuprada a reformulou. Como muitas outras mães de crianças concebidas em estupro que conheci, Marina James manifesta ao mesmo tempo uma repulsa à origem da gravidez e uma profunda alegria pela filha. "Agradeço a Deus todos os dias por ter minha filha. Mas não posso ignorar o fato de que ela está aqui devido a algo muito doloroso."

Ela não contou nada a sua mãe sobre o estupro até o nascimento de Amula. Não obstante, ela e Amula se mudaram para Baltimore porque seus pais estavam lá e poderiam ajudar com a criança. "É na casa deles que Amula está agora, é claro", contou. Nina, a irmã mais velha de Marina, foi morar com ela e Amula. "Minha irmã foi uma mãe para mim, já que minha mãe era tão ausente, e agora sou uma mãe para ela porque ela prefere se infantilizar", explicou. "Digo a Amula: 'Você não tem pai, mas nós temos tia Nini'. Muitos de meus amigos do Antioch são gays, então digo a ela que muitas crianças têm duas mães ou dois pais. Tento ser positiva na maneira de colocar a questão."

Marina acabou prometendo a Amula que ia procurar um pai para ela, mas está pouco interessada num companheiro. "Não me considero uma pessoa sexual", disse. "E era, antes de tudo isso. Fico triste por Amula não ter pai... mas não por minha causa." É claro que Amula tem um pai, no sentido biológico, e Marina sabe quem é ele. "Protegê-la do pai é o melhor que posso fazer por ela. Meus amigos dizem sempre: 'Você precisa ser capaz de esquecê-lo, para aceitar tudo e ir em frente'. Tenho vontade de socar uma pessoa que me diz isso."

Embora o estupro e suas consequências tenham posto à prova a fé de Marina, ela voltou-se cada vez mais para Deus em busca de luz. Era cristã, mas todos os seus amigos de infância eram judeus, e depois de voltar a Baltimore ela retomou contato com eles e começou a se converter. "Estudar o judaísmo me permitiu sentir emoções, coisa que eu não sentia havia anos", disse ela. "Permitiu-me ter esperança e fé, o que definitivamente me ajudou a me sentir melhor. Não é de meu feitio retrair-me do mundo."

Como assistente social, ela com frequência se vê às voltas com casos de violência sexual. "Meu sofrimento é apenas uma gota no oceano de sofrimento que as mulheres experimentam todos os dias", disse. Ensinar outras mulheres a serem mães "traz um novo significado ao fato de voltar para casa, dar a minha filha um abraço apertado e sentar-me no chão para brincar com ela — não apenas por prazer, mas para comprovar que estou fazendo o que deve ser feito".

Marina contou a seu chefe e a colegas sobre as origens de Amula. "As pessoas me perguntam e não gosto de mentir. Elas ficam sem graça." Para uma pessoa que não gosta de mentir, o mais difícil é responder às perguntas cada vez mais complexas e urgentes de Amula. Marina diz que não sente vergonha, mas se preocupa com o modo como a filha vai incorporar o estupro a sua própria identidade. "Só quero que ela saiba que sempre foi desejada, que escolhi ficar com ela e sinto que foi a escolha certa. Mesmo quando lutava todos os dias para sobreviver, nunca pensei: 'Gostaria de não ter esse bebê'." Quando está com Amula, Marina não pensa no estupro. "Penso: 'Será que a roupa da natação está limpa para usar amanhã?'. Sou mãe. É quando estou na cama, à noite, que a coisa aparece." Marina disse que se identifica com veteranos que voltam do Iraque. "Eles viram coisas horríveis que nunca conseguirão expressar. Voltam para casa e não sabem como usar seus corpos; eles são diferentes. Ninguém entende, e eles voltam para uma comunidade que mantém todas aquelas expectativas que já não fazem sentido. É exatamente como me sinto."

Ela acredita que ter tido um bebê logo depois do estupro pode ter apressado sua recuperação. "Eu tinha de sobreviver, começar a trabalhar de imediato para cuidar dessa criança", ela disse. Mas admitiu que sem Amula seu método teria sido simplesmente tentar esquecer o que tinha acontecido. "E nesse caso, em algum momento posterior, isso teria explodido." Ela se preocupa com os traços de personalidade que sua filha adorável e brilhante possa herdar do estuprador. "Metade dos genes dela são do mal", disse Marina. "Como mãe, posso fazer tudo o que for necessário para que ela seja essa pessoa amada, maravilhosa e afetuosa. Mas ela tem em si o DNA de uma pessoa realmente insana. E se esse DNA for mais forte do que qualquer coisa que eu possa fazer?"

Há uma guerra de estatísticas sobre a relação entre estupro e gravidez, e a confusão se agrava ainda mais com os programas conflitantes dos movimentos antiabortistas e dos favoráveis à escolha da mulher. Houve quem afirmasse que a bioquímica do medo provoca a ovulação,[26] chegando à conclusão de que uma em cada dez mulheres estupradas engravida; outros calculam esse índice em menos de 3%.[27] Mulheres que sofrem abuso sexual recorrente têm maior probabilidade de engravidar em razão do abuso, embora estè, quando violento, seja capaz de causar danos permanentes à capacidade reprodutiva feminina.[28] É claro que a gravidez não ocorre se a vítima não está em idade reprodutiva, usa anticoncepcionais orais ou DIU, ou se é homem. A possibilidade também está excluída em caso de estupro não vaginal.

Pesquisas demonstram que nos Estados Unidos ocorrem entre 25 mil e 32 mil gestações anuais relacionadas a estupro.[29] Numa pesquisa de 1996, metade das entrevistadas interrompeu a gestação; das restantes, dois terços ficaram com os filhos, um quarto abortou espontaneamente e as demais deram as crianças em adoção. Esses números levam a crer que pelo menos 8 mil mulheres por ano nesse país ficam com os filhos gerados em estupro.[30]

A possibilidade de pronto acesso a um aborto em condições seguras permite à mulher que prefere ter a criança concebida em estupro sentir que está tomando uma decisão em vez de acatar uma decisão tomada por outrem. Mesmo os opositores do direito de escolha reprodutiva muitas vezes admitem a "exceção feita ao estupro". As mulheres estupradas precisam de independência irrestrita nessa área: abortar ou levar a gravidez a termo; ficar com a criança ou dá-la em adoção. As que preferem criar esses filhos, como os pais de crianças deficientes, escolhem a criança passando por cima de sua identidade complicada. Elas e seus filhos terão de lutar contra a condenação social.

Muitas mulheres ficam com crianças geradas em estupro por não ter acesso ao aborto, por convicção religiosa ou por causa de um parceiro, marido ou pai controlador. Também me deparei com outras que levaram a gravidez a termo porque um profundo autoexame motivou essa decisão. Conheci várias que falavam da manutenção da gravidez como uma reencenação silenciosa da passividade forçada que haviam experimentado no estupro. Algumas disseram que percebiam os filhos como uma prova — como se abortá-los fosse uma negação do acontecimento que os produziu. Como a opção de interromper a gravidez está bastante ligada ao feminismo, muitas dessas mulheres só encontraram apoio no movimento antiaborto e foram dominadas por um discurso moral com o qual não concordavam necessariamente. Muitas mulheres que desejavam ficar com o filho declararam ter sofrido forte pressão para abortar.

A gravidez decorrente de estupro é uma crise dupla. "Ela acarreta não apenas o pesadelo de lembrar a agressão, mas também o de lhe dar vida dentro de seu corpo", diz Ana Milena Gil, psicóloga que trabalha em Bogotá, Colômbia. "Ao violar seu corpo como espaço de identidade e autonomia, a gravidez resultante de estupro cria um círculo de sofrimento. Se o estupro dói, machuca e derrota uma mulher, a gravidez a encurrala. Viver com a violência no ventre é ter o agressor dentro de si."[31]

Uma criança concebida em estupro une a genética da mãe à de seu agressor. Para algumas mulheres, o feto engendrado em estupro representa a conquista importuna de seu corpo por um ser estranho; para outras, ele parece ser uma extensão de si mesmas. Num artigo publicado pela revista *U. S. News & World Report*, uma mulher — antiabortista em outras circunstâncias — aconselha a irmã, grávida de um estuprador: "Se alguém lhe desse um tiro, você andaria por aí com a bala no corpo?".[32] Outra, em circunstâncias idênticas, disse: "O bebê era inocente. Uma vítima, como eu".[33] É indispensável remover a "bala" de sua pessoa; é essencial, da mesma forma, não privar de vida uma "criança inocente". A linguagem que se usa nesses contextos implica valores morais. A feminista antiaborto Joan Kemp escreve: "É significativo que uma criança concebida em estupro seja mais frequentemente chamada de 'filho do estuprador' do que de 'filho de uma vítima de estupro'. Em que sentido o estuprador pode ser considerado 'pai da criança'?". A língua pode ser manobrada para ditar o curso da ação "sensata". Uma mulher estuprada por um policial militar, relata Joan Kemp, "concluiu que a criança era dela; que rejeitar o bebê seria o mesmo que sucumbir a atitudes patriarcais".[34] Nesse contexto, a bala alojada no corpo da mãe foi transformada em seu centro de poder.

Algumas mulheres experimentam atração e repulsa em rápida alternância. Em outros casos, o ódio inicial pode dar lugar ao amor — quando o movimento do feto é sentido pela primeira vez, por exemplo, ou só quando a criança cresce e se transforma num adulto. As mulheres que chegam a amar essas crianças em geral criticam com veemência o aborto. Kay Zibolsky, fundadora da organização antiabortista Liga da Vida Depois da Agressão, explica sua própria gravidez aos dezesseis anos: "O bebê foi parte de meu processo de cura. Quando ela começou a se mover na minha barriga, olhei para ela como parte de mim, não como parte dele".[35] Da mesma forma, Kathleen DeZeeuw tentou negar que tinha engravidado em decorrência de uma agressão, usando espartilho para dissimular as mudanças do corpo e tentando induzir o aborto, mas quando o feto começou a chutar e se mexer, "comecei a entender que aquela pequena vida dentro de mim também estava lutando. De alguma forma, meus sentimentos mudaram. Eu já não pensava no bebê como filho do estuprador".[36] Sharon Bailey disse que "basicamente, o que senti foi 'somos só você e eu, menino'. Considerei que ambos tínhamos sido vítimas".[37]

No entanto, saber que o filho não tomou parte da agressão não é a mesma coisa que senti-lo imaculado. "Na primeira vez em que o tive no colo", reconhece Kathleen DeZeeuw, "no mesmo instante lembrei de sua concepção. Muitas vezes, tive um horrível sentimento de ódio por ele. O riso de meu menino muitas vezes me lembrava o riso abominável do sujeito que tinha me estuprado. Eu descarregava em meu filho."[38] Outra mulher relatou, desalentada: "Tentava me convencer de que o estupro não tinha acontecido. Então olhava para ela e entendia que sim, que devia ter acontecido".[39] Padmasayee Papineni, que estudou mulheres que engravidaram em decorrência de estupro, escreveu: "Sobreviventes de estupro têm mais receio da intimidade, ficam pouco à vontade com a proximidade e sentem mais medo do abandono. O sentimento de rejeição do filho por parte da mãe pode acarretar uma vasta gama de consequências psicológicas para a criança. 'Os filhos estavam sempre lembrando às mães o horror do estupro, o que inevitavelmente influenciava as relações entre eles'".[40]

Num dia de agosto de 1975, Brenda Henriques saiu do conjunto habitacional do Queens, onde morava, para buscar o pagamento pelo trabalho numa colônia de férias.[41] Contra a vontade da mãe, Lourdes, ela amarrou as pontas da frente da blusa para deixar de fora a barriga bronzeada. Saiu do metrô e estava passando por um táxi estacionado quando de repente a porta do carro se abriu e um homem puxou-a para dentro. "Foi tudo muito rápido. Fui jogada no chão. No meio do chão do carro havia aquela parte mais alta. Assim, minha bunda ficou lá e meu rosto, no chão." O motorista entrou no banco detrás e os dois homens estupraram-na um após o outro, depois lhe entregaram a calça jeans e empurraram-na para a rua, com o sangue escorrendo pelas pernas.

De volta a casa, ela tomou uma ducha demorada e não disse nada sobre o que havia acontecido. "Mamãe tinha me avisado sobre a blusa e não lhe fiz caso, veja só o que aconteceu", disse ela. "Eu me culpava. Me sentia como se todos soubessem. Era como se houvesse em mim uma marca: 'Não é mais virgem' ou 'Vítima de estupro: ela estava pedindo'." Quando percebeu que a menstruação não vinha, ela contou tudo a sua melhor amiga. As duas deram uma escapada durante o recreio e foram fazer um teste de gravidez. Ela ligou para saber o resultado e, ao ser informada de que era positivo, caiu em prantos na cabine telefônica. Na época, uma menina de dezesseis anos poderia fazer um aborto legal sem consentimento dos pais, mas "achei que isso seria uma mentira que eu não ia conseguir levar adiante". Primeiro ela contou para o namorado, e ele disse que nunca mais queria vê-la. Então ela deu a notícia aos pais. O pai dela, Vicente, perguntou: "Tem certeza de que foi isso que aconteceu? Por que você não foi à polícia?". Anos depois, ela ainda estremecia. "Por quê, por quê, eram tantas perguntas", lembrou. "Eu disse: 'Mamãe, eu estava usando a blusa que você recomendou que eu não usasse'. E minha mãe replicou: 'Você poderia estar pelada naquela esquina, e mesmo assim ninguém teria o direito de fazer isso'. Chorei, aliviada."

Mesmo assim, eles quiseram manter a gravidez em segredo. O pai dela, católico, quis que ela ficasse com parentes em Porto Rico e desse o bebê em adoção. Sua avó disse a todo mundo que Brenda tinha se casado em segredo e que seu marido estava no Exército. A Escola de Artes Cênicas quis que ela abandonasse as aulas, mas uma de suas amigas fez circular uma petição e a administração da escola cedeu, transferindo-a para um posto menos visível na orquestra. Brenda sentiu que tinha de defender seu bebê.

Ela deu à luz na última semana do último ano do ensino médio. Quis dar à filha o nome da avó paterna, mas o pai dela afirmou: "Não quero o nome de minha mãe nessa criança". Ela disse: "Queria que a menina tivesse um nome expressivo, do qual não se envergonhasse. Procurei na Bíblia, vi que Rebecca significa 'encantadora', e aí deu o estalo". Quando o pai de Brenda viu o bebê, mudou de ideia e escreveu à filha um cartão em que dizia: "Obrigado por me dar minha primeira neta".

Brenda entrou em depressão pós-parto. "Em parte acho que isso foi por alguma razão biológica", disse ela, "mas em parte foi porque todas as minhas amigas estavam se divertindo nas férias de verão e eu ficava em casa com aquele bebê." O médico da família aconselhou-a a procurar ajuda psicológica. Mesmo com uma psiquiatra, demorou alguns meses para que Brenda descrevesse o estupro em si, e foi quando a terapeuta perguntou: "Em algum momento aquilo foi bom? Você gostou?". Brenda foi embora e nunca mais viu a terapeuta. Vicente era mecânico de automóveis e Lourdes era enfermeira; Brenda queria ser médica, mas com uma criança em casa não podia chegar tão longe. "Então me apresentei como voluntária no serviço ambulatorial de emergência", ela contou. "Ia para as salas de treinamento arrastando minha filha, deixava-a num daqueles chiqueirinhos portáteis, e foi assim que obtive meu certificado de técnica em emergências médicas." Ela adorava seu trabalho e acabou se tornando uma ótima paramédica.

Perguntei a Brenda se a raiva que tinha dos estupradores alguma vez se transferira para Rebecca. "Nunca. Olho para ela e me vejo; não vejo a outra pessoa, em absoluto. Eu não ia tirar a vida dela antes do nascimento, e com certeza não faria isso depois." Mas ela estava tentando lidar com o estupro. Tornou-se promíscua durante alguns anos, depois conheceu um rapaz chamado Chip Hofstadter, dono de uma loja de peixes ornamentais no Queens. Oito meses depois eles se casaram, já que Rebecca precisava de um lugar que não fosse a casa dos avós, e Chip queria ser um pai para ela. Tiveram mais dois filhos, e os três foram criados como filhos de Chip.

Brenda e Chip se separaram quando Rebecca tinha quinze anos, e esta foi estuprada por um dos namorados que a mãe teve depois. Brenda decidiu que era hora de falar com Rebecca sobre seu próprio estupro. "Já não era bom para ela continuar vivendo de mentiras", explicou. Rebecca ficou furiosa e cada vez mais rebelde. Engravidou do primeiro namorado, fazendo com que Brenda se tornasse avó aos 35 anos. Dois anos depois, Rebecca teve mais um filho, de outro pai. Quando engravidou pela terceira vez, de outro homem, Brenda levou-a para fazer um aborto. "Você está arruinando sua vida, e não posso permitir que isso aconteça. Provavelmente vou queimar no fogo do inferno por isso, mas chega uma hora em que tenho de intervir." Mais tarde Rebecca alistou-se na Força Aérea.

Quando conheci Brenda, Rebecca estava no Iraque, e Brenda criava os dois filhos dela. "Meus netos são minha vida", disse. "Nunca pensei que pudesse amar dessa forma, e nem meus próprios filhos eu amei tanto assim... Talvez eu fosse jovem demais, talvez fosse influência do estupro. Mas quando senti esse amor tive de deixar o estupro de lado. Perguntei a mim mesma: 'Se alguma vez eu vir meus agressores na rua, seria capaz de reconhecê-los?'. Os rostos sombrios que visualizo poderiam ser de qualquer pessoa. Despersonalizei-os. O estupro continuava em minha lembrança, mas era um ato, não pessoas. Só sei que tenho algo que eles nunca vão saber. Nunca vão saber que têm uma filha linda. Nunca vão saber que têm netos lindos. Nunca vão saber. Mas eu sei. E, assim, acabei sendo eu a sortuda."

A lei do aborto americana,[42] desde o período colonial até meados do século XIX, baseava-se no princípio da lei consuetudinária segundo o qual a vida começa com as primeiras manifestações vitais — no momento em que a gestante sente o feto se movendo dentro de si, o que acontece lá pelo quarto ou quinto mês da gravidez. Em 1857, a recém-constituída Associação Americana de Medicina deu início a uma cruzada contra o aborto ainda antes que se sentissem os movimentos fetais, e em 1860 e 1880 foram aprovadas leis que o proibiam em qualquer fase da gravidez, a menos que a vida da mãe corresse risco. Em 1904, a revista da associação concluiu que "a gravidez realmente decorrente de estupro é rara" e que, de qualquer forma, os direitos do feto se sobrepõem aos da mãe, já que "a atrocidade do crime de estupro não justifica o assassinato".[43]

A década de 1930 assistiu a um aumento no número de abortos ilegais, à medida que a Grande Depressão tornou difícil o sustento de famílias numerosas. Muitas mulheres morreram em decorrência de abortos clandestinos praticados por pessoas não qualificadas.[44] Em 1936, o influente médico Frederick J. Taussig propôs que se facultasse o aborto a mulheres que "fizessem jus a ele", deixando de fora as que pudessem "abusar" desse direito, temendo que sua prática por mulheres solteiras ou viúvas resultasse numa "redução da moralidade". Taussig propôs um projeto de lei, nunca aprovado mas de muita repercussão, que autorizava o aborto a vítimas de estupro, deficientes mentais, meninas com menos de dezesseis anos e qualquer "mulher desnutrida, com família grande, cujas condições materiais fizessem da gravidez e do posterior cuidado com a criança uma pesada carga".[45] Em 1938, um médico foi levado a julgamento na Inglaterra por tê-lo praticado numa menina de catorze anos vítima de estupro, e sua absolvição refletiu um movimento popular pela liberalização do direito ao aborto, especialmente em casos de estupro.[46] O julgamento ganhou muita publicidade nos Estados Unidos e levou a uma discussão aberta sobre o assunto.

Em 1939, formou-se nos Estados Unidos o primeiro Comitê Hospitalar sobre o Aborto, destinado a analisar caso a caso, e na década de 1950 já havia comitês como esse em toda parte. Eles só aprovavam abortos "terapêuticos": os que pretendiam preservar a saúde da mãe ou evitar o nascimento de uma criança com deficiências graves.[47] No entanto, cada vez mais passaram a aceitar a recomendação de psiquiatras segundo os quais uma gravidez podia ameaçar a saúde mental da mulher. Mulheres bem relacionadas conseguiam obter tais pareceres favoráveis com bastante facilidade, mas as vítimas de estupro que não podiam pagar a um psiquiatra para atestar sua fragilidade mental precisavam provar que eram praticamente malucas. Algumas eram consideradas promíscuas e tinham de concordar com a esterilização. Assim, ao contrário do que pretendia Taussig, o aborto passou a ser uma prática para privilegiadas. Este é um relatório sobre uma mulher estuprada no pós-guerra: "Ela tornou-se um objeto passivo e incapaz de dizer 'não'. Vemos aqui uma menina que, tendo perdido o amor dos pais, continua a procurar amor, e sua principal motivação se fixa em satisfazer sua necessidade de dependência".[48] A implicação clara é que mulheres mentalmente equilibradas não são estupradas.

Em 1959, o Instituto Americano de Leis propôs a descriminalização do aborto quando a gravidez resultasse de estupro ou incesto, o feto apresentasse anormalidades graves ou a saúde da mãe estivesse em risco. Em 1960, o estado de Illinois descriminalizou a prática em caso de estupro, e ao longo da década seguinte uma dúzia de estados aprovaram leis baseadas no modelo do instituto.[49] No entanto, em muitos estados o tratamento dispensado a mães solteiras vítimas de estupro consistia em enviá-las a casas maternais, onde eram incentivadas a entregar os filhos em adoção. Diziam-lhes que isso seria melhor para o bebê do que uma vida de vergonha como uma mãe solteira.[50] As mulheres que queriam abortar eram tidas como criminosas; as que queriam ficar com suas crianças, egoístas. A coação para que os bebês fossem entregues em adoção era comum. Rickie Solinger, que estudou esses casos, lembra Kathleen Leahy Koch, estuprada em 1969, que dizia ter sido tratada como criminosa: "Eu não passava de alguém que devia ter um bebê para uma família digna. Foi totalmente desumano".[51] Outra mulher, Kay Ball, que engravidou de estupro em 1971, tentou o suicídio depois de entregar o bebê. Disse que "estava tão envergonhada, tão arrasada em termos mentais e emocionais, que só queria que aquilo acabasse".[52]

Em 1973, a Suprema Corte reconheceu o direito ao aborto no processo Roe versus Wade. Em 1976, a Emenda Hyde cortou a subvenção pública ao aborto, salvo em casos de risco à saúde da mãe, e só em 1993 abriu-se uma exceção para mulheres grávidas em decorrência de estupro ou incesto. A partir de 1973, a questão do estupro foi levantada em todas as tentativas legislativas de reduzir ou ampliar as liberdades estabelecidas pela jurisprudência no caso Roe versus Wade. Enquanto o aborto de fetos com deficiências costuma ser entendido como um meio de livrar a criança de sofrimento, a exceção do estupro é entendida como forma de poupar a mãe. No fim da década de 1980, pesquisas de opinião mostraram que, embora metade dos americanos fosse contrária ao aborto na maior parte dos casos, só uma pequena porcentagem se opunha a ele em caso de estupro ou incesto. Numerosas tentativas de sua proibição, sem exceção para os casos de estupro, foram derrotadas.[53] Em 1990, Cecil D. Andrus, governador de Idaho que se opunha ao aborto em geral, vetou uma proibição segundo a qual a vítima de estupro que procurasse abortar "deixava de ser vítima para tornar-se criminosa".[54] Em algumas situações, os opositores do aborto concordaram com a exceção em caso de estupro porque nesses casos a mulher grávida é "inocente"— ao contrário das que engravidam devido a suas paixões desenfreadas.

O movimento antiaborto argumenta que uma criança em gestação é inocente mesmo em casos de estupro.[55] Um de seus partidários escreveu: "Seria errado privar a criança de seu direito inalienável à vida e demais direitos legais por causa dos pecados do pai. Dois erros não fazem um acerto".[56] A mãe de uma criança concebida em estupro disse: "Minha filha não é uma exceção que possa ser descartada. Ninguém poderia olhar em seus olhos e acreditar que ela não merece viver por causa da atitude de um homem que nem sequer conhecemos".[57] Alguns acreditam que a gravidez decorrente de estupro é manifestação da vontade de Deus, citando Jeremias 1,5, que diz: "Antes mesmo de te formar no ventre materno, eu te conheci; antes que saísses do seio, eu te consagrei". Essa passagem é interpretada como se a vida existisse antes mesmo da concepção. Muitos ativistas linha-dura do movimento antiaborto dizem apoiar os interesses da mãe, afirmando que não pode haver sentimento de emancipação na decisão de abortar. J. C. Willke, fundador da Federação Internacional do Direito à Vida, disse: "A mulher foi submetida a um terrível trauma. Devemos agora pedir-lhe que participe de um segundo ato violento — o do aborto?".[58] No folheto "Concebida em estupro: uma história de esperança", Rebecca Kiessling afirma: "Não sou produto de estupro, sou uma filha de Deus". Um blogueiro reagiu com sarcasmo: "Estupro não é violência! É outra forma da Imaculada Conceição!".[59]

Como acontece em todos os assuntos públicos polêmicos, ambos os lados procuram estatísticas favoráveis e casos pessoais dramáticos para reforçar suas posições. A diferença crucial é que o movimento pró-escolha não "pede" à mulher que aborte, como sugere Willke, mas o movimento do "direito à vida" pretende obrigar todas as vítimas grávidas de estupro a levar a gestação a termo. A psicanalista britânica Joan Raphael-Leff diz que um feto concebido em estupro pode ser sentido como "um corpo estranho interno, apenas tolerado, ou em perigo constante de expulsão, e ao nascer o bebê será visto até certo ponto dessa forma, sujeito a ser ostracizado ou punido".[60] Uma vítima de estupro que prestou depoimento ante o Comitê de Saúde e Bem-Estar do Senado da Louisiana comparou o filho a um "mecanismo de tortura que vive e respira, repetindo sem parar o estupro em minha mente".[61] Outra vítima disse que ser mãe de um filho concebido em estupro é uma "armadilha pior que qualquer descrição" e que ela tinha a sensação de que a "criança estava amaldiçoada desde o nascimento".[62] Seu filho apresentou graves problemas psicológicos e acabou sendo retirado da família pelo serviço social.

Joan Kemp vê o aborto como uma solução "imposta por uma sociedade que dá demasiada importância à linhagem masculina e não ao valor de cada ser humano".[63] Nessa perspectiva, ela qualifica o movimento pró-escolha como antifeminista. Algumas mulheres que engravidam em decorrência de estupro se referem ao nascimento do filho assim gerado como um "segundo estupro"; feministas antiaborto se referem ao aborto pelo qual essas mulheres podem optar como um "segundo estupro". Para algumas mulheres, um aborto pode ser mais traumático do que ter um filho concebido em estupro. A mulher que usa o pseudônimo de Denise Kalasky conta que foi anestesiada contra a vontade para abortar o feto concebido ao ser estuprada pelo pai, de modo que a família pudesse manter incólume sua reputação.[64] Nesse caso, o aborto constitui uma nova agressão caracterizada pela ausência de escolha.

Entre os que pretendem vedar o direito de escolha às vítimas de estupro, ninguém é mais determinado que David C. Reardon, fundador do Instituto Elliott.[65] Não existe um epônimo; o site do instituto explica que o nome foi escolhido por passar credibilidade e imparcialidade. A partir do começo da década de 1980, alguns dos que se opunham ao aborto mesmo em caso de estupro passaram a afirmar que o procedimento poderia levar a uma "síndrome pós-aborto",[66] caracterizada por depressão, arrependimento e tendências suicidas — estado definido como prova de que a Suprema Corte estava errada, no caso Roe versus Wade, quando afirmou que o aborto era um procedimento seguro. O objetivo final do Instituto Elliott é instituir leis que permitam a uma mulher exigir indenização de um médico que tenha "prejudicado sua saúde mental" ao lhe proporcionar um aborto eletivo. Quanto ao tema das vítimas de estupro ou incesto que engravidaram, Reardon afirma, em seu livro *Victims and Victors* [Vítimas e vencedores], que "muitas mulheres dizem que viram o aborto como uma forma degradante de 'estupro médico'.[67] Ele envolve uma dolorosa invasão dos órgãos sexuais da mulher por um estranho mascarado". Reardon e outros militantes antiabortistas costumam citar o ensaio "Pregnancy and sexual assault" [Gravidez e agressão sexual], de Sandra K. Mahkorn, que leva a crer que o ônus emocional e psicológico da gravidez resultante de estupro "pode ser atenuado com apoio adequado".[68] Outro ativista, George E. Maloof, escreveu: "A gravidez incestuosa proporciona ao mundo um raio de generosidade, uma nova vida. Extingui-la por meio do aborto é o mesmo que somar ao abuso sexual da criança um abuso físico. Podemos esperar um suicídio posterior ao aborto como o modo mais rápido e fácil de resolver problemas pessoais".[69]

Mulheres e meninas muito jovens, que não têm uma ideia clara sobre o próprio futuro, muitas vezes decidem manter ou encerrar uma gravidez decorrente de estupro para satisfazer ou contrariar a vontade dos pais ou de outras pessoas mais velhas. Outras apelam para a negação: um terço das gestações resultantes de estupro só é detectado no segundo trimestre.[70] O atraso na detecção da gravidez reduz as opções da mulher, mas muitas ainda estão se recuperando do fato de terem sido estupradas quando se veem diante da necessidade de tomar uma decisão sobre a gravidez. Independentemente da escolha, a gravidez decorrente de estupro pode levar a depressão, ansiedade, insônia e a transtorno de estresse pós-traumático. O estupro causa dano permanente; não deixa cicatrizes, mas feridas abertas. Como disse uma das entrevistadas, "você pode abortar a criança, mas não a experiência".

A filósofa Susan Brison, ela mesma vítima de estupro, diz que "o trauma não revisita apenas a consciência e o inconsciente, mas permanece no corpo, em cada um dos sentidos, pronto para emergir quando qualquer coisa desencadeia uma revivescência do acontecimento traumático".[71] Uma gravidez materializa essa condição, permanecendo no corpo até o aborto ou o parto. Falando dos problemas para tratar de mulheres estupradas, a professora croata de psiquiatria Vera Folnegović-Šmalc diz: "Encontramos com frequência uma perda de instintos vitais e até mesmo desejo de morte. Pensamentos suicidas dominam todo o resto".[72]

Melinda Stephenson soube desde a infância que queria se dedicar à educação de surdos.[73] Seu pai era surdo; a mãe, não. Não surda e fluente na linguagem de sinais, ela servia de intérprete para o pai. Ele tinha estudado só até a quinta série, a mãe completara o ensino médio, e Melinda estava decidida a ir para a universidade. No estado de Indiana, onde ela morava, a Universidade Estadual Ball State era a única que formava educadores de surdos, e Melinda foi estudar lá. No segundo ano do curso, ela usava o transporte oferecido pela instituição, pois morava fora do campus. Os veículos eram dirigidos por estudantes, e de vez em quando Melinda conversava com eles, entre os quais Ricky, que estava se especializando em educação infantil.

Certa noite, ao chegar em casa, ela notou um carro passando devagar diante de seu prédio. Achou que seria alguém trazendo sua companheira de quarto, que costumava chegar àquela hora do treino de vôlei, e deixou a porta destrancada. Quando ouviu passos, virou-se e viu Ricky. "Ele me empurrou para a cama e disse: 'Se gritar, eu te mato'. Olhei para o relógio. Eram 20h47." O telefone tocou — ela soube depois que era sua mãe —, mas ele cortou o fio. "Eu batia na parede, dava chutes, mas ele mostrou-me uma faca, e eu queria viver. Ele foi embora às 23h23."

Melinda ficou sentada na cama sem se mexer até as cinco e meia da manhã, quando enfim pediu a uma amiga que a levasse ao hospital. A enfermeira duvidou que tivesse havido um estupro e não lhe ofereceu anticoncepcional de emergência. Mas avisou à polícia, e Melinda prestou depoimento. Perguntaram-lhe se queria apresentar queixa, e ela disse que não seria capaz. Melinda concluiu o semestre letivo com notas baixíssimas e abandonou os estudos no meio do semestre seguinte, paralisada pela ansiedade. "Tinha pavor de sair do apartamento", lembrou.

Voltou a morar com os pais e inscreveu-se na Faculdade de Tecnologia Comunitária Ivy, que não oferecia curso de educação de surdos. Quando percebeu que estava grávida e contou para a mãe, já era tarde demais para um aborto; de qualquer modo, Melinda não suportava a ideia de abandonar o bebê. "Eu tinha de mudar e me adaptar se não quisesse ser derrotada pelo medo", explicou. "Então mudei e me adaptei." Muitas das adaptações foram dolorosas. Ansiosa e profundamente deprimida, ela foi hospitalizada duas vezes — uma delas como prevenção de suicídio. Ofereceram-lhe um trabalho na área de educação de surdos fora do estado, mas ela estava apavorada demais para morar sozinha.

Quando o filho, Marcus, nasceu, seus pais se recusaram a tratá-lo como neto. "Temos uma área restrita na sala para ficar", explicou. Quando o pai de Melinda está em casa, Marcus tem de ficar até um metro e meio de distância dele. "Outro dia, Marcus quis tocar na TV", contou, "e meu pai avançou sobre ele, fazendo menção de bater. Gritei: 'Se você tocar nele nunca mais vai me ver'." A irmã de Melinda adotou uma menina, e os pais delas levavam a pequena à praça e iam à festa do Dia dos Avós na escola. Mas quando uma colega de trabalho perguntou à mãe de Melinda sobre o neto, ela retrucou: "Que neto? Não tenho neto nenhum".

Depois da faculdade, Melinda conseguiu trabalho no programa assistencial Head Start. Nessa época, começou a apresentar compulsões, não conseguia tolerar o contato com novos alimentos, começou a se cortar e não conseguia ir sozinha a nenhum lugar desconhecido, nem mesmo a uma lanchonete. "Se você entrar em minha bolha", avisava, "eu me zango." Um dia, no trabalho, topou com uma criança usando um gorro idêntico ao de Ricky. Ela arrancou o gorro e jogou-o longe. "O menino tinha quatro anos! Eu tinha de dar um jeito nisso", disse.

Melinda começou a se tratar com uma terapeuta que também tinha sido vítima de estupro. No começo, não conseguia falar do que tinha acontecido. Quando conseguiu, insistia em trancar a porta antes de falar. A terapeuta sugeriu que Melinda enviasse cartões-postais anônimos a Ricky explicitando suas acusações, como uma forma de se livrar delas. Ela passou a mandar cartões pelo correio, para o trabalho ou para a casa dele, dia sim, dia não, de diferentes cidades. Às vezes imprimia o texto num computador, outras vezes colava palavras recortadas de revistas, ou imitava a letra de uma criança.

Depois de seis meses recebendo cartões, Ricky denunciou-a por assédio e ela foi demitida do Head Start, cujos funcionários não podiam estar sob investigação criminal. "Trabalhei lá durante dois anos, nunca tive problemas, nunca me atrasei, não faltei um dia sequer, nada. E eles me despedem por causa de um cartão-postal?", comentou. Ricky então anunciou que ia pedir a guarda da criança, e Melinda entrou em crise. Levou Marcus ao Serviço de Proteção à Criança (SPC) e anunciou que ia abrir mão dele. Sua terapeuta procurou-a e convenceu-a a levar Marcus de volta para casa, mas a mãe dela ofereceu-se para levá-la de volta ao SPC caso ela mudasse de ideia outra vez.

Melinda encontrou outro trabalho numa creche. Sua estabilidade mental permanecia frágil, e a linha que separava Marcus de Ricky começou a se apagar para ela. "Eu sentia como se eles estivessem ligados, como se fossem a mesma pessoa", contou. "Ele me tocava e dizia alguma coisa, e eu pensava: 'É o pai'. E se eu o agredisse, achando que ele era o pai? Fiquei aterrorizada. Marcus é a cara de meu estuprador." O olhar dela ficou inexpressivo. "Há coisas que ele faz e eu penso: 'Estou tão orgulhosa de você!'. Aí ele fala comigo e de repente não consigo reconhecê-lo. Sem ele, o que me faria sair da cama de manhã? Eu estaria muito mais inclinada a me matar se não o tivesse."

Um ano depois, Melinda me escreveu para contar que estava saindo com um homem havia oito meses e que estavam esperando um filho. "Marcus está entusiasmado por ser o irmão mais velho", continuou. "Estou feliz, a terapia está bem encaminhada e, o que é melhor, meus pais já não podem mandar em nós." Dois meses depois, ela escreveu: "O cara com quem eu estava saindo resolveu que eu não servia para ele. Está em Michigan com sua nova esposa. Dei a minha filha o nome de Eliza. Infelizmente ela nasceu morta. Minha gravidez dessa vez foi muito diferente. Com Eliza, eu fazia tudo pelo bem do bebê. Estranho, não é? Eu queria ignorar Marcus, esperava que ele se fosse, mas o tive; depois fiz de tudo para me cuidar e cuidar de Eliza, e a perdi". Seis meses depois, ela abriu mão de Marcus; ele foi entregue a uma família substituta que estava pretendendo adotá-lo. "Vejo-o sempre que quero", escreveu Melinda, "que não é tanto quanto eu deveria. Marcus está tendo tudo o que eu não podia lhe dar. Não me deixam ficar a sós com ele, e acho que têm razão. Ainda sofro muito com a perda de Eliza. No aniversário dela, vou fazer um piquenique com amigas. Estou animadíssima com a torta que vou preparar. Será um bolo amarelo de trinta centímetros por vinte, com glacê de creme de amendoim e uma inscrição, feita com alpiste, que vou resolver qual é. Vou levar esse bolo para sua sepultura, assim os passarinhos poderão aproveitar a vida e a presença dela como nós fazemos todos os dias." Assim, Melinda levava a vida aos trancos, amando uma criança morta e incapaz de amar a que estava viva. O estupro gera ódio e tristeza, e, da mesma forma que fez de Marcus objeto da fúria mal dirigida de Melinda, fez de Eliza o receptáculo seguro de seu desespero.

Hoje em dia, alguns teóricos vêm aplicando a teoria da evolução ao estupro, com base na ideia de que o ato constitui, basicamente, uma estratégia reprodutiva, para a seleção de genes.[74] Jonathan e Tiffani Gottschall, professores do Washington & Jefferson College, propõem a hipótese segundo a qual os estupradores "escolhem suas vítimas não apenas pela idade, mas com base num conjunto mais geral de características físicas e comportamentais que indicam a capacidade da vítima para engravidar" — sendo muitas dessas características as mesmas que determinam a atração não relacionada a estupro.[75] Randy Thornhill e Craig T. Palmer, autores de *A Natural History of Rape* [Uma história natural do estupro], dizem que os homens que cometem estupro distribuem sua semente por toda parte, o que cumpre o objetivo de perpetuação do gene egoísta.[76]

A noção de que fantasias de reprodução forçada são frequentes na cabeça dos estupradores coincide com a teoria feminista. A acadêmica Catharine MacKinnon enfatiza essa ideia, dizendo que "a gravidez imposta é conhecida, começando com o estupro e continuando na negativa de aborto; isso ocorreu no escravismo e ainda ocorre com mulheres que não têm acesso ao aborto".[77] Susan Brownmiller acha que a reprodução é a motivação principal de muitos estupradores. "Os homens começaram a estuprar mulheres quando descobriram que o intercurso sexual leva à gravidez", escreve.[78] No mundo desenvolvido, o estupro pode ser uma estratégia reprodutiva eficaz no caso de relacionamentos abusivos, mas não em outros casos: a maior parte das vítimas não engravida; a maior parte das que engravidam recorrem ao aborto; e muitas vezes os estupradores são presos, o que abrevia seu potencial reprodutivo. Mary P. Koss, psicóloga clínica da Faculdade de Saúde Pública do Arizona que se dedica ao estudo da violência sexual, acredita que, em vez de escolher entre explicações evolucionistas ou sociais do estupro, devíamos pensar em como integrá-las.[79]

Os estupradores muitas vezes são reincidentes; mas é menos conhecido o fato de que mulheres estupradas antes dos dezoito anos têm o dobro de probabilidade de serem estupradas na idade adulta.[80] O abuso sexual se perpetua. As duas estatísticas apresentam uma simetria estarrecedora. A agressão gratifica o estuprador, mas o ego da vítima torna-se frágil e vulnerável. Assim, a ideia de que o mundo é um lugar inseguro se torna uma profecia autorrealizável.

Criada em Milwaukee, Lori Michaels tinha uma relação cordial com Fred Hughes, que morava em frente à sua casa com a mulher e três filhos.[81] Quando Lori tinha doze anos, Fred começou a comprar doces para ela e levá-la para passear de carro. Depois de ganhar-lhe a confiança, levou-a a uma garagem, apontou uma pistola de 9 mm para sua cabeça e obrigou-a a praticar sexo oral. Aconteceu quatro vezes em alguns meses; depois disso, Fred e sua família mudaram-se para Chicago. Ela nunca contou nada a ninguém.

Quando Lori tinha dezenove anos, Fred mudou-se de volta para Milwaukee. Lori estava morando com alguém que o conhecia, e volta e meia acordava de noite com Fred em seu quarto com a arma. Ele levou-a à mesma garagem, várias vezes, durante mais de um ano. Lori manteve segredo sobre isso; tinha medo do que a mãe dela, Clarabel, pudesse dizer se soubesse. Certa noite, a irmã do dono da casa disse: "Lori, Fred está se vangloriando de ter dormido com você. Isso aconteceu por sua vontade?". Lori disse que não. "Eu sabia", foi a resposta. "Ele fez isso com minha filha Ginger também." A menina tinha catorze anos na época. A mãe de Ginger chamou a polícia em nome de Lori, que levou os policiais até a garagem. Ginger já os levara ao mesmo lugar. "Sabe-se lá quem mais ele andava molestando", observou Lori.

Pouco tempo depois, Lori percebeu que estava grávida. Contou ao namorado, Bud, que o pai poderia ser ele ou Fred. Fred era negro e Bud, branco, como Lori, e por isso ela achou que descobriria quem era o pai quando a criança nascesse. Quando Clarabel ficou sabendo do acontecido, a crítica severa que Lori temia não se materializou. "Você vai fazer um aborto, dá-lo em adoção, criá-lo?", perguntou sua mãe. "Se decidir criar o bebê, não vai poder privá-lo de nada. E se não vai criá-lo, é melhor cortar o mal pela raiz e resolver isso já." Clarabel relacionou os problemas que Lori enfrentaria, a começar pelo racismo, no caso de Fred ser o pai, e disse que era bem difícil ser mãe solteira. Depois de um dia de reflexão, Lori disse a Clarabel que ia ficar com o filho, e a mãe respondeu: "Eu sabia que você faria isso. Só quis que pensasse bem antes de tomar a decisão".

Lori voltou para casa, mas entrou em depressão e cortou os pulsos quando estava no oitavo mês de gestação. Bud encontrou-a e pediu socorro. Lori insistiu que seu desespero foi decorrente do estupro e não da gravidez, e que se não estivesse grávida a tentativa de suicídio teria sido bem-sucedida. "Meu filho é quem me mantém de pé", dizia, repetindo um refrão comum entre mães de crianças nessas condições. O fato de ter convivido com anos de estupro sem uma tentativa de suicídio e de cometê-la durante a gravidez depõe contra a lógica de Lori. Ao nascer, o menino aparentava ser branco. "Mas quando fui trocar a fralda dele, vi que o pênis era preto", disse Lori. "Disseram-me que bebês mulatos costumam nascer brancos com o pênis preto." Lori deu-lhe o nome de Bobby e levou-o para casa, onde Clarabel assumiu a maior parte dos cuidados com ele.

Fred foi julgado pelos estupros de Lori e Ginger, e condenado a dois anos e meio de prisão, mas foi solto por bom comportamento depois de dois anos. O exame genético mostrou que Bobby era seu filho, e ele pediu a custódia do bebê, o que lhe foi negado. Mas a mulher dele vivia interpelando Lori, exigindo acesso a Bobby. No fim, Lori, Clarabel e Bobby saíram de Wisconsin e se estabeleceram no Sudoeste. Poucos anos depois, Fred foi preso outra vez, acusado de estuprar cinco meninas e agredir outra de tal forma que ela quase morreu. A promotoria pediu duas sentenças de prisão perpétua mais quinze anos, mas preencheu um documento de forma incorreta e o caso foi arquivado. Fred se mudou em seguida, e a justiça perdeu seu rasto. "A cada vez que ele estupra alguém, é com mais violência", diz Lori. "E agora está em liberdade."

Quando conheci Lori e sua família, no acampamento de trailers onde estavam morando, Bobby tinha doze anos. Lori disse que raramente pensava em Fred quando olhava para o garoto. "Minha irmã chama Fred de 'o doador de sêmen'", contou. "Acho que Bobby é meu menino milagroso." Os outros membros da família dela também foram receptivos. "Toda a minha família era racista, a velha geração", disse Lori, "mas trataram Bobby de maneira especial. Minha bisavó, uma vez, por descuido chamou-o de crioulo. Ela olhou para mim e quase chorou, e nunca mais cometeu esse deslize." Muitos dos relacionamentos afetivos de Lori foram tumultuados, e Bobby cresceu defendendo a mãe em situações domésticas violentas. A vida profissional de Lori também tem sido irregular — até certo ponto porque ela recebe uma pensão devido ao transtorno de estresse pós-traumático, que pode perder se passar a ganhar muito. Já trabalhou em lanchonetes das redes Burger King e Taco Bell, mas logo perde o interesse e começa a achar difícil conviver com outras pessoas no emprego. A família vive sobretudo do salário de Clarabel no Walmart.

Clarabel achava que a ocasião certa para conversar com o neto sobre suas origens seria quando ele começasse a fazer perguntas. Quando Bobby tinha sete anos, Lori lhe contou que havia sido estuprada pelo pai dele, que apontara uma arma para a cabeça dela. "Não quero conhecê-lo", disse-me Bobby. Com seus doze anos, o garoto é boa-pinta, gentil e bastante autoconfiante, mas também nervoso e temperamental. Foi diagnosticado com transtorno do déficit de atenção com hiperatividade e apresenta outras dificuldades de aprendizado — possivelmente herdadas de Fred, que era analfabeto. Houve um médico que chegou a achar que ele tem transtorno bipolar. Teve problemas com professores e pula de escola em escola. Bobby é a menina dos olhos da avó. "Nos fins de semana, ou de manhã cedo", diz Clarabel, "ele vem sentar em minha cama e ficamos vendo programas da National Geographic e outros filmes sobre a natureza." Mesmo assim, a vida emocional da família continua complicada. "Tenho mania de gritar", disse Lori. "Estou fazendo tratamento para controlar o humor, nas noites de terça-feira. Fazemos terapia familiar, e vou tomar medicamentos até voltar ao normal." Bobby perde o controle com os amigos e certa vez atirou no chão um aparelho de TV ao brigar com a mãe. "O terapeuta diz que ele não vai me bater", disse Lori, "mas ele já viu muita violência."

Três dias depois de ter posto para fora um namorado, às cinco da manhã, por ter chamado Bobby de crioulo, Lori conheceu Ringo Smythe numa sala de bate-papo na internet quando contava a uma amiga o que tinha acontecido. Ringo escreveu: "Prometa-me que não vai voltar com esse cara". Ela e Bobby foram conhecê-lo no parque de diversões em que ele trabalhava. Bobby implorou à mãe que desse uma chance a Ringo, e quando conheci Lori eles estavam juntos havia quase um ano, no relacionamento amoroso mais longo que ambos já tinham tido.

No entanto, Lori se preocupa com o passado de Ringo. "Venho de uma família de presos", contou ele. "Meu pai conheceu minha mãe num bordel, e ela usava drogas. E já vi uma porção de coisas piores no parque de diversões, por isso é bem difícil que me assuste com alguma coisa." Ringo calou-se no meio da conversa, depois me pediu que batesse nele com força. "Não sinto dor nenhuma no braço, porque meu pai o usava como cinzeiro." Dobrou a manga da camisa e mostrou cicatrizes brancas do ombro até o punho.

Embora dissesse que não acreditava em psicoterapia, Ringo concordou em participar das sessões de aconselhamento familiar em que foram discutidos o casamento com Lori e a adoção de Bobby. Antes disso, ele teria de encontrar a mulher com quem ainda estava casado para poder divorciar-se. Tanto ele quanto Lori estavam muito endividados. Com tudo isso, Ringo mudou bastante desde que a conheceu. "Não suporto o calor. Odeio trailers. Odeio gatos", disse. "E aqui estou, no Arizona, num acampamento de trailers com cinco gatos." Perguntei se estava fazendo isso por Lori, e ele respondeu: "Sim, por Lori e por Bobby, pelos dois." Na ocasião de minha visita, ele tinha tirado uma licença do parque de diversões para não ficar longe de Lori e Bobby e estava trabalhando no turno da madrugada em uma loja da rede varejista Target.

"Não penso muito em Fred, mas quando Ringo faz certas coisas sexuais tenho lembranças", disse Lori. "Tenho dias bons e dias ruins. Às vezes os dias ruins duram uma semana. Mas fazemos coisas de família o tempo todo. Eu jamais voltaria ao passado para mudar coisa alguma — eu poderia ter outro filho, mas não meu Bobby. Tenho meu menino."

"De onde eu vim?" é uma das primeiras perguntas insistentes da infância. Uma resposta que revele terror e impotência pode acabar com a segurança de uma criança. Muitas mães de filhos gerados em estupro são obrigadas a explicar por que tiveram um bebê numa idade imprópria, sem estar num relacionamento amoroso estável, ou sem contar com recursos financeiros e emocionais para cuidar de uma criança. A extensão em que uma mulher se sente julgada pode determinar a extensão de sua dissimulação ou negação. Contar a um filho seguro, que não está em busca de respostas, a história de sua concepção pode parecer um ato de violência em si mesmo. Mães que não foram capazes de proteger a si próprias ficam felizes com a capacidade de proteger seus filhos, e defendê-los de uma verdade tão terrível faz parte do cuidado com eles. Assim, uma mãe afirmou pela internet: "Meu filho nunca vai saber os detalhes de sua concepção. Não quero que pense que não foi desejado, ou que foi concebido sem amor".[82]

Esconder informações traumáticas é tão pesado quanto revelá-las. Muitas vezes, o filho fica sabendo acidentalmente por meio de pessoas com quem não tem intimidade, e então se sente traído por causa do segredo mantido. Em resumo, não há um momento ideal ou um modo seguro de contar a verdade, mas escondê-la pode provocar um desastre. Holly van Gulden, conselheira de adoção, explica que "guardar segredos, sobretudo entre gerações num sistema familiar, implica que o que se esconde é vergonhoso".[83] Até que ponto a mãe tem o direito de poupar ao filho as circunstâncias de sua concepção, e até que ponto isso é uma forma perigosa de negação? Mesmo decisões ponderadas sobre revelar ou esconder informações fundamentais pode ter consequências imprevisíveis. Um homem soube, já adulto, que tinha sido concebido em estupro, e disse que essa informação o libertou da ideia que fazia da mãe como "uma 'garota fácil' ou 'vagabunda', imagem que muitas vezes se associa a mães solteiras".[84] A desaprovação que a mãe procurava evitar, guardando segredo, tinha contaminado a ideia que ele fazia dela e, por extensão, de si mesmo. Os filhos percebem e assimilam a humilhação desde muito cedo e, quando estão na origem da vergonha de um dos pais, carregam isso como um grande peso.

Saber que você é do tipo de pessoa que a maior parte das mães preferiria nem imaginar pode causar uma insegurança colérica comparável à de portadores de anomalias genéticas que opinam que o aborto seletivo anularia sua vida e suprimiriam seus herdeiros. Algumas pessoas concebidas em estupro tornam-se ativistas antiaborto como forma de valorizar o fato de terem nascido. Lee Ezell, estuprada pelo chefe aos dezoito anos, deu a filha Julie em adoção sem sequer vê-la. Vinte e um anos depois, Julie a conheceu e tiveram um feliz reencontro. "Sou muito grata pelo fato de que a opção pelo aborto não existia em 1963, já que Lee poderia facilmente ser tentada a pôr fim a minha vida", disse Julie. Quando Lee conheceu o genro, ele disse: "Quero apertar sua mão e dizer obrigado por não ter abortado Julie".[85]

Alguns contam vantagem sobre como escaparam ao aborto, como se tivessem sido ardilosos agentes duplos dentro do útero. Às vezes deixam de identificar-se com o trauma a que estão vinculados. Sherrie Eldridge, concebida em estupro e entregue em adoção ao nascer, fala de seu desapontamento ao reencontrar a mãe biológica, 47 anos depois. Numa visita de dez dias, a relação incipiente entre mãe e filha foi se tornando cada vez mais tensa. A mãe disse que o encontro trouxera à tona muito sofrimento. *"Sou tão ruim que causo sofrimento a ela? Era o que eu não parava de me perguntar"*, escreve Sherrie. "Naquela época, eu não sabia nada sobre o horrível sofrimento que uma mãe biológica experimenta, tanto ao se separar do filho quanto ao reencontrá-lo. Eu estava cuidando de meu próprio sofrimento e de meu próprio luto mal resolvido."[86] Sherrie atribui o sofrimento da mãe unicamente à separação da filha, ao que tudo indica sem perceber o excruciante período pós-estupro.

Durante anos, Lisa Boynton pensou que seu maior segredo era o fato de ter sofrido abusos por parte do avô desde os cinco anos.[87] Quando chegou à sétima série, leu um formulário do censo em que seu pai a identificava como "enteada". Sua mãe, Louise, disse que o pai nunca quisera que ela soubesse disso por temer que deixasse de gostar dele. Louise revelou que engravidara aos quinze anos de um colega de escola. "Fiquei brava", disse Lisa. "Ainda estou brava. Toda a família sabia que ele não era meu pai de verdade e ninguém me contou."

No ano seguinte, Lisa e suas amigas estavam com um amigo delas, Donny, que era "retardado mental". Lisa estava na oitava série; Donny tinha vinte anos. Eles tinham se tocado algumas vezes, mas ela não esperava ir mais longe que isso. Um dia, ela subiu ao andar de cima com ele para ver qualquer coisa, e ele a estuprou. Ela gritou por ajuda, mas ninguém respondeu. Quando ela desceu, tremendo, e perguntou a sua melhor amiga por que não tinha ido em seu socorro, a amiga disse: "Ora, pensei que você afinal estivesse fazendo a coisa. Da primeira vez sempre dói".

Ironicamente, só depois do estupro — que ela manteve em segredo — o abuso habitual por parte do avô veio à baila. Sua mãe ouviu-a falando do assunto a uma amiga e pressionou-a para contar a história toda. Lisa implorou à mãe que não dissesse nada ao padrasto. "Ela disse apenas: 'Vá para a cama. Vai ficar tudo bem'. E ela deve ter descido para contar tudo a meu pai. Ouvi-o jogando coisas, dizendo palavrões." Eles avisaram a polícia. O pai do padrasto de Lisa assumiu a culpa e foi condenado a cinco anos em liberdade condicional. Lisa recebeu uma carta dele pedindo desculpas, mas "parecia ter sido escrita por um advogado", disse ela. "Para mim, não significou nada." O padrasto de Lisa cortou relações com o próprio pai.

A relação entre Lisa e Louise, apesar desse apoio decidido, permaneceu confusa e estremecida. "Meu pai fez o possível e o impossível para que eu me sentisse amada e parte da família", contou Lisa. "Era minha mãe quem sempre me culpava das coisas; minha irmã era sempre inocente." Depois do estupro, Lisa tornou-se promíscua. Como muitas vítimas de abuso sexual na infância, ela não tinha noção de limite quanto à intimidade sexual. "Eu dormia com qualquer um", disse. "Mesmo tendo sido estuprada por Donny, continuei fazendo sexo com ele, por minha própria vontade, até o último ano do ensino médio." E acrescentou, meio perplexa: "Acho que venho confundindo sexo com amor desde que meu avô começou a abusar de mim".

Um dia, quando Lisa tinha vinte anos, Louise confessou que tinha sido vítima de estupro e que não sabia quem era o pai de Lisa. O caso era estranhamente parecido com o da filha. Louise e a melhor amiga tinham saído com dois homens mais velhos e foram para a casa deles. A amiga e um dos homens sumiram juntos, e o outro levou Louise para um quarto e a estuprou. Depois apareceu o primeiro homem e a estuprou também. Quando percebeu que estava grávida, não conseguiu saber quem era o pai. Lisa pressionou a mãe para que lhe desse os nomes deles, mas Louise, é óbvio, lhe deu nomes falsos. "Não acredito que ela esteja me dizendo toda a verdade", disse Lisa. "Contar umas coisinhas não acrescenta nada. Não consegui dizer a ela que fiquei brava por ela nunca ter me contado nada porque percebi a tristeza em sua voz. E eu nunca mais quis falar no assunto. Vou morrer com uma porção de perguntas sem resposta."

Todos esses segredos e mentiras exerceram uma péssima influência sobre Lisa, que na casa dos trinta ainda não sente que pertence a sua própria família. Passou muito tempo em fóruns da internet, que fizeram com que se sentisse menos só. Formou-se em assistência social e comanda um grupo de aconselhamento que orienta mulheres que tiveram traumas parecidos com o seu. Sua vida pessoal e profissional é dedicada à recuperação. "Minimizo meus problemas", refletiu, "mas sou a primeira a dizer 'Não minimize seus problemas'." Ela vive com uma companheira e tem uma filha de um relacionamento anterior, pela qual tem uma afeição profunda. "Sempre senti que tinha de tomar conta de mim mesma porque ninguém mais ia fazê-lo", disse. "Quero que a vida de minha filha seja completamente diferente da minha."

Quando nos conhecemos, Lisa tinha um terapeuta de quem gostava, embora nunca tivesse conversado com ele sobre os estupros. Em vez de vê-los como relacionados, percebia-os como coincidências absurdas. "Acho que ninguém acreditaria em mim", disse. "Até a mim mesma parece incrível que uma pessoa possa sofrer abuso sexual e estupro — e depois descobrir que a mãe também foi estuprada. As únicas pessoas que sabem de tudo são minha mãe e minha companheira. E agora, você. Eu queria fugir do trauma que vivi nas mãos de meu avô e de tudo o que veio depois; mas agora sei que isso vai estar sempre comigo e nunca vou me recuperar totalmente. O que posso fazer é usar minha experiência para ser uma assistente social melhor para minhas clientes. Sou capaz de me identificar e me relacionar com elas — mas de uma maneira saudável, sem revelar o abuso que eu mesma sofri."

O preconceito contra vítimas de estupro e seus filhos é tão real quanto irracional. Uma blogueira escreveu: "Quantos filhos nascidos de incesto e estupro. O sistema de proteção de menores está superlotado e despreparado. Minha sugestão? SACRIFICÁ-LOS, COMO SE FAZ COM ANIMAIS INDESEJÁVEIS!".[88] Mesmo entre pessoas com opiniões menos extremadas, o preconceito está profundamente enraizado. Já que a maior parte das pessoas despreza e teme estupradores, nada mais fácil do que desprezar e temer sua progênie. Pessoas liberais favoráveis a políticas para surdos e autistas mostram desconforto ante a ideia de criar um bebê com "esses genes". A inocência da criança nesse domínio é sempre condicional. Para a mãe, ela é a encarnação do estupro; para o mundo, é a descendente do estuprador.

Em vista desses vieses, uma mãe pode encarar com euforia sua relação maternal — ou devido a um êxtase religioso autêntico ou para evitar admitir sua ambivalência. Kathleen DeZeeuw, em *Victims and Victors*, diz: "Foi Patrick, meu filho, concebido em estupro — cuja vida eu tentara extinguir —, quem me ensinou a perdoar. Ele tentava perdoar não só o pai biológico, mas a mim também (por maltratá-lo física e verbalmente quando era criança)". Outra mãe, no mesmo livro, diz que "a identidade de minha filha está em ser filha de Deus. Ela foi a dádiva que me tirou do medo e das trevas para conduzir-me à Luz do verdadeiro Amor".[89] O milagre é sempre duplo: da criança que supera seus genes assustadores e da mãe que derrota o medo inicial. A exaltação ajuda mãe e filho. Uma militante antiabortista escreveu: "Nasci de um estupro, e não apenas de estupro como de um incesto. Minha mãe sacrificou suas necessidades em benefício das minhas, carregou uma vergonha que não era sua e trouxe ao mundo um bebê que, nestes nossos tempos atuais, provavelmente não chegaria aqui. Mas ela não parou por aí. Incapaz de me oferecer as coisas de que uma criança necessita — segurança, alimento, um teto e educação —, ela se privou do direito de ficar comigo, sua filha. Desprendida, deixou que eu fosse adotada aos sete anos".[90] Ver como um ato de devoção o fato de ter sido dada em adoção encerra um elemento de voluntarismo.

Quando tinha três anos, Tina Gordon chamou a mãe de "mamãe" e foi repreendida imediatamente.[91] "Nunca mais me chame assim", disse Donna. "Não sou sua mãe." "Mas como devo chamar você?", perguntou a menina. "Me chame de Donna", respondeu a mãe. A bisavó de Tina disse-lhe depois: "Você não tem culpa. Ela foi estuprada e teve você". Tina não entendeu nada do que a bisavó estava dizendo. "Quando aprendi a ler, procurei no dicionário e entendi a parte da violência, mas não a parte sexual", contou. "Durante grande parte de minha vida, me senti prejudicada." Tina via a irmã mais velha, Corinna, dizer "mamãe" a toda hora e receber ao menos manifestações esporádicas de carinho e atenção. "Eu tinha de ter sempre em mente que era a filha postiça, por assim dizer." O único gesto de carinho que a mãe tinha para com ela era preparar-lhe o leite quente que tomava antes de dormir. Ironicamente, o distanciamento de Tina em relação a Donna deve ter lhe proporcionado uma certa proteção contra as tendências destrutivas da mãe.

Donna tinha tido um colapso nervoso quando estava na faculdade e maltratava Tina e Corinna quando eram pequenas. Morava na Flórida quando Tina nasceu, e uma amiga ligou para sua mãe para contar que ela tivera um bebê. "Talvez seja tarde demais para a menina mais velha", disse a amiga, "mas você precisa vir, levar estas crianças e talvez salvar o bebê." A avó de Tina então foi buscar as meninas. As impressões digitais de Corinna apresentavam falhas porque Donna pusera as mãos dela no forno como castigo.

Tina e Corinna foram criadas no Mississippi aos cuidados da avó, bem mais carinhosa, que dava aulas de dia e fazia faxina à noite para manter a família. Donna visitou-as e disse que queria recuperar Corinna assim que estivesse curada. Não prometeu nada assim a Tina, que muito cedo desistiu de procurar sinais de aprovação da mãe e se voltou para a avó e as tias, que se mostraram muito mais confiáveis. Por isso, Tina via as atitudes hipócritas da mãe com muito mais clareza do que a irmã. "Quando víamos televisão, Corinna ficava no colo dela, mas eu ficava sozinha no chão", disse.

Quando Tina tinha oito anos e Corinna dez, a avó, de 58 anos, morreu. Donna, perto dos quarenta, era claramente incapaz de tomar conta de ambas. Um tio-avô, que elas mal conheciam, achou que não deviam ser separadas e ofereceu-se para ficar com as duas, que então se mudaram para Connecticut. Tia Susan e tio Thomas lhes proporcionaram segurança material, mas as normas da casa eram rígidas e severas, e as meninas sentiam-se infelizes. Donna mandava pacotes de guloseimas e presentes de Natal para Corinna, mas nada para Tina. Tio Thomas disse a Donna que, se não pudesse mandar presentes para as duas irmãs, que não mandasse para nenhuma delas. Depois disso, chegaram apenas cartas: frias e formais para Tina, efusivas para Corinna, prometendo pegá-la de volta. Dois anos depois de um incêndio na casa de Connecticut, Corinna foi surpreendida tentando atear fogo na casa de novo, e foi mandada a um estabelecimento para menores infratores. Outro tio ficou com ela depois que foi solta, mas a garota queria voltar a morar com Donna, que não quis nem ouvir falar nisso, deixando Corinna arrasada. Tia Susan e tio Thomas não a queriam de volta. Assim, aos quinze anos, ela acabou morando nas ruas no Mississippi.

Tina achou triste demais ficar na casa do tio sem que Corinna pudesse estar lá e resolveu ir para um colégio interno. "Sempre tive, acho, um pouco do instinto de uma sobrevivente", disse. Ela foi aceita numa escola para meninas em que era uma das sete alunas negras num universo de 160. Seus tios se afastaram dela depois que foi castigada por fumar maconha. "Passei a ser conhecida como 'a órfã' na escola", recordou Tina. Enquanto isso, Corinna se prostituía e usava drogas. Quando Tina entrou para a Universidade de Nova York, Corinna contraiu aids. "Donna me procurou para falar mal de minha irmã", lembrou Tina. "Eu disse: 'Entendo perfeitamente por que ela fez certas escolhas. Outras pessoas tiveram um papel importante nisso'. Donna perguntou: 'Que outras pessoas?'. Respondi: 'Você e outras pessoas'. Foi o fim da tentativa dela de se aproximar de mim." As irmãs, no entanto, mantiveram-se em contato, e Tina visitou Corinna várias vezes em seu último ano de vida, quando ela tinha 23 anos.

"Independentemente do que Donna tivesse dito ou feito, Corinna me dizia que eu devia me aproximar dela, perdoá-la", disse Tina. "Como eu sabia que aquilo representava muito para Corinna, liguei para Donna e lhe pedi que ligasse para minha irmã, dissesse que gostava dela e que rezava por ela — só para se aproximar dela antes que morresse. Donna disse: 'Acho que não consigo fazer isso'. Depois, acrescentou: 'Sei que nem sempre tomei as melhores decisões, mas se eu puder fazer alguma coisa para compensar, diga-me o que é'. Respondi: 'Ligue para Corinna, tudo está perdoado e esquecido'. Ela disse: 'Ouvi dizer que ela está se prostituindo e que estava usando drogas'. Respondi: 'Em primeiro lugar, você não sabe se é verdade e, em segundo, que importância tem isso agora? Ela está morrendo. Você não tem de ligar para falar sobre a vida dela, ou sobre o que ela fez. Seria importantíssimo que você ligasse e dissesse que está rezando por ela, pensando nela. Alguma coisa, qualquer coisa'. Ela repetiu: 'Não sei se consigo fazer isso'. E não fez."

Tina ingressou na escola de direito da Universidade Columbia e, à medida que começou a ter sucesso, Donna passou a procurá-la. Perguntou se seria convidada para assistir à sua formatura, aprovada com louvor. Tina respondeu: "Faz anos que não falo com você, e da última vez fiz um pedido que você não atendeu. Por que você agora quer fazer parte da minha vida?".

Tina tornou-se defensora pública. Tendo sofrido injustiças desde o nascimento, encontrou consolo defendendo outras pessoas. Quando a conheci, estava grávida de sete meses. Imaginei que ela pudesse ter medo de ser mãe. "Apesar de tudo o que aconteceu, sinto-me afortunada de diversas maneiras, abençoada mesmo", disse. "Minha avó soube nos dar muito amor. Mesmo eu tendo estado com ela durante oito anos apenas, ela deixou uma marca forte." Tina estava noiva de um homem cuja família afetuosa lhe dava todo apoio, "o oposto da minha". Seu noivo é carinhoso por natureza, "e às vezes, de repente, digo a ele: 'Você não precisa me tocar a cada vez que entra no quarto'. Ele sabe o quanto fui ferida". Tina fez um grande esforço para construir uma vida que não renegue seu passado. "Não sei o que aconteceu com Donna quando fui concebida", disse ela, "mas aquela maldição seguiu seu curso e vai acabar aqui." Descansou a mão sobre a barriga como se mostrasse que o amor, tantas vezes rejeitado, tinha enfim encontrado seu objeto.

A mulher que fica com o filho concebido em estupro mantém um elo permanente com seu estuprador. Em alguns casos, ódio e medo mantêm viva a ligação; em outros, porém, a mãe teme a possibilidade de que o estuprador ou seu filho possam vir a se procurar. Da mesma forma que filhos vítimas de maus-tratos se aferram aos pais violentos, levados pela biologia além da lógica, essas mulheres se mantêm amarradas a seus agressores, incapazes de escapar desse vínculo terrivelmente intenso. Para elas, uma rejeição incondicional do estuprador se assemelha muito à rejeição do filho resultante do estupro. Se não conseguem experimentar a raiva própria de quem foi estuprada, elas se destroem; se manifestam essa raiva, acham que fracassaram com os filhos. É uma versão exacerbada de uma dificuldade comum a pessoas que se divorciam. Pode ser preciso toda uma geração para superar essa ambivalência; uma mulher me contou que a filha ao nascer tinha os olhos do estuprador. "Minha linda filhinha tinha os olhos *dele*", disse ela. "Agora esses são os olhos da família, não os olhos do homem que me estuprou."

O mais cruel das circunstâncias para muitas dessas mulheres se dá quando o estuprador ou sua família tentam ter acesso ao filho. Homens que praticaram estupro dificilmente se isolam por vergonha ou arrependimento; às vezes completam sua fúria repulsiva reivindicando a prole. Nos casos em que o estupro nunca tenha sido denunciado, a ameaça de uma guarda compartilhada é real. O Stigma Inc., grupo on-line de apoio a pessoas concebidas em estupro e incesto, informa que "por conseguinte, considera-se que o pai/ estuprador não atende aos requisitos para visitação ou para exercer a guarda de um menor. No entanto, o ônus da prova do estupro recai sobre a mulher vitimada pelo crime. Muitas vezes, isso leva a uma situação que contrapõe a palavra de um à do outro".[92]

Quando Emily Barrett queria abraçar a mãe, Flora, era sempre empurrada.[93] "Mas demorava um pouquinho para ela decidir que queria me enxotar", contou-me Emily, "e tenho saudade daqueles breves instantes, antes que ela o fizesse." Flora era uma jamaicana de pele clara que tinha imigrado para Nova York em busca de uma vida melhor. Na época, Emily tinha doze anos e Flora estava no quarto casamento. "Ela era extremamente carismática, bonita, divertida", disse Emily. "As outras pessoas gostavam muito dela. Era uma hipócrita, mas ainda assim era interessante de ver, quase como um projeto científico." Filha única, Emily era solitária. Seu pai, Phil, não morava com elas, mas Emily o via ou falava com ele todos os dias até os onze anos, quando ele de repente desapareceu. Ninguém disse a ela o que tinha acontecido, e por isso ela imaginou que tivesse morrido; antes de fazer treze anos, sentiu-se atraída por um belo rapaz de dezenove, Blake. Ele a levava de carro de casa para a escola e a buscava, e um dia inclinou-se e beijou-a. Com o passar dos anos, a ligação dela com ele aumentou. Aos quinze anos, deu-lhe sua virgindade, mesmo sabendo que ele tinha uma namorada.

No mesmo ano, um dia Emily atendeu ao telefone e era o pai, de quem ela não tinha notícias havia quatro anos. Ele lhe disse que pegasse todo o dinheiro que conseguisse e fosse se encontrar com ele na Grand Central Station. Emily foi para lá com duzentos dólares. Phil apareceu de repente, puxou Emily para trás de uma coluna, tirou o dinheiro dela e saltou para dentro de um trem. Emily ficou arrasada e tentou se matar. "Minha cabeça entrou numa roda-viva", disse ela. "E no fim tomei todo o armário de remédios." A mãe levou-a ao pronto-socorro. "Eu não conseguia dizer nada além de 'Meu pai que estava morto apareceu na Grand Central Station'. Eles acharam que eu estava mesmo louca." O psiquiatra de plantão manteve Emily em observação durante 23 dias e depois disse a Flora que a filha precisava de terapia. Três semanas depois da alta, Flora mudou-se para a Virgínia, levando consigo a filha relutante. "Minha mãe resolvia os problemas indo embora, e sua ideia de terapia era comprar uma casa nova."

Na Virgínia, a mãe de Emily conseguiu trabalho com um casal de amigos, fazendo a contabilidade do restaurante deles. Emily chamava-os de tio Eric e tia Suzette. Tio Eric pediu a Emily que ajudasse o irmão dele, que tinha uma loja, e o irmão estuprou-a depois de levá-la ao trabalho. "Não é como na televisão", disse Emily. "Não há olho roxo, nem facas, nem revólveres. Dura cinco segundos. Fiquei chocada." Ela passou alguns dias atordoada, e quando por fim chamou a polícia o homem tinha fugido.

Nas semanas seguintes, Emily sentiu fortes dores de cabeça e os seios começaram a incomodar. Quando Flora descobriu que a filha estava grávida, trancou as portas e desligou o telefone até decidir o que fazer. "Ela disse na escola que eu estava com apendicite", contou Emily. "Todos os dias ela chegava em casa e começava a gritar. Depois passei a ouvi-la chorar em seu quarto e gemer no chuveiro. Aí, tio Eric e tia Suzette vieram me dizer que eu estava arruinando a reputação deles. Eu tinha dezesseis anos e nada sabia sobre o que era ter um bebê. Mas aquela experiência toda foi uma loucura."

Finalmente, Flora levou Emily a uma clínica para fazê-la abortar. Embora a família não fosse católica, a garota tinha estudado em escolas católicas porque Flora achava que eram as melhores. Tinha sido crismada e agora estava com medo de ir para o inferno. Disse ao médico que estava arrependida, e ele a mandou para casa. "Aquela volta para casa com minha mãe foi uma das piores experiências de minha vida", recordou. Flora disse que se Emily tivesse mesmo sido estuprada não ia se importar de perder o bebê, e quando chegaram em casa ela marcou um aborto em outra clínica. A gravidez de Emily acabou cinco dias depois. "Durante muito tempo, eu ficava calculando mentalmente que idade teria o bebê", disse Emily. "Via um bebê e começava a chorar."

Tia Suzette garantiu que o estuprador tinha saído do país, mas Emily tinha a impressão de vê-lo em toda parte. "Vivia em pânico", disse. "Um dia, eu estava indo do banheiro para a cozinha, e minha mãe sussurrou no meu ouvido: 'Isso nunca aconteceu'. E pronto. Foi como desligar um interruptor na minha cabeça. Nunca mais falei sobre aquilo. Tentei nunca mais pensar naquilo. Finalmente, foi como se tivesse se dissolvido na minha cabeça."

Tão de repente quanto se mudara para a Virgínia, Flora voltou para Nova York. A vida voltou ao normal e assim transcorreu durante alguns anos. Emily retomou a amizade com Blake. Começou a ir à faculdade, mas abandonou-a para cuidar de Flora, que estava com um câncer de cólon avançado. Flora deixou a Emily uma pequena herança. Numa estranha repetição do último encontro de Emily com seu pai, não tardou para que ela recebesse uma ligação de Blake pedindo um empréstimo urgente. Ela lhe deu 5 mil dólares e ele desapareceu.

Emily localizou-o depois de alguns anos e perguntou sobre o dinheiro; ele disse que lhe devolveria uma parte, que ela voltasse lá para buscá-lo. "Ele me deu uma bebida com alguma coisa", disse Emily. "Só lembro que senti que tiravam minha roupa. Via luzes piscando e imagens. Ele estava ajeitando meu corpo, me levava para lá e para cá. Eu não conseguia acreditar. Quando acordei, ele estava no chuveiro e eu tremia." Emily pegou suas roupas e foi para casa. Na época, estava saindo com um policial e, quando lhe contou o que tinha acontecido, ele a levou à delegacia para prestar queixa. Blake foi preso e processado. "Disseram-me para não entrar em contato com ele, mas eu precisava saber *a razão* daquilo. Eu conhecia Blake fazia tanto tempo, e ele tinha sido meu melhor amigo!" Ela lhe telefonou, mas ele se recusou a conversar por causa da ordem judicial de afastamento. Mas depois ele ligou para pedir que ela retirasse a queixa.

Emily percebeu que estava grávida, mas não foi capaz de enfrentar a situação. Fez sete testes na esperança de que algum deles desse negativo. Terminou o namoro com o policial, e sua vida emocional ficou centrada em Blake, no estupro e na gravidez. Numa audiência do processo movido por Emily contra ele, quando ela se deu conta de que ele poderia ir para a cadeia, disse ao promotor, durante um recesso, que não queria ver isso acontecer porque estava grávida de Blake. O promotor pediu adiamento, e Emily deixou o tribunal. "Blake correu atrás de mim perguntando: 'O que está acontecendo?'. E lhe contei, peguei o carro, dei um cavalo de pau maluco e fui embora."

Antes de mais nada, Blake convenceu Emily a não abortar. "Depois disse que eu não ia querer que o pai de meu filho fosse para a cadeia", lembrou. "'O que você vai dizer a ele quando ele perguntar onde estou?', disse ele." A pergunta trouxe de volta o sofrimento de Emily com o desaparecimento do pai. "Eu não conseguia dormir, não conseguia comer. Estava ficando maluca", contou. Por fim, ela disse ao promotor que não queria dar continuidade ao processo por estupro. Pediu a Blake que a deixasse em paz. "Mas ele continuou aparecendo, acho que queria ter certeza de que eu não ia mudar de ideia. No quinto mês de gravidez, ele me disse que estava com outra mulher, que ela estava com cinco meses de gravidez e que ele ia morar com ela." Embora Emily nunca tivesse imaginado ter uma vida em comum com Blake, ficou arrasada.

Na época, Emily trabalhava numa creche. "Era uma pessoa muito feliz e alegre", contou. "Ficava com crianças o tempo todo, elas eram minha vida. Mas quando estava em casa apagava as luzes, subia e chorava até as quinze para a sete da manhã seguinte, hora de ir para o trabalho." Então Delia nasceu. "Ela foi um paliativo, uma panaceia, o que é muita responsabilidade para um recém-nascido." Emily começou a pensar no espaço em branco reservado ao nome do pai na certidão de nascimento de Delia e resolveu declarar o nome de Blake, para o caso de a filha algum dia precisar de outro parente geneticamente próximo numa emergência médica. O que Emily não levou em conta foi que Blake seria notificado, e quando ela chegou ao tribunal para retirar o documento emendado, deu com ele. Um juiz concedeu ao pai da criança o direito de visitação. "Entendi que ele estaria ligado a mim para o resto da vida", disse Emily. "Antes da primeira visita, passei dias sem poder dormir." Assim começou um desconfortável período de trégua. Blake deu apoio financeiro a Delia e a viu esporadicamente durante dois anos, depois sumiu de novo. "Eu era tão afeiçoada a Delia que não conseguia apenas deixar para lá", disse Emily. "Quando ela era pequena, parecia de brinquedo, fofinha, toda bochechas. Mas quando tinha perto de quatro anos, começou a fazer perguntas sobre o pai e de onde ela tinha vindo, e me senti como se alguém pegasse um martelo, me batesse até que eu me abrisse e me derramasse inteira pelo quarto."

Nessa época, Emily estava dirigindo uma rede de creches. "Um dia, simplesmente parei", contou, "como um relógio que para de funcionar." Começou a ter crises de pânico, ausências, alucinações olfativas e repentes de desorientação. Seu cabelo começou a cair. O médico atribuiu os sintomas ao estresse e recomendou tratamento psiquiátrico. "Falou que eu devia falar com um especialista e passou à outra sala para procurar alguém que pudesse recomendar", disse ela. "Não me lembro de mais nada depois disso, até que me vi em minha sala, na escola, com o telefone tocando e minha assistente batendo na porta. Ela dizia: 'Dona Emily! Faz uma hora que seu médico está ligando para cá. Disse que a senhora deixou lá o casaco e os sapatos, a senhora está bem?'." Emily olhou para os pés e viu as meias molhadas; lá fora, nevava.

Emily tornou-se gravemente agorafóbica e perdeu o emprego. "Não me lembro de como Delia se alimentava", disse. "Mas deu certo. Eu não conseguia sair de casa, exceto para ir à terapia. Depois, não conseguia mais sair do quarto. Ficava dias sem dormir. Estava em frangalhos." Um psiquiatra receitou-lhe antidepressivos, ela fez muitas sessões de terapia com ele e, aos poucos, começou a se reerguer. "Ele me salvou", disse. Justo quando ela estava se recompondo, Blake apareceu e disse que queria ver Delia. O ciclo conhecido recomeçou. Ele vinha visitá-la de vez em quando, depois desaparecia. Emily decidiu que tinha de ser forte por Delia e não afastá-la do pai, mas as razões que Blake tinha para agir assim sempre lhe pareciam imprecisas. "Eu não sabia o que fazer porque ele era pai dela, e ela sabia disso", contou Emily. "Se alguma coisa me acontecesse, ele podia ficar com ela. Então eu precisava ter certeza de que ele não ia machucá-la, e a única maneira de fazer isso era deixar que ele a conhecesse e, assim, pudesse querer cuidar dela."

Nunca se podia contar com Blake. "Quando ele não estava por perto, Delia às vezes me dizia: 'Quero que meu pai fique aqui'", recordou Emily. "Ele ficava um ano longe, depois reaparecia. Ela me perguntava por ele, e eu dizia: 'Deve estar trabalhando', ou 'Ele virá quando tiver tempo', ou 'Vamos fazer alguma outra coisa'. Eu a distraí durante anos, e a cada vez que ela perguntava eu começava a descer a ladeira de novo." Aos sete anos, Delia quebrou a perna e começou a chorar querendo o pai, e Emily ligou para ele. Ele retornou a ligação cinco meses depois e começou a aparecer outra vez. Emily tivera um breve namoro e deu à luz um filho, Gideon, sete anos mais novo que Delia. Blake disse a Emily que ela lhe pertencia e que o novo filho era uma traição. A brutalidade sexual implícita nessa afirmação assustou-a, e ela resolveu fugir, mudando-se com as crianças para a Virgínia.

Quando conheci Emily, Delia tinha dez anos e acabara de ganhar um prêmio escolar nacional e entrar numa escola para crianças superdotadas. "Ela nunca perguntou sobre como veio a existir, e sei que ela faz suposições", diz a mãe. "Ela e eu já conversamos sobre minha atitude arredia, sobre a razão do meu afastamento. Eu nunca lhe diria que isso tem algo a ver com ela. Digo sempre que é por minha causa, porque minha mãe era arredia e se afastava de mim. Mas com o irmão dela eu não faço isso." Emily tinha ficado noiva havia pouco, e disse-me que o noivo, Jay, achava estranha a frieza dela para com Delia. Emily não conseguia dizer a ele que Delia foi concebida em estupro.

"Me explique uma coisa," disse Emily, quando estávamos sentados no chão de seu escritório, tarde da noite, fazendo esta entrevista. "Por que não consigo abraçar minha filha? Gosto dela, mas quando ela me abraça sinto como se centenas de lâminas estivessem arranhando minha pele, como se eu fosse morrer. Entendo que tenho de deixá-la me abraçar, ela é apenas uma criança, e deixo, mas minha cabeça fica longe, e sei que ela percebe isso. Por isso, ela agora pede licença. Eu me preparo. Temos regras, ela não pode vir por trás de mim. Às vezes ela esquece, e eu pulo como gato escaldado, porque o pai dela tem essa mania de aparecer sem mais nem menos, sem que se saiba de onde veio. Ela herdou isso."

Era muito difícil lidar sozinha com um segredo tão grande. "Ela me escreveu uma carta muito triste, há um ano e meio", disse Emily. "Dizia: 'Esta menininha tem saudade de Nova York. Esta menininha tem saudade do pai'." Quando Jay acompanhou Emily e seus dois filhos a Nova York para o funeral de um amigo da família, ele incentivou-a a procurar Blake, por causa de Delia. Ela concordou e combinou que pai e filha passariam uma tarde juntos. Quando Blake veio buscá-la, encontrou-se com Jay. O episódio acabou sendo um momento crucial para Emily. "Assim que voltei para a Virgínia, a gravidez, o incidente, veio tudo à minha cabeça e ao meu corpo ao mesmo tempo." Por fim, ela contou a verdade a Jay, que ficou chocado.

"Delia se parece um pouco com Blake, mas não tanto como quando era pequena", disse Emily. "Ela me faz me lembrar de mim, e procuro focar a atenção nisso. Mesmo que eu não goste muito de mim, posso gostar de mim nela. Mas há a outra parte, a que me obriga a lutar todos os dias, porque enquanto a maioria das mães simplesmente deixa fluir seus instintos naturais, meus instintos são horríveis. Faço um esforço permanente e consciente para impedir meus instintos de assumirem o controle."

A ideia de estupro dentro do casamento foi apresentada no fim da década de 1970 por Diana E. H. Russell. Segundo ela, 14% das mulheres casadas já tinham sido estupradas pelo marido. No fim da década de 1980 e início da seguinte, as restrições ao estupro conjugal começaram a ser abolidas dos textos legais em muitos estados, apesar dos vigorosos protestos dos direitistas, alguns dos quais afirmavam, fazendo eco à misoginia da era colonial, que as acusações de estupro dentro do casamento poderiam ser usadas por esposas vingativas para prejudicar maridos inocentes. Mas, em vez disso, o estupro conjugal no mais das vezes chega aos tribunais num contexto mais amplo de violência doméstica. Casos como o dos Burnham, em 1989, no qual uma mulher levantava contra o marido setenta acusações de estupro, foram decisivos para essa nova visão. Durante muitos anos, Victor Burnham submeteu a mulher, Rebecca, a "espancamentos, coronhadas, ameaças com arma de fogo e ameaças de morte, além de amarrá-la e estuprá-la, obrigá-la a aliciar homens desconhecidos para fazerem sexo a três, fotografá-la em atitudes pornográficas, espetá-la com um estoque e forçá-la a fazer sexo com o cachorro". No julgamento foram apresentadas provas fotográficas e o testemunho sob juramento de homens que tinham sido "convidados" por Burnham para fazer sexo com sua mulher e recusaram, tendo percebido o medo que Rebecca sentia.[94]

Louise McOrmond-Plummer, coautora de *Real Rape, Real Pain* [Estupro real, sofrimento real] e ela mesma vítima de estupro, escreveu: "A mulher estuprada pelo parceiro costumava ser tida como culpada e dizia-se que, como o estuprador era seu parceiro, não se tratava de estupro 'de verdade'. Diziam a mulheres como eu que nosso sofrimento era um exagero; o fato de estar num relacionamento significava que não tínhamos nenhum direito sexual".[95]

Ashley Green é loura, esbelta e frágil como um bambu.[96] Irradia necessidade de proteção. Criada numa família branca pobre no oeste da Pensilvânia, onde o pai trabalhava intermitentemente nas minas de carvão, teve pouca atenção na infância. Os pais eram negligentes e usuários de drogas pesadas. Quando o pai desistiu de procurar emprego, eles se mudaram para a Flórida. Ashley muitas vezes chegava da escola e encontrava a mãe, deprimida, deitada no chão, exatamente no mesmo lugar em que a deixara de manhã. Ashley nunca podia ter certeza de que haveria alguma coisa para comer, ou que a luz não seria cortada de novo. Acabara de fazer dezesseis anos quando conheceu Martin, de 35, numa festa. Durante o ano seguinte, ele acompanhou Ashley à igreja, pagou uma escolinha de vôlei para ela e insinuou que ia lhe dar um carro. Ela já namorava um rapaz de dezenove anos, mas não recusou a amizade de Martin, que não tinha conotação sexual, como normalmente ocorre com homens que estão preparando uma vítima.

Um dia, Martin disse que precisava de alguém para a faxina de seu apartamento e sugeriu que Ashley fizesse o serviço. "Fiz a faxina durante algumas horas, e embora tivesse feito tudo direito, ele disse: 'Você precisa fazer de novo. Não está bem limpo', e foi muito rude comigo." Ele lhe deu uma bebida e, quando ela ficou embriagada, sodomizou-a duas vezes.

Vista com os olhos de hoje, a situação ficou clara para Ashley. "Ele sabia o que tinha diante de si: uma criança que não era vigiada, ansiosa para ficar longe de um lar hostil e imprevisível", disse. "Ele tinha comida e carro, coisas que meus pais nunca iam me oferecer. Tinha um bom apartamento e um bom emprego." Essas vantagens pareciam representar um progresso, de modo que Ashley rompeu o namoro, saiu da escola e foi morar com Martin. Acabou descobrindo que ele era usuário de drogas, como os pais dela.

Aos dezessete anos, Ashley ficou grávida. À medida que a gravidez avançava, Martin ia ficando cada vez mais violento. Espancava-a com tanta força que duas vezes ela foi parar num abrigo para mulheres agredidas; certa ocasião ele chegou a esfaqueá-la, e ela quase morreu. "Eu tinha medo de que ele matasse nossa filha de tanto me bater, ou que a levasse embora quando nascesse", contou Ashley. "Ficava pensando que, se conseguisse simplesmente tirá-la de minha barriga e escondê-la em algum lugar, talvez ela sobrevivesse. Eu rezava: 'Deus, se meu bebê sobreviver, serei uma boa mãe'." Por consideração a sua avó, que era religiosa, Ashley casou-se com Martin pouco antes do nascimento da filha. Os espancamentos a tinham levado várias vezes à iminência de um parto prematuro, o que pode acontecer devido ao estresse; ela teve muitas complicações durante a gravidez, e quando sentiu que o bebê ia mesmo nascer pediu a Martin que a levasse ao hospital. Ele fez um desvio de rota para comprar cocaína, e Ashley chegou tarde demais para tomar medicamentos que atenuassem as dores do parto.

Ashley amou instintivamente a recém-nascida, Sylvia, mas não tinha ideia do que devia fazer como mãe. "Eu tinha medo dela. Ela teve muitas cólicas e era temperamental, chorava dia e noite", lembrou Ashley. As surras continuaram, a tal ponto que às vezes Ashley mal conseguia se mexer. A tia dela convenceu-a a denunciar os maus-tratos, e por isso Martin mudou-se com elas para o Alabama, fora do alcance da lei da Flórida. Quando Sylvia tinha cinco meses, Ashley fugiu com ela para um abrigo na Flórida. Elas foram autorizadas a ficar lá por trinta dias, e durante esse período Ashley tirou carteira de motorista, comprou um carro e arrumou emprego. Conseguiu ficar com uma pessoa de sua igreja enquanto procurava apartamento e entrou com o pedido de divórcio. Quando o bebê adormecia, ela lembra, "eu agradecia a Deus por ter ficado com ela mais um dia".

À medida que passavam os meses, porém, Ashley ficava cada vez mais insegura sobre sua capacidade de tomar conta de Sylvia sozinha. Quando estava trabalhando, perdia a ajuda dada pela previdência social. A criança ficava doente com frequência, de modo que elas precisavam ter um atendimento de saúde melhor. Assim, Ashley passou a depender da ajuda previdenciária a mães carentes, o que lhes proporcionava um atendimento médico melhor, mas não era suficiente para o aluguel. Depois de um ano desesperador, ela voltou para Martin. "No dia em que fiz minhas malas, ainda acreditava que ele poderia se tratar e ficar bem", disse, "e seríamos uma família." Em vez disso, Martin agrediu-a sexualmente, depois levou Sylvia consigo e pediu o divórcio. Ashley ficou três meses e meio sem ver a filha. No fim, conseguiu a guarda compartilhada da menina, desde que continuasse morando no Alabama. "Era como estar sequestrada", disse. Martin deu uma bela demonstração de como maltratava Sylvia. "Estacionou no meio-fio um dia, e começou a cair maconha do carro. Ele tentou dar um beijo na boca da filha, na minha frente, quando ela tinha três anos. Ela chegava em casa com hematomas e galos na cabeça."

A personalidade de Sylvia não facilitava as coisas. "Ela foi um bebê muito infeliz, e eu sentia uma culpa enorme", disse Ashley. "Tinha medo até de dar banho nela, tocar sua área genital. Eu tinha medo de tudo por causa dos maus--tratos que sofri na infância. Ela tinha acessos de raiva e puxava meu cabelo; uma vez tirou sangue de meu nariz. Comprei um gatinho para ela quando tinha dois anos. Ela pegou o gato pelas patas traseiras e atirou-o no sofá, sentou-se em cima dele e arrancou-lhe os bigodes. Não sei se isso se deve à violência que ela presenciou, à violência que existia em seu dia a dia, ao que acontecia quando ela ainda estava dentro de mim e eu era espancada, ou se ela simplesmente tinha nascido como o pai."

Ashley se sentia sem forças. "Um dia, quando Sylvia tinha cinco anos, eu estava na banheira com ela, dando-lhe banho, e ela me contou que ela e o pai faziam a mesma coisa. Liguei para uma terapeuta, que disse: 'Não lhe faça mais nenhuma pergunta. Traga-a aqui'. A coisa era pior do que eu tinha imaginado. A psicóloga contou que ele não só tomava banho com ela, mas que a fazia lavar seus genitais e fazia coisas junto da área íntima dela." Ashley pediu uma ordem de proteção, mas Martin revidou pedindo a guarda exclusiva da criança, dizendo que ela estava mentindo. Ashley tinha a ficha limpa; Martin tinha condenações anteriores por posse de drogas e por espancar Ashley, além de ter sido condenado a fazer terapia para controlar a agressividade. Mas nos tribunais do Alabama ele ganhou. Depois da sentença, Ashley tentou o suicídio. Mais tarde, Sylvia reclamou com Ashley que Martin tinha montado nela nu, entrado no chuveiro com ela, batido nela e não lhe dava comida nem tratamento médico. Ashley voltou ao tribunal e pediu a guarda da menina mais uma vez, diante do mesmo juiz. "Gravei conversas telefônicas dela em que me contava esses abusos, mas o juiz não quis ouvir. Em vez disso, condenou-me a pagar todas as contas de meu marido, que chegavam a 14 mil dólares. Agora estou apavorada com a ideia de me mandarem para a cadeia."

Ela acabou desistindo da filha. "É simplesmente traumático demais", disse. "Não é que eu não goste dela. Não é que eu não queira livrá-la daquilo. É que por alguma razão Deus quis que ela passasse por isso neste mundo. Deus quis que não tivéssemos um relacionamento. E eu fiz tudo o que podia."

Aos 26 anos, Ashley decidiu ir para a faculdade. Graduou-se com louvor e tornou-se uma competente conselheira comunitária. Como Marina James, Brenda Henriques, Lisa Boynton e Tina Gordon, Ashley se socorreu socorrendo outras pessoas — mas ela trabalhava com agressores, não apenas com vítimas. "A maior parte deles, os de melhor desempenho, eram socialmente muito hábeis. Alguns aparentavam ser as melhores pessoas que uma pessoa pudesse conhecer; são bem aceitos e deixam as pessoas muito à vontade, e é assim que conseguem realizar o que querem e manter as vítimas em silêncio. Por isso aprendi muito quando estive lá e isso me ajudou em minha própria cura, e acho que ajudei outras pessoas, os agressores, a se curar."

Um dia, Ashley conheceu um homem e teve com ele outra filha, numa "relação de amor, consensual, entre duas pessoas de idades compatíveis, desejosas de um filho". Alicia nasceu com uma grave deficiência auditiva no ouvido esquerdo; demorou a falar e sua dicção era precária. Depois que lhe diagnosticaram outras deficiências, seu pai foi embora, incapaz de conviver com isso. "É uma criança com necessidades especiais, e isso pode ser muito difícil às vezes, mas tenho sentimentos diferentes por Alicia em comparação com Sylvia", disse Ashley. "Acho que ela é a razão pela qual me formei — e minha razão de viver." Ainda assim, a sombra da decadência de Sylvia se agigantou, sobretudo quando Alicia chegou à idade em que Sylvia foi tirada da mãe. "Fiquei olhando para ela a noite passada. Estava dormindo. Parecia um pouquinho com Sylvia, e precisei virar a cabeça porque tenho medo que ela morra ou que eu perca a guarda dela. Acho que é hora de falar sobre estupro estatutário e sobre como é nocivo: a injustiça de ter um filho com alguém com o dobro da minha idade. Sei que não parece tão grave quanto a ideia de um estranho agarrar e estuprar você à força, mas foi grave para mim e para nossa filha, que nunca ficará bem."

Estupro estatutário é um conceito muitas vezes mal utilizado. Um rapaz que entrevistei foi preso por ter sido surpreendido fazendo sexo com a namorada, uma menor de dezessete anos, seis meses mais nova que ele, que tinha dezoito, sendo por isso legalmente responsável, embora os pais da garota aprovassem o namoro. O princípio segundo o qual uma pessoa de mais de dezoito anos não pode ter relações carnais com alguém com menos idade pode ser bem difícil de defender em circunstâncias como aquelas. No entanto, é evidente que em muitas situações o estupro estatutário é estupro. É inegável a influência que homens como Martin podem exercer sobre garotas jovens que foram abandonadas ou maltratadas pelos pais.

Aos catorze anos, Sylvia parecia destruída por sua curta vida de abusos. "Ela se veste como um menino", contou Ashley. "Ninguém diria que se trata de uma menina. Ela é suja e cheira muito mal. Tem sintomas psicóticos." Ao falar nisso, Ashley começou a chorar, depois a gaguejar. Pedindo desculpas, prosseguiu: "Na última vez em que estive com ela, falou que estava ouvindo vozes. Uma das coisas que ela me disse foi que o pai sempre se aproximava quando ela estava trocando de roupa, ou no chuveiro, e por isso ela não tomava mais banho nem mudava de roupa".

Ashley não pode mais trabalhar porque cuida de Alicia o tempo todo; vive com menos de trezentos dólares por mês num apartamento para famílias de baixa renda. Embora já não veja Sylvia, ainda paga pensão por ela a seu antigo estuprador, com dinheiro que tira da pensão de Alicia. Ela se livrou de todas as fotos de Sylvia. "Tenho no corpo cicatrizes físicas dos abusos a que ele me submeteu", disse. "Ele a transformou em outra cicatriz. Nem posso olhar para ela. Eu a receberia de braços abertos, iria à terapia com ela, mas provavelmente não a deixaria ficar em minha casa. Ia ter medo que ela maltratasse Alicia. Gostaria de nunca tê-la tido. Se pudesse voltar ao passado, teria abortado ou dado em adoção. Não foi justo comigo nem com ela."

Uma pesquisa recente comparou "crianças nascidas de coação a uma arma no arsenal de poder e controle".[97] Muitas mulheres violentadas dentro de relacionamentos falam do estupro como meio usado pelo homem para mantê-las sob seu tacão, o clássico truque de dominação que consiste em manter a mulher "descalça e grávida". Muitas entrevistadas disseram, de maneiras diversas: "Ele me estuprava para me manter grávida o tempo todo, porque sabia que eu nunca deixaria as crianças" e "Ele se torna o dono da mulher quando ela tem um filho com ele — em parte, ele quer ter um bebê para controlar a mulher".[98] Como os filhos dessas mães são obrigados a presenciar cenas contínuas de violência sexual, têm maiores probabilidades de se traumatizar e de se tornarem tanto vítimas quanto perpetradores de abuso sexual.

Embora ninguém mereça ser vítima de estupro, os atos de uma mulher podem ter um enorme impacto sobre sua segurança. Contudo, há quem se coloque repetidamente em situações de extrema vulnerabilidade. Muitas pessoas são capazes de antever as coisas ruins que podem acontecer, mas algumas só conseguem reagir a eventos já ocorridos. Conversando com muitas mulheres que deram à luz filhos nascidos de estupro, impressionei-me com sua incapacidade de prever a probabilidade do perigo inerente a suas decisões. Todas as coisas ruins que lhes aconteceram, mesmo nas mãos de quem já as agredira, foram recebidas com surpresa. Elas não distinguiam as pessoas que mereciam confiança das demais. Não tinham a intuição a guiá-las e apresentavam uma cegueira para a falta de caráter até o momento em que esta se manifestava.

Praticamente todas as mulheres com essas características que conheci não tinham sido amadas ou protegidas na infância. No nível mais elementar, elas não sabem o que é o comportamento carinhoso, portanto são incapazes de reconhecê-lo. Algumas estavam tão carentes de amor e atenção que se tornavam alvos fáceis. A maior parte delas estava tão familiarizada com o abandono e o abuso que aceitava essas atitudes como normais quando apareciam em seu caminho; para muitas, abuso era sinônimo de intimidade. As que tentaram com afinco melhorar sua situação se viram simplesmente repetindo o passado, caindo na sordidez conhecida.

É difícil imaginar quem teria sido Mindy Woods se seu tio não tivesse começado a molestá-la quando ela tinha dez anos.[99] Ele vivia ao lado de sua casa, numa pequena cidade do Meio-Oeste. Molestou a irmã mais velha de Mindy durante nove anos, e a própria Mindy, semanalmente ou mais ou menos isso, durante sete anos, muitas vezes quando suas próprias filhas estavam presentes no mesmo cômodo. Ele começou molestando uma prima delas que era bem pequena, mas aos treze anos a menina pôs fim àquilo apresentando queixa. Um policial foi falar com Mindy, mas ela se negou a dizer qualquer coisa. O tio negociou um acordo entre a acusação e a defesa e se safou com prestação de serviços comunitários e pagamento de uma multa. "Minha avó via aquilo", lembrou Mindy, "e se limitava a chamar minha irmã e a mim de piranhas — piranhas de dez anos, bela ideia." Nos retratos de Mindy na terceira série, ela parecia um fiapo. No ano seguinte, quando começaram os abusos, ela dobrou de peso e no último ano do ensino médio pesava 125 quilos.

Mindy foi para a faculdade, mas voltou para casa três meses depois. Aos 21 anos, casou-se com "o primeiro cara que me deixava chorar a noite toda e só ficava a meu lado". Tentou ter filhos, mas não conseguia engravidar, nem tinha satisfação sexual no casamento. Divorciou-se aos 25 e saiu viajando pelo país com um caminhoneiro que conheceu pela internet, e acabou tirando carteira de motorista de caminhão. Na tentativa de ser subjugada por "senhores" poderosos, ela entrou no mundo BDSM (acrônimo de *bondage* [amarração e imobilização], dominação, submissão e sadomasoquismo). "Meu tio me fez assim. Ele moldou minha sexualidade", disse. "Não acho que queira ser vítima de novo. Acho que é mais complexo. Quero imaginar o que estava sentindo, o que passava pela minha cabeça, e por que eu deixava que ele fizesse aquilo."

Os relacionamentos BDSM são em tese determinados pela reciprocidade; o escravo consente em ser comandado por seu senhor, que supostamente o trata com respeito mesmo estando no comando de seu comportamento. Procurando um senhor desse tipo, Mindy descobriu pela internet um homem de Michigan que, por fim, mostrou ser um psicopata. "Você pode ser uma pessoa que castiga outra, que determina regras e espera ser obedecida, e mesmo assim ser uma pessoa amorosa", explicou Mindy. "Há uma diferença entre castigo e abuso. Espera-se que um senhor tenha amor e respeito pelo submisso. Isso se chama 'o presente da submissão'." O homem de Michigan sofria de disfunção erétil decorrente do diabetes e nunca teve intercurso sexual com ela; em vez disso, estuprava-a com objetos, inclusive um cabo de vassoura. Ele a mantinha trancada em casa e dizia que dava dinheiro aos vizinhos para que lhe telefonassem se ela tentasse sair. Ela levou três meses para fugir. Conseguiu ficar on-line o tempo necessário para encontrar "um lugar que acudia submissas que precisavam de ajuda", e essas pessoas levaram-na para um refúgio.

Quando saiu do refúgio, Mindy hospedou-se com uma amiga, Mamie, que estava para se casar e lhe pediu que fosse sua dama de honra. Mamie estava grávida e morava com o noivo, que flertava com Mindy de um jeito que ela tomou como amistoso. "Era na frente da futura mulher, e ela ria", contou, "então achei que estava tudo bem." Mindy caiu de cama com uma forte gripe pouco depois de chegar e começou a tomar xarope de codeína. Uma noite, acordou atordoada e confusa, com o noivo de Mamie fazendo sexo com ela, sussurrando em seu ouvido que ia engravidá-la. "Achei que era um pesadelo estranho causado pela codeína", disse. Como tinha aprendido com o tio a fingir que as agressões sexuais não tinham acontecido, Mindy acordou no dia seguinte e foi cuidar da vida como de costume. Da segunda vez, o homem pôs um travesseiro sobre seu rosto para evitar que gritasse. Da terceira, Mamie chegou bem na hora em que o noivo estava terminando, e ele disse que estivera fazendo uma massagem para a dor nas costas de Mindy. Ela continuou calada e submissa. "Eu estava tão assustada", contou. "Ele sabia que eu era extremamente vulnerável e sabia que eu não tinha dado queixa de meu tio, que não tinha dado queixa do idiota de Michigan — ele conhecia minha história de deixar as coisas acontecerem." Mindy continuou na casa deles e foi dama de honra no casamento.

Quando voltou para casa, Mindy foi ao ginecologista e disse que tinha sido estuprada. Descobriu que estava grávida. "Eu não tinha dinheiro para um aborto", disse. "Sabia que meus pais se afastariam se descobrissem. Minha mãe tinha 'aceitado Jesus'. Então, se eu quisesse permanecer com minha família, teria de ficar com a criança." Mindy entrou em grave depressão, e a fibromialgia de que sofria havia muito começou a se intensificar, provocando dores incessantes. "Se não estivesse grávida, provavelmente teria me matado", disse. "Pensei em suicídio a vida toda, desde a época de meu tio."

Aos quatro meses de gravidez ela conheceu Larry Foster, e quatro anos depois, quando fui apresentado a ela, ainda estava com ele. "Ele soube de tudo antes de resolver morar comigo", contou. Ficou na sala de parto enquanto ela dava à luz e deu seu sobrenome a Gretel. Mindy ficou aliviada por ter uma menina. "Não tinha tido muita sorte com homens", disse. Mindy, que pesa cerca de 135 quilos, usa ao mesmo tempo a coleira da submissão a Larry e o pentáculo que denota sua fé na religião neopagã Wicca. "Não sou nenhuma supercozinheira ou maníaca por limpeza, que faz tortas e usa vestidos, como a mãe e a avó dele, mas elas são relativamente receptivas", disse. Mesmo assim, ela se sente inepta para a maternidade. "Ser mãe é em parte exercer certa autoridade sobre uma criança. Sou submissa, não tenho autoridade."

Ter uma mãe que usa coleira, obedecendo a ordens, sem dúvida não ajuda muito na construção da autoestima de uma menina. Em casa, Mindy às vezes chama Larry de "Senhor". Gretel o chama de "papai". "Eu ficaria preocupada se ela o chamasse de Larry, como ficaria preocupada se o chamasse de Senhor, e para mim isso é só um problema normal de mãe", disse Mindy. Ela acha que vai acabar contando a Gretel sobre o pai biológico, "mas por enquanto quero que ela tenha apenas Larry como pai".

Mindy toma remédios para depressão, diabetes e fibromialgia. "Às vezes é difícil para mim ter ideias claras para construir uma frase", contou. "Há momentos em que não consigo erguer Gretel. Então me sento, e ela se arrasta para o meu colo, mas quando ela começa a correr de lá para cá, não consigo acompanhar. Há um abismo entre nós duas." A relação com Gretel tem um pouco do mesmo tipo de resignação que caracteriza as relações submissas de Mindy com os homens. "Ela é uma lembrança constante", disse. "É insistente, mas qual criança de três anos não é? Por várias vezes eu quis deixá-la numa esquina qualquer e ir embora. Quero atribuir a ela a culpa de eu não ter vida própria. Então começo a pensar, e tenho minha vida. Minha vida é ela. E, uma vez que me convenço disso, amo-a perdidamente." E, depois de tomar fôlego, Mindy acrescentou: "Ainda acho que devia ter abortado".

Mindy escreve poesia e prosa de ficção sobre o mundo BDSM, quase tudo sobre meninas devastadas de modo brutal por homens mais velhos. Para ela, sempre há alguma beleza na brutalidade — isso a atrai e repele, e ela escreve sobre a crueldade com um prazer sem alegria. "Às vezes choro por causa das coisas que escrevo", disse. É difícil não ver elementos da própria Mindy e de Gretel nas meninas torturadas dessas histórias, como é difícil não ver tanto a raiva e a ambivalência de Mindy em relação à filha como a raiva daquele pequeno ser que permitiu o abuso original.

Mindy vive num mundo em que a escolha e a impotência se confundem em grau extremo. Muitas de minhas entrevistadas que estavam criando filhos gerados em estupro tinham saído do trauma para uma vida ao menos superficialmente normal. Outras, como Mindy, ficaram à margem. Mindy representa a estranheza em que pode cair uma mulher depois de sofrer abuso sexual na infância. Algumas mulheres ficam prejudicadas a ponto de se alienar num grau muito profundo. Manifestam suas cicatrizes desaparecendo em mundos subterrâneos tão sórdidos e perturbadores quanto os acontecimentos de que foram vítimas. O dano tem consequências permanentes.

Muitos pais e filhos que conheci que tinham convivido com os obstáculos associados a sua excepcionalidade pretendiam afirmar suas experiências positivas e servir de modelo para outras pessoas. Muitos saíram da situação difícil transformados em pessoas melhores, desejosos de partilhar seus êxitos. Já as mães de filhos concebidos em estupro procuravam aprovação. Mesmo quando tinham construído laços parentais plenos, a identidade dos filhos não as transformou. A maior parte dos filhos concebidos em estupro sabe disso; eles percebem a sombra virulenta de perda que os envolve antes mesmo de virem ao mundo. Alguém que não pertença a uma condição dada, como a surdez e o nanismo, é capaz de repudiar o estigma ligado a ela, mas é quase inconcebível não sentir repulsa pelo estupro, e essa marca assombra as mulheres que o sofrem e seus filhos concebidos nesse ato. Quem, nesta época de determinismo genético, anunciaria que seu pai foi um estuprador sem esperar certo grau de perturbação decorrente disso?

Mesmo que o fato de ser filho de um estupro nunca se torne uma identidade festejada, pode se tornar mais aceitável em termos sociais graças ao tratamento que a educação, a justiça e a psicologia vêm dispensando ao assunto nas últimas décadas. Quanto menos proibido for o tema do estupro, mais facilmente suas vítimas conseguirão se encontrar, maior será a probabilidade de mães e filhos formarem as comunidades horizontais de que precisam. Mesmo sem esse apoio, algumas mulheres conseguem transformar o trauma numa boa maternidade — e umas poucas até acreditam que o ajuste de contas com a violência fez delas mães melhores do que qualquer outro passado menos apavorante teria feito.

Barbara Schmitz foi criada numa propriedade agrícola no norte de Nebraska na década de 1970.[100] "Minhas principais lembranças de infância são ter medo e me sentir muito, muito só", disse ela. Seu irmão, Jim, e a irmã, Elaine, eram cinco e sete anos mais velhos, respectivamente, e sua escola tinha apenas dez alunos, só um deles da sua idade. Sua mãe era violenta e imprevisível. "Ela costumava bater em Jim com um cabide de madeira, e eu ficava no fundo do corredor, me sentindo desamparada. Quando cheguei à idade em que era capaz de correr mais do que minha mãe, ela passou a torturar meu cachorro e meu gato na minha frente, para me obrigar a voltar, porque sabia que eu ia preferir apanhar a deixar que ela machucasse meus bichos. Até os animais que eu amava eram usados contra mim."

Seu pai praticava abuso sexual. Barbara se lembra dele a lhe mostrar o pênis ereto; outras lembranças são mais confusas e mais sinistras. Quando Elaine e Jim começaram a frequentar o ensino médio, muitas vezes ela passava a tarde em casa sozinha com o pai. "Ele tinha um quarto no porão onde havia um velho beliche, e lembro-me de ficar deitada nele, sabendo que a porta estava trancada, com meu pai ali. Havia uma janela acima de minha cabeça, e eu me imaginava virando uma ave branca e saindo pela janela." Sua região vaginal exibia uma inflamação crônica, e sua mãe lhe dizia para passar protetor labial. Quando Barbara tinha treze anos, sua mãe comprou para ela um vestido de alcinha para um casamento; Barbara o vestiu e estava sentada no balcão da cozinha, conversando com a mãe. "Meu pai se levantou, entrou no banheiro, que ficava no fundo do corredor, e quando olhei ele estava lá de pé, com uma ereção. Virei-me para minha mãe e ela disse: 'Cubra-se'. Quer dizer, minha mãe sabia."

Barbara se lembra de ter levado uma tremenda surra quando tinha nove ou dez anos. "Eu estava no chão, e ela chutava minha cabeça com um desses sapatos ortopédicos. Mordi o tornozelo dela e saí correndo para o porão, porque sabia onde meu pai guardava sua pistola. Ela foi atrás de mim, com os punhos fechados e uma expressão de ódio. Foi então que ela viu a arma, e o ódio de seu rosto deu lugar ao medo. Eu lhe disse: 'Se der um passo à frente, acabo com você'. Ela deu meia-volta e subiu a escada." Depois de bater na filha, a mãe fazia bolinhos. "Era seu modo de pedir desculpas", recordou Barbara. Se eu não comesse, era porque não gostava dela. Então engordei. Elaine é muito bonita e magra, e sempre tinha roupas novas, ao passo que eu estava sempre usando roupas que ninguém queria mais. Minha mãe a vestia e deixava que ela fosse líder de torcida e escoteira. Mas Elaine era boa para mim; as poucas vezes que me lembro de alguém me cobrindo ou me abraçando, era ela."

A melhor amiga de Barbara era sua border collie Abóbora. O pai dela obrigava-a a bater no animal com um chicote. Quando Abóbora teve filhotes e Barbara estava com nove anos, o pai meteu-os num saco de estopa junto com um tijolo e jogou-os num riacho. Barbara costumava subir a colina que havia atrás da casa em busca de paz e tranquilidade. "Eu conversava bastante com Deus", lembrou. "Era assim: 'Por que você deixa isso acontecer comigo?'. Fiquei zangada com Ele durante um bom tempo."

Ela lembra de si mesma como "uma criança malvada", que cortava a cabeça das bonecas e chutava a irmã mais velha sem motivo. "Em minha família, ser bravo era normal. Chorar, não." Quando ela era adolescente e torceu o tornozelo, o pai esbofeteou-a várias vezes, mandando-a calar a boca, porque tinha começado a chorar. Barbara ansiava por aprovação. "Você sabia que um cachorro prefere apanhar para chamar a atenção a ser ignorado?" Foi então que ela começou a carregar sacos de milho de vinte quilos e fazer outros serviços agrícolas pesados; como recompensa, o pai a ensinou a jogar pôquer e a pescar.

Barbara por fim saiu de casa para frequentar a faculdade, em Lincoln. Na semana em que os calouros aderiam às associações universitárias, ela foi a uma grande festa e um rapaz que parecia legal convidou-a para ver a casa de sua associação. Embebedou-a com cerveja. "Depois disso, o que me lembro é de estar na cama sendo estuprada", disse. "Lembro-me de que gritei 'Não!' e tentei reagir. Mas esta-

va muito bêbada, e ele era muito forte. Eu ainda tinha hímen e sangrei bastante."
Assim que ele a deixou, Barbara se arrastou para o banheiro e trancou a porta;
quando ela saiu, ele lhe entregou uma nota de cinco dólares. De volta a seu alojamento, ela tomou um banho de três horas e depois passou dois dias na cama.

Depois disso, sua nova vida na faculdade começou a desmoronar. Ela se
tornou bulímica, usando a comida para reprimir o sofrimento, como tinha aprendido a fazer na infância. Começou a beber compulsivamente e deixou de ir às
aulas. Poucos meses depois, conheceu Jeffrey, amigo do namorado de sua colega
de quarto. "Em pouco tempo nosso relacionamento enveredou pelo sexo", disse
ela. "Não havia ternura ou emoção, nem sequer era prazeroso para mim." Mas
ajudou-a a entrar nos trilhos, e ela e Jeffrey se formaram juntos. "Foi tipo 'Bem,
o que você quer fazer agora?'." Então eles se casaram. "Escolhi Jeffrey porque ele
era emocionalmente distante", disse ela.

Mudaram-se para Omaha e se atiraram a suas carreiras; Barbara trabalhava
75 horas por semana. "Era uma ótima maneira de evitar voltar para casa, porque
não havia razão para voltar para casa." Ela disse a seu médico que estava perdendo a energia, e ele receitou um antidepressivo. Isso a ajudou a ser mais aplicada
e dinâmica, mas ela voltou a beber demais, o que lhe entorpecia a grande ansiedade. Mesmo tendo horror à intimidade, era carente de afeto, de modo que começou a procurar casos extraconjugais. Numa sala de bate-papo on-line, encontrou um evangélico recém-convertido. "Ele falou muito de amor, e de coisas que
eram totalmente novas para mim", lembrou Barbara. "Ele me abriu as portas
para que eu aceitasse Cristo, o que é estranho numa sala de bate-papo sexual.
Depois disso, sempre houve a ideia de que Deus estava lá, em algum lugar." Uma
noite, ela foi ao banheiro e começou a chorar. "Ajoelhei-me e disse: 'Por favor,
antes de eu morrer, permita que eu saiba o que é o amor de verdade'."

Quando Dan O'Brien entrou na vida de Barbara, não muito depois, ela
achou que era a resposta a sua prece. Ela tinha arrumado um novo emprego,
numa grande empresa agrícola, e dava apoio a uma equipe de vendas no Pacífico
Noroeste. Precisava ficar no trabalho uma hora a mais por causa do fuso horário,
e Dan, um de seus clientes distantes, começou a ligar para ela no fim do dia. Ele
estava lutando pela guarda do filho de três anos, mandou fotos do menino a Barbara e lhe pediu conselhos. "Ele me fazia também uma porção de perguntas
muito pessoais. 'Por que você fica no trabalho até tão tarde? Por que não vai para
casa ficar com seu marido? Vocês não dormem mais juntos?'"

Barbara achou que enfim encontrara seu príncipe. Contou a Jeffrey tudo sobre ele, e, embora o marido tenha se ressentido de seu novo caso, a essa altura os dois tinham vidas tão separadas que não havia como ele exercer muita autoridade. Barbara e Dan conversavam durante horas todas as noites. "Dan era basicamente meu pai, tudo de novo", disse Barbara, "mas me dizia que eu era inteligente e alimentava meu ego. Ele me amava, queria casar comigo, queria ter filhos comigo. Ele teria se mudado para Omaha, mas tinha o filho pequeno e por isso me mudei para a Califórnia. Preste atenção: nunca tínhamos nos encontrado."

Por fim, ela disse a Jeffrey que estava indo para o Oeste para ver Dan, e ele levou-a ao aeroporto. "A realidade, é claro, não podia estar à altura de minha enorme fantasia", ela recordou. "Eu me sentia deslocada, quase como estivesse me vendo numa peça de teatro." Eles logo dormiram juntos, usando preservativos, e embora ela ainda não sentisse prazer no sexo tudo correu relativamente bem, até o dia em que tiveram uma discussão. "Ele me agarrou, me jogou no chão, arrancou minhas roupas e, antes que eu conseguisse entender o que se passava, estava dentro de mim. O que ele fazia me machucou. Depois disso, perguntou: 'Você gostou disso?' e foi para a sala ver TV."

De início, Barbara não admitiu para si mesma que tinha sido estuprada, mas sentia como se o mundo estivesse se dissolvendo ao seu redor. Ligou para Jeffrey e disse que estava indo para casa. Em Omaha, tentou fingir que nada acontecera, mas quando descobriu que estava grávida ligou para Dan e lhe contou, ainda acreditando que poderiam começar uma nova vida juntos. Dan a acusou de engravidar para que ele se casasse com ela. Ela nem considerou a possibilidade de abortar: "Eu não achava que a criança fosse real a ponto de pensar nisso." Em vez disso, apenas disse ao marido: "Estamos grávidos". Eles não faziam sexo havia meses, mas o mecanismo de negação em Jeffrey era tão forte quanto o dela, e ele aceitou a ficção.

A vida de Barbara tornou-se cada vez mais surreal. Dan ameaçava-a porque temia que ela lhe exigisse que sustentasse o filho. Jeffrey desempenhava o papel de futuro pai diligente, frequentando cursos para pais e levando-a à lanchonete no meio da noite quando ela tinha desejo de pão de batata. "Mas não havia amor nisso", lembrou Barbara. "Eu trabalhava durante o dia, ia levando. De noite, deitava no chão do banheiro chorando e pedindo a Deus que me matasse." Ela não entendeu cabalmente que ia ter um bebê até o momento em que foi para a sala de parto. "E quando vi Pauline, o que pensei foi 'Que merda, isso é um bebê!'"

Não lhe surgiram sentimentos maternais. Barbara amamentou a filha e cuidou dela, mas não o fez por amor. "Ela era encantadora, mas ao olhar para ela eu via Dan. Eu só queria morrer." Uma de suas amigas, que trabalhava no consultório de um psicoterapeuta, percebeu que Barbara estava péssima e marcou uma consulta para ela; Barbara não teve forças para dizer não. Depois de três meses em terapia, Barbara leu um livro sobre limites. "E lá estava eu, na página oito. Aquela mulher na casa dos trinta estava falando de coisas que o pai dela fazia. Como entrar no banheiro quando ela estava nua, ou urinar diante dela. E o livro dizia que aquilo era 'abuso sexual dissimulado'. Toda a minha vida senti que havia alguma coisa muito errada comigo. E de repente eu via que era uma coisa que haviam feito a mim, que eu não tinha podido evitar, e que por isso eu era daquele jeito. Acordei Jeffrey e fiz com que ele lesse aquilo. Ele olhou direto para mim e disse: 'Sempre achei que devia ter acontecido alguma coisa'."

Barbara e seu terapeuta começaram a falar sobre a infância dela, depois sobre Dan, e Barbara acabou identificando como estupro o que tinha acontecido. Por fim ela começou a sentir raiva de Dan, e quanto mais raiva sentia, com mais força amava Pauline. "Eu a amamentava chorando porque ela tinha vindo daquela coisa horrível, mas ela era tão linda!" O próximo passo seria admitir a relação de paternidade de Pauline com Jeffrey. Ele disse: "Há uma parte de mim que quer expulsar você e nunca mais vê-la, mas isso não é o que eu quero realmente. Então vamos resolver isso". Eles fizeram terapia de casal e mais tarde ele começou uma terapia individual. Quando entendeu num nível intelectual a relação de Barbara com Dan, fez as pazes com a situação e assumiu sua parte de responsabilidade naquele simulacro de casamento.

Jeffrey admitiu para mim que o resultado poderia ter sido outro se soubesse desde o início que Pauline era filha de Dan. "Mas ela já tinha seis meses quando descobri", disse, "e eu já amava aquela menina. Ela era minha, fosse qual fosse a biologia, e não podia desistir dela. Isso me ajudou a perceber que eu amava Barbara também." Barbara, por sua vez, vendo-o com Pauline nos braços, começou "a ver a verdade sobre Jeffrey — que ele era muito melhor do que eu pensava, e a verdade sobre Dan, que ele era muito pior".

Os pais de Barbara descobriram que Dan era o pai de Pauline porque ele mandou a namorada ligar para eles. Com todos na fazenda para comemorar o Natal, uma noite, quando Barbara e Jeffrey estavam sentados na sala com Pauline, a mãe de Barbara perguntou de repente: "Eu fui boa para você na sua infância?".

Barbara respondeu: "Não, não foi". A mãe disse: "Uma vez bati em você, mas você mereceu". Então, ela os mandou embora e disse que, se Barbara voltasse lá um dia, ela lhe meteria uma bala na cabeça. Um ano depois, o pai de Barbara mandou-lhe um cartão com uma foto dela sentada em seu colo. Ele dizia: "Vou sentir muita falta de acompanhar o crescimento de Pauline". Mais tarde, ele telefonou e disse: "Se não parar de dizer que abusei sexualmente de você, vou te matar". Mas Barbara já tinha feito uma discreta transição para o ativismo, que é incompatível com o segredo. Deu uma entrevista para um jornal municipal, foi fotografada para aparecer num projeto sobre mulheres vítimas de estupro e abuso. Por fim, com seu testemunho diante da assembleia legislativa de Nebraska, ela contribuiu para a aprovação de uma lei que abolia a prescrição de crimes sexuais.

Quando visitei Barbara e Jeffrey em Omaha, Pauline tinha seis anos; ela me pareceu uma menininha alegre, de trato fácil e meiga com os pais. Exigia a atenção deles, mas parecia satisfeita em explorar o ambiente e voltar. "Nunca tive a mais elementar formação em matéria de amor, nem mesmo de carinho", disse Barbara. "É como começar a aprender uma nova língua aos quarenta anos: bem mais difícil do que se você ouvir os outros falando essa língua desde criança." Ela estremeceu. "Uma vez, dei-lhe um tapa, e a expressão do rosto dela foi arrasadora. Foi o bastante para que eu entendesse: 'Está bem, nunca mais vou fazer isso'. Não quero me transformar em meus pais."

Barbara construiu uma família feliz sobre as ruínas de uma família disfuncional. Na época de nossa primeira conversa, ela e Jeffrey estavam casados havia dezoito anos. Ela estava aprendendo novas técnicas de sociabilidade junto com a filha. "Eu sempre esperava que as pessoas viessem a mim", disse. Então começou a tomar a iniciativa do contato, e ensinou o mesmo a Pauline. "Eu dizia a ela: 'O que você acha que seria uma boa maneira de fazer um amigo?'. Eu a levava ao parquinho e treinávamos. À medida que nos tornávamos pais dela, eu dava pais a mim mesma. Cheguei a um ponto da vida em que tinha de começar a viver como uma pessoa real ou simplesmente não ia querer viver. Quer dizer, dei vida a Pauline, mas de muitas maneiras ela me deu vida também. Pauline é livre para pensar por si mesma. Eu tive alguma liberdade, e fiz uma escolha também. Poderia ter sido como minha mãe, mas preferi me curar. Meu coração fica muito apertado por causa de toda a minha família, até mesmo por meu pai. Na verdade, eles não são maus." Barbara se lembrou de ter se ajoelhado no banheiro anos antes e suplicado a Deus que lhe permitisse conhecer o amor antes de morrer.

"Pensei que a resposta à minha prece fosse Dan", disse. "Mas agora sei que Pauline é a resposta. Pauline foi também o instrumento. Abri meu coração primeiro para Deus, depois para Pauline, depois para Jeffrey. Então fico pensando: 'Tudo bem, quem é o próximo?'."

A gravidez decorrente de estupro tem sido examinada especificamente no contexto de estupro em situações de genocídio. Se a meta de alguém fosse exterminar uma raça, pode-se imaginar que a tática mais adequada seria a esterilização forçada. No entanto, em muitos conflitos armados os conquistadores engravidam as mulheres do povo conquistado, que são obrigadas assim a ter bebês para os vencedores. Esse fenômeno comum é chamado *gravidez forçada*. Um relatório do Projeto Guerra e Identidade Infantil calcula que existe no mundo meio milhão de pessoas concebidas dessa forma.[101] A psiquiatra britânica Ruth Seifert escreveu: "O estupro de mulheres transmite de homem para homem, por assim dizer, a ideia de que os homens que cercam as mulheres em questão não são capazes de proteger 'suas' mulheres".[102] Susan Brownmiller fala dessa invasão em massa do corpo das mulheres como "um campo de batalha extracurricular".[103] Há uma grande diferença entre esses casos e as gravidezes que se originam de estupro em tempos de paz em países desenvolvidos, onde engravidar não implica que a mulher seja morta, expulsa de sua comunidade ou proibida de se casar. No Ocidente, é possível ocultar a origem de um filho, é possível dá-lo em adoção. As mulheres que aceitam e conservam consigo esses filhos muitas vezes encontram homens que não se importam com a origem deles. Mas os problemas étnicos em muitas zonas de conflito deixam as mulheres que engravidam em decorrência de estupro sem condições de esconder sua história. A família fica sabendo, a comunidade fica sabendo, a vida pregressa delas perde a continuidade.

O genocídio em Ruanda começou em 6 de abril de 1994, depois que o avião do presidente Juvénal Habyarimana foi abatido. Nos cem dias que se seguiram, 800 mil membros da minoria tutsi foram mortos. A carnificina em Ruanda foi diferente do que aconteceu no Holocausto nazista, em que as mortes foram higiênicas, sistemáticas e distantes. A matança foi perpetrada pelas *interahamwe* — milícias compostas de jovens da etnia majoritária hutu — e por agricultores, que usaram sobretudo implementos agrícolas, e continuou até que as forças tutsis recuperaram o controle de Kigali, a capital. Na atualidade, os hutus estão vivendo de novo sob um regime tutsi e se sentem escravizados pela minoria odiada, embora os tutsis detestem os hutus que assassinaram seus parentes. Em entrevistas oficiais, os ruandeses dizem *"Plus jamais"* (Nunca mais), mas em particular a maior parte das pessoas que conheci acha que outro levante é apenas uma questão de tempo.[104]

Segundo um dito ruandês, "uma mulher que ainda não foi espancada não é uma mulher de verdade".[105] A misoginia que permeia a cultura foi facilmente inflamada pela propaganda étnica.[106] Estima-se que no paroxismo do terror meio milhão de mulheres tenham sido estupradas, e depois deram à luz 5 mil crianças. Uma mulher disse que um membro das brigadas de jovens assassinos encostou-a numa parede, enfiou uma faca em sua vagina, cortou todo o seu revestimento interno e pendurou o tubo de carne sangrenta num pau diante da casa dela. Muitos hutus achavam que as mulheres tutsis — em geral altas, magras e altivas — eram arrogantes e por isso decidiram dar-lhes uma lição. Estupraram não apenas para humilhar e envergonhar suas vítimas, mas também como meio de exterminá-las: muitos desses homens são soropositivos e incentivados por seus líderes a contaminar o maior número possível de mulheres tutsis. Cerca de metade das tutsis que sobreviveram ao genocídio foi estuprada, e grande parte delas contraiu HIV.[107]

As crianças nascidas dos estupros no genocídio em Ruanda são chamadas *les enfants de mauvais souvenir*, ou crianças das más lembranças;[108] um escritor chamou-as de "herança viva de um tempo de morte".[109] A sociedade ruandesa culpa as mulheres, e por isso essas gravidezes foram "rejeitadas e dissimuladas, muitas vezes negadas, e descobertas tardiamente", segundo a dra. Catherine Bonnet, que estudou o problema do estupro em Ruanda.[110] Ela observou que as mulheres muitas vezes induziam o próprio aborto, tentavam o suicídio ou cometiam infanticídio. Algumas deixavam os bebês do estupro nas escadarias das igrejas; o país é semeado de orfanatos.

Para procurar entender a diferença entre os filhos do estupro em tempo de guerra e as crianças concebidas em estupros menos sistemáticos, viajei a Ruanda em 2004, no décimo aniversário do genocídio. Não consegui identificar mulheres que tivessem abandonado ou matado os filhos; as que conheci tinham ficado com eles. Muitas foram escorraçadas pela família, que não queria nada com "o filho de um *interahamwe*", e a maior parte delas lutava para sustentar a si mesmas e aos filhos. Os *enfants de mauvais souvenir* não são aceitos pelos hutus nem pelos tutsis, e alguns hospitais ruandeses chegam a se recusar a atendê-los. Jean Damascène

Ndayambaje, chefe do Departamento de Psicologia da Universidade Nacional de Ruanda, explicou que era considerado vergonhoso para uma mulher ter permitido o estupro para evitar a morte.[111]

Espérance Mukamana, que trabalha na Association des Veuves du Genocide Agahozo (Avega), uma associação de viúvas de Ruanda, disse que a maior parte dessas mulheres abandonadas "nunca sentiu amor verdadeiro por seus filhos. Elas gostam deles o bastante para mantê-los vivos, nada além disso".[112] Ndayambaje contou que uma mulher teve de ser fisicamente contida para que os médicos lhe fizessem uma cesariana, porque ela contraía com força os músculos da vagina numa última tentativa desesperada de impedir o nascimento. Quando os médicos lhe apresentaram o bebê, ela se pôs a dizer coisas desconexas e foi internada num hospital psiquiátrico. Algumas mães deram aos filhos nomes como Guerra, Filho do Ódio e Pequeno Assassino.[113] Segundo Espérance Mukamana, "as crianças sabem que as mães não as querem, mas não sabem por quê. Elas falam e as mães não as ouvem; choram e as mães não as consolam. Por isso desenvolvem comportamentos estranhos. Elas mesmas são frias e irrequietas".

Ao contrário do que acontece com a maior parte das vítimas de estupro, as de Ruanda têm o conforto de uma identidade horizontal e a solidariedade que isso proporciona como membros de um grupo específico. Alphonsine Nyirahabimana, que trabalha na Avega com vítimas dos estupros de guerra e com seus filhos, disse: "Ninguém pode esquecer o que aconteceu com elas, de modo que elas também devem lembrar em conjunto".[114] Algumas vítimas de estupro que engravidaram ganharam força nesse grupo de identidade para compensar a perda de sua antiga posição social. Segundo o professor Célestin Kalimba, chefe do Departamento de História da Universidade Nacional, entre os efeitos colaterais do genocídio surgiu em Ruanda um novo feminismo. "Grande parte da população masculina foi morta ou está na prisão", explicou, "e as mulheres tiveram de assumir papéis de importância."[115] As mães que sobreviveram à gravidez forçada saíram da guerra como vítimas, entraram numa cultura que continuou vitimizando-as e tiveram de lutar por uma nova sociedade — se não por elas mesmas, pelos filhos já tão castigados.

Aos 34 anos, Marie Rose Matamura narrou os acontecimentos de sua vida num tom monótono, com ar de completa resignação. Quando o genocídio começou, ela correu para a igreja, mas as milícias logo chegaram e, com consentimento do padre, mataram a maior parte das pessoas ali reunidas. Ela escapou, mas foi sequestrada por um hutu, que tomou a ela e à irmã como esposas. Isso não era raro. Muitos dos milicianos forçavam mulheres a serem escravas sexuais, usando cinicamente a palavra "esposa" como eufemismo para sua situação. A submissão de Marie Rose não a impediu de odiar seu captor. "Na estrada, escondida, você encontra um homem como esse", contou. "Ele simplesmente vai circulando pelo bairro estuprando as moças. A qualquer momento, esse homem podia me obrigar a aceitar seus amigos; eu era estuprada por muitos outros. Ele disse que tinha me contaminado com o HIV, de forma que não precisava perder tempo em me matar."

O sequestrador de Marie Rose fugiu quando as forças tutsis se aproximaram. Debilitadas e desesperadas, Marie Rose e a irmã ficaram em casa. Depois de um exame médico, souberam que de fato eram soropositivas e estavam grávidas. A irmã de Marie Rose morreu no Natal de 2001. Marie Rose trouxe o filho da irmã para criá-lo junto de sua própria filha. "Tento esquecer o que aconteceu e me concentrar em alimentá-los", disse. "Não consigo odiar minha filha ou o filho de minha irmã, embora nunca possa esquecer de onde eles saíram. As crianças às vezes me perguntam: 'Quem é meu pai?', e digo que eles não têm pai, nunca tiveram."

Marie Rose começou a apresentar lesões na pele e teve medo de que os vizinhos reconhecessem os sintomas da aids. "Não sei quem vai cuidar das crianças quando eu me for", disse ela. "Bato de porta em porta, perguntando às pessoas se têm roupa para lavar, e tranço o cabelo de mulheres hutus ricas que têm marido. Estou muito triste por saber que vou morrer — não por mim, mas pelas crianças. Algum dia, terei de lhes dizer a verdade. Fico o tempo todo pensando em como fazer isso, e preparo o discurso. Vou lhes dizer como devem se comportar e o que fazer se alguém tentar estuprá-los. Tenho medo do que eles podem vir a ser ficando comigo; tenho medo do que podem vir a ser sem mim."[116]

O estupro é usado como estratégia desde tempos remotos, e mais recentemente em pelo menos 36 conflitos, entre eles os de Bangladesh, Tchetchênia, Guatemala, diversos países africanos, Timor Leste e antiga Iugoslávia.[117] De acordo com um relatório da organização Human Rights Watch, "esses incidentes têm o claro objetivo de subjugar, humilhar e aterrorizar toda a comunidade, e não apenas as mulheres e meninas estupradas pelos milicianos".[118] Observadores ocidentais relataram suicídios em massa de chinesas grávidas depois dos estupros praticados no Massacre de Nanquim durante a guerra sino-japonesa de 1937, e muitos bebês filhos de japoneses foram objeto de infanticídio.[119] Depois do conflito de Bangladesh, o primeiro-ministro declarou "heroínas nacionais" as mulheres que tinham dado à luz crianças concebidas em estupro, mas mesmo assim muitas delas deixaram seus bebês em latas de lixo, e as que ficaram com os filhos nunca foram aceitas pela sociedade.[120] Depois da guerra do Kosovo, um rapaz de Pristina disse ao jornal *Observer*: "Se eu fosse normal, poderia ter ficado com a criança, ter aceitado minha mulher. Mas em nossa cultura a morte é melhor que o estupro. Não consegui aceitar minha mulher. Ela se tornou suja, má, o castelo do inimigo. Muitas mulheres foram mais sensatas. Guardaram silêncio, tiveram seus bebês em casa, e se forem ainda mais sensatas, matam seus bebês desprezíveis".[121] Uma das vítimas de estupro de guerra em Sarajevo disse: "Foi um parto difícil. Dói muito. Mas depois do que os chetniks fizeram comigo, não foi nada". Ela nunca sequer olhou o bebê. "Se alguém tivesse tentado mostrá-lo a mim quando ele nasceu, eu estrangularia essa pessoa... e o bebê também."[122]

A jornalista Helena Smith escreveu sobre uma mulher do Kosovo chamada Mirveta que deu à luz um bebê concebido em estupro. Mirveta tinha vinte anos e era analfabeta; com a gravidez, o marido a abandonou. "Era um menininho saudável e Mirveta o tinha gerado", diz a jornalista. "Mas o parto, o quinto de sua curta vida, não trouxe alegria, apenas medo. Quando a jovem mãe albanesa pegou o filho, preparou-se para o ato. Aconchegou-o ao peito, olhou nos olhos dele e torceu-lhe o pescoço." Em lágrimas, entregou a criança às enfermeiras. "Desde então, ela chora sem parar em sua cela do hospital penitenciário."[123]

Depois que os *interahamwe* mataram seu marido, Marianne Mukamana foi até a base da milícia e se ofereceu a eles, achando que era a única forma de salvar a filha de cinco anos.[124] Na semana seguinte, foi estuprada inúmeras vezes e teria sido morta se não fosse libertada pelas forças tutsis. Quando deu à luz uma segunda filha, nove meses depois do genocídio, sentiu uma onda de repulsa pelo bebê. Marianne era soropositiva, e sua segunda filha também. "Eu queria jogá-la longe", lembrou. "Mas então outro sentimento surgiu em mim." Ela decidiu que aprenderia a amar as duas meninas da mesma forma. Disse que sente a mesma coisa pelas duas filhas, mas quando lhe perguntei se abriria mão da mais nova, ela disse que sim. A mais velha é tutsi pura, e aparenta sê-lo. A mais nova tem a cor escura e os traços de uma hutu. Os vizinhos comentam que elas não podem ser irmãs de pai e mãe, mas Marianne diz às meninas que não acreditem nas mentiras que ouvem na rua. "Em meu leito de morte, elas vão me perguntar por que estarei morrendo tão jovem, e vou lhes contar tudo."

As duas competem pelo amor da mãe. Manda a tradição ruandesa que o filho caçula seja o mais querido, e para Marianne foi bem difícil cumprir essa expectativa cultural. "Vou morrer de aids, e minha filha mais velha ficará sozinha", disse. "A razão disso foi o estupro que gerou minha segunda filha. Como saber disso e não sentir raiva? Tento não pensar no passado, porque tenho medo dele, e não penso também no futuro, porque agora sei que o melhor é não ter sonhos."

Em vista do ônus associado ao fato de ficar com esses filhos em zonas de conflito — a perda da condição social, as reduzidas perspectivas de casamento —, o número de mães que fazem essa escolha é surpreendente. Mas embora muitas vezes tenham a boa intenção de permanecer com eles, nem sempre são capazes de prover seu sustento. "Fui usada feito um cavalo por soldados indonésios que me violentavam em turnos e me fizeram ter muitos filhos", disse uma sobrevivente de estupro de Timor Leste. "Agora já não tenho forças para dar a meus filhos um futuro melhor."[125]

Um relatório recente observa que os filhos de estupro "tornam-se o símbolo do trauma por que passou uma nação como um todo, e a sociedade prefere não admitir as necessidades deles".[126] Muitas vezes, eles enfrentam problemas legais. Em geral, a nacionalidade é transmitida pelo pai; sem ter pai, o filho pode tornar-se apátrida. Zahra Ismail, do Centro de Estudos da Paz da Universidade Europeia, explicou: "Isso cria um problema para que se garantam benefícios sociais a esses filhos, já que as leis internacionais sobre direitos das crianças se baseia na responsabilidade do Estado por elas".[127] No Vietnã, depois da guerra, os filhos mestiços eram chamados de "escória viva" e não tinham direito a educação e atendimento médico porque não haviam sido registrados pelos pais. Alguns se mutilavam na tentativa de parecer ou mais americanos ou mais asiáticos.[128] A

Croácia negou a cidadania aos filhos de bósnias vítimas de estupro que buscaram refúgio no país.[129] Filhos de kuwaitianas estupradas depois da ocupação de seu país pelo Iraque em 1990 permanecem sem cidadania.[130] Zahra Ismail afirma que esses filhos "são também, ainda que secundariamente, vítimas de estupro, às quais são negados direitos elementares". E continua: "Até agora, a gravidez forçada tem sido tratada como um problema exclusivo da mulher, sem atenção aos filhos nascidos da guerra. Isso não só os marginaliza como contribui para que sejam vistos como vítimas e, mais tarde, de alguma forma, lançados para o lado dos agressores".[131]

A Convenção das Nações Unidas sobre os Direitos da Criança sustenta que toda criança tem direito à nacionalidade.[132] No entanto, não se refere especificamente aos direitos dos nascidos de estupro nem contém garantias de tratamento igualitário a filhos nascidos fora do casamento. Há muitos estrangeiros dispostos a adotar essas crianças, mas governos constrangidos proíbem ou dificultam o processo em nome da identidade nacional. Os governos de países onde há pessoas que esperam adotar essas crianças muitas vezes praticam medidas que alimentam a vergonha. O Reino Unido, por exemplo, tentou facilitar a adoção de bebês dos Bálcãs concebidos em estupro, mas não deu às vítimas de estupro a oportunidade de imigrar.[133]

Pequena, olhos arregalados, tímida e triste, Marcelline Niyonsenga conserva a postura de uma criança importuna, erguendo o olhar ansioso como se esperasse permissão para continuar vivendo.[134] Quando a guerra começou, tinha dezenove anos e estava visitando parentes em Kigali. A casa deles foi atacada e pouco depois ela encontrou outra família com quem se esconder. O chefe da família, um velho, expulsou sua mulher e transformou Marcelline em escrava sexual. Depois de dois meses e meio, anunciou que tinha se cansado dela. Ela foi estuprada várias vezes e, mesmo relutante, encontrou refúgio com outro estuprador, um empresário que a levou consigo para o Congo. Quando ela soube que a guerra tinha acabado, pediu para voltar, mas estava grávida e o marido decidiu ficar com ela e a criança. Durante meses ela esperou que ele um dia viajasse a trabalho. Pegou 3 mil francos congoleses (cerca de cinco dólares) e convenceu um motorista de táxi a levá-la para Ruanda, onde o Alto Comissariado das Nações Unidas para Refugiados a socorreu. Depois do nascimento da filha, a quem ela deu o nome de Clémence Tuyisenge, seu útero lesionado teve de ser extirpado.

Desde o fim da guerra, Marcelline cuida da casa do irmão viúvo. Ele recusou-se a receber Clémence, que tem aids, em sua casa. Pelo menos o irmão não a abandonou, contou Marcelline, embora ela tenha sido estuprada e seja soropositiva. A menina fica com a mãe de Marcelline, que a visita uma vez por semana. Para Marcelline, mais preocupante do que falar com a filha sobre suas origens era a perspectiva de explicar-lhe que nenhuma das duas viveria muito tempo. O corpo de Clémence já apresentou erupções, que a mãe chama de "espinhas". Quando Clémence fica muito doente, a avó a entrega a Marcelline, que a leva ao hospital. Se ambas estão bem, riem juntas. Quando Marcelline fica doente, a menina se enrosca nela para confortá-la. Marcelline às vezes se pergunta se seria melhor a filha morrer antes dela; no final das contas, acha que sim. "As pessoas têm dó de mim porque tenho esta *enfant de mauvais souvenir*, mas ela é a luz da minha vida", disse. "Morrer aos poucos sem ter ao menos o consolo de um filho teria sido mil vezes pior. Estou morrendo, mas não estou só."

Uma mulher que conheci na periferia de Gitarama contou que um homem matou toda a família dela, inclusive o marido e três filhos, manteve-a como escrava sexual durante o genocídio e depois desapareceu. Ela deu à luz um filho, depois descobriu estar com aids; o filho permaneceu saudável. Sabendo que ia morrer, ela se preocupava por não ter parentes que cuidassem dele. Procurou o pai do menino na prisão — o homem que matara seu marido e seus filhos — e decidiu estabelecer um relacionamento com ele. Todos os dias levava comida caseira para ele na prisão. Ela não conseguia falar sobre o que estava fazendo sem olhar fixo para o chão.

Falando sobre o estupro de guerra, o bispo Carlos Belo, de Timor Leste, um dos ganhadores do prêmio Nobel da paz em 1996, disse: "Cerca de 3 mil pessoas morreram em 1999, um número não revelado de mulheres foi vítima de estupro e 500 mil pessoas foram desalojadas — 100 mil ainda não voltaram". Susan Harris Rimmer, da Universidade Nacional da Austrália, observou que, enquanto outras atrocidades de guerra são contabilizadas, o número de mulheres submetidas a estupro e gravidez forçada continua sendo em geral uma estimativa. A expressão "número não revelado", em sua opinião, é ao mesmo tempo literal e metafórica.[135]

Desde 1869, a Convenção de Genebra reconhece o direito a atendimento médico a doentes e feridos em combate, e muitos afirmam que o aborto para as vítimas de estupro se enquadra nesses parâmetros. O Conselho de Direitos Humanos das Nações Unidas considera que negar a uma mulher o direito ao aborto depois de estupro constitui tratamento cruel e desumano. Mas nos Estados Unidos continua vigente a Emenda Helms, de 1973, segundo a qual "nenhuma verba de assistência externa poderá ser usada para a realização de aborto como método de planejamento familiar ou para incentivar ou coagir qualquer pessoa a praticá-lo".[136] A interpretação mais aceita dessa linguagem é que qualquer país ou organização que receba ajuda dos Estados Unidos está proibido de discutir ou proporcionar aborto mesmo a mulheres grávidas devido a estupro de guerra. "A verdade é que quase todas as mulheres grávidas de estupro de guerra prefeririam abortar", diz Janet Benshoof, presidente do Centro de Justiça Global. "No Congo, 40% das vítimas de estupro são crianças. Se você tem treze anos, como vai ter um filho? Os índices de mortalidade são inacreditáveis. As Nações Unidas calculam que 20% das mulheres estupradas em conflitos e impedidas de abortar tentam provocar o aborto sozinhas — esse número não inclui as que preferem se matar."[137] O governo americano fornece os chamados kits de higiene para tratar mulheres que praticaram um autoaborto malfeito, segundo Janet, "e, portanto, sabemos perfeitamente o que está acontecendo. Esses estupros têm finalidade genocida, e obrigar suas vítimas a terem filhos é facilitar o genocídio".[138]

Alphonsine Mukamakuza é alta e expressiva, com toda a graça e a beleza de traços finos que caracterizam as tutsis.[139] O imobilismo que afligia muitas das mulheres que entrevistei não a tocara; ela era capaz de rir agora e de soluçar daqui a minutos. Morava numa choupana de barro na periferia de Kigali, mobiliada de modo inverossímil com uma poltrona de avião escorada num canto e duas cadeiras de madeira quebradas. A única iluminação vinha de uma rachadura entre a parede e o teto. Apesar da pobreza, estava impecável em seu vestido longo de algodão estampado e um turbante que combinava com ele. Alphonsine tinha vinte anos quando começou o genocídio. Ela achava que a barbárie eclodira apenas em sua aldeia, por isso fugiu para a casa de parentes numa aldeia vizinha. A matança estava em curso lá também, então ela e seus parentes decidiram cruzar a fronteira e buscar refúgio no Burundi. Estavam perto do destino quando começou o tiroteio. Alphonsine continuou correndo, enquanto o resto de sua família era abatida a tiros. Ela se refugiou na casa de uma senhora, que prometeu escondê-la. Naquela noite, o filho da dona da casa, um *interahamwe*, esteve lá. Quando viu a mulher elegante a que sua mãe dera abrigo, anunciou que faria dela sua "esposa". Durante três semanas estuprou-a sistematicamente, e ela fez o que pôde para acalmá-lo, porque sem sua proteção talvez fosse morta.

Um mês depois, Alphonsine percebeu que estava grávida. Depois do nascimento do filho, Jean-de-Dieu Ngabonziza, sua vida se tornou cada vez mais difícil. O homem com quem foi morar exigiu que ela "se livrasse da criança" ou fosse embora. Alphonsine deixava claro para o filho que ele era um peso, espancando-o sem piedade e às vezes pondo-o para fora de casa. Se estavam em público, ela lhe dizia: "Me chame de tia. Nunca me chame de mãe". Enquanto isso, seu companheiro a espancava dia e noite. Por fim, ela reuniu coragem para deixá-lo e se instalou na favela em que a encontrei. "E então", lembrou Alphonsine, "vi que meu menino era tudo o que eu tinha. Às vezes, apesar de tudo, ele ria, e como ele ria comecei a gostar dele."

O Estatuto de Roma,[140] que em 1998 instituiu o Tribunal Penal Internacional (comumente chamado tribunal de crimes de guerra), inclui entre os crimes contra a humanidade "o confinamento ilegal de uma mulher que tenha engravidado pela força com o intento de afetar a composição étnica de uma população ou de cometer graves violações da lei internacional". Nada se fala do dano causado às vítimas; a preocupação principal é punir os agressores, sobretudo os do alto escalão que implantaram as campanhas de estupro. O Tribunal Penal Internacional para Ruanda teve um grande avanço em 1998 ao declarar culpado de crimes contra a humanidade e tortura um prefeito que encorajara a polícia a estuprar mulheres tutsis.[141] Foi a primeira vez que a gravidez forçada foi reconhecida como forma de genocídio. Mas o estatuto e o precedente legal estipulam que a questão é o intento genocida, e não o estupro em massa. Para as mulheres que engravidam de estupro, porém, a análise dos motivos é irrelevante; para seus filhos, não tem o menor sentido. "Homens vítimas de tortura são recebidos por sua comunidade como heróis", disse Janet Benshoof. "Mulheres vítimas de tortura são vistas como prostitutas que desonraram suas famílias." No Iraque, mais da metade das mulheres que se declararam vítimas de estupro no ano que se seguiu à invasão americana foram mortas pelas próprias famílias.[142]

Juristas se esforçaram para estabelecer mecanismos de proteção a mulheres violentadas durante a guerra, mas pouco se fez em relação aos filhos resultantes de estupros, vítimas frequentes de maus-tratos, abandono ou de ambos. Susan Rimmer afirmou que eles deveriam ser considerados veteranos de guerra, "aceitos publicamente como credores do governo em vez de vistos como produto do crime ou do pecado".[143] Essa reformulação daria a eles uma pensão; reconheceria a bravura das mulheres e as dificuldades de seus filhos. Jeanne Muliri Kabekatyo, gerente regional da organização Heal Africa, que trabalha com essas mães na criação de laços com os filhos, diz: "Queremos fazer dessas crianças artesãs da paz".[144]

O porte ereto e digno de Christine Uwamahoro não era comum entre as mulheres violentadas em Ruanda.[145] Ela tinha dezoito anos e morava em Kigali quando a matança começou. Um dos *interahamwe* irrompeu em sua casa e disse: "Tire a roupa e deite-se, se não mato você e sua família". Ele voltou muitas vezes, e depois de cada estupro o pai dela lhe dava dinheiro para que ele fosse embora. A família fugiu, mas em pouco tempo chegou a uma ponte onde havia uma barreira. Ficaram ao lado da estrada durante duas horas, vendo outras pessoas sendo massacradas. Quando caía a noite, um dos *interahamwe* aproximou-se com um olhar assassino e eles correram, mas a mãe de Christine hesitou. Seu irmão tentou ajudar a mãe. Por cima do ombro, Christine viu os dois sendo esquartejados com machetes. Christine e o pai caminharam cem quilômetros até a cidade de Gisenyi, escondendo-se durante o dia e avançando furtivamente pela estrada durante a noite. Quando chegaram, a matança já estava lá. Caminharam mais alguns quilômetros e chegaram ao Congo, onde esperaram que a guerra acabasse. Foi lá que Christine descobriu que estava grávida.

Ela receava ter sido contaminada com o HIV, mas nunca conseguiu fazer o teste. Esmurrou a filha recém-nascida de puro ódio e deu-a a seu pai para nunca ter de vê-la. Mesmo dez anos depois, a existência da criança entristecia Christine. Ela visitava sua única irmã sobrevivente todos os dias, mas via a filha no máximo uma vez por mês.

Ao contrário da maior parte das mães de *enfants de mauvais souvenir*, Christine se casou. Seu novo marido é um congolês polígamo que tem outra esposa. "Eu não poderia me casar com um ruandês depois do que aconteceu, nem mesmo com um tutsi", ela explicou. "No início, quis esconder minha história de meu marido, mas acabei contando tudo e ele foi muito bom. Quando fico triste, ele me leva para um passeio. Quando tenho lembranças repentinas e pesadelos, o que sempre acontece, ele me faz lembrar que eu podia ter sido morta e me consola." Ele chegou a propor que a criança concebida em estupro morasse com eles, mas Christine não quis.

Às vezes pergunto a minhas entrevistadas, sobretudo às que parecem mais destituídas de direitos, se querem me fazer alguma pergunta. O convite à inversão de papéis ajuda as pessoas a se sentirem menos cobaias. Em Ruanda, as questões dessas mães costumavam ser as mesmas: Quanto tempo você vai passar no país? Quantas pessoas você vai entrevistar? Quando vai publicar o resultado da pesquisa? Quem lerá essas histórias? No fim de minha entrevista com Christine, perguntei se ela queria fazer alguma pergunta. "Bem", disse ela, hesitando um pouco, "você escreve sobre essa área da psicologia?" Assenti. Ela inspirou profundamente. "Você seria capaz de dizer como faço para gostar mais de minha filha? Gostaria de amá-la muito, e tentei de tudo, mas quando olho para ela revejo o que me aconteceu e isso interfere." Uma lágrima correu-lhe pela face, mas sua voz tinha quase um tom de desafio quando ela repetiu a pergunta: "Você pode me dizer como faço para gostar mais de minha filha?".

Só depois, já tarde demais para dizer a Christine, fiquei surpreso pelo fato de ela não perceber quanto amor havia na pergunta que fez. É aquilo que qualquer mãe se pergunta, qualquer mãe que conviva com um filho concebido de uma ignomínia, que quer desentranhar a própria dúvida. Isso leva diretamente à questão sobre até que ponto o amor materno está inscrito no DNA dos mamíferos, até que ponto é uma questão de convenção social e, até que ponto, resultado de uma determinação pessoal.

Mais do que quaisquer pais que convivem com filhos excepcionais, as mulheres que têm filhos concebidos em estupro tentam reprimir a obscuridade que há dentro delas para levar luz à prole. Para nenhum outro tipo de família excepcional existe menos apoio sistemático do que para este. As mães e seus filhos precisam de uma identidade comunitária, um lugar para encontrar dignidade além da que se pode obter no mundo fragmentado do apoio pela internet. Os filhos de que falamos no restante deste livro carregam feridas; já estes, sem nenhum defeito próprio, *são* as feridas. Mas a provação que lhes dá origem não endurece o coração dessas mães tanto quanto elas temem. O amor materno pode dominar essas mulheres, mesmo que façam de tudo para impedi-lo.

10. Crime

Ao contrário da maior parte das situações tratadas neste livro, a criminalidade é de responsabilidade da criança, algo que ela fez deliberadamente e por opção. É também de responsabilidade dos pais, algo que eles poderiam ter impedido com uma educação moral decorosa e a vigilância adequada. Essa é, pelo menos, a concepção popular, e assim os pais de criminosos vivem num território de ódio e culpa, lutando para perdoar os filhos e a si mesmos. Ser ou ter um filho esquizofrênico ou com síndrome de Down costuma ser visto como uma desventura; ser ou ter um filho infrator é visto como erro. Os pais de filhos deficientes recebem ajuda do governo, mas os pais de infratores muitas vezes são incriminados.

Se alguém tem um filho anão, nem por isso se torna um anão; se tem um filho surdo, sua própria audição não sofre prejuízo algum. Mas um filho infrator representa ele mesmo uma acusação contra seus pais. Os pais cujos filhos fazem tudo certo ficam com o crédito por isso, e o oposto da autocongratulação deles é a recriminação dirigida aos pais de crianças que fazem coisas erradas. Infelizmente, ter pais virtuosos não é garantia contra a criminalidade. No entanto, esses pais se acham diminuídos do ponto de vista moral, e a culpa os torna incapazes de ajudar — às vezes até de amar — a prole criminosa.

Ter um filho com deficiência física ou mental é uma experiência social, e a pessoa é amparada por outras famílias que enfrentam os mesmos problemas. Já ter um filho que está sempre sendo preso em geral impõe um isolamento. Os pais de menores infratores em visita aos filhos internos em instituições podem queixar-se entre si de forma solidária, mas, fora das comunidades em que a ilegalidade é a norma, essa é uma infelicidade que não gosta de companhia. Os pais de infratores têm acesso a poucos recursos. Não há guias coloridos que postulem um lado positivo no fato de ter um filho que infringiu a lei; tampouco uma versão atraente do texto "Welcome to Holland" foi adaptada para essa população. Essa carência tem suas vantagens: ninguém banaliza aquilo por que você está passando; ninguém enfeita escolas especiais com papel crepom colorido para transformar seu pesar numa festa. Ninguém tenta persuadir os pais de que a única resposta afetuosa ao crime do filho é a alegria, nem os incita a festejar aquilo que eles querem lamentar.

Milhares de instituições foram criadas para aliviar os problemas decorrentes de grande número de identidades horizontais: escolas para surdos, programas de integração, hospitais para esquizofrênicos. A maior parte dos menores infratores é internada em instituições públicas mais voltadas para punir do que para reabilitar. Muitos deles não podem ser recuperados; a ideia de uma reabilitação praticamente universal é uma fantasia liberal. Entretanto, há um bom número de jovens condenados em quem o dano é pontual, o que leva ao imperativo moral de tratar todos eles. Um oncologista pode tolerar a morte da maior parte de seus pacientes por causa dos muitos que ele salva; se pudéssemos redimir ainda que 10% de futuros criminosos de carreira, reduziríamos o sofrimento humano e economizaríamos em processos judiciais e cadeias. A pena de prisão se baseia na crença popular de que quanto mais punirmos pessoas, mais seguro se torna o país.[1] Isso lembra a suposição de que quanto mais você surrar seus filhos, melhores eles serão.

Os três princípios que norteiam o encarceramento são a dissuasão, a incapacitação e a retribuição. A dissuasão funciona até certo ponto: a perspectiva de ir para a cadeia pode desencorajar quem estiver planejando um crime, mas isso acontece menos do que a população em geral supõe. A organização Fight Crime: Invest in Kids, integrada por mais de 2500 delegados, chefes de polícia, promotores e outros membros do sistema judiciário, diz: "Os que estão na linha de frente de combate ao crime sabem que é impossível fazer da detenção e da reclusão o modo de resolver o problema do crime".[2] Uma meta-análise que comparou mais de duas centenas de estudos concluiu que, enquanto os melhores programas de reabilitação — terapia comportamental, adoção de programas de família — conseguiram uma redução de 30% a 40% na reincidência mesmo para crimes graves,[3] as terapias punitivas tiveram resultados nulos e até negativos.[4] Os Institutos Nacionais de Saúde dos Estados Unidos advertem: "Táticas de intimidação não funcionam e podem agravar o problema".

A incapacitação funciona porque, uma vez atrás das grades, não se pode cometer outros crimes com facilidade. Mas, a menos que se pretenda manter os criminosos na cadeia pelo resto da vida, persiste o problema sobre como eles se comportarão quando forem libertados. As penitenciárias em geral são focos de contágio, lugares em que réus primários aprendem a prática de crimes com parceiros mais experientes. Joseph A. Califano Jr., presidente do Centro Nacional de Drogadicção e Toxicomania da Universidade Columbia, afirmou há pouco tempo: "As unidades do sistema prisional para jovens tornaram-se escolas de criminalidade que abrem caminho para novos crimes e para a reclusão de adultos".[5] Mais de 80% da população carcerária de menos de dezoito anos será presa de novo num intervalo de três anos após a libertação.[6] Se quiser que seu filho fique fora da cadeia, mantenha-o longe dela, pois, se entrar, provavelmente ele voltará para lá muitas vezes.

Retribuição é um eufemismo palatável para *vingança*, ou seja, a satisfação que uma pessoa ofendida sente ao ver seu algoz castigado. A retribuição é um meio de gratificar as vítimas; elas se sentem impotentes, e ver os adversários presos ou executados às vezes faz com que se sintam recompensadas. Isso tem um mérito limitado; as entrevistas com pessoas que lutaram para fazer com que outras fossem executadas deixam claro que a execução não proporcionou a satisfação imaginada.[7]

Cora Nelson sofreu maus-tratos físicos e verbais na infância, na zona rural de Minnesota.[8] Seu casamento precoce, que lhe deu duas filhas, Jennifer e Mandy Stiles, foi um desastre. Aos vinte e poucos anos, ela teve câncer de colo de útero e lhe disseram que nunca mais engravidaria. Quando ela se apaixonou por Luke Makya, um descendente de indígenas bonitão e alcoólatra, ele lhe disse que não se importava com o fato de não ter filhos. Foi então que, para assombro de seus médicos, Cora engravidou e deu à luz aquele que ela chamou de "bebê do milagre", Pete. Para Jennifer, a menina mais velha de Cora, o irmãozinho era "minha boneca viva que falava e andava". Luke, no entanto, abusava cada vez mais da bebida e se tornava mais cruel. "Alguma coisa aconteceu com ele", lembrou Jennifer. "O homem bom com quem minha mãe se casou, de quem todos nós gostávamos, deixou de existir."

Quando Luke ficava violento, Jennifer levava Pete para sua cama, para protegê-lo. Mesmo assim, o menino viu a mãe ser espancada e sufocada, e foi maltratado também. "Havia dias bem ruins, mas havia dias bons", lembrou ele. "A primeira vez que atirei com um fuzil, estávamos estourando latas que boiavam na água, e acertei a primeira em que mirei. Ele simplesmente me ergueu nos braços, como se estivesse orgulhoso de mim." Certo dia, Luke esgueirou-se até a cama de Jennifer e pôs a mão na coxa dela; Jennifer, que já tinha sido vítima de abuso sexual por um cuidador aos seis anos, expulsou-o. "Tenho mais lembranças boas desse homem do que ruins", disse ela, "mas as ruins são *muito* ruins."

Certa noite em que estava de porre, Luke bateu muito em Pete e depois saiu para os bares. Para Cora, foi o fim. Ela fez as malas e foi embora com Pete, que tinha seis anos, e Mandy, que era adolescente. Jennifer já tinha se mudado. Cora fez com que Luke saísse da casa deles e voltou para lá. Luke arrombou a porta, retalhou os vestidos de Cora e pegou suas armas. Ela conseguiu proteção policial e pediu o divórcio. Nos meses seguintes, Pete às vezes visitava o pai nos fins de semana, mas Luke normalmente estava bêbado. Cora começou a sair com Ethan Heinz, um mecânico de ônibus.

Uma semana antes que se concluísse o processo amigável de divórcio, Mandy chegou da escola e encontrou Luke sentado à mesa da cozinha. Ela ligou para a mãe, que chamou a polícia, mas Luke escapou antes que chegassem. Cora levou os filhos para ficar com Ethan. Alguns dias depois, quando voltaram, encontraram a porta aberta e chamaram a polícia. Mais uma vez, nada de errado foi encontrado. Cora pediu aos policiais que revistassem o porão. "Desceram, e lá estava ele", lembrou Pete. "Ele tinha uma escopeta, um fuzil .22 e um fuzil .30. Saiu com o fuzil na mão, como se fosse disparar. A arma estava emperrada, e ele não conseguiria acioná-la, mas os policiais não sabiam disso. Dispararam três vezes e o mataram." Cora e os três filhos estavam no andar de cima.

O plano de Luke era matar Cora e se suicidar. Deixou uma carta para o filho, dizendo que o que ia acontecer não era culpa dele, e que se alguma vez sentisse sua falta bastaria "olhar para a constelação de Órion, porque sou eu. Sempre o caçador, nunca a caça". Segundo Pete, "ele tinha depressão, mas não queria se tratar porque achava que o tratamento o faria abandonar o álcool, e ele amava o álcool mais do que qualquer outra coisa. Eu queria muito que ele tivesse escolhido a mim em lugar do álcool. Mas não escolheu".

Depois disso, Cora passava alguns dias bem, mas em outros, segundo Pete, "ela não conseguia fazer quase nada, e eu tinha de cuidar bastante dela". Era uma tarefa pesada para um menino de seis anos enlutado — sobretudo um menino que "sentia que se tivesse feito alguma coisa de outro jeito, talvez ele não tivesse tentado matar minha mãe". Pete sofreu com a perda. "Meu pai não era alto como eu", disse. "Mas esta jaqueta dele me serve perfeitamente. Eu a uso quando me sinto solitário."

A família toda foi morar com Ethan. "Quem ia querer ficar numa casa cheia de buracos de tiros?", disse Jennifer. Ela tinha engravidado quando cursava o ensino médio e abandonou a escola com o nascimento da filha, Sondra. Quando o relacionamento com o pai de Sondra chegou ao fim, ela e a filha voltaram a morar com a família. Jennifer começou a apresentar enxaqueca crônica. "Fiquei recolhida em meu quarto escuro durante anos", contou. "Se Sondra não ficasse no quarto comigo, acho que eu não teria feito nada por ela." Assim como Jennifer tinha cuidado de Pete quando pequeno, ele, aos seis anos, cuidava de Sondra. "Pete compensava a minha falta, dava atenção a ela", disse Jennifer.

Mas Pete vivia irritado e era fechado em si mesmo. Na terceira série, aborreceu-se com uma garota e espetou-lhe a coxa com um lápis. Começou a dar sinais de transtorno de déficit de atenção e hiperatividade (TDAH) e a ter problemas na escola, apesar de sua óbvia inteligência. A família se mudou para um agradável subúrbio proletário e o orientador da nova escola de Pete tentou combater sua falta de concentração com Ritalina. Mas o TDAH estava combinado a uma depressão grave, e o remédio tornou o menino mais agitado. Os antidepressivos lhe causavam hipomania. Nessa altura, tinha sido rotulado como problemático pelos professores.

Pete rejeitava Ethan como figura paterna; com o tempo, começou a se rebelar também contra a mãe. Cora tinha dificuldade para discipliná-lo. "Ela o amava tanto a ponto de não ver como ele era", contou Jennifer. Aos treze anos, Pete arrombou uma loja, roubou cigarros e foi indiciado por contravenção grave. Um ano depois, tentou sair do shopping center Mall of America com um skate roubado e foi para a cadeia por um breve período. Nessa altura, estava tendo problemas também por vadiagem. Cora pediu uma consulta psiquiátrica para ele a seu plano de saúde, mas negaram-lhe tratamento.

Pouco depois, Marcella, de nove anos, filha da melhor amiga de Jennifer, Annie, contou à mãe que Pete a beijara à força e tinha passado a mão em seu peito, insinuando que fizera mais que isso a Sondra. Annie logo ligou para Jennifer. "Lembro como se fosse hoje de ter vomitado logo depois", disse Jennifer. Naquela noite, ela inquiriu Sondra a respeito. "Abuso sexual completo, desde que ela tinha seis anos", disse Jennifer. "Meu irmãozinho, de quem eu havia cuidado, por quem eu teria dado a vida, tinha feito aquilo à minha filha." Ela chamou a polícia na mesma hora.

Cora disse a Pete: "Esta é sem dúvida a pior coisa que você poderia ter feito. Nunca imaginei algo tão ruim, e não posso pensar em nada pior. Mas agora eu sei. Ainda sou sua mãe, ainda gosto de você. Sabe o que mais? Agora pode ter certeza de que não existe nada que você não possa me contar". Ela lhe deu também um ultimato: ele deveria procurar ajuda e mudar de comportamento se quisesse voltar para a casa dela. Jennifer disse: "Minha mãe fez o que pôde. Ele não era capaz de dizer de que precisava, e nós não podíamos ler seus pensamentos".

O promotor quis que Pete fosse julgado como adulto, embora tivesse apenas quinze anos. Jennifer escreveu uma carta a favor dele, dizendo: "Meu irmão precisa ser punido, mas, mais do que isso, precisa de ajuda". Pete foi enviado a um programa para agressores sexuais, onde ficaria durante quase dois anos, e depois permaneceria em liberdade vigiada, o que significava que qualquer crime que viesse a cometer lhe valeria doze anos na penitenciária. Durante o programa, ele contou ao terapeuta que o pai de Sondra tinha abusado sexualmente dela antes dele; um especialista que entrevistou Sondra disse que o que ela sabia era "detalhado demais para ter sido inventado". Jennifer disse: "Incesto. Eu me senti como se estivesse num trailer, casada com um primo, num programa de baixaria da TV. É estranho — sofri abusos por parte do cuidador, depois de Luke; Sondra sofreu abuso do pai, depois de Pete. Dizem que um raio nunca cai duas vezes num mesmo lugar, mas não é verdade".

Pete trabalhou com empenho no Lar-Escola Condado de Hennepin, uma instituição para menores infratores em Minnetonka, Minnesota. Enquanto esteve lá, chorou a morte do pai pela primeira vez. Também disse a Ethan que gostava dele. "Ele nunca teria conseguido se abrir dessa forma se não tivesse sido obrigado", disse Cora. Pete interessou-se também pela escrita criativa e produziu uma coletânea de sonetos, realização surpreendente para um garoto com TDAH. Fisicamente, Pete intimida, mas na prisão tornou-se dócil e sereno. Quando se aproximava a data de sua libertação, disse Jennifer, "eu sentia muita saudade dele. E me sentia culpada por ter saudade dele, como se estivesse traindo minha filha". Ela ficou séria. "Meu irmão nunca mais terá oportunidade de ficar sozinho com algum de meus filhos. Mas quero que volte, quero mesmo."

O lar-escola marcou reuniões entre Pete e sua mãe, Jennifer e Mandy para que ele pedisse desculpas. Ele não viu as meninas porque elas poderiam ficar ainda mais traumatizadas com o encontro. Annie preferiu não ir. "Minha filha diz que, se Jesus Cristo pôde perdoar os pecadores que estavam a seu lado na cruz, ela pode perdoar Pete", contou-me Jennifer. "Eu disse: 'Prove que minha confiança em você tinha razão de ser'. E ele fez tudo o que eu pedi." Não obstante, ela temia que todas as consequências do abuso só se manifestassem plenamente na adolescência de Sondra.

Poucas semanas depois que Pete foi posto em liberdade, a família celebrou o Natal em casa de Cora, por sugestão de Sondra. Quando voltei a Minnesota, em maio, uma nova dinâmica tinha se instalado na família. Era um dos primeiros dias de primavera, um sábado. Pete, o noivo de Mandy e Sondra jogavam bola no gramado, enquanto os outros torciam no alpendre. Pete estava com dezessete anos; Sondra tinha onze. Por um momento fiquei chocado ao ver Pete indo para cima dela; não se percebia nenhum desconforto físico ou emocional entre ambos, o que era assustador. Mas a mudança positiva de Pete era indiscutível. "Aquele menino triste que morava aqui foi embora", disse Jennifer.

Pete fez várias visitas ao lar-escola, e perguntei por quê. "Lá dentro, fiquei muito amigo de um cara que sumiu da minha vida quando foi solto", contou. "Isso me doeu, e resolvi que não ia fazer a mesma coisa com os outros caras. Então passo lá uma vez por mês para ver as pessoas que me ajudaram." Jennifer disse: "Ele precisava de alguma coisa além do que podíamos dar, e a maneira que encontrou de pedir ajuda foi Sondra. É quase como se tivesse de acontecer — para salvá-lo, entende? Como se a coitadinha da Sondra fosse o cordeiro sacrificial". Um ano depois, ela me escreveu. "Esta semana enfim fui capaz de dizer a Pete que o perdoo. Eu não podia fazer isso até conseguir ver com meus próprios olhos que ele tinha mudado. Ele está realmente determinado a levar uma vida produtiva. Meu irmão, apesar de toda a sua fraqueza, é um rapaz surpreendente. Fico muito agradecida por conseguir enxergar isso."

Dois anos depois que conheci Pete, Jennifer se casou. Na véspera, houve um ensaio para a cerimônia e depois um jantar. Ela usava uma camiseta com o dístico LET IT BE, que parecia uma reflexão sobre o estado de espírito da família. Depois de comer, ficamos vendo Pete jogar beisebol. Num intervalo, ele se aproximou e foi abraçado por todos os presentes. Quando voltou ao campo, Cora virou-se para mim e disse: "Finalmente tenho o filho que sempre quis".

A dama de honra de Jennifer foi Annie; Marcella e Sondra foram as daminhas. Como Marcella ainda se sentia pouco à vontade na presença de Pete, ele tinha concordado em chegar mais tarde à recepção, quando ela estivesse livre para ir embora. Mas a menina preferiu não fazê-lo. Ela e Sondra desenharam um jogo de amarelinha no chão e, depois que a maior parte dos convidados tinha ido embora, o grupo principal, em traje de gala, começou a pular, inclusive Pete. Ele tinha cometido uma violação da intimidade; sua família mudou a natureza da intimidade, mas não sua intensidade.

Uma vasta pesquisa, com mais de 2 milhões de adolescentes americanos, constatou que, no ano anterior, um quarto dos entrevistados tinha usado ou portado arma de fogo ou faca, ou participado de algum episódio envolvendo armas.[9] Outras fontes indicam que nada menos que um em cada grupo de dez adolescentes praticou agressão física contra pelo menos um dos pais.[10] Cerca de 3 milhões de jovens — número equivalente a toda a população de Chicago — são detidos todos os anos, e 2 milhões deles são presos.[11] Os jovens são mais propensos a ser apanhados do que os criminosos adultos. Como todos os iniciantes, eles são um tanto incompetentes.[12] Cerca de 70% são julgados por tribunais juvenis; cerca de um terço fica em liberdade condicional e 7% são presos ou mandados para lugares que não sua casa.[13] A prisão se tornou, como disse uma crítica, "uma extensão da sala do diretor".[14]

Apesar desses números elevados, a taxa de crimes violentos cometidos por jovens vem caindo continuamente desde 1994.[15] A taxa per capita de prisão por crime violento entre jovens é hoje metade do que era então, e a taxa de prisão por assassinato nessa faixa etária caiu cerca de 75%. Entre as muitas explicações para a mudança estão o crescimento econômico dos primeiros anos do milênio; o fim da epidemia de crack; o aumento do número de prisões, que mantém muitos criminosos potencialmente violentos fora das ruas; e novos métodos de ação policial. É impossível obter estatísticas confiáveis sobre o crime a não ser por inferências a partir das estatísticas sobre prisões efetuadas. Períodos em que a polícia é pressionada pela sociedade a prender por qualquer crime se alternam com períodos de relativa leniência. Se as pessoas acreditam que há mais crimes, contratam-se mais policiais, o que leva a um maior número de prisões e à aparente confirmação da suspeita inicial.

Meninos que cometeram crimes juntos podem receber sentenças diferentes, dependendo do comprometimento da família. Uma juíza me disse que sempre dava sentenças menores a infratores cujos pais se mostravam como influências positivas, porque "esses meninos podem aprender, em oposição a destruir vidas outra vez". Um jovem que conheci foi condenado a dez meses, enquanto seu comparsa, até certo ponto por não ter apoio da família, pegou cinco anos. A ideia é plausível, mas a ironia é inescapável: a carência que incentivou a criança a cometer crimes agora prolonga sua sentença. A criminalidade juvenil resulta da combinação de genética, personalidade e inclinações do próprio jovem, comportamento e atitudes da família e seu ambiente social mais amplo. A ideia da semente ruim nos parece ultrapassada, mas é como se algumas pessoas nascessem sem um eixo moral, da mesma forma como algumas nascem sem o polegar. A genética da honestidade está além de nossa compreensão científica, mas, apesar de amor e apoio sem limites, algumas pessoas são feitas para a violência e a destruição, carecem de empatia ou têm uma visão turva da realidade. No entanto, na maior parte das pessoas o potencial criminoso precisa de estímulo externo para ser ativado. O psicopata extremado que se vê no cinema, movido por impulsos internos, é pouco comum.

Ainda assim, grande parte da legislação gira em torno da ideia de que jovens infratores são incorrigivelmente maus. Exceções de competência[16] — em que promotores ou juízes questionam a competência dos juizados de menores de modo a permitir que um caso seja transferido para um tribunal comum, que pode prolatar sentenças mais severas — tornaram-se cada vez mais frequentes.[17] O irônico é que, na maior parte dos casos, os jovens atingidos pela alteração de competência judicial não foram indiciados por assassinato ou agressão, mas cometeram crimes contra o patrimônio ou foram acusados por delitos relativos a drogas. Os juízes dos tribunais comuns, já sobrecarregados de processos, muitas vezes indeferem esses casos, mas em outras ocasiões usam critérios punitivos aplicáveis a adultos. Assim, a punição pode ser exageradamente branda ou severa.

Além disso, os juízes tendem a encaminhar para os tribunais comuns jovens que pertencem a minorias raciais, que não têm boa aparência ou que não têm apoio da família. Essas circunstâncias não justificam acusações mais pesadas. Na década de 1990, todos os estados americanos, com exceção de Nebraska, adotaram uma legislação que torna mais fácil o julgamento de menores por tribunais criminais comuns. O número de menores em prisões para adultos disparou. Em 2001, antes que a Suprema Corte decidisse que é inconstitucional impor a pena de morte por crime cometido antes dos dezoito anos, cerca de 12% da população carcerária nos corredores da morte tinha dezenove anos ou menos.[18]

O problema da alteração de competência é apenas a mais recente manifestação da atitude confusa do país em relação à punição e à reabilitação de jovens. O primeiro menor executado nos Estados Unidos foi Thomas Granger, em 1642, aos dezesseis anos, condenado por sodomizar um cavalo, uma vaca e diversos outros animais. Desde então, mais de trezentos menores foram executados; o mais jovem foi um menino de dez anos, em 1850.[19] Um relatório de 1819 da Sociedade de Prevenção do Pauperismo lamentava: "Aqui está uma grande escola do vício e da desesperança, com criminosos contumazes e empedernidos. E este é o lugar para a *recuperação*?".[20] Em 1825, a mesma organização tentou criar um ambiente ideal para a reabilitação no qual o "trabalho puro e simples" proporcionaria qualificação aos reclusos, que assim seriam recebidos de bom grado na volta à sociedade. O primeiro tribunal especial para menores foi instituído em Illinois no fim do século XIX, baseado num sistema subjetivo de julgamento de jovens infratores. O juiz de um dos primeiros tribunais de menores de Chicago declarou: "O problema para a decisão do juiz não é 'Este menino ou esta menina cometeu um ato ilícito específico', mas 'O que ele é, como se tornou o que é, e o que poderia ter sido feito em seu interesse e no interesse do Estado para salvá-lo de uma trajetória descendente'".[21] Em 1910, o juiz Benjamin Lindsey escreveu: "Nossas leis contra o crime são tão inaplicáveis a crianças quanto seriam inaplicáveis a idiotas".[22] No início do século XX, a tendência dos tribunais era adotar uma versão do *parens patriae* — o governo no papel de pai — com um Estado todo-poderoso agindo fora da esfera legal que regula os adultos.

Na década de 1960, começaram a se levantar vozes reformistas contra a arbitrariedade do sistema. Em 1967, a Corte Suprema examinou o caso de um jovem condenado por fazer ligações telefônicas de conteúdo sexual ofensivo a uma vizinha. Um tribunal de menores tinha condenado o jovem a permanecer até seis anos numa instituição do estado — embora um adulto condenado pelo mesmo crime pudesse livrar-se com uma multa de não mais de cinquenta dólares ou dois meses de prisão. Numa decisão histórica que ficou conhecida como *In re Gault*, a Corte Suprema revogou a sentença e assegurou aos menores infratores o direito de receber notificação sobre as acusações, de submeter-se a aconselhamento psicológico, à acareação e à invocação do direito de não produzir provas contra si mesmos. Escrevendo em nome da maioria, o juiz Abe Fortas declarou: "O fato de se tratar de um menino não justifica um julgamento de faz de conta".[23] A Lei de Justiça Juvenil e Prevenção da Deliquência,[24] de 1974, limitou o tempo durante o qual os menores poderiam permanecer presos sem julgamento e determinou que ficassem completamente separados de criminosos adultos. O governo Reagan defendeu um endurecimento dessas regras. O chefe da prevenção da delinquência juvenil do Departamento de Justiça reclamou que os tribunais tinham cedido ao "blá-blá-blá psicológico dos assistentes sociais".[25] Os estados começaram a usar o instrumento jurídico da exceção de competência, adotaram a pena de morte para alguns menores e registraram um aumento no número de jovens presos. No fim da década de 1990, quase metade dos jovens condenados estava na cadeia e não em comunidades ou programas de tratamento.[26]

A justiça para menores continua paternalista. Os policiais têm autoridade para liberar jovens detidos, e muitos deles são encaminhados aos pais com uma advertência. Ao longo dos últimos vinte anos mais ou menos, a esquerda, liderada pela União Americana pelas Liberdades Civis e organizações similares, lutou por processos mais adequados e direitos mais definidos para os menores infratores, mas a formalização resultante disso privou o sistema de sua tolerância anterior.[27] Uma pesquisa recente mostra que apenas um terço dos menores achou que seu advogado os ajudou. A direita, por sua vez, lutou por sentenças mais severas. A esquerda queria que as crianças tivessem os direitos dos adultos mas não suas responsabilidades; a direita queria o oposto. Os processos se arrastam, e os menores podem ficar presos até um ano sem julgamento, o que atrapalha muito seu desenvolvimento social e escolar. Embora os direitos dos presos sejam informados aos jovens por ocasião da detenção, pelo menos metade deles não tem ideia do que está sendo dito.[28] As sentenças são mais severas do que na era pré-*Gault*. Como disseram os especialistas em justiça para menores Thomas Grisso e Robert G. Schwartz em *Youth on Trial* [Juventude em julgamento]: "Os procedimentos para adultos introduzidos pela esquerda funcionaram como uma espiral em conjunto com medidas punitivas introduzidas pela direita para criar um tribunal juvenil inepto, hostil e com contradições internas".[29]

A maturidade não vem com a adolescência. Há muito tempo, leis estabelecem uma idade mínima para beber, votar, fazer sexo e dirigir. Hoje, a biologia oferece provas de que o cérebro do adolescente é estruturalmente diferente do cérebro adulto, o que justifica que se faça uma distinção entre o crime adulto e o crime juvenil. No córtex pré-frontal de um adolescente de quinze anos, as áreas responsáveis pelo autocontrole ainda não estão desenvolvidas. Muitas partes do cérebro não amadurecem antes dos 24 anos.[30] Embora todas as implicações dessa variação de características ainda não estejam determinadas, tratar crianças com parâmetros adequados a adultos seria uma ingenuidade do ponto de vista biológico. Por um lado, crianças que cometem crimes têm propensão a se tornarem adultos que cometem crimes. Por outro, menores que cometem crimes agem, até certo ponto, por um impulso decorrente do fato de serem menores.

Mais da metade dos menores presos tem resultado positivo para o teste de drogas, e mais de três quartos deles estão sob efeito de álcool ou drogas ao cometer crimes. O número de menores presos depois de usar álcool é o dobro em comparação com o de adultos; o dos que usaram maconha, o triplo; o dos que usaram ecstasy, sete vezes maior; o dos que usaram cocaína, mais de nove vezes maior; e o dos que usaram heroína, mais de vinte vezes maior. As estatísticas não esclarecem se essas substâncias de fato influenciam os menores a cometer crimes, se o abuso de drogas e a criminalidade são sintomas de um mesmo transtorno de personalidade, ou se as leis que restringem o acesso a drogas induzem seus usuários a atividades criminosas. Os números levam a crer, no entanto, que o tratamento de menores usuários de drogas é importante no combate ao crime. Infelizmente, apenas pouco mais de 1% desses presos recebe tratamento.[31]

Sophia e Josiah McFeely não faziam ideia de que o filho Chuck, de dezessete anos, sustentava o uso próprio de cocaína traficando, nem que andava pela zona sul de Boston carregando uma arma.[32] Por isso, ficaram perplexos quando ouviram um estouro numa noite em que Chuck e os amigos estavam em casa. Um deles tinha mostrado uma arma e de brincadeira propôs que jogassem roleta russa. Os demais tentaram detê-lo, mas ele apertou o gatilho e deu um tiro na cabeça. Josiah correu escada acima e só chegou a tempo de tomar nos braços o menino já moribundo. "Quando vou para a reabilitação", disse Chuck, mais de vinte anos depois, "revivo mil vezes aquele momento. Eu poderia tê-lo impedido, mas não o fiz."

Na faculdade, Chuck bebia e usava drogas pesadas. Repetiu todas as matérias e Josiah disse que não pagaria mais a mensalidade se ele não estudasse. Chuck voltou a traficar e pouco depois conheceu uma garota, Lauren, que também usava drogas. Uma noite em que ambos estavam drogados, assaltaram um posto de gasolina em Everett, Massachusetts, à mão armada e com máscaras. Chuck golpeou o dono com uma ferramenta. Josiah conseguiu-lhe um bom advogado e o juiz deixou-o em liberdade vigiada. "Chuck já tinha cheirado todo o dinheiro roubado", disse Josiah, mas ele e Sophia devolveram tudo à vítima. Para seu desespero, Chuck e Lauren se casaram — tinham 21 anos — e logo tiveram a primeira filha, Mackenzie. Chuck batia em Lauren quando estava drogado e foi preso duas vezes por agressão. Embora usassem drogas pesadas, sobretudo cocaína, e também outras drogas, tiveram em pouco tempo mais duas filhas, Madison e Kayla. Então, divorciaram-se.

As crianças ficaram com Lauren, que à noite desaparecia atrás de drogas. Por fim, o serviço social ameaçou tirá-las dela. Chuck levou as três meninas para a casa dos pais e mudou-se para lá, a fim de evitar que a guarda das meninas fosse dada a outra pessoa. Em pouco tempo, voltou a usar drogas e os pais lhe pediram que fosse embora. Um ano depois, pediram a guarda temporária das meninas. Sophia teve de deixar de trabalhar e ficou muito zangada. "Comecei a ter raiva de mim mesma", ela me contou. "Pelo amor de Deus, são suas netas. Mas não era o que eu tinha planejado."

Desde então, Chuck passou por catorze programas de reabilitação e frequentou reuniões e atividades sem conta nos Alcoólicos Anônimos; morou em abrigos para recuperados recentes e se submeteu a diversos processos de desintoxicação. Nunca conseguiu passar mais de nove meses sem uma recaída. Usava sobretudo cocaína e álcool, mas também heroína e OxyContin. Foi preso por violação de condicional, direção sob efeito de drogas, violência doméstica e pequenos roubos. Quando está limpo, é uma pessoa diferente, mas raramente fica limpo durante tempo suficiente para que essa outra persona ganhe relevância. Quando conheci Sophia e Josiah, Chuck tinha quase quarenta anos, e as netas estavam com eles havia dez. Chuck sente-se ao mesmo tempo confiante e irritado com a generosidade dos pais. Ficou furioso porque eles contaram às meninas que o pai usava heroína. "É muito angustiante para elas", disse, parecendo não entender que angustiante era o fato de ele usar drogas.

Nove anos depois, quando Josiah e Sophia estavam resignados à tarefa de tomar conta das três meninas, foram surpreendidos pela notícia de que a nova namorada de Chuck, Eva, estava grávida e ia ter o bebê. "Que diabos eles estão pensando?", disse Josiah. "Ela se droga e ele também. Ficam três meses limpos e ela engravida?" Quando a criança nasceu, Sophia viu que no berço havia o nome de Eva, mas não o de Chuck. Eva disse que tinha preferido assim para se candidatar à ajuda do governo para mães solteiras. "Pensei: 'Meu Deus, a que ponto chegamos!'", lembrou Sophia. "Eu não queria pegar o bebê. Dizia a mim mesma: 'Coitadinha, quem sabe o que a espera?'." No entanto, Mackenzie, Madison e Kayla não perdiam a esperança. "Ele voltou para a reabilitação", disse Sophia. "Elas ficam bravas, mas assim que o veem simplesmente se derretem. É uma tristeza ver como são leais." No Natal, Eva teve uma recaída e a criança ficou com sua mãe. "As meninas me diziam: 'Nana, você vai ficar com o bebê? Nós tomamos conta dela!'." Sophia recordou: "Como eu poderia? Agora?".

É difícil não se comover com a mistura de amor e angústia que Josiah e Sophia experimentam em relação às três netas que vivem com eles. Quando conheci as duas mais novas, fiquei tocado com a ternura que havia entre elas e os avós — uma ternura que ocultava o desespero que havia logo abaixo da superfície. "O problema é: será que desta vez estamos agindo certo?", disse Josiah. No começo da adolescência, Mackenzie começou a usar drogas, e Sophia passou a chamar a polícia. Depois de algumas prisões, Sophia foi ao juiz e disse que as coisas não poderiam continuar assim. O juiz perguntou se Sophia queria levá-la para casa, e a resposta foi: "De jeito nenhum". Mackenzie disse: "Você nunca fez isso com meu pai!". E Sophia respondeu: "Se eu tivesse sido mais sábia na época, teria feito, e talvez não estivéssemos todos nessa enrascada". Mackenzie foi para um abrigo temporário em Yarmouth, na época o único lugar no estado que tratava de adolescentes dependentes. Sophia e Josiah agora acham que a segunda neta, Madison, é dependente de nascença. Kayla, a mais nova, parece estar indo melhor, mas como tem apenas onze anos é difícil ter certeza.

"Minha mãe trabalhava como faxineira, limpava escritórios por um dólar e 35 centavos a hora", contou Josiah. "Tivemos de nos criar sozinhos. Depois criamos nossos filhos, e agora estamos criando nossos netos." Sophia disse: "Por muito tempo, achei que alguma coisa havia de melhorar e dizia isso às crianças. Mas agora já não tenho esperança. Antes nós nos perguntávamos: 'Quando isto vai acabar?'. Agora dizemos: 'Vamos tomar as coisas como elas são'. A onipresença do alcoolismo na família me faz me sentir melhor, de certa forma. Posso acreditar que seja genético. Se eu soubesse, não teria tido filhos. Chuck poderia se esforçar mais, mas sei que ele também não está bem. Uma vez eu lhe disse: 'Chuck, queria ter minha vida de volta'. E ele: 'E você acha que eu também não queria?'.".

Três quartos dos jovens presos têm algum problema de saúde mental, contra um quinto da população de nove a dezessete anos em geral.[33] De 50% a 80% dos menores presos apresentam transtornos de aprendizagem.[34] A criminalidade juvenil está associada também a baixo QI, impulsividade, ausência de autocontrole, dificuldade de relacionamento social, transtornos de comportamento e baixo desenvolvimento emocional. Essas predisposições se manifestam muito precocemente. Numa pesquisa feita com pais de bebês, pediu-se que eles descrevessem os filhos. Anos mais tarde, os pais voltaram a ser entrevistados. Os bebês considerados "difíceis" apresentaram duas vezes mais probabilidades de cometer crimes do que os considerados "fáceis".[35] Outra pesquisa longitudinal analisou meninos entre oito e dez anos considerados "problemáticos", e descobriu que eles tinham três vezes mais possibilidades de se tornarem adolescentes infratores do que o grupo controle.[36] É claro que para cada equivalência simples (bebês difíceis se tornam infratores) há possibilidades paralelas (mães que acham seus filhos difíceis criam criminosos).

Aqueles que recaem na delinquência total antes dos doze anos têm altíssimas probabilidades de se tornarem criminosos crônicos na idade adulta, e muito mais probabilidades de cometer crimes violentos do que aqueles em que o comportamento delituoso se manifesta mais tarde.[37] Isso pode decorrer do hábito: as regras da infância são especialmente difíceis de quebrar. Também pode ocorrer que algumas crianças problemáticas desde cedo careçam daquele polegar moral e estejam apenas manifestando algo tão básico em sua personalidade que pode ser quase impossível corrigir. Se numa criança a delinquência radica no hábito, intervenções precoces que interrompam esses hábitos podem ser positivas; se ela tem origem genética, essas intervenções terão muito menos probabilidades de sucesso. É claro que essas possibilidades não são mutuamente exclusivas.

No capítulo sobre a esquizofrenia, pude ver quantos esquizofrênicos há nas prisões; pesquisando para este capítulo, descobri quantas pessoas presas sofrem de alguma doença mental indeterminada. Juntar pessoas mentalmente instáveis à população carcerária global pode exacerbar seu comportamento destrutivo contra si mesmas e contra terceiros. Carol Carothers, diretora executiva da Aliança Nacional de Doenças Mentais do Maine, disse: "É difícil imaginar lugar pior para alojar uma criança que precisa de tratamento para sua doença mental".[38]

Brianna Gandy, cuja mãe era dependente de crack, nasceu com síndrome alcoólica fetal e foi deixada aos cuidados da avó.[39] "Chamo minha avó de 'mãe', porque assim ela não esquece que está cuidando de mim", disse Brianna. Seu pai era ausente. "Ele não trabalha; não vem me ver; não telefona; não me escreve", contou ela. "E como não sei onde ele mora, também não escrevo para ele."

Aos quinze anos, Brianna já tinha se metido em todo tipo de encrenca, mas era especialmente dada à vadiagem e à mentira. "Eu me levantava no meio da noite para roubar comida da geladeira", contou. "E sempre dizia para minha avó: 'Não fui eu, não fui eu', quando não podia ser mais ninguém." Aos catorze anos, Brianna começou a fugir. Ela se sentava num parque, à noite, até que alguém a convidasse para ir a sua casa comer algo. "Pessoas ao acaso", lembrou. "Algumas delas não podiam ter filhos e estavam sempre querendo uma criança. Então por algum tempo eu virava a filha delas." Ela andava também com traficantes e sem-teto. "Não gosto que me mandem fazer algo que não estou a fim de fazer."

Brianna estava presa por agressão, e quando se zangava era terrível. "Tive um episódio de agressão aqui", contou. "No abrigo de Harbor, agredi o diretor. No St. Joe's, agredi funcionários. No de St. Croix, agredi o diretor e funcionários." Havia algo muito estranho na calma com que ela relacionava suas agressões. "Quero ser chef ou encanadora", prosseguiu, como se essa afirmação fosse a continuação da anterior. "Se não encontrar um trabalho logo, vou fazer crochê para vender — em vez de vender drogas, o que já fiz, mas é muito enrolado. Já fiz duas camisetas de crochê, um chapéu, agora estou trabalhando numa bolsa."

Sua avó ficava perdida, sem saber como lidar com ela. "Desde que fui presa, conversamos mais sobre coisas pessoais", contou Brianna. "Disse a ela coisas que normalmente não diria, como o fato de ter sido estuprada... vamos ver... duas vezes. Quando tinha três anos, pelo vizinho; quando tinha treze, por meu ex-namorado." A avó sugeriu que ela entrasse para um programa de orientação vocacional. Apesar da pouca vontade que tinha de morar com a avó, a proposta magoou Brianna. "Eu me perguntei por que ela não me queria em casa quando eu sair daqui, se ela ainda gosta de mim", disse. Mas então acrescentou: "Eu queria que minha avó não gostasse tanto de mim, que me deixasse em paz e parasse de se meter na minha vida." Desejar e repelir o amor paterno é um paradoxo adolescente conhecido, mas Brianna parecia completamente alheia a qualquer inconsistência em suas afirmações.

Uma relação confusa com a realidade pode de fato levar a um comportamento criminoso — mas a depressão também pode. Jackson Simpson herdou as tendências depressivas da mãe, mas, enquanto ela manifestou a doença por meio do recolhimento e de problemas com a bebida, ele o fez mediante o fracasso e a agressão.[40] Jackson me contou que sempre teve "interesse por pessoas deprimidas", e apesar de pensar muito na doença da mãe, não percebia que o diagnóstico se aplicava a ele também.

Jackson entrou para uma gangue quando estava na quinta série; "acabei vendendo drogas, usando drogas, andando com armas", contou, "furtando, roubando — tudo o que você possa imaginar. Eu não tinha sido criado assim. Sabia que era errado, mas depois de algum tempo a gente começa a gostar da coisa, de verdade". No entanto, ele só cometeu o assalto à mão armada que o levou para a cadeia depois de ter sido rejeitado pelo time de basquete da escola. O sonho de sua vida era ser um grande jogador de basquete, mas a escola exigia dos integrantes do time notas acima de certa média, o que ele não tinha. Ficou tão perturbado que abandonou os estudos. Acabou entrando em outra escola, mas nunca se recuperou. Seus primeiros deslizes renderam-lhe um período de liberdade vigiada, mas depois do insucesso no basquete ele teve sérios problemas. "Ele sabia que estava errado e ficava furioso consigo mesmo por isso", disse sua mãe, Alexa. "Sua autoestima foi lá para baixo. Como não, se você se vê diante de um juiz de dois em dois meses? E continua fazendo coisas que sabe que estão erradas? Para mim, isso é uma forma de depressão."

Seis meses depois do caso do basquete, Jackson foi preso, acusado de atacar uma pessoa. Como tinha dezoito anos, as autoridades queriam julgá-lo como adulto. Mas depois de uma confissão com o propósito de obter um acordo extrajudicial, Jackson conseguiu ser condenado a cumprir um período num lar-escola.

"Eu sabia que isso estava piorando a depressão de minha mãe", disse. "No julgamento, ela chorava o tempo todo. Mal conseguia andar, meu pai teve de ajudá-la a entrar na sala de audiência. Eu podia ler aquilo em seu rosto. Eles estavam muito decepcionados."

Alexa disse: "Comecei a beber. Agora estou tomando antidepressivos". A depressão de Jackson também se agravou e trouxe consigo uma profunda indiferença. Ele teve transtornos do apetite e do sono, e tornou-se incapaz de fazer planos para o futuro. "Gosto de meus pais", contou. "Mas sempre achei que tinha sido adotado, porque quando eu era pequeno sentia que ninguém conseguia se relacionar comigo. Nem eu me entendia. Eu me achava muito diferente. E ainda me acho." O erro de Jackson trouxe seu próprio castigo. O que ele fez à mãe e como ele próprio se decepcionou — essas coisas lhe causaram tanto sofrimento que seu confinamento numa cela tornou-se mero detalhe. Ele estava sozinho de formas muito mais profundas do que a produzida por qualquer isolamento físico, trancado à chave numa cela.

Debate-se interminavelmente sobre o que crianças e adolescentes que infringem a lei merecem e não merecem: tratamento para desintoxicação, condenação equivalente à de adultos, atendimento psiquiátrico etc. No entanto, a justiça de menores nos Estados Unidos é em grande parte uma história de grandes absurdos. Em 2003, um artigo publicado no *New York Times* descrevia o sistema prisional para jovens no Mississippi: "Meninos e meninas têm pés e mãos rotineiramente amarrados, são algemados a postes ou imobilizados em cadeiras de contenção por infrações ínfimas, como conversar na cafeteria ou não dizer 'Sim, senhor'".[41] Um processo instaurado contra os agentes de um centro de detenção dizia que "as privadas e paredes estão todas cobertas de mofo, ferrugem e excrementos. As instalações estão infestadas de insetos, e o cheiro de fezes humanas permeia todo o edifício. As crianças muitas vezes precisam dormir em esteiras finas que recendem a urina e bolor".[42] Muitos internos queixam-se de ter sido agredidos pelos guardas, muitas passam 23 horas por dia trancados em suas celas; proliferam infecções causadas pela sujeira. As meninas das prisões do Mississippi que tentaram suicídio foram desnudadas e postas em isolamento em celas sem luz e sem janela, tendo no chão apenas um buraco.[43]

Outra matéria do *Times* revela que nas instituições para jovens na Califórnia "os jovens confinados em solitária muitas vezes recebem como alimento aquilo que os policiais chamam de 'mistureba', que consiste num sanduíche de mortadela, uma maçã e uma caixinha de leite batidos no liquidificador e levados ao interno com um canudinho que passa por uma fenda na parede da cela".[44] Uma resenha feita pelo estado mostrou que as instituições para jovens na Califórnia não passavam de "um embolado de instalações antiquadas e disfuncionais, funcionários despreparados e violência endêmica que falha até mesmo em sua função principal, que é proporcionar segurança".[45] A procuradoria-geral dos Estados Unidos descobriu que em Nevada esses funcionários "davam socos no peito dos meninos, chutavam suas pernas, empurravam-nos contra armários e paredes, esbofeteavam-nos no rosto e batiam com a cabeça deles nas portas", além de submetê-los a "insultos verbais em que atacavam violentamente a raça, a família, a aparência física, a estatura, a inteligência ou a orientação sexual aparente dos internos".[46] Um relatório dos inspetores gerais da Flórida diz que os funcionários de uma instituição de jovens assistiram à morte lenta de um jovem de dezessete anos acometido de apendicite aguda que implorava ajuda.[47] A lista poderia se estender indefinidamente. Joseph Califano disse: "Temos 51 sistemas diversos de *in*justiça juvenil e nenhum parâmetro nacional de procedimentos ou prestação de contas".[48] Os abusos no sistema de justiça para menores são compatíveis com a natureza corruptora de seu poder absoluto.

Para mergulhar no universo dos jovens prisioneiros, consegui um emprego de instrutor num projeto teatral no Lar-Escola Condado de Hennepin. A orientação da instituição não é típica, por isso a escolhi; Minnesota é um estado conhecido pelo foco em programas de reabilitação. Com uma população em que predominam reincidentes violentos e um programa particularmente intenso para agressores sexuais menores de idade, o lar-escola tem como princípio que o castigo se resume à privação de liberdade imposta aos internos. O campus bem conservado abriga, numa área de 68 hectares, cerca de 120 jovens criminosos e um quadro de funcionários que os ajuda a entender sua vida emocional como meio de conter sua destrutividade. A instituição oferece ensino médio completo, além de atividades artísticas e esportivas. Seu nome foi escolhido para que futuros empregadores não alimentassem preconceitos em relação aos estudantes. Estes têm à disposição terapia individual, de grupo e familiar, assim como um programa especial para usuários de drogas. De certa forma, mais parece um colégio interno do que uma prisão. Um dos internos reclamou: "Eles querem que você fique pensando o dia todo. Eu preferia quebrar pedra ou qualquer merda".[49] Alguns desses meninos continuam amigos dos funcionários depois de deixarem a escola; alguns voltam para visitar o lugar como nostálgicos ex-alunos de seu próprio castigo. Muitos mostram vontade de entrar para a faculdade e, apesar de poucos levarem adiante essa ambição, ela reflete a forma como foram tratados. Que não se pense, no entanto, que tudo é terapia e artesanato. A liberdade de movimentos é restrita, e até para usar o banheiro é preciso pedir permissão. Quando necessário, as unidades são trancadas à chave, e os internos são postos sob severas restrições. Explosões de violência, embora quase sempre contidas sem demora, não são raras.

A peça que usei para trabalhar com um grupo de vinte residentes e diversos supervisores adultos pretendia despertar neles a capacidade de realização e ensinar-lhes uma maneira mais eficaz de expressar o sofrimento. Os cínicos criticam esses programas como se fossem incompatíveis com o castigo, mas dar a meninos rebeldes uma ideia de como construir uma vida melhor favorece a sociedade como um todo. O hábito da brutalidade havia tornado o coração dos internos ambíguo até para eles mesmos. O diretor do programa de teatro, Stephen DiMenna, escreveu um monólogo comovente para uma cadeira quebrada e perguntou aos meninos que emoções ela expressava.[50] Os meninos se saíram com "loucura", "ressentimento", "fraqueza" e "raiva", mas levaram vinte minutos para pensar em "tristeza", conceito estranho àquele punhado de pessoas tristes.

O lar-escola emprega terapia familiar para solucionar conflitos entre os internos e seus pais, para treinar criminosos no relacionamento com a família e para instruir os pais no exercício de um controle mais eficaz. Esses métodos podem ser determinantes para levar esses meninos a romper com sua identidade criminosa e para ajudar os pais a ver que os problemas de seus filhos não são insolúveis. "Mostro a esses pais o que fazer para incentivar os filhos", disse Terry Bach, uma das supervisoras residentes. "Esses meninos têm *sede* de elogios. Não importa o quão brutos pareçam, eles precisam disso, eles *querem* isso."

A ideia pós-freudiana de que todas as falhas se baseiam em relações familiares perdeu terreno. No entanto, ela permanece em vigor quando se trata de atribuir a criminalidade juvenil a um ambiente infantil de maus-tratos, e sem dúvida a criminalidade pode ser resultado de medo, solidão, ódio e abandono. Conheci pais de criminosos que estavam preocupados com os próprios problemas ou que pareciam pouco afeitos às regras normais do amor, pessoas que assistiam ao sofrimento dos filhos sem a menor perturbação em seu próprio ânimo. Alguns dos pais eram eles próprios criminosos e não conseguiam imaginar, ou não valorizavam, outro tipo de vida. Outros eram dependentes de drogas. Outros, ainda, estavam tão atolados na pobreza que pensavam que a sobrevivência justificava qualquer ato. Certos pais tinham tanta raiva dos filhos que o afeto parecia ter fechado as portas, e parte deles estava gravemente deprimida. Muitos tinham desistido dos filhos por se sentirem incapazes de ajudá-los.

Alguns meninos riam quando eu perguntava o que seus pais achavam da prisão deles. "Por que merda eles iriam se importar? Como estou aqui, eles não gastam dinheiro comigo", resmungou um dos internos. Outros não faziam ideia de onde estavam os pais. Um deles disse: "Eu adoraria ter pais que me detestassem, como todos aqui dizem que têm, em vez de não ter pais". Outro contou: "Quando eu cair fora daqui, vou achar minha mãe e pedir desculpas por todos os problemas que causei a ela, e então talvez ela goste de mim, se é que alguém consegue gostar de mim". Quando uma funcionária se dirigia a um interno chamando-o afetuosamente de "filho", ele dizia com sarcasmo: "Não tenho mãe nenhuma, nunca nenhuma mulher me chamou de filho e você não vai ser a primeira". Um deles disse: "Tenho tantas saudades de casa o tempo todo… O que é estranho, porque não tenho casa".

No entanto, esse discurso de maus-tratos e abandono não era o mais frequente. Mesmo que não conseguissem conviver com os filhos ou fossem narcisistas, a maior parte dos pais que conheci durante a pesquisa para este capítulo amava seus filhos. A maioria sabia que evitar o crime — ou pelo menos evitar o castigo — era de interesse de seus filhos. Alguns tinham medo dos próprios filhos. Muitos formulavam autocríticas e verbalizavam o desejo de compensar deficiências passadas. Os funcionários do lar-escola me disseram que alguns dos pais que pareciam interessados nos filhos quando estes estavam presos os deixavam de lado assim que eram libertados. Eles não conseguiam deixar-se guiar pelo amor quando desaparecia a estrutura formal para que isso se desse. Mesmo entre aqueles que sabiam amar, o afeto nem sempre acompanhava o discernimento. Não obstante, o amor está entre os bons remédios para o crime e para a cólera. Uma família fraturada ainda é uma família, e uma casa fraturada ainda é uma casa.

A relação entre os meninos inseridos no sistema penal e seus pais normalmente toma um de quatro caminhos possíveis. Os pais podem abandonar o filho que vai para a prisão, o que o leva a se sentir sozinho, perdido, isolado e desesperado. Os pais podem abandonar o filho, o que pode induzi-lo a assumir a responsabilidade por si mesmo. Os pais podem permanecer ou tornar-se muito envolvidos com o filho, fazendo-o sentir que um futuro mais luminoso é possível. Os pais podem permanecer ou tornar-se muito envolvidos com o filho, reforçando seu comportamento antissocial, mediante a criação de uma atmosfera permissiva de negação.

Dashonte Malcolm, conhecido na família e entre amigos como Cool, tinha dezesseis anos quando o conheci.[51] Era um afro-americano bem-apessoado e bem-falante, com modos que indicavam ao mesmo tempo treino e instinto, além da capacidade de rir de si mesmo. Parecia um camarada a quem você confiaria seu talão de cheques ou sua irmã, e por isso era fácil acreditar que estivesse preso por culpa de outra pessoa. "Este é meu primeiro delito", disse ele, balançando a cabeça, "e também o último." Enquanto a maior parte dos meninos do lar-escola manifestava constrangimento com a humilhação de ser privado das liberdades básicas, Dashonte parecia legitimamente arrependido de seu crime.

O pai, motorista de ônibus, tinha morrido após um acidente vascular cerebral decorrente do alcoolismo quando ele tinha cinco anos; sua mãe, Audrey, criara o único filho na violenta periferia sul de Minneapolis, sob o amparo do autoritário pai, um imponente bispo de Minnesota da Igreja Pentecostal de Deus em Cristo, com 44 igrejas sob sua égide — um homem cujo ar de grande autoridade sempre me assustou um pouco. Audrey Malcolm é alta e bonita, com olhos doces e uma aura de silenciosa dignidade. Exala bom humor, embora uma observação mais atenta a revele um tanto mais reservada do que sua sociabilidade leva a crer. Mora com o filho a seis quadras dos pais dela, e num raio de um quilômetro e meio moram todos os seus irmãos, que se veem quase todos os dias. Dashonte diz que a mãe é sua melhor amiga e que estava pensando em tatuar o rosto dela em seu braço "para que possa tê-la sempre comigo".

Audrey saiu da parte pior do gueto e se mudou para um bairro mais distante com a intenção de manter Dashonte longe do crime. "Mas aquilo estava sempre me beliscando, para voltar para onde estava a confusão", disse Dashonte. Ele falou de si mesmo como um "invocado" na escola. Segundo Audrey, o filho se metia em brigas "sempre para proteger outra pessoa". E acrescentou: "Se quero que ele pense nos outros, há coisas que é preciso tolerar".

Na terceira série, entrou um aluno novo na escola de Dashonte: Darius Stewart, de Tallahassee. Eles se envolveram numa tremenda briga porque Darius supostamente estava assediando uma criança menor. "Eles viraram a sala de pernas para o ar", lembrou Audrey. "Cadeiras e mesas voaram." No dia seguinte, Dashonte e o rival tinham se tornado amigos íntimos. Audrey não gostava da influência de Darius e, para separá-los, mudou Dashonte de escola na sexta série. Dois anos depois, Darius foi para a mesma escola. Quando Dashonte tinha dezesseis anos, Audrey comprou-lhe um carro porque o transporte público era um excelente espaço para o recrutamento de gangues. Darius não tinha carro, e Dashonte passou a lhe dar carona. Depois que o filho bateu o carro, Audrey lhe disse que pegasse o ônibus, mas ele reclamou que estava sendo atraído para a vida de gangue, e ela lhe comprou outro carro.

Audrey teve de comprar cinco carros para Dashonte até ele completar dezoito anos. O filho destruiu três, sempre pondo a culpa no outro motorista. Com a imagem dos carros destruídos em mente, ouvi o resto da história. "Darius começou a ficar mais dependente dele, por isso tirei Cool daquela escola também", explicou Audrey. Darius, mais uma vez, apareceu na nova escola. Pouco depois, Dashonte chegou em casa após algumas horas na cidade com Darius e Audrey sentiu cheiro de álcool em seu hálito. "Eu disse a ele: 'Se seu pai não tivesse sido um alcoólatra, ainda estaria aqui com você. Cool, você está se afundando. E não vou deixar isso acontecer, mesmo que tenha de trancá-lo dentro de casa pelo resto da vida'." Para Dashonte, no entanto, separar-se de Darius era quase inconcebível. "Somos como irmãos", dizia.

O delito que fez Dashonte ir parar atrás das grades foi lesão corporal qualificada. Ele e Darius pegaram uma menina num ponto de ônibus e resolveram ir a um torneio de sinuca cuja entrada custava sete dólares. Darius propôs roubar alguém. Dashonte tinha uma arma, e eles encontraram um menino sozinho, ameaçaram-no e tiraram-lhe oitenta dólares, a jaqueta e os tênis. A notícia correu pela escola depois que Darius apareceu usando as roupas roubadas. Ele e Dashonte foram presos. "Os policiais me ligaram e anunciaram: 'Roubo e lesão corporal qualificada'. Eu não conseguia entender", disse Audrey. Ela insistiu em que o filho nunca tinha tido armas — ela revistava seu quarto de tempos em tempos e sabia. Quando a mãe entrou no Centro de Detenção de Menores, Dashonte começou a chorar. "Eu disse: 'Cool, pode ser que eu bata em você até matá-lo amanhã, mas esta noite quero saber o que aconteceu'", lembrou ela. "Então ele viu que eu estava com ele e não contra ele."

No julgamento, Darius culpou Dashonte; Dashonte culpou Darius. "Nós dois tínhamos combinado 'antes a morte que a desonra', mas quando chegou a hora ele bancou o egoísta", contou Dashonte. Tive oportunidade de conhecer ambos, e Dashonte me pareceu muito mais agradável do que Darius, mas sem dúvida era o primeiro quem tinha a arma. Depois de preso, Dashonte passou uma semana na detenção e dois meses em prisão domiciliar usando uma tornozeleira que emitia um sinal de alarme se ele andasse além da garagem. Ele e Audrey ficavam até tarde conversando, noite após noite. Ela insistia em saber o motivo, mas ele não era capaz de dizer.

Os dois meninos foram condenados a oito meses no lar-escola. "A sensação que eu tinha era de que já tinha me humilhado bastante", explicou Audrey. "Minha mãe nos dizia sempre: 'Mesmo que você tenha matado alguém, quero que venha e me conte'. Era isso que eu queria que Cool ouvisse: faça o que fizer, você é meu filho. Se fosse assassinato, eu lhe daria as costas? De jeito nenhum. E eu lhe disse isso." Audrey era conhecida no lar-escola por ser a primeira a chegar e a última a sair nos dias de visita. Diariamente ela escrevia uma carta para Dashonte e terminava todas elas com a frase "Te amo mais que a vida, Mamãe". Ela estava programando uma comemoração para o dia da libertação de Dashonte e alugou um apartamento num hotel em Las Vegas para o primeiro fim de semana que passariam juntos. Era uma ligação recíproca. Eu conhecera Dashonte no mês em que pela primeira vez ele pôde dar uma saída — quatro horas, acompanhado de sua assistente social. Perguntei-lhe o que ia fazer. Ele foi claro: "Vou à loja Bath & Body Works para comprar um presente de aniversário para minha mãe".

A linha que separa o amor heroico da cegueira deliberada é muito tênue, e Audrey Malcolm já esteve nos dois lados dessa linha. "Ele disse que nem pensou que o garoto tinha tomado aquilo como um assalto, porque riu para eles o tempo todo", contou ela. "No fim Cool quis devolver o dinheiro, mas Darius arrancou--o da mão dele." Bem que eu quis acreditar no que sua mãe acreditava, mas tanto outros internos quanto funcionários me disseram que Dashonte de fato pertencia à gangue dos Bloods. É mais fácil decorar os títulos hereditários da China dinástica do que entender todas as gangues de Minneapolis e como elas se sobrepõem. "Tenho primos mais velhos que têm suas próprias gangues menores", explicou

Dashonte. Aquela era a gangue dos Fergusons — que me pareceu um nome mais provável para uma banda *indie* do que uma organização sinistra dedicada à violência. "Os Fergusons, a família deles é toda dos Bloods", disse Dashonte, "e costumávamos travar pequenas guerras no saguão da escola depois do almoço, de brincadeira, brigando de verdade, mas só dando risada." Quando falei da gangue para Audrey, ela disse que Dashonte sempre teve necessidade de ser popular e fingia pertencer a uma gangue para impor respeito.[52]

Dashonte admitiu que representar tinha sido uma coisa gratificante para ele. "Fiquei com muita raiva depois que entendi que não tinha pai", disse. Entendi as gangues como uma resposta para sua necessidade de vínculo com homens — um contrapeso para sua herança religiosa e a grande intimidade da relação com a mãe. Ele explicou sua filiação à gangue da seguinte forma: "Muitos deles são de sua família de sangue, ou pessoas casadas com minhas primas, e pessoas sem nenhum parentesco, mas com as quais você se sente aparentado. Dar festas, passear no parque, fazer piada uns com outros — eu gostava disso. Lutar pelo território e por rivalidades era secundário".

Pouco antes de Dashonte ser libertado, fui com sua mãe ao Tabernáculo Emanuel da Igreja de Deus em Cristo. Chegamos quando as pessoas começavam a entrar, as mulheres com chapéus cloche combinando com os vestidos e bolsas, sapatos de salto agulha enfeitados com borboletas de falsos diamantes e flores de seda; os homens vestindo ternos de corte impecável, camisas com nervuras e gravatas. O clima era acolhedor e simpático. Cumprimentei a avó de Dashonte, a primeira-dama da igreja. Um homem já estava no púlpito, para onde subiu também uma mulher que se pôs a cantar, e em pouco tempo todos estavam cantando, acompanhados de um órgão Hammond e uma bateria. De vez em quando alguém dizia "Louvado seja Deus!" ou "Preciso de você, Jesus". Os que iam à igreja pela primeira vez eram convidados a ficar de pé e se apresentar. A primeira mulher que se manifestou disse: "Estou a trabalho nas Cidades Gêmeas e hoje é domingo, e eu não ia deixar passar esse dia abençoado, porque sem Jesus não sou ninguém!". Outra fez um discurso parecido, que encerrou dizendo: "Estou aqui hoje para me livrar do pecado! Aleluia!". Então, o microfone foi entregue a mim. Obediente, eu disse: "Vim como convidado de Audrey Malcolm e Mãe Forbes, e estou muito comovido com a fé desta congregação". Todos aplaudiram.

Naquele dia, o bispo estava ministrando uma consagração, então quem pregou foi o diretor da escola dominical. Começou falando dos pais que não querem ver o que seus filhos estão fazendo de errado e citou Samuel 2 e Coríntios 1 como modelos de vigilância. "Vocês precisam observar em que companhia seus filhos andam", prosseguiu, "e quando eles começam a frequentar as más companhias, essas más companhias vão arrastá-los para baixo e eles vão fazer coisas erradas." Fiquei chocado com a culpabilização das "más companhias", que corrompiam os meninos da igreja, puros por natureza. Então, começou a enumeração do mal. O povo da igreja deve se erguer contra o "principado da homossexualidade", e os modernos vendilhões do templo devem ser expulsos dos lugares sagrados. A ideia de que os problemas dos negros de Minneapolis eram culpa de gays e de judeus ou banqueiros me lembrou as desculpas de Dashonte para justificar os três carros destruídos, ou a ideia de que Darius o tinha levado para o mau caminho. A generosidade da congregação mesclada à militância e ao ódio pela diversidade lembrava, estranhamente, o éthos da gangue. A comunidade via essa mistura de dureza e bondade como uma extensão do Cristo que personificava tanto o amor infinito quanto os terríveis veredictos do Juízo Final.

Visitei os Malcolm seis meses depois. Dashonte estava fora do lar-escola, sua avó veio e nós quatro tomamos limonada e comemos bolo de cenoura. "Sabe como é, mesmo tendo sido tão ruim, e odeio dizer isso, foi a melhor coisa que podia ter acontecido com Cool", disse Audrey. "Foi um exagero, mas ele precisava ser dissuadido." Eu tinha ouvido dizer que ele ainda pertencia aos Bloods, mas diante da mãe, na sala, ele falou da vida bacana que imaginava para si mesmo, com uma esposa e um emprego num escritório. Pareceu-me mais tato do que empulhação. "A vida na gangue nunca vai sair da minha cabeça", Dashonte admitiu quando falei com ele a sós, mais tarde. "Quando estou naquela mesa de trabalho, fico pensando: 'O que eu poderia estar fazendo se estivesse na rua?'. Mas se você está vendendo drogas, tem de estar sempre esperto. Às vezes você não pode confiar nem no seu primo, nem na sua mãe. Estou caindo fora disso." Você não sai de uma gangue numa cerimônia solene. Deixa que a ligação vá murchando, muitas vezes com sentimentos ambivalentes. Eu queria acreditar na determinação de Dashonte, mas naquela altura a inocência dele me pareceu uma decisão flexível, de momento.

A lealdade acabou sendo o forte de Audrey. Ao contrário da maior parte das pessoas entrevistadas, ela sempre esperou que nossa conversa fosse uma via de mão dupla. Quando eu por fim lhe disse que era gay, ela me escreveu uma carta que dizia, entre outras coisas: "Obrigada por ter sido franco e honesto conosco.

Nada mudou entre nós pelo fato de você ter dito que é gay e tem um companheiro. Você nunca nos julgou por sermos pretos, ou porque Cool foi preso, ou porque sou uma mãe que cria o filho sozinha e mora numa área pobre da cidade. Algumas pessoas não dão chance ao amor e à felicidade, e agora que sei que você tem essa chance, fico feliz. Escolho meus amigos pelo coração que têm. Estou certa de que Deus nos aproximou como amigos por um propósito maior".

Cheguei a gostar muito das visitas aos Malcolm. Dashonte não arrumou o emprego de colarinho branco de que tinha falado, mas deu um jeito de evitar problemas sérios e não voltou a ser preso. Quando conheceu uma garota de quem gostou de verdade, falava dela com alegria; em pouco tempo estavam noivos. No fim, sua mãe tinha acreditado que ele se transformaria na pessoa que ele às vezes fingia ser. A graça da fé mostrou-se forte o bastante para que ela conseguisse a redenção não só no outro mundo, mas também neste.

Decidi escrever sobre pais de criminosos depois de ver pela televisão uma entrevista com Paul Van Houten em 2002. Sua filha Leslie era uma das meninas Manson, membros de uma espécie de comunidade da década de 1960 que cometeu diversos crimes graves induzida por um líder carismático. Em agosto de 1969, Leslie deu catorze facadas nas costas da merceeira Rosemary LaBianca. Trinta e três anos depois, Paul Van Houten compareceu ao programa *Larry King Live* para pedir liberdade condicional para a filha.[53] "Se Leslie nunca tivesse fumado seu primeiro cigarro de maconha, isso nunca teria acontecido", disse Paul Van Houten. "Você está pondo a culpa na maconha?", perguntou King, incrédulo. "Com maconha e LSD, Manson conseguia manipular aquelas pessoas", disse Paul. King retrucou: "Milhões de pessoas fumaram maconha e não mataram ninguém". Um especialista do programa esclareceu que Leslie não estava sob efeito de drogas quando cometeu o crime. Fiquei impressionado com a cegueira de Paul para a livre escolha de matar feita por sua filha. Isso me lembrou pais de crianças surdas que não conseguiam entender que seus filhos nunca usariam a linguagem falada apropriadamente ou com fluência, ou os pais de esquizofrênicos que alimentavam a fantasia de que seus filhos perfeitos estavam apenas à espera de serem revelados mais uma vez.

Pouco depois, li uma entrevista com a mãe de Zacarias Moussaoui, um dos participantes dos ataques do Onze de Setembro, na qual ela contou que foi se afastando do filho à medida que ele se aproximava do islamismo fundamentalista, criticando-a por não usar véu, e, inspirado por um primo, recusando-se a desempenhar tarefas ditas femininas, como fazer a cama. Mesmo assim, ela não estava preparada para ver na televisão o rosto do filho ligado aos ataques. "Como foi que ele se meteu numa coisa dessas?", comentou. "Não consigo comer. Não consigo dormir. Fico me perguntando: 'Será possível?'. Cada um de meus filhos tem um quarto só para si. Tem dinheiro no bolso. Viaja nas férias. Eu poderia entender se ele tivesse sido criado na infelicidade ou na pobreza. Mas meus filhos tinham de tudo."[54] Suas palavras revelam a relação entre uma mãe que não fazia ideia de quem era a pessoa que seu filho tinha se tornado e um filho que não tinha a menor vontade de lhe contar.

Um rapaz de família de classe média, que conheci quando ele cumpria pena numa prisão juvenil, me contou que roubava e batia carros "porque sou capaz".[55] Dan Patterson nunca se importava com as coisas uma vez que as tivesse — ele trocou de bom grado um som de automóvel de trezentos dólares por um maço de cigarros. Quando lhe perguntei sobre os donos dos carros, ele disse: "Que merda eles já fizeram por mim?". Aos dezessete anos, ele estava em sua décima prisão por roubo de carro. Falou de seu desânimo quanto à relação com os pais. "Quando tentávamos conversar, era como se houvesse uma parede de vidro diante de nós. Uma vez a polícia me pegou e depois me deixou ir embora. A única coisa que meu pai disse foi: 'Bem, vá para a cama. Falo com você mais tarde'. Então fui para a cama e meia hora mais tarde pulei a janela e saí outra vez. Depois, quando ele me perguntou por que eu tinha feito aquilo, respondi: 'Porque você nem tentou conversar comigo.'". Por ocasião do julgamento, a mãe de Dan, em seu depoimento, disse: "Este não é o meu filho. Ele não é desse tipo de pessoa. Por que não posso levá-lo para casa?". Perguntei a Dan quando foi que ele tinha começado a mentir para os pais. "Quando eles deixaram de reparar em quem eu sou", foi a resposta.

O livro *A Father's Story* [História de um pai],[56] de Lionel Dahmer, fala sobre a relação do autor com o filho Jeffrey, que matou dezessete rapazes em Milwaukee entre 1978 e 1991. É ao mesmo tempo a biografia de uma celebridade e um clamor por expiação. Jeffrey era sem dúvida uma criança perturbada, nascida numa família problemática, mas, em sua maioria, os meninos de famílias problemáticas não apresentam uma obsessão sexual que os leva a assassinar, dissecar e devorar suas vítimas. Segundo Lionel, "minha vida se tornou um exercício de fuga e negação. Agora, quando penso naqueles dias finais, vejo a mim mesmo numa espécie de encolhimento mental, meio que na expectativa de um soco repentino, mas esperando que ele nunca chegue. Era como se eu tivesse encerrado meu filho numa cabine à prova de som, com as cortinas fechadas, para que eu não pudesse ouvir nem ver aquilo em que ele tinha se transformado".[57]

Essa negação que chega ao ponto da dissociação não é rara. Em *Capital Consequences: Families of the Condemned Tell Their Stories* [Consequências capitais: famílias de condenados narram suas histórias],[58] Rachel King acompanha nove famílias às voltas com a pena de morte. Entre elas está a de Esther Herman, cujo filho, Dave, cometeu um crime violento, voltou para casa no Natal e nem mencionou o fato. "Eu tinha dois negócios muito movimentados, além de problemas de saúde, supervisionava os cuidados dispensados a pessoas da família e vivia muito sobrecarregada", disse Esther. "Minha mãe e meu irmão estavam muito doentes. Foi um período extremamente difícil. [Dave] tinha sido sempre uma pessoa bondosa. Ele não queria ser um peso para mim."[59] Contando sobre o julgamento de Dave, Esther disse: "Não proporcionamos um lar saudável e amoroso para ele crescer. Brigávamos muito e havia muita tensão em casa. Mesmo assim, Dave era uma boa pessoa". O enigma psicológico que um filho no lugar de Dave enfrenta é que é extremamente alienante — até traumático — ter pais que negam a pessoa que você é. Uma mãe que acha o filho "uma pessoa bondosa" e "uma boa pessoa" mesmo depois que ele comete crimes leva-o a sentir que tem de fazer coisas ainda mais bárbaras, mais radicais, para ser visto como alguém com capacidade de agir. A negação dos pais, por ironia, pode contribuir para os crimes indescritíveis que ela própria mais tarde torna invisíveis.

Quando era criança, Noel Marsh com frequência via o pai, Tyrone, espancar a mãe, Felicity.[60] Tyrone empurrou Felicity escada abaixo quando ela estava grávida de trigêmeos, causando a perda de um dos fetos. A primeira preocupação de Felicity era proteger Noel, e o fato de vê-lo como vítima prejudicaria toda a sua relação futura com ele. Ela deixou Tyrone e casou-se com Steve Tompkins quando Noel tinha seis anos; dos cinco filhos que ela levou consigo, Noel era o predileto. Steve teve muitas dificuldades para lidar com a nova situação. "Quando não conseguia dar a Noel alguma coisa que ele desejava, ela se sentia como se estivesse em falta", disse. Noel explorava essa preocupação da mãe sem piedade, tentando pôr um obstáculo entre Felicity e Steve quando achava que poderia tirar proveito disso.

As transgressões de Noel começaram a se acumular. "Chegava tarde, mentia, furtava", lembrou Steve. Felicity teimava em dizer que não podia ser Noel quem tirava dinheiro de sua bolsa. Steve dizia: "Felicity, não há ninguém mais aqui, querida. Por que você não abre os olhos e vê que Noel não é mais aquele Noel?". A situação criou um inevitável atrito conjugal. Foi então que Steve teve uma doença pulmonar e ficou hospitalizado durante quase dois meses. Depois que Steve voltou para casa, o comportamento irregular de Noel se agravou. Felicity lembrou: "Eu lhe perguntava: 'Noel, você me odeia tanto assim? Eu nunca teria sonhado que você fosse me causar tanto desgosto'.". Ele lhe pediu que dissesse à polícia que ele estava em casa num momento em que não tinha estado. "Deixei de ser eu mesma quando comecei a mentir por ele", contou Felicity.

Noel atribui muitas de suas tribulações ao pai ausente. Durante uma das poucas visitas que fazia, Tyrone perguntou a Noel se precisava de dinheiro. "Eu disse que sim", contou-me Noel. "Aí ele me deu drogas, dizendo: 'Aqui está, venda isto'." Felicity contou que Noel era igual a Tyrone. "Realmente me surpreende como o sangue dele está presente", explicou. Depois que o irmão de Noel morreu num acidente de automóvel, sua relação com a mãe deteriorou-se ainda mais. "Ela ficava o dia inteiro em casa, sentada", disse ele. "Eu teria ido embora para não voltar mais. Nós dois estávamos deprimidos." Quando fez dezesseis anos, Noel abandonou a escola. Estava sempre furtando, vendendo drogas, e um dia sua irmã preveniu os pais de que ele tinha armas.

Felicity começou a receber ligações telefônicas ameaçadoras tarde da noite. Isso era mais do que ela e Steve podiam suportar. "Precisei chamar a polícia por causa dele", lembrou Felicity. "Acho que essa é a última coisa, a mais difícil, que uma mãe pode fazer. Mas eu sabia que se realmente amava meu filho, tinha de agir." A polícia foi violenta durante a detenção, e Noel foi parar no pronto-socorro, mas Felicity ainda achava que, como ele tinha ficado conhecido por resistir à prisão, ia receber uma pena leve. Ela e Steve ficaram a seu lado durante o julgamento, e a união deles influenciou a sentença; com um lar tão bom, ele parecia candidato à reabilitação. Tinha sido preso com 3 mil dólares no bolso, e disse que eram de Steve. Mesmo relutante, Steve deixou por isso mesmo, convencido de que o enteado já teria condenação suficiente por porte de arma.

O período de prisão curou a incomunicabilidade entre Noel e a mãe. No início eles não tinham muito a dizer um ao outro, e ela sempre ia embora aos prantos. "Ele me fazia sentir muito mal *comigo mesma*", contou Felicity. Noel disse: "Minha mãe me aconselhava a fazer força para melhorar. Ela não acredita que lhe dou ouvidos, às vezes. Mas eu ouço. Lembro de cada coisa que ela diz". Com mais de cem pares de tênis roubados em casa, Noel era a própria Imelda Marcos do gueto. O regulamento do lar-escola estipulava que nenhum interno podia ter mais de dois pares de sapatos, mas eles davam um jeito de trocá-los — Felicity, incapaz de romper com o hábito da indulgência, levava dois pares todos os domingos e ia embora com os dois pares anteriores, permitindo que Noel reinasse como um príncipe da moda na cadeia.

Nos casos que vim a conhecer, pareceu-me que os pais ausentes absorvem uma parte maior da energia psíquica dos filhos do que outros membros da família com quem eles têm convívio diário. Ninguém mais pode ocupar o vazio criado pela falta de amor paterno; nem mesmo a figura forte do avô de Dashonte, ou a do padrasto de Pete, ou o de Noel, conseguiu preencher a dolorosa ausência. As mães, levadas pela culpa, quiseram compensá-los por essa tristeza subjacente, o que não conseguiram. Em vez disso, adiaram a tarefa de tornar os filhos responsáveis por seus atos até que as autoridades entraram em cena para fazer isso no lugar delas. Mesmo assim, a relação que foi tão traumática para esses jovens era a primeira coisa a que eles se referiam. Fiquei impressionado, várias vezes, com a forma como esses menores encarcerados ansiavam por emoções que iam além de seus recursos afetivos, uma realidade que muitas vezes se traduz em ter seus próprios filhos o mais cedo possível. Essas crianças que geram crianças pensam que a maturidade é decorrência da paternidade, em vez de ver a paternidade como expressão de uma maturidade já estabelecida. Esse conceito de paternidade é terrivelmente ingênuo, mas também comove pelo otimismo, como se o fato de ter filhos pudesse oferecer um estojo de primeiros socorros para egos feridos e para o desespero incomensurável.

Noel teve dois filhos antes de ser preso, o que aconteceu quando tinha dezesseis anos. "Comprei todas as fraldas descartáveis que minha garota precisava para meu filho", contou-me, com orgulho. Ele tinha sido criado ouvindo a ladainha incessante sobre a negligência de Tyrone nesse aspecto, mas pelo visto não tinha assimilado que seu envolvimento com drogas e os sumiços correspondentes aos períodos de prisão poderiam ser muito mais traumáticos para sua nova família do que não ter fraldas sempre à mão. Embora tenha tido a experiência do amor verdadeiro de sua mãe e do importante apoio do padrasto, Noel tinha tatuado em sua mente que fraldas, drogas e tênis são as coisas que um pai dá aos filhos.

As discussões sobre a origem natural ou cultural da criminalidade são tão acaloradas quanto as discussões sobre a origem do autismo ou da genialidade. Maribeth Champoux e sua equipe, dos Institutos Nacionais de Saúde, mostram que macacos recém-nascidos com um gene de agressividade extrema não se tornam agressivos se forem criados por mães substitutas muito mansas, embora esse gene permaneça ativo.[61] Nos seres humanos, o comportamento criminoso tem sido relacionado a irregularidades genéticas associadas à função de um transmissor de serotonina específico. O neurocientista Avshalom Caspi, da Universidade Duke, fez um estudo com portadores desse polimorfismo que tiveram uma infância não violenta e concluiu que eles tinham probabilidades normais de apresentar comportamentos antissociais. Entre os portadores do mesmo polimorfismo que foram espancados na infância, 85% apresentavam comportamentos antissociais.[62] Assim, ao que parece, o gene não leva ao comportamento delituoso, mas a uma vulnerabilidade a desenvolvê-lo em certas circunstâncias. Embora a família possa ser uma influência negativa, pode também ser construtiva. Uma pesquisa concluiu que "um ambiente familiar positivo é o principal motivo pelo qual os jovens não adotam comportamentos delituosos ou doentios".[63] Um filho que sinta atração pela delinquência pode resistir a ela se tiver uma família unida. Num estudo comparativo de enorme importância, Jill L. Rosenbaum conclui que "o fator ligação parental explica a delinquência mais do que qualquer outro".[64]

Às vezes, quando se pensa que uma dinâmica familiar medíocre traumatizou um filho, descobre-se que na verdade ele desencadeou a dinâmica medíocre. Mães solteiras têm mais filhos delinquentes, embora seja difícil dizer se isso acontece porque ser criado sem pai é traumático, ou porque mães solteiras tomaram decisões medíocres quanto aos parceiros e tomam decisões medíocres como mães, ou porque essas mulheres são obrigadas a trabalhar demais para sustentar a família, com a inevitável consequência da falta de convivência.

Um filho cujas relações familiares são tumultuadas tem mais probabilidades de procurar um grupo negativo de iguais do que um bem adaptado, e nesse particular é difícil dizer se o filho foi influenciado por amigos ou se exerceu influência sobre eles. Era frequente as mães me dizerem "Jimmy começou a andar em más companhias" — e depois, quando eu falava com outras mães, elas alegavam que Jimmy era a má companhia que arrastara seus filhos. Parece-me digno de nota que, com poucas exceções, os criminosos que conheci não sentiam prazer com os crimes que cometiam; eles foram surpreendidos em comportamentos que muitas vezes faziam deles pessoas tão infelizes quanto suas vítimas. Com frequência, a criminalidade é percebida mais como uma doença do que muitas das "doenças" que me propus estudar. Nós "curamos" deficientes que teriam preferido não ser curados, mas falhamos em tratar pessoas na mesma situação que podiam se recuperar e gostariam disso.

Karina Lopez veio ao mundo em meio ao tumulto e ao caos.[65] Terceira filha de Emma Lopez, uma adolescente americana de origem mexicana que tinha problemas com drogas, Karina nasceu em St. Paul, Minnesota, e foi levada para Laredo, Texas, quando tinha apenas um mês. Seu pai já estava fora de cena, e dele ela só sabia o nome. Em pouco tempo, sua mãe engravidou de Cesar Marengo, um traficante recém-egresso da cadeia, e foram para San Antonio, onde ela deu à luz a irmãzinha de Karina, Angela. Quando Cesar agrediu Emma, ela voltou para Minnesota com os quatro filhos. Mais tarde, ele apareceu para levá-la de volta para o Texas. Aos doze anos, Karina tinha frequentado treze escolas. O FBI era um visitante habitual da casa; Cesar estava cumprindo pena de dez anos quando conheci Karina. "Fico feliz por Angela ter um relacionamento com o pai dela", disse Karina, "mesmo que o veja na cadeia. Nem isso eu tive."

Quando Cesar foi preso, a família ficou sem sua principal fonte de renda. Antes da prisão, no entanto, ele tinha ajudado Emma a parar com as drogas. Ela conseguiu emprego como garçonete e deixava Angela aos cuidados de Karina. Esta ficou com raiva e, aos treze anos, começou a dar sinais de rebeldia. "A maior parte das pessoas que entram para gangues faz isso porque ninguém gosta delas, mas esse não era o problema", disse ela. "Eu tinha mamãe, que me amava muito. Mas foram tantas mudanças que nunca me senti pertencente a algum lugar, e uma gangue pareceu uma solução."

Anos de pobreza e desagregação não deixaram marcas no caráter forte de Emma, e ela se conduzia com uma autoconfiança a toda prova. Durante muitos anos, gerenciou uma firma de limpeza durante o dia e atendeu a mesas à noite, poupando para comprar uma casa. Ela desconfia de uma pessoa até decidir confiar, não gosta de uma pessoa até que decide gostar, e não tem meio-termo. Quando descobriu que Karina estava numa gangue, procurou saber onde seus membros de reuniam. Na hora marcada, a filha entrou numa casa abandonada do outro lado da rua. "Olhei para lá e aquelas meninas, com armas, estavam sentadas em círculo", ela contou. "Então atravessei a rua, bati na porta da frente e disse: 'Karina, você vem comigo já'. A gangue inteira estava lá, eles podiam me matar. Mas não me importei. Não ia deixar minha filha em gangue nenhuma."

"Não fui embora por causa de minha mãe, embora aquela fosse uma cena bem esquisita", disse Karina. "Para mim as gangues eram uma bobagem e ponto final, mas isso é ainda mais patético aqui em Minnesota. Essa gente andava de ônibus, não tinha dinheiro nem para drogas." Karina começou a andar com traficantes, as drogas eram fartas e em pouco tempo ela estava usando-as com regularidade. "Ficava doida todos os dias, dois anos direto." Aos poucos, de usuária passou a ajudante pontual de traficantes, sem nunca ocupar um lugar fixo em sua estrutura de poder.

Em 22 de novembro de 2002, Karina estava indo com Xavier, namorado de sua tia, pegar uma sela de montaria recheada com dois quilos de cocaína. O nome de Karina não estava no pacote; ela estava apenas ajudando um "amigo". Quando o carro de Xavier se afastava do local, ela percebeu que estavam sendo seguidos. "Cheiro coca, cheiro coca e perco o medo quando estou doida. Então pegamos a autopista, e vieram pelo menos dez carros atrás de nós, com as luzes e tudo. Ele disse: 'Vai ver é só porque estamos em alta velocidade'. Eu estava ficando louca. Aí começamos a entrar em pânico." Eles pegaram um desvio da autopista que foi dar num beco sem saída. "Aconteceu o que tinha de acontecer", disse Karina.

Ao ver que tinha de procurar a filha, Emma foi em primeiro lugar à casa do "amigo" a quem o pacote era destinado. Quando a polícia a encontrou no local, vinculou-a ao crime e prendeu-a. A polícia não acreditava que uma menina de quinze anos pudesse agir por conta própria até aquele ponto. Emma lembrou: "Eu disse aos policiais: 'Faz dez anos que trabalho, pago meus impostos e sacrifico tudo o que posso para dar uma vida decente a meus filhos. Vocês acham que eu ia pôr tudo a perder para eles com coisas como esta?'.". Ela estava brava por ter sido acusada injustamente, mas estava ainda mais preocupada com a filha. "Pensei: 'Tudo bem, estou enrolada por uma coisa que não fiz e espero me safar'", contou, "'mas ela está enrolada pelo que fez e vai para a cadeia.'."

A polícia capturou o "amigo", que pôs a culpa toda em Karina. "Eu lhes disse a verdade, cem por cento verdade, mas eles não acreditaram", contou ela. "Eles disseram: 'Você vai pegar 45 anos se não disser qual é a ligação da sua mãe com isso', Então retruquei: 'Acho que vou pegar 45 anos. Minha mãe não tem merda nenhuma a ver com isso'." Emma e Karina procuraram um advogado nas páginas amarelas, sem saber que podiam ser representadas por um defensor público; para pagar a conta do advogado, Emma atrasou o pagamento do financiamento imobiliário, e o banco retomou a casa comprada com uma vida de trabalho.

O advogado conseguiu manter o julgamento de Karina no tribunal de menores, mas se ela violasse os termos da condicional teria de passar sete anos na penitenciária estadual. Quando chegou ao lar-escola, o processo de sua mãe ainda estava correndo. "Eu não estava nem aí para o fato de estar presa, mas minha mãe, eu estava preocupada com minha mãe. É minha culpa. O que minha irmãzinha vai fazer? Quer dizer, ela podia pegar uma porção de anos, na federal."

Foi então que, num dia chuvoso de maio, o oficial de dia do lar-escola disse a Karina que ligasse para sua mãe. "Minha mãe nunca me contou nem qual seria a data do julgamento dela, aí ela disse: 'Bem, fui julgada hoje...'", contou Karina. "Meu coração deu um pulo. 'Fui absolvida.' Comecei a chorar e rir ao mesmo tempo. Ajoelhei-me e agradeci a Deus. Porque eu tinha rezado todos os dias para minha mãe ser absolvida. Era mil vezes mais importante do que o que tinha acontecido comigo. Eu estava presa e pensava: 'Talvez eu nunca mais volte para casa com minha mãe', e era o castigo que eu teria de encarar. Agora, mal posso esperar para voltar para casa."

Visitando qualquer outra pessoa do lar-escola, eu sentia a mão pesada da autoridade e a sombra opressiva da tristeza. Já Karina agia como se estivesse me convidando para uma festa, e o riso dela ricocheteava na arquitetura severa da prisão. Ela fala palavrões o tempo todo, pede desculpas com graça e chama a atenção para o lado cômico de sua provação. Foi inscrita no programa Odyssey do lar-escola para usuários de drogas. "Sou outra pessoa, honestamente. Sempre curti cocaína e maconha, gosto pra caramba. Vou sentir falta. Mas não vou mais usar." A principal mudança foi a preocupação com as pessoas que compravam as drogas que ela ajudava a vender. "Merda, nunca pensei nos caras que compram aquela parada. Não conheço as pessoas que se prostituem, abandonam os filhos, destroem sua vida."

Quando conheci Karina, ela falava com entusiasmo sobre estar apaixonada.

"Meu namorado, Luis, me escreve todas as semanas desde que fui presa. E foi a todas as minhas audiências." Ela conhecera Luis Alberto Anaya quando tinha catorze anos e ele, 21. "Sei que é ilegal, mas minha cabeça não é a de uma garotinha." Nossa visita seguinte estava marcada para algumas semanas depois, mas quando cheguei ao lar-escola o oficial de dia disse que ela não poderia me ver. Imaginei que ela tinha cometido alguma indisciplina e estava isolada, mas na verdade ela estava em estado de choque.

"Em 4 de outubro, fiz uma visita a minha casa", disse-me ela depois. "No domingo, Luis veio com minha mãe me trazer de volta. Dei um beijo na mão dele, porque não podia passar para o banco detrás, onde ele estava, e naquela noite rezei pedindo a Deus que cuidasse dele." Na manhã seguinte, quando estava baixando as provas do exame supletivo de um site oficial, Karina soube que Luis tinha sido baleado e morto a caminho do trabalho. Ela tinha o rosto entre as mãos enquanto me contava. "Era o primeiro dia dele depois da promoção, passou para um trabalho de escritório. Os Sureños o pegaram, aquela gangue. Meu namorado foi membro da gangue aos quinze anos, mas não tinha mais nada a ver com eles."

Os psicólogos que a atendiam recearam que Karina fosse ter uma recaída, mas a tragédia teve um efeito estimulante sobre ela. "Não vou bagunçar minha vida em nome de Luis", ela disse. "Seria uma falta de respeito com ele." Algumas semanas depois, Karina concluiu as provas do supletivo e foi aprovada. No dia em que saiu do lar-escola, tinha duas entrevistas marcadas e duas ofertas de emprego. Ela continuou ligada à família de Luis, e seu supervisor da liberdade condicional, impressionado com o esforço dela e com seus exames de urina sempre negativos para drogas, autorizou-a a viajar ao México com eles alguns meses depois. A polícia prendeu os membros da gangue suspeitos de disparar contra Luis. Karina compareceu a todas as sessões do julgamento, mas as provas foram insuficientes para condená-los.[66]

Ela conseguiu um emprego mais bem remunerado num banco. Estava decidida a comprar uma casa para a mãe, a fazer de sua vida um tributo a Luis, a fazer as coisas direito. "Só quero ser feliz, mesmo que sozinha. Quero ter todas as coisas materiais de que preciso, mas ser uma pessoa de respeito. Não quero ser apenas Karina, a que ferrou com sua vida." Nos dois anos seguintes, a menina que nunca tinha passado mais de um ano na mesma escola aplicou-se tanto no trabalho que conseguiu uma promoção. Correu alguns riscos bobos, como dirigir sem habilitação, por exemplo, mas ficou longe das drogas e do álcool e nunca faltou a um encontro com o supervisor da condicional. Um ano depois de ter saído do lar-escola, começou um relacionamento com um homem que aceitou que ela mantivesse o nome de Luis tatuado nas costas.

Mantivemos contatos esporádicos, e cinco anos após ter sido libertada ela me mandou um e-mail: "Minha filha acaba de fazer dois anos e eu, 22. Este ano foi uma montanha-russa. Me separei do pai dela, depois voltamos. Meu padrasto, pai de Angela, foi solto depois de dez anos e voltou para a cadeia dali a sete meses, e agora, aos 63 anos, vai passar 25 preso. O governo deveria dar mais dinheiro para a reabilitação de criminosos, para que tivessem a chance de mudar de vida. A maioria de nós quer isso, se pelo menos soubesse como".

Além da predisposição inata, três fatores de risco exercem uma influência predominante na formação de um criminoso. O primeiro é a família monoparental.[67] Mais de metade dos filhos americanos passa um período na condição de família monoparental. Enquanto 18% das famílias americanas estão abaixo do nível de pobreza, entre as famílias chefiadas por mães solteiras essa taxa chega a 43%. Filhos criados por só um dos pais são mais propensos a abandonar os estudos, menos propensos a chegar à faculdade e mais suscetíveis ao abuso de drogas. Trabalharão em empregos de menos prestígio e ganharão menores salários. Tendem a se casar cedo e divorciar-se cedo, e têm mais probabilidades de se tornar pai solteiro/ mãe solteira. Têm muito mais probabilidades de se tornar criminosos.

A mãe de Jamaal Carson, Breechelle, teve o primeiro filho aos catorze anos.[68] Jamaal nasceu um ano depois, de outro pai. Foi criado no South Side de Chicago, numa área de grande violência praticada por gangues. A família se mudou para Minnesota quando ele tinha dez anos; quando o conheci, ele estava com quinze e em sua terceira detenção. Apesar da palavra VALENTÃO tatuada no braço, Jamaal tinha os modos desajeitados de uma criança que fez uma besteira e foi surpreendida. Breechelle era uma mulher bonita, com opinião formada sobre tudo. Quando foi assistir à peça de teatro dos meninos, fez um discurso espontâneo dirigido aos funcionários e a outros pais no qual afirmou que o fato de "terem cometido erros" não impedia que aqueles meninos fossem "os mais talentosos que se possa encontrar" e que por isso mereciam "tudo o que seja possível dar a eles". Apesar desse magnífico palavreado, Jamaal queixou-se de que ela não tinha comparecido a nenhuma de suas audiências.

Ele reconhecia que a mãe tinha sido mais solidária em seus primeiros atritos com a lei. "Sou muito grato a minha mãe por me fazer cair na real, entendo de onde ela veio. Porque ela tem só 32 anos, e não passa de uma criança, como eu." Apesar de ter quatro filhos, cada um com um homem diferente, Breechelle parecia infantil, desnorteada com suas responsabilidades. "Sabe, fico até contente de saber que Jamaal vai passar a vida na cadeia", admitiu ela. "Porque assim outra pessoa vai lhe dar comida e um teto. O que eu sei é que ele nunca vai tomar conta de si mesmo." Ela se mostrava menos impressionada com as realizações de Jamaal como assistente de traficante do que ele próprio. "É um trabalho duro", contou Jamaal, com uma ponta de orgulho. "Você tem de ter cuidado para que não tirem sua vida; para não ser roubado por um viciado, ou levar um tiro. Criam encrenca, você tem de dizer: 'Você não vai acabar comigo'. Sete dias por semana, 24 horas por dia." Perguntei-lhe se ele tinha pensado em outras opções profissionais. "Não sei", respondeu. "Acho que vou escrever. Talvez prestar assistência, lidar com gente como eu. Alguma coisa não muito cansativa, entendeu?"

O segundo fator de risco, que muitas vezes coincide com o primeiro, são os maus-tratos ou o abandono, que afetam mais de 3 milhões de crianças americanas a cada ano. Segundo John Bowlby, criador da teoria do apego, as crianças abandonadas ou vítimas de maus-tratos veem o mundo como "desconfortável e imprevisível, e reagem se retraindo ou entrando em confronto com ele"— por meio da agressão e da autopiedade, ou da agressão e da delinquência. Essas crianças cometem cerca de duas vezes mais crimes que as demais.[69]

A mãe de Huaj Kyuhyun lançou-o ao rio Mekong num pneu com parentes fugitivos para salvar-lhe a vida na época do conflito no Laos.[70] Ele conseguiu asilo nos Estados Unidos aos seis anos. Aos doze, começou a atuar nas gangues de asiáticos da zona rural do Wisconsin. No ano seguinte, manteve em seu poder durante uma noite inteira uma garota de sua comunidade, de dezoito anos, e com isso a desonrou. Foi obrigado a "casar-se" com ela, numa cerimônia ilegal. Ao mesmo tempo amante e mãe de Huaj, ela foi a primeira pessoa de quem ele se sentiu verdadeiramente próximo, mas mesmo assim a tratava mal e a deixava sozinha com os dois filhos para sair com amigos. Depois de vários espancamentos, a moça o deixou, e a vida dele tornou-se uma espiral descendente de uso de drogas pesadas. Para ganhar dinheiro, Huaj ajudava a administrar um bordel de prostitutas menores de idade, pagando a elas com drogas pelo trabalho de fazer sexo com clientes. Foi preso por esse crime.

Quando o entrevistei, ele tinha quinze anos e seu discurso girava de forma obsessiva, inflexível, em torno do modo como tratara sua mulher e a esperança de ter contato com os filhos. "É como uma agulha penetrando cada vez mais fundo em meu coração", explicou. Mas ele não tinha em seu passado nenhum modelo a que recorrer para orientação, e parecia bastante perdido. Sua mãe reaparecera havia pouco, e eles se falaram duas vezes pelo telefone. "Não sei o que dizer a ela", disse. A mãe chorou enquanto conversavam, dando a entender que provavelmente ele a tinha esquecido. "Eu não a esqueci", disse ele. "É que não sei o que significa ter pais."

O terceiro imenso fator de risco, que muitas vezes acompanha os dois primeiros, é a exposição à violência.[71] Uma pesquisa mostrou que os filhos participantes que haviam sofrido maus-tratos físicos, testemunhado violência entre os pais e se deparado com violência dentro de sua comunidade, tinham o dobro de probabilidades de se tornar violentos quando comparados aos que vinham de lares pacíficos.[72] É claro que os filhos vítimas de violência também podem levar em si mesmos a predisposição genética para a agressão. Separá-los da família, no entanto, poucas vezes ajuda, já que o sistema público de amparo ao menor também está associado a uma alta incidência de crimes. Jess M. McDonald, da Escola de Serviço Social da Universidade de Illinois, declarou sem rodeios: "O sistema de bem-estar do menor alimenta o sistema penal de menores".[73]

Ryan Nordstrom, um menino branco de treze anos do lar-escola, contou-me, bravateiro, que sempre estivera do outro lado da lei.[74] "Eles me dão remédios, é por isso que pareço doce e inocente ao mesmo tempo", disse. Perguntei sobre suas primeiras transgressões. "Quando eu tinha nove anos", declarou, solene, "eu fumei! Totalmente ilegal quando você tem nove anos." Aos dez, Ryan ameaçou um menino da escola com uma faca e foi expulso. Foi preso por abusar sexualmente da irmã menor, "todos os dias, isso começou quando eu tinha onze anos, mas só fui acusado quando minha mãe chamou a polícia, na época eu estava com treze anos". A irmã tinha seis quando ele começou a molestá-la. "Eu queria porque queria, e não achava que ela fosse capaz de dizer não", explicou.

Apesar da psicoterapia, Ryan não dava sinal de entender que o ato de fumar, mesmo que ele não tivesse idade para isso, se enquadrava numa categoria muito diversa em relação ao tratamento dispensado à irmã, que foi hospitalizada com lesões vaginais. Seus pais gostavam de pornografia sadomasoquista e se empenhavam nessas práticas em cômodos da casa pelos quais as crianças passavam. Faziam sexo tendo Ryan com eles na cama quando o menino tinha oito anos.[75] Ele pode ter tido características inerentes a sua personalidade que o levaram a traduzir essas experiências desconcertantes em crimes, mas essas características sem dúvida se exacerbaram com as transgressões a que assistiu durante o crescimento.

Crianças problemáticas tendem à autodestruição. David P. Farrington, professor de criminologia psicológica em Cambridge, observa que os meninos condenados quando ainda menores de idade bebem mais cerveja, ficam bêbados com mais frequência e usam mais drogas ilícitas. Começam a fumar cedo e são mais propensos ao jogo. Costumam fazer sexo bem cedo, com uma variedade de parceiros, mas usam menos anticoncepcionais. Muitos desses comportamentos estão associados a uma dificuldade para controlar os impulsos, mas com frequência são também expressão de baixa autoestima ou mesmo de autodepreciação.[76]

A crítica social Judith Harris sugere que o ambiente familiar pode ser menos determinante que o ambiente social mais amplo. Ao contrário dos adultos, os jovens cometem mais crimes em grupo. Menos de 5% dos menores infratores agem sozinhos, e o *gregarismo* quase sempre determina seus padrões criminais, como parte da necessidade do jovem de ser aceito e impressionar.[77] A probabilidade de delinquir também se relaciona à disponibilidade de drogas e armas, ao grau de pobreza, à falta de integração ao meio circundante e à densidade populacional.[78] Os números da criminalidade feminina estão mais altos que nunca, embora ainda respondam por apenas um quarto das prisões de jovens.[79] As garotas são encaminhadas para o crime por experiências traumáticas numa proporção maior que os rapazes.[80] Uma pesquisa mostrou que 75% das meninas identificadas como delinquentes juvenis pelos tribunais americanos foram vítimas de abusos sexuais.[81] Cerca de dois terços dos menores infratores contumazes pertencem a gangues.[82] Em 2009, havia nos Estados Unidos 731 mil membros de 28 mil gangues, quase metade deles menores de idade.[83]

Alto, bonitão e robusto, cabelo cortado rente, Krishna Mirador tinha um jeito de usar o uniforme da cadeia como se estivesse na última moda.[84] Seu inglês tinha um forte sotaque, às vezes difícil de entender. Estava sempre perguntando "Como se diz isso em inglês?" ao procurar as palavras. Contou que, nascido no sul de Los Angeles, fora abandonado ao nascer pela mãe latina, cujo nome ele nunca soube. Foi criado pelo pai, Raul, que tinha apenas dezoito anos quando ele nasceu e pertencia à gangue dos Sureños 13; a gangue foi a única família que Krishna conheceu. Quando ele tinha onze anos, Raul foi deportado para a Guatemala, mas Krishna ficou em Los Angeles, perambulando com cupinchas de uma ou outra gangue. Um de seus primos foi baleado e morreu em seus braços. "Isso me fez cair fora, porque podia muito bem ter sido eu", disse Krishna. Raul recomendou que saísse de Los Angeles. Conhecia uma mulher em Minneapolis que lhe devia um favor, e, quando o conheci, Krishna morava na casa dela havia já quatro anos. Ele nunca descobriu por que ela tinha uma dívida para com seu pai, e nunca quis perguntar.

No primeiro fim de semana depois que conheci Krishna no lar-escola, uma americana de origem irlandesa bem bonita, de quarenta e poucos anos, apresentou-se como Carol e disse: "Meu filho Krishna quer participar de seu projeto de pesquisa". Krishna entrou na sala. "Ora, mãe, é só para você assinar", disse ele sem sotaque nenhum. Fiquei perplexo. Carol, que se parecia com ele, falou de como estava preocupada com Krishna, e comentei que ele devia ter passado maus pedaços na infância em Los Angeles. Ela me olhou como se eu fosse um pouco maluco. "Krishna nasceu e foi criado em Duluth", disse. Mais tarde, Krishna insistiu em afirmar que seu pai tinha dito que ele nascera em South Gate, Califórnia, um gueto latino na periferia de Los Angeles, mas quando conheci Raul, alguns anos mais tarde, ele caiu na risada.

Krishna continua sendo o mentiroso mais convincente e cara de pau que já conheci, e suas mentiras em geral são coléricas, como essa furiosa evisceração da mãe. Quando lhe telefonei, no dia seguinte, ele disse: "Acho que se ela diz que é minha mãe, provavelmente é". Os pais de Krishna tratavam-se com tamanha aversão recíproca que seria impossível reconstruir a verdade a partir do que um deles dizia. Cada um esperava que eu odiasse o outro, mas eu gostava de ambos. "É tão complicado, Andrew", disse Carol, na primeira vez que conversamos. "Tenho tanto medo de que você não consiga escrever sobre isso, porque é tão difícil!"

Carol Malloy e Raul Mirador se conheceram no fim da década de 1980 por intermédio da Ananda Marga, grupo às vezes chamado de culto, às vezes de movimento espiritual, ou então de disciplina de estudo. A organização prega a união e o amor, mas já foi acusada de contrabando de armas.[85] Uma das propostas da Ananda Marga é o "casamento revolucionário" — na origem, um protesto contra o sistema indiano de castas —, que consiste em unir pelo casamento pessoas de modos de vida completamente diversos, quebrando com isso as noções burguesas de classe e nacionalidade. Raul tinha problemas com seu visto de permanência, e o casamento de Carol estava acabando. Raul ofereceu-se para pagar as custas do divórcio se ela se casasse com ele. "Você ganhava pontos aos olhos do guru se procurasse as coisas mais difíceis", lembrou Carol. "Eu não sou boa para pensar no futuro, na verdade, quase sempre estou um lance ou dois atrás. Então o pobre Krishna nasceu nessa situação."

Eles moravam em Duluth com os dois filhos do primeiro casamento de Carol. Ela tinha uma padaria, onde trabalhava com Raul, e acabou transferindo o negócio para a Ananda Marga. Raul levou a família toda para a Guatemala quando Krishna tinha cinco anos. Depois de nove meses, os dois filhos mais velhos de Carol, que não conseguiram se adaptar, voltaram para os Estados Unidos a fim de morar com o pai. Carol, em suas próprias palavras, "preferiu a ideologia ao amor" e nunca se reconectou de fato com aquelas crianças. Entender a língua e a cultura da Guatemala custou-lhe "cinco anos de confusão", ao longo dos quais, segundo ela, "Raul tornou-se insuportavelmente machista e mandão; talvez tenha sido sempre assim, mas em Duluth era minha casa e meu negócio, e se notava menos". Ela lhe disse que ia se divorciar se ele não voltasse com ela para os Estados Unidos. Estava certa de conseguir a guarda dos filhos. Segundo Raul, ela afirmou diante dos filhos que estava disposta a ir embora mesmo sem eles, e que, para poupá-los do abandono, ele concordou em tentar uma volta a Minnesota.

Krishna tinha dez anos; sua irmã, Ashoka, oito; e Basho, nascido na Guatemala, quatro. Carol e Raul conseguiram trabalho em escolas públicas de Minneapolis para crianças latinas e começaram a fazer terapia de casal. "As crianças estavam muito contentes", ela lembrou. "Quando Krishna tinha nove anos, eu me sentava no chão ao lado da cama dele e ficava lendo, lendo, depois conversávamos e conversávamos. Lemos *Dom Quixote de la Mancha*. Líamos poesia, contos, história. Éramos muito ligados. Ele não se recorda disso."

Um dia, nove meses depois da volta, Carol chegou em casa e encontrou-a vazia. Raul tinha levado os três filhos de volta para a Guatemala. "Achei que Raul fosse lutar comigo", disse Carol com tristeza "e se não chegássemos a um acordo, nos divorciaríamos aqui mesmo, superaríamos a história toda e seríamos amigos.

Mas ele era mesmo um covarde." Embora furiosa com Raul, Carol estava brava também com Krishna, que tinha idade suficiente para fazer uma escolha. Krishna nunca perdoou a mãe por ter pretendido deixá-lo na Guatemala; ela nunca conseguiu perdoar o filho por deixá-la nos Estados Unidos. Durante os dois primeiros anos após eu tê-los conhecido, Krishna afirmou que não se lembrava da infância. Quando mencionei isso para Raul, tudo o que ele disse foi: "As crianças estão muito zangadas com Carol".

Carol apresentou queixa de sequestro contra Raul por intermédio da embaixada americana. Ela foi à Guatemala e tentou negociar um acerto. "As visitas eram sempre numa sala trancada, no escritório do advogado de Raul", disse ela. "Havia dois guardas com metralhadoras, e achei que fossem me matar. E as crianças tinham sofrido lavagem cerebral." No final das contas, Carol ganhou a guarda dos filhos nos dois países. Raul foi para a cadeia, por intervenção da Interpol, por sequestro. "Apresentamos os papéis aos pais de Raul. Quando entramos, as camas ainda estavam quentes. A família Mirador tinha sequestrado de novo meus filhos." Ela deixou a Guatemala, desesperada. Duas semanas depois, os pais de Raul subornaram alguém e ele foi posto em liberdade.

A separação podia ser necessária para Carol, mas ela pagou por isso com sua segunda prole. "Estava livre, mas tinha perdido tudo", contou. "Raul queria me punir por eu ter deixado a Ananda Marga, por querer fazer uma pós-graduação, por acreditar em mim mesma." Muitos anos depois, Krishna me escreveu dizendo: "Sei que meu pai gosta de mim, mesmo que quase nunca diga isso, e sei que minha mãe não gosta, embora ela diga isso o tempo todo. Nunca vi meu pai com uma namorada depois de minha mãe. Ele diz que é porque não tem tempo, mas sei que é porque ela partiu seu coração".

Enquanto Carol mandava pôr o retrato dos filhos em caixinhas de leite como crianças desaparecidas, os avós de Krishna mantiveram-no escondido na casa de primos em Los Angeles durante quase um ano, e ele entrou para os Sureños. Sua primeira tarefa foi roubar um carro. Depois, deram-lhe uma Uzi com um pente de munição e lhe ordenaram que fosse com o carro "pegar alguns rivais". Ele disse: "Voltei sem nenhuma bala. Quando senti a adrenalina bombeando para meu coração, percebi: 'Claro, essa é a minha. Essa é *minha* droga'.".

Depois de nove meses, Raul chamou Krishna de volta para a Guatemala. Um ano depois, quando Krishna tinha treze anos, foi visitar Carol em Minneapolis. "Não sei como foi", disse ela, "só sei que era Natal, e às vezes um desejo se realiza.

Convidei-o como se nada tivesse acontecido." Krishna lhe fez uma agradável visita de duas semanas, e Carol convenceu alguém da Ananda Marga a negociar a vinda de Ashoka e Krishna para a Páscoa. Quando chegaram a Minnesota, ela lhes disse que eles não voltariam. "Ela não fez isso porque nos amava", disse Krishna, "mas porque odeia meu pai e queria vingança." Krishna ficou furioso com a mãe, mas gostava dos Estados Unidos e não quis retornar à Guatemala; Ashoka estava infelicíssima e desesperada para voltar para casa. Raul ficou fora de si, mas não podia entrar nos Estados Unidos por causa do mandado de prisão, então pediu a um amigo que recuperasse Ashoka.

No dia da grande fuga, Ashoka estava presa em casa com o namorado de Carol. Ela ligou para o pai e explicou-lhe num sussurro que não tinha como sair. Raul mandou que Krishna atraísse o namorado de Carol para fora da casa, e assim que eles saíram Ashoka escapou. "Ajudei minha irmã a sair ilegalmente dos Estados Unidos", contou Krishna. "O que é bem estranho, já que a maior parte das pessoas tenta *entrar* ilegalmente nos Estados Unidos." Carol ficou arrasada, mas tomou a permanência de Krishna como um elogio. Para o garoto, foi como se lhe desse o troco. "Ela queria tanto um filho — vou mostrar a ela como é difícil", ele explicou. "Eu tinha de fazer da vida dela um inferno por algum tempo." Carol, que tinha sido vegetariana, disse que começou a comer frango por causa de Krishna. Ela fez uma pausa e estendeu as mãos em desespero. "Eu teria feito qualquer coisa por uma aproximação. Mas ele não queria, não podia compartilhar nada. Krishna nunca vai se comprometer de verdade. Sua cabeça está cheia de lixo; cheia de doutrinação; cheia de Guatemala."

Essa relação distorcida entre mãe e filho, marcada pela raiva e pela frustração de ambas as partes, mudou radicalmente numa noite em que Krishna saiu para comprar maconha. Tinha quinze anos. "Estávamos de bobeira bem ali na esquina da avenida Bloomington com a Lake Street quando um Lincoln vermelho encostou e um cara começou a apitar para nós", lembrou. A polícia fez perguntas a todos os que estavam lá, mas deteve Krishna por causa do assassinato de um negro de 39 anos no mês anterior. "De início, pensei que eles estavam querendo me assustar", continuou ele. "Gangue de negro briga com gangue de negro, gangue de chicano com gangue de chicano. Gostamos de nos matar entre nós mesmos, acho. Então não tinha como ser eu."

Mas a polícia indiciou Krishna. Quando Carol soube que o filho seria julgado num tribunal de adultos, pediu a amigos que escrevessem cartas, protestassem e se aglomerassem na sala de audiências. Ela explicou que Krishna já tinha sido sequestrado e estava traumatizado. Pela primeira vez no condado de Hennepin, um caso de assassinato permaneceu na esfera de menores. Krishna enfrentou uma dura batalha. "Meu advogado me disse: 'Olha, eles nos ofereceram quinze anos'. Nos ofereceram? Puta que pariu, você cumpre sete e meio e eu cumpro sete e meio? Fiquei na minha, disse: 'Não vou assumir a culpa de algo que não fiz'." Krishna se manteve firme em sua posição, e por fim o caso foi arquivado. Mas quando isso aconteceu ele já tinha estado sete meses e meio na cadeia. "Quando o soltaram, todo mundo pensou: 'Ele vai dar uma guinada em sua vida'", disse Carol. "Mas ele voltou direto para a gangue." Pelo menos uma vez na vida Krishna concordou com a versão dos fatos dada pela mãe. "Ficar preso me fez pensar: 'Foda-se todo mundo'", ele me contou. As coisas não iam bem em casa. Qualquer um que chegasse usando a bandana azul — símbolo dos Sureños — era expulso por Carol. Krishna disse: "Acho que uma mãe tem de estar com você até o fim. Mesmo que eu fosse passar a vida na cadeia, ela ainda tinha de tentar ficar do meu lado. Eu estava pondo minha mãe à prova". Ela retrucou: "Krishna diz que queria ficar em Minnesota para infernizar minha vida, e por isso continua na gangue. É para descobrir se eu gosto dele de verdade. Não acredito que ele tenha premeditado isso, afinal. A gangue e o culto são exatamente a mesma coisa: hierarquia rígida; regras; um pequeno grupo dedicado a uma estrutura inflexível e inútil, disposto a morrer por ela. Ele está recriando a infância que detestava".

Dois meses depois que as acusações contra Krishna foram arquivadas, ele começou a cumprir uma condenação de um mês por porte de arma. Meses depois, foi preso por violação da condicional, e aos dezesseis anos foi mandado para o lar-escola do condado, onde deveria ficar um ano e onde o conheci. Krishna me contou que sua namorada estava grávida — o que era mentira — e acrescentou: "Não quero que Carol veja o menino; não preciso que ela fique falando 'Seus primeiros anos foram mesmo uma coisa'". A capacidade que Krishna tinha de se enfurecer com a mãe por algo que ela não tinha dito a um bebê que não existia era uma verdadeira proeza de projeção. Pouco tempo depois, ele disse: "Eu estive pensando... Se meu filho ao crescer ficasse como eu, seria minha culpa. Isso quase me fez chorar; tive vontade de chorar. Meus olhos meio que ficaram vermelhos, mas sem lágrimas". A raiva, pelo visto, tinha sobrepujado todas as suas outras emoções.

"Eu poderia tolerar que ele fosse um desses meninos todos vestidos de preto, com o cabelo azul e piercings", disse Carol. "Até mesmo tatuagens, se não tivessem nada a ver com gangues. Mesmo que ele fosse gay, tudo bem. Mas nunca aceitei a violência, e por isso ele escolheu a violência. Eles o protegem. Por que eles tinham de protegê-lo? Alguém protege você? Quem me protege é meu plano de saúde. Uma coisa que lhe dá orgulho na gangue é poder mandar nos outros. Ele está sempre naquele celular rosnando ordens em espanhol. Eu lhe disse: 'Olhe, estou o tempo todo dizendo aos outros o que devem fazer, porque dou aulas na primeira série. Você consideraria essa possibilidade?'." Mas Carol também admitiu que até certo ponto é responsável pelo que Krishna se tornou. "Você me conhece como sou agora, e sei que gosta de mim", ela me disse, com tristeza. "Mas pode acreditar, naquela época, eu não era a mesma pessoa, e você não ia gostar muito de mim." Ela pensou também que a dificuldade de ser mestiço pode ter sido grande demais para o filho. "Ele tem medo de ser ele mesmo. É difícil para um mestiço ficar de pé e dizer: 'Não sou isto ou aquilo, sou eu mesmo'." Numa carta que me escreveu, Krishna disse: "Faria sentido dizer a você quem sou eu, mesmo que às vezes eu não saiba quem sou. Sempre rotulado como *spic* [cucaracho] por meu modo de falar, minha cultura, aparência e comportamentos, mas sempre provocado, excluído e não totalmente aceito por meus irmãos latinos por ser 'meio a meio'".

Krishna adorava dar explicações sobre a vida de gangue. "As gangues hispânicas da Califórnia existem desde a década de 1900", contou-me ele uma noite. "Não quero falar mal das gangues de negros, mas entre nós há mais honra e lealdade. As gangues não começam como organizações criminosas, elas degeneram nessa direção.[86] Mas veja os caras da Enron, roubando fundos de aposentadoria dos velhos. Eu mesmo e meus camaradas temos uma regra, a de nunca mexer com gente velha. É uma coisa abominável." Quando conheci Raul, três anos depois, percebi que Krishna estava repetindo o tom de instrução moral enfática do pai. A maior parte dos meninos que entrevistei para este capítulo falava inglês correto num primeiro contato e depois partia para um patuá relaxado. Krishna falava no jargão estropiado da gangue, cheio de obscenidades, até relaxar, e aí começava a falar um inglês gramaticalmente impecável. Seria esse seu jeito uma defesa para camuflar a pessoa sensível que ele era na verdade? Ou seria ele um cara insensível capaz de manipular as pessoas com sua aparente delicadeza? O próprio Krishna não tinha a menor ideia das respostas a essas perguntas.

No último mês de sua pena, Krishna saía todos os dias para trabalhar e podia ausentar-se do lar-escola à noite acompanhado de um responsável. Pedi autorização para levá-lo para jantar. Nas noites em que conversávamos até tarde no lar--escola, ele falava no quanto queria ir para a faculdade. Agora, devorando um filé, sua obsessão era a gangue. "Essa é minha gente", disse. "Não vou sacrificar a lealdade a eles só para viver sob o mesmo teto que Carol." Mencionei que tinha entrevistado Karina Lopez, e ele riu. "Soube que o namorado dela morreu? Foram meus rapazes." Ele bateu com força no peito. "Eu a vi no dia em que aconteceu, no pronto-socorro, chorando pra caralho. Eu ri." Mais tarde, Karina confirmou o episódio: "Ele não teve nada a ver com o crime, mas bem que gostou".

Comentei com Krishna que era difícil conciliar isso tudo com o menino cheio de sonhos com quem eu tinha jogado Scrabble umas semanas antes. "Mas são partes de uma mesma pessoa", disse ele. "Meu psicólogo me deu como tarefa definir um psicopata. Depois que li vinte características, parei, porque fiquei assustado. Adoro meu ódio — é tão forte, e até certo ponto puro e real. E meio que odeio o amor, acho que sinto que é sempre falso e decepcionante, todo mundo diz que gosta de mim, mas o que eles querem é me controlar. Adoro o ódio e detesto o amor. É o suficiente para que eu seja um psicopata? Não me acho mau. Espero que não."

Três dias depois, Krishna saiu para o trabalho e não voltou. Fugir quando faltam duas semanas para concluir o período de internação é um absurdo; em vez de sair com uma ficha limpa, ele virou foragido. Três meses depois, foi preso no sul de Minneapolis e voltou para o lar-escola. Quando o vi, falei-lhe de minha surpresa pelo fato de ter ficado numa cidade em que todos os policiais conheciam a cara dele. "Fui duas vezes à estação de Greyhound para comprar uma passagem para Los Angeles, mas estava me divertindo muito aqui", contou. Reclamou que Carol se opunha a que ele voltasse a morar em sua casa. "Se minha mãe me desapontou?", perguntou. "Para começar, acho que ela nunca me apoiou." Carol ficou triste. "Não sei como, ele faltou à aula sobre gratificação adiada", ela me disse. "Queria que você pudesse assumir a tarefa de ser mãe dele."

Krishna entrou naquilo que eu passaria a reconhecer como um ciclo previsível. Enquanto estava preso, era capaz de sentir otimismo e esperança, qualidades que se dissipavam assim que saía do confinamento. Agora ele queria continuar na vida de gangue, mas sem cometer crimes. Planejava fazer isso escrevendo peças que seriam encenadas por membros da gangue. Ele transformaria suas facas em textos, suas armas em produções. Depois de me contar o enredo de uma de suas histórias, ele de repente ficou pensativo. "Sou um cara de gangue. Esse é o caminho mais fácil para mim. Desse jeito sei onde estou pisando. Já quando estou tentando ser legal, na verdade não sei onde estou pisando — e não sei se estou muito a fim de ser legal."

Eu tinha ouvido muita coisa sobre seu pai e quis ver se Raul era o homem ponderado dos devaneios de Krishna ou o odioso manipulador de que Carol falava. Três anos depois que conheci Krishna, ele estava livre e planejava uma viagem à Guatemala. Propus ao pai dele visitá-lo nessa época. Raul respondeu: "Você será bem-vindo a qualquer hora. Não vai precisar gastar dinheiro e tempo num hotel. Teremos o maior prazer em tê-lo conosco para nos conhecermos e conversar com liberdade".

Raul era acolhedor, refinado e simpático à primeira vista, um homem pequeno, com cabelos pretos espessos e ondulados, que lembrava um asiático. Perto do filho enorme, era um anãozinho. Eles me receberam no aeroporto; joguei minhas malas no bagageiro da velha perua deles e fomos para a casa dos avós de Krishna. Fui alojado num quarto normalmente reservado para as visitas dos netos que tinha na penteadeira um grupo de objetos díspares: um Papai Noel luminoso, um boneco gigantesco do Sr. Cabeça de Batata e um retrato do papa.

Raul me contou que ele e Carol tinham se amado. "Antes de nos casarmos, eu não aceitava que um casamento pudesse acabar em divórcio, sobretudo se houvesse filhos. Mas ela foi embora, e queria ficar com as crianças, o que ela não merecia e não poderia fazer direito." Ficamos conversando até tarde da noite, e Raul sempre voltava à linguagem da moralidade. "Não acho que este que estamos vendo seja o Krishna real", explicou. "O Krishna real é aquele menino doce que foi em visita aos Estados Unidos há cinco anos. No final, seu lado bom vai prevalecer, mas não sei se isso vai acontecer antes que ele seja preso para sempre ou morto num tiroteio." Mais tarde, disse: "Posso entender a disposição de morrer, ou de passar a vida na cadeia, mas não por uma gangue. Krishna precisa de uma causa". Raul me olhou com repentina franqueza. "Você poderia ajudá-lo a encontrar alguma?", perguntou.

Na manhã seguinte, fomos a uma escola da Ananda Marga num bairro pobre chamado La Limonada. As crianças, entre três e seis anos, assistiam às aulas em duas salas, uma acima da outra, num bunker de concreto com telhado de zinco. Raul e Krishna foram recebidos com canções e dança, saudações que o rapaz aceitou meio sem jeito. O professor perguntou se Krishna queria dar aulas de inglês aos meninos, e ele respondeu que suas tatuagens e seu aspecto de gângster iriam criar problemas com a vizinhança — desculpa que visivelmente aborreceu seu pai. Então disse que tinha de sair, e Raul e eu fomos até um pequeno apartamento na periferia da cidade, onde encontramos uma dúzia de devotos da Ananda Marga de vários países. Meditamos acomodados em tapetes de oração gastos e conversamos sobre o bem e o mal partilhando uma terrina de lentilhas.

Naquela noite, em tom de bravata, Krishna me levou a uma parte da cidade dominada por gangues e me apresentou aos Sureños locais. Todos tinham tatuagens de armas e do bando, e em dado momento ouvimos tiros diante da porta da sala onde estávamos reunidos — e ainda assim, por estranho que pareça, foi como o encontro de membros de uma fraternidade no campus de uma faculdade. Pela primeira vez percebi que os Sureños podiam se sentir ao mesmo tempo muito perigosos e singularmente seguros. A gangue era em si mesma uma identidade horizontal, e o crime tinha na vida de Krishna uma função não muito diferente da que a surdez ou o nanismo exercia sobre a vida de outras pessoas que eu entrevistara, não muito diferente da importância que o fato de ser gay tinha em minha própria vida. Lembrei-me da carta em que Krishna afirmava não ser capaz de me dizer quem era porque não sabia. Sua mãe atribuía essa confusão ao fato de ele ser mestiço, mas isso também refletia a questão de se ele era filho de sua mãe ou de seu pai, se era americano ou guatemalteco, bom ou mau — um catálogo de antíteses longo demais para enumerar. Naquela sala feia de um bairro feio, ele sabia exatamente quem era, o que lhe permitia relaxar como eu nunca tinha visto antes.

Eu havia ficado surpreso com a atração que senti pelo mundo dos surdos, mas muito mais estranho foi ser seduzido por esse mundo. Vista de dentro, a gangue era hospitaleira. Não que eu tenha gostado de ficar com os Sureños mais do que tinha gostado da manhã passada com os Ananda Marga e suas lentilhas, mas também não gostei menos. Eu sabia que muitas das pessoas que estavam naquela sala haviam cometido crimes. Mas eles foram legais comigo, em consideração a Krishna, o que, percebia-se, era muito importante para ele. Aquela cordialidade parecia autêntica e cativante. Eu tinha pensado que ao andar com a gangue nas favelas da Cidade da Guatemala me encontraria com o pior lado de Krishna, mas em vez disso ele exibiu seu lado mais vulnerável. A criminalidade é uma identidade e, como qualquer outra forma de brutalidade organizada — futebol, guerra, especulação —, pode gerar grande intimidade. O imperativo social é eliminar o comportamento criminoso, mas isso não impede que se perceba a identidade. Repudio a violência, mas reconheço a intimidade militar que ela propicia a homens que não têm outros vínculos. Com efeito, reconheço que as conquistas pelas quais o mapa do mundo é traçado deriva da lealdade recíproca e da agressão de jovens.

Em meu último dia na Guatemala, Raul combinou com o avô de Krishna que ele me levaria ao aeroporto. "Ei", disse Krishna, "quer que eu vá com você?" Com alguma cortesia, ergueu minha mala para levá-la ao carro. Durante a viagem, ele me falou da poesia guatemalteca e mencionou os poemas de Elizabeth Bishop no Brasil, que captam bem a distância entre as duas Américas.[87] Citei alguns de meus versos prediletos e ele pediu uma caneta para anotá-los. Eu esperava simplesmente saltar e ir embora, mas ao chegarmos ao aeroporto Krishna tomou a mala de minha mão outra vez, acompanhou-me até lá dentro e escolheu uma fila boa para mim — boa, ele explicou, porque estava muito interessado na garota do guichê. Esperou que eu fizesse o *check in* e me acompanhou até o portão de embarque. Entrei e, ao me voltar, vi que ele estava acenando para mim. "Obrigado", ele gritou. "Por quê?", perguntei. "Por ter vindo. Por tudo", ele disse. "Vou sentir sua falta, cara." Ele tossiu, ficou sem graça e saiu correndo. Aquela imagem dele, quase desamparada, ficou impressa em meu coração; por um momento de brilho, vi o doce Krishna de quem tanto Raul quanto Carol tinham falado.

Krishna voltou para Minneapolis e foi morar de novo com a mãe. Da última vez que soube dele, tinha levado um tiro e estava em estado crítico. Perdeu um rim, parte da vesícula, sofreu lesões no fígado, teve um pulmão inutilizado e sangrou "catastroficamente". Quando saiu do hospital, Carol lhe pediu que encontrasse outro lugar para morar. "Se eles vierem concluir o trabalho", disse ela, irônica, "não quero que seja em minha casa." Depois disso, ele estava sempre fugindo, mas quando eu não conseguia encontrá-lo pelo celular, cujo número sempre mudava, fazia contato porque ele voltava à casa da mãe para lavar e passar a roupa. Após cinco meses, Carol recebeu-o de volta. Krishna provocou alguns membros da gangue e eles atiraram na casa. Ashoka, que tinha vindo para uma visita prolongada, voltou à Guatemala no dia seguinte. Deixou uma carta para Krishna em que dizia: "Eu pensava que você só precisava de um foco, mas agora acho que se trata de uma forma lenta de suicídio, e não quero fazer parte disso". Carol disse: "Então, estou perdendo meus dois filhos de novo".

Um mês depois, Krishna pegou dezesseis meses por assalto. Dessa vez, foi para a cadeia mesmo. Quando o visitei, ele pediu desculpas pelas mentiras que tinha contado. Nessa época, estava decepcionado com a gangue. Um dos Sureños do incidente havia se tornado testemunha da acusação. "Quer dizer, o cara não tem de entrar para a gangue se não consegue entender; existem regras, regulamentos, coisas que você pode fazer e coisas que não pode." Sugeri que se seguir regras fosse tão atraente, ele poderia ter seguido as que foram determinadas pelo governo americano, e ele riu. Krishna ligava para Carol toda semana. "Ele me liga porque é permitido", disse ela. "Fui boba por ter acreditado que aqueles discursos sobre se corrigir significavam alguma coisa. Perguntei: 'O que foi feito do otimismo que você manifestava sobre a peça que estava escrevendo?', e ele respondeu: 'Eram apenas palavras'. Onde está a realidade? Eu daria qualquer coisa para ser capaz de encontrá-la. Mesmo que seja horrível, realmente horrível, eu poderia aceitá-la se ao menos pudesse vê-la, ainda que fosse por poucos minutos. Esse é meu sonho." Ela me olhou com tristeza. "Andrew, conheço você melhor do que conheço meu filho."

Na última fez em que foi posto em liberdade, Krishna prestou exames do supletivo e mandou suas notas para diversas universidades, inclusive a Universidade da Califórnia em Los Angeles (UCLA), que era sua primeira opção. Mas antes que suas solicitações pudessem ser analisadas, ele participou de uma incursão com quatro companheiros de bando que terminou com a morte a tiros de um membro da gangue dos Vatos Locos. Foi acusado de ajudar um agressor em benefício da gangue, declarado culpado e sentenciado a oito anos na prisão de segurança máxima de Stillwater, em Minnesota.

Krishna poderia ter encontrado sua comunidade em outro lugar se não estivesse imobilizado demais para tentar. Sem dúvida seria capaz de ingressar na UCLA. Ele se escondia atrás das bravatas para evitar riscos que o assustavam. As armas que usou foram apenas objetos transicionais, uma versão mais exibicionista do cobertor que dava segurança a Linus, o personagem dos quadrinhos. Seu primeiro ano de faculdade cintila num horizonte de sonho. Para seu "o que é" existe uma porção de "o que podia ter sido", e ele é assombrado por isso. Encontrar uma identidade horizontal pode ser a maior libertação da vida, mas pode também ser esmagador. Neste caso, a prisão metafórica de Krishna conduziu-o a uma prisão real.

Stillwater era uma vastidão cinzenta. Krishna estava bem vestido quando chegou ao parlatório, mas sua veia idealista estava atenuada. "Já não tenho raiva de Carol", ele me disse uma tarde. "Eu pensava que ela era a única responsável pela minha impotência, mas agora vejo que ela me amava a sua maneira, seja ela qual for. É que eu me sentia *tão* impotente quando criança, por não poder escolher onde ia morar, e acabei entendendo, entrei para a gangue para me sentir poderoso. E qual foi o resultado? Estou totalmente impotente outra vez, de volta ao ponto de partida — só que dessa vez fui eu mesmo que fiz isso."

Poucas semanas depois, Carol me disse: "Ele queria trabalhar com os oprimidos, estar com seu povo, com os desvalidos latinos. Mas o que fez? Entrou numa gangue, onde eles se matam entre si. Levou essa gente para a cadeia. As pessoas que ele diz serem sua gente passariam melhor sem ele". E acrescentou: "Estive sem Krishna a vida toda. Na verdade, não sinto falta da pessoa que ele é. Mas sinto falta da pessoa que ele era — e não tenho dúvida de que estou certa quanto à pessoa que ele era, e sinto muita falta dessa pessoa. E a pessoa em quem eu achava que aquela pessoa ia se transformar, sinto falta dela, de todo o coração".

Nenhum grupo de pessoas me deu informação mais confusa do que esses jovens infratores. Eles não confiam em figuras de autoridade adultas, brancas e masculinas, e não gostam delas. Sua dissimulação automática era parte determinante daquilo que os levara à prisão. No entanto, mais importante que isso é que eles não captavam sua própria realidade. Não sabiam com certeza o que tinha acontecido; suas narrativas eram todas condicionais.

A prisão concentra as emoções humanas porque confisca muitas das ações normais e priva o interno de inúmeras decisões cotidianas: o que comer, a que horas comer, quando tomar banho, e assim por diante. Quando a pessoa não está na rua, quando não está se virando, passando de um crime para outro, usando drogas que a apartam do mundo, é compelida a refletir. Nesse estado reflexivo, os presos vivem entre o amor e o ódio, entre o reencontro e a vingança. Eles pensam em como se vingar de quem quer que os tenha mandado para a cadeia. Quase todos os presos que conheci culpavam outra pessoa por sua prisão, quando não por seu crime. Também sentem falta de pessoas que os socorram: marido ou mulher, namorado ou namorada, filhos, pais cujo amor relativamente incondicional se torna uma afetuosa lembrança de inocência.

As agressões que Krishna sofreu eram muito mais reais para ele do que as que ele infligiu a outras pessoas. Entretanto, conheci outros meninos que pareciam ter se tornado infratores para dar um peso objetivo a um sentimento prévio e lancinante de culpa. Um menino com quem fiz amizade no lar-escola, Tyndall Wilkie, teve aos seis anos uma briga com a mãe, professora primária, e disse à enfermeira da escola que ela o maltratava.[88] Repetiu a história para a assistente social da escola. Ela não o maltratava; ele só queria causar-lhe problemas. Tyndall e sua irmã foram postos numa instituição, e sua mãe foi proibida de lecionar durante cinco anos. Toda a vida dele se desenrolou à sombra desse equívoco.

Mitt Ebbetts, um menino de gangue de outra prisão, contou que quando ele tinha oito anos a mãe o deixava cuidando das irmãs menores, recomendando-lhe que nunca abrisse a porta para ninguém.[89] Um dia, as batidas foram tão insistentes que ele não conseguiu ignorá-las. Era a polícia, que atendia à denúncia de um vizinho sobre as crianças deixadas sozinhas em casa. A mãe perdeu a guarda dos filhos, que passaram por sucessivos lares substitutos. Como Lord Jim, Mitt foi assombrado por um único erro. Achou que tinha arruinado a vida da mãe e das irmãs, e assim desentranhou seu próprio centro moral. Seus crimes posteriores, venda de drogas e assalto, respondiam a uma necessidade de autopunição. A lenda diz que o crime é estimulado por pais que ferem os filhos. O legado do crime mostra que os filhos ferem seus pais. Muitas vezes, a dor ligada àquela transgressão obscurece qualquer outro remorso.

O amor não é apenas uma intuição, mas também uma competência. Programas terapêuticos desenvolvidos nas prisões, como os dos lares-escolas, proporcionam estrutura e incentivo para a reflexão, como as sessões de grupo e o ato de escrever diários e cartas. Ter um filho no lar-escola dá aos pais uma oportunidade de aprendizado. A prisão determina parâmetros afetivos que para algumas pessoas são mais acessíveis que os parâmetros indefinidos da vida cotidiana. Você vai até lá no dia de visita. Fica durante o tempo permitido. Leva aqueles tênis, ou ajuda a segurar o namoro tratando a namorada como parte da família. Esses atos óbvios e concretos não dependem de um estado de ânimo que, para muitas pessoas de pavio curto e emoções conflitantes, pode ser difícil de manter. Pessoas que não conseguem ser constantes minuto a minuto às vezes conseguem sê-lo uma vez por semana. Ter uma certeza —"meus pais disseram que viriam no dia de visita e vieram mesmo" — era quase uma revelação para muitos presos. Em alguns casos, esse apoio desaparecia quando o filho era posto em liberdade, mas em outros funcionava como rodinhas de bicicleta: quando o filho cumpria a pena, os pais estavam prontos para desempenhar seu papel com mais confiança e preparo, sem ajuda externa.

Idealmente, a reintegração de um jovem à família pode ser também um reflexo de sua integração à sociedade como um todo. Na primeira vez em que fui ao Departamento de Correção Comunitária do Condado de Hennepin num dia de visita de parentes, falei com dois meninos que estavam em situação muito parecida. Tinham a mesma idade, penas de internação similares e seriam soltos mais ou menos na mesma época. Mas eu logo soube que os pais de um deles viajavam duas horas para comparecer a cada audiência de seu julgamento, a cada sessão de aconselhamento familiar e a cada visita. A mãe já tinha conseguido um emprego na construção civil para ele quando fosse solto. O outro menino se juntava sem entusiasmo à família do amigo, já que sua própria família, de classe média e instruída, nunca aparecia, embora vivesse a menos de três quilômetros dali. Esses dois presos seriam libertados em mundos diversos.

Visitei Castington, uma prisão de segurança máxima perto de Newcastle, no norte da Inglaterra, e achei-a mais tradicional e fisicamente degradada que o lar--escola. Em Minnesota, os funcionários sempre diziam aos internos que eles não tinham nenhuma obrigação de falar comigo. Em Castington, fui convidado a observar procedimentos de rotina e estive presente, por exemplo, quando recém--chegados eram despidos e revistados. Os presos ingleses não chegavam a um autoconhecimento ou mesmo à ilusão de autoconhecimento que caracterizava seus congêneres do lar-escola. Frank Buckland, preso por esbofetear o namorado de uma prima, estava assustado com a aproximação da data de libertação. "Aqui dentro mantive a violência sob controle", disse. Na verdade, era um prisioneiro exemplar. "Mas vou querer sair, como os outros caras, tomar uma bebida, encontrar garotas. Não sei se vou me tornar violento outra vez." Ele falava de seu futuro caráter como se fosse um mistério além de seu controle. "Temos de esperar para ver", disse sua mãe, desalentada. Os jovens do lar-escola eram orientados a pensar no futuro e fazer planos para quando fossem libertados; em contraste, não encontrei um só preso de Castington que tivesse alguma ideia sobre o que queria fazer depois de solto.[90]

De dentro de uma prisão, as reflexões sobre o futuro são fantasias de pouco valor, mas a coerência e a esperança que possam existir numa dada fantasia exercem uma influência considerável na capacidade de dar uma guinada na vida depois do confinamento. O fato de Krishna, no jantar que tivemos juntos, passar o tempo todo exaltando as virtudes da vida de gangue foi um mau sinal — da mesma forma que a morte do namorado como razão para completar os estudos foi, no caso de Karina, um sinal promissor. O lar-escola proporciona um programa em que os internos são devolvidos ao mundo aos poucos, com serviços de apoio. A supervisora Terry Bach disse: "Tive pais que se sentiam à vontade para me ligar se alguma coisa ia mal depois que o filho tinha saído". Karina continuou amiga de sua funcionária favorita do estabelecimento correcional, e de tempos em tempos a procurava em busca de conselho. A injeção de humanidade proporcionada por esses relacionamentos é muito produtiva.

Para a maior parte das identidades horizontais, o pressuposto de inocência coletiva é fundamental; o argumento sensibilizador é que pessoas deficientes não merecem ser castigadas. Deste modo, trabalhamos com crianças culpadas e, em alguns casos, com pais que cometeram erros graves. Mas muitas dessas famílias podem ter sido também marginalizadas e brutalizadas, isoladas do ponto de vista econômico e emocional, deprimidas e frustradas. Mantive contato com pais que queriam ajudar os filhos, mas não tinham conhecimento ou meios para fazer isso de forma efetiva; eles não tinham acesso, como têm os pais de crianças deficientes, a serviços sociais que todos conhecem. Lançar mais opróbrio sobre esses pais só exacerba um problema que poderia ser resolvido. Negamos a realidade da vida deles não só à custa de nossa humanidade, mas também de nossa segurança pessoal.

A criminalidade mostra-se mais passível de solução do que outras situações. Ninguém pode sair de uma síndrome de Down, mas algumas pessoas podem abandonar um passado de crimes. Para isso, elas normalmente exigem um apoio fortíssimo. A pesquisa na área de prevenção do crime gerou um arsenal de soluções efetivas, mas a maior parte delas é ignorada, deixando de lado vastos setores de nossa sociedade. Embora cerca de três quartos das pessoas que trabalham com delinquentes juvenis acreditem na existência de meios eficazes para lidar com o problema, apenas de 3% a 6% acham que os juizados de menores ajudam.[91] Nossa falta de solidariedade para com essas crianças e jovens párias mantém o tratamento eficaz fora de seu alcance. Além do preconceito generalizado, segundo o qual as intervenções terapêuticas são brandas demais para serem aplicadas a criminosos, justifica-se a recusa de tratamento com a afirmação de que essas terapias são ineficientes e muito caras. Nenhuma dessas justificativas se sustenta. O custo de manter um menor na prisão vai de 20 mil a 65 mil dólares por ano.[92] As prisões que oferecem mais programas de reabilitação experimentam menos violência, mas o maior benefício financeiro é a prevenção da reincidência.[93] Um crime dá origem a enormes despesas indiretas, como danos patrimoniais, custas judiciárias, atendimento médico para feridos e apoio psicológico para vítimas amedrontadas. Joseph Califano, chefe do Centro Nacional de Drogadicção e Toxicomania, diz: "O tratamento e o dever de prestar contas são objetivos complementares e não mutuamente excludentes".[94]

Numa meta-análise que englobou 163 pesquisas, William R. Shadish, professor de psicologia da Universidade da Califórnia em Merced, mostrou que as intervenções na família são as mais produtivas.[95] Outra meta-análise concluiu que "as intervenções familiares e parentais podem acarretar uma significativa redução no tempo passado em instituições como prisões e centros de detenção para delinquentes juvenis".[96] Como no caso do autismo e da síndrome de Down, a intervenção precoce é a que traz melhores resultados. O relatório de 2001 do secretário nacional de Saúde dos Estados Unidos sobre violência juvenil confirmou que as visitas domiciliares de treinamento a futuras mães podem reduzir a criminalidade juvenil.[97] Esses programas são mais eficazes quando têm acompanhamento posterior. Um pesquisador comparou essa prática à odontologia preventiva[98] — em que a manutenção regular é indispensável para a manutenção da saúde —, ao contrário da vacinação, em que uma única ação da primeira infância pode evitar uma doença.

Nossa sociedade impaciente quer que os tratamentos tenham alvos mais específicos, de forma que a maior parte dos programas familiares só vem a ser implantada quando as crianças em perigo são mais velhas. Além disso, beneficiam apenas as famílias de infratores identificados. Essas terapias são conhecidas sobretudo por siglas: BPT, FFT, MST, SFT, BSFT, MFGI, FAST, FET, TFC. Muitas bebem em modelos cognitivo-comportamentais; os pais aprendem a ser coerentes, justos e emocionalmente acessíveis; as crianças aprendem a identificar seus sentimentos e a se comunicar melhor. Juntos, pais e filhos melhoram sua capacidade para a solução de conflitos. Algumas terapias englobam a resolução de questões práticas, como ajudar as famílias a obter moradia, alimentação e vestuário adequados. Algumas entregam os filhos a famílias substitutas e trazem então a família biológica para observar a substituta como prelúdio para a devolução deles.

Alan Kazdin e sua equipe do Centro de Paternidade de Yale defendem medidas disciplinares não associadas a violência ou medo; mudanças no sistema correcional familiar podem afastar os jovens do sistema público.[99] Uma pesquisa concluiu que um enfoque baseado na comunicação e no comportamento poderia reduzir a reincidência pela metade.[100] Outra pesquisa mostra que os meninos de um grupo de controle em liberdade condicional tinham dez vezes mais probabilidades de reincidir do que meninos que participaram de terapia familiar. Outro estudo, ainda, relata que delinquentes internados em instituições que oferecem terapia familiar tiveram uma taxa de reincidência de 60%, comparada à desanimadora taxa de 93% entre os que não fizeram esse tipo de terapia.[101] Crianças em situação de risco cujas famílias não fizeram terapia preventiva tinham 70% mais probabilidades de serem presas por crime violento antes dos dezoito anos.[102] Essas estatísticas têm exercido pouca influência sobre o tratamento dispensado a delinquentes juvenis. Apenas 10% das prisões de menores empregam terapia familiar, e destas apenas 25% o fazem de forma consistente. Nossa sociedade se insurge contra as atrocidades perpetradas por menores, mas invariavelmente prefere a satisfação da retribuição à eficácia da prevenção.[103]

Intervenções familiares básicas podem custar, em termos aproximados, de 2 mil a 30 mil dólares por família atendida. O Projeto Perry de educação infantil, que emprega o método HighScope, mostrou que, para cada dólar empregado no tratamento de mães em risco, poupam-se sete dólares em custos posteriores — sem levar em conta a contribuição econômica positiva dessa população afastada da marginalidade.[104] Enquanto a lei californiana dos *"three strikes"*, ou três condenações, custa 16 mil dólares por crime grave evitado e a liberdade condicional custa pouco menos de 14 mil, o treinamento parental custa apenas 6351 dólares por crime evitado.[105] Resultados excepcionais foram obtidos com incentivos à graduação relativamente baratos que mantêm meninos e meninas na escola. O Projeto Perry indica que a não intervenção em famílias de risco e de baixa renda com filhos de menos de cinco anos nos Estados Unidos deve custar cerca de 400 bilhões de dólares.[106] Mas, embora o dinheiro gasto em dissuasão no presente ano possa reduzir muito as despesas com prisões daqui a uma década, é difícil incluir esses gastos num orçamento que precisa mostrar resultados no decorrer de um mandato político.

Qualquer discussão sobre esses tratamentos suscita graves questões morais. Que mensagem passamos ao reagir ao crime violento com terapia? Se optarmos por menos tempo de prisão, mais crimes serão cometidos por pessoas que poderiam ainda estar presas. A lei das três condenações da Califórnia foi pensada para reduzir a criminalidade de adultos em 25% — objetivo que pode ou não ter sido alcançado. Nenhum programa de prevenção ou de terapia já chegou a objetivos tão ambiciosos. Por outro lado, a aplicação da lei das três condenações é escandalosamente cara, e o estado está à beira da falência. Não podemos desmantelar o sistema judiciário ou combater o crime com delicadeza; quase sempre é preciso fogo para combater o fogo. Ao mesmo tempo, está mais que provado que a justiça punitiva pode ser reforçada por programas terapêuticos. Descartar o sistema prisional em favor de intervenções terapêuticas seria loucura; mas um sistema prisional usado sem intervenção terapêutica, como acontece hoje na maior parte do país, é uma loucura pelo menos tão grande quanto a primeira.

Pessoas incapazes de reconhecer a diversidade dos impulsos humanos e que se sentem superiores porque não incorrem em comportamentos aos quais, para começar, não se sentem compelidas mostram uma arrogância peculiar. Pessoas que condenam predadores sexuais dizem com presunção que não buscam sexo com crianças, sem admitir que não se sentem sexualmente atraídas por crianças. Pessoas que não são propensas à dependência química expressam desprezo pelos adictos; pessoas com pouco apetite tratam obesos mórbidos com superioridade. Há cem anos, minha homossexualidade me teria levado para a cadeia, e tenho a sorte de viver num lugar e numa época que me permitem ser eu mesmo. Se tivesse de negar meus desejos, teria uma experiência bem diversa da dos heterossexuais que não têm desejos como esses a negar. Convivendo com criminosos, percebi que, enquanto alguns têm pouco controle sobre seus impulsos, ou são fracos, ou destrutivos, muitos outros são levados pela compulsão. Alguns manifestam grande coragem proibindo-se de roubar, embora o desejo de fazê-lo esteja presente neles a todo instante, e a contenção de demônios que eles não são capazes de erradicar é categoricamente diferente da honestidade de pessoas que acham desagradável a ideia de roubar.

Famílias de criminosos muitas vezes lutam para admitir que o filho fez alguma coisa destrutiva e, ao mesmo tempo, que continuam a gostar deles seja como for. Alguns desistem de amar, outros se tornam cegos ao mau comportamento. O ideal de não tomar nenhuma dessas atitudes deriva da ideia de amar o pecador mas detestar o pecado, como se pecadores e pecados pudessem ser separados com facilidade; se os seres humanos amam pecadores, os amam com seus pecados.

Quem vê e reconhece a transgressão naqueles que ama, mas cujo amor só se reforça com essa consciência, alcança o amor mais verdadeiro, que enxerga com clareza mesmo quando o panorama é desolador. Conheci uma família cuja tragédia a levou a abraçar essas contradições mais do que qualquer outra, uma mãe cujo amor parecia, ao mesmo tempo, infinitamente profundo e infinitamente consciente de uma pessoa degenerada. O amor que ela sentia era tão obscuro e real, tão envolvente e desprendido quanto o de Cordélia pelo pai.

Em 20 de abril de 1999, Eric Harris e Dylan Klebold, alunos do ensino médio da Columbine High School em Littleton, Colorado, instalaram bombas na cantina, preparadas para explodir durante o primeiro turno do almoço, às 11h17, e planejaram disparar contra quem quer que tentasse correr.[107] Erros de fabricação nos detonadores impediram que as bombas explodissem, mas mesmo assim Klebold e Harris tomaram toda a escola como refém e mataram doze alunos e um professor antes de voltar as armas contra si mesmos. Na época, foi o pior episódio de violência escolar da história. A direita americana culpou o colapso dos "valores familiares", enquanto a esquerda baseou seus ataques na violência do cinema e exigiu leis mais rígidas de controle de armas. Uma avalanche de críticas à cultura em geral foi dada como explicação para esses acontecimentos inexplicáveis.

O número de mortes que costuma ser citado para aquele dia é de treze, e o Memorial Columbine relembra apenas treze mortes, como se Klebold e Harris também não tivessem morrido naquele dia e naquele lugar. Ao contrário de todas as especulações tanto da época como posteriores, os dois meninos não vinham de famílias fragmentadas nem tinham sido fichados por crimes violentos. A ilusão do mundo que testemunhou esse horror era que bons pais poderiam evitar que os filhos se transformassem num Eric Harris ou num Dylan Klebold, mas a maldade nem sempre germina de maneira previsível ou explicável. Da mesma forma que as famílias de autistas ou esquizofrênicos se perguntam o que pode ter acontecido com as pessoas aparentemente saudáveis que elas tinham conhecido, outras famílias lutam com filhos que cometeram atos terríveis e se perguntam o que pode ter acontecido com as crianças inocentes que eles achavam que compreendiam.

Eu me propus entrevistar Tom e Sue Klebold com a expectativa de que me ajudassem a esclarecer os atos do filho. Quanto melhor ia conhecendo os Klebold, mais perplexo ficava. A bondade de Sue Klebold (antes da morte de Dylan, ela trabalhava com deficientes) era tudo o que qualquer criança abandonada ou vítima de maus-tratos teria pedido, e o entusiasmo pertinaz de Tom levantaria o mais abalado dos ânimos. Entre as muitas famílias que conheci enquanto preparava este livro, os Klebold estão entre aquelas de que mais gostei. Presos em sua *Oréstia* particular, eles adotaram uma surpreendente atitude de clemência e compreensão. São vítimas da terrível e profunda impenetrabilidade mesmo da mais íntima das relações humanas. É mais fácil amar uma pessoa boa do que outra má, mas pode ser mais difícil perder uma pessoa má que você ama. Sue Klebold me disse uma vez: "Vi *O bebê de Rosemary* uma noite destas e meu coração ficou apertado por Rosemary". Quando Barbara Walters entrevistou o pai de um dos colegas de classe de Dylan, ele disse que os Klebold "estão numa gaiola de vidro.[108] E têm menos peças para montar este quebra-cabeça do que qualquer outra pessoa".

A última coisa que Sue Klebold ouviu de Dylan, o mais novo de seus dois filhos, foi "Até logo", quando ele bateu a porta da frente e foi para a escola naquele 20 de abril. No meio do dia, Tom recebeu um telefonema em que lhe falaram sobre os tiros na escola e que Dylan era suspeito. Ele ligou para Sue. "Tive uma visão repentina do que ele podia estar fazendo", disse Sue. "E enquanto todas as outras mães de Littleton rezavam para que seus filhos estivessem em segurança, eu tinha de rogar que o meu morresse antes de ferir mais alguém. Pensei que se aquilo fosse mesmo verdade e ele sobrevivesse, seria submetido à justiça criminal e executado, e eu não poderia suportar perdê-lo duas vezes. Rezei a oração mais fervorosa de minha vida, pedindo que ele se matasse, porque assim pelo menos eu teria certeza de que ele quis morrer e não ficaria com todas as dúvidas que teria se ele fosse atingido por uma bala da polícia. Talvez eu estivesse certa, mas passei muitas horas arrependida daquela oração: desejei que meu filho se matasse, e ele se matou."

Naquela noite, a polícia disse aos Klebold que saíssem da casa — tanto para que a polícia pudesse virá-la pelo avesso quanto por sua própria segurança. "Pensei em Dylan morrendo", disse Sue, "e pensei: 'Ele era jovem e saudável, talvez pudesse ser um doador de órgãos'. E depois pensei: 'Alguém vai querer os órgãos de um assassino?'. Foi a primeira amostra de como o mundo veria meu filho." Os Klebold hospedaram-se com a irmã de Tom durante quatro dias e voltaram para casa no dia do funeral de Dylan. "Não sabíamos bem o que tinha acontecido", disse Sue. "Só sabíamos que Dylan estava morto, que se matara, que estava envolvido no tiroteio."

Quando começou o período de luto em Littleton, um carpinteiro de Illinois ergueu quinze cruzes numa colina perto da escola. "Fiquei tocado com isso", contou Tom. "Eu queria ser parte da comunidade. E achava que todos poderíamos ficar de luto juntos." Sue lembrou: "Havia flores, e nas cruzes de Dylan e de Eric havia mais flores que em qualquer outra". Foi então que parentes de algumas das vítimas destruíram as cruzes de Dylan e Eric. O grupo de jovens de uma igreja local plantou quinze árvores, e os mesmos parentes de vítimas chegaram acompanhados de jornalistas para cortar as árvores de Dylan e Eric. Na cerimônia de formatura da semana seguinte, houve louvores às vítimas, mas o diretor da escola disse a amigos de Dylan e Eric que fossem breves. Em pouco tempo, os relatos sobre o incidente começaram a usar o número treze em vez de quinze. "O resumo era este", disse Tom. "Treze pessoas morreram. Foram mortas por dois nazistas, e os pais deles eram os responsáveis. Foi um linchamento." Pensativa, Sue disse: "Acho que os demais pais acreditavam que tinham sofrido perdas e eu não, porque seus filhos tinham valor e o meu não. Meu filho também morreu. Morreu depois de tomar uma decisão terrível e fazer uma coisa terrível, mas ainda era meu filho, e morreu".

O advogado dos Klebold recomendou que não falassem com a imprensa, e o silêncio deles exacerbou a hostilidade local. "Você lia uma coisa e não podia desmentir", disse Tom. "Você sabia que era falso, enganoso, provocador." Sue lembrou: "Era como se eu fosse espancada constantemente, e espancada de novo. E sem poder reagir". Num ato desesperado de catarse, Sue escreveu bilhetes de próprio punho aos pais de cada criança morta ou ferida. Embora não se sentisse responsável pelo que tinha acontecido, ela queria aliviar a devastação. "Para mim, a única maneira de curar essa comunidade era tentar ter uma relação direta com cada uma das vítimas", explicou ela mais tarde. "Minha missão não estará completa até que eu possa dizer a essa gente: 'Se algum dia você quiser falar comigo, estou disponível. Posso ir a sua casa, ao escritório do pastor, com um mediador se você preferir. Se falar comigo puder ajudar, estou aqui'." Ela nunca fez isso porque um psicólogo a preveniu de que se fizesse contato com eles poderia voltar a traumatizá-los. "Mas chorei pelos filhos deles da mesma forma que pelo meu filho", disse Sue. Embora os Klebold tenham enfrentado muita hostilidade, houve também momentos de muito amor. "Poucas semanas depois de Columbine, recebi um abraço de um caixa do Home Depot", disse Tom. "Vizinhos trouxeram comida para nós. E quando peguei o carro para mandar consertar uma roda torta, o mecânico me disse: 'Pelo menos o senhor não mudou de nome'. Ele respeitou isso."

As investigações feitas nos meses seguintes revelaram um ambiente de *bullying* em Columbine. "Se você não fosse enturmado e não tivesse um currículo esportivo, não tinha nenhum status", disse Tom. "Então Dylan tinha de ficar ressentido. A única coisa que talvez tivesse impedido Columbine teria sido eliminar sua propensão a ser belicoso, e essa propensão veio da escola. Ele e Eric não dispararam contra nós, nem dispararam contra a Kmart ou contra um posto de gasolina; eles atiraram na escola. Todo o modelo social de Columbine era injusto, e Dylan não podia fazer nada contra isso. Isso causou tanta raiva num menino sensível a ponto de fazê-lo se vingar."

Sem que os pais soubessem, Dylan passara por muitas humilhações na escola, embora medisse um metro e noventa e não fosse fácil intimidá-lo. Um dia chegou em casa com manchas de ketchup na camisa toda, e quando a mãe lhe perguntou o que tinha acontecido, ele disse que tinha vivido o pior dia de sua vida e não queria falar no assunto. Meses depois de sua morte, ela soube de um incidente em que Dylan e Eric teriam sido empurrados e salpicados com ketchup por meninos que os xingavam de veadinhos. "Isso dói muito, porque vi os resquícios daquele dia e não o ajudei", disse ela. Quando Tom foi buscar o carro de Dylan na delegacia, poucas semanas depois do evento, um dos policiais lhe disse: "Meu filho chegou daquela escola um dia e tinham ateado fogo no cabelo dele bem no saguão — todo o couro cabeludo dele estava queimado. Eu quis destruir aquela escola tijolo por tijolo, mas ele disse que isso só ia piorar as coisas".

Um ano depois do massacre, a polícia devolveu os diários de Dylan aos Klebold, que não sabiam da existência deles. "Os escritos de Dylan estão cheios de 'Sou mais inteligente que eles' e coisas assim", contou Sue. "Ele desprezava as pessoas que o tratavam mal. Gostava de pensar em si mesmo como perfeito, acho, e essa grandeza se revelou nos disparos. Ele tornou-se mais recolhido e misterioso nos dois últimos anos do ensino médio, mas isso não é muito raro. O estereótipo aplicado a ele e a Eric, que os dá como menininhos infelizes que se puseram a conspirar por serem tão isolados, é falso. Ele era brilhante. Era muito tímido. Tinha amigos que gostavam dele. Fiquei tão chocada ao saber que meu filho era visto como um excluído quanto ao saber que se envolveu num tiroteio. Ele se preocupava com outras pessoas." Tom objetou: "Ou parecia se preocupar".

"Nunca vou saber o que é pior: pensar que seu filho foi programado para ser assim ou que era uma boa pessoa e alguma coisa desencadeou isso", disse Sue. "O que aprendi, depois da tragédia, sobre o que é ser uma pessoa marginalizada me dá uma ideia de como ele se sentia por ser marginalizado. Ele criou para nós uma versão de sua realidade: sermos párias, impopulares, sem meios de nos defender dos que nos odeiam." O advogado do casal filtrou as pilhas de correspondência para que eles não lessem as piores mensagens. "Posso ler uma centena de cartas de pessoas que dizem 'Admiro a senhora', 'Estou rezando por vocês', mas se leio uma carta de ódio fico arrasada", disse Sue. "Quando alguém nos desvaloriza, isso sobrepuja todo o amor."

Tom, como Dylan, era terrivelmente tímido no ensino médio e achava que, pelas semelhanças entre ambos, conhecia Dylan por instinto. Ele pode se identificar com o que Dylan deve ter sentido, mas não com o que ele fez. Sue vê uma terrível confluência de circunstâncias que incluem depressão, um ambiente escolar que causava raiva e um amigo influente com graves problemas. "Dylan tinha um pouco de medo de Eric. Ao mesmo tempo que o protegia, era um tanto controlado por ele", contou ela. "Ele foi possuído por algo que não sei o que é e que o levou a fazer essa coisa horrível. Mas não acredito, não posso acreditar que ele fosse assim. Claro, ele fez uma escolha consciente e praticou essa coisa terrível, mas o que aconteceu com a consciência dele para que ele fizesse essa escolha? Alguma coisa quebrou-se dentro dele. A mesma patologia que matou e feriu todos os demais também matou meu filho."

Fiquei surpreso pelo fato de os Klebold terem ficado na cidade em que estavam ligados a fatos tão angustiantes. "Se tivéssemos ido embora e trocado de nome, a imprensa descobriria", explicou Sue. "Eu seria 'a mãe daquele assassino' aos olhos de todos os que conhecesse. Aqui pelo menos eu tinha pessoas que gostavam de mim como sou, pessoas que gostavam de Dylan, e era disso que eu precisava — sobretudo de pessoas que gostavam de Dylan." Tom foi direto: "Se tivéssemos ido embora, eles teriam sido os vencedores. Ficar foi o desafio que lancei às pessoas que tentavam nos triturar". Arrisquei-me a sugerir que devia ter sido difícil continuar amando Dylan no período pós-massacre, e Sue respondeu: "Não, nunca foi. Essa foi a parte mais fácil. Difícil foi tentar entender, conviver com a perda, reconciliar-me com as consequências dos atos dele, mas amá-lo, não — isso sempre foi fácil para mim".

Enquanto conversava com os Klebold, ocorreu-me que Sue era a Alemanha e Tom, o Japão. Sue mostrava-se profundamente introspectiva e sobrecarregada de culpa, enquanto Tom proclamava que aquilo era horrível, mas tentava seguir em frente. "O que se pode fazer?", disse ele. "Ele achou que tinha motivos para isso. Ele passou pelo pior: não está mais aqui. Lamento a dor que meu filho causou a outras pessoas, mas tivemos nosso bom quinhão de dor também. Perdemos nosso filho; depois, tivemos de assistir sua memória ser atacada." Como o Japão, ele também exteriorizava as causas, mas só até certo ponto. "Cheguei a imaginar Eric lhe dizendo: 'Se você não fizer isso, vou matar seus pais'", disse Tom mais tarde. "Mas a determinação de Dylan a participar daquilo é inescapável." Sue acredita que Dylan teria sido capaz de esquivar-se à pressão de Eric se esse tivesse sido o fator determinante. Ela se perguntou se ele teria sofrido algum trauma desencadeante, talvez tivesse sido estuprado, mas nunca encontrou indícios disso. Nos textos que remetem a seu segundo ano em Columbine, disse ela, "ele fala como um menino pensativo, introspectivo, deprimido, sobretudo a respeito de como estava apaixonado por alguém e ela nem percebia sua existência. Três meses antes da tragédia, ele falava sobre como queria morrer, e diz: 'Posso fazer um NBK com Eric'". Ela soube que *NBK* era abreviatura de *Natural Born Killers* [assassinos natos]. "Assim, até janeiro, Dylan ainda não tinha decidido que ia fazer aquilo. Ele só queria morrer. Mas por que explodir a escola? Peguei meu carro numa segunda-feira de manhã e comecei a pensar sobre Dylan, e chorei ao longo de todo o trajeto para o trabalho. Falo com ele, ou canto. É preciso estar em contato com essa mágoa."

Um acontecimento de tal vulto destrói o senso de realidade de um indivíduo. "Eu pensava que compreendia as pessoas, que me relacionava bem com elas e as interpretava bastante bem", disse Sue. "Depois daquilo, entendi que não tenho nenhuma pista sobre o que outro ser humano está pensando. Lemos contos de fadas para nossos filhos e lhes ensinamos que existem meninos bons e maus. Eu jamais faria isso de novo. Eu diria que cada um de nós tem a capacidade de ser bom e a capacidade de fazer escolhas medíocres. Se você gosta de alguém, deve gostar do que há de bom e de ruim nele." Sue trabalhava num edifício onde também havia um centro de controle de pessoas em liberdade condicional. Muitas vezes ela se sentira pouco à vontade e assustada ao tomar o elevador com ex-

-presidiários. Depois de Columbine, passou a vê-los com outros olhos. "Sentia que eles eram apenas pessoas como meu filho. Eram apenas pessoas que, por algum motivo, tinham tomado uma péssima decisão e foram lançadas numa situação horrível, desesperadora. Quando ouço falar em terroristas nos noticiários, penso: 'Ele é filho de alguém'. Columbine me fez sentir mais ligada à humanidade do que qualquer outra coisa que pudesse acontecer."

Os Klebold receberam cartas de meninos que idealizavam Dylan e de meninas apaixonadas por ele. "Ele tem seus próprios fãs", disse Tom com um meio sorriso irônico. O casal se sentiu alentado por atos inesperados de bondade. Numa conferência sobre suicídio realizada alguns anos depois, um homem se aproximou de Sue, ajoelhou-se diante dela e disse: "Só queria dizer o quanto a admiro. Nem posso acreditar na forma como a senhora tem sido tratada. Abro o jornal todos os dias esperando ler que as pessoas estão se dirigindo para sua casa empunhando forcados". Sue já foi abraçada por estranhos. Mas a possibilidade de uma vida normal continua difícil. Ela conta sobre uma recente ida ao supermercado em que a moça do caixa leu seu sobrenome na carteira de habilitação. "Então ela disse: 'Klebold... Você o conhecia?'. E eu disse: 'Era meu filho'. Aí ela começou a dizer: 'Aquilo foi obra de Satã'. E eu pensando: 'Por favor, vamos empacotar as compras'. Quando saí, ela gritou que estava rezando por mim. Isso cansa."

Antes de conhecer Tom e Sue, um amigo perguntou se eu não tinha medo dos Klebold, como se eu pudesse sucumbir a alguma influência maléfica na casa deles. Afinal, o que seria mais difícil de imaginar foi a normalidade deles. Um dos amigos de Dylan disse que eles tinham o hábito de chamá-los Ward e June, por causa do casal alegre do seriado *Leave It to Beaver*, já que a casa dele parecia tão agradável e aconchegante. Eles me mostraram álbuns de fotos e vídeos familiares. Fiquei especialmente tocado por um vídeo que mostrava Dylan preparando-se para a formatura, três dias antes do massacre. Era um pouco desajeitado, como todo adolescente, mas aparentava doçura; parecia um bom menino. Nunca me passaria pela cabeça que pudesse estar à beira de uma chacina descontrolada. Com o cabelo comprido puxado para trás num rabo de cavalo, ele estava provando o smoking alugado para fazer ajustes e reclamava que as mangas estavam um pouco curtas, sorrindo enquanto sua parceira lhe punha um cravo na lapela. "Pai, por que você está filmando isto?", pergunta. Depois ri e diz: "Bom, algum dia vou ver isto de novo e imaginar em que estaria pensando". Era uma dissimulação impressionante, porque ele transmite a sensação de alguém que um dia vai lembrar de ter se vestido, com uma garota bonita, preparando-se para a principal festa de sua vida. Quase no final do vídeo, ele diz: "Nunca vou ter filhos. Só servem para bagunçar sua vida". O súbito momento de raiva veio do nada e evaporou-se com igual rapidez.

Desde o dia do banho de sangue, em 20 de abril, até o mês de outubro os Klebold souberam de poucos detalhes sobre o que acontecera, exceto que Dylan estava no tiroteio e supostamente cometera suicídio. "Continuamos aferrados à crença de que ele na verdade não tinha matado ninguém", disse Sue. Mas aí saiu o relatório policial. "Ele desencadeou todo o meu pesar outra vez, porque agora eu já não tinha como negar. Eles eram capazes de dizer até quais pessoas ele matara. Havia um pequeno mapa da escola, com todos os corpinhos." Foi então que eles viram os "vídeos do porão", deixados de propósito por Dylan e Eric, que revelam um Dylan que nada tem a ver com o jovem do vídeo da formatura, uma pessoa que exala ódio, cheio de uma cólera jactanciosa. "Ver aqueles vídeos foi tão traumático quanto o próprio acontecimento", disse Sue. "Todas as suposições que fizemos para nos proteger se esfacelaram. Não se faziam comentários racistas em nossa casa. Sou meio judia, e mesmo assim o preconceito antissemita estava lá; eles desfiaram todas as palavras depreciativas: um crioulo, um judeuzinho. Pude ver o produto final do trabalho de minha vida: eu tinha criado um monstro. Tudo o que eu me recusara a ver era verdade. Dylan participou por vontade própria, e o massacre não ocorreu por impulso. Ele comprou e criou armas destinadas a acabar com a vida do maior número possível de pessoas. Atirou para matar. Pela primeira vez, entendi a imagem que Dylan tinha para os outros. Quando vi o desprezo que ele sentia pelo mundo, quase cheguei a odiá-lo. Eu queria destruir o vídeo que o perpetuava naquele erro brutal e distorcido. A partir de então, mesmo que ele seja lembrado com amor por quem o conheceu, os vídeos estarão aí para contradizer permanentemente qualquer coisa de positivo que possa se dizer sobre seu caráter. Para mim, é um vazio sufocante." Nesses vídeos, como a esperança no fundo da caixa de Pandora, há um momento de ternura: quando Eric fala dos pais de ambos, Dylan diz "Meus pais foram bons para mim. Não quero mexer com isso".

Se conduzidos a suas lembranças anteriores ao desastre, Tom e Sue revelam serenidade na voz. "Dylan era maravilhoso", disse Tom sobre a primeira infância de seu filho. "Muito entusiasmado. Curioso." Todos os anos, no aniversário de Dylan, Tom vai até o lugar onde os dois costumavam passear e leva uma garrafa de Dr Pepper, porque Dylan adorava Dr Pepper, e o coala de pelúcia que era seu bicho predileto quando pequeno. Os Klebold precisaram de três anos para desocupar o quarto de Dylan e transformá-lo num agradável quarto de hóspedes, onde eu dormia sempre que os visitava. Sue contou: "Ele foi uma criança maravilhosa, encantadora, quase perfeita. Fazia você se sentir uma supermãe, porque fazia tudo certo. Dylan tinha um incrível senso de organização, de ordem, sem falar da maneira como organizava suas atividades". Aos três anos, ele contava até 110 e usava ímãs de geladeira para fazer equações. Entrou para a educação infantil um ano mais cedo, tinha ótimas notas e foi aceito no programa de crianças superdotadas. "Quando era muito pequeno, misturava as peças de cinco ou seis quebra-cabeças para ter a emoção de montar todos ao mesmo tempo. Gostava de labirintos, de caça-palavras. Jogava xadrez com Tom. Ele era uma delícia." Sue olhou-me de lado e disse baixinho: "Você pode imaginar há quanto tempo não tenho oportunidade de me vangloriar de meu filho?". Depois ela me diria: "Ele era muito dócil; você raciocinava com ele e dizia: 'É por isso que eu acho que você deveria fazer tal coisa', e quase sempre o convencia a mudar de ideia. Eu entendia isso como uma vantagem, do ponto de vista dos pais. Mas agora vejo que pode ter sido um dano horroroso".

Um único incidente, ocorrido no ano anterior ao massacre, mostrou que alguma coisa podia estar errada. Na primavera de seu último ano no ensino médio, Dylan pediu para passar a noite na casa de seu amigo Zack, mas este teve de cancelar. Dylan aproveitou para sair de carro com Eric. A caminho de uma ribanceira onde iam soltar fogos de artifício, pararam num estacionamento e viram uma van com equipamento de vídeo no banco da frente. Pegaram uma pedra, quebraram a janela, roubaram o equipamento e acenderam as luzes internas para inspecionar o que tinham tirado do veículo. Um policial que passava por ali parou para ver o que estava acontecendo. Dylan confessou o roubo quase imediatamente, e os dois meninos foram levados à delegacia. "O telefone tocou", disse Sue. "Era a polícia — foi a noite mais negra de nossa vida até então." Foram à delegacia e encontraram Dylan e Eric algemados. A polícia devolveu os meninos à guarda dos pais e inscreveu-os num programa alternativo destinado a ajudar jovens a evitar uma ficha criminal prestando serviços comunitários e recebendo orientação educacional. Olhando para trás, Sue acredita que esse suposto ato de clemência foi uma peça de mau gosto do destino. Se tivessem ido para a cadeia, os meninos teriam sido separados e sairiam da escola onde se sentiam depreciados.

A família só voltou para casa ao amanhecer, e Sue estava tão zangada que não conseguia falar com Dylan. No dia seguinte, ao sair para dar uma volta com ele, Tom ficou atônito com a revolta do filho pela prisão. "Ele se sentiu acima de tudo aquilo, justificou plenamente o que tinha feito", lembrou Tom. "Não se deu conta do que havia de delituoso no que fizera." Sue observou uma atitude parecida, e as anotações do programa alternativo destacam que ele não via nada de errado no que tinha feito. "Eu lhe disse: 'Dylan, ajude-me a entender'", contou Sue. "'Como você foi capaz de fazer uma coisa tão errada?' Ele respondeu: 'Bem, eu não fiz nada contra outro ser humano; era uma empresa. É para isso que eles têm seguro'. Eu disse: 'Dylan! Você está me deixando assustada!'. E ele: 'Bem, eu também estou assustado, porque não sei por que fiz aquilo. De repente, fizemos e pronto'." A mãe dele atribuiu o ato a um impulso de adolescentes e o fez prometer que tal coisa nunca mais se repetiria. "Ele disse: 'Prometo. Mas estou assustado, porque dessa vez eu não sabia que ia fazer aquilo'. E então eu disse: 'Bem, agora você sabe'."

Sue perguntou ao pessoal do programa alternativo se Dylan precisava de um psicólogo. Aplicaram-lhe testes psicológicos padronizados e não encontraram nenhuma indicação de que ele fosse suicida, homicida ou depressivo. "Se eu agora pudesse dizer alguma coisa a um punhado de pais, diria: 'Nunca acredite no que vê'", disse Sue. "Ele era legal? Era atencioso? Pouco antes de sua morte, saí para dar uma volta e lhe pedi: 'Venha me pegar se chover'. Ele foi. Fazia isso por você, e era o melhor ouvinte que já conheci. Hoje entendo que era porque ele não queria falar, estava se escondendo. Ele e Eric trabalhavam juntos na pizzaria. Semanas antes de Columbine, o cachorro de que Eric tanto gostava adoeceu, e parecia que não ia ficar bom. Dylan então cobriu o turno do amigo, além do seu, para que ele pudesse cuidar do cachorro."

Pelos textos que Dylan e Eric deixaram, Eric é considerado homicida; toda a sua raiva é dirigida para fora. Já Dylan é dado como suicida; sua energia alimenta o altruísmo e a autocrítica. É como se Dylan tivesse chegado ao homicídio por causa de Eric, e este ao suicídio por causa de Dylan. Já perto do fim, Dylan contava as horas. "Como ele pôde guardar segredo", Sue se pergunta, "dessa dor que estava sentindo?"

Quando perguntei aos Klebold o que gostariam de perguntar a Dylan se ele estivesse ali na sala conosco, Tom disse: "Eu queria perguntar que diabos ele estava pensando e que diabos pensava que ia fazer!". Sue olhou para o chão por um momento e disse baixinho: "Eu pediria que ele me perdoasse por ser sua mãe e nunca ter descoberto o que se passava na cabeça dele, por não ter sido capaz de ajudá-lo, por não ter sido a pessoa em quem ele pudesse confiar". Mais tarde ela disse: "Tive *milhares* de sonhos com Dylan, nos quais falava com ele e tentava convencê-lo a me dizer como se sentia. Sonhei que o estava preparando para dormir e, quando levantei sua camisa, seu corpo estava coberto de cortes. Ele estava sofrendo tanto, e eu não via nada; estava escondido".

Os Klebold foram processados pelas famílias de algumas das vítimas. Quatro anos depois da tragédia, eles deram um depoimento — supostamente confidencial — diante desses pais. No dia seguinte, o jornal de Denver afirmou que o mundo tinha o direito de saber o que eles haviam dito. "Isso implicava que depois de tudo por que tínhamos passado, eles ainda achavam que a culpa era nossa", disse Sue. "Perguntavam: 'Como é que você não sabia? Como é que você não sabia?'. E eu dizia: 'Não sei responder. Eu não sabia, eu não sabia, eu não sabia. Quantas vezes você vai perguntar isso? Como poderíamos saber e não pedir ajuda, não dizer a ninguém?'."

Em meio àquele enorme estresse, Sue recebeu um diagnóstico de câncer de mama. "Não acredito em chacras", disse ela. "Mas pense no que é toda essa dor no coração, essa educação que falhou, a perda de um filho. Por fim, tive a oportunidade de conhecer mulheres que tinham perdido os filhos para o suicídio. Éramos seis mulheres, e três tinham tido câncer de mama. Eu costumava rir e dizer que essa era minha versão de 'rir para não chorar'. Depois de tudo o que havíamos passado, o câncer de mama me parecia uma coisa normal, até boa." Durante os dois anos que se seguiram ao turbilhão de Columbine, ela pensava que queria morrer, mas agora estava imbuída de uma nova motivação. "Era como se eu dissesse: 'Espere um minuto! Tenho de fazer uma coisa antes. Tenho de explicar quem era Dylan e como ele era'. Há pouco tempo conheci uma mulher que tinha perdido um dos filhos para o suicídio e o outro estava na prisão. Eu disse a ela: 'Pode ser que você não acredite nisso agora, ou não lhe dê valor, mas se mergulhar fundo vai chegar a um esclarecimento. Esse não é o caminho que você teria escolhido, mas você vai sair dele melhor e mais forte'."

Depois de Columbine, Sue teve uma cliente que, além de cega, tinha só uma das mãos, perdera o emprego e estava com problemas em casa. "Ela disse: 'Posso ter meus problemas, mas não trocaria de lugar com você por nada neste mundo'. Eu ri. Todos aqueles anos eu havia trabalhado com pessoas deficientes e pensava:

'Graças a Deus posso enxergar; graças a Deus posso andar; graças a Deus posso coçar a cabeça e comer sozinha'. E agora estou pensando em como é engraçado a gente usar outras pessoas para se sentir melhor."

Sue falou de si mesma como de uma pessoa de sorte. "Tive sorte porque Dylan não se voltou contra nós. A pior coisa que ele nos fez foi nos deixar. Depois de Columbine, senti que Dylan tinha matado Deus. Nenhum deus poderia ter tido alguma coisa a ver com isso, portanto não deveria haver deus algum. Quando seu mundo desaba, com todas as suas crenças e suas referências — sua fé em si mesmo, em seu filho, em sua família —, tem início um processo de querer determinar 'quem sou eu'. Existe uma pessoa aqui, afinal? Uma mulher do meu trabalho perguntou-me recentemente como eu tinha passado o fim de semana, que coincidiu com o aniversário do tiroteio. Então eu lhe disse que não tinha sido muito bom e contei por quê. Ela disse: 'Sempre esqueço dessa história'. Dei-lhe um abraço e disse: 'É a melhor coisa que me disseram em muitos anos'." Mas Sue não esquece. "Algum tempo atrás sentei-me ao lado de uma pessoa no trem e tivemos uma conversa muito boa, mas aí comecei a perceber as perguntas chegando. 'Então, quantos filhos você tem?' Eu tinha de me adiantar. Tinha de dizer a ele quem eu era. E agora serei para sempre a mãe de Dylan."

Quando comentei com os Klebold que eu achava que eles falavam com extraordinária clareza sobre sua situação, se comparados a outras pessoas que entrevistei para este capítulo, Tom disse: "Somos capazes de ser francos e honestos sobre essas coisas porque nosso filho morreu. A história dele se completou. Não podemos esperar que ele faça mais alguma coisa, uma coisa melhor. Você pode contar uma história muito bem quando sabe que está encerrada". Poucos anos depois de nosso primeiro contato, Sue disse-me: "Tempos atrás, estivemos a ponto de comprar uma casa na Califórnia, mas nossa oferta foi recusada. Apareceu esta casa em Littleton, fizemos uma proposta conveniente para nós e ficamos animados quando ela foi aceita. Na época, pensamos que tinha sido uma sorte que a casa da Califórnia não tivesse dado certo. Mas se tivesse, Columbine não teria acontecido. Logo que aconteceu, comecei a pensar que nunca deveria ter tido filhos, nunca deveria ter me casado. Se meu caminho não tivesse se cruzado com o de Tom no estado de Ohio, Dylan nunca teria existido e essa coisa horrível nunca teria acontecido. Mas, com o tempo, cheguei a entender que, no que me diz respeito, sou feliz por ter tido filhos e feliz por ter tido os filhos que tive, porque o amor por eles — mesmo ao preço desse sofrimento — foi a maior alegria de minha vida. Quando digo isso, estou falando de meu próprio sofrimento e não no de outras pessoas. Mas aceito minha dor. A vida é cheia de sofrimentos e este é o meu. Sei que, se Dylan não tivesse nascido, teria sido melhor para o mundo. Mas, acho, não para mim".

11. Transgêneros

A cultura ocidental aprecia a dualidade: a vida parece menos assustadora quando podemos separar o bem e o mal em pilhas distintas, quando separamos a mente do corpo, quando os homens são masculinos, e as mulheres, femininas. As ameaças ao gênero são ameaças à ordem social. Se as regras não são respeitadas, tudo parece permitido, e Joana d'Arc deve ir para a fogueira. Se permitirmos que as pessoas cortem seus pênis e peitos quando quiserem, que possibilidade teremos de manter a integridade de nosso próprio corpo? O notório psicanalista Richard C. Friedman disse uma vez, de brincadeira: "Seria bom que todos eles usassem camisetas com o dístico 'Não se preocupe — não vai acontecer com você'".[1] O conceito de gênero é, em si mesmo, contraditório. Segundo a escritora Amy Bloom, "homem não é gay ou hétero, é homem. A masculinidade não é feita do objeto de desejo, nem do fato de beber cerveja ou cerrar os punhos. Não sabemos de que é feita, assim como os homens transexuais não sabem, como as pessoas que tratam deles, do ponto de vista psicológico ou cirúrgico, também não sabem".[2] Mas, embora difícil de definir, o gênero não é difícil de reconhecer. Jan Morris, que escreveu corajosamente sobre sua transição — o processo de mudança de gênero — na década de 1970, disse que "o transexualismo não é um estilo, ou uma preferência. Não é tampouco um ato de sexo. É uma convicção apaixonada, para toda a vida, inabalável, e nenhum legítimo transexual pode ser convencido do contrário". E explicou: "Minha insegurança mais recôndita pode ser representada por espirais e nuvens coloridas, uma névoa dentro de mim. Eu não sabia exatamente onde ela estava — em minha cabeça, no coração, nos quadris, no sangue".[3]

O termo "transgênero" é abrangente e se aplica a qualquer pessoa cujo comportamento se distancia de maneira significativa das regras aceitas para o gênero indicado pela anatomia dessa pessoa ao nascer. O termo "transexual" normalmente se aplica ao indivíduo que se submeteu a cirurgia ou tomou hormônios para ajustar o corpo a um gênero diverso daquele com que nasceu. O termo "travesti" se refere a alguém que gosta de usar roupas em geral reservadas a pessoas do outro gênero. Embora esses termos todos sejam usados em diversos contextos, "transgênero" e sua abreviatura *trans* são os mais amplamente aceitos pela comunidade trans. Um homem trans nasceu mulher e se tornou homem; uma mulher trans nasceu homem e se tornou mulher. *Intersexual* é o termo que se aplica à pessoa nascida com genitália ambígua ou que, de alguma outra forma física, é ao mesmo tempo homem e mulher ao nascer.[4]

É uma pobreza da nossa língua usar a palavra sexo para designar tanto o gênero quanto o ato carnal, e dessa confluência infeliz deriva grande parte do mal-estar vinculado à noção de criança transgênero. Ser trans é visto como depravação, e as depravações infantis são anômalas e perturbadoras. Mas as crianças trans não estão manifestando sexualidade, estão manifestando gênero. A questão não é com quem elas desejam estar, é quem elas desejam ser. Como disse Aiden Key, uma ativista trans, "meu gênero tem a ver com quem eu sou; minha sexualidade, com quem eu a exerço".[5] Essa distinção é fundamental. Mesmo assim, destacar as complexidades da identidade do transgênero revela com que frequência essas coisas são confundidas — numa criança, por um dos pais, e logo por toda a comunidade. *Gay* e *trans* são categorias diversas, mas há uma escala de nuances entre elas. Fazer a distinção é particularmente difícil na infância. Uma menina masculinizada ou um menino afeminado pode querer mudar logo de sexo, pode ter esse desejo mais tarde ou pode não tê-lo nunca. Uma mulher me contou que um amigo lhe perguntou se a filha com jeito de menino era gay, e ela respondeu: "Ela tem quatro anos, acho que ainda não tem desejo sexual".[6] Mas essas crianças podem demonstrar características associadas a padrões futuros de atração; elas podem, com efeito, ser pré-gays mesmo sem conceitualizar ainda o erotismo.

Em 1987, Richard Green publicou seu influente livro The "Sissy Boy Syndrome" and the Development of Homosexuality [A "Síndrome do Menino Afeminado" e o desenvolvimento da homossexualidade], no qual relata o acompanhamento de um grupo de 44 meninos afeminados durante quinze anos.[7] Apenas um deles mudou de gênero; a maior parte revelou-se simplesmente gay. Sexualidade e gênero são variáveis independentes, embora relacionadas. Como a manifestação da condição de transgênero é muito mais comum entre gays do que entre héteros, o preconceito contra essa expressão é relacionado a gays. Apesar da afirmação de Jan Morris, ser gay é também uma identidade — não é apenas o que se faz, mas o que se é. Uma pessoa pode ser gay sem nunca ter tido relações carnais com uma pessoa de seu gênero; e pode ser trans e se apresentar apenas com o gênero que lhe foi atribuído ao nascer. Os que ignoram a cultura de homossexuais e transgêneros tendem a confundi-los, e com razão: a homofobia sempre teve como alvo a não conformidade de gênero. Existem diferenças incomensuráveis entre o garoto estranho que gosta de revistas de moda e decoração, e o ídolo de futebol americano da escola que prefere fazer sexo com homens. Embora o esportista se depare com dificuldades legais se quiser se casar com um homem, e talvez ouça gracinhas de seus companheiros de equipe se estes ficarem sabendo, nunca vai enfrentar as mesmas ofensas cotidianas que fazem da vida do garoto estranho um inferno.

A liberdade política dos transgêneros passou a fazer parte inseparável da batalha pelos direitos de gays e lésbicas. Existem muito mais gays do que trans, e o movimento trans precisa de números para respaldá-lo, mas a sobreposição das duas questões causa confusão. Alguns gays acham que a situação de seus irmãos e irmãs trans é igual à deles, um pouco mais radical talvez, e se tornam seus apaixonados defensores; outros se sentem constrangidos pela existência da comunidade trans e tentam dissociar-se dela, comportamento comum entre homens gays que desejam afirmar suas credenciais másculas. Essa divisão repete, de certa forma, a cisão entre as primeiras feministas com relação às lésbicas, já que algumas feministas entendem o lesbianismo como expressão suprema de sua identidade e outras acreditam que as mulheres gays prejudicariam sua luta para fazer a opinião pública aceitar seus ideais. Nos Estados Unidos, a Lei de Não Discriminação no Emprego, que pretendia proteger os gays de perseguição profissional, chegou ao

Congresso em 2008 sem nenhuma menção a gênero. Quando a Força-Tarefa Nacional de Gays e Lésbicas pressionou pela inclusão de uma cláusula que proibisse a demissão ou a recusa à contratação de uma pessoa só porque não se ajustava às características convencionadas para seu gênero, ouviu do deputado Barney Frank, autor do projeto de lei, que eles estavam querendo demais.[8]

A dissonância de gênero pode se apresentar muito cedo. Aos três ou quatro anos, às vezes menos, a criança pode perceber uma incongruência entre aquilo que lhe dizem que ela é e aquilo que ela sente ser. Essa incongruência é chamada de transtorno de identidade de gênero (TIG).[9] Na primeira infância, a não conformidade de gênero muitas vezes é tolerada, mas por volta dos sete anos as crianças são forçadas a assumir estereótipos de gênero. As crianças trans podem reagir a essas pressões com ansiedade e depressão. Contar para os pais normalmente é terrível para elas. "Se impedidas de fazer a transição, essas crianças terão todas as suas energias voltadas para a questão da identidade de gênero, o que as impede de se desenvolver em outros sentidos", disse Stephanie Brill, fundadora da instituição de apoio Espectro de Gênero e autora, com Rachel Pepper, do livro *The Transgender Child* [A criança transgênero].[10] "Com a transição, em geral se resolvem as limitações adquiridas e outros problemas da criança, porque sua cabeça e seu coração já não estão exclusivamente ocupados com o problema central."[11]

Há vinte anos, a maior parte dos transexuais desejava fazer uma mudança total de gênero. Hoje em dia, os limites entre as categorias estão mais borrados. Alguns transexuais vivem em sigilo, ou seja, todos os que os rodeiam acreditam que eles nasceram no gênero que adotaram. Sentem-se fracassados quando são identificados com o sexo de nascimento. Outros vivem às claras como homens ou mulheres trans. Muitos passam algum tempo em sigilo e algum tempo abertamente como trans. Algumas pessoas adotam um *gênero ambíguo*, não se identificando nem como homens, nem como mulheres. Outros têm *gênero flutuante*: alguns dias masculino, outros, feminino, às vezes nenhum, às vezes ambos. Alguns sofrem de *disforia de gênero* — uma infelicidade profunda com o corpo com que nasceram —, mas outros rejeitam a obscuridade desse termo. Alguns são exibicionistas; outros, recatados ao extremo.

Pessoas de qualquer dessas categorias podem passar ou não por cirurgias, tomar hormônios ou se submeter a diversas outras intervenções físicas; em conjunto, elas constituem aquilo que um autor chamou de "claro-escuro de gênero".[12] O *Manual Diagnóstico e Estatístico de Transtornos Mentais* (*DSM*) diz que um em cada 30 mil homens e uma em cada 100 mil mulheres se submeterão a cirurgia de mudança de sexo ao longo da vida, mas essa estatística indicaria a existência de apenas 1500 homens trans e 5 mil mulheres trans operados nos Estados Unidos.[13] Esses números se baseiam em pesquisas antiquadas e refletem uma visão extremada da cirurgia de mudança de sexo, não reconhecendo, por exemplo, o implante ou a extirpação de seios mesmo na falta de procedimentos genitais. Lynn Conway, engenheira eletrônica que analisou dados mais recentes, calcula que existam nos Estados Unidos entre 32 mil e 40 mil mulheres trans pós-cirurgia, mas ressalva que apenas uma pessoa em cinco ou dez que experimentam extremo desconforto com seu gênero de nascença se dispõe a fazer a cirurgia genital.[14] O Centro Nacional pela Igualdade dos Transgêneros estima em mais de 3 milhões[15] os americanos para os quais, no dizer de Barbara Walters, "o que existe entre suas pernas não condiz com o que há entre suas orelhas".[16]

Cientistas, psicólogos, clérigos e intelectuais discutem sobre a propriedade de adequar o corpo à mente ou a mente ao corpo. Alguns acreditam que todas as pessoas que escapam às normas de gênero podem, com tratamento psiquiátrico, viver satisfeitas com seu gênero de nascença. Prescrevem uma ampla variedade de terapias reparativas para tratar a dissonância mente/ corpo. Outros acham que o papel da medicina é facilitar a transição e defendem a cirurgia e a administração de hormônios para esse fim. Os pais ficam divididos, como se percebe ao longo de todo este livro, entre a cura e a aceitação. Os defensores da terapia reparativa insistem que as pessoas vivem melhor num corpo sem mutilação e que a correção cirúrgica acarreta dor, riscos e despesas, constituindo, portanto, um recurso extremo. Seus adversários afirmam que as regras estritas de gênero são arcaicas e punitivas, e que desestimular os transgêneros a habitar seu corpo real é uma prescrição de desespero e, muitas vezes, de suicídio. A opinião pública está evoluindo a passos largos. O modelo social de deficiência — segundo o qual os problemas das pessoas trans resultam basicamente da atitude social com que se deparam — é debatido aqui com especial veemência.

Pais que apoiam a transição — a mudança do gênero de nascença — do filho precisam chamá-lo por outro nome, usar novos pronomes e trocar a palavra "filho" por "filha" e vice-versa. Com frequência impera o caos linguístico. "Este é minha filha", disse uma mãe ao me apresentar o filho transgênero. Outra contou: "Uso a palavra 'criança', porque não consigo enfiar na cabeça que tenho uma filha, embora me sinta bem chamando minha criança de Elaine". Diz a socióloga

Holly Devor: "Nos casos em que as pessoas viviam como homens na época da entrevista, mas falavam de fatos ocorridos quando viviam como mulheres ou meninas, usei os pronomes femininos. Por exemplo, 'Ele lembrou-se de que, quando era menina, ela tinha maneiras masculinas'".[17] O nome que damos a alguma coisa determina a percepção que temos dela. A maior parte das pessoas trans que conheci rejeitava as expressões *MPF* (masculino para feminino) e *FPM* (feminino para masculino), por achá-las depreciativas. Muitos ativistas falam de pessoas "declaradas homens" ou "declaradas mulheres" ao nascer, que mais tarde se "afirmam" como mulheres ou como homens, respectivamente. As pessoas trans em geral se referem aos não trans como *cisgêneros*,[18] tomando de empréstimo a distinção entre cis e trans em química. O prefixo latino *cis* significa "do mesmo lado". Preferi referir-me às pessoas pelo gênero de nascença antes da transição e pelo gênero afirmado depois da transição, e empregar essa norma em minhas entrevistas com as famílias, sempre que possível. Nos casos em que as pessoas preferiam que seu nome pré-transicional fosse esquecido, usei apenas o nome pós-transicional.

Solteira e grávida de 27 semanas, Venessia Romero foi levada às pressas para um hospital de Denver, onde deu à luz um menino e uma menina.[19] A menina parecia bem forte, mas o menino pesava menos de setecentos gramas, tinha a pele coberta de uma penugem e os órgãos visíveis através da pele ainda incompleta. Os bebês prematuros precisam receber um agente tensoativo para os pulmões, o que os ajuda a respirar. Como a menina era mais forte, foi tratada em primeiro lugar, mas teve uma reação adversa e morreu em poucos minutos. O menino sobreviveu.

Um ano depois, Venessia conheceu Joseph Romero, sargento da Força Aérea, com quem se casou. O pai do bebê nunca o vira; Joseph adotou-o e mudou o nome dele para Joseph Romero II, apelidado Joey. Quando o bebê tinha vinte meses, a família foi enviada à base da Força Aérea em Okinawa. "O bebê chorava o tempo todo", lembrou Joseph. "Mas não era um choro do tipo 'Estou com fome', 'Quero ser trocado'. Era uma necessidade física, e não havia meios de consolá-lo. Suas explosões de cólera eram tão violentas que não podíamos levá-lo a lugares públicos."

Durante os quatro anos seguintes, os médicos o diagnosticaram como portador de transtorno do déficit de atenção e hiperatividade, depressão, ansiedade, transtorno de apego reativo e asma. Aos três anos, Joey tomava catorze medicamentos. "Tínhamos um filho que nunca sorria", disse Venessia. "Ficávamos o tempo todo paparicando-o, 'Que bom menino, que menino bonito!'. Menino, menino, menino. Todas as vezes que eu lhe calçava os sapatos, eram sapatos de menino. Jaqueta de menino." Joey já mostrava interesse em usar coisas de menina; Venessia achou que ele talvez fosse gay e ficou preocupada com o que pensaria seu marido, um militar.

Os Romero só tinham acesso a médicos militares, cautelosos ao dar diagnósticos que não eram bem-vistos nas Forças Armadas, mas um deles acabou dizendo a Venessia, quando Joey tinha cinco anos, que pesquisasse na internet sobre o transtorno de identidade de gênero. "Só de dizer isso ele ficou constrangido, como se isso diminuísse sua patente", lembrou Venessia. "Eu nunca tinha ouvido a palavra 'transgênero'. Fiquei muito aliviada. Queria dizer que outras pessoas passavam por isso?" A internet apresenta pessoas trans e suas famílias a redes que podem oferecer informação e apoio; mas, da mesma forma, dá informações erradas. Os espaços virtuais criados para amparar e ajudar crianças são alvo fácil de predadores com fantasias eróticas perturbadoras, ou de pessoas transfóbicas com intenções criminosas. Nesse caso, porém, Kim Pearson — mãe de uma criança transgênero e uma das fundadoras do grupo Aliados das Famílias de Jovens Trans (AFJT),[20] que apoia famílias sobre a questão das variações de gênero — encontrou Venessia on-line. "Ela me encaminhou para um fórum com outros pais", disse Venessia. "Chorei de gratidão."

A revelação lançou Joseph numa repentina e profunda depressão. Venessia começou a chamar o filho de Josie. "Josie não saía a menos que pudesse se vestir como menina. Então tive de decidir: estava disposta a abandonar meu casamento para proteger Josie? Bem, obrigar Josie a ser menino seria pedir-lhe que cometesse suicídio. Eu não sou esse tipo de mãe." Nessa época, Venessia e Joseph tinham adotado uma menina pequena, Jade, vinda da China. "Estava disposta a desistir de Joseph e a me afastar de Jade, o que seria muitíssimo difícil. Mas Josie tinha cinco anos e já fora castigada por dez vidas." Enquanto Venessia fazia esses cálculos, seu marido aos poucos se recuperou. "Ela tem aquela centelha", contou ele. "Pois estou decidido: Josie está aqui para ficar."

Quando conheci Josie, ela tinha oito anos e disse: "Sou menina e tenho pênis. Achavam que eu era menino até os seis anos. Eu me vestia de menina. Eu dizia: 'Sou menina'. Durante muito tempo eles não entenderam". Josie estava cada vez mais decidida quanto a sua necessidade de ser menina o tempo todo, de modo que um dia Joseph concordou em levá-la para a escola da base aérea usando uma saia jeans com um coelho rosa aplicado, e *leggings* rosa por baixo. A maior parte dos meninos foi receptiva, mas quanto aos pais a conversa foi outra. "No dia seguinte, havia uma multidão ululante diante da porta da sala de aula de Josie", contou Venessia. "Fiquei apavorada." No quintal da casa deles, alguém arrebatou a bicicleta de Josie e atirou-a na mata. "Jogavam coisas na casa, diziam que molestávamos crianças", prosseguiu Venessia. "Meninas pequenas gritavam: 'Você é um veadinho de merda!'." A mulher do auditor militar da base fez circular uma petição para tirar Josie da escola. "Foi bem ruim quando todos souberam que eu era uma menina", lembrou Josie. "Minha vizinha Isabelle disse que ia chamar a polícia e me pôr na cadeia. Fiquei triste com isso. Pensava que ela fosse minha amiga."

Venessia permitiu que Josie escolhesse suas roupas, e todos os dias ela evitava as roupas de menino. "Ela não saía sem vestir saia", disse Venessia. "Mas tinha um sorriso enorme no rosto. Bem, vou sorrir também. E assim fiz. Segurei a mão dela com mais força do que de costume, mas ela continuou andando." Em pouco tempo, Venessia e Joseph suspenderam todos os medicamentos que ela tomava. Desapareceram a asma, a depressão, a ansiedade e o transtorno de apego reativo. Mas as Forças Armadas mandaram a família embora, alegando que em Okinawa não tinham condições de proteger Josie. Eles foram enviados a uma base no deserto do Arizona.

Venessia não quis que Josie fosse para outra escola militar. Escolheu uma escola pública de Tucson, dirigida por uma pessoa com tendências liberais, e matriculou nela as duas filhas. Mas a professora de Josie recusou-se a chamá-la por um nome feminino e disse-lhe que Venessia era uma péssima mãe, porque a obrigava a viver como menina quando todos estavam vendo que ela era menino. "Era uma professora má e grosseira, que não me queria em sua escola", contou Josie. "Fiquei muito brava e frustrada." Segundo Venessia, "a autoestima de Josie foi destruída". Ela voltou a ser triste. Reclamava de dor de estômago e dores de cabeça, e todos os dias teimava em não ir para a escola, que começou a mandar avisos de ausência.

Os Romero se mudaram para outra cidade. Temendo pela integridade de Josie, instalaram alarmes em portas e janelas, e compraram um dogue alemão para intimidar agressores. Venessia mandou um e-mail para o diretor da escola pública local que começava assim: "Sou a mãe orgulhosa de uma menina transgênero de oito anos". O chefe de recursos humanos da escola disse: "Obedecemos às leis estaduais, e não temos como proteger sua filha de discriminação". Em novembro, Venessia pôs as duas filhas numa escola orientada pelo método Waldorf, mas com o salário que a Força Aérea pagava a Joseph foi impossível mantê--las estudando ao custo de 20 mil dólares por ano. A única saída seria estudar em casa. Josie dizia: "Sinto falta de sair". Joseph disse: "O isolamento é o preço que pagamos para protegê-la de um mundo que pode feri-la".

O isolamento não era a única dificuldade. "O pênis é sempre um problema", disse Josie. "Quero me ver livre dele. Mas acho que vai doer. Eles disseram que eu precisava ter uma certa idade para tirar o pênis, quando eu tivesse uns quinze anos, por aí." Venessia corrigiu: "Dezoito. Mas você vai poder tomar estrogênio e ter peitos antes disso". Josie explicou: "Quando eu for mãe, vou adotar meus bebês, mas terei peitos para amamentá-los e vou usar sutiã, vestidos, saias e sapatos de salto alto". Ela também pareceu decidida quando disse que queria se casar com alguém de cabelo colorido que fosse bonito por dentro e por fora. "Vamos ter um bebê aqui no Arizona e depois vamos morar em qualquer estado em que Jade estiver, assim poderemos ser vizinhas", disse Josie. "Vamos morar numa casa na árvore. Vou deixar meu cabelo crescer até ele chegar à Califórnia."

Depois disso, Venessia confessou-me: "Eu não submeteria Josie a uma cirurgia até que ela estivesse emocionalmente preparada para enfrentar a dor, mas se ela já estivesse pronta, eu faria isso agora". Venessia tenciona dar a Josie bloqueadores da puberdade, que deterão a produção de testosterona e estrogênio. "Ela não terá testosterona devastando seu corpo", disse. "Nunca vai ter pomo de adão ou barba. Ela nunca vai parecer um homem metido num vestido." Venessia encontrou um médico em Tucson disposto a trabalhar no caso. Joseph convenceu o cartório a emitir uma nova certidão de nascimento para Josie, com nome e gênero corrigidos. Mas Venessia também manteve deliberadamente os brinquedos de menino pela casa, dizendo: "Não quero que ela se sinta obrigada a provar que é menina brincando com Barbies o tempo todo".

A maior parte das crianças trans que encontrei mantinha sua condição em sigilo. Fiquei tocado com a situação de muitas dessas crianças, que tinham passado de uma contradição — viver com um gênero anatômico que para elas era um anátema — a outra — viver com um gênero que não combina com seu corpo. A liberdade para Josie tinha sido conquistada a um alto preço, mas ela me pareceu mais livre e espontânea do que muitas outras crianças trans. Josie tornou-se uma ativista. Imagina-se que seja um papel difícil para alguém que tem só oito anos e ainda pensa que vai morar numa árvore, mas essa estranha confusão entre maturidade e infantilidade era sua essência. Quando a conheci, ela tinha acabado de filmar seu segundo documentário para a National Geographic;[21] tinha estado com membros do Congresso e com o governador do Arizona. Perguntei-me até que ponto Joseph e Venessia participavam dessa inclinação militante — ou até que ponto não a teriam induzido —, mas Venessia, que teve a sabedoria de manter em sigilo a identidade de gênero da filha em pelo menos alguns contextos, fez uma pergunta retórica: "Qual é a primeira coisa que Josie diz? 'Olá, eu me chamo Josie. Tenho oito anos. Sou transgênero. E você, como se chama?'".

Em 2009, Kim Pearson, que se tornara amiga da família, foi escolhida para receber um prêmio por serviços prestados à comunidade, mas não pôde comparecer à cerimônia. Pediu a Josie que a representasse. Havia setecentas pessoas na plateia. "Do pódio, ela virou-se para mim", relembrou Venessia. "E sussurrou baixinho: 'Mamãe, estou sentindo pânico de palco'. Mas ela disse isso junto ao microfone. Todo mundo riu, e ela relaxou." Josie improvisou um discurso e foi aplaudida de pé. "Josie é muito frágil, muito emotiva", disse a mãe. "Mas ela quer mudar o mundo."

Venessia observou: "Os menininhos não saem por aí dizendo que são meninas se não tiverem um bom motivo. Eles querem que você os ouça, mas nós não sabíamos como. Outro dia ela perguntou: 'Mamãe, por que você queria que eu fosse menino?'. Isso me arrasou. Respondi: 'É que eu não tinha entendido, e sinto muito mesmo'. Ela disse: 'Está tudo bem, mamãe. Eu te amo e agora está tudo bem'.".

O gênero está entre os primeiros elementos do autoconhecimento. Esse conhecimento encerra uma percepção interna do eu e, com frequência, uma preferência por comportamentos externos, como vestimentas ou tipos de brincadeira. A etiologia da identidade de gênero, no entanto — atribuída à genética,[22] aos níveis de androgênio no útero e às primeiras influências sociais —, permanece obscura. Heino Meyer-Bahlburg, professor de psicologia da Universidade Columbia e especializado em variações de gênero, menciona numerosos mecanismos biológicos possíveis e diz que cerca de quatrocentos genes raros e fenômenos epigenéticos podem estar envolvidos, e tais genes estão associados não à regulação hormonal, mas à formação da personalidade. "A visão que temos hoje do cérebro é como essas lindas fotos da Terra feitas pelos primeiros astronautas que foram à Lua",[23] diz Norman Spack, professor adjunto de pediatria na Universidade Harvard e destacado endocrinologista nessa área. "Veem-se os continentes, os oceanos, o sistema climático. Quando conseguirmos ler as placas dos carros, saberemos o que causa a desconformidade de gênero." Como no autismo, a desconformidade de gênero parece hoje mais frequente do que nunca; como no autismo, não se sabe se isso se deve ao aumento no número de casos ou se eles apenas são mais reconhecidos.

Os argumentos biológicos não genéticos são confusos. O estrogênio sintético dietilestilbestrol (DES),[24] criado em 1938 e usado até os primeiros anos da década de 1970 para prevenir abortos, teve diversos efeitos adversos sobre fetos de ambos os sexos. Uma pesquisa feita em 2002 com membros da Rede de Filhos do DES detectou a extraordinária proporção de 50% de transgêneros entre eles. Esse resultado dá força à hipótese segundo a qual os níveis hormonais durante a gestação podem desencadear o fenômeno. Os cientistas também já expressaram preocupação com os disruptores endócrinos (EDCS),[25] substâncias químicas encontradas em toda parte, de alimentos a polidores de pisos e embalagens. Sabe-se que os EDCS são responsáveis pela maior incidência de deformidades no sistema reprodutivo dos anfíbios; pesquisadores acham que eles podem ser responsáveis também pela incidência cada vez maior de anormalidades genitais e identidades de gênero atípicas em seres humanos.

Georges Canguilhem, historiador da ciência que trabalhou com o conceito de mutação, escreveu, em 1991, que "diversidade não é doença; o *anômalo* não é patológico".[26] Ser trans é sem sombra de dúvida anômalo; o que se discute é se é também patológico. O transtorno de identidade de gênero foi classificado como categoria médica em 1980. O *DSM-IV*[27] prevê a presença de quatro dos cinco sintomas seguintes para o diagnóstico em crianças: identificação forte e persistente com o outro gênero, que se define como o desejo ou a insistência em se afirmar do outro sexo; desconforto persistente com o sexo determinado ou um sentimento de inadequação ao papel de gênero daquele sexo, com frequência expresso por algum tipo de travestismo; inclinação para desempenhar papéis do outro sexo nas brincadeiras, com fantasias de pertencer a ele; desejo constante de participar de jogos e passatempos típicos do outro sexo; preferência por brincar com amiguinhos do outro sexo. Meninos com TIG normalmente preferem roupas e penteados femininos, fazem o papel de mãe quando brincam de casinha, evitam brincadeiras esportivas ou de lutas e se interessam por personagens femininos das histórias infantis, como Branca de Neve. Meninas com TIG costumam resistir com veemência ao uso de vestidos, preferem cabelos curtos, com frequência são confundidas com meninos, procuram brincadeiras de luta, gostam de esportes e de personagens infantis como Batman. Numa época em que as mulheres trabalham na construção civil e homens podem se casar com homens, a ideia de uma tipologia de identidade de gênero clinicamente consagrada do tipo "Batman versus Branca de Neve" parece simplista, ainda que ocorra com frequência na literatura médica. Esse diagnóstico não se aplica a intersexuais.

Enquanto a maior parte das crianças pequenas brinca com objetos adequados a ambos os gêneros, as crianças trans muitas vezes rejeitam os brinquedos associados a seu sexo de nascença. Meyer-Bahlburg classifica essas crianças como "de gênero globalmente atípico desde o nascimento".[28] Há uma escala de comportamentos de gênero que classifica as pessoas como muito masculinas num extremo e muito femininas no outro. Os meninos em geral apresentam de 3,5 a cinco desvios típicos em direção à masculinidade, e as meninas o mesmo número de desvios em relação à feminilidade. Já as crianças trans tendem a apresentar de sete a doze desvios típicos na direção oposta à do gênero de nascença. Em outras palavras, os que nasceram meninos se tornam mais femininos que muitas mulheres, e as nascidas meninas ficam mais masculinas que muitos homens. "É como se seu comportamento fosse uma declaração política", disse Spack. Os adultos com TIG apresentam problemas ou deficiências clinicamente significativos no desempenho de suas funções sociais ou ocupacionais. Algumas crianças que crescem sem diagnóstico manifestarão a síndrome na puberdade ou depois dela; por outro lado, apenas um quarto das crianças com diagnóstico de TIG apresentará plena identificação com o outro gênero na adolescência.[29] Isso quer dizer que às vezes suas brincadeiras nada indicam quanto à sua futura identidade, mas outras vezes significam tudo. É por isso que as decisões sobre como criá-las são tão carregadas de tensões.

Muitos profissionais que trabalham com crianças trans acreditam que a sociedade como um todo está falhando em relação a elas. Kelly Winters, fundadora da organização Defensores da Reformulação do TIG, escreveu: "Comportamentos que seriam comuns ou mesmo exemplares em meninos e meninas satisfeitos com seu gênero são tidos como sintomas de transtorno mental em crianças com desconformidade de gênero",[30] ou seja, aquilo que é considerado saudável numa menina é visto como sintoma de problemas psiquiátricos num menino. Os ativistas dizem que o diagnóstico de TIG está sendo usado não apenas para evitar que os meninos de nascença se identifiquem com meninas e meninas de nascença se identifiquem com meninos, como também para estigmatizar ou impedir a homossexualidade afeminada e o lesbianismo masculinizado. Stephanie Brill acrescentou: "Um menino que diz 'Vai ver sou menina porque só meninas gostam de coisas assim' não está dando mostras de ser transgênero, mas sim de sexismo". Gerald Mallon e Teresa DeCrescenzo, assistentes sociais experientes nessa comunidade, queixam-se de que os meninos de nascença recebem "o corretivo do esporte", e as meninas de nascença, "o corretivo da etiqueta".[31] Durante uma conferência da Associação Americana de Psiquiatria realizada em 2009, houve uma manifestação em favor de "Reformular o TIG Agora!". Diane Ehrensaft, do Centro de Gênero da Criança e do Adolescente em Berkeley, Califórnia, onde se especializou em crianças com problemas de identidade de gênero, diz que "os profissionais de saúde mental estão sistematicamente fazendo mal às crianças que não são 'normais' do ponto de vista do gênero, e precisam se reciclar".[32]

Outros ativistas, no entanto, lutam contra a possibilidade de abandono do diagnóstico. No livro *The Riddle of Gender* [O enigma do gênero], Deborah Rudacille diz que "o diagnóstico legitima as diversas intervenções hormonais e cirúrgicas que trouxeram alívio a milhares de transexuais e transgêneros. Os ativistas que afirmam que 'a abordagem médica' da questão do gênero 'entende a diversidade humana como uma patologia' costumam esquecer esse ponto. Sem algum tipo de diagnóstico, o realinhamento de sexo torna-se nada mais que um tipo de cirurgia estética ou escultura corporal radical ou, do ponto de vista dos críticos, uma mania, um modismo, um 'desvario'".[33] A existência do TIG no *DSM* facilita o uso do plano de saúde para custear o apoio psicológico de que os transgêneros podem precisar; William Narrow, pesquisador do *DSM-V*, disse: "O problema da retenção é o estigma, e o problema da remoção é a perda potencial do acesso a cuidados médicos". O que é preciso fazer, prosseguiu, é "criar uma situação em que o acesso seja não apenas oferecido como melhorado, e assim se possa reduzir a discriminação".[34] Esse dilema reflete a experiência de surdos e anões, que podem não apelar para o rótulo de deficientes, mas ainda assim precisam dele para garantir serviços e acomodação adequados.

As intervenções cirúrgicas e endócrinas de transgêneros, no entanto, poucas vezes atendem aos requisitos para reembolso ou dedução no imposto de renda.[35] Muitos transgêneros gostariam que seu problema fosse classificado como doença física, o que resolveria essa questão. Michele Angello, terapeuta com doutorado em identidade de gênero, opina que uma coisa passível de correção por uma transformação física não deve ser caracterizada como doença mental.[36] Alguns ativistas sustentam que a situação do trans é, como a gravidez, uma questão médica, mas não patológica. A Associação Americana de Medicina divulgou uma resolução em que "apoia a cobertura do tratamento do transtorno de identidade de gênero pelos planos de saúde, desde que recomendado por um médico",[37] o que abre uma porta para intervenções físicas ou psicológicas. A reclassificação do TIG como doença endócrina ou neurocognitiva dependeria de uma nova listagem da *Classificação Estatística Internacional de Doenças* da Organização Mundial de Saúde.

Enquanto o TIG for classificado como doença mental, os profissionais da saúde tentarão curá-lo, e os pais se recusarão a aceitar isso. É hora de focar na criança e não no rótulo. Para Edgardo Menvielle, psiquiatra do Centro Médico Nacional da Criança, "o objetivo é que a criança seja bem ajustada, saudável e tenha autoestima elevada. O que não tem importância é moldar seu gênero".[38] Parece correto priorizar a saúde mental de cada criança, e não um sistema que faz previsões universais sobre o que constitui a felicidade ou quais valores são saudáveis. Menvielle não vê as crianças trans como necessariamente perturbadas; ele as vê como crianças em risco. Peggy Cohen-Kettenis, especialista em disforia de gênero da Universidade Vrije, em Amsterdam, também tem tentado "diagnosticar e tratar problemas funcionais (como ansiedade de separação, pais em conflito e depressão), de modo que a família fique bem, seja qual for o gênero em que a criança se afirme".[39] Em outras palavras, a questão da identidade de gênero não deve encobrir outros problemas, e esses problemas não devem interferir na questão da identidade de gênero.

Muitos surdos não se importam de ser chamados de "surdos", e a maior parte das pessoas com deficiência intelectual não faz objeção à expressão "síndrome de Down". Mas o conceito de *transtorno de identidade de gênero* enfurece as pessoas que se enquadram nessa categoria num grau que transcende seu significado. A maior parte das condições discutidas neste livro admite um modelo positivo de identidade e um modelo negativo de transtorno. Embora ninguém goste de ser enquadrado numa categoria estigmatizada, a maior parte das pessoas combate o estigma, e não a categoria. Os que pensam no autismo ou na surdez como identidades podem fazê-lo, ainda que os demais entendam essas condições como transtornos. *TIG* sugere não apenas que as pessoas trans apresentam um transtorno, mas que a própria identidade delas é o transtorno. Esse é um ponto de vista perigoso. Todos nós temos múltiplas identidades, e a maior parte de nós lamenta algumas delas, mas nossa identidade é aquilo que somos. A lei da identidade está entre os primeiros preceitos da filosofia, e declara que toda coisa é igual a si mesma. Aristóteles explica que "a causa última" de que "o homem seja homem ou o músico seja músico" reside em que "toda coisa é inseparável de si mesma".[40] Locke afirma que nosso conhecimento mais elementar é "um homem é um homem".[41] Questionar a tautologia pessoal de quem quer que seja, sugerindo que na verdade essa pessoa não deveria ser quem é, prejudica o que quer que ela deva se tornar. A designação TIG remete a um programa de perda de identidade. Você pode buscar meios melhores de manifestar a identidade, mas não pode pedir a pessoa alguma que descarte sua própria identidade. O século XX chegou ao fundo do poço com a tentativa de livrar o mundo da identidade judaica, da identidade tutsi, das muitas identidades que o comunismo suprimiu. A prática de destruir identidades não funciona nesse nível macro, nem funciona bem no nível micro.

Bettina e Greg Verdi são oriundos de famílias católicas tradicionais do nordeste americano.[42] Ele trabalha como mecânico de aviação, e ela é professora de educação infantil. Quando Greg foi contratado pela empresa Lockheed Martin, eles se mudaram para South Atlanta. Aos três meses, o segundo filho deles, Paul, já mostrava preferência por brinquedos cor-de-rosa. Aos dois anos, enrolava uma camiseta na cabeça para simular cabelo comprido e usava uma regata de Bettina como vestido. Aos dois anos e meio, pediu que a mãe lhe comprasse um vestido amarelo estampado numa liquidação. "Imaginei que ele fosse brincar com o vestido em casa, qual é o problema?", disse ela. Greg não gostou muito da história do vestido, mas, como Bettina, supôs que fosse uma fase. Quando Eric, o filho mais velho do casal, tinha quatro anos, sua escola promoveu um dia de visitas para irmãos de alunos, e Bettina levou Paul. "As famílias começaram a chegar, as meninas com vestidos de babados, e Paul, ansioso, murmurava: 'Mamãe, quero aquele vestido'", lembrou. "Todas as mães davam risadinhas." Bettina disse ao pediatra que Paul se dirigia para a seção de meninas em todas as lojas de brinquedos. O médico disse: "Bem, diga não". Greg contou: "Paul dizia: 'Se não posso ter brinquedos de menina, vamos embora da loja de brinquedos'".

Aos cinco anos, Paul disse a Bettina: "Mamãe, quero ir à escola como menina, com roupa de menina, ter nome de menina, ter brinquedos de menina. Quero ser menina". Bettina ficou apavorada. Voltaram ao pediatra e perguntaram o que ele pensava do TIG. Ele respondeu que a maioria "dessas crianças" se suicida, portanto eles deveriam ir a uma livraria cristã, ler sobre o assunto e rezar. Bettina descobriu um terapeuta em Atlanta e marcou uma consulta, para ser atendida com o marido. "Eu estava disposta a fazer aquilo sem Greg", disse ela. Mas na volta para casa, ele lhe disse: "Está bem, vamos nessa". Bettina ligou para uma amiga cujos filhos tinham a mesma idade dos seus e convidou-os para um dia de brincadeiras. "Pedi a minha amiga: 'Queremos que você a chame de Paula'. Ela disse: 'Mas, Bettina, não sei. As crianças vão caçoar dele'. Eu disse: 'Podemos tentar?'". Então eles foram. O menino mais velho perguntou a Eric: "Ei, como é isso de seu irmão estar vestido de menina?". Eric respondeu: "Isso se chama transgênero. É quando um menino quer ser menina ou uma menina quer ser menino. Eu não quero falar sobre isso". O garoto então disse: "Está bem, vamos brincar". O mais novo nem sequer notou, talvez porque Paul sempre agira como menina.

Bettina foi falar com a diretora de educação religiosa da igreja católica que frequentava. "Eu estava muito ansiosa com aquilo. Mas ela disse: 'Tudo bem, você quer que ela seja tratada como Paula? Vamos mudar a ficha dela'. Foi assim que fizemos a transição na igreja." A seguir, Bettina falou com o diretor da escola, e ele lhe disse: "Proporcionamos um ambiente seguro e receptivo para todas as nossas crianças, e com a sua não será diferente". Paula teria de usar o banheiro da enfermaria, mas no mais seria apenas Paula. A família de Bettina apoiou-os desde o início. Os pais de Greg, já com mais de oitenta anos, aceitaram a situação na primeira vez em que viram Paula.

Mas Greg e Bettina não contavam com a comunidade. "De repente, nos vimos no Cinturão da Bíblia", disse Greg. Bettina avisou os vizinhos. "Eu tinha ido ao ponto do ônibus com aquele cara todas as manhãs durante dois anos, e achava que ele era meu amigo", disse. "Na primeira semana de aula, ele se encontrou comigo na entrada da garagem com papéis que tinha baixado da internet dizendo como aquilo era ruim." Um casal de irmãos impôs as mãos na cabeça de Paula e rezou para que ela voltasse a ser menino. Esta chegou em casa e disse:

"Na verdade não me importo, mas isso quer dizer que eles não vão ser meus amigos?". Bettina procurou a mãe das crianças. "Ela me disse: 'Deus não comete erros'. Retruquei: 'Olhe, se Deus não comete erros, seu filho não tem problema de vista e não precisa de óculos'. 'Bem, não é a mesma coisa.' 'Por que não é a mesma coisa? É uma parte do corpo. Qual é a diferença?' E eu disse ainda: 'Olhe, você é uma boa mãe e sei do fundo do coração que se estivesse no meu lugar faria a mesma coisa. Você daria ouvidos a seu filho e o faria feliz'."

Bettina trabalha na escola que seus filhos frequentam, e informou a todos sobre a situação. Ela preveniu seu chefe de que haveria uma reação negativa. Um mês depois, ele lhe disse: "Um dos pais questionou sua capacidade de ensinar. Respondi: 'Você não encontraria professora melhor. O que ela faz em casa não afeta o que faz no trabalho. Sua filha tem sorte de estar na classe dela. Bettina está disposta a se sentar com você e responder a todas as perguntas que tiver. Agora vou desligar. Por que não anota suas preocupações e me liga de novo?'.". Essa pessoa nunca mais ligou, e sua filha continuou na escola.

Conheci Greg e Bettina numa conferência trans em Filadélfia. Logo depois, juntou-se a eles uma linda menina, que chegou ao local trazida pelos pais de Greg, que davam a impressão de frequentar conferências trans havia décadas. Paula, um tanto séria, apertou minha mão e a seguir disparou pelo saguão, os avós atrás dela. Bettina disse: "Esta conferência é mais para nós do que para ela. Paula sabe o que está fazendo. Nós é que estamos perdidos". Perguntei se eles achavam que com o tempo Paula teria uma identidade trans ou simplesmente feminina. Bettina disse: "Greg já não a vê como transgênero, mas isso, em parte, é porque ele não dá banho nela todos os dias".

Bettina e Greg me mostraram a "pasta de segurança" que levam consigo o tempo todo. Muitos pais de crianças trans têm uma pasta dessas: documentos para serem apresentados em caso de problemas, já que os agentes da lei e o sistema de saúde podem não ter familiaridade com a mudança de gênero ou até ser hostis em relação à questão. Em geral, a pasta contém declarações do pediatra e do psicoterapeuta da criança, confirmando sua identidade de gênero; declarações de pelo menos três membros da família e, se possível, de um pastor ou prelado, que atestem a integridade dos pais; vídeos ou fotos que mostrem a criança em situações atípicas para seu gênero de nascença ao longo da vida; cópias da certidão de nascimento, do passaporte e do cartão da previdência social que certifiquem a mudança de gênero ou nome; um atestado de estabilidade familiar, se possível;

e um relatório do Birô de Informações Criminais que prove que os pais não praticam abuso infantil.

Perguntei se a atitude militante de Bettina tornava as coisas mais fáceis para ela do que para Greg, ou o contrário. Greg começou a chorar. "Eu só resisti", soluçou, "porque era meu menino. Quero que meu filho seja feliz. Mas encontrei retratos de nossa família antes disso, e tenho saudade daquele garotinho. É só de vez em quando, mas ainda dói." Perguntei a Bettina se alguma vez teve o mesmo sentimento. "Não", disse ela, depois de pensar um momento. "Sinto falta é do tempo com Paula que não tive. Tenho saudade da infância de minha filha, gastando toda a minha energia com alguém que nunca existiu."

Muitos pais de transgêneros me falaram do luto pelo filho perdido, mesmo tendo ganhado outro. A mãe de um rapaz trans observou que "o genitor de mesmo sexo manifesta uma espécie de rejeição — uma rejeição ao ingresso da criança em sua tribo — que o do sexo oposto não sente". Numa conferência trans, conheci um pai que disse: "Aceito intelectualmente, mas ainda tenho um preconceito emocional contra meu filho — e até o fato de dizer *filho* arranha minha garganta". Ele tinha uma filha autista e sua mulher era surda. "Autistas e surdos são fáceis. Ninguém me culpou. Mas isto… as pessoas riem de mim. Por que ele não lida com sua deficiência de modo reservado? Todos temos deficiências e limitações, e aprendemos a conviver com elas." Seu filho me disse: "Eu sempre soube, desde criança, que tinha alguma coisa a esconder, e durante muito tempo não identifiquei aquilo. Mas sempre soube quem eu não era — então quem eu sou é o que restou".

Um pai enfrentou dificuldades no uso de pronomes femininos para se referir à filha trans, e foi parar na terapia. "Por fim, o terapeuta perguntou: 'Em sua opinião, ele fica feliz pelo fato de o senhor insistir em chamá-lo de rapaz?'. Claro que a resposta era não. Mas quando ele me perguntou se meu filho ficaria feliz se eu me referisse a ele como *ela*, a resposta foi um claro sim. Ele então me perguntou o que havia de mais importante para mim do que a felicidade do meu filho. Comecei a chorar. Meu medo do ridículo, junto com o medo que eu tinha de que ele caísse no ridículo, me fazia negar sua felicidade."[43]

A noção meio bettelheimiana segundo a qual o comportamento inadequado ao gênero é sintomático de transgressões de gênero dos pais orientou o tratamento durante a maior parte do século xx. Nas décadas de 1940 e 1950, o psicólogo John Money propôs a hipótese de que o gênero é determinado por um conjunto de comportamentos e atitudes aprendidos.[44] Ele acreditava que uma forte identificação de gênero fazia bem à saúde e recomendava incentivos à feminilidade das meninas e à masculinidade dos meninos. A teoria de Money foi testada explicitamente em David Reimer — que tinha um gêmeo idêntico —, cujo pênis foi queimado durante a circuncisão. Money propôs aos pais de Reimer que o criassem como menina, recomendou uma cirurgia de mudança de sexo e instruiu os pais a lhe dar apenas roupas e brinquedos de menina. Os pais jamais deveriam contar a David o que tinha acontecido. Durante anos, Money publicou artigos fraudulentos sobre o grande sucesso de seu experimento, encorajando outras pessoas a tentar terapias similares, o que prejudicou milhares de pessoas. No fim da década de 1990, David Reimer deu uma entrevista à revista *Rolling Stone*, que acabou se transformando no livro *As Nature Made Him: The Boy Who Was Raised as a Girl* [Como a natureza o fez: o menino que foi criado como menina].[45] A infância de Reimer foi a antítese do que Money apregoara, cheia de raiva e infelicidade. Ele insistia em urinar de pé, e detestava Money, as bonecas e os vestidos de babados que era obrigado a usar. Seu comportamento na escola ficou tão violento que seus pais um dia sucumbiram e lhe contaram sua verdadeira história. Ele tinha catorze anos. Reimer se submeteu a uma reconstrução do pênis e passou a viver como homem, mas o dano que sofrera foi irreversível. Cometeu suicídio aos 38 anos.

Estudos científicos recentes indicam que é praticamente impossível criar como meninas crianças programadas, do ponto de vista genético, para serem meninos. Uma pesquisa da Universidade Johns Hopkins estudou crianças nascidas com extrofia cloacal — malformação em que a criança tem cromossomos XY (masculinos) e testículos, mas não pênis — que foram submetidas a castração por ocasião do nascimento.[46] Dadas como meninas logo ao nascer, muitas dessas crianças mais tarde escolheram viver como meninos ou homens, e todos eles tinham "interesses e atitudes, de moderados a pronunciados, considerados tipicamente masculinos". Segundo William G. Reiner, autor do estudo, "essas crianças demonstram que a identidade de gênero masculina se manifesta normalmente não só na ausência de pênis, mas também depois da extirpação dos testículos ao nascer e de uma inequívoca criação como mulher. Sua identidade e seu papel de gênero se desenvolvem apesar de todo o ambiente afirmar que eram mulheres".[47]

Kirk Murphy foi tratado de uma afeminação infantil na UCLA na década de

1970 sob orientação de O. Ivar Lovaas, o teórico que criou o método comportamental de punição e recompensa para o autismo, condenado com vigor por muitos autistas.[48] A mãe de Kirk foi instruída a recompensá-lo por comportamentos masculinos e ignorar comportamentos femininos. Embora ele ficasse tão perturbado durante essas sessões que chegava a gritar, deram à mãe garantias de que ela estava fazendo a coisa certa. Em casa, era empregado um sistema de fichas parecido com o que se usa com crianças autistas. Ele ganhava fichas azuis por comportamentos masculinos, e certo número de fichas lhe garantia um presente. Recebia fichas vermelhas por comportamentos femininos e levava uma surra de cinto dada pelo pai quando acumulava muitas delas. O comportamento afeminado enfim cessou, e durante anos o trabalho foi comentado como um sucesso.

Os pesquisadores mudaram o nome de Kirk para Kraig em suas publicações e fizeram dele um símbolo da flexibilidade do comportamento. George Rekers, o terapeuta que trabalhou com Kirk, tornou-se membro fundador do Conselho de Pesquisa da Família, uma organização religiosa que faz campanha contra os direitos dos gays. Por fim, revelou-se que o próprio Rekers era gay.[49] Kirk entrou para a Força Aérea e viveu como homem másculo até 2003, quando se enforcou, aos 38 anos. Sua mãe e irmãos vieram a público em 2011 para falar sobre a terapia que o destruiu. Uma irmã disse: "A pesquisa precisa de um pós-escrito. Kirk Andrew Murphy era Kraig, e era gay, e se suicidou. Quero que as pessoas se lembrem dele como um menino que precisava de proteção, respeito e amor incondicional. Não quero que seja lembrado como um experimento científico".[50] *Gender Shock* [Choque de gênero], de Phyllis Burke, publicado em 1996, constata com horror que muitas das técnicas que destruíram Kirk Murphy ainda eram usadas — e ainda recebiam verbas públicas. Com efeito, algumas ainda estão sendo usadas no momento em que escrevo.[51]

Tony Ferraiolo apresentava traços masculinos tão pronunciados desde pequeno que os médicos que o examinaram quando ele ainda se chamava Anne acharam que se tratava de um caso de intersexualidade.[52] Quando o conheci, Tony estava na casa dos quarenta. Seu pai não falava com ele havia cinco anos, e sua mãe o via de vez em quando e continuava chamando-o de Anne. "Eles estão perdendo um cara bem legal", disse-me Tony.

Aos cinco anos, Anne e sua irmã gêmea, Michelle, estavam jogando futebol com os irmãos, Frank e Felix, e Anne tirou a blusa. A mãe lhe disse: "Meninas não tiram a blusa". Anne começou a chorar e disse que era menino. "Ela nunca brincou com bonecas", disse a mãe de Tony, que também se chama Anne. "Nunca usou vestido. Nunca andou com bolsa. Eu desconfiava que ela ia ser lésbica." Três comportamentos nos primeiros anos da infância são tomados com frequência como indicadores de identidade: a roupa de baixo que a criança escolhe; a roupa de banho que prefere; e o modo como urina. "Lembro-me de tentar ficar de pé e urinar como menino", disse Tony. "Nunca usei calcinha, nem maiô. Eu nem sabia ainda que as pessoas tinham relações sexuais, mas sabia que meu gênero era masculino." Quando a pequena Anne estava na quinta série de uma escola elementar em New Haven, a professora perguntou a cada aluno o que queria ser quando crescesse. Anne disse que queria ser menino, e a sala toda se pôs a rir. Aos onze, ela se mutilava. "Imagine uma criança que na hora do recreio pega um caco de vidro e se corta", disse Tony. "Eu arranhava e arranhava, depois punha sujeira em cima tentando pegar uma infecção, para me machucar o mais que pudesse. Meus pais sabiam disso. Ninguém fez nada." A irmã de Anne identificou-se como lésbica desde cedo, mas ela era atleta, tão popular quanto Anne era marginalizada.

O pai de Anne, Anthony, era violento. Já sua mãe, viciada em Valium, permanecia passiva diante disso. A adolescência é um trauma para a maior parte das pessoas trans, e para Anne foi duplamente traumática, já que ela tinha descargas simultâneas de hormônios masculinos e femininos, embora não apresentasse sinais anatômicos ou genéticos de intersexualidade. "Minha barba e meus peitos estão crescendo ao mesmo tempo. Que diabos está acontecendo?" Quando Anne tinha treze anos, fazia a barba todos os dias. "Usava drogas, bebia. Passava mais tempo suspensa do que na escola." Com essa idade, passou a ser vítima de abuso sexual por parte de um vizinho que era amigo de seu pai. Ele a chamava e pedia que o ajudasse com alguma coisa. "Se eu não fosse, era castigada. Se fosse, era estuprada." Por fim, ela contou a outro vizinho o que estava acontecendo, e ele contou a seus pais. "Dois dias depois, vi meu pai chamando o cara para tomar uma cerveja. A partir daquele dia, não confiei em mais ninguém", disse Tony. Muitas vezes, o pai se recusava a falar com ela. Quando Anne tinha dezesseis anos, ele expulsou-a de casa. Ela caminhou 25 quilômetros dentro de New Haven e foi morar com uma namorada. Quando o namoro acabou, ela ficou um mês sem ter onde morar. "Liguei para minha mãe e pedi para voltar para casa", lembrou Tony, balançando a cabeça. "Voltei para aquela loucura."

Na casa dos vinte e dos trinta, Anne foi promotora de eventos e organizou grandes festas para centenas de lésbicas; fundou uma banda chamada Vertical Smile [Sorriso Vertical, ou Vagina]. Mas nunca se sentiu lésbica. Começou a usar o nome *Tony*, que escrevia *Toni* por concessão à família. "Eu costumava rezar para que Deus fizesse de mim uma lésbica masculinizada", contou. "Mas uma lésbica masculinizada quer peitos e uma vagina. Um transgênero quer um pênis." Aos trinta e poucos anos, Tony sofreu um acidente de carro e recebeu uma indenização. Sua família sugeriu que comprasse uma casa, mas o dinheiro foi gasto numa mastectomia dupla.

Tony não estava interessado em cirurgia genital. "Essa parte de meu corpo não é pública, então nunca foi problema. Os peitos são públicos. Quando o médico retirou as ataduras, meus joelhos simplesmente se dobraram. Levei minha namorada, Kirsten, à praia, e disse a ela: 'Estou provando tudo isso pela primeira vez'. Não me barbeio desde então. Gosto pra cacete de meu cavanhaque. Quando me olho no espelho, vejo a pessoa que sempre devia ter estado aqui. Antes eu tomava remédio para dormir, assim não tinha de viver grande parte de minha vida. Agora, tudo o que eu quero é ficar acordado." Quando estive com Tony, ele tinha perdido quase trinta quilos. "Você não pode amar seu corpo se odeia seu corpo. Agora, como alimentos saudáveis. Me exercito." Tony atribui a seu terapeuta, Jim Collins, muito de sua transformação psíquica. "Eu era uma lésbica emburrada. Eu não queria ser um homem emburrado."

O irmão mais novo de Tony, Felix, disse: "Minha irmã agora é meu irmão, e nunca o vi tão feliz na vida". Os filhos de Felix passaram naturalmente a chamar a tia Toni de tio Tony. O pai de Tony e o irmão Frank não lhe deram apoio. Anne mãe ficou alheia, e só se encontrou com Tony um ano depois da cirurgia. "Aí ela disse apenas: 'Bem, estou aqui'", contou Tony. "Pensei: 'Será que ela vai abrir a porta e desmaiar?'. Aí ela entrou, e disse algo como 'Oh, meu Deus, você ficou parecendo com meu dentista'." Depois da cirurgia de Tony, Michelle, sua irmã gêmea, começou a chamar a si mesma de Nick. "No início, fiquei irritado", lembrou. "A primeira coisa que eu fiz por mim mesmo, sendo gêmeo, e ele tinha de vir na minha cola? Mas vejo a tristeza dele por ainda não ser quem eu sou. Ele ainda tem peitos. Não passa por homem. Quando as pessoas vêm com a conversa 'Você tem certeza de que ele não está fazendo isso por sua causa?', eu digo: 'Preciso apoiá-lo, não importa qual seja o motivo'." Perguntei a Anne mãe como ela via a transformação de Anne em Tony, e ela respondeu: "De vez em quando eu digo Tony, mas quase sempre sai 'Anne'. No fundo, no fundo, é minha filha. Quando olho para 'ele', ainda vejo 'ela'.". Virou-se para Tony. "Você sempre tinha aquela coisa zangada que te comia por dentro. Mas na época eu não sabia nada sobre isso. Era burra, de certa forma." Tony tomou-lhe o braço. "Não acho que você tenha sido burra", disse. E Anne mãe disse: "Vi coisas na televisão sobre isso. Comecei a entender melhor. Não foi você quem quis que as coisas tomassem esse rumo". Virou-se para mim. "Ela não era natural, isso me preocupava no início. Mas agora entendo melhor como eles se sentem, por dentro. Agora ela faz todo esse ativismo. Isso é muito bom." Anne mãe inclinou-se para a frente, depois para trás. "Você continua sendo minha filha", disse a Tony. E para mim: "Ainda gosto dela. Você sabe o que eu quero dizer. Dele?". Perguntei a Tony se ele se importava de ser chamado de "Anne" e "ela". Ele respondeu: "Andrew, ela acha que sou uma garota hétero que está passando por uma fase. Mas tenho de entender que minha mãe é minha mãe. Minha mãe pode me chamar de qualquer coisa que quiser que não vou me incomodar. O que me incomoda é que ainda a vejo só quatro ou cinco vezes por ano".

A aceitação silenciosa de Anne mãe e seu visível amor pelo filho estão subordinados em sua mente ao estilhaçamento de sua família depois da transição de Tony. Ela respondeu à maior parte das perguntas que fiz a seu respeito com informações sobre o marido. Ela anula Tony como anula a si própria. Perguntei-lhe como se sentia com o fato de Anne ser gay, ela disse: "Meu marido aceitou que ela fosse lésbica". Voltou-se para Tony. "Ele sabe que você devia ter sido menino, mas ainda diz: 'Por que ela não é apenas lésbica, como todo mundo?'." Tony disse à mãe: "Você se adaptou às circunstâncias. Veio me ver. Nós conversamos". Anne suspirou e voltou-se para mim. "Meu marido esteve com a tia dele, que tem noventa anos, e ela começou a chorar. 'É sua filha. Vá vê-la. Você se acostuma.' E o padre disse: 'Vá vê-lo. É seu filho. Diga-lhe que isso tudo o incomoda, mas converse com ele'. Mas ele nunca quis. Quando chegam as festas, eu queria ter todos os filhos comigo, mas ele não deixa. Tem medo que as pessoas pensem que ele aceitou." Fiquei surpreso ao saber que Anne mãe concordara em conversar comigo. Tony tinha lhe dito para assistir a um programa *Oprah* especial sobre crianças trans. Ela ligou para ele e disse: "Vou me encontrar com Andrew, se você quiser. Foi como ver você. Desculpe. Eu não sabia". Tony explicou: "Ninguém sabia dessa merda nos anos 1970. Minha mãe é uma boa mulher. Tem bom coração. Mas isso é muito forte. Suas duas únicas filhas não eram filhas". Perguntei a Anne mãe o que o marido dela diria quando ela chegasse em casa. "Ele vai perguntar como ela está", respondeu. "Tem saudades dela."

O equilíbrio hormonal de Tony é natural — fez com que ele tivesse barba — e ele não precisa tomar testosterona. Como acontece com todas as pessoas trans, Tony é sempre indagado sobre sua genitália. Ele responde como se as perguntas fossem sobre consolos. "Muita gente pergunta: 'Você tem pênis?'. Respondo: 'Tenho cinco'. E passo à pergunta seguinte. 'Sua namorada sabe que você é trans?' E eu: 'Amor é franqueza. Não tenho vergonha de ser como sou'." Tony contou que estava num supermercado e encontrou uma mulher com quem tinha trabalhado. "Ela disse: 'Oh, meu Deus! Annie?'. Eu disse: 'Na verdade, agora sou Tony'. Ela pegou minha mão e disse: 'Não é culpa de Deus que você seja assim'. Eu disse apenas: 'Nunca estive tão feliz na vida'. Eu sabia que se deixasse a peteca cair, ia ser aquela história 'Oh, vejam o cara trans, que horror'. Se você tem uma interação positiva comigo, sendo eu um trans, você vai pensar duas vezes antes de caçoar de uma mulher trans, ou de cometer um crime de ódio. A vida de cada pessoa tem um objetivo. Esse é o meu. Vou fundar uma ONG para oferecer mastectomia a dois caras por ano. Tipo vale-presente. Quer dar um presente a alguém? Dê-lhe um peito liso, dê-lhe um pênis."

Poucos meses depois, Tony criou uma fundação para fazer exatamente isso, e deu-lhe o nome de seu querido terapeuta Jim Collins, que morrera meses antes.[53] "Ele me inspirou a ser ativista, da mesma forma como eu espero que as pessoas que vierem depois de mim sejam ativistas, e quem sabe as que vierem depois delas não precisem ser ativistas porque a coisa deixou de ser malvista", disse. Quando Anne mãe confessou, em nossa conversa com Tony, que ainda achava que tudo tinha sido culpa sua, o filho respondeu: "Não é culpa de ninguém. Mas tenho de lhe dizer que se fosse culpa sua, eu só teria a agradecer. Porque a transição foi a melhor coisa que já me aconteceu". Então Tony riu. E disse: "Viver não é se encontrar; viver é se criar".

Homens de nascença que passam a ser mulheres muitas vezes não convencem quando se vestem como elas por causa da altura e dos ossos grandes; no entanto, sua genitália pós-operatória, suas reações sexuais e seu modo de urinar podem ser quase idênticos aos das mulheres nascidas como tais. Mulheres de nascença que fazem a transição passam normalmente por homens em público, já que têm barba, pelos corporais, voz grave e, em muitos casos, calvície de tipo masculino, mas seus órgãos sexuais são bastante diferentes do artigo legítimo. A maior parte dessas pessoas não consegue urinar de pé, e nenhuma consegue um orgasmo masculino. Conheci uma mulher trans antes da cirurgia que disse: "Essas partes do corpo são legais, mas não são minhas, e me faz me sentir melhor saber que não tenho de mantê-las para sempre". Um homem trans a quem contei isso retrucou: "Sou como esses móveis modulados que parecem ótimos até você perceber que algumas partes estão faltando".

Umas poucas injeções de testosterona se impõem sobre o estrogênio de uma mulher de nascença, mais ou menos a mesma quantidade que se prescreve a um homem cujo corpo não está produzindo o hormônio. Já neutralizar a testosterona de um homem de nascença é um projeto mais complicado. Uma mulher cujo corpo não esteja produzindo estrogênio precisa tomar de um a dois miligramas de estradiol por semana para permanecer no limiar da menopausa. Um homem de nascença precisa de 28 a 56 miligramas de estradiol por semana para feminilizar o corpo. Muitos endocrinologistas recomendam que os homens de nascença se submetam à gonadectomia o mais cedo possível, já que níveis tão altos de estradiol podem causar danos à saúde. Depois do procedimento, o estradiol funciona em doses muito menores.[54]

A maior parte dos profissionais que trabalha com pessoas trans segue o protocolo Harry Benjamin, que exige que antes da cirurgia ou do tratamento hormonal o paciente viva com seu gênero de escolha durante pelo menos um ano e faça psicoterapia durante o mesmo período, e que dois clínicos recomendem os procedimentos médicos.[55] Essas precauções têm como objetivo eliminar o risco de arrependimento pós-operatório, embora muita gente se queixe de que é uma perda de tempo e alegue que uma pessoa desesperada poderia tirar proveito de uma transição mais rápida. Elas também protegem de riscos os prestadores de serviços de saúde.

Para que um homem de nascença se afirme como mulher, não bastam procedimentos como castração e vaginoplastia, mas também eletrólise para a remoção de pelos, que pode exigir 5 mil horas, ao custo de mais de 100 mil dólares; cirurgias faciais para feminilizar os traços, reduzindo a testa, o queixo e a mandíbula; rinoplastia; raspagem da traqueia para reduzir o pomo de adão; aumento das mamas; transplante de cabelo para dissimular a calvície; e estiramento das cordas vocais. A construção de uma vagina se faz, no mais das vezes, por inversão do pênis. Depois de abrir um espaço entre o reto e a uretra, a pele invertida do pênis é usada como revestimento da vagina, às vezes complementada com enxertos de pele extraída das nádegas, da barriga ou da coxa. Um outro método, a transferência retossigmoide, emprega um segmento do intestino grosso para criar o revestimento vaginal, o que proporciona lubrificação natural e profundidade vaginal ilimitada. O procedimento é mais invasivo, mais caro e pode causar vazamento de muco para a vagina. Em ambos os métodos, a pele do escroto é usada para criar os lábios e parte da glande, para o clitóris.

Para se afirmarem como homens, mulheres de nascença podem extirpar os seios (mastectomia dupla), o útero (histerectomia), os ovários (ooforectomia), as tubas uterinas (salpingectomia) e a vagina (vaginectomia), já que os exames ginecológicos de rotina são uma tortura para a maior parte dos homens trans. Os pênis construídos mediante cirurgia são dispendiosos e quase sempre insatisfatórios, razões pelas quais muitos homens trans preferem abrir mão deles. Mas para os que querem ter pênis há dois métodos básicos. A genitoplastia consiste em enrolar pele em torno do clitóris, aumentado por meio de tratamento hormonal, para construir um pênis do tamanho de um polegar. Ele conserva a capacidade orgástica, mas normalmente seu tamanho não permite o intercurso sexual. Na faloplastia, um tubo de pele é retirado da virilha ou da porção inferior do abdome e ligado ao púbis; o aspecto é o de uma alça de mala. Procedimentos complementares aumentam o fluxo sanguíneo para essa alça, que depois de dois a quatro meses é solta e esculpida para ficar semelhante a um pênis. Não tem sensibilidade sexual, mas com o implante de varetas de silicone ou bombeamento manual pode-se obter ereção. O mais complicado dos procedimentos — que chega a custar pelo menos 100 mil dólares — consiste em remover parte do antebraço, com seus vasos sanguíneos e nervos, dar-lhe a forma de pênis e, por meio de microcirurgia, ligar vasos e nervos aos do púbis. Esse pênis parece mais natural e tem sensibilidade. Em qualquer desses métodos, o escroto é construído unindo-se os grandes lábios por sutura. A uretroplastia — extensão da uretra até o extremo da glande recém-construída — é um procedimento a mais. "Pense em como esse órgão é complicado", diz Norman Spack. "É incrível que funcione, e a espécie humana depende dele."[56]

Crianças transgêneros impúberes com famílias receptivas podem evitar algumas dificuldades físicas da transição usando bloqueadores hormonais, que suprimem a puberdade. Essa terapia pode começar aos dez anos para as meninas e aos doze para os meninos. O Lupron, o mais comum dos inibidores do hormônio liberador de gonadotrofina (GnRH), foi criado há trinta anos como alternativa para a castração cirúrgica no tratamento de tumores dependentes de androgênio. Como pode causar redução da densidade óssea e afetar a memória, seu uso deve ser acompanhado com muito cuidado. O tratamento representa um efetivo ganho de tempo para as famílias; se a criança for indiscutivelmente transgênero, os bloqueadores da puberdade podem poupá-la de uma "puberdade trocada" e de muitas cirurgias futuras. Meninas tratadas com Lupron não desenvolvem mamas nem quadris largos, não terão uma distribuição feminina da gordura corporal nem atividade ovariana. Como não ocorre a descarga de estrogênio que detém o crescimento das meninas, elas ficam mais altas. Meninos tratados com Lupron não apresentarão pelos na face ou no corpo, voz grave, pomo de adão, ossos grandes, ombros largos nem mãos e pés maiores. Uma suplementação de estrogênio fecha as cartilagens de crescimento, limitando sua estatura.[57]

A androginia básica da infância pode ser prolongada. Se uma pessoa interromper o tratamento com Lupron e não tomar hormônios do outro sexo, a puberdade de seu sexo de nascença começará em poucos meses e seguirá seu curso natural. Os hormônios do outro sexo desencadearão a puberdade no gênero de afirmação. Nenhuma das crianças do protocolo holandês original que estudou essa prática preferiu reverter ao gênero de nascença, e a maior parte delas continuou tomando hormônios inibidores de GnRH até a cirurgia de mudança de sexo, entre dezoito e 21 anos. O Lupron retarda certos eventos, mas é em si mesmo um evento que anuncia profundas transformações. Um problema na administração de bloqueadores a crianças é a possibilidade de tornar permanente uma tendência que seria apenas uma fase. As crianças também podem ficar constrangidas, assustadas ou confusas se julgarem que cometeram um erro.[58]

No Reino Unido, onde a cirurgia de mudança de sexo é oferecida pelo Serviço Nacional de Saúde, predominam políticas conservadoras quanto à administração de bloqueadores hormonais. O Serviço de Desenvolvimento da Identidade de Gênero da Clínica Tavistock exige que os pacientes passem pela maior parte da puberdade natural antes de lhes permitir a transição.[59] Domenico Di Ceglie, psiquiatra de crianças e adolescentes da equipe, conta que 20% dos pacientes tratados em sua clínica preferem não se submeter a uma intervenção médica depois da puberdade.[60] A falácia subjacente a essa posição é supor que não fazer nada é não fazer alguma coisa — que retardar a transição é um ato de cautela, e acelerá-la é precipitação. Apressar uma criança numa transição que vai modificá-la irremediavelmente do ponto de vista físico e médico para o resto da vida seria uma temeridade; no entanto, forçar uma criança que está segura acerca de sua identidade a desenvolver um corpo que nunca vai combinar com o que ela sabe que é, mesmo depois de diversas cirurgias dispendiosas e traumáticas, também é problemático. O modelo Tavistock de prudência encerra uma pronunciada crueldade.

Nos Estados Unidos, essas questões são antes problemas familiares do que uma política nacional. "Os pais dizem: 'Ainda não estou preparado para lidar com isso'", afirmou Stephanie Brill. "Mas estão lidando com isso. E mal." Spack disse: "Os que se opõem ao uso de bloqueadores da puberdade alegam a pouca idade com a qual temos de sofrer essa 'intervenção'. Eu diria que a própria puberdade é a pior das intervenções". É raro que o uso de Lupron para a disforia de gênero seja custeado pelos planos de saúde americanos, e seu preço proibitivo cria uma divisão de classe entre os jovens transgêneros cujos pais podem e querem bancar o custo do medicamento e os outros jovens. Da mesma forma, existe um abismo geracional. Nas conferências trans a que compareci, pessoas mais velhas choravam ao conhecer crianças que nunca teriam de "andar por este mundo com seu sexo genético", como disse uma delas. Shannon Minter — advogado especializado em direitos civis e diretor jurídico do Centro Nacional dos Direitos das Lésbicas, ele próprio um homem trans que não teve o benefício do Lupron — fala desses jovens como "uma espécie de superclasse".

Como era a vida dos transgêneros no passado, quando eles não podiam alterar o corpo para harmonizá-lo com sua identidade? Como será a vida dos transgêneros no futuro, quando as cirurgias forem aperfeiçoadas? Essas perguntas são ao mesmo tempo técnicas e teleológicas. Minter reconhece que "a ideia de que, para manifestar sua identidade autêntica, uma criança precise sofrer uma intervenção fisiológica radical desafia nossas ideias mais básicas sobre autenticidade e identidade. Isso pode parecer uma maluquice tecnológica".[61] Mas é preciso se perguntar se essa intervenção é uma maluquice tecnológica mais grave que um implante coclear. Muitas pessoas de fora dessas identidades horizontais entendem a intervenção como um meio de corrigir uma anormalidade, e isso como uma forma de admitir que existe a anormalidade. É interessante observar, no entanto, que vem do grupo de identidade marginal o protesto *contra* o implante coclear, e que vem do grupo de identidade marginal a demanda *a favor* das cirurgias trans.

* * *

Jennifer Finney Boylan escreveu dois livros que tratam de sua mudança de gênero e falou sobre identidade de gênero nos programas de televisão *All My Children* e *Oprah*.[62] Quando lhe perguntei se preferia ser vista como mulher ou como transgênero, ela disse: "Num programa nacional, diante de 20 milhões de pessoas, fico feliz por ser trans. Mas na vida diária, quando vou a uma loja, um restaurante ou posto de gasolina, quero ser vista como mulher. Eu me refiro a mim mesma como mulher, sabendo que entre as *mulheres* estão Britney Spears e Barbara Bush. Veja só Julia Child! Com certeza sou mais feminina que Julia Child".

Visitei Jenny, na época com 49 anos, na casa de sua mãe na Main Line de Filadélfia. Seu antigo quarto parecia o quarto de um menino — mobília arranhada, cartazes de rock nas paredes. Ela me mostrou um quarto de despejo ao lado. "Naquela época, havia roupas de mulher aqui, de minha mãe, de minha irmã", contou. "Eu podia pegar tudo o que estivesse atrás daquela porta." Jim Boylan sempre soube que era mulher, mas sabia também que a transição seria dolorosa para outras pessoas. "Então, eu pensava: 'Se posso dar certo como um cara, vamos lá'. Demorei até quase os quarenta para ver que tinha ido até o limite, 44 anos, para fazer a cirurgia. Mais do que desejar ter feito a transição mais cedo, já que é de desejo que se trata, eu desejaria ter nascido mulher. E aqui estou, uma mulher adulta, mas tive uma infância de menino. Se sempre tenho um sentimento de perda ou de melancolia, é porque não posso ver minha vida como um todo, não consigo imaginar como cheguei de lá até aqui."

Transformar-se em Jenny envolveu as cirurgias rotineiras, incluindo vaginoplastia e redução do pomo de adão, mas ela logo salientou que as cirurgias não são o aspecto mais importante da experiência como transgênero. "A vida é mais do que uma ida ao hospital", disse ela. "A cirurgia acabou sendo fácil". "Nada foi cortado. A nova vagina tem o aspecto que deve ter e funciona como se espera; a hidráulica funciona, a parte elétrica também. Já fui a médicos que não sabiam da minha história e não desconfiaram."

Jim Boylan era casado, e sua mulher, Deedie, preferiu continuar com ele, embora tenha dito uma vez a Jenny: "Todo o sucesso que você possa ter como mulher será um fracasso para mim". Eles têm dois filhos, que nasceram quando Jenny ainda era homem. "Deedie é uma mulher hétero e o centro da minha vida, mas mesmo assim não se sente atraída por mim", disse Jenny. "Dizem sempre que Deedie é uma santa. Seria uma completa falta de humildade dizer que ela tem sorte por ser casada comigo, já que sou uma boa pessoa, amo-a e sou boa para nossos filhos? Acontece de tudo numa família. Crianças desenvolvem câncer. Pais têm acidentes de carro. Há famílias que precisam se mudar para o Texas. Tudo isso envolveu algumas mágoas, mas a vida é assim." Quando tinham seis e oito anos, os filhos de Jenny resolveram que não podiam continuar chamando-a de *daddy* [papai]. Elas já tinham uma *mommy* [mamãe]. Então anunciaram que passariam a chamá-la de *Maddy*. Quando Jenny esteve no programa *Oprah* pela última vez, seu filho mais velho escreveu uma carta que foi lida no ar. Num trecho, ele dizia: "É certo que às vezes eu desejo ter um pai como outro qualquer. Mas na maior parte do tempo eu me sinto o menino mais feliz do mundo. Não consigo pensar de que jeito a vida poderia ser melhor".

A transição é uma mudança de identidade para a pessoa que passa por ela e para as pessoas que a cercam. "Fico feliz em tornar pública uma história em que as coisas deram certo", disse Jenny. "Sabe, menino encontra menina, menino é menina, menina encontra menina, menina fica com menina. A velha história. A maior mudança para mim não foi deixar de ser homem para me tornar mulher. Foi deixar de ser uma pessoa que tinha um segredo para ser uma pessoa que não tem mais nenhum segredo. É dificílimo saber que os outros consideram seu sonho mais caro e sua maior tristeza (a) incompreensíveis e (b) engraçados. Uma vida dupla é cansativa e, afinal, trágica, porque, se você não se dá a conhecer, nunca poderá ser amado." Muita gente questiona a autenticidade de uma pessoa em seu gênero de afirmação. "Eu digo que sou uma migrante de gênero. Sou cidadã desta terra de mulheres. Mas é verdade que nasci em outro lugar. Então vim para cá e me naturalizei." Jenny deu um sorriso maroto. "Ou me desnaturalizei, como parece ser o caso."

No verão de 2000, Jenny decidiu contar seu segredo para a mãe, que tinha então 84 anos. "Achei que mamãe seria resiliente", lembrou Jenny. "Mas *resiliente* significa reagir depois de levar um soco, e eu tinha certeza de que aquilo seria um soco. Ela ficou perplexa, então comecei a explicar e desandei a chorar." Conheci Hildegarde Boylan quando ela tinha 91 anos, e ao nos sentarmos todos juntos ela se dirigiu a Jenny: "Você esperou até as cinco, quando estávamos tomando um gim-tônica. E aí você disse apenas: 'Eu sempre quis ser uma moça, e não sabia como lhe contar, porque achei que você não ia gostar mais de mim'. Então comecei a chorar e disse: 'Eu sempre vou gostar de você'.". Hildegarde teve bastante dificuldade no início. "Ele sempre levou uma vida perfeitamente normal", afirmou. Jenny protestou: "Eu nunca fui perfeitamente normal". Hildegarde riu. "Eu era chefe de escoteiros e ele era escoteiro." Hildegarde levou algum tempo para contar aos amigos, mas cerca de um ano depois daquela conversa deu uma festa para apresentar a filha. Ela virou-se para Jenny. "Você ficou surpresa quando todos os *seus* amigos chegados aceitaram tudo tão depressa. Pensei que valeria a pena pôr *meus* amigos à prova. Eu nunca tinha ouvido a palavra 'transgênero', então usei simplesmente *Jenny*. É impossível odiar uma pessoa cuja história você conhece." Hildegarde inclinou-se para a frente como se fosse me fazer uma importante confidência e disse que a única coisa que ela nunca tinha conseguido aceitar em Jenny era o cabelo louro e comprido até os ombros. E, voltando-se para Jenny: "Se eu lhe disser uma coisa, você vai cortar o cabelo hoje quando for para a cama: seu cabelo parece o de Ann Coulter". Jenny respondeu, indignada: "Parece o de Laura Dern também, e ela é uma estrela do cinema!".

Jenny contou tudo a sua irmã, que estava morando na Inglaterra, seis meses antes de contar à mãe. "Ela era a pessoa mais importante da minha vida com quem abri o jogo", disse. "Mandei-lhe uma carta deste tamanho, e ela respondeu apenas: 'Não quero conhecer essa Jennifer'. Um ano depois, recebi uma carta de sua filha, Eliza, de dez anos, dizendo: 'Não entendo isso, tenho medo disso'. Respondi: 'Sinto muito que você tenha medo. Sei que é complicado. Meu amor por você não mudou, e espero que com o tempo você se acostume comigo'. Minha irmã ligou uma semana depois, furiosa. Como eu ousava escrever uma carta daquelas a sua filha? E encerrou dizendo: 'O que queremos é que nos deixe em paz'. Eu disse: 'Sempre vou gostar de você'. Isso foi há sete anos. Lembro de ter pensado: 'Bem, agora vai ser tão difícil para Cyndy como antes era para mim'. Ela e todas as pessoas que eu amava vão levar anos para aprender como falar sobre isso. O medo que carreguei comigo todos aqueles anos — a vergonha, o segredo, a incapacidade de contar para alguém — foi o que deixei para minha mãe e minha irmã."

Quando ainda era Jim, Jenny esperava conseguir se apaixonar por uma mulher e aprender a ser feliz como homem. "Somos quem somos por causa daqueles que amamos", disse. Ela deu um sorriso luminoso. "Sempre rezei para que o amor me salvasse, e, de um jeito estranho, *foi* o amor que me salvou, embora não como eu tinha imaginado. O amor de Deedie e o amor de minha família não me fizeram continuar sendo um rapaz, mas me deram coragem e a certeza de que, se eu saísse do armário, estaria tudo bem. O amor não me tornou capaz de continuar sendo homem. Mas foi o amor que me tornou capaz de enfim dizer a verdade."

Em resposta aos defensores da transição para crianças com disforia de gênero persistente, a especialista em bioética Alice Domurat Dreger escreveu: "Mudar nome e identificação de gênero de uma criança de cinco ou seis anos? Essa posição leva as reivindicações de gênero de crianças pequenas tão a sério que na verdade revela uma noção de gênero ridiculamente limitada. A grande maioria das crianças pequenas que se declara de um gênero diferente do sexo de nascença supera essa incompatibilidade. Meninas pequenas que dizem que são meninos, ou se comportam como meninos, acabam espalhando essa ideia para todo lado, o que de certa forma *prova* que muitas delas *são de fato* do gênero feminino. As intervenções de mudança de sexo não são brincadeira. Implicam um risco físico considerável, inclusive um risco importante referente à sensibilidade sexual, e a obrigação de fazer reposição hormonal durante a vida inteira. O problema está em *nós* e no modo como exigimos que *elas* tenham certeza, o modo como insistimos na adequação ao modelo de dois sexos o mais cedo possível".[63]

Josie Romero e Tony Ferraiolo foram taxativos a respeito de quem eram desde a mais tenra infância; Jenny Boylan sabia quem era, mas tentou se reprimir; muitos outros ficam extremamente confusos. Os pais precisam determinar se essas crianças estão expressando uma obsessão transitória ou uma identidade fundamental; devem avaliar o que torna o filho feliz quando ainda é pequeno, e como chegar a isso da melhor forma. Esse equilíbrio é muito difícil para os pais: vigiar sem controlar, prevenir sem exigir, incentivar sem insistir, proteger sem sufocar. Eles precisam ter cuidado para não esmagar a identidade dos filhos nem reforçá-la a ponto de criar a verdade à qual estão pretendendo responder. Em *Mom, I Need to Be a Girl* [Mamãe, tenho de ser menina], Just Evelyn escreve sobre o filho: "Eu sabia que a vida dele ia ser difícil e triste. O que uma mãe pode fazer para ajudar? O amor de mãe seria suficiente?".[64] Muitos pais estão dispostos a fazer o que for preciso para que seus filhos sejam felizes, mas nem sempre é possível saber o que é preciso fazer.

As transformações repentinas e decisivas ocorrem em geral em contos de fadas, na literatura fantástica e nos quadrinhos, e não na vida real, em que as mudanças costumam ser graduais e incompletas. Em suas memórias *The Woman I Was Born to Be* [A mulher que nasci para ser], a trans Aleshia Brevard diz: "Tentei com determinação fazer de mim um menino digno de ser amado. Imitava com todos os detalhes as características de outras pessoas do sexo masculino que me cercavam. Eu sabia, e meu pai também, que aquela mímica era uma impostura".[65] Em seu tocante livro *Transparent*, Cris Beam escreve sobre uma menina trans de origem latina que deu a si mesma o nome de Ariel, por causa da heroína de *A pequena sereia*. "Ariel falou com o pai, que a transformou num ser humano real", explicou a garota. "Eu queria que acontecesse comigo o que aconteceu com Ariel, que virou uma menina de verdade e ficou com o herói."[66] Mas lutar para se tornar o que você sempre foi, e ainda ser amado, é um processo contínuo marcado muitas vezes pela ambivalência.

Hendrik e Alexia Koos foram criados na África do Sul e emigraram para o Canadá pouco antes do fim do apartheid, onde escolheram viver numa pequena comunidade em que a formação de Hendrik como médico de família seria valorizada.[67] Ambos sabiam que a filha mais velha, Sari, era infeliz. Ela tinha transtorno de déficit de atenção, um distúrbio de aprendizagem e ansiedade. Quando, aos catorze anos, ela anunciou que tinha "o corpo errado", Hendrik ficou muitíssimo preocupado. Sentiu-se perdido por completo.

Quando conversamos, passara-se pouco mais de um ano desde que Sari tinha virado Bill, e Hendrik aparentava ter seus sentimentos sob controle. "Começamos a ler a respeito, descobrimos diretrizes sobre a questão da idade, e ele era mais novo do que essas diretrizes recomendavam, mas não parava de nos pressionar", contou Hendrik. "Eu me sentia quase impotente como pai. O que deveria fazer? Eu podia dizer: 'Você é uma criança, tem de ter paciência'. Ou podia dar ouvidos a meu filho. Nunca tive vontade de pressionar meus filhos, meu sonho é que eles sejam eles mesmos. Mas eu estava preocupado demais, esgotado com tudo aquilo." O próprio Bill também estava ansioso e sentindo-se ambivalente, o que tornava tudo mais difícil. Interessei-me por entrevistar Hendrik depois de ouvi-lo questionar adultos trans numa mesa-redonda. "Eles eram tão autoconfiantes, tão cheios de 'Sou quem sou'", ele me disse. "As pessoas diziam: 'Depois que seu filho puder ser quem ele é, você verá nele outra pessoa'." Hendrik riu. "Não. Era dois passos para a frente, um passo para trás. No final das contas, os passos para a frente são mais numerosos, mas é uma luta sem fim para ganhar terreno."

Hendrik contou que deve sua flexibilidade ao fato de ser médico. "Com a medicina aprendi a aceitar que a vida nos apresenta desafios que nem sempre entendemos de onde vêm. Eu dizia: 'Não vou tentar *curar* a cabeça de meu filho'." A segunda fonte de ânimo de Hendrik era ainda mais impressionante. "Como uma pessoa branca que amadureceu no apartheid, eu queria libertar minha vida do racismo, do sexismo e do generismo também. Minha experiência na África do Sul foi uma preparação para poder dizer: 'Aceito você por inteiro'."

Embora o entusiasmo visceral de Rex e Karen Butt fosse diferente da generosa abertura de Hendrik Koos, seus filhos viveram uma ambivalência semelhante.[68] Rex e Karen não acreditavam nas diferenças de gênero na infância. Deram a seus dois meninos uma cozinha de brinquedo e liam para eles as *Histórias para crianças livres*, de Letty Cottin Pogrebin. "Quando fiz chá de bebê, não quis presentes azuis ou rosa", disse Karen. "Queríamos amarelos e verdes." Eles diziam aos filhos que as mulheres eram capazes de fazer tudo o que os homens fazem.

A escola elementar foi uma experiência solitária para seu filho Jared, o ensino médio foi espinhoso e o Haverford College não foi a revelação que o rapaz esperava. Um de seus amigos marcou para ele um encontro às cegas com uma garota do Bryn Mawr College, e ele teve seu primeiro beijo e o primeiro namoro. Só que o namoro acarretava expectativas sexuais estranhas a Jared, e uma noite a namorada o surpreendeu usando as roupas dela. Ele disse: "Acho que a vida seria bem mais fácil para mim se eu fosse uma garota". Ela respondeu: "Oh, querido, você não pode ser uma garota. Não com esse nariz". Isso foi dito em tom de brincadeira, mas Jared mergulhou numa profunda depressão. Ele, que ganhara todos os prêmios acadêmicos no ensino médio e fora o orador da turma, agora estava sendo reprovado. Não tinha vida sexual e quase nenhuma vida social. Abandonou os estudos e saiu de casa.

Três meses depois, Jared disse aos pais: "Acho que sou gay". Teve seu primeiro encontro com um rapaz e percebeu que não era gay. Não obstante, decidiu ir a uma conferência LGBT para meninos do ensino médio, até certo ponto porque sentia como se tivesse parado de crescer e ainda fosse um estudante do ensino médio, mesmo aos 22 anos. Foi parar na mesa 101, de Transgêneros. Dois dias depois, ele e sua mãe saíram para fazer compras e ele pediu a ela que parasse porque queria dizer-lhe uma coisa. "É uma coisa importante, não é?", perguntou a mãe. Ele lhe contou que era trans, que esse seria seu caminho. Ela disse: "Por que será que todo mundo quer ser mulher? Pode ser muito difícil ser mulher!". Naquele mesmo dia, Jared pediu uma reunião com a família para dar a notícia e revelou estar disposto a perder pessoas queridas por causa disso. O irmão mais novo, Chad, disse: "Isso é bobagem. Para começar, qualquer pessoa que saia da sua vida por causa disso na verdade nunca esteve na sua vida". Rex disse: "Eu me preocupei tanto com sua depressão. Não sei que diabos significa ser trans, mas pelo menos você não será irrecuperável para mim". Jared tornou-se Cadence Case. Ele comentou: "O que meu pai perguntou dá bem uma medida de como eles me apoiaram: 'Você concorda que a gente poupe dinheiro para pagar isso?'.".

Quando conheci Cadence, oito anos depois de iniciada a transição, ela estava com trinta anos e continuava num território intermediário. Tinha cabelo comprido, distribuição da gordura corporal tipicamente masculina, era alta, esbelta e não tinha seios. Usava brincos e roupas neutras quanto ao gênero. Já tinha enfrentado meses de eletrólise, e precisava continuar. A única cirurgia que havia feito era uma rinoplastia. Perguntei-lhe como era antes da transição. "Eu era inteligente, bondoso, nada machista", contou. "Nunca fui feminina, e duvido que algum dia seja. E não tenho problema nenhum com isso. Cheguei a um ponto de acomodação em que não me odeio. Se existisse um espectro de gênero, eu seria 60%, talvez 65% feminina." As pessoas de fora tendem a pensar que a cirurgia mais urgente é a genital, mas nem sempre é isso o que querem os trans. "A cirurgia facial é a porta de entrada para uma vida plena", disse Cadence. Rex e Karen procuraram cirurgiões para os procedimentos genitais, mas Cadence não marcou consulta com eles. Seus pais interpretaram a demora não como relutância, mas como tristeza. "Durante muito tempo, ela esteve deprimida demais para lidar com isso", explicou sua mãe. Rex disse, com ironia: "Às vezes nós temos mais pressa do que ela".

Karen foi advertida pelo diretor da escola em que dava aula por falar publicamente da transição de Cadence, e ficou enfurecida. "Ninguém vai me dizer para não falar sobre minha filha", disse. Rex contou: "Sou mais militante em relação a essa questão do que com qualquer outra coisa. Eu me identifico mesmo com isso". Rex e Karen foram cofundadores de uma filial local do Pais, Famílias e Amigos de Lésbicas e Gays (PFALG), grupo que agora inclui famílias de pessoas trans. Quando os vi pela última vez, eles tinham acabado de ser convidados para participar como destaques da Parada do Orgulho Gay do Mid-Hudson de 2009. Rex perguntou à presidente do conselho por que queriam que eles fossem destaques, e ela respondeu: "Porque vocês amam sua filha". Cadence disse: "Acho que eles estão mais à vontade com minha condição de trans do que eu mesma. Eles são de extrema esquerda, enquanto eu sou liberal. Mas não sou muito ativa nesse sentido".

Pais como Rex e Karen encorajam os filhos a fazer terapia para explorar os problemas de gênero; outros procuram a terapia na esperança de deter essa exploração. A tomada de posição depende não apenas das necessidades do filho, mas também das dos pais. Terapias reparativas — psicológicas, religiosas, às vezes biológicas — existem por toda parte, e os pais que procuram esse tipo de tratamento para seus filhos normalmente são movidos por uma convicção sincera. Segundo Stephanie Brill, "todo mundo ama seus filhos, mas as ideias sobre como ajudá-los são diferentes". Ela incentiva os pais a conhecer outros pais e a buscar um novo padrão que inclua sua experiência. "Eles não têm de tolerar que o filho use esmalte nas unhas; não se trata de discutir o que é apropriado na igreja", diz. "Trata-se de manifestar amor, que dá segurança ao filho e também, na verdade, aos pais." No entanto, é comum que pessoas cuja vida sempre foi cerceada por fortes convenções de gênero acreditem que a adaptação às normas sociais protegerá seu filho dos maus-tratos do mundo. Essa ideia pode por si mesma levar a maus-tratos dentro da família.

Jonah e Lily Marx moram em Nova Jersey, a uma pequena distância de Nova York, mas disseram que nunca tinham conhecido um gay e muito menos um trans.[69] Pelo que disseram, nada do que seu filho Caleb fazia indicava que ele pudesse querer ser menina. Ele não insistia em usar vestidos, não odiava o corpo, nunca disse que era mulher. Quando sugeri um terapeuta que pudesse ajudar Caleb a se entender melhor, Lily disse: "Preciso encontrar alguém que convença as pessoas a não fazer a cirurgia de mudança de sexo. É tudo em que posso pensar agora. Ele está na terceira série. Os meninos ficam mais brutos. As meninas não querem mais brincar com eles". Mas lembrou: "Uma das mães disse: 'Quando olhamos a lista de chamada, minha filha virou o polegar para baixo para todos os meninos, menos para Caleb'. Então ele não é tão esquisito que ninguém goste dele".

Provocações ocasionais pelo visto não incomodavam Caleb; incomodavam seus pais, desafiados a imaginar uma felicidade tão distante da sua. "Ele odeia esportes coletivos", contou Lily. "Mas ama o *boogieboard*, o skate no gelo e a natação, além de competir em mergulho." Jonah disse: "Ele é um menino muito feliz, muito à vontade em sua própria pele. Gosta de cerâmica e fotografia, mas não quer jogar beisebol nem usar o mictório". Lily disse: "Ele quase não tem amizades masculinas. No ensino médio só pode ser pior. Minha filha o atormenta o tempo todo: 'Você está agindo como menina'. 'Pare com essas esquisitices.'". Lily e Jonah decidiram dar um cachorrinho às crianças e, segundo eles, Caleb reagiu dando pulinhos "afeminados" de alegria. Jonah explicou: "Ele não está acostumado a expressar euforia porque nunca esteve com outros meninos em clima de vitória esportiva".

Caleb foi a uma colônia de férias e adorou. Ganhou papéis importantes em dois musicais naquele verão. Adorou o instrutor que dirigiu os musicais. "Quando conhecemos o instrutor, ele usava camiseta roxa justinha, jeans *skinny* e tênis Converse roxo", contou Lily. "Totalmente fora do armário. Caleb chegou em casa pedindo roupas iguais. Eu não ia comprar um tênis roxo para ele. Tinha de protegê-lo." Perguntei sobre a possibilidade de inscrevê-lo num grupo de teatro. "Eu não ia fazer esse jogo", disse Lily. Jonah acrescentou: "Ele tem um físico excelente. Poderia ser ótimo em qualquer esporte, mas simplesmente não se interessa. É muito pouco o que podemos fazer para resguardá-lo do ridículo inevitável por ele ser assim".

Ambos mostravam muita ansiedade sobre um futuro que viam como quase inevitável. "Quer dizer, ele gosta de um menino", disse Lily, pouco depois de comentar que ele só tinha meninas como amigas. "Se você olhar para esse menino, vai se lembrar de um jogador de futebol americano. É grandão e alto. Mas é muito parecido com Caleb, não pratica esportes. Então existe um menino de quem ele é muito amigo. O nome dele é Karl, é muito atlético. Mas e quando ele abandonar Caleb? Porque o Karl é um menino legal. Gostamos muito dele. Então fico pensando: e quando ele não quiser mais ser amigo do garoto esquisito?" Lily se pergunta se a pouca disposição de Caleb para brincar de luta ou treinar uns lances livres na quadra de basquete com o pai tem alguma coisa a ver com sua convicção de que não está atendendo às expectativas deste. "Acho que ele sabe que Jonah está desapontado com ele", disse Lily. "Se eu lhe pedir para nos darmos uns socos, ele topa. Se eu pedir para fazermos uns arremessos, ele topa", contou Jonah. "E se perguntamos por que ele não o faz, ele argumenta em círculo." Com a dignidade de seu gênero e nenhuma ironia, Lily disse: "Porque eu não arremesso bolas nem brinco de luta".

Caleb nunca foi trans, mas apresentava uma leve variante de gênero. Ele se revelou gay aos treze anos, e quase de imediato tentou o suicídio. Às vezes, as pessoas só se fazem notar por meio de uma catástrofe: o desespero adolescente de Caleb induziu seus pais a renunciar às tentativas de solucionar seu desvio de infância. Eles reconheceram claramente que Caleb sempre seria digno de ser amado e começaram a escalada de reconstrução do ego maltratado do filho — e também do deles mesmos.

As terapias reparativas para gays hoje em dia são consideradas contrárias à ética pela maior parte dos profissionais, mas ainda há muita discussão sobre a propriedade de encarar da mesma forma as terapias reparativas para transgêneros.[70] Entre as figuras mais polêmicas nessa área está Kenneth J. Zucker, psicólogo chefe e presidente do Serviço de Identidade de Gênero do Centro de Dependência e Saúde Mental de Toronto, Canadá, que ainda tem bastante influência e em 2008 foi indicado para liderar a força-tarefa da quinta edição do *DSM* sobre TIG. Zucker sustenta que meninas de nascença que se tornam trans veem as mães como destituídas de poder e por isso querem ser homens, enquanto meninos de nascença desejam se aproximar de mães ausentes tornando-se meninas. Os ativistas acreditam que a alta taxa de depressão em crianças cujo direito à transição é negado decorre do esforço no sentido de aceitarem a situação. Zucker acredita que o desejo de trocar de gênero é sintoma de uma depressão subjacente. A hipótese de que o TIG às vezes tenha origens sociais e familiares é defensável. Já as opiniões de Zucker sobre como tratar o transtorno são muito menos sólidas.[71] O Centro de Recursos Educacionais Católicos e a Associação Nacional de Pesquisa e Terapia da Homossexualidade, organizações conservadoras, são caudatários do trabalho de Zucker, no caso delas revestido de uma ideologia cristã.[72]

Empregando técnicas derivadas dos modelos que Phyllis Burke critica em *Gender Shock*, Zucker recomenda que os pais modelem os papéis de gênero e adotem comportamentos compatíveis com os estereótipos de gênero de meados do século xx. Ele então pergunta se os pais retiram da criança brinquedos do outro gênero e se proíbem o travestismo. Amizades com pessoas do mesmo gênero devem ser encorajadas, e com pessoas do gênero oposto devem ser impedidas. Uma mãe disse que tomou as Barbies e os unicórnios de um filho que, quando lhe davam carrinhos, se recusava a brincar. Quando ele preferiu desenhar, os pais confiscaram os creions rosa e roxo e insistiram para que ele desenhasse meninos. No fim, disse a mãe, ele começou a levar uma "vida dupla", agindo como menino diante dela e como menina sempre que podia.[73]

Zucker alega que nenhum paciente que começou a se consultar com ele aos seis anos mudou de sexo; há pouco tempo, anunciou que um estudo subsequente com 25 garotas que ele começou a tratar na infância mostrou que apenas três apresentaram disforia de gênero persistente em idade mais avançada.[74] Ao mesmo tempo, como os adolescentes são menos maleáveis que as crianças, Zucker às vezes prescreve tratamento hormonal e cirurgia para pessoas que o procuram mais tarde. Mas faz isso com tristeza. Muitos de seus pacientes decidiram permanecer no gênero de origem ao fim do tratamento, mas um artigo recente no *Atlantic Monthly* cita a mãe de uma criança tratada por Zucker. Segundo ela, a filha adulta, alcoólatra e automutiladora, não lhe sobreviveria.[75] Parece um pouco exagerado chamar isso de sucesso. Stephanie Brill disse: "Em minha experiência com muitas pessoas que nos procuram depois de consultar-se com Zucker, percebi que o trabalho dele pode alterar a expressão de gênero, mas deixa incólume a identidade de gênero".

A pergunta que se faz é se as pessoas trans, como muitos gays, têm uma identidade determinada que só um louco tentaria alterar — ou se uma criança nascida menino que se diz menina seria, na comparação de Zucker, como uma criança nascida preta que insiste que é branca, precisando de ajuda para se aceitar. Zucker menciona a maneira rígida como muitas crianças trans adotam estereótipos do outro gênero. "Não há alegria nessa representação", disse ele. "Elas estão em conflito, vivendo um ostracismo social e uma dificuldade para estabelecer relacionamentos com crianças de seu próprio gênero."[76] Zucker acha que a ideia do TIG como condição de nascença não suscetível de correção é um "reducionismo biológico simplista". Os terapeutas que apoiam a transição precoce são, em suas palavras, "essencialistas liberais". E explica: "Os liberais sempre foram críticos do reducionismo biológico, mas neste caso o abraçam. Acho que essa abordagem conceitual é surpreendentemente ingênua e simplista, e acho que está errada".[77]

Susan Coates, ex-presidente do Projeto de Identidade de Gênero Infantil do Hospital Roosevelt, em Nova York, concorda. Ela disse: "Atendi cerca de 350 meninos com problemas de gênero. Eles são fundamentalmente criativos e parte dessa criatividade lhes permite imaginar soluções para seus problemas por meio da troca de gênero. Na minha experiência, ninguém se torna transgênero se for tratado desde cedo. Se você trabalhar a ansiedade de separação e a agressividade, o transtorno de gênero começa a desaparecer. O que leva à disforia de gênero é a ansiedade".[78] Zucker e Coates são intelectuais bem-sucedidos e pessoas íntegras, mas — da mesma forma que alguns ativistas que os atacam — parecem acreditar que existe uma solução universal numa área em que os casos são extremamente diversos.

Pode-se causar muito dano a uma pessoa trans proibindo-a de viver em seu gênero verdadeiro; pode-se causar muito dano a uma pessoa que tem TIG, mas não será trans, prendendo-a a uma identidade transgênero inadequada. A terapeuta Michele Angello, favorável à transição, disse: "Os pais dizem sempre, e é uma espécie de frase politicamente correta, que fazem o que os filhos desejam. É provável que você não dê ao seu filho de sete anos a liberdade para escolher o que vai comer no jantar, muito menos para fazer uma transição de gênero. Há um fenômeno muito raro em que os pais têm seus próprios problemas de saúde mental e, como o filho não é o mais másculo dos meninos, eles decidem que o filho é trans. O menino não é transgênero, mas lhe dizem que é". Stephanie Brill afirmou: "É importante não se exceder nos diagnósticos de crianças transgêneros. Elas são uma parcela muito pequena da população com variações de gênero".

Dolores Martínez tinha catorze anos e ainda era um menino chamado Diego que morava em Massachusetts quando foi flagrado pela mãe com o primeiro namorado.[79] "Eu estava de minissaia, fazendo sexo", lembrou Dolores. "Vesti minhas roupas de menino, desci e ela me disse: 'Seu pai mandou você ir embora senão ele te mata'. Fiquei nas ruas durante quatro anos, fui condenado por um crime violento grave e me meteram na cadeia. Passei quase quatro anos preso, mais feliz do que nunca. Quando você está lá, ou você é homem ou eles o transformam em mulher. Então eu era uma mulherzinha. Foi minha primeira experiência de ser cem por cento eu." Depois de solta, Dolores soube que a mãe havia mentido. "Ela disse a meu pai que eu tinha fugido. Quando descobriu o que ela tinha feito, meu pai divorciou-se dela. E quando lhe falei de minha transição, ele disse: 'Graças a Deus'." Dolores passou dez anos em terapia antes do primeiro tratamento com hormônios. Um dia, conheceu Gustaf Prell, um homem trans que foi o amor de sua vida. Eles se casaram legalmente — mas, para a lei, ela era homem e ele, mulher.

Quando Tyler Holmes ainda era uma menina confusa chamada Serena, ela "queria ter partes de menino", mas "na verdade não queria ser menino". Teve um relacionamento breve com um rapaz de dezesseis anos, Freddie Johnson, e engravidou. O bebê nasceu e Freddie manifestou pouco interesse por ele. Mas quando Louie tinha dois anos, a mãe do rapaz começou a apresentar reclamações ao Departamento de Serviço Social contra Serena. O tutor provisório de Louie, indicado pelo juiz para defender os interesses do menino, apresentou a Serena um papel que ela deveria assinar. "Eu não sabia o que era e assinei. Abri mão da guarda dele", disse Tyler. "Perdi meu filho." Quando Serena se tornou amiga de Gustaf Prell e Dolores Martínez, pouco tempo depois, começou a questionar sua adequação ao próprio gênero. Foi hospitalizada em razão de uma endometriose e os médicos disseram-lhe que podia se tratar com medicação à base de estrogênio, mas Serena disse que preferia usar testosterona, já que queria ter barba e voz mais grave. Começou a chamar-se de Tyler.

Numa quinta-feira de 2008, Gustaf, que sempre tinha sido depressivo, procurou o pronto-socorro de um hospital porque estava com impulsos suicidas. Disseram-lhe que não havia leitos para transgêneros. Dias depois ele se enforcou, aos 27 anos. Dolores apresentou queixa, mas o Conselho de Saúde Mental achou que o hospital não tivera culpa. Como os transgêneros não constituem uma classe protegida, afirmou a decisão do conselho, o hospital tinha a liberdade de recusar sua admissão se sua presença pudesse perturbar outros pacientes.

Depois da morte de Gustaf, ficar juntos pareceu natural a Tyler e Dolores. Perguntei se o fato de nenhum dos dois ter feito a transição cirúrgica tivera alguma influência na atração de um pelo outro. Tyler respondeu: "O amor e os relacionamentos não se baseiam naquilo que você tem debaixo das roupas, ou nos pronomes aplicados a você, ou o nome que você usa. Minha relação com Dolores se baseia na pessoa que ela é e no que eu sinto por ela, e na pessoa que eu sou e no que ela sente por mim. Dolores já manifestou vontade de se submeter a alguma forma de cirurgia, mas quando ou como fazer é assunto dela". Dolores disse:

"Vejo Tyler como um rapaz com vantagens; eu posso escolher o tamanho do consolo que ele usa no cinto".

Nos cinco anos que se passaram desde que Tyler perdeu a guarda de Louie, o menino, então com sete anos, morou com a avó paterna. Tyler e Dolores podiam vê-lo uma vez por semana, em visita acompanhada. Tyler achava que o filho não notara a transição; achei que a barba de Tyler deve ter intrigado o menino, para não falar do hábito de Dolores referir-se a ele com pronomes masculinos. Tanto Tyler quanto Dolores se interessavam pelo comportamento do garoto em relação ao gênero. Dolores disse: "Louie poderia ser como era meu marido, um dia menina, outro dia menino. Ele gosta do Meu Pequeno Pônei, que temos de dar-lhe escondido porque não lhe permitem brinquedos de menina. Não sou médica, mas acho que ele já é ambíguo em questões de gênero". Tyler acrescentou: "Ele nunca disse nada sobre ser trans ou querer ser menina, mas eu também nunca disse nada quando era pequeno". Pareceu-me que, na falta de qualquer afirmação de Louie sobre uma vontade de ser menina, ele provavelmente não seria trans. No entanto, ele não se dava bem com estereótipos masculinos. Vivia num mundo polarizado entre uma aterrorizante neutralidade de gênero e uma opressiva obrigatoriedade de gênero. "Ele pode não ter certeza de ser menina", disse Tyler. "Ele pode não ter certeza de ser menino. Ele pode balançar para lá e para cá, um dia assim, outro assado, e tudo bem quanto a isso também. Não quero que ele perca 25 anos de sua vida, como eu."

Talvez o erro mais recorrente da paternidade seja dar a nossos filhos o que quisemos para nós, queiram eles ou não. Curamos nossas feridas com o amor que gostaríamos de ter recebido, mas costumamos ser cegos para as feridas que infligimos. Dolores disse: "Quero que Louie fique bem consigo mesmo, seja ele homem, mulher ou qualquer coisa intermediária. Tenho muito mais anos a consertar do que uma criança. Minha vida não é o que eu quero para ele". As crianças deveriam poder ser elas mesmas, mas precisam também de regras e limites, e imaginei que a ideia infinitamente permissiva de amor professada por Dolores e Tyler fosse paralisante para um menino. O anseio de uma criança é ser vista, e, uma vez tendo sido vista, ela quer ser amada como um ser real. O amor de Dolores e Tyler era cego. "Ele é o menino mais bonito que já vi, e talvez, pelo que sei, a criança mais bonita do planeta", disse Tyler. "É bem legal, porque é como se eu estivesse fazendo a transição junto com meu filho. Ele conta com uma pequena vantagem sobre a maior parte dos meninos trans porque tem ambos os pais trans. Não vamos deixá-lo sozinho, como nossos pais fizeram. Ele tem quem o acompanhe." Segundo Dolores, "a transição dele precisa avançar mais. Eu o vejo vivendo meu passado. Tomara que ele possa aprender com meu futuro".

No passado, o debate sobre a identidade de gênero girava em torno da oposição entre natureza e educação; hoje em dia, a oposição se dá entre ser ou não ser administrável, o que é igualmente difícil. Fica evidente a existência de um componente natural, mas o que se pergunta é se a educação deve fazê-lo aflorar ou se podemos e devemos desativar esse componente. As respostas são vagas e insatisfatórias. A psicodinâmica propôs várias explicações contraditórias para a identificação com o gênero oposto; como diz com ironia Amy Bloom em seu livro *Normal*, há pais ausentes e mães superdedicadas, ou pais dominadores e mães submissas; há pais que incentivam a identificação com o gênero oposto e atitudes afins e os que proíbem e, portanto, mistificam essa identificação e essas atitudes.[80] Alguns meninos podem querer usar vestido porque têm pais violentos que os assustam e mães carinhosas com quem se identificam; outros podem ter um problema determinado pela genética, pelo desenvolvimento cerebral ou pelo ambiente intrauterino.

A transição está associada também à comunidade médica e terapêutica. No melhor dos casos, isso quer dizer que profissionais responsáveis conseguem separar medos e desejos dos pais e os da prole e distinguir entre um imperativo imutável e uma neurose transitória. Mas isso pode ser também assustador. A separação das esferas psiquiátrica, endócrina e neurocognitiva evoca uma visão terrivelmente antiquada. A psiquiatria moderna procura trilhas químicas dos transtornos emocionais e mentais, mas as tentativas de distinguir mente de cérebro ainda são primitivas, e um estado complexo como o transtorno de identidade de gênero deve ser analisado de muitos ângulos de uma só vez. Heino Meyer-Bahlburg, que atua na comissão que elabora o *DSM*, reconhece que não se pode definir o TIG "de uma perspectiva exclusivamente científica".[81]

Com base em sua experiência, Meyer-Bahlburg acredita que a transição deve ser evitada sempre que possível. "É terrível mutilar um corpo saudável e tornar uma pessoa infértil", afirmou. "A função sexual não fica ótima nem no melhor dos casos e fica péssima no pior deles. Temos a sensação de estar intensificando um transtorno em lugar de tratá-lo." Ele acredita num tratamento intermediário.

"Tentamos apresentar esses pacientes a outras pessoas na mesma situação de sexo", explicou, "e, se seus pais já passaram a odiar rapazes afeminados, ou se afastaram, como acontece neste país homofóbico, tentamos trazê-los de volta de maneira positiva e estabelecer um relacionamento. Assim, muitas dessas crianças se tornam mais adaptadas ao gênero de origem e, mesmo que isso não ocorra, elas podem ampliar seu círculo de amigos e suas experiências." Com tudo isso, ele já tratou crianças de apenas onze anos com bloqueadores da puberdade. "Às vezes, ajudo os pacientes a fazer a mudança, e outras, de uma forma não impositiva, tento impedi-los de fazê-lo", contou. "Eu me baseio em minha própria intuição, não tenho um algoritmo." Edgardo Menvielle disse: "A maior parte das crianças pequenas não questiona sua identidade. Elas são levadas a isso por serem diferentes em sua expressão de gênero. Devem ou não fazer a transição? Nunca se tem certeza de estar escolhendo a coisa certa".[82]

Membros da comunidade trans com frequência têm medo de terapeutas que conduzem as crianças para longe de seu eu autêntico; já os pais têm mais medo de que os filhos se submetam à cirurgia e depois se arrependam. É impossível determinar quantas pessoas que fizeram a transição social mas não a física voltaram à condição anterior. Sabemos, no entanto, que de cada cem pessoas submetidas à cirurgia de mudança de sexo, uma preferiria não tê-la feito.[83]

Danielle Berry, nascida Dan Bunten, submeteu-se à cirurgia de mudança de sexo em 1992, aos 43 anos, em meio ao que chamou depois de "crise da meia-idade". Mais tarde, ela declarou: "Agora acho que grande parte daquilo que interpretei como sendo uma disfunção de gênero pode não ter passado de uma obsessão sexual neurótica. Fui travesti durante toda a minha vida sexual e sempre alimentei a fantasia de me tornar mulher como o máximo da excitação. Gostaria de ter tentado outras possibilidades antes de saltar no precipício".[84]

O iraquiano Sam Hashimi submeteu-se à cirurgia de mudança de sexo na Inglaterra, depois de ser abandonado pela mulher, em 1997. "Trudi nunca trabalhou na vida", disse ele. "Ela só pensava em gastar alguns milhares de libras num vestido. Eu ficava pensando em como seria não ter nenhuma das responsabilidades que eu tinha, ter todas as portas abertas para mim e todos os privilégios que uma mulher parece ter."[85] Foi assim que ele se tornou Samantha Kane. Mas Samantha achou que "ser mulher era mais para superficial e limitado" e convenceu-se de que tinha cometido um erro terrível. Submeteu-se a uma cirurgia genital de reversão sofrida e insatisfatória, adotou o nome de Charles e processou o psiquiatra que apoiara a transição cirúrgica.

Lamentavelmente, histórias como essas são usadas para desacreditar o movimento trans como um todo. Casos de profundo arrependimento pós-cirúrgico são manchete nos jornais, que dão muito menos espaço a pessoas que seriam bem mais felizes se pudessem ter acesso a uma transição cirúrgica plena. É possível cometer erros e arruinar vidas nos dois sentidos. Algumas crianças apoiadas no processo de adaptação a uma identidade de gênero podem se sentir depois aprisionadas nessa identidade; seus pais e seus médicos podem tomar decisões equivocadas sobre hormônios, bloqueadores hormonais ou cirurgia. Outras crianças, que não recebem apoio para fazer a transição, crescem e morrem em desespero. É terrível fazer uma cirurgia desnecessária num corpo saudável, mas é igualmente terrível negar socorro a uma mente que conhece a si mesma.

O tratamento do TIG é indicado com muito mais frequência para meninos. No entanto, isso não significa que meninos de nascença apresentem comportamentos de gênero atípicos com maior frequência que meninas de nascença, mas sim que os pais dos meninos se preocupam mais. O feminismo conquistou para as mulheres muitos direitos antes reservados aos homens. Meninas agressivas e dominadoras em geral são admiradas; a palavra inglesa "tomboy", que se aplica à menina com características ou comportamentos típicos de menino, tem uma conotação afetuosa — embora não faltem insultos para mulheres assertivas. Em comparação, nenhum movimento tenta legitimar características atribuídas às mulheres em homens. Garotas podem ser masculinas; rapazes são afeminados. Meninas com jeans e camiseta estão usando "traje unissex", mas meninos de saia estão vestindo "roupa de mulher". Kim Pearson conta que, num grupo de pais, pediu que levantasse a mão quem tivesse sido *tomboy*; ergueram-se mãos pela sala toda. Depois pediu que levantasse a mão quem tivesse sido afeminado. Ninguém se mexeu.[86]

Quando Scott Earle era uma *tomboy* chamada Anne-Marie, seus pais viam sua rudeza como sinal de força.[87] Os dois eram pediatras e viviam na liberal Vermont. "Eu adorava a ideia de ter uma filha livre de limitações", contou Lynn Luginbuhl, mãe de Scott. Irregularidades de gênero eram frequentes nos primeiros anos de Scott. "Quando pequena, Anne-Marie tinha um lindo cabelo louro encaracolado", disse Morris, pai de Scott. "Um dia subimos e surpreendemos Anne-Marie, que tinha dezoito meses, no quarto do irmão mais velho, Ben, que tinha uns cinco anos e cortara todo o cabelo dela. Ben foi repreendido, porém mais tarde me pus a pensar se não teria sido Anne-Marie quem de alguma forma lhe pedira que fizesse aquilo." Lynn lembrou: "Compramos um macacão acolchoado cor-de-rosa. Minha mãe disse a ela, que estava com quatro anos: 'Como você fica linda com esse macacão!'. Anne-Marie recusou-se a vesti-lo. Por fim, tingimos a peça de preto e ela concordou em usá-la".

Na primeira conversa de Anne-Marie com outros transgêneros pela internet, quando ela tinha catorze anos, surgiu o nome Scott, e ela compreendeu que era assim que queria ser chamada. Poucos meses depois, ao voltar de uma festa, seus pais encontraram uma carta em seu guarda-roupa: "Queridos mamãe e papai, tenho de ser um cara. Sou trans". Morris recordou: "Eu nem sabia o que essa palavra significava. Descemos ao porão, onde Scott estava vendo TV, e perguntei: 'Existe algo que nos leve a pensar que você não é uma das melhores pessoas que já conhecemos?'.".

Lynn procurou amigos gays para aconselhar-se, mas eles não sabiam mais do que ela sobre transgêneros. "Encontrei uma terapeuta que ajudara a reduzir o interesse de algumas pessoas pela transição física", ela disse. "Scott detestou-a. Acabei me dando conta de que ele realmente ia viver como rapaz. Por fim, encontramos uma terapeuta que atendera setenta transgêneros, e ela achou que Scott não precisava dela, por ser tão transparente. Eu achava que estava criando uma mulher forte, mas a maior parte das meninas de oito anos não usa cuecas." Para Morris, o desafio de aceitar a nova identidade de Scott não residiu na crença conservadora num obstáculo intransponível entre masculinidade e feminilidade, mas na suposição utópica de que não existem disparidades naturais entre os gêneros — o que tornaria desnecessária a transição. Mas ele não se opôs aos desejos de Scott. "Quando vem chegando uma tempestade de neve, você não vai perder tempo tentando fazer com que ela vá embora", disse.

O casal procurou o endocrinologista da Universidade de Vermont, onde ambos trabalhavam, mas ele disse que não tratava desses casos. Lynn ficou chocada. "Nós, como pediatras, quando atendemos as pessoas, deixamos nossas opiniões do lado de fora", disse ela. "Nosso trabalho consiste em atender as pessoas em seus termos. E neste caso não era diferente." Ela acabou encontrando um grupo de saúde trans em Filadélfia, dirigiu sete horas seguidas para levar Scott a um encontro com o grupo e voltou direto para casa. Num depoimento ao Senado de Vermont sobre direitos de transgêneros, anos depois, Lynn disse: "Acho que o mais difícil é quando você não sabe o que fazer, ou quando não há nada que você possa fazer. Mas estava claro que havia muita coisa a fazer. Então fizemos".

Scott, adiantado nos estudos, estava no internato St. Paul, na Nova Inglaterra, preparando-se para a faculdade. Depois dos feriados de Natal, Lynn levou-o de volta para lá. Pararam num posto de gasolina, e, ao ver o filho entrar no banheiro masculino, a mãe sentiu como ele tinha ido longe. Pouco tempo depois, ele se revelou trans numa assembleia da escola e recebeu apoio de outros alunos e de grande parte do corpo docente, mas não da administração, dirigida por um bispo episcopal liberal nas aparências. Ele disse a Lynn que sua filha tinha de superar aquilo e sugeriu que seria melhor para Scott recomeçar os estudos em outro lugar. "Eu sabia que ele estava apenas tentando se ver livre de mim", disse Scott, de modo que ele abandonou a escola.

Ele conheceu pessoas trans pela internet e depois na vida real. Tingiu o cabelo de azul e fez um corte moicano. Disse que não dava importância para a faculdade e que talvez não terminasse os estudos. Lynn lhe disse: "Olhe, nós demos duro para respeitar você e deixar que fosse quem é, e agora pedimos que você complete o ensino médio e vá para a faculdade". Scott concordou que era uma troca justa. A mãe sugeriu que ele fosse logo à faculdade e se inscrevesse como homem. A Universidade de Vermont estava ansiosa para tê-lo como aluno, e o que deveria ter sido seu último ano no ensino médio acabou sendo o primeiro da faculdade.

Morris levou Scott a uma sessão de orientação para calouros. "Ele estava usando a camiseta de um evento trans", lembrou Morris. "Pensei comigo: 'Se você quer ser homem, seja homem, mas não use essa camiseta trans para parecer esquisito'. Fomos à sessão de orientação, e muitos voluntários disseram 'Eu estive nessa conferência' ou 'Legal sua camiseta'." Scott tinha um quarto só para ele com banheiro privativo num alojamento de rapazes, mas detestava bebedores de cerveja e jogadores de futebol, de modo que se mudou para a Suíte do Orgulho da universidade, com diversos alunos gays. No ano seguinte, ele instituiu uma suíte de sete lugares para trans. Fundou um movimento trans na escola para que os alunos pudessem pôr o nome que quisessem em seus crachás, e acrescentar a opção "transgênero" às fichas de inscrição.

Vi a família de Scott pela primeira vez quando ele iniciava o primeiro ano de faculdade. Quando voltei, dois anos depois, Scott tinha abandonado a identidade trans e assumido uma identidade exclusivamente masculina — uma identidade masculina gay. "Eu ainda não consigo imaginar como é possível que a pessoa que era minha filha, que gosta de rapazes, é, portanto, gay", disse Morris. Na população em geral, alguns homens são gays por sentir-se atraídos por homens e, quando se tornam mulheres, continuam a sentir atração por homens. Alguns homens são gays porque são atraídos por seus iguais e, uma vez que se tornam mulheres, passam a sentir atração por mulheres. Essas variáveis não são independentes, mas fazem parte de um relacionamento complexo com pessoas do mesmo gênero e do gênero oposto. Segundo uma estimativa, cerca de metade das mulheres trans e um terço dos homens trans são gays ou bissexuais.

Lynn disse: "Fiz a ele um monte de perguntas sobre como as pessoas fazem sexo. Ele tratou do assunto comigo porque estava com paciência de explicar e eu queria saber tudo. Fico preocupada porque há coisas anatômicas que são diferentes, e, já que ele não quer fazer cirurgia genital, precisa encontrar um cara legal pra burro que não se importe com isso. Mas as pessoas têm uma diversidade de gostos muito rica. Durante os anos de transição, eu passava com frequência pela universidade para almoçar, e conversávamos muito pelo telefone. De um ano para cá, ele tem estado bem menos disponível. Está fazendo o que um adolescente normal faz". Scott contou: "Tudo bem eu me apresentar como gay, mas não me apresento como trans a não ser para amigos chegados. Durante algum tempo, a maior parte de tudo o que eu fazia e pensava tinha a ver com minha transição. Mas não estou mais interessado em fazer de minha vida um exemplo. Talvez estude medicina. Sei que o fato de me revelar pode ser importante para outros estudantes de medicina que tenham perguntas sobre o assunto. Mas também é minha vida".

O irmão mais novo de Scott, Charlie, disse que não teve problemas pelo fato de seus antigos amigos saberem que sua irmã agora era seu irmão. Mas teve problemas para dizer aos novos amigos que seu irmão já foi sua irmã. Quando esses amigos chegam, ele guarda os porta-retratos que mostram Scott como menina. Scott não se importa que os pais tenham essas fotos expostas, nem se importa que Charlie as esconda. Lynn diz: "Se nos desfizéssemos das fotos, estaríamos apagando a infância dele. Eu tive uma filha até que Scott fez catorze anos. É claro que não tive uma filha de verdade, pois Scott sempre foi Scott. Mas, de certa forma, tive".[88]

* * *

Encontrei dois modelos de engajamento político entre pessoas trans. Alguns ativistas estavam acabando de se afirmar em seu gênero e ansiosos para proclamar sua identidade trans; com o tempo, percebi que tomavam sua nova condição com mais naturalidade, querendo apenas vivenciar o gênero que sempre sentiram como seu. Para eles, o ativismo funcionara como uma espécie de catarse. Outros fizeram uma transição privada e discreta, muitas vezes longe de todos que conheciam e amavam. Com o tempo, ficaram mais à vontade consigo mesmos e trabalhavam para poupar outros das dificuldades que tinham experimentado. Para eles, o ativismo era um mecanismo de gratidão. Muitos ativistas se uniram a organizações, como Aliados das Famílias de Jovens Trans (AFJT), Espectro de Gênero, Sereias (Reino Unido), Rede Transgênero PFALG, FamíliaTrans (Cleveland), Trans-Ativo, Genderfork, Centro Nacional pela Igualdade dos Transgêneros, Fundo de Defesa Legal e Educação de Transgêneros e Fundação Arco-Íris Roxo de Crianças Transgêneros. Alguns ativistas não eram trans, mas tinham uma relação lateral com a comunidade trans. Interessei-me sobretudo por dois grupos que representam os diferentes arquétipos de apoio a crianças trans: Espectro de Gênero e AFJT.

Stephanie Brill, que fundou o Espectro de Gênero em 2007, transita com desembaraço entre as nuances — às vezes a expensas da clareza, mas sempre reconhecendo que, entre as experiências humanas, as que se referem a gênero se situam nos píncaros da complexidade. Ela é versada em teoria do gênero e em teoria da homossexualidade, e é capaz de transformar o vocabulário obscuro da filosofia abstrata numa fascinante bateria de opções para você ou para seu filho. Ela crê que uma sociedade justa deve ter espaço para meninos que gostam de bonecas, heterossexuais que se travestem em casa, mulheres que são duronas no trabalho e viram gatinhas manhosas com os íntimos, meninos de cabelo comprido que querem estudar balé e meninas que só querem saber de jogar bola e subir em árvores. Kim Pearson e Shannon Garcia, que dirigem o AFJT, grupo fundado em 2006, são igualmente inteligentes, mas, acima de tudo, são mães de crianças trans. Enquanto Stephanie irradia intelectualidade, delas emana um calor típico de mães do interior. São mulheres corpulentas e espalhafatosas, sempre capazes de contar o desfecho das piadas uma da outra. Você pode lhes telefonar no meio da noite que elas se levantam sem pestanejar e se debruçam sobre seu problema. São capazes de convencer um diretor de escola de uma cidadezinha conservadora do interior mostrando-lhe que a variação de gênero é uma experiência comum que requer soluções extremamente óbvias. Elas têm uma coragem que encoraja os demais.

Stephanie Brill trabalha na área da baía de San Francisco, onde o Espectro de Gênero ajuda famílias liberais a enfrentar a transição com perspicácia e segurança. Ela incentiva pais e pacientes a explorar as muitas possibilidades de gênero antes de decidirem passar de um lado para o outro. Essa abordagem é excelente quando possível; não é viável nas já citadas cidades pequenas, onde o fato de um homem se tornar mulher (ou o contrário) vai além do que as pessoas estão preparadas para enfrentar. O Espectro de Gênero é para famílias que refletem sobre a natureza da identidade; o AFJT, para famílias cujos filhos se matariam se tivessem de viver só mais um dia com o gênero de nascença.

Kim Pearson e Shannon Garcia se conheceram pela internet em 2006; em janeiro de 2007, fundaram o AFJT, com Amy Guarr, outra mãe, tesoureira da organização, e Jenn Burleton, uma mulher trans que mais tarde fundaria o TransAtivo. Dez meses depois, o filho trans de Amy Guarr, Ian Benson, suicidou-se. "Isso determinou o modo como fazemos as coisas", contou Kim. "Porque até mesmo um menino ou menina que recebe total apoio corre grande risco. Quem sai do armário na adolescência sabe que pode perder pais, irmãos, amigos; já está no limite. Portanto, nunca pense que, como pai ou mãe, você tem tempo para cultivar a autopiedade. Você pode chorar a transição de seu filho para outro gênero ou pode chorar a morte dele." Após a primeira das oficinas dadas por Kim e Shannon a que compareci, as duas atenderam um pai ansioso, que indagou: "Mas e se ele mudar de ideia?". Shannon respondeu: "Você acaba de me contar que ele se declarou menina aos dois anos no trocador, e a mensagem não mudou nestes treze anos. Você está preocupado com o futuro. Fale com seu filho sobre hoje, agora". Elas levaram dez minutos para convencer o homem a aceitar o que ele não tinha conseguido admitir durante mais de uma década.

Embora a maior parte de seu trabalho seja dirigida aos pais, Kim Pearson acha que o mais difícil é ajudar as pessoas trans a manter sua dignidade. Ela conheceu uma mulher trans, Janice, que se apresentava como "transexual pós-operada". Kim perguntou-lhe: "Você se vê como mulher?". Janice respondeu que sim. Kim então disse: "Eu também me vejo como mulher, e nunca, jamais me apresentei referindo-me a minha genitália. Desafio você a se apresentar como mulher, ou como mulher trans, e nunca mais falar sobre sua cirurgia com um estranho.

Os adultos trans dizem que não querem ser julgados pelo que levam debaixo da roupa. Então, pare de se apresentar pelo que está debaixo de sua roupa".

Para algumas famílias, a transição é angustiante; para outras, é mais fácil; e para algumas, como os Pearson, uma festa.[89] Shawn-Dedric Pearson, que mora numa pequena cidade do Arizona, saiu do armário para a família em 6 de maio de 2006. Poucos meses depois sua mãe fundou a organização Aliados das Famílias de Jovens Trans, e eles embarcaram juntos num trio elétrico dispostos a mudar o mundo.

"Quando era criança, enfrentei muitas expectativas sobre como eu deveria ser", contou Kim. "E não queria fazer o mesmo com meus filhos. Aos três anos, Shawn dizia: 'Eu não uso vestidos!'. E nós: 'Se isso vai ser um problema, vamos mudar para calças'." No entanto, sua filha estava sempre triste. Quando tinha doze anos, ela escreveu uma mensagem aos pais dizendo que era lésbica. As coisas melhoraram por algum tempo, depois ficaram piores do que nunca. Shawn ia mal na escola e tinha dores de estômago e de cabeça constantes. "Ela ficava num quarto escuro, toda coberta", lembrou Kim. "Não comia, ou comia sem parar. Não dormia, ou dormia demais. Era visível que alguma coisa estava muito errada. Mas não imaginávamos o que poderia ser."

Os Pearson começaram a fazer terapia familiar. Depois de alguns meses, por acaso, viram o filme *Transamérica*, e Shawn, então com catorze anos, encontrou a resposta. Poucas semanas depois, Kim e Shawn entraram no consultório do terapeuta e a dinâmica foi outra. "Cheguei com uma filha deprimida, saí com um filho feliz", contou Kim. "Shawn me diz: 'Não sou lésbica. Sou transgênero. Sou um rapaz sem tirar nem pôr. Você sabe que eu sou'. Eu disse: 'Estou me sentindo como se tivesse passado toda a sua vida montando um quebra-cabeça, e havia peças que nunca se encaixavam. Agora vejo que as peças se encaixam com perfeição. Mas não tenho a menor ideia do que fazer agora'. Ele diz, feliz: 'Tudo bem, mãe. Fiz uma lista. Preciso mudar legalmente meu nome, preciso que você me matricule na escola como menino e preciso de um espartilho para achatar o peito'." Kim, que na verdade não queria fazer nada disso, ficou apavorada. "Em algum momento, ele disse que queria comprar xampu, desodorante e meias de homem", lembrou, "e então eu disse: 'Não sei como fazer nenhuma das coisas de que você está falando. Mas sou muito boa quando o assunto é compras. O que acha de começarmos por aí?'. Ele ficou animado, seu rosto se iluminou. Havia anos que eu não via aquele brilho em seus olhos."

Quando voltaram para casa, o pai, John, estava descansando depois de um longo dia de trabalho no Home Depot, e Shawn começou a lhe mostrar suas novas aquisições. Kim levou John para o quarto e lhe explicou o que acontecera. John ficou olhando para o além. Ela pediu: "E então, diga alguma coisa". E John: "Não sei o que dizer". A mim, John contou: "Entrei numa caverna e fiquei lá 26 dias. Tinha de fazer minha própria transição". Depois de 26 dias de silêncio, John fez as pazes com a ideia.

Shawn saiu do armário no começo de junho. O terapeuta deu alta para a família em meados do verão, e Shawn voltou para a escola usando testosterona e com um novo nome. "Foi uma transição em alta velocidade", disse Kim. Shawn lhe pedira que conversasse sobre o assunto na escola. "Apresentei a questão como um problema de saúde", lembrou ela. "Se meu filho fosse diabético, eu ia querer me certificar de que teria privacidade para se aplicar injeções. Precisaríamos determinar qual banheiro ele iria usar." A escola pôs à disposição dele o banheiro da enfermaria. A mudança de nome ainda não tinha sido concedida, e de início o diretor recusou-se a alterar os documentos escolares. "Eu o convenci de que quanto menos pessoas soubessem, menos pais iriam à escola preocupados com a presença de Shawn na sala de seus filhos", disse Kim.

A família fez circular uma carta contando a novidade. O primeiro telefonema que receberam foi de uma pessoa em sua comunidade de quem esperavam uma atitude de reprovação. "Ele disse: 'Shawn sempre será bem-vindo em nossa casa. Conosco, ele vai estar sempre em segurança'", lembrou Kim. "Comecei a chorar. Tínhamos nos preparado para reações negativas. Na verdade, nem tínhamos pensado em como seria se houvesse uma reação positiva." Antes disso, o trabalho de Kim na indústria da informática vinha lhe parecendo cada vez mais sem sentido e começara a ficar fisicamente inviável por causa de uma fibromialgia. "Pertenço à Igreja da Unidade", disse. "Sua filosofia é: 'Tenha fé que as coisas vão caminhar como deve ser'. Então, tive uma conversa com o universo. Pensei que o trabalho sob medida para mim seria viajar e falar em público; usar minha vocação didática e de planejamento de cursos; queria escrever. Duas semanas depois, Shawn saiu do armário. Três meses depois, eu fundava o AFJT. Foi exatamente o que eu tinha pedido."

Pouco tempo depois, Shawn e a mãe viajaram para uma apresentação na

Universidade Estadual de San Diego. A gasolina estava acabando e Shawn avistou um cassino numa reserva indígena. Kim lembrou: "Eu precisava ir ao banheiro. E disse: 'Estou levando vinte dólares. Volto em cinco minutos'. Pus meus vinte dólares num caça-níqueis e ganhei uma bolada de 10 mil dólares. Com isso pagamos as despesas de abertura e registro da ONG". O irmão de Shawn criou um site na internet e hospedou-o em dois velhos computadores no quarto dos pais.

"Nunca pensei que estivesse casado com uma ativista", disse John. "Fui assisti-la em Las Vegas há cerca de um mês. Sempre soube que Kim era boa comunicadora, mas mesmo assim fiquei muito surpreso." Depois disso, ela me escreveu dizendo: "Encontrei minha vocação; encontrei meu objetivo, e estou usando o talento que Deus me deu de um modo satisfatório para mim e útil para os demais". Ela falou de uma programação que lhe exigiu atravessar o país, quase sempre de carro, para dar cinco treinamentos escolares em uma semana, um deles em Ohio após dois dias inteiros na estrada. Perguntei se aquele compromisso não poderia ter sido adiado. "Como vamos dizer à garotada de dezesseis anos que não vamos comparecer?", replicou. "As pessoas perguntam: 'Como você consegue fazer tanta coisa?'. E eu respondo: 'Como é que você não consegue?'."

Shannon e John Garcia tinham seis meninos, ou assim pensavam, num lugar que Shannon descreveu como "um bairro de classe média numa cidade de classe média num estado de classe média".[90] O filho caçula começou a falar muito cedo e aos quinze meses disse: "Eu não sou menino. Sou menina". Shannon disse: "Sim, claro", e continuou trocando a fralda. Aos dois anos, ele pediu uma Barbie. Aos três, Shannon achou que ele era gay. Aos quatro, ele entrou para a educação infantil numa escola cristã que os cinco irmãos tinham frequentado. No primeiro encontro de pais e mestres, seu professor disse: "Não vamos permitir que seu filho brinque de se fantasiar porque meninos não usam saia". Shannon ficou indignada. "Foi assim que nosso filho descobriu que a maneira como ele se sentia não era aceitável para pessoas de fora. Em poucos dias, percebemos nele sinais de ansiedade."

John, no entanto, estava furioso com a mulher. "Tinha sido minha culpa. Eu o mimava", disse Shannon. "Ele ia consertar isso." John confiscou-lhe todos os brinquedos de menina. Levou o filho para o quintal e disse: "Vou fazer você virar homem", e entregou-lhe um bastão de beisebol. John lançou a bola mil vezes, dizendo: "Quero que você rebata". O filho ficou ali, segurando o bastão, com lágrimas escorrendo pelo rosto. Shannon disse: "O clima estava péssimo em casa. Eu também queria consertar aquilo. Mas sabia que envergonhar nosso filho não era a maneira certa de fazer as coisas. Foi John quem quis tentar desse jeito. Tudo o que ele conseguiu foi que nosso filho passasse a odiá-lo".

Em setembro, o filho de Shannon implorou com lágrimas nos olhos para não ir ao jardim de infância, dizendo: "É muito ruim fingir que sou menino o dia inteiro". Shannon manteve-se firme. Quando ele ingressou na primeira série, Shannon começou a suborná-lo. "Se você passar a semana toda sem chorar, eu lhe dou uma Barbie", disse ela. A cada semana eles escolhiam um suborno, tentando escondê-lo de John. Um dia, o menino perguntou: "Posso ganhar uma moeda em vez de um brinquedo?". Shannon perguntou por quê. Ele respondeu: "Porque no caminho da escola passamos por uma casa que tem um poço dos desejos. Vou pedir à motorista do ônibus para parar, assim posso desejar ser menina".

John continuava repetindo: "Você tem pênis. Isso quer dizer que você é menino". Um dia, Shannon percebeu que o filho estava havia muito tempo no banheiro e abriu a porta. "Ele estava com minha melhor tesoura de costura, a mais afiada, pronta para cortar. O pênis estava entre as lâminas. 'O que você está fazendo?', perguntei. Ele disse: 'Isto não é daqui. Vou cortar fora'. Eu disse: 'Você não pode fazer isso'. Ele perguntou: 'Por que não?'. Eu disse: 'Por que se você algum dia quiser ter partes de menina, vão precisar disso'. Não sei de onde tirei essa ideia. Ele me entregou a tesoura e disse: 'Está bem'."

A família estava se preparando para viajar ao Tennessee, para o Dia de Ação de Graças, e Shannon achou que seria a oportunidade perfeita para uma experiência. Seu marido se opôs, e os outros cinco meninos detestaram a ideia. O caçula anunciou que agora se chamava Keely. Quando saíram, Keely estava vestida de rosa da cabeça aos pés e tinha uma presilha no cabelo curtinho. "Viajamos durante horas e paramos para comer", contou Shannon. "Nos sentamos à mesa. Meu filho nunca tinha falado com um estranho, mas quando a garçonete se dirigiu a ele, perguntando: 'E o que você vai tomar, menina bonita?', Keely respondeu: 'Leite achocolatado, por favor'. Fui ao toalete e virei literalmente uma poça de lágrimas no chão de um banheiro público. Durante as 48 horas seguintes, a diferença foi indescritível. Tão profunda que meu marido disse: 'Espero que você tenha considerado a opção de estudo em casa, porque ela nunca mais vai poder ir à escola como menino'."

Matricularam Keely numa outra escola, mudaram seu nome e a designação de gênero nos documentos escolares. Ela já tinha sido aprovada num programa do governo federal para crianças com dificuldade de aprendizado. Em seis meses, chegou ao nível de leitura da segunda série e ao nível de sua série em matemática. "Doze meses depois, fomos ao médico para uma consulta", disse Shannon. "O médico entrou na sala e Keely começou a falar sem parar durante todo o tempo que estivemos lá. O médico, boquiaberto, comentou: 'Essa não pode ser a mesma criança que atendi durante seis anos'. Tão diferente ela estava."

Quando conheci Keely, ela tinha sete anos: bonita, falante, parecendo mais velha do que era, com um senso de humor maroto. "Sei que aquilo foi decidido pelo próprio Deus", escreveu Shannon depois. "Para mim, foi uma escolha fácil: um filho morto ou uma filha viva. Esse é o dilema que a maior parte dos pais de crianças trans enfrenta. Sempre dissemos a Keely que ela pode se casar com quem quiser. Ela me disse que não ia revelar sua condição à 'pessoa', e eu lhe disse que não seria certo sonegar-lhe essa informação. Disse a ela que se essa pessoa a amasse de verdade... Ela terminou a frase: 'Então ela não vai se importar!'. Respondi: '*Exatamente*'."

Muitos pais ficam bem aquém desse nível de aceitação. Mais da metade dos transgêneros são rejeitados pelas famílias; mesmo em famílias com certo grau de aceitação, ela muitas vezes vem de apenas um dos pais.[91] "Numa família biparental, não é raro que um dos pais fique com o medo e o outro com a aceitação", disse Stephanie Brill. Em suas memórias sobre o trabalho com crianças trans carentes, Cris Beam escreve, sobre a mãe de uma menina trans: "Ela disse a Christina que preferia que ela morresse de aids a agir daquele jeito".[92] Uma mãe pelo visto mais sofisticada escreveu numa carta à filha trans: "Sua tentativa de imiscuir seu eu homem-vestido-de-mulher no *processo completo* e na *realidade* de ser mulher é arrogante e ofensiva. Você desacredita e desqualifica não só minha própria experiência de ser mulher, como toda a comunidade feminina".[93]

Em maio de 2009, um programa de rádio muito popular em Sacramento chamado *Rob, Arnie & Dawn in the Morning* apresentou um bloco sobre crianças trans. Rob Williams e Arnie States se referiram a elas como "idiotas", "aberrações", "carentes de atenção" e com "um transtorno mental que de algum jeito tem de ser eliminado". Acrescentaram: "Isso me dá enjoo. 'Mamãe, sou uma menina presa num corpo de menino. Quero usar um vestidinho.'''. Mais tarde, eles chegaram a afirmar: "Tolerando a existência de transgêneros, daqui a pouco vamos achar normal nos apaixonarmos por animais". Um deles vangloriou-se de ser capaz de bater no filho com os próprios sapatos dele se o menino lhe aparecesse de salto alto.

Os protestos contra o programa desencadearam um boicote de anunciantes. Kim Pearson e a ativista transgênero Autumn Sandeen, de San Diego, foram convidadas a ir ao programa para falar sobre o assunto. Kim explicou que qualquer criança com inclinações trans cuja mãe tivesse ouvido a transmissão ao levá-la à escola nunca teria coragem de levantar a questão com ela. Quando a rádio começou a receber telefonemas, ligou o irmão de um homem trans que havia se suicidado. Kim advertiu Williams e States de que eles tinham sangue nas mãos. No início do programa, os apresentadores tinham deixado claro que seu pedido de desculpas fora uma exigência a fim de aplacar os anunciantes; em resumo, foram abomináveis.[94]

Embora riqueza e educação não garantam vida mansa para as famílias de crianças trans, a pobreza aumenta as possibilidades de que tudo dê errado, em níveis tétricos. A indigência exacerbou as dificuldades por que passaram Hailey Krueger e Jane Ritter.[95] As duas tinham vivido uma longa vida secreta. Nenhuma delas queria contar à mãe que era lésbica, e ambas se casaram com homens. Os casamentos de fachada eram cheios de mentiras, violência e desencontros. Hailey abandonara os estudos no Kansas na nona série; Jane havia completado o ensino médio no Missouri, mas lhe faltava qualificação profissional. Jane tinha uma filha adolescente; e cada uma delas tinha um filho. Hailey era mulherzinha, Jane era machona. Elas se conheceram num abrigo para sem-teto em Wichita.

O marido de Hailey era dado ao travestismo, mas só em casa e em total privacidade. Pouco depois de se casarem, eles tiveram um filho que recebeu o nome de Jayden. "Meu filho sempre se sentiu constrangido com suas partes baixas", disse Hailey. "Estava sempre tentando escondê-las, desde bebê. Fazia xixi sentado e se limpava como uma menina." Aos cinco anos, Jayden declarou que seu nome era Hannah, por causa de Hannah Montana, a personagem da série do canal Disney que durante o dia vive como uma adolescente normal e de noite vira uma estrela do rock; essa história teve ressonância entre muitos meninos trans que conheci que levavam uma vida dupla.

"A primeira vez que vi Jayden, no abrigo, aos seis anos, pensei que fosse uma garota", contou Jane. Depois de alguns meses, Hailey e Jane foram morar num trailer com Jayden e com os filhos de Jane, Bryan e Lillian. "Jayden estava cansado de se esconder", lembrou sua mãe. "Nos acomodamos e ele disse: 'Mamãe, posso vestir meu sutiã?'. 'Pode, ninguém vai conseguir ver', respondi." Jayden comunicou a Jane que precisava lhe dizer uma coisa. "E prosseguiu: 'Estou usando sutiã'", contou Jane. "Eu disse: 'Tudo bem'. E ele: 'Você não está brava?'. 'Não, porque mamãe Jane acha que cada um deve ser o que é', expliquei. Seu rosto se iluminou e ele ficou feliz." Jane advertiu Bryan e Lillian: "Ninguém vai fazer gracinhas com ele". Em pouco tempo, Jayden começou a se apresentar a outras crianças como Hannah. Seu pai ficou horrorizado.

Jane conseguiu trabalho no McDonald's, e Hailey, no Dollar General. Mudaram-se para uma área degradada de Wichita. Quando Jayden tinha sete anos, mostrava na escola as unhas esmaltadas. "A escola levantou a questão, e me saí com algo como 'Crianças são crianças'", disse Hailey. "Então ele começou a querer deixar o cabelo crescer. Queria uma meia-calça, maquiagem. Chorava muito porque queria ir à escola como garota." Assim que chegava em casa, Jayden vestia roupa de menina. Certa noite, ele disse a Jane: "Estou com raiva de você". Ela perguntou: "Por quê, amor?". Jayden respondeu: "Porque você pode ser quem você é. E eu, não". Jane me disse: "Aquilo partiu meu coração".

A escola queria que Jayden fizesse terapia, mas Hailey e Jane não queriam que ele fosse tratado por alguém que pudesse, como disse Jane, "desprogramá-lo". Elas nunca tinham ouvido a palavra transgênero, não tinham ideia de que havia outras crianças como Hannah. Ficaram sabendo por intermédio de uma mulher trans de 65 anos, Leona Lambert, que liderava um grupo de apoio. Leona, por sua vez, apresentou-as à Igreja da Comunidade Metropolitana (ICM), uma denominação receptiva a pessoas LGBT à qual ela pertencia, e à pastora, a reverenda Kristina Kohl. A ICM foi o primeiro lugar público em que Hannah se apresentou como menina.

Quando Hannah entrou na primeira série, aumentou a pressão da escola para que ela se comportasse como menino e aumentou a pressão de Hannah para ir para a escola como menina. Leona lhe disse: "Para sua segurança, é melhor que por enquanto você leve uma vida dupla. Eles vão bater em você, vão infernizar sua vida. É só se enquadrar. Depois, quando chegar em casa, ponha logo aquele vestido e vá ver TV. Neste estado não há lei que proteja você". Kristina Kohl disse: "Durante toda a vida ela terá de fazer concessões. Todos nós temos". Hailey e Jane foram a três reuniões na escola para discutir a situação. "Expliquei a Jayden: 'Se você fosse roxo, e fosse a única pessoa roxa do mundo, eu adoraria você'", contou Hailey. "'Mas você não pode ser Hannah na escola.'" Jane lembrou: "Hannah começou a chamar a si mesma de monstro. Isso me transtornou. Eu disse: 'Hannah, por favor não use essa palavra. Você não é um monstro'.".

A filha de Jane tinha saído de casa, mas seu filho, Bryan, ainda morava lá. Segundo médicos, Bryan sofria de transtorno de oposição e desafio — um comportamento disfuncional em relação a quem exerce autoridade — e depressão. Aos treze anos, ele passou a atacar a mãe. Depois que ele tentou o suicídio, Jane procurou o serviço social público para que fosse tratado. Bryan reclamou de suas mães à assistente social e foi posto sob a guarda do estado. Entre suas acusações, alegou que elas incentivavam o irmão menor a usar vestidos.

Em 24 de fevereiro de 2009, Jane preparou Hannah para ir à escola. "Dei-lhe um beijo e um abraço e disse: 'Tenho uma surpresa para você depois da aula. Vamos comer pizza e jogar boliche'." À uma e meia, a assistente social que se ocupava de Bryan ligou para Hailey. "Estou com seu filho", ela disse. "Você tem uma audiência com o juiz na terça-feira às oito e meia da manhã." A assistente social havia entrevistado Jayden na escola e perguntado o que ele pediria se tivesse direito a três desejos. Jayden respondera: "Trocar todas as minhas roupas de menino por roupas de menina; ser menina; todas as partes de meu corpo serem de menina". A assistente social apresentou essa declaração como prova de que Hailey e Jane tinham "convencido" o filho de que era menina. Em seu relatório, ela observou que Hailey tinha uma parceira e que, portanto, o garoto estava sujeito a "mais confusão e dificuldades sociais que outras crianças". O juiz determinou que Hannah fosse entregue a uma família substituta com "pais saudáveis".

Em pouco mais de uma semana, Hailey e Jane perderam os dois filhos. Kristina tornou-se sua principal conselheira. "Hailey e Jane tiveram uma educação precária e elas vêm de pelo menos duas gerações de pobreza", disse-me Kristina. "As crianças não iam ao médico nem ao dentista, seus sapatos não serviam direito. Não é fácil. Mas elas as amavam, e Hannah adora sua casa." A família substituta de Hannah não permitia que ela usasse seu nome feminino, nem roupas femininas, nem fizesse nada que não se enquadrasse nas normas masculinas. Na primeira visita acompanhada de Hailey e Jane, Hannah disse: "Se eu tiver de ser menino para voltar para casa, vou ser".

O Serviço Social e de Reabilitação (SSR) do Kansas estava se ocupando de Hannah. "O SSR desenterrou um artigo qualquer de uma revista psiquiátrica dos anos 1950 sobre travestis", Kristina me contou. "Eu disse: 'Isso não tem nada a ver com a situação que estamos discutindo'. Mas não encontrei muita receptividade. Não sei se você percebe o quanto essa questão é difícil aqui." Pode ser difícil separar transfobia e homofobia. O SSR continuava afirmando no tribunal: "Não vamos devolver essa criança a lésbicas". Por fim, indicou uma terapeuta, Mia Huntsman, para Hannah e suas mães. Elas adoraram Mia. Hailey disse: "Levamos vestidos para a terapia, porque Mia disse que Hannah podia usá-los. Hannah disse: 'Não quero fazer isso, meus pais substitutos podem ficar sabendo'. Mia explicou: 'A terapeuta sou eu, quem determina as regras sou eu. Para sua segurança, você só pode fazer isso em meu consultório, em casa e na igreja. Você pode ser você mesma nesses três lugares'.". Em outra ocasião, Mia disse: "Sei que você quer falar com sua mãe. Vou sair para que possam conversar". Hannah disse: "Não, não saia. Não quero ter problemas com o SSR". Hailey chorou muito. "Hannah está muito assustada", contou-me, queixando-se de que a filha tinha se retraído. "Ela era como um passarinho aprendendo a voar, certo? Livre. Agora, mesmo quando está conosco, é como se estivesse engaiolada."

Leona Lambert levava Hailey e Jane para a terapia com Hannah e acabou sendo autorizada a participar das sessões. "Meu Deus, gostaria de ter tido a fibra que ela tem nessa idade", disse Leona. "Mesmo depois que Hannah foi tirada de suas mães, vendo seu coraçãozinho partido, eu queria muito trocar de lugar com ela." Leona me mostrou seu cartão de visitas, que dizia DUBLÊ DE MULHER. Perguntei-lhe se era assim que ela se via. "É o que pude fazer", ela respondeu. "Espero que Hannah faça melhor."

Hailey e Jane foram autorizadas a assistir aos jogos de beisebol de que Hannah participava. "Quando estávamos no estádio, ela comentou que tinha adorado minhas sandálias rosa", lembrou Hailey. "Ela disse: 'Mamãe, posso usar essas sandálias na mesa do piquenique?'. Tive vontade de gritar: 'Que mal pode fazer a minha filha calçar minhas sandálias de dedo e usá-las até que possa calçar seus próprios sapatos?'. Mas eles disseram que não. Tive de engolir." Obedecer a essas regras parece ser a melhor maneira de levar Hannah de volta e pode ajudá-la a se virar em Wichita. Mas dá lições perturbadoras. "Na terapia, ela disse que estava cansada da vida dupla", contou Hailey. "E então ela disse: 'Mas eu preciso fazer isso porque sou uma pessoa ruim'." Mia Huntsman a diagnosticou com depressão situacional. Naquela altura, Hailey disse que estava a ponto de desistir, que talvez ela e Jane devessem ter outro filho e parar de tentar recuperar Bryan e Hannah. Era a voz do desespero, mas assustou todo mundo.

Quando conheci Hailey e Jane, Hannah estava fora havia sete meses. Elas viam a filha durante a hora de terapia e mais duas horas de visita acompanhada por semana. Não tinham autorização para lhe telefonar, nem Hannah podia ligar para elas. No seu oitavo aniversário, Hailey e Jane fizeram de tudo para criar uma atmosfera festiva. "Levei um presentinho", contou Hailey. "Entreguei-o a Hannah e disse: 'Aqui está, meu menininho'. Ela só olhou para mim, como se dissesse: 'Mamãe, você não me aceita mais?'. A assistente social saiu por um instante, Hannah me deu uma olhada rápida e perguntou: 'Você quis dizer minha menininha?'. Expliquei: 'Quando essa gente está por perto, não posso dizer isso'." "Fiquei com tanta pena!", completou Jane. "Como é que se pode dizer a essa criança: 'Aqui e aqui você pode ser você mesma'? Que espécie de mensagem confusa você está passando?" Hailey disse: "Não sei o que devo dizer e o que não. Meu maior medo é tê-la de volta e depois voltar a perdê-la. Ser ela mesma é sem dúvida muito perigoso para ela e para nós".

Os pais têm razão em ter medo por seus filhos transgêneros. O nível do preconceito é inimaginável para quem nunca enfrentou o problema. Em 2009, o Centro Nacional pela Igualdade dos Transgêneros e a Força-Tarefa Nacional de Gays e Lésbicas publicaram uma grande pesquisa sobre transgêneros de todos os estados e territórios dos Estados Unidos, com uma distribuição étnica comparável, grosso modo, à da população em geral. O fato de o questionário ter sido distribuído pela internet leva a crer que ele foi dirigido a indivíduos relativamente privilegiados. Quatro em cada cinco dos entrevistados tinham sido assediados ou atacados na escola, física ou sexualmente, quase a metade deles por professores.[96] Embora quase 90% tenham concluído uma faculdade, contra menos da metade da população em geral, eles tinham o dobro de probabilidades de ficar desempregados. No trabalho, um em cada dez tinha sido sexualmente agredido, e quase a mesma proporção sofrera agressão física. Um quarto deles já tinha sido demitido por não conformidade de gênero. O índice de pobreza entre eles é o dobro do índice nacional. Um quinto deles já tinha sido sem-teto, e destes, um terço tinha sido rejeitado por abrigos por causa do gênero.[97] Um terço já tinha adiado ou evitado atendimento médico por desrespeito ou discriminação dos atendentes. Mais da metade dos jovens trans tinha feito uma tentativa de suicídio, contra 2% da população em geral. Os índices de abuso de substâncias tóxicas e depressão são descomunais. De 20% a 40% de jovens sem-teto são gays ou trans, e mais da metade dos trans negros já se sustentaram pela prostituição. Um trabalhador do sexo num abrigo para meninos trans do Queens, em Nova York, disse: "Gosto da atenção, me faz sentir amado".[98]

Albert Cannon e Roxanne Green souberam muito cedo que seu filho Moses não era muito másculo.[99] Aos dois anos, ele queria bonecas e estava muito mais interessado em escolher roupas para a irmã, Shakona, do que em seus brinquedos. Em Syracuse, cidade interiorana onde moravam, as ruas podiam ser hostis; Albert temia pelo filho, mas nunca tentou mudá-lo. "Deus confundiu meus filhos", disse Albert. "Shakona é mais masculina do que Moses." Este insistia em usar sapatos de verniz para ir à escola todo dia, era chamado de veadinho e apanhava o tempo inteiro. "Ele bem poderia jogar futebol e correr", disse Albert. "Oh, meu Deus, se ele pudesse! Mas não estava interessado." Quando Moses tinha catorze anos, Albert sabia o que estava acontecendo. "Adormeci na sala, e ele estava lá atrás com suas amigas, aprendendo a dobrar o pênis e vendo se conseguia parecer mulher."

Aos dezesseis anos, Moses escreveu um bilhete para os pais. "Vou comprar roupas femininas e virar mulher. Se vocês não conseguirem aceitar, eu me mato." Roxanne bateu na porta de seu quarto. "Perguntei: 'Você tem certeza do que quer fazer? Existe um monte de gente que odeia gays'. Ele respondeu: 'Mamãe, não quero ser um constrangimento, vou embora e pronto'. Repliquei: 'Você nunca vai me constranger'." Albert não ficou feliz, mas poucos dias depois cedeu. "Nenhum homem pode dizer que não tem em si algo feminino", comentou. "Se disser isso, estará mentindo para si mesmo. Mas insisti: 'Você tem certeza de que está preparado para a reação dos outros?'. Moses disse: 'A pergunta é se o mundo está preparado para mim!'. Eu disse: 'Nem eu estou preparado para você, meu bem'."

Moses adotou o nome de Lateisha Latoya Kyesha Green e Teish como apelido. As garotas da escola adoravam a maneira como ela se vestia; ela se tornou popular de uma hora para outra. Uma semana depois que começou a se vestir de mulher, foi derrubada e espancada, mas sua determinação não diminuiu. Um dos monitores comentou com Lateisha que ela ia direto para o inferno porque era o que dizia a Bíblia; Roxanne ligou para o diretor e lembrou-lhe que não se pode fazer pregação religiosa na escola. Aquilo acabou sendo demais para Lateisha e ela abandonou os estudos. Começou a trabalhar como cabeleireira e conseguiu um emprego de camareira no Motel 7. Era animada e alegre, mas ansiava por uma coisa. "Pai", disse ela a Albert, "não serei feliz até me tornar completamente mulher." Albert replicou: "Você nunca vai ser completamente mulher. Mas se o que você quer dizer é que quer uma mudança de sexo, vou ajudar quanto puder". Ele começou a poupar dinheiro e determinou em seu testamento que essas economias estavam destinadas à cirurgia. Como dama de honra no casamento da irmã, Teish usou um vestido de tafetá vermelho. Albert contou: "Minha irmã avisou suas amigas, que eram as outras damas de honra: 'Problema à vista, Teish vai dar um banho em vocês todas'.".

Aos dezessete anos, Teish estava "conversando" (na expressão eufemística de Roxanne) com um homem que escondia suas tendências. Quando soube que ela andava se vangloriando por causa do relacionamento deles, o homem cortou o rosto dela com um canivete. "Ela ficou uma fera", contou Albert. "Quis matar o cara." Em casa, Teish passou a dormir entre os pais, na cama deles. "Assim eu podia ficar de olho nela", explicou Roxanne. "Ter certeza de que não tinha saído com aquele filho da puta que havia cortado seu rosto." Roxanne e Teish discutiam sem parar, mas também brigavam feio uma pela outra. A casa dos Cannon tornou-se o ponto de encontro informal dos meninos trans locais. "Eles me disseram que estavam usando drogas para aliviar o sofrimento", contou Albert. "Eu disse: 'O sofrimento não vai a parte alguma'. Não que Lateisha nunca tenha experimentado drogas, mas ela não usava drogas para fugir da realidade. Ela tinha amigos que praticamente moravam aqui. Eu nunca teria mandado nenhum deles embora. Queriam sentar para conversar? Eu ouvia."

Teish envolveu-se com diversos homens, mas só se apaixonou aos dezenove anos, quando conheceu Dante Haynes, um rapaz belíssimo que pertencia a uma gangue. Em pouco tempo ela começou a se referir a ele como seu noivo. Dante e Lateisha ficaram juntos dois anos e meio. "Assim, ele viveu o amor como mulher", disse Albert. "Pelo menos isso ele teve." Roxanne contou: "Com aquele não era só segredinho. Iam juntos para todo lado. Dante sempre a chamava de *ela*".

Teish tinha sonhos para Dante. "Ela me fez deixar de fazer besteiras capazes de me levar para a cadeia", contou Dante. "Eu pensava que podia vender drogas pelo resto da vida para me manter. Ela me mostrou como a gente se sente quando é alguém." Lateisha e Dante se separaram, e ela ficou com os pais. Então, em 14 de novembro de 2008, eles decidiram voltar a morar juntos. "Ela estava tão feliz naquele dia", lembrou Roxanne. "Era para durar muito tempo."

Naquela noite, Alissa Davis, amiga de Teish, convidou-a para uma festa do outro lado da cidade. Alissa tinha lhe dito que estava grávida e que não queria a criança. Disse que Teish podia ficar com o bebê, e Teish esperava que esse arranjo desse certo, já tinha até pedido a Roxanne que a ajudasse a criá-lo. Quando recebeu o convite para a festa, Teish e seu irmão, Mark, subiram na van do pai e foram para lá. Eles não conheciam muita gente na festa. Um jovem chamado Dwight DeLee, que tinha frequentado a escola com Teish e Mark, chegou perto da van e disse: "Não queremos veadinhos aqui". DeLee disparou à queima-roupa contra Mark e Teish ainda sentados no carro. Mark levou um tiro no ombro; o projétil que atingiu Teish atravessou o peito e acertou a aorta.

"Caímos fora", Mark me contou. "Lateisha ali, ferida no peito, ferida no peito. Ela meio que dizia 'Eu te amo', depois dizia para levá-la para casa, não para o hospital." Quando a van apareceu, Albert estava no alpendre, e Mark disse: "Moses foi baleado". Albert correu para a rua, chamando uma ambulância. Levantou as costas da camiseta de Teish e não viu o orifício de saída da bala. Percebeu que era grave. "Ela olhou para mim e sorriu", lembrou. "Eu sabia que ela não ia sair dessa." Roxanne chegou correndo. "Ela me olhou com se dissesse 'Desculpe, mamãe. Estou indo embora'", disse.

Dante recebeu a notícia no trabalho. Quando conversamos, já fazia quase um ano que aquilo tinha acontecido, mas ele tomou a cabeça entre as mãos e curvou os ombros. "Estive com ela naquele dia", contou, "mas não pude dizer adeus. Quando dizem que assim fica mais fácil, estão mentindo." Albert pôs o braço em volta dele. Dante levantou a cabeça. "Ela era uma pessoa de bom coração", disse. "Gostava de ser quem era. Ela era quem era." O rapaz continua ligado a Albert e Roxanne. "Isto é para sempre", disse ele. "Ela ia querer me ver melhorando. Trabalhando, estudando. Ela não ia querer me ver sentindo o que estou sentindo. Podem atirar em mim, me esfaquear. Não me importo. Quer dizer, eu iria estar com ela lá no céu. Poderia vê-la de novo." Albert estendeu as

756

mãos ásperas como se houvesse algo dentro delas e disse: "Ainda tenho o dinheiro que estava guardando para a operação dela".[100]

Do ponto de vista emocional, o julgamento de DeLee por assassinato foi devastador para todos. Embora os fatos nus e crus estivessem claros, os depoimentos divergiram e as testemunhas se contradisseram, algumas delas se desmentindo, ao que tudo indica sob pressão. "Pensei que algumas testemunhas fossem ter um ataque cardíaco, tal era a pressão e o estresse que demonstravam", disse Michael Silverman, diretor executivo do Fundo de Defesa Legal e Educação de Transgêneros, que trabalhou no caso.[101] Como não foi possível provar premeditação, DeLee não foi condenado por homicídio qualificado, mas mesmo assim pegou uma pena de 25 anos por crime de ódio. Foi a segunda condenação por crime de ódio contra um transgênero no país e a primeira no estado de Nova York.

Meses depois, os meninos trans de Syracuse ainda procuravam Albert e Roxanne; no dia em que estive com o casal, dois deles passaram por lá num intervalo de poucas horas. "Vou ajudar outras crianças", Albert disse. "A vida dela talvez tenha sido em vão, mas sua morte não será." Num canto da modesta sala de estar havia um santuário com as cinzas de Teish numa urna em que estavam inscritas suas datas extremas — 4 de julho de 1986-14 de novembro de 2008 — e a foto de si mesma de que ela mais gostava, com o vestido de tafetá vermelho do casamento da irmã. Todos os dias Roxanne acende duas velas e deixa que queimem até o fim.

"Ela quis vir para casa para morrer conosco", disse Albert. "Então, vai ficar em casa." Roxanne lembrou: "Quando fui buscar as cinzas, perguntei se podia dar uma olhada. Queria saber se ela tinha sido cremada com suas botas. Nesse caso, deveria haver um pouco de ouro ali. Ela ia gostar".

Shakona estava grávida quando Teish foi morta. Deu ao bebê o nome de Lateisha.

Filhos com deficiência grave, autistas, esquizofrênicos, criminosos — muitos deles correm mais risco de vida do que um filho convencionalmente saudável, mas os pais de pessoas trans se veem diante de duas possibilidades terríveis: se o filho não for capaz da transição, pode cometer suicídio; se fizer a transição, pode ser morto por isso. Os assassinatos de pessoas trans muitas vezes não são noticiados; quando se tornam públicos, é raro que sua condição de crime de ódio venha à tona. Desde 1999, mais de quatrocentos transgêneros foram mortos nos Estados Unidos, e, segundo os organizadores do Dia da Lembrança Transgênero, a taxa de crimes de ódio fatais chega a um por mês. No mundo todo, a cada três dias um transgênero é assassinado.[102]

Os observadores já notaram que o problema é generalizado. O ativista trans Carsten Balzer, da Alemanha, diz que esses crimes "ocorrem em países com altas taxas de assassinatos de todo tipo, como Brasil, Colômbia e Iraque, da mesma forma que em países com baixa incidência de crimes de morte, como Austrália, Alemanha, Portugal, Nova Zelândia, Cingapura e Espanha".[103] Thomas Hammarberg, comissário de direitos humanos do Conselho da Europa, escreveu de forma comovente sobre o assassinato de uma transexual brasileira em Portugal, Gisberta Salce Júnior, estuprada por uma gangue e atirada numa vala para morrer. Dados referentes ao primeiro semestre de 2009 indicam que 7% dos transgêneros vítimas de assassinato eram menores. Profissionais que apoiam a transição também são agredidos. Norman Spack contou-me que recebeu ameaças de morte.

Para falar só nos Estados Unidos, em 2011, e considerando apenas agressões classificadas especificamente como transfóbicas, o catálogo de crimes cometidos é estarrecedor. Krissy Bates, de 45 anos, foi esfaqueada e morreu em Minneapolis, em 10 de janeiro. Tyra Trent, de 25, foi estrangulada em Baltimore, em 19 de fevereiro. Marcal Camero Tye, de 25 anos, foi baleada e arrastada até morrer em Forrest City, Arkansas, em 8 de março. Miss Nate Nate (ou Née) Eugene Davis, de 44, foi baleada em Houston, em 13 de junho. Lashai Mclean, de 23, foi baleada em Washington, D. C., em 20 de julho. Camila Guzmán, de 38, foi esfaqueada nas costas e no pescoço em Nova York, em 1º de agosto. Gaurav Gopalan, de 35, sofreu uma hemorragia subaracnoide em decorrência de traumatismo craniano causado por uma pancada em Washington, D. C., em 10 de setembro. Shelley Hilliard, de dezenove, foi decapitada, desmembrada e queimada em Detroit, em 10 de novembro. Sua mãe identificou o tronco carbonizado na sala do legista.[104]

Anne O'Hara foi criada numa pequena cidade do Mississippi.[105] Seus pais eram usuários de drogas, e Anne furtava comida para a irmã e o irmão. "Vivíamos sujos", ela lembrou. "As pessoas não falavam conosco." Anne foi a primeira pessoa da família, tanto do lado do pai quanto no da mãe, a completar o ensino médio. Formou-se com a segunda nota da turma e entrou para a Universidade Estadual do Mississippi em Starkville. Durante um ano ela morou num automóvel, trabalhando no Subway e lavando a roupa no banheiro da lanchonete. Levou oito anos para cursar a faculdade, mas conseguiu. Diplomou-se em educação especial. Voltou para casa, arrumou emprego numa escola junto da divisa com o estado do Tennessee e se casou com Clay, que ela conhecera fazia tempo e trabalhava numa fábrica de plásticos. Quando mostrou fotos de sua casa, ela disse: "Não parece, mas meu pai a construiu com as próprias mãos, e fez isso por mim". Anne dedicou-se a reformular a educação especial que era oferecida na área rural do Tennessee. Em dez anos, conseguiu integrar todos os seus alunos, do segundo ao quarto ano, em estudos científicos ou sociais. Alguns deles eram convidados para festas de alunos sem deficiências.

Anne e Clay não podiam ter filhos e se candidataram à adoção. No dia em que o pai de Anne morreu, três meninos que ela não conhecia foram postos sob guarda do estado, a centenas de quilômetros dali. Marshall Camacho, Glenn Stevens e Kerry Adahy tinham morado com a mãe até que ela foi presa por maus-tratos infantis. A polícia encontrou seus filhos — de três, quatro e cinco anos — drogados com os antipsicóticos da mãe, que ela usava mais para sedá-los do que para se tratar. Ela deixava as crianças amarradas a uma coluna e as alimentava apenas com cereais em flocos. O governo estadual determinou que elas ficassem com uma família substituta e matriculou Marshall na escola em que Anne trabalhava. "Marshall esteve em minha sala durante seis semanas antes de dar algum sinal promissor", contou Anne. "Ele disse o nome de uma letra e emitiu o som correspondente, por isso fizemos uma festinha com pipoca e coca-cola." Uma semana depois da pipoca, Marshall nomeou três letras e formou uma primeira frase coerente: "Onde está minha festa?". Por acreditar que os problemas dele eram em parte biológicos e em parte resultantes de maus-tratos, Anne decidiu examiná-los. Era contra o uso de remédios antes que se esgotassem as estratégias de gestão comportamental. "Ele começou com um QI de 55, comportamento extremamente violento e afasia, e chegou a ser um menino que na primeira série sabia ler e escrever, e apresentava QI médio", disse. "Mas seus modos ainda eram horríveis. Ele recebeu o diagnóstico de transtorno bipolar e transtorno do déficit de atenção com hiperatividade, e agora está sendo medicado."

Marshall estava havia poucas semanas na classe de Anne quando a assistente social que cuidava de seu caso lhe disse que os três irmãos seriam separados porque Marshall, filho de um mexicano, e Kerry, de um cherokee, eram escuros e não interessariam a uma família branca. "O que preciso fazer para mantê-los juntos?", perguntou Anne. No dia seguinte, uma sexta-feira, ela foi informada de que precisaria se mudar para o Tennessee, porque o sistema de atendimento aos menores não permitia que eles fossem levados para outro estado. A assistente social esperava que Anne desistisse, mas em vez disso, na tarde de segunda-feira, Anne e Clay encontraram uma nova casa. Mudaram-se duas semanas depois, receberam as crianças e deram início aos trâmites da adoção. "Uma criança de dois anos pega qualquer coisa, quebra, joga longe ou a faz rolar", disse Anne. "Nada está a salvo. Marshall fazia isso aos seis, mas porque estava bravo. Então era só uma questão de deixá-lo lamber, tocar, jogar e rasgar até se cansar. Isso levou um ano. Glenn tinha mania de enfiar coisas em todos os orifícios do corpo." Kerry tinha um ar feminino, o que para Anne era a menor das preocupações. "Problemas com alimentação, problemas de disciplina, problemas de higiene. Achei que esse era só mais um. No entanto, as outras coisas desapareceram com o tempo, mas isso, não. Então pensei: 'Kerry vai ser gay' — e, por mim, tudo bem. Kerry dizia: 'Tenho voz de menina, pés de menina, mãos de menina. Mamãe, será que meu sorriso é bonito como o de uma menina?'."

As crianças escondiam coisas debaixo da cama e do colchão. Se Anne notasse a falta de pedaços de frango frito ou de macarrão com queijo, ia até o quarto deles e recuperava os alimentos, mas outros objetos ela deixava que ficassem ali. Notou que Kerry estava sempre escondendo coisas de menina, que pegava na casa das primas. "Você não pode acusar uma criança que pega coisas como essas", explicou Anne. "Eu dizia apenas: 'Alicia perdeu tal ou tal coisa, ela ia ficar contente se a tivesse de volta'. Poucos dias depois, o objeto reaparecia e era devolvido à casa de Alicia. Kerry não queria ver ninguém triste; só queria ter coisas bonitas." Na escola, os outros meninos o atormentavam. Na segunda série, ele parou de fazer o dever de casa. "Nada que eu tentasse adiantava", contou Anne. "Mais ou menos um mês antes do fim do ano letivo passado, ele estava sentado na varanda, com o queixo apoiado no joelho, olhando o campo. Foi aí que ele disse: 'Eu queria ser menina'."

Anne ligou para diversos psicólogos da região até descobrir Darlene Fink, em Knoxville, ativista transgênero e terapeuta. Ela disse que Kerry tinha TIG, e Anne passou dois bons dias pesquisando o assunto. "Depois fomos ao Walmart e compramos roupas, bolsas, bijuterias e uma boneca Barbie", contou. "Brilho labial de diversos tons. Ela ficou animadíssima. Depois foi um tal de 'Quero mudar de nome'. Ela primeiro escolheu Pearl, do desenho do Bob Esponja. Vetei. Chegamos a um acordo com Kelly." A mudança foi notável. "Ela passou a ser a criança que eu queria criar, feliz, à vontade em sua própria pele."

Clay ficou bravo e, durante algumas semanas, recusou os abraços de Kelly. Então contou o que estava acontecendo a seu pai, que tinha oitenta anos. Este disse: "Não ponha a culpa em Kelly, ou em Anne, ou em si mesmo. Essas coisas acontecem. Vi na TV". Naquela noite, Clay abraçou Kelly. Mas a mãe de Anne disse que nem pensassem em levar a criança ao Mississippi, e a irmã parou de falar com ela. "Mas era mesmo complicado", lembrou Anne. "Minha irmã teve de dar duro para conseguir ser respeitada em nossa cidade e não ficar ouvindo as pessoas dizendo 'Você era aquela criança pobre e suja'. Kelly poderia ter feito dela alvo de fofocas e de ridículo."

Anne foi conversar com o diretor da escola. "Já tinha falado com dois professores e, depois de meia hora de explicação, eles foram legais", disse. Anne se sentiu confiante, sentiu-se amada. "Em nossa cidade, as pessoas apareciam para jantar; convidavam meus filhos para festas de aniversário e eu tinha feito amigos na vizinhança. Eu tinha uma igreja. Acreditava mesmo que fazíamos parte do tecido social daquela comunidade. Mas na verdade eu não sabia nem mesmo de que era feito aquele tecido."

No dia seguinte à visita que Anne fez à escola, começaram os telefonemas. "Eu não reconhecia as vozes", lembrou. "Eles iam destripá-la. Iam cortar seus genitais e tratá-la como a mulher que ela queria ser. Iam agarrá-la na escola ou num estacionamento e eu nunca mais a veria. Alguns iam criá-la como se deve. Outros iam matá-la." Anne ficou perplexa. "Ela tem oito anos", disse. "É a menor da classe." Anne nunca tinha pensado muito na Ku Klux Klan; eles faziam um comício uma vez por ano na praça principal que era como um grande desfile. "Eu achava que não passavam de um bando de malucos, vestidos daquela maneira. Mas acontece que eles mandam no lugar." Quando Anne quis ir para a escola no dia seguinte, o porteiro que ela conhecia havia dez anos não a deixou entrar. O pediatra das crianças pediu que ela fosse vê-lo em seu consultório. "Ele tinha estado na piscina do clube de campo, com outras pessoas da Igreja Batista. E me alertou: 'As pessoas não estão discutindo se vão agredir você e Kelly. Estão planejando *quando* e *como* vão fazer isso e *o que vão usar* para esse fim. Você precisa levar essa criança para um lar substituto em algum lugar longe daqui, ou ela não vai chegar viva ao próximo ano letivo'." Anne sentiu vertigens. Foi para casa, carregou sua arma e dormiu diante da porta. "Recebia telefonemas de vizinhos que diziam: 'Anne, tem gente estacionada diante de sua casa, e estão espiando pela cerca'. Claro que eles ainda não sabiam de nada. Esses telefonemas pararam quando os boatos chegaram até eles."

Anne conheceu pela internet uma mãe, Maureen, que disse que as coisas eram melhores na cidade grande do Sul onde ela morava. Anne decidiu que era um destino tão bom quanto outro qualquer. Vendeu pela internet tudo o que conseguiu. Maureen ofereceu-se para pagar a caução de um trailer, a fim de que ela o alugasse. "Fiz com que soubessem que eu estava armada", lembrou Anne, "e que mataria quem quer que pisasse na minha propriedade. Os telefonemas continuaram e eu disse a eles: 'Não somos uma ameaça para vocês. Estamos indo embora'. Pus as crianças na van com tudo o que pude levar e caí fora. No carro coube tudo, menos o cachorro." Clay continuou lá porque precisava manter o emprego. Pouco dias depois, ao chegar em casa, ele encontrou pregados na cerca pedaços do corpo do cachorro, que tinha sido estripado por uma turba. "Era só um recado, para que nunca mais voltássemos", disse Anne. "Nunca voltaremos. Nunca mais verei a cidade onde fui criada. Nunca mais verei minha mãe ou minha irmã."

Anne começou a chorar ao contar tudo isso. Tremendo um pouco, prosseguiu: "Eu sabia que era lésbica desde os catorze anos, e guardei segredo durante 21 anos. Casei-me para me adaptar, ser querida, manter minha casa, minha família, minha igreja e tudo o que era importante para mim. Não valia a pena desistir de tanta coisa para ser eu mesma; preferi viver uma mentira. Em um mês, abri mão de tudo por Kelly. De tão importante que ela é. Contei tudo a Clay há dois dias". O medo de Anne era que Clay dissesse que ela e seu jeito lésbico tinham feito aquilo com Kelly; o medo de Clay, como ela soube depois, era que Anne pensasse que aquilo tinha acontecido por ele não ser um bom pai. "As coisas se acalmaram, nenhum de nós é culpado", disse Anne. "Ele comentou apenas: 'Bem, isso explica muita coisa'. Agora somos mais amigos do que nunca." Anne olhou pela janela. "É curioso como suas prioridades mudam. Tenho essa menininha feliz. De uma hora para outra, a casa que meu pai construiu para mim deixou de ter importância. Não me entenda mal. Tenho saudade dela. Mas quando Kelly salta daquele ônibus e vejo seu rostinho alegre, tenho o mundo inteiro a meus pés. Nada daquilo a que renunciei vale isso."

A vida cotidiana continua difícil. Na primeira semana, Anne não deixou que as crianças saíssem de casa, para evitar que fossem seguidas, e até mesmo na época em que nos conhecemos ela não os perdia de vista. Trabalhar como professora exige referências, e ela não quis que ninguém em sua nova cidade fizesse contato com pessoas da cidade anterior, de modo que não pôde continuar trabalhando em sua área. Teve de fazer um treinamento com as crianças para que não revelassem nada sobre Kelly. Marshall e Glenn reclamaram que não sabiam como agir para manter aquilo em segredo. E o que ia acontecer se as pessoas perguntassem? Anne disse então que ia fazer um exercício com eles. Pediu que ficassem os três sentados juntos no interior do trailer enquanto ela saía durante alguns minutos. Então ela voltou, abriu a porta de um golpe e disse: "Olá, meninos. Sou Anne O'Hara e tenho uma vagina". Todos eles saíram correndo aos gritos, como ela previra. "Ninguém quer ouvir uma coisa dessas", ela explicou. "Não é segredo. É privacidade. A anatomia de Kelly é uma questão privada também."

Como Clay manteve seu emprego na fábrica, eles têm um seguro que paga a medicação das crianças. Fora isso, seu salário é suficiente para mantê-lo no Tennessee. Anne vive do dinheiro que conseguiu vendendo a máquina de cortar grama e o quadriciclo, além da pensão que recebe por ter adotado crianças com necessidades especiais. "Recebemos cerca de 1900 dólares por mês", contou ela. "Morar neste trailer, com o aluguel e as contas de serviços, custa novecentos dólares por mês. Gasto cerca de cem dólares por semana em comida e uns 25 de gasolina. Consumimos muito macarrão pronto, sopa de ervilhas, rosquinhas e iogurte. No início, eu me levantava de manhã, preparava as crianças para a escola, elas pegavam o ônibus e eu voltava a dormir. Me levantava a tempo de tomar uma ducha antes que elas chegassem. Brincava com elas até a hora de ir para a cama. Agora fico acordada mais tempo do que antes. Mas não instalei cortinas nem providenciei nada em matéria de decoração. Não tenho energia."

Anne tem em mente outro lugar seguro para o caso de as coisas darem errado onde ela está. Imaginou em detalhes como se mudará e o que vai fazer. Quando sugeri que falasse com os diretores da escola sobre os motivos pelos quais não podia apresentar referências para trabalhar como professora, ela respondeu: "Prefiro trabalhar num posto de gasolina a dizer a qualquer pessoa que minha filha é transgênero". Caminhamos juntos pelo acampamento de trailers para esperar o ônibus escolar. Três crianças espevitadas saltaram e correram para abraçar Anne. Lá estava ela, pouco depois de nossa longa e lacrimosa conversa, envolta por todos aqueles bracinhos, caindo na risada.

"Não gosto menos de minha filha por lamentar todas essas perdas", disse ela naquela noite. "Mas sinto falta de minha mãe. Sinto falta de minha irmã. A sepultura de meu pai está lá, e só posso esperar que outras pessoas ponham flores nela. Tenho saudade do meu cachorro. De meus alunos. E me sinto culpada por ainda estar ligada a todas essas coisas que ficaram para trás. Devia simplesmente deixar para lá. Mas fico com raiva só de pensar que aquela gente tomou nossa vida de nós." E então Anne sorriu outra vez, como se não pudesse mesmo fazer nada. "Quando você tem filhos, não pode ficar o tempo todo se lamentando. Vê como eles estão progredindo e isso enche seu coração. Quando eles saltam do ônibus, é um de meus melhores momentos. O outro é quando eles acordam de manhã e se aboletam em cima de mim. Arrependimento? Não. Tenho saudade das coisas de minha antiga vida. Mas mesmo se soubesse que isso ia acontecer, ainda assim teria adotado Kelly. Eu sou a felizarda. Porque, para falar a verdade, se não fosse Kelly ter entrado em minha vida, eu nunca teria conhecido este mundo maior e mais bonito no qual conheci você e tantas outras pessoas maravilhosas. Ficaria casada com um homem pelos próximos vinte anos. Quero dizer, olhando bem, talvez Kelly tenha trazido para minha vida mais coisas boas do que as que lhe dei."

Em 1990, Judith Butler publicou *Problemas de gênero*, um livro que lançou a ideia de gênero binário. Em 1999, numa nova introdução, ela escreveu: "Alguém poderia se perguntar o que significa afinal 'abrir possibilidades', mas provavelmente não seria alguém que tenha percebido a vida no mundo social como 'impossível', ininteligível, irrealizável, irreal e ilegítima".[106] Duas décadas depois da publicação do livro, essas possibilidades estão muito mais abertas do que sua autora teria imaginado. Quando uma amiga minha, professora de uma universidade no Meio-Oeste, estava esperando minha afilhada, um de seus alunos sugeriu que ela desse ao bebê o nome de Avery, por achar que "Avery é um nome bonito sem conotação de gênero, que meu filho poderia manter se optasse por um gênero diferente do seu gênero de nascença". Norman Spack fala de conversas semelhantes, atribuindo-as a "uma nova era em que 'a invariabilidade das pessoas ficou para trás'". A naturalidade em relação às questões de gênero é muito mais comum do que era antes. "De certa forma, a mudança de gênero tornou-se moda", diz Meyer-Bahlburg. Essa observação coincide com minha experiência. Conheci gente no ambiente universitário que se definia como transgênero para expressar ideias revolucionárias, ou para comunicar sua individualidade; sem ser disfóricos, eram flexíveis quanto ao gênero. Esse fenômeno pode ser culturalmente significativo, mas tem pouca coisa em comum com a situação de pessoas que não conseguem se sentir autênticas em seu gênero de nascença.

Michele Angello conta que um de seus clientes, de dez anos, diz: "Sei que sou menino, mas não quero brinquedos de menino. Não quero usar roupas de menino, só quando vou para a escola". A maior parte dos amigos dele são meninas. Michele lhe perguntou: "O que você imagina para si mesmo quando for adulto?". Ele respondeu: "Acho que serei uma pessoa que às vezes gosta de ser garota, às vezes gosta de ser rapaz". Michele explicou: "Isso é radicalmente diferente do caso da criança de nove anos com corpo de menino que chega e diz: 'Quando eu crescer quero ser mulher'.". Essas crianças se imaginam além das convenções. Antes, a imaginação era questionada; agora, muitas vezes a convenção é que é reavaliada.

A sensação de pertencer a um grupo é uma das coisas que tornam a vida suportável, e pode ser difícil olhar para um mundo binário e rejeitar ambos os lados. Um terapeuta que trabalha com crianças com dificuldades diversas me contou que é muito mais difícil ser ambidestro do que canhoto. Às vezes, a idiossincrasia pode ser uma pose — ser membro do clube menor do anticlube —, mas com frequência é uma consciência encalhada numa praia deserta, que ocorre não porque a dualidade de gênero seja uma coisa bacana, mas porque nem a dualidade nem o espectro correspondem às expectativas. Essas vivências revelam o amplo panorama que se estende fora da integração.

Quando conheci Bridget McCourt, em 2009, seu filho Matt tinha sete anos e meio e se vestia como menina havia três.[107] Tinha cabelo louro e comprido e modos inequívocos de menino. Quando Bridget concordou em lhe comprar vestidos na Goodwill, achou que ele queria apenas se vestir de menina, mas não era isso o que Matt tinha em mente. Semanas depois, chegou a hora de comprar roupas de outono. "Deixei-o escolher as roupas que quisesse", contou Bridget, "e ele foi à seção de meninas e insistiu em comprar roupas de menina. Pensei: 'Vamos viver um dia de cada vez'. Ele diz claramente que é menino. Sente-se à vontade com seu corpo, mas gosta de coisas de menina. Fica irritado com rótulos. Já disse a ele: 'Matt, se me proibissem de usar calças, eu me sentiria muito limitada. Por isso acho que você deve se sentir assim quanto aos vestidos'."

Uma pessoa que não se conforma com os estereótipos de seu gênero, mas mesmo assim se identifica com ele, não tem um caminho muito claro. Quando conheci Matt, sua aparência era de um menino de cabelo comprido e vestido. Pessoas trans mais velhas cujo aspecto não corresponde a seu gênero dão a impressão de ser tristes; sempre que eu via alguém que parecia um senhor de meia--idade num vestido, sentia uma dor. Numa criança, o efeito era curiosamente assustador, como se ela só tivesse passado a existir por força de sua própria imaginação. "Durante muito tempo, foi importante para ele que as pessoas soubessem que ele era menino", lembrou Bridget. "Na pracinha, ele chegava para mim junto com outra criança e dizia: 'Mãe, conte para eles'. Agora ele entende que é mais fácil deixar que uma pessoa que ele conheceu há cinco minutos se refira a ele como *ela*." Perguntei se Bridget temia pela segurança física do filho. "Eu me preocupo mais com uma possível perda de confiança dele em si mesmo", disse. "Seria doloroso vê-lo se retrair."

Existe uma tensão quase permanente entre a adequação de uma criança trans às regras do mundo e a adequação do mundo às regras de uma criança trans. Quando Nicole Osman levou a filha, Anneke, para ver o Papai Noel num shopping, temeu que ele a tratasse como menino, o que seria constrangedor, ou, vendo o nome dela, lhe prometesse brinquedos de menina, o que seria ainda pior.[108] Nicole tentou explicar o problema a Anneke, mas esta retrucou: "Papai Noel sabe quem eu sou e sabe do que eu gosto". Nicole achou que aquele Natal estava indo para o brejo. Foi então que viu um duende que estava entretendo as pessoas na fila. Ela o chamou de lado e pediu-lhe que levasse a seguinte mensagem ao Papai Noel: Anneke era menina, mas gostava de brinquedos de menino. Com ironia, Nicole me perguntou: "Você já entrevistou alguém que tenha subornado um duende?".

Aos quatro anos, Anneke disse que queria cortar o cabelo. Nicole sugeriu um corte chanel, mas a garota preferiu o cabelo à escovinha, igual ao do pai. As pessoas começaram a confundi-la com um menino. Nicole temeu que isso pudesse preocupar a filha, mas o que a incomodava mesmo era que a mãe corrigisse o equívoco. Na escola, Anneke era marginalizada pelas meninas porque queria brincar com caminhões e jogar futebol, e pelos meninos por ser menina. Seu pai, Ben, ficou preocupado. "Já que ninguém quer brincar com ela, vou aparecer no recreio com uma bola de futebol e vamos começar a jogar", disse. "Uma a uma, as crianças começaram a aderir ao jogo. Saí de fininho, e logo todo mundo queria jogar com ela." Nicole contou: "Um dia, eu lhe disse: 'Eu não depilo as pernas, não uso maquiagem, não sou uma bonequinha. Existem meninas realmente legais e diferentes que são atléticas e que gostam de futebol. E há algumas meninas que se sentem como se fossem um grande erro, acham que na verdade deveriam ter nascido meninos'. Depois de uma longa pausa, esperei que ela dissesse: 'Bem, sou uma dessas meninas legais'. Mas ela disse: 'Acho que está havendo um grande erro'.".

Conheci Anneke quando ela tinha doze anos e meio. Seu aspecto era masculino, mas ela se via como mulher. Ela se descobriu com o hóquei no gelo. "No hóquei, sou mais masculina", disse. "Mas às vezes me sinto mais como menina na escola, porque os meninos são esquisitos. Quero coisas dos dois gêneros. Ultimamente, tenho pensado em tomar testosterona, mas continuando a jogar hóquei com meninas e sendo menina, mas tendo uma voz mais grave. É só uma ideia." Embora Anneke não quisesse fazer a transição nem viver como homem, tampouco queria que seus seios crescessem, e por isso estava tomando Lupron. "Sou muito clara com meus amigos sobre estar tomando bomba e que por isso não vou entrar na puberdade e tudo o mais."

Nicole e Ben também tomaram algumas providências pouco ortodoxas. Nicole trabalhava em período integral enquanto Ben ficava em casa com Anneke e a irmã menor. "Brincamos muito com essa questão dos papéis", contou Nicole. "Mas a flutuação é um desafio. Algumas vezes, Anneke usa o banheiro das meninas; outras, o dos meninos. Isso é totalmente contrário a todas as regras." Anneke disse: "Todo mundo é diferente, certo? Outras pessoas podem querer ser diferentes cruzando o país de skate ou nadando meia hora sem parar. Minha maneira de ser diferente é a flutuação de gênero. No campo de futebol da vida, não sou apenas goleiro; sou meio-campista. Eu sou eu, e é assim que eu sou".

Quando Vicky e Chet Pearsall saíam com o filho, todos pensavam que ele era menina.[109] "O pai dele era um americano típico, jogador de futebol e esquiador profissional", contou Vicky. "Hugh nunca gostou de bola. Aos dois anos, a brincadeira de que mais gostava era calçar meus sapatos vermelhos de salto alto, enrolar uma toalha na cabeça como se fosse cabelo e alguma coisa no corpo, como se fosse um sári." À medida que Hugh foi crescendo, Chet tentou impor limites. Disse ao filho que não podia sair vestido com roupas de menina, e quando ele perguntou por quê, Chet respondeu: "Porque você tem pênis". Hugh então disse: "Bom, então vamos nos livrar dele". Chet ficou horrorizado. Vicky tinha lido que a maior parte das crianças que querem mudar de gênero não gosta de si mesma. Não era o caso de Hugh. "Ele se achava o máximo", disse ela. Vicky e Chet ingressaram num grupo de apoio que se reunia uma vez por mês. "Você tem uma crise paterna, chora, conta que tomou a Barbie das mãos do seu filho e arrancou a cabeça dela. Todos os que frequentavam o grupo achavam que sua experiência com os filhos era única, e todos pareciam casos ilustrativos tirados de um livro. As crianças faziam as mesmas coisas." A principal preocupação de Vicky era evitar que Hugh ficasse traumatizado. "Eu sempre pedia às pessoas trans que iam às reuniões que nos dissessem o que gostariam de ter ouvido de seus pais. Elas começavam a chorar. Fiquei surpresa com tanta crueldade."

Aos oito anos, Hugh começou a tomar consciência da percepção que os outros tinham dele. "Passou a policiar bem mais seu comportamento", lembrou Vicky. "Ele tinha sido um menino feliz, mas houve períodos em que se sentiu muito só, sobretudo entre a quarta e a sexta série." Aos dez anos, Hugh estabeleceu-se como joalheiro, trabalhando com pedras semipreciosas, e em pouco tempo encontrou mercado na internet para suas criações. Em dois anos, começou a desenhar bolsas também. "Desde os doze anos mais ou menos, ele é muito consciente das mensagens que passa", disse Vicky. "Não é 'Vamos fazer isso', mas 'Eu sei o que estou fazendo'. Meu marido tinha medo de que ele fosse espancado. Então, quando ele tinha dez anos, começou a fazer aulas de tae kwon do. Em maio vai receber a faixa preta." Na nona série, Hugh se inscreveu em diversas escolas, e antes de cada entrevista discutia com a mãe sobre a bolsa em que deveria levar seus documentos — se poderia ser uma bolsa que parecesse uma pasta, ou algo mais chamativo. Ao se preparar para uma das entrevistas, ele escolheu uma pasta para documentos Prada cor-de-rosa. Foi aceito na escola.

Na época em que conheci Vicky, Hugh estava com catorze anos e media quase 1,80 metro, mas continuava sendo confundido com uma moça, por causa de sua linguagem corporal e pelo modo de inclinar a cabeça. Vicky achava inquietante a ideia de uma cirurgia, mas teria apoiado o filho se ele escolhesse esse caminho. Hugh, porém, não se interessou por isso. A aceitação que os pais demonstraram a respeito de seu papel de gênero não o tornou mais propenso à transição, do mesmo modo que jogar bola com ele não o teria transformado num craque. "Quando ele era pequeno, eu simplesmente não conseguia entender", contou Vicky. "Mas o que tínhamos mesmo de entender era como chegar a um ponto em que já não ficássemos embaraçados com o que a pessoa que ele é diz sobre as pessoas que nós somos."

Emmy Werner, uma das fundadoras da psicologia positiva, escreveu muito sobre papéis de gênero e sua relação com a resiliência, e descobriu que crianças resilientes superam inteiramente os papéis tradicionais de gênero. "Os meninos podem ser muito assertivos, mas também querem chorar quando é hora de chorar. As mulheres podem ser muito maternais, mas são também muito independentes e autônomas. Criar filhos dentro dos papéis de sexo tradicionais pode não ajudar muito quando se trata de enfrentar as emergências da vida."[110]

No mundo do gênero, o que era avançado há dois anos hoje é conservador. Stephanie Brill cita como exemplo uma mãe de Oakland que apresentou queixa contra uma escola dizendo que a política adotada para alunos transgêneros não se aplicava especificamente aos interesses das crianças de gênero flexível. Algumas pessoas trans se atrapalham com essa evolução. Renée Richards, que lutou pelo direito de ser tenista profissional depois da transição, na década de 1970, afirmou: "Deus não nos pôs no mundo para a diversidade de gêneros. Não gosto dessa garotada que está fazendo experiências", e mais: "Não quero ser trans entre duas coisas, um terceiro sexo ou qualquer outra coisa maluca, extravagante e irreal".[111] Sua certeza sobre a intenção divina de que as pessoas sejam trans do jeito que ela é, mas não como algumas outras querem ser, revela uma intimidade com o Criador que desafia toda credulidade. Em 2011, o performático Justin Vivian Bond falou da transição sem cirurgia. "Gosto de meu pênis e vou ficar com ele, mas estou criando um transcorpo — um registro físico em meu corpo e um prontuário médico de que sou transgênero. Fui levado a isso por pessoas que são autenticamente elas mesmas. Não se trata de natureza contra criação. Trata-se de criar sua natureza."[112]

Quando ainda era Emma, Eli Rood não detestava seu corpo feminino, nem achava que teria de se matar caso não pudesse ter acesso a hormônios e cirurgia.[113]

Tinha uma vida boa como lésbica masculinizada. Quando se tornou homem, não ficou assim tão másculo. Eli apresentava características masculinas e femininas, e alterar o corpo não mudou muito essas características. Eli Rood parecia ter feito a transição simplesmente porque lhe parecera lógico; apesar do diagnóstico de TIG, ele viu na mudança de gênero uma oportunidade de transparência.

Emma e sua irmã gêmea, Kate, foram criadas em Portland, Oregon. A mãe delas, Joanna, tinha engravidado numa relação casual e decidira ter as crianças. Emma revelou-se lésbica, gostava de gravatas e cortava o cabelo à escovinha. Usava ataduras nos seios, mas sem apertar demais, e com 1,70 metro era vista como homem a metade das vezes. Aos quinze anos, entrou para a faculdade. "Eu sabia que ela estava procurando sua tribo, mas sentia sua falta", disse Joanna. "De certa forma, era mais difícil ter uma filha superdotada do que uma filha em conflito com seu gênero."

Quando se formou, Emma revelou-se como trans para a mãe e a irmã. Relembrando a ocasião, quando estávamos todos juntos, Joanna contou: "É como uma ferida, o processo de pensar: 'Talvez eu seja uma espécie de aberração'. Você era uma ótima lésbica, era boa nisso. Você estava muito triste com esse assunto, e isso dava medo". Eli lembrou: "Eu ficava pensando: 'Será que sou realmente trans?'. Havia a clássica história de gente que se sentia infeliz, infeliz, infeliz, e eu não era. Um dia, meu terapeuta disse: 'Você não tem de se sentir infeliz por procurar opções que o façam mais feliz'.". No verão de 2005, aos vinte anos, Eli mudou-se para Nova York e pediu às pessoas que usassem seu novo nome e os pronomes adequados ao se dirigir a ele. Conseguiu emprego na biblioteca da Escola de Serviço Social de Columbia, onde se apresentou como homem. Em abril de 2006, quis fazer uma cirurgia para extirpar as mamas. A mãe se ofereceu para pagar metade, e para isso refinanciou seu carro. Eli deixou a barba crescer, como fazem muitos homens trans para afirmar seu gênero sem deixar margem a dúvidas. "Houve algumas mudanças emocionais e mentais atribuídas à testosterona, mas é difícil avaliar o que é totalmente endocrinológico e o que é psicossomático", disse ele. "Fiquei menos paciente e me frustro com mais facilidade. Tenho dificuldade para me concentrar, e minha fluência verbal decaiu. Precisei fazer a transição para entender o quanto não gostava de meu corpo antes. A transição é, na verdade, uma segunda adolescência. Tive muita sorte de entrar nela logo depois da primeira. Não lamento minha primeira puberdade. Ela contribuiu para a riqueza da minha experiência." Após pensar um pouco, Eli prosseguiu: "Se eu tivesse vivido numa época anterior à nossa, teria sido muitíssimo mais difícil sequer pensar em transição. Talvez eu não a tivesse feito. Não escolhi ter vontade de mudar. Mas escolhi agir para que isso acontecesse. As pessoas decidem se fazem ou não quimioterapia. Decidem se vão tomar ou não antidepressivos. Isso não quer dizer que não estejam com câncer ou muito infelizes".

Eli compareceu ao tribunal cível de Nova York para o que seria uma simples troca de nome. Seu pedido foi negado por um juiz que alegou não querer "atribuir gênero". Legalmente, as mudanças de nome só podem ser negadas a pessoas que estão tentando despistar credores ou se desvincular de um prontuário criminal. "A toda hora chega gente que muda o nome para Bunny Superstar", disse Eli. "Eu só queria mudar o meu de Emma para Elliot." O juiz quis um atestado médico que provasse que Eli estava mudando de sexo. Ele poderia ter apresentado o atestado, mas sentiu-se ofendido por essa exigência; a União Americana pelas Liberdades Civis assumiu seu caso e o juiz mudou seu nome para Elliot.

O pai de Eli, ausente durante a infância do filho, sempre se deu melhor com homens e, na opinião de Eli, prefere ter um filho a uma filha. "Ele se sente qualificado para dar a um filho conselhos paternos do tipo 'Não vá engravidar alguém'", contou. "Na verdade ele disse isso, mas estava brincando. Mas mesmo assim é esquisito." Joanna disse: "Meus pais não ajudaram muito; eu me formei sozinha. Ficava feliz por, de alguma forma, ter forças para cuidar de mim mesma, e fico contente por ter tido um filho com forças para cuidar de si mesmo". Eli oscilou entre se identificar como trans ou simplesmente como homem. "Alguns dizem: 'Sou homem com uma história transexual'. É uma boa resposta. Há dois anos estou com uma mulher. Ela já saiu com homens e mulheres no passado. Há elementos em nosso relacionamento que ela chama de 'lesbiônicos', e ela diz que se sente muito bem tendo um namorado que conhece o campo do lesbianismo. Nós não nos sentimos héteros, portanto não temos uma relação hétero mesmo eu sendo um cara e ela, uma garota." Depois, Eli escreveu: "Não sinto que meu gênero tenha mudado muito. Sou a mesma pessoa masculina um pouco afetada que fui durante muito tempo".

O que todos eles lamentam é o fato de Eli ter perdido a fertilidade. Joanna escolheu o cavalo-marinho como símbolo da família porque o macho da espécie mantém a cria em desenvolvimento numa bolsa na base da cauda e dá à luz ao fim de um processo que pode durar dias. "Eli tornou-se infértil em decorrência do mesmo tratamento que possibilitou que ele se visse como pai", escreveu sua irmã Kate. "Portanto, esperamos o dia em que a ciência possa fazer dele um cavalo-marinho."[114] A infertilidade pode ser o preço mais alto a pagar pela transição. Muitos dos transgêneros que conheci falaram de seu desejo de ter filhos, mas a maioria dos homens trans não gostava da ideia de levar a termo uma gravidez, e as mulheres trans lamentavam a impossibilidade de fazê-lo. Eles queriam ser férteis em seu gênero de afirmação, e a ciência está muito longe de tornar isso possível. Essa questão, como outras, determina os limites da transição.

No início de sua transição, Eli escreveu num blog: "Às vezes sinto que o cara que sou — Eli — está em algum lugar esperando que eu o encontre, esperando por mim para decidir como vai fazer para se tornar eu. Tenho medo porque tudo parece instável, e não sei onde procurar as indicações, tenho medo de nunca encontrá-lo. Mas uma vez alguém muito importante para mim disse: 'Está tudo bem. Você é forte. E Eli? Ele vai te encontrar'.".[115]

O Comitê Olímpico Internacional (COI) exige há muito tempo que os atletas sejam classificados por gênero. O método tradicional consiste em um exame clínico, depois uma medição do nível dos hormônios e, por fim, uma pesquisa de cromossomos. O raciocínio por trás desse critério é claro. Se homens e mulheres não competissem em provas separadas, quase todos os campeões seriam homens, porque a testosterona fortalece o corpo. Mas os testes propriamente ditos apresentam uma série de contradições e problemas.

Em 2009, a corredora sul-africana Caster Semenya foi submetida a testes de gênero depois de ganhar a medalha de ouro nos oitocentos metros rasos no campeonato mundial da Associação Internacional de Federações de Atletismo. A organização insinuou que ela apresentaria um "quadro de saúde raro" que lhe daria uma vantagem injusta. Os exames revelaram que Semenya tinha testículos internos em lugar de útero e ovários, além de um nível de testosterona três vezes maior que a média das mulheres.[116] Com essa controvérsia, o COI declarou que mulheres com hiperandrogenismo deviam ser desclassificadas. Mas a ideia de um nível normal de androgênios para mulheres é uma ficção; os níveis variam bastante de pessoa para pessoa. O COI exige que qualquer irregularidade seja revista por uma junta de especialistas, que decidem cada caso em estrita confidencialidade. Antes mesmo dessa controvérsia recente, Arne Ljungqvist, presidente da Comissão Médica do COI, declarou: "Não existe uma técnica de laboratório cientificamente comprovada capaz de distinguir homens de mulheres".[117] Sobre sua humilhante provação, Semenya disse: "Deus me fez assim e eu me aceito".[118]

Como advogado de direitos humanos, Shannon Minter passa a maior parte de seu tempo no tribunal evitando questões ontológicas e trazendo a discussão para as histórias humanas das pessoas que ele representa.[119] No caso Kantaras versus Kantaras, Minter atuou em nome de um homem trans que estava se divorciando da esposa. Esta questionava o direito do cônjuge à paternidade atacando sua legitimidade como homem — e, por extensão, a legitimidade de seu casamento. A Flórida não permite casamento entre pessoas de mesmo sexo nem a adoção de filhos por casais desse tipo. Quando o caso foi transmitido pelo canal de TV da justiça, Michael Kantaras, que tinha levado uma vida totalmente reservada, sofreu uma exposição brutal. Um juiz idoso já aposentado, heterossexual e republicano, foi designado para o caso. Minter convocou os pais de seu cliente como testemunhas e viu que, com o passar dos dias, o juiz ia mudando de opinião. "A mãe de Michael disse: 'É doloroso para mim ouvir alguém se referir a Michael, mesmo no passado, como *ela*'", lembrou Minter. "Ali estava uma mulher que o juiz entendia perfeitamente. Ele nunca mais se referiu ao réu como *ela*." No final, o juiz determinou que "o transexualismo é um problema complexo que merece todo o respeito e toda a solidariedade. Se, além de tudo, os transexuais tiverem negado pelos tribunais o direito básico e fundamental de se casar, sofrerão violação de seus direitos constitucionais e serão diminuídos como seres humanos".[120]

Minter acredita que o desafio enfrentado por todos os ativistas de gênero é criar uma sociedade em que o gênero deixe de ser um conceito legal. "Tudo o que não levar em conta essa questão resultará em incoerência", disse. "Não existe um critério sensato e muito menos cientificamente válido de classificação de pessoas de acordo com a raça. A Suprema Corte já reconheceu isso. As certidões de nascimento não mencionam a raça, que já não é uma categoria relevante, a não ser para a autoidentificação. Isso devia ocorrer também com o gênero." Minter ressalvou que essa ideia não deve ser confundida com o ideal feminista um tanto datado da abolição de gêneros. "As pessoas são muito ligadas a seu próprio gênero. Eu, com certeza, sou. É muito mais como a religião. Seria perturbador pensar que o governo possa decidir qual deve ser a religião de uma pessoa. Deveria ser igualmente perturbador o fato de o governo poder decidir sobre o gênero de uma pessoa." A determinação de Minter decorre de sua história pessoal. Homem na casa dos cinquenta anos com um currículo extraordinário de sucessos e um vasto círculo de amigos, ele contou que "uma semana antes de morrer, meu pai apresentou-me a alguém como *seu filho*, e isso para mim foi mais significativo do que qualquer outra coisa que tivesse acontecido."

No que se refere à deficiência, tenho deparado repetidamente com a ideia eugênica de Peter Singer segundo a qual nem todos os seres humanos são pessoas; nos estudos sobre transgêneros, a ideia é que nem todos os homens têm corpo masculino. Embora Singer e os defensores das pessoas trans pareçam estar em extremos opostos de um espectro, de certa forma eles apresentam o mesmo argumento: a mudança dos costumes e o avanço da ciência nos levam a questionar princípios básicos da sociedade. O Gênesis descreve um mundo criado em categorias: Deus fez ervas e árvores, depois peixes e baleias, depois aves e pássaros, depois animais domésticos, seres rastejantes e feras, e depois os seres humanos para dominar todos eles. "Homem e mulher ele os criou", diz o versículo.[121] Na grande história da criação, os seres humanos e os animais ocupam categorias que nunca podem ser intercambiadas, como a de homem e mulher. No século XXI, afloram novas discussões sobre seres humanos que não seriam pessoas, pessoas que não seriam seres humanos, homens que são mulheres, mulheres que são homens e seres humanos que são pessoas, mas não são homens nem mulheres. A globalização confundiu a identidade nacional, o casamento misto comprometeu a identidade racial. Continuamos gostando de categorias e tribos como sempre, só que aquelas que considerávamos invioláveis acabaram não o sendo, e outras que nunca imaginamos estão ocupando seu lugar.

Quando Carol e Loren McKerrow se conheceram, ela concorria ao título de Miss Texas e ele estava terminando sua formação em oftalmologia na periferia de Fort Worth.[122] Casaram-se, e ele a levou para sua casa em Helena, Montana. Adotaram o filho Marc porque achavam que não podiam ter filhos. No entanto, Carol engravidou na mesma época em que levaram Marc para casa e nasceu Paul (mais tarde Kim). Poucos anos depois, Carol deu à luz outro filho, Todd. Marc tinha problemas de comportamento. "Quando alguém ligava da escola", lembrou Carol, "era porque Paul ia receber algum prêmio, acadêmico ou esportivo, ou porque Marc tinha sido suspenso." Embora toda a ansiedade girasse em torno de Marc, Paul se debatia em segredo com problemas de gênero. "Eu entregava jornais quando tinha dez anos", recordou Kim. "Saía muito cedo. Me travestia, achando que ninguém me veria àquela hora. Depois eu jogava fora as roupas e rezava para que alguma potestade dissolvesse essa coisa que estava me tornando diferente de todos os que eu conhecia."

Paul tornou-se um atleta de destaque, e no ensino médio era o zagueiro do time de futebol americano. "Era a receita para ser normal e fazer o cérebro se calar", contou Kim. "Se você está descontente com seu corpo, tem vontade de controlar esse corpo, o esporte é uma maneira eficaz de fazer isso." Paul era o melhor aluno da classe e seu representante na escola secundária de Helena, onde, com toda probabilidade, estava fadado ao sucesso. "Eu conhecia a palavra 'manqué', como em *artiste manqué*", disse Kim. "Era minha palavra, fracassado, porque eu queria dizer: "Oh, se vocês soubessem!'."

Paul entrou na Universidade da Califórnia em Berkeley e cursou seu primeiro ano, 1988, no exterior. "Todo mundo escolhe Florença ou Paris", disse Kim. "Fui para a Noruega para me esconder num longo e escuro inverno, ler Beckett, tomar chá de amoras silvestres e morrer de fome. Continuava pensando: 'Vou parar com isso'. Alguns meses depois, era como: 'Não posso parar com isso'." Algumas pessoas dão uma única data para sua transição; Kim diz que a sua ocorreu entre 1989 e 1996. Ela se mudou para San Francisco e passou a ver os velhos amigos e a família o menos possível; a única pessoa de sua vida anterior que sabia dele era seu irmão Todd, que era abertamente gay. Ele era tranquilo e saíra do armário sem muito drama, mas mesmo assim era mantido a uma distância prudente. *Kim* foi o nome mais neutro em que ela conseguiu pensar, e para recomeçar a vida passou a usar o sobrenome do meio, Reed. Mesmo assim, Kim se sentia esquisita e artificial; levou cinco anos para começar a usar hormônios. "Eu não sabia bem quem era", contou. "Nem tinha certeza de que meu problema era o gênero. É muitíssimo complicado, muitíssimo caro, muitíssimo solitário, e até os aspectos práticos são bem difíceis." Hoje em dia, porém, Kim tem uma feminilidade sem afetação. Uma vez, quando saí com ela, aproximou-se de nós uma pessoa que disse: "Meu amigo está tendo dificuldades com a transição. Você parece tão à vontade, como foi que aprendeu esses modos?". Kim respondeu: "Na época em que eu estava fazendo a transição, só pensava em como me movimentava. Só quando comecei a esquecer isso foi que consegui dominar a situação".

No inverno de 1995, a irmã mais nova de Carol, Nan, recebeu o diagnóstico de câncer de cólon. Kim, que para a família ainda era Paul, ligou para a tia e quis falar também com a mãe — elas não se viam havia quase cinco anos. Quando

Nan morreu, contudo, Carol esperou que Paul comparecesse ao funeral. Kim, que estava tomando hormônios havia um ano, ajudou a carregar o caixão, usando apenas um rabo de cavalo que poderia suscitar comentários. "Era um funeral", Carol lembrou. "Mas ele parecia tão triste, e eu ainda não tinha ideia. Um mês depois, Paul ligou e perguntou: 'Algum dia, quando eu era pequeno, você imaginou que eu poderia não estar à vontade com minha própria identidade sexual?'. Respondi: 'Eu achava que você era um menino de ouro'. Ele disse: 'Bem, estou me vestindo de mulher'." Carol ficou desconcertada. "Eu me senti muito triste por toda aquela angústia que ele tinha passado e da qual eu nem sequer suspeitava", contou. Kim mandou para a mãe uma pilha de informações médicas. "Eu não precisava ler folheto nenhum", disse Carol. "Para mim, era 'Amo meu filho, a pessoa inteligente, carinhosa e bem-humorada ainda está aqui'. Tudo o que eu queria saber era: 'Você está feliz agora? Sente-se bem?'." Mas ela teve receio de contar a Loren.

"Quando fiz a transição", disse Kim uma vez, "me senti como se estivesse tirando uma roupa molhada que vinha usando a vida inteira. Imagine a magnífica torrente, as sensações táteis, como se seu corpo acabasse de acordar. Mas também senti que essa nova pessoa não podia ir para casa, e comecei a desfazer todos os meus laços com Montana. Na época eu não sabia o quanto tudo aquilo me entristecia, e para compensar isso comecei a transformar minha cidade num lugar ao qual eu na verdade não precisava voltar." O exílio continuou mesmo depois que Loren soube da notícia; ninguém mais na família devia saber. Marc tinha tido um acidente de carro e sofrido uma lesão cerebral traumática que o levara a um comportamento ainda mais instável do que antes, e Kim temia sua reação. "Eu sentia que tinha o dever de contar a verdade a Marc, mas achei que ele poderia me magoar, e me senti muito vulnerável", lembrou Kim. Carol disse: "Marc andava perguntando: 'Algum dia vou ouvir falar de Paul de novo?', e aquilo ficava cada vez pior. Mas Kim replicou: 'Quando Marc souber, toda Montana saberá, e ainda não estou preparada para isso'. Kim tinha razão, porque Marc queria fazer uma coisa com Paul. Queria dizer: 'Bem, pelo menos acabei sendo mais normal do que você'."

Loren tinha contraído hepatite na escola de medicina; enquanto Kim se transformava em si mesma, o estado dele piorava. Ele entrou para a lista de candidatos a um transplante de fígado, mas, aos 62 anos, não teria prioridade. No verão de 2003, decidiu visitar todos os filhos. Kim, que se mudara para Nova York, disse aos pais que era lésbica e começou a sair com uma mulher chamada Claire Jones. Carol e Loren jantaram com Kim e Claire na noite em que chegaram. "Comecei a me sentir melhor com tudo aquilo", contou Carol. "Gostei de Claire assim que a vi. Tinha medo de que Kim fosse ficar sozinha. Assim que Claire despontou na esquina, respirei aliviada."

Meses depois, Loren teve uma crise e foi levado num voo de emergência para se tratar em Denver. Kim viajou no mesmo instante para junto dos pais. Chegou ao hospital horas antes da morte do pai, enquanto seus irmãos ainda estavam conseguindo passagem para o Colorado. Kim falou com Marc por telefone quando ele estava embarcando e disse: "Temos estado afastados. Não sei como lidar com isso, mas agora, com a morte de papai, vamos estar todos juntos e você precisa saber sobre mim". No aeroporto de Denver, Kim deu seu cartão a Marc e disse: "Aqui estão meus telefones. Pode me ligar a qualquer hora". Nessa altura, Carol irrompeu em lágrimas — não por Loren, mas porque Kim e Marc estavam se falando de novo. Ali estavam eles, numa cidade estranha, privados do motivo que os levara até lá, mas mais juntos do que haviam estado em anos. Naquele mesmo dia, Carol, Kim, Marc e Todd partiram de carro para Montana. Durante a longa viagem, Kim reafirmou seu contato com Marc e tentou responder a muitas de suas perguntas. O irmão ficou perplexo, mas não foi descortês. Quando conseguia sinal ao longo das planícies de Wyoming, Kim ligava para tios, tias e primos. "Meu pai tinha morrido", lembrou. "Eles estavam atordoados. Estavam ouvindo as novidades sobre mim. E reagiram dizendo: 'Que bom ter você de volta'."

Carol decidiu oferecer um chá em Helena para os amigos que poderiam ajudar a contar tudo sobre Kim, de modo que ela não precisasse falar sobre o assunto no funeral. "Minha mãe, que Deus a abençoe, merecia isso", disse Kim. "As pessoas não podiam fazer escândalo porque a morte de meu pai era um fator emocional que obrigava todas elas a agir com brandura." Kim tinha ido ao aeroporto para pegar Claire quando transcorreu o chá. Carol convidara dezenove mulheres e o pastor de sua igreja. Ela deu uma explicação resumida sobre a transição de Kim, depois disse: "Não sou responsável por minha filha nem pelo que ela se tornou, mas tenho responsabilidades para com ela, e ela é uma pessoa maravilhosa. Eu a amo. Não sei se vocês precisam saber algo mais, mas isso é tudo o que eu preciso saber". Depois de um momento de silêncio em que os convidados absorviam a informação, alguém disse "Amém". Então Carol disse:

"Estou contando isso agora e não vou falar no assunto durante o resto do fim de semana. Vou estar concentrada no serviço fúnebre de Loren, celebrando a vida dele". Quando perguntei a Carol por que ela não tinha se deparado com o tipo de ódio comunitário contra o qual vi tantas outras famílias lutando, ela disse: "Acho que é por causa da maneira como vivíamos até então". Kim acrescentou: "Meu pai não teria agarrado o touro pelos chifres como minha mãe fez. Convidar para um chá teria sido a última coisa que ele faria. Mas ele daria um jeito de as coisas se encaminharem de forma que o chá acontecesse. Ele haveria de gostar de que seu empurrãozinho tivesse feito tudo voltar a seu lugar".

Sue O'Leary foi uma das convidadas para o chá. Seu filho, Tim O'Leary, que tinha sido o amigo mais chegado de Paul, encontrava-se na cidade para o funeral. "Todos os meus amigos que tinham ficado sabendo da novidade estavam velando o corpo de meu pai na agência funerária", disse Kim. "Eu tinha dito que não compareceria porque queria lembrar de meu pai vivo, mas a verdade é que eu estava com medo. Antes que eu me desse conta, Tim e todos os caras que eu conhecia do ensino médio, sobretudo os do time de futebol, apareceram na porta de nossa casa com caixas de cerveja debaixo do braço, e Frank Mayo disse: 'Olha só, sonhei que estávamos todos gordos e carecas, e que você era uma garota'. Estávamos na sala em que eu tinha sido criado, Claire sentada no sofá, todos entornando uma cervejinha, com mais algumas caixas lá fora na neve para não esquentar. Um dos caras estava com o braço em torno de Claire, e eles riam, e eu só pensando: 'Isso vai acabar numa boa'."

O funeral aconteceu no dia seguinte. Carol lembrou: "Não sou nenhuma estudiosa da Bíblia, mas há um versículo que todo mundo conhece, João 3,16, que diz: 'Pois Deus amou tanto o mundo, que entregou seu Filho único, para que todo o que nele crê não pereça, mas tenha a vida eterna'. Eu simplesmente peguei aquele *todo o que* e me aferrei a ele no dia do funeral. Quando as pessoas comentavam: 'Estou vendo Marc, estou vendo Todd, mas não vejo Paul', eu as encaminhava aos amigos que tinham estado no chá".

Dias depois, Kim foi embora com Claire e decidiu fazer um documentário que começaria com a reunião de sua turma do ensino médio pelos vinte anos de formados, naquele outono. Marc tinha repetido um ano no primário, de modo que eles tinham se formado na mesma turma, e ambos pretendiam ir à reunião. *Prodigal Sons* [Filhos pródigos] narra a saída de Kim de sua comunidade geográfica para sua comunidade de identidade, a degradação de Marc e o enorme estresse que ela representou para a família, e o amor complicado e ambíguo de Kim pelo irmão. O filme tem muitas cenas da infância de Kim junto de Marc e Todd, e inclui tomadas gravadas por seu pai quando ela ainda era Paul, o zagueiro. No começo do filme, o ferimento que Marc recebeu na cabeça fossiliza sua percepção do passado, de modo que ele só olha para trás, enquanto a transição de Kim faz com que ela só olhe para a frente. À medida que a identidade mutante de um e a identidade imutável de outro seguem em rota de colisão, Kim entroniza a história que durante tanto tempo quis negar. Quando ela foi ao programa *Oprah*, com a mãe, para promover o filme, Oprah mostrou uma sequência em que Marc acusa a mãe de pisotear a Bíblia pelo fato de aceitar Kim de volta. Oprah perguntou: "E então? Você acredita na Bíblia?". Carol respondeu: "Acredito em *minha filha*".

Seis meses depois de eu ter conhecido Kim, ela me ligou muito animada para fazer um convite. O pastor de sua igreja em Helena estava organizando um fim de semana em torno de *Prodigal Sons*: uma exibição na sexta-feira à noite, seminários no sábado para discutir questões levantadas pelo filme e um sermão pronunciado por Kim no domingo — tudo isso, por coincidência, no fim de semana do aniversário de Carol. Fui para Montana com alguns dias de antecedência. Um ano antes, Carol convidara 26 pessoas para assistir ao filme em sua casa. "Eu estava preocupada com algumas dessas pessoas, e comentei isso com seus cônjuges", explicou. "Como eu tinha feito isso, todos eles se sentiram muito orgulhosos ao dizer, no fim da noite: 'Está vendo só? Está tudo bem, Carol. Não havia motivo para preocupação'." Uma dessas pessoas era Don, um velho amigo que perdera a mulher havia pouco. Ao fim da projeção, ele lhe pareceu perturbado. Carol lhe perguntou se estava bem, e ele respondeu que não. "Senti um aperto no coração", disse Carol. "Então ele revelou que não fazia ideia da gravidade do caso de Marc e de tudo o que eu tivera de suportar." Carol e Don ficaram mais próximos com aquela conversa e, quando saí de Helena, estavam juntos. Dois anos depois, me convidaram para o casamento.

Na manhã de seu aniversário, Carol apareceu furiosa e triste para o café da manhã. Entregou-me o *Helena Independent Record*, com uma manchete de primeira página apregoando, em letras garrafais: "Filho pródigo de Helena volta como mulher".[123] Mais embaixo, "Ex-zagueiro da Helena High-School apresenta filme sobre mudança de sexo". Kim estava num festival na Islândia e só chegaria no dia seguinte. Quando Carol e eu fomos à igreja para enfeitá-la para as festividades, a pastora disse que tinha pedido à polícia que mandasse seguranças

779

para o caso de haver tumulto ou manifestações de agressão. Carol ergueu as mãos para o alto, num gesto de desistência. "Mais cedo ou mais tarde o filme chegaria à cidade, e eu não queria que ele passasse no cinema local, o Myrna Loy, pois perderia o controle da situação", disse ela. "Esta é a maneira como o filme deveria chegar, em minha igreja, onde há amor. Mas essas manchetes são depreciativas." É estressante se desnudar diante da pequena cidade onde se viveu durante toda a vida adulta. Carol não é exibicionista, nem solitária, nem militante, de modo que não sente necessidade de contar sua história pelos motivos que mobilizam muita gente. "Conheço gente que precisou enfrentar acusações contra filhos presos por pornografia infantil, ou por fraude, e Kim não fez mal a ninguém. Na verdade, ela ajudou muita gente", disse. Mesmo assim, Carol ficou visivelmente abalada.

Na noite da projeção, a igreja congregacional de Plymouth estava lotada, com uma longa lista de espera para os ingressos. Sentei-me ao lado de Carol na última fila. Ela chorou durante a maior parte da exibição e precisou sair do recinto duas vezes. Quando o filme terminou, Kim se postou no púlpito da igreja e as pessoas começaram a aplaudir. Alguns se puseram de pé, depois outros, e houve uma ovação. Quando cessaram os aplausos, Kim convidou a mãe para se apresentar. Carol estava recomposta, com um sorriso, e percorreu a nave da igreja com agilidade. Todos se levantaram de novo, e quando Carol chegou ao altar elas ficaram abraçadas diante do público, que continuava aplaudindo. A ousadia de Carol tinha transformado a projeção numa ocasião de triunfo. Agora era Kim quem chorava. Na recepção que houve a seguir, contei a uma das senhoras da igreja que Kim estava preocupada com as conversas que o filme poderia suscitar, e a senhora disse: "Nossas conversas mais difíceis não são as que temos com os outros, mas as que temos com nós mesmos. Uma vez que ela estabeleceu para si mesma quem era, estávamos preparados para qualquer conversa necessária para garantir que ela soubesse que esta sempre foi sua casa".

No domingo, a pastora comentou que nunca tinha visto a igreja tão cheia, exceto no Natal e na Páscoa. Todo o clã McKerrow estava presente; alguns tinham vindo de suas fazendas a horas de distância. O culto começou com as palavras "Hoje vamos rezar para que abençoes aqueles que sofrem maus-tratos por serem quem são, e pelos que lhes infligem maus-tratos". Cantaram-se hinos, leu-se a parábola do filho pródigo e Kim se apresentou. Embora a parábola costume ser interpretada como uma história sobre o pai, começou, fala também do filho que é recebido de uma forma que nunca ousaria esperar. Ela disse: "Anteontem à noite, quando nosso filme estava sendo projetado aqui, fui até o pombal onde repousam as cinzas de meu pai. Ajoelhada diante do que chamo de 'o lugar de papai', pensei nas horas e horas de vídeos que ele tinha gravado comigo com o maior amor, durante meus jogos, e quantos trechos desses vídeos estavam sendo mostrados então no interior desta igreja. Sem dúvida, isso não aconteceu no contexto em que todos esperávamos. Mas tenho certeza de que papai estaria orgulhoso. E num momento senti o sopro da brisa do entardecer, trazendo-me uma sensação estranhamente familiar, que, compreendi, vinha da cidade inteira reunida no estádio de futebol. A banda tocava, o narrador berrava, e todas aquelas velhas fitas estavam sendo projetadas aqui dentro, na tela, e compreendi que fitas novas estavam sendo gravadas a pouca distância dali. Os que estavam gravando suas novas lembranças deveriam estar tão felizes quanto surpresos com a última coisa que teriam esperado de entes queridos, mas tão afortunados a ponto de aproveitar a oportunidade de recebê-los com amor incondicional. Pensei que todos aqueles ciclos de vida iam continuar, e muitos aspectos de minha vida coincidiram naquele momento, um momento belo, surpreendente, abençoado, passado e presente, pai e filho, homem e mulher: a dor que a vida às vezes nos traz e o amor tranquilizador que a recebe de braços abertos depois de uma viagem extenuante a um país remoto".

Naquela tarde, depois do culto, Carol e eu saímos para uma longa caminhada. Perguntei a ela: "Você gostaria que Paul tivesse se conformado em ser Paul e tivesse ficado como era?". Carol respondeu: "É claro que sim. Teria sido mais fácil para Paul e para todos nós. Mas a questão principal é 'ser feliz como Paul'. Ele não era, e estou muito contente por ele ter tido a coragem de tomar uma providência a respeito. Não, se ele fosse feliz sendo Paul, ninguém ia querer isso, mas como ele não era... Nem consigo imaginar a coragem que foi necessária. Neste fim de semana, alguém me disse: 'Carol, Paul morreu, e não paro de lamentar isso'. Mas não me sinto assim. Kim é muito mais presente para todos do que Paul foi. Paul nunca foi rude, simplesmente não era muito presente. Não nos dava essa atenção toda". Ela sorriu, depois disse com ênfase carinhosa: "E veja só o que arrumamos! Kim!". E a graça parecia ser ao mesmo tempo causa e efeito de sua felicidade naquela entusiástica declaração.

Trabalhando neste capítulo, volta e meia me ocorreu o belo tributo de Alfred Tennyson a Arthur Henry Hallam, no qual ele escreveu: "E a virilidade fundiu-se à graça feminina/ De tal maneira que a criança entrelaçaria/ Uma mão confiante, espontânea, na tua/ E encontraria consolo em teu rosto".[124] As noções de masculinidade e feminilidade que nos ensinam são um conceito moderno. Embora Hallam não fosse gay nem trans, seu magnetismo reside nessa mistura de força e delicadeza, audácia e compaixão. Li os versos de Tennyson pela primeira vez quando era adolescente, achando que ele elogiara o amigo pelas mesmas qualidades que, em mim, me perturbavam tanto. Eu queria ser alguma coisa nobre, não apenas um menino que fracassara no tocante à verdadeira masculinidade e precisava se virar. Eu queria imitar o que havia de melhor em meu pai e em minha mãe; na vida da mente, em que muitas vezes os homens prevalecem, e na do coração, em que as mulheres costumam dominar. Vi nas palavras de Tennyson um encômio não a um rosto andrógino, mas à intrincada natureza da beleza. Masculinidade e feminilidade aqui não pareciam envolvidas numa concorrência dual, mas fundidas em colaboração. Qualquer pessoa de coração aberto deveria saber que o mundo teria acabado há muito tempo sem aqueles que transportam significados masculinos e femininos através dos rígidos limites do gênero. Que isso se revele numa identidade pode ser um fenômeno recente, mas o que mudou foi a caracterização dessas pessoas — não seu valor eterno, não seu estranho e necessário esplendor.

Tenho uma vida boa como homem e consegui que tudo desse certo, mas sei que aos doze anos teria preferido ser mulher se essa transformação fosse simples e total. Talvez porque ser mulher me parecesse mais respeitável do que ser homem e gay, e aos doze anos somos conformistas. Não lamento o fato de não ser mulher, como não lamento não ser um supercraque de futebol ou não ter nascido na família real britânica. As crianças trans em geral acreditam que pertencem ao outro gênero, e nunca pensei assim. Ser gay deu muito certo para mim, no final das contas, e, como se vive num eterno presente, não sinto como perdas definitivas as aflições que superei (embora meu livro anterior seja, afinal, sobre depressão; meu caminho teve suas dificuldades).

Contudo, gosto de imaginar um futuro de ficção científica em que a mudança de gênero não exija procedimentos cirúrgicos, injeções de hormônio e desaprovação social — uma sociedade na qual todos possam escolher seu gênero a qualquer momento. Sem o trauma físico, essas pessoas pertenceriam de forma plena ao gênero de afirmação, com um sistema reprodutor totalmente funcional e cabeça e coração do ser que eles acreditam que são o seu. Se desejassem permanecer no meio do espectro de gênero — do ponto de vista físico, ou psicológico, ou de ambos —, isso também seria possível. Nesse futuro de sonho, acredito que muita gente optaria por experimentar o outro gênero. Sempre adorei viajar, e se me oferecessem uma viagem à Lua eu estaria lá num instante. Que viagem poderia ser mais fascinante e exótica do que saber como é ser o oposto de si próprio? Ou viver num território pantanoso onde não houvesse opostos? Eu daria tudo o que tenho por uma passagem de ida e volta.

Ao mesmo tempo, sei que fazer escolhas pode ser exaustivo, pesado e assustador — sobretudo se a escolha for não usual. Meu primeiro livro falava sobre um grupo de artistas soviéticos, e eu estava com eles quando vieram ao Ocidente.[125] Um deles irrompeu em lágrimas num supermercado alemão que exibia vinte marcas de manteiga, porque não conseguia tolerar todas as decisões que o Ocidente lhe exigia. Uma parte de mim acha que as pessoas não fazem boas escolhas, que pessoas incapazes de votar bem numa democracia eleitoral, que se divorciam demais, que não conseguem amar as crianças que têm porque não praticam o controle da natalidade entrariam em crise se tivessem liberdade total para escolher o próprio gênero. Acredito também que a escolha é o único luxo real, que a luta inerente à tomada de decisões atribui valor a elas. Nos Estados Unidos hoje, a escolha é a grande aspiração geral, e mesmo conhecendo o desgaste que ela encerra gosto de imaginar um futuro em que poderíamos escolher tudo. Eu possivelmente escolheria o que tenho agora — e por isso o amaria ainda mais.

12. Pai

Comecei a escrever este livro para perdoar meus pais e terminei-o tornando--me pai. Entender o que aconteceu lá atrás me libertou para seguir adiante. Eu queria descobrir por que havia sentido tanta dor na infância, entender qual era a minha parte nisso, qual era a de meus pais e qual era a do mundo. Sentia que devia isso a meus pais e a mim mesmo, para provar que tínhamos sido menos da metade do problema. Olhando para trás, parece óbvio que minha pesquisa sobre paternidade foi também um meio de controlar minha ansiedade quanto ao fato de me tornar pai. Mas os caminhos da mente são insondáveis, e, se era esse meu propósito secreto, ele só se revelou aos poucos.

Fui criado com medo de doenças e deficiências, inclinado a desviar os olhos de qualquer pessoa muito diferente — embora sempre soubesse que eu mesmo era diferente. Este livro me ajudou a eliminar esse impulso preconceituoso, que eu sempre soubera que era mau. A óbvia melancolia nas histórias que ouvi talvez pudesse ter me afastado da paternidade, mas teve o efeito oposto. A paternidade foi um desafio para essas famílias, mas quase nenhuma delas parecia arrependida. Elas demonstraram que com disciplina emocional e disposição afetiva é possível amar qualquer pessoa. Essa lição de aceitação foi reconfortante para mim, foi a certeza de que um amor difícil não tem menos valor que um amor fácil.

Durante muito tempo, crianças me deixavam triste. A origem dessa tristeza era um tanto obscura para mim, mas acho que ela vinha sobretudo do que me tinha sido com frequência apresentado como uma tragédia dos gays: a ausência de filhos. Como filhos eram a coisa mais importante do mundo, simbolizavam meu fracasso. Meus pais me incentivaram a me casar com uma mulher e ter uma família, e o mundo fez eco a esse imperativo. Passei anos pulando de relacionamentos com homens para relacionamentos com mulheres. Amei algumas das mulheres com quem tive intimidade, mas se os filhos não tivessem sido parte da equação eu não teria dado importância à outra metade do casal. Só admiti que era realmente gay quando entendi que ser ou não ser gay não é uma questão de comportamento, mas de identidade.

À medida que me tornava adulto, essa identidade me parecia incompatível com a paternidade. A improvável perspectiva de ser pai gay me perturbava porque eu achava que ser criado por um pai gay faria de meus filhos alvo de gozação. Essa percepção escondia elementos de homofobia internalizada, mas também era coerente com a realidade social. Eu estava aprendendo a ser militante em benefício próprio, mas receava envolver outras pessoas. Quando pequeno, fui importunado de maneira implacável pelo fato de ser diferente, e não queria impingir a alguém uma versão daquela experiência. Nos vinte anos seguintes, a realidade social mudou a tal ponto que já não tenho aqueles escrúpulos. Isso ocorreu em grande medida porque outros gays deram o salto que é ter filhos antes que eu estivesse preparado para isso. Não obstante, quando mais recentemente mostrei vontade de ter filhos biológicos, esse desejo foi criticado com insistência, muitas vezes por pessoas que me lembraram de quantas crianças abandonadas existem precisando de um lar. Fiquei impressionado com o fato de esses argumentos partirem quase sempre de pessoas que haviam produzido sua própria prole sem jamais terem cogitado a possibilidade de adoção. O desejo de gerar um filho muitas vezes é interpretado como bizarro ou egoísta.

Uma vez que a homossexualidade não dá mostras de ser transmissível, eu estaria trocando para meus filhos o desconforto potencial de serem uma coisa estranha pelo de virem de um lugar estranho, e alguns críticos acharam que isso era um problema menor. Não gosto que aceitem minha decisão de ter filhos desde que eles sejam provavelmente héteros. Aceitar a identidade horizontal com a condição de que ela nunca se converta em vertical não passa de preconceito. Eu não teria desistido de ter filhos se achasse que eles talvez fossem gays; como não teria sido dissuadido de tê-los pela probabilidade de serem héteros. Não obstante, minha apreensão a respeito de ser um pai gay excedia em muito outras preocupações sobre os riscos de um filho biológico apresentar dislexia, depressão ou os tipos de câncer que mataram minha mãe e meu avô.

A reprodução devia estar entre os direitos inalienáveis da pessoa. Ainda assim, o preconceito contra pessoas anômalas se revela com mais clareza quando membros dos grupos de identidade horizontal que têm potencial para transmitir traços aberrantes decidem ter filhos. Muita gente fica indignada quando um adulto deficiente produz um filho deficiente ou limitado.

A apresentadora de TV e atriz Bree Walker nasceu com ectrodactilia, ou síndrome da garra de lagosta, que consiste em deformidades nas mãos e nos pés. Teve um filho com a síndrome, e quando engravidou de novo, em 1990, soube que o segundo filho também poderia herdar o problema. Ela optou por seguir adiante com a gravidez e tornou-se alvo de indignação. "Para mim foi um choque que alguém tenha feito em público previsões tão negativas a respeito de uma criança que ainda não nasceu e sobre sua capacidade de conviver com o mundo, independentemente da forma de suas mãos ou pés", disse ela depois. Ela mesma teve uma carreira e um casamento bem-sucedidos, é fotogênica e tem muita força para comunicar. "É justo transmitir a um filho uma doença genética que desfigura?",[1] perguntou uma entrevistadora de *talk-show*. "As pessoas julgam pela aparência. Elas nos julgam pelas palavras que usamos. Deus sabe que elas nos julgam pela forma de nossas mãos, pela forma de nosso corpo, pelo nosso rosto. Elas simplesmente julgam." Nessas críticas, estava implícita a convicção de que Bree Walker não tinha o direito de engravidar e até mesmo de que ela estaria moralmente obrigada a abortar — não importando o quanto ela desejasse esse filho ou tivesse condições de criá-lo. "Senti-me como se minha gravidez estivesse sendo alvo de terrorismo",[2] disse Bree depois.

Os programas de entrevistas reduziram os filhos de Bree a sua deficiência. Como afirmou Bill Holt, que sobreviveu a uma poliomielite e tornou-se militante pelos direitos dos deficientes, "dizer que Bree Walker não deveria ter filhos por causa de uma característica física seria ignorar todas as outras coisas maravilhosas sobre ela. Por que não dizer que ela *devia* ter um monte de filhos por ser uma das mais agudas inteligências e um dos rostos mais belos da televisão?".[3] A condenação da mídia não levou em conta o fato de que aqueles que sofrem de um mal qualquer transmissível a sua prole estão qualificados como ninguém para compreender os riscos e as recompensas de viver com esse mal. Suas escolhas são mais fundamentadas do que nossos juízos sobre eles.

Certas pessoas, no entanto, concebem filhos como um meio de validar sua própria vida. A inglesa Joanna Karpasea-Jones, militante pelos direitos dos deficientes, quis ter filhos biológicos. Fez isso até certo ponto como um meio de afirmar o modelo social de deficiência, dizendo que em sua casa anomalia não é deficiência. Ela e o marido, como muita gente, queriam uma prole biológica. "A adoção não era uma alternativa", escreveu ela, "já que dessa forma eu não engravidaria nem daria à luz — uma privação dolorosa para mim." Joanna tem paralisia cerebral causada por nascimento prematuro, o que não se transmite. Seu marido, no entanto, sofre de uma neuropatia motora e sensorial hereditária, que causa perda de massa muscular e graves deformações ósseas. Seus filhos biológicos teriam 50% de probabilidade de herdar a doença. "Seja como for, quase todo mundo em nossa família era deficiente de alguma forma: eu, meu parceiro, o irmão e o pai dele, minha tia e meu tio", escreveu Joanna. "Se a criança fosse afetada, não ia se sentir uma estranha. A normalidade é subjetiva, para nós a deficiência era normal."[4]

A identidade vertical no seio da família sem dúvida garante um sentimento de integração, como nas famílias de anões e surdos. Mas a despreocupação de Joanna com a realidade provável dos corpos doentes dos filhos é lastimável. Em seus longos textos, ela reconhece que sua doença e a de seu parceiro já lhes causaram muita dor física, que ela parece não se importar em transmitir. Ela sacrifica o corpo dos filhos em favor do modelo social de deficiência. Conheci muitas pessoas com dificuldades especiais e orgulhosas, com família feliz. Mas também vi dores generalizadas, que nem sempre se deviam a circunstâncias externas. Na verdade, a decisão de Joanna não foi bem recebida nem por sua família. "Minha mãe disse que tínhamos sido irresponsáveis ao assumir esse risco e me pediu que abortasse", escreveu. "A mãe de meu parceiro disse que eu não seria capaz de levar a gravidez até o fim. Fiquei contente quando o parto atrasou onze dias sem que eu sofresse uma contração sequer. Isso vai lhes servir de lição, pensei." A confusão de egos entre pais e filhos existe em todo grupo demográfico; com frequência nos vemos na contingência de distinguir entre o que seria ajudar nossos filhos a formular seus sonhos e o que seria submetê-los a sonhos que são nossos. É provável que os filhos de Joanna Karpasea-Jones não venham a lamentar o fato de existirem, mas talvez fiquem ressentidos se concluírem que ela os concebeu para defender um ideário. Em toda parte, pais autocentrados exploram os filhos em busca de glórias projetadas, seja no campo de futebol, no xadrez ou no piano. O narcisismo é uma miopia que não se limita a militantes deficientes.

Decidir ter um filho é um assunto difícil para qualquer pessoa cuja genética possa ser considerada suspeita. A especialista em deficiência Adrienne Asch escreveu, num ensaio de 1999: "Doença crônica e deficiência não são o mesmo que doença aguda ou ferimento eventual. A maior parte das pessoas que apresentam espinha bífida, acondroplasia, síndrome de Down e muitas outras deficiências motoras e sensoriais se vê como saudável, não como doente, e fala de sua limitação como um fato da vida — o equipamento com o qual vieram ao mundo".[5] Há verdade no que Adrienne Asch diz, mas não toda a verdade. Em 2003, fui enviado para entrevistar uma jovem, chamada Laura Rothenberg, a respeito de sua fibrose cística, e acabamos fazendo amizade por causa de sua doença. Embora os pais dela fossem transmissores (estado genético recessivo), a experiência que ela teve com a doença foi horizontal, já que nenhum dos dois manifestou sintomas. Ela escreveu um livro de memórias tocante, *Breathing for a Living* [Respirar para viver], no qual elogiou muitas coisas inerentes a sua identidade que lhe foram dadas pela fibrose cística e enumerou todas as coisas que valorizava em sua vida do jeito que ela era. No entanto, Laura não se via como saudável e gostaria de se curar — não por rejeitar essa parte de si mesma, mas porque queria se sentir bem e viver muito tempo. O agravamento de seu estado e sua morte, aos 22 anos, guardam pouca semelhança com a experiência de um anão acondroplásico saudável. Mesmo acabrunhado de tristeza pela morte recente de Laura, seu pai me disse: "Quando Laura foi concebida, não existia o exame de amniocentese para fibrose cística. Esse exame foi criado depois. Se tivéssemos sabido, Laura não teria nascido. Eu ainda penso: 'Meu Deus... a vida poderia ter-lhe sido negada'. Que tragédia isso teria sido".[6]

Submeter outra pessoa à carga extraordinária que se tem de suportar é uma questão moral pessoal. No entanto, todos os pais tomam essa decisão, em alguma medida. A maior parte das pessoas prefere procriar, embora os ricos possam conceber crianças in vitro com sêmen doado pelo Super-Homem e óvulos da Mulher Maravilha. Pessoas estúpidas produzem filhos estúpidos despreocupadamente, embora a estupidez dificulte bastante a vida. Obesos mórbidos muitas vezes produzem filhos corpulentos que poderão ser marginalizados por causa do excesso de peso. Pais depressivos podem gerar filhos obrigados a lutar contra a tristeza crônica. Pobres têm filhos, apesar das óbvias desvantagens da pobreza.

Isso não é tão diverso de optar por manter uma gravidez apesar de um diagnóstico pré-natal que detecta uma anomalia. Um artigo publicado no jornal *Los Angeles Times* observou: "Ter bebês feitos sob encomenda com defeitos genéticos parece ser um campo ético minado, mas para alguns pais com deficiência — como, por exemplo, surdez e nanismo — isso significa apenas ter bebês iguais a eles".[7] Numa pesquisa feita com cerca de duzentas clínicas americanas que oferecem testes para diagnóstico genético pré-implantação (DGPI), procedimento que existe há duas décadas, 3% admitiram que tinham usado o teste para escolher um embrião com deficiência.[8] O dr. Robert J. Stillman, do Centro de Fertilidade Shady Grove, que tem consultórios nos estados de Maryland, Virgínia e Pensilvânia, declarou ter se negado a selecionar embriões com surdez ou nanismo. "Uma das primeiras premissas da paternidade é criar um mundo melhor para nossos filhos", disse ele. "Nanismo e surdez não são a norma."[9]

Por qual lógica criar um mundo melhor tem a ver com se adequar às normas? Para Michael Bérubé, cujo filho tem síndrome de Down, "a questão é se vamos ou não manter um sistema social que abre margem para a imprevisibilidade, a variabilidade, imperativos morais conflitantes, decisões difíceis, decisões privadas e até mesmo decisões irracionais".[10] O debate sobre a seleção de embriões se enquadra no âmbito da dignidade, um dos direitos humanos mais difíceis de definir, até mesmo por ser de construção social. Em 2008, o Reino Unido aprovou uma emenda à Lei de Fertilização Humana e Embriologia que tornou ilegal a seleção de embriões com deficiência. As pessoas que pretendiam fazer um DGPI para evitar síndrome de Down, por exemplo, receberiam um perfil genético completo e não seriam autorizadas a implantar um embrião com qualquer deficiência revelada pelo exame. Ativistas surdos ficaram horrorizados. "Isso não tem cabimento", escreveu uma blogueira. "Estamos sendo depreciados, vistos como indignos de sermos humanos porque somos imperfeitos."[11]

Sharon Duchesneau e Candace McCullough, lésbicas e surdas, queriam ter um filho. Em 2002, pediram a um amigo, surdo de quinta geração, que fosse o doador de sêmen. Elas tiveram dois filhos surdos, Gauvin e Jehanne.[12] Decidiram falar de sua experiência com um repórter do *Washington Post*, o que desencadeou uma torrente de ataques parecidos aos que tinham sido dirigidos contra Bree Walker. A Fox News deu à matéria sobre o caso o título "Vítimas de nascença: defeitos provocados em crianças indefesas passam dos limites".[13] As cartas de leitores publicadas pelo *Post* foram igualmente hostis. Um leitor escreveu: "O fato de essas três pessoas (incluo o doador de sêmen) privarem de forma deliberada outra pessoa de uma faculdade natural é monstruoso e cruel, e revela seu ressentimento básico contra as pessoas capazes de ouvir. Há leis que garantem o acesso a cuidados médicos a filhos de pais que não querem tratá-los por motivos religiosos. Deveria haver uma proteção similar para filhos sujeitos ao abuso de serem geneticamente programados para reproduzir as deficiências de pais equivocados".[14]

O especialista em ética John Corvino observa que a revolta pública radica numa falácia metafísica. "Elas poderiam ter escolhido outro doador",[15] ele argumentou. "Ou poderiam ter escolhido a adoção em vez da gravidez. Mas nenhuma dessas possibilidades teria feito com que Gauvin ouvisse. Pelo contrário, elas teriam feito com que ele não existisse." O ativista surdo Patrick Boudreault disse: "Não se trata de tornar surda, de forma deliberada, uma criança que nasceu ouvinte".[16]

Poucas pessoas afirmariam que um casal de surdos não deveria procriar devido ao risco de ter filhos surdos. Alguns entenderiam que deveria haver uma linha divisória entre o que se pode aceitar e o que se pode buscar, argumentando que filhos surdos de um casal heterossexual surdo nascem por meio de um processo "natural"— mas é difícil amor e regras combinarem, e o conceito do que seja *natural* está sempre mudando. É frequente que a ideia de antinatural seja usada para dissimular o preconceito. Os que objetaram à escolha de Sharon Duchesneau e Candace McCullough podem não ter entendido a experiência de vida dessas duas mulheres, com formação universitária, profissionalmente bem-sucedidas, ao que tudo indica felizes, com uma vida social ativa e num bom relacionamento. O artigo original explicava: "Ao mesmo tempo que muitos futuros pais apontam as qualidades que não querem em seus filhos, muitos selecionam as qualidades que querem. E em muitos casos o objetivo não é tanto produzir um bebê magnífico, mas um bebê específico. Um bebê branco. Um bebê preto. Um menino. Uma menina. Ou um bebê que tenha sido imaginado com muito mais detalhamento. 'Em muitos casos', diz Sean Tipton, porta-voz da Sociedade Americana de Medicina Reprodutiva, 'os casais estão interessados em alguém que se pareça com eles.' Nesse sentido, Candy e Sharon são como muitos pais, que esperam que o filho reflita sua própria imagem".[17]

É um argumento difícil de contestar. Sharon disse: "Seria bom termos um filho que seja como nós". Candy explicou: "Quero ser como meu filho; quero que o bebê goste do que eu gosto". Essas declarações não soam radicais até o momento em que se sabe que vêm de pessoas surdas. Num artigo publicado na revista *Nature*, Carina Dennis oferece outra percepção sobre as motivações dessas duas mulheres: "A comunicação e a busca de intimidade são essenciais para sermos humanos. Se você acredita de verdade que seu filho vai ter uma vida emocional rica, ainda que não possa ouvir, e que você se comunicará melhor com ele, por que não fazer essa escolha?".[18] Candy foi criada numa família de surdos, com pais trabalhadores de parca educação; Sharon foi criada por pais ouvintes e só chegou a ser ela mesma quando entrou no mundo de sinais da Universidade Gallaudet. As duas admiravam surdos filhos de surdos instruídos. Sentiam que tinham lutado para encontrar sua versão de felicidade e queriam transmiti-la à geração seguinte. Os pais querem filhos capazes de se beneficiar daquilo que eles têm para dar.

William Saletan, da editoria nacional da revista digital *Slate*, escreveu: "Velho temor: projetar bebês. Novo temor: deformar bebês".[19] É claro que um "deformador" de bebês é também um designer de bebês, só que não segue os modelos mais populares. E o design de bebês não vai desaparecer e, sem dúvida, se tornará cada vez mais comum à medida que a tecnologia progride. A frase "design de bebês" é pejorativa, mas não faz tanto tempo que a expressão "bebê de proveta" era usada com essa conotação, antes que a fertilização in vitro se tornasse um procedimento corriqueiro para uma classe média que cada vez mais adia a paternidade. Em 2006, quase metade das clínicas de DGPI pesquisadas pelo Centro de Genética e Políticas Públicas da Universidade Johns Hopkins oferecia serviços de escolha de gênero.[20] Em 2007, a clínica de fertilidade Bridge Centre, de Londres, selecionou embriões para que um bebê não sofresse do grave estrabismo que afetava seu pai,[21] e o University College London anunciou há pouco tempo o nascimento de um dos primeiros bebês selecionados para evitar a vulnerabilidade genética ao câncer de mama.[22] Os Institutos de Fertilidade de Los Angeles declararam que pretendiam ajudar os casais a escolher gênero, cor dos olhos e dos cabelos de seus bebês, mas a avalanche de críticas que receberam determinou a suspensão do programa.[23] Essas escolhas são, inevitavelmente, o futuro. Que diferença há entre elas e os protocolos preenchidos por doadores de sêmen e óvulos, que investigam traços hereditários indesejáveis e informam sobre beleza física, cor, altura, peso e notas no vestibular? A maior parte das pessoas se sente atraída por outras que apresentam características desejáveis; o próprio impulso para o encontro sexual é um processo seletivo subjetivo.

Em 2004, uma pesquisa de opinião feita pela Johns Hopkins concluiu que o debate cada vez mais amplo sobre testes genéticos com fins reprodutivos opõe dois pontos de vista: o das pessoas que veem os testes como "uma oportunidade de evitar sofrimento e condenam as limitações à pesquisa, ao progresso tecnológico e às escolhas reprodutivas", e o dos que "acreditam que os testes genéticos com fins reprodutivos terão consequências éticas e sociais adversas e têm restrições quanto a seu desenvolvimento e uso".[24] Em *The Case against Perfection* [A perfeição em juízo], o filósofo Michael Sandel, de Harvard, afirma: "Os futuros pais continuam livres para escolher se preferem usar os testes pré-natais ou atuar sobre os resultados. Mas não estão livres do peso que a possibilidade de recorrer à nova tecnologia proporciona".[25]

Os seres humanos gostam de consertar coisas; se aprendermos a controlar o clima, em pouco tempo estaremos cegos para a majestade dos furacões e intolerantes com o silêncio implacável de uma nevasca. Há quarenta anos, o toxicologista Marc Lappé avisava: "Seria impensável e imoral que nós, em nosso afã de 'dominar' as falhas genéticas, deixássemos de reconhecer que os 'defeituosos' que identificamos e abortamos não são menos humanos que nós".[26] Ainda em 2005, a jornalista Patricia E. Bauer relatou no *Washington Post* as pressões que teve de suportar quando decidiu ter a filha que recebera um diagnóstico pré-natal de síndrome de Down. Ela escreveu: "Os testes pré-natais estão transformando nosso direito de abortar uma criança deficiente numa obrigação de abortar crianças deficientes".[27] Ninguém deveria ser obrigado a levar a termo uma gravidez que lhe causa apreensão, nem deveria ser pressionado a interromper uma gravidez desejada. As pessoas que se dispõem a amar crianças com características horizontais dão-lhes dignidade, tenham ou não feito testes pré-natais. Tendo acesso à tecnologia reprodutiva, podemos determinar que tipo de criança nos faria felizes e que tipo de criança nós faríamos feliz. Seria irresponsável evitar essa conjectura, e seria ingênuo supor que ela vai além de uma conjectura. O amor hipotético tem pouca coisa em comum com o amor.

Sempre se discutirá quais pais deveriam ter filhos e quais crianças deveriam nascer. Questionamos a decisão de pessoas com HIV que têm filhos sabendo que talvez não vivam para criá-los; tentamos evitar a gravidez de adolescentes; avaliamos se indivíduos com deficiências devem transmiti-las. É possível esterilizar gente com o opróbrio tanto quanto com o bisturi, e a crueldade é quase a mesma. Mostrar às pessoas as dificuldades que seus filhos podem herdar é sensato, mas impedi-las de ter filhos por achar que sabemos qual é o valor dessas vidas beira o fascismo. Não é por acaso que se precisa de uma autorização para casar, mas não para ter um filho.

Os Estados Unidos oferecem hoje menos possibilidades de ascensão social do que nunca, e menos que muitas outras nações industrializadas. Segundo um relatório feito pelo Instituto Brookings, em 2011, "a mobilidade social americana é excepcional; ficar onde estamos em relação à base é toda mobilidade que temos".[28] Quase todas as famílias que conheci são vítimas das crenças que geraram essa crise de mobilidade: o pressuposto de que melhorar de vida é um projeto individual do qual os demais não participam. Ainda assim, nenhuma das categorias de que trata este livro teria tido uma vida melhor há meio século. O vertiginoso progresso tecnológico que ameaça muitas dessas identidades coincidiu com uma política de identidade que constrói um mundo mais tolerante. Vivemos numa sociedade cada vez mais diversificada, e as lições de tolerância que vêm dessa diversidade atingem até mesmo populações desvalidas demais para fazer suas próprias reivindicações — uma mudança de amplitude muito maior do que as integrantes do movimento pelo voto feminino ou os ativistas de direitos humanos teriam sonhado. Deficientes estão na televisão, transgêneros ocupam cargos públicos, profissionais da área de assistência trabalham com criminosos, prodígios e pessoas geradas em estupro. Há programas de emprego para esquizofrênicos e autistas.

Deplora-se a ideia de que vivemos em tempos despudorados. Por que tanta gente vai à TV para mostrar e comentar suas tolices, suas paixões e até mesmo sua crueldade? Por que aceitamos gente rica que fez fortuna roubando? Podemos não ter vergonha suficiente daquilo que é legitimamente condenável, mas da mesma forma temos cada vez menos vergonha daquilo que nunca deveria ter nos embaraçado. O oposto das políticas de identidade é o constrangimento. Estamos mais perto do que nunca do direito à vida, à liberdade e à busca da felicidade. Cada vez menos pessoas se mortificam por ser o que verdadeiramente são.

O *extraordinário* é um jogo de azar. Pode-se discutir se uma coisa extraordinária é boa ou má, mas não se pode chegar a uma conclusão aceitável sobre se ela é ou não extraordinária — embora a palavra esteja sujeita a intermináveis reivindicações indevidas. Pessoas comuns insistem em ser especiais, enquanto pessoas extraordinárias afirmam que são como quaisquer outras. Pessoas medíocres gostam de ser vistas como notáveis, enquanto pessoas excepcionais anseiam pela comodidade da adequação. Todos aqueles cujos bebês são normais falam das coisas especialíssimas que os filhos fazem, e todos cujos bebês são inequivocamente peculiares explicam por que uma doença grave ou dotes assombrosos na verdade não criam um abismo entre seus filhos e outras crianças. Essa falsificação de mão dupla espelha uma ambivalência maior: ao mesmo tempo, desejamos e rejeitamos a diferença. Queremos e tememos a individualidade. As diferenças mais desafiadoras de um filho em relação aos pais se manifestam, por definição, em áreas pouco familiares a estes. Nossa tendência de representar os filhos como mais ou menos originais do que de fato são reflete nossos equívocos sobre a relação entre individualidade e felicidade.

Em 2008, a agência de notícias Associated Press divulgou o nascimento de uma criança com dois rostos numa aldeia do norte da Índia.[29] Lali Singh apresentava diprosopia, ou duplicação craniofacial, malformação rara em que uma única cabeça tem dois narizes, duas bocas e dois pares de olhos. O diretor do hospital em que ela nasceu disse: "Ela está levando uma vida normal, sem dificuldades respiratórias". Levar uma "vida normal" na aldeia de Saini Sunpura decerto não significa "estar passando bem e ser cultuada como reencarnação de Durga, deusa hinduísta da coragem, tradicionalmente representada com três olhos e muitos braços". Cem pessoas por dia acorriam à casa de Lali para tocar seus pés, oferecer dinheiro e receber bênçãos. As autoridades locais pediram verbas ao governo do estado para erigir um templo em sua homenagem. O artigo menciona apenas de passagem que a diprosopia costuma acarretar graves complicações de saúde.

Se Lali tivesse nascido em Duluth, Wichita, Pequim ou Paris, seu nascimento teria sido visto como uma situação preocupante e não como motivo de celebração. Sushma, sua mãe, disse: "Minha filha está bem — como qualquer outra criança". O pai, Vinod, levou-a a um hospital de Nova Delhi, mas negou-se a submetê-la a uma tomografia computadorizada para verificar se seus órgãos internos eram normais, e não permitiu a correção da fenda palatina que prejudicava sua alimentação. "Não sinto necessidade disso nesta etapa, já que minha filha se comporta como uma criança normal", explicou. Lali morreu dois meses depois, sobretudo em decorrência de complicações que poderiam ter sido controladas com tratamento médico adequado.[30]

O texto da agência sobre a curta vida de Lali me surpreendeu menos do que o teria feito há dez anos, porque em minha pesquisa eu havia encontrado inúmeras versões desse caso. A beleza dessa história — a aparentemente imediata aceitação da filha invulgar pelos pais — transformou-se em tragédia por eles terem confundido a integridade da filha com normalidade. Os pais de Lali acreditavam que seu amor e sua tolerância determinariam o que a filha viria a ser, mas essas qualidades na verdade determinaram apenas que eles fossem pais amorosos. Quando a tolerância nos torna cegos para as necessidades de nossa prole, o amor se transforma em negação. A admissão da diferença não ameaça o amor; pelo contrário, pode enriquecê-lo.

Em termos ideais, a aceitação total permite que as crianças se tornem elas mesmas com plenitude. No seio da própria família, nanismo, autismo, prodigiosidade ou transição de gênero podem ser secundários. Em termos ideais, essas pessoas são, acima de tudo, filhos de seus pais, cidadãos plenamente identificados da pequena nação que é a família. Os pais não precisam apenas amar seus filhos apesar de seus defeitos, mas podem encontrar uma surpreendente correção nessas imperfeições. Um sábio psiquiatra me disse certa vez: "As pessoas querem melhorar, mas não querem mudar". Mas eu diria que só permitindo que as pessoas nascidas com uma identidade horizontal *não mudem* elas se tornam melhores. Qualquer um de nós pode ser uma versão melhor de si mesmo, mas nenhum de nós pode ser outra pessoa.

Incorporação à corrente dominante, inclusão, desinstitucionalização, políticas de acessibilidade, políticas de identidade — todas essas forças dão destaque às diferenças e ao mesmo tempo as tornam normais. Elas se concentram em garantir o atendimento a necessidades especiais, ao mesmo tempo que afirmam que nossas necessidades básicas são sempre as mesmas. Elas pretendem mudar o mundo de modo que mais pessoas possam sentir-se pessoas comuns. Muitos pais que entrevistei se dedicavam a estender à comunidade as boas condições a que tinham chegado em casa, e portanto tornaram-se ativistas — alguns por vocação, outros apenas dando um depoimento para divulgação. Faziam isso esperando que uma sociedade mais receptiva ajudasse seus filhos depois da morte deles. Um sistema educacional integrado beneficia muitas pessoas com identidades horizontais; por outro lado, ajuda os alunos que estão na mesma sala de aula com elas. Da mesma forma, construir uma sociedade compassiva favorece não apenas os que passam a ser tolerados, mas todos os que passam a tolerar. Incorporar excepcionais ao tecido social custa caro e leva tempo. A ginástica emocional e logística pode ser extenuante. No entanto, tal como muitas vezes os pais se sentem agradecidos por seus filhos com problemas, todos nós podemos nos sentir gratos pela coragem que essas pessoas podem demonstrar, pela generosidade que podem nos ensinar, até mesmo pela maneira como elas tornam o mundo mais complicado.

No entendimento comum, *diversidade* significa que clubes deveriam aceitar minorias raciais e faculdades deveriam admitir alguns gays. O desprendimento não é o único mecanismo que favorece a diversidade, o que fica claro quando o termo se refere a uma estratégia de investimento equilibrada ou à multiplicidade de espécies em nossas florestas, mares e pântanos. New Haven, em Connecticut, a cidade em que cursei a faculdade, era famosa pela quantidade de elmos, e chegou a ser chamada de Cidade dos Elmos até que uma praga originária da Holanda chegou à América do Norte e deixou desnudas as ruas e parques da cidade.[31] Quando ocorre uma mudança, a monocultura é um problema. Numa era de transformações aceleradas, em que os valores sociais mudam de forma radical e o ambiente físico se altera a passos largos, é impossível prever o que se adaptará. Não estou defendendo o nanismo, a surdez, a criminalidade ou a homossexualidade como resposta para problemas centrais. O que sei é que seria um erro nos transformarmos todos em elmos. Podem ser belas as imensas aleias de árvores iguais, seus nobres troncos simetricamente alinhados, mas seria irresponsável planejar isso.

Comecei a trabalhar neste livro mais ou menos na época em que conheci John, com quem agora sou casado. Eu sempre quis ter filhos, considerei a possibilidade de ter um filho com uma velha amiga, interessei-me por pesquisas sobre fertilidade — mas a possibilidade havia permanecido num plano abstrato. John me deu mais coragem para ser fora do comum e mais confiança para ser comum, mas com a história destas centenas de famílias excepcionais aos poucos entendi que esses objetivos não são incompatíveis, que ser anômalo não priva ninguém do direito ou da capacidade de ser normal. Emily Perl Kingsley ajudou a levar crianças com síndrome de Down para a televisão para que ninguém mais se sentisse só como ela tinha se sentido. Ativistas da neurodiversidade e dos direitos dos surdos reivindicam a devida aceitação da condição. Ruth Schekter disse: "Filhos como os nossos não são encomendados como uma dádiva. Eles são uma dádiva porque nós quisemos assim". Sue Klebold contou: "Columbine me fez sentir irmanada à humanidade mais do que qualquer outra coisa poderia ter feito". Anne O'Hara declarou que ajudar a filha transgênero "talvez tenha trazido mais coisas boas para minha vida do que as que pude devolver a ela". O teor de maravilhamento generalizado dessas pessoas me tocou de maneira profunda.

Eu havia lutado durante anos com a falta de filhos, e justamente quando aceitei essa tristeza comecei a ver a expectativa contrária e a imaginar o que fazer para me tornar frutífero e me multiplicar. O que eu não podia saber então era se eu de fato *queria* filhos, ou se queria apenas mostrar a todos que lamentavam minha orientação sexual o quanto estavam enganados. Quando você desejou a lua por longo tempo e de repente lhe dão toda aquela luz prateada, é difícil lembrar o que você pretendia fazer com ela. Eu tinha um histórico de depressão. Estaria abrindo mão daquele ser tristonho em favor de alguma felicidade nova, ou estaria sendo presa de muita tristeza, para a qual precisava encontrar novas estruturas? Eu não poderia pôr filhos no mundo se não fosse capaz de protegê-los de minhas incursões no desespero. Sabendo que a paternidade não é atividade para perfeccionistas, procurei as lições de humildade das famílias que tinha entrevistado. Em minha ansiedade, fiquei lembrando também algo que minha mãe me disse quando eu estava saindo para fazer o exame de habilitação e tirar a carteira de motorista: há duas coisas na vida que parecem horrivelmente assustadoras até o momento em que você percebe que todo mundo as faz — dirigir e ter filhos.

Não tive muitos amigos na infância, e crianças continuaram me intimidando. Eu percebia isso nos olhos delas, e ainda por cima eu era ruim no jogo de queimada, tinha um modo de andar engraçado, era emocionalmente desajeitado — eu conservava todos os atributos que tinham feito as crianças se afastarem de mim em minha própria infância, atributos que, como acabei compreendendo, estavam relacionados com minha sexualidade. Eu ainda tinha medo de ser chamado de gay por crianças; minha identidade consolidada soava como um insulto quando mencionada por uma criança. Evitava crianças porque me provocavam fortes sentimentos, os quais, como todo sentimento poderoso, eram difíceis de interpretar. O que se manifestava era sua força, e não sua natureza. Eu costumava ficar aliviado ao me separar de filhos de outras pessoas depois de algumas horas. Será que me sentiria de outra forma se tivesse meus próprios filhos? Meu pesadelo recorrente era sobre ter filhos, não gostar deles e me sentir amarrado a eles pelo resto da vida. Minha ligação com meus pais tinha sido fonte de muita alegria para mim e para eles, e eu queria levar isso adiante, mas grande parte de minha desolação também tinha raízes na dinâmica de minha família, na qual as emoções podiam ser tão intensas que era difícil distinguir entre o que acontecia comigo e o que acontecia com eles. Eu havia sido dominado na condição de filho; recém--saído da boca da baleia, tinha medo de ser engolido pela condição de pai. Também tinha medo de me tornar o opressor de uma criança que fosse diferente de mim, já que houve um tempo em que me senti oprimido.

John já tinha um filho biológico quando o conheci. Ele e a mãe biológica da criança, Laura, tinham sido colegas de trabalho, e Laura o observara durante anos antes de lhe pedir que ajudasse a ela e a sua companheira, Tammy, a terem um filho. Embora não fosse muito chegado a elas, John concordou. Assinaram documentos em que ele renunciava aos direitos de pai e elas renunciavam à reivindicação de pensão alimentícia. Ele se prontificou a participar da vida do filho dentro do possível, se o filho e suas mães quisessem, mas, em respeito à posição de Tammy como mãe adotiva, acabou tendo pouco envolvimento. John não fez questão de me apresentar a Tammy e a Laura de imediato, mas poucos meses depois do início de nosso relacionamento nos encontramos com elas e o bebê, Oliver, na Feira Estadual de Minnesota de 2001. Oliver chamou John de *donut dad* [papai *donut*] em lugar de *donor dad* [papai doador] e todos riram. Mas então quem era eu? Dezoito meses depois, elas pediram que John fosse doador mais uma vez, e com isso Laura teve Lucy. Eu estava desconfiado da relação de John com essa família, mas também fascinado por ela. John era pai de dois filhos, e eu olhava para essas crianças em busca de pistas sobre como ele realmente era. Eu ainda não gostava deles, mas isso era irrelevante para aquela onda de emoção e biologia.

Eu vinha pensando na possibilidade de ter meus próprios filhos biológicos havia alguns anos. Em 1999, durante uma viagem de trabalho ao Texas, fui a um jantar em que reencontrei Blaine, amiga da época de faculdade. Ela sempre me parecera encantadora: espontânea, boa gente, com uma inteligência aguda e nada exibicionista, dona de uma graça atemporal. Ela se divorciara havia pouco tempo e, tendo perdido a mãe, mencionou que o melhor tributo que poderia prestar a sua infância feliz era tornar-se, ela própria, mãe. De brincadeira, numa mesa cheia de gente, falei que me arriscaria a ser pai de seu filho. Ela reagiu com entusiasmo, dizendo que poderia aceitar a oferta. Para mim, era inimaginável que ela quisesse mesmo ter um filho comigo; minha sugestão tinha sido feita com a mesma cortesia retórica com que eu teria convidado novos conhecidos num país distante a dar uma passadinha para um drink se algum dia estivessem em Greenwich Village. Quando voltei para casa, escrevi-lhe uma carta dizendo que sabia que ela talvez estivesse brincando, mas achava que ela seria a melhor mãe do mundo e esperava que ela tivesse mesmo um filho com alguém.

Quatro anos depois, em 2003, quando fiz quarenta anos, Blaine foi a Nova York para uma festa surpresa de aniversário que organizaram para mim. No dia seguinte saímos para jantar e descobrimos que ambos queríamos dar continuidade ao projeto do bebê. Nunca me senti tão honrado nem tão assustado. Nosso acordo seria, em alguns aspectos, semelhante ao de John com Tammy e Laura, mas diferente em outros. Eu ia assumir a paternidade legal da criança, que receberia meu sobrenome. Embora nosso filho fosse morar no Texas com Blaine, minha relação com ele seria explicitamente paternal.

Eu ainda não estava preparado para contar tudo a John, e quando o fiz ele explodiu, como eu temia que fizesse. Ele tinha sido um doador de sêmen. Já eu entraria numa ligação permanente e profunda com Blaine, uma ligação que, na opinião dele, poderia se transformar num triângulo fatal para o relacionamento entre nós dois. Foi então que começou a fase mais difícil de nossa vida em comum. Conversamos sobre isso durante meses — John e eu, Blaine e eu — e as negociações foram ganhando uma intensidade balcânica. Levamos três anos para aplainar as arestas, mas John, cuja boa vontade sempre triunfa, enfim cedeu. Blaine e eu providenciamos a gravidez por intermédio de uma clínica de fertilização in vitro. Blaine, durante esse processo, tinha conhecido Richard, que se tornaria seu parceiro, o que trouxe à situação um equilíbrio razoável, embora inusitado.

Quanto mais curiosos se tornavam nossos acertos, mais tradicionais começavam a nos parecer. Antes disso, John já tinha proposto que nos casássemos e decidi honrar a ideia, embora ainda fosse um partidário reticente do casamento gay. De certa forma, casar foi o modo que encontrei de garantir a John sua importância para mim à medida que avançávamos com o projeto Blaine, mas em pouco tempo o casamento se tornou, mais profundamente, um meio de celebrar a magnanimidade, a inteligência e o senso ético de John; o fato de minha família e meus amigos gostarem muito dele; e o modo como ele vê no coração dessas pessoas as mesmas coisas que eu vejo. Casamo-nos em 30 de junho de 2007, numa cerimônia campestre, e pensei que, se todos os meus traumas tinham servido para me conduzir àquele dia, não haviam sido tão ruins como pareceram em seu momento. No brinde de noivos eu disse: "O amor que não ousava dizer seu nome agora põe a boca no trombone". Tammy, Laura e os filhos vieram; Oliver entrou como pajem, levando a aliança de John. Blaine, grávida de quatro meses do filho que tínhamos concebido, veio com Richard, e John disse de brincadeira que tínhamos sido os primeiros gays a se casar na marra.

Em outubro, como a gravidez apresentou complicações, John e eu corremos para Fort Worth. O parto foi feito por cesariana em 5 de novembro de 2007. Vi o obstetra tirar a pequena Blaine da superfície convexa da barriga da mãe e fui a primeira pessoa a tê-la nos braços. Fiquei ruminando a ideia de que agora era pai, mas não sabia o que fazer com ela. Foi como se, de repente, alguém tivesse dito que eu ainda era eu mesmo e, também, uma estrela cadente. Segurei o bebê, Blaine a segurou, Richard a segurou, John a segurou. Quem éramos nós todos para aquela trêmula criatura? Quem era ela para todos nós? Como isso ia modificar o que representávamos uns para os outros? Depois de muita pesquisa, eu já sabia que toda criança tem algo de sua identidade horizontal e remodela seus pais. Perscrutei o rostinho de minha filha procurando saber quem era ela e algum sinal da pessoa em que ela me transformaria.

Dez dias depois, John e eu voltamos a Nova York. Uma vez em casa, fiquei preocupado com minha filha recém-nascida, mas passei a imaginar que estava apenas servindo de apoio para uma coisa maravilhosa que Blaine tinha feito, em vez de me comprometer com algo que eu mesmo fizera. Eu ainda não sabia que a excitação biológica da paternidade recente era apenas uma leve insinuação da paixão que é a própria paternidade. Eu tinha de distinguir o alívio de ter escapado daquela tragédia definidora, à qual meus pais tinham dado tanto espaço, da assustadora realidade de um novo ser humano pelo qual eu era responsável. Eu não queria ter com a pequena Blaine um vínculo tão profundo que o fato de ela morar no Texas se tornasse intolerável, nem queria um vínculo tão superficial que ela se sentisse abandonada. Mas já estava consciente de que o que eu pretendia de minhas emoções não tinha a menor importância.

Casar e ter filhos são acontecimentos públicos. Como outros acontecimentos públicos, eles reificam o que expõem. Eu tinha uma visão de nossa vida, e de uma hora para outra todo mundo tinha uma visão dela também. Envolver outras pessoas fortalece a realidade de alguém, e tínhamos arrastado grande número de parentes e amigos para o processo por meio do qual o amor cria um lar, um processo em cujo interior a verdade recebe uma carapaça que a protege e a sustenta. Eu me sentia grato por nossos amigos terem comemorado nosso casamento; sentia-me grato por John ter recebido bem a filha que ele temia; sentia-me grato também porque John e Blaine tinham começado a confiar um no outro. Por fim, notei o quanto Blaine tinha em comum com minha mãe — a mesma capacidade de encontrar humor no dia a dia; o mesmo comedimento prudente quanto às próprias emoções; a mesma imaginação desenfreada mas oculta de quase todo mundo atrás de uma elegância decorosa e uma obstinada reserva; a mesma empatia inteligente com um quê de tristeza. Como muitos homens, busquei uma réplica de minha mãe para com ela ter minha filha. O pai de Blaine, de 86 anos, cujos valores achei que poderiam ser desafiados por nosso trato, estava encantado. Meu pai ficou emocionado.

Tardou pouco para eu descobrir que queria criar uma criança com John, em nossa casa, como prova de nosso amor. O trato original de John com Tammy e Laura tinha resolvido um problema; já o trato com Blaine era mais íntimo. Mas a perspectiva de ter um filho morando conosco em caráter permanente era explosiva em relação a tudo o que tínhamos aprendido a esperar da vida na condição de homens gays. Eu nunca tinha tido vontade de casar, e a realidade me encantou. Achava que exigir um filho seria uma troca justa, e que John também acabaria encantado. Como John não tinha tanta certeza quanto eu de que queria esse filho, eu teria de agir como líder de torcida nesse empreendimento. Eu já nutria uma paixão cheia de esperança por uma pessoa que ainda não existia, e tinha certeza de que a paternidade só intensificaria tudo aquilo que eu já apreciava em John, mas a conversa empacou nesse ponto. O amor que havia entre nós era pré-requisito para um filho, mas não motivo suficiente para tê-lo. Não podíamos fazer da procriação um experimento social, nem uma declaração política, nem uma forma de nos completarmos, e eu não podia ser o único entusiasta nessa decisão. Foi então que John me deu de presente de aniversário um berço antigo com um laço, e perguntou: "Se for menino, podemos dar-lhe o nome de meu avô, George?".

Um advogado nos expôs a conveniência de que uma mulher doasse o óvulo e outra emprestasse a barriga, já que assim nenhuma delas poderia ser considerada a mãe da criança de pleno direito. John propôs que eu fosse o pai biológico e disse que seria o pai do próximo filho, se houvesse um. Como muitos casais de meia-idade com problemas de fertilidade, nos lançamos a uma caça cega ao óvulo. Fomos a San Diego para ter contato com a agência de doação que escolhemos. Por mais alegre que eu me sentisse por causa de nossa decisão, me entristecia o fato de que eu nunca saberia o que poderia resultar da mistura de meus genes com os de John. Eu estava feliz por podermos conseguir um óvulo, mas triste por nenhum de nós ser capaz de produzi-lo; feliz por podermos afinal ter um filho, mas triste por causa da aura de produção industrial que permeava todo o processo. Sem a tecnologia da reprodução assistida, eu nunca teria os filhos que tenho, mas teria sido bom produzi-los num momento de êxtase de amor físico em vez da exaustiva burocracia. Foi caro, também, e embora o dinheiro tenha sido bem empregado, nós dois lamentamos que uma situação econômica privilegiada tenha sido condição necessária para o que preferimos considerar como um ato de amor.[32]

Minha pesquisa me levou a uma clara percepção do aspecto quase eugênico da busca da doadora — o modo como deveríamos optar por uma doadora que se encaixasse em nossos padrões de inteligência, caráter, saúde e aparência. Para mim, essas decisões pessoais tinham conotações políticas preocupantes. Eu não pretendia depreciar as vidas extraordinárias que tinha aprendido a respeitar, mas não podia negar que queria uma criança que fosse parecida conosco o bastante para que pudéssemos confortá-la com nossas semelhanças mútuas. Ao mesmo tempo, sei que a linhagem genética não vem com garantia. O catálogo de atributos que cada doador apregoava me fez sentir como se estivéssemos comprando pela internet um carro que íamos dirigir pelo resto da vida. Teto solar? Baixo consumo na estrada? Cabelo ruivo? Boas notas no vestibular? Avós que passaram dos oitenta anos? O questionário todo era absurdo, deprimente, moralmente perturbador. Ainda assim, a tarefa de escolher a doadora parecia o único gesto concreto que podíamos fazer num período de abstração paralisante, uma pitada de conhecimento nesse grande mistério.

Contamos nosso plano a Laura e Tammy, e Laura disse a John: "Não poderíamos ter tido Oliver e Lucy sem você, e nunca lhe agradeceremos o bastante por isso, mas eu poderia ser sua barriga de aluguel e mostrar o quanto você e Andrew significam para nós". Foi um gesto de imensa generosidade, que aceitamos. Então seguiram-se os exames médicos de Laura, da doadora do óvulo e os meus; amostras (a sala luminosa do hospital, a pasta de couro sintético com revistas femininas antigas oferecida pelos funcionários); tratamento de fertilidade para Laura; transferência de embriões; ultrassonografias. Como muitas das famílias que conheci, a minha foi atingida da mesma forma pelas mudanças nas regras sociais e na tecnologia. A feliz colaboração desses elementos foi a precondição para termos nossos filhos.

Engravidamos na segunda tentativa de fertilização in vitro. Embora tenhamos sido extremamente prudentes na seleção do óvulo, decidimos não fazer a amniocentese. Essa decisão me surpreendeu quando a tomei, junto com John e Laura. O risco de ter um filho deficiente (bastante improvável, segundo exames menos invasivos, mas também menos conclusivos) já não nos assustava a ponto de nos arriscarmos a um abortamento. Eu poderia ter pensado em interromper o processo se recebêssemos um resultado adverso da amniocentese, mas já não seria capaz disso com a lógica que teria me orientado antes de escrever este livro. Minha pesquisa havia demolido aquela certeza, portanto sucumbi à fuga.

Você nunca conhece uma pessoa tão profundamente como quando ela leva no ventre um filho seu, e fiquei encantado pela maneira como Laura entrelaçou a vida que estava construindo para nós com a que tinha construído para si mesma. Ficamos irremediavelmente próximos dela, de Tammy e das crianças. Oliver e Lucy se referiam ao bebê que ia nascer como seu irmão. A princípio, fiquei encabulado com o entusiasmo deles, mas John e eu fomos a Minneapolis para a última fase da gravidez e acabamos ficando lá mais de um mês, vendo os quatro quase todos os dias, o que me deu a chance de observar como Oliver e Lucy ecoavam a inteligência e a delicadeza de John. Quando eles souberam que a pequena Blaine nos chamava de papai e pai John, disseram às mães que queriam nos chamar assim também.

Eu não estava preparado para a ideia de que todos aqueles filhos eram, em diferentes graus, meus. Mas a doçura com que John passou a festejar as Blaines traçou um caminho de aceitação. Tendo programado ter dois filhos, eu de repente me via com quatro, e agora acreditava que poderia amar todos eles profundamente, ainda que de maneiras diversas. Trazer-nos para mais perto tinha sido parte da estratégia de Laura para nos ajudar, e deu certo. A insistência de John em que éramos todos uma família fez com que isso acontecesse. Sem minha campanha, não teríamos a pequena Blaine nem essa outra criança, mas sem o otimismo de John teríamos ficado compartimentalizados. Teria sido o caminho mais fácil, e eu o tomei erradamente como o melhor. John aprendeu comigo a fazer as coisas em vez de apenas imaginá-las; eu aprendi com ele a vivenciar essas coisas uma vez que as tínhamos feito. Pela pequena Blaine, pelo bebê que estava chegando, por Oliver e Lucy, e pelas extraordinárias famílias que conheci, me modifiquei, e crianças já não me entristecem.

O dia do nascimento de George — 9 de abril de 2009 — foi cheio de emoções ainda antes de começar. Minha consciência dos perigos de um parto sobrepujava a de Laura e a de John. Tinha ouvido muitos casos que começavam com "A gravidez parecia estar bem, mas de repente, quando ela entrou em trabalho de parto…". Tentei aplacar a ansiedade, mas quando a cabeça de George apareceu eu estava com as palmas das mãos molhadas de tanto medo. Laura tinha preferido dar à luz sem usar medicação para dor, e lá estava eu de novo em pânico. Durante nove meses, eu sentira o favor que ela estava nos fazendo como se alguém tivesse se oferecido para carregar uma cesta de compras cada vez mais pesada por uma escada cada vez mais íngreme, mas de repente percebi que ela havia produzido uma *vida* para nós. Vendo-a dar à luz, presenciei a dor da dilatação final e da expulsão, e senti a renovação radical sair de dentro dela. Pela primeira vez vi nela algo selvagem e heroico, uma sensibilidade e uma coragem maiores do que as que eu poderia encontrar em qualquer experiência masculina. Ela então empurrou duas vezes e George surgiu, mostrando no mesmo instante, com um choro forte, a potência de seus pulmões. O obstetra disse que ele era perfeito. Foi aí que notamos o nó em seu cordão umbilical.

George tinha chegado bem a tempo. Se o trabalho de parto tivesse demorado mais, ou se tivéssemos esperado mais uns dias para induzi-lo, o nó poderia ter ficado mais apertado, privando o bebê de oxigênio, destruindo seu cérebro e provocando em Laura uma hemorragia placentária potencialmente fatal. Olhei para aquele nó como quem olha para a fatalidade — como algo que esteve perto de desaparecer — e cortei o cordão umbilical logo abaixo dele, de modo que aquele perigo ficasse bem longe de nosso miraculoso bebê. Tudo o que eu queria era tê-lo nos braços, olhar para ele, tentar extrair daquele corpinho que se contorcia a ilusão transitória de que ele só nos traria euforia para o resto da vida.

Começamos então a passar por todos os rituais pessoais e semimedicalizados que se seguem a um parto saudável. Foram feitas muitas fotos, tiramos a camisa para que ele tivesse contato com nossa pele, observamos a pesagem e a medição, vimos que lhe pingaram colírio nos olhos e o apresentamos a Oliver e Lucy. Ofereci aos que estavam presentes os bombons de champanhe que a mãe de Blaine me mandara de Londres (não se pode levar champanhe para uma sala de parto), ligamos para meu pai e minha madrasta, para meu irmão, para Blaine e mais algumas pessoas muito importantes para nós. John ficou imediatamente embevecido, como eu sabia que ia ficar, porque o nascimento é um mistério, e por ser muito mais estranho do que bruxaria ou que uma guerra intergaláctica, nos remete de pronto a nossa insignificância. Eu tinha sentido isso com o nascimento da pequena Blaine e senti de novo. Essa pessoa que antes não existia agora estava ali, e lembro-me de ter pensado o que todos sempre pensaram, que sua vinda ao mundo redime todas as perdas anteriores.

Quando John e eu nos instalamos em nosso quarto de hospital, e a enfermeira deu o primeiro banho no bebê, eram duas e meia da manhã e todos nos sentimos felizes em nossas camas. Sou o mais dorminhoco da família, e descansei tranquilamente enquanto John se levantava a cada minuto para ver se George estava bem e alimentá-lo. Quando acordei, John tinha levado George para o quarto de Laura; Tammy e a crianças estavam lá, comendo rocambole de canela, e o clima era de festa. John disse que ia se deitar um pouco e que eu devia falar com a pediatra. Sou a pessoa da família que trata dos assuntos médicos, e pensei que essa fosse a programação previsível para o primeiro dia da vida de George — teste de audição, o que fazer em relação à vacina contra hepatite B e daí por diante. Sentei-me despreocupado para comer, ajudar Oliver e Lucy a segurar o bebê, e então chegou a pediatra, dizendo que estava preocupada.

George não estava dobrando e levantando as pernas, como se supõe que os bebês devem fazer, mas mantinha-as rígidas e esticadas durante três minutos de cada vez. A médica se referiu a isso como "tônus muscular exageradamente alto" e disse que podia indicar uma lesão cerebral, e que ela queria pedir uma tomografia. Perguntei se isso era pouco comum, e ela respondeu apenas que não ocorria com frequência naquela etapa. Laura, num rompante de otimismo, disse que George ia ficar bem e todos continuaram comendo o rocambole, enquanto eu sentia que certas partes do meu corpo que normalmente são quentes ficavam geladas, e as que ficam expostas de repente pareciam pegar fogo. A pediatra explicou, com calma, que o comportamento incomum do bebê podia ser sinal de hemorragia cerebral, que poderia se resolver de forma espontânea ou exigir uma intervenção cirúrgica. Ela mencionou o nó no cordão umbilical e disse que precisávamos ter certeza de que ele não tinha causado problemas. Observou que a cabeça do bebê estava grande, o que podia ser decorrente de uma hidrocefalia ou de um tumor. Acrescentou ainda que uma de suas pernas enrijecia mais que a outra, o que podia indicar um desenvolvimento cerebral assimétrico ou a presença de uma massa tumoral. Ela era jovem, e pude ver que essa era a maneira firme e profissional que lhe tinham ensinado para ser franca com as pessoas.

Desde que George tinha sido concebido até aquele dia, eu vinha pensando em como seria irônico se, no meio de meu trabalho sobre filhos excepcionais, eu tivesse um filho assim. Eu sabia, no entanto, que a natureza não é avessa a ironias. Perguntei quando a tomografia poderia ser feita, e a pediatra disse que ia marcá-la para o mais breve possível, e saiu do quarto com seu jeito ágil e simpático. Olhei para George e vi que o amava apesar do esforço que de repente tinha começado a fazer para não amá-lo. Lembrei-me de todos os pais que, um ou dois dias depois de divulgar notícias otimistas sobre um filho, foram obrigados a pegar o telefone para contar outra história. Uma porção racional de mim tentava resolver em que circunstâncias eu aguentaria as heroicas providências, fossem elas quais fossem, que me seriam exigidas. Uma porção apavorada de mim considerava a possibilidade de abrir mão de cuidar dele. O impulso mais forte foi abraçá-lo com força e não deixá-lo fazer exame nenhum. Eu queria que ele estivesse bem, mas também queria estar bem, e no momento mesmo em que formulava essa oposição ela se desmantelou e vi que uma coisa não podia existir sem a outra.

Telefonei para meu pai, falei com meu irmão e mandei e-mails para alguns amigos. De imediato, meu irmão procurou neurologistas pediátricos em Nova York; meu pai me pôs ao telefone com um médico amigo da família e conversamos sobre aquilo tudo. Muitos pais tinham me dito que a necessidade de lidar com essas situações prevalece sobre as emoções, e fiquei aliviado ao entrar no modo solução-de-problema. Eu faria tudo certo, o que adiaria a angústia. Lembrei-me de pais comentando que não lhe dizem desde o início que seu filho vai precisar de trinta procedimentos complexos; dizem que vai precisar de um, depois que vai precisar de mais um, depois de outro — e o gradualismo impede que você escolha. Eu estava determinado a ficar alerta a cada decisão, ao que poderia vir depois.

Liguei para o posto de enfermagem para saber quando seria feita a tomografia, e soube que por causa de uma falha do computador a requisição tinha se perdido. A enfermeira pediátrica explicou que teria de fazer uma extração de sangue arterial e enfiar uma agulha no pulso do bebê. Extração de sangue arterial? Algum dos quinhentos pais que conheci havia mencionado uma extração de sangue arterial? Por fim, chegou a notícia de que a tomografia estava marcada. Infelizmente, nossa enfermeira completara seu turno e mandaram para nos atender uma moça bonita, com modos de comissária de bordo, cuja estudada cordialidade não dissimulava o tédio e a irritação. Perguntei-lhe se já tinha assistido a um procedimento daqueles. "Tomografia num recém-nascido?", ela repetiu. "Não, nunca ouvi falar de ninguém que tenha feito isso." Senti duas culpas em conflito: a primeira, por ter tido um filho que poderia sofrer, a segunda porque, apesar de todos os casos que ouvira de pais que encontravam um profundo sentido em criar filhos excepcionais, eu não queria fazer parte desse grupo. É claro que a maior parte desses pais não teve opção naquelas circunstâncias; lembrei-me também de que não se pode marcar hora para ter coragem.

A sala de exames de imagem era soturna, apesar de alguns detalhes que pretendiam torná-la alegre e acolhedora; na verdade, essa alegria e esse acolhimento eram parte do que a tornava soturna, como se a decoração festiva fosse dispensável em circunstâncias menos mórbidas. Olhamos desconsolados enquanto punham George na máquina. Ele estava meio adormecido e não se moveu quando puseram sua cabeça no lugar, com diversas mantas para sustentá-la e uma tira afivelada sobre a testa. Tivemos permissão para ficar na sala, usando grandes aventais de chumbo, e tentamos confortar George, e tive uma súbita consciência de não ser nada reconfortante para alguém que ainda não sabia recorrer a mim em busca de conforto.

De volta a nosso quarto, que havia pouco nos parecera tão aconchegante, ficamos à espera. Uma nova enfermeira chegou e implorei-lhe que conseguisse o resultado. A pediatra de plantão ligou para a radiologia. O resultado ainda não tinha saído, então esperamos um pouco mais. Por fim, abri caminho até o posto de enfermagem e encurralei um pediatra de plantão, recém-chegado, que me disse que os resultados haviam chegado fazia uma hora. "Acho que devemos falar sobre isso com seu marido", disse ele, sério. Voltamos ao quarto onde John estava à espera e despejei logo, suando em bicas: "Ele tem hemorragia cerebral?"; o pediatra disse que não. A seguir, se pôs a explicar o que eles estavam tentando determinar e o que cada imagem mostrava, e terminou dizendo que a tomografia era completamente normal. George estava bem. Aquilo tinha acabado.

Acho que o amor consiste em um terço de projeção, um terço de aceitação e nunca mais de um terço de conhecimento e percepção. Com o nascimento de meus filhos, eu havia projetado e aceitado muito, e muito rápido. Lembrei de

Sara Hadden querendo batizar o filho, depois de saber que ele apresentava uma deficiência grave, como meio de formalizar sua crença de que, apesar de tudo, ele era uma pessoa. Compreendi que George, que ainda não tinha feito nada além de chorar e mamar, era para mim plena e permanentemente humano, tinha uma alma e nenhuma alteração mudaria isso. Tal filho, tal pai.

John e eu fomos pais quando a paternidade gay era uma novidade e um progresso eletrizantes. No dia em que George foi declarado saudável, entendi que a esperança não é uma coisa com penas,* mas uma coisa recém-chegada, rosada e que berra, e que não há otimismo maior do que ter um filho. Nosso amor por nossos filhos é quase totalmente circunstancial, mas está entre as mais fortes emoções que conhecemos. Os casos narrados neste livro estão para meu amor por meus filhos mais ou menos como as parábolas estão para a fé: histórias específicas que convertem em verdade as maiores abstrações. Sou o pai que sou por causa das narrativas épicas de adaptabilidade contidas neste livro.

Quando nasci, acreditava-se que a criação explicava quase tudo. Nas décadas seguintes, a ênfase se transferiu para a natureza. Nos últimos vinte anos, fala-se de maneira mais genérica sobre a maneira complicada pela qual natureza e criação se influenciam. Eu estava intelectualmente convencido dessa integração, mas a experiência de ter meus próprios filhos me levou a pensar se não haveria um terceiro elemento, alguma inflexão inapreensível do espírito ou da divindade. Os próprios filhos são tão especiais que a ideia de que eles não existiriam se em algum momento não os tivéssemos concebido parece inaceitável. A maior parte dos pais que entrevistei para este livro disse que não queria ter filhos diferentes dos que tem, o que à primeira vista parece surpreendente, dados os problemas que esses filhos acarretam. Mas o que nos leva a preferir nossos filhos, todos eles com algum tipo de defeito, a outros, reais ou imaginários? Se um anjo glorioso aparecesse em minha sala e propusesse trocar meus filhos por outros melhores — mais inteligentes, mais bonzinhos, mais divertidos, mais carinhosos, mais disciplinados, mais perfeitos —, eu agarraria os filhos que tenho e, como muitos pais, rezaria para que o monstruoso fantasma fosse embora.

O físico britânico Roger Penrose perguntou se o mundo físico e o domínio platônico das ideias podem ser um só e o mesmo. Ele sugeriu que o princípio

---

* Referência ao primeiro verso do poema "'Hope' is the thing with feathers", de Emily Dickinson. (N. T.)

antrópico pode significar que o universo tem uma necessidade estrutural de consciência — em termos palpáveis, que a existência de uma coisa demonstra sua inevitabilidade. Em oposição à revolução de Copérnico, o princípio antrópico indica que os seres humanos não são incidentais; que nossa existência é uma prova de que tínhamos de existir; que a inteligibilidade de qualquer coisa é função de nossa compreensão na mesma medida em que esta é função daquela.[33] A subjetividade pode ser mais verdadeira que a objetividade. Essa ideia tem alguma semelhança com a paternidade. Muitas pessoas acreditam que nossos filhos são os filhos que tínhamos de ter; não poderíamos ter tido outros. Eles nunca vão nos parecer um acaso; gostamos deles porque são nosso destino. Mesmo que tenham defeitos, errem, causem dor, morram — mesmo assim, fazem parte do princípio com que medimos nossa vida. Na verdade, são o princípio com que medimos a vida mesma, e nos dão vida tanto quanto lhes demos vida.

Depois que George chegou, impôs-se a questão de como se combinariam todos aqueles relacionamentos. John e eu assumimos George plenamente; Blaine e eu tínhamos combinado de antemão que tomaríamos juntos as decisões importantes sobre a pequena Blaine; Laura e Tammy tinham o pátrio poder sobre Oliver e Lucy, e não participávamos das decisões referentes a eles, assim como Laura e Tammy em relação a George. Os três acordos são diferentes e, da mesma forma que muitos pais tentam eliminar a rivalidade entre irmãos, nós nos esforçamos para evitar situações de comparação. Despontam atritos ocasionais devido a limites e prioridades conflitantes, capacidades diferentes, inúmeros estilos de paternidade — mas eles são minimizados pela realidade que mostra que, de algum modo, a coisa funciona. Lutamos muito por essas relações familiares em que outros tropeçam, e há em nossa dedicação uma paz de pessoas experientes.

Deve ser mais fácil levar uma vida em que não é preciso estar sempre inventando papéis, em que há um roteiro a seguir. Muitas vezes nos sentimos como Cristóvão Colombo ao desembarcar pela primeira vez nas praias selvagens do amor, e, embora ser pioneiro seja emocionante, às vezes é preferível um lugar em que as estradas estejam prontas e se tenha acesso à internet sem fio. A maior parte das pessoas espera ter filhos, e há suscetibilidades ligadas a essa expectativa. Eu esperava não ter filhos, e essa virada revela estranhas suscetibilidades. Tomamos muitas decisões cuidadosas e sensatas, mas muito do que deu certo não dependeu na verdade de uma escolha. Como outros pais, simplesmente vivi um dia de cada vez, até que o incomum se tornasse cotidiano. Dizia que nós, pais, não nos reproduzimos e sim criamos. Na verdade, também descobrimos. Às vezes penso em minha vida como quarenta anos de uma árdua escalada, e depois minhas mãos se juntaram às de John, depois às de Blaine, depois às de Laura e Tammy, e, de uma forma diferente, às de todos os que retrato neste livro. De algum modo, todos nós chegamos ao topo, e, quando me dei conta, vi toda a criação espalhada a meus pés. Eu não fazia ideia, enquanto subia, que era para isto que estava me encaminhando. Quarenta anos de planície jamais prepararam uma pessoa para essa visão.

John e eu enviamos o comunicado do nascimento de George com uma foto de nós dois com o bebê. Uma das primas de John devolveu a dela com uma nota lacônica que começava com "Seu modo de vida é contrário a nossos valores cristãos" e terminava com "Não queremos mais manter contato". Algumas pessoas desprezam a ideia de chamar de família cinco genitores e quatro filhos em três estados, ou temem que a existência de nossa família de alguma forma ameace a delas. Uma velha amiga comentou: "Não é ótimo como seu pai aceita seus filhos?". Lembrei-lhe que meus filhos eram netos dele, mas ainda assim ela disse: "Claro, mas mesmo assim". Essa presunção de negatividade é desgastante. Algumas pessoas acreditam piamente que existem quantidades finitas de amor, e que nosso tipo de amor contribui para esgotar o suprimento de onde elas extrairão o seu. Não admito modelos competitivos de amor, só modelos aditivos. Tanto minha jornada em busca de uma família quanto este livro me ensinaram que o amor é um fenômeno multiplicador — qualquer aumento de amor fortalece todo o amor do mundo, que o amor que sentimos por nossa família pode ser um meio de amar a Deus, de modo que o amor que existe numa família pode fortalecer o amor de todas as famílias. Defendo o libertarianismo reprodutivo porque, quando todos podem fazer escolhas mais amplas, o amor se expande. O afeto que os membros de minha família encontraram uns nos outros não é um amor melhor, mas é outro amor, e assim como a diversidade das espécies é determinante para a sustentação do planeta, essa diversidade fortalece a ecosfera do carinho. A estrada menos trilhada acaba levando exatamente ao mesmo lugar.

A dissonância cognitiva se resolve pela assimilação daquilo que é tarde demais para mudar, e com esse ânimo me pergunto se teria encontrado tanta alegria no casamento e nos filhos se eles tivessem vindo a mim com facilidade — se eu tivesse sido hétero, ou se tivesse nascido trinta anos depois, numa sociedade um pouco mais receptiva. Talvez sim, talvez todo o esforço de imaginação que tive de fazer pudesse ter sido aplicado a iniciativas mais gerais. Acredito, no entanto, que essa luta me deu uma visão da paternidade que, sem ela, eu não teria. Grande parte de mim foi dedicada à solidão, e agora já não estou só. Agora os filhos me fazem feliz. Na geração anterior, esse amor teria permanecido latente e não realizado. Isso teria acontecido também com grande parte do amor de que fala este livro, o amor de todos aqueles pais por filhos que antes teriam morrido cedo, teriam sido segregados ou teriam vivido sem ser reconhecidos como seres plenamente humanos. Minha família é radical por razões diversas das da maior parte das famílias que retratei, mas todos nós somos expoentes do amor revolucionário contra todas as possibilidades.

O sofrimento é o limiar da intimidade, e a catástrofe dá brilho à dedicação. Sei disso, mas descobri-lo é uma surpresa recorrente. Pode-se ficar furioso ou deprimido pela vulnerabilidade e mesmo assim ser atraído por sua sedução. Embora meus sentimentos em relação aos amigos de que mais gosto se devam ao fato de serem cultos, carinhosos, generosos e divertidos, eu os amei mais profundamente quando eles estavam tristes, ou quando eu estava triste, porque há uma proximidade psíquica em tempos de desconsolo com a qual a felicidade não se equipara. Minha depressão forjou uma intimidade com meu pai que eu nunca teria conhecido se ele não tivesse me ajudado naquela luta. Como pai, apesar de toda a satisfação, sei que a ligação mais forte se dá quando as coisas ficam pretas. A paternidade é um exercício de segurança, e a perene ameaça de perigo é o que eleva o amor paterno para além da simples afeição. Sem os terrores noturnos, os picos de febre, a ladainha dos hematomas e das tristezas, seria um entretenimento de segunda classe. Levei algum tempo para compreender que a atenção às necessidades dos filhos é a essência da gratificação. Desse ponto de vista, faz sentido que os amores espinhosos destas páginas sejam tão profundos. O que mais quero para meus filhos é que sejam felizes, e amo-os porque ficam tristes e o projeto errático de fazer dessa tristeza alegria é o motor de minha vida como pai, como filho, como amigo e como escritor.

Durante muitos anos, minha identidade primária foi de um historiador da tristeza. As imagens do desespero são admiradas por todos, e em geral se acredita que a desolação absoluta reflete a integridade de um autor. Mas quando tentei escrever sobre a felicidade, tive a revelação inversa: não se pode escrever sobre ela sem parecer superficial. Mesmo quando enfatizamos a tristeza, ou a alegria, estamos sendo sinceros, da mesma forma que quando dizemos que o céu é azul sem mencionar que a terra abaixo dele é marrom. As famílias que conheci enfatizam sobretudo a difícil arte de melhorar, mas o fazem com integridade. Perdi a vergonha com o ocasional sopro de arrebatamento representado por este livro, e rejeito a ideia de que a beleza seja inimiga da verdade, ou que a dor não possa ser a lebre que faz a alegria da tartaruga.

O escritor realista William Dean Howells enviou a Edith Wharton uma carta em que dizia: "O que o público americano sempre quer é uma tragédia com final feliz".[34] Essa observação implica que não temos disposição para a loucura do rei Lear vagando pela charneca sem redenção à vista. Minha leitura seria diferente. Eu diria que cada vez mais é próprio de nós buscar a transformação. Os primeiros modelos psicanalíticos são de aceitação dos problemas da vida; as terapias modernas buscam resolvê-los, suprimi-los, ou redefini-los como alguma outra coisa que não seja problema.[35] Haveria uma armadilha se insinuando nesse triunfalismo deslavado? Muitas vezes, as pessoas exibem uma felicidade que não sentem, e gente cuja neurose se transformou em infelicidade não só é infeliz como também se acredita fracassada. O aspecto essencial dessa propensão para a luz é a convicção inabalável de que as tragédias terminarão necessariamente em solução, que as tragédias são uma fase e não o fim do jogo.

Este livro procura a nobreza sepultada no desdém expresso por Howells. Baseia-se numa ideia ainda mais otimista, a de que o final feliz das tragédias tem uma dignidade que vai além do final feliz das comédias, que transcende não só o sentimentalismo a que Howells alude, mas também produz uma alegria mais apreciada do que aquela que não foi temperada pelo sofrimento. Às vezes, as pessoas agradecem pelo que tiveram de lamentar. Não se pode chegar a esse estado procurando a tragédia, mas pode-se ficar mais receptivo à riqueza da tristeza além do desespero imediato. As tragédias com final feliz podem ser uma bobagem sentimental ou podem ser o verdadeiro significado do amor. Na medida em que escrevi um livro de autoajuda, ele é um manual de receptividade: uma exposição sobre como tolerar o que não tem cura e a opinião de que a cura nem sempre é a melhor solução, mesmo quando possível. Assim como o desenho recortado dos Alpes está para o romantismo sublime, essa curiosa alegria está para a índole dessas famílias — quase impossível, terrível, e terrivelmente bela.

Como minha família seria imaginável há cinquenta anos, não posso deixar de defender o progresso. As mudanças foram boas para mim e devo muito a elas. Espero que estas histórias contribuam para a avalanche que está aplainando a áspera superfície do mundo. No entanto, até que o planeta se torne liso, o amor continuará endurecendo sob cerco; as próprias ameaças ao amor o fortalecem, ainda que o permeiem de sofrimento. Nos momentos mais pungentes de perda, que aqui são meu tema, o amor se aferra a um coração gentil. Senti por meu filho, quando ele estava naquele tomógrafo de ficção científica, uma coisa magnífica e aterrorizante que nunca tinha sentido pela pequena Blaine, que não passara por aquela adversidade, nem por Oliver e Lucy, que já eram eles mesmos quando os conheci. Aquilo mudou minha relação com todos eles. Os filhos me fisgaram no momento em que relacionei paternidade a perda, mas não sei se eu teria me dado conta disso se não estivesse imerso nesta pesquisa. Encontrando um amor tão estranho, fui presa de seus modelos enfeitiçantes e vi quanto esplendor pode iluminar até mesmo as mais abjetas vulnerabilidades. Testemunhei e conheci a alegria apavorante da responsabilidade insuportável, reconheci como ela conquista tudo o mais. Às vezes, cheguei a pensar que os pais heroicos que aparecem neste livro eram tolos por se escravizarem a toda uma vida com seus filhos esquisitos, tentando extrair identidade da desgraça. Fiquei surpreso quando soube que minha pesquisa tinha erigido para mim uma plataforma e que eu estava pronto para juntar-me a eles no mesmo barco.

Agradecimentos

Um livro como este é um empreendimento de grupo, e agradeço antes de tudo às pessoas e famílias que concordaram em ser entrevistadas, muitas vezes para falar de experiências dolorosas a um alto custo pessoal. Sem elas não existiria *Longe da árvore*, como não existiria o mundo que o livro documenta. Fiquei tocado com sua determinação, sabedoria, generosidade e honestidade.

O impulso original para esta pesquisa veio da encomenda de escrever sobre a cultura de surdos para a *New York Times Magazine*, e agradeço a Adam Moss e Jack Rosenthal, por terem me proposto o tema, e a Annette Grant, por ter editado meu artigo. Interessei-me pela questão dos prodígios quando a *New Yorker* me pediu que escrevesse sobre Evgeny Kissin, e agradeço a Tina Brown, Henry Finder e Charles Michener por me incentivarem nesse trabalho. Leslie Hawke veio a minha casa numa noite em 2001 com uma cópia do impressionante filme de Lisa Hedley intitulado *Dwarfs: Not a Fairy Tale*; a partir da conversa que tivemos naquela noite, este livro tomou forma. Em 2007, Adam Moss sugeriu que eu escrevesse sobre o movimento pela neurodiversidade para a *New York*, indicação que se tornou fundamental para que eu desenvolvesse minha compreensão a respeito das pessoas sobre as quais estava escrevendo; Emily Nussbaum foi minha editora para aquela reportagem. Agradeço a ambos.

Tive a sorte de conseguir guias que me ajudaram a entrar em muitas das comunidades que eu queria documentar. Jackie Roth abriu-me as portas da cultura dos surdos desde 1994 e marcou muitas das entrevistas que incluí neste livro. I Gede Marsaja e I Gede Primantara foram meus guias em Desa Kolok. Betty Adelson foi minha principal consultora sobre nanismo, e agradeço a ela por ter lido e corrigido o esboço daquele capítulo. Suzanne Elliott Armstrong e Betsy Goodwin me ajudaram muito quando trabalhei com a síndrome de Down. Daniel M. Geschwind, Thomas Insel, James D. Watson e Bruce Stillman deram-me uma assistência inestimável com o conhecimento do autismo. Jeffrey Lieberman foi meu guia infatigável no conhecimento da esquizofrenia, e David Nathan cedeu seu tempo com generosidade para discutir a doença e ajudar-me a encontrar pacientes. Por sua monumental ajuda com minha pesquisa sobre esquizofrenia, agradeço a Colleen Marie Barrett, Bruce M. Cohen, Cathie Cook e Scott Rauch, do Hospital McLean. Kathleen Seidel ensinou-me muitas coisas sobre deficiência e me esclareceu sobre direitos dos deficientes. Agradeço particularmente a Justin Davidson, Siu Li GoGwilt, Charles Hamlen, Sarah Durie Solomon e Shirley Young por seu apoio incansável quando trabalhei no capítulo dos prodígios, e a Susan Ebersole e Robert Sirota por me apresentar a alunos da Escola de Música de Manhattan. Sou grato a Jesse Dudley por traduzir para mim *As aspirações de papai são altíssimas*, de Yuanju Li (2001) (*Ba ba de xin jiu zhe mo gao: gang qin tian cai Lang Lang he ta de fu qin*). Agradeço a Dina Temple-Raston pelo convite para visitar Ruanda e me ajudar a marcar entrevistas com vítimas de estupro, e a Janet Benshoof por dividir comigo as ideias de uma vida dedicada aos direitos reprodutivos. Em relação ao capítulo sobre crime, agradeço ao inspirado Stephen DiMenna, que me incentivou a acompanhá-lo ao Lar-Escola Condado de Hennepin, onde Tom Bezek, Thelma Fricke, Shelley Whelan e Terry Wise facilitaram gentilmente minhas entrevistas com internos e suas famílias. Alex Busansky e Jennifer Trone, da Comissão sobre Segurança e Maus-Tratos nas Prisões Americanas, deram-me excelentes informações para o embasamento daquele capítulo. Meu trabalho na comunidade trans contou com a ajuda e o apoio de Matt Foreman, Lisa Mottet, Kim Pearson e o pessoal da AFJT, e Rachel Pepper.

Fui afortunado por contar com uma excelente equipe de pesquisa que obteve e organizou grande quantidade de informações. Ao longo de uma década, o inteligente e entusiástico Ian Beilin, o espirituoso e convincente Stephen Bitterolf, a rigorosa e fiel Susan Ciampa, o consciencioso Jonah Engle, o livre-pensador Edric

Mesmer, a escrupulosa e astuta Kari Milchman, a generosa e brilhante Deborah Pursch, o corajoso Jacob Shamberg e a brilhante e criativa Rachel Trocchio contribuíram com seus conhecimentos, sua coerência e seu discernimento para minha pesquisa. Pat Towers editou um capítulo de amostra. Sou muito grato a Susan Kittenplan pela excelente edição do manuscrito quando ele ainda se encontrava absolutamente amorfo. Agradeço a Eugene Corey pela transcrição das primeiras entrevistas, e a Sandra Arroyo, Sonia Houmis, Kathleen Vach e demais membros da equipe da TruTranscripts pelo trabalho com as entrevistas posteriores.

Tornei-me uma espécie de viciado residente quando trabalhava neste livro. Passei um período no Centro Bellagio, da Fundação Rockefeller, outro na Fundação Ucross, dois na Colônia MacDowell e quatro na Yaddo. A serenidade proporcionada por essas instituições foi essencial para a elaboração do livro. Gostaria de agradecer especialmente a Pilar Palacia e Darren Walker, da Fundação Rockefeller; Sharon Dynak e Ruthie Salvatore, da Ucross; Michelle Aldredge, Nancy Devine, David Macy, Brendan Tapley e Cheryl Young, da MacDowell; e Cathy Clarke, Elaina Richardson e Candace Wait, da Yaddo.

Como sempre, tenho uma imensa dívida para com meu sábio e fiel agente, Andrew Wylie, que vem promovendo meu trabalho há quase um quarto de século e me ajudou a tornar-me o escritor que sou. Sou grato também a seus competentes assessores, sobretudo Sarah Chalfant, Alexandra Levenberg e Jeffrey Posternak. Presto uma homenagem a minha querida editora da Scribner, Nan Graham, que lê com o coração determinado e um belo lápis; sua mistura extraordinária de empatia, entusiasmo, paciência e argúcia moldaram este livro desde o momento em que ele foi imaginado até que ficou pronto. Agradeço também a Brian Belfiglio, Steve Boldt, Rex Bonomelli, Daniel Burgess, Roz Lippel, Kate Lloyd, Susan Moldow, Greg Mortimer, Carolyn Reidy, Kathleen Rizzo, Kara Watson e Paul Whitlatch, da Scribner. Agradeço a Alison Samuel, da Chatto & Windus, que comprou o livro, e a Clara Farmer, que acompanhou sua produção. Sou grato a Andrew Essex, Ben Freda, Jonathan Hills, Trinity Ray, Eric Rayman, Andres Saavedra e Eric Schwinn pela ajuda em outros aspectos da publicação.

Sou grato a Cheryl Henson e Ed Finn, pela imagem da sobrecapa, e a seu criador, Adam Fuss. Agradeço a Annie Leibovitz pela minha foto.

Todos os livros que escrevi foram emendados por Katherine Keenum, minha mentora desde meus primeiros escritos. Sua dedicação é profundamente estimulante e sua minuciosa leitura, inestimável.

Kathleen Seidel juntou-se a nós para organizar a bibliografia, compilar citações e conferir informações; assumiu a tarefa de questionar preconceitos relativos a identidade, deficiência, medicina e direito. Foi uma editora brilhante, e este livro teria sido completamente diferente sem sua inteligência detalhista, sua precisão estimulante, sua paixão pela exatidão e seu senso de propriedade.

Alice Truax se viu às voltas com numerosos esboços deste livro desde o início. Sua compreensão de meus objetivos foi tão grande que tive a impressão de que ela tinha entrado na minha cabeça para fazer reparos. Meu método é associativo; o dela, lógico. Com infinita paciência e competência, ela entalhou grandes blocos de caos e revelou a coerência que eles ocultavam.

Muitas pessoas me ajudaram a tocar a vida enquanto eu escrevia este livro, e gostaria de agradecer a Sergio Avila, Lorilynn Bauer, Juan e Amalia Fernandez, Ildikó Fülöp, Judy Gutow, Christina Harper, Brenda Hernández-Reynoso, Marsha Johnson, Celso, Miguela e Olga Mancol, Tatiana Martushev, Heather Nedwell, Jacek Niewinski, Mindy Pollack, Kylee Sallak, Eduardo e Elfi de los Santos, Marie Talentowski, Ester Tolete, Danusia Trevino e Bechir Zouay.

É impossível agradecer a todos que participaram deste livro; quase todos os dias, alguém dizia qualquer coisa que me ajudava a entender com maior clareza meus temas subjacentes: identidade e amor. Entre as pessoas que fizeram adendos úteis ou discutiram ideias fundamentais para o livro, ou leram e comentaram partes dele, estão Cordelia Anderson, Laura Anderson, Anne Applebaum, Lucy Armstrong, Dorothy Arnsten, Jack Barchas, Nesli Basgoz, Frank Bayley, Cris Beam, Bill e Bunny Beekman, Meica e Miguel de Beistegui, Erika Belsey e Alexi Worth, Mary Bisbee-Beek, Richard Bradley, Susan Brody, Hugo Burnand, Elizabeth Burns, Elizabeth e Blake Cabot, Mario e Ariadne Calvo-Platero, S. Talcott Camp, Thomas Caplan, Christian Caryl, Amy Fine Collins, Cathryn Collins, Robert Couturier, Dana B. Cowin e Barclay Palmer, Rebecca Culley e Peter K. Lee, Mary D'Alton, Meri Nana-Ama Danquah, Cecile David-Weill, Justin Davidson e Ariella Budick, Nick Davis e Jane Mendelsohn, Roland Davis e Margot Norris, Miraj Desai, Freddy Eberstadt, Nenna Eberstadt e Alistair Bruton, Nicholas Rollo David Evans, Melissa Feldman, Lorraine Ferguson, Susannah Fiennes, Adam e Olivia Flatto, Bill Foreman e Reg Barton, Cornelia Foss, Richard A. Friedman e Bob Hughes, Richard C. Friedman, Fran Gallacher, Arlyn Gardner, Rhonda Garelick, Kathleen Gerard, Bernard Gersten e Cora Cahan, Icy Gordon, Ann Gottleib, Philip Gourevich e Larissa MacFarquhar, Geordie e Kathryn Greig,

Guo Fang, Melanie e Martin Hall, Han Feng, Amy Harmon, John Hart, Ashton Hawkins e Johnnie Moore, David Hecht, Cheryl Henson e Ed Finn, David Herskovits e Jennifer Egan, Gillie Holme e Camille Massey, Richard Hubbard, Ana Joanes, Lisa Jonas, Maira Kalman, William Kentridge e Anne Stanwix, Terry Kirk, Larry Kramer, Søren Krogh, Mary Krueger e Andreas Saavedra, Roger e Neroli Lacey, Jhumpa Lahiri e Alberto Vourvoulias-Bush, Katherine Lanpher, Paul LeClerc, Michael Lee e Ashutosh Khandekar, Justin Leites, Jeffrey e Rosemarie Lieberman, Jennie Livingston, Betsy de Lotbinière, Kane Loukas e Christina Rieck, Ivana Lowell e Howard Blum, Sue Macartney-Snape, John MacPhee, Jamie Marks, Mary E. Marks, Cleopatra Mathis, Tey Meadow, James Meyer, Juliet Mitchell, Isaac Mizrahi, R. Clayton Mulford, Freda e Christian Murck, John e Nancy Novogrod, Rusty O'Kelley III e John Haskins, Ann Olson, Beatrix Ost e Ludwig Kuttner, Mary Alice Palmer, Harriet Paterson e Rick Cockett, Julie Peters, Alice Playten, Francine du Plessix Gray, Charles e Barbara Prideaux, Dièry Prudent e Mariza Scotch, Deborah e David Pursch, Emily K. Rafferty, Kim Reed e Claire Jones, Maggie Robbins, Paul e Susannah Robinson, Marion Lignana Rosenberg, Robert Rosenkranz e Alexandra K. Munroe, Steven Rosoff e Tanis Allen, Ira Sachs, Eric Saltzman, Phillip e Donna Satow, Christina Schmidt, Lisa Schmitz, John Schneeman, Jill Schuker, Alex Shand, Julie Sheehan, Nicola Shulman, Polly Shulman, Michael Silverman, Dee Smith, Doug Smith, Gordon Smith, Calvin, Emmett e Abigail Solomon, David e Sarah Long Solomon, Cindy Spiegel, Moonhawk River Stone, Kerry J. Sulkowicz e Sandra Leong, Ezra Susser, Claudia Swan, Dean Swanson, András Szántó e Alanna Stang, Dina Temple-Raston, Phyllis Toohey, Tara Tooke, Carll Tucker e Jane Bryant Quinn, Susan Wadsworth, Kathryn Walker, Jim e Liz Watson, Caroline Weber, Helen Whitney, Susan Willard, Hope e Grant Winthrop, Jaime Wolf, Micky Wolfson, Doug Wright e Dave Clement, e Larisa Zvezdochetova.

Agradeço a Laura Scher e Tammy Ward por me incentivar enquanto escrevia e pela alegria que trouxeram a minha vida.

Estarei para sempre em dívida com Blaine Smith pela solidariedade, generosidade e sabedoria; sou-lhe grato também por suas ideias sobre o design deste livro.

Minha madrasta, Sarah Durie Solomon, discutiu este livro em detalhe comigo, ano após ano, proporcionando-me numerosas ideias e me incentivando. Além disso, insistiu em que eu ficasse com meu pai e com ela durante longos períodos quando eu precisava escrever. O tempo que passamos todos juntos foi magnífico, e este livro não existiria sem ele.

Meu pai e leitor mais fiel, Howard Solomon, examinou um número espantoso de primeiros fragmentos e versões posteriores deste livro. Conversamos sobre cada entrevista e cada ideia, e ele nunca hesitou em sua convicção de que o empreendimento seria um sucesso. Sua dedicação de uma vida foi minha primeira experiência dessa espécie de paternidade sem restrições de que falei aqui.

Agradeço a Oliver Scher, Lucy Scher, Blaine Solomon e George Solomon pela paciência que tiveram quando meu trabalho me afastava de brincadeiras e jogos. Este livro é um tributo a eles, mas exigiu-lhes tolerância.

Finalmente, agradeço a meu marido, John Habich Solomon, que viveu comigo quando eu trabalhava e viveu sem mim quando eu trabalhava. A edição que ele fez do manuscrito em favor da exatidão foi uma bênção. A edição que ele fez da minha vida em favor da felicidade foi a maior bênção que já conheci.

Notas

Estas notas estão apresentadas em forma condensada; uma versão mais completa em inglês encontra-se em <www.andrewsolomon.org/far-from-the-tree/footnotes>.

Algumas notas sobre as notas. Em primeiro lugar, dei a todos os entrevistados a opção de serem citados pelo nome ou por pseudônimo. Indiquei todos os casos de pseudônimos nas notas. Embora tenha tentado ser o mais fiel possível às identidades daqueles que são citados sob pseudônimo, mudei algumas informações pessoais para proteger a privacidade das pessoas que assim o desejaram.

Incluí nestas notas referências a todas as citações de fontes impressas; todo o resto advém de entrevistas pessoais realizadas entre 1994 e 2012.

Para evitar que este livro ficasse ainda maior do que é ou adorná-lo com reticências, condensei algumas citações de fontes escritas. Nesses casos, o texto completo aparece nas notas on-line.

EPÍGRAFE [p. 7]

1. Ver Wallace Stevens, 1990, pp. 193-4.

1. FILHO [pp. 11-64]

1. Donald D. Winnicott, "Anxiety associated with insecurity", 1958, p. 98.

2. Minha pesquisa sobre a cultura surda resultou em um artigo, "Defiantly deaf", *New York Times Magazine*, 29 ago. 1994.

3. O site da Cochlear Corporation (www.cochlear.com) contém numerosas citações da palavra *milagre*; ver também, por exemplo, o relato de Aaron e Nechama Parnes sobre a Cochlear Celebration de 2007, "Celebrating the miracle of the cochlear implant", em <www.hearingpocket.com/celebration1.shtml>. Para o outro lado da história, ver Paddy Ladd, 2003, p. 415: "Na década de 1990, a engenharia genética iniciou o processo de tentar identificar o 'gene da surdez', trazendo assim para o alcance teórico o que poderia ser chamado de 'solução final' — a erradicação total da população surda". Harlan Lane comparou as tentativas de eliminar a surdez às de eliminar grupos étnicos em Paul Davies, "Deaf culture clash", *Wall Street Journal*, 25 abr. 2005.

4. Para mais detalhes sobre a idade ideal para o implante coclear, ver o capítulo 2 deste livro.

5. Estudos que estabelecem um risco maior de abuso para crianças que não se parecem com seus pais: Rebecca Burch e George Gallup, "Perceptions of paternal resemblance predict family violence", *Evolution & Human Behavior* 21, n. 6, nov. 2000; e Hongli Li e Lei Chang, "Paternal harsh parenting in relation to paternal versus child characteristics: The moderating effect of paternal resemblance belief", *Acta Psychologica Sinica* 39, n. 3, 2007.

6. O teólogo John Polkinghorne registrou essa interpretação de acordo com o que ele aprendera de Dirac, em *Science and Theology: An Introduction*, 1998, p. 31: "Faça a uma entidade quântica uma pergunta do tipo partícula e obterá uma resposta do tipo partícula; faça uma pergunta do tipo onda e obterá uma resposta do tipo onda".

7. "Tudo o que sei é o que tenho palavras para descrever": parte 5.6 do *Tractatus Logico-Philosophicus*, 1922, de Ludwig Wittgenstein: *"Die Grenzen meiner Sprache bedeuten die Grenzen meiner Welt"*. C. K. Ogden traduz essa frase por: "Os limites de minha linguagem significam os limites de meu mundo"; esta versão está na p. 149 da tradução para o inglês do *Tractatus* (1922).

8. Do verbete "maçã" de *The Oxford Dictionary of Proverbs*, org. Jennifer Speake, 2009: "A maçã jamais cai longe da árvore: aparentemente de origem oriental, é com frequência usado para afirmar a continuidade das características familiares. Cf. o ditado alemão do século XVI *"der Apfel fellt nicht gerne weit vom Baume"*.

9. Da frase de abertura do romance *Anna Kariênina*, de Liev Tolstói: "Todas as famílias felizes se parecem; cada família infeliz é infeliz à sua maneira".

10. O desenvolvimento inicial de crianças gays é discutido em Richard C. Friedman, 1990, pp. 16-21.

11. Para mais informações sobre preferência de cor atípica de gênero como preditor de homossexualidade, ver Vanessa LoBue e Judy S. DeLoache, "Pretty in pink: The early development of gender-stereotyped colour preferences", *British Journal of Developmental Psychology* 29, n. 3, set. 2011.

12. A inesquecível última frase está em A. A. Milne, 1961, pp. 179-80.

13. Ver Amos Kamil, "Prep-school predators: The Horace Mann School's secret history of sexual abuse", *New York Times Magazine*, 6 jun. 2012.

14. A menção a "pessoas feridas, confusas" é de uma postagem de Peter Lappin no Facebook.

15. Para mais informações sobre terapia sexual com assistente, ver o site da International Professional Surrogates Association, <surrogatetherapy.org/>.

16. A matéria da revista *Time* "The homosexual in America" é de 21 jan. 1966.

17. Hendrik Hertzberg, "The Narcissus survey", *New Yorker*, 5 jan. 1998.

18. Em 22 de dezembro de 2011, o governador de Michigan, Rick Snyder, assinou a Lei da Câmara 4770 (agora Lei Pública 297 de 2011), de Restrição ao Benefício de Companheiro Doméstico de Funcionário Público. O texto e a história legislativa da Lei 4770 podem ser encontrados no site do legislativo de Michigan, <www.legislature.mi.gov/mileg.aspx?page.=getobject&objectname=2011-HB-4770>.

19. Sobre Uganda, ver Josh Kron, "Resentment toward the West bolsters Uganda's antigay bill", *New York Times*, 29 fev. 2012; e Clar Ni Chonghaile, "Uganda anti-gay bill resurrected in parliament", *Guardian*, 8 fev. 2012; ver também, três notas adiante, a referência a Scott Lively.

20. A descrição de torturas e assassinatos de gays no Iraque está em Matt McAllester, "The hunted", *New York*, 4 out. 2009.

21. O episódio de *This American Life* "81 Words" (em www.thisamericanlife.org/radio-archives/episode/204/81-Words) é um relato absorvente da remoção da homossexualidade do *Manual Diagnóstico e Estatístico de Transtornos Mentais*; ver também Ronald Bayer, 1981.

22. O trecho se refere a Scott Lively, *Redeeming the Rainbow: A Christian Response to the "Gay" Agenda (2009)*. Scott Lively foi recentemente processado por um grupo de direitos dos gays de Uganda, que o acusou de fomentar a perseguição de gays naquele país; ver Laurie Goodstein, "Ugandan gay rights group sues U. S. evangelist", *New York Times*, 14 mar. 2012.

23. A resposta do contratador de mãe de aluguel a Ray Blanchard encontra-se em "Fraternal birth order and the maternal immune hypothesis of male homosexuality", *Hormones & Behavior* 40, n. 2, set. 2001, e está descrita em Alice Domurat Dreger, "Womb gay", *Hastings Center Bioethics Forum*, 4 dez. 2008.

24. O debate sobre a administração de dexametasona por Maria Iandolo New a mulheres grávidas está em Shari Roan, "Medical treatment carries possible side effect of limiting homosexuality", *Los Angeles Times*, 15 ago. 2010.

25. Para um exemplo de objeção de afro-americanos ao uso da linguagem dos direitos civis pelos gays, ver esta declaração do reverendo Patrick Wooden, da Carolina do Norte, citada em David Kaufman, "Tensions between black and gay groups rise anew in advance of anti-gay marriage vote in N. C.", *Atlantic*, 4 maio 2012: "Os afro-americanos estão estarrecidos que seu movimento de direitos civis tenha sido cooptado pelo assim chamado movimento dos direitos civis dos homossexuais. É um insulto, é irritante quando grupos LGBT dizem que não há diferença entre ser negro e ser homossexual".

26. "Se manifestares o que está dentro de ti..." é o provérbio 70, em Elaine H. Pagels, 2003, p. 53.

27. A estatística sobre infanticídio maternal encontra-se em James Alan Fox e Marianne W. Zawitz, 2007, p. 42, no quadro "Homicide Type by Gender, 1976-2005". Ver também Steven Pinker, "Why they kill their newborns", *New York Times*, 2 nov. 1997.

28. A rejeição, pelos pais, de filhos visivelmente deficientes é analisada em Meira Weiss, 1994, pp. 152-4. Para uma revisão datada, mas útil, da literatura sobre adaptação familiar a filhos com queimaduras graves, ver Dale W. Wisely, Frank T. Masur e Sam B. Morgan, "Psychological aspects of severe burn injuries in children", *Health Psychology* 2, n. 1, inverno 1983.

29. Um estudo recente do Centro de Controle e Prevenção de Doenças concluiu que a maioria das crianças adotadas tem problemas de saúde e deficiências significativas. O relatório foi redi-

gido por Matthew D. Bramlett, Laura F. Radel e Stephen J. Blumberg com o título de "The health and well-being of adopted children", *Pediatrics* 119, supl. 1, 1 fev. 2007.

30. A primeira ocorrência da expressão *eugenia comercial* aparece em M. MacNaughton, "Ethics and reproduction", *American Journal of Obstetrics & Gynecology* 162, n. 4, abr. 1990.

31. Ver Francis Fukuyama, 2002.

32. Freud explora as polaridades de emoções dentro do amor e do ódio em *The Ego and the Id*, 1989.

33. Ver Matt Ridley, 2003.

34. A citação de Clarence Darrow vem de sua argumentação final de defesa no julgamento por assassinato de Leopold e Loeb, reproduzida em *Famous American Jury Speeches*, 1925. Da p. 1050: "Sei que uma de duas coisas aconteceu a Richard Loeb; que seu crime terrível era inerente ao seu organismo e veio de algum antepassado, ou que veio através de sua educação e formação depois que nasceu".

35. A estatística sobre a incidência de deficiências está em Paul T. Jaeger e Cynthia Ann Bowman, 2005, p. 25.

36. Tobin Siebers, *Disability Theory*, 2008, p. 176.

37. A ideia de que os anos que exigem mais esforço para lidar com um filho com necessidades especiais é sua primeira década, quando a situação ainda é nova e confusa, a segunda década, porque são adolescentes, e a última década da vida dos pais, quando estão velhos e debilitados demais para continuar a prestar cuidados e se preocupam muito com o que vai acontecer com seu filho depois que se forem, é descrita como um gráfico de estresse em forma de U — alto no começo e no fim. Ver a discussão feita por Marsha Mailick Seltzer e suas colegas no capítulo "Midlife and later life parenting of adult children with mental retardation", em Carol Ryff e Marsha Mailick Seltzer (Orgs.), 1996, pp. 459-532.

38. Simon Olshansky, "Chronic sorrow: A response to having a mentally defective child", *Social Casework* 43, n. 4, p. 190, 1962.

39. Aaron Antonovsky analisa detalhadamente o "senso de coerência" em *Health, Stress, and Coping*, 1980.

40. Ann Masten, "Ordinary magic: Resilience processes in development", *American Psychologist* 56, n. 3, p. 227, mar. 2001.

41. Pais relatam a deterioração de sua saúde devido às exigências dos cuidados em Bryony A. Beresford, "Resources and strategies: How parents cope with the care of a disabled child", *Journal of Child Psychology & Psychiatry* 35, n. 1, jan. 1994.

42. O estudo que comprovou alteração celular em mulheres que cuidavam havia muito tempo de deficientes é de Elissa Epel et al., "Accelerated telomere shortening in response to life stress", *Proceedings of the National Academy of Sciences* 101, n. 49, dez. 2004.

43. O dado de que pais que descreveram uma carga significativa de cuidados morriam mais jovens do que aqueles com uma carga mais leve está em Ann P. Turnbull, Joan M. Patterson e Shirley K. Behr (Orgs.), 1993, p. 204, no capítulo de Tamar Heller intitulado "Self-efficacy coping, active involvement, and caregiver well-being throughout the life course among families of persons with mental retardation", citando B. Farber, L. Rowitz e I. DeOllos, "Thrivers and nonsurvivors: Elderly parents of retarded offspring", 1987, trabalho apresentado na reunião anual da American Association on Mental Deficiency, Detroit.

44. O estudo é de Douglas A. Abbott e William H. Meredith, "Strengths of parents with retarded children", *Family Relations* 35, n. 3, jul. 1986.

45. Glenn Affleck e Howard Tennen's, "Cognitive adaptation to adversity: Insights from parents of medically fragile infants", em Ann P. Turnbull, Joan M. Patterson e Shirley K. Behr (Orgs.), 1993, p. 138.

46. O estudo em que a imensa maioria dos participantes relatou experiências paternais e maternais positivas é de Allen G. Sandler e Lisa A. Mistretta, "Positive adaptation in parents of adults with disabilities", *Education & Training in Mental Retardation & Developmental Disabilities* 33, n. 2, jun. 1998.

47. Glenn Affleck e Howard Tennen comparam pais otimistas e pessimistas no capítulo "Cognitive adaptation to adversity: Insights from parents of medically fragile infants", em Ann P. Turnbull, Joan M. Patterson e Shirley K. Behr (Orgs.), 1993, p. 139.

48. Ver Miguel de Unamuno, 1977, p. 5: "Em geral, não são nossas ideias que nos fazem otimistas ou pessimistas, mas é nosso otimismo ou pessimismo — de origem talvez psicológica ou patológica, tanto uma como outra — que faz nossas ideias".

49. O estudo sobre felicidade comparativa é de P. Brickman, D. Coates e R. Janoff- Bulman, "Lottery winners and accident victims: Is happiness relative?", *Journal of Personal & Social Psychology* 36, n. 8, ago. 1978; o assunto é o tema central de Daniel Gilbert, 2006.

50. Ver Martha Nibley Beck, 1999.

51. Clara Claiborne Park, 1967, p. 267.

52. Do artigo da sra. Max A. Murray "Needs of parents of mentally retarded children", 1959, reimpresso em Jan Blacher e Bruce L. Baker (Orgs.), 2002, p. 56.

53. Marty Wyngaarden Krauss e Marsha Mailick Seltzer catalogam obstáculos e recursos para pais de filhos deficientes em "Coping strategies among older mothers of adults with retardation: A life-span developmental perspective", em Ann P. Turnbull, Joan M. Patterson e Shirley K. Behr (Orgs.), 1993, p. 177.

54. Ver, por exemplo, Kate Scorgie e Dick Sobsey, "Transformational outcomes associated with parenting children who have disabilities", *Mental Retardation* 38, n. 3, jun. 2000.

55. Ver, por exemplo, Robert M. Hodapp e Diane V. Krasner, "Families of children with disabilities: Findings from a national sample of eighth-grade students", *Exceptionality* 5, n. 2, 1995; Rosalyn Roesel e G. Frank Lawlis, "Divorce in families of genetically handicapped/mentally retarded individuals", *American Journal of Family Therapy* 11, n. 1, primavera 1983; Lawrence J. Shufeit e Stanley R. Wurster, "Frequency of divorce among parents of handicapped children", ERIC Document Reproduction Service n. ED 113 909 (1975); e Don Risdal e George H. S. Singer, "Marital adjustment in parents of children with disabilities: A historical review and meta-analysis", *Research & Practice for Persons with Severe Disabilities* 29, n. 2, verão 2004. A meta-análise de Risdal e Singer concluiu que "há um impacto negativo geral detectável sobre a adaptação marital, mas esse impacto é pequeno e muito menor do que se esperaria tendo em vista suposições anteriores sobre a suposta inevitabilidade de impactos danosos de crianças com deficiências sobre o bem-estar familiar".

56. Profissionais dúbios abundam em Jeanne Ann Summers, Shirley K. Behr e Ann P. Turnbull, "Positive adaptation and coping strengths of families who have children with disabilities", em George H. S. Singer e Larry K. Irvin (Orgs.), 1989, p. 29.

57. Janet Vohs, "On belonging: A place to stand, a gift to give", em Ann P. Turnbull, Joan M. Patterson e Shirley K. Behr (Orgs.), 1993.

58. Para um exame profundo da internação em instituições nos Estados Unidos e das campanhas em prol dos esforços das famílias para cuidar de seus filhos deficientes em casa, ver Joseph P. Shapiro, 1993.

59. A investigação feita por Geraldo Rivera em 1972 sobre as condições de vida na Willowbrook State School, in Staten Island, faz parte do documentário em DVD *Unforgotten: Twenty-Five Years After Willowbrook* (2008).

60. John J. O'Connor, "TV: Willowbrook State School, 'the Big Town's leper colony'", *New York Times*, 2 fev. 1972.

61. Russell Barton usou a expressão "escaras mentais" em *Institutional Neurosis*, 1959, p. 7.

62. Jan Blacher, "Sequential stages of parental adjustment to the birth of a child with handicaps: Fact or artifact?", *Mental Retardation* 22, n. 2, abr. 1984.

63. O cuidado das pessoas deficientes na sociedade pré-industrial é examinado em Lennard Davis, 1995, pp. 2-3.

64. Adolf Hitler é mencionado em Colin Barnes, Geof Mercer e Tom Shakespeare (Orgs.), 1999, p. 33, citando M. Burleigh, *Death and Deliverance: Euthanasia in Germany, 1900-1945*, 1994.

65. Para uma discussão sobre a esterilização compulsória na Europa e nos Estados Unidos, ver Richard Lynn, 2001, pp. 34-5.

66. A "Lei dos Feios" era a Seção 36034 do Código Municipal de Chicago (revogada em 1974). Ela é examinada detalhadamente em Adrienne Phelps Coco, "Diseased, maimed, mutilated: Categorizations of disability and an ugly law in late nineteenth century Chicago", *Journal of Social History* 44, n. 1, outono 2010.

67. A comparação com as leis segregacionistas foi feita pelo juiz Thurgood Marshall na decisão da Suprema Corte de 1985 no caso Cidade de Cleburne, Texas versus Cleburne Living Center, Inc., na qual ele diz dos doentes mentais: "Logo surgiu um regime de segregação e degradação imposto pelo Estado que, em sua virulência e intolerância, rivalizou e, com efeito, equiparou-se aos piores excessos das leis de Jim Crow". A decisão completa pode ser encontrada em <www.law.cornell.edu/supct/html/historics/USSC_CR_0473_0432_ZX.html>.

68. *Cultural Locations of Disability*, 2006, p. 72.

69. Os dados sobre grau de educação alcançado por crianças deficientes e situação econômica de adultos deficientes baseiam-se na discussão de Colin Barnes e Geof Mercer, 2003, pp. 45-9.

70. A proposta do Royal College de Obstetras e Ginecologistas de estabelecer diretrizes para a eutanásia de bebês prematuros gravemente doentes é analisada em Peter Zimonjic, "Church supports baby euthanasia", *Times*, 12 nov. 2006.

71. O texto completo da Lei de Reabilitação de 1973 (29 USC § 701) pode ser encontrado on-line em <www.law.cornell.edu/uscode/text/29/701>, e a Lei dos Americanos com Deficiências (42 USC § 12101), em <www.law.cornell.edu/usc-cgi/get_external.cgi?type=pubL&target=101-336>.

72. O discurso do vice-presidente Biden é comentado em "Biden praises Special Olympic athletes", *Spokesman-Review*, 19 fev. 2009.

73. Para uma discussão erudita sobre o encolhimento das proteções da lei da deficiência, ver Samuel R. Bagenstos, "The future of disability law", *Yale Law Journal* 114, n. 1, out. 2004. Notar também, por exemplo, a decisão da Suprema Corte americana no caso Toyota Motor Manufacturing

versus Williams, 534 U. S. 184 (2002) (texto completo em <www.law.cornell.edu/supct/html/00-1089. zo.html>), que estabeleceu uma interpretação restrita do que constitui "limitação substancial" de "importantes atividades da vida".

74. Erving Goffman, 1986.

75. Susan Burch, 2004, p. 7.

76. Michael Oliver, 1996, p. 35.

77. Dados sobre mudanças na expectativa de vida ao longo do tempo podem ser encontrados em Laura B. Shrestha, "Life Expectancy in the United States", Congressional Research Service, 2006.

78. Ruth Hubbard, "Abortion and disability", em Lennard Davis (Org.), *The Disability Studies Reader*, 2. ed., 2006, p. 93.

79. James C. Wilson, "(Re)writing the genetic body-text: Disability, textuality, and the Human Genome Project", em Lennard Davis (Org.), *The Disability Studies Reader*, 2. ed., 2006, p. 71.

80. Marsha Saxton, "Disability rights and selective abortion", em Lennard Davis (Org.), *The Disability Studies Reader*, 2. ed., 2006, pp. 110-1.

81. Sharon Snyder e David T. Mitchell, 2006, p. 31.

82. William Ruddick discute a "concepção da hospitalidade" das mulheres em seu artigo "Ways to limit prenatal testing", em Erik Parens e Adrienne Asch (Orgs.), 2000.

83. Laura Hershey, "Choosing disability", *Ms.*, jul. 1994.

84. Ruth Hubbard, "Eugenics: New tools, old ideas", em Elaine Hoffman Baruch, Amadeo F. D'Adamo e Joni Seager (Orgs.), *Embryos, Ethics, and Women's Rights: Exploring the New Reproductive Technologies*, 1988, p. 232.

85. Para uma crítica do Projeto do Genoma Humano, ver Mary Jo Iozzio, "Genetic anomaly or genetic diversity: Thinking in the key of disability on the human genome", *Theological Studies* 66, n. 4, dez. 2005; e James C. Wilson, "(Re)writing the genetic body-text: Disability, textuality, and the Human Genome Project", em Lennard Davis (Org.), *The Disability Studies Reader*, 2. ed., 2006.

86. Donna Haraway, 1991, p. 215.

87. A referência de Michel Foucault a "uma tecnologia para indivíduos anormais" está em *Abnormal: Lectures at the Collège de France, 1974-1975*, 2003, p. 61; sua referência ao "vigor físico e asseio moral do corpo social" está em *The History of Sexuality*, v. 1, 1990, p. 54; a discussão do erro está na p. 22 de sua introdução a *The Normal and the Pathological*, 1991, de Georges Canguilhem.

88. Todas as citações desse trecho vêm de Deborah Kent, "Somewhere a mockingbird", em Erik Parens e Adrienne Asch (Orgs.), 2000, pp. 57-63.

89. John Hockenberry, 1996, p. 36.

90. Rod Michalko iguala ajuda e xingamento em *The Difference That Disability Makes*, 2002, p. 20.

91. Arlene Mayerson discute o perigo da "benevolência" para com os deficientes em Nancy Gibbs, "Pillow angel ethics", *Time*, 7 jan. 2007.

92. Os resultados do estudo sobre felicidade estão em David Kahneman et al., "Would you be happier if you were richer? A focusing illusion", *Science* 312, n. 5782, 30 jun. 2006.

93. Steven R. Smith, "Social justice and disability: Competing interpretations of the medical and social models", em Kristjana Kristiansen, Simo Vehmas e Tom Shakespeare (Orgs.), 2009, p. 26.

94. Para mais informações sobre os movimentos pro-ana e pro-mia, ver Virginia Heffernan, "Narrow-minded", *New York Times*, 25 maio 2008.

95. Lucy Grealy, 1994, p. 157.

96. Ver Dylan M. Smith et al., "Happily hopeless: Adaptation to a permanent, but not to a temporary, disability", *Health Psychology* 28, n. 6, nov. 2009.

97. O processo contra o médico que fez o aborto está descrito em Rebecca Allison, "Does a cleft palate justify an abortion?", *Guardian*, 2 dez. 2003.

98. A citação da mãe de um filho com fenda palatina vem de Barry Nelson, "Born with just a little difference", *Northern Echo*, 2 dez. 2003.

99. A citação de Bruce Bauer está em Eric Zorn, "At 15, Lauren is coming forward for kids like her", *Chicago Tribune*, 24 abr. 2003.

100. O perfil de Chris Wallace está em Chris Dufresne, "Amazing feat", *Los Angeles Times*, 8 out. 1997.

101. Joanne Green, "The reality of the miracle: What to expect from the first surgery", *Wide Smiles*, 1996.

102. Alice Domurat Dreger, 2004, pp. 55-7 (condensado).

103. Annick-Camille Dumaret et al., "Adoption and fostering of babies with Down syndrome: A cohort of 593 cases", *Prenatal Diagnosis* 18, n. 5, maio 1998.

104. Elizabeth Lehr Essex et al., "Residential transitions of adults with mental retardation: Predictors of waiting list use and placement", *American Journal of Mental Retardation* 101, n. 6, maio 1997.

105. Entre os estudos sobre disparidades raciais e socioeconômicas em taxas de internamento de crianças deficientes estão os já citados de Dumaret e Essex; Jan Blacher, "Placement and its consequences for families with children who have mental retardation", em Jan Blacher (Org.), 1994; Frances Kaplan Grossman, 1972; Robert Hanneman e Jan Blacher, "Predicting placement in families who have children with severe handicaps: A longitudinal analysis", *American Journal on Mental Retardation* 102, n. 4, jan. 1998; e Tamar Heller e Alan Factor, "Permanency planning for adults with mental retardation living with family caregivers", *American Journal on Mental Retardation* 96, n. 2, set. 1991.

106. Jim Sinclair, "Don't mourn for us", 1993, em <www.jimsinclair.org/dontmourn.htm>.

107. Susannah Frankel, "Body beautiful", *Guardian*, 29 ago. 1998.

108. O perfil de Bill Shannon está em Bill O'Driscoll, "Turning the tables", *Pittsburgh City Paper*, 29 mar. 2007.

109. Para mais informações sobre as aspirações e a performance do atleta paraolímpico Oscar Pistorius, ver "Oscar Pistorius hopes to have place at London Olympics", British Broadcasting Corporation, 17 mar. 2012; "Oscar Pistorius: The 'Blade Runner' who is a race away from changing the Olympics", Associated Press/ *Washington Post*, 16 maio 2012; e "Oscar Pistorius makes Olympic history in 400m at London 2012", British Broadcasting Corporation, 4 ago. 2012. Para o perfil de Pistorius na revista *Time*, ver Sean Gregory, "The world's 100 most influential people 2012: Oscar Pistorius: The Blade Runner", *Time*, 18 abr. 2012. A prisão e a acusação do atleta paraolímpico pela morte de Reeva Steencamp no Dia dos Namorados de 2013 tem recebido extensa cobertura na imprensa sul-africana; ver "Oscar Pistorius held for murder after shooting girlfriend", *The Times* (Joannesburgo), 14 fev. 2013, e diversas matérias subsequentes; e "A special report on Oscar Pistorius", *Mail & Guardian*, 2013. A suspensão de seus contratos de patrocínio foi relatada em Gareth A. Davies, "Nike severs payment to Oscar Pistorius and suspends its endorsement contract with him", *Telegraph*, 21 fev. 2013. Para comentários sobre Pistorius como uma figura decadente, ver Eleanor Goldberb, "Amputee marathoner: Oscar Pistorius murder charge felt like 'punch in stomach'", *Huffington Post*, 26 fev. 2013. Para comentários adicionais sobre a construção da imagem de Pistorius, ver

Eddie Ndopu, "Oscar Pistorius: Salvaging the super crip narrative", *The Feminist Wire*, 19 fev. 2013, e Jemele Hill, "An Olympic myth", ESPN, 21 fev. 2013.

110. Ver Adam Doerr, "The wrongful life debate", *Genomics Law Report*, 22 set. 2009.

111. Wim Weber, "France's highest court recognises 'the right not to be born'", *Lancet* 358, n. 9297, 8 dez. 2001; as consequências estão descritas em Lynn Eaton, "France outlaws the right to sue for being born", *British Medical Journal* 324, n. 7330, 19 jan. 2002.

112. Ver Adam Doerr, "The wrongful life debate", *Genomics Law Report*, 22 set. 2009; Ronen Perry, "It's a wonderful life", *Cornell Law Review* 93, 2008; e a decisão em *Turpin v. Sortini*, 31 Cal. 3d 220, 643 P.2d 954 (3 maio 1982); de que o caso perante a Suprema Corte da Califórnia dizia respeito a um processo em que a criança surda era considerada demandante. O texto completo da decisão pode ser encontrado no site da Stanford Law School, <scocal.stanford.edu/opinion/turpin-v-sortini-30626>.

113. *Curlender v. BioScience Laboratories*, 106 Cal. App. 3d 811, 165 Cal. Rptr. 477 (1980). A decisão completa pode ser encontrada em <law.justia.com/cases/california/calapp3d/106/811.html>.

114. *Miller v. HCA, Inc.*, 118 S. W. 3d 758 (Tex. 2003). A decisão inteira pode ser lida no site da Suprema Corte do Texas, <www.supreme.courts.state.tx.us/historical/2003/sep/010079.pdf>.

115. Nigel Andrews, "Glowing wonder of an Anatolian epiphany", *Financial Times*, 15 mar. 2012.

116. Richard P. Hastings et al., "Factors related to positive perceptions in mothers of children with intellectual disabilities", *Journal of Applied Research in Intellectual Disabilities* 15, n. 3, set. 2002.

117. Ver Kate Scorgie e Dick Sobsey, "Transformational outcomes associated with parenting children who have disabilities", *Mental Retardation* 38, n. 3, jun. 2000.

118. O estudo está descrito em Ann P. Turnbull, Joan M. Patterson e Shirley K. Behr (Orgs.), 1993, em Glenn Affleck e Howard Tennen, "Cognitive adaptation to adversity: Insights from parents of medically fragile infants", p. 138.

119. O estudo está descrito em Glenn Affleck, Howard Tennen e Jonelle Rowe (Orgs.), 1991, p. 135.

120. Tobin Siebers, 2008, p. 183.

121. A citação de Roy McDonald vem de Danny Hakim, Thomas Kaplan e Michael Barbaro, "After backing gay marriage, 4 in G. O. P. face voters' verdict", *New York Times*, 4 jul. 2011; a citação de Jared Spurbeck vem de seu artigo "NY senator's grandkids made him realize 'gay is OK'", *Yahoo! News*, 26 jun. 2011.

122. Comunicação pessoal de Doug Wright.

123. Ver Ann Whitcher-Gentzke, "Dalai Lama brings message of compassion to UB", *UB Reporter*, 21 set. 2006.

124. Essa ingenuidade ocidental sobre o nirvana me foi explicada por Robert Thurman em 2006.

125. Jalāl al-Dīn Rūmī (Maulana), 1995, p. 142: "Não dê as costas. Mantenha seu olhar no lugar da atadura. É ali que a luz entra em você".

2. SURDOS [pp. 65-141]

1. Meu artigo "Defiantly deaf" foi publicado na *New York Times Magazine*, 29 ago. 1994.

2. As interações entre os manifestantes e os adminstradores do Centro Lexington para Surdos

foram relatadas em David Firestone, "Deaf students protest new school head", *New York Times*, 27 abr. 1994.

3. Uma lista de escolas estaduais para surdos nos Estados Unidos pode ser encontrada no site do Laurent Clerc National Deaf Education Center, <clerccenter.gallaudet.edu/Clerc_Center/ Information_and_Resources/Info_to_Go/Resources/ Superintendents_of_Schools_for_the_Deaf_ Contact_Information.html>.

4. Os dados sobre a porcentagem de crianças surdas com pais que ouvem vêm de Ross E. Mitchell e Michael A. Karchmer, "Chasing the mythical ten percent: Parental hearing status of deaf and hard of hearing students in the United States", *Sign Language Studies* 4, n. 2, inverno 2004.

5. Ver Santo Agostinho, *Contra Julianum*: "Dizeis que a natureza humana, na alvorada de sua existência, está enriquecida com o dote da inocência. Eu o admito, mas somente no que se refere a pecados pessoais. Ao contrário, ao negardes a existência do pecado original, dizei-me por favor: por que, apesar de tanta inocência, nascem às vezes cegos ou surdos, defeito natural que prejudica a fé, pois, segundo o testemunho do Apóstolo, a recebemos *pelo ouvido?*". Esse trecho é de *Augustini, Sancti Aurelii, Hipponensis Episcopi Traditio Catholica, Saecula IV-V, Opera Omnia, Tomus Decimus, Contra Julianum, Horesis Pelagianea Defensorum, Liber Tertius, Caput IV-10. Excudebatur et venit apud J. P. Migne editorem*, 1865, citado em Ruth E. Bender, 1970, p. 27.

6. A educação de crianças surdas por famílias nobres é o tema de Susan Plann, 1997.

7. A história dos surdos na França e a obra do abade De L'Épée é o tema de James R. Knowlson, "The idea of gesture as a universal language in the XVIIth and XVIIIth centuries", *Journal of the History of Ideas* 26, n. 4, out./dez. 1965; e Anne T. Quartararo, "The perils of assimilation in modern France: The Deaf community, social status, and educational opportunity, 1815-1870", *Journal of Social History* 29, n. 1, outono 1995.

8. Ver Phyllis Valentine, "Thomas Hopkins Gallaudet: Benevolent paternalism and the origins of the American Asylum", em John Vickrey Van Cleve (Org.), *Deaf History Unveiled: Interpretations from the New Scholarship*, 1999, pp. 53-73.

9. Para uma história detalhada da comunidade surda em Martha's Vineyard, ver Nora Ellen Groce, 1985.

10. A história da Universidade Gallaudet é contada em Brian H. Greenwald e John Vickrey Van Cleve, 2010.

11. Alexander Graham Bell expôs suas propostas em "Memoir upon the formation of a deaf variety of the human race", trabalho apresentado à Academia Nacional de Ciências em 13 de novembro de 1883 e publicado em *Memoirs of the National Academy of Sciences*, 1884; e em "Historical notes concerning the teaching of speech to the deaf", *Association Review* 2, fev. 1900.

12. O interesse de Thomas Edison pelo movimento oralista surgiu, em parte, de sua experiência com pessoa portadora de deficiência auditiva. Durante algum tempo, Edison foi membro do Conselho Consultivo do Volta Bureau, a organização fundada por Alexander Graham Bell para promover a educação em "leitura da fala, fala e audição" para surdos; ver o artigo de John A. Ferrall "Floating on the wings of silence with Beethoven, Kitto, and Edison", *Volta Review* 23, 1921, pp. 295-6.

13. Bell e a influência do oralismo são analisados em Douglas C. Baynton, 1996; Carol Padden e Tom Humphries, 2005; e John Vickrey Van Cleve, *Deaf History Unveiled: Interpretations from the New Scholarship*, 1999.

14. Carol Padden e Tom Humphries, 1988, p. 36.

15. Patrick Boudreault é professor assistente na Universidade Estadual da Califórnia, Northridge. Todas as citações de Boudreault vêm de minha entrevista com ele em 2008 e comunicações subsequentes.

16. As conclusões de Aristóteles sobre a inteligência comparativa dos surdos e dos cegos foram expostas em *História dos animais* e *Sobre os sentidos e o sensível*. Aristóteles sustentava que "das pessoas carentes de nascença de algum sentido, os cegos são mais inteligentes do que os surdos-mudos" porque "o discurso racional é uma causa de instrução em virtude de ser audível". Essas citações vêm de *Sense and Sensibilia* 437a, 3-17, em J. Barnes (Org.), *Complete Works of Aristotle: The Revised Oxford Translation*, 1984, p. 694.

17. A obra de William Stokoe *Sign Language Structure: An Outline of the Visual Communication Systems of the American Deaf* foi originalmente publicada em 1960 pelo Departamento de Antropologia e Linguística da Universidade de Buffalo e reimpressa no *Journal of Deaf Studies & Deaf Education* 10, n. 1, inverno 2005.

18. A lateralização hemisférica e a linguagem de sinais são discutidas em Oliver Sacks, 1989, pp. 93-111; e em Heather P. Knapp e David P. Corina, "Cognitive and neural representations of language: Insights from sign languages of the deaf", em Kristin A. Lindgren et al., 2008, pp. 77-89.

19. O efeito de uma lesão no hemisfério esquerdo sobre a capacidade de produzir a língua de sinais é o tema de Ursula Bellugi et al., "Language, modality, and the brain", em M. H. Johnson (Org.), 1993; e Gregory Hickock, Tracy Love-Geffen e Edward S. Klima, "Role of the left hemisphere in sign language comprehension", *Brain & Language* 82, n. 2, ago. 2002.

20. Entre os estudos que demonstram que pessoas que aprendem a língua de sinais na idade adulta tendem a usar mais a parte visual do cérebro está o de Madeleine Keehner e Susan E. Gathercole, "Cognitive adaptations arising from nonnative experience of sign language in hearing adults", *Memory & Cognition* 35, n. 4, jun. 2007.

21. O estudo sobre *Pedro e o lobo* — J. Feijoo, "Le foetus, Pierre et le Loup" — foi publicado originalmente em E. Herbinet e M. C. Busnel (Orgs.), *L'Aube des sens*, 1981, e depois citado por Marie-Claire Busnel, Carolyn Granier-Deferre e Jean-Pierre Lecanuet, "Fetal audition", *Annals of the New York Academy of Sciences* 662, Developmental Psychobiology, out. 1992. Os pesquisadores japoneses de acústica Yoichi Ando e Hiroaki Hattori descreveram a aclimatação pré-natal de bebês ao barulho do aeroporto em "Effects of intense noise during fetal life upon postnatal adaptability", *Journal of the Acoustical Society of America* 47, n. 4, parte 2, 1970.

22. As preferências de linguagem de recém-nascidos são discutidas em Jacques Mehler et al., "A precursor of language acquisition in young infants", *Cognition* 29, n. 2, jul. 1988; e em Christine Moon, Robin Panneton Cooper e William P. Fifer, "Two-day-olds prefer their native language", *Infant Behavior and Development* 16, n. 4, out./dez. 1993.

23. O declínio da percepção de fonemas não nativos tem sido um importante foco de estudo da psicóloga infantil Janet F. Werker, da Universidade de Ottawa; entre seus relatórios acadêmicos sobre o tema estão "Cross-language speech perception: Evidence for perceptual reorganization during the first year of life", *Infant Behavior & Development* 25, n. 1, jan./mar. 2002; e "Infant-directed speech supports phonetic category learning in English and Japanese", *Cognition* 103, n. 1, abr. 2007. Uma descrição menos técnica de seu trabalho pode ser encontrada em seu artigo "Becoming a native listener", *American Scientist* 77, n. 1, jan./fev. 1989.

24. Para informações sobre o desenvolvimento inicial da linguagem, ver Robert J. Ruben, "A

time frame of critical/sensitive periods of language development", *Acta Otolaryngologica* 117, n. 2, mar. 1997. A rapidez precoce na aquisição da linguagem de sinais é tratada por John D. Bonvillian et al., "Developmental milestones: Sign language acquisition and motor development", *Child Development* 54, n. 6, dez. 1983. Entre os estudos sobre o declínio da capacidade do cérebro de adquirir linguagem ao longo do tempo estão Helen Neville e Daphne Bavelier, "Human brain plasticity: Evidence from sensory deprivation and altered language experience", *Progress in Brain Research* 138, 2002; Aaron J. Newman et al., "A critical period for right hemisphere recruitment in American Sign Language processing", *Nature Neuroscience* 5, n. 1, jan. 2002; Rachel I. Mayberry et al., "Age of acquisition effects on the functional organization of language in the adult brain", *Brain & Language* 119, n. 1, out. 2011; e Nils Skotara et al., "The influence of language deprivation in early childhood on L2 processing: An ERP comparison of deaf native signers and deaf signers with a delayed language acquisition", *BMC Neuroscience* 13, n. 44, maio de 2012.

25. Susan Schaller, 1995.

26. A estimativa da incidência de dificuldade de audição em prisioneiros vem de Katrina Miller, "Population management strategies for deaf and hard-of-hearing offenders", *Corrections Today* 64, n. 7, dez. 2002.

27. A taxa de aquisição vocabular de filhos surdos de pais ouvintes é revista em Raymond D. Kent (Org.), 2004, pp. 336-7.

28. Douglas Baynton, 1996, p. 5.

29. Eugene D. Mindel e McKay Vernon, *They Grow in Silence: The Deaf Child and His Family*, 1971, p. 58, tal como citado em Beryl Lieff Benderly, 1990, p. 51.

30. Todas as citações de Jackie Roth neste capítulo vêm de múltiplas entrevistas e comunicações com ela desde 1994.

31. Embora se costume pensar que a Lei de Educação dos Indivíduos com Deficiências determina que crianças com deficiências sejam educadas junto com crianças não deficientes, a lei, na verdade, exige que a educação das deficientes "assegure o acesso delas ao currículo geral na medida máxima possível", no "ambiente menos restritivo" possível. Ver Sultana Qaisar, "Idea 1997 — 'Inclusion is the law'", trabalho apresentado na Convenção Anual do Conselho para Crianças Excepcionais, Kansas City, Missouri, 18-21 de abril de 2001; e Perry A. Zirkel, "Does Brown v. Board of Education play a prominent role in special education law?", *Journal of Law & Education* 34, n. 2, abr. 2005.

32. Ross E. Mitchell e Michael Karchmer, "Demographics of deaf education: More students in more places", *American Annals of the Deaf* 151, n. 2, 2006.

33. Judith Heumann, "Oberti decision is core of the ED's inclusion position", *Special Educator*, p. 8, 2 nov. 1993, tal como citado em Jean B. Crockett e James M. Kaufmann, *The Least Restrictive Environment: Its Origins and Interpretations in Special Education*, 1999, p. 21.

34. *Board of Education v. Rowley*, 458 U. S. 176 (1982); o texto completo da decisão pode ser encontrado em <www.law.cornell.edu/supremecourt/text/458/176>.

35. Bonnie Poitras Tucker, "Deaf culture, cochlear implants, and elective disability", *Hastings Center Report* 28, n. 4, 1jul. 1998.

36. Estudos que encontram desempenho superior de crianças surdas filhas de pais surdos em comparação com crianças surdas de pais ouvintes: E. Ross Stuckless e Jack W. Birch, "The influence of early manual communication on the linguistic development of deaf children", *American Annals of the Deaf* 142, n. 3, jul. 1997; Kenneth E. Brasel e Stephen P. Quigley, "Influence of certain language

and communication environments in early childhood on the development of language in Deaf individuals", *Journal of Speech & Hearing Research* 20, n. 1, mar. 1977; e Kathryn P. Meadow, "Early manual communication in relation to the deaf child's intellectual, social, and communicative functioning", *Journal of Deaf Studies & Deaf Education* 10, n. 4, jul. 2005.

37. A observação de Helen Keller é famosa, mas talvez seja apócrifa. De acordo com pesquisa dos incansáveis bibliotecários da Universidade Gallaudet, essa frase parece representar uma síntese de sentimentos expressos em duas fontes publicadas. Ver Tom Harrington, "FAQ: Helen Keller Quotes", Gallaudet University Library, 2000, <www.gallaudet.edu/library/research_help/research_help/frequently_asked_questions/people/helen_keller_quotes.html>.

38. Lennard Davis, 2000, pp. 6-8. A citação foi aqui condensada. "Até hoje, se eu disser 'leite' com a língua de sinais, sinto-me mais lácteo do que se eu falar a palavra" está na p. 6; o resto do trecho encontra-se duas páginas adiante.

39. Os dados sobre a incidência de surdez vêm de "Quick statistics", no site do Instituto Nacional de Surdez e Outros Distúrbios da Comunicação, <www.nidcd.nih.gov/health/statistics/quick.htm>.

40. Carol Padden e Tom Humphries, 2005, p. 161.

41. Os protestos em Gallaudet foram amplamente cobertos pelos meios de comunicação de massa; um artigo representativo é o de Lena Williams, "College for deaf is shut by protest over president", *New York Times*, 8 mar. 1988. A história do movimento "Presidente Surdo Agora" foi depois relatada em minúcias por Jack Gannon, 1989; Katherine A. Jankowski, 1997; e John B. Christiansen e Sharon N. Barnartt, 2003.

42. A renúncia de Gould foi noticiada por David Firestone, "Chief executive to step down at deaf center", *New York Times*, 22 jun. 1994.

43. Esse trecho baseia-se em minha entrevista com Lewis Merkin em 1994 e subsequentes comunicações pessoais.

44. Todas as citações de M. J. Bienvenu vêm de minhas entrevistas com ela em 1994 e comunicações subsequentes.

45. Para mais informações sobre os genes e as influências epigenéticas que contribuem para a surdez, ver Lilach M. Friedman e Karen B. Avraham, "MicroRNAs and epigenetic regulation in the mammalian inner ear: Implications for deafness", *Mammalian Genome* 20, n. 9/10, set./out. 2009; e A. Eliot Shearer et al., "Deafness in the genomics era", *Hearing Research* 282, n. 1/2, dez. 2011.

46. Informações sobre a genética da surdez podem ser encontradas em Kathleen S. Arnos e Arti Pandya, "Advances in the genetics of deafness", em Marc Marschark e Patricia Elizabeth Spencer (Orgs.), 2003; Mustafa Tekin, Kathleen S. Arnos e Arti Pandya, "Advances in hereditary deafness", *Lancet* 358, 29 set. 2001; e W. Virginia Norris et al., "Does universal newborn hearing screening identify all children with GJB2 (Connexin 26) deafness?: Penetrance of GJB2 deafness", *Ear & Hearing* 27, n. 6, dez. 2006. Também são úteis dois artigos que fazem uma revisão recente das aplicações práticas da pesquisa genética: Marina Di Domenico et al., "Towards gene therapy for deafness", *Journal of Cellular Physiology* 226, n. 10, out. 2011; e Guy P. Richardson, Jacques Boutet de Monvel e Christine Petit, "How the genetics of deafness illuminates auditory physiology", *Annual Review of Physiology* 73, mar. 2011.

47. As mutações da conexina 26 no gene GJB2 foram relatadas pela primeira vez por David P.

Kelsell et al., "Connexin 26 mutations in hereditary non-syndromic sensorineural deafness", *Nature* 357, n. 6628, 1997.

48. Entre as formas sindrômicas de surdez estão a síndrome de Usher, a síndrome de Pendred e a síndrome de Waardenburg; informações sobre as três podem ser encontradas no site do Instituto Nacional da Surdez e Outros Distúrbios de Comunicação, <www.nidcd.nih.gov/health/hearing/Pages./Default.aspx>.

49. Para leituras confiáveis sobre junções comunicantes e seu papel na surdez, ver o verbete de Regina Nickel e Andrew Forge's na *Encyclopedia of Life Sciences (ELS)*, "Gap junctions and connexins: The molecular genetics of deafness", 2010; e H.-B. Zhao et al., "Gap junctions and cochlear homeostasis", *Journal of Membrane Biology* 209, n. 2/3, maio 2006.

50. O crescimento da surdez devido ao casamento entre surdos é discutido em Kathleen S. Arnos et al., "A comparative analysis of the genetic epidemiology of deafness in the United States in two sets of pedigrees collected more than a century apart", *American Journal of Human Genetics* 83, n. 2, ago. 2008; e Walter J. Nance e Michael J. Kearsey, "Relevance of connexin deafness (DFNBI) to human evolution", *American Journal of Human Genetics* 74, n. 6, jun. 2004.

51. Os hititas são mencionados no artigo de Arnos citado acima. Uma fonte adicional e mais detalhada é M. Miles, "Hittite deaf men in the 13th century B.C.", 2008. Os descendentes dos hititas na moderna Anatólia continuam a possuir a mutação 35delG; ver Mustafa Tekin, "Genomic architecture of deafness in Turkey reflects its rich past", *International Journal of Modern Anthropology* 2, 2009.

52. Denise Grady, "Gene identified as major cause of deafness in Ashkenazi Jews", *New York Times*, 19 nov. 1998.

53. Humphrey-Dirksen Bauman, *Open Your Eyes: Deaf Studies Talking*, 2008, p. 14.

54. Todas as citações de Christina Palmer vêm de minha entrevista com ela em 2008 e subsequentes comunicações pessoais.

55. A hipótese Whorf-Sapir foi originalmente proposta por Benjamin Lee Whorf, cujos escritos foram reunidos em *Language, Thought, and Reality: Selected Writings of Benjamin Lee Whorf*, 1956. Chris Swoyer, "The linguistic relativity hypothesis", em *The Stanford Encyclopedia of Philosophy*, 2003, oferece um resumo conveniente.

56. Conheci e entrevistei William Stokoe em 1994.

57. M. J. Bienvenu, "Can Deaf people survive 'deafness'?", em Lois Bragg (Org.), 2001, p. 318.

58. Barbara Kannapell, "Personal awareness and advocacy in the Deaf community", em Charlotte Baker e Robbin Battison (Orgs.), *Sign Language and the Deaf Community: Essays in Honor of William C. Stokoe*, 1980, pp. 106-16.

59. Carol Padden e Tom Humphries, 2005, p. 6.

60. Beryl Lieff Benderly, 1990, p. 4.

61. Tom Bertling, 1994, p. 84.

62. Beryl Lieff Benderly, 1990, p. xi.

63. A exposição *History Through Deaf Eyes* está descrita em Jean Lindquist Bergey e Jack R. Gannon, "Creating a national exhibition on deaf life", *Curator* 41, n. 2, jun. 1998; Douglas Baynton, Jack R. Gannon e Jean Lindquist Bergey, 2001; e "Groundbreaking exhibition charts 'History Through Deaf Eyes'", *USA Today*, fev. 2006. A citação de Kristen Harmon (agora professora de inglês na Universidade Gallaudet) vem de seu artigo "I thought there would be more Helen Keller: History

through Deaf eyes and narratives of representation", em Kristin A. Lindgren et al. (Orgs.), 2008. Foi condensada.

64. Um exemplo de defesa da adoção de crianças surdas por adultos surdos pode ser encontrado em Barbara J. Wheeler, "This child is mine: Deaf parents and their adopted deaf children", em Lois Bragg (Org.), 2001.

65. Edward Dolnick, "Deafness as culture", *Atlantic Monthly*, set. 1993.

66. Ibid.

67. Os "quatro estágios da identidade surda" foram originalmente enumerados em Neil S. Glickman, "The development of culturally deaf identities", em Neil S. Glickman e M. A. Harvey (Orgs.), *Culturally Affirmative Psychotherapy with Deaf Persons*, 1996, tal como citado em Irene Leigh, "Who am I?: Deaf identity issues", em Kristin A. Lindgren et al. (Orgs.), 2008, pp. 25-6.

68. Esse trecho baseia-se em minhas entrevistas com Rachel Barnes em 2007 e subsequentes comunicações. Todos os nomes foram substituídos por pseudônimos.

69. A dissertação de Kristen L. Johnson, "Ideology and Practice of Deaf Goodbyes", valeu-lhe o título de ph.D. do Departamento de Antropologia da Universidade da Califórnia em Los Angeles, em 1994. Atualmente ela está no Departamento de Inglês da Universidade Estadual de Ohio.

70. Para mais informações sobre educação Bi-Bi, ver Carol LaSasso e Jana Lollis, "Survey of residential and day schools for deaf students in the United States that identify themselves as bilingual-bicultural programs", *Journal of Deaf Studies & Deaf Education* 8, n. 1, jan. 2003; e Marc Marschark e Patricia Elizabeth Spencer (Orgs.), 2003, p. 45. Uma página útil para os leigos, "Bilingual bicultural deaf education", pode ser encontrada no site do Instituto de Tecnologia de Rochester, <library.rit.edu/guides/deaf-studies/education/bilingual-bicultural-deafeducation.html>.

71. Harlan Lane, "Do deaf people have a disability?", *Sign Language Studies* 2, n. 4, p. 375, verão 2002.

72. Esse trecho baseia-se em minha entrevista com Bridget O'Hara em 2010 e comunicações pessoais subsequentes. O nome dela e de todas as outras pessoas citadas nesse trecho foram trocados por pseudônimos. Outros detalhes identificadores foram alterados.

73. A história do abuso de alunos de um internato católico em Wisconsin foi relatada por Laurie Goodstein em "Vatican declined to defrock U. S. priest who abused boys", *New York Times*, 25 mar. 2010; a citação vem do artigo subsequente de Goodstein, "For years, deaf boys tried to tell of priest's abuse", *New York Times*, 27 mar. 2010.

74. A peça sobre abuso sexual na comunidade surda é *In the Now*, de Terrylene Sacchetti; foi apresentada no Deaf Women United e depois numa excursão por 36 cidades.

75. Esse trecho baseia-se em minhas entrevistas com Megan Williams, Michael Shamberg e Jacob Shamberg em 2008 e em entrevistas e comunicações pessoais subsequentes. Em nome da transparência total, devo informar que empreguei Jacob para me auxiliar na pesquisa para este capítulo.

76. Esse trecho baseia-se em minha entrevista com Chris e Barb Montan em 2008 e subsequentes comunicações pessoais.

77. Entre os escritos representativos da posição contra o oralismo estão Humphrey-Dirksen Bauman, "Audism: Exploring the metaphysics of oppression", *Journal of Deaf Studies & Deaf Education* 9, n. 2, primavera 2004; e Paddy Ladd, 2003. Entre os artigos que criticam esse ponto de vista estão dois de Jane K. Fernandes e Shirley Shultz Myers: "Inclusive Deaf studies: Barriers and pathways",

Journal of Deaf Studies & Deaf Education 15, n. 1, inverno 2010; e "Deaf studies: A critique of the predominant U. S. theoretical direction", *Journal of Deaf Studies & Deaf Education* 15, n. 1, inverno 2010.

78. A Comunicação Total é descrita em Michele Bishop e Sherry L. Hicks (Orgs.), 2009; e Larry Hawkins e Judy Brawner, "Educating children who are deaf or hard of hearing: Total Communication", *ERIC Digest* 559, 1997. Signed Exact English é o tema de Diane Corcoran Nielsen et al., "The importance of morphemic awareness to reading achievement and the potential of signing morphemes to supporting reading development", *Journal of Deaf Studies & Deaf Education* 16, n. 3, verão 2011. Sobre Comunicação Simultânea, ver Nicholas Schiavetti et al., "The effects of Simultaneous Communication on production and perception of speech", *Journal of Deaf Studies & Deaf Education* 9, n. 3, jun. 2004; e Stephanie Tevenal e Miako Villanueva, "Are you getting the message? The effects of SimCom on the message received by deaf, hard of hearing, and hearing students", *Sign Language Studies* 9, n. 3, primavera 2009. Para uma comparação entre a gramática da LSA e a das línguas faladas, ver Ronnie B. Wilbur, "What does the study of signed languages tell us about 'language'?", *Sign Language & Linguistics* 9, n. 1/2 , 2006.

79. Entrevista com Gary Mowl em 1994.

80. A história de Benjamin Bahan está contada no filme *Through Deaf Eyes* (2007).

81. Para uma fonte útil nessa área, ver Tom Harrington e Sarah Hamrick, "FAQ: Sign languages of the world by country", no site da Universidade Gallaudet, <library.gallaudet.edu/Library/ Deaf_Research_Help/Frequently_Asked_Questions_%28FAQs%29/Sign_Language/Sign_ Languages_of_the_World_ by_Country.html>.

82. Entrevista com Clark Denmark em 1994.

83. Essas línguas de sinais estão discutidas em Humphrey-Dirksen Bauman, 2008, p. 16.

84. Bengkala é o foco de I Gede Marsaja, 2008. O primeiro relato na literatura médica da variedade de surdez prevalente nessa aldeia é o de S. Winata et al., "Congenital non-syndromal autosomal recessive deafness in Bengkala, an isolated Balinese village", *Journal of Medical Genetics* 32, 1995. Para uma discussão geral e acessível da surdez sindrômica em comunidades endógamas, ver John Travis, "Genes of silence: Scientists track down a slew of mutated genes that cause deafness", *Science News*, 17 jan. 1998. Além disso, para uma visão geral opinativa da pesquisa acadêmica sobre o tema, ver Annelies Kusters, "Deaf utopias? Reviewing the sociocultural literature on the world's 'Martha's Vineyard situations'", *Journal of Deaf Studies & Deaf Education* 15, n. 1, jan. 2010.

85. Essas complexas teias de relações são o tema de *Kinship in Bali*, 1975, obra frequentemente citada de Hildred e Clifford Geertz.

86. Esse trecho baseia-se em entrevistas que fiz com Apryl e Raj Chauhan a partir de 2008, além de comunicações pessoais.

87. Volta revelou as conclusões de seu experimento de 1790 à comunidade científica numa apresentação para a Royal Society, "On the electricity excited by the mere contact of conducting substances of different kinds", 1800.

88. Referências gerais úteis sobre a história dos implantes cocleares encontram-se em Huw Cooper e Louise Craddock, 2006; a "Cochlear implant timeline" da Fundação de Pesquisas sobre Surdez em <www.drf.org/cochlear+timeline>; e Instituto Nacional da Surdez e Outros Distúrbios de Comunicação, "Cochlear implants" (última atualização em março de 2011), <www.nidcd.nih. gov/health/hearing/coch.asp>. Fan-Gang Zeng et al., "Cochlear implants: System design, integration and evaluation", *IEEE Review of Biomedical Engineering* 1, n. 1, jan. 2008, é uma revisão erudita

recente do estado atual da ciência. Para discussões da controvérsia ética em torno do implante, ver John B. Christiansen e Irene W. Leigh, 2002; e Linda R. Komesaroff, 2007.

89. Os dados sobre o número de indivíduos que receberam implantes cocleares vêm do supracitado boletim informativo sobre implantes cocleares do Instituto Nacional da Surdez e Outros Distúrbios de Comunicação, em <www.nidcd.nih.gov/health/hearing/coch.asp>; e de Irene W. Leigh et al., "Correlates of psychosocial adjustment in deaf adolescents with and without cochlear implants: A preliminary investigation", *Journal of Deaf Studies & Deaf Education* 14, n. 2, primavera 2009.

90. Kate A. Belzner e Brenda C. Seal, "Children with cochlear implants: A review of demographics and communication outcomes", *American Annals of the Deaf* 154, n. 3, verão 2009.

91. John B. Christiansen e Irene W. Leigh, 2002, p. 328.

92. O CEO da Cochlear fez a observação sobre o mercado potencial para implantes em uma entrevista a Bruce Einhorn, "Listen: The sound of hope", *Business Week*, 14 nov. 2005.

93. Lorry G. Rubin e Blake Papsin, "Cochlear implants in children: Surgical site infections and prevention and treatment of acute otitis media and meningitis", *Pediatrics* 126, n. 2, ago. 2010, indicam que ocorrem infecções pós-operatórias no local da cirurgia em até 12% dos pacientes que recebem implantes cocleares; outras complicações que podem surgir são otite média aguda e meningite bacteriana. Ver também Kevin D. Brown et al., "Incidence and indications for revision cochlear implant surgery in adults and children", *Laryngoscope* 119, n. 1, jan. 2009: "A porcentagem de revisão foi de 7,3% para crianças e 3,8% para adultos". Ainda, Daniel M. Zeitler, Cameron L. Budenz e John Thomas Roland Jr., "Revision cochlear implantation", *Current Opinion in Otolaryngology & Head & Neck Surgery* 17, n. 5, out. 2009: "Uma porcentagem pequena mas significativa (3%-8%) de todos os procedimentos de implante coclear exige cirurgia de revisão do implante. A indicação mais comum para essa cirurgia de revisão é fracasso grave (40%-80%), mas outras indicações comuns incluem fracassos leves, complicações do ferimento, infecção, colocação inicial imprópria e extrusão de eletrodo".

94. O comentário sobre R2-D2 é de uma comunicação pessoal.

95. Abram Katz, "The bionic ear: Cochlear implants: Miracle or an attack on 'deaf culture'?", *New Haven Register*, 18 mar. 2007.

96. A posição do Departamento de Saúde e Serviços Humanos dos Estados Unidos sobre exames de audição para recém-nascidos pode ser encontrada no boletim informativo "Newborn hearing screening", do Instituto Nacional da Surdez e Outros Distúrbios de Comunicação (última atualização: 14 fev. 2011), em <report.nih.gov/NIHfactsheets/ViewFactSheet.aspx?csid=104>.

97. Da linha do tempo organizacional da Associação Nacional dos Surdos (www.nad.org/nad-history): "1999 [...] A ANS participa da redação e pressiona pela aprovação da Lei Walsh (Lei da Intervenção e Exame de Audição de Recém-Nascidos e Bebês de 1999)"; "2003 [...] O Exame de audição de recém-nascidos e bebês atinge 90%, graças aos esforços da ANS".

98. O estudo é de Shani J. Dettman et al., "Communication development in children who receive the cochlear implant under 12 months", *Ear & Hearing* 28, n. 2, abr. 2007.

99. O estudo é de Ann E. Geers, "Speech, language, and reading skills after early cochlear implantation", *Archives of Otolaryngology-Head & Neck Surgery* 130, n. 5, maio 2004.

100. O impacto de implantes cocleares na plasticidade do cérebro é discutido em James B. Fallon et al., "Cochlear implants and brain plasticity", *Hearing Research* 238, n. 1/2, abr. 2008; e Kevin

M. J. Green et al., "Cortical plasticity in the first year after cochlear implantation", *Cochlear Implants International* 9, n. 2, 2008.

101. Estudos recentes sobre adolescentes que receberam implantes quando crianças: Alexandra White et al., "Cochlear implants: The young people's perspective", *Journal of Deaf Studies & Deaf Education* 12, n. 3, verão 2007; Lisa S. Davidson et al., "Cochlear implant characteristics and speech perception skills of adolescents with long-term device use", *Otology & Neurology* 31, n. 8, out. 2010; Elena Arisi et al., "Cochlear implantation in adolescents with prelinguistic deafness", *Otolaryngology-Head & Neck Surgery* 142, n. 6, jun. 2010; e Mirette B. Habib et al., "Speech production intelligibility of early implanted pediatric cochlear implant users", *International Journal of Pediatric Otorhinolaryngology* 74, n. 8, ago. 2010.

102. O estudo foi realizado por Susan B. Waltzman et al., "Open-set speech perception in congenitally deaf children using cochlear implants", *American Journal of Otology* 18, n. 3, 1997, tal como citado por Bonnie Poitras Tucker em "Deaf culture, cochlear implants, and elective disability", *Hastings Center Report* 28, n. 4, 1 jul. 1998. Um estudo de 2004 chegou a resultados semelhantes: Marie-Noelle Calmels et al., "Speech perception and speech intelligibility in children after cochlear implantation", *International Journal of Pediatric Otorhinolaryngology* 68, n. 3, mar. 2004.

103. A pesquisa foi realizada pelo Instituto de Pesquisas Gallaudet, *Regional and National Summary Report of Data from the 1999-2000 Annual Survey of Deaf and Hard of Hearing Children and Youth*, 2001.

104. A revisão pode ser encontrada em *Oxford Handbook of Deaf Studies, Language and Education*, 2003, p. 435.

105. Em seus panfletos "The Reason to Choose AB" e "Hear Your Best", a Advanced Bionics cita com destaque Michael Chorost, autor de *Rebuilt: My Journey Back to the Hearing World*, 2006: "O Ouvido Biônico parece oferecer mais potencial para ser aperfeiçoado no futuro, à medida que estratégias de codificação e softwares novos e melhores se tornarem disponíveis, de tal forma que poderei ter uma audição maior e melhor".

106. Entrevista com Robert Ruben em 1994.

107. Graus de surdez e modos de classificar a perda de audição estão delineados em Richard J. H. Smith et al., "Deafness and hereditary hearing loss overview", *GeneReviews™*, 1999-2012, em <www.ncbi.nlm.nih.gov/books/NBK1434/>.

108. Embora o documento da ANS de 1993 que condenava a "cirurgia invasiva em crianças indefesas" não tenha sido, ao que parece, publicado no site da associação, o texto completo está arquivado em um site israelense em <www.zak.co.il/d/deaf-info/old/ci-opinions>.

109. A modificação da posição da ANS em relação aos implantes cocleares foi votada na reunião de seu Conselho Diretor realizada em 6-7 de outubro de 2000; ver Associação Nacional de Surdos, "NAD position statement on cochlear implants", 6 out. 2000. Fontes adicionais para o debate dentro da comunidade surda sobre implantes cocleares: Marie Arana-Ward, "As technology advances, a bitter debate divides the deaf", *Washington Post*, 11 maio 1997; Felicity Barringer, "Pride in a soundless world: Deaf oppose a hearing aid", *New York Times*, 16 maio 1993; e Brad Byrom, "Deaf culture under siege", *H-Net Reviews*, mar. 2003.

110. Christina Palmer fez essa declaração diretamente para mim. A "hipótese da etnia surda" é o tema de Richard Clark Eckert, "Toward a theory of deaf ethnos: Deafnicity ≈ D/deaf (Hómaemon • Homóglosson • Homóthreskon)", *Journal of Deaf Studies & Deaf Education* 15, n. 4, outono 2010.

111. Esse trecho baseia-se em minha entrevista com Dan, Nancy e Emma Hessey em 2007 e comunicações subsequentes.

112. Os dados sobre o custo do implante coclear vêm da Associação Alexander Graham Bell, "The cost of cochlear implants", em <nc.agbell.org/page.aspx?pid=723>. Outros estimam o custo total em 50 mil a 100 mil dólares; ver Escola de Medicina da Universidade de Miami, "Costs associated with cochlear implants", em <cochlearimplants.med.miami.edu/implants/08_Costs%20 Associated%20with%20Cochlear%20Implants.asp>.

113. Os dados sobre economia de custos atribuível ao implante coclear vêm de dois estudos: Andre K. Cheng et al., "Cost-utility analysis of the cochlear implant in children", *Journal of the American Medical Association* 274, n. 7, 16 ago. 2000; e Jeffrey P. Harris et al., "An outcomes study of cochlear implants in deaf patients: Audiologic, economic, and quality-of-life changes", *Archives of Otolaryngology — Head & Neck Surgery* 121, n. 4, abr. 1995.

114. A citação da primeira mãe vem do artigo article "Implants help child emerge from silent world", Associated Press/*Casper Star-Tribune*, 24 abr. 2006; a segunda, de Anita Manning, "The changing deaf culture", *USA Today*, 2 maio 2000.

115. Esse trecho baseia-se em minha entrevista com Bob Osbrink em 2008 e comunicações subsequentes.

116. Arthur Allen, "Sound and fury", *Salon*, 24 maio 2000.

117. Teresa Blankmeyer Burke, "Bioethics and the deaf community", em Kristin A. Lindgren et al. (Orgs.), 2008, pp. 69-70.

118. Paula Garfield e Tomato Lichy descrevem seus sentimentos a respeito de ter uma filha surda em Rebecca Atkinson, "'I hoped our baby would be deaf'", *Guardian*, 21 mar. 2006.

119. Esse trecho baseia-se em minha entrevista com Felix, Rachel e Sharon Feldman em 2008 e subsequentes comunicações pessoais. Todos os nomes foram trocados por pseudônimos.

120. Harlan Lane compara o implante coclear à cirurgia genital em bebês em condições intersexuais em seu artigo "Ethnicity, ethics and the deaf-world", *Journal of Deaf Studies & Deaf Education* 10, n. 3, verão 2005.

121. Ver Paddy Ladd, 2003, p. 415: "Na década de 1990, a engenharia genética iniciou o processo de tentar identificar o 'gene da surdez', trazendo desse modo para o alcance teórico o que poderia ser chamado de 'solução final' — a erradicação de toda a população surda".

122. Harlan Lane comparou as tentativas de eliminar a surdez às de eliminar grupos étnicos em Paul Davies, "Deaf culture clash", *Wall Street Journal*, 25 abr. 2005.

123. John B. Christiansen e Irene W. Leigh relatam que somente metade dos pais que pesquisaram haviam se comunicado com adultos surdos antes da decisão de fazer implante em seus filhos, e que alguns daqueles que o fizeram foram recebidos com hostilidade pelo mero fato de pensarem no procedimento; ver o artigo deles "Children with cochlear implants: Changing parent and deaf community perspectives", *Archives of Otolaryngology — Head & Neck Surgery* 130, n. 5, maio 2004.

124. Gunilla Preisler discute a prática sueca de exigir dos pais de crianças surdas que se informem sobre surdez com pessoas surdas em "The psychosocial development of deaf children with cochlear implants", em Linda Komesaroff (Org.), 2007, pp. 120-36.

125. Estudos que descrevem os ganhos e as dificuldades sociais enfrentadas por jovens com implantes cocleares: Yael Bat-Chava, Daniela Martin e Joseph G. Kosciw, "Longitudinal improvements in communication and socialization of deaf children with cochlear implants and hearing

aids: Evidence from parental reports", *Journal of Child Psychology & Psychiatry* 46, n. 12, dez. 2005; Daniela Martin et al., "Peer relationships of deaf children with cochlear implants: Predictors of peer entry and peer interaction success", *Journal of Deaf Studies & Deaf Education* 16, n. 1, jan. 2011; e Renee Punch e Merv Hyde, "Social participation of children and adolescents with cochlear implants: A qualitative analysis of parent, teacher, and child interviews", *Journal of Deaf Studies & Deaf Education* 16, n. 4, 2011.

126. J. William Evans utilizou a expressão "culturalmente sem-teto" em "Thoughts on the psychosocial implications of cochlear implantation in children", em E. Owens e D. Kessler (Orgs.), *Cochlear Implants in Young Deaf Children*, 1989, p. 312, tal como citado em Harlan Lane, "Cultural and infirmity models of deaf Americans", *Journal of the American Academy of Rehabilitative Audiology* 23, p. 22, 1990.

127. Referências ao aperfeiçoamento físico como "cyborg" encontram-se em Brenda Jo Brueggemann, "Think-between: A deaf studies commonplace book", em Humphrey-Dirksen Bauman, 2008, p. 182.

128. O estudo foi realizado no Instituto de Pesquisas Gallaudet e relatado em John B. Christiansen e Irene W. Leigh, 2002, p. 168.

129. Esse trecho baseia-se em minha entrevista com Barbara Matusky em 2008 e comunicações subsequentes.

130. Kathryn Woodcock, "Cochlear implants vs. Deaf culture?", em Lois Bragg, 2001, p. 327.

131. Irene Leigh, 2009, p. 21.

132. As citações de Josh Swiller estão em *The Unheard: A Memoir of Deafness and Africa*, 2007, pp. 14-5 e 100-1. Seu site pessoal é <joshswiller.com>. Ver também a entrevista de Jane Brody com Swiller, "Cochlear implant supports an author's active life", *New York Times*, 26 fev. 2008.

133. O primeiro artigo que documenta o descobrimento de que nos tubarões as células ciliadas auditivas se regeneram é de Jeffrey T. Corwin, "Postembryonic production and aging in inner ear hair cells in sharks", *Journal of Comparative Neurology* 201, n. 4, out. 1981. Corwin relata o aprofundamento da pesquisa em "Postembryonic growth of the macula neglecta auditory detector in the ray, *Raja clavata*: Continual increases in hair cell number, neural convergence, and physiological sensitivity", *Journal of Comparative Neurology* 217, n. 3, jul. 1983; e em "Perpetual production of hair cells and maturational changes in hair cell ultrastructure accompany postembryonic growth in an amphibian ear", *Proceedings of the National Academy of Science* 82, n. 11, jun. 1985.

134. A regeneração de células ciliadas cocleares em pássaros foi anunciada pela primeira vez em Douglas A. Cotanche, "Regeneration of hair cell stereociliary bundles in the chick cochlea following severe acoustic trauma", *Hearing Research* 30, n. 2/3, 1987.

135. As primeiras experiências com o uso de ácido retinoico para estimular a regeneração de células ciliadas estão descritas em M. W. Kelley et al., "The developing organ of Corti contains retinoic acid and forms supernumerary hair cells in response to exogenous retinoic acid in culture", *Development* 119, n. 4, dez. 1993. Ácido retinoico e soro de vitelo foram administrados a camundongos por Philippe P. Lefebvre et al., "Retinoic acid stimulates regeneration of mammalian auditory hair cells", *Science* 260, n. 108, 30 abr. 1993.

136. Para um exemplo do trabalho do grupo de Staecker, ver Mark Praetorius et al., "Adenovector-mediated hair cell regeneration is affected by promoter type", *Acta Otolaryngologica* 130, n. 2, fev. 2010.

137. Outras pesquisas sobre o cultivo de células ciliadas auditivas e sua introdução em organismos vivos são apresentadas em Huawei Li et al., "Generation of hair cells by stepwise differentiation of embryonic stem cells", *Proceedings of the National Academy of Sciences* 100, n. 23, 11 nov. 2003; e Wei Chen et al., "Human fetal auditory stem cells can be expanded in vitro and differentiate into functional auditory neurons and hair cell-like cells", *Stem Cells* 2, n. 5, maio 2009. Para uma revisão geral do estado da pesquisa com regeneração de células ciliadas, ver John V. Brigande e Stefan Heller, "Quo vadis, hair cell regeneration?", *Nature Neuroscience* 12, n. 6, jun. 2009.

138. Exploram terapias genéticas potenciais para promover o crescimento de células ciliadas auditivas: Samuel P. Gubbels et al., "Functional auditory hair cells produced in the mammalian cochlea by in utero gene transfer", *Nature* 455, n. 7212, 27 ago. 2008; e Kohei Kawamoto et al., "Math1 gene transfer generates new cochlear hair cells in mature guinea pigs in vivo", *Journal of Neuroscience* 23, n. 11, jun. 2003.

139. O gene ATOH1 tem papel importante em Shinichi Someya et al., "Age-related hearing loss in C57BL/6J mice is mediated by Bak-dependent mitochondrial apoptosis", *Proceedings of the National Academy of Sciences* 106, n. 46, 17 nov. 2009.

140. O canal de transdução é o foco de Math P. Cuajungco, Christian Grimm e Stefan Heller, "TRP channels as candidates for hearing and balance abnormalities in vertebrates", *Biochimica et Biophysica Acta (BBA) — Molecular Basis of Disease* 1772, n. 8, ago. 2007.

141. O pesquisador de vacinas Stanley A. Plotkin conta a história da rubéola nos Estados Unidos e as tentativas de contê-la em "Rubella eradication?", *Vaccine* 19, n. 25/26, maio 2001.

142. Monica Davey, "As town for deaf takes shape, debate on isolation re-emerges", *New York Times*, 21 mar. 2005.

143. Tom Willard, "*N. Y. Times* reports on proposed signing town", *Deafweekly*, 23 mar. 2005.

144. Os dados sobre o número de usuários da ASL vêm da Biblioteca da Universidade Gallaudet; ver Tom Harrington, "American Sign Language: Ranking and number of users", 2004, <libguides. gallaudet.edu/content.php?pid=114804&sid=991835>.

145. Elizabeth B. Welles, "Foreign language enrollments in United States institutions of higher education, Fall 2002", *Profession*, 2004.

146. Para uma obra representativa que promove o ensino da língua de sinais para bebês, ver Joseph Garcia, 2002.

147. O termo "Deafhood" foi cunhado pelo ativista surdo britânico Paddy Ladd, autor de *Understanding Deaf Culture: In Search of Deafhood*, 2003.

148. Lois Bragg (Org.), 2001, p. 116.

149. Harlan Lane, 1992.

150. As observações de Jack Wheeler estão em um pafleto de captação de fundos da Fundação de Pesquisas da Surdez, "Let's Talk About Conquering Deafness", 2000.

151. Lawrence Hott e Diane Garey fizeram esse comentário em seu filme *Through Deaf Eyes* (2007), disponível em DVD na Universidade Gallaudet. A expressão "cultura de convertidos" foi usada pela primeira vez por Frank Bechter em seu ensaio "The deaf convert culture and its lessons for deaf theory", em *Open Your Eyes*, 2008, pp. 60-79.

152. Da introdução de Aina Pavolini a Amadou Hampate Ba, *The Fortunes of Wangrin*, 1999, p. ix: "Depois da independência do Mali em 1960, ele fez parte da delegação de seu país à Conferência Geral da Unesco realizada naquele ano em Paris; foi nessa ocasião que ele fez seu apelo apaixonado pela

preservação da herança da África com a famosa declaração: '*En Afrique, quand un vieillard meurt, c'est un bibliothèque qui brûle*' (Na África, quando uma pessoa velha morre, é uma biblioteca que queima)".

153. As estimativas sobre o desaparecimento de línguas vêm de Nicholas Evans, 2009; as palavras de Nicholas Evans e Stephen C. Levinson, "The myth of language universals: Language diversity and its importance for cognitive science", *Behavioral & Brain Sciences* 32, 2009, p. 429.

154. Para mais comentários sobre a morte da língua de sinais, ver Lou Ann Walker, "Losing the language of silence", *New York*, 13 jan. 2008.

155. Meu primeiro livro foi *The Irony Tower: Soviet Artists in a Time of Glasnost*, 1991.

156. Carol Padden, 2005, p. 163.

3. ANÕES [pp. 142-203]

1. Minhas fontes primárias para grande parte deste capítulo são Betty M. Adelson, 2005a e 2005b.

2. As propostas de cidades para pessoas pequenas são discutidas em John Van, "Little people veto a miniaturized village", *Chicago Tribune*, 16 jun. 1989; e Sharon LaFraniere, "A miniature world magnifies dwarf life", *New York Times*, 3 mar. 2010.

3. Victor A. McKusick foi o fundador da disciplina de genética médica e o principal pesquisador no campo do nanismo entre os amish. Para uma introdução acessível à síndrome de Ellis-Van Creveld e à hipoplasia cartilagem cabelo, ver sua revisão "Ellis-Van Creveld syndrome and the Amish", *Nature Genetics* 24, mar. 2000.

4. Uma vez que o nanismo muitas vezes não é aparente no nascimento e nem sempre exige intervenção médica, os cálculos de incidência baseados em registros hospitalares não são adequados, e até os especialistas em nanismo tendem a apresentar dados aproximados. O renomado geneticista dr. Victor McKusick disse a Betty M. Adelson em 1983 que ele estimava que havia vários milhões de pessoas no mundo com nanismo; ver Betty M. Adelson, 2005b, pp. 128-9. Joan Ablon comenta que os números variam de 20 mil a 100 mil e cita Charles Scott, um geneticista com especialização em nanismo, que estimou de 20 mil a 25 mil; ver Joan Ablon, 1984. Diz-se que a acondroplasia ocorre em um em cada 20 mil nascimentos, e, se a população americana é de 318 milhões, deveria haver cerca de 16 mil americanos com acondroplasia, e Adelson me disse que, se incluirmos todas as formas de displasia esquelética, esse número aproximadamente dobra, o que daria um total em torno de 30 mil, embora ela tenha ressaltado que isso não inclui distúrbios da hipófise, síndrome de Turner, artrite juvenil, doença do fígado e vários problemas iatrogênicos, para os quais não existem dados exatos; ver Betty M. Adelson, 2005a, pp. 21-3. A PPA tem mais de 6 mil membros, alguns dos quais são familiares de anões de estatura comum. Com tudo isso em mente, é impossível dizer qual é a proporção de anões que pertencem à entidade, mas é provável que esteja acima dos 10%.

5. A declaração de Betty M. Adelson, assim como suas asserções posteriores, exceto indicação em contrário, são da correspondência e de entrevistas pessoais realizadas entre 2003 e 2012.

6. A citação vem de uma entrevista pessoal em 2010.

7. Esse trecho baseia-se em minha entrevista com Mary Boggs em 2003.

8. William Hay, 1754. Na p. 16, Hay descreveu-se como corcunda, "mal chegando a metro e meio" — muito possivelmente uma pessoa com displasia diastrófica. Ele era também membro da Câmara dos Comuns. Com a expressão "um verme e não um homem", Hay estava citando a Bíblia

(Sl 22,6): "Mas eu sou um verme, não sou um homem; opróbrio dos homens, desprezado pelo povo". Para um artigo recente sobre Hay, ver "William Hay, M. P. for Seaford (1695-1755)", *Parliamentary History* 29, supl. s1, out. 2010.

9. Betty M. Adelson, 2005a, p. 6. O gosto de Allen por *dwarf* transparece em *The Complete Prose of Woody Allen*, 1991, que contém numerosos exemplos da palavra usada num contexto humorístico.

10. Para uma discussão erudita dos modernos shows de aberrações, ver Michael M. Chemers, "Le freak, c'est chic: The twenty-first century freak show as theatre of transgression", *Modern Drama* 46, n. 2, verão 2003; e Brigham A. Fordham, "Dangerous bodies: Freak shows, expression, and exploitation", *UCLA Entertainment Law Review* 14, n. 2, 2007.

11. Um evento de arremesso de anões posterior à Copa do Mundo de rúgbi na Nova Zelândia valeu um cartão vermelho para o jogador britânico Mike Tindall, depois que paparazzi o surpreenderam se divertindo no local; ver Richard White, "Mike Tindall gropes blonde", *Sun*, 15 set. 2011; Robert Kitson, "Mike Tindall defended by England after incident at 'dwarfthrowing' bash", *Guardian*, 15 set. 2011; e Rebecca English, "After World Cup shame, a £ 25,000 fine and humiliation for Tindall (and Zara's face says it all)", *Daily Mail*, 12 jan. 2012. Em janeiro de 2012, o Leopard's Lounge & Broil, em Windsor, Ontario, recebeu um evento de arremesso de anões; ver Sonya Bell, "Dwarftossing: Controversial event at Windsor strip club draws 1,000 fans", *Toronto Star*, 29 jan. 2012. Ao menos um ator adulto se apresenta como "o menor astro pornô do mundo"; ver Allen Stein, "Stoughton cop resigns after he left beat to see dwarf porn star", *Enterprise News*, 20 jul. 2010.

12. As lembranças de Barbara Spiegel vêm de minha entrevista com ela em 2003 e comunicações subsequentes.

13. Clair A. Francomano, "The genetic basis of dwarfism", *New England Journal of Medicine* 332, n. 1, 5 jan. 1995; e William A. Horton et al., "Achondroplasia", *Lancet* 370, 14 jul. 2007.

14. Para uma revisão erudita da literatura sobre nanismo pituitário, ver Kyriaki S. Alatzoglou e Mehul T. Dattani, "Genetic causes and treatment of isolated growth hormone deficiency: An update", *Nature Reviews Endocrinology* 6, n. 10, out. 2010. O nanismo psicossocial é discutido em Wayne H. Green, Magda Campbell e Raphael David, "Psychosocial dwarfism: A critical review of the evidence", *Journal of the American Academy of Child Psychiatry* 23, n. 1, jan. 1984; e no artigo "The little boy who was neglected so badly by his mother that he became a dwarf", *Daily Mail*, 28 ago. 2010.

15. Marie-Helene Huet, 1993, pp. 6-7.

16. Allison K. Jones, "Born different: Surgery can help children with craniofacial anomalies, but it can't heal all of the pain", *Telegram & Gazette*, 23 maio 1995.

17. Betty M. Adelson, 2005a, p. 160.

18. A lembrança da mãe vem de um grupo de discussão do Yahoo!, postada por Brenda, 12 jun. 2001.

19. Joan Ablon, 1988, p. 17.

20. Postagem de um grupo de discussão do Yahoo!, 4 set. 2001.

21. Entrevista pessoal com Matt Roloff em 2003; ele faz uma declaração semelhante em *Against Tall Odds: Being a David in a Goliath World*, 1999, p. 28.

22. Esse trecho baseia-se em minha entrevista com Amy and Matt Roloff em 2003 e comunicações subsequentes.

23. Virginia Heffernan, "The challenges of an oversized world", *New York Times*, 4 mar. 2006.

24. Esse trecho baseia-se em minha entrevista com Lisa Hedley em 2008 e subsequentes comunicações pessoais. Seu documentário sobre nanismo, *Dwarfs: Not a Fairy Tale*, foi apresentado pela primeira vez na série *American Undercover Sundays*, da HBO, em 29 de abril de 2001. Embora eu tenha mantido o nome de Lisa em virtude da proeminência de seu filme, Rose, nome pelo qual sua filha é identificada, é um pseudônimo.

25. John G. Rogers e Joan O. Weiss, "My Child Is a Dwarf " (1977), publicado pela PPA.

26. Lisa Hedley, "A child of difference", *New York Times Magazine*, 12 out. 1997.

27. Entrevista pessoal com Barbara Spiegel em 2003 e comunicações subsequentes.

28. Alasdair G. W. Hunter, "Some psychosocial aspects of nonlethal chondrodysplasias 1: Assessment using a life-styles questionnaire", *American Journal of Medical Genetics* 78, n. 1, jun. 1998.

29. Sarah E. Gollust et al., "Living with achondroplasia in an average-sized world: An assessment of quality of life", *American Journal of Medical Genetics* 120A, n. 4, ago. 2003.

30. Hoje, a PPA se preocupa explicitamente com as condições incapacitantes que com frequência acompanham a baixa estatura e inclui os direitos dos deficientes na agenda de reivindicações da organização. Ver <www.lpaonline.org/mc/p..do?siteP.Id=84634#Disability>.

31. Dan Kennedy, 2003, cap. 6, em <littlepeoplethebook.com/online-edition/chapter-06/>.

32. Rosemarie Garland Thomson, 1997, p. 6.

33. Entrevista pessoal com mãe anônima em 2003.

34. Linda Hunt em sua carta de resposta a Lisa Hedley, "A child of difference", *New York Times Magazine*, 2 nov. 1997.

35. Joan Ablon narra a história da PPA em "Dwarfism and social identity: Selfhelp group participation", *Social Science & Medicine* 15B, 1981; e Betty M. Adelson em 2005a, pp. 187-90, e 2005b, pp. 319-21.

36. William Safire discute as palavras utilizadas para se referir a pessoas pequenas em "On language: Dwarf planet", *New York Times*, 10 set. 2006; ver também Lynn Harris, "Who you calling a midget?", *Salon*, 16 jul. 2009.

37. Os artistas mais famosos de Barnum eram os anões proporcionais Charles Sherwood Stratton e sua mulher, Lavinia Bump Warren, conhecidos pelas plateias como "General e sra. Tom Polegar". Stratton escreveu uma autobiografia com o extravagante título de *Sketch of the Life: Personal Appearance, Character and Manners of Charles S. Stratton, the Man in Miniature, Known as General Tom Thumb, and His Wife, Lavinia Warren Stratton, Including the History of Their Courtship and Marriage, With Some Account of Remarkable Dwarfs, Giants, & Other Human Phenomena, of Ancient and Modern Times, Also, Songs Given at Their Public Levees*, 1874. Para um breve relato contemporâneo da carreira de Stratton, ver "Giants and dwarfs", *Strand Magazine* 8, jul./dez. 1894; para uma análise moderna, ver Michael M. Chemers, "Jumpin' Tom Thumb: Charles Stratton onstage at the American Museum", *Nineteenth Century Theatre & Film* 31, 2004. Lavinia Warren é o tema do recente romance de Melanie Benjamin *The Autobiography of Mrs. Tom Thumb*, 2011.

38. O artigo ofensivo: David Segal, "Financial fraud is focus of attack by prosecutors", *New York Times*, 11 mar. 2009. A retratação pública do editor: Clark Hoyt, "Consistent, sensitive and weird", *New York Times*, 18 abr. 2009.

39. Entrevista com Barbara Spiegel em 2003 e comunicações subsequentes.

40. Lynn Harris in "Who you calling a midget?", *Salon*, 16 jul. 2009.

41. Esse trecho baseia-se em minha entrevista com Dan Kennedy, author of *Little People: Learning to See the World Through My Daughter's Eyes* (2003), em 2003 e comunicações subsequentes.

42. Para mais informações sobre a associação entre perda auditiva e capacidade cognitiva entre os anões, ver G. Brinkmann et al., "Cognitive skills in achondroplasia", *American Journal of Medical Genetics* 47, n. 5, out. 1993.

43. Para informações confiáveis e detalhadas sobre problemas que levam ao nanismo, consultar a Organização Nacional para Distúrbios Raros (www.rarediseases.org), a National Library of Medicine's Genetics Home Reference (ghr.nlm.nih.gov) e a Clínica Mayo (www.mayoclinic.com/health/dwarfism/DS01012).

44. Betty M. Adelson, 2005b, p. 128, citando Susan Lawrence, "Solving big problems for little people", *Journal of the American Medical Association* 250, n. 3, mar. 1983.

45. O mecanismo genético da acondroplasia foi descrito pela primeira vez por Clair A. Francomano et al., "Localization of the achondroplasia gene to the distal 2.5 Mb of human chromosome 4p", *Human Molecular Genetics* 3, n. 5, maio 1994; R. Shiang et al., "Mutations in the transmembrane domain of FGFR3 cause the most common genetic form of dwarfism, achondroplasia", *Cell* 78, n. 2, 29 jul. 1994; e Gary A. Bellus, "Achondroplasia is defined by recurrent G380R mutations of FGFR3", *American Journal of Human Genetics* 56, 1995, pp. 368-73.

46. Sue Thompson, Tom Shakespeare e Michael J. Wright, "Medical and social aspects of the life course for adults with a skeletal dysplasia: A review of current knowledge", *Disability & Rehabilitation* 30, n. 1, jan. 2008.

47. Jacqueline T. Hecht et al., "Mortality in achondroplasia", *American Journal of Human Genetics* 41, n. 3, set. 1987; e Julia Wynn et al., "Mortality in achondroplasia study: A 42-year follow-up", *American Journal of Medical Genetics* 143A, n. 21, nov. 2007.

48. Glenn L. Keiper Jr. et al., "Achondroplasia and cervicomedullary compression: Prospective evaluation and surgical treatment", *Pediatric Neurosurgery* 31, n. 2, ago. 1999.

49. O nanismo causado por ingestão inadequada de iodo, conhecido como cretinismo, é discutido por Zu-Pei Chen e Basil S. Hetzel, "Cretinism revisited", *Best Practice & Research Clinical Endocrinology & Metabolism* 24, n. 1, fev. 2010.

50. Para fontes eruditas mais detalhadas sobre os problemas físicos sofridos pelos anões, ver Patricia G. Wheeler et al., "Short stature and functional impairment: A systematic review", *Archives of Pediatric & Adolescent Medicine* 158, n. 3, mar. 2004.

51. Problemas dentários em crianças de baixa estatura estão descritos em Heidrun Kjellberg et al., "Craniofacial morphology, dental occlusion, tooth eruption, and dental maturity in boys of short stature with or without growth hormone deficiency", *European Journal of Oral Sciences* 108, n. 5, out. 2000.

52. Atividades físicas que provocam pressão sobre a espinha e aumentam o risco de desenvolver osteoartrite são contraindicadas para pessoas com problemas ósseos; ver Tracy L. Trotter et al., "Health supervision for children with achondroplasia", *Pediatrics* 116, n. 3, 2005.

53. Ver Richard Pauli et al., 1991.

54. A PPA facilitou a participação de seus membros em um estudo de Jacqueline T. Hecht et al., "Obesity in achondroplasia", *American Journal of Medical Genetics* 31, n. 3, nov. 1988. O problema de monitorar o ganho de peso em crianças com crescimento atípico é tratado em Julie Hoover-Fong

et al., "Weight for age charts for children with achondroplasia", *American Journal of Medical Genetics Part A* 143A, n. 19, out. 2007.

55. Artigos científicos úteis sobre complicações médicas do nanismo: Steven E. Kopits, "Orthopedic complications of dwarfism", *Clinical Orthopedics & Related Research* 114, jan./fev. 1976; Dennis C. Stokes et al., "Respiratory complications of achondroplasia", *Journal of Pediatrics* 102, n. 4, abr. 1983; Ivor D. Berkowitz et al., "Dwarfs: Pathophysiology and anesthetic implications", *Anesthesiology* 7, n. 4, out. 1990; Cheryl S. Reid et al., "Cervicomedullary compression in young patients with achondroplasia: Value of comprehensive neurologic and respiratory evaluation", *Journal of Pediatrics* 110, n. 4, 1987; Rodney K. Beals and Greg Stanley, "Surgical correction of bowlegs in achondroplasia", *Journal of Pediatric Orthopedics* 14, n. 4, jul. 2005; e Elisabeth A. Sisk et al., "Obstructive sleep apnea in children with achondroplasia: Surgical and anesthetic considerations", *Otolaryngology — Head and Neck Surgery* 120, n. 2, fev. 1999.

56. Esse trecho baseia-se em minha entrevista com Leslie Parks em 2003 e comunicações subsequentes.

57. O clichê em relação a crianças divertidas é exemplificado por Drash et al., que são considerados "ultrapassados" e com foco excessivamente estreito por Thompson et al. Ver Philip W. Drash, Nancy E. Greenberg e John Money, "Intelligence and personality in four syndromes of dwarfism", em D. B. Cheek (Org.), *Human Growth*, 1968, pp. 568-81; e Sue Thompson, Tom Shakespeare e Michael J. Wright, "Medical and social aspects of the life course for adults with a skeletal dysplasia: A review of current knowledge", *Disability & Rehabilitation* 30, n. 1, pp. 1-12, jan. 2008.

58. Estudos de Joan Ablon concluíram que crianças anãs desenvolvem com frequência personalidades animadas para compensar seus desafios sociais; ver *Living with Difference*, 1988, p. 17; e "Personality and stereotype in osteogenesis imperfecta: Behavioral phenotype or response to life's hard challenges?", *American Journal of Medical Genetics* 122A, 15 out. 2003.

59. Sobre uma infância relativamente contente, ver o relatório em três partes de Alasdair G. W. Hunter, "Some psychosocial aspects of nonlethal chondrodysplasias", *American Journal of Medical Genetics* 78, n. 1, jun. 1998; James S. Brust et al., "Psychiatric aspects of dwarfism", *American Journal of Psychiatry* 133, n. 2, fev. 1976; Sarah E. Gollust et al., "Living with achondroplasia in an average-sized world: An assessment of quality of life", *American Journal of Medical Genetics* 120A, n. 4, ago. 2003; e M. Apajasalo et al., "Health-related quality of life of patients with genetic skeletal dysplasias", *European Journal of Pediatrics* 157, n. 2, fev. 1998.

60. Joan Ablon, 1988, p. 64.

61. Richard Crandall, 1994, p. 49.

62. Para a pesquisa da Associação do Crescimento Restrito, ver Tom Shakespeare, Michael Wright e Sue Thompson, 2007; as conclusões sobre tratamento dos pais e eventual ajuste emocional estão na p. 25.

63. Uma incidência significativa de depressão em adultos jovens foi encontrada em Alasdair G. W. Hunter, "Some psychosocial aspects of nonlethal chondrodysplasias, II: Depression and anxiety", *American Journal of Medical Genetics* 78, n. 1, jun. 1998; ver também Sue Thompson, Tom Shakespeare e Michael J. Wright, "Medical and social aspects of the life course for adults with a skeletal dysplasia: A review of current knowledge", *Disability & Rehabilitation* 30, n. 1, jan. 2008. Hunter afirma cautelosamente que "adultos que nasceram de pais não afetados podem correr um risco maior de depressão do que aqueles que têm um dos pais afetado" (p. 12).

64. Joan Ablon descreve experiências emocionais comuns associadas a ser membro da PPA no capítulo 8 de *Little People in America: The Social Dimension of Dwarfism*, 1984, "The encounter with LPA".

65. Sarah E. Gollust et al., "Living with achondroplasia in an average-sized world: An assessment of quality of life", *American Journal of Medical Genetics* 120A, n. 4, ago. 2003.

66. Betty Adelson, 2005a, p. 259.

67. Michael Ain descreve suas dificuldades de encontrar emprego no documentário de Lisa Abelow Hedley *Dwarfs: Not a Fairy Tale* (2001).

68. A citação de Ruth Ricker foi repetida para mim por Dan Kennedy em 2003.

69. Todas as citações de John Wolin vêm de seu artigo "Dwarf like me", *Miami Herald*, 24 jan. 1993.

70. A PP que narrou a experiência de ver outros anões pela primeira vez foi citada em Ken Wolf, "Big world, little people", *Newsday*, 20 abr. 1989.

71. Esse trecho baseia-se em minha entrevista com Janet e Beverly Charles em 2003.

72. Esse trecho baseia-se em minha entrevista com Leslye Sneider e Bruce Johnson em 2005 e comunicações subsequentes.

73. As fontes básicas sobre arremesso de anões são Alice Domurat Dreger, "Lavish dwarf entertainment", *Hastings Center Bioethics Forum*, 25 mar. 2008; e Deborah Schoeneman, "Little people, big biz: Hiring dwarfs for parties a growing trend", *New York Post*, 8 nov. 2001.

74. A aprovação da "Proibição de Arremesso de Anão e Boliche de Anão" de Nova York (1990 NY Laws 2744) foi noticiada por Elizabeth Kolbert, "On deadline day, Cuomo vetoes 2 bills opposed by Dinkins", *New York Times*, 24 jul. 1990. Para mais detalhes sobre a proibição francesa e sua contestação, ver o relatório da Comissão de Direitos Humanos das Nações Unidas, *Views of the Human Rights Committee under article 5, paragraph 4, of the Optional Protocol to the International Covenant on Civil and Political Rights, Seventy-fifth session, Communication N. 854/1999, submitted by Manuel Wackenheim* (15 jul. 2002); e a reportagem de Emma Jane Kirby na BBC "Appeal for 'dwarftossing' thrown out", British Broadcasting Corporation, 27 set. 2002. A proibição e contestação na Flórida estão descritas em "Dwarf tossing ban challenged", United Press International, 29 nov. 2001; e "Federal judge throwing dwarf-tossing lawsuit out of court", *Florida Times-Union*, 26 fev. 2002.

75. As ações policiais contra o arremesso e o boliche de anões foram noticiadas por Steven Kreytak, "Tickets issued for dwarf-tossing", *Newsday*, 11 mar. 2002; e Eddie D'Anna, "Staten Island nightspot cancels dwarf-bowling event for Saturday", *Staten Island Advance*, 27 fev. 2008.

76. A festa da Fidelity e a penalidade da Comisão de Câmbio e Valores Mobiliários estão narradas em Jason Nisse, "SEC probes dwarf-tossing party for Fidelity trader", *Independent*, 14 ago. 2005; e Jenny Anderson, "Fidelity is fined \$8 million over improper gifts", *New York Times*, 6 mar. 2008.

77. Para uma comparação do arremesso de anões com esportes de contato, ver Robert W. McGee, "If dwarf tossing is outlawed, only outlaws will toss dwarfs: Is dwarf tossing a victimless crime?", *American Journal of Jurisprudence* 38, 1993. A consequência na vida real da ideia de que o arremesso de anões é um comportamento aceitável foi recentemente demonstrada quando um homem de 37 anos com acondroplasia sofreu lesão permanente da medula depois de ser arremessado contra a vontade por um idiota em um pub inglês, talvez inspirado na aventura de Mike Tindall; a notícia do incidente levou várias celebridades anãs a manifestarem solidariedade e preocupação. Ver as notícias: "Dwarf left paralysed after being thrown by drunken Rugby fan", *Telegraph*,

12 jan. 2012; "Golden Globes: Peter Dinklage cites Martin Henderson case", *Los Angeles Times*, 16 jan. 2012; e Alexis Tereszcuk, "The little couple slam dwarf tossing", *Radar Online*, 20 mar. 2012. Ver também Angela Van Etten, "Dwarf tossing and exploitation", *Huffington Post*, 19 out. 2011.

78. A discussão do Radio City e da PPA e as citações de atores anões são todas de Lynn Harris, "Who you calling a midget?", *Salon*, 16 jul. 2009. Para mais informações sobre o debate em torno dos anões como artistas de teatro de variedades, ver Chris Lydgate, "Dwarf vs. dwarf: The Little People of America want respect — and they're fighting each other to get it", *Willamette Week*, 30 jun. 1999.

79. O episódio ofensivo de *Celebrity Apprentice* (oitava temporada, sexto episódio), de Herschel Walker e Joan Rivers, foi ao ar em 5 de abril de 2009. A reclamação de Jimmy Korpai à Comissão Federal das Comunicações sobre *Celebrity Apprentice* está relatada em Lynn Harris, "Who you calling a midget?", *Salon*, 16 jul. 2009.

80. Os primeiros estudos científicos sobre o *Homo floresiensis* foram de Peter Brown et al., "A new small-bodied hominin from the Late Pleistocene of Flores, Indonesia", *Nature* 431, n. 7012, 27 out. 2004; e Michael J. Morwood et al., "Archaeology and age of a new hominin from Flores in eastern Indonesia", *Nature* 431, n. 7012, 27 out. 2004.

81. Alexander Chancellor, "Guide to age", *Guardian*, 6 nov. 2004.

82. Para informações sobre a situação dos pigmeus na África moderna, ver *Minorities under Siege: Pygmies Today in Africa*, 2006; e Grupo de Trabalho Internacional para Assuntos Indígenas da Comissão Africana sobre Direitos Humanos e dos Povos, *Report of the African Commission's Working Group on Indigenous Populations/Communities: Research and information visit to the Republic of Gabon, 15-30 September 2007*, 2010.

83. As reações às propostas de proibir o uso do termo *midget* foram descritas por Lynn Harris em "Who you calling a midget?", *Salon*, 16 jul. 2009.

84. Esse trecho baseia-se em minhas muitas entrevistas com Betty M. Adelson entre 2003 e 2012.

85. As reações de mães ao falecimento de Kopits foram postadas como comentários de leitoras em Bertalan Mesko, "Dr. Steven E. Kopits, a modern miracle maker", *Science Roll*, 27 jan. 2007, <scienceroll.com/2007/01/27/dr-steven-e-kopits-a-modern-miracle-maker/>.

86. Para mais informações sobre interpretações culturais da diferença física, ver David M. Turner, "Introduction: Approaching anomalous bodies", em David M. Turner e Kevin Stagg (Orgs.), 2006, pp. 1-16.

87. Postagem de Martha Undercoffer, do grupo de discussão do Yahoo!, em 23 de setembro de 2002.

88. Tom Shakespeare, Michael Wright e Sue Thompson, 2007, p. 29.

89. Esse trecho baseia-se em minha entrevista com Harry Wieder em 2003 e comunicações subsequentes. Seu funeral está descrito em Susan Dominus, "Remembering the little man who was a big voice for causes", *New York Times*, 1 maio 2010.

90. William Safire, "On language: Dwarf planet", *New York Times*, 10 set. 2006.

91. Joan Ablon, 1988, p. 6.

92. Tom Shakespeare, Michael Wright e Sue Thompson, 2007, p. 25.

93. Esse trecho baseia-se em minha entrevista com Taylor, Carlton e Tracey van Putten em 2008 e comunicações subsequentes.

94. Betty M. Adelson, 2005a, p. 241.

95. John Wolin, "Dwarf like me", *Miami Herald*, 24 jan. 1993.

96. O comentário vem de uma sala de bate-papo da PPA, em 15 de abril de 2006.

97. Entrevista pessoal com Harry Wieder.

98. Betty M. Adelson, 2005a, pp. 57-8 e 246.

99. Taxas crescentes de depressão em pessoas pequenas casadas com pessoas de estatura normal foram registradas por Alasdair Hunter em "Some psychosocial aspects of nonlethal chondrodysplasias, II: Depression and anxiety", *American Journal of Medical Genetics* 78, n. 1, jun. 1998; e "Some psychosocial aspects of nonlethal chondrodysplasias, III: Selfesteem in children and adults", *American Journal of Medical Genetics* 78, jun. 1998.

100. Sobre as tendências dos anões de casarem dentro e fora da PPA, baseei-me em comunicações pessoais com Betty M. Adelson.

101. John Wolin, "Dwarf like me", *Miami Herald*, 24 jan. 1993.

102. Para um panorama acadêmico das complicações reprodutivas e anestesia em anões acondroplásicos, ver Judith E. Allanson e Judith G. Hall, "Obstetric and gynecologic problems in women with chondrodystrophies", *Obstetrics & Gynecology* 67, n. 1, jan. 1986; e James F. Mayhew et al., "Anaesthesia for the achondroplastic dwarf", *Canadian Anaesthetists' Journal* 33, n. 2, mar. 1986.

103. Ellen Highland Fernandez, 1989.

104. Betty M. Adelson, 2005a, p. 249.

105. Esse trecho baseia-se em minhas entrevistas e outras comunicações com Cheryl, Clinton e Clinton Brown Jr. entre 2003 e 2010.

106. Ver as fontes acadêmicas anteriormente citadas sobre a genética do nanismo: Clair A. Francomano, "The genetic basis of dwarfism", *New England Journal of Medicine* 332, n. 1, 5 jan. 1995; e William Horton, "Recent milestones in achondroplasia research", *American Journal of Medical Genetics* 140A, 2006.

107. Para mais informações sobre displasias esqueléticas fatais, heterozigose dupla e diagnóstico pré-natal, ver Anne E. Tretter et al., "Antenatal diagnosis of lethal skeletal dysplasias", *American Journal of Medical Genetics* 75, n. 5, dez. 1998; Maureen A. Flynn e Richard M. Pauli, "Double heterozygosity in bone growth disorders", *American Journal of Medical Genetics* 121A, n. 3, 2003; e Peter Yeh, "Accuracy of prenatal diagnosis and prediction of lethality for fetal skeletal dysplasias", *Prenatal Diagnosis* 31, n. 5, maio 2011.

108. A descoberta de genes responsáveis pela acondroplasia foi relatada pela primeira vez em Clair A. Francomano et al., "Localization of the achondroplasia gene to the distal 2.5 Mb of human chromosome 4p", *Human Molecular Genetics* 3, n. 5, maio 1994; R. Shiang et al., "Mutations in the transmembrane domain of FGFR3 cause the most common genetic form of dwarfism, achondroplasia", *Cell* 78, n. 2, 29 jul. 1994; e Gary A. Bellus, "Achondroplasia is defined by recurrent G380R mutations of FGFR3", *American Journal of Human Genetics* 56, 1995, pp. 368-73. A descoberta do gene responsável pela displasia diastrófica foi anunciada em Johanna Hastbacka et al., "The diastrophic dysplasia gene encodes a novel sulfate transporter: Positional cloning by fine-structure linkage disequilibrium mapping", *Cell* 78, n. 6, 23 set. 1994; pela pseudoacondroplasia, em Jacqueline T. Hecht et al., "Mutations in exon 17B of cartilage oligomeric matrix protein (COMP) cause pseudoachondroplasia", *Nature Genetics* 10, n. 3, jul. 1995; e pela SED, em Brendan Lee et al., "Identification of the molecular defect in a family with spondyloepiphyseal dysplasia", *Science*, New Series 244, n. 4907,

26 maio 1989. Para um histórico da genética e a incidência de nanismo, ver Clair A. Francomano, "The genetic basis of dwarfism", *New England Journal of Medicine* 332, n. 1, 5 jan. 1995; e R. J. M. Gardner, "A new estimate of the achondroplasia mutation rate", *Clinical Genetics* 11, n. 1, abr. 2008.

109. Dan Kennedy, 2003, pp. 17-8.

110. Jen Joynt e Vasugi Ganeshananthan, "Abortion decisions", *Atlantic Monthly*, abr. 2003.

111. John Richardson, 2001, p. 9.

112. Darshak Sanghavi, "Wanting babies like themselves, some parents choose genetic defects", *New York Times*, 5 dez. 2006.

113. Betty M. Adelson e Joe Stramondo, em carta não publicada de 2005 ao editor do *New York Times*.

114. Andy Geller, "Docs' designer defect baby: Disabled by choice", *New York Post*, 22 dez. 2006.

115. Carol Gibson, "Babies with made-toorder defects?", Associated Press, 21 dez. 2006.

116. Esse trecho baseia-se em minha entrevista com Ginny Foos em 2003 e comunicações subsequentes.

117. Para uma discussão da disparidade econômica potencial no fardo da deficiência resultante da proliferação de diagnósticos pré-natais de problemas causadores de nanismo, ver Amy Harmon, "The problem with an almost-perfect genetic world", *New York Times*, 20 nov. 2005.

118. Tom Shakespeare, no programa de rádio *Belief*, da BBC, que foi ao ar em 30 de dezembro de 2005.

119. A declaração da PPA foi feita em 2005 com o título de "Little People of America on pre-implantation genetic diagnosis" e pode ser encontrada no site da organização, <data.memberclicks.com/site/lpa/LPA_PGD_Position_Statement_2007.doc>.

120. Todas as citações de Ericka Peasley vêm de minha entrevista com ela em 2009.

121. Para mais informações sobre a síndrome de Morquio, ver Benedict J. A. Lankester et al., "Morquio syndrome", *Current Orthopaedics* 20, n. 2, abr. 2006.

122. A terapia genética para condrodisplasias é discutida em R. Tracy Ballock, "Chondrodysplasias", *Current Opinion in Orthopedics* 11, n. 5, out. 2000, pp. 347-52.

123. Virginia Heffernan, "The challenges of an oversized world", *New York Times*, 4 mar. 2006.

124. O trecho a seguir baseia-se em minhas entrevistas em 2004 e 2008 e outras comunicações com Monique Duras, Oleg Prigov e Anatole Prigov (pseudônimos). Outros detalhes identificadores foram alterados.

125. Sobre diferenças geográficas na preferência pela cirurgia de alongamento dos membros, ver P. Bregani et al., "Emotional implications of limb lengthening in adolescents and young adults with achondroplasia", *Life-Span & Disability* 1, n. 2, jul./dez. 1998.

126. O desenvolvimento do alongamento ósseo e a controvérsia a seu respeito estão discutidos em David Lawrence Rimoin, "Limb lengthening: Past, present, and future", *Growth, Genetics & Hormones* 7, n. 3, 1991; Eric D. Shirley e Michael C. Ain, "Achondroplasia: Manifestations and treatment", *Journal of the American Academy of Orthopedic Surgeons* 17, n. 4, abr. 2009; e Lisa Abelow Hedley, "The seduction of the surgical fix", em Erik Parens (Org.), 2006. A técnica está descrita em detalhes em S. Robert Rozbruch e Svetlana Ilizarov, *Limb Lengthening and Reconstructive Surgery*, 2007.

127. Betty M. Adelson, 2005a, p. 95.

128. Ibid., pp. 90-4.

129. Gillian Mueller, "Extended limb-lengthening: Setting the record straight", *LPA Online*, 2002, em <www.lpaonline.org/library_ellmueller.html>.

130. Dan Kennedy, 2003, pp. 170-1.

131. O potencial terapêutico do alongamento ósseo é discutido em Hui-Wan Park et al., "Correction of lumbosacral hyperlordosis in achondroplasia", *Clinical Orthopaedics & Related Research* 12, n. 414, set. 2003.

132. Dan Kennedy, 2003, p. 186.

133. Para mais informações sobre as complicações da cirurgia de alongamento de membros, ver Douglas Naudie et al., "Complications of limb-lengthening in children who have an underlying bone disorder", *Journal of Bone & Joint Surgery* 80, n. 1, jan. 1998; e Bernardo Vargas Barreto et al., "Complications of Ilizarov leg lengthening", *International Orthopaedics* 31, n. 5, out. 2007.

134. Arthur W. Frank, "Emily's scars: Surgical shapings, technoluxe, and bioethics", *Hastings Center Report* 34, n. 2, p. 18, mar./abr. 2004.

135. Para mais informações sobre Nicholas Andry e a história da medicina ortopédica, ver Anne Borsay, "Disciplining disabled bodies: The development of orthopaedic medicine in Britain, c. 1800-1939", em David M. Turner e Kevin Stagg (Orgs.), 2006.

136. A aprovação da FDA do Humatrope para "baixa estatura inexplicada" foi noticiada por Mark Kaufman, "FDA approves wider use of growth hormone", *Washington Post*, 26 jul. 2003.

137. O tratamento com hormônio do crescimento para a baixa estatura está discutido em Carol Hart, "Who's deficient, who's just plain short?", *AAP News* 13, n. 6, jun. 1997; Natalie Angier, "Short men, short shrift: Are drugs the answer?", *New York Times*, 22 jun. 2003; "Standing tall: experts debate the cosmetic use of growth hormones for children", ABC News, 19 jun. 2003; e Susan Brink, "Is taller better?" e "When average fails to reach parents' expectations", *Los Angeles Times*, 15 jan. 2007.

138. Estudos que encontram uma correlação positiva entre altura e renda: Nicola Persico, Andrew Postlewaite e Dan Silverman, "The effect of adolescent experience on labor market outcomes: The case of height", *Journal of Political Economy* 112, n. 5, 2004; Timothy A. Judge e Daniel M. Cable, "The effect of physical height on workplace success and income", *Journal of Applied Psychology* 89, n. 3, 2004; e Inas Rashad, "Height, health and income in the United States, 1984–2005", W. J. Usery Workplace Research Group Paper Series, Working Paper 2008-3-1. Para um resumo da pesquisa em termos leigos, ver "Feet, dollars and inches: The intriguing relationship between height and income", *Economist*, 3 abr. 2008.

139. Vitrúvio, 1960, pp. 72-3.

140. William Safire, "On language: Dwarf planet", *New York Times*, 10 set. 2006.

141. John Richardson, 2001, p. 9.

142. Esse trecho baseia-se em minha entrevista com Crissy e Kiki Trapani em 2008.

4. SÍNDROME DE DOWN [pp. 204-63]

1. O inspirador texto de Emily Perl Kingsley apareceu pela primeira vez na coluna Dear Abby, "A fable for parents of a disabled child", *Chicago Tribune*, 5 nov. 1989. Para informações sobre a peça para concerto de Steven Barton, ver <www.c-alanpublications.com/Merchant2/merchant.mvc?Screen=PROD&Store_Code=CAPC&Product_Code=1170>; para o CD *Welcome to Holland*, do guitarrista Nunzio Rosselli, de 2006, ver <www.cduniverse.com/ productinfo.asp?pid=7245475>;

para informações sobre outras adaptações, ver <www.gosprout.org/film/prog07/bio.htm>. O texto está em Jack Canfield, 2007, e também pode ser encontrado em vários lugares da internet.

2. A Comissão Presidencial para Pessoas com Deficiência Intelectual (em www.acf.hhs.gov/programs/pcpid) é minha fonte para a estatística sobre o número de pessoas e famílias afetadas por deficiências intelectuais.

3. Jan Marshall Friedman et al., "Racial disparities in median age at death of persons with Down syndrome: United States, 1968-1997", *Morbidity & Mortality Weekly Report* 50, n. 22, 8 jun. 2001; Stephanie L. Sherman et al., "Epidemiology of Down syndrome", *Mental Retardation & Developmental Disabilities Research Reviews* 13, n. 3, out. 2007; e Mikyong Shin et al., "Prevalence of Down syndrome among children and adolescents in 10 regions", *Pediatrics* 124, n. 6, dez. 2009.

4. Joan K. Morris, Nicholas J. Wald e Hilary C. Watt, "Fetal loss in Down syndrome pregnancies", *Prenatal Diagnosis* 19, n. 2, fev. 1999.

5. Para informações gerais sobre os problemas de saúde associados à SD, ver Don C. Van Dyke et al., 1995; Paul T. Rogers e Mary Coleman, 1992; e Claudine P. Torfs e Roberta E. Christianson, "Anomalies in Down syndrome individuals in a large population-based registry", *American Journal of Medical Genetics* 77, n. 5, jun. 1998.

6. Para mais informações sobre resistência a tumores na síndrome de Down, ver Henrik Hasle et al., "Risks of leukaemia and solid tumors in individuals with Down's syndrome", *Lancet* 355, n. 9119, 15 jan. 2000); Quanhe Yang et al., "Mortality associated with Down's syndrome in the USA from 1983 to 1997: A population-based study", *Lancet* 359, n. 9311, 23 mar. 2002; e Kwan-Hyuck Baek et al., "Down's syndrome suppression of tumour growth and the role of the calcineurin inhibitor DSCR1", *Nature* 459, 25 jun. 2009. O risco menor de arteriosclerose na síndrome de Down é discutido em Arin K. Greene et al., "Risk of vascular anomalies with Down syndrome", *Pediatrics* 121, n. 1, jan. 2008, pp. 135-40.

7. Ver Elizabeth H. Aylward et al., "Cerebellar volume in adults with Down syndrome", *Archives of Neurology* 54, n. 2, fev. 1997; e Joseph D. Pinter et al., "Neuroanatomy of Down's syndrome: A high-resolution MRI study", *American Journal of Psychiatry* 158, n. 10, pp. 1659-65, out. 2001.

8. Dennis Eugene McGuire e Brian A. Chicoine, 2006.

9. Estudos que demonstram a existência da síndrome de Down em primatas: Sunny Luke et al., "Conservation of the Down syndrome critical region in humans and great apes", *Gene* 161, n. 2, 1995; e Harold M. McClure et al., "Autosomal trisomy in a chimpanzee: Resemblance to Down's syndrome", *Science* 165, n. 3897, 5 set. 1969.

10. Para mais informações sobre a história dos exames pré-natais, ver Cynthia M. Powell, "The current state of prenatal genetic testing in the United States", em Erik Parens e Adrienne Asch (Orgs.), 2000.

11. Os riscos relativos dos diferentes métodos de exame pré-natal estão apresentados em Isabelle C. Bray e David E. Wright, "Estimating the spontaneous loss of Down syndrome fetuses between the times of chorionic villus sampling, amniocentesis and live birth", *Prenatal Diagnosis* 18, n. 10, out. 1998.

12. Para mais informações sobre o teste triplo, ver Tim Reynolds, "The triple test as a screening technique for Down syndrome: Reliability and relevance", *International Journal of Women's Health* 9, n. 2, ago. 2010; Robert H. Ball et al., "First-and second-trimester evaluation of risk for Down

syndrome", *Obstetrics & Gynecology* 110, n. 1, jul. 2007; e N. Neely Kazerouni et al., "Triple-marker prenatal screening program for chromosomal defects", *Obstetrics & Gynecology* 114, n. 1, jul. 2009.

13. Novos desenvolvimentos nos exames pré-natais são tema de Roni Rabin, "Screen all pregnancies for Down syndrome, doctors say", *New York Times*, 9 jan. 2007; e Deborah A. Driscoll e Susan J. Gross, "Screening for fetal aneuploidy and neural tube defects", *Genetic Medicine* 11, n. 11, nov. 2009.

14. Esse trecho baseia-se em minhas entrevistas com Emily Perl Kingsley em 2004 e 2007, e comunicações adicionais.

15. Jason Kingsley e Mitchell Levitz, 1994, p. 28.

16. O programa de Reabilitação Residencial do estado de Nova York é descrito em <www.opwdd.ny.gov/hp_services_reshab.jsp>; outros estados têm programas similares.

17. Jean Marc Gaspard Itard narrou seus esforços para educar uma criança selvagem no início do século XIX em *De l'Education d'un homme sauvage, ou des premiers developpemens physiques et moraux du jeune sauvage de l'Aveyron* (1801), publicado em inglês com o título de *The Wild Boy of Aveyron* (1962).

18. Édouard Séguin é citado em Jack P. Shonkoff e Samuel J. Meisels (Orgs.), 2000, p. 9. Para mais informações sobre Séguin e obras sobre a história do retardo mental nos Estados Unidos, ver Édouard Séguin, 1866; Steven Noll e James W. Trent (Orgs.), 2004; e James W. Trent Jr., 1995.

19. A condenação de indivíduos deficientes por Samuel Gridley Howe foi publicada inicialmente em seu *Report Made to the Legislature of Massachusetts, upon Idiocy* (1848) e incluída em Steven Noll e James W. Trent (Orgs.), 2004.

20. A primeira descrição feita por John Langdon H. Down da síndrome agora associada ao seu nome foi publicada com o título de "Observations on an ethnic classification of idiots", *London Hospital, Clinical Letters & Reports* 3, 1866, e foi mais recentemente reeditada em *Mental Retardation* 33, n. 1, fev. 1995.

21. Documentos fundamentais da história do conceito de "mongolismo" mencionado nesta seção: o relatório acima citado de John Langdon H. Down; Francis Graham Crookshank, 1924; L. S. Penrose, "On the interaction of heredity and environment in the study of human genetics (with special reference to Mongolian imbecility)", *Journal of Genetics* 25, n. 3, abr. 1932; L. S. Penrose, "The blood grouping of Mongolian imbeciles", *Lancet* 219, n. 5660, 20 fev. 1932; e L. S. Penrose, "Maternal age, order of birth and developmental abnormalities", *British Journal of Psychiatry* 85, n. 359, New Series n. 323, 1939. Entre as análises históricas contemporâneas do tema estão o capítulo de Daniel J. Kevles, "'Mongolian imbecility': Race and its rejection in the understanding of a mental disease", e o de David Wright, "Mongols in our midst: John Langdon Down and the ethnic classification of idiocy, 1858-1924", em Steven Noll e James W. Trent (Orgs.), 2004; e Daniel J. Kevles, 1985.

22. O argumento de que a visão de Down era progressista é proposto por David Wright, "Mongols in Our Midst: John Langdon Down and the Ethnic Classification of Idiocy, 1858-1924", em Steven Noll e James W. Trent Jr. (Orgs.), 2004, p. 102.

23. A substituição de trabalhadores deficientes no mercado de trabalho por imigrantes e classificações históricas de deficiência intelectual são discutidas na introdução a Richard Noll, *Mental Retardation in America*, 2004, pp. 1-16.

24. *Buck v. Bell*, 274 US 200, 1927.

25. Ver Jerome Lejeune et al., "Etude des chromosomes somatiques de neuf enfants mongoliens", *Comptes Rendus Hebdomadaires des Séances de l'Académie des Science* 248, n. 11, 1959. Quase ao

mesmo tempo, mas independentemente, o gene foi descoberto por Patricia Jacobs na Inglaterra; ver Patricia Jacobs et al., "The somatic chromosomes in mongolism", *Lancet* 1, n. 7075, abr. 1959.

26. A internação do filho com Down de Erik Erikson é contada em Lawrence J. Friedman, 1999.

27. Ver Simon Olshansky, "Chronic sorrow: A response to having a mentally defective child", *Social Casework* 43, n. 4, 1962.

28. Albert Solnit e Mary Stark, "Mourning and the birth of a defective child", *Psychoanalytic Study of the Child* 16, 1961.

29. A internação do filho com Down de Arthur Miller e Inge Morath é narrada em Suzanna Andrews, "Arthur Miller's missing act", *Vanity Fair*, set. 2007.

30. Joseph Fletcher (com Bernard Bard), "The right to die", *Atlantic Monthly*, abr. 1968.

31. Ver Ann Taylor Allen, "The kindergarten in Germany and the United States, 1840-1914: A comparative perspective", *History of Education* 35, n. 2, mar. 2006.

32. Para mais informações sobre a história e a filosofia da educação montessoriana, ver Gerald Lee Gutek, 2004.

33. A história de organizações de educação e serviço para deficientes (inclusive a Associação para Cidadãos Retardados) e o crescimento do movimento dos direitos dos deficientes são examinados em Doris Zames Fleischer e Frieda Zames, 2001.

34. O texto completo da Lei de Seguridade Social de 1935 pode ser encontrado em <www.ssa. gov/history/35act.html>. A autorização para o uso de fundos federais no cuidado de deficientes está na Seção 514 (a): "Das quantias apropriadas por essa razão e as verbas disponíveis conforme a seção 512, o Secretário do Tesouro deverá pagar a cada estado que tenha um plano aprovado de serviços para crianças aleijadas, para cada trimestre, a começar do trimestre que se inicia em 1º de julho de 1935, uma quantia que deverá ser usada exclusivamente para executar o plano estadual, igual à metade da soma total despendida durante o referido trimestre para executar tal plano".

35. Entre as obras inovadoras de John Bowlby estão *Maternal Care and Mental Health* (1952), *Child Care and the Growth of Love* (1965), e a "trilogia do apego": *Attachment* (1969), *Separation: Anxiety and Anger* (1973), e *Loss: Sadness and Depression* (1980).

36. A criação do Painel Presidencial sobre Retardo Mental em 1961 é narrada em Edward Shorter, 2000, pp. 83-6; ver também a história oficial de Fred J. Krause, *President's Committee on Mental Retardation: A Historical Review 1966-1986* (1986), em <www.acf.hhs.gov/programs/pcpid/docs/gm1966_1986.pdf>.

37. Ver Eunice Kennedy Shriver, "Hope for retarded children", *Saturday Evening Post*, 22 set. 1962.

38. Ver Edward Zigler e Sally J. Styfco, 2010.

39. O trecho citado é do §504 da Lei de Reabilitação de 1973. Para o texto completo da lei, ver <www.access-board.gov/enforcement/rehab-act-text/title5.htm>. Para mais informações em linguagem acessível, ver o site do Centro de Disseminação Nacional para Crianças com Deficiências, <nichcy.org/laws/section504>.

40. O Programa de Intervenção Precoce do Estado de Nova York está descrito no folheto *The Early Intervention Program: A Parent's Guide*, em <www.health.ny.gov/publications/0532.pdf>; os padrões estaduais abrangentes de avaliação e intervenção estão promulgados em Demie Lyons et

al., "Down syndrome assessment and intervention for young children (age 0-3): Clinical practice guideline: Report of the recommendations", 2005.

41. Para mais informações sobre intervenção precoce, ver Dante Cicchetti e Marjorie Beeghly (Orgs.), 1990; Demie Lyons et al., "Down syndrome assessment and intervention for young children (age 0-3): Clinical practice guideline: Report of the recommendations", 2005; Marci J. Hanson, "Twenty-five years after early intervention: A follow-up of children with Down syndrome and their families", *Infants & Young Children* 16, n. 4, nov./dez. 2003; e Stefani Hines e Forrest Bennett, "Effectiveness of early intervention for children with Down syndrome", *Mental Retardation & Developmental Disabilities Research Reviews* 2, n. 2, 1996.

42. Esse trecho baseia-se em minha entrevista com Elaine Gregoli em 2005.

43. Para uma discussão da história da reforma na educação de crianças deficientes, ver Richard A. Villa e Jacqueline Thousand, "Inclusion: Welcoming, valuing, and supporting the diverse learning needs of all students in shared general education environments", em William I. Cohen et al., *Down Syndrome: Visions for the 21st Century*, 2002.

44. A Lei de Educação dos Indivíduos com Deficiências é também conhecida como Lei Pública 94-142. Para mais informações sobre essa legislação, ver Congresso dos Estados Unidos, 2005.

45. Michael Bérubé, 1996, pp. 208-11.

46. Esse trecho baseia-se em minha entrevista com Betsy Goodwin em 2004 e comunicações subsequentes.

47. Para mais discussões sobre a Emenda Baby Doe, ver Kathryn Moss, "The 'Baby Doe' legislation: Its rise and fall", *Policy Studies Journal* 15, n. 4, jun. 1987; e H. Rutherford Turnbull, Doug Guess e Ann P. Turnbull, "*Vox populi* and Baby Doe", *Mental Retardation* 26, n. 3, jun. 1988.

48. Peter Singer, "Taking life: Humans", em *Practical Ethics*, 1993, pp. 175-217; ver também seu livro *Rethinking Life and Death: The Collapse of Our Traditional Ethics* (1994). Indivíduos deficientes respondem aos pronunciamentos de Singer sobre o valor da vida deles em Not Dead Yet's "NDY Fact Sheet Library: Pete Singer" (em <www.notdeadyet.org/docs/singer.html>); e Cal Montgomery, "A defense of genocide", *Ragged Edge Magazine*, jul./ago. 1999.

49. Bryony A. Beresford, "Resources and strategies: How parents cope with the care of a disabled child", *Journal of Child Psychology & Psychiatry* 35, n. 1, jan. 1994.

50. Cal Montgomery, "A defense of genocide", *Ragged Edge Magazine*, jul./ago. 1999.

51. Erik Parens e Adrienne Asch, "The disability rights critique of prenatal genetic testing: Reflections and recommendations", em Erik Parens e Adrienne Asch (Orgs.), 2000.

52. Adrienne Asch, "Disability equality and prenatal testing: Contradictory or compatible?", *Florida State University Law Review* 30, n. 2, inverno 2003.

53. Leon Kass, "Implications of prenatal diagnosis for the human right to life", em Ronald Munson (Org.), 2000.

54. Janice McLaughlin, "Screening networks: Shared agendas in feminist and disability movement challenges to antenatal screening and abortion", *Disability & Society* 18, n. 3, 2003.

55. Brian Skotko, "Prenatally diagnosed Down syndrome: Mothers who continued their pregnancies evaluate their health care providers", *American Journal of Obstetrics & Gynecology* 192, n. 3, mar. 2005.

56. Mitchell Zuckoff, 2002, p. 81.

57. Tierney Temple Fairchild, "The choice to be pro-life", *Washington Post*, 1 nov. 2008; ver

também seu discurso "Rising to the occasion: Reflections on choosing Naia", *Leadership Perspectives in Developmental Disability* 3, n. 1, primavera 2003.

58. Memórias de pais de crianças com síndrome de Down: Willard Abraham, 1958; Martha Nibley Beck, 1999; Michael Bérubé, 1996; Martha Moraghan Jablow, 1982; Danny Mardell, 2005; Vicki Noble, 1993; Greg Palmer, 2005; Kathryn Lynard Soper, 2007; Mitchell Zuckoff, 2002; e Cynthia S. Kidder e Brian Skotko, 2001.

59. Esse trecho baseia-se em minha entrevista com Deirdre Featherstone e Wilson Madden em 2007 e comunicações subsequentes.

60. David Patterson discute os fenômenos genéticos que dão origem à ampla variedade de manifestações na síndrome de Down em "Sequencing of chromosome 21/The Human Genome Project", em William I. Cohen et al., *Down Syndrome: Visions for the 21st Century*, 2003.

61. Um estudo que conclui que as pessoas com síndrome de Down são geralmente agradáveis é o de Brigid M. Cahill e Laraine Masters Glidden, "Influence of child diagnosis on family and parental functioning: Down syndrome versus other disabilities", *American Journal on Mental Retardation* 101, n. 2, set. 1996.

62. Para mais detalhes sobre a psicopatologia da SD, ver Ann Gath e Dianne Gumley, "Retarded children and their siblings", *Journal of Child Psychology & Psychiatry* 28, n. 5, set. 1987; Beverly A. Myers e Siegfried M. Pueschel, "Psychiatric disorders in a population with Down syndrome", *Journal of Nervous & Mental Disease* 179, 1991; Dennis Eugene McGuire e Brian A. Chicoine, 2006; e Jean A. Rondal et al. (Orgs.), 2004.

63. Elisabeth M. Dykens, "Psychopathology in children with intellectual disability", *Journal of Child Psychology & Psychiatry* 41, n. 4, maio 2000; ver também Elisabeth M. Dykens, "Psychiatric and behavioral disorders in persons with Down syndrome", *Mental Retardation & Developmental Disabilities Research Review* 13, n. 3, out. 2007.

64. O abuso sexual de indivíduos deficientes ocorre não apenas nas mãos de curadores e predadores não deficientes, mas também nas de outros indivíduos deficientes, especialmente em situações de grupo; ver Deborah Tharinger, Connie Burrows Horton e Susan Millea, "Sexual abuse and exploitation of children and adults with mental retardation and other handicaps", *Child Abuse & Neglect* 14, n. 3, 1990; Eileen M. Furey e Jill J. Niesen, "Sexual abuse of adults with mental retardation by other consumers", *Sexuality & Disability* 12, n. 4, 1994; e Eileen M. Furey, James M. Granfield e Orv C. Karan, "Sexual abuse and neglect of adults with mental retardation: A comparison of victim characteristics", *Behavioral Interventions* 9, n. 2, abr. 1994.

65. Os problemas comportamentais e o estresse dos pais são discutidos em R. Stores et al., "Daytime behaviour problems and maternal stress in children with Down's syndrome, their siblings, and non-intellectually disabled and other intellectually disabled peers", *Journal of Intellectual Disability Research* 42, n. 3, jun. 1998; e Richard P. Hastings e Tony Brown, "Functional assessment and challenging behaviors: Some future directions", *Journal of the Association for Persons with Severe Handicaps* 25, n. 4, inverno 2000.

66. Para uma revisão recente do progresso em terapia genética para a síndrome de Down, ver Cristina Fillat e Xavier Altafaj, "Gene therapy for Down syndrome", *Progress in Brain Research* 197, 2012.

67. O principal defensor dos regimes multivitamínicos — também conhecido como tratamento ortomolecular — e alvo da maior parte das críticas mencionadas foi Henry Turkel

(1903-92), cujo tratamento incorporava vitaminas, anti-histamínicos e diuréticos; ver Henry Turkel, "Medical amelioration of Down's syndrome incorporating the orthomolecular approach", *Journal of Orthomolecular Psychiatry* 4, n. 2, 2º trim. Para artigos críticos da suplementação, ver Len Leshin, "Nutritional supplements for Down syndrome: A highly questionable approach", *Quackwatch*, 18 out. 1998, <www.quackwatch.org/01QuackeryRelatedTopics/down.html>; Cornelius Ani, Sally Grantham-McGregor e David Muller, "Nutritional supplementation in Down syndrome: Theoretical considerations and current status", *Developmental Medicine & Child Neurology* 42, n. 3, mar. 2000; Nancy J. Lobaugh et al., "Piracetam therapy does not enhance cognitive functioning in children with Down syndrome", *Archives of Pediatric & Adolescent Medicine* 155, n. 4, abr. 2001; W. Carl Cooley, "Nonconventional therapies for Down syndrome: A review and framework for decision making", em William I. Cohen et al., *Down Syndrome: Visions for the 21st Century*, 2002; e Nancy J. Roizen, "Complementary and alternative therapies for Down syndrome", *Mental Retardation & Developmental Disabilities Research Reviews* 11, n. 2, abr. 2005. Para mais informações sobre o hormônio do crescimento, ver Salvador Castells e Krystyna E. Wiesniewski (Orgs.), 1993.

68. Ver Rolf R. Olbrisch, "Plastic and aesthetic surgery on children with Down's syndrome", *Aesthetic Plastic Surgery* 9, n. 4, dez. 1985; Siegfried M. Pueschel et al., "Parents' and physicians' perceptions of facial plastic surgery in children with Down syndrome", *Journal of Mental Deficiency Research* 30, n. 1, mar. 1986; Siegfried M. Pueschel, "Facial plastic surgery for children with Down syndrome", *Developmental Medicine & Child Neurology* 30, n. 4, ago. 1988; e R. B. Jones, "Parental consent to cosmetic facial surgery in Down's syndrome", *Journal of Medical Ethics* 26, n. 2, abr. 2000.

69. A Sociedade Nacional de Síndrome de Down apresentou sua posição sobre a cirurgia de normalização facial em "Cosmetic surgery for children with Down syndrome", <www.ndss.org/index.php?option=com_content&view=article&id=153&limitstart=6>. Mitchell Zuckoff também discute o tema em *Choosing Naia: A Family's Journey*, 2002.

70. Esse trecho baseia-se em minha entrevista com Michelle Smith em 2004.

71. A porcentagem de casos de síndrome de Down que surgem de mutação genética espontânea vem de D. Mutton et al., "Cytogenetic and epidemiological findings in Down syndrome, England and Wales 1989 to 1993", *Journal of Medical Genetics* 33, n. 5, maio 1996. Para uma revisão recente da genética da SD, ver David Patterson, "Genetic mechanisms involved in the phenotype of Down syndrome", *Mental Retardation & Developmental Disabilities Research Reviews* 13, n. 3, out. 2007.

72. Caroline Mansfield et al., "Termination rates after prenatal diagnosis of Down syndrome, spina bifida, anencephaly, and Turner and Klinefelter syndromes: A systematic literature review", *Prenatal Diagnosis* 19, n. 9, set. 1999. Mansfield apresenta uma taxa de 92%, que é o número padrão há vários anos. Porém, uma recente meta-análise sugere que a estimativa de Mansfield está inflada e que a taxa de aborto é um pouco menor; ver Jaime L. Natoli et al., "Prenatal diagnosis of Down syndrome: A systematic review of termination rates (1995-2011)", *Prenatal Diagnosis* 32, n. 2, fev. 2012.

73. David Strauss e Richard K. Eyman, "Mortality of people with mental retardation in California with and without Down syndrome, 1986-1991", *American Journal on Mental Retardation* 100, n. 6, maio 1996; Jan Marshall Friedman et al., "Racial disparities in median age at death of persons with Down syndrome: United States, 1968-1997", *Morbidity & Mortality Weekly Report* 50, n. 22, 8 jun. 2001; e Steven M. Day et al., "Mortality and causes of death in persons with Down syndrome in California", *Developmental Medicine & Child Neurology* 47, n. 3, mar. 2005.

74. Karen Kaplan, "Some Down syndrome parents don't welcome prospect of cure", *Los*

Angeles Times, 22 nov. 2009. Kaplan cita e descreve um trabalho apresentado por Angela Inglis, Catriona Hippman e Jehannine C. Austin, "Views and opinions of parents of individuals with Down syndrome: Prenatal testing and the possibility of a 'cure'?", resumo publicado em Courtney Sebold, Lyndsay Graham e Kirsty McWalter, "Presented abstracts from the Twenty-Eighth Annual Education Conference of the National Society of Genetic Counselors (Atlanta, Georgia, nov. 2009)", *Journal of Genetic Counseling* 18, n. 6, nov. 2009.

75. Para estatísticas sobre tendências da população com SD, baseei-me em um relatório dos Centros para Controle de Doenças dos Estados Unidos, "Down syndrome cases at birth increased", 2009; Joan K. Morris e Eva Alberman, "Trends in Down's syndrome live births and antenatal diagnoses in England and Wales from 1989 to 2008: Analysis of data from the National Down Syndrome Cytogenetic Register", *British Medical Journal* 339, 2009; e Guido Cocchi et al., "International trends of Down syndrome, 1993-2004: Births in relation to maternal age and terminations of pregnancies", *Birth Defects Research Part A: Clinical and Molecular Teratology* 88, n. 6, jun. 2010.

76. Os dados sobre a porcentagem de crianças com síndrome de Down nascidas de mulheres com menos de 35 anos vêm da Sociedade Nacional de Síndrome de Down. Para mais informações sobre os fatores em jogo na tomada de decisão após o exame pré-natal, ver Miriam Kupperman et al., "Beyond race or ethnicity and socioeconomic status: Predictors of prenatal testing for Down syndrome", *Obstetrics & Gynecology* 107, n. 5, maio 2006.

77. Annick-Camille Dumaret et al., "Adoption and fostering of babies with Down syndrome: A cohort of 593 cases", *Prenatal Diagnosis* 18, n. 5, maio 1998.

78. Jean A. Rondal, "Intersyndrome and intrasyndrome language differences", em Jean A. Rondal et al., 2004.

79. O Colégio Americano de Obstetras e Ginecologistas fez a recomendação de exame de translucência nucal em "Screening for fetal chromosomal abnormalities", *ACOG Practice Bulletin* 77, jan. 2007. Entre as notícias publicadas na imprensa estão Roni Rabin, "Screen all pregnancies for Down syndrome, doctors say", *New York Times*, 9 jan. 2007; e Amy Harmon, "The DNA age: Prenatal test puts Down syndrome in hard focus", *New York Times*, 9 maio 2007.

80. George Will, "Golly, what did Jon do?", *Newsweek*, 29 jan. 2007.

81. Para um estudo do impacto do contato entre pais nas decisões de mulheres grávidas em relação ao aborto depois do diagnóstico pré-natal de síndrome de Down, ver Karen L. Lawson e Sheena A. Walls-Ingram, "Selective abortion for Down syndrome: The relation between the quality of intergroup contact, parenting expectations, and willingness to terminate", *Journal of Applied Social Psychology* 40, n. 3, mar. 2010. A defesa da educação dos pais é discutida em Adrienne Asch, "Prenatal diagnosis and selective abortion: A challenge to practice and policy", *American Journal of Public Health* 89, n. 11, nov. 1999; Adrienne Asch e Erik Parens, "The disability rights critique of prenatal genetic testing: Reflections and recommendations", em Erik Parens e Adrienne Asch (Orgs.), 2000; Lynn Gillam, "Prenatal diagnosis and discrimination against the disabled", *Journal of Medical Ethics* 25, n. 2, abr. 1999; e Rob Stein, "New safety, new concerns in tests for Down syndrome", *Washington Post*, 24 fev. 2009.

82. Dan Hurley, "A drug for Down syndrome", *New York Times*, 29 jul. 2011. O trabalho de Quake também é discutido em Jocelyn Kaiser, "Blood test for mom picks up Down syndrome in fetus", *ScienceNOW Daily News*, 6 out. 2008; Andrew Pollack, "Blood tests ease search for Down syndrome", *New York Times*, 6 out. 2008; e Amy Dockser Marcus, "New prenatal tests offer safer, early screenings", *Wall Street Journal*, 28 jun. 2011.

83. Babak Khoshnood et al. preveem um aumento da estratificação econômica de famílias com filhos com síndrome de Down em "Advances in medical technology and creation of disparities: The case of Down syndrome", *American Journal of Public Health* 96, n. 12, dez. 2006.

84. Amy Harmon, "The problem with an almost perfect genetic world", *New York Times*, 20 nov. 2005.

85. Karen L. Lawson, "Perceptions of deservedness of social aid as a function of prenatal diagnostic testing", *Journal of Applied Social Psychology* 33, n. 1, 2003. A citação está na p. 76.

86. Michael Bérubé, 1996, p. 78.

87. Amy Harmon, "The problem with an almost-perfect genetic world", *New York Times*, 20 nov. 2005.

88. Dan Hurley, "A drug for Down syndrome", *New York Times*, 29 jul. 2011.

89. O estudo que descobriu melhorias no desenvolvimento do hipocampo em camundongos que receberam Prozac é de Sarah Clark et al., "Fluoxetine rescues deficient neurogenesis in hippocampus of the Ts65Dn mouse model for Down syndrome", *Experimental Neurology* 200, n. 1, jul. 2006; para o estudo sobre memantina, ver Alberto C. S. Costa et al., "Acute injections of the NMDA receptor antagonist memantine rescue performance deficits of the TS65DN mouse model of Down syndrome on a fear conditioning test", *Neuropsychopharmacology* 33, n. 7, jun. 2008.

90. Ahmad Salehi et al., "Restoration of norepinephrine-modulated contextual memory in a mouse model of Down syndrome", *Science Translational Medicine* 1, n. 7, nov. 2009.

91. Ver William J. Netzer et al., "Loweringβ-amyloid levels rescues learning and memory in a Down syndrome mouse model", *PLoS ONE* 5, n. 6, 2010.

92. As citações de William Mobley, Craig C. Garner e Albert Costa vêm de Dan Hurley, "A drug for Down syndrome", *New York Times*, 29 jul. 2011.

93. Esse trecho baseia-se em minha entrevista com Angelica Roman-Jiminez em 2007.

94. Martha Nibley Beck, 1999, pp. 327-8.

95. Deborah J. Fidler, "Parental vocalizations and perceived immaturity in Down syndrome", *American Journal on Mental Retardation* 108, n. 6, nov. 2003.

96. A adaptação dos pais à síndrome de Down é tratada em W. Steven Barnett e Glenna C. Boyce, "Effects of children with Down syndrome on parents' activities", *American Journal on Mental Retardation* 100, n. 2, set. 1995; L. A. Ricci e Robert M. Hodapp, "Fathers of children with Down's syndrome versus other types of intellectual disability: Perceptions, stress and involvement", *Journal of Intellectual Disability Research* 47, n. 4/5, maio/jun. 2003; e Jennifer C. Willoughby e Laraine Masters Glidden, "Fathers helping out: Shared child care and marital satisfaction of parents of children with disabilities", *American Journal on Mental Retardation* 99, n. 4, jan. 1995.

97. Existem muitos estudos sobre as experiências de irmãos de crianças deficientes. Entre os pesquisadores que tratam do tema estão Brian G. Skotko, Jan Blacher e Zolinda Stoneman.

98. Colgan Leaming, "My brother is not his disability", *Newsweek Web Exclusive*, 1º jun. 2006.

99. Esse trecho baseia-se em minhas entrevistas com Susan Arnsten, Adam Delli-Bovi, Teegan Delli-Bovi e William Walker Russell III em 2007 e comunicações subsequentes. As obras de arte de Susan podem ser vistas em <fineartamerica.com/profiles/susan-arnstenrussell.html>.

100. Êxodo 37,9: "E os querubins estendiam as suas asas por cima do propiciatório, cobrindo-o com as asas, tendo as faces voltadas um para o outro".

101. Tamar Heller, Alison B. Miller e Alan Factor, "Adults with mental retardation as supports to their parents: Effects on parental caregiving appraisal", *Mental Retardation* 35, n. 5, out. 1997; ver

também Clare Ansberry, "Parents devoted to a disabled child confront old age", *Wall Street Journal*, 7 jan. 2004.

102. Arnold Birenbaum e Herbert J. Cohen, "On the importance of helping families", *Mental Retardation* 31, n. 2, abr. 1993.

103. Jan Blacher e Bruce L. Baker, "Out-of-home placement for children with retardation: Family decision making and satisfaction", *Family Relations* 43, n. 1, jan. 1994.

104. Frances Kaplan Grossman, 1972.

105. Para minha discussão sobre famílias e internação de crianças com SD, baseei-me nos seguintes artigos de Bruce L. Baker e Jan Blacher: "Out-of-home placement for children with mental retardation: Dimensions of family involvement", *American Journal on Mental Retardation* 98, n. 3, nov. 1993; "For better or worse? Impact of residential placement on families", *Mental Retardation* 40, n. 1, fev. 2002; "Family involvement in residential treatment of children with retardation: Is there evidence of detachment?", *Journal of Child Psychology & Psychiatry* 35, n. 3, mar. 1994; e "Out-of--home placement for children with retardation: Family decision making and satisfaction", *Family Relations* 43, n. 1, jan. 1994.

106. Jan Blacher, 1994, pp. 229-30.

107. Jan Blacher e Bruce L. Baker, "Out-of-home placement for children with retardation: Family decision making and satisfaction", *Family Relations* 43, n. 1, jan. 1994.

108. Para uma discussão da pertinência de pessoas jovens com síndrome de Down deixarem a casa da família em idade semelhante à dos jovens normais, ver Zolinda Stoneman e Phyllis Waldman Berman (Orgs.), 1993.

109. K. Charlie Lakin, Lynda Anderson e Robert Prouty, "Decreases continue in out-of-home residential placements of children and youth with mental retardation", *Mental Retardation* 36, n. 2, abr. 1998. De acordo com o relatório do Projeto Estado dos Estados em Incapacidades de Desenvolvimento "Top Ten State Spending on Institutional Care for People with Disabilities" (em <www. centerforsystemschange.org/view.php?nav_id=54>), "Alasca, Distrito de Columbia, Havaí, Maine, Michigan, New Hampshire, Novo México, Oregon, Rhode Island, Vermont e Virgínia Ocidental não bancam instituições estaduais para dezesseis ou mais pessoas"; portanto, 39 dos cinquenta estados ainda provêm fundos para instituições estaduais para dezesseis ou mais pessoas. O aumento da expectativa de vida de pessoas com síndrome de Down e outras formas de deficiência intelectual é discutido em Matthew P. Janicki et al., "Mortality and morbidity among older adults with intellectual disability: Health services considerations", *Disability & Rehabilitation* 21, n. 5/6, maio/jun. 1999.

110. Jan Blacher e Bruce L. Baker, "Out-of-home placement for children with retardation: Family decision making and satisfaction", *Family Relations* 43, n. 1, jan. 1994.

111. Danny Hakim, "At state-run homes, abuse and impunity", *New York Times*, 12 mar. 2011.

112. Robert W. Prouty et al. (Orgs.), "Residential services for persons with developmental disabilities: Status and trends through 2004", Centro de Pesquisa e Treinamento de Vida Comunitária, Instituto de Integração Comunitária/UCEDD College of Education and Human Development, Universidade de Minnesota, jul. 2005; K. Charlie Lakin, Lynda Anderson e Robert Prouty, "Decreases continue in out-of-home residential placements of children and youth with mental retardation", *Mental Retardation* 36, n. 2, abr. 1998; e K. Charlie Lakin, Lynda Anderson e Robert Prouty, "Change in residential placements for persons with intellectual and developmental disabilities in the USA in the last two decades", *Journal of Intellectual & Developmental Disability* 28, n. 2, jun. 2003.

113. Tamar Heller, Alison B. Miller e Alan Factor, "Adults with mental retardation as supports

to their parents: Effects on parental caregiving appraisal", *Mental Retardation* 35, n. 5, out. 1997; e Clare Ansberry, "Parents devoted to a disabled child confront old age", *Wall Street Journal*, 7 jan. 2004.

114. Marsha Mailick Seltzer e Marty Wyngaarden Krauss, "Quality of life of adults with mental retardation/developmental disabilities who live with family", *Mental Retardation & Developmental Disabilities Research Reviews* 7, n. 2, maio 2001.

115. Comunicação pessoal.

116. Marty Wyngaarden Krauss, Marsha Mailick Seltzer e S. J. Goodman, "Social support networks of adults with mental retardation who live at home", *American Journal on Mental Retardation* 96, n. 4, jan. 1992.

117. Para mais informações sobre People First, ver "History of People First", <www.peoplefirstwv.org/aboutpeoplefirst/history.html>.

118. "People First Chapter Handbook and Toolkit", 2010, <www.peoplefirstwv.org/images/PF_of_WV_Chapter_Handbook_final.pdf>.

119. Ver Nigel Hunt, 1967.

120. Ver Jason Kingsley e Mitchell Levitz, 1994.

121. Uma transcrição do discurso de Windy Smith na Convenção Nacional do Partido Republicano de 2000 pode ser encontrada no site da ABC News em <abcnews.go.com/Politics/story?id=123241&p.=1>.

122. Tom Scocca, "Silly in Philly", *Metro Times*, 9 ago. 2000.

123. Para uma entrevista com Chris Burke, ver Jobeth McDaniel, "Chris Burke: Then and Now", *Ability Magazine*, fev. 2007. Burke mantém um site pessoal em <www.chrisburke.org>; Bobby Brederlow's está em <www.bobby.de/>. Judith Scott é tema das memórias de sua irmã Joyce Scott, 2006; ver também John M. MacGregor, 1999. Para uma entrevista com Lauren Potter, ver Michelle Diament, "Down syndrome takes center stage on Fox's 'Glee'", *Disability Scoop*, 12 abr. 2010.

124. Para mais informações sobre memória de curto prazo e processamento de informações na síndrome de Down, ver Robert M. Hodapp e Elisabeth M. Dykens, "Genetic and behavioural aspects: Application to maladaptive behaviour and cognition", em Jean A. Rondal et al., 2004.

125. Greg Palmer, 2005. O poema de Ned Palmers está na p. 40 do livro; a citação, na p. 98.

126. A saga do casamento de Corky (Chris Burke) e Amanda (Andrea Friedman) começa no terceiro episódio da quarta temporada, "Síndrome Premarital" (levada ao ar originalmente em 4 de outubro de 1992; ver <www.tvguide.com/tvshows/life-goes-on-1992/episode-3-season-4/premarital-syndrome/202678>). Para os antecedentes dessa história de amor, ver Howard Rosenberg, "There's more to 'life' than ratings", *Los Angeles Times*, 18 abr. 1992, e "They'll take romance", *People*, 6 abr. 1992.

127. Esse trecho baseia-se em minha entrevista com Tom e Karen Robards em 2007 e comunicações subsequentes.

5. AUTISMO [pp. 264-347]

1. Minha fonte de informações históricas sobre a prevalência do autismo e o autismo em geral é Laura Schreibman, 2005. Em 30 de março de 2012, o Centro de Controle e Prevenção de Doenças elevou sua estimativa da prevalência do autismo de 1:110 para 1:88; ver Jon Baio, "Preva-

lence of autism spectrum disorders: Autism and Developmental Disabilities Monitoring Network, 14 sites, United States, 2008", *Morbidity & Mortality Weekly Report (MMWR)*, 30 mar. 2012.

2. Entrevista com Eric Kandel em 2009. Eric Kandel, "Interview: biology of the mind", *Newsweek*, 27 mar. 2006.

3. Segundo o site da Coalition for SafeMinds <safeminds.org>, "SafeMinds" significa "Sensible Action for Ending Mercury-Induced Neurological Disorders" [Ação Sensível Consciente para a Erradicação dos Transtornos Neurológicos Induzidos por Mercúrio].

4. O texto integral da Lei de Combate ao Autismo, de 2006 (Public Law 109-416), encontra-se em <thomas.loc.gov/cgi-bin/bdquery/z?d109:S843:>; o texto da Lei de Combate ao Autismo Reautorizada, de 2011 (Public Law 112-32), acha-se em <thomas.loc.gov/cgi-bin/query/z?c112: H.R.2005:>. O papel dos grupos de autorrepresentação dos pais na promoção da lei é descrito na reportagem de Ed O'Keefe para a ABC News, "Congress declares war on autism," transmitida em 6 de dezembro de 2006. A Cura Para o Autismo Já e a Autismo Fala fundiram-se em 2007; ver o press release da Autismo Fala de 5 de fevereiro de 2007, "Autism Speaks and Cure Autism Now complete merger" (www.autismspeaks. org/ about-us/press-releases/autism-speaks-and-cure-autism-now--complete-merger).

5. Comunicação pessoal.

6. A proliferação assombrosa de livros e filmes sobre o autismo é vivamente revelada pelo WorldCat, um catálogo consolidado do acervo de bibliotecas de todo o mundo. Uma busca da palavra-chave *autism* produziu 1221 itens em 1997; 7486 itens em 2011.

7. Os critérios diagnósticos do autismo ("299.00 Autistic Disorder"), da síndrome de Asperger ("299.80 Asperger's Disorder"), e do TGD-SOE ("299.80 Pervasive Developmental Disorder Not Otherwise Specified" [transtorno global do desenvolvimento sem outra especificação]) podem ser encontrados em *Diagnostic and Statistical Manual of Mental Disorders DSM-IV-TR*, 4. ed., 2000, pp. 70-84.

8. Para uma introdução básica confiável ao autismo, ver Shannon des Roches Rosa et al., 2011.

9. As fontes de estimativas da incidência da regressão no autismo abrangem C. Plauche Johnson et al., "Identification and evaluation of children with autism spectrum disorders", *Pediatrics* 120, n. 5, nov. 2007; Gerry A. Stefanatos, "Regression in autistic spectrum disorders", *Neuropsychology Review* 18, dez. 2008; Sally J. Rogers, "Developmental regression in autism spectrum disorders", *Mental Retardation & Developmental Disabilities Research Review* 10, n. 2, maio 2004; e Robin L. Hansen, "Regression in autism: Prevalence and associated factors in the CHARGE study", *Ambulatory Pediatrics* 8, n. 1, jan. 2008.

10. Texto de Emily Perl Kingsley de 1987 encontra-se em toda a internet, bem como em Jack Canfield, 2007. A réplica de Susan Rzucidlo, "Welcome to Beirut", também autopublicada, acha-se em <www.bbbautism.com/beginners _beirut.htm> e em algumas dezenas de sites.

11. Meu trabalho original sobre neurodiversidade encontra-se no meu artigo "The autism rights movement", *New York*, 25 maio 2008.

12. Esse trecho baseia-se em numerosas entrevistas com Betsy Burns e Jeff Hansen entre 2003 e 2012 e em outras comunicações.

13. O neurologista foi, talvez, excessivamente pessimista ao afirmar que, se Cece não tinha começado a falar depois de intervenção precoce intensiva, ela nunca falaria; um trabalho de 2004 concluiu que 90% das crianças autistas desenvolvem fala funcional aos nove anos de idade: Cathe-

rine Lord et al., "Trajectory of language development in autistic spectrum disorders", em *Developmental Language Disorders: From Phenotypes to Etiologies*, 2004.

14. Jim Simons, um dos principais fundadores da pesquisa do autismo pela Simons Foundation, observou numa comunicação pessoal que, quando sua filha ficava com febre, os sintomas do autismo desapareciam e ela conseguia funcionar melhor do que de costume. Que outros estados físicos têm certo impacto sobre a expressão dos sintomas autistas e podem estar por trás de transformações repentinas não permanentes, como no caso de Cece, é objeto de investigação, embora ainda não se conte com ciência suficiente para fazer uso terapêutico da ideia. Para uma discussão acerca da correlação entre febre e melhora comportamental, ver L. K. Curran et al., "Behaviors associated with fever in children with autism spectrum disorders", *Pediatrics* 120, n. 6, dez. 2007; Mark F. Mehler and Dominick P. Purpura, "Autism, fever, epigenetics and the locus coeruleus," *Brain Research Reviews* 59, n. 2, mar. 2009; e David Moorman, "Workshop report: Fever and autism", Simons Foundation for Autism Research, 1 abr. 2010, <sfari.org/news-and-opinion/workshop-reports/2010/workshop-report-fever -and-autism>.

15. A primeira citação do romance de Elizabeth (Betsy) Burns, *Tilt: Every Family Spins on Its Own Axis*, encontra-se na p. 96; a segunda, nas pp. 43-4.

16. Pesquisadores detectaram uma incidência acima da média de estados psiquiátricos entre membros da família de indivíduos com autismo; por exemplo, Mohammad Ghaziuddin, "A family history study of Asperger syndrome", *Journal of Autism and Developmental Disorders* 35, n. 2, 2005; e Joseph Piven e Pat Palmer. "Psychiatric disorder and the broad autism phenotype: Evidence from a family study of multipleincidence autism families", *American Journal of Psychiatry* 156, n. 14, abr. 1999.

17. O *Oxford English Dictionary*, 2. ed., 1989, oferece a seguinte passagem do trabalho de Eugen Bleuler, de 1913, "Autistic thinking", *American Journal of Insanity* 69, 1913, p. 873: "Examinando mais detidamente, encontramos entre todas as pessoas normais muitos e importantes exemplos de pensamento divorciado tanto da lógica quanto da realidade. Denominei essas formas de pensamento 'ideias autistas', correspondentes à noção de autismo esquizofrênico".

18. Cunhada na década de 1930, a expressão "esquizofrenia infantil" foi empregada sem rigor para designar uma vasta gama de deficiências cognitivas que se manifestam na primeira infância. Entre os divulgadores da expressão figura Lauretta Bender, uma psiquiatra infantil atuante no Hospital Bellevue e autora de numerosos relatos de suas observações clínicas. Para uma manifestação contemporânea da preocupação com a aplicação inadequada da expressão, ver Hilde L. Mosse, "The misuse of the diagnosis childhood schizophrenia", *American Journal of Psychiatry* 114, n. 9, mar. 1958; Robert F. Asarnow e Joan Rosenbaum Asarnow repassam a história do diagnóstico em "Childhood-onset schizophrenia: Editors' introduction", *Schizophrenia Bulletin* 20, n. 4, out. 1994.

19. O relato seminal de Leo Kanner, "Autistic disturbances of affective contact", 1943, faz parte de uma antologia de seus trabalhos, *Childhood Psychosis: Initial Studies and New Insights*, 1973.

20. Em 1943, Kanner observou a suposta frieza das mães de filhos autistas, mas deixou em aberto a possibilidade de que a doença fosse inata. Ver "Autistic disturbances of affective contact", em Leo Kanner, 1973, p. 42. Em 1949, Kanner tinha desenvolvido mais plenamente sua teoria da culpa parental; o termo "geladeira" aparece duas vezes no seu artigo, escrito nesse ano, "Problems of nosology and psychodynamics in early childhood autism", *American Journal of Orthopsychiatry* 19, n. 3, jul. 1949. Mas as atribuições de Kanner mudaram à medida que evoluiu a compreensão da base neurológica do autismo. Segundo a recordação de seus colegas Eric Schopler, Stella Chess e

Leon Eisenberg em "Our memorial to Leo Kanner", *Journal of Autism & Developmental Disorders* 11, n. 3, set. 1981, p. 258: "O homem a quem se creditou a expressão 'mãe geladeira' explicou aos membros da Sociedade Nacional para Crianças Autistas, no encontro anual de 1971, que agora se reconhecia que a culpa pelo autismo do filho, subentendida pela expressão, era inadequada e incorreta".

21. A tristemente célebre afirmação se encontra em Bruno Bettelheim, 1967, p. 125.

22. Entrevista com Isabelle Rapin, em 2009.

23. Bernard Rimland, 1964.

24. Laura Schreibman, 2005, é a fonte da história dos crachás: "Comentou-se muito que esses primeiros participantes usaram crachá em forma de geladeirinhas" (pp. 84-5).

25. Eustacia Cutler, 2004, p. 208.

26. O trabalho original de Asperger foi publicado na Alemanha durante a Segunda Guerra Mundial: Hans Asperger, "Die 'autistischen psychopathen' im kindesalter", *Archiv für Psychiatrie & Nervenkrankheiten (European Archives of Psychiatry and Clinical Neuroscience)* 117, n. 1, pp. 76-136, 1944. Uta Frith traduziu o texto para o inglês em 1981, intitulando-o "'Autistic psychopathy' in childhood"; posteriormente, essa tradução foi incluída na antologia *Autism and Asperger Syndrome*, 1991.

27. A primeira menção a *pequenos professores* na literatura profissional está em Hans Asperger, "Die 'autistischen psychopathen' im kindesalter," *Archiv für Psychiatrie & Nervenkrankheiten (European Archives of Psychiatry and Clinical Neuroscience)* 117, n. 1, 1944. Da p. 118: "*Die aus einer Kontaktstorung kommende Hilflosigkeit dem praktischen Leben gegenuber, welche den 'Professor' charakterisiert und zu einer unsterblichen Witzblattfigur macht, ist ein Beweis dafur*".

28. Acerca das propostas de revisão dos critérios diagnósticos dos transtornos do espectro autista na quinta edição do *Manual Diagnóstico e Estatístico*, ver Claudia Wallis, "A powerful identity, a vanishing diagnosis", *New York Times*, 2 nov. 2009; e Benedict Carey, "New definition of autism will exclude many, study suggests", *New York Times*, 19 jan. 2012. Quanto às discussões acadêmicas sobre as mudanças do *Manual Diagnóstico e Estatístico*, ver Mohammad Ghaziuddin, "Should the DSM-V drop Asperger syndrome?", *Journal of Autism & Developmental Disorders* 40, n. 9, set. 2010; e Lorna Wing et al., "Autism spectrum disorders in the DSM-V: Better or worse than the DSM-IV?", *Research in Developmental Disabilities* 32, n. 2, mar./abr. 2011.

29. Todos esses casos de déficits de indivíduos com síndrome de Asperger procedem de comunicações pessoais.

30. A história de Temple Grandin chamou a atenção geral por causa do ensaio-título em Oliver Sacks, 1995, e através de sua autobiografia, *Thinking in Pictures: And Other Reports from My Life with Autism* (1995). Ela também foi tema de vários programas de televisão, entre eles, o documentário da BBC *The Woman Who Thinks Like a Cow*, de 2006, e o filme biográfico *Temple Grandin*, da HBO.

31. Site oficial da Rede de Autorrepresentação Autista: <www.autisticadvocacy.org/>. Para uma entrevista de Ari Ne'eman, ver Claudia Kalb, "Erasing autism," *Newsweek*, 25 maio 2009.

32. Entrevista minha com Temple Grandin em 2004. Anteriormente, ela havia usado a imagem em sua autobiografia, *Thinking in Pictures: And Other Reports from My Life with Autism*, 1995, p. 31.

33. John Elder Robison, 2007, p. 2.

34. Esse trecho baseia-se na minha entrevista com Jennifer Franklin em 2008 e em comunicações subsequentes. As citações de poemas são de seu livro *Persephone's Ransom* (2011).

35. Minha fonte básica sobre a AAC é Laura Ellen Schreibman, *The Science and Fiction of Autism*

(2005). Entre os trabalhos de O. Ivar Lovaas figuram "Behavioral treatment and normal educational and intellectual functioning in young autistic children", *Journal of Consulting & Clinical Psychology* 55, n. 1, fev. 1987; e "The development of a treatment-research project for developmentally disabled and autistic children", *Journal of Applied Behavior Analysis* 26, n. 4, inverno 1993.

36. "Planet autism", *Salon*, 27 set. 2003 (condensado).

37. Os comentários de Juliet Mitchell são de comunicações pessoais. Ela escreveu sobre o autismo em *Mad Men and Medusas: Reclaiming Hysteria* (2000).

38. Sobre um uso recente da metáfora do "bebê-fada", ver Portia Iversen, 2006, pp. xii-xiv. Quanto à discussão acadêmica acerca dos mitos do "bebê-fada" como reação à deficiência, ver D. L. Ashliman, "Changelings", *Folklore & Mythology Electronic Texts*, Universidade de Pittsburgh, 1997, em <www.pitt.edu/~dash/changeling.html>; e Susan Schoon Eberly, "Fairies and the folklore of disability: Changelings, hybrids and the solitary fairy", *Folklore* 99, n. 1, 1988. Sobre a perspectiva de dois ativistas do autismo, ver Amanda Baggs, "The original, literal demons", *Autism Demonized,* 12 fev. 2006, em <web.archive.org/web/20060628231956/http://autismdemonized.blogspot.com/>; e Ari Ne'eman, "Dueling narratives: Neurotypical and autistic perspectives about the autism spectrum", 2007 samla Convention, Atlanta, Georgia, novembro de 2007, em <www. cwru.edu/affil/sce/Texts_2007/ Ne'eman.html>.

39. *Werke, Kritische Gesamtausgabe: Tischreden*, 1912-21, v. 5, p. 9, como citada em D. L. Ashliman, "German changeling legends," *Folklore & Mythology Electronic Texts*, Universidade de Pittsburgh, 1997, <www.pitt.edu/~dash/changeling.html>.

40. Walter O. Spitzer, "The real scandal of the mmr debate", *Daily Mail*, 20 dez. 2001.

41. Amanda Baggs, *Autism Demonized,* publicado em blog, 2006.

42. Esse trecho baseia-se na minha entrevista com Nancy Corgi em 2007. Todos os nomes foram trocados por pseudônimos.

43. Entre as análises da deficiência da linguagem e do desenvolvimento da linguagem, figuram Morton Ann Gernsbacher, Heather M. Geye e Susan Ellis Weismer, "The role of language and communication impairments within autism", em P. Fletcher e J. F. Miller (Orgs.), *Language Disorders and Developmental Theory*, 2005; e Gerry A. Stefanatos e Ida Sue Baron, "The ontogenesis of language impairment in autism: A neuropsychological perspective", *Neuropsychology Review* 21, n. 3, set. 2011. Para uma discussão sobre a função motora oral no autismo, ver Morton Ann Gernsbacher et al., "Infant and toddler oral- and manualmotor skills predict later speech fluency in autism", *Journal of Child Psychology & Psychiatry* 49, n. 1, 2008.

44. Entrevista em 2007.

45. Entrevista em 2008.

46. Essa mãe não identificada expressou sua visão do aprendizado da língua de sinais num contato pessoal em 2008.

47. As citações de Carly Fleischmann e seu pai procedem de duas reportagens: John McKenzie, "Autism breakthrough: Girl's writings explain her behavior and feelings", abc News, 19 fev. 2008; e Carly Fleischmann, "You asked, she answered: Carly Fleischmann, 13, talks to our viewers about autism", abc News, 20 fev. 2008.

48. Esse trecho baseia-se na minha entrevista com Harry e Laura Slatkin em 2008 e em comunicações subsequentes.

49. A cena aqui descrita aparece no documentário *Autism Every Day*.

50. O termo "autismos" foi inicialmente proposto por Daniel H. Geschwind e Pat Levitt em "Autism spectrum disorders: Developmental disconnection syndromes", *Current Opinion in Neurobiology* 17, n. 1, fev. 2007.

51. A hipótese da "cegueira mental" foi proposta por Simon Baron-Cohen, 1995.

52. A disfunção do neurônio espelho é discutida em Lindsay M. Oberman et al., "EEG evidence for mirror neuron dysfunction in autism spectrum disorders", *Cognitive Brain Research* 24, n. 2, jul. 2005; e Lucina Q. Uddin et al., "Neural basis of self and other representation in autism: An fMRI study of self-face recognition", *PLoS ONE* 3, n. 10, 2008.

53. A hipótese da "coerência central fraca" é proposta em Uta Frith, 2003.

54. As hipóteses da excitação são discutidas em Corinne Hutt et al., "Arousal and childhood autism", *Nature* 204, 1964; e Elisabeth A. Tinbergen e Nikolaas Tinbergen, "Early childhood autism: An ethological approach", *Advances in Ethology, Journal of Comparative Ethology*, supl. n. 10, 1972. Subsequentemente, numerosos pesquisadores respeitados do autismo questionaram as especulações de Tinbergen; ver, por exemplo, Bernard Rimland et al., "Autism, stress, and ethology", *Science*, n. esp. 188, n. 4187, 2 maio 1975.

55. Kamran Nazeer, 2006, pp. 68-9.

56. John Elder Robison, 2007, p. 12.

57. Ver Robert T. Schultz et al., "Abnormal ventral temporal cortical activity during face discrimination among individuals with autism and Asperger syndrome", *Archives of General Psychiatry* 57, n. 4, abr. 2000.

58. David J. Grelotti et al., "fMRI activation of the fusiform gyrus and amygdala to cartoon characters but not to faces in a boy with autism", *Neuropsychologia* 43, n. 3, 2005.

59. Esse trecho baseia-se na minha entrevista com Bob, Sue e Ben Lehr em 2008 e em comunicações posteriores.

60. O livro seminal sobre CF é *Communication Unbound: How Facilitated Communication Is Challenging Traditional Views of Autism and Ability/Disability* (1993), de Douglas Biklen.

61. Para mais informações acerca do desenvolvimento cerebral no autismo, ver Stephen R. Dager et al., "Imaging evidence for pathological brain development in autism spectrum disorders", em *Autism: Current Theories and Evidence*, 2008; Martha R. Herbert et al., "Localization of white matter volume increase in autism and developmental language disorder", *Annals of Neurology* 55, n. 4, abr. 2004; Eric Courchesne et al., "Evidence of brain overgrowth in the first year of life in autism", *Journal of the American Medical Association* 290, n. 3, jul. 2003; Nancy J. Minshew e Timothy A. Keller, "The nature of brain dysfunction in autism: Functional brain imaging studies", *Current Opinion in Neurology* 23, n. 2, abr. 2010; e Eric Courchesne et al., "Brain growth across the life span in autism: Age-specific changes in anatomical pathology", *Brain Research* 1380, mar. 2011.

62. Entre as úteis análises recentes do estado da ciência em genética do autismo, figuram Judith Miles, "Autism spectrum disorders: A genetics review", *Genetics in Medicine* 13, n. 4, abr. 2011; e Daniel H. Geschwind, "Genetics of autism spectrum disorders", *Trends in Cognitive Sciences* 15, n. 9, set. 2011.

63. Os contribuintes pré-natais do autismo são discutidos em Tara L. Arndt, Christopher J. Stodgell e Patricia M. Rodier, "The teratology of autism", *International Journal of Developmental Neuroscience* 23, n. 2/3, abr./maio 2005.

64. Para mais informações sobre a associação entre idade paterna e autismo, ver Abraham

Reichenberg et al., "Advancing paternal age and autism", *Archives of General Psychiatry* 63, n. 9, set. 2006; Rita M. Cantor et al., "Paternal age and autism are associated in a family-based sample", *Molecular Psychiatry* 12, 2007; e Maureen S. Durkin et al., "Advanced parental age and the risk of autism spectrum disorder", *American Journal of Epidemiology* 168, n. 11, dez. 2008.

65. A possível contribuição da incompatibilidade genética para o desenvolvimento do autismo é discutida in William G. Johnson et al., "Maternally acting alleles in autism and other neurodevelopmental disorders: The role of HLA-DR4 within the major histocompatibility complex", em Andrew W. Zimmerman e Susan L. Connors (Orgs.), 2010.

66. Para mais informações sobre a hipótese do acasalamento preferencial, ver Simon Baron-Cohen, "The hyper-systemizing, assortative mating theory of autism", *Progress in Neuropsychopharmacology & Biological Psychiatry* 30, n. 5, jul. 2006; e Steve Silberman, "The geek syndrome", *Wired*, dez. 2001.

67. Um novo estudo multicêntrico de irmãos identificou mutações em 279 genes ocorridas somente nos pacientes autistas; ver Stephen Sanders et al., "De novo mutations revealed by whole-exome sequencing are strongly associated with autism", *Nature* 485, n. 7397, 10 maio 2012.

68. As influências sobre a expressão genética são discutidas em Isaac N. Pessah e Pamela J. Lein, "Evidence for environmental susceptibility in autism: What we need to know about gene x environment interactions", em Andrew Zimmerman, 2008.

69. A penetrância variável é o tema de Dan Levy, Michael Wigler et al., "Rare de novo and transmitted copy-number variation in autistic spectrum disorders", *Neuron* 70, n. 5, jun. 2011.

70. As cifras sobre autismo e concordância genética em gêmeos idênticos provêm de Anthony Bailey et al., "Autism as a strongly genetic disorder: Evidence from a British twin study", *Psychological Medicine* 25, 1995.

71. Essa estatística reflete o risco do irmão sobre o risco da população geral como estabelece o Centro de Controle e Prevenção de Doenças. Aceitando-se uma prevalência do autismo que, embora seja recalculada constantemente, oscila em mais ou menos um em cem, sendo o risco dos irmãos de cerca de um em cinco, chegamos a essa estatística comparativa; ver Brett S. Abrahams e Daniel H. Geschwind, "Advances in autism genetics: On the threshold of a new neurobiology", *Nature Review Genetics* 9, n. 5, maio 2008.

72. Entre os estudos sobre o fenótipo ampliado do autismo, isto é, a manifestação de características autistas em membros da família imediata e estendida de pessoas com autismo, incluem-se Nadia Micali et al., "The broad autism phenotype: Findings from an epidemiological survey", *Autism* 8, n. 1, mar. 2004; Joseph Piven et al., "Broader autism phenotype: Evidence from a family history study of multiple-incidence autism families", *American Journal of Psychiatry* 154, fev. 1997; e Molly Losh et al., "Neuropsychological profile of autism and the broad autism phenotype", *Archives of General Psychiatry* 66, n. 5, maio de 2009.

73. Para a discussão acadêmica da incidência pangenômica dos genes relacionados com o autismo, ver Joseph T. Glessner et al., "Autism genome-wide copy number variation reveals ubiquitin and neuronal genes", *Nature* 459, 28 maio 2009.

74. Entrevista com Matthew State em 2009.

75. Entrevista com Thomas Insel em 2010.

76. Entrevista com Michael Wigler e Jonathan Sebat em 2008.

77. Encontra-se mais background sobre o pleiotropismo e o autismo in Annemarie Ploeger

et al., "The association between autism and errors in early embryogenesis: What is the causal mechanism?", *Biological Psychiatry* 67, n. 7, abr. 2010.

78. Para um estudo que vincula os genes associados ao autismo a estados comórbidos, ver Daniel B. Campbell et al., "Distinct genetic risk based on association of MET in families with co-occurring autism and gastrointestinal conditions", *Pediatrics* 123, n. 3, mar. 2009.

79. Jonathan Sebat et al., "Strong association of de novo copy number mutations with autism", *Science* 316, n. 5823, 20 abr. 2007.

80. Press release da Simons Foundation "Relating copy-number variants to head and brain size in neuropsychiatric disorders", em <sfari.org/funding/grants/abstracts/relating-copy-number-variants-to-head-and-brain-size-in-neuropsychiatric-disorders>.

81. Entrevista pessoal com Daniel Geschwind em 2012. Entre os trabalhos recentes de Geschwind sobre a genética do autismo, figuram "Autism: Many genes, common pathways?", *Cell* 135, n. 3, 31 out. 2008; e "The genetics of autistic spectrum disorders", *Trends in Cognitive Sciences* 15, n. 9, set. 2011.

82. Para estudos do efeito da rapamicina sobre o aprendizado, os déficits de memória e as convulsões em ratos, ver Dan Ehninger et al., "Reversal of learning deficits in a Tsc2+/− mouse model of tuberous sclerosis", *Nature Medicine* 14, n. 8, ago. 2008; e L.-H. Zeng et al., "Rapamycin prevents epilepsy in a mouse model of tuberous sclerosis complex", *Annals of Neurology* 63, n. 4, abr. 2008.

83. Press release da Universidade da Califórnia em Los Angeles "Drug reverses mental retardation in mice", de 2008, em <www.newswise.com/articles/drug-reverses-mental-retardation-in-mice>.

84. O papel dos receptores mGluR no autismo é discutido em Mark F. Bear et al., "The mGluR theory of fragile X mental retardation", *Trends in Neurosciences* 27, n. 7, jul. 2004; e Randi Hagerman et al., "Fragile X and autism: Intertwined at the molecular level leading to targeted treatments", *Molecular Autism* 1, n. 12, set. 2010. Para um estudo que detectou melhora de anomalias comportamentais em ratos geneticamente modificados que receberam antagonistas de mGluR, ver Zhengyu Cao et al., "Clustered burst firing in FMR1 premutation hippocampal neurons: Amelioration with allopregnanolone", *Human Molecular Genetics* (publicado on-line antes de impresso, 6 abr. 2012).

85. Para um relato preliminar das descobertas num ensaio clínico de tratamento com droga da síndrome de Rett, ver Eugenia Ho et al., "Initial study of rh-IGFI (Mecasermin [DNA] injection) for treatment of Rett syndrome and development of Rett-specific novel biomarkers of cortical and autonomic function (S28.005)", *Neurology* 78, resumos de reunião 1, 25 abr. 2012.

86. Para a discussão de potenciais terapias medicamentosas da síndrome do X frágil, ver o recente artigo analítico de Randi Hagerman et al., "Fragile X syndrome and targeted treatment trials", *Results and Problems in Cell Differentiation* 54, pp. 297-335, 2012. Está em andamento o esforço de recrutamento para um novo estudo da síndrome do X frágil; ver o press release "Clinical trials of three experimental new treatments for Fragile X are accepting participants", FRAXA Research Foundation, 22 mar. 2012.

87. Apresentação de Geraldine Dawson na Cúpula de Alexandria, "Translating Innovation into New Approaches for Neuroscience", em 2012. Dawson é diretora do escritório científico da Autismo Fala.

88. Para o estudo que descobriu mutações genéticas semelhantes na síndrome do X frágil e

no autismo, ver Ivan Iossifov et al., "De novo gene disruptions in children on the autistic spectrum", *Neuron* 74, n. 2, abr. 2012; e o press release do Laboratório Cold Spring Harbor sobre o estudo, "A striking link is found between the Fragile-X gene and mutations that cause autism", em <www.cshl.edu/Article-Wigler/a-striking-link-is-found-between-the-fragile-x-gene-and-mutations-that-cause-autism>.

89. Simon Baron-Cohen discute sua hipótese "empáticas/sistematizadores" em "The extreme male brain theory of autism", *Trends in Cognitive Science* 6, n. 6, jun. 2002; "Autism: The empathizing-systemizing (E-S) theory", *Annals of the New York Academy of Sciences* 1156, mar. 2009; e "Empathizing, systemizing, and the extreme male brain theory of autism", *Progress in Brain Research* 186, 2010.

90. A associação de altos níveis de testosterona fetal a características autistas é discutida em Bonnie Auyeung e Simon Baron-Cohen, "A role for fetal testosterone in human sex differences: Implications for understanding autism", em Andrew Zimmerman, 2008; e Bonnie Auyeung et al., "Foetal testosterone and autistic traits in 18 to 24-month-old children", *Molecular Autism* 1, n. 11, jul. 2010.

91. O estudo dos prodígios é a obra da vida de Darold Treffert; para apenas dois de seus relatos acerca do tema, ver "The savant syndrome in autism", em Pasquale J. Accardo et al. (Orgs.), 2000; e "The savant syndrome: An extraordinary condition. A synopsis: Past, present, future", *Philosophical Transactions of the Royal Society*, Part B 364, n. 1522, maio 2009. O mapa perfeito de Roma foi criado por Stephen Wiltshire e está exposto no seu site, <www.stephenwiltshire.co.uk/Rome_Panorama_by_Stephen_Wiltshire.aspx>.

92. Michael Rutter fez um relato do impacto da institucionalização sobre os órfãos romenos em Michael Rutter et al., "Are there biological programming effects for psychological development?: Findings from a study of Romanian adoptees", *Developmental Psychology* 40, n. 1, 2004.

93. Bruno Bettelheim, 1967, pp. 66-78.

94. As experiências clínicas de Margaret Bauman são discutidas em Rachel Zimmerman, "Treating the body vs. the mind", *Wall Street Journal*, 15 fev. 2005.

95. As estatísticas sobre o percentual de indivíduos autistas com diagnóstico comórbido de depressão e ansiedade foram fornecidas por Lonnie Zwaigenbaum numa apresentação, em 2009, no Laboratório Cold Spring Harbor. Entre os estudos que estabelecem uma elevada frequência de problemas psiquiátricos comórbidos, incluem-se Luke Tsai, "Comorbid psychiatric disorders of autistic disorder", *Journal of Autism & Developmental Disorders* 26, n. 2, abr. 1996; Christopher Gillberg e E. Billstedt, "Autism and Asperger syndrome: Coexistence with other clinical disorders", *Acta Psychiatrica Scandinavica* 102, n. 5, nov. 2000; e Gagan Joshi et al., "The heavy burden of psychiatric comorbidity in youth with autism spectrum disorders: A large comparative study of a psychiatrically referred population", *Journal of Autism & Developmental Disorders* 40, n. 11, nov. 2010.

96. Kamran Nazeer, 2006, pp. 161-2.

97. Esse trecho baseia-se na minha entrevista com John Shestack e Portia Iversen em 2008.

98. Comunicação pessoal em 2011.

99. Apresentação de Isabelle Rapin no Laboratório Cold Spring Harbor, em 2009.

100. Laura Schreibman discute os instrumentos diagnósticos do autismo em *The Science and Fiction of Autism*, 2005, p. 68.

101. Victoria Costello, "Reaching children who live in a world of their own", *Psychology Today*, 9 dez. 2009. O original alemão é *Eine gute Mutter diagnostiziert oft viel besser wie ein schlechter Arzt* e está disponível em <dgrh.de/75jahredgrho.html>.

102. Entrevista com Kathleen Seidel em 2008. Registro aqui, no interesse da total transparência, que contratei Kathleen Seidel para me auxiliar na pesquisa, nas citações e na bibliografia deste livro em 2009.

103. Esse trecho baseia-se na minha entrevista com Icilda Brown em 2005. Todos os nomes foram trocados por pseudônimos.

104. Conforme o site da organização, <www.autism-society.org/.>

105. Para estudos recentes da prevalência do autismo, ver Gillian Baird et al., "Prevalence of disorders of the autism spectrum in a population cohort of children in South Thames: The Special Needs and Autism Project (SNAP)", *Lancet* 368, n. 9531, 15 jul. 2006; Michael D. Kogan et al., "Prevalence of parent-reported diagnosis of autism spectrum disorder among children in the US, 2007", *Pediatrics* 124, n. 5, 2009; e Catherine Rice et al., "Changes in autism spectrum disorder prevalence in 4 areas of the United States", *Disability and Health Journal* 3, n. 3, jul. 2010.

106. A substituição diagnóstica na Califórnia é o tema de Lisa A. Croen et al., "The changing prevalence of autism in California", *Journal of Autism and Developmental Disorders* 32, n. 3, jun. 2002; ver também Marissa King e Peter Bearman, "Diagnostic change and the increased prevalence of autism", *International Journal of Epidemiology* 38, n. 5, out. 2009.

107. Os cálculos do custo de sustento de indivíduos com autismo durante a vida provêm de Laura Ellen Schreibman, 2005, p. 71; ver também Michael Ganz, "The lifetime distribution of the incremental societal costs of autism", *Archives of Pediatric & Adolescent Medicine* 161, n. 4, abr. 2007.

108. Comunicação pessoal em 2008.

109. Ver Marissa King e Peter Bearman, "Diagnostic change and the increased prevalence of autism", *International Journal of Epidemiology* 38, n. 5, out. 2009; e Dorothy V. Bishop et al., "Autism and diagnostic substitution: Evidence from a study of adults with a history of developmental language disorder", *Developmental Medicine & Child Neurology* 50, n. 5, maio 2008.

110. Eric Fombonne apresentou essa informação numa conferência na Universidade da Califórnia em Los Angeles em 2012. Ele descreve o trabalho de Judith Miller, que reclassificou antigos arquivos usando critérios diagnósticos modernos. Miller mostrou que anteriormente a prevalência era subestimada (isto é, naquela época excluíram-se dos estudos muitas crianças — por não corresponderem aos critérios diagnósticos — que hoje seriam incluídas). Ela será a primeira autora de um paper que sintetiza esse trabalho ainda não publicado.

111. Para informações sobre a regressão no autismo, ver Sally J. Rogers, "Developmental regression in autism spectrum disorders", *Mental Retardation & Developmental Disabilities Research Reviews* 10, n. 2, 2004; Janet Lainhart et al., "Autism, regression, and the broader autism phenotype", *American Journal of Medical Genetics* 113, n. 3, dez. 2002; e Jeremy R. Parr et al., "Early developmental regression in autism spectrum disorder: Evidence from an international multiplex sample", *Journal of Autism & Developmental Disorders* 41, n. 3, mar. 2011. Quanto à ideia de que a regressão no autismo pode ser a expressão de um processo genético em desdobramento, ver Gerry A. Stefanatos, "Regression in autistic spectrum disorders", *Neuropsychology Review* 18, dez. 2008.

112. Andrew Wakefield foi o primeiro a propor uma associação entre a vacina SCR e o autismo em "Ileal-lymphoid-nodular hyperplasia, non-specific colitis, and pervasive developmental disorder in children", *Lancet* 351, 1998.

113. Relatório da Agência de Proteção à Saúde do Reino Unido "Measles notifications and deaths in England and Wales, 1940-2008", 2010.

114. Thomas Verstraeten et al., "Safety of thimerosal-containing vaccines: A twophased study of computerized health maintenance organization databases", *Pediatrics* 112, n. 5, nov. 2003.

115. O pedido de desculpas por parte da *Lancet* pelo trabalho de Andrew Wakefield, de 1998, foi anunciado pelo editor-chefe Richard Horton em "A statement by the editors of The Lancet," *Lancet* 363, n. 9411, mar. 2004. A retratação final ocorreu seis anos depois, quando o Conselho Médico Geral do Reino Unido anunciou o resultado de sua investigação; ver editores da *Lancet*, "Retraction — Ileal-lymphoid-nodular hyperplasia, non-specific colitis, and pervasive developmental disorder in children", *Lancet* 375, n. 9713, fev. 2010. O caso foi noticiado por David Derbyshire, "*Lancet* was wrong to publish MMR paper, says editor," *Telegraph*, 21 fev. 2004; Cassandra Jardine, "GMC brands Dr Andrew Wakefield 'dishonest, irresponsible and callous'", *Telegraph*, 29 jan. 2010; e David Rose, "*Lancet* journal retracts Andrew Wakefield MMR scare paper", *Times*, 3 fev. 2010.

116. Para um breve apanhado da história das teorias da causação do autismo por vacina, ver Stanley Plotkin, Jeffrey S. Gerber e Paul A. Offit, "Vaccines and autism: A tale of shifting hypotheses", *Clinical Infectious Diseases* 48, n. 4, 15 fev. 2009.

117. Emily Werner e Geraldine Dawson, "Validation of the phenomenon of autistic regression using home videotapes", *Archives of General Psychiatry* 62, n. 8, ago. 2005.

118. David Kirby, 2005.

119. Jane Gross e Stephanie Strom relataram o conflito da família Wright em "Autism debate strains a family and its charity", *New York Times*, 18 jun. 2007.

120. Entre os livros de Jenny McCarthy figuram *Louder Than Words: A Mother's Journey in Healing Autism* (2007) e *Mother Warriors: A Nation of Parents Healing Autism Against All Odds* (2008).

121. O caso de Hannah Poling é discutido em Paul A. Offit, "Vaccines and autism revisited: The Hannah Poling case", *New England Journal of Medicine* 358, n. 20, 15 maio 2008.

122. Entrevista telefônica com Lenny Schafer em 2008.

123. Para um exemplo de trabalhos que promovem a hipótese de o autismo estar associado a metais ambientais, ver Mary Catherine DeSoto e Robert T. Hitlan, "Sorting out the spinning of autism: Heavy metals and the question of incidence", *Acta Neurobiologiae Experimentalis* 70, n. 2, 2010. Contrariamente, a pesquisa recente demonstra a ausência de qualquer associação do autismo a genes que regulam metais pesados no corpo: Sarah E. Owens et al., "Lack of association between autism and four heavy metal regulatory genes", *NeuroToxicology* 32, n. 6, dez. 2011.

124. Ver Yumiko Ikezuki et al., "Determination of bisphenol A concentrations in human biological fluids reveals significant early prenatal exposure", *Human Reproduction* 17, n. 11, nov. 2002.

125 Joachim Hallmayer et al., "Genetic heritability and shared environmental factors among twin pairs with autism", *Archives of General Psychiatry*, 4 jul. 2011.

126. Erin Allday, "UCSF, Stanford autism study shows surprises", *San Francisco Chronicle*, 5 jul. 2011.

127. Laurie Tarkan, "New study implicates environmental factors in autism", *New York Times*, 4 jul. 2011.

128. Lisa A. Croen et al., "Antidepressant use during pregnancy and childhood autism spectrum disorders", *Archives of General Psychiatry* 68, n. 11, nov. 2011.

129. Esses resultados dependem de modelos complexos e suposições específicas que podem não proceder. Os dados de Joachim Hallmayer mostram um índice de 22% de concordância entre os gêmeos dizigóticos e pouco mais de 60% nos monozigóticos; ver Joachim Hallmayer et al.,

"Genetic heritability and shared environmental factors among twin pairs with autism", *Archives of General Psychiatry* 68, n. 11, nov. 2011. Um meio simples e padrão de verificar a herdabilidade é a fórmula de Falconer: $h_b^2 = 2(r_{mz} - r_{dz})$, na qual h_b^2 representa a herdabilidade geral, r_{mz} é a correlação gêmeo monozigótico e r_{dz}, a correlação gêmeo dizigótico. Isso levaria a uma herdabilidade estimada de aproximadamente 70%, condizente com os resultados anteriores. Um extenso estudo recente, comparando irmãos e meios-irmãos, corrobora uma proporção de 60% ou mais; ver John N. Constantino et al., "Autism recurrence in half siblings: Strong support for genetic mechanisms of transmission in ASD", *Molecular Psychiatry*, publicação eletrônica antes da impressa, 28 fev. 2012.

130. Esse trecho baseia-se na minha entrevista com Mark Blaxill em 2008.

131. Blaxill é coautor de Amy S. Holmes, Mark F. Blaxill e Boyd E. Haley, "Reduced levels of mercury in first baby haircuts of autistic children", *International Journal of Toxicology* 22, n. 4, jul./ ago. 2003; e Martha R. Herbert et al., "Autism and environmental genomics", *NeuroToxicology* 27, n. 5, set. 2006.

132. Os relatos do estudo estão em Ami Klin et al., "Visual fixation patterns during viewing of naturalistic social situations as predictors of social competence in individuals with autism", *Archives of General Psychiatry* 59, n. 9, set. 2002; e Ami Klin et al., "Defining and quantifying the social phenotype in autism", *American Journal of Psychiatry* 159, jun. 2002.

133. Ver Catherine Lord e James McGee, 2001, p. 5, em que ela explica: "Embora haja evidência de que as intervenções levam a melhoras, parece não haver uma relação clara, direta, entre qualquer intervenção particular e o progresso das crianças".

134. Bryna Siegel, 2003, p. 3.

135. Entre os primeiros relatos de Charles B. Ferster de seu trabalho em condicionamento comportamental figuram "Positive reinforcement and behavioral deficits of autistic children", *Child Development* 32, 1961; e "The development of performances in autistic children in an automatically controlled environment", *Journal of Chronic Diseases* 13, n. 4, abr. 1961.

136. A AAC é discutida minuciosamente em Laura Schreibman, 2005; e Michelle R. Sherer e Laura Schreibman, "Individual behavioral profiles and predictors of treatment effectiveness for children with autism", *Journal of Consulting & Clinical Psychology* 73, n. 3, jun. 2005.

137. Para uma revisão bibliográfica recente e abrangente sobre intervenções comportamentais nas condições do espectro do autismo, ver Maria B. Ospina et al., "Behavioural and developmental interventions for autism spectrum disorder: A clinical systematic review", *PLoS One* 3, n. 11, nov. 2008.

138. A Academia Americana de Pediatria concluiu que não se estabeleceu a eficácia do treinamento de integração auditiva; ver American Academy of Pediatrics Policy Committee on Children with Disabilities, "Auditory integration training and facilitated communication for autism", *AAP Policy Committee on Children with Disabilities* 102, n. 2, 1998.

139. Para mais informações sobre o método de ficar no chão com a criança autista a fim de estabelecer uma conexão, ver Stanley I. Greenspan e Serena Weider, 2006.

140. O Método de Sugestão Rápida é descrito in Portia Iversen, 2006; e Tito Rajarshi Mukhopadhyay, 2003.

141. Entre os trabalhos acadêmicos sobre animais adestrados figuram Olga Solomon, "What a dog can do: Children with autism and therapy dogs in social interaction", *Ethos* 38, n. 1, mar. 2010; e Francois Martin e Jennifer Farnum, "Animal-assisted therapy for children with pervasive developmental disorders", *Western Journal of Nursing Research* 24, n. 6, out. 2002.

142. A primeira citação a respeito de Kaleb e Chewey vem de Amanda Robert, "School bars autistic child and his service dog," *Illinois Times*, 23 jul. 2009; a segunda foi retirada da sentença no caso *Nichelle v. Villa Grove Community Unit School District No. 302, Board of Education 302* (Corte de Apelação de Illinois, Quarto Distrito, proferida em 4 de agosto de 2010; texto integral em <caselaw. findlaw.com/il-court-of-appeals/1537428.html>. Para mais informações sobre o resultado do processo instaurado pelos pais contra o distrito escolar, ver Patrick Yeagle, "Dog fight ends with hall pass", *Illinois Times*, 9 set. 2010.

143. Uma obra popular sobre a dieta sem glúten e caseína é Karyn Seroussi, 2000.

144. Uma publicação recente da *Cochrane Review* concluiu: "Não há evidências de efeito dos ISRSS em crianças e prova emergente de dano. Há evidência limitada da eficácia dos ISRSS em adultos a partir de pequenos estudos, nos quais não está claro o risco de parcialidade"; ver Katrina Williams et al., "Selective serotonin reuptake inhibitors (SSRIS) for autism spectrum disorders (ASD)", *Evidence-Based Child Health: A Cochrane Review Journal* 6, n. 4, jul. 2011.

145. As estatísticas sobre a prevalência de distúrbios convulsivos em pessoas com autismo vêm de "Autism Fact Sheet", do Instituto Nacional de Transtornos Neurológicos e Derrames, 2011, em <www. ninds.nih. gov/disorders/autism/detail_autism.htm>.

146. Os tratamentos psicofarmacológicos são discutidos em Melissa L. McPheeters et al., "A systematic review of medical treatments for children with autism spectrum disorders", *Pediatrics* 127, n. 5, maio 2011.

147. Kamran Nazeer, 2006, p. 28.

148. Esse trecho baseia-se na minha entrevista com Bruce Spade em 2007. Todos os nomes foram trocados por pseudônimos.

149. Página 30 da tradução de David Mamet de *The Cherry Orchard*, 1987. Do original russo: "Если против какой-нибудь болезни предлагается очень много средств, то это значит, что болезнь неизлечима". <ilibrary.ru/text/472/p.1/index. html>.

150. Entre os livros de Barry Kaufman, incluem-se *Son-Rise* (1976) and *Son-Rise: The Miracle Continues* (1995). Embora o material promocional do Option Institute cite provas episódicas da eficácia do Programa Son-Rise e aluda à pesquisa a ser feita em breve em publicações revisadas por pares, ainda não foram publicadas avaliações rigorosas; ver Jeremy Parr, "Clinical evidence: Autism", *Clinica Evidence Online* 322, jan. 2010. Uma pesquisa de 2003 realizada no Reino Unido constatou que "com o tempo, o envolvimento levou a mais inconvenientes que benefícios para as famílias". Em 2006, uma verificação de controle concluiu que "o programa nem sempre é implementado como tipicamente descrito na literatura", coisa que complica de maneira significativa a tarefa de avaliação; ver Katie R. Williams e J. G. Wishart, "The Son-Rise Program intervention for autism: An investigation into family experiences", *Journal of Intellectual Disability Research* 47, n. 4/5, maio/jun. 2003; e Katie R. Williams, "The Son-Rise Program intervention for autism: Prerequisites for evaluation", *Autism* 10, n. 1, jan. 2006. Em março de 2010, a Advertising Standards Authority do Reino Unido decidiu que o anúncio de uma palestra do Option Institute era enganoso por dar a entender que o programa Son-Rise podia curar o autismo quando, na realidade, isso nunca se comprovou; ver "ASA adjudication on the Option Institute and Fellowship", 3 mar. 2010, <www.asa.org.uk/Asa-Action/ Adjudications/2010/3/The-Option-Institute-and-Fellowship/TF_ADJ_48181.aspx>. Sobre a alegação de que a criança não era autista, ver Bryna Siegel, 1996, pp. 330-1. Siegel escreve: "Encontrei-me com

dois dos profissionais que, supostamente, diagnosticaram autismo no menino, e ambos continuam sem ter certeza de que o garoto fosse de fato autista antes do tratamento".

151. Para mais informações a respeito da terapia do abraço, ver "Coercive restraint therapies: A dangerous alternative mental health intervention", *Medscape General Medicine* 7, n. 3, 9 ago. 2005.

152. Rupert Isaacson, 2009.

153. Os perigos da quelação são discutidos em Saul Green, "Chelation therapy: Unproven claims and unsound theories", *Quackwatch*, 24 jul. 2007.

154. As hipóteses de causalidade do mercúrio são discutidas em Karin B. Nelson e Margaret L. Bauman, "Thimerosal and Autism?", *Pediatrics* III, n. 3, mar. 2003.

155. A morte de um menino autista durante a quarta quelação é relatada em Arla J. Baxter e Edward P. Krenzelok, "Pediatric fatality secondary to EDTA chelation", *Clinical Toxicology* 46, n. 10, dez. 2008.

156. Para informações sobre o "protocolo Lupron" e as ações disciplinares do conselho estadual de medicina contra seus promotores, ver Trine Tsouderos, "'Miracle drug' called junk science", *Chicago Tribune*, 21 maio 2009; Steve Mills e Patricia Callahan, "Md. autism doctor's license suspended", *Baltimore Sun*, 4 maio 2011; Meredith Cohn, "Lupron therapy for autism at center of embattled doctor's case", *Baltimore Sun*, 16 jun. 2011; Conselho Estadual de Medicina de Maryland, Decisão Final e Mandado Judicial no Caso de Mark R. Geier, médico (22 mar. 2012), em <www.mbp. state.md.us/BPQAPP/orders/ d2425003.222.pdf; Declaração de Mandado sob a Lei da Prática Médica de Maryland no Caso de David A. Geier (16 maio 2011), em <www.mbp.state.md.us/ BPQAPP/orders/ GeierCharge 05162011.pdf>; e avisos de suspensão fora do estado e ordens no site do Conselho de Medicina da Califórnia, do Departamento de Saúde do Estado da Flórida, do Conselho de Licenciamento em Medicina de Indiana, do Conselho do Estado de Kentucky, do Conselho de Auditores de Medicina do Estado de Nova Jersey, do Conselho Estadual de Medicina de Ohio, do Departamento de Profissões da Saúde da Virgínia e da Comissão de Segurança de Qualidade Médica do Departamento de Saúde do Estado de Washington.

157. Melissa L. McPheeters et al., "A systematic review of medical treatments for children with autism spectrum disorders", *Pediatrics* 127, n. 5, maio 2011, discutem tratamentos alternativos, assim como convencionais.

158. Esse trecho baseia-se na minha entrevista com Amy Wolf em 2004 e em comunicações subsequentes. Todos os nomes foram trocados por pseudônimos.

159. O endereço do site oficial da Musashino Higashi Gakuen School é <www.musashino-higashi. org>, e o da Boston Higashi School é <www.bostonhigashi.org>.

160. O estudo do aumento das aptidões no autismo é um foco especial de Laurent Mottron e sua equipe de pesquisa no Hopital Rivière-des-Prairies, em Montreal. Entre os relatos de seu trabalho figuram M. J. Caron et al., "Cognitive mechanisms, specificity and neural underpinnings of visuospatial peaks in autism", *Brain* 129, n. 7, jul. 2006; Laurent Mottron et al., "Enhanced perceptual functioning in autism: An update, and eight principles of autistic perception", *Journal of Autism & Developmental Disorders* 36, n. 1, jan. 2006; Robert M. Joseph et al., "Why is visual search superior in autism spectrum disorder?", *Developmental Science* 12, n. 6, dez. 2009; e Fabienne Samson et al., Enhanced visual functioning in autism: An ALE meta-analysis", *Human Brain Mapping*, 4 abr. 2011.

161. Entrevista com Joyce Chung em 2008 e comunicações subsequentes.

162. O empreendimento inovador de Thorkil Sonne é descrito em David Bornstein, "For some with autism, jobs to match their talents", *New York Times*, 30 jun. 2011.

163. John Elder Robison, 2007, p. 209.

164. Esse trecho baseia-se nas minhas entrevistas com Temple Grandin em 2004 e 2008.

165. Eustacia Cutler, 2004, p. 38, 106.

166. Comunicação pessoal em 2012.

167. Jim Sinclair, "Don't mourn for us," *Our Voice* 1, n. 3, 1993.

168. Id., "Why I dislike 'person-first' language", 1999, arquivado em <web.archive.org/web/20030527100525/http://web.syr.edu/~jisincla/person_first.htm>.

169. Isabelle Rapin, apresentação no Laboratório Cold Spring Harbor em 2009.

170. Entrevista com Alex Plank em 2008.

171. Entrevista com Ari Ne'eman em 2008 e comunicações subsequentes.

172. O memorando "An urgent call to action: Tell NYU Child Study Center to abandon stereotypes against people with disabilities", de 7 de dezembro de 2007, pode ser lido na íntegra no site da instituição, <www.autisticadvocacy.org/modules/smartsection/print.php?itemid=21>.

173. Para reportagens sobre o protesto contra os anúncios em forma de exigência de resgate, ver Joanne Kaufman, "Campaign on childhood mental illness succeeds at being provocative", *New York Times*, 14 dez. 2007; Shirley S. Wang, "NYU bows to critics and pulls ransom-note ads", *Wall Street Journal Health Blog*, 19 dez. 2007; Robin Shulman, "Child study center cancels autism ads", *Washington Post*, 19 dez. 2007; e Joanne Kaufman, "Ransom-note ads about children's health are canceled", *New York Times*, 20 dez. 2007. Em 2010, publicou-se um trabalho acadêmico sobre o escândalo das notas de exigência de resgate: Joseph F. Kras, "The 'Ransom Notes' affair: When the neurodiversity movement came of age", *Disability Studies Quarterly* 30, n. 1, jan. 2010.

174. A nomeação de Ne'eman para o Conselho Nacional Para a Deficiência foi anunciada no press release da Casa Branca "President Obama Announces More Key Administration Posts", 16 dez. 2009. A controvérsia subsequente é descrita em Amy Harmon, "Nominee to disability council is lightning rod for dispute on views of autism", *New York Times*, 28 mar. 2010.

175. Essa citação de Judy Singer e as subsequentes vêm de minha entrevista com ela em 2008.

176. O primeiro emprego publicado do termo "neurodiversidade" ocorre em Harvey Blume, "Neurodiversity", *Atlantic*, 30 set. 1998. O primeiro uso publicado de Judy Singer do termo ocorre no ensaio "Why can't you be normal for once in your life: From a 'problem with no name' to a new kind of disability", em M. Corker e S. French (Orgs.), *Disability Discourse*, 1999.

177. As citações de Camille Clark vêm de comunicações por e-mail.

178. Jim Sinclair, "Don't mourn for us", *Our Voice* 1, n. 3, 1993.

179. Emine Saner, "It is not a disease, it is a way of life", *Guardian*, 6 ago. 2007.

180. Entrevista com Richard Grinker em 2008.

181. A imagem "comendo um bebê" foi criada por Adriana Gamondes e publicada como "Pass the Maalox: An AoA Thanksgiving nightmare", *Age of Autism*, 29 nov. 2009 (retirado do blog, mas arquivado em <web.archive.org/web/20091202093726/http://www.ageofautism.com/2009/11/pass-the-maalox-an-aoa-thanksgiving-nightmare.html>).

182. Kit Weintraub, "A mother's perspective", publicado em 2007 no site da Associação para a Ciência no Tratamento do Autismo, <www.asatonline.org/forum/articles/mother.htm>.

183. Jonathan Mitchell, "Neurodiversity: Just say no", 2007, <www.jonathans-stories.com/non-fiction/neurodiv.html>.

184. As postagens de grupos de notícias caracterizando os adversários ideológicos em termos insultuosos foram citadas na carta de Kathleen Seidel "Evidence of venom: An open letter to David Kirby", maio 2005, publicada em <www.neurodiversity.com/evidence_of_venom.html>.

185. Comunicação pessoal com Sarah Spence em 2011.

186. Emine Saner, "It is not a disease, it is a way of life", *Guardian*, 6 ago. 2007.

187. Amy Harmon, "How about not 'curing' us, some autistics are pleading", *New York Times*, 20 dez. 2004.

188. MOV vídeo dirigido por Amanda Baggs, produção privada, 14 jan. 2007, <www.youtube.com/watch?v=JnylM1hI2jc>.

189. Jane Meyerding, "Thoughts on finding myself differently brained", 1998, publicado on-line em <www.planetautism.com/jane/diff.html>.

190. Roy Richard Grinker, 2007, p. 35.

191. Kate Movius, "Autism: Opening the window", *Los Angeles*, set. 2010.

192. Ver Michael Fitzgerald, 2005.

193. Esse trecho baseia-se na minha entrevista com Bill, Jae, Chris e Jessie Davis em 2003 e em outras entrevistas com Bill, assim como em outras comunicações.

194. O método de Vincent Carbone é descrito em Vincent J. Carbone e Emily J. Sweeney-Kerwin, "Increasing the vocal responses of children with autism and developmental disabilities using manual sign mand training and prompt delay", *Journal of Applied Behavior Analysis* 43, n. 4, inverno 2010.

195. O programa Jae Davis Parent Scholarship é descrito em Justin Quinn, "Local parents get scholarships to attend conference on autism", *Lancaster Intelligencer-Journal*, 30 jul. 2004, e "For mother and son, life lessons as death nears: Woman ravaged by cervical cancer prepares autistic son for her passing", *Lancaster Intelligencer-Journal*, 20 ago. 2003; o programa Jae Davis Internship é mencionado em Maria Coole, "Report recommendations could put Pa. at forefront in autism services", *Lancaster Intelligencer-Journal*, 23 abr. 2005. Em setembro de 2004, a Organização para Pesquisa do Autismo anunciou a criação do prêmio Jae Davis Memorial Award; ver "OAR Seeks Nominations for Community Service Award in Honor of the Late Jae Davis", em <www.researchautism.org/news/pressreleases/PR090204.asp>.

196. Oliver Sacks, 1995.

197. As seguintes notícias na mídia sobre assassinatos e tentativas de assassinato de crianças e adultos autistas pelos pais são descritas nesta seção:

Charles-Antoine Blais: Peter Bronson, "For deep-end families, lack of hope can kill", *Cincinnati Enquirer*, 9 out. 2005.

Casey Albury: Kevin Norquay, "Autism: Coping with the impossible", *Waikato Times*, 17 jul. 1998; Paul Chapman, "Mom who strangled autistic child tried to get her to jump off bridge", *Vancouver Sun*, 11 jul. 1998; e "Murder accused at 'end of her tether'", *Evening Post*, 14 jul. 1998.

Pierre Pasquiou: "Suspended jail term for French mother who killed autistic son", *BBC Monitoring International Reports*, 2 mar. 2001.

James Joseph Cummings: "Man gets five years in prison for killing autistic son", Associated Press, 1999.

Daniel Leubner: "Syracuse: Woman who killed autistic son is freed", *New York Times*, 12 maio 2005.

Gabriel Britt: "Man pleads guilty to lesser charge", *Aiken Standard*, 7 ago. 2003.

Johnny Churchi: Barbara Brown, "Mother begins trial for death of her son", *Hamilton Spectator*, 5 maio 2003; e Susan Clairmont, "'Sending you to heaven' said mom", *Hamilton Spectator*, 6 maio 2003.

Angelica Auriemma: Nancie L. Katz, "Guilty in autistic's drowning", *New York Daily News*, 19 fev. 2005. A informação sobre as sentenças provêm do Departamento de Correção e Supervisão da Comunidade do Estado de Nova York.

Terrance Cottrell: Chris Ayres, "Death of a sacrificial lamb", *The Times*, 29 ago. 2003.

Jason Dawes: Lisa Miller, "He can't forgive her for killing their son but says spare my wife from a jail cell", *Daily Telegraph*, 26 maio 2004.

Patrick Markcrow e Sarah Naylor: Peter Bronson, "For deep-end families, lack of hope can kill", *Cincinnati Enquirer*, 9 out. 2005.

Christopher DeGroot: Cammie McGovern, "Autism's parent trap", *New York Times*, 5 jun. 2006.

Jose Stable: Al Baker e Leslie Kaufman, "Autistic boy is slashed to death and his father is charged", *New York Times*, 23 nov. 2006.

Brandon Williams: Cheryl Korman, "Judge: Autistic's mom to serve 10 years for 'torture of her vulnerable child'", *Tucson Citizen*, 19 set. 2008.

Jacob Grabe: Paul Shockley, "Grabe gets life in son's murder", *Daily Sentinel*, 31 mar. 2010.

Filho de Zvia Lev: Michael Rotem, "Mother found guilty of killing her autistic son", *Jerusalem Post*, 22 fev. 1991.

198. Debra J. Saunders, "Children who deserve to die", *San Francisco Chronicle*, 23 set. 1997.

199. Diane Guernsey, "Autism's angels", *Town & Country*, 1 ago. 2006.

200. Cammie McGovern, "Autism's parent trap", *New York Times*, 5 jun. 2006.

201. Joel Smith, "Murder of autistics", publicado no seu blog This Way of Life, <www.geocities.com/growingjoel/murder.html>.

202. Reportagens da Associated Press "'Autism left me hollow', says mother accused of murder", *Dispatch-Argus*, 6 jun. 2007, e "Mom convicted in autistic girl's death", *USA Today*, 17 jan. 2008.

203. Phil Luciano, "Helping everyone but herself", *Peoria Journal Star*, 18 maio 2006.

204. Kristina Chew, "I don't have a title for this post about Katherine McCarron's mother", *Autism Vox*, 8 jun. 2006, em <archive.blisstree.com/feel/i-dont-have-a-title-for-this-post-about--katherine-mccarrons-mother/comment-page-2/#comments/>; e entrevista com o jornalista Phil Luciano, "This was not about autism", *Peoria Journal Star*, 24 maio 2006.

205. Press release da Não Morto Ainda "Disability advocates call for restraint and responsibility in murder coverage", 22 jun. 2006.

206. Larry Welborn, "Mom who drugged son gets deal", *Orange County Register*, 4 maio 2003.

207. Nick Henderson, "Attack on wife: Mental health system blamed", *Advertiser*, 13 out. 2006.

208. "Woman charged with trying to kill son", *Milwaukee Journal Sentinel*, 14 maio 1998.

209. Phillip J. Resnick, "Child murder by parents: A psychiatric review of filicide", *American Journal of Psychiatry* 126, n. 3, set. 1969.

210. Para uma discussão do impacto das explicações altruísticas do filicídio, ver Dick Sobsey, "Altruistic filicide: Bioethics or criminology?", *Health Ethics Today* 12, n. 1, outono/nov. 2001.

211. As possíveis motivações do filicídio são discutidas em John E. Douglas et al., 1992, p. 111.

6. ESQUIZOFRENIA [pp. 348-415]

1. Maurizio Pompili et al., "Suicide risk in schizophrenia: Learning from the past to change the future", *Annals of General Psychiatry* 6, 16 mar. 2007.

2. Carole Stone, "First person: Carole Stone on life with her schizophrenic brother", *Guardian*, 12 nov. 2005.

3. Esse trecho baseia-se na minha entrevista com Kitty e Pamela Watson em 2007 e em comunicações subsequentes. Todos os nomes foram substituídos por pseudônimos.

4. Entre as introduções gerais úteis à esquizofrenia, figuram Christopher Frith e Eve Johnstone, 2003; Michael Foster Green, 2001; Rachel Miller em Susan E. Mason, 2002; E. Fuller Torrey, *Surviving Schizophrenia*, 2006; e o livreto NIH *Schizophrenia*, 2007.

5. Marguerite Sechehaye, 1951, p. 37.

6. Christopher Frith e Eve Johnstone, 2003, p. 2.

7. Comunicação pessoal em 2009.

8. "I Felt a Cleaving in My Mind", poema de número 937 de *The Complete Poems of Emily Dickinson*, 1960.

9. O avanço da esquizofrenia é descrito mais pormenorizadamente em Elaine Walker et al., "Schizophrenia: Etiology and course", *Annual Review of Psychology* 55, fev. 2004. Ver também Jeffrey A. Lieberman et al., "Science and recovery in schizophrenia", *Psychiatric Services* 59, figura 1, maio 2008.

10. Laura W. Harris et al., "Gene expression in the prefrontal cortex during adolescence: Implications for the onset of schizophrenia", *BMC Medical Genomics* 2, maio 2009; e Elaine Walker et al., "Stress and the hypothalamic pituitary adrenal axis in the developmental course of schizophrenia", *Annual Review of Clinical Psychology* 4, jan. 2008.

11. Para mais informações sobre a massa branca na esquizofrenia, ver G. Karoutzou et al., "The myelin-pathogenesis puzzle in schizophrenia: A literature review", *Molecular Psychiatry* 13, n. 3, mar. 2008; e Yaron Hakak et al., "Genomewide expression analysis reveals dysregulation of myelination-related genes in chronic schizophrenia", *Proceedings of the National Academy of Sciences* 98, n. 8, abr. 2001.

12. A hipótese da poda sináptica foi proposta inicialmente em I. Feinberg, "Schizophrenia: Caused by a fault in programmed synaptic elimination during adolescence?", *Journal of Psychiatric Research* 17, n. 4, 1983. Para uma revisão bibliográfica recente sobre o tema, ver Gabor Faludi e Karoly Mirnics, "Synaptic changes in the brain of subjects with schizophrenia", *International Journal of Developmental Neuroscience* 29, n. 3, maio 2011.

13. Jeffrey A. Lieberman e T. Scott Stroup, "The NIMH-CATIE schizophrenia study: What did we learn?", *American Journal of Psychiatry* 168, n. 8, ago. 2011.

14. Esse trecho baseia-se na minha entrevista com Connie e Steve Lieber em 2008 e em comunicações subsequentes.

15. Fundação de Pesquisa Cérebro e Comportamento (ex-Anped), <bbrfoundation.org/>.

16. Fundação de Pesquisa Cérebro e Comprtamento (ex-Anped), "Our history" (2011), <bbr-foundation.org/about/our-history>. Quanto a 2012, a estatística mais recente de subvenções da Anped mostrava: total doado, 275 947 302,20 milhões de dólares; número total de beneficiados, 3117; número total de subsídios dados, 4061; número total de instituições, 426; número total de países (à parte os Estados Unidos), trinta.

17. Observação feita em uma festa da Anped em 2010.

18. A invenção da palavra "esquizofrenia" por Bleuler é discutida em Paolo Fusar-Poli e Pierluigi Politi, "Paul Eugen Bleuler and the birth of schizophrenia (1908)", *American Journal of Psychiatry*, 165, n. 11, 2008.

19. Frederick Plum, "Prospects for research on schizophrenia. 3. Neurophysiology: Neuropathological findings", *Neurosciences Research Program Bulletin* 10, n. 4, nov. 1972.

20. Para mais informações sobre a genética da esquizofrenia, ver Nancy C. Andreasen, 2001; e Yunjung Kim et al., "Schizophrenia genetics: Where next?", *Schizophrenia Bulletin* 37, n. 3, maio 2011.

21. O estudo mais abrangente do risco de esquizofrenia em parentes é o Roscommon Family Study (Irlanda); ver Kenneth S. Kendler et al., "The Roscommon Family Study. I. Methods, diagnosis of probands, and risk of schizophrenia in relatives", *Archives of General Psychiatry* 50, n. 7, jul. 1993; e numerosos relatos posteriores publicados por Kendler e seus colegas entre 1993 e 2001. Para uma análise e síntese dos estudos de gêmeos discutindo os vários tipos de influências ambientais capazes de contribuir para o desenvolvimento diferencial da esquizofrenia em gêmeos, ver Patrick F. Sullivan, Kenneth S. Kendler e Michael C. Neale, "Schizophrenia as a complex trait: Evidence from a meta-analysis of twin studies", *Archives of General Psychiatry* 60, n. 12, dez. 2003.

22. Todas as citações de Deborah Levy vêm de minha entrevista com ela em 2008 e de comunicações subsequentes.

23. Para um estudo em larga escala do risco de esquizofrenia em gêmeos, ver Alastair G. Cardno et al., "Heritability estimates for psychotic disorders: The Maudsley twin psychosis series", *Archives of General Psychiatry* 56, n. 2, pp. 162-8, fev. 1999.

24. Entre os estudos da função da dopamina na esquizofrenia, figuram Anissa Abi-Dargham et al., "Increased baseline occupancy of D2 receptors by dopamine in schizophrenia", *Proceedings of the National Academy of Sciences* 97, n. 14, jul. 2000; e Philip Seeman et al., "Dopamine supersensitivity correlates with D2High states, implying many paths to psychosis", *Proceedings of the National Academy of Sciences* 102, n. 9, mar. 2005.

25. Para outras informações sobre a função do hipocampo na esquizofrenia, ver Stephan Heckers, "Neuroimaging studies of the hippocampus in schizophrenia", *Hippocampus* 11, n. 5, 2001; e J. Hall et al., "Hippocampal function in schizophrenia and bipolar disorder", *Psychological Medicine* 40, n. 5, maio 2010.

26. A epigenética da esquizofrenia é explorada em Karl-Erik Wahlberg et al., "Geneenvironment interaction in vulnerability to schizophrenia", *American Journal of Psychiatry* 154, n. 3, mar. 1997; e Paul J. Harrison e D. R. Weinberger, "Schizophrenia genes, gene expression, and neuropathology: On the matter of their convergence", *Molecular Psychiatry* 10, n. 1, jan. 2005.

27. A questão parasitas e esquizofrenia, hipótese de Jaroslav Flegr de que a esquizofrenia é exacerbada pela toxoplasmose, é descrita em Kathleen McAuliffe, "How your cat is making you crazy", *Atlantic*, mar. 2012.

28. A variação do número de cópias na esquizofrenia é o foco de Daniel F. Levinson et al., "Copy number variants in schizophrenia: Confirmation of five previous findings and new evidence for 3q29 microdeletions and VIPR2 duplications", *American Journal of Psychiatry* 168, n. 3, mar. 2011; Jan O. Korbel et al., "The current excitement about copy-number variation: How it relates to gene duplication and protein families", *Current Opinion in Structural Biology* 18, n. 3, jun. 2008; e G. Kirov et al., "Support for the involvement of large copy number variants in the pathogenesis of schizophrenia", *Human Molecular Genetics* 18, n. 8, abr. 2009. A contribuição da idade paterna para a esquizofrenia é discutida em E. Fuller Torrey, "Paternal age as a risk factor for schizophrenia: How important is it?", *Schizophrenia Research* 114, n. 1/3, out. 2009; e Alan S. Brown, "The environment and susceptibility to schizophrenia", *Progress in Neurobiology* 93, n. 1, jan. 2011.

29. Para outras informações sobre mutações espontâneas e esquizofrenia, ver Anna C. Need et al., "A genome-wide investigation of SNPs and CNVs in schizophrenia", *PLoS Genetics* 5, n. 2, fev. 2009; e Hreinn Stefansson et al., "Large recurrent microdeletions associated with schizophrenia", *Nature* 455, n. 7210. 11 set. 2008.

30. Entrevista em 2012.

31. O desenvolvimento de ratos transgênicos que apresentam características associadas à esquizofrenia foi primeiramente descrito em Takatoshi Hikida et al., "Dominant-negative DISC1 transgenic mice display schizophrenia-associated phenotypes detected by measures translatable to humans", *Proceedings of the National Academy of Sciences of the United States of America* 104, n. 36, 4 set. 2007; e Koko Ishizuka et al., "Evidence that many of the DISC1 isoforms in C57BL/6J mice are also expressed in 129S6/SvEv mice", *Molecular Psychiatry* 12, n. 10, out. 2007. Para uma revisão bibliográfica recente sobre a pesquisa de rato transgênico, ver P. Alexander Arguello e Joseph A. Gogos, "Cognition in mouse models of schizophrenia susceptibility genes", *Schizophrenia Bulletin* 36, n. 2, mar. 2010.

32. Comunicação pessoal. Para uma resenha da obra de Kandel e seus colegas, ver Christoph Kellendonk, Eleanor H. Simpson e Eric R. Kandel, "Modeling cognitive endophenotypes of schizophrenia in mice", *Trends in Neurosciences* 32, n. 6, jun. 2009.

33. Maryellen Walsh, 1985, p. 154.

34. Frieda Fromm-Reichman introduziu o conceito de "mãe esquizofrenogência" no trabalho "Notes on the development of treatment of schizophrenics by psychoanalytic psychotherapy", *Psychiatry* 11, n. 3, ago. 1948; seguiu-se a disseminação da expressão em toda a literatura científica, por exemplo, Loren R. Mosher, "Schizophrenogenic communication and family therapy", *Family Processes* 8, 1969.

35. Murray Bowen et al., "The role of the father in families with a schizophrenic patient", *American Journal of Psychiatry* 115, n. 11, maio 1959.

36. Ver Gregory Bateson et al., "Toward a theory of schizophrenia", *Behavioral Science* 1, n. 4, 1956.

37. Entre os exemplos de atribuição da culpa aos pais na literatura da terapia familiar voltada para sistemas figuram Ruth Wilmanns Lidz e Theodore Lidz, "The family environment of schizophrenic patients", *American Journal of Psychiatry* 106, nov. 1949; Murray Bowen, Robert H. Dysinger e Betty Basamania, "The role of the father in families with a schizophrenic patient", *American Journal of Psychiatry* 115, n. 11, maio 1959; e Gregory Bateson et al., "Toward a theory of schizophre-

nia", *Behavioral Science* 1, n. 4, 1956. Para uma crítica científica das teorias que culpam os pais, ver John G. Howells e Waguih R. Guirguis, 1985.

38. Contato pessoal em 2010.

39. A constatação da Aliança Nacional de Doença Mental está em Peter Wyden, 1998, p. 41.

40. Best-seller da psicologia pop de 2006, onde Rhonda Byrne declara inequivocamente: "Os seres humanos têm o poder de pensar de modo intencional e de criar toda a sua vida com a mente".

41. "A religião dos de mente saudável" serve de título a um capítulo de William James, 1905. A citação a respeito da "eficácia vencedora da coragem, da esperança e da confiança tem o correlativo desprezo pela dúvida, pelo medo, pela preocupação" aparece na p. 95.

42. Patricia Backlar, 1994, pp. 15-6.

43. Maryellen Walsh, 1985, pp. 160-1.

44. E. Fuller Torrey, 2006, p. 152.

45. Esse trecho baseia-se na minha entrevista com Paul e Freda Smithers em 2008. Todos os nomes foram substituídos por pseudônimos.

46. John Bunyan, "The Jerusalem sinner saved, or, good news for the vilest of men", em Richard L. Greaves e Robert Sharrock (Orgs.), 1979.

47. Para a referência de um leigo sobre a história do tratamento da esquizofrenia, ver Robert Whitaker, 2002. A teoria da "infecção focal" de Henry Cotton (segundo a qual arrancar dente era supostamente um remédio) é descrita em Richard Noll, "The blood of the insane", *History of Psychiatry* 17, n. 4, dez. 2006. Para outras informações sobre a história da lobotomia, ver Joel T. Braslow, "History and evidence-based medicine: Lessons from the history of somatic treatments from the 1900s to the 1950s", *Mental Health Services Research* 1, n. 4, dez. 1999.

48. Thorazine é uma marca registrada de clorpromazina. Para outras informações, ver Thomas A. Ban, "Fifty years chlorpromazine: A historical perspective", *Neuropsychiatric Disease & Treatment* 3, n. 4, ago. 2007.

49. Comunicação pessoal em 2011.

50. Publicação *samizdat Chronicle of Current Events* 18, 5 mar. 1971, traduzido do russo e citado em John D. LaMothe, *Controlled Offensive Behavior: USSR*, Defense Intelligence Agency Report ST--CS-01-169-72, 1972. O uso soviético de medicação psiquiátrica foi descrito em Carl Gershman, "Psychiatric abuse in the Soviet Union", *Society* 21, n. 5, jul. 1984.

51. Relatório do Committee on the Judiciary *Drugs in Institutions* (1977), p. 17, que contém a transcrição das audiências de 31 de julho e 18 de agosto de 1975.

52. Jack Henry Abbott, 1981, pp. 35-6.

53. Esse trecho baseia-se em entrevistas com Penny, Peter, Doug e Polly Pease em 2008 e em comunicações subsequentes.

54. O estudo McLean sobre genética da esquizofrenia prossegue; informações sobre recrutamento estão disponíveis em seu site, <www.mclean.harvard.edu/research/clinical/study.php?sid=68>.

55. Para outras informações sobre intoxicação com clozapina, ver Carl R. Young, Malcolm B. Bowers Jr. e Carolyn M. Mazure, "Management of the adverse effects of clozapine", *Schizophrenia Bulletin* 24, n. 3, 1998.

56. O tratado de Foucault sobre doença mental é *Madness and Civilization: A History of Insanity in the Age of Reason*, 1964.

57. Ver, por exemplo, Erving Goffman, "The insanity of place", *Psychiatry: Journal of Interpersonal Relations* 32, n. 4, nov. 1969.

58. Ronald David Laing, 1967, pp. 115, 121, 133.

59. Entre as obras seminais de "antipsiquiatria", incluem-se os supracitados trabalhos de Erving Goffman e R. D. Laing, bem como os livros *The Myth of Mental Illness* (1974) e *Insanity: The Idea and Its Consequences* (1987), de Thomas Szasz.

60. E. Fuller Torrey, *Surviving Schizophrenia*, 2006, p. 421.

61. Id., *Nowhere to Go: The Tragic Odyssey of the Homeless Mentally Ill*, 1988, p. 34.

62. Rael Jean Isaac e Virginia C. Armat, 1990, p. 160.

63. Ann Braden Johnson, 1990, pp. 4 e xiv.

64. Nancy Andreasen, *The Family Face of Schizophrenia*, 1994, p. 32.

65. Rael Jean Isaac e Virginia C. Armat, 1990, p. 11.

66. Esse trecho baseia-se na minha entrevista com Madeline Grammont em 2008. Todos os nomes foram substituídos por pseudônimos.

67. Para uma análise dos ventrículos laterais aumentados na esquizofrenia, ver Danilo Arnone et al., "Magnetic resonance imaging studies in bipolar disorder and schizophrenia", *British Journal of Psychiatry* 195, n. 3, set. 2009.

68. A função das espinhas dendríticas é minuciosamente descrita em Anissa Abi-Dargham e Holly Moore, "Prefrontal DA transmission at D1 receptors and the pathology of schizophrenia", *Neuroscientist* 9, n. 5, 2003.

69. A função do lobo temporal na esquizofrenia é discutida em Christos Pantelis et al., "Structural brain imaging evidence for multiple pathological processes at different stages of brain development in schizophrenia", *Schizophrenia Bulletin* 31, n. 3, jul. 2005.

70. Para mais informações sobre a conectividade sináptica e a função do lobo frontal na esaquizofrenia, ver Gabor Faludi e Karoly Mirnics, "Synaptic changes in the brain of subjects with schizophrenia", *International Journal of Developmental Neuroscience* 29, n. 3, maio 2011; e Francine M. Benes, "Amygdalocortical circuitry in schizophrenia: From circuits to molecules", *Neuropsychopharmacology* 35, n. 1, jan. 2010. A conectividade sináptica no autismo é discutida em Carlos A. Pardo e Charles G. Eberhart, "The neurobiology of autism", *Brain Pathology* 17, n. 4, out. 2007.

71. Ver Douglas Fox, "The insanity virus", *Discover*, jun. 2010; e Alan S. Brown e Ezra S. Susser, "In utero infection and adult schizophrenia", *Mental Retardation & Developmental Disabilities Research Reviews* 8, n. 1, fev. 2002.

72. Entre os estudos que documentam o incremento da esquizofrenia em filhos de mulheres que enfrentaram a morte ou doença grave de um parente próximo durante a gravidez, incluem-se Ali S. Khashan et al., "Higher risk of offspring schizophrenia following antenatal maternal exposure to severe adverse life events", *Archives of General Psychiatry* 65, n. 2, 2008; e Matti O. Huttunen e Pekka Niskanen, "Prenatal loss of father and psychiatric disorders", *Archives of General Psychiatry* 35, n. 4, 1978. As consequências imprevistas da guerra na saúde mental estão documentadas em Jim van Os e Jean-Paul Selten, "Prenatal exposure to maternal stress and subsequent schizophrenia: The May 1940 invasion of the Netherlands", *British Journal of Psychiatry* 172, n. 4, abr. 1998; e Dolores Malaspina et al., "Acute maternal stress in pregnancy and schizophrenia in offspring: A cohort prospective study", *BMC Psychiatry* 8, 2008. A esquizofrenia subsequente à fome é discutida em Hans W. Hoek, Alan S. Brown e Ezra S. Susser, "The Dutch famine and schizophrenia spectrum disor-

ders", *Social Psychiatry & Psychiatric Epidemiology* 33, n. 8, jul. 1998; e David St. Clair et al., "Rates of adult schizophrenia following prenatal exposure to the Chinese famine of 1959-1961", *Journal of the American Medical Association* 294, n. 5, 2005.

73. Os hormônios do estresse pré-natal e a ativação da dopamina na esquizofrenia são estudados em Alan S. Brown, "The environment and susceptibility to schizophrenia", *Progress in Neurobiology* 93, n. 1, jan. 2011; e Dennis K. Kinney et al., "Prenatal stress and risk for autism", *Neuroscience & Biobehavioral Reviews* 32, n. 8, out. 2008.

74. Para um estudo recente que descobriu um risco aumentado de esquizofrenia em consequência de um ferimento cerebral traumático, ver Charlene Molloy et al., "Is traumatic brain injury a risk factor for schizophrenia?: A meta-analysis of case-controlled population-based studies", *Schizophrenia Bulletin*, ago. 2011.

75. Entre as metanálises de estudos do aumento do risco de esquizofrenia em populações imigrantes, figuram Elizabeth Cantor-Graae e Jean-Paul Selten, "Schizophrenia and migration: A meta-analysis and review", *American Journal of Psychiatry* 162, n. 1, jan. 2005; e Jean-Paul Selten, Elizabeth Cantor-Graae e Rene S. Kahn, "Migration and schizophrenia", *Current Opinion in Psychiatry* 20, n. 2, mar. 2007.

76. Para estudos que associam a gravidade dos sintomas da esquizofrenia ao uso recreativo de cocaína, metanfetamina e cânabis, ver, por exemplo, Killian A. Welch et al., "The impact of substance use on brain structure in people at high risk of developing schizophrenia", *Schizophrenia Bulletin* 37, n. 5, set. 2011; e P. A. Ringen et al., "The level of illicit drug use is related to symptoms and premorbid functioning in severe mental illness", *Acta Psychiatrica Scandinavica* 118, n. 4, out. 2008.

77. O uso de metanfetamina e a psicose no Japão do pós-guerra são discutidos em Hiroshi Suwaki, Susumi Fukui e Kyohei Konuma, "Methamphetamine abuse in Japan", *Methamphetamine Abuse: Epidemiologic Issues and Implications*, editado por Marissa J. Miller e Nicholas J. Kozel, 1991; e Mitsumoto Sato, Yohtaro Numachi e Takashi Hamamura, "Relapse of paranoid psychotic state in methamphetamine model of schizophrenia", *Schizophrenia Bulletin* 18, n. 1, 1992.

78. Ver Stanley Zammit et al., "Self reported cannabis use as a risk factor for schizophrenia in Swedish conscripts of 1969: Historical cohort study", *British Medical Journal* 325, n. 7374, 23 nov. 2002.

79. Entrevista em 2007. Um de seus artigos recentes que aborda esse tópico é R. Andrew Sewell, Mohini Ranganathan e Deepak Cyril D'Souza, "Cannabinoids and psychosis", *International Review of Psychosis* 21, n. 2, abr. 2009.

80. A desregulação dos transmissores neurais é descrita em Paul J. Harrison e D. R. Weinberger, "Schizophrenia genes, gene expression, and neuropathology: On the matter of their convergence", *Molecular Psychiatry* 10, n. 1, jan. 2005.

81. Entre os estudos e as avaliações críticas de Anissa Abi-Dargham e seus colegas, incluem-se Anissa Abi-Dargham et al., "Increased baseline occupancy of D2 receptors by dopamine in schizophrenia", *Proceedings of the National Academy of Sciences* 97, n. 14, jul. 2000; Anissa Abi-Dargham e Holly Moore, "Prefrontal DA transmission at D1 receptors and the pathology of schizophrenia", *Neuroscientist* 9, n. 5, out. 2003; Bernard Masri et al., "Antagonism of dopamine D2 receptor/beta-arrestin 2 interaction is a common property of clinically effective antipsychotics", *Proceedings of the National Academy of Sciences* 105, n. 36, 9 set. 2008; Nobumi Miyake et al., "Presynaptic dopamine in schizophrenia", *CNS Neuroscience & Therapeutics* 17, n. 2, abr. 2011; e Robert W. Buchanan et al.,

"Recent advances in the development of novel pharmacological agents for the treatment of cognitive impairments in schizophrenia", *Schizophrenia Bulletin* 33, n. 5, 2007.

82. Elyn Saks, 2007. A terapia cognitivo-comportamental da esquizofrenia é discutida em Xavier Amador, 2007; Jennifer Gottlieb e Corinne Cather, "Cognitive behavioral therapy (CBT) for schizophrenia: An in-depth interview with experts", Schizophrenia.com, 3 fev. 2007; Debbie M. Warman e Aaron T. Beck, "Cognitive behavioral therapy", Aliança Nacional de Doença Mental, 2003; Susan R. McGurk et al., "A meta-analysis of cognitive remediation in schizophrenia", *American Journal of Psychiatry* 164, n. 12, 2007; e Sara Tai e Douglas Turkington, "The evolution of cognitive behavior therapy for schizophrenia: Current practice and recent developments", *Schizophrenia Bulletin* 35, n. 5, 2009.

83. Entrevista em 2008.

84. Site da associação: <www.iepa.org.au>.

85. Thomas McGlashan discute os benefícios potenciais do tratamento precoce num artigo escrito com Scott Woods, "Early antecedents and detection of schizophrenia: Understanding the clinical implications", *Psychiatric Times* 28, n. 3, mar. 2011.

86. "A beacon of hope: Prospects for preventing and recovering from mental illness", *NARSAD Research Quarterly* 2, n. 1, inverno 2009.

87. Comunicação pessoal em 2010.

88. Os sintomas iniciais da esquizofrenia são descritos em Nancy C. Andreasen, "Schizophrenia: The characteristic symptoms", *Schizophrenia Bulletin* 17, n. 1, 1991; e Tandy J. Miller et al., "The PRIME North America randomized double-blind clinical trial of olanzapine versus placebo in patients at risk of being prodromally symptomatic for psychosis II: Baseline characteristics of the 'prodromal' sample", *Schizophrenia Research* 61, n. 1, mar. 2003.

89. Thomas McGlashan e seus colegas relataram suas descobertas em Thomas H. McGlashan et al., "Randomized, double-blind trial of olanzapine versus placebo in patients prodromally symptomatic for psychosis", *American Journal of Psychiatry* 163, n. 5, maio 2006; e Keith A. Hawkins et al., "Neuropsychological course in the prodrome and first episode of psychosis: Findings from the PRIME North America double blind treatment study", *Schizophrenia Research* 105, n. 1/3, out. 2008. A avaliação de McGlashan dos resultados como apenas "marginalmente significativo" provém de Benedict Carey, "Mixed result in drug trial on pretreating schizophrenia", *New York Times*, 1 maio 2006.

90. Entre os estudos do Reino Unido e da Austrália que encontraram benefício na terapia cognitivo-comportamental, figuram Patrick D. McGorry et al., "Randomized controlled trial of interventions designed to reduce the risk of progression to first-episode psychosis in a clinical sample with subthreshold symptoms," *Archives of General Psychiatry* 59, n. 10, out. 2002; Mike Startup, M. C. Jackson e S. Bendix, "North Wales randomized controlled trial of cognitive behaviour therapy for acute schizophrenia spectrum disorders: Outcomes at 6 and 12 months", *Psychological Medicine* 34, n. 3, abr. 2004; Mike Startup et al., "North Wales randomized controlled trial of cognitive behaviour therapy for acute schizophrenia spectrum disorders: Two-year follow-up and economic evaluation", *Psychological Medicine* 35, n. 9, 2005; P. Kingsep et al., "Cognitive behavioural group treatment for social anxiety in schizophrenia", *Schizophrenia Research* 63, n. 1/2, set. 2003; e Andrew Gumley et al., "Early intervention for relapse in schizophrenia: Results of a 12-month randomized controlled trial of cognitive behavioural therapy", *Psychological Medicine* 33, n. 3, abr. 2003.

91. Para outras informações sobre a prevenção da psicose com os ácidos graxos ômega 3, ver

K. Akter et al., "A review of the possible role of the essential fatty acids and fish oils in the aetiology, prevention or pharmacotherapy of schizophrenia", *Journal of Clinical Pharmacy & Therapeutics*, 19 abr. 2011; Claire B. Irving et al., "Polyunsaturated fatty acid supplementation for schizophrenia: Intervention review", *Cochrane Library* 9, 20 jan. 2010; e Max Marshall e John Rathbone, "Early intervention in psychosis", *Cochrane Library* 15, n. 6, jun. 2011.

92. Entrevista em 2007.

93. O conceito de "síndrome de risco de psicose" foi desenvolvido por Thomas McGlashan e incorporado ao design do estudo PRIME: Keith A. Hawkins et al., "Neuropsychological course in the prodrome and first episode of psychosis: Findings from the PRIME North America double blind treatment study", *Schizophrenia Research* 105, n. 1/3, out. 2008. McGlashan e seus colegas defendem o estabelecimento da síndrome como uma categoria diagnóstica em Scott W. Woods et al., "The case for including Attenuated Psychotic Symptoms Syndrome in *DSM-5* as a psychosis risk syndrome", *Schizophrenia Research* 123, n. 2/3, nov. 2010. Suas propostas atraíram oposição considerável; ver, por exemplo, Cheryl M. Corcoran, Michael B. First e Barbara Cornblat, "The psychosis risk syndrome and its proposed inclusion in the *DSM-V*: A risk-benefit analysis", *Schizophrenia Research* 120, jul. 2010; e Allen Frances, "Psychosis risk syndrome: Far too risky", *Australian & New Zealand Journal of Psychiatry* 45, n. 10, out. 2011. Para uma análise acadêmica da controvérsia, ver Barnaby Nelson e Alison R. Yung, "Should a risk syndrome for first episode psychosis be included in the *DSM-5*?", *Current Opinion in Psychiatry* 24, n. 2, mar. 2011; para uma discussão jornalística, ver Sally Satel, "Prescriptions for psychiatric trouble and the *DSM-V*", *Wall Street Journal*, 19 fev. 2010. Um relato da decisão do comitê de trabalho do *Manual Diagnóstico e Estatístico* de enfim abandonar o diagnóstico é apresentado em Benedict Carey, "Psychiatry manual drafters back down on diagnoses", *New York Times*, 8 maio 2012.

94. Comunicação pessoal em 2012.

95. Entrevista em 2007.

96. Esse trecho baseia-se nas minhas entrevistas com George Clark, Charlotte Clark, Electa Reischer e Jackie Clark em 2008 e em comunicações subsequentes.

97. Entrevista em 2008.

98. Larry Davidson e David Stayner, "Loss, loneliness, and the desire for love: Perspectives on the social lives of people with schizophrenia", *Psychiatric Rehabilitation Journal* 20, n. 3, inverno 1997.

99. Entrevista em 2008.

100. Comunicação pessoal em 2008.

101. Esse trecho baseia-se na minha entrevista com George, Giuseppe e Bridget Marcolo em 2008 e em comunicações subsequentes. Todos os nomes foram substituídos por pseudônimos.

102. Para outras informações sobre a recuperação e o movimento da recuperação, ver Robert Paul Liberman et al., "Operational criteria and factors related to recovery from schizophrenia", *International Review of Psychiatry* 14, n. 4, nov. 2002; Jeffrey A. Lieberman et al., "Science and recovery in schizophrenia", *Psychiatric Services* 59, maio 2008; e Kate Mulligan, "Recovery movement gains influence in mental health programs", *Psychiatric News* 38, n. 1, jan. 2003.

103. Entrevista pessoal em 2009.

104. Esse trecho baseia-se na minha entrevista com Marnie Callahan em 2008. Todos os nomes foram substituídos por pseudônimos.

105. Entrevista em 2011.

106. E. Fuller Torrey, *Out of the Shadows: Confronting America's Mental Illness Crisis*, 1997, p. 3.

107. Ver *Results from the 2008 National Survey on Drug Use and Health: National Findings*, 2008, do Departamento de Saúde e Serviços Humanos, Abuso de Substâncias e Administração de Serviços de Saúde Mental dos Estados Unidos.

108. Entrevista em 2008.

109. As estimativas de custo associado à esquizofrenia procedem de Eric Q. Wu et al., "The economic burden of schizophrenia in the United States in 2002", *Journal of Clinical Psychiatry* 66, n. 9, set. 2005.

110. Kahyee Hor e Mark Taylor, "Suicide and schizophrenia: A systematic review of rates and risk factors", *Journal of Psychopharmacology* 24, n. 4, supl., nov. 2010; e Alec Roy e Maurizio Pompili, "Management of schizophrenia with suicide risk", *Psychiatric Clinics of North America* 32, n. 4, dez. 2009. Ver também Maurizio Pompili et al., "Suicide risk in schizophrenia: Learning from the past to change the future", *Annals of General Psychiatry* 6, 16 mar. 2007.

111. E. Fuller Torrey, *Out of the Shadows*, 1997, p. 142.

112. Deborah Sontag, "A schizophrenic, a slain worker, troubling questions", *New York Times*, 17 jun. 2011.

113. Richard S. E. Keefe e Philip D. Harvey, *Understanding Schizophrenia: A Guide to New Research on Causes and Treatment*, 1994 (calculando 65%, p. 173); Agnes B. Hatfield, *Family Education in Mental Illness*, 1990 (calculando 65%, p. 15; a sondagem familiar que descobriu que só 3% dos entrevistados achava que seus parentes esquizofrênicos deviam morar na casa da família é discutida nas pp. 16-7); e Ellen Lukens, "Schizophrenia", em Alex Gitterman (Org.), *Handbook of Social Work Practice with Vulnerable and Resilient Populations*, 2. ed., 2001 (calculando 50%-70%, p. 288). Para outras informações sobre esquemas de moradia e a satisfação dos pais, ver Benedicte Lowyck et al., "Can we identify the factors influencing the burden family-members of schizophrenic patients experience?", *International Journal of Psychiatry in Clinical Practice* 5, n. 2, jan. 2001.

114. Entrevista em 2009.

115. Entrevista em 2008.

116. Dan Chisholm et al., "Schizophrenia treatment in the developing world: An interregional and multinational cost-effectiveness analysis", *Bulletin of the World Health Organization* 86, n. 8, jul. 2008. Um estudo da Nigéria de 1999 contesta a afirmação de que os resultados na esquizofrenia são melhores nos países subdesenvolvidos; ver Oye Gureje e Rotimi Bamidele, "Thirteen-year social outcome among Nigerian outpatients with schizophrenia", *Social Psychiatry & Psychiatric Epidemiology* 34, n. 3, mar. 1999.

117. Entrevista em 2007.

118. Reportagem pessoal em 2000.

119. Esso Leete, "Interpersonal environment: A consumer's personal recollection", em Agnes B. Hatfield e Harriet P. Lefley (Orgs.), 1993.

120. "Family and friends", site da East Community, <www.eastcommunity.org/home/ec1/smartlist_12/family_and_friends.html>.

121. Raquel E. Gur e Ann Braden Johnson, 2006, p. 34; a citação da mãe ("Esses meninos morrem, mas não são enterrados") está na p. 93.

122. Nona Dearth e Famílias do Coletivo Mentalmente Doente, 1986, p. 3.

123. E. Fuller Torrey, *Out of the Shadows: Confronting America's Mental Illness Crisis*, 1997, p. 79.

A sentença de prisão de Lothell Tate pelo assassinato do irmão, no caso Lothell Tate versus Estado da Carolina do Sul, foi pronunciada pela Suprema Corte da Carolina do Sul em 13 de abril de 1992.

124. Esse trecho baseia-se na minha entrevista com Rosemary Baglio em 2008.

125. A anosognosia é o tema de Xavier Francisco Amador, 2007.

126. Ato 4, cena 3 da peça *The Honest Whore*, de Thomas Dekker (1604), reeditada pela Nick Hern Books em 1998.

127. Elyn Saks, 2002, p. 12.

128. Para outras informações sobre QI e resultados na esquizofrenia, ver Janet C. Munro et al., "IQ in childhood psychiatric attendees predicts outcome of later schizophrenia at 21 year follow-up", *Acta Psychiatrica Scandinavica* 106, n. 2, ago. 2002; e Maurizio Pompili et al., "Suicide risk in schizophrenia: Learning from the past to change the future", *Annals of General Psychiatry* 6, n. 10, 2007.

129. Entrevista em 2012.

130. Linda Bishop é o tema de Rachel Aviv, "God knows where I am: What should happen when patients reject their diagnosis?", *New Yorker*, 30 maio 2011.

131. David Davis, "Losing the mind," *Los Angeles Times*, 26 out. 2003. Chamberlin é autora de *On Our Own: Patient-Controlled Alternatives to the Mental Health System* (1978).

132. O movimento Orgulho Louco é discutido em Gabrielle Glaser, "'Mad pride' fights a stigma", *New York Times*, 11 maio 2008.

133. Gabrielle Glaser, "'Mad pride' fights a stigma", *New York Times*, 11 maio 2008.

134. David Davis, "Losing the mind", *Los Angeles Times*, 26 out. 2003.

135. Peter Breggin, 1983, p. 2.

136. I. A. Robinson e Astrid Rodrigues, "'Mad Pride' activists say they're unique, not sick", ABC News, 2 ago. 2009.

137. Will Hall, 2007, p. 3.

138. Clare Allan, "Misplaced pride", *Guardian*, 27 set. 2006.

139. Site do Icarus Project, <theicarusproject.net/>.

140. Alison Jost discute o Orgulho Louco no seu artigo "Mad pride and the medical model", *Hastings Center Report* 39, n. 4, jul./ago. 2009.

141. Esse trecho baseia-se na minha entrevista com Walter Forrest em 2008. Todos os nomes foram substituídos por pseudônimos.

142. Otto F. Wahl, 1995, p. 38.

143. Joseph M. Alisky e Kenneth A. Iczkowski, "Barriers to housing for deinstitutionalized psychiatric patients," *Hospital & Community Psychiatry* 41, n. 1, jan. 1990.

144. Para detalhes sobre as precaríssimas perspectivas de emprego das pessoas com esquizofrenia, ver Eric Q. Wu et al., "The economic burden of schizophrenia in the United States in 2002", *Journal of Clinical Psychiatry* 66, n. 9, set. 2005; e David S. Salkever et al., "Measures and predictors of community-based employment and earnings of persons with schizophrenia in a multisite study", *Psychiatric Services* 58, n. 3, mar. 2007.

145. A eficácia do emprego como terapia foi observada por Stephen Marder em Mark Moran, "Schizophrenia treatment should focus on recovery, not just symptoms", *Psychiatric News* 39, n. 22, 19 nov. 2004. Marder é um dos coautores de Robert S. Kern et al., "Psychosocial treatments to promote functional recovery in schizophrenia", *Schizophrenia Bulletin* 35, n. 2, mar. 2009.

146. Rael Jean Isaac e Virginia C. Armat, 1990, p. 97.

147. Cameron Wallace et al., "Serious criminal offending and mental disorder: Case linkage study", *British Journal of Psychiatry* 172, n. 6, jun. 1998.

148. Ver Henry J. Steadman et al., "Violence by people discharged from acute psychiatric inpatient facilities and by others in the same neighborhoods", *Archives of General Psychiatry* 55, n. 5, maio 1998.

149. Annika Nordström e Gunnar Kullgren, "Victim relations and victim gender in violent crimes committed by offenders with schizophrenia", *Social Psychiatry & Psychiatric Epidemiology* 38, n. 6, jun. 2003; e Annika Nordström, Lars Dahlgren e Gunnar Kullgren, "Victim relations and factors triggering homicides committed by offenders with schizophrenia", *Journal of Forensic Psychiatry & Psychology* 17, n. 2, jun. 2006.

150. O assassinato é discutido em Deborah Sontag, "A schizophrenic, a slain worker, troubling questions", *New York Times*, 17 jun. 2011; e em carta de John Oldham ao editor em resposta a "How budget cuts affect the mentally ill", *New York Times*, 25 jun. 2011.

151. As citações que aparecem neste relato do tiroteio de Jared Loughner e as consequências procedem das seguintes fontes: "Temos uma pessoa mentalmente instável na classe...": Matthew Lysiak e Lukas I. Alpert, "Gabrielle Giffords shooting: Frightening, twisted shrine in Arizona killer Jared Lee Loughner's yard", *New York Daily News*, 10 jan. 2011; "Era evidente que ele tinha problemas mentais" e "Não sabemos por que isso aconteceu": Leslie Eaton, Daniel Gilbert e Ann Zimmerman, "Suspect's downward spiral", *Wall Street Journal*, 13 jan. 2011; Loughner "balançava o corpo para a frente e para trás", "tinha delírios, ideias estranhas...": Mark Lacey, "After being removed from court, Loughner is ruled incompetent", *New York Times*, 25 maio 2011; "O sr. Loughner tem o direito legal...": Mark Lacey, "Lawyers for defendant in Giffords shooting seem to be searching for illness," *New York Times*, 16 ago. 2011; "É ético e correto...": Mark Lacey, "After being removed from court, Loughner is ruled incompetent," *New York Times*, 25 maio 2011.

152. "Judge allows forced medication for Arizona shooting suspect", *New York Times*, 28 ago. 2011.

153. A declaração de culpa de Loughner foi noticiada em Fernanda Santos, "Life term for gunman after guilty plea in Tucson killings", *New York Times*, 7 ago. 2012.

154. "Treatment not jail: A plan to rebuild community mental health", *Sacramento Bee*, 17 mar. 1999. Para uma fonte geral abrangente sobre saúde mental e justiça penal, ver o relatório do Conselho de Governos Estaduais *Criminal Justice/Mental Health Consensus Project*, 2002.

155. Paula Ditton, 1999.

156. Sasha Abramsky e Jamie Fellner, 2003.

157. Esse trecho baseia-se nas minhas entrevistas com Susan Weinreich e Bobbe Evans em 2007 e em comunicações subsequentes.

158. Comunicações pessoais.

159. Primeira página de *Schizophrenia Revealed* (2001).

160. Karl Jaspers emprega a expressão "abismo de diferença" em *General Psychopathology*, 1963, p. 219, tal como citado em Christopher Frith e Eve Johnstone, 2003, p. 123.

161. Jay Neugeboren, 2003, pp. 136-9 (condensado).

162. Andy Behrman, "Mental health recovery: A personal perspective", About.com, 29 dez. 2011.

163. Comunicação pessoal em 2011.

164. Esse trecho baseia-se na minha entrevista com Patricia, Winston e Sam Fischer em 2008

e em comunicações subsequentes. Todos os nomes foram substituídos por pseudônimos, exceto o de David Nathan.

7. DEFICIÊNCIA [pp. 416-72]

1. Elaine Fowler Palencia, 1997, pp. 6-7.

2. Minhas definições de várias categorias de deficiência provêm das Perguntas Frequentes no texto "Severe and/or multiple disabilities", do Centro de Difusão Nacional para Crianças com Deficiências, <www.nichcy.org/Disabilities/Specific/Pages/SevereandorMultipleDisabilities.aspx>.

3. Richard Wilbur, "Winter Spring", 2004, p. 453.

4. Para informações básicas sobre deficiências graves, recorri a John J. J. McDonnell et al. (Orgs.), 1995; a cifra 20 mil nascimentos por ano está na p. 75.

5. Esse trecho baseia-se nas minhas entrevistas com David e Sara Hadden em 2004 e 2007, bem como em comunicações subsequentes.

6. Alan O. Ross, 1972, pp. 55-6 e 157.

7. Susan Allport, 1997, p. 103.

8. Sarah Blaffer Hrdy, 1999, p. 174.

9. Carol George e Judith Solomon, "Attachment and caregiving: The caregiving behavioral system", em Jude Cassidy e Phillip R. Shaver (Orgs.), 1999, p. 659.

10. "In parents' eyes, the faintest signs of hope blur the inevitable", *Los Angeles Times*, 28 out. 2002.

11. Esse trecho baseia-se na minha entrevista com Louis e Greta Winthrop em 2005. Todos os nomes foram substituídos por pseudônimos.

12. Sophia Isako Wong, "At home with Down syndrome and gender", *Hypatia* 17, n. 3, verão 2002.

13. Ver Simon Olshansky, "Chronic sorrow: A response to having a mentally defective child", *Social Casework* 43, n. 4, 1962.

14. Sigmund Freud, 1955a.

15. Jeanne Ann Summers, Shirley K. Behr e Ann P. Turnbull, "Positive adaptation and coping strengths of families who have children with disabilities", em George H. S. Singer e Larry K. Irvin (Orgs.), 1989, p. 27.

16. As discrepâncias entre as observações do estresse da famíla pelos profissionais e a experiência real dos membros da família são discutidas em Anne E. Kazak e Robert S. Marvin, "Differences, difficulties and adaptation: Stress and social networks in families with a handicapped child", *Family Relations* 33, n. 1, jan. 1984.

17. Jerome Groopman, "Hurting all over", *New Yorker*, 13 nov. 2000.

18. Esse trecho baseia-se na minha entrevista com Paul e Cris Donovan em 2007 e em comunicações subsequentes.

19. Ver Glenn Affleck, Howard Tennen e Jonelle Rowe (Orgs.), 1991, pp. 93-5; ver também Glenn Affleck e Howard Tennen, "Appraisal and coping predictors of mother and child outcomes after newborn intensive care", *Journal of Social & Clinical Psychology* 10, n. 4, 1991.

20. O conceito de "lócus de controle interno" é discutido em Bryony Beresford, "Resources

and strategies: How parents cope with the care of a disabled child", *Journal of Child Psychology & Psychiatry* 35, n. 1, jan. 1994; e Emmy Werner e Ruth Smith, 2001.

21. Esse trecho baseia-se na minha entrevista com Susanna Singer em 2006 e em comunicações subsequentes.

22. Site de Cecilia Bartoli: <www.ceciliabartolionline.com>.

23. Carol Ryff e Marsha Mailick Seltzer (Orgs.), 1996, p. 460.

24. Louis Rowitz (Org.), 1992, p. 85; ver também Richard K. Eyman et al., "Survival of profoundly disabled people with severe mental retardation", *American Journal of Diseases of Childhood* 147, n. 3, 1993.

25. Tamar Heller, Alison B. Miller e Alan Factor, "Adults with mental retardation as supports to their parents: Effects on parental caregiving appraisal", *Mental Retardation* 35, n. 5, out. 1997.

26. Esse trecho baseia-se na minha entrevista com Bill Zirinsky e Ruth Schekter em 2005, e nos seguintes artigos de Bill: "Sam's story", *Exceptional Parent*, jun. 1997; "Saying goodbye to our cherished boy, Sam Zirinsky", *Crazy Wisdom Community Journal*, maio/ago. 2004; "Life with my two little girls", *Crazy Wisdom Community Journal*, jan./abr. 2006; e "If you could see her through my eyes: A journey of love and dying in the fall of 2007", *Crazy Wisdom Community Journal*, jan./abr. 2008.

27. Referências citadas sobre o ajustamento dos irmãos: estudo que detectou irmãos mais responsáveis e tolerantes: Sally L. Burton e A. Lee Parks, "Self-esteem, locus of control, and career aspirations of college-age siblings of individuals with disabilities", *Social Work Research* 18, n. 3, set. 1994; estudo que detectou irmãos mais infelizes, mas sem sofrer problemas psiquiátricos excessivos: Naomi Breslau et al., "Siblings of disabled children: Effects of chronic stress in the family", *Archives of General Psychiatry* 44, n. 12, dez. 1987; estudo segundo o qual quanto pior a deficiência, melhor o ajustamento do irmão: Frances Kaplan Grossman, 1972, especialmente pp. 177-8; estudo que constatou que um diagnóstico específico ajudou os irmãos: Ann Gath e Dianne Gumley, "Retarded children and their siblings", *Journal of Child Psychology & Psychiatry* 28, n. 5, set. 1987.

28. Allen Shawn, 2010.

29. Esse trecho baseia-se nas minhas entrevistas com John, Eve e Dylan Morris em 2007 e em comunicações subsequentes.

30. A discussão sobre o tratamento de Ashley e a consequente controvérsia baseiam-se na minha entrevista telefônica com o pai dela em 2008 e em comunicações subsequentes; o blog *"Ashley Treatment"*, criado pelos pais de Ashley — <ashleytreatment.spaces.live.com> —, é a fonte de todas as citações dos escritos de seu pai; Chris Ayres e Chris Lackner, "Father defends decision to stunt disabled girl's growth," *Ottawa Citizen*, 4 jan. 2007; reportagem de Elizabeth Cohen para a CNN, "Disability community decries 'Ashley treatment'", 12 jan. 2007; Nancy Gibbs, "Pillow angel ethics", *Time*, 7 jan. 2007; Ed Pilkington, "Frozen in time: The disabled nine-year-old girl who will remain a child all her life", *Guardian*, 4 jan. 2007; Genevieve Roberts, "Brain-damaged girl is frozen in time by parents to keep her alive", *Independent*, 4 jan. 2007; Sam Howe Verhovek, "Parents defend decision to keep disabled girl small", *Los Angeles Times*, 3 jan. 2007; matéria da CNN, "'Pillow angel' parents answer CNN's questions", 12 mar. 2008; e reportagem da BBC "Treatment keeps girl child-sized", 4 jan. 2007.

31. Reportagem da CNN "Ethicist in Ashley case answers questions", 11 jan. 2007.

32. Ibid.; e Nancy Gibbs, "Pillow angel ethics", *Time*, 7 jan. 2007.

33. Quanto ao relatório clínico do tratamento de Ashley, ver Daniel F. Gunther e Douglas S.

Diekema, "Attenuating growth in children with profound developmental disability: A new approach to an old dilemma", *Archives of Pediatric & Adolescent Medicine* 260, n. 10, out. 2006.

34. Artigo de Arthur Caplan para a MSNBC, "Is 'Peter Pan' treatment a moral choice?", 5 jan. 2007.

35. A referência à "mutilação cirúrgica" ocorre em reação ao artigo "The Ashley treatment", no *Burkhart's Blog*, 6 jan. 2007; "Por que não a mataram de uma vez" figura no artigo "The mistreatment of Ashley X", *Family Voyage*, 4 jan. 2007.

36. Press release de 10 de janeiro de 2007, <fridanow.blogspot.com/2007/01/for-immediate-release-january-10-2007.html>.

37. Helen Henderson, "Earthly injustice of 'pillow angels'", *Toronto Star*, 27 jun. 2009.

38. Nancy Gibbs, "Pillow angel ethics", *Time*, 7 jan. 2007.

39. Reportagem de Elizabeth Cohen para a CNN, "Disability community decries 'Ashley treatment'", 12 jan. 2007 (citando Penny Richards, "Sigh", *Temple University Disability Studies Weblog*, 5 jan. 2007; e artigo de "Nufsaid", "The world has gone completely nuts", *Ramblings*, 4 jan. 2007.

40. Benjamin S. Wilfond et al., "Navigating growth attenuation in children with profound disabilities: Children's interests, family decision-making, and community concerns", *Hastings Center Report* 40, n. 6, nov./dez. 2010.

41. Norman Fost caracteriza como intrusiva a preocupação pública com o "tratamento Ashley" em seu artigo "Offense to third parties?", ao passo que Eva Feder Kittay qualifica o procedimento de discriminativo em "Discrimination against children with cognitive impairments?"; ambos foram publicados no *Hastings Center Report* 40, n. 6, nov./dez. 2010.

42. Reportagem da CNN, "'Pillow angel' parents answer CNN's questions," 12 mar. 2008.

43. Nancy Gibbs, "Pillow angel ethics", *Time*, 7 jan. 2007.

44. Peter Singer, "A convenient truth", *New York Times*, 26 jan. 2007.

45. Tirado do soneto 116 de William Shakespeare.

46. Anne McDonald, "The other story from a 'pillow angel': Been there. Done that. Preferred to grow", *Seattle Post-Intelligencer*, 15 jun. 2007.

47. Carta de Miriam A. Kalichman publicada on-line como "Replies to growth-attenuation therapy: Principles for practice", *Pediatrics*, 18 jun. 2009.

48. Alice Domurat Dreger, "Attenuated thoughts", *Hastings Center Report* 40, n. 6, nov./dez. 2010.

49. Entrevista a Michael F. Giangreco, "The stairs don't go anywhere! A disabled person's reflections on specialized services and their impact on people with disabilities", Universidade de Vermont, 7 set. 1996, <www.normemma.com/articles/arstairs.htm>.

50. Entre os exemplos de referência ao genocídio na literatura da deficiência, figuram Paddy Ladd e Mary John, "Deaf people as a minority group: The political process", no programa de estudos *Constructing Deafness: Social Construction of Deafness: Deaf People as a Minority Group — the Political Process* da Open University, 1992; Harlan Lane, "Ethnicity, ethics and the deaf-world", *Journal of Deaf Studies & Deaf Education* 10, n. 3, verão 2005; e a carta de Bridget Brown ao *Chicago Tribune* e à revista *Time*, Down Syndrome Development Council Forum, 6 mar. 2007, p. 3.

51. Peter Singer, 1994, p. 42.

52. Peter Singer, 2. ed., 1993, p. 191. A definição de *pessoa* se encontra nas pp. 86-7.

53. Id., "Sanctity of life or quality of life?", *Pediatrics* 72, n. 1, p. 128, jul. 1983.

54. A história da dura experiência da família Miller provém da opinião da Suprema Corte do Texas em *Miller v. HCA, Inc.*, 118 S.W.3d 758 (Tex., 2003), <www.supreme.courts.state.tx.us/historical/2003/sep/010079.pdf>; ver também Kris Axtman, "Baby case tests rights of parents", *Christian Science Monitor*, 27 mar. 2003.

55. Ver Not Dead Yet et al., "Brief of amici curiae in support of respondents", *Miller v. HCA, Inc.*, Ação Civil n. 01-0079 (Suprema Corte do Texas, instaurado em 21 de março de 2002), <www.notdeadyet.org/docs/millerbrief.html>.

56. Dave Reynolds, "Who has the right to decide when to save the sickest babies?", *Inclusion Daily Express*, 14 jun. 2002.

57. Kris Axtman, "Baby case tests rights of parents", *Christian Science Monitor*, 27 mar. 2003.

58. Pilar N. Ossorio, "Prenatal genetic testing and the courts", em *Prenatal Testing and Disability Rights*, em Erik Parens e Adrienne Asch (Orgs.), 2000, p. 320.

59. Esse trecho baseia-se na minha entrevista com Julia Hollander em 2006 e em comunicações subsequentes, bem como em seu livro *When the Bough Breaks: A Mother's Story* (2008).

60. Julia Hollander, 2008, pp. 22 e 69.

61. Tania Beale com Julia Hollander, "A tale of two mothers", *Guardian*, 8 mar. 2008.

62. Chris Borthwick, "The proof of the vegetable", *Journal of Medical Ethics* 21, n. 4, pp. 205 e 207, ago. 1995.

63. Uma análise do conceito judaico de Deus nos relacionamentos encontra-se em Martin Buber, 2000; por exemplo, p. 49: "O espírito não está no Eu, mas entre o Eu e o Tu".

64. Contato pessoal em 2010.

65. Para mais informações sobre a criação de filhos nos animais, ver Susan Allport, 1997.

66. Daphne de Marneffe, 2004, pp. 90 e 82.

67. Sigmund Freud, 1955b, p. 91.

68. Ver Anna Freud, 1992, especialmente a Conferência 5 (pp. 65-78), "Stages of development".

69. Ver Rozsika Parker, 1995, 2005, pp. 140 e 145.

70. Ibid., p. 140.

71. Ibid., p. 45.

8. PRODÍGIOS [pp. 473-553]

1. Raymond Radiguet, 1989, pp. viii-ix.

2. David Henry Feldman e Lynn T. Goldsmith, 1991, p. 121.

3. Ver Steven Mithen, 2006.

4. A psicóloga Anne Fernald, da Universidade Stanford, dirigiu uma pesquisa pioneira sobre o papel da "fala de bebê" cantada no desenvolvimento da criança; ver Anne Fernald, "Four month olds prefer to listen to motherese", *Infant Behavior & Development* 8, 1985; e Anne Fernald e P. Kuhl, "Acoustic determinants of infant preference for motherese speech", *Infant Behavior and Development* 10, 1987.

5. John Blacking, 1973, p. 100.

6. Para um estudo transcultural da comunicação musical da emoção, ver Thomas Fritz et al., "Universal recognition of three basic emotions in music", *Current Biology* 19, n. 7, abr. 2009.

7. Robert Garfias, "Thoughts on the process of language and music acquisition", em F. Wilson

e R. Roehmann (Orgs.), *Music and Child Development: Proceedings of the 1987 Biology of Music Making Conference*, 1989, p. 100.

8. Géza Révész, 1925, p. 7. Entretanto, a história pode ser apócrifa; o mais antigo biógrafo de Händel, John Mainwaring, não descreve a infância do compositor.

9. Arthur Rubinstein, 1973, p. 4.

10. "Musical ability", em John Sloboda, 1993, p. 106.

11. Todas as citações de Leon Botstein vêm de minha entrevista com ele em 2010 e de comunicações subsequentes.

12. Esse trecho baseia-se em minhas entrevistas com Evgeny Kissin, Emilia Kissin e Anna Pavlovna Kantor em 1996, bem como numa entrevista subsequente com Evgeny Kissin, em 2008, e em outras comunicações.

13. A estreia de Evgeny Kissin no Carnegie Hall granjeou resenhas esmagadoramente positivas: ver Allan Kozinn, "Recital by Yevgeny Kissin, a young Soviet pianist", *New York Times*, 2 out. 1990; Peter Goodman, "Sparks fly from his fingertips", *Newsday*, 2 out. 1990; Harold C. Schonberg, "Russian soul gets a new voice at the keyboard", *New York Times*, 7 out. 1990; e Michael Walsh e Elizabeth Rudulph, "Evgeny Kissin, new kid", *Time*, 29 out. 1990.

14. Anne Midgette, "Kissin is dexterous but lacking in emotion", *Washington Post*, 2 mar. 2009.

15. Esse trecho baseia-se em minha entrevista com Yefim Bronfman em 2010. Para outro perfil de Bronfman, ver Anne Midgette, "A star who plays second fiddle to music", *New York Times*, 15 dez. 2007. Bronfman é descrito no romance *A marca humana*, de Philip Roth (2000).

16. O conceito de gênio em Platão é discutido em Peter Kivy, 2001, pp. 1-13.

17. Ver Longino, 1867, p. 4.

18. John Locke, 1695, p. 2.

19. Immanuel Kant, 1987, p. 175.

20. Ver a interpretação de E. F. J. Payne na p. 391 de *The World as Will and Representation* (1966), aqui simplificada.

21. Francis Galton, 1869.

22. Entre os relatos de pesquisa de Lewis Terman, figuram "A new approach to the study of genius", *Psychological Review* 29, n. 4, 1922; *Genetic Studies of Genius*, v. 1: *Mental and Physical Traits of a Thousand Gifted Children* (1926); e *The Gifted Group at Mid-Life: Thirty-Five Years Follow-Up of the Superior Child* (1959).

23. Scott Barry Kaufman oferece uma análise crítica da obra de Terman em seu artigo "The truth about the Termites", *Psychology Today*, set. 2009.

24. Paul Popenoe, 1930, p. 134.

25. Para investigações profundas da contribuição do movimento eugênico britânico e americano para o desenvolvimento das políticas raciais nazistas, ver Henry P. David, Jochen Fleischhacker e Charlotte Hohn, "Abortion and eugenics in Nazi Germany", *Population & Development Review* 13, n. 1, mar. 1988; Timothy Ryback, 2010; e Edwin Black, 2004.

26. Alfred Kroeber, 1944.

27. Esse trecho baseia-se em minhas entrevistas com Leon Fleisher e Julian Fleisher em 2010 e em comunicações subsequentes.

28. Daines Barrington, 1770, pp. 285-6, reimpresso em 2008 pela Mozart Society of America.

29. Todas as citações de Vera Kaplinsky vêm de minha entrevista com ela em 2010.

30. Esse provérbio japonês é citado em "Music: Prodigies' progress", *Time*, 4 jun. 1973.

31. Todas as citações de Charles Hamlen vêm de minhas entrevistas com ele em 1996 e 2007, bem como de outras comunicações.

32. Todas as citações de Karen Monroe vêm de minha entrevista com ela em 2007.

33. As citações de e sobre Van Cluburn acham-se em Claude Kenneson, 1993, pp. 182-3.

34. O aumento do número de competições de piano é relatado em Michael Johnson, "The dark side of piano competitions", *New York Times*, 8 ago. 2009.

35. Todas as citações de Robert Levin vêm de minha entrevista com ele em 2010.

36. Esse trecho baseia-se em minha entrevista com Sue, Joe e Drew Petersen em 2010 e em comunicações subsequentes.

37. Todas as citações de Miyoko Lotto vêm de Roberta Hershenson, "Playing piano recitals and skipping fifth grade", *New York Times*, 9 jul. 2009.

38. Todas as citações de Justin Davidson vêm de minha entrevista com ele em 2010 e 2012, bem como de comunicações anteriores e posteriores.

39. Trata-se de uma paráfrase (em inglês) de um sentimento frequentemente expresso por Pierre-Auguste Renoir como, por exemplo, numa carta ao pintor Henry Mottez, *c.* 1910, citada em Jean Renoir, 2001, pp. 415-6.

40. Essa citação de Steven Isserlis vem de minha entrevista com ele em 2010.

41. Esse trecho baseia-se em minhas entrevistas com Mikhail, Natalie, Misha e Natasha Peremski em 2007, assim como em comunicações anteriores e posteriores.

42. A apresentação de Natasha Paremski foi classificada de "fresca" e ao mesmo tempo "crua" pela cronista Anne Midgette em "Pinch-hitting at Caramoor: Young pianist and Rachmaninoff", *New York Times*, 25 jun. 2007.

43. Para mais informações sobre o ouvido absoluto, ver Daniel J. Levitin e Susan E. Rogers, "Absolute pitch: Perception, coding, and controversies", *Trends in Cognitive Sciences* 9, n. 1, jan. 2005; e A. Bachem, "Absolute pitch", *Journal of the Acoustical Society of America* 27, n. 6, 1955.

44. Os casos de manifestação de ouvido absoluto em crianças vêm de minha entrevista com David A. Ross em 2010, assim como todas as citações dele.

45. A aquisição do ouvido perfeito é discutida em Annie H. Takeuchi e Stewart H. Hulse, "Absolute pitch", *Psychological Bulletin* 113, n. 2, 1993; e Diana Deutsch et al., "Absolute pitch among American and Chinese conservatory students", *Journal of the Acoustical Society of America* 199, n. 2, fev. 2006.

46. Daniel J. Levitin, "Absolute memory for musical pitch: Evidence from the production of learned melodies", *Perception & Psychophysics* 56, n. 4, 1994.

47. Ver Nicholas A. Smith e Mark A. Schmuckler, "Dial A440 for absolute pitch: Absolute pitch memory by non-absolute pitch possessors", *Journal of the Acoustical Society of America* 123, n. 4, abr. 2008.

48. Os dois casos de dificuldades encontradas pelos músicos com ouvido absoluto em apresentações em grupo procedem da minha entrevista com David A. Ross.

49. O estudo seminal sobre o ouvido absoluto e o *planum temporale* é Gottfried Schlaug et al., "In vivo evidence of structural brain asymmetry in musicians", *Science*, n.s., 267, n. 5198, 3 fev. 1995; ver também Julian Paul Keenan, "Absolute pitch and planum temporale", *Neuroimage* 14, n. 6, dez. 2001.

50. Thomas Elbert et al., "Increased cortical representation of the fingers of the left hand in string players", *Science* 270, n. 5234, 13 out. 1995.

51. Acerca da prova neuroimagiológica da coordenação motora aumentada nos músicos, ver Burkhard Maess et al., "Musical syntax is processed in Broca's area: An MEG study", *Nature Neuroscience* 4, n. 5, maio 2001; e Vanessa Sluming et al., "Broca's area supports enhanced visuospatial cognition in orchestral musicians", *Journal of Neuroscience* 27, n. 14, 4 abr. 2007.

52. Esse trecho baseia-se em minha entrevista e em conversas com Robert, Orna e Jay Greenberg em 2007 e 2008, bem como em comunicação subsequente.

53. Samuel Zyman, "New music from a very new composer", *Juilliard Journal*, maio 2003.

54. Rebecca Leung, "Prodigy, 12, compared to Mozart", CBS News, 18 fev. 2009.

55. Nancy Andreasen, 2005, p. 78.

56. Encarte do disco *Symphony N. 5; Quintet for Strings* (2006).

57. Matthew Gurewitsch, "Early works of a new composer (very early, in fact)", *New York Times*, 13 ago. 2006.

58. Ver Aristóteles (org. Jonathan Barnes), 1984, *Problemata* xxx 1, 953a10-14.

59. Para uma porção de lendas diabólicas acerca de Paganini, ver G. I. C. De Courcy, 1957, reimpr. 1977; e "Fiddler Paganini's ways: Stories and facts in the great man's life", *New York Times*, 27 jul. 1891. Para uma narrativa mais moderna sobre o grande violinista, ver Maiko Kawabata, "Virtuosity, the violin, the devil... what really made Paganini 'demonic'?", *Current Musicology*, 22 mar. 2007.

60. Cesare Lombroso, 1888, p. 333.

61. Orjan de Manzano et al., "Thinking outside a less intact box: Thalamic dopamine D2 receptor densities are negatively related to psychometric creativity in healthy individuals", *PLoS One* 5, n. 5, 17 maio 2010.

62. Norman Geschwind, "The biology of cerebral dominance: Implications for cognition", *Cognition* 17, n. 3, ago. 1984. Norman Geschwind e Albert M. Galaburda, 1987; Daniel Goleman, "Left vs. right: Brain function tied to hormone in the womb", *New York Times*, 24 set. 1985.

63. Pinchas Noy, "The development of musical ability", *Psychoanalytic Study of the Child* 23, 1968.

64. Miraca Gross, "Social and emotional issues for exceptional and intellectually gifted students", em Maureen Neihart et al., 2002, pp. 19-30.

65. A citação de Zarin Metha vem de minha entrevista com ele em 2010.

66. Daniel J. Wakin, "Burned out at 14, Israeli concert pianist is back where he 'really belongs'", *New York Times*, 2 nov. 2007.

67. Todas as citações de Joseph Polisi vêm de minha entrevista com ele em 2010.

68. Alissa Quart, 2006, p. 142.

69. "Child prodigy's time to 'do something great', Mom says", *Washington Post*, 20 mar. 2005.

70. Richard Morrison, "The prodigy trap", *Sunday Times*, 15 abr. 2005.

71. Ibid.

72. Joyce Maynard, "Prodigy, at 13", *New York Times*, 4 mar. 1973.

73. Julian Whybra, "Extension and enrichment programmes," em Michael J. Stopper (Org.), 2000, p. 40.

74. Nancy Robinson, em Maureen Neihart et al. (Org.), 2002, p. xiv.

75. Todas as citações de Robert Sirota vêm de minha entrevista com ele em 2010 e de comunicações subsequentes.

76. Jascha Heifetz, encarte do disco *Violin Concerto* de Sibelius (RCA Victor Red Seal/BMG Classics), 1959.

77. Isaac Babel, 2002, p. 628.

78. Ruth Slenczynska, 1957, pp. 31, 137 e 232.

79. O psicólogo que examinou Ervin Nyiregyházi foi Géza Révész; seu livro é *The Psychology of a Musical Prodigy* (1925).

80. Todas as citações de Ervin Nyiregyházi vêm de Kevin Bazzana, 2007, pp. 44, 53, 37 e 41. O elogio que Nyiregyházi fez a Hitler é mencionado na p. 40: "Percebendo-se emocionalmente carente, lutando com as emoções em conflito da adolescência, parece que, numa atitude de autodefesa, ele projetou na mãe toda a culpa de suas ansiedades, transformando-a na inimiga de tudo quanto Ervin amava. Ela morreu no Holocausto, e, certa vez (estando ele bêbado), ouviram-no dizer que Hitler era um grande homem por ter matado sua mãe".

81. Esse trecho baseia-se em minha entrevista com Lorin Hollander em 2007.

82. Wolfgang Amadeus Mozart, 1866, p. 183, carta de março de 1778; ver também Maynard Solomon, 1996.

83. G. I. C. de Courcy, 1957, reimpr. 1977, p. 13, apud Julius Max Schottky, *Paganini's Leben und Treiben als Kunstler und als Mensch* (1830).

84. Nancy B. Reich, 1985, pp. 18-20; a citação de Robert Schumann encontra-se na p. 64

85. Esse trecho baseia-se em minha entrevista com Scott Frankel em 2010, assim como em comunicações anteriores e posteriores.

86. Nikki Murfitt, "The heart-breaking moment I realised my mother had cut me off forever, by violin virtuoso Vanessa-Mae", *Daily Mail*, 7 ago. 2008.

87. Esse trecho baseia-se em minha entrevista com Nicolas Hodges em 2010 e em comunicações subsequentes.

88. Episódio relatado em 2009 pelo diretor temporário do Curtis, Gary Graffman, que estava presente quando Serkin fez essa observação.

89. Samuel e Sada Applebaum, 1984.

90. Entrevista com Thérèse Mahler em 2010.

91. Entrevista com Hoang Pham em 2010.

92. Esse trecho baseia-se em minha entrevista com Ken Noda em 2009 e em comunicações subsequentes.

93. Takayo Noda é uma consumada artista e poeta; ver <www.takayonoda.com>.

94. Esse trecho baseia-se em minha entrevista com Candy Bawcombe em 2010.

95. Esse trecho baseia-se em minha entrevista com David Waterman em 2010 e em comunicações subsequentes.

96. Esse trecho baseia-se em minha entrevista com Vikram, Marion e Solanda Price em 2010. Todos os nomes foram substituídos por pseudônimos, e alguns detalhes identificadores foram alterados.

97. Comunicação pessoal em 2012.

98. Janice Nimura, "Prodigies have problems too", *Los Angeles Times*, 21 ago. 2006.

99. Clifton Fadiman, 1985, p. 107. Na íntegra: "O pai de Bernstein foi criticado por não ter

estimulado mais o filho talentoso. 'Como eu podia saber que ele ia crescer para ser Leonard Bernstein?', protestou ele. Outros membros da família Bernstein me contaram a história tal como a formulei.

100. Esse trecho baseia-se em minha entrevista com Jonathan Floril em 2010.

101. Alfredo Brotons Muñoz, "Más que un prodigio," *Levante EMV*, 7 maio 2007. No original: *"Aunque, como luego se explicará, va más allá de eso, de momento no puede escapar a la calificación de prodigio. No solo por como toca, sino por lo que toca"*.

102. Gore Vidal, 1977, p. 34.

103. Catherine Cox, 1926. Oitenta e três anos depois, Dean Keith Simonton e Anna V. Song publicaram o estudo complementar "Eminence, IQ, physical and mental health, and achievement domain: Cox's 282 geniuses revisited", *Psychological Science* 20, n. 4, abr. 2009.

104. Esse trecho baseia-se em minhas entrevistas com Lang Lang e Lang Guoren em 2005 e 2009, bem como em outras comunicações. Lang Lang mantém um site em <www.langlang.com> e publicou duas autobiografias, que usei como fontes: *Lang Lang: Playing with Flying Keys* (2008), com Michael French; e *Journey of a Thousand Miles: My Story* (2008), com David Ritz. Também consultei David Remnick, "The Olympian: How China's greatest musician will win the Beijing Games", *New Yorker*, 4 ago. 2008; e recorri a *Dad's Aspirations Are That High*, de Yuanju Li (2001) (uma tradução inglesa inédita de: 爸爸的心就这么高 : 钢琴天才郎朗和他的父亲 / *Ba ba de xin jiu zhe mo gao: Gang qin tian cai Lang Lang he ta de fu qin*).

105. John von Rhein, "Bend the rules, but don't break the bond", *Chicago Tribune*, 18 ago. 2002.

106. Ver Anthony Tommasini, "A showman revs up the classical genre", *New York Times*, 10 nov. 2003.

107. Anthony Tommasini, "Views back (and forward) on an outdoor stage", *New York Times*, 17 jul. 2008.

108. Ver Malcolm Gladwell, 2008; Daniel Coyle, 2009; e Geoff Colvin, 2010.

109. Ver K. Anders Ericsson, R. T. Krampe e C. Tesch-Romer, "The role of deliberate practice in the acquisition of expert performance", *Psychological Review* 100, 1993; K. Anders Ericsson, Michael J. Prietula e Edward T. Cokel, "The making of an expert", *Harvard Business Review*, jul. / ago. 2007; e K. Anders Ericsson, Roy W. Roring e Kiruthiga Nandagopal, "Giftedness and evidence for reproducibly superior performance", *High Ability Studies* 18, n. 1, jun. 2007.

110. Ver Michael J. A. Howe, Jane W. Davidson e John A. Sloboda, "Innate talents: Reality or myth?", *Behavioural & Brain Sciences* 21, n. 3, jun. 1998.

111. David Brooks, "Genius: The modern view ", *New York Times*, 1 maio 2009.

112. Joseph Szigeti, 1979, p. 4.

113. Ver Walter Mischel, E. B. Ebbesen e A. R. Zeiss, "Cognitive and attentional mechanisms in delay of gratification", *Journal of Personality & Social Psychology* 21, n. 2, fev. 1972; Yuichi Shoda, Walter Mischel e Philip K. Peake, "The nature of adolescent competencies predicted by preschool delay of gratification", *Journal of Personality & Social Psychology* 54, n. 4, 1988; e Yuichi Shoda, Walter Mischel e Philip K. Peake, "Predicting adolescent cognitive and self-regulatory competencies from preschool delay of gratification: Identifying diagnostic conditions", *Developmental Psychology* 26, n. 6, 1990.

114. Yuichi Shoda, Walter Mischel e Philip K. Peake, "Predicting adolescent cognitive and self-regulatory competencies from preschool delay of gratification: Identifying diagnostic conditions",

Developmental Psychology 26, n. 6, 1990; e Jonah Lehrer, "Don't! The secret of self-control", *New Yorker*, 18 maio 2009.

115. Jonah Lehrer, "Don't! The secret of self-control", *New Yorker*, 18 maio 2009; ver também Angela L. Duckworth e Martin E. P. Seligman, "Self-discipline outdoes IQ in predicting academic performance of adolescents", *Psychological Science* 16, n. 12, dez. 2005.

116. Ellen Winner, 1996, p. 308.

117. Edward Rothstein, "Connections: myths about genius", *New York Times*, 5 jan. 2002.

118. Claude Kenneson, 1993, p. 44, apud Yehudi Menuhin, *Unfinished Journey* (1977), p. 22.

119. Entrevista com Gabriel Kahane em 2010.

120. Esse trecho baseia-se em minha experiência assistindo à estreia de Marc Yu em Nova York em 2007, em minha entrevista com Chloe e Marc Yu naquele ano e em comunicações subsequentes.

121. Ver, por exemplo, Diana Deutsch et al., "Absolute pitch among students in an American music conservatory: Association with tone language fluency", *Journal of the Acoustical Society of America* 125, n. 4, abr. 2009; e Ryan J. Giuliano et al., "Native experience with a tone language enhances pitch discrimination and the timing of neural responses to pitch change", *Frontiers in Psychology* 2, n. 146, ago. 2011. A observação sobre a forma típica da mão chinesa procede da minha entrevista com Veda Kaplinsky.

122. Mihaly Csikszentmihalyi, 1996, p. 177.

123. Todas as citações de Robert Blocker vêm da minha entrevista com ele em 2010.

124. Esse trecho baseia-se em minha entrevista com May Armstrong em 2010.

125. Charles Hamlen falou-me do episódio de Los Alamos em 2007.

126. Stephen Moss, "At three he was reading the Wall Street Journal", *Guardian*, 10 nov. 2005.

127. Daniel Singal, "The other crisis in American education", *Atlantic Monthly*, nov. 1991.

128. John Cloud, "Are we failing our geniuses?", *Time*, 16 ago. 2007.

129. Nicolas Colangelo, 2004.

130. Maureen Neihart et al., 2002, p. 14.

131. B. Bradford Brown e Laurence Steinberg, "Academic achievement and social acceptance: Skirting the 'brain-nerd' connection", *Education Digest* 55, n. 7, 1990.

132. Miraca Gross, 1993, pp. 26-7.

133. Norbert Wiener, 1953, pp. 117-8 e 106-7; ver também *I Am a Mathematician: The Later Life of a Prodigy* (1956).

134. Esse trecho baseia-se em minhas entrevistas com Joshua Bell e Shirley Bell em 2007 e em comunicações subsequentes.

135. Para uma história abrangente da gravação sonora, ver David L. Morton Jr., 2006. Encontram-se reproduções digitais dos trabalhos de Thomas Edison documentando a invenção do fonógrafo no site da Rutgers University: <edison.rutgers.edu/docsamp.htm>.

136. Esse trecho baseia-se em minhas entrevistas com Conrad Tao e Mingfang Ting em 2010.

137. Esse trecho baseia-se em minhas entrevistas com Sylvester, Stephanie e Christian Sands em 2010 e em comunicações subsequentes.

138. No jargão do jazz, essa troca se chama *trading fours*. Pode-se ver a apresentação de Oscar Peterson e Christian Sands no YouTube em <www.youtube.com/watch?v=fYpowDIqmEA>.

139. Pode-se ver a apresentação de Paul Pott em <www.youtube.com/watch?v=1ko8yxu57NA>; e a de Jackie Evancho em <www.youtube.com/watch?v=6aroro2FZng>.

140. Esse trecho baseia-se em minhas entrevistas com Nico Muhly, Bunny Harvey e Frank Muhly em 2010 e 2012 e em comunicações subsequentes; ver também Rebecca Mead, "Eerily composed: Nico Muhly's sonic magic", *New Yorker*, 11 fev. 2008.

141. Ver Alfred Louis Kroeber, 1944, p. 9.

142. Carta de Isaac Newton a Robert Hooke, 15 fev. 1676, em Isaac Newton, 1961, v. 3, p. 231.

143. Ver Lucrécio, 1851.

144. Ver Schopenhauer, 1897, p. 153.

145. Condensação de uma passagem de "The gifted child in the American culture of today", *Journal of Teacher Education* 5, n. 3, 1954, p. 213, apud Jan Davidson, Bob Davidson e Laura Vanderkam, 2004, p. 51.

146. Comunicação pessoal em 2011.

147. Esse trecho baseia-se em minhas entrevistas com Jeffrey, Martha e Gabriel Kahane em 2009 e 2010.

148. Nate Chinen, "Gabriel Kahane, *Where Are the Arms*", *New York Times*, 19 set. 2011.

149. Bruno Bettelheim, 1976, p. 153 (citação condensada).

9. ESTUPRO [pp. 554-622]

1. O site da Stigma Inc. (www.stigmatized.org) não está mais on-line. Pode-se acessar uma versão arquivada em <web.archive.org/web/20070901030454/www.stigmatized.org/about.htm>.

2. O estupro como roubo de propriedade é discutido na entrada "Sexual assault" em Merrill D. Smith (Org.), 2004, pp. 224-5.

3. Segundo Merrill D. Smith (Org.), 2004, pp. xiii-xvii, o Código de Hamurabi (*c.* 1780 a.C.) "declarava que uma virgem era inocente se estuprada, mas seu agressor devia ser executado. Mulheres casadas estupradas eram consideradas culpadas de adultério e podiam ser executadas com seus agressores".

4. O estupro na Grécia antiga é estudado em Daniel Ogden, "Rape, adultery and the protection of bloodlines in classical Athens", em Susan Deacy e Karen F. Pierce (Orgs.), 2002, pp. 25-41.

5. Para mais informações sobre o estupro segundo as leis da Antiguidade e do século XVII, ver "Ancient law codes", em Merrill D. Smith (Org.), 2004, pp. 14-5; e Else L. Hambleton, 2004.

6. O estupro na mitologia clássica é discutido em "Art", em Merrill D. Smith, 2004, p. 15; e em James A. Arieti, "Rape and Livy's view of Roman history", em Susan Deacy e Karen F. Pierce (Orgs.), 2002, pp. 209-29.

7. Ver "Rape of the Sabine women", em Merrill D. Smith (Org.), 2004, pp. 196-97; e Norman Bryson, "Two narratives of rape in the visual arts: Lucretia and the Sabine women", em Sylvana Tomaselli e Roy Porter (Orgs.), 1986, pp. 152-73.

8. A tolerância ao infanticídio de filhos concebidos em estupro é discutida em John Boswell, 1998, p. 200; ver também "Pregnancy", em Merrill D. Smith (Org.), 2004, pp. 154-5.

9. Para mais informações sobre as ideias de Galeno sobre estupro e fertilidade, ver "Blaming the victim' syndrome" e "Pregnancy", em Merrill D. Smith (Org.), 2004, pp. 26-8 e 154-5.

10. A discussão de Santo Agostinho sobre estupro e humildade se encontra em Corinne Saunder, "Classical paradigms of rape in the Middle Ages: Chaucer's Lucretia and Philomenia", em

Susan Deacy e Karen F. Pierce (Orgs.), 2002, p. 251, citando *City of God Against the Pagans*, v. 1, org. e trad. de George E. McCracken (1957).

11. O estupro nos Estados Unidos dos séculos XVII e XVIII é discutido em "Rape in the United States: Eighteenth century", em Merrill D. Smith (Org.), 2004, pp. 179-81; e em Else L. Hambleton, 2004.

12. Patrick J. Connor, "The law should be her protector: the criminal prosecution of rape in upper Canada, 1791-1850", em Merrill D. Smith (Org.), 2001, pp. 103-35.

13. Para mais informações sobre o estupro de escravos africanos e o tratamento desigual dispensado a suspeitos e agressores pretos e brancos, ver o capítulo "Slavery" em Susan Brownmiller, 1975, pp. 153-69; "African-Americans" e "Slavery", em Merrill D. Smith (Org.), 2004, pp. 5-7 e 234-36; Diane Miller Sommerville, "'I was very much wounded': rape law, children, and the antebellum South", em Merrill D. Smith (Org.), 2001, pp. 136-77; e Diana Miller Sommerville, 2004.

14. A exigência legal de que as mulheres resistam é discutida na entrada "Rape in the United States: Nineteenth Century", em Merrill D. Smith (Org.), 2004, pp. 181-3.

15. A experiência da concepção em decorrência de estupro em meados do século XX é discutida em Rickie Solinger, 2000; a citação está na p. 73.

16. Ver "Freud, Sigmund/Freudian Theory", em Merrill D. Smith (Org.), 2004, pp. 82-3.

17. Menachem Amir, 1971, pp. 254, 258.

18. Ver Susan Brownmiller, 1975.

19. Susan Brownmiller, 1975, p. 378.

20. "Rape Law", em Merrill D. Smith (Org.), 2004, p. 186. O estupro conjugal e a exceção do cônjuge são discutidos em Diana E. H. Russell, 1990; David Finkelhor e Kersti Yllö, 1985; Jacquelyn C. Campbell e Peggy Alford, "The dark consequences of marital rape", *American Journal of Nursing* 89, n. 7, jul. 1989; e "Hale, Sir Matthew (1609-1676)" e "Marital Rape", em Merrill D. Smith (Org.), 2004, pp. 94-5 e 122-4.

21. "Confinement, Psychiatry, Prison", em Michel Foucault, 1988b, p. 200.

22. Para uma discussão sobre leis estaduais e federais dos Estados Unidos sobre agressão sexual, ver "Rape Law", em Merrill D. Smith (Org.), 2004, pp. 186-9.

23. A relativa severidade da punição por crimes sexuais é discutida em "Rape law", em Merrill D. Smith (Org.), 2004, pp. 186-89; e em Diane E. H. Russell e Rebecca M. Bolen, 2000.

24. As estatísticas sobre agressão sexual se encontram em Patricia Tjaden e Nancy Thoennes, 2000, pp. 35-6. A qualificação, feita pelo Centro de Controle e Prevenção de Doenças, do estupro como "um dos crimes menos denunciados" se encontra na nota "Sexual Assault Awareness Month, April 2005", *Morbidity & Mortality Weekly Report 54*, n. 12, 1 abr. 2005, p. 311.

25. Esse trecho baseia-se em minha entrevista com Marina James em 2008. Todos os nomes foram substituídos por pseudônimos.

26. Wolfgang Jöchle afirma originalmente que o medo pode induzir a ovulação humana em "Coitus-induced ovulation", *Contraception* 7, n. 6, 1973; e Mary M. Krueger diz o mesmo em "Pregnancy as a result of rape", *Journal of Sex Education & Therapy* 14, n. 1, 1988; para uma resenha recente sobre o tema, ver Juan J. Tarín, Toshio Hamatani e Antonio Cano, "Acute stress may induce ovulation in women", *Reproductive Biology & Endocrinology* 8, n. 53, pp. 1-13, 2010.

27. Allen J. Wilcox et al., "Likelihood of conception with a single act of intercourse: provid-

ing benchmark rates for assessment of post-coital contraceptives", *Contraception* 63, n. 4, pp. 211-5, abr. 2001.

28. Melissa M. Holmes et al. relatam uma maior incidência de gravidez em vítimas recorrentes de estupro em "Rape-related pregnancy: estimates and descriptive characteristics from a national sample of women", *American Journal of Obstetrics & Gynecology* 175, n. 2, ago. 1996.

29. A estimativa segundo a qual ocorrem anualmente 25 mil gravidezes decorrentes de estupro nos Estados Unidos se encontra em Felicia H. Stewart e James Trussell, "Prevention of Pregnancy resulting from rape: a neglected preventive health measure", *American Journal of Preventive Medicine* 19, nov. 2000; a estimativa de 32 mil se encontra em Melissa M. Holmes et al., "Rape-related pregnancy: estimates and descriptive characteristics from a national sample of women", *American Journal of Obstetrics & Gynecology* 175, n. 2, ago. 1996.

30. Ver Melissa M. Holmes et al., "Rape-related pregnancy: estimates and descriptive characteristics from a national sample of women", *American Journal of Obstetrics & Gynecology* 175, n. 2, ago. 1996.

31. Ana Milena Gil (com Ana Maria Jaramillo e Bertha Ortiz), "Pregnancy resulting from rape: breaking the silence of multiple crises", *Women's Health Collection*, 1 jan. 2001.

32. Natela Cutter, "'Anne Smith': A rape victim found relief in the abortion", *U. S. News & World Report* 124, n. 2, 19 jan. 1998.

33. Amy Engeler, "I can't hate this baby", *Redbook* 192, n. 4, fev. 1999.

34. Todas as citações de Joan Kemp vêm de seu artigo "Abortion: the second rape", *Sisterlife*, 1º trim. 1990.

35. Marie McCullough, "Abortion, rape debate", *Chicago Tribune*, 26 set. 1995.

36. A citação de Kathleen DeZeeuw é do filme *Children of Rape* (1994).

37. David C. Reardon, Julie Makimaa e Amy Sobie (Orgs.), 2000, p. 86.

38. A citação de Kathleen DeZeeuw é do filme *Children of Rape* (1994).

39. David C. Reardon, Julie Makimaa e Amy Sobie (Orgs.), 2000, p. 87.

40. Padmasayee Papineni, "Children of bad memories", *Lancet* 362, n. 9386, 6 set. 2003 (condensado).

41. Esse trecho baseia-se em minha entrevista com Brenda Henriques em 2007. Todos os nomes foram substituídos por pseudônimos.

42. Minhas fontes principais sobre a história da lei do aborto foram Leslie J. Reagan, 1997; e a entrada "Abortion", em Merrill D. Smith (Org.), 2004, pp. 2-4.

43. "Pregnancy from rape does not justify abortion", *Journal of the American Medical Association* 43, p. 413, 6 ago. 1904.

44. Leslie J. Reagan, 1997, pp. 132-59.

45. A ideia de que proporcionar o aborto a mulheres solteiras e viúvas resultaria "numa diminuição da moralidade" se encontra na resenha de A. J. Rongy para a obra *Abortion: Legal or Illegal?*, de Frederick J. Taussig, em *Birth Control Review* 17, p. 153, jun. 1933, citado por Leslie J. Reagan, 1997, p. 142. A descrição de Taussig das condições sociais e econômicas que justificariam o abortamento se encontra nas pp. 443-4 de seu livro *The Prevention and Treatment of Abortion* (1910), citado por Leslie J. Reagan, 1997, p. 142 (condensada).

46. O julgamento de Aleck Bourne por aborto em 1938 é relatado por Leslie J. Reagan, 1997, p. 175.

47. Os comitês de aborto são discutidos em Leslie J. Reagan, 1997, pp. 174-5.

48. Rickie Solinger, 2000, p. 133, citando Marion K. Sanders, "Social Work: a Profession Chases Its Tail", *Harper's*, mar. 1957.

49. As primeiras propostas de descriminalização do aborto são discutidas em Leslie J. Reagan, 1997, pp. 220-21.

50. O abandono forçado e as casas maternais são temas centrais de Rickie Solinger, 2000 e 2001.

51. Rickie Solinger, 2001, p. 73.

52. Ibid., p. 75.

53. A política do aborto depois do caso Roe é explorada em William Saletan, "Electoral politics and abortion: narrowing the message", em Rickie Solinger (Org.), 1998; e em Saletan, 2003 (os resultados do pleito se encontram na p. 163).

54. Timothy Egan, "Idaho governor vetoes measure intended to test abortion ruling", *New York Times*, 31 mar. 1990.

55. Ver William Saletan, 2003, p. 168 e pp. 172-73. Ver também Michael Baruzzini, "Justice or comfort?: Conservatives and the rape exceptions", *Catholic Lane*, 16 jun. 2011, em <catholiclane.com/justice-or-comfort-conservatives-and-the-rape-exception>; e "The law of chastity", Igreja de Jesus Cristo dos Santos dos Últimos Dias, *Gospel Principles*, 2012, em <www.lds.org/library/display/0,4945,11-1-13-49,00.html>.

56. Bob Ellis, "South Dakota abortion task force studies rape exceptions", *Dakota Voice*, 20 jan. 2006.

57. Megan Barnet faz a afirmação no filme *I Love My Baby Who Was Conceived by Rape* (2006).

58. Bob Ellis, "South Dakota abortion task force studies rape exceptions", *Dakota Voice*, 20 jan. 2006.

59. Rebecca Kiessling, "Conceived in rape: a story of hope." A resposta sarcástica está na entrada de 26 de janeiro de 2009 do blog First World Problems em <ivytheadventure.livejournal.com/2009/01/26/>.

60. Joan Raphael-Leff, "Psychotherapy and pregnancy", *Journal of Reproductive & Infant Psychology* 8, n. 2, p. 129, abr. 1990 (condensado).

61. William Saletan, 2003, p. 183, citando as minutas do Comitê de Saúde e Bem-Estar do Senado da Louisiana de 29 de maio de 1991.

62. David Finkelhor e Kersti Yllö, 1985, p. 133.

63. Joan Kemp, "Abortion: the second rape", *Sisterlife*, inverno 1990.

64. Denise Kalasky, "Accomplices in incest", *Post-Abortion Review* 2, n. 1, inverno 1993.

65. David C. Reardon é autor de "Rape, incest and abortion: Searching beyond the myths", *Post-Abortion Review* 2, n. 1, inverno 1994; e cooganizador, com Julie Makimaa e Amy Sobie, da antologia *Victims and Victors: Speaking Out About Their Pregnancies, Abortions, and Children Resulting From Sexual Assault* (2000). Site do Instituto Elliott: <http://www.afterabortion.info>.

66. David Mall e Walter F. Watts foram os primeiros a postular a existência de uma "síndrome pós-aborto" em seu livro *The Psychological Aspects of Abortion* (1979). O conceito foi empregado por Joyce Arthur em "Psychological aftereffects of abortion: the rest of the story", *Humanist* 57, n. 2, mar./abr. 1997. A controvérsia sobre a legitimidade da síndrome é discutida em Emily Bazelon, "Is there a post-abortion syndrome?", *New York Times Magazine*, 21 jan. 2007.

67. David Reardon, "Rape, incest and abortion: searching beyond the myths", *Post-Abortion Review* 2, n. 1, inverno 1994.

68. "Pregnancy and sexual assault", em David Mall e Walter F. Watts (Orgs.), 1979, p. 67.

69. "The consequences of incest: giving and taking life", em David Mall e Walter F. Watts (Orgs.), 1979, p. 98.

70. Melissa M. Holmes et al., "Rape-related pregnancy: estimates and descriptive characteristics from a national sample of women", *American Journal of Obstetrics & Gynecology* 175, n. 2, ago. 1996.

71. Susan Brison, 2002, p. x.

72. "Psychiatric aspects of the rapes in the war against the republics of Croatia and Bosnia--Herzegovina", em Alexandra Stiglmayer (Org.), 1994, pp. 174-9.

73. Esse trecho baseia-se em minha entrevista com Melinda Stephenson em 2007 e comunicações subsequentes. Todos os nomes foram substituídos por pseudônimos.

74. Para uma discussão, no âmbito jornalístico, da teoria da evolução aplicada ao estupro ver Erica Goode, "What provokes a rapist to rape?", *New York Times*, 15 jan. 2000.

75. Jonathan A. Gottschall e Tiffani A. Gottschall, "Are per-incident rape-pregnancy rates higher than per-incident consensual pregnancy rates?", *Human Nature: An Interdisciplinary Biosocial Perspective* 14, n. 1, p. 10, 1 mar. 2003.

76. Ver Randy Thornhill e Craig T. Palmer, 2000.

77. "Turning rape into pornography: postmodern genocide", em Alexandra Stiglmayer (Org.), p. 74 (condensado).

78. Susan Brownmiller, 1975, p. 314.

79. Erica Goode, "What provokes a rapist to rape? Scientists debate notion of an evolutionary drive", *New York Times*, 15 jan. 2000.

80. Patricia Tjaden e Nancy Thoennes, 2000, p. 39.

81. Entrevista com Lori Michaels, Clarabel Michaels, Ringo Smythe e Bobby Michaels em 2007. Todos os nomes foram substituídos por pseudônimos.

82. A afirmação aparece numa discussão pública, "Children born of rape" no Adoption.com Forums. Disponível em: <http://web.archive.org/web/20070508215233/http://forums.adoption.com/single-parenting/128755-children-born-rape.html>.

83. Holly van Gulden, "Talking with children about difficult history", 1998. Disponível em: <http://www.family-source.com/cache/731451/idx/0>.

84. David C. Reardon, Julie Makimaa e Amy Sobie (Orgs.), 2000, p. 103.

85. A história e a citação de Lee Ezell são do filme *Children of Rape* (1994).

86. Ver Sherrie Eldridge, "Unexpected rejection: the subject no one wants to talk about", *Jewel Among Jewels Adoption News*, inverno 1999.

87. Esse trecho baseia-se em minha entrevista com Lisa Boynton em 2007. Todos os nomes foram substituídos por pseudônimos.

88. "Lost souls of polygamy central", no blog de Jenifer Ann Cazador, The Wrecking Machine, abril de 2008. Disponível em: <http://the-wrecking-machine.blogspot.com/2008/04/lost-souls-of--polygamy-central.html>.

89. A citação de Kathleen DeZeeuw foi tirada da p. 79 e a de Cindy Speltz das pp. 97-8 de *Victims and Victors* (2000). A segunda citação foi condensada.

90. *Victims and Victors* (2000), pp. 148-9.

91. Esse trecho baseia-se em minha entrevista com Tina Gordon em 2007. Todos os nomes foram substituídos por pseudônimos.

92. Ver Stigma Inc., "Information". Disponível em: <web.archive.org/web/20060221101659/www.stigmatized.org/information.htm>.

93. Esse trecho baseia-se em minha entrevista com Emily Barrett em 2008. Todos os nomes foram substituídos por pseudônimos.

94. Esse parágrafo baseia-se em Diana E. H. Russell, 1990. A estatística (14%) se encontra na p. xxxii; o caso dos Burnham, nas pp. xvii-xviii.

95. Louise McOrmond-Plummer, "My story of partner rape", 2006, disponível em: <www.aphroditewounded.org/loustory.html>; ver também Patricia Weiser Easteal e Louise McOrmond-Plummer, 2006.

96. Esse trecho baseia-se em minha entrevista com Ashley Greenin em 2007. Todos os nomes foram substituídos por pseudônimos.

97. Anthony Lathrop, "Pregnancy resulting from rape", *Journal of Obstetric, Gynecologic & Neonatal Nursing* 27, n. 1, p. 27, jan. 1998.

98. A citação da primeira mulher obrigada a ter filhos foi tirada de Raquel Kennedy Bergen, 1996, p. 23; a da segunda, de Jacquelyn C. Campbell et al., "The influence of abuse on pregnancy intention", *Women's Health Issues* 5, n. 4, p. 219, inverno 1995.

99. Esse trecho baseia-se em minha entrevista com Mindy Woods e Larry Foster em 2007. Todos os nomes foram substituídos por pseudônimos.

100. Esse trecho baseia-se em minha entrevista com Barbara, Jeffrey e Pauline Schmitz em 2007. Todos os nomes foram substituídos por pseudônimos.

101. Kai Grieg, 2001, p. 7.

102. "War and rape: a preliminary analysis", em Alexandra Stiglmayer (Org.), 1994, p. 59 (condensado).

103. "Making female bodies the battlefield", ibid., p. 182.

104. Entre os livros consultados sobre o conflito de Ruanda estão Alison Liebhafsky Des Forges, 1999; Jean Hatzfeld, 2005; Elizabeth Neuffer, 2002; Binaifer Nowrojee, 1996; Philip Gourevitch, 1999; e Jonathan Torgovnik, 2009. Para a cobertura jornalística, ver Donatella Lorch, "Rape used as a weapon in Rwanda: future grim for genocide orphans", *Houston Chronicle*, 15 maio 1995; Elizabeth Royte, "The outcasts", *New York Times Magazine*, 19 jan. 1997; Lindsey Hilsum, "Rwanda's time of rape returns to haunt thousands", *Guardian*, 26 fev. 1995; Lindsey Hilsum, "Don't abandon Rwandan women again", *New York Times*, 11 abr. 2004; e Emily Wax, "Rwandans are struggling to love children of hate", *Washington Post*, 28 mar. 2004.

105. Binaifer Nowrojee, 1996, p. 20. O livro foi escrito para a organização Human Rights Watch.

106. O papel da imprensa ruandense na incitação ao genocídio é discutido no notável livro *Justice on the Grass*, de Dina Temple-Raston (2005). Ver também Russell Smith, "The impact of hate media in Rwanda", *BBC News*, 3 dez. 2003.

107. As estatísticas sobre os estupros de guerra em Ruanda são referendadas pela matéria "Our bodies, their battle ground: gender-based violence in conflict zones", 1 set. 2004, publicada pela IRIN News, agência de notícias da Coordenação de Assuntos Humanitários da ONU. A estimativa do número de estupros e nascimentos na guerra aparece na introdução de Marie Consolée Mukagen-

do "The struggles of Rwandan women raising children born of rape" para o ensaio fotográfico *Intended Consequences: Rwandan Children Born of Rape*, de Jonathan Torgovnik (2009).

108. Ver Padmasayee Papineni, "Children of bad memories", *Lancet* 362, n. 9386, 6 set. 2003.

109. Emily Wax, "Rwandans are struggling to love children of hate", *Washington Post*, 28 mar. 2004.

110. Binaifer Nowrojee, 1996, p. 79, citando Catherine Bonnet, "Le viol des femmes survivantes du génocide du Rwanda", em Raymond Verdier, Emmanuel Decaux e Jean-Pierre Chrétien (Orgs.), *Rwanda: un génocide du XXe siècle*, 1995, p. 18.

111. Todas as citações de Jean Damascène Ndayambaje vêm de minha entrevista com ele em 2004.

112. Todas as citações de Espérance Mukamana vêm de minha entrevista com ela em 2004.

113. Os nomes escolhidos por algumas ruandenses para os filhos estão catalogados em Emily Wax, "Rwandans are struggling to love children of hate", *Washington Post*, 28 mar. 2004.

114. Todas as citações de Alphonsine Nyirahabimana vêm de minha entrevista com ela em 2004.

115. Todas as citações de Célestin Kalimba vêm de minha entrevista com ele em 2004.

116. Todas as citações de Marie Rose Matamura vêm de minha entrevista com ela em 2004.

117. Informações gerais sobre o uso do estupro como arma de guerra podem ser encontradas em Susan Brownmiller, 1975; Maria de Bruyn, 2003; e no relatório do Centro de Justiça Global *The Right to an Abortion for Girls and Women Raped in Armed Conflict* (2011). Para mais informações sobre o estupro em conflitos específicos mencionados nesse trecho, ver Nayanika Mookherjee, "'Remembering to forget': public secrecy and memory of sexual violence in the Bangladesh war of 1971", *Journal of the Royal Anthropological Institute* 12, n. 2, jun. 2006; Martina Vandenburg e Kelly Askin, "Chechnya: another battleground for the perpetration of gender based crimes", *Human Rights Review* 2, n. 3, 2001; Michele L. Leiby, "Wartime sexual violence in Guatemala and Peru", *International Studies Quarterly* 53, n. 2, jun. 2009; "Comfort women", em Merrill D. Smith (Org.), 2004, pp. 46-8; o relatório "Liberia: no impunity for rape", da Anistia Internacional (2004); e o relatório para a organização Human Rights Watch "'We'll kill you if you cry': sexual violence in the Sierra Leone conflict", de Louise Taylor (2003).

118. "Sexual violence and its consequences among displaced persons in Darfur and Chad", relatório da organização Human Rights Watch (2005), p. 5.

119. Ver "Rape of Nanking", em Merrill D. Smith (Org.), 2004, pp. 194-6.

120. O estupro como arma no conflito de Bangladesh é discutido em Robert Trumball, "Dacca raising the status of women while aiding rape victims", *New York Times*, 12 maio 1972; Aubrey Menen, "The rapes of Bangladesh", *New York Times*, 23 jul. 1972; e Susan Brownmiller, 1975, pp. 78-86.

121. Helena Smith, "Rape victims' babies pay the price of war", *Observer*, 16 abr. 2000.

122. "The rapes in Bosnia-Herzegovina", em Alexandra Stiglmayer (Org.), 1994, p. 131.

123. Ver Helena Smith, "Rape victims' babies pay the price of war", *Observer*, 16 abr. 2000.

124. Esse trecho baseia-se em minha entrevista com Marianne Mukamana em 2004.

125. Susan Harris Rimmer, "'Orphans' or veterans?: justice for children born of war in East Timor", *Texas International Law Journal* 42, n. 2, p. 337, primavera 2007, que cita Galuh Wandita et al., "Learning to engender reparations in Timor-Leste: reaching out to female victims", em Ruth

Rubio-Marín (Org.), *Engendering Reparations: Recognising and Compensating Women Victims of Human Rights Violations*, 2006.

126. Elisabeth Rehn e Ellen Johnson Sirleaf, 2002, p. 16.

127. Zahra Ismail, "Emerging from the shadows: finding a place for children born of war", 2008, p. 18.

128. Ver Robert McKelvey, 1999.

129. A questão da nacionalidade das crianças concebidas em estupro durante o conflito da Bósnia é discutida em Joana Daniel, 2003; e "Children born of war rape in Bosnia-Herzegovina and the Convention on the Rights of the Child", em R. Charli Carpenter (Org.), 2007, pp. 21-39; ver também o relatório *Birth Registration and Armed Conflict* (2007), do Centro de Pesquisas Innocenti, da Unicef.

130. A privação de cidadania aos filhos de kuwaitianas estupradas durante a ocupação iraquiana é discutida em Kathy Evans, "Kuwait's rape children offer bitter reminder", *Guardian*, 29 jul. 1993.

131. Zahra Ismail, 2008, pp. 13-4.

132. Segundo o Artigo 7, parte 1 da Convenção das Nações Unidas sobre os Direitos da Criança (texto integral disponível em: <www.boes.org/un/porun-b.html>), "a criança é registrada imediatamente após o nascimento e tem desde o nascimento o direito a um nome, o direito a adquirir uma nacionalidade e, sempre que possível, o direito de conhecer os seus pais e de ser educada por eles".

133. R. Charli Carpenter discute a política do Reino Unido sobre a adoção de bebês dos Bálcãs em "War's impact on children born of rape and sexual exploitation: physical, economic and psychosocial dimensions" (apresentado na conferência Impacto da Guerra sobre as Crianças, Universidade de Alberta, Edmonton, Canadá, em abril de 2005).

134. Esse trecho baseia-se em minha entrevista com Marcelline Niyonsenga em 2004.

135. A citação do bispo Carlos Belo e o comentário de Susan Harris Rimmer vêm de Susan Harris Rimmer, "'Orphans' or veterans?: justice for children born of war in East Timor", *Texas International Law Journal* 42, n. 2, p. 332, primavera 2007.

136. A emenda Helms consiste na seção 104, incorporada em 1973 à lei de assistência ao exterior de 1961. O texto integral da emenda está disponível em <www.law.cornell.edu/uscode/text/22/2151b>; e uma exaustiva discussão sobre suas ramificações no relatório *The Right to an Abortion for Girls and Women Raped in Armed Conflict* (2011), do Centro de Justiça Global.

137. Ver relatório *The Right to an Abortion for Girls and Women Raped in Armed Conflict* (2011), p. 10, do Centro de Justiça Global.

138. Todas as citações de Janet Benshoof vêm de minha entrevista com ela em 2011.

139. Esse trecho baseia-se em minha entrevista com Alphonsine Mukamakuza em 2004.

140. O Estatuto de Roma do Tribunal Penal Internacional foi adotado em 17 de julho de 1998 e entrou em vigor em 1º de julho de 2002. O texto integral está disponível em <pfdc.pgr.mpf.gov.br/atuacao-e-conteudos-de-apoio/legislacao/segurancapublica/estatuto_roma_tribunal_penal_internacional.pdf>; ver também o site do Estatuto de Roma do Tribunal Penal Internacional em <untreaty.un.org/cod/icc/index.html> (em inglês).

141. Ver Tribunal Penal Internacional para Ruanda, *The Prosecutor versus Jean-Paul Akayesu*, processo n. ICTR-96-4-T, Julgamento 688, 2 de setembro de 1998; um resumo do julgamento está disponível em <www.uniurb.it/scipol/pretelli/9%20Akayesu.pdf>.

142. Um relatório do Ministério da Mulher do Iraque de 2004 afirma que mais da metade dos quatrocentos estupros registrados desde a invasão americana resultaram em morte da vítima por sua família. Ver Yifat Susskind, "The murder of Du'a Aswad", *Madre*, 22 maio 2007.

143. Susan Harris Rimmer, "'Orphans' or veterans?: justice for children born of war in East Timor", *Texas International Law Journal* 42, n. 2, p. 324, primavera 2007.

144. Danielle Shapiro, "Mothers in Congo get help in raising children of rape", *Christian Science Monitor*, 9 maio 2010.

145. Esse trecho baseia-se em minha entrevista com Christine Uwamahoro em 2004.

10. CRIME [pp. 623-93]

1. A superestimação popular dos efeitos dissuasórios do encarceramento é discutida em Peter W. Greenwood et al., 1996.

2. "Investments in children prevent crime and save money", p. 2, 2003. Disponível em: <www. fightcrime.org/wp-content/ uploads/sites/default/files/reports/Cost-Bft%20Br%20FINAL%204-30-03.pdf>.

3. Ver Mark W. Lipsey e David B. Wilson, "Effective interventions for serious juvenile offenders: a synthesis of research", em Rolf Loeber e David P. Farrington (Orgs.), 1998, pp. 313-66.

4. *Preventing Violence and Related Health-Risking Social Behaviors in Adolescents*, 2004, p. 7.

5. Relatório *Criminal Neglect: Substance Abuse, Juvenile Justice and the Children Left Behind*, 2004, p. 20, do Centro Nacional de Drogadicção e Toxicomania da Universidade Columbia.

6. Patrick A. Langan e David J. Levin, "Recidivism of prisoners released in 1994", 2002, p. 7 (relatório para o Departamento de Justiça).

7. A inexistência de satisfação entre sobreviventes de crimes com a execução do criminoso é explorada em Scott Vollum e Dennis R. Longmire, "Covictims of capital murder: statements of victims' family members and friends made at the time of execution", *Violence & Victims* 22, n. 5, out. 2007; e em Thomas J. Mowen e Ryan D. Schroeder, "Not in my name: an investigation of victims' family clemency movements and court appointed closure", *Western Criminology Review* 12, n. 1, jan. 2011.

8. Esse trecho baseia-se em minha entrevista com Cora Nelson, Peter Makya, Jennifer Stiles, Mandy Stiles, Ethan Heinz e Marcella Smith entre 2003 e 2006 e comunicações subsequentes. Todos os nomes foram substituídos por pseudônimos.

9. O porte de armas por adolescentes foi tratado na Pesquisa Nacional Longitudinal de Saúde do Adolescente, cujas conclusões foram publicadas em numerosos relatórios; ver, por exemplo, Robert W. Blum et al., "The effects of race/ethnicity, income, and family structure on adolescent risk behaviors", *American Journal of Public Health* 90, n. 12, dez. 2000; e John Hagan e Holly Foster, "Youth violence and the end of adolescence", *American Sociological Review* 66, dez. 2001.

10. Ver Robert Agnew e Sandra Huguley, "Adolescent violence toward parents", *Journal of Marriage & the Family* 51, n. 3, ago. 1989; e Charles W. Peek, Judith L. Fischer e Jeannie S. Kidwell, "Teenage violence toward parents: a neglected dimension of family violence", *Journal of Marriage & the Family* 47, 1985.

11. Dean John Champion, 2004, p. 5.

12. Monique M. Matherne e Adrian Thomas, "Family environment as a predictor of adolescent delinquency", *Adolescence* 36, n. 144, inverno 2001.

13. Jennifer L. Truman, 2011. Ver também estatísticas sobre envio ao tribunal, encarceramento e liberdade condicional em Charles Puzzanchera e Melissa Sickmund, 2008, pp. 29-57. Ver também Charles Puzzanchera, 2009.

14. Sara Rimer, "Unruly students facing arrest, not detention", *New York Times*, 4 jan. 2004.

15. Charles Puzzanchera, 2009, p. 1.

16. Dean John Champion, 2004, pp. 297-342.

17. Para informações sobre a expansão do sistema de alteração de competência, ver *Juvenile Offenders and Victims: 2006 National Report*, 2006, pp. 113-4; ver também Melissa Sickmund, "Juveniles in court", *National Report Series Bulletin*, p. 4, jun. 2003. Disponível em: <www .ncjrs.gov/html/ojjdp/195420/page4.html>.

18. A decisão da Suprema Corte dos Estados Unidos proibindo a aplicação da pena de morte a menores se encontra em *Roper v. Simmons*, 543 U. S. 551, 1 mar. 2005. Disponível em: <http://www.supremecourt.gov/opinions/04pdf/03-633.pdf>. Para uma reportagem sobre o caso, ver David Stout, "Supreme Court bars death penalty for juvenile killers", *New York Times*, 1 mar. 2005. As estatísticas sobre a percentagem de menores no corredor da morte antes do caso Roper versus Simmons se encontram em Dean John Champion, 2004, p. 187.

19. Entre as fontes autorizadas modernas sobre a história da criminalidade juvenil e da justiça juvenil nos Estados Unidos estão Dean John Champion, 2004; e Clemens Bartollas, 2003. Para um panorama do tema no século XIX, ver Bradford Kinney Pierce, 1869. A trágica história de Thomas Granger foi contada por William Bradford, governador da Colônia da Baía de Massachusetts, em seu diário *Of Plymouth Plantation*, 1620-1647, Samuel Eliot Morison (Org.), 1957, pp. 320-1.

20. Bradford Kinney Pierce, 1869, pp. 37-9; a expressão "trabalho puro e simples", a seguir, aparece na p. 62; uma discussão sobre os propósitos da organização pode ser encontrada nas pp. 62-74.

21. Julian Mack, "The juvenile court", *Harvard Law Review* 23, pp. 119-20, 1909.

22. Ben Lindsey e Harvey O'Higgins, *The Beast*, 1970, p. 133, citado em Rachel Aviv, "No remorse: should a teenager be given a life sentence?", *New Yorker*, 2 jan. 2012.

23. A íntegra da decisão da Suprema Corte *In re Gault*, 387 U. S. 1, 15 maio 1967, pode ser encontrada no site do Instituto de Informação Legal da Universidade Cornell, Disponível em: <www.law.cornell.edu/supct/html/historics/USSC_CR_0387_0001_ zs.html>. A referência a "julgamento de faz de conta" foi tirada das pp. 27-8 da decisão.

24. A íntegra do texto da Lei de Justiça Juvenil e Prevenção da Deliquência pode ser encontrada no site do Departamento de Justiça dos Estados Unidos. Disponível em: <www.ojjdp.gov/about/ojjjact.txt>. Para uma discussão sobre as provisões da lei, ver Dean John Champion, 2004, pp. 36-9.

25. Merrill Hartson, "Juvenile court system too soft on criminals, U. S. official says", Associated Press, 4 set. 1985.

26. Relatório *Criminal Neglect: Substance Abuse, Juvenile Justice and the Children Left Behind*, 2004, p. 7, do Centro Nacional de Drogadicção e Toxicomania da Universidade Columbia.

27. Ver, por exemplo, Rosemary Sarri e Jeffrey Shook, "Human rights and juvenile justice in the United States", em Mark Ensalaco e Linda C. Majka (Orgs.), 2005.

28. Para uma discussão sobre o estudo segundo o qual apenas um terço dos réus adolescentes

opinou que seus advogados ajudaram, ver Thomas Grisso e Robert G. Schwartz, 2000, p. 126; o entendimento dos réus menores a respeito da advertência sobre os direitos dos presos é discutido na p. 114.

29. Thomas Grisso e Robert G. Schwartz, 2000, p. 31.

30. Para mais informações sobre desenvolvimento cerebral e comportamento delitivo, ver Daniel R. Weinberger, "A brain too young for good judgment", *New York Times*, 10 mar. 2001; e Laurence Steinberg e Elizabeth Cauffman, "Maturity of judgment in adolescence: psychosocial factors in adolescent decision making", *Law & Human Behavior* 20, n. 3, jun. 1996.

31. Relatório *Criminal Neglect: Substance Abuse, Juvenile Justice and the Children Left Behind*, 2004, p. 11, do Centro Nacional de Drogadicção e Toxicomania da Universidade Columbia; as taxas de abuso de drogas e álcool por réus adolescentes estão na p. 2; as taxas de tratamento por abuso de drogas, na p. 56. Para maiores detalhes sobre o tratamento para o abuso de drogas em instituições correcionais, ver o relatório do Departamento de Saúde dos Estados Unidos intitulado *Drug and Alcohol Treatment in Juvenile Correctional Facilities: The DASIS Report* (2002).

32. Esse trecho baseia-se em minha entrevista com Sophia e Josiah McFeely em 2004 e comunicações subsequentes. Todos os nomes foram substituídos por pseudônimos.

33. Linda A. Teplin et al., "Psychiatric disorders in youth in juvenile detention", *Archives of General Psychiatry* 59, n. 12, 2002; e no relatório *Criminal Neglect: Substance Abuse, Juvenile Justice and the Children Left Behind*, 2004, p. 35, do Centro Nacional de Drogadicção e Toxicomania da Universidade Columbia.

34. Ronald D. Stephens e June Lane Arnette, "From the courthouse to the schoolhouse: making successful transitions", *OJJDP: Juvenile Justice Bulletin* NCJ-178900, 2000, p. 5.

35. Ver Rolf Loeber e Dale F. Hay, "Developmental approaches to aggression and conduct problems", em Michael Rutter e Dale F. Hay (Orgs.), *Development Through Life: A Handbook for Clinicians*, 1994, pp. 488-515.

36. Ver David P. Farrington, "The development of offending and antisocial behaviour from childhood: key findings from the Cambridge Study in Delinquent Development", *Journal of Child Psychology & Psychiatry* 36, n. 6, set. 1995.

37. Ver Richard Dembo et al., "Predictors of recidivism to a juvenile assessment center: a three year study", *Journal of Child & Adolescent Substance Abuse* 7, n. 3, 1998; ver também Patrick Tolan e Peter Thomas, "The implications of age of onset for delinquency risk II: longitudinal data", *Journal of Abnormal Child Psychology* 23, n. 2, abr. 1995, pp. 157-81.

38. Carol Carothers, em seu depoimento "Juvenile detention centers: are they warehousing children with mental illnesses?", em nome da Aliança Nacional de Doença Mental ante a Comissão de Assuntos Governamentais do Senado dos Estados Unidos para os Centros de Detenção Juvenis, 7 jul. 2004.

39. Esse trecho baseia-se em minha entrevista com Brianna Gandy em 2003. Todos os nomes foram substituídos por pseudônimos.

40. Esse trecho baseia-se em minha entrevista com Jackson Simpson, Alexa Simpson e o pai de Jackson em 2003. Todos os nomes foram substituídos por pseudônimos.

41. David M. Halbfinger, "Care of juvenile offenders in Mississippi is faulted", *New York Times*, 1 set. 2003.

42. A citação sobre as condições desumanas dos centros de detenção do Mississippi vem da

queixa apresentada por D. W. et al. contra o condado de Harrison, Mississippi, processo 1:2009cv00267, Corte Distrital dos Estados Unidos para o Distrito Sul do Mississippi, distribuído em 20 de abril de 2009; protocolo de acordo de 24 de junho de 2009; ver também o comunicado do Southern Poverty Law Center "SPLC sues Mississippi county to stop 'shocking' abuse of children at detention center", enviado à imprensa em 20 de abril de 2009.

43. David M. Halbfinger, "Care of juvenile offenders in Mississippi is faulted", *New York Times*, 1 set. 2003.

44. John Broder, "Dismal California prisons hold juvenile offenders", *New York Times*, 15 fev. 2004.

45. Ibid.

46. Ralph F. Boyd, 2005, como citadas no relatório *Criminal Neglect: Substance Abuse, Juvenile Justice and the Children Left Behind*, 2004, p. 20, do Centro Nacional de Drogadicção e Toxicomania da Universidade Columbia.

47. Relatório *Investigation into the Death of Omar Paisley and the Department of Juvenile Justice, Miami-Dade Regional Juvenile Detention Center*, do Grande Júri do condado de Miami-Dade, 27 jan. 2004.

48. Relatório *Criminal Neglect: Substance Abuse, Juvenile Justice and the Children Left Behind*, 2004, p. 20, do Centro Nacional de Drogadicção e Toxicomania da Universidade Columbia.

49. Todas as citações dos funcionários e residentes do lar-escola vêm de entrevistas e contatos pessoais entre 2003 e 2005 e de comunicações subsequentes.

50. Ver o site de Stephen DiMenna. Disponível em: <www.stephendimenna.com>.

51. Esse trecho baseia-se em minhas entrevistas com Dashonte Malcolm, Audrey Malcolm, bispo Forbes, Mãe Forbes e Darius Stewart entre 2003 e 2007 e comunicações subsequentes. Todos os nomes foram substituídos por pseudônimos.

52. Entre as fontes abrangentes sobre gangues em geral estão James C.Howell et al., "U. S. gang problem trends and seriousness", *National Gang Center Bulletin* 6, maio 2011; e James C. Howell, 2011; para informações específicas sobre os Bloods, ver o *Bloods Street Gang Intelligence Report*, do Virginia Fusion Center (2008).

53. Ver "Interview with Leslie Van Houten", *CNN Larry King Weekend*, CNN, 29 jun. 2002.

54. Ver a entrevista de Suzanne Daley com Aicha el-Wafi, mãe de Zacarias Moussaoui, "Mysterious life of a suspect from France", *New York Times*, 21 set. 2001.

55. Esse trecho baseia-se em minha entrevista com Dan Patterson em 2004. Todos os nomes foram substituídos por pseudônimos.

56. Ver Lionel Dahmer, 1994.

57. Ibid., pp. 127-8 (condensado).

58. Ver Rachel King, 2005. Para um sumário e conclusões desse trabalho, ver o artigo "The impact of capital punishment on families of defendants and murder victims", *Judicature* 89, n. 5 mar./abr. 2006.

59. A história de Dave Herman e sua família é contada em Rachel King, 2005, pp. 221-45. As citações de Esther Herman se encontram nas pp. 223 e 231 (condensadas).

60. Esse trecho baseia-se em minha entrevista com Noel Marsh, Felicity Tompkins e Steve Tompkins em 2003. Todos os nomes foram substituídos por pseudônimos.

61. Entre os trabalhos sobre a agressividade em macacos estão Maribeth Champoux et al., "Serotonin transporter gene polymorphism, differential early rearing, and behavior in rhesus

monkey neonates", *Molecular Psychiatry* 7, n. 10, 2002; e Allyson Bennett et al., "Early experience and serotonin transporter gene variation interact to influence primate CNS function", *Molecular Psychiatry* 7, n. 1, 2002.

62. Ver Avshalom Caspi et al., "Role of genotype in the cycle of violence in maltreated children", *Science* 297, n. 5582, ago. 2002. Para uma resenha geral sobre a pesquisa nessa área, ver Terrie E. Moffitt, "Genetic and environmental influences on antisocial behaviors: evidence from behavioral-genetic research", *Advances in Genetics* 55, 2005.

63. Karol L. Kumpfer e Rose Alvarado, "Family-strengthening approaches for the prevention of youth problem behaviors", *American Psychologist* 58, n. 6/7, p. 457, jun./jul. 2003 (condensado).

64. Jill Leslie Rosenbaum, "Family dysfunction and female delinquency", *Crime & Delinquency* 35, n. 1, p. 32, jan. 1989; ver também Joseph H. Rankin e Roger Kern, "Parental attachments and delinquency", *Criminology* 32, n. 4, nov. 1994.

65. Esse trecho baseia-se em minhas entrevistas com Karina Lopez e Emma Lopez em 2003 e 2004 e comunicações subsequentes. Todos os nomes citados são verdadeiros, exceto o de Cesar Marengo, que é um pseudônimo.

66. O assassinato de Luis Alberto Anaya e o julgamento de José Monroy Vega, Juan Carlos Ortiz-Mendoza e Ramiro Montoya Pineda foram extensamente cobertos pelo jornal *Minneapolis Star Tribune*; ver, por exemplo, as reportagens "Gang member found not guilty of St. Paul killing", 6 maio 2004; "Doubts about witness lead to acquittal in murder case", 24 jul. 2004; e "Gang member sentenced for shooting death of rival", 20 ago. 2004, todas de Paul Gustafson. Os Sureños (também conhecidos como Sureños 13) são uma aliança de gangues de rua integradas por americanos e mexicanos que nasceu no sul da Califórnia na década de 1970 e se espalhou pelos Estados Unidos. Em 2009, a Minnesota Metro Gang Strike Force acreditava que os Sureños fossem a gangue que mais crescia na região de Minneapolis/St. Paul. Ver "2008 Annual Report", da Metro Gang Strike Force (2009).

67. Howard Snyder e Melissa Sickmund, 2006, pp. 10-1; ver também Stephen Demuth e Susan L. Brown, "Family structure, family processes, and adolescent delinquency: the significance of parental absence versus parental gender", *Journal of Research in Crime & Delinquency* 41, n. 1, fev. 2004.

68. Esse trecho baseia-se em minha entrevista com Jamaal Carson e Breechelle Carson em 2003. Todos os nomes foram substituídos por pseudônimos.

69. John Bowlby, Margery Fry e Mary D. Salter Ainsworth, 1973, p. 208. Para a discussão sobre os maus-tratos e o abandono como fator contribuinte para a delinquência, ver Frank J. Elgar et al., "Attachment characteristics and behavioural problems in rural and urban juvenile delinquents", *Child Psychiatry & Human Development* 34, n. 1, outono 2003. A maior incidência de crimes cometidos por crianças vítimas de maus-tratos e abandono é referida em Cathy Widom e Michael G. Maxfield, 2001, p. 3.

70. Esse trecho baseia-se em minha entrevista com Huaj Kyuhyun em 2003. Todos os nomes foram substituídos por pseudônimos.

71. Para a discussão sobre a exposição à violência como fator de risco para a delinquência, ver Cathy Widom e Michael G. Maxfield, 2001; Karol L. Kumpfer, 1999; Sally Preski e Deborah Shelton, "The role of contextual, child, and parent factors in predicting criminal outcomes in adolescence", *Issues in Mental Health Nursing* 22, mar. 2001; e Carolyn Hilarski, "Victimization history as a risk factor for conduct disorder behaviors", *Stress, Trauma & Crisis* 7, n. 1, jan. 2004.

72. Para o relatório da pesquisa sobre o maior risco de comportamentos violentos em crianças expostas à violência, ver Terence P. Thornberry, 1994; o criminologista James C. Howell discute e analisa a pesquisa de Thornberry em *Preventing and Reducing Juvenile Delinquency: A Comprehensive Framework*, 2003, pp. 113-4.

73. Relatório *Criminal Neglect: Substance Abuse, Juvenile Justice and the Children Left Behind*, 2004, p. 32, do Centro Nacional de Drogadicção e Toxicomania da Universidade Columbia.

74. Esse trecho baseia-se em minha entrevista com Ryan Nordstrom e seus pais em 2004. Todos os nomes foram substituídos por pseudônimos.

75. Pelo menos uma pesquisa encontrou associação entre o crime e a exposição precoce à pornografia: David L. Burton, George Stuart Leibowitz e Alan Howard, "Comparison by crime type of juvenile delinquents on pornography exposure: the absence of relationships between exposure to pornography and sexual offense characteristics", *Journal of Forensic Nursing* 6, n. 3, set. 2010.

76. David P. Farrington resume uma pesquisa mais ampla sobre comportamentos juvenis de alto risco em "The development of offending and antisocial behaviour from childhood: key findings from the Cambridge Study in Delinquent Development", *Journal of Child Psychology & Psychiatry* 36, n. 6, set. 1995.

77. Ver Judith Rich Harris, 1998, principalmente a discussão sobre o "gregarismo" na p. 128. A tendência dos jovens a cometer crimes em grupo é discutida em Rolf Loeber e David P. Farrington (Orgs.), 2001, p. 370.

78. Para a discussão sobre a influência do ambiente social sobre a delinquência juvenil, ver Kenneth C. Land, "Influence of neighborhood, peer, and family context: trajectories of delinquent/ criminal offending across the life course", 2000.

79. Charles Puzzanchera, 2009, p. 4.

80. Para mais informações sobre fatores determinantes da criminalidade feminina, ver Leslie D. Leve e Patricia Chamberlain, "Female juvenile offenders: defining an early-onset pathway for delinquency", *Journal of Child & Family Studies* 13, n. 4, dez. 2004; e Jill Leslie Rosenbaum, "Family dysfunction and female delinquency", *Crime & Delinquency* 35, n. 1, jan. 1989.

81. George Calhoun et al., "The neophyte female delinquent: a review of the literature", *Adolescence* 28, n. 110, verão 1993; e de Margaret A. Zahn et al., "Causes and correlates of girls' delinquency", Departamento de Justiça dos Estados Unidos, abr. 2010.

82. James C. Howell, 2000, relatório para o Escritório de Justiça Juvenil e Prevenção da Delinquência dos Estados Unidos.

83. *National Youth Gang Survey Analysis* (2011), do Centro Nacional de Gangues Juvenis. Disponível em: <www.nationalgangcenter.gov/Survey-Analysis/Measuring-the-Extent-of-Gang-Problems>.

84. Esse trecho baseia-se em minhas entrevistas com Krishna Mirador, Carol Malloy e Raul Mirador, de 2003 a 2009, e comunicações subsequentes. Todos os nomes foram substituídos por pseudônimos.

85. Para a decisão do tribunal indiano segundo a qual a Ananda Marga era a destinatária das armas lançadas de um avião sobre Purulia, distrito da província de Bengala Ocidental, ver *State v. Peter James Gifran von Kalkstein Bleach et al.*, caso do lançamento de armas em Purulia, audiência n. 1, Calcutta Court of Session, julgado em junho de 1997. Disponível em: <www.cbi.gov.in/ dop/ judgements/padc.pdf>.

86. Como observou Krishna, muitas gangues nasceram de times de beisebol de bairro; ver Robert Chow, "Barrios' rivalry began with sports, cars", *Orange County Register*, 6 ago. 1990.

87. Ver "Questions of travel", em Elizabeth Bishop, 1965.

88. Esse trecho baseia-se em minha entrevista com Tyndall Wilkie em 2003. O nome foi substituído por um pseudônimo.

89. Esse trecho baseia-se na história de Mitt Ebbetts conforme me foi relatada em 2004 por um funcionário de uma instituição para jovens. O nome foi substituído por um pseudônimo.

90. Uma pesquisa oficial concluiu que cerca de metade dos internos de Castington preveem dificuldade para encontrar trabalho depois da libertação; ver "Summary of questionnaires and interviews" da Instituição de Sua Majestade para Jovens Infratores, Unidade de Castington e Oswald, 16 fev. 2010. Disponível em: <www.justice.gov.uk/downloads/publications/inspectorate-reports/hmipris/2010_CASTINGTON_YJB_survey_rps.pdf>.

91. Rolf Loeber e David P. Farrington, 2001, p. 387.

92. Os números sobre o custo do encarceramento de jovens se encontram em Peter W. Greenwood et al., 1996, p. 16, que estima esse custo em 21 mil dólares por ano; e em Karol Kumpfer, 1999, p. 32, que o situa entre 34 mil e 64 mil dólares por ano.

93. Para mais informações sobre programas prisionais e seu papel na redução da reincidência, ver James C. Howell, 2003, pp. 210-1; Cole Barton et al., "Generalizing treatment effects of functional family therapy: three replications", *American Journal of Family Therapy* 13, n. 3, outono 1985; e Roger Przybylski, 2008 (relatório para a Divisão de Justiça Criminal do Colorado).

94. Relatório *Criminal Neglect: Substance Abuse, Juvenile Justice and the Children Left Behind*, 2004, p. 9, do Centro Nacional de Drogadicção e Toxicomania da Universidade Columbia.

95. O impacto positivo da intervenção baseada na família é analisado em William Shadish et al., "Effects of family and marital psychotherapies: a meta-analysis", *Journal of Consulting & Clinical Psychology* 61, n. 6, dez. 1993.

96. Susan R. Woolfenden, Katrina Williams e Jennifer K. Peat, "Family and parenting interventions for conduct disorder and delinquency: a meta-analysis of randomized controlled trials", *Archives of Disease in Childhood* 86, n. 4, p. 255, abr. 2002.

97. A eficácia das visitas domiciliares pré-natais para a redução da criminalidade juvenil é discutida no relatório *Youth Violence*, do secretário de Saúde, 2001, p. 90. Para mais informações sobre programas de prevenção, ver Peter W. Greenwood et al., 1996.

98. Robert Nix, "Preschool intervention programs and the process of changing children's lives", *Prevention & Treatment* 6, n. 1, dez. 2003.

99. Entre as publicações recentes de Alan Kazdin sobre o tratamento de crianças rebeldes, encontram-se *Parent Management Training: Treatment for Opppositional, Aggressive, and Antisocial Behavior in Children and Adolescents* (2005) e Alan E. Kazdin, P. L. Marciano e M. Whitley, "The therapeutic alliance in cognitive-behavioral treatment of children referred for oppositional, aggressive, and antisocial behavior", *Journal of Consulting and Clinical Psychology* 73, n. 4, ago. 2005.

100. Ver Patrick Tolan et al., "Family therapy with delinquents: a critical review of the literature", *Family Processes* 25, n. 4, dez. 1986.

101. Ver William H. Quinn e David J. Van Dyke, "A multiple family group intervention for first-time juvenile offenders: comparisons with probation and dropouts on recidivism", *Journal of Community Psychology* 32, n. 2, fev. 2004; e Cole Barton et al., "Generalizing treatment effects of

functional family therapy: three replications", *American Journal of Family Therapy* 13, n. 3, outono 1985.

102. Arthur J. Reynolds et al., "Long-term effects of an early childhood intervention on educational achievement and juvenile arrest", *Journal of the American Medical Association* 285, n. 18, 9 maio 2001.

103. Karol L. Kumpfer e Rose Alvarado, "Family-strengthening approaches for the prevention of youth problem behaviors", *American Psychologist* 58, n. 6/7, p. 457, jun./jul. 2003.

104. Sobre a economia resultante de investimento em educação familiar, ver Lawrence J. Schweinhart, Helen V. Barnes e David P. Weikart, 1993. Para documentação sobre uma economia ainda maior com intervenções em estágios posteriores, ver Robert Barnoski, 2004.

105. O criminologista Peter Greenwood compara os custos da "lei das três condenações" com os da liberdade condicional e do treinamento parental no relatório *Diverting Children from a Life of Crime: Measuring Costs and Benefits*, 1996; os números citados estão na p. 25.

106. Lawrence J. Schweinhart et al., 2005, p. 6.

107. Esse trecho baseia-se em minhas entrevistas com Tom e Sue Klebold entre 2005 e 2007 e comunicações subsequentes. Minhas fontes para a tragédia de Columbine foram reportagens de Lynn Bartels, Dan Luzadder e Kevin Vaughan publicadas no *Denver Rocky Mountain News* (ver a bibliografia para os títulos completos); artigos de David Cullen no site de notícias *Salon* e em seu livro *Columbine* (2009); cobertura de David Brooks e Judith Warner para o *New York Times*; Nancy Gibbs e Timothy Roche, "The Columbine tapes", *Time*, 20 dez. 1999; Michael Paterniti, "Columbine never sleeps", *GQ*, abr. 2004; Brooks Brown e Rob Merritt, 2002; Ralph Larkin, 2007; e Susan Klebold, "I will never know why", *O, The Oprah Magazine*, nov. 2009.

108. Nathan Dykeman disse "Estão numa gaiola de vidro", a respeito dos Klebold, numa entrevista concedida ao programa *Good Morning America*, da ABC, intitulada "More insight on Dylan Klebold", que foi ao ar em 30 de abril de 1999.

11. TRANSGÊNEROS [pp. 694-783]

1. Contato pessoal com Richard C. Friedman em 2011.

2. Amy Bloom, 2002, p. 18.

3. As citações de Jan Morris se encontram em *Conundrum*, 2006, pp. 8 e 7.

4. Essas definições, normalmente aceitas mas pouco debatidas, se encontram em Stephanie Brill e Rachel Pepper, 2008, pp. 4-6.

5. Entrevista com Aiden Key em 2009.

6. A citação vem de uma entrevista pessoal em 2009.

7. Ver Richard Green, 1987.

8. Entre minhas fontes sobre a defesa da LNDE e da FTNGL se encontra David Herszenhorn, "House approves broad protections for gay workers", *New York Times*, 8 nov. 2007; e o depoimento de Rea Carey ante a Comissão de Saúde, Educação, Trabalho e Pensões do Senado em 5 de novembro de 2009. (Sou membro do órgão diretivo da Força-Tarefa, à qual me filiei depois de começar a pesquisa para este capítulo.)

9. Os critérios que norteiam o diagnóstico de transtorno de identidade de gênero se encontram no *Diagnostic and Statistical Manual of Mental Disorders*, DSM-IV-TR, 4. ed., 2000, pp. 576-80.

10. Stephanie Brill e Rachel Pepper discutem o surgimento de comportamento estereotipado de gênero em *The Transgender Child*, 2008, cap. 3, pp. 61-72.

11. Salvo indicação em contrário, todas as citações de Stephanie Brill vêm de minha entrevista com ela em 2009 e comunicações subsequentes.

12. Ver Simona Giordano, "Lives in a chiaroscuro: should we suspend the puberty of children with gender identity disorder?", *Journal of Medical Ethics* 34, n. 8, ago. 2008.

13. Estatísticas "oficiais" sobre a incidência de cirurgia de mudança de gênero se encontram no *Diagnostic and Statistical Manual of Mental Disorders, DSM-IV-TR*, 4. ed., 2000, p. 579. Apliquei essas proporções à população americana estimada.

14. Lynn Conway, "The numbers don't add; transsexual prevalence", GID Reform Advocates, 2008. Disponível em <gidreform.org/gid30285.html>.

15. O Centro Nacional pela Igualdade dos Transgêneros calcula a população transexual entre 0,25% e 1% do total. Ver o folheto da organização "Understanding transgender", 2009, p. 1.

16. Barbara Walters, "Transgender children face unique challenges", reportagem para o programa *20/20* da ABC News, 27 abr. 2007.

17. Holly Devor, *FTM: female-to-male transsexual in society*, 1997, p. xxvi.

18. A palavra "cisgênero" ainda não está dicionarizada, mas já aparece definida, por exemplo, na Wikipédia (em dez línguas) e é usada em postagens da Usenet desde 1994. Um artigo de 1991 do sexólogo alemão Volkmar Sigusch cunhou o neologismo "zissexuelle".

19. Esse trecho baseia-se em minha entrevista com Venessia, Joseph, Josie e Jade Romero em 2009 e comunicações subsequentes.

20. Site dos Aliados da Família de Jovens Trans: <imatyfa.org/>. (Sou membro do órgão diretivo dos AFJT, aos quais me filiei depois de começar a pesquisa para este capítulo.)

21. Josie concordou com a publicação de seu perfil no documentário *Sex, Lies and Gender*, da National Geographic, feito em 2010, e é retratada em Stephanie Innes, "Meet Josie, 9: no secret she's transgender", *Arizona Star*, 25 jul. 2010.

22. Uma pesquisa recente descobriu que, dos 4508 genes transcritos do cérebro de ratos, 257 se expressam com mais força nos machos e 355 nas fêmeas; ver Xia Yang et al., "Tissue-specific expression and regulation of sexually dimorphic genes in mice", *Genome Research* 16, n. 8, ago. 2006. Esses números são muito maiores que os números de genes envolvidos na diferenciação das gônadas. Dado o maior tamanho e a maior complexidade do cérebro humano, é provável que até números maiores de genes estejam associados a processos dimórficos que não a reprodução, inclusive comportamentos e disposição. Para um exame das pesquisas atuais sobre a contribuição genética e epigenética para a diferenciação sexual de comportamentos, ver Irfan A. Qureshi e Mark F. Mehler, "Genetic and epigenetic underpinnings of sex differences in the brain and in neurological and psychiatric disease susceptibility", *Progress in Brain Research* 186, 2010. Para discussões adicionais sobre a contribuição genética e biológica para a identidade de gênero, ver Louis Gooren, "The biology of human psychosexual differentiation", *Hormones & Behavior* 50, 2006, pp. 589-601; Dick F. Swaab, "Sexual differentiation of the brain and behavior", *Best Practice & Research Clinical Endocrinology & Metabolism* 21, n. 3, set. 2007; e Lauren Hare et al., "Androgen receptor repeat length polymorphism associated with male-to-female transsexualism", *Biological Psychiatry* 65, n. 1, jan. 2009.

23. Exceto ressalva específica, todas as citações de Norman Spack vêm de minha entrevista com ele em 2009.

24. A possível influência do DES no surgimento de disforia de gênero é discutida em Deborah Rudacille, 2005, pp. 226-71; a pesquisa é descrita na p. 17.

25. Para mais informações sobre os disruptores endócrinos e as diferenças nos comportamentos de gênero, ver David Crews e John A. McLachlan, "Epigenetics, evolution, endocrine disruption, health, and disease", *Endocrinology* 147, n. 6, jun. 2006. Entre as reportagens de Nicholas Kristof sobre o tema estão "It's time to learn from frogs", *New York Times*, 27 jun. 2009; e "Chemicals and our health", *New York Times*, 16 jul. 2009.

26. Georges Canguilhem, 1991, p. 137.

27. Os critérios para o diagnóstico do transtorno de identidade de gênero se encontram no *Diagnostic and Statistical Manual of Mental Disorders*, *DSM-IV-TR*, 4. ed., 2000, pp. 576-80. Para a discussão em profundidade dos comportamentos de gênero atípicos comuns em crianças com TIG, ver Kenneth J. Zucker e Susan J. Bradley, 1995; e "Childhood, interrupted", em Deborah Rudacille, 2005, pp. 192-225.

28. Heino Meyer-Bahlburg, "Gender identity disorder of childhood: Introduction", *Journal of the American Academy of Child Psychiatry* 24, n. 6, nov. 1985.

29. A porcentagem de crianças com TIG cuja identificação com o outro gênero persiste na adolescência baseia-se nas descobertas descritas em Richard Green, 1987; Kelley D. Drummond et al., "A follow-up study of girls with gender identity disorder", *Developmental Psychology* 44, n. 1, jan. 2008; e de M. S. Wallien e Peggy T. Cohen-Kettenis, "Psychosexual outcome of gender-dysphoric children", *Journal of the American Academy of Child & Adolescent Psychiatry* 47, n. 12, dez. 2008.

30. Kelly Winters, 2007.

31. Gerald Mallon, 1999; Gerald Mallon e Teresa De Crescenzo, 2006, p. 230.

32. Lois Wingerson, 2009.

33. Deborah Rudacille, 2005, p. 216.

34. Susan Jeffrey, "APA 2009: DSM-V on track for 2019, but difficult decisions lie ahead", *Medscape Medical News*, 26 maio 2009.

35. Embora a cirurgia de mudança de sexo normalmente não seja objeto de reembolso pelos planos de saúde, em novembro de 2011 a Receita Federal dos Estados Unidos levantou sua oposição a uma decisão judicial de 2010 que permitia o abatimento com despesas médicas desse tipo do imposto de renda. Ver Jonathan Berr, "Sex change surgery is now tax deductible", *Time*, 10 nov. 2011.

36. Todas as citações de Michele Angello vêm de minha entrevista com ela em 2009 e comunicações subsequentes.

37. Ver "AMA policy regarding sexual orientation", 2007, disponível em <www.ama-assn.org/ama/pub/about-ama/our-people/member-groups-sections/glbt-advisory-committee/ama-policy--regarding-sexual-orientation.page>.

38. Patricia Leigh Brown, "Supporting boys or girls when the line isn't clear", *New York Times*, 2 dez. 2006.

39. Alice Dreger, "Gender identity disorder in childhood: inconclusive advice to parents", *Hastings Center Report* 39, n. 1, p. 29, jan./fev. 2009.

40. Aristóteles, *Metafísica*, Livro VII, parte 17. O texto na íntegra pode ser encontrado em grego e numa tradução para o inglês em <www.perseus.tufts.edu/hopper/searchresults?q=Aristotle>

41. John Locke, 1727, p. 419.

42. Esse trecho baseia-se em minhas entrevistas com Bettina e Greg Verdi em 2009 e comunicações subsequentes. Todos os nomes foram substituídos por pseudônimos.

43. As citações desses dois parágrafos sobre os pais de pessoas trans e o filho trans de um deles vêm de entrevistas realizadas entre 2007 e 2010.

44. Ver Richard Green e John Money, 1969. Money se refere ao caso "John/Joan" pela primeira vez em *Man and Woman, Boy and Girl*, 1972.

45. David Reimer narrou sua história a John Colapinto, que a publicou pela primeira vez com o título "The true story of John/Joan", *Rolling Stone*, 11 dez. 1997; e três anos depois no livro *As nature made him: the boy who was raised as a girl* (2000). Colapinto comentou a morte de Reimer em "Gender gap: what were the real reasons behind David Reimer's suicide?", *Slate*, 3 jun. 2004.

46. Sobre a pesquisa da Johns Hopkins, ver William G. Reiner e John P. Gearhart, "Discordant sexual identity in some genetic males with cloacal exstrophy assigned to female sex at birth", *New England Journal of Medicine* 350, n. 4, 22 jan. 2004; e William G. Reiner, "Gender identity and sex-of-rearing in children with disorders of sexual differentiation", *Journal of Pediatric Endocrinology & Metabolism* 18, n. 6, jun. 2005.

47. Press release da Universidade Johns Hopkins de 12 de maio de 2000, "Hopkins research shows nature, not nurture, determines gender".

48. Para pesquisa da UCLA sobre meninos afeminados, ver George Rekers, O. Ivar Lovaas e B. Low, "Behavioral treatment of deviant sex role behaviors in a male child", *Journal of Applied Behavioral Analysis* 7, 1974; e Richard Green, 1987.

49. O incidente que pôs fim à carreira pública de George Rekers como porta-estandarte da luta contra a homossexualidade foi relatado em primeira mão em Penn Bullock e Brandon K. Thorp, "Christian right leader George Rekers takes vacation with 'rent boy'", *Miami New Times*, 4 maio 2010.

50. Scott Bronstein e Jesse Joseph, "Therapy to change 'feminine' boy created a troubled man, family says", reportagem para a CNN, 10 jun. 2011.

51. Ver Phyllis Burke, 1996.

52. Esse trecho baseia-se em minha entrevista com Tony Ferraiolo e Anne Ferraiolo em 2008 e comunicações subsequentes.

53. Site da Fundação Jim Collins: <jimcollinsfoundation.org>.

54. A informação sobre a quantidade de hormônios necessária para a transição foi dada por Norman Spack em entrevista concedida a mim em 2009. Para uma discussão minuciosa sobre o tratamento hormonal ver Wylie C. Hembree et al., "Endocrine treatment of transsexual persons: an Endocrine Society clinical practice guideline", *Journal of Clinical Endocrinology & Metabolism* 94, n. 9, set. 2009; e Louis J. Gooren, Erik J. Giltay e Mathijs C. Bunck, "Long-term treatment of transsexuals with cross-sex hormones: extensive personal experience", *Journal of Clinical Endocrinology & Metabolism* 93, n. 1, jan. 2008.

55. Ver *Standards of Care for Gender Identity Disorders*, 6ª versão (2001), da Associação Mundial de Profissionais pela Saúde de Transgêneros, antiga Associação Internacional de Disforia de Gênero Harry Benjamin.

56. As diversas cirurgias associadas à mudança de gênero são descritas em detalhes no capítulo "Medical and surgical options", em Mildred L. Brown e Chloe Ann Rounsley, 1996, pp. 196-211. Ver também TS Roadmap, disponível em: <www.tsroadmap.com/ physical/hair/zapidx.html>.

57. Para fontes acadêmicas sobre bloqueadores hormonais, ver Norman Spack, "Anendocrine perspective on the care of transgender adolescents", *Journal of Gay & Lesbian Mental Health* 13, n. 4, out. 2009. Entre as matérias jornalísticas sobre o tema estão Lauren Smiley, "Girl/boy interrupted", *SF Weekly*, 11 jul. 2007, e Hanna Rosin, "A boy's life", *Atlantic Monthly*, nov. 2008.

58. Entre os estudos complementares sobre a pesquisa holandesa estão Peggy T. Cohen--Kettenis e Stephanie H. van Goozen, "Sex reassignment of adolescent transsexuals: a follow-up study", *Journal of the American Academy of Child & Adolescent Psychiatry* 36, 1997; Yolanda L. Smith, Stephanie H. van Goozen e Peggy T. Cohen-Kettenis, "Adolescents with gender identity disorder who were accepted or rejected for sex reassignment surgery: a prospective follow-up study", *Journal of the American Academy of Child & Adolescent Psychiatry* 40, 2001; e Yolanda L. Smith et al., "Sex reassignment: outcomes and predictors of treatment for adolescent and adult transsexuals", *Psychological Medicine* 35, 2005. Para um resumo desse trabalho, ver Peggy Cohen-Kettenis, H. A. Delemar-re-van de Waal e L. J. Gooren, "The treatment of adolescent transsexuals: changing insights", de *Journal of Sexual Medicine* 5, n. 8, ago. 2008.

59. A política do Reino Unido para a terapia de bloqueio hormonal é discutida em Simona Giordano, "Lives in a chiaroscuro: should we suspend the puberty of children with gender identity disorder?", *Journal of Medical Ethics* 34, n. 8, ago. 2008; Naomi Coleman, "Boys will be girls", *Guardian*, 20 ago. 2003; e Viv Groskop, "My body is wrong", *Guardian*, 14 ago. 2008.

60. Lauren Smiley, "Girl/boy interrupted", *SF Weekly*, 11 jul. 2007.

61. Todas as citações de Shannon Minter vêm de minha entrevista com ele em 2009 e comunicações subsequentes.

62. Esse trecho baseia-se em minha entrevista com Jennifer Finney Boylan e Hildegarde Boylan em 2007. Acrescentei informações encontradas em Jennifer Finney Boylan, 2003.

63. Alice Domurat Dreger, "Trans advocates (at least where genderqueer kids are concerned)", *Stranger (The Queer Issue: You're Doing It Wrong)*, 21 jun. 2011.

64. Just Evelyn, 1998, p. 6.

65. Aleshia Brevard, "The woman I was not born to be", 2001, em Jonathan Ames (Org.), 2005, pp. 242-3.

66. Cris Beam, 2007, p. 77.

67. Esse trecho baseia-se em minha entrevista com Hendrik e Alexia Koos em 2009. Todos os nomes foram substituídos por pseudônimos.

68. Esse trecho baseia-se em minha entrevista com Rex e Karen Butt e Cadence Case em 2009 e comunicações subsequentes.

69. Esse trecho baseia-se em minhas entrevistas com Jonah e Lily Marx em 2008 e 2009. Todos os nomes foram substituídos por pseudônimos e alguns detalhes foram alterados para impossibilitar a identificação.

70. Ver "Position statement on therapies focused on attempts to change sexual orientation (reparative or conversion therapies)", da Associação Americana de Psiquiatria (2000). Ver também press release da Força-Tarefa da Associação Americana de Psicologia para Respostas Terapêuticas Adequadas quanto à Orientação Sexual de agosto de 2009, "Insufficient evidence that sexual orientation change efforts work". Para a discussão sobre terapia reparativa para transgêneros, ver a nota seguinte.

71. Entre os trabalhos publicados de Zucker estão Kenneth J. Zucker e Susan J. Bradley, 1995;

Susan J. Bradley e Kenneth J. Zucker, "Gender identity disorder: a review of the past 10 years", *Journal of the Academy of Child & Adolescent Psychiatry* 36, n. 7, jul. 1997; e Susan J. Bradley e Kenneth J. Zucker, "Children with gender nonconformity: drs. Bradley and Zucker reply", *Journal of the American Academy of Child & Adolescent Psychiatry* 42, n. 3, mar. 2003. Para a cobertura jornalística sobre o trabalho de Zucker ver Alix Spiegel, "Q&A: therapists on gender identity issues in kids", NPR, 7 maio 2008; e Daniel Goleman, "The wrong sex: a new definition of childhood pain", *New York Times*, 22 mar. 1994. Entre as críticas à posição de Zucker estão Simon D. Pickstone-Taylor, "Children with gender nonconformity", carta para o *Journal of the American Academy of Child & Adolescent Psychiatry* 42, n. 4, mar. 2003; Y. Gavriel Ansara e Peter Hegarty, "Cisgenderism in psychology: pathologising and misgendering children from 1999 to 2008", *Psychology & Sexuality* 2, 2011; e Stephanie Wilkinson, "Drop the Barbie! If you bend gender far enough, does it break?", *Brain, Child: The Magazine for Thinking Mothers*, outono 2001.

72. Sites das organizações: Associação Nacional de Pesquisa e Terapia da Homossexualidade, <www.narth.com>; Centro de Recursos Educacionais Católicos, <www.catholiceducation.org>. Entre os trabalhos publicados e divulgados pela direção da ANPTH e do CREC que citam o trabalho de Zucker estão Richard Fitzgibbons Jr. e Joseph Nicolosi, "When boys won't be boys: childhood gender identity disorder", *Lay Witness*, jun. 2001; Joseph Nicolosi e Linda Ames Nicolosi, *A Parent's Guide to Preventing Homosexuality*, 2002; e A. Dean Byrd e Comissão de Consultoria Científica da ANPTH, "Gender identity disorders in childhood and adolescence: a critical inquiry and review of the Kenneth Zucker research", março de 2007. Entre os defensores da terapia reparativa há judeus ortodoxos. Ver Susan L. Rosenbluth, "Help for Jewish homosexuals that is consistent with Torah principles", *Jewish Voice & Opinion* 13, n. 4, dez. 1999.

73. Alix Spiegel, "Two families grapple with sons' gender preferences: psychologists take radically different approaches in therapy", reportagem para o programa *All Things Considered*, da NPR, 7 maio 2008.

74. Kelley D. Drummond et al., "A follow-up study of girls with gender identity disorder", *Developmental Psychology* 44, n. 1, jan. 2008.

75. Hanna Rosin, "A boy's life", *Atlantic Monthly*, nov. 2008. Hanna Rosin diz que Zucker compara "crianças pequenas que acreditam que devem viver como se fossem do sexo oposto a pessoas que querem amputar membros saudáveis, ou se acreditam gatos, ou têm algo que chama de transtorno de identidade étnica. 'Se uma criança preta de cinco anos chegar à clínica e disser que quer ser branca, devemos apoiá-la?', comentou ele. 'Acho que não. Deveríamos perguntar-nos o que estaria levando essa criança a pensar que seria melhor ser branca.'".

76. Stephanie Wilkinson, "Drop the Barbie! If you bend gender far enough, does it break?", *Brain, Child: The Magazine for Thinking Mothers*, out. 2001.

77. A qualificação da crença na imutabilidade da disforia de gênero como "reducionismo biológico simplista" vem de Susan J. Bradley e Kenneth J. Zucker, "Children with gender nonconformity: drs. Bradley and Zucker reply", *Journal of the American Academy of Child & Adolescent Psychiatry* 42, n. 3, p. 267, mar. 2003; e como "essencialismo liberal" em Alix Spiegel, "Q&A: therapists on gender identity issues in kids", reportagem para a NPR, 7 maio 2008.

78. Entrevista com Susan Coates em 2008 e comunicações subsequentes.

79. Esse trecho baseia-se em minha entrevista com Dolores Martínez e Tyler Holmes em 2009 e comunicações subsequentes. Todos os nomes foram substituídos por pseudônimos.

80. Amy Bloom, 2002, p. 38.

81. Heino Meyer-Bahlburg, "From mental disorder to iatrogenic hypogonadism: dilemmas in conceptualizing gender identity variants as psychiatric conditions", *Archives of Sexual Behavior* 39, n. 2, p. 461, abr. 2010.

82. Salvo indicação em contrário, todas as citações de Edgardo Menvielle vêm de minha entrevista com ele em 2009.

83. Mildred L. Brown e Chloe Ann Rounsley, 1996, p. 211.

84. Lynn Conway, "A warning for those considering MtF sex reassignment surgery (srs)", 2005, revisão de 2007, disponível em <ai.eecs.umich.edu/people/conway/ts/Warning.html>.

85. Helen Weathers, "A British tycoon and father of two has been a man and a woman... and a man again... and knows which sex he'd rather be", *Daily Mail Online*, 4 jan. 2009.

86. Todas as citações de Kim Pearson vêm de minhas entrevistas com ela entre 2007 e 2012.

87. Esse trecho baseia-se em minhas entrevistas com Scott Earle, Lynn Luginbuhl, Morris Earle e Charlie Earle em 2007 e 2008. Embora Lynn e Morris não se importassem em ser citados pelo nome, Scott pediu-me que usasse um pseudônimo, o que fiz. Charlie também é pseudônimo.

88. Para mais informações sobre a homossexualidade entre pessoas trans, ver declaração de Autumn Sandeen para a emissora krxq em 11 de junho de 2009, segundo a qual "53% das mulheres transgêneros se identificam como lésbicas ou bissexuais, e de 10% a 30% dos homens trans são gays". Para o livro *Understanding Transgender Lives* (2011), Brett Genny Beemyn e Sue Rankin comentam uma pesquisa, disponível em <www.umass.edu/stonewall/uploads/listWidget/9002/ Understanding%20Transgender%20Lives.pdf>, na qual "um terço dos entrevistados (32%, n = 1120) se identificou como bissexual e 30% (n = 1029) como heterossexual. Dezesseis por cento (n = 567) marcaram a opção 'outros', entre as quais se incluem (embora não se limitem a essas possibilidades): 'uma mistura de assexual, gay e heterossexual', 'ambivalente', 'atraído por pessoas travestidas', 'autobissexual', 'bissexual quando uso roupas femininas e heterossexual em outra situação', 'pansexual,' 'veado' e 'lésbica transgênero'. Doze por cento se identificaram como lésbicas, 4% como gays e 5% como assexuais. Um por cento (n = 26) não respondeu à pergunta".

89. Esse trecho baseia-se em minha entrevista com Kim, John e Shawn Pearson em 2007 e comunicações subsequentes.

90. Esse trecho baseia-se em minha entrevista com Shannon e Keely Garcia em 2009 e comunicações subsequentes.

91. Segundo uma pesquisa de 2011, subvencionada pelo Centro Nacional pela Igualdade de Gêneros e pela Força-Tarefa Nacional de Gays e Lésbicas, "cinquenta e sete por cento (57%) sofreram algum tipo de rejeição pela família e 43% foram aceitos"; ver Jaime M. Grant et al., 2011, p. 101.

92. Cris Beam, 2007, p. 36.

93. Mildred L. Brown e Chloe Ann Rounsley, 1996, pp. 175-76.

94. A arenga matinal transfóbica dos radialistas engraçadinhos e suas consequências foram cobertas pelo *Sacramento Bee*; ver Carlos Alcalá, "Radio segment on transgender kids raises hackles", *21Q: a Bee entertainment blog*, 2 jun. 2009; Carlos Alcalá, "Under fire, radio host says transgender comments were 'a joke'", *Sacramento Bee*, 4 jun. 2009 (fonte das citações do programa); Matthew Keys, "Local radio show takes heat, loses advertisers over transgender comments", *Sacramento Press*, 5 jun. 2009; Bill Lindelof, "Transgender controversy", *Sacramento Bee*, 9 jun. 2009; Carlos Alcalá, "On-air controversy: radio show back today with transgender advocates", *Sacramento Bee*, 11 jun.

2009; e Bill Lindelof, "Broadcasters apologize on air for transgender remarks", *Sacramento Bee*, 12 jun. 2009.

95. Esse trecho baseia-se em minha entrevista com Hailey Krueger e Jane Ritter em 2009. Todos os nomes foram substituídos por pseudônimos.

96. Ver *Injustice at Every Turn: A Report of the National Transgender Discrimination Survey*, do Centro Nacional pela Igualdade de Gêneros e da Força-Tarefa Nacional de Gays e Lésbicas (2011); para descobertas semelhantes entre jovens, ver Michael Bochenek e A. Widney Brown, 2001 (relatório elaborado para a organização Human Rights Watch).

97. Nicholas Ray, 2007; David Kihara, "Giuliani's suppressed report on homeless youth", *Village Voice*, 24 ago. 1999.

98. Corey Kilgannon, "After working the streets, bunk beds and a Mass", *New York Times*, 2 maio 2007.

99. Esse trecho baseia-se em minha entrevista com Albert Cannon, Roxanne Green e Dante Haynes em 2009.

100. O assassinato de Teish Green e o julgamento de Dwight DeLee foram amplamente noticiados pelo Syracuse Post-Standard; para um índice da cobertura completa, buscar *Moses Cannon* em <www.syracuse.com>. Entre os artigos consultados para esse trecho estão Matt Michael, "Syracuse man was killed for being gay, police say", Syracuse Post-Standard, 16 nov. 2008; Jim O'Hara, "Syracuse man indicted on hate-crime murder charge", Syracuse Post-Standard, 3 abr. 2009; e Jim O'Hara, "Dwight DeLee gets the maximum in transgender slaying", Syracuse Post-Standard, 18 ago. 2009.

101. A citação de Michael Silverman vem de minha entrevista com ele em 2009.

102. As estatísticas sobre assassinato de transgêneros vêm do site informativo *Remembering Our Dead*, de Gwendolyn Ann Smith, em <www.gender.org/remember>. Para a discussão da proposta de estender a transgêneros a proteção contra crimes de ódio, ver David Stout, "House votes to expand hate-crime protection", *New York Times*, 4 maio 2007. Ver também <www.transgenderdor.org>.

103. Carsten Balzer, "Preliminary results of Trans Murder Monitoring Project", *Liminalis* 3, pp. 156-7, jul. 2009; na p. 157, Balzer cita o texto de Thomas Hammarberg sobre o incidente em Portugal, intitulado "Discrimination against transgender persons must no longer be tolerated", Comissariado de Direitos Humanos, 2009.

104. Reportagens recentes a respeito de assassinatos de transgêneros: sobre Krissy Bates: Abby Simons, "The killing of one of our own", *Minneapolis Star Tribune*, 22 jan. 2011; e Abby Simons, "Man guilty of murdering transgender victim", *Minneapolis Star Tribune*, 24 nov. 2011. Sobre Tyra Trent: Jessica Anderson, "Vigil remembers transgender murder victim", *Sun*, 5 mar. 2011. Sobre Marcal Camero Tye: Jeannie Nuiss, "FBI may investigate dragging death as hate crime", *Commercial Appeal*, 20 mar. 2011. Sobre Nate Nate: Dale Lezon, "HPD releases suspect sketch in cross-dresser's killing", *Houston Chronicle*, 14 jun. 2011. Sobre Lashai Mclean: Pat Collins, "Transgender person slain in northeast", *NBC Washington*, 21 jul. 2011. Sobre Camila Guzmán: Steven Thrasher, "Camila Guzmán, transgender murder victim, remembered in East Harlem vigil", *Village Voice*, 12 ago. 2011. Sobre Gaurav Gopalan: Trey Graham, "The final days of Gaurav Gopalan", *Washington City Paper*, 21 set. 2011. Sobre Shelley Hilliard: Gina Damron, "Mom waits for answers in transgender teen's death", *Detroit Free Press*, 12 nov. 2011.

105. Esse trecho baseia-se em minha entrevista com Anne O'Hara, Marshall Camacho, Glenn Stevens e Kerry Adahy em 2009. Todos os nomes foram substituídos por pseudônimos.

106. Judith Butler, 1999, p. viii.

107. Esse trecho baseia-se em minha entrevista com Bridget e Matt McCourt em 2009. Todos os nomes foram substituídos por pseudônimos.

108. Esse trecho baseia-se em minha entrevista com Nicole, Ben e Anneke Osman em 2009.

109. Esse trecho baseia-se em minha entrevista com Vicky Pearsall em 2007 e comunicações subsequentes. Todos os nomes foram substituídos por pseudônimos.

110. O comentário de Emmy Werner sobre crianças de gênero flexível vem da entrevista com Robin Hughes no episódio "Resilience", do programa da emissora australiana de rádio *Open Mind*, que foi ao ar em 29 de abril de 1996.

111. Debra Rosenberg, "Rethinking gender", *Newsweek*, 21 maio 2007; Maureen Dowd, "Between torment and happiness", *New York Times*, 26 abr. 2011.

112. Mike Albo, "The official Justin Bond", *Out*, 11 abr. 2011.

113. Esse trecho baseia-se em minha entrevista com Eli, Joanna e Kate Rood em 2007 e comunicações subsequentes, assim como no blog de Eli em <translocative.blogspot.com>.

114. Kate Rood, "The sea horse: our family mascot", *New York Times*, 2 nov. 2008.

115. Eli Rood, "Not quite a beginning", Eli's Coming, 3 fev. 2006, em <translocative.blogspot.com/2006/02/not-quite-beginning.html>.

116. Ver David Smith, "Gender row athlete Caster Semenya wanted to boycott medal ceremony", *Guardian*, 21 ago. 2009.

117. Debra Rosenberg, "Rethinking gender", *Newsweek*, 21 maio 2007.

118. Caster Semenya declarou "Eu me aceito" na matéria de capa da edição de setembro de 2009 da revista sul-africana *YOU*, mencionada pelo *Independent Online* em 8 de setembro de 2009.

119. Esse trecho baseia-se em minha entrevista com Shannon Minter em 2009.

120. A íntegra do texto da decisão no processo *In re the marriage of Michael J. Kantaras v. Linda Kantaras* (Processo 98-5375CA, Tribunal Distrital do Sexto Circuito Judicial em Pasco County, Flórida, fevereiro de 2003) está disponível em <www.transgenderlaw.org/cases/kantarasopinion.pdf>; a citação do juiz vem da p. 774.

121. Gênesis 5,2: "Homem e mulher ele os criou".

122. Esse trecho baseia-se em minhas entrevistas com Carol McKerrow, Don Harriot, Kim Reed e outros membros de suas famílias, em 2009, e em entrevistas e comunicações subsequentes, assim como no filme *Prodigal Sons* (2009), de Kim, e nas declarações de Kim e Carol no programa *Oprah* em 2010.

123. Ver Martin J. Kidston, "Helena prodigal son returning as woman", *Independent Record*, 24 set. 2009; ver também "250 pack church for transgender documentary", reportagem de Kidston sobre a projeção do filme, *Independent Record*, 26 set. 2009.

124. "In memoriam A. H. H.", em Alfred Tennyson, 1891.

125. Meu livro sobre os artistas russos é *The Irony Tower: Soviet Artists in a Time of Glasnost* (1991).

12. PAI [pp. 784-813]

1. A citação de Bree Walker e a da entrevistadora vêm de Daniel Corone, "Bree Walker blasts KFI's Baby Talk", *Los Angeles Times*, 17 ago. 1991.

2. Steven A. Holmes, "Radio talk about TV anchor's disability stirs ire in Los Angeles" *New York Times*, 23 ago. 1991.

3. Daniel Corone, "Bree Walker blasts KFI's Baby Talk", *Los Angeles Times*, 17 ago. 1991.

4. Todas as citações de Joanna Karpasea-Jones vêm de seu artigo "Daring disabled parenting", *Mothering*, nov./dez. 2007.

5. Adrienne Asch, "Prenatal diagnosis and selective abortion: a challenge to practice and policy", *American Journal of Public Health* 89, n. 11, pp. 1650-1, nov. 1999 (condensado).

6. Ver Laura Rothenberg, 2003, e meu artigo "The amazing life of Laura", *Glamour*, jul. 2003.

7. Lindsey Tanner, "Physicians could make the perfect imperfect baby", *Los Angeles Times*, 31 dez. 2006.

8. Ver Susannah Baruch, David Kaufman e Kathy L. Hudson, "Genetic testing of embryos: practices and perspectives of US in vitro fertilization clinics", *Fertility & Sterility* 89, n. 5, maio 2008.

9. Darshak Sanghavi, "Wanting babies like themselves, some parents choose genetic defects", *New York Times*, 5 dez. 2006.

10. Michael Bérubé, 1996, p. 86.

11. A Lei de Fertilização Humana e Embriologia de 2008 é uma emenda e atualização da legislação aprovada em 1990; para a íntegra do texto, ver <www.legislation.gov.uk/ukpga/2008/22/contents>. A controvérsia sobre suas cláusulas referentes à deficiência foi discutida em Steven D. Emery, Anna Middleton e Graham H. Turner, "Whose deaf genes are they anyway?: the deaf community's challenge to legislation on embryo selection", *Sign Language Studies* 10, n. 2, inverno 2010. O comentário da blogueira, de pseudônimo Mishka Zena, vem da postagem "Eugenics too close to home: Tomato Lichy, U. K. activist", Endless Pondering, 10 mar. 2008, em <www.mishka-zena.com/2008/03/10/eugenics-too-close-to-home-tomato-livy-uk-activist>.

12. Liz Mundy, "A world of their own", *Washington Post Magazine*, 31 mar. 2002. Para um artigo acadêmico sobre o caso, ver Humphrey-Dirksen Bauman, "Designing deaf babies and the question of disability", *Journal of Deaf Studies & Deaf Education* 10, n. 3, verão 2005.

13. Ver Wendy McElroy, "Victims from birth: engineering defects in helpless children crosses the line", Fox News, 9 abr. 2002.

14. A carta de John Sproston ao editor foi publicada pelo *Washington Post* em 9 de junho de 2004 e citada em Judith F. Daar, "ART and the search for perfectionism: on selecting gender, genes, and gametes", *Journal of Gender, Race and Justice* 9, n. 2, inverno 2005.

15. John Corvino, "Why baby Gauvin is not a victim", *Gay & Lesbian Review Worldwide* 9, n. 6, 2002.

16. O comentário de Patrick Boudreault vem de uma conversa pessoal em 2008.

17. O comentário de Sean Tipton e a resposta de Sharon e Candy vêm de Liza Mundy, "A world of their own", *Washington Post Magazine*, 31 mar. 2002.

18. Carina Dennis, "Genetics: deaf by design", *Nature* 431, p. 894, 21 out. 2004.

19. Ver William Saletan, "Deformer babies: the deliberate crippling of children", *Slate*, 21 set. 2006.

20. Susannah Baruch, David Kaufman e Kathy L. Hudson, "Genetic testing of embryos: practices and perspectives of US in vitro fertilization clinics", *Fertility & Sterility* 89, n. 5, maio 2008.

21. Ver Gautam Naik, "A baby, please. Blond, freckles, hold the colic: Laboratory techniques

that screen for diseases in embryos are now being offered to create designer children", *Wall Street Journal*, 12 fev. 2009.

22. Ver press release da University College London de 9 de janeiro de 2009, "First baby tested for breast cancer form BRCA1 before conception born in U. K."; e o relatório da CNN "'Cancer-free' baby born in London", que foi ao ar em 9 de janeiro de 2009.

23. Gautam Naik, "A baby, please. Blond, freckles, hold the colic: laboratory techniques that screen for diseases in embryos are now being offered to create designer children", *Wall Street Journal*, 12 fev. 2009.

24. Aravinda Chakravarti et al., 2004.

25. Ver Michael J. Sandel, 2009.

26. A citação de Marc Lappé vem de seu paper pioneiro sobre seleção genética intitulado "How much do we want to know about the unborn?", *Hastings Center Report* 3, n. 1, fev. 1973.

27. Patricia Bauer, "The abortion debate no one wants to have", *Washington Post*, 18 out. 2005.

28. Scott Winship, "Mobility impaired", *National Review*, 14 nov. 2011.

29. Ver Gurinder Osan, "Baby with two faces born in North India", Associated Press/MSNBC, 9 abr. 2008. Todas as citações vêm dessa matéria.

30. A morte de Lali de ataque cardíaco foi anunciada no programa *Body Shock*, do Channel 4 da BBC, que foi ao ar em 16 de setembro de 2008.

31. A tragédia das árvores em New Haven e as iniciativas de recuperação da cidade são narradas em Charlotte Libov, "New Haven holding on to 'Elm City' nickname", *New York Times*, 24 abr. 1988; Bruce Fellman, "The Elm City: then and now", *Yale Alumni Magazine*, set./out. 2006; e David K. Leff, "Remaining elms hint at tree's elegant past", *Hartford Courant*, 27 out. 2011.

32. Nossa odisseia e a de outros pais gays que pretendem formar uma família por meio da tecnologia de reprodução assistida está narrada em Emma Brockes, "Gay parenting: it's complicated", *Guardian*, 20 abr. 2012. Escrevi sobre nossas experiências em "Meet my real modern family", *Newsweek*, 30 jan. 2011.

33. Roger Penrose, 1989, pp. 433-4.

34. Edith Wharton, 1934, p. 147.

35. Compare-se, por exemplo, a abordagem psicodinâmica defendida por psicólogos como Erik H. Erikson (ver sua antologia *Identity and The Life Cycle*, de 1959) com as técnicas cognitivas descritas por Martin Seligman em *Learned Optimism* (1991).

Bibliografia

Esta bibliografia lista todas as fontes das quais foram tiradas as citações. Outras referências influenciaram meu pensamento e me ajudaram a compreender meu tema com mais clareza, e pesquisadores que me auxiliaram usaram ainda outras fontes ao compilar as notas. Uma bibliografia completa que relaciona todas essas fontes está disponível on-line em <www.andrewsolomon.org/far-from-the-tree/bibliography>.

ABBOTT, Douglas A.; MEREDITH, William H. "Strengths of parents with retarded children". *Family Relations* 35, n. 3, pp. 371-5, jul. 1986.

ABBOTT, Jack Henry. *In the Belly of the Beast: Letters from Prison*. Nova York: Random House, 1981. [Ed. bras.: *No ventre da besta: Cartas da prisão*. São Paulo: Francisco Alves, 1982.]

ABI-DARGHAM, Anissa; MOORE, Holly. "Prefrontal DA transmission at D1 receptors and the pathology of schizophrenia". *Neuroscientist*, v. 9, n. 5, 2003.

ABI-DARGHAM, Anissa et al. "Increased baseline occupancy of D2 receptors by dopamine in schizophrenia". *Proceedings of the National Academy of Sciences* 97, n. 14, pp. 8104-9, jul. 2000.

ABLON, Joan. "Dwarfism and social identity: Self-help group participation". *Social Science & Medicine* 15B, pp. 25-30, 1981.

_____. *Little People in America: The Social Dimension of Dwarfism*. Nova York: Praeger, 1984.

_____. *Living with Difference: Families with Dwarf Children*. Nova York: Praeger, 1988.

_____. "Personality and stereotype in osteogenesis imperfecta: Behavioral phenotype or response to life's hard challenges?". *American Journal of Medical Genetics* 122A, pp. 201-14, 15 out. 2003.

ABRAHAM, Willard. *Barbara: A Prologue*. Nova York: Rinehart, 1958.

ABRAHAMS, Brett S.; GESCHWIND, Daniel H. "Advances in autism genetics: On the threshold of a new neurobiology". *Nature Review Genetics* 9, n. 5, pp. 341-55, maio 2008.

ABRAMSKY, Sasha; FELLNER, Jamie. *Ill-Equipped: U. S. Prisons and Offenders with Mental Illness*. Nova York: Human Rights Watch, 2003.

ACCARDO, Pasquale J.; MAGNUSEN, Christy; CAPUTE, Arnold J. (Orgs.). *Autism: Clinical and Research Issues*. Baltimore: York Press, 2000.

ADELSON, Betty M. *Dwarfism: Medical and Psychosocial Aspects of Profound Short Stature*. Baltimore: Johns Hopkins University Press, 2005a.

_____. *The Lives of Dwarfs: Their Journey from Public Curiosity Toward Social Liberation*. New Brunswick, NJ: Rutgers University Press, 2005b.

ADELSON, Betty; STRAMONDO, Joe. Carta inédita ao editor do *New York Times*, 2005.

ADOPTION.COM FORUMS. "Children born of rape". Debate público. Mesa, AZ: Adoption Media, 2004-6.

ADVANCED BIONICS. "The reason to choose AB". Valencia, CA: Advanced Bionics, 2009.

_____. "Hear your best". Valencia, CA: Advanced Bionics, 2011.

ADVERTISING STANDARDS AUTHORITY. "ASA adjudication on the Option Institute and Fellowship". Complaint Reference 104067. Londres, 3 mar. 2010.

AFFLECK, Glenn; TENNEN, Howard. "Appraisal and coping predictors of mother and child outcomes after newborn intensive care". *Journal of Social & Clinical Psychology* 10, n. 4, pp. 424-47, 1991.

AFFLECK, Glenn; TENNEN, Howard; ROWE, Jonelle (Orgs.). *Infants in Crisis: How Parents Cope with Newborn Intensive Care and Its Aftermath*. Nova York: Springer, 1991.

AFRICAN COMMISSION ON HUMAN AND PEOPLES' RIGHTS INTERNATIONAL WORK GROUP FOR INDIGENOUS AFFAIRS. *Report of the African Commission's Working Group on Indigenous Populations/Communities: Research and Information Visit to the Republic of Gabon, 15-30 September 2007*. Copenhague: International Work Group for Indigenous Affairs, 2010.

AGNEW, Robert; HUGULEY, Sandra. "Adolescent violence toward parents". *Journal of Marriage & the Family* 51, n. 3, pp. 699-711, ago. 1989.

AKTER, K. et al. "A review of the possible role of the essential fatty acids and fish oils in the aetiology, prevention or pharmacotherapy of schizophrenia". *Journal of Clinical Pharmacy & Therapeutics* 37, n. 2, pp. 132-9, abr. 2012.

ALATZOGLOU, Kyriaki S.; DATTANI, Mehul T. "Genetic causes and treatment of isolated growth hormone deficiency: An update". *Nature Reviews Endocrinology* 6, n. 10, pp. 562-76, out. 2010.

ALBO, Mike. "The official Justin Bond". *Out*, 11 abr. 2011.

ALCALÁ, Carlos. "Radio segment on transgender kids raises hackles". *21Q: A Bee Entertainment Blog*, 2 jun. 2009. Disponível em: <www.sacbee.com/static/weblogs/ticket/archives/2009/06/radio--segment-o.html>.

_____. "Under fire, radio host says transgender comments were 'a joke'". *Sacramento Bee*, 4 jun. 2009.

_____. "On-air controversy: Radio show back today with transgender advocates". *Sacramento Bee*, 11 jun. 2009.

ALEXANDER GRAHAM BELL ASSOCIATION. "The cost of cochlear implants". Washington, D. C.: Alexander Graham Bell Association, 2011. Disponível em: <nc.agbell.org/page.aspx?pid=723>.

ALISKY, Joseph M.; ICZKOWSKI, Kenneth A. "Barriers to housing for deinstitutionalized psychiatric patients". *Hospital & Community Psychiatry* 41, n. 1, pp. 93-5, jan. 1990.

ALLAN, Clare. "Misplaced pride". *Guardian*, 27 set. 2006.

ALLANSON, Judith E.; HALL, Judith G. "Obstetric and gynecologic problems in women with chondrodystrophies". *Obstetrics & Gynecology* 67, n. 1, pp. 74-8, jan. 1986.

ALLDAY, Erin. "UCSF, Stanford autism study shows surprises". *San Francisco Chronicle*, 5 jul. 2011.

ALLEN, Ann Taylor. "The kindergarten in Germany and the United States, 1840-1914: A comparative perspective". *History of Education* 35, n. 2, pp. 173-88, mar. 2006.

ALLEN, Arthur. "Sound and fury". *Salon*, 24 maio 2000. Disponível em: <www.salon.com/health/feature/2000/05/24/cochlear>.

ALLEN, Woody. *The Complete Prose of Woody Allen*. Nova York: Random House, 1991.

ALLISON, Rebecca. "Does a cleft palate justify an abortion? Curate wins right to challenge doctors". *Guardian*, 2 dez. 2003.

ALLPORT, Susan. *A Natural History of Parenting: A Naturalist Looks at Parenting in the Animal World and Ours*. Nova York: Three Rivers Press, 1997.

AMADOR, Xavier Francisco. *I Am Not Sick, I Don't Need Help! How to Help Someone with Mental Illness Accept Treatment*. Peconic, NY: Vida Press, 2007.

AMERICAN ACADEMY OF PEDIATRICS POLICY COMMITTEE ON CHILDREN WITH DISABILITIES. "Auditory integration training and facilitated communication for autism". *AAP Policy Committee on Children with Disabilities* 102, n. 2, pp. 431-3, 1998.

AMERICAN PSYCHOLOGICAL ASSOCIATION TASK FORCE ON APPROPRIATE THERAPEUTIC RESPONSES TO SEXUAL ORIENTATION. "Insufficient evidence that sexual orientation change efforts work, says APA". Press release. Washington, D. C.: American Psychological Association, 5 ago. 2009.

AMES, Jonathan (Org.). *Sexual Metamorphosis: An Anthology of Transsexual Memoirs*. Nova York: Vintage, 2005.

AMIR, Menachem. *Patterns in Forcible Rape*. Chicago: University of Chicago Press, 1971.

ANDERSON, Jenny. "Fidelity is fined $8 million over improper gifts". *New York Times*, 6 set. 2008.

ANDERSON, Jessica. "Vigil remembers transgender murder victim". *Sun*, 5 mar. 2011.

ANDO, Yoichi; HATTORI, Hiroaki. "Effects of intense noise during fetal life upon postnatal adaptability (statistical study of the reactions of babies to aircraft noise)". *Journal of the Acoustical Society of America* 47, n. 4, parte 2, pp. 1128-30, 1970.

ANDREASEN, Nancy C. "Schizophrenia: The characteristic symptoms". *Schizophrenia Bulletin* 17, n. 1, pp. 27-49, 1991.

_____. *Brave New Brain: Conquering Mental Illness in the Era of the Genome*. Oxford; Nova York: Oxford University Press, 2001.

_____. *The Creating Brain: The Neuroscience of Genius*. Nova York: Dana Press, 2005.

ANDREWS, Nigel. "Glowing wonder of an Anatolian epiphany". *Financial Times*, 15 mar. 2012.

ANDREWS, Suzanna. "Arthur Miller's missing act". *Vanity Fair*, set. 2007.

ANGIER, Natalie. "Short men, short shrift: Are drugs the answer?". *New York Times*, 22 jun. 2003.

ANI, Cornelius; GRANTHAM-MCGREGOR, Sally; MULLER, David. "Nutritional supplementation in Down syndrome: Theoretical considerations and current status". *Developmental Medicine & Child Neurology* 42, n. 3, pp. 207-13, mar. 2000.

ANISTIA INTERNACIONAL. "Liberia: No impunity for rape". Nova York, 2004.

ANSARA, Y. Gavriel; HEGARTY, Peter. "Cisgenderism in psychology: Pathologising and misgendering children from 1999 to 2008". *Psychology & Sexuality* 2, pp. 1-24, 2011.

ANSBERRY, Clare. "Parents devoted to a disabled child confront old age". *Wall Street Journal*, 7 jan. 2004.

ANTONOVSKY, Aaron. *Health, Stress, and Coping*. San Francisco: Jossey-Bass, 1980.

APAJASALO, M. et al. "Health-related quality of life of patients with genetic skeletal dysplasias". *European Journal of Pediatrics* 157, n. 2, pp. 114-21, fev. 1998.

APPLEBAUM, Samuel. *The Way They Play*. Neptune, NJ: Paganiniana Publications, 1984.

ARANA-WARD, Marie. "As technology advances, a bitter debate divides the deaf". *Washington Post*, 11 maio 997.

ARGUELLO, P. Alexander; GOGOS, Joseph A. "Cognition in mouse models of schizophrenia susceptibility genes". *Schizophrenia Bulletin* 36, n. 2, pp. 289-300, mar. 2010.

ARISI, Elena et al. "Cochlear implantation in adolescents with prelinguistic deafness. *Archives of Otolaryngology — Head & Neck Surgery* 142, n. 6, pp. 804-8, jun. 2010.

ARISTÓTELES; BARNES, Jonathan. *The Complete Works of Aristotle: The Revised Oxford Translation*. Oxford; Nova York: Oxford University Press, 1984.

_____. *The New Aristotle Reader*. Princeton, NJ: Princeton University Press, 1987.

ARNDT, Tara L.; STODGELL, Christopher J.; RODIER, Patricia M. "The teratology of autism". *International Journal of Developmental Neuroscience* 23, n. 2/3, pp. 189-99, abr./maio 2005.

ARNONE, Danilo et al. "Magnetic resonance imaging studies in bipolar disorder and schizophrenia: Meta-analysis". *British Journal of Psychiatry* 195, n. 3, pp. 194-201, set. 2009.

ARNOS, S. Kathleen et al. "A comparative analysis of the genetic epidemiology of deafness in the United States in two sets of pedigrees collected more than a century apart". *American Journal of Human Genetics* 83, n. 2, pp. 200-7, ago. 2008.

ARTHUR, Joyce. "Psychological aftereffects of abortion: The rest of the story". *Humanist* 57, n. 2, pp. 7-9, mar./abr. 1997.

ASARNOW, Robert F.; ASARNOW, Joan Rosenbaum. "Childhood-onset schizophrenia: Editors' introduction". *Schizophrenia Bulletin* 20, n. 4, pp. 591-7, out. 1994.

ASCH, Adrienne. "Prenatal diagnosis and selective abortion: A challenge to practice and policy". *American Journal of Public Health* 89, n. 11, pp. 1649-57, nov. 1999.

_____. "Disability equality and prenatal testing: Contradictory or compatible?". *Florida State University Law Review* 30, n. 2, pp. 315-42, inverno 2003.

ASHLIMAN, D. L. "Changelings". *Folklore & Mythology Electronic Texts*. Universidade de Pittsburgh, 1997. Disponível em: <www.pitt.edu/~dash/changeling.html>.

ASPERGER, Hans. "'Autistic psychopathy' in childhood". Trad. e org. de Uta Frith. In: FRITH, Uta (Org.). *Autism and Asperger Syndrome*. Cambridge: Cambridge University Press, 1991. pp. 37-92.

ASSOCIAÇÃO AMERICANA DE MEDICINA. "Pregnancy from rape does not justify abortion". *Journal of the American Medical Association* 43, p. 413, 6 ago. 1904.

_____. "AMA policy regarding sexual orientation". Chicago, 2007.

ASSOCIAÇÃO AMERICANA DE PSIQUIATRIA. "Position statement on therapies focused on attempts to change sexual orientation (reparative or conversion therapies)". Washington, D. C., 2000.

_____. *Diagnostic and Statistical Manual of Mental Disorders*, DSM-IV-TR. 4. ed. Arlington, VA, 2000. [Ed. bras.: *Manual diagnóstico e estatístico de transtornos mentais — DSM-IV-TR*. Porto Alegre: Artmed, 2002.]

ASSOCIAÇÃO NACIONAL DE SURDOS. "NAD position statement on cochlear implants". Silver Spring, MD, 1993. _____. "NAD position statement on cochlear implants". Silver Spring, MD, 2000.

ATKINSON, Rebecca. "'I hoped our baby would be deaf'". *Guardian*, 21 mar. 2006.

AUTISM Every Day. Documentário cinematográfico. Direção: Lauren Thierry. Nova York: Autismo Fala/Milestone Video, 2006.

"'AUTISM left me hollow,' says mother accused of murder". Associated Press, 6 jun. 2007.

AUTISMO FALA. "Autism speaks and cure autism now complete merger". Press Release, 5 fev. 2007.

AUYEUNG, Bonnie et al. "Foetal testosterone and autistic traits in 18- to 24-month-old children". *Molecular Autism* 1, n. 11, pp. 1-8, jul. 2010.

AVIV, Rachel. "God knows where I am: What should happen when patients reject their diagnosis?". *New Yorker*, 30 maio 2011.

_____. "No remorse: Should a teenager be given a life sentence?". *New Yorker*, 2 jan. 2012.

AXTMAN, Kris. "Baby case tests rights of parents". *Christian Science Monitor*, 27 mar. 2003.

AYLWARD, Elizabeth H. et al. "Cerebellar volume in adults with Down syndrome". *Archives of Neurology* 54, n. 2, pp. 209-12, fev. 1997.

AYRES, Chris. "Death of a sacrificial lamb". *The Times*, 29 ago. 2003.

AYRES, Chris; LACKNER, Chris. "Father defends decision to stunt disabled girl's growth". *Ottawa Citizen*, 4 jan. 2007.

BÂ, Amadou Hampaté. *The fortunes of Wangrin*. Intr. de Aina Pavolini Taylor. Bloomington: Indiana University Press, 1999.

BABEL, Isaac. *The Complete Works of Isaac Babel*. Trad. de Cynthia Ozick. Nova York: Norton, 2002.

"BABIES with made-to-order defects?". Associated Press, 21 dez. 2006.

BACHEM, A. "Absolute pitch". *Journal of the Acoustical Society of America* 27, n. 6, pp. 1180-5, 1955.

BACKLAR, Patricia. *The Family Face of Schizophrenia: Practical Counsel from America's Leading Experts*. Nova York: Putnam, 1994.

BAEK, Kwan-Hyuck et al. "Down's syndrome suppression of tumour growth and the role of the calcineurin inhibitor DSCR1". *Nature* 459, pp. 1126-30, 25 jun. 2009.

BAGENSTOS, Samuel R. "The future of disability law". *Yale Law Journal* 114, n. 1, pp. 1-84, out. 2004.

BAGGS, Amanda. *Autism Demonized*, 12 fev. 2006. Disponível em: <web.archive.org/web/2006062823 1956/http://autismdemonized.blogspot.com>.

_____. "The original, literal demons". *Autism Demonized*, 12 fev. 2006.

BAILEY, Anthony et al. "Autism as a strongly genetic disorder: Evidence from a British twin study". *Psychological Medicine* 25, pp. 63-77, 1995.

BAIO, Jon. "Prevalence of autism spectrum disorders: Autism and developmental disabilities monitoring network, 14 sites, United States, 2008". *Morbidity & Mortality Weekly Report*, 30 mar. 2012.

BAIRD, Gillian et al. "Prevalence of disorders of the autism spectrum in a population cohort of children in South Thames: The Special Needs and Autism Project (SNAP)". *Lancet* 368, n. 9531, pp. 210-5, 15 jul. 2006.

BAKER, Al; KAUFMAN, Leslie. "Autistic boy is slashed to death and his father is charged". *New York Times*, 23 nov. 2006.

BAKER, Bruce L.; BLACHER, Jan. "Out-of-home placement for children with mental retardation: Dimensions of family involvement". *American Journal on Mental Retardation* 98, n. 3, pp. 368-77, nov. 1993.

BAKER, Bruce L.; BLACHER, Jan. "Out-of-home placement for children with retardation: Family decision making and satisfaction". *Family Relations* 43, n. 1, pp. 10-5, jan. 1994.

_____. "For better or worse? Impact of residential placement on families". *Mental Retardation* 40, n. 1, pp. 1-13, fev. 2002.

BALL, Robert H. et al. "First- and second-trimester evaluation of risk for Down syndrome". *Obstetrics & Gynecology* 110, n. 1, pp. 10-7, jul. 2007.

BALLOCK, R. Tracy. "Chondrodysplasias". *Current Opinion in Orthopedics* 11, n. 5, pp. 347-52, out. 2000.

BALZER, Carsten. "Preliminary results of Trans Murder Monitoring Project". *Liminalis* 3, pp. 147-59, jul. 2009.

BAN, Thomas A. "Fifty years chlorpromazine: A historical perspective". *Neuropsychiatric Disease & Treatment* 3, n. 4, pp. 495-500, ago. 2007.

BARD, Bernard; FLETCHER, Joseph. "The right to die". *Atlantic Monthly*, abr. 1968.

BARNES, Colin; MERCER, Geof. *Disability*. Cambridge, Reino Unido: Polity Press, 2003.

BARNES, Colin; MERCER, Geof; SHAKESPEARE, Tom (Orgs.). *Exploring Disability: A Sociological Introduction*. Cambridge, Reino Unido: Polity Press, 1999.

BARNETT, W. Steven; BOYCE, Glenna. "Effects of children with Down syndrome on parents' activities". *American Journal on Mental Retardation* 100, n. 2, pp. 115-27, set. 1995.

BARNOSKI, Robert. *Washington State's Implementation of Functional Family Therapy for Juvenile Offenders: Preliminary Findings*. Olympia: Washington State Institute for Public Policy, 2002.

_____. *Outcome Evaluation of Washington State's Research-Based Programs for Juvenile Offenders*. Olympia: Washington State Institute for Public Policy, 2004.

BARON-COHEN, Simon. *Mindblindness: An Essay on Autism and Theory of Mind*. Cambridge, MA: MIT Press, 1995.

_____. "The extreme male brain theory of autism". *Trends in Cognitive Science* 6, n. 6, pp. 248-54, jun. 2002.

_____. "The hyper-systemizing, assortative mating theory of autism". *Progress in Neuropsychopharmacology & Biological Psychiatry* 30, n. 5, pp. 865-72, jul. 2006.

_____. "Autism: The empathizing-systemizing (E-S) theory". *Annals of the New York Academy of Sciences* 1156, pp. 68-80, mar. 2009.

_____. "Empathizing, systemizing, and the extreme male brain theory of autism". *Progress in Brain Research* 186, pp. 167-75, 2010.

BARRINGER, Felicity. "Pride in a soundless world: Deaf oppose a hearing aid". *New York Times*, 16 maio 1993.

BARRINGTON, Daines. "Account of a very remarkable young musician". ("Reprinted from the LXth volume of the Philosophical Transactions for the year 1770".) In: *Miscellanies*. Londres: J. Nichols, 1781. Reimp., Malden, MA: Mozart Society of America, 2008.

BARTEL, Paul. "The art of Susan Weinreich". *Provocateur*, fev. 1996.

BARTELS, Lynn. "Klebold's father to give deposition". *Denver Rocky Mountain News*, 30 jul. 2003.

_____. "Columbine parents outraged: Families of victims lash out at Klebolds' interview comments". *Denver Rocky Mountain News*, 17 maio 2004.

BARTOLLAS, Clemens. *Voices of Delinquency*. Boston: Allyn & Bacon, 2003.

BARTON, Cole et al. "Generalizing treatment effects of functional family therapy: Three replications". *American Journal of Family Therapy* 13, n. 3, pp. 16-26, inverno 1985.

BARTON, Russell. *Institutional Neurosis*. Bristol: Wright, 1959.

BARUCH, Susannah; KAUFMAN, David; HUDSON, Kathy L. "Genetic testing of embryos: Practices and perspectives of US in vitro fertilization clinics". *Fertility & Sterility* 89, n. 5, pp. 1053-8, maio 2008.

BARUZZINI, Michael. "Justice or comfort?: Conservatives and the rape exception". *Catholic Lane*, 16 jun. 2011. Disponível em: <catholiclane.com/justice-or-comfort-conservatives-and-the-rape--exception>.

BAT-CHAVA, Yael; MARTIN, Daniela; KOSCIW, Joseph G. "Longitudinal improvements in communication and socialization of deaf children with cochlear implants and hearing aids: Evidence from parental reports". *Journal of Child Psychology & Psychiatry* 46, n. 12, pp. 1287-96, dez. 2005.

BATESON, Gregory et al. "Toward a theory of schizophrenia". *Behavioral Science* 1, n. 4, pp. 251-64, 1956.

BAUER, Patricia. "The abortion debate no one wants to have". *Washington Post*, 18 out. 2005.

BAUMAN, Humphrey-Dirksen. "Audism: Exploring the metaphysics of oppression". *Journal of Deaf Studies & Deaf Education* 9, n. 2, pp. 239-46, primavera 2004.

_____. "Designing deaf babies and the question of disability". *Journal of Deaf Studies & Deaf Education* 10, n. 3, pp. 311-5, verão 2005.

_____ (Org.). *Open Your Eyes: Deaf Studies Talking*. Minneapolis: University of Minnesota Press, 2008.

BAXTER, Arla J.; KRENZELOK, Edward P. "Pediatric fatality secondary to EDTA chelation". *Clinical Toxicology* 46, n. 10, pp. 1083-4, dez. 2008.

BAYER, Ronald. *Homosexuality and American Psychiatry: The Politics of Diagnosis*. Nova York: Basic Books, 1981.

BAYNTON, Douglas C. *Forbidden Signs: American Culture and the Campaign against Sign Language*. Chicago: University of Chicago Press, 1996.

BAYNTON, Douglas; GANNON, Jack R.; BERGEY, Jean Lindquist. *Through Deaf Eyes: A Photographic History of an American Community*. Washington, D. C.: Gallaudet University Press, 2001.

BAZELON, Emily. "Is there a post-abortion syndrome?". *New York Times Magazine*, 21 jan. 2007.

BAZZANA, Kevin. *Lost Genius: The Curious and Tragic Story of an Extraordinary Musical Prodigy*. Nova York: Carroll & Graf, 2007.

BEALS, Rodney K.; STANLEY, Greg. "Surgical correction of bowlegs in achondroplasia". *Journal of Pediatric Orthopedics* 14, n. 4, pp. 245-9, jul. 2005.

BEAM, Cris. *Transparent: Love, Family, and Living the T with Transgendered Teenagers*. Nova York: Harcourt, 2007.

BEAR, Mark F.; HUBER, Kimberly M.; WARREN, Stephen T. "The mGluR theory of fragile x mental retardation". *Trends in Neurosciences* 27, n. 7, pp. 370-7, jul. 2004.

BECK, Martha Nibley. *Expecting Adam: A True Story of Birth, Rebirth and Everyday Magic*. Nova York: Times Books, 1999.

BEEMYN, Brett Genny; RANKIN, Sue. *Understanding Transgender Lives*. Nova York: Columbia University Press, 2011.

BEHRMAN, Andy. "Mental health recovery: A personal perspective". About.com, 29 dez. 2011.

BELL, Alexander Graham. "Memoir upon the formation of a deaf variety of the human race". Trabalho apresentado à Academia Nacional de Ciências, 13 nov. 1883. *Memoirs of the National Academy of Sciences*, pp. 1-86, 1884.

BELL, Alexander Graham. "Historical notes concerning the teaching of speech to the deaf". *Association Review* 2, pp. 33-68, fev. 1900.

BELL, Sonya. "Dwarf-tossing: Controversial event at Windsor strip club draws 1,000 fans". *Toronto Star*, 29 jan. 2012.

BELLUCK, Pam. "Living with love, chaos and Haley". *New York Times*, 22 out. 2006.

BELLUS, Gary A. "Achondroplasia is defined by recurrent G380R mutations of FGFR3". *American Journal of Human Genetics* 56, pp. 368-73, 1995.

BELZNER, Kate A.; SEAL, Brenda C. "Children with cochlear implants: A review of demographics and communication outcomes". *American Annals of the Deaf* 154, n. 3, pp. 311-33, verão 2009.

BENDER, Lauretta. "Childhood schizophrenia". *Nervous Child* 1, pp. 138-40, 1941.

_____. "Childhood schizophrenia". *American Journal of Orthopsychiatry* 17, n. 1, pp. 40-56, jan. 1947.

BENDER, Ruth E. *The Conquest of Deafness: A History of the Long Struggle to Make Possible Normal Living to Those Handicapped by Lack of Normal Hearing*. Cleveland, OH: Press of Case Western Reserve University, 1970.

BENDERLY, Beryl Lieff. *Dancing Without Music: Deafness in America*. Washington, D. C.: Gallaudet University Press, 1990.

BENES, Francine M. "Amygdalocortical circuitry in schizophrenia: From circuits to molecules". *Neuropsychopharmacology* 35, n. 1, pp. 239-57, jan. 2010.

BENJAMIN, Melanie. *The Autobiography of Mrs. Tom Thumb: A Novel*. Nova York: Delacorte, 2011.

BENNETT, Allyson et al. "Early experience and serotonin transporter gene variation interact to influence primate CNS function". *Molecular Psychiatry* 7, n. 1, pp. 118-22, 2002.

BERESFORD, Bryony A. "Resources and strategies: How parents cope with the care of a disabled child". *Journal of Child Psychology & Psychiatry* 35, n. 1, pp. 171-209, jan. 1994.

BERGEN, Raquel Kennedy. *Wife Rape: Understanding the Response of Survivors and Service Providers*. Thousand Oaks, CA: Sage Publications, 1996.

_____. "Studying wife rape: Reflections on the past, present, and future". *Violence Against Women* 10, n. 12, pp. 1407-16, dez. 2004.

BERGEN, Raquel Kennedy; BARNHILL, Elizabeth. *Marital Rape: New Research and Directions*. Applied Research Forum of the National Network on Violence Against Women. Harrisburg, PA: National Resource Center on Domestic Violence, fev. 2006.

BERGEY, Jean Lindquist; GANNON, Jack R. "Creating a national exhibition on deaf life". *Curator* 41, n. 2, pp. 82-9, jun. 1998.

BERKOWITZ, Ivor D. et al. "Dwarfs: Pathophysiology and anesthetic implications". *Anesthesiology* 7, n. 4, pp. 739-59, out. 1990.

BERR, Jonathan. "Sex change surgery is now tax deductible". *Time*, 10 nov. 2011.

BERREBY, David. "Up with people: Dwarves meet identity politics". *New Republic*, 29 abr. 1996.

BERTLING, Tom. *A Child Sacrificed to the Deaf Culture*. Wilsonville, OR: Kodiak Media Group, 1994.

BETTELHEIM, Bruno. *The Empty Fortress: Infantile Autism and the Birth of the Self*. Nova York: Free Press, 1967.

_____. *The Uses of Enchantment: The Meaning and Importance of Fairy Tales*. Nova York: Alfred A. Knopf, 1976. [Ed. bras.: *A psicanálise dos contos de fadas*. 21 ed. Rio de Janeiro: Paz e Terra, 2007.]

BÉRUBÉ, Michael. *Life As We Know It: A Father, a Family and an Exceptional Child.* Nova York: Pantheon, 1996.

"BIDEN praises Special Olympic athletes". *Spokesman-Review*, 19 fev. 2009.

BIKLEN, Douglas. *Communication Unbound: How Facilitated Communication Is Challenging Traditional Views of Autism and Ability/Disability.* Nova York: Teachers College Press, 1993.

BIRENBAUM, Arnold; COHEN, Herbert J. "On the importance of helping families: Policy implications from a national study". *Mental Retardation* 31, n. 2, pp. 67-74, abr. 1993.

BISHOP, Dorothy V. et al. "Autism and diagnostic substitution: Evidence from a study of adults with a history of developmental language disorder". *Developmental Medicine & Child Neurology* 50, n. 5, pp. 341-5, maio 2008.

BISHOP, Elizabeth. *Questions of Travel.* Nova York: Farrar, Straus & Giroux, 1965.

BISHOP, Michele; HICKS, Sherry L. (Orgs.). *Hearing, Mother Father Deaf.* Washington, D. C.: Gallaudet University Press, 2009.

BLACHER, Jan (Org.). *Severely Handicapped Young Children and Their Families: Research in Review.* Orlando, FL: Academic Press, 1984.

_____. "Sequential stages of parental adjustment to the birth of a child with handicaps: fact or artifact?". *Mental Retardation* 22, n. 2, pp. 55-68, abr. 1984.

_____. *When There's No Place Like Home: Options for Children Living Apart from Their Natural Families.* Baltimore: Paul H. Brookes, 1994.

BLACHER, Jan; BAKER, Bruce L. "Out-of-home placement for children with retardation: Family decision making and satisfaction". *Family Relations* 43, n. 1, pp. 10-5, jan. 1994.

_____. "Family involvement in residential treatment of children with retardation: is there evidence of detachment?". *Journal of Child Psychology & Psychiatry* 35, n. 3, pp. 505-20, mar. 1994.

_____ (Orgs.). *Families and Mental Retardation: The Best of AAMR.* Thousand Oaks, CA: Sage Publications, 2002.

BLACHER, Jan; BAKER, Bruce L.; FEINFIELD, Kristin Abbott. "Leaving or launching? Continuing family involvement with children and adolescents in placement". *American Journal on Mental Retardation* 104, n. 5, pp. 452-65, set. 1999.

BLACHER, Jan et al. "Depression in Latino mothers of children with mental retardation: A neglected concern". *American Journal on Mental Retardation* 101, n. 5, pp. 483-96, set. 1997.

BLACK, Edwin. *War Against the Weak: Eugenics and America's Campaign to Create a Master Race.* Nova York: Thunder's Mouth Press, 2004.

BLACKING, John. *How Musical Is Man?* Seattle: University of Washington Press, 1973.

BLANCHARD, Ray. "Fraternal birth order and the maternal immune hypothesis of male homosexuality". *Hormones & Behavior* 40, n. 2, pp. 105-14, set. 2001.

BLEULER, Eugen P. "Autistic thinking". *American Journal of Insanity* 69, p. 873, abr. 1913.

BLOOM, Amy. *Normal: Transsexual CEOs, Crossdressing Cops, and Hermaphrodites with Attitude.* Nova York: Random House, 2002.

BLUM, Robert W. et al. "The effects of race/ethnicity, income, and family structure on adolescent risk behaviors". *American Journal of Public Health* 90, n. 12, pp. 1879-84, dez. 2000.

BLUME, Harvey. "Neurodiversity". *Atlantic Monthly*, 30 set. 1998.

BOARD of Education v. Rowley. 458 US 176 (1982).

BOCHENEK, Michael; BROWN, Widney. *Hatred in the Hallways: Violence and Discrimination Against Lesbian, Gay, Bisexual, and Transgender Students in U. S. Schools*. Nova York: Human Rights Watch, 2001.

BONVILLIAN, John D.; ORLANSKY, Michael D.; NOVACK, Lesley Lazin. "Developmental milestones: Sign language acquisition and motor development". *Child Development* 54, n. 6, pp. 1435-45, dez. 1983.

BORNSTEIN, David. "For some with autism, jobs to match their talents". *New York Times Opinionator*, 30 jun. 2011. Disponível em: <opinionator.blogs.nytimes.com/2011/06/30/putting-the-gifts--of-the-autistic-to-work>.

BORTHWICK, Chris. "The proof of the vegetable". *Journal of Medical Ethics* 21, n. 4, pp. 205-8, ago. 1995.

BOSWELL, John. *The Kindness of Strangers: The Abandonment of Children in Western Europe from Late Antiquity to the Renaissance*. Chicago: University of Chicago Press, 1998.

BOUDREAULT, Patrick et al. "Deaf adults' reasons for genetic testing depend on cultural affiliation: Results from a prospective, longitudinal genetic counseling and testing study". *Journal of Deaf Studies & Deaf Education* 15, n. 3, pp. 209-27, verão 2010.

BOWEN, Murray; DYSINGER; Robert H.; BASAMANIA, Betty. "The role of the father in families with a schizophrenic patient". *American Journal of Psychiatry* 115, n. 11, pp. 1017-20, maio 1959.

BOWLBY, John. *Maternal Care and Mental Health*. WHO Monograph Series, n. 2. Genebra: Organização Mundial de Saúde, 1952.

BOWLBY, John; FRY, Margery; AINSWORTH, Mary D. Salter. *Child Care and the Growth of Love*. Baltimore: Penguin, 1965.

_____. *Separation: Anxiety and Anger*. v. 2, *Attachment and Loss*. Nova York: Basic Books, 1973.

_____. *Loss: Sadness and Depression*. v. 3, *Attachment and Loss*. Nova York: Basic Books, 1980.

_____. *Attachment*. 2. ed. v. 1, *Attachment and Loss*. Nova York: Basic Books, 1982.

BOYD, Ralph F. *Investigation of Nevada Youth Training Center, Elko, Nevada*. U. S. Department of Justice, Civil Rights Division, maio 2005.

BOYLAN, Jennifer Finney. *She's Not There: A Life in Two Genders*. Nova York: Broadway, 2003.

BRADFORD, William. *Of Plymouth Plantation, 1620-1647*. Org. de Samuel Eliot Morison. New Brunswick, NJ: Rutgers University Press, 1957.

BRADLEY, Susan J.; ZUCKER, Kenneth J. "Gender identity disorder: A review of the past 10 years". *Journal of the American Academy of Child & Adolescent Psychiatry* 36, n. 7, pp. 872-80, jul. 1997.

_____. "Children with gender nonconformity: Drs. Bradley and Zucker reply". *Journal of the American Academy of Child & Adolescent Psychiatry* 42, n. 3, pp. 266-8, mar. 2003.

BRAGG, Lois (Org.). *Deaf World: A Historical Reader and Primary Sourcebook*. Nova York: New York University Press, 2001.

BRAMLETT, Matthew D.; RADEL, Laura F.; BLUMBERG, Stephen J. "The health and well-being of adopted children". *Pediatrics* 119, supl. 1, pp. S54-S60, 1 fev. 2007.

BRASEL, Kenneth E.; QUIGLEY, Stephen P. "Influence of certain language and communication environments in early childhood on the development of language in deaf individuals". *Journal of Speech & Hearing Research* 20, n. 1, pp. 95-107, mar. 1977.

BRASLOW, Joel T. "History and evidence-based medicine: Lessons from the history of somatic treatments from the 1900s to the 1950s". *Mental Health Services Research* 1, n. 4, pp. 231-40, dez. 1999.

BRAY, Isabelle C.; WRIGHT, David E. "Estimating the spontaneous loss of Down syndrome fetuses between the times of chorionic villus sampling, amniocentesis and live birth". *Prenatal Diagnosis* 18, n. 10, pp. 1045-54, out. 1998.

BREGANI, P. et al. "Emotional implications of limb lengthening in adolescents and young adults with achondroplasia". *Life-Span & Disability* 1, n. 2, p. 6, jul./dez. 1998.

BREGGIN, Peter Roger. *Psychiatric Drugs: Hazards to the Brain*. Nova York: Springer, 1983.

BRESLAU, Naomi et al. "Siblings of disabled children: Effects of chronic stress in the family". *Archives of General Psychiatry* 44, n. 12, pp. 1040-6, dez. 1987.

BRICKMAN, P.; COATES, D.; JANOFF-BULMAN, R. "Lottery winners and accident victims: Is happiness relative?". *Journal of Personal & Social Psychology* 36, n. 8, pp. 917-27, ago. 1978.

BRIGANDE, John V.; HELLER, Stefan. "Quo vadis, hair cell regeneration?". *Nature Neuroscience* 12, n. 6, pp. 679-85, jun. 2009.

BRILL, Stephanie; PEPPER, Rachel. *The Transgender Child: A Handbook for Families and Professionals*. San Francisco: Cleis Press, 2008.

BRINDLEY, Madeleine. "Fears over fertilisation and embryology bill clause". *Western Mail*, 7 abr. 2008.

BRINK, Susan. "Is taller better?". *Los Angeles Times*, 15 jan. 2007.

_____. "When average fails to reach parents' expectations". *Los Angeles Times*, 15 jan. 2007.

BRINKMANN, G. et al. "Cognitive skills in achondroplasia". *American Journal of Medical Genetics* 47, n. 5, pp. 800-4, out. 1993.

BRISON, Susan J. *Aftermath: Violence and the remaking of a self*. Princeton, NJ: Princeton University Press, 2002.

BROCKE, Emma. "Gay parenting: It's complicated". *Guardian*, 20 abr. 2012.

BRODER, John M. "Dismal California prisons hold juvenile offenders". *New York Times*, 15 fev. 2004.

BRODY, Jane E. "Cochlear implant supports an author's active life". *New York Times*, 26 fev. 2008.

BRONSON, Peter. "For deep-end families, lack of hope can kill". *Cincinnati Enquirer*, 9 out. 2005.

BROOKS, David. "The Columbine killers". *New York Times*, 24 abr. 2004.

_____. "Columbine: Parents of a killer". *New York Times*, 15 maio 2004.

_____. "Genius: The modern view". *New York Times*, 1 maio 2009.

BROWN, Alan S. "The environment and susceptibility to schizophrenia". *Progress in Neurobiology* 93, n. 1, pp. 23-58, jan. 2011.

BROWN, Alan S.; SUSSER, Ezra S. "In utero infection and adult schizophrenia". *Mental Retardation & Developmental Disabilities Research Reviews* 8, n. 1, pp. 51-7, fev. 2002.

BROWN, B. Bradford; STEINBERG. L. "Academic achievement and social acceptance: Skirting the 'brain--nerd' connection". *Education Digest* 55, n. 7, pp. 55-60, 1990.

BROWN, Barbara. "Mother begins trial for death of her son: Johnny Churchi was 13, autistic, and found strangled in his family apartment Oct. 2001". *Hamilton Spectator*, 5 maio 2003.

BROWN, Brooks; MERRIT, Rob Merritt. *No Easy Answers: The Truth Behind Death at Columbine*. Nova York: Lantern Books, 2002.

BROWN, Kevin D. et al. "Incidence and indications for revision cochlear implant surgery in adults and children". *Laryngoscope* 119, n. 1, pp. 152-7, jan. 2009.

BROWN, Mildred L.; ROUNSLEY, Chloe Ann. *True Selves: Understanding Transsexualism*. San Francisco: Jossey-Bass, 1996.

BROWN, Patricia Leigh. "Supporting boys or girls when the line isn't clear". *New York Times*, 2 dez. 2006.

BROWN, Peter et al. "A new small-bodied hominin from the late pleistocene of Flores, Indonesia". *Nature* 431, n. 7012, pp. 1055-61, 27 out. 2004.

BROWNMILLER, Susan. *Against Our Will: Men, Women, and Rape*. Nova York: Simon & Schuster, 1975.

BRUST, James S. et al. "Psychiatric aspects of dwarfism". *American Journal of Psychiatry* 133, n. 2, pp. 160-4, fev. 1976.

BUBER, Martin. *I and Thou*. Nova York: Scribner, 2000. [Ed. bras.: *Eu e tu*. São Paulo: Centauro, 2008.]

BUCHANAN, Robert W. et al. "Recent advances in the development of novel pharmacological agents for the treatment of cognitive impairments in schizophrenia". *Schizophrenia Bulletin* 33, n. 5, pp. 1120-30, 2007.

BUCK v. Bell. 274 US 200 (1927).

BULLOCK, Penn; THORP, Brandon K. "Christian right leader George Rekers takes vacation with 'rent boy'". *Miami New Times*, 4 maio 2010.

BUNYAN, John. *The Miscellaneous Works of John Bunyan*. Org. de Richard L. Greaves e Robert Sharrock. Oxford: Clarendon Press, 1979.

BURCH, Rebecca; GALLUP, George. "Perceptions of paternal resemblance predict family violence". *Evolution & Human Behavior* 21, n. 6, pp. 429-35, nov. 2000.

BURCH, Susan. *Signs of Resistance: American Deaf Cultural History, 1900 to World War II*. Nova York: New York University Press, 2004.

BURKE, Phyllis. *Gender Shock: Exploding the Myths of Male and Female*. Nova York: Anchor, 1996.

BURKHART, Alan. "The Ashley treatment". *Burkhart's Blog*, 6 jan. 2007. Disponível em: <alanburkhart.blogspot.com/2007/01/ashley-treatment.html.>.

BURNS, Elizabeth. *Tilt: Every Family Spins on Its Own Axis: A Novel*. Naperville, IL: Sourcebooks, 2003.

BURTON, David L.; LEIBOWITZ, George Stuart; HOWARD, Alan. "Comparison by crime type of juvenile delinquents on pornography exposure: The absence of relationships between exposure to pornography and sexual offense characteristics". *Journal of Forensic Nursing* 6, n. 3, pp. 121-9, set. 2010.

BURTON, Sally L.; PARKS, A. Lee. "Self-esteem, locus of control, and career aspirations of college-age siblings of individuals with disabilities". *Social Work Research* 18, n. 3, pp. 178-85, set. 1994.

BUSNEL, Marie-Claire; GRANIER-DEFERRE, Carolyn; LECANNUET, Jean-Pierre. "Fetal audition". *Annals of the New York Academy of Sciences* 662, pp. 118-34, out. 1992.

BUTLER, Judith. *Gender Trouble: Feminism and the Subversion of Identity*. Londres e Nova York: Routledge, 1999. [Ed. bras.: *Problemas de gênero: Feminismo e subversão da identidade*. Rio de Janeiro: Civilização Brasileira, 2003.]

BYRD, A. Dean; NARTH SCIENTIFIC ADVISORY COMMITTEE. "Gender identity disorders in childhood and adolescence: A critical inquiry and review of the Kenneth Zucker research". Encino, CA: National Association for Research and Therapy of Homosexuality, mar. 2007.

BYRNE, Rhonda. *The Secret*. Nova York: Atria Books, 2006. [Ed. bras.: *O segredo*. Rio de Janeiro: Ediouro, 2007.]

BYROM, Brad. "Deaf culture under siege". *H-Net Reviews*, mar. 2003.

CAHILL, Brigid M.; GLIDDEN, Laraine Masters. "Influence of child diagnosis on family and parental functioning: Down syndrome versus other disabilities". *American Journal on Mental Retardation* 101, n. 2, pp. 149-60, set. 1996.

CALHOUN, George et al. "The neophyte female delinquent: A review of the literature". *Adolescence* 28, n. 110, pp. 461-71, verão 1993.

CALMELS, Marie-Noelle et al. "Speech perception and speech intelligibility in children after cochlear implantation". *International Journal of Pediatric Otorhinolaryngology* 68, n. 3, pp. 347-51, mar. 2004.

CAMPBELL, Daniel B. et al. "Distinct genetic risk based on association of MET in families with co-occurring autism and gastrointestinal conditions". *Pediatrics* 123, n. 3, pp. 1018-24, mar. 2009.

CAMPBELL, Jacquelyn C.; ALFORD, Peggy. "The dark consequences of marital rape". *American Journal of Nursing* 89, n. 7, pp. 946-9, jul. 1989.

CAMPBELL, Jacquelyn C. et al. "The influence of abuse on pregnancy intention". *Women's Health Issues* 5, n. 4, pp. 214-22, inverno 1995.

CANFIELD, Jack et al. *Chicken Soup for the Soul: Children with Special Needs: Stories of Love and Understanding for Those Who Care For Children with Disabilities.* Deerfield Beach, FL: Health Communications, 2007.

CANGUILHEM, Georges. *The Normal and the Pathological.* Intr. de Michel Foucault. Trad. de Carolyn R. Fawcett e Robert S. Cohen. Nova York: Zone Books, 1991. [Ed. bras.: *O normal e o patológico.* Rio de Janeiro: Forense Universitária, 1978.]

CANTOR, Rita M. et al. "Paternal age and autism are associated in a family-based sample". *Molecular Psychiatry* 12, pp. 419-23, 2007.

CANTOR-GRAAE, Elizabeth; SELTEN, Jean-Paul. "Schizophrenia and migration: A meta-analysis and review". *American Journal of Psychiatry* 162, n. 1, pp. 12-24, jan. 2005.

CAO, Zhengyu et al. "Clustered burst firing in FMR1 premutation hippocampal neurons: Amelioration with allopregnanolone". *Human Molecular Genetics* (publicação on-line anterior à versão impressa), 6 abr. 2012.

CAPLAN, Arthur. "Is 'Peter Pan' treatment a moral choice?". MSNBC, 5 jan. 2007. Disponível em: <www.msnbc.msn.com/id/16472931/ns/health-health_care/t/peter-pan-treatment-moral--choice>.

CARBONE, Vincent J.; SWEENEY-KERWIN, Emily J. "Increasing the vocal responses of children with autism and developmental disabilities using manual sign mand training and prompt delay". *Journal of Applied Behavior Analysis* 43, n. 4, pp. 705-9, inverno 2010.

CARDNO, Alastair G. et al. "Heritability estimates for psychotic disorders: The Maudsley twin psychosis series". *Archives of General Psychiatry* 56, n. 2, pp.162-8, fev. 1999.

CAREY, Benedict. "Mixed result in drug trial on pretreating schizophrenia". *New York Times*, 1 maio 2006.

_____. "Psychiatry manual drafters back down on diagnoses". *New York Times*, 8 maio 2012.

_____. "New definition of autism will exclude many, study suggests". *New York Times*, 19 jan. 2012.

CAREY, Rea. "Testimony of the National Gay and Lesbian Task Force Action Fund, Rea Carey, Executive Director, Committee on Health, Education, Labor, and Pensions, United States Senate, November 5, 2009". Washington, D. C.: National Gay and Lesbian Task Force Action Fund, 2009.

CARON, M. J. et al. "Cognitive mechanisms, specificity and neural underpinnings of visuospatial peaks in autism". *Brain* 129, n. 7, pp. 1789-802, jul. 2006.

CAROTHERS, Carol. "Juvenile detention centers: Are they warehousing children with mental illnesses?". Exposição de Carol Carothers, em nome da Aliança Nacional sobre Doença Mental, ao Comitê de Assuntos Públicos do Senado dos Estados Unidos sobre centros de detenção juvenis, 7 jul 2004. Richmond, VA: National Alliance for Mental Illness, 2004.

CARPENTER, R. Charli. "War's impact on children born of rape and sexual exploitation: Physical, economic and psychosocial dimensions". Trabalho apresentado à conferência sobre o impacto da guerra em crianças, Universidade de Alberta, Edmonton, abr. 2005.

_____. *Born of War: Protecting Children of Sexual Violence Survivors in Conflict Zones*. Sterling, VA: Kumarian Press, 2007.

CASPI, Avshalom et al. "Role of genotype in the cycle of violence in maltreated children". *Science* 297, n. 5582, pp. 851-4, ago. 2002.

CASSIDY, Jude; SHAVER, Phillip R. (Orgs.). *Handbook of Attachment: Theory, Research, and Clinical Applications*. Nova York: Guilford Press, 1999.

CASTELLS, Salvador; WIESNIEWSKI, Krystyna E. (Orgs.). *Growth Hormone Treatment in Down's Syndrome*. Nova York: John Wiley & Sons, 1993.

CAZADOR, Jenifer Ann. "Lost souls of polygamy central". *The Wrecking Machine*, abr. 2008.

CENTRO DE JUSTIÇA GLOBAL. *The Right to an Abortion for Girls and Women Raped in Armed Conflict*. Nova York, 2011.

CENTRO NACIONAL PELA IGUALDADE DOS TRANSGÊNEROS. "Understanding Transgender: Frequently Asked Questions About Transgender People". Washington, D. C., 2009.

CHAKRAVARTI, Aravinda et al. *Reproductive Genetic Testing: What America Thinks*. Washington, D. C.: Genetics & Public Policy Center, 2004.

CHAMBERLIN, Judi. *On Our Own: Patient-Controlled Alternatives to the Mental Health System*. Nova York: Hawthorn Books, 1978.

CHAMPION, Dean John. *The Juvenile Justice System: Delinquency, Processing, and the Law*. 4 ed. Nova Jersey: Pearson Prentice Hall, 2004.

CHAMPOUX, Maribeth et al. "Serotonin transporter gene polymorphism, differential early rearing, and behavior in rhesus monkey neonates". *Molecular Psychiatry* 7, n. 10, pp. 1058-63, 2002.

CHANCELLOR, Alexander. "Guide to age". *Guardian*, 6 nov. 2004.

CHAPMAN, Paul. "Mom who strangled autistic child tried to get her to jump off bridge". *Vancouver Sun*, 11 jul. 1998.

CHEEK, D. B. *Human Growth*. Filadélfia: Lea and Febiger, 1968.

CHEMERS, Michael M. "Le freak, c'est chic: The twenty-first century freak show as theatre of transgression". *Modern Drama* 46, n. 2, pp. 285-304, verão 2003.

_____. "Jumpin' Tom Thumb: Charles Stratton onstage at the American Museum". *Nineteenth Century Theatre & Film* 31, pp. 16-27, 2004.

CHEN, Wei et al. "Human fetal auditory stem cells can be expanded in vitro and differentiate into functional auditory neurons and hair cell-like cells". *Stem Cells* 2, n. 5, pp. 1196-204, maio 2009.

CHEN, Zu-Pei; HETZEL, Basil S. "Cretinism revisited". *Best Practice & Research Clinical Endocrinology & Metabolism* 24, n. 1, pp. 39-50, fev. 2010.

CHENG, André K. et al. "Cost-utility analysis of the cochlear implant in children". *Journal of the American Medical Association* 274, n. 7, pp. 850-6, ago. 2000.

CHEW, Kristina. "I don't have a title for this post about Katherine McCarron's mother". *Autism Vox*, 8 jun. 2006. Disponível em: <archive.blisstree.com/feel/i-dont-have-a-title-for-this-post-about--katherine-mccarrons-mother>.

"CHILD prodigy's time to 'do something great,' Mom says". *Washington Post*, 20 mar. 2005.

CHILDREN of Rape. Documentário cinematográfico, com participação de Phil Donahue. Princeton, NJ: Films for the Humanities & Sciences, 1994.

CHINEN, Nate. "Gabriel Kahane, *Where Are the Arms*". *New York Times*, 19 set. 2011.

CHISHOLM, Dan et al. "Schizophrenia treatment in the developing world: An interregional and multinational cost-effectiveness analysis". *Bulletin of the World Health Organization* 86, n. 7, pp. 542--51, jul. 2008.

CHOROST, Michael. *Rebuilt: My Journey Back to the Hearing World*. Nova York: Mariner Books, 2006.

CHOW, Robert. "Barrios' rivalry began with sports, cars". *Orange County Register*, 6 ago. 1990.

CHRISTIANSEN, John B.; LEIGH, Irene W. *Cochlear Implants in Children: Ethics and Choices*. Washington, D. C.: Gallaudet University Press, 2002.

_____. "Children with cochlear implants: Changing parent and deaf community perspectives". *Archives of Otolaryngology — Head & Neck Surgery* 130, n. 5, pp. 673-7, maio 2004.

CHRISTIANSEN, John B.; BARNARTT, Sharon N. *Deaf President Now! The 1988 Revolution at Gallaudet University*. Washington, D. C.: Gallaudet University Press, 2003.

CICCHETTI, Dante; BEEGHLY Marjorie (Orgs.). *Children with Down Syndrome: A Developmental Perspective*. Cambridge, Reino Unido; Nova York: Cambridge University Press, 1990.

CITY of Cleburne v. Cleburne Living Center. 473 US 432 (1985).

CLAIRMONT, Susan. "'Sending you to heaven' said mom: She put a belt around Johnny's neck and then held a pillow over his face". *Hamilton Spectator*, 6 maio 2003.

CLARK, Sarah et al. "Fluoxetine rescues deficient neurogenesis in hippocampus of the Ts65Dn mouse model for Down syndrome". *Experimental Neurology* 200, n. 1, pp. 256-61, jul. 2006.

CLOUD, John. "Are we failing our geniuses?". *Time*, 16 ago. 2007.

COCCHI, Guido et al. "International trends of Down syndrome, 1993-2004: Births in relation to maternal age and terminations of pregnancies". *Birth Defects Research Part A: Clinical & Molecular Teratology* 88, n. 6, pp. 474-9, jun. 2010.

COCO, Adrienne Phelps. "Diseased, maimed, mutilated: Categorizations of disability and an ugly law in late nineteenth-century Chicago". *Journal of Social History* 44, n. 1, pp. 23-37, outono 2010.

COHEN, Elizabeth. "Disability community decries 'Ashley treatment'". Cable News Network, 12 jan. 2007; atualizado 12 mar. 2008.

COHEN-KETTENIS, Peggy T. "Psychosexual outcome of gender-dysphoric children". *Journal of the American Academy of Child & Adolescent Psychiatry* 47, n. 12, pp. 1413-23, dez. 2008.

COHEN-KETTENIS, Peggy; DELEMARRE-VAN DE WAAL, H. A.; GOOREN, L. J. Gooren. "The treatment of adolescent transsexuals: Changing insights". *Journal of Sexual Medicine* 5, n. 8, pp. 1892-7, ago. 2008.

COHEN-KETTENIS, Peggy T.; VAN GOOZEN, Stephanie H. "Sex reassignment of adolescent transsexuals: A follow-up study". *Journal of the American Academy of Child & Adolescent Psychiatry*, v. 36, n. 2, pp. 263-71, fev. 1997.

COHN, Meredith. "Lupron therapy for autism at center of embattled doctor's case". *Baltimore Sun*, 16 jun. 2011.

COLANGELO, Nicolas. *A Nation Deceived: How Schools Hold Back America's Brightest Students*. Iowa City: Institute for Research and Policy on Acceleration, Universidade de Iowa, 2004.

COLAPINTO, John. "The true story of John/Joan". *Rolling Stone*, 11 dez. 1997.

_____. *As Nature Made Him: The Boy Who Was Raised as a Girl*. Nova York: HarperCollins, 2000.

COLAPINTO, John. "Gender gap: What were the real reasons behind David Reimer's suicide?". *Slate*, 3 jun. 2004.

COLÉGIO AMERICANO DE OBSTETRAS E GINECOLOGISTAS. "New recommendations for Down syndrome: Screening should be offered to all pregnant women". Press Release. Washington, D. C., 2 jan. 2007.

_____. "Screening for fetal chromosomal abnormalities". *ACOG Practice Bulletin* 77, pp. 1-11, jan. 2007.

COLEMAN, Naomi. "Boys will be girls". *Guardian*, 20 ago. 2003.

COLVIN, Geoff. *Talent Is Overrated: What Really Separates World-Class Performers from Everybody Else*. Nova York: Portfolio, 2010.

COMISSÃO DE DIREITOS HUMANOS DAS NAÇÕES UNIDAS. *Views of the Human Rights Committee Under Article 5, Paragraph 4, of the Optional Protocol to the International Covenant on Civil and Political Rights, Seventy-Fifth Session, Communication N. 854/1999, Submitted by Manuel Wackenheim*. Genebra, 15 jul. 2002.

CONGRESSO DOS ESTADOS UNIDOS. Americans with Disabilities Act (42 USC § 12101). Disponível em: <www.law.cornell.edu/usc-cgi/get_external.cgi?type=pubL&target=101-336>.

_____. U. S. Rehabilitation Act of 1973 (29 USC § 701). Disponível em: <www.law.cornell.edu/uscode/text/29/701>.

_____. Senate Committee on the Judiciary. *Drugs in Institutions*. Hearings Before the Subcommittee to Investigate Juvenile Delinquency of the Committee on the Judiciary, 31 jul. e 18 ago. 1975. Washington, D. C.: U. S. Government Printing Office, 1977.

_____. House Committee on Education and the Workforce. Subcommittee on Education Reform. *Individuals with Disabilities Education Act (IDEA): Guide to Frequently Asked Questions*. Washington, D. C.: U. S. Government Printing Office, fev. 2005.

CONSTANTINO, John N. et al. "Autism recurrence in half siblings: Strong support for genetic mechanisms of transmission in ASD". *Molecular Psychiatry*, 28 fev. 2012. Publicação digital antes do formato impresso.

CONWAY, Lynn. "A warning for those considering MtF sex reassignment surgery (SRS)". Ann Arbor, MI: Lynn Conway, 9 abr. 2005; atualizado 16 mar. 2007. Disponível em: <ai.eecs.umich.edu/people/conway/TS/Warning.html>.

_____. "The numbers don't add: Transsexual prevalence". GID Reform Advocates, 2008.

COOLE, Maria. "Report recommendations could put Pa. at forefront in autism services". *Lancaster Intelligencer-Journal*, 23 abr. 2005.

COOPER, Huw; CRADDOCK, Louise. *Cochlear Implants: A Practical Guide*. 2 ed. Londres: Whurr, 2006.

CORCORAN, Cheryl M.; FIRST, Michael B.; COMBLAT, Barbara. "The psychosis risk syndrome and its proposed inclusion in the DSM-V: A risk-benefit analysis". *Schizophrenia Research*, n. 120, jul. 2010.

CORNELL, Christoph U. et al. "Research in people with psychosis risk syndrome: A review of the current evidence and future directions". *Journal of Child Psychology & Psychiatry* 51, n. 4, pp. 390-431, abr. 2010.

CORONE, Daniel. "Bree Walker blasts KFI's *Baby Talk*". *Los Angeles Times*, 17 ago. 1991.

CORVINO, John. "Why Baby Gauvin is not a victim". *Gay & Lesbian Review Worldwide* 9, n. 6, p. 25, 2002.

CORWIN, Jeffrey T. "Postembryonic production and aging in inner ear hair cells in sharks". *Journal of Comparative Neurology* 201, n. 4, pp. 541-3, out. 1981.

_____. "Postembryonic growth of the macula neglecta auditory detector in the ray, *Raja clavata*: Continual increases in hair cell number, neural convergence, and physiological sensitivity". *Journal of Comparative Neurology* 217, n. 3, pp. 345-56, jul. 1983.

_____. "Perpetual production of hair cells and maturational changes in hair cell ultrastructure accompany postembryonic growth in an amphibian ear". *Proceedings of the National Academy of Sciences* 82, n. 11, pp. 3911-5, jun. 1985.

COSTA, Albert C. S.; SCOTT-MCKEAN, Jonah J.; STASKO, Melissa R. "Acute injections of the NMDA receptor antagonist memantine rescue performance deficits of the Ts65Dn mouse model of Down syndrome on a fear conditioning test". *Neuropsychopharmacology* 33, n. 7, pp. 1624-32, jun. 2008.

COSTELLO, Victoria. "Reaching children who live in a world of their own". *Psychology Today*, 9 dez. 2009.

COTANCHE, Douglas A. "Regeneration of hair cell stereociliary bundles in the chick cochlea following severe acoustic trauma". *Hearing Research* 30, n. 2/3, pp. 181-95, 1987.

COUNCIL OF STATE GOVERNMENTS. *Criminal Justice/Mental Health Consensus Project*. Nova York: Council of State Governments Eastern Regional Conference, 2002.

COURCHESNE, Eric et al. "Evidence of brain overgrowth in the first year of life in autism". *Journal of the American Medical Association* 290, n. 3, pp. 337-44, jul. 2003.

COURCHESNE, Eric; CAMPBELL, Kathleen; SOLSO, Stephanie. "Brain growth across the life span in autism: Age-specific changes in anatomical pathology". *Brain Research* 1380, pp. 138-45, mar. 2011.

COX, Catherine. *The Early Mental Traits of Three Hundred Geniuses*. Stanford, CA: Stanford University Press, 1926.

COYLE, Daniel. *The Talent Code: Greatness Isn't Born, It's Grown*. Nova York: Bantam, 2009.

CRANDALL, Richard; CROSSON, Thomas (Orgs.). *Dwarfism: The Family and Professional Guide*. Irvine, CA: Short Stature Foundation & Information Center, 1994.

CREWS, David; MCLACHLAN, John A. "Epigenetics, evolution, endocrine disruption, health, and disease". *Endocrinology* 147, n. 6, pp. S4-S10, jun. 2006.

CROCKETT, Jean B.; KAUFMANN, James M. *The Least Restrictive Environment: Its Origins and Interpretations in Special Education*. Londres; Nova York: Routledge, 1999.

CROEN, Lisa A. et al. "The changing prevalence of autism in California". *Journal of Autism & Developmental Disorders* 32, n. 3, pp. 207-15, jun. 2002.

_____. "Antidepressant use during pregnancy and childhood autism spectrum disorders". *Archives of General Psychiatry*, 4 jul. 2011. Publicação digital antes do formato impresso.

CROOKSHANK, Francis Graham. *The Mongol in Our Midst: A Study of Man and His Three Faces*. Nova York: Dutton, 1924.

CSIKSZENTMIHALYI, Mihaly. *Creativity: Flow and the Psychology of Discovery and Invention*. Nova York: HarperCollins, 1996.

CUAJUNGCO, Math P.; GRIMM, Christian; HELLER, Stefan. "TRP channels as candidates for hearing and balance abnormalities in vertebrates". *Biochimica et Biophysica Acta (BBA) — Molecular Basis of Disease* 1772, n. 8, pp. 1022-7, ago. 2007.

CULLEN, David. "Inside the Columbine High investigation". *Salon*, 23 set. 1999. Disponível em: <www.salon.com/news/feature/1999/09/23/columbine/index.html>.

CULLEN, David. "'Kill mankind. No one should survive'". *Salon*, 23 set. 1999. Disponível em: <www.salon.com/news/feature/1999/09/23/journal/index.html>.

_____. *Columbine*. Nova York: Twelve, 2009.

CURLENDER v. BioScience Laboratories. 106 Cal. App. 3d 811, 165 Cal. Rptr. 477, Califórnia, 1980.

CURRAN, L. K. et al. "Behaviors associated with fever in children with autism spectrum disorders". *Pediatrics* 120, n. 6, pp. E1386-E1392, dez. 2007.

CUTLER, Eustacia. *A Thorn in My Pocket: Temple Grandin's Mother Tells the Family Story*. Arlington, TX: Future Horizons, 2004.

CUTTER, Natela. "'Anne Smith': A rape victim found relief in the abortion". *U. S. News & World Report* 124, n. 2, pp. 29-30, 19 jan. 1998.

DAAR, Judith F. "ART and the search for perfectionism: On selecting gender, genes, and gametes". *Journal of Gender, Race & Justice* 9, n. 2, pp. 241-73, inverno 2005.

DAHMER, Lionel. *A Father's Story*. Nova York: William Morrow, 1994.

DALEY, Suzanne. "Mysterious life of a suspect from France". *New York Times*, 21 set. 2001.

DAMRON, Gina. "Mom waits for answers in transgender teen's death". *Detroit Free Press*, 12 nov. 2011.

DANIEL, Joana. "No man's child: The war rape orphans". Dissertação de mestrado. Viena: Ludwig Boltzmann Institute for Human Rights, 2003.

D'ANNA, Eddie. "Staten Island nightspot cancels dwarf-bowling event for Saturday". *Staten Island Advance*, 27 fev. 2008.

DARROW, Clarence S. "Closing argument for the defense in the Leopold-Loeb murder trial, Criminal Court of County, Chicago, Illinois, 22, 23 e 25 ago. 1924". In: *Famous American Jury Speeches: Addresses Before Fact-Finding Tribunals*. Org. de Frederick C. Hicks. St. Paul, MN: West Publishing, 1925. pp. 992-1089

DAVEY, Monica. "As town for deaf takes shape, debate on isolation re-emerges". *New York Times*, 21 mar. 2005.

DAVID, Henry P.; FLEISCHHACKER, Jochen; HOHN, Charlotte. "Abortion and eugenics in Nazi Germany". *Population & Development Review* 13, n. 1, pp. 81-112, mar. 1988.

DAVIDSON, Jan; DAVIDSON, Bob; VANDERKAM, Laura. *Genius Denied: How to Stop Wasting Our Brightest Young Minds*. Nova York: Simon & Schuster, 2004.

DAVIDSON, Larry; STAYNER, David. "Loss, loneliness e the desire for love: Perspectives on the social lives of people with schizophrenia". *Psychiatric Rehabilitation Journal* 20, n. 3, pp. 3-12, inverno 1997.

DAVIDSON, Lisa S.; GEERS, Ann E.; BRENNER, Christine A. "Cochlear implant characteristics and speech perception skills of adolescents with long-term device use". *Otology & Neurology* 31, n. 8, pp. 1310-4, out. 2010.

DAVIES, Paul. "Deaf culture clash". *Wall Street Journal*, 25 abr. 2005.

DAVIS, David. "Losing the mind". *Los Angeles Times*, 26 out. 2003.

DAVIS, Lennard. *Enforcing Normalcy: Disability, Deafness, and the Body*. Londres: Verso, 1995.

_____. *My Sense of Silence: Memoirs of a Childhood with Deafness*. Urbana: University of Illinois Press, 2000.

DAY, Steven M. et al. "Mortality and causes of death in persons with Down syndrome in California". *Developmental Medicine & Child Neurology* 47, n. 3, pp. 171-6, mar. 2005.

DEACY, Susan; PIERCE, Karen F. (Orgs.). *Rape in Antiquity*. Londres: Duckworth, 2002.

DEAFNESS RESEARCH FOUNDATION. "The cochlear implant timeline", 2009.

DEARTH, Nona; FAMÍLIAS DO COLETIVO DE DOENTES MENTAIS. *Families Helping Families: Living with Schizophrenia.* Nova York; Londres: W. W. Norton, 1986.

DE BRUYN, Maria. *Violence, Pregnancy and Abortion: Issues of Women's Rights and Public Health.* 2 ed. Chapel Hill, NC: Ipas, 2003.

DE COURCY, Geraldine I. C. *Paganini the Genoese.* Norman: University of Oklahoma Press, 1957.

DEKKER, Thomas. *The Honest Whore.* Londres: Nick Hern Books, 1998.

DE MANZANO, Örjan et al. "Thinking outside a less intact box: Thalamic dopamine D2 receptor densities are negatively related to psychometric creativity in healthy individuals". *PLoS One 5*, n. 5, p. E10670, 17 maio 2010.

DE MARNEFFE, Daphne. *Maternal Desire: On Children, Love and the Inner life.* Nova York: Little, Brown, 2004.

DEMBO, R. et al. "Predictors of recidivism to a juvenile assessment center: A three year study". *Journal of Child & Adolescent Substance Abuse* 7, n. 3, pp. 57-77, 1998.

DEMUTH, Stephen; BROWN, Susan L. "Family structure, family processes, and adolescent delinquency: The significance of parental absence versus parental gender". *Journal of Research in Crime & Delinquency* 41, n. 1, pp. 58-81, fev. 2004.

DENNIS, Carina. "Deaf by design". *Nature*, 20 out. 2004.

DERBYSHIRE, David. "Lancet was wrong to publish MMR paper, says editor". *Telegraph*, 21 fev. 2004.

DES FORGES, Alison Liebhafsky. *"Leave None to Tell the Story": Genocide in Rwanda.* Nova York: Human Rights Watch; Paris: Federação Internacional de Direitos Humanos, 1999.

DESOTO, Mary Catherine; HITLAN, Robert T. "Sorting out the spinning of autism: Heavy metals and the question of incidence". *Acta Neurobiologiae Experimentalis* 70, n. 2, pp. 165-76, 2010.

DETTMAN, Shani J. et al. "Communication development in children who receive the cochlear implant younger than 12 months: Risks versus benefits". *Ear & Hearing* 28, supl. n. 2, pp. 11S-18S, abr. 2007.

DE UNAMUNO, Miguel. *The Tragic Sense of Life in Men and Nations.* Princeton, NJ: Princeton University Press, 1977. [Ed. bras.: *Do sentimento trágico da vida: Nos homens e nos povos.* São Paulo: Martins Fontes, 1996.]

DEUTSCH, Diana et al. "Absolute pitch among American and Chinese conservatory students: Prevalence differences, and evidence for a speech-related critical period". *Journal of the Acoustical Society of America* 199, n. 2, pp. 719-22, fev. 2006.

_____. "Absolute pitch among students in an American music conservatory: Association with tone language fluency". *Journal of the Acoustical Society of America* 125, n. 4, pp. 2398-403, abr. 2009.

DEVOR, Holly. *FTM: Female-to-Male Transsexuals in Society.* Bloomington and Indianapolis: Indiana University Press, 1997.

DIAMENT, Michelle. "Down syndrome takes center stage on Fox's 'Glee'". *Disability Scoop*, 12 abr. 2010.

DICKINSON, Emily. *The Complete Poems of Emily Dickinson.* Boston: Little, Brown, 1960.

DI DOMENICO, Marina et al. "Towards gene therapy for deafness". *Journal of Cellular Physiology* 226, n. 10, pp. 2494-9, out. 2011.

DITTON, Paula. *Mental Health and Treatment of Inmates and Probationers.* Washington, D. C.: U. S. Department of Justice, Office of Justice Programs, Bureau of Justice Statistics, 1999.

DOERR, Adam. "The wrongful life debate". *Genomics Law Report*, 22 set. 2009.

DOLNICK, Edward. "Deafness as culture". *Atlantic Monthly*, set. 1993.

DOMINUS, Susan. "Remembering the little man who was a big voice for causes". *New York Times*, 1 maio 2010.

DOUGLAS, John E. et al. *Crime Classification Manual: A Standard System for Investigating and Classifying Violent Crimes.* San Francisco: Jossey-Bass, 1992.

DOWD, Maureen. "Between torment and happiness". *New York Times*, 26 abr. 2011.

DOWN, John Langdon H. "Observations on an ethnic classification of idiots". *Londres Hospital, Clinical Letters & Reports* 3, pp. 259-62, 1886. Reimpresso in *Mental Retardation* 33, n. 1, pp. 54-6, fev. 1995.

DRAKE, Stephen. "Disability advocates call for restraint and responsibility in murder coverage". Press Release. Forest Park, IL: Not Dead Yet, 22 jun. 2006.

DREGER, Alice Domurat. *One of Us: Conjoined Twins and the Future of Normal.* Cambridge, MA: Harvard University Press, 2004.

_____. "Lavish dwarf entertainment". *Hastings Center Bioethics Forum*, 25 mar. 2008.

_____. "Womb gay". *Hastings Center Bioethics Forum*, 4 dez. 2008.

_____. "Gender identity disorder in childhood: Inconclusive advice to parents". *Hastings Center Report* 39, n. 1, pp. 26-9, jan./fev. 2009.

_____. "Attenuated thoughts". *Hastings Center Report* 40, n. 6, p. 3, nov./dez. 2010.

_____. "Trans advocates (at least where genderqueer kids are concerned)". *The Stranger* (*The Queer Issue: You're Doing It Wrong*), 21 jun. 2011.

DREGER, Alice; FEDER, Ellen K.; TAMAR-MATTIS, Anne. "Preventing homosexuality (and uppity women) in the womb?". *Hastings Center Bioethics Forum*, 29 jun. 2010.

DRISCOLL, Deborah A.; GROSS, Susan J. "Screening for fetal aneuploidy and neural tube defects". *Genetic Medicine* 11, n. 11, pp. 818-21, nov. 2009.

DRUMMOND, Kelley D. et al. "A follow-up study of girls with gender identity disorder". *Developmental Psychology* 44, n. 1, pp. 34-45, jan. 2008.

DUCKWORTH, Angela Lee; SELIGMAN, Martin E. P. "Self-discipline outdoes IQ in predicting academic performance of adolescents". *Psychological Science* 16, n. 12, pp. 939-44, dez. 2005.

DUFRESNE, Chris. "Amazing feat: Toledo's Wallace began life in pain and braces because of club feet, but his mother's 'miracle' made it a Gump-like success story". *Los Angeles Times*, 8 out. 1997.

DUMARET, Annick-Camille et al. "Adoption and fostering of babies with Down syndrome: A cohort of 593 cases". *Prenatal Diagnosis* 18, n. 5, pp. 437-45, maio 1998.

DURKIN, Maureen S. et al. "Advanced parental age and the risk of autism spectrum disorder". *American Journal of Epidemiology* 168, n. 11, pp. 1268-76, dez. 2008.

"DWARF left paralysed after being thrown by drunken Rugby fan". *Telegraph*, 12 jan. 2012.

"DWARF tossing ban challenged". United Press International, 29 nov. 2001.

DWARFS: Not a Fairy Tale. Documentário cinematográfico. Produção e direção: Lisa Abelow Hedley e Bonnie Strauss. Nova York: HBO Home Video, 2001.

D. W. et al. v. Harrison County, Mississippi. Case 1:2009cv00267. U. S. District Court for the Southern District of Mississippi, 20 abr. 2009.

DYKENS, Elisabeth M. "Psychopathology in children with intellectual disability". *Journal of Child Psychology & Psychiatry* 41, n. 4, pp. 407-17, maio 2000.

DYKENS, Elisabeth M. "Psychiatric and behavioral disorders in persons with Down syndrome". *Mental Retardation & Developmental Disabilities Research Reviews* 13, n. 3, pp. 272-8, out. 2007.

EAST COMMUNITY. "Family and friends". Salem, OR: Early Assessment and Support Team, 2003. Disponível em: <www.eastcommunity.org/home/ec1/smartlist_12/family_and_friends.html>.

EASTEAL, Patricia Weiser; MCORMOND-PLUMMER, Louise. *Real Rape, Real Pain: Help for Women Sexually Assaulted by Male Partners*. Melbourne: Hybrid, 2006.

EATON, Leslie; GILBERT, Daniel; ZIMMERMAN, Ann. "Suspect's downward spiral". *Wall Street Journal*, 13 jan. 2011.

EATON, Lynn. "France outlaws the right to sue for being born". *British Medical Journal* 324, n. 7330, pp. 129, 19 jan. 2002.

EBERLY, Susan Schoon. "Fairies and the folklore of disability: Changelings, hybrids and the solitary fairy". *Folklore* 99, n. 1, pp. 58-77, 1988.

ECKERT, Richard Clark. "Toward a theory of deaf ethnos: Deafnicity ≈ D/deaf (Hómaemon • Homóglosson • Homóthreskon)". *Journal of Deaf Studies & Deaf Education* 15, n. 4, pp. 317-33, outono 2010.

EGAN, Timothy. "Idaho governor vetoes measure intended to test abortion ruling". *New York Times*, 31 mar. 1990.

EGLEY, Arlen, Jr.; HOWELL, James C.; MOORE, John P. "Highlights of the 2008 National Youth Gang Survey". Washington, D. C.: U. S. Department of Justice, Office of Justice Programs, Office of Juvenile Justice & Delinquency Prevention, mar. 2010.

EHNINGER, Dan et al. "Reversal of learning deficits in a Tsc2+/- mouse model of tuberous sclerosis". *Nature Medicine* 14, n. 8, pp. 843-8, ago. 2008.

81 Words. Programa de rádio. Ira Glass e Alix Spiegel, correspondentes. *This American Life*, WBEZ Chicago/National Public Radio, 18 jan. 2002. Disponível em: <www.thisamericanlife.org/radio-archives/episode/204/81-Words>.

EINHORN, Bruce. "Listen: The sound of hope". *Business Week*, 14 nov. 2005.

ELBERT, Thomas et al. "Increased cortical representation of the fingers of the left hand in string players". *Science* 270, n. 5234, out. 13, pp. 305-7, 1995.

ELDRIDGE, Sherrie. "Unexpected rejection: The subject no one wants to talk about". *Jewel Among Jewels Adoption News*, inverno 1999.

ELGAR, Frank J. et al. "Attachment characteristics and behavioural problems in rural and urban juvenile delinquents". *Child Psychiatry & Human Development* 34, n. 1, pp. 35-48, outono 2003.

ELLIS, Bob. "South Dakota abortion task force studies rape exceptions". *Dakota Voice*, 20 jan. 2006.

_____. "Rape and the abortion question: Should children conceived of rape be treated differently than other children?". *Dakota Voice*, 2 ago. 2006.

EMERY, Steven D.; MIDDLETON, Anna; TURNER, Graham H. "Whose deaf genes are they anyway?: The Deaf community's challenge to legislation on embryo selection". *Sign Language Studies* 10, n. 2, pp. 155-69, inverno 2010.

ENGELER, Amy. "I can't hate this baby". *Redbook* 192, n. 4, pp. 108-12, fev. 1999.

ENGLISH, Rebecca. "After World Cup shame, a £25,000 fine and humiliation for Tindall (and Zara's face says it all)". *Daily Mail*, 12 jan. 2012.

ENSALACO, Mark; MAJKA, Linda C. (Orgs.). *Children's Human Rights: Progress and Challenges for Children Worldwide*. Nova York: Rowman & Littlefield, 2005.

EPEL, Elissa et al. "Accelerated telomere shortening in response to life stress". *Proceedings of the National Academy of Sciences* 101, n. 49, pp. 17312-5, dez. 2004.

ERICSSON, K. Anders; KRAMPE, Ralph T.; TESCH-ROMER, Clemens. "The role of deliberate practice in the acquisition of expert performance". *Psychological Review* 100, pp. 363-406, 1993.

ERICSSON, K. Anders; PRIETULA, Michael J.; COKEL, Edward T. "The making of an expert". *Harvard Business Review*, jul./ago. 2007.

ERICSSON, K. Anders; RORING, Roy W.; NANDAGOPAL, Kiruthiga. "Giftedness and evidence for reproducibly superior performance". *High Ability Studies* 18, n. 1, pp. 3-56, jun. 2007.

ERIKSON, Erik. *Identity and the Life Cycle: Selected Papers*. Nova York: International Universities Press, 1959.

ESSEX, Elizabeth Lehr et al. "Residential transitions of adults with mental retardation: Predictors of waiting list use and placement". *American Journal of Mental Retardation* 101, n. 6, pp. 613-29, maio 1997.

"ETHICIST in Ashley case answers questions". Noticiário de televisão. Amy Burkholder, correspondente. Cable News Network, 11 jan. 2007. Disponível em: <www.cnn.com/2007/HEALTH/01/11/ashley.ethicist/index.html>.

EVANS, Kathy. "Kuwait's rape children offer bitter reminder". *Guardian*, 29 jul. 1993.

EVANS, Nicholas. *Dying Words: Endangered Languages and What They Have to Tell Us*. Nova York: Wiley-Blackwell, 2009.

EVANS, Nicholas; LEVINSON, Stephen C. "The myth of language universals: Language diversity and its importance for cognitive science". *Behavioral & Brain Sciences* 32, pp. 429-92, 2009.

EVELYN, Just. *"Mom, I Need to Be a Girl!"*. Imperial Beach, CA: Walter Trook, 1998.

EYMAN, Richard K. et al. "Survival of profoundly disabled people with severe mental retardation". *American Journal of Diseases of Childhood* 147, n. 3, pp. 329-36, mar. 1993.

FADIMAN, Clifton. *The Little, Brown Book of Anecdotes*. Nova York: Little, Brown, 1985.

FAIRCHILD, Tierney. "Rising to the occasion: Reflections on choosing Naia". *Leadership Perspectives in Developmental Disability* 3, n. 1, primavera 2003. Waltham: Developmental Disabilities Leadership Forum, Shriver School of the University of Massachusetts Medical School, 2003.

———. "The choice to be pro-life". *Washington Post*, 1 nov. 2008.

FALLON, James B.; IRVINE, Dexter R. F.; SHEPHERD, Robert K. "Cochlear implants and brain plasticity". *Hearing Research* 238, n. 1/2, pp. 110-7, abr. 2008.

FALUDI, Gabor; MIRNICS, Karoly. "Synaptic changes in the brain of subjects with schizophrenia". *International Journal of Developmental Neuroscience* 29, n. 3, pp. 305-9, maio 2011.

FARRINGTON, David P. "The development of offending and antisocial behaviour from childhood: Key findings from the Cambridge Study in Delinquent Development". *Journal of Child Psychology & Psychiatry* 36, n. 6, pp. 929-64, set. 1995.

"FEDERAL judge throwing dwarf-tossing lawsuit out of court". *Florida Times-Union*, 26 fev. 2002.

"FEET, dollars and inches: The intriguing relationship between height and income". *Economist*, 3 abr. 2008.

FEINBERG, Irving. "Schizophrenia: Caused by a fault in programmed synaptic elimination during adolescence?". *Journal of Psychiatric Research* 17, n. 4, pp. 319-34, 1982-3.

FELDMAN, David Henry; GOLDSMITH, Lynn T. *Nature's Gambit: Child Prodigies and the Development of Human Potential*. Nova York: Teachers College Press, 1991.

FELLMAN, Bruce. "The Elm City: Then and now". *Yale Alumni Magazine*, set./out. 2006.

FEMINIST RESPONSE IN DISABILITY ACTIVISM. "Feminist Response in Disability Activism (FRIDA) to lead 'Ashley Treatment Action' at the American Medical Association Headquarters". Presse Release, 10 jan. 2007. Disponível em: <fridanow.blogspot.com/2007/01/for-immediate-release-january-10-2007.html>.

FERNALD, Anne. "Four month olds prefer to listen to motherese". *Infant Behavior & Development* 8, pp. 181-95, 1985.

FERNALD, Anne; KUHL, Patricia. "Acoustic determinants of infant preference for motherese speech". *Infant Behavior & Development* 10, pp. 279-93, 1987.

FERNANDES, Jane K.; MYERS, Shirley Shultz. "Inclusive deaf studies: Barriers and pathways". *Journal of Deaf Studies & Deaf Education* 15, n. 1, pp. 17-29, inverno 2010.

FERNANDEZ, Ellen Highland. *The Challenges Facing Dwarf Parents: Preparing for a New Baby*. Tamarac, FL: Distinctive Publishing, 1989.

FERRALL, John A. "Floating on the wings of silence with Beethoven, Kitto, and Edison". *Volta Review* 23, pp. 295-6, 1921.

FERSTER, Charles B. "Positive reinforcement and behavioral deficits of autistic children". *Child Development* 32, pp. 437-56, 1961.

FERSTER, Charles B.; DEMYER, Marian K. "The development of performances in autistic children in an automatically controlled environment". *Journal of Chronic Diseases* 13, n. 4, pp. 312-4, abr. 1961.

"FIDDLER Paganini's ways: Stories and facts in the great man's life". *New York Times*, 27 jul. 1891.

FIDLER, Deborah J. "Parental vocalizations and perceived immaturity in Down syndrome". *American Journal on Mental Retardation* 108, n. 6, pp. 425-34, nov. 2003.

FIGHT CRIME: INVEST IN KIDS. "Investments in children prevent crime and save money". Washington, D. C., 2005. Disponível em: <www.fightcrime.org/reports/CostBenefit.pdf.>.

FILLAT, Cristina e Xavier Altafaj. "Gene therapy for Down syndrome". *Progress in Brain Research* 197, pp. 237-47, 2012.

FINKELHOR, David; YLLO, Kersti. *License to Rape: Sexual Abuse of Wives*. Nova York: Holt, Rinehart & Winston, 1985.

FIRESTONE, David. "Deaf students protest new school head". *New York Times*, 27 abr. 1994.

_____. "Chief executive to step down at deaf center". *New York Times*, 22 jun. 1994.

FITZGERALD, Michael. *The Genesis of Artistic Creativity: Asperger's Syndrome and the Arts*. Londres: Jessica Kingsley Publishers, 2005.

FITZGIBBONS, Richard, Jr.; NICOLOSI, Joseph. "When boys won't be boys: Childhood Gender Identity Disorder". *Lay Witness*, jun. 2001.

FLEISCHER, Doris Zames; ZAMES, Frieda. *The Disability Rights Movement: From Charity to Confrontation*. Filadélfia: Temple University Press, 2001.

FLEISCHMANN, Carly. "You asked, she answered: Carly Fleischmann, 13, talks to our viewers about autism". ABC News, 20 fev. 2008. Disponível em: <abcnews.go.com/Health/story?id=4320297>.

FLYNN, Maureen A.; PAULI, Richard M. "Double heterozygosity in bone growth disorders: Four new observations and review". *American Journal of Medical Genetics* 121A, n. 3, pp. 193-208, 2003.

FOST, Norman. "Offense to third parties?". *Hastings Center Report* 40, n. 6, p. 30, nov./dez. 2010.

FOUCAULT, Michel. *Madness and Civilization: A History of Insanity in the Age of Reason*. Nova York: Vintage, 1988a.

_____. *Politics, Philosophy, Culture: Interviews and Other Writings, 1977-1984*. Londres: Routledge, 1988b.

_____. *The History of Sexuality, Vol. 1: An Introduction*. Nova York: Vintage, 1990.

_____. *Abnormal: Lectures at the Collège de France, 1974-1975*. Londres: Verso, 2003.

FOX, Douglas. "The insanity virus". *Discover*, jun. 2010.

FOX, James Alan. *Uniform Crime Reports: Supplementary Homicide Reports, 1976-1994*. Data from Federal Bureau of Investigation Uniform Crime Reporting Program. Ann Arbor: Institute for Social Research, Universidade de Michigan, 1996.

FOX, James Alan; ZAWITZ, Marianne W. "Homicide trends in the United States". Washington, D. C.: U. S. Department of Justice, Bureau of Justice Statistics, 2007.

FRANCES, Allen. Psychosis risk syndrome: "Far too risky". *Australian & New Zealand Journal of Psychiatry*, v. 45, n. 10, out. 2011.

FRANCOMANO, Clair A. "The genetic basis of dwarfism". *New England Journal of Medicine 332*, n. 1, pp. 58-9, 5 jan. 1995.

FRANCOMANO, Clair A. et al. "Localization of the achondroplasia gene to the distal 2.5 Mb of human chromosome 4p". *Human Molecular Genetics 3*, n. 5, pp. 787-92, maio 1994.

FRANK, Arthur W. "Emily's scars: Surgical shapings, technoluxe, and bioethics". *Hastings Center Report* 34, n. 2, pp. 18-29, mar./abr. 2004.

FRANKEL, Susannah. "Body beautiful: Alexander McQueen asked some of fashion's leading designers to dress people with physical disabilities. His aim? Not to change the world, but to challenge our perceptions of beauty". *Guardian*, 29 ago. 1998.

FRANKFURT, Harry G. *The Reasons of Love*. Princeton, NJ: Princeton University Press, 2004.

FRANKLIN, Jennifer. *Persephone's Ransom*. Georgetown, KY: Finishing Line Press, 2011.

FRAXA RESEARCH FOUNDATION. "Clinical trials of three experimental new treatments for Fragile X are accepting participants". Press Release, 22 mar. 2012.

FREUD, Anna. *The Harvard Lectures*. Madison, CT: International Universities Press, 1992.

FREUD, Sigmund. *Mourning and Melancholia*. In: *The Standard Edition of the Complete Psychological Works of Sigmund Freud*. Trad. de Joan Riviere. Org. de James Strachey. v. 14, *1914-1916*. Londres: Hogarth Press, 1955a. [Ed. bras.: *Luto e melancolia*. São Paulo: Cosac Naify, 2012.]

_____. *On Narcissism: An Introduction*. In: *The Standard Edition of the Complete Psychological Works of Sigmund Freud*. Trad. de Joan Riviere. Org. de James Strachey. v. 14, *1914-1916*. Londres: Hogarth Press, 1955b. [Ed. bras.: *Introdução ao narcisismo, ensaios de metapsicologia e outros textos*. In: *Obras completas*. v. 12. São Paulo: Companhia das Letras, 2010.]

_____. *The Ego and the Id*. In: *The Standard Edition of the Complete Psychological Works of Sigmund Freud*. Trad. Joan Riviere. Org. de James Strachey. v. 19, *1923-1925*. Nova York: Norton, 1960, 1989. [Ed. bras.: *O eu e o id, "autobiografia" e outros textos*. In: *Obras completas*. v. 16. São Paulo: Companhia das Letras, 2011.]

FRIEDMAN, Alfred S. et al. *Psychotherapy for the Whole Family: Case Histories, Techniques, and Concepts of Family Therapy of Schizophrenia in the Home and Clinic*. Nova York: Springer, 1965.

FRIEDMAN, Jan Marshall; RASMUSSEN, S. A.; YANG, Q. "Racial disparities in median age at death of persons with Down syndrome: United States, 1968-1997". *Morbidity & Mortality Weekly Report* 50, n. 22, pp. 463-5, 8 jun. 2001.

FRIEDMAN, Lawrence J. *Identity's Architect: A Biography of Erik H. Erikson*. Londres: Free Association Books, 1999.

FRIEDMAN, Lilach M.; AVRAHAM, Karen B. "MicroRNAs and epigenetic regulation in the mammalian inner ear: Implications for deafness". *Mammalian Genome* 20, n. 9/10, pp. 581-603, set./out. 2009.

FRIEDMAN, Richard C. *Male Homosexuality: A Contemporary Psychoanalytic Perspective*. New Haven, CT: Yale University Press, 1990.

FRITH, Christopher; JOHNSTONE, Eve. *Schizophrenia: A Very Short Introduction*. Oxford; Nova York: Oxford University Press, 2003.

FRITH, Uta (Org.). *Autism and Asperger Syndrome*. Cambridge, Reino Unido: Cambridge University Press, 1991.

_____. *Autism: Explaining the Enigma*. 2 ed. Oxford; Malden, MA: Blackwell, 2003.

FRITZ, Thomas et al. "Universal recognition of three basic emotions in music". *Current Biology* 19, n. 7, pp. 573-6, abr. 2009.

FROMM-REICHMANN, Frieda. "Notes on the development of treatment of schizophrenics by psychoanalytic psychotherapy". *Psychiatry* 11, n. 3, pp. 263-73, ago. 1948.

FUKUYAMA, Francis. *Our Posthuman Future: Consequences of the Biotechnology Revolution*. Nova York: Farrar, Straus & Giroux, 2002. [Ed. bras.: *Nosso futuro pós-humano: Consequências da revolução da biotecnologia*. Rio de Janeiro: Rocco, 2003.]

FUREY, Eileen M.; GRANFIELD, James M.; KARAN, Orv C. "Sexual abuse and neglect of adults with mental retardation: A comparison of victim characteristics". *Behavioral Interventions* 9, n. 2, pp. 75-86, abr. 1994.

FUREY, Eileen M.; NIESEN, Jill J. "Sexual abuse of adults with mental retardation by other consumers". *Sexuality & Disability* 12, n. 4, pp. 285-95, 1994.

FUSAR-POLI, Paolo; POLITI, Pierluigi. "Paul Eugen Bleuler and the birth of schizophrenia (1908)". *American Journal of Psychiatry* 165, n. 11, p. 1407, 2008.

GALLAUDET RESEARCH INSTITUTE. *Regional and National Summary Report of Data from the 1999-2000 Annual Survey of Deaf and Hard of Hearing Children and Youth*. Washington, D. C.: Gallaudet University Press, 2001.

GALTON, Francis. *Hereditary Genius*. Londres: Macmillan, 1869.

GANNON, Jack. *The Week the World Heard Gallaudet*. Washington, D. C.: Gallaudet University Press, 1989.

GANZ, Michael. "The lifetime distribution of the incremental societal costs of autism". *Archives of Pediatric & Adolescent Medicine* 161, n. 4, pp. 343-9, abr. 2007.

GARCIA, Joseph. *Signing with Your Baby: How to Communicate with Infants Before They Can Speak*. Seattle: Northlight Communications, 2002.

GARDNER, R. J. M. "A new estimate of the achondroplasia mutation rate". *Clinical Genetics* 11, n. 1, pp. 31-8, abr. 2008.

GARFIAS, Robert. "Thoughts on the process of language and music acquisition". *Music and Child Development: Proceedings of the 1987 Biology of Music Making Conference*. Org. de F. Wilson e R. Roehmann. St. Louis: MMB Music, 1989.

GATH, Ann; GUMLEY, Dianne. "Retarded children and their siblings". *Journal of Child Psychology & Psychiatry* 28, n. 5, pp. 715-30, set. 1987.

GEERS, Ann E. "Speech, language, and reading skills after early cochlear implantation". *Archives of Otolaryngology — Head & Neck Surgery* 130, n. 5, pp. 634-8, maio 2004.

GEERTZ, Hildred; GEERTZ, Clifford. *Kinship in Bali*. Chicago: University of Chicago Press, 1975.

GELLER, Andy. "Docs' designer defect baby: Disabled by choice". *Nova York Post*, 22 dez. 2006.

GERNSBACHER, Morton Ann et al. "Infant and toddler oral-and manual-motor skills predict later speech fluency in autism". *Journal of Child Psychology & Psychiatry* 49, n. 1, pp. 43-50, 2008.

GERNSBACHER, Morton Ann; GEYE, Heather M.; WEISMER, Susan Ellis. "The role of language and communication impairments within autism". In: *Language Disorders and Developmental Theory*. Org. de P. Fletcher e J. F. Miller. Amsterdam: John Benjamins, 2005. pp. 73-93

GERSHMAN, Carl. "Psychiatric abuse in the Soviet Union". *Society* 21, n. 5, pp. 54-9, jul. 1984.

GESCHWIND, Daniel H. "Autism: Many genes, common pathways?". *Cell* 135, n. 3, pp. 391-5, 31 out. 2008.

_____. "The genetics of autism spectrum disorders". *Trends in Cognitive Sciences* 15, n. 9, pp. 409-16, set. 2011.

GESCHWIND, Daniel H.; LEVITT, Pat. "Autism spectrum disorders: Developmental disconnection syndromes". *Current Opinion in Neurobiology* 17, n. 1, pp. 103-11, fev. 2007.

GESCHWIND, Norman. "The biology of cerebral dominance: Implications for cognition". *Cognition* 17, n. 3, pp. 193-208, ago. 1984.

GESCHWIND, Norman; GALABURDA, Albert M. *Cerebral Lateralization*. Cambridge, MA: MIT Press, 1987.

GHAZIUDDIN, Mohammad. "A family history study of Asperger syndrome". *Journal of Autism & Developmental Disorders* 35, n. 2, pp. 177-82, 2005.

_____. "Should the DSM V drop Asperger syndrome?". *Journal of Autism & Developmental Disorders* 40, n. 9, pp. 1146-8, set. 2010.

"GIANTS and dwarfs". *Strand Magazine* 8, pp. 432-8, jul. / dez. 1894.

GIBBS, Nancy. "Pillow angel ethics". *Time*, 7 jan. 2007.

GIBBS, Nancy; ROCHE, Timothy. "The Columbine tapes". *Time*, 20 dez. 1999.

GIL, Ana Milena; JARAMILLO, Ana Maria; ORTIZ, Bertha. "Pregnancy resulting from rape: Breaking the silence of multiple crises". *Women's Health Collection*, 1 jan. 2001.

GILBERT, Daniel. *Stumbling on Happiness*. Nova York: Alfred A. Knopf, 2006.

GILLAM, Lynn. "Prenatal diagnosis and discrimination against the disabled". *Journal of Medical Ethics* 25, n. 2, pp. 163-71, abr. 1999.

GILLBERG, Christopher; BILLSTEDT, E. "Autism and Asperger syndrome: Coexistence with other clinical disorders". *Acta Psychiatrica Scandinavica* 102, n. 5, pp. 321-30, nov. 2000.

GIORDANO, Simona. "Lives in a chiaroscuro: Should we suspend the puberty of children with gender identity disorder?". *Journal of Medical Ethics* 34, n. 8, pp. 580-5, ago. 2008.

GIULIANO, Ryan J. et al. "Native experience with a tone language enhances pitch discrimination and the timing of neural responses to pitch change". *Frontiers in Psychology* 2, n. 146, pp. 1-12, ago. 2011.

GLADWELL, Malcolm. *Outliers: The Story of Success*. Nova York: Little, Brown, 2008.

GLASCHER, Jan et al. "Lesion mapping of cognitive abilities linked to intelligence". *Neuron* 61, n. 5, pp. 681-91, mar. 2009.

GLASER, Gabrielle. "'Mad pride' fights a stigma". *New York Times*, 11 maio 2008.

GLESSNER, Joseph T. et al. "Autism genome-wide copy number variation reveals ubiquitin and neuronal genes". *Nature* 459, pp. 569-73, 28 maio 2009.

GOFFMAN, Erving. "The insanity of place". *Psychiatry: Journal of Interpersonal Relations* 32, n. 4, pp. 357-87, nov. 1969.

_____. *Stigma: Notes on the Management of Spoiled Identity* (1963). Nova York: Simon & Schuster, 1986.

"GOLDEN Globes: Peter Dinklage cites Martin Henderson case". *Los Angeles Times*, 16 jan. 2012.

GOLEMAN, Daniel. "Left vs. right: Brain function tied to hormone in the womb". *New York Times*, 24 set. 1985.

_____. "The wrong sex: A new definition of childhood pain". *New York Times*, 22 mar. 1994.

GOLLUST, Sarah E. et al. "Living with achondroplasia in an average-sized world: An assessment of quality of life". *American Journal of Medical Genetics* 120A, n. 4, pp. 447-58, ago. 2003.

GOODE, Erica. "What provokes a rapist to rape?: Scientists debate notion of an evolutionary drive". *New York Times*, 15 jan. 2000.

GOODMAN, Peter. "Sparks fly from his fingertips". *Newsday*, 2 out. 1990.

GOODSTEIN, Laurie. "Vatican declined to defrock U. S. priest who abused boys". *New York Times*, 25 mar. 2010.

_____. "Words of a victim". *New York Times*, 26 mar. 2010.

GOODSTEIN, Laurie; CALLENDER, David. "For years, deaf boys tried to tell of priest's abuse". *New York Times*, 27 mar. 2010.

GOOREN, Louis. "The biology of human psychosexual differentiation". *Hormones & Behavior*, n. 50, pp. 589-601, 2006.

GOOREN, Louis J.; GILTAY, Erik J.; BUNCK, Mathijs C. "Long-term treatment of transsexuals with cross-sex hormones: Extensive personal experience". *Journal of Clinical Endocrinology & Metabolism* 93, n. 1, pp. 19-25, jan. 2008.

GOTKIN, Janet; GOTKIN, Paul. *Too Much Anger, Too Many Tears: A Personal Triumph over Psychiatry.* Nova York: HarperPerennial, 1992.

GOTTLIEB, Jennifer; CATHER, Corinne. "Cognitive behavioral therapy (CBT) for schizophrenia: An in-depth interview with experts". San Francisco: Schizophrenia.com, 3 fev. 2007.

GOTTSCHALL, Jonathan A.; GOTTSCHALL, Tiffani A. "Are per-incident rape-pregnancy rates higher than per-incident consensual pregnancy rates?". *Human Nature: An Interdisciplinary Biosocial Perspective* 14, n. 1, pp. 1-20, 1 mar. 2003.

GOUREVICH, Philip. *We Wish to Inform You That Tomorrow We Will Be Killed with Our Families: Stories from Rwanda.* Nova York: Picador, 1999.

GRADY, Denise. "Gene identified as major cause of deafness in Ashkenazi Jews". *New York Times*, 19 nov. 1998.

GRAHAM, Trey. "The final days of Gaurav Gopalan". *Washington City Paper*, 21 set. 2011.

GRANDIN, Temple. *Thinking in Pictures: And Other Reports from My Life with Autism.* Nova York: Doubleday, 1995.

GRANT, Jaime M. et al. *Injustice at Every Turn: A Report of the National Transgender Discrimination Survey.* Nova York: National Center for Transgender Equality, 2011.

GREALY, Lucy. *Autobiography of a Face.* Boston: Houghton Mifflin, 1994.

GREEN, Joanne. "The reality of the miracle: What to expect from the first surgery". Wide Smiles, 1996.

GREEN, Kevin M. J. et al. "Cortical plasticity in the first year after cochlear implantation". *Cochlear Implants International* 9, n. 2, pp. 103-17, 2008.

GREEN, Michael Foster. *Schizophrenia Revealed: From Neurons to Social Interactions*. Nova York; Londres: W. W. Norton, 2001.

GREEN, Richard. *The "Sissy Boy" Syndrome and the Development of Homosexuality*. New Haven, CT: Yale University Press, 1987.

GREEN, Richard; MONEY, John. *Transsexualism and Sex Reassignment*. Baltimore: Johns Hopkins University Press, 1969.

GREEN, Saul. "Chelation therapy: Unproven claims and unsound theories". *Quackwatch*, 24 jul. 2007. Disponível em: <www.quackwatch.org/01QuackeryRelatedTopics/chelation.html>.

GREEN, Wayne H.; CAMPBELL, Magda; DAVID, Raphael. "Psychosocial dwarfism: A critical review of the evidence". *Journal of the American Academy of Child Psychiatry* 23, n. 1, pp. 39-48, jan. 1984.

GREENE, Arin K. et al. "Risk of vascular anomalies with Down syndrome". *Pediatrics* 121, n. 1, pp. 135-40, jan. 2008.

GREENSPAN, Stanley I.; WEIDER, Serena. *Engaging Autism: Using the Floortime Approach to Help Children Relate, Communicate, and Think*. Nova York: Da Capo, 2006.

GREENWALD, Brian H.; VAN CLEVE, John Vickrey (Orgs.). *A Fair Chance in the Race of Life: The Role of Gallaudet University in Deaf History*. Washington, D. C.: Gallaudet University Press, 2010.

GREENWOOD, Peter W. et al. *Diverting Children from a Life of Crime: Measuring Costs and Benefits*. Santa Monica, CA: RAND, 1996.

GRELOTTI, David J. et al. "fMRI activation of the fusiform gyrus and amygdala to cartoon characters but not to faces in a boy with autism". *Neuropsychologia* 43, n. 3, pp. 373-85, fev. 2005.

GRIEG, Kai. *The War Children of the World*. Bergen: War and Children Identity Project, 2001.

GRINKER, Roy Richard. *Unstrange Minds: Remapping the World of Autism*. Nova York: Basic Books, 2007.

GRISSO, Thomas; SCHWARTZ, Robert G. (Orgs.). *Youth on Trial: A Developmental Perspective on Juvenile Justice*. Chicago: University of Chicago Press, 2000.

GROCE, Nora Ellen. *Everyone Here Spoke Sign Language: Hereditary Deafness on Martha's Vineyard*. Cambridge, MA: Harvard University Press, 1985.

GROOPMAN, Jerome. "Hurting all over". *New Yorker*, 13 nov. 2000.

GROSKOP, Viv. "My body is wrong". *Guardian*, 14 ago. 2008.

GROSS, Jane; STROM, Stephanie. "Autism debate strains a family and its charity". *New York Times*, 18 jun. 2007.

GROSS, Miraca. *Exceptionally Gifted Children*. Londres; Nova York: Routledge, 1993.

GROSSMAN, Frances Kaplan. *Brothers and Sisters of Retarded Children: An Exploratory Study*. Syracuse, NY: Syracuse University Press, 1972.

"GROUNDBREAKING exhibition charts 'History Through Deaf Eyes'". *USA Today*, fev. 2006.

GUBBELS, Samuel P. et al. "Functional auditory hair cells produced in the mammalian cochlea by in utero gene transfer". *Nature* 455, n. 7212, pp. 537-41, 27 ago. 2008.

GUERNSEY, Diane. "Autism's angels". *Town & Country*, 1 ago. 2006.

GUMLEY, Andrew et al. "Early intervention for relapse in schizophrenia: Results of a 12-month randomized controlled trial of cognitive behavioural therapy". *Psychological Medicine* 33, n. 3, pp. 419-31, abr. 2003.

GUNTHER, Daniel F.; DIEKEMA, Douglas S. "Attenuating growth in children with profound developmental disability: A new approach to an old dilemma". *Archives of Pediatric & Adolescent Medicine* 260, n. 10, pp. 1013-7, out. 2006.

GUR, Raquel E.; JOHNSON, Ann Braden. *If Your Adolescent Has Schizophrenia: An Essential Resource for Parents.* Oxford; Nova York: Oxford University Press, 2006.

GUREJE, Oye; BAMIDELE, Rotimi. "Thirteen-year social outcome among Nigerian outpatients with schizophrenia". *Social Psychiatry & Psychiatric Epidemiology* 34, n. 3, pp. 147-51, mar. 1999.

GUREWITSCH, Matthew. "Early works of a new composer (very early, in fact)". *New York Times*, 13 ago. 2006.

GUSTAFSON, Paul. "Gang member found not guilty of St. Paul killing". *Minneapolis Star Tribune*, 6 maio 2004.

_____. "Doubts about witness lead to acquittal in murder case". *Minneapolis Star Tribune*, 24 jul. 2004.

_____. "Gang member sentenced for shooting death of rival". *Minneapolis Star Tribune*, 20 ago. 2004.

GUTEK, Gerald Lee. *The Montessori Method: The Origins of an Educational Innovation: Including an Abridged and Annotated Edition of Maria Montessori's The Montessori Method.* Lanham, MD: Rowman & Littlefield, 2004.

HABIB, Mirette B. et al. "Speech production intelligibility of early implanted pediatric cochlear implant users". *International Journal of Pediatric Otorhinolaryngology* 74, n. 8, pp. 855-9, ago. 2010.

HAGAN, John; FOSTER, Holly. "Youth violence and the end of adolescence". *American Sociological Review* 66, pp. 874-99, dez. 2001.

HAGERMAN, Randi et al. "Fragile X syndrome and targeted treatment trials". *Results & Problems in Cell Differentiation* 54, pp. 297-335, 2012.

HAGERMAN, Randi; HOEM, Gry; HAGERMAN, Paul. "Fragile X and autism: Intertwined at the molecular level leading to targeted treatments". *Molecular Autism* 1, n. 12, pp. 1-14, set. 2010.

HAKAK, Yaron et al. "Genome-wide expression analysis reveals dysregulation of myelination-related genes in chronic schizophrenia". *Proceedings of the National Academy of Sciences* 98, n. 8, pp. 4746--51, abr. 2001.

HAKIM, Danny. "At state-run homes, abuse and impunity". *New York Times*, 12 mar. 2011.

HAKIM, Danny; KAPLAN, Thomas; BARBARO. Michael. "After backing gay marriage, 4 in G. O. P. face voters' verdict". *New York Times*, 4 jul. 2011.

HALBFINGER, David M. "Care of juvenile offenders in Mississippi is faulted". *New York Times*, 1 set. 2003.

HALL, Jeremy et al. "Hippocampal function in schizophrenia and bipolar disorder". *Psychological Medicine* 40, n. 5, pp. 761-70, maio 2010.

HALL, Will. *Harm Reduction Guide to Coming Off Psychiatric Drugs.* Nova York; Northampton, MA: Icarus Project & Freedom Center, 2007.

HALLMAYER, Joachim et al. "Genetic heritability and shared environmental factors among twin pairs with autism". *Archives of General Psychiatry* 68, n. 11, pp. 1095-102, nov. 2011.

HAMBLETON, Else L. *Daughters of Eve: Pregnant Brides and Unwed Mothers in Seventeenth-Century Massachusetts*. Londres; Nova York: Routledge, 2004.

HAMMARBERG, Thomas. "Discrimination against transgender persons must no longer be tolerated". Estrasburgo: Conselho da Europa, Gabinete do Comissário de Direitos Humanos, 2009.

HANNEMAN, Robert; BLACHER Jan. "Predicting placement in families who have children with severe handicaps: A longitudinal analysis". *American Journal on Mental Retardation* 102, n. 4, pp. 392-408, jan. 1998.

HANSEN, Robin L. "Regression in autism: Prevalence and associated factors in the CHARGE study". *Ambulatory Pediatrics* 8, n. 1, pp. 25-31, jan. 2008.

HANSON, Marci J. *Teaching Your Down's Syndrome Infant: A Guide for Parents*. Baltimore: University Park Press, 1977.

_____. "Twenty-five years after early intervention: A follow-up of children with Down syndrome and their families". *Infants & Young Children* 16, n. 4, pp. 354-65, nov./dez. 2003.

HARAWAY, Donna. *Simians, Cyborgs, and Women: The Reinvention of Nature*. Nova York: Routledge, 1991.

HARE, Lauren et al. "Androgen receptor repeat length polymorphism associated with male-to-female transsexualism". *Biological Psychiatry* 65, n. 1, pp. 93-6, jan. 2009.

HARMON, Amy. "How about not 'curing' us, some autistics are pleading". *New York Times*, 20 dez. 2004.

_____. "The problem with an almost-perfect genetic world". *New York Times*, 20 nov. 2005.

_____. "The DNA age: Prenatal test puts Down syndrome in hard focus". *New York Times*, 9 maio 2007.

_____. "Nominee to disability council is lightning rod for dispute on views of autism". *New York Times*, 28 mar. 2010.

HARRINGTON, Tom. "FAQ: Helen Keller quotes". Washington, D. C.: Gallaudet University Library, 2000. Disponível em: <www.gallaudet.edu/library/research_help/research_help/frequently_asked_questions/people/helen_keller_quotes.html>.

_____. "American Sign Language: Ranking and number of users". Washington, D. C.: Gallaudet University Library, 2004. Disponível em: <libguides.gallaudet.edu/content.php?pid=114804&sid=991835>.

HARRINGTON, Tom; HAMRICK, Sarah. "FAQ: Sign languages of the world by country". Washington, D. C.: Gallaudet University Library, [s.d.]. Disponível em: <library.gallaudet.edu/Library/Deaf_Research_Help/Frequently_Asked_Questions_%28FAQs%29/Sign_Language/Sign_Languages_of_the_World_by_Country.html>.

HARRIS, Jeffrey P.; ANDERSON, John P.; NOVAK, Robert. "An outcomes study of cochlear implants in deaf patients: Audiologic, economic e quality-of-life changes". *Archives of Otolaryngology — Head & Neck Surgery* 121, n. 4, pp. 398-404, abr. 1995.

HARRIS, Judith Rich. *The Nurture Assumption: Why Children Turn Out the Way They Do*. Nova York: Free Press, 1998.

HARRIS, Laura W. et al. "Gene expression in the prefrontal cortex during adolescence: Implications for the onset of schizophrenia". *BMC Medical Genomics* 2, p. 28, maio 2009.

HARRIS, Lynn. "Who you calling a 'midget'?". *Salon*, 16 jul. 2009. Disponível em: <www.salon.com/life/feature/2009/07/16/m_word/index.html>.

HARRISON, Paul J. "Schizophrenia susceptibility genes and neurodevelopment". *Biological Psychiatry* 61, n. 10, pp. 1119-20, 2007.

HARRISON, Paul J.; WEINBERGER, Daniel R. "Schizophrenia genes, gene expression, and neuropathology: On the matter of their convergence". *Molecular Psychiatry* 10, n. 1, pp. 40-68, jan. 2005.

HART, Carol. "Who's deficient, who's just plain short? Despite advances, growth hormone decision tough". *AAP News* 13, n. 6, pp. 14-5, jun. 1997.

HARTSON, Merrill. "Juvenile court system too soft on criminals, U. S. official says". Associated Press, 4 set. 1985.

HASLE, H.; CLEMMENSEN, I. H.; MIKKELSEN, M. "Risks of leukaemia and solid tumors in individuals with Down's syndrome". *Lancet* 355, pp. 165-9, 2000.

HASTBACKA, Johanna et al. "The diastrophic dysplasia gene encodes a novel sulfate transporter: Positional cloning by fine-structure linkage disequilibrium mapping". *Cell* 78, n. 6, pp. 1073-87, 23 set. 1994.

HASTINGS, Richard P.; BROWN, Tony. "Functional assessment and challenging behaviors: Some future directions". *Journal of the Association for Persons with Severe Handicaps* 25, n. 4, pp. 229-40, inverno 2000.

HASTINGS, Richard P. et al. "Factors related to positive perceptions in mothers of children with intellectual disabilities". *Journal of Applied Research in Intellectual Disabilities* 15, n. 3, pp. 269-75, set. 2002.

HATFIELD, Agnes B.; LEFLEY, Harriet P. *Surviving Mental Illness: Stress, Coping, and Adaptation.* Nova York: Guilford Press, 1993.

HATZFELD, Jean. *Machete Season: The Killers in Rwanda Speak.* Nova York: Farrar, Straus & Giroux, 2005.

HAWKINS, Keith A. et al. "Neuropsychological course in the prodrome and first episode of psychosis: Findings from the PRIME North America Double Blind Treatment Study". *Schizophrenia Research* 105, n. 1/3, pp. 1-9, out. 2008.

HAWKINS, Larry; BRAWNER, Judy. "Educating children who are deaf or hard of hearing: Total Communication". ERIC Digest 559. Reston, VA: ERIC Clearinghouse on Disabilities and Gifted Education, Council for Exceptional Children, 1997.

HAY, William. *Deformity: An Essay.* Londres: Impresso para R. e J. Dodsley e vendido por M. Cooper, 1754.

HECHT, Jacqueline T. et al. "Mortality in achondroplasia". *American Journal of Human Genetics* 41, n. 3, pp. 454-64, set. 1987.

_____. "Obesity in achondroplasia". *American Journal of Medical Genetics* 31, n. 3, pp. 597-602, nov. 1988.

_____. "Mutations in exon 17B of cartilage oligomeric matrix protein (COMP) cause pseudoachondroplasia". *Nature Genetics* 10, n. 3, pp. 325-9, jul. 1995.

HECKERS, Stephan. "Neuroimaging studies of the hippocampus in schizophrenia". *Hippocampus* 11, n. 5, pp. 520-8, out. 2001.

HEDLEY, Lisa Abelow. "A child of difference". *New York Times Magazine,* 12 out. 1997.

HEFFERNAN, Virginia. "The challenges of a oversized world". *New York Times,* 4 mar. 2006.

_____. "Narrow-minded". *New York Times,* 25 maio 2008.

HELLER, Tamar; FACTOR, Alan. "Permanency planning for adults with mental retardation living with family caregivers". *American Journal on Mental Retardation* 96, n. 2, pp. 163-76, set. 1991.

HELLER, Tamar; MILLER, Alison B.; FACTOR, Alan. "Adults with mental retardation as supports to their parents: Effects on parental caregiving appraisal". *Mental Retardation* 35, n. 5, pp. 338-46, out. 1997.

HEMBREE, Wylie C. et al. "Endocrine treatment of transsexual persons: An Endocrine Society clinical practice guideline". *Journal of Clinical Endocrinology & Metabolism* 94, n. 9, pp. 3132-54, set. 2009.

HENDERSON, Helen. "Earthly injustice of 'pillow angels'". *Toronto Star*, 27 jun. 2009.

HENDERSON, Nick. "Attack on wife: Mental health system blamed; man avoids jail after 'tragic' case". *Advertiser*, 13 out. 2006.

HERBERT, Martha R. et al. "Localization of white matter volume increase in autism and developmental language disorder". *Annals of Neurology* 55, n. 4, pp. 530-40, abr. 2004.

_____. "Autism and environmental genomics". *NeuroToxicology* 27, n. 5, pp. 671-84, set. 2006.

HER MAJESTY'S YOUNG OFFENDER INSTITUTION. HMYOI Castington and Oswald Unit. "Summary of questionnaires and interviews". Acklington, Northumberland: HMYOI Castington and Oswald Unit, 16 fev. 2010.

HERSHENSON, Roberta. "Playing piano recitals and skipping fifth grade". *New York Times*, 9 jul. 2009.

HERSHEY, Laura. "Choosing disability". *Ms. Magazine*, jul. 1994.

HERSZENHORN, David M. "House approves broad protections for gay workers". *New York Times*, 8 nov. 2007.

HERTZBERG, Hendrik. "The Narcissus survey". *New Yorker*, 5 jan. 1998.

HICKOCK, Gregory et al. "Discourse deficits following right hemisphere damage in deaf signers". *Brain & Language* 66, pp. 233-48, 1999.

HICKOCK, Gregory; LOVE-GEFFEN, Tracy; KLIMA, Edward S. "Role of the left hemisphere in sign language comprehension". *Brain & Language* 82, n. 2, pp. 167-78, ago. 2002.

HIKIDA, Takatoshi et al. "Dominant-negative DISC1 transgenic mice display schizophrenia-associated phenotypes detected by measures translatable to humans". *Proceedings of the National Academy of Sciences* 104, n. 36, pp. 14501-6, 4 set. 2007.

HILARSKI, Carolyn. "Victimization history as a risk factor for conduct disorder behaviors: Exploring connections in a national sample of youth". *Stress, Trauma & Crisis* 7, pp. 47-59, 2004.

HILSUM, Lindsey. "Rwanda's time of rape returns to haunt thousands". *Guardian*, 26 fev. 1995.

_____. "Don't abandon Rwandan women again". *New York Times*, 11 abr. 2004.

HINES, Stefani; BENNETT, Forrest. "Effectiveness of early intervention for children with Down syndrome". *Mental Retardation & Developmental Disabilities Research Reviews* 2, n. 2, pp. 96-101, 1996.

HO, Eugenia et al. "Initial study of rh-IGF1 (Mecasermin [DNA] injection) for treatment of Rett syndrome and development of Rett-specific novel biomarkers of cortical and autonomic function (S28.005)". *Neurology* 78, sumários da reunião 1, 25 abr. 2012.

HOCKENBERRY, John. *Moving Violations: War Zones, Wheelchairs and Declarations of Independence.* Nova York: Hyperion, 1996.

HODAPP, Robert M.; KRASNER, Diane V. "Families of children with disabilities: Findings from a national sample of eighth-grade students". *Exceptionality* 5, n. 2, pp. 71-81, 1995.

HOEK, Hans W.; BROWN, Alan S.; SUSSER, Ezra S. "The Dutch famine and schizophrenia spectrum disorders". *Social Psychiatry & Psychiatric Epidemiology* 33, n. 8, pp. 373-9, jul. 1998.

HOFFMAN BARUCH, Elaine; D'ADAMO, Amadeo F.; SEAGER, Joni, Jr. (Orgs.). *Embryos, Ethics and Women's Rights: Exploring the New Reproductive Technologies*. Nova York: Harrington Park Press, 1988.

HOLLANDER, Julia. "'Why is there no one to help us?'". *Guardian*, 28 maio 2003.

_____. *When the Bough Breaks: A Mother's Story*. Londres: John Murray, 2008.

_____. "'I had to give my baby away' — a mother's moving story of caring for her disabled child". *Daily Mail*, 1 mar. 2008.

_____. "A tale of two mothers". *Guardian*, 8 mar. 2008.

HOLMES, Amy S.; BLAXILL, Mark F.; HALEY, Boyd E. "Reduced levels of mercury in first baby haircuts of autistic children". *International Journal of Toxicology* 22, n. 4, pp. 277-85, jul./ago. 2003.

HOLMES, Melissa M. et al. "Rape-related pregnancy: Estimates and descriptive characteristics from a national sample of women". *American Journal of Obstetrics & Gynecology* 175, n. 2, pp. 320-5, ago. 1996.

HOLMES, Steven A. "Radio talk about TV anchor's disability stirs ire in Los Angeles". *New York Times*, 23 ago. 1991.

HOOVER-FONG, Julie E. et al. "Weight for age charts for children with achondroplasia. *American Journal of Medical Genetics Part A* 143A, n. 19, pp. 2227-35, out. 2007.

HOR, Kahyee; TAYLOR, Mark. "Suicide and schizophrenia: A systematic review of rates and risk factors". *Journal of Psychopharmacology* 24, n. 4 sup., pp. 81-90, nov. 2010.

HORTON, Richard. "A statement by the editors of The Lancet". *Lancet* 363, n. 9411, pp. 820-1, mar. 2004.

HORTON, William. "Recent milestones in achondroplasia research". *American Journal of Medical Genetics* 140A, pp. 166-9, 2006.

HORTON, William A.; HALL, Judith G.; HECHT, Jacqueline T. "Achondroplasia". *Lancet* 370, pp. 162-72, 14 jul. 2007.

HOWE, Michael J. A.; DAVIDSON, Jane W.; SLOBODA, John A. "Innate talents: Reality or myth?". *Behavioural & Brain Sciences* 21, n. 3, pp. 399-442, jun. 1998.

HOWE, Samuel Gridley. *Report Made to the Legislature of Massachusetts, Upon Idiocy*. Boston: Coolidge & Wiley, 1848.

HOWELL, James C. *Youth Gang Programs and Strategies*. Washington, D. C.: U. S. Office of Juvenile Justice and Delinquency Prevention, 2000.

_____. *Preventing and Reducing Juvenile Delinquency: A Comprehensive Framework*. Thousand Oaks, CA: Sage Publications, 2003.

_____. *Gangs in America's Communities*. Thousand Oaks, CA: Sage Publications, 2011.

HOWELL, James C. et al. "U. S. gang problem trends and seriousness". *National Gang Center Bulletin* 6, pp. 1-23, maio 2011.

HOWELLS, John G.; GUIRGUIS, Waguih R. *The Family and Schizophrenia*. Madison, CT: International Universities Press, 1985.

HOYT, Clark. "Consistent, sensitive and weird". *New York Times*, 18 abr. 2009.

HRDY, Sarah Blaffer. *Mother Nature: Maternal Instincts and How They Shape the Human Species*. Nova York: Ballantine Books, 1999.

HUET, Marie-Helene. *Monstrous Imagination*. Cambridge, MA: Harvard University Press, 1993.

HUMAN RIGHTS WATCH. "Sexual violence and its consequences among displaced persons in Darfur and Chad". Nova York, 2005.

HUNT, Linda. Carta em resposta ao artigo "A child of difference", de Lisa Abelow Hedley, 12 out. 1997. *New York Times Magazine*, 2 nov. 1997.

HUNT, Nigel. *The World of Nigel Hunt: The Diary of a Mongoloid Youth*. Nova York: Garrett Publications, 1967.

HUNTER, Alasdair G. W. "Some psychosocial aspects of nonlethal chondrodysplasias, I: Assessment using a life-styles questionnaire". *American Journal of Medical Genetics* 78, n. 1, pp. 1-8, jun. 1998.

_____. "Some psychosocial aspects of nonlethal chondrodysplasias, II: Depression and anxiety". *American Journal of Medical Genetics* 78, n. 1, pp. 9-12, jun. 1998.

_____. "Some psychosocial aspects of nonlethal chondrodysplasias, III: Self-esteem in children and adults". *American Journal of Medical Genetics* 78, pp. 13-6, jun. 1998.

HURLEY, Dan. "A drug for Down syndrome". *New York Times*, 29 jul. 2011.

HUTT, Corinne et al. "Arousal and childhood autism". *Nature* 204, pp. 908-9, 28 nov. 1964.

HUTTUNEN, Matti O.; NISKANEN, Pekka. "Prenatal loss of father and psychiatric disorders". *Archives of General Psychiatry* 35, n. 4, pp. 429-31, 1978.

IGREJA DE JESUS CRISTO DOS SANTOS DOS ÚLTIMOS DIAS. "The law of chastity". *Gospel Principles*, 2012. Disponível em: <www.lds.org/library/display/0,4945,11-1-13-49,00.html>.

IKEZUKI, Yumiko et al. "Determination of bisphenol A concentrations in human biological fluids reveals significant early prenatal exposure". *Human Reproduction* 17, n. 11, pp. 2839-41, nov. 2002.

"I LOVE My Baby Who Was Conceived by Rape". Documentário cinematográfico. Sioux Falls, SD: Vote Yes For Life, 2006.

"IMPLANTS help child emerge from silent world". *Casper Star-Tribune*, 24 abr. 2006.

INGLIS, Angela; HIPPMAN, Catriona; AUSTIN, Jehannine C. "Views and opinions of parents of individuals with Down syndrome: Prenatal testing and the possibility of a 'cure'?". Sumário em SEBOLD, Courtney; GRAHAM, Lyndsay; MCWALTER, Kirsty. "Presented abstracts from the Twenty-Eighth Annual Education Conference of the National Society of Genetic Counselors (Atlanta, Georgia, nov. 2009)". *Journal of Genetic Counseling* 18, n. 6, pp. 622-91, nov. 2009.

IN MY Language. Documentário cinematográfico. Direção: Amanda Baggs. Produção privada, 14 jan. 2007. Disponível em: <www.youtube.com/watch?v=JnylM1hI2jc>.

INNES, Stephanie. "Meet Josie, 9: No secret she's transgender". *Arizona Star*, 25 jul. 2010.

IN RE the marriage of Michael J. Kantaras v. Linda Kantaras. Processo n. 98-5375CA, Vara cível do Sexto Circuito Judiciário no condado de Pasco, Flórida, fev. 2003.

"INTERVIEW with Leslie Van Houten". Programa de televisão. Larry King, correspondente. *Larry King Weekend*, Cable News Network, 29 jun. 2002. Disponível em: <transcripts.cnn.com/TRANSCRIPTS/0206/29/lklw.00.html>.

IOSSIFOV, Ivan et al. "De novo gene disruptions in children on the autistic spectrum". *Neuron* 74, n. 2, pp. 285-99, abr. 2012.

IOZZIO, Mary Jo. "Genetic anomaly or genetic diversity: Thinking in the key of disability on the human genome". *Theological Studies* 66, n. 4, pp. 862-81, dez. 2005.

IRVING, Claire B.; MUMBY-CROFT, Roger; JOY, L. A. "Polyunsaturated fatty acid supplementation for schizophrenia: Intervention review". *Cochrane Library* 9, pp. 1-64, 20 jan. 2010.

ISAAC, Rael Jean; ARMAT, Virginia. *Madness in the Streets: How Psychiatry and the Law Abandoned the Mentally Ill*. Nova York: Free Press, 1990.

ISAACSON, Rupert. *The Horse Boy: A Father's Quest to Heal His Son*. Nova York: Little, Brown, 2009. [Ed. bras.: *Uma cura para meu filho*. Rio de Janeiro: Fontanar, 2011.]

ISHIZUKA, Koko et al. "Evidence that many of the DISC1 isoforms in C57BL/6J mice are also expressed in 129S6/SvEv mice". *Molecular Psychiatry* 12, n. 10, pp. 897-9, out. 2007.

ISMAIL, Zahra. "Emerging from the shadows: Finding a place for children born of war". Tese de doutorado. Stadtschlaining: Centro Universitário Europeu para Estudos da Paz, 2008.

ITARD, Jean Marc Gaspard. *The Wild Boy of Aveyron*. Trad. de George e Muriel Humphrey. Nova York: Meredith, 1962.

IVERSEN, Portia. *Strange Son: Two Mothers, Two Sons, and the Quest to Unlock the Hidden World of Autism*. Nova York: Riverhead Books, 2006.

JABLOW, Martha Moraghan. *Cara: Growing with a Retarded Child*. Filadélfia: Temple University Press, 1982.

JACOBS, Patricia et al. "The somatic chromosomes in mongolism". *Lancet* 1, n. 7075, p. 710, abr. 1959.

JAEGER, Paul T.; BOWMAN, Cynthia Ann. *Understanding Disability: Inclusion, Access, Diversity, and Civil Rights*. Westport, CT: Praeger, 2005.

JALĀL AL-DĪN RŪMĪ (Maulana). *The Essential Rumi*. Versões de Coleman Barks e John Moyne. Nova York: HarperCollins, 1995.

JAMES, William. *The Varieties of Religious Experience: A Study in Human Nature*. Londres: Longmans, Green, 1905. [Ed. bras.: *As variedades da experiência religiosa*. São Paulo: Cultrix, 1991.]

JANICKI, Matthew P. et al. "Mortality and morbidity among older adults with intellectual disability: Health services considerations". *Disability & Rehabilitation* 21, n. 5/6, pp. 284-94, maio/jun. 1999.

JANKOWSKI, Katherine A. *Deaf Empowerment: Emergence, Struggle, and Rhetoric*. Washington, D. C.: Gallaudet University Press, 1997.

JARDINE, Cassandra. "I love my baby, but I had to give her up". *Telegraph*, 19 maio 2004.

_____. "GMC brands Dr Andrew Wakefield 'dishonest, irresponsible and callous'". *Telegraph*, 29 jan. 2010.

JEFFREY, Susan. "APA 2009: DSM-V on track for 2019, but difficult decisions lie ahead". *Medscape Medical News*, 26 maio 2009.

JOCHLE, Wolfgang. "Coitus-induced ovulation". *Contraception* 7, n. 6, pp. 527-64, 1973.

JOHNS HOPKINS MEDICAL INSTITUTION. "Hopkins research shows nature, not nurture, determines gender". Press Release, 12 maio 2000.

JOHNSON, Ann Braden. *Out of Bedlam: The Truth About Deinstitutionalization*. Nova York: Basic Books, 1990.

JOHNSON, C. Plauche; MEYERS, Scott M.; COUNCIL ON CHILDREN WITH DISABILITIES. "Identification and evaluation of children with autism spectrum disorders". *Pediatrics* 120, n. 5, pp. 1183-215, nov. 2007.

JOHNSON, Kristen L. *Ideology and Practice of Deaf Goodbyes*. Tese de doutorado. Universidade da Califórnia em Los Angeles, Departamento de Antropologia, 1994.

JOHNSON, M. H. (Org.). *Brain Development and Cognition*. Cambridge, MA: Blackwell, 1993.

JOHNSON, Michael. "The dark side of piano competitions". *New York Times*, 8 ago. 2009.

JONES, Allison K. "Born different: Surgery can help children with craniofacial anomalies, but it can't heal all of the pain". *Telegram & Gazette*, 23 maio 1995.

JONES, R. B. "Parental consent to cosmetic facial surgery in Down's syndrome". *Journal of Medical Ethics* 26, n. 2, pp. 101-42, abr. 2000.

JOSEPH, Robert M. et al. "Why is visual search superior in autism spectrum disorder?". *Developmental Science* 12, n. 6, pp. 1083-96, dez. 2009.

JOSHI, Gagan et al. "The heavy burden of psychiatric comorbidity in youth with autism spectrum disorders: A large comparative study of a psychiatrically referred population". *Journal of Autism & Developmental Disorders* 40, n. 11, pp. 1361-70, nov. 2010.

JOST, Alison. "Mad pride and the medical model". *Hastings Center Report 39*, n. 4, p. 49, jul./ago. 2009.

JOYNT, Jen; GANESHANANTHAN, Vasugi. "Abortion decisions". *Atlantic Monthly*, abr. 2003.

JUDGE, Timothy A.; CABLE, Daniel M. "The effect of physical height on workplace success and income: Preliminary test of a theoretical model". *Journal of Applied Psychology* 89, n. 3, pp. 428-41, 2004.

"JUDGE allows forced medication for Arizona shooting suspect". *New York Times*, 28 ago. 2011.

KAHNEMAN, David et al. "Would you be happier if you were richer? A focusing illusion". *Science* 312, pp. 1908-10, 30 jun. 2006.

KAISER, Jocelyn. "Blood test for mom picks up Down syndrome in fetus". *ScienceNOW Daily News*, 6 out. 2008.

KALASKY, Denise (pseud.). "Accomplices in incest". *Post-Abortion Review* 2, n. 1, inverno 1993.

KALB, Claudia. "Erasing autism". *Newsweek*, 25 maio, 2009.

KALICHMAN, Miriam A. "Replies to growth-attenuation therapy: Principles for practice". Carta ao editor. *Pediatrics*, 18 jun. 2009. Disponível em: <pediatrics.aappublications.org/content/123/6 /1556/reply>.

KAMIL, Amos. "Prep-school predators: The Horace Mann School's secret history of sexual abuse". *New York Times Magazine*, 6 jun. 2012.

KANDEL, Eric. "Interview: Biology of the mind". *Newsweek*, 27 mar. 2006.

KANNER, Leo. "Autistic disturbances of affective contact". *Nervous Child* 2, pp. 217-50, 1943. Republicado em: _____. *Childhood Psychosis: Initial Studies and New Insights*, Nova York: Wiley, 1973, pp. 1-43.

_____. "Problems of nosology and psychodynamics in early childhood autism". *American Journal of Orthopsychiatry* 19, n. 3, pp. 416-26, jul. 1949.

_____. *Childhood Psychosis: Initial Studies and New Insights.* Washington, D. C.: V. H. Winston & Sons, 1973.

KANNER, Leo; EISENBERG, Leon. "Early infantile autism, 1943-1955". *American Journal of Orthopsychiatry* 26, pp. 55-65, 1956. Republicado em: KANNER, Leo. *Childhood Psychosis: Initial Studies and New Insights*, Nova York: Wiley, 1973, pp. 91-103.

KANT, Immanuel. *Critique of Judgment.* Trad. de Werner S. Pluhar. Indianapolis, IN: Hackett Publishing, 1987.

KAPLAN, Karen. "Some Down syndrome parents don't welcome prospect of cure". *Los Angeles Times*, 22 nov. 2009.

KAROUTZOU, G.; EMRICH, H. M.; DIETRICH, D. E. "The myelin-pathogenesis puzzle in schizophrenia: A literature review". *Molecular Psychiatry* 13, n. 3, pp. 245-60, mar. 2008.

KARPASEA-JONES, Joanna. "Daring dis-abled parenting". *Mothering*, nov./dez. 2007.

KATZ, Abram. "The bionic ear: Cochlear implants: Miracle or an attack on 'deaf culture'?". *New Haven Register*, 18 mar. 2007.

KATZ, Nancie L. "Guilty in autistic's drowning". *New York Daily News*, 19 fev. 2005.

KAUFMAN, Barry. *Son-Rise*. Nova York: Harper & Row, 1976.

_____. *Son-Rise: The Miracle Continues*. Tiburon, CA: H. J. Kramer, 1995.

KAUFMAN, David. "Tensions between black and gay groups rise anew in advance of antigay marriage vote in N. C.". *Atlantic Monthly*, 4 maio 2012.

KAUFMAN, Joanne. "Campaign on childhood mental illness succeeds at being provocative". *New York Times*, 14 dez. 2007.

_____. "Ransom-note ads about children's health are canceled". *New York Times*, 20 dez. 2007.

KAUFMAN, Marc. "FDA approves wider use of growth hormone". *Washington Post*, 26 jul. 2003.

KAUFMAN, Scott Barry. "The truth about the Termites". *Psychology Today*, set. 2009.

KAWABATA, Maik. "Virtuosity, the violin, the devil... what really made Paganini 'demonic'?". *Current Musicology*, 22 mar. 2007.

KAWAMOTO, Kohei et al. "Math1 gene transfer generates new cochlear hair cells in mature guinea pigs in vivo". *Journal of Neuroscience* 23, n. 11, pp. 4395-400, jun. 2003.

KAZAK, Anne E.; MARVIN, Robert S. "Differences, difficulties and adaptation: Stress and social networks in families with a handicapped child". *Family Relations* 33, n. 1, pp. 67-77, jan. 1984.

KAZDIN, Alan E. "Treatment of antisocial behavior in children: Current status and future directions". *Psychological Bulletin* 102, pp. 187-203, set. 1987.

_____. *Parent Management Training: Treatment for Oppositional, Aggressive, and Antisocial Behavior in Children and Adolescents*. Oxford; Nova York: Oxford University Press, 2005.

KAZDIN, E.; MARCIANO, L.; WHITLEY, M. "The therapeutic alliance in cognitive-behavioral treatment of children referred for oppositional, agressive, and antisocial behavior". *Journal of Consulting and Clinical Psychology*, v. 73, n. 4, ago. 2005.

KAZEROUNI, N. Neely et al. "Triple-marker prenatal screening program for chromosomal defects". *Obstetrics & Gynecology* 114, n. 1, pp. 50-8, jul. 2009.

KEEHNER, Madeleine; GATHERCOLE, Susan E. "Cognitive adaptations arising from nonnative experience of sign language in hearing adults". *Memory & Cognition* 35, n. 4, pp. 752-61, jun. 2007.

KEENAN, Julian Paul et al. "Absolute pitch and planum temporale". *Neuroimage* 14, n. 6, pp. 1402-8, dez. 2001.

KEIPER, Glenn L.; KOCH, Bernadette, Jr.; CRONE, Kerry R. "Achondroplasia and cervicomedullary compression: Prospective evaluation and surgical treatment". *Pediatric Neurosurgery* 31, n. 2, pp. 78-83, ago. 1999.

KELLENDONK, Christoph; SIMPSON, Eleanor H.; KANDEL, Eric R. "Modeling cognitive endophenotypes of schizophrenia in mice". *Trends in Neurosciences* 32, n. 6, pp. 347-58, jun. 2009.

KELLEY, Matthew W. et al. "The developing organ of Corti contains retinoic acid and forms super-numerary hair cells in response to exogenous retinoic acid in culture". *Development* 119, n. 4, pp. 1041-53, dez. 1993.

KELSELL, David P. et al. "Connexin 26 mutations in hereditary non-syndromic sensorineural deafness". *Nature* 357, n. 6628, pp. 80-3, 1997.

KEMP, Joan. "Abortion: The second rape". *Sisterlife*, inverno 1990.

KENDLER, Kenneth S. et al. "The Roscommon Family Study. I. Methods, diagnosis of probands, and risk of schizophrenia in relatives". *Archives of General Psychiatry* 50, n. 7, pp. 527-40, jul. 1993.

KENNEDY, Dan. *Little People: Learning to See the World Through My Daughter's Eyes*. Emmaus, PA: Rodale, 2003.

KENNESON, Claude (Org.). *Musical Prodigies: Perilous Journeys, Remarkable Lives*. Nova York: Amadeus Press, 1993.

KENNEY, Susan. "A marshmallow and a song". *General Music Today* 22, n. 2, pp. 27-9, jan. 2009.

KENT, Raymond D. (Org.). *The MIT Encyclopedia of Communication Disorders*. Cambridge, MA: MIT Press, 2004.

KERN, Robert S. et al. "Psychosocial treatments to promote functional recovery in schizophrenia". *Schizophrenia Bulletin* 35, n. 2, pp. 347-61, mar. 2009.

KEVLES, Daniel J. *In the Name of Eugenics: Genetics and the Uses of Human Heredity*. Nova York: Alfred A. Knopf, 1985.

KEYS, Matthew. "Local radio show takes heat, loses advertisers over transgender comments". *Sacramento Press*, 5 jun. 2009.

KHASHAN, Ali S. et al. "Higher risk of offspring schizophrenia following antenatal maternal exposure to severe adverse life events". *Archives of General Psychiatry* 65, n. 2, pp. 146-52, 2008.

KHOSHNOOD, Babak et al. "Advances in medical technology and creation of disparities: The case of Down syndrome". *American Journal of Public Health* 96, n. 12, pp. 2139-44, dez. 2006.

KIDDER, Cynthia S.; SKOTKO, Brian. *Common Threads: Celebrating Life with Down Syndrome*. Rochester Hills, MI: Band of Angels Press, 2001.

KIDSTON, Martin J. "Helena prodigal son returning as woman". *Independent Record*, 24 set. 2009.

_____. "250 pack church for transgender documentary". *Independent Record*, 26 set. 2009.

KIESSLING, Rebecca. "Conceived in Rape: A Story of Hope". Snowflake, AZ: Heritage House, [s.d.].

KIHARA, David. "Giuliani's suppressed report on homeless youth". *Village Voice*, 17 ago. 1999.

KILGANNON, Corey. "After working the streets, bunk beds and a Mass". *New York Times*, 2 maio 2007.

KIM, Yunjung et al. "Schizophrenia genetics: Where next?". *Schizophrenia Bulletin* 37, n. 3, pp. 456-63, maio 2011.

KING, Marissa; BEARMAN, Peter. "Diagnostic change and the increased prevalence of autism". *International Journal of Epidemiology* 38, n. 5, pp. 1224-34, out. 2009.

KING, Rachel. *Don't Kill in Our Names: Families of Murder Victims Speak Out Against the Death Penalty*. New Brunswick, NJ: Rutgers University Press, 2003.

_____. *Capital Consequences: Families of the Condemned Tell Their Stories*. New Brunswick, NJ: Rutgers University Press, 2005.

_____. "The impact of capital punishment on families of defendants and murder victims". *Judicature* 89, n. 5, pp. 292-6, mar./abr. 2006.

KINGSEP, Patrick; NATHAN, Paula; CASTLE, David. "Cognitive behavioural group treatment for social anxiety in schizophrenia". *Schizophrenia Research* 63, n. 1/2, pp. 121-9, set. 2003.

KINGSLEY, Emily Perl. "Welcome to Holland". Ensaio, publicação privada, 1987.

KINGSLEY, Jason; LEVITZ, Mitchell. *Count Us In: Growing Up with Down Syndrome*. Nova York: Harcourt, Brace, 1994.

KINNEY, Dennis K. et al. "Prenatal stress and risk for autism". *Neuroscience & Biobehavioral Reviews* 32, n. 8, pp. 1519-32, out. 2008.

KIRBY, David. *Evidence of Harm: Mercury in Vaccines and the Autism Epidemic.* Nova York: St. Martin's Press, 2005.

KIRBY, Emma Jane. "Appeal for 'dwarf-tossing' thrown out". British Broadcasting Corporation, 27 set. 2002.

KIROV, G. et al. "Support for the involvement of large copy number variants in the pathogenesis of schizophrenia". *Human Molecular Genetics* 18, n. 8, pp. 1497-503, abr. 2009.

KITSON, Robert. "Mike Tindall defended by England after incident at 'dwarf-throwing' bash". *Guardian*, 15 set. 2011.

KITTAY, Eva Feder. "Discrimination against children with cognitive impairments?". *Hastings Center Report* 40, n. 6, p. 32, nov./dez. 2010.

KIVY, Peter. *The Possessor and the Possessed: Handel, Mozart, Beethoven, and the Idea of Musical Genius.* New Haven, CT: Yale University Press, 2001.

KJELLBERG, Heidrun; BEIRING, Martin; WIKLAND, Kerstin Albertsson. "Craniofacial morphology, dental occlusion, tooth eruption, and dental maturity in boys of short stature with or without growth hormone deficiency". *European Journal of Oral Sciences* 108, n. 5, pp. 359-67, out. 2000.

KLEBOLD, Susan. "I will never know why". *O, The Oprah Magazine*, nov. 2009.

KLIN, Ami et al. "Defining and quantifying the social phenotype in autism". *American Journal of Psychiatry* 159, n. 6, pp. 895-908, jun. 2002.

_____. "Visual fixation patterns during viewing of naturalistic social situations as predictors of social competence in individuals with autism". *Archives of General Psychiatry* 59, n. 9, pp. 809-16, set. 2002.

KNOLL, Carrie. "In parents' eyes, the faintest signs of hope blur the inevitable". *Los Angeles Times*, 28 out. 2002.

KNOWLSON, James R. "The idea of gesture as a universal language in the XVIIth and XVIIIth centuries". *Journal of the History of Ideas* 26, n. 4, pp. 495-508, out./dez. 1965.

KOGAN, Michael D. et al. "Prevalence of parent-reported diagnosis of autism spectrum disorder among children in the U. S., 2007". *Pediatrics* 124, n. 5, pp. 1395-403, nov. 2009.

KOLBERT, Elizabeth. "On deadline day, Cuomo vetoes 2 bills opposed by Dinkins". *New York Times*, 24 jul. 1990.

KOMESAROFF, Linda R. *Surgical Consent: Bioethics and Cochlear Implantation.* Washington, D. C.: Gallaudet University Press, 2007.

KOPITS, Steven E. "Orthopedic complications of dwarfism". *Clinical Orthopedics & Related Research* 114, pp. 153-79, jan./fev. 1976.

KORBEL, Jan O. et al. "The current excitement about copy-number variation: How it relates to gene duplication and protein families". *Current Opinion in Structural Biology* 18, n. 3, pp. 366-74, jun. 2008.

KORMAN, Cheryl. "Judge: Autistic's mom to serve 10 years for 'torture of her vulnerable child'". *Tucson Citizen*, 19 set. 2008.

KOZINN, Allen. "Recital by Yevgeny Kissin, a young Soviet pianist". *New York Times*, 2 out. 1990.

KRAS, Joseph F. "The 'Ranson Notes' affair: When the neurodiversity movement came of age". *Disability Studies Quarterly*, v. 30, n. 1, jan. 2010.

KRAUSS, Marty Wyngaarden; SELTZER, Marsha Mailick; GOODMAN, S. J. "Social support networks of adults with mental retardation who live at home". *American Journal on Mental Retardation* 96, n. 4, pp. 432-41, jan. 1992.

KREYTAK, Steven. "Tickets issued for dwarf-tossing". *Newsday*, 11 mar. 2002.

KRISTIANSEN, Kristjana; VEHMAS, Simo; SHAKESPEARE, Tom (Orgs.). *Arguing About Disability: Philosophical Perspectives*. Londres; Nova York: Routledge, 2009.

KRISTOF, Nicholas. "It's time to learn from frogs". *New York Times*, 27 jun. 2009.

_____. "Chemicals and our health". *New York Times*, 16 jul. 2009.

KROEBER, Alfred Louis. *Configurations of Culture Growth*. Berkeley: University of California Press, 1944.

KRON, Josh. "Resentment toward the West bolsters Uganda's anti-gay bill". *New York Times*, 29 fev. 2012.

KRUEGER, Mary M. "Pregnancy as a result of rape". *Journal of Sex Education & Therapy* 14, n. 1, pp. 23-7, 1988.

KUMPFER, Karol L. *Strengthening America's Families: Exemplary Parenting and Family Strategies for Delinquency Prevention*. Washington, D. C.: U. S. Department of Justice, Office of Juvenile Justice and Delinquency Prevention, 1999.

KUMPFER, Karol L.; ALVARADO, Rose. "Family-strengthening approaches for the prevention of youth problem behaviors". *American Psychologist* 58, n. 6/7, pp. 457-65, jun./jul. 2003.

KUNC, Norman; GIANGRECO, Michael F. "The stairs don't go anywhere! A disabled person's reflections on specialized services and their impact on people with disabilities". Burlington: Universidade de Vermont, 7 set. 1995.

KUPPERMAN, Miriam et al. "Beyond race or ethnicity and socioeconomic status: Predictors of prenatal testing for Down syndrome". *Obstetrics & Gynecology* 107, n. 5, pp. 1087-97, maio 2006.

KUSTERS, Annelies. "Deaf utopias? Reviewing the sociocultural literature on the world's 'Martha's Vineyard situations'". *Journal of Deaf Studies & Deaf Education* 15, n. 1, pp. 3-16, jan. 2010.

LACEY, Mark. "After being removed from court, Loughner is ruled incompetent". *New York Times*, 25 maio 2011.

_____. "Lawyers for defendant in Giffords shooting seem to be searching for illness". *New York Times*, 16 ago. 2011.

LADD, Paddy. *Understanding Deaf Culture: In Search of Deafhood*. Clevedon: Multilingual Matters, 2003.

LADD, Paddy; JOHN, Mary. *Constructing Deafness: Social Constructions of Deafness: Deaf People as a Minority Group — the Political Process*. Milton Keynes: Open University, 1992.

LAFRANIERE, Sharon. "A miniature world magnifies dwarf life". *New York Times*, 3 mar. 2010.

LAING, Ronald David. *The Divided Self*. Nova York: Pantheon, 1960. [Ed. bras.: *O eu dividido*. Rio de Janeiro: Zahar, 1963.]

_____. *The Politics of Experience*. Nova York: Pantheon, 1967. [Ed. bras.: *A política da experiência e a ave-do-paraíso*. Petrópolis: Vozes, 1974.]

_____. *The Politics of the Family and Other Essays*. Nova York: Pantheon, 1971. [Ed. bras.: *A política da família*. São Paulo: Martins Fontes, 1971.]

LAING, Ronald David; ESTERSON, A. *Sanity, Madness and the Family*. Nova York: Basic Books, 1964. [Ed. bras.: *Sanidade, loucura e a família*. Belo Horizonte: Interlivros, 1979.]

LAINHART, Janet et al. "Autism, regression, and the broader autism phenotype". *American Journal of Medical Genetics* 113, n. 3, pp. 231-7, dez. 2002.

LAKIN, K. Charlie; ANDERSON, Lynda; PROUTY, Robert. "Decreases continue in out-of-home residential placements of children and youth with mental retardation". *Mental Retardation* 36, n. 2, pp. 165-7, abr. 1998.

_____. "Change in residential placements for persons with intellectual and developmental disabilities in the USA in the last two decades". *Journal of Intellectual & Developmental Disability* 28, n. 2, pp. 205-10, jun. 2003.

LAMOTHE, John D. *Controlled Offensive Behavior: USSR*. Report ST-CS-01-169-72. Washington, D. C.: Defense Intelligence Agency, 1972.

LANCET, editores da. "Retraction — ileal-lymphoid-nodular hyperplasia, non-specific colitis, and pervasive developmental disorder in children". *Lancet* 375, n. 9713. p. 445, fev. 2010.

LAND, Kenneth C. "Influence of neighborhood, peer, and family context: Trajectories of delinquent/criminal offending across the life course". Durham, NC: Universidade Duke, Departamento de Sociologia, 2000.

LANE, Harlan. "Cultural and infirmity models of deaf Americans". *Journal of the American Academy of Rehabilitative Audiology* 23, pp. 11-26, 1990.

_____. *The Mask of Benevolence: Disabling the Deaf Community*. Nova York: Alfred A. Knopf, 1992.

_____. "Do deaf people have a disability?". *Sign Language Studies* 2, n. 4, pp. 356-79, verão 2002.

_____. "Ethnicity, ethics and the deaf-world". *Journal of Deaf Studies & Deaf Education* 10, n. 3, pp. 291-310, verão 2005.

LANGAN, Patrick A.; LEVIN, David J. "Recidivism of prisoners released in 1994". Bureau of Justice Statistics Special Report NCJ 193427. Washington, D. C.: U. S. Department of Justice, Bureau of Justice Statistics, 2002.

LANG Lang; RITZ, David. *Journey of a Thousand Miles: My Story*. Nova York: Spiegel & Grau, 2008.

LANG Lang; FRENCH, Michael. *Lang Lang: Playing with Flying Keys*. Nova York: Delacorte Press, 2008.

LANG Lang; LIU Yuanju. *Ba ba de xin jiu zhe mo gao: Gang qin tian cai Lang Lang he ta de fu qin* (As aspirações de papai são altíssimas). Beijing: Zuo jia chu ban she, 2001. Trad. privada.

LANKESTER, Benedict J. A. et al. "Morquio syndrome". *Current Orthopaedics* 20, n. 2, pp. 128-31, abr. 2006.

LAPPE, Marc. "How much do we want to know about the unborn?". *Hastings Center Report* 3, n. 1, pp. 8-9, fev. 1973.

LARKIN, Ralph. *Comprehending Columbine*. Filadélfia: Temple University Press, 2007.

LASASSO, Caro; LOLLIS, Jana. "Survey of residential and day schools for deaf students in the United States that identify themselves as bilingual-bicultural programs". *Journal of Deaf Studies & Deaf Education* 8, n. 1, pp. 79-91, jan. 2003.

LATHROP, Anthony. "Pregnancy resulting from rape". *Journal of Obstetric, Gynecologic & Neonatal Nursing* 27, n. 1, pp. 25-31, jan. 1998.

LAWRENCE, Susan. "Solving big problems for little people". *Journal of the American Medical Association* 250, n. 3, pp. 323-30, 15 jul. 1983.

LAWSON, Karen L. "Perceptions of deservedness of social aid as a function of prenatal diagnostic testing". *Journal of Applied Social Psychology* 33, n. 1, pp. 76-90, jan. 2003.

LAWSON, Karen L.; WALLS-INGRAM, Sheena A. "Selective abortion for Down syndrome: The relation between the quality of intergroup contact, parenting expectations, and willingness to terminate". *Journal of Applied Social Psychology* 40, n. 3, pp. 554-78, mar. 2010.

LEAMING, Colgan. "My brother is not his disability". *Newsweek Web Exclusive*, 1 jun. 2006. Disponível em: <www.thedailybeast.com/newsweek/2006/05/31/my-brother-is-not-his-disability.html>.

LEE, Brendan et al. "Identification of the molecular defect in a family with spondyloepiphyseal dysplasia". *Science* 244, n. 4907, pp. 978-80, 26 maio 1989.

LEETE, Esso. "The treatment of schizophrenia: A patient's perspective". *Hospital & Community Psychiatry* 38, n. 5, pp. 486-91, maio 1987.

_____. "How I perceive and manage my illness". *Schizophrenia Bulletin* 15, n. 2, pp. 197-200, 1989.

LEFEBVRE, Philippe P. et al. "Retinoic acid stimulates regeneration of mammalian auditory hair cells". *Science* 260, n. 108, pp. 692-5, 30 abr. 1993.

LEFF, David K. "Remaining elms hint at tree's elegant past". *Hartford Courant*, 27 out. 2011.

LEGISLATIVO DE MICHIGAN. Projeto de lei da Câmara 4770, agora Lei 297, de 2011 (Public Employee Domestic Partner Benefit Restriction Act). Em vigor a partir de 22 dez. 2011. Disponível em: <www.legislature.mi.gov/mileg.aspx?page=getobject&objectname=2011-HB-4770>.

LEHRER, Jonah. "Don't! The secret of self-control". *New Yorker*, 18 maio 2005.

LEIBY, Michele L. "Wartime sexual violence in Guatemala and Peru". *International Studies Quarterly* 53, n. 2, pp. 445-68, jun. 2009.

LEIGH, Irene. *A Lens on Deaf Identities*. Oxford; Nova York: Oxford University Press, 2009.

LEIGH, Irene W. et al. "Correlates of psychosocial adjustment in deaf adolescents with and without cochlear implants: A preliminary investigation". *Journal of Deaf Studies & Deaf Education* 14, n. 2, pp. 244-59, primavera 2009.

LEJEUNE, Jerome et al. "Etude des chromosomes somatiques de neuf enfants mongoliens". *Comptes rendus hebdomadaires des séances de l'Académie des sciences* 248, n. 11, pp. 1721-2, 1959.

LESHIN, Len. "Nutritional supplements for Down syndrome: A highly questionable approach". *Quackwatch*, 18 out. 1998. Disponível em: <www.quackwatch.org/01QuackeryRelatedTopics/down.html>.

LEUNG, Rebecca. "Prodigy, 12, compared to Mozart". CBS News, 18 fev. 2009. Disponível em: <www.cbsnews.com/2100-18560_162-657713.html>.

LEVE, Leslie D.; CHAMBERLAIN, Patricia. "Female juvenile offenders: Defining an early-onset pathway for delinquency". *Journal of Child & Family Studies* 13, n. 4, pp. 439-52, dez. 2004.

LEVINSON, Douglas F. et al. "Copy number variants in schizophrenia: Confirmation of five previous findings and new evidence for 3q29 microdeletions and VIPR2 duplications". *American Journal of Psychiatry* 168, n. 3, pp. 302-16, mar. 2011.

LEVITIN, Daniel J. "Absolute memory for musical pitch: Evidence from the production of learned melodies". *Perception & Psychophysics* 56, n. 4, pp. 414-23, 1994.

_____. *This Is Your Brain on Music: The Science of a Human Obsession*. Nova York: Dutton, 2006.

LEVITIN, Daniel J; ROGERS, Susan E. "Absolute pitch: Perception, coding, and controversies". *Trends in Cognitive Sciences* 9, n. 1, pp. 26-33, jan. 2005.

LEVY, Dan et al. "Rare de novo and transmitted copy-number variation in autistic spectrum disorders". *Neuron* 70, n. 5, pp. 886-97, jun. 2011.

LEZON, Dale. "HPD releases suspect sketch in cross-dresser's killing". *Houston Chronicle*, 14 jun. 2011.

LI, Hongli; CHANG, Lei. "Paternal harsh parenting in relation to paternal versus child characteristics: The moderating effect of paternal resemblance belief". *Acta Psychologica Sinica*, 39, n. 3, pp. 495-501, 2007.

LI, Huawei et al. "Generation of hair cells by stepwise differentiation of embryonic stem cells". *Proceedings of the National Academy of Sciences* 100, n. 23, pp. 13 495-500, 11 nov. 2003.

LIBERMAN, Robert Paul et al. "Operational criteria and factors related to recovery from schizophrenia". *International Review of Psychiatry* 14, n. 4, pp. 256-72, nov. 2002.

LIBOV, Charlotte. "New Haven holding on to 'Elm City' nickname". *New York Times*, 24 abr. 1988.

LIDZ, Ruth Wilmanns; LIDZ, Theodore. "The family environment of schizophrenic patients". *American Journal of Psychiatry* 106, pp. 332-45, nov. 1949.

LIEBERMAN, Jeffrey A. "A beacon of hope: Prospects for preventing and recovering from mental illness". *NARSAD Research Quarterly* 2, n. 1, pp. 23-6, inverno 2009.

LIEBERMAN, Jeffrey A.; STROUP, T. Scott. "The NIMH-CATIE schizophrenia study: What did we learn?". *American Journal of Psychiatry* 168, n. 8, pp. 770-5, ago. 2011.

LIEBERMAN, Jeffrey A. et al. "Science and recovery in schizophrenia". *Psychiatric Services* 59, pp. 487-96, maio 2008.

LIFE Goes On: The Complete First Season. Série de televisão. Direção: Michael Braverman. Intérpretes: Bill Smitrovich, Patti LuPone, Kellie Martin, Chris Burke. Burbank, CA: Warner Home Video, 2006 (transmissão original 1989-90).

LINDELOF, Bill. "Transgender controversy: Radio hosts to respond to critics on air Thursday: Letter from DJ says remarks were 'hateful'". *Sacramento Bee*, 9 jun. 2009.

_____. "Broadcasters apologize on air for transgender remarks". *Sacramento Bee*, 12 jun. 2009.

LINDGREN, Kristin A.; DELUCA Doreen; NAPOLI, Donna Jo (Orgs.). *Signs and Voices: Deaf Culture, Identity, Language, and Arts*. Washington, D. C.: Gallaudet University Press, 2008.

LIVELY, Scott. *Redeeming the Rainbow: A Christian Response to the "Gay" Agenda*. Springfield, MA: MassResistance, 2009.

LOBAUGH, Nancy J. et al. "Piracetam therapy does not enhance cognitive functioning in children with Down syndrome". *Archives of Pediatric & Adolescent Medicine* 155, n. 4, pp. 442-8, abr. 2001.

LOBUE, Vanessa; DELOACHE, Judy S. "Pretty in pink: The early development of gender-stereotyped colour preferences". *British Journal of Developmental Psychology* 29, n. 3, pp. 656-67, set. 2011.

LOCKE, John. *Some Thoughts Concerning Education*. Cambridge, Reino Unido: Impresso para A. & J. Churchill, 1695.

_____. *The Works of John Locke, Esq., in Three Volumes*. Londres: Impresso para Arthur Bettesworth et al., 1727.

LOEBER, Rolf; FARRINGTON, David P. (Orgs.). *Serious and Violent Juvenile Offenders: Risk Factors and Successful Interventions*. Thousand Oaks, CA: Sage Publications, 1998.

_____ (Orgs.). *Child Delinquents: Development, Intervention, and Service Needs*. Thousand Oaks, CA: Sage Publications, 2001.

LOEBER, Rolf; HAY, Dale F. "Developmental approaches to aggression and conduct problems". In: _____ (Orgs.). *Development Through Life: A Handbook for Clinicians*. Oxford: Blackwell Scientific Publications, 1994. pp. 488-515.

LOMBROSO, Cesare. *The Man of Genius*. Londres: Walter Scott Publishing, 1888.

LONGINO. *On the Sublime*. Trad. de Thomas R. R. Stebbing. Oxford: Shrimpton, 1867.

LORCH, Donatella. "Rape used as a weapon in Rwanda: Future grim for genocide orphans". *Houston Chronicle*, 15 maio 1995.

LORD, Catherine et al. "Trajectory of language development in autistic spectrum disorders". In: RICE,

Mabel L.; WARREN, Steven F. (Orgs.). *Developmental Language Disorders: From Phenotypes to Etiologies*. Nova York: Taylor & Francis, 2004. pp. 7-30.

LORD, Catherine; MCGEE, James (Orgs.). *Educating Children with Autism*. Washington, D. C.: National Academies Press, 2001.

LOSH, Molly et al. "Neuropsychological profile of autism and the broad autism phenotype". *Archives of General Psychiatry* 66, n. 5, pp. 518-26, maio 2009.

LOTHELL Tate v. State of South Carolina. Supremo Tribunal da Carolina do Sul, 13 abr. 1992.

LOUISE. "My story of partner rape". Minneapolis, MN: Aphrodite Wounded/Pandora's Aquarium, 2006.

LOVAAS, O. Ivar. "Behavioral treatment and normal educational and intellectual functioning in young autistic children". *Journal of Consulting & Clinical Psychology* 55, n. 1, pp. 3-9, fev. 1987.

_____. "The development of a treatment-research project for developmentally disabled and autistic children". *Journal of Applied Behavior Analysis* 26, n. 4, pp. 617-30, inverno 1993.

LOVAAS, O. Ivar; SCHAEFFER, Benson; SIMMONS, James. "Building social behavior in autistic children by use of electric shock". *Journal of Experimental Research in Personality* 1, pp. 99-105, 1965.

LOWYCK, Benedicte et al. "Can we identify the factors influencing the burden family members of schizophrenic patients experience?". *International Journal of Psychiatry in Clinical Practice* 5, pp. 89-96, 2001.

LUCIANO, Phil. "Case doesn't make sense". *Peoria Journal Star*, 17 maio 2006.

_____. "Helping everyone but herself". *Peoria Journal Star*, 18 maio 2006.

_____. "'This was not about autism'". *Peoria Journal Star*, 24 maio 2006.

LUCRÉCIO. *On the Nature of Things*. Londres: H. G. Bohn, 1851.

LUKE, Sunny; GANDHI, Swati; VERMA, Ram S. "Conservation of the Down syndrome critical region in humans and great apes". *Gene* 161, n. 2, pp. 283-5, 1995.

LUZADDER, Dan; VAUGHAN, Kevin. "Journey into madness". *Denver Rocky Mountain News*, 12 dez. 1999.

_____. "Amassing the facts: Bonded by tragedy, officers probe far, wide for answers". *Denver Rocky Mountain News*, 13 dez. 1999.

_____. "Biggest question of all: Detectives still can't fathom teen-age killers' hatred". *Denver Rocky Mountain News*, 14 dez. 1999.

LYDGATE, Chris. "Dwarf vs. dwarf: The Little People of America want respect — and they're fighting each other to get it". *Willamette Week*, 30 jun. 1999.

LYNN, Richard. *Eugenics: A Reassessment*. Westport, CT: Praeger, 2001.

LYONS, Demie et al. *Clinical Practice Guideline: Report of the Recommendations: Down Syndrome Assessment and Intervention for Young Children (Age 0-3 Years)*. Albany: New York State Department of Health, 2005.

LYSIAK, Matthew; ALPERT, Lukas. "Gabrielle Giffords shooting: Frightening, twisted shrine in Arizona killer Jared Lee Loughner's yard". *Nova York Daily News*, 10 jan. 2011.

MACGREGOR, John M. *Metamorphosis: The Fiber Art of Judith Scott: The Outsider Artist and the Experience of Down's Syndrome*. Oakland, CA: Creative Growth Art Center, 1999.

MACK, Julian. "The juvenile court". *Harvard Law Review* 23, pp. 104-22, 1909.

MACNAUGHTON, M. "Ethics and reproduction". *American Journal of Obstetrics & Gynecology* 162, n. 4, pp. 879-82, abr. 1990.

"'Mad Pride' activists say they're unique, not sick". Noticiário de televisão. I. A. Robinson e Astrid

Rodrigues, correspondentes. ABC News, 2 ago. 2009. Disponível em: <abcnews.go.com/Health/story?id=8382903>.

MAESS, Burkhard et al. "Musical syntax is processed in Broca's area: An MEG study". *Nature Neuroscience* 4, n. 5, pp. 540-5, maio 2001.

MAINWARING, George. *Memoirs of the Life of the Late George Frederic Handel*. Nova York: Da Capo, 1980.

MALASPINA, Dolores et al. "Acute maternal stress in pregnancy and schizophrenia in offspring: A cohort prospective study". *BMC Psychiatry* 8, p. 71, 2008.

MALL, David; WATTS, Walter F. (Orgs.). *The Psychological Aspects of Abortion*. Washington, D. C.: University Publications of America, 1979.

MALLON, Gerald P. *Social Services with Transgendered Youth*. Binghamton, NY: Harrington Park Press, 1999.

MALLON, Gerald P.; DECRESCENZO, Teresa. "Transgender children and youth: A child welfare practice perspective". *Child Welfare* 85, n. 2, pp. 215-42, mar./abr. 2006.

"MAN gets five years in prison for killing autistic son". Associated Press, 8 set. 1999.

"MAN pleads guilty to lesser charge". *Aiken Standard*, 7 ago. 2003.

MANNING, Anita. "The changing deaf culture". *USA Today*, 2 maio 2000.

MANSFIELD, Caroline; HOPFER, Suellen; MARTEAU, Theresa M. "Termination rates after prenatal diagnosis of Down syndrome, spina bifida, anencephaly, and Turner and Klinefelter syndromes: A systematic literature review". *Prenatal Diagnosis* 19, n. 9, pp. 108-12, set. 1999.

_____. "New prenatal tests offer safer, early screenings". *Wall Street Journal*, 28 jun. 2011.

MARDELL, Danny. *Danny's Challenge: The True Story of a Father Learning to Love His Son*. Londres: Short Books, 2005.

MARSAJA, I Gede. *Desa Kolok: A Deaf Village and Its Sign Language in Bali, Indonesia*. Nijmegen, Netherlands: Ishara Press, 2008.

MARSCHARK, Marc; SPENCER, Patricia Elizabeth (Orgs.). *Oxford Handbook of Deaf Studies, Language & Education*. Oxford; Nova York: Oxford University Press, 2003.

MARSHALL, Max; RATHBONE, John. "Early intervention in psychosis". *Cochrane Library* 15, n. 6, pp. 1-161, jun. 2011.

MARTIN, Daniela et al. "Peer relationships of deaf children with cochlear implants: Predictors of peer entry and peer interaction success". *Journal of Deaf Studies & Deaf Education* 16, n. 1, pp. 108-20, jan. 2011.

MARTIN, François; FARNUM, Jennifer. "Animal-assisted therapy for children with pervasive developmental disorders". *Western Journal of Nursing Research* 24, n. 6, pp. 657-70, out. 2002.

MASRI, Bernard et al. "Antagonism of dopamine D2 receptor/beta-arrestin 2 interaction is a common property of clinically effective antipsychotics". *Proceedings of the National Academy of Sciences* 105, n. 36, pp. 13 656-61, 9 set. 2008.

MASTEN, Ann S. "Ordinary magic: Resilience processes in development". *American Psychologist* 56, n. 3, pp. 227-38, mar. 2001.

MATHERNE, Monique M.; THOMAS, Adrian. "Family environment as a predictor of adolescent delinquency". *Adolescence* 36, n. 144, pp. 655-64, inverno 2001.

MAIYBERRY, Rachel I. et al. "Age of acquisition effects on the functional organization of language in the adult brain". *Brain & Language* 119, n. 1, pp. 16-29, out. 2011.

MAYHEW, James F. et al. "Anaesthesia for the achondroplastic dwarf". *Canadian Anaesthetists' Journal* 33, n. 2, pp. 216-21, mar. 1986.

MAYNARD, Joyce. "Prodigy, at 13". *New York Times*, 4 mar. 1973.

MCALLESTER, Matt. "The hunted". *Nova York*, 4 out. 2009.

MCAULIFFE, Kathleen. "How your cat is making you crazy". *Atlantic*, mar. 2012.

MCCARTHY, Jenny. *Louder Than Words: A Mother's Journey in Healing Autism*. Nova York: Dutton Adult, 2007.

_____. *Mother Warriors: A Nation of Parents Healing Autism Against All Odds*. Nova York: Dutton Adult, 2008.

MCCLURE, Harold M. et al. "Autosomal trisomy in a chimpanzee: Resemblance to Down's syndrome". *Science* 165, n. 3897, pp. 1010-3, 5 set. 1969.

MCCULLOUGH, Marie. "Abortion, rape debate". *Chicago Tribune*, 26 set. 1995.

MCDANIEL, Jobeth. "Chris Burke: Then and now". *Ability Magazine*, fev. 2007.

MCDONALD, Anne. "The other story from a 'pillow angel': Been there. Done that. Preferred to grow". *Seattle Post-Intelligencer*, 15 jun. 2007.

MCDONNELL, John J. J. et al. *Introduction to Persons with Severe Disabilities: Educational and Social Issues*. Nova York: Allyn & Bacon, 1995.

MCELROY, Wendy. "Victims from birth: Engineering defects in helpless children crosses the line". Fox News, 9 abr. 2002. Disponível em: <www.foxnews.com/story/0,2933,49849,00.html>.

MCGEE, Robert W. "If dwarf tossing is outlawed, only outlaws will toss dwarfs: Is dwarf tossing a victimless crime?". *American Journal of Jurisprudence* 38, pp. 335-58, 1993.

MCGLASHAN, Thomas H. et al. "Randomized, double-blind trial of olanzapine versus placebo in patients prodromally symptomatic for psychosis". *American Journal of Psychiatry* 163, n. 5, pp. 790-9, maio 2006.

MCGLASHAN, Thomas H.; HOFFMAN, Ralph E. "Schizophrenia as a disorder of developmentally reduced synaptic connectivity". *Archives of General Psychiatry* 57, n. 7, pp. 637-48, jul. 2000.

MCGLASHAN, Thomas; WOODS, Scott. "Early antecedents and detection of schizophrenia: Understanding the clinical implications". *Psychiatric Times* 28, n. 3, mar. 2011.

MCGORRY, Patrick D. et al. "Randomized controlled trial of interventions designed to reduce the risk of progression to first-episode psychosis in a clinical sample with subthreshold symptoms". *Archives of General Psychiatry* 59, n. 10, pp. 921-8, out. 2002.

MCGOVERN, Cammie. "Autism's parent trap". *New York Times*, 5 jun. 2006.

MCGUIRE, Dennis Eugene; CHICOINE, Brian A. *Mental Wellness in Adults with Down Syndrome: A Guide to Emotional and Behavioral Strengths and Challenges*. Bethesda, MD: Woodbine House, 2006.

MCGURK, Susan R. et al. "A meta-analysis of cognitive remediation in schizophrenia". *American Journal of Psychiatry* 164, n. 12, pp. 1791-802, 2007.

MCKELVEY, Robert. *The Dust of Life: America's Children Abandoned in Vietnam*. Seattle: University of Washington Press, 1999.

MCKENZIE, John. "Autism breakthrough: Girl's writings explain her behavior and feelings". ABC News, 19 fev. 2008. Disponível em: <abcnews.go.com/Health/story?id=4311223>.

MCKUSICK, Victor Almon. "Ellis-van Creveld syndrome and the Amish". *Nature Genetics* 24, pp. 203-4, mar. 2000.

MCKUSICK, Victor Almon et al. "Dwarfism in the Amish: The Ellis-van Creveld syndrome". *Bulletin of the Johns Hopkins Hospital* 115, pp. 307-36, 1964.

MCLAUGHLIN, Janice. "Screening networks: Shared agendas in feminist and disability movement challenges to antenatal screening and abortion". *Disability & Society* 18, n. 3, pp. 297-310, 2003.

MCPHEETERS, Melissa L. et al. "A systematic review of medical treatments for children with autism spectrum disorders". *Pediatrics* 127, n. 5, pp. E1312-E1321, maio 2011.

MEAD, Margaret. "The gifted child in the American culture of today". *Journal of Teacher Education* 5, n. 3, pp. 211-4, 1954.

MEAD, Rebecca. "Eerily composed: Nico Muhly's sonic magic". *New Yorker*, 11 fev. 2008.

MEADOW, Kathryn P. "Early manual communication in relation to the deaf child's intellectual, social, and communicative functioning". *Journal of Deaf Studies & Deaf Education* 10, n. 4, pp. 321-9, outono 2005.

"MEDICAL mystery: Ectrodactyly". Entrevista com Bree Walker. Jim Jensen, correspondente. ABC News, 29 jan. 2007. Disponível em: <abcnews.go.com/Health/story?id=2832319>.

MEHLER, Jacques et al. "A precursor of language acquisition in young infants". *Cognition* 29, n. 2, pp. 143-78, jul. 1988.

MEHLER, Mark F.; PURPURA, Dominick P. "Autism, fever, epigenetics and the locus coeruleus". *Brain Research Reviews* 59, n. 2, pp. 388-92, mar. 2009.

MENEN, Aubrey. "The rapes of Bangladesh". *New York Times*, 23 jul. 1972.

MENUHIN, Yehudi. *Unfinished Journey.* Nova York: Alfred A. Knopf, 1977.

MENVIELLE, Edgardo J. "Parents struggling with their child's gender issues". *Brown University's Child & Adolescent Behavior Letter* 20, n. 7, pp. 2-4, jul. 2004.

MENVIELLE, Edgardo J.; PERRIN, Ellen; TUERK, Catherine. "To the beat of a different drummer: The gender-variant child". *Contemporary Pediatrics* 22, n. 2, pp. 38-46, maio 2005.

MERCER, David. "Mom convicted in autistic girl's death". Associated Press, 17 jan. 2008.

MERCER, Jean. "Coercive restraint therapies: A dangerous alternative mental health intervention". *Medscape General Medicine* 7, n. 3, p. 3, 9 ago. 2005.

MESKO, Bertalan. "Dr. Steven E. Kopits, a modern miracle maker". *Science Roll*, 27 jan. 2007. Disponível em: <scienceroll.com/2007/01/27/dr-steven-e-kopits-a-modern-miracle-maker>.

METRO GANG STRIKE FORCE. *2008 Annual Report.* Report 09-0568. New Brighton, MN, 2009.

MEYER-BAHLBURG, Heino F. L. "Gender identity disorder of childhood: Introduction". *Journal of the American Academy of Child Psychiatry* 24, n. 6, pp. 681-3, nov. 1985.

_____. "From mental disorder to iatrogenic hypogonadism: Dilemmas in conceptualizing gender identity variants as psychiatric conditions". *Archives of Sexual Behavior* 39, n. 2, pp. 461-76, abr. 2010.

MEYERDING, Jane. "Thoughts on finding myself differently brained". Publicação independente, 1998. Disponível em: <www.planetautism.com/jane/diff.html>.

MIAMI-DADE COUNTY GRAND JURY. *Investigation into the Death of Omar Paisley and the Department of Juvenile Justice Miami-Dade Regional Juvenile Detention Center.* Miami: Circuit Court of the Eleventh Judicial Circuit of Florida in and for the County of Miami-Dade, 27 jan. 2004.

MICALI, Nadia et al. "The broad autism phenotype: Findings from an epidemiological survey". *Autism* 8, n. 1, pp. 21-37, mar. 2004.

MICHAEL, Matt. "Syracuse man was killed for being gay, police say". Syracuse Post-Standard, 16 nov. 2008.

MICHALKO, Rod. *The Difference That Disability Makes*. Filadélfia: Temple University Press, 2002.

MIDGETTE, Anne. "Pinch-hitting at Caramoor: Young pianist and Rachmaninoff". *New York Times*, 25 jun. 2007.

_____. "A star who plays second fiddle to music". *New York Times*, 15 dez. 2007.

_____. "Kissin is dexterous but lacking in emotion". *Washington Post*, 2 mar. 2009.

MILES, Judith. "Autism spectrum disorders: A genetics review". *Genetics in Medicine* 13, n. 4, pp. 273-362, abr. 2011.

MILES, M. "Hittite deaf men in the 13th century B. C.". Estocolmo: Independent Living Institute, 2008.

MILLER, Alice. *Prisoners of Childhood: The Drama of the Gifted Child*. Nova York: Basic Books, 1981. [Ed. bras.: *O drama da criança bem-dotada: Como os pais podem formar (e deformar) a vida emocional dos filhos*. São Paulo: Summus, 1997.]

MILLER, Katrina. "Population management strategies for deaf and hard-of-hearing offenders". *Corrections Today* 64, n. 7, pp. 90-5, dez. 2002.

MILLER, Lisa. "He can't forgive her for killing their son but says spare my wife from a jail cell". *Daily Telegraph*, 26 maio 2004.

MILLER, Rachel; MASON, Susan Elizabeth. *Diagnosis Schizophrenia: A Comprehensive Resource for Patients, Families, and Helping Professionals*. Nova York: Columbia University Press, 2002.

MILLER, Tandy J. et al. "The PRIME North America randomized double-blind clinical trial of olanza-pine versus placebo in patients at risk of being prodromally symptomatic for psychosis II: Baseline characteristics of the 'prodromal' sample". *Schizophrenia Research* 61, n. 1, pp. 19-30, mar. 2003.

MILLER v. HCA, Inc. 118 S.W.3d 758 (Texas, 2003).

MILLS, Steve; CALLAHAN, Patricia. "Md. autism doctor's license suspended". *Baltimore Sun*, 4 maio 2011.

MILNE, A. A. *The House at Pooh Corner*. Nova York: Dutton, 1961.

MINORITIES Under Siege: Pygmies Today in Africa. Nairobi: IRIN News Service, abr. 2006.

MINSHEW, Nancy J.; KELLER, Timothy A. "The nature of brain dysfunction in autism: Functional brain imaging studies". *Current Opinion in Neurology* 23, n. 2, pp. 124-30, abr. 2010.

MISCHEL, Walter; EBBESEN E. B.; ZEISS, A. R. "Cognitive and attentional mechanisms in delay of gratification". *Journal of Personality & Social Psychology* 21, n. 2, pp. 204-18, fev. 1972.

MISCHEL, Walter; SHODA, Yuichi; PEAKE, Philip K. "The nature of adolescent competencies predicted by preschool delay of gratification". *Journal of Personality & Social Psychology* 54, n. 4, pp. 687-96, abr. 1988.

MITCHELL, Jonathan. "Neurodiversity: Just say no". Los Angeles: Jonathan Mitchell, 2007. Disponível em: <www.jonathans-stories.com/non-fiction/neurodiv.html>.

MITCHELL, Juliet. *Mad Men and Medusas: Reclaiming Hysteria*. Nova York: Basic Books, 2000.

MITCHELL, Ross E.; KARCHMER, Michael A. "Chasing the mythical ten percent: Parental hearing status of deaf and hard of hearing students in the United States". *Sign Language Studies* 4, n. 2, pp. 138-63, inverno 2004.

_____. "Demographics of deaf education: More students in more places". *American Annals of the Deaf* 151, n. 2, pp. 95-104, 2006.

MITHEN, Steven. *The Singing Neanderthals: The Origins of Music, Language, Mind and Body*. Boston: Harvard University Press, 2006.

MIYAKE, Nobumi et al. "Presynaptic dopamine in schizophrenia". *CNS Neuroscience & Therapeutics* 17, n. 2, pp. 104-9, abr. 2011.

MOFFITT, Terrie E. "Genetic and environmental influences on antisocial behaviors: Evidence from behavioral-genetic research". *Advances in Genetics 55*, pp. 41-104, 2005.

MOLLOY, Charlene et al. "Is traumatic brain injury a risk factor for schizophrenia? A meta-analysis of case-controlled population-based studies". *Schizophrenia Bulletin*, ago. 2011. Publicação digital antes do formato impresso.

MONEY, John; EHRHARDT, Anke. *Man and Woman, Boy and Girl*. Baltimore: Johns Hopkins University Press, 1972.

MONTGOMERY, Cal. "A defense of genocide". *Ragged Edge Magazine*, jul./ago 1999. Disponível em: <www.raggededgemagazine.com/0799/b799ps.htm>.

MOOKHERJEE, Nayanika. "'Remembering to forget': Public secrecy and memory of sexual violence in the Bangladesh war of 1971". *Journal of the Royal Anthropological Institute* 12, n. 2, pp. 433-50, jun. 2006.

MOON, Christine; COOPER, Robin Panneton; FIFER, William P. "Two-day-olds prefer their native language". *Infant Behavior & Development* 16, n. 4, pp. 495-500, out./dez. 1993.

MOORMAN, David. "Workshop report: Fever and autism". Nova York: Simons Foundation for Autism Research, 1 abr. 2010.

MORAN, Mark. "Schizophrenia treatment should focus on recovery, not just symptoms". *Psychiatric News* 39, n. 22, p. 24, 19 nov. 2004.

"MORE insight on Dylan Klebold". Entrevista com Nathan Dykeman. Charles Gibson, correspondente. *Good Morning America*, ABC News, 30 abr. 1999.

MORRIS, Jan. *Conundrum*. Nova York: New York Review of Books, 2006.

MORRIS, Joan K.; ALBERMAN, Eva. "Trends in Down's syndrome live births and antenatal diagnoses in England and Wales from 1989 to 2008: Analysis of data from the National Down Syndrome Cytogenetic Register". *British Medical Journal* 339, pp. B3794, 2009.

MORRIS, Joan K.; WALD, N. J.; WATT, H. C. "Fetal loss in Down syndrome pregnancies". *Prenatal Diagnosis* 19, n. 2, pp. 142-5, 1999.

MORRISON, Richard. "The prodigy trap". *Sunday Times*, 15 abr. 2005.

MORTON, David L., Jr. *Sound Recording: The Life Story of a Technology*. Baltimore: Johns Hopkins University Press, 2006.

MORWOOD, Michael J. et al. "Archaeology and age of a new hominin from Flores in eastern Indonesia". *Nature* 431, n. 7012, pp. 1087-91, 27 out. 2004.

MOSHER, Loren R. "Schizophrenogenic communication and family therapy". *Family Processes* 8, n. 1, pp. 43-63, mar. 1969.

MOSS, Kathryn. "The 'Baby Doe' legislation: Its rise and fall". *Policy Studies Journal* 15, n. 4, pp. 629-51, jun. 1987.

MOSS, Stephen. "At three he was reading the Wall Street Journal". *Guardian*, 10 nov. 2005.

MOSSE, Hilde L. "The misuse of the diagnosis childhood schizophrenia". *American Journal of Psychiatry* 114, n. 9, pp. 791-4, mar. 1958.

MOTTRON, Laurent et al. "Enhanced perceptual functioning in autism: An update, and eight principles of autistic perception". *Journal of Autism & Developmental Disorders* 36, n. 1, pp. 27-43, jan. 2006.

MOVIUS, Kate. "Autism: Opening the window". *Los Angeles*, set. 2010.

MOWEN, Thomas J.; SCHROEDER, Ryan D. "Not in my name: An investigation of victims' family clemency movements and court appointed closure". *Western Criminology Review* 12, n. 1, pp. 65-81, jan. 2011.

MOZART, Wolfgang Amadeus. *The Letters of Wolfgang Amadeus Mozart*. Londres: Hurd & Houghton, 1866.

MUELLER, Gillian. "Extended limb-lengthening: Setting the record straight". *LPA Online*, 2002. Disponível em: <www.lpaonline.org/library_ellmueller.html>.

MUKHOPADHYAY, Tito Rajarshi. *The Mind Tree: A Miraculous Child Breaks the Silence of Autism*. Nova York: Arcade, 2003.

MULLIGAN, Kate. "Recovery movement gains influence in mental health programs". *Psychiatric News* 38, n. 1, p. 10, jan. 2003.

MUNDY, Liza. "A world of their own". *Washington Post Magazine*, 31 mar. 2002.

MUÑOZ, Alfredo Brotons. "Más que un prodígio". *Levante EMV*, 7 maio 2007.

MUNRO, Janet C. et al. "IQ in childhood psychiatric attendees predicts outcome of later schizophrenia at 21 year follow-up". *Acta Psychiatrica Scandinavica* 106, n. 2, pp. 139-42, ago. 2002.

MUNSON, Ronald (Org.). *Intervention and Reflection: Basic Issues in Medical Ethics*. Belmont, CA: Wadsworth, 2000.

"MURDER accused at 'end of her tether'". *Evening Post*, 14 jul. 1998.

MURFITT, Nikki. "The heart-breaking moment I realised my mother had cut me off forever, by violin virtuoso Vanessa-Mae". *Daily Mail*, 7 ago. 2008.

MURRAY, Mrs. Max A. "Needs of parents of mentally retarded children". *American Journal of Mental Deficiency* 63, pp. 1078-88, 1959.

"MUSIC: Prodigies' progress". *Time*, 4 jun. 1973.

MUTTON, David et al. "Cytogenetic and epidemiological findings in Down syndrome, England and Wales, 1989 to 1993". *Journal of Medical Genetics* 33, n. 5, pp. 387-94, maio 1996.

MYERS, Beverly A.; PUESCHEL, Siegfried M. "Psychiatric disorders in a population with Down syndrome". *Journal of Nervous & Mental Disease* 179, pp. 609-13, 1991.

MYERS, Shirley Shultz; FERNANDES, Jane K. "Deaf studies: A critique of the predominant U. S. theoretical direction". *Journal of Deaf Studies & Deaf Education* 15, n. 1, pp. 30-49, inverno 2010.

NAIK, Gautam. "A baby, please. Blond, freckles, hold the colic: Laboratory techniques that screen for diseases in embryos are now being offered to create designer children". *Wall Street Journal*, 12 fev. 2009.

NANCE, Walter J.; KEARSEY, Michael J. "Relevance of connexin deafness (DFNB1) to human evolution". *American Journal of Human Genetics* 74, n. 6, pp. 1081-7, jun. 2004.

NATIONAL DISSEMINATION CENTER FOR CHILDREN WITH DISABILITIES. "Severe and/or multiple disabilities". Washington, D. C., [s.d.]. Disponível em: <www.nichcy.org/Disabilities/Specific/Pages/SevereandorMultipleDisabilities.aspx>.

NATIONAL YOUTH GANG CENTER. *National Youth Gang Survey Analysis*. Tallahassee, FL: National Gang Center, 2011.

NATOLI, Jaime L. et al. "Prenatal diagnosis of Down syndrome: A systematic review of termination rates (1995-2011)". *Prenatal Diagnosis* 32, n. 2, pp.142-53, fev. 2012.

NAUDIE, Douglas et al. "Complications of limb-lengthening in children who have an underlying bone disorder". *Journal of Bone & Joint Surgery* 80, n. 1, pp. 18-24, jan. 1998.

NAZEER, Kamran (pseud. Emran Mian). *Send in the Idiots: Stories from the Other Side of Autism.* Londres: Bloomsbury, 2006.

NEED, Anna C. et al. "A genome-wide investigation of SNPs and CNVs in schizophrenia". *PLoS Genetics* 5, n. 2, pp. e1000373, fev. 2009.

NE'EMAN, Ari. "Dueling narratives: Neurotypical and autistic perspectives about the autism spectrum". 2007 SAMLA Convention, Atlanta, GA, nov. 2007. Disponível em: <www.cwru.edu/affil/sce/Texts_2007/Ne'eman.html>.

NEIHART, Maureen et al. *The Social and Emotional Development of Gifted Children: What Do We Know?* Waco, TX: Prufrock Press, 2002.

NELSON, Barnaby; YUNG, Alison R. "Should a risk syndrome for first episode psychosis be included in the DSM-V?". Current *Opinion in Psychiatry*, v. 24, n. 2, mar. 2011.

NELSON, Barry. "Born with just a little difference". *Northern Echo*, 2 dez. 2003.

NELSON, Karin B.; BAUMAN, Margaret L. "Thimerosal and autism?". *Pediatrics* 111, n. 3, pp. 674-9, mar. 2003.

NETZER, William J. et al. "Lowering -amyloid levels rescues learning and memory in a Down syndrome mouse model". *PLoS One* 5, n. 6, pp. E10943, 2010.

NEUFFER, Elizabeth. *The Key to My Neighbour's House: Seeking Justice in Bosnia and Rwanda.* Londres: Bloomsbury, 2002.

NEUGEBOREN, Jay. *Imagining Robert: My Brother, Madness, and Survival: A Memoir.* New Brunswick, NJ: Rutgers University Press, 2003.

NEVILLE, Helen; BAVELIER, Daphne. "Human brain plasticity: Evidence from sensory deprivation and altered language experience". *Progress in Brain Research* 138, pp. 177-88, 2002.

NEWMAN, Aaron J. et al. "A critical period for right hemisphere recruitment in American Sign Language processing". *Nature Neuroscience* 5, n. 1, pp. 76-80, jan. 2002.

NEWTON, Isaac. *The Correspondence of Isaac Newton.* Cambridge, Reino Unido: Cambridge University Press, 1961. 3 v.

NEW YORK STATE DEPARTMENT OF HEALTH, DIVISION OF FAMILY HEALTH, BUREAU OF EARLY INTERVENTION. *The Early Intervention Program: A Parent's Guide.* Albany: Nova York State Department of Health, [s.d.].

NICHELLE v. *Villa Grove Community Unit School District N. 302, Board of Education 302.* Tribunal de Recursos de Illinois, Quarto Distrito, decisão em 4 ago. 2010. Disponível em: <caselaw.findlaw.com/il-court-of-appeals/1537428.html>.

NI CHONGHAILE, Clar. "Uganda anti-gay bill resurrected in parliament". *Guardian*, 8 fev. 2012.

NICKEL, Regina; FORGE, Andrew. "Gap junctions and connexins: The molecular genetics of deafness". In: *Encyclopedia of Life Sciences (ELS)*. Chichester: John Wiley & Sons, 2010.

NICOLOSI, Joseph; NICOLOSI, Linda Ames. *A Parent's Guide to Preventing Homosexuality.* Downer's Grove, IL: InterVarsity Press, 2002.

NIELSEN, Diane Corcoran; LUETKE, Barbara; STRYKER, Deborah S. "The importance of morphemic awareness to reading achievement and the potential of signing morphemes to supporting reading development". *Journal of Deaf Studies & Deaf Education* 16, n. 3, pp. 275-88, verão 2011.

NIMURA, Janice P. "Prodigies have problems too". *Los Angeles Times*, 21 ago. 2006.

NISSE, Jason. "SEC probes dwarf-tossing party for Fidelity trader". *Independent*, 14 ago. 2005.

NIX, Robert L. "Preschool intervention programs and the process of changing children's lives". *Prevention & Treatment* 6, n. 1, artigo 33, dez. 2003.

NOBLE, Vicki. *Down Is Up for Aaron Eagle: A Mother's Spiritual Journey with Down Syndrome*. Nova York: HarperCollins, 1993.

NOLL, Richard. "The blood of the insane". *History of Psychiatry* 17, n. 4, pp. 395-418, dez. 2006.

NOLL, Steven; TRENT JR., James W. (Orgs.) *Mental Retardation in America: A Historical Reader*. Nova York: New York University Press, 2004.

NORDSTROM, Annika; DAHLGREN, Lars; KULLGREN, Gunnar. "Victim relations and factors triggering homicides committed by offenders with schizophrenia". *Journal of Forensic Psychiatry & Psychology* 17, n. 2, pp. 192-203, jun. 2006.

NORDSTROM, Annika; KULLGREN, Gunnar. "Victim relations and victim gender in violent crimes committed by offenders with schizophrenia". *Social Psychiatry & Psychiatric Epidemiology* 38, n. 6, pp. 326-30, jun. 2003.

NORQUAY, Kevin. "Autism: Coping with the impossible". *Waikato Times*, 17 jul. 1998.

NORRIS, W. Virginia et al. "Does universal newborn hearing screening identify all children with GJB2 (Connexin 26) deafness?: Penetrance of GJB2 deafness". *Ear & Hearing* 27, n. 6, pp. 732-41, dez. 2006.

NOT DEAD YET. "NDY Fact Sheet Library: Pete Singer". Disponível em: <www.notdeadyet.org/docs/singer.html>.

NOT DEAD YET et al. "Brief of amici curiae in support of respondents". *Miller v. HCA, Inc.* Ação cível 01-0079 (Suprema Corte do Texas, ajuizado 21 mar. 2002). Disponível em: <www.notdeadyet.org/docs/millerbrief.html>.

NOWROJEE, Binaifer. *Shattered Lives: Sexual Violence During the Rwandan Genocide and Its Aftermath*. Nova York: Human Rights Watch, 1996.

NOY, Pinchas. "The development of musical ability". *Psychoanalytic Study of the Child* 23, pp. 332-47, 1968.

NUISS, Jeannie. "FBI may investigate dragging death as hate crime". *Commercial Appeal*, 20 mar. 2011.

OBERMAN, Lindsay M. et al. "EEG evidence for mirror neuron dysfunction in autism spectrum disorders". *Cognitive Brain Research* 24, n. 2, pp. 190-8, jul. 2005.

OBERTI v. Board of Education of Borough of Clementon School District. 995 F.2d 1204 (Terceiro Tribunal de Recursos, 28 maio 1993).

O'CONNOR, John J. "TV: Willowbrook State School, 'the Big Town's leper colony'". *New York Times*, 2 fev. 1972.

O'DRISCOLL, Bill. "Turning the tables". *Pittsburgh City Paper*, 29 mar. 2007.

OESTREICH, James. "The violin odyssey of an all-American boy: Joshua Bell, a prodigy who became a star, takes on some unusual projects". *New York Times*, 31 ago. 1998.

OFFICE OF THE PRESIDENT. "President Obama announces more key administration posts". Press release, 16 dez. 2009.

OFFIT, Paul A. *Autism's False Prophets: Bad Science, Risky Medicine, and the Search for a Cure*. Nova York: Columbia University Press, 2008.

OFFIT, Paul A. "Vaccines and autism: The Hannah Poling case". *New England Journal of Medicine* 358, n. 20, pp. 2089-91, 15 maio 2008.

O'HARA, Jim. "Syracuse man indicted on hate-crime murder charge". Syracuse Post-Standard, 3 abr. 2009.

_____. "Dwight DeLee gets the maximum in transgender slaying". Syracuse Post-Standard, 18 ago. 2009.

O'KEEFE, Ed. "Congress declares war on autism". ABC News, 6 dez. 2006. Disponível em: <abcnews. go.com/Health/story?id=2708925>.

OLBRISCH, Rolf R. "Plastic and aesthetic surgery on children with Down's syndrome". *Aesthetic Plastic Surgery* 9, n. 4, pp. 241-8, dez. 1985.

OLDHAM, John et al. "How budget cuts affect the mentally ill". Carta ao editor. *New York Times*, 25 jun. 2011.

OLIVER, Michael. *Understanding Disability: From Theory to Practice.* Nova York: St. Martin's, 1996.

OLSHANSKY, Simon. "Chronic sorrow: A response to having a mentally defective child". *Social Casework* 43, n. 4, pp. 190-4, 1962.

ORDOÑEZ, Anna E.; GOGTAY, Nitin. "Phenomenology and neurobiology of childhood onset schizophrenia". *Current Psychiatry Reviews* 2, n. 4, pp. 463-72, nov. 2006.

OSAN, Gurinder. "Baby with two faces born in North India". Associated Press, 9 abr. 2008.

"OSCAR Pistorius hopes to have place at London Olympics". British Broadcasting Corporation, 17 mar. 2012.

"OSCAR Pistorius: The 'Blade Runner' who is a race away from changing the Olympics". Associated Press, 15 maio 2012.

OSPINA, Maria B. et al. "Behavioural and developmental interventions for autism spectrum disorder: A clinical systematic review". *PLoS One* 3, n. 11, pp. E3755, nov. 2008.

OWENS, Sarah E. et al. "Lack of association between autism and four heavy metal regulatory genes". *NeuroToxicology* 32, n. 6, pp. 769-75, dez. 2011.

PADDEN, Carol; HUMPHRIES, Tom. *Deaf in America: Voices from a Culture.* Cambridge, MA: Harvard University Press, 1988.

_____. *Inside Deaf Culture.* Cambridge, MA: Harvard University Press, 2005.

PAGELS, Elaine H. *Beyond Belief: The Secret Gospel of Thomas.* Nova York: Random House, 2003.

PAIS ANÔNIMOS DE ASHLEY X. "The 'Ashley treatment'". Blog. Criado em 2 jan. 2007; última atualização em 18 maio 2008. Disponível em: <ashleytreatment.spaces.live.com>.

PALENCIA, Elaine Fowler. *Taking the Train: Poems.* Middletown, KY: Grex Press, 1997.

PALMER, Greg. *Adventures in the Mainstream: Coming of Age with Down Syndrome.* Bethesda, MD: Woodbine House, 2005.

PANTELIS, Christos et al. "Structural brain imaging evidence for multiple pathological processes at different stages of brain development in schizophrenia". *Schizophrenia Bulletin* 31, n. 3, pp. 672--96, jul. 2005.

PAPINENI, Padmasayee. "Children of bad memories". *Lancet* 362, n. 9386, pp. 825-6, 6 set. 2003.

PARDO, Carlos A.; EBERHART, Charles G. "The neurobiology of autism". *Brain Pathology* 17, n. 4, pp. 434-47, out. 2007.

PARENS, Erik (Org.). *Surgically Shaping Children: Technology, Ethics, and the Pursuit of Normality.* Baltimore: Johns Hopkins University Press, 2006.

PARENS, Erik; ASCH, Adrienne (Orgs.). *Prenatal Testing and Disability Rights*. Washington, D. C.: Georgetown University Press, 2000.

PARK, Clara Claiborne. *The Siege*. Nova York: Harcourt, Brace & World, 1967.

PARK, Hui-Wan et al. "Correction of lumbosacral hyperlordosis in achondroplasia". *Clinical Orthopaedics & Related Research* 12, n. 414, pp. 242-9, set. 2003.

PARKER, Rozsika. *Torn in Two: The Experience of Maternal Ambivalence*. Londres: Virago, 1995, 2005. [Ed. bras.: *A mãe dividida: A experiência da ambivalência na maternidade*. Rio de Janeiro: Rosa dos Tempos, 1997.]

PARNES, Aaron; PARNES, Nechama. "Celebrating the miracle of the cochlear implant: Recount of Cochlear Celebration 2007". Brooklyn, NY: Hearing Pocket, 2007. Disponível em: <www.hearingpocket.com/celebration1.shtml>.

PARR, Jeremy R. "Clinical evidence: Autism". *Clinical Evidence Online* 322, jan. 2010.

PARR, Jeremy R. et al. "Early developmental regression in autism spectrum disorder: Evidence from an international multiplex sample". *Journal of Autism & Developmental Disorders* 41, n. 3, pp. 332-40, mar. 2011.

PATERNITI, Michael. "Columbine never sleeps". *GQ*, abr. 2004.

PATTERSON, David. "Genetic mechanisms involved in the phenotype of Down syndrome". *Mental Retardation & Developmental Disabilities Research Reviews* 13, n. 3, pp. 199-206, out. 2007.

PAULI, Richard M. et al. *To Celebrate: Understanding Developmental Differences in Young Children with Achondroplasia*. Madison: Midwest Regional Bone Dysplasia Clinic, Universidade de Wisconsin, 1991.

PEEK, Charles W.; FISCHER, Judith L.; KIDWELL, Jeannie S. "Teenage violence toward parents: A neglected dimension of family violence". *Journal of Marriage & the Family* 47, pp. 1051-8, 1985.

PENROSE, L. S. "The blood grouping of Mongolian imbeciles". *Lancet* 219, n. 5660, pp. 394-5, 20 fev. 1932.

_____. "On the interaction of heredity and environment in the study of human genetics (with special reference to Mongolian imbecility)". *Journal of Genetics* 25, n. 3, pp. 407-22, abr. 1932.

_____. "Maternal age, order of birth and developmental abnormalities". *British Journal of Psychiatry* 85, 323, n. 359, pp. 1141-50, 1939.

PENROSE, Roger. *The Emperor's New Mind: Concerning Computers, Minds, and the Laws of Physics*. Oxford: Oxford University Press, 1989.

PEOPLE FIRST. *People First Chapter Handbook and Toolkit*. Parkersburg: People First of West Virginia, 2010.

PERES, Judy. "In South Dakota, abortion the issue: Referendum on ban roils low-key state". *Chicago Tribune*, 21 out. 2006.

PERETZ, Isabelle; ZATORRE, Robert J. "Brain organization for music processing". *Annual Review of Psychology* 56, pp. 89-114, fev. 2005.

PERRY, Ronen. "It's a wonderful life". *Cornell Law Review* 93, pp. 329-99, 2008.

PERSICO, Nicola; POSTLEWAITE, Andrew; SILVERMAN, Dan. "The effect of adolescent experience on labor market outcomes: The case of height". *Journal of Political Economy* 112, n. 5, pp. 1019-53, 2004.

PESSOAS PEQUENAS DA AMÉRICA. "Little People of America on pre-implantation genetic diagnosis". Tustin, CA, 2005.

PICKSTONE-TAYLOR, Simon. "Children with gender nonconformity: Author's reply". *Journal of the American Academy of Child & Adolescent Psychiatry* 42, n. 3, pp. 266-8, mar. 2003.

PIERCE, Bradford Kinney. *A Half Century with Juvenile Delinquents: The Nova York House of Refuge and Its Times*. Nova York: D. Appleton, 1869.

PILKINGTON, Ed. "Frozen in time: The disabled nine-year-old girl who will remain a child all her life". *Guardian*, 4 jan. 2007.

"'PILLOW ANGEL' parents answer CNN's questions". Noticiário de televisão. Cable News Network, 12 mar. 2008. Disponível em: <www.cnn.com/2008/HEALTH/conditions/03/12/pillow.QA/index.html>.

PINKER, Steven. "Why they kill their newborns". *New York Times*, 2 nov. 1997.

PINTER, Joseph D. et al. "Neuroanatomy of Down's syndrome: A high-resolution MRI study". *American Journal of Psychiatry* 158, n. 10, pp. 1659-65, out. 2001.

PIVEN, Joseph et al. "Broader autism phenotype: Evidence from a family history study of multiple-incidence autism families". *American Journal of Psychiatry* 154, pp. 185-90, fev. 1997.

PIVEN, Joseph; PALMER, Pat. "Psychiatric disorder and the broad autism phenotype: Evidence from a family study of multiple-incidence autism families". *American Journal of Psychiatry* 156, n. 14, pp. 557-63, abr. 1999.

PLANN, Susan. *A Silent Minority: Deaf Education in Spain, 1550-1835*. Berkeley: University of California Press, 1997.

PLOEGER, Annemarie et al. "The association between autism and errors in early embryogenesis: What is the causal mechanism?". *Biological Psychiatry* 67, n. 7, pp. 601-7, abr. 2010.

PLOTKIN, Stanley A. "Rubella eradication?". *Vaccine* 19, n. 25/26, pp. 3311-9, maio 2001.

PLOTKIN, Stanley; GERBER, Jeffrey S.; OFFIT, Paul A. "Vaccines and autism: A tale of shifting hypotheses". *Clinical Infectious Diseases* 48, n. 4, pp. 456-61, 15 fev. 2009.

PLUM, Frederick. "Prospects for research on schizophrenia. 3. Neurophysiology: Neuropathological findings". *Neurosciences Research Program Bulletin* 10, n. 4, pp. 384-8, nov. 1972.

POLLACK, Andrew. "Blood tests ease search for Down syndrome". *New York Times*, 6 out. 2008.

POMPILI, Maurizio et al. "Suicide risk in schizophrenia: Learning from the past to change the future". *Annals of General Psychiatry* 6, p. 10, 16 mar. 2007.

POPENOE, Paul. *The Child's Heredity*. Baltimore: Williams & Wilkins, 1930.

PRAETORIUS, Mark et al. "Adenovector-mediated hair cell regeneration is affected by promoter type". *Acta Otolaryngologica* 130, n. 2, pp. 215-22, fev. 2010.

PRESKI, Sally; SHELTON, Deborah. "The role of contextual, child, and parent factors in predicting criminal outcomes in adolescence". *Issues in Mental Health Nursing* 22, pp. 197-205, mar. 2001.

PRODIGAL Sons. Documentário cinematográfico. Direção: Kimberly Reed. Produção: Big Sky Film Productions, Inc., 2008.

PROUTY, Robert W. et al. (Orgs.). "Residential services for persons with developmental disabilities: Status and trends through 2004". Research and Training Center on Community Living Institute on Community Integration/UCEDD College of Education and Human Development, Universidade de Minnesota, jul. 2005.

PRZYBYLSKI, Roger. *What Works: Effective Recidivism Reduction and Risk-Focused Prevention Programs*. Denver: Colorado Division of Criminal Justice, 2008.

PUESCHEL, Siegfried M.; MONTEIRO, L. A.; ERICKSON, Marji. "Parents' and physicians' perceptions of facial plastic surgery in children with Down syndrome". *Journal of Mental Deficiency Research* 30, n. 1, pp. 71-9, mar. 1986.

PRZYBYLSKI, Roger. "Facial plastic surgery for children with Down syndrome". *Developmental Medicine & Child Neurology* 30, n. 4, pp. 540-3, ago. 1988.

PUNCH, Renée; HYDE, Merv. "Social participation of children and adolescents with cochlear implants: A qualitative analysis of parent, teacher, and child interviews". *Journal of Deaf Studies & Deaf Education* 16, n. 4, pp. 474-93, outono 2011.

PUZZANCHERA, Charles. *Juvenile Arrests 2007*. OJJDP: Juvenile Justice Bulletin NCJ-225344. Washington, D. C.: U. S. Department of Justice, Office of Justice Programs, Office of Juvenile Justice and Delinquency Prevention, abr. 2009.

PUZZANCHERA, Charles; SICKMUND, Melissa. *Juvenile Court Statistics 2005*. OJJDP: Juvenile Justice Bulletin NCJ-224619. Washington, D. C.: Bureau of Justice Assistance, Office of Juvenile Justice and Delinquency Prevention, 2008.

QAISAR, Sultana. "IDEA 1997 — 'Inclusion is the law'". Documento apresentado à Convenção Anual do Conselho de Crianças Excepcionais, Kansas City, MO, 18/21 abr. 2001.

"Q&A: Therapists on gender identity issues in kids". Entrevista radiofônica com o dr. Ken Zucker e a dra. Diane Ehrensaft. Alix Spiegel, correspondente. Washington, D. C.: National Public Radio, 7 maio 2008. Disponível em: <www.npr.org/templates/story/story.php?storyId=90229789>.

QUART, Alissa. *Hothouse Kids: The Dilemma of the Gifted Child*. Nova York: Penguin, 2006.

QUARTARARO, Anne T. "The perils of assimilation in modern France: The Deaf community, social status e educational opportunity, 1815-1870". *Journal of Social History* 29, n. 1, pp. 5-23, outono 1995.

QUINN, Justin. "For mother and son, life lessons as death nears: Woman ravaged by cervical cancer prepares autistic son for her passing". *Lancaster Intelligencer Journal*, 20 ago. 2003.

_____. "Local parents get scholarships to attend conference on autism". *Lancaster Intelligencer Journal*, 30 jul. 2004.

QUINN, William H.; DYKE, David J. Van. "A multiple family group intervention for first-time juvenile offenders: Comparisons with probation and dropouts on recidivism". *Journal of Community Psychology* 32, n. 2, pp. 177-200, fev. 2004.

QURESHI, Irfan; MEHLER, Mark F. "Genetic and epigenetic underpinnings of sex differences in the brain and in neurological and psychiatric disease susceptibility". *Progress in Brain Research* 186, pp. 77-95, 2010.

RABIN, Roni. "Screen all pregnancies for Down syndrome, doctors say". *New York Times*, 9 jan. 2007.

RADIGUET, Raymond. *Count d'Orgel's Ball*. Trad. de Annapaola Cancogni. Intr. de Jean Cocteau. Nova York: New York Review of Books, 1989. [Ed. bras.: *O diabo no corpo/O baile do conde d'Orgel*. Rio de Janeiro: Contraponto, 1995.]

RAINE, Adrian. "Biosocial studies of antisocial and violent behavior in children and adults: A review". *Journal of Abnormal Child Psychology* 30, n. 4, pp. 311-26, ago. 2002.

RANKIN, Joseph H.; KERN, Roger. "Parental attachments and delinquency". *Criminology* 32, n. 4, pp. 495-515, nov. 1994.

RAPHAEL-LEFF, Joan. "Psychotherapy and pregnancy". *Journal of Reproductive & Infant Psychology* 8, n. 2, pp. 119-35, abr. 1990.

RAPOPORT, Judith L.; GOGTAY, Nitin. "Childhood onset schizophrenia: Support for a progressive neurodevelopmental disorder". *International Journal of Developmental Neuroscience* 29, n. 3, pp. 251-8, maio 2011.

RASHAD, Inas. "Height, health and income in the United States, 1984-2005". *W. J. Usery Workplace Research Group Paper Series*. Documento de trabalho 2008-3-1. Atlanta: Andrew Young School of Policy Studies, Universidade Estadual da Geórgia, 2008.

RAY, Nicholas. "Lesbian, gay, bisexual and transgender youth: An epidemic of homelessness". Washington, D. C.: National Gay & Lesbian Task Force, 30 jan. 2007.

REAGAN, Leslie J. *When Abortion Was a Crime: Women, Medicine, and Law in the United States, 1867-1973*. Berkeley: University of California Press, 1997.

REARDON, David C. "Rape, incest and abortion: Searching beyond the myths". *Post-Abortion Review* 2, n. 1, inverno 1994.

REARDON, David C.; MAKIMAA, Julie; SOBIE, Amy (Orgs.). *Victims and Victors: Speaking Out About Their Pregnancies, Abortions, and Children Resulting from Sexual Assault*. Springfield, IL: Acorn Books, 2000.

REDE DE AUTORREPRESENTAÇÃO AUTISTA. "An urgent call to action: Tell NYU Child Study Center to abandon stereotypes against people with disabilities". Washington, D. C., 7 dez. 2007. Disponível em: <www.autisticadvocacy.org/modules/smartsection/print.php?itemid=21>.

REHN, Elisabeth; SIRLEAF, Ellen Johnson. *Women, War and Peace: The Independent Experts' Assessment on the Impact of Armed Conflict on Women and Women's Role in Peace-Building*. Nova York: Unifem, 2002.

REICH, Nancy B. *Clara Schumann: The Artist and the Woman*. Ithaca, NY: Cornell University Press, 1985.

REICHENBERG, Abraham et al. "Advancing paternal age and autism". *Archives of General Psychiatry* 63, n. 9, pp. 1026-32, set. 2006.

REID, Cheryl S. et al. "Cervicomedullary compression in young patients with achondroplasia: Value of comprehensive neurologic and respiratory evaluation". *Journal of Pediatrics* 110, n. 4, pp. 522-30, abr. 1987.

REINER, William G. "Gender identity and sex-of-rearing in children with disorders of sexual differentiation". *Journal of Pediatric Endocrinology & Metabolism* 18, n. 6, pp. 549-53, jun. 2005.

REINER, William G.; GEARHART, John P. "Discordant sexual identity in some genetic males with cloacal exstrophy assigned to female sex at birth". *New England Journal of Medicine* 350, n. 4, 22 jan. pp. 333-41, 2004.

REKERS, George A.; LOVAAS, O. Ivar. "Behavioral treatment of deviant sex-role behaviors in a male child". *Journal of Applied Behavior Analysis* 7, n. 2, pp. 173-90, verão 1974.

REMNICK, David. "The Olympian: How China's greatest musician will win the Beijing Games". *New Yorker*, 4 ago. 2008.

RENOIR, Jean. *Renoir: My Father*. Nova York: New York Review of Books, 2001. [Ed. bras.: *Pierre-Auguste Renoir, meu pai*. Rio de Janeiro: Paz e Terra, 1988.]

"RESILIENCE". Programa de rádio. Robin Hughes, correspondente. Entrevistas com Henry Szeps e Emmy Werner. *Open Mind*, Radio National, Australian Broadcasting Corporation, 29 abr. 1996. Disponível em: <www.abc.net.au/rn/talks/8.30/helthrpt/hstories/hr290401.htm>.

RESNICK, Phillip J. "Child murder by parents: A psychiatric review of filicide". *American Journal of Psychiatry* 126, n. 3, pp. 73-82, set. 1969.

REVESZ, Geza. *The Psychology of a Musical Prodigy*. Nova York: Harcourt, Brace, 1925.

REYNOLDS, Arthur J. et al. "Long-term effects of an early childhood intervention on educational achievement and juvenile arrest: A 15-year follow-up of low-income children in public school". *Journal of the American Medical Association* 285, n. 18, pp. 2339-46, 9 maio 2001.

REYNOLDS, Dave. "Who has the right to decide when to save the sickest babies?". *Inclusion Daily Express*, 14 jun. 2002. Disponível em: <www.inclusiondaily.com/news/advocacy/sidneymiller.htm>.

_____. "Sidney Miller 'wrongful life' case overturned by state Supreme Court". *Inclusion Daily Express*, 1 out. 2003. Disponível em: <www.inclusiondaily.com/archives/03/10/01.htm>.

REYNOLDS, Tim. "The triple test as a screening technique for Down syndrome: Reliability and relevance". *International Journal of Women's Health* 9, n. 2, pp. 83-8, ago. 2010.

RICCI, L. A.; HODAPP, Robert M. "Fathers of children with Down's syndrome versus other types of intellectual disability: Perceptions, stress and involvement". *Journal of Intellectual Disability Research* 47, n. 4/5, pp. 273-84, maio/jun. 2003.

RICE, Catherine et al. "Changes in autism spectrum disorder prevalence in four areas of the United States". *Disability & Health Journal* 3, n. 3, pp. 186-201, jul. 2010.

RICHARDSON, Guy P.; MONVEL, Jacques Boutet de; PETIT, Christine. "How the genetics of deafness illuminates auditory physiology". *Annual Review of Physiology* 73, pp. 311-34, mar. 2011.

RICHARDSON, John. *In the Little World: A True Story of Dwarfs, Love, and Trouble*. Nova York: Harper-Collins, 2001.

RIDLEY, Matt. *Nature via Nurture: Genes, Experience, and What Makes Us Human*. Nova York: Harper-Collins, 2003.

RIMER, Sara. "Unruly students facing arrest, not detention". *New York Times*, 4 jan. 2004.

RIMLAND, Bernard. *Infantile Autism: The Syndrome and Its Implications for a Neural Theory of Behavior*. Nova York: Appleton-Century-Crofts, 1964.

RIMLAND, Bernard et al. "Autism, stress, and ethology". *Science*, 188, n. 4187, pp. 401-2, 2 maio 1975.

RIMMER, Susan Harris. "'Orphans' or veterans? Justice for children born of war in East Timor". *Texas International Law Journal* 42, n. 2, pp. 323-44, primavera 2007.

RIMOIN, David Lawrence. "Limb lengthening: Past, present, and future". *Growth, Genetics & Hormones* 7, n. 3, pp. 4-6, 1991.

RINGEN, P. A. et al. "The level of illicit drug use is related to symptoms and premorbid functioning in severe mental illness". *Acta Psychiatrica Scandinavica* 118, n. 4, pp. 297-304, out. 2008.

RISDAL, Don; SINGER, George H. S. "Marital adjustment in parents of children with disabilities: A historical review and meta-analysis". *Research & Practice for Persons with Severe Disabilities* 29, n. 2, pp. 95-103, verão 2004.

ROAN, Shari. "Medical treatment carries possible side effect of limiting homosexuality". *Los Angeles Times*, 15 ago. 2010.

ROBERT, Amanda. "School bars autistic child and his service dog". *Illinois Times*, 23 jul. 2009.

ROBERTS, Genevieve. "Brain-damaged girl is frozen in time by parents to keep her alive". *Independent*, 4 jan. 2007.

ROBISON, John Elder. *Look Me in the Eye: My Life with Asperger's*. Nova York: Crown, 2007. [Ed. bras.: *Olhe nos meus olhos*. São Paulo: Larousse do Brasil, 2008.]

ROCHESTER INSTITUTE OF TECHNOLOGY. "Bilingual bicultural deaf education". Rochester, NY, [s.d.]. Disponível em: <library.rit.edu/guides/deaf-studies/education/bilingual-bicultural-deaf-education.html>.

ROESEL, Rosalyn; LAWLIS, G. Frank. "Divorce in families of genetically handicapped/mentally retarded individuals". *American Journal of Family Therapy* 11, n. 1, pp. 45-50, primavera 1983.

ROGERS, John G.; WEISS, Joan O. *My Child Is a Dwarf*. Owatonna, MN: Little People of America Foundation, 1977.

ROGERS, Paul T.; COLEMAN Mary. *Medical Care in Down Syndrome: A Preventive Medicine Approach*. Nova York: Marcel Dekker, 1992.

ROGERS, Sally J. "Developmental regression in autism spectrum disorders". *Mental Retardation & Developmental Disabilities Research Review* 10, n. 2, pp.139-43, maio 2004.

ROHAN, Tim. "Oscar Pistorius fails to meet qualifying time for Olympics". *New York Times*, 29 jun. 2012.

_____. "Pistorius will be on South Africa's Olympic team". *New York Times*, 4 jul. 2012.

ROIZEN, Nancy J. "Complementary and alternative therapies for Down syndrome". *Mental Retardation & Developmental Disabilities Research Reviews* 11, n. 2, pp. 149-55, abr. 2005.

ROLOFF, Matt. *Against Tall Odds: Being a David in a Goliath World*. Sisters, OR: Multnomah Publishers, 1999.

RONDAL, Jean A.; RASORE-QUARTINO, Alberto; SORESI, Salvatore (Orgs.). *The Adult with Down Syndrome: A New Challenge for Society*. Londres: Whurr, 2004.

RONDAL, Jean A. et al. *Intellectual Disabilities: Genetics, Behaviour and Inclusion*. Londres: Whurr, 2004.

ROOD, Eli. "Not quite a beginning". Eli's Coming, 3 fev. 2006. Disponível em: <translocative.blogspot.com/2006/02/not-quite-beginning.html>.

ROOD, Kate. "The sea horse: Our family mascot". *New York Times*, 2 nov. 2008.

ROSA, Shannon des Roches et al. *The Thinking Person's Guide to Autism*. Nova York: Deadwood City Publishing, 2011.

ROSE, David. "Lancet journal retracts Andrew Wakefield MMR scare paper". *The Times*, 3 fev. 2010.

ROSENBAUM, Jill Leslie. "Family dysfunction and female delinquency". *Crime & Delinquency* 35, n. 1, pp. 31-44, jan. 1989.

ROSENBERG, Debra. "Rethinking gender". *Newsweek*, 21 maio 2007.

ROSENBERG, Howard. "There's more to 'Life' than ratings". *Los Angeles Times*, 18 abr. 1992.

ROSENBLUTH, Susan L. "Help for Jewish homosexuals that is consistent with Torah principles". *Jewish Voice & Opinion* 13, n. 4, dez. 1999.

ROSIN, Hanna. "A boy's life". *Atlantic Monthly*, nov. 2008.

ROSS, Alan O. *The Exceptional Child in the Family: Helping Parents of Exceptional Children*. 5 impr. Nova York; Londres: Grune & Stratton, 1972.

ROTEM, Michael. "Mother found guilty of killing her autistic son". *Jerusalem Post*, 22 fev. 1991.

_____. "Mother who killed autistic son sent to prison for one year". *Jerusalem Post*, 22 mar. 1991.

ROTH, Philip. *The Human Stain*. Boston: Houghton Mifflin, 2000. [Ed. bras.: *A marca humana*. São Paulo: Companhia das Letras, 2002.]

ROTHENBERG, Laura. *Breathing for a Living: A Memoir*. Nova York: Hyperion, 2003.

ROTHSTEIN, Edward. "Connections: Myths about genius". *New York Times*, 5 jan. 2002.

ROWITZ, Louis (Org.). *Mental Retardation in the Year 2000*. Nova York: Springer, 1992.

ROY, Alec; POMPILI, Maurizio. "Management of schizophrenia with suicide risk". *Psychiatric Clinics of North America* 32, n. 4, pp. 863-83, dez. 2009.

ROYTE, Elizabeth. "The outcasts". *New York Times Magazine*, 19 jan. 1997.

ROZBRUCH, S. Robert; ILIZAROV, Svetlana. *Limb Lengthening and Reconstructive Surgery*. Boca Raton, FL: CRC Press, 2007.

RUBEN, Robert J. "A time frame of critical/sensitive periods of language development". *Acta Otolaryngologica* 117, n. 2, pp. 202-5, mar. 1997.

RUBIN, Lorry G.; PAPSIN, Blake. "Cochlear implants in children: Surgical site infections and prevention and treatment of acute otitis media and meningitis". *Pediatrics* 126, n. 2, pp. 381-91, ago. 2010.

RUBINSTEIN, Arthur. *My Young Years*. Nova York: Alfred A. Knopf, 1973.

RUDACILLE, Deborah. *The Riddle of Gender: Science, Activism and Transgender Rights*. Nova York: Pantheon, 2005.

RUSSELL, Diana E. H. *Rape in Marriage*. Bloomington e Indianapolis: Indiana University Press, 1990.

RUSSELL, Diane E. H.; BOLEN, Rebecca M. *The Epidemic of Rape and Child Sexual Abuse in the United States*. Thousand Oaks, CA: Sage Publications, 2000.

RUTTER, Michael et al. "Are there biological programming effects for psychological development? Findings from a study of Romanian adoptees". *Developmental Psychology* 40, n. 1, pp. 81-94, 2004.

RYBACK, Timothy. *Hitler's Private Library*. Nova York: Random House, 2010.

RYFF, Carol; ELTZER, Marsha Mailick (Orgs.). *The Parental Experience in Midlife*. Chicago: University of Chicago Press, 1996.

RZUCIDLO, Susan F. "Welcome to Beirut". Publicação independente, [s.d.]. Disponível em: <www.bbbautism.com/beginners_beirut.htm>.

SACKS, Oliver. *Seeing Voices: A Journey into the World of the Deaf*. Berkeley: University of California Press, 1989. [Ed. bras.: *Vendo vozes: Uma viagem ao mundo dos surdos*. São Paulo: Companhia das Letras, 2010.]

_____. *An Anthropologist on Mars: Seven Paradoxical Tales*. Nova York: Alfred A. Knopf, 1995. [Ed. bras.: *Um antropólogo em Marte: Sete histórias paradoxais*. São Paulo: Companhia das Letras, 1995.]

SAFIRE, William. "On language: Dwarf planet". *New York Times*, 10 set. 2006.

ST. CLAIR, David et al. "Rates of adult schizophrenia following prenatal exposure to the Chinese famine of 1959-1961". *Journal of the American Medical Association* 294, n. 5, pp. 557-62, 2005.

SAKS, Elyn R. *Refusing Care: Forced Treatment and the Rights of the Mentally Ill*. Chicago: University of Chicago Press, 2002.

_____. *The Center Cannot Hold: My Journey Through Madness*. Nova York: Hyperion, 2007.

SALEHI, Ahmad et al. "Restoration of norepinephrine-modulated contextual memory in a mouse model of Down syndrome". *Science Translational Medicine* 1, n. 7, pp. 7ra17, nov. 2009.

SALETAN, William. *Bearing Right: How Conservatives Won the Abortion War*. Berkeley: University of California Press, 2003.

_____. "Deformer babies: The deliberate crippling of children". *Slate*, 21 set. 2006. Disponível em: <www.slate.com/id/2149854>.

SALKEVER, David S. et al. "Measures and predictors of community-based employment and earnings of persons with schizophrenia in a multisite study". *Psychiatric Services* 58, n. 3, pp. 315-24, mar. 2007.

SAMSON, Fabienne et al. "Enhanced visual functioning in autism: An ALE metaanalysis". *Human Brain Mapping*, 4 abr. 4, 2011. Publicação digital antes do formato impresso.

SANDEL, Michael J. "The case against perfection". *Atlantic Monthly*, abr. 2004.

_____. *The Case Against Perfection: Ethics in the Age of Genetic Engineering.* Cambridge, MA: Harvard University Press, 2009.

SANDERS, Stephen et al. "De novo mutations revealed by whole-exome sequencing are strongly associated with autism". *Nature* 485, n. 7397, pp. 237-41, 10 maio 2012.

SANDLER, Allen G.; MISTRETTA, Lisa A. "Positive adaptation in parents of adults with disabilities". *Education & Training in Mental Retardation & Developmental Disabilities* 33, n. 2, pp. 123-30, jun. 1998.

SANER, Emine. "It is not a disease, it is a way of life". *Guardian*, 7 ago. 2007.

SANGHAVI, Darshak. "Wanting babies like themselves, some parents choose genetic defects". *New York Times*, 5 dez. 2006.

SANTOS, Fernanda. "Life term for gunman after guilty plea in Tucson killings". *New York Times*, 7 ago. 2012.

SARA, Sally. "For people with Down syndrome, longer life has complications". *New York Times*, 1 jun. 2008.

SATEL, Sally. "Prescriptions for psychiatric trouble and the DSM-V". *Wall Street Journal*, 19 fev. 2010.

SATO, Mitsumoto; NUMACHI, Yohtaro: HAMAMURA, Takashi. "Relapse of paranoid psychotic state in metamphetamine model of schizophrenia". *Schizophrenia Bulletin* 18, n. 1, pp. 115-22, 1992.

SAUNDERS, Debra J. "Children who deserve to die". *San Francisco Chronicle*, 23 set. 1997.

SCHALLER, Susan. *A Man Without Words.* Berkeley: University of California Press, 1995.

SCHIAVETTI, Nicholas; WHITEHEAD, Robert L.; METZ, Dale Evan. "The effects of Simultaneous Communication on production and perception of speech". *Journal of Deaf Studies & Deaf Education* 9, n. 3, pp. 286-304, jun. 2004.

SCHLAUG, Gottfried et al. "In vivo evidence of structural brain asymmetry in musicians". *Science* 267, n. 5198, pp. 699-701, 3 fev. 1995.

SCHOENEMAN, Deborah. "Little people, big biz: Hiring dwarfs for parties a growing trend". *Nova York Post*, 8 nov. 2001.

SCHONBERG, Harold C. "Russian soul gets a new voice at the keyboard". *New York Times*, 7 out. 1990.

SCHOPENHAUER, Arthur. *Essays of Schopenhauer.* Londres; Nova York: Walter Scott, 1897.

_____. *The World as Will and Representation.* Trad. de E. F. J. Payne. Nova York: Dover, 1958. [Ed. bras.: *O mundo como vontade e como representação.* São Paulo: Unesp, 2005.]

SCHOPLER, Eric; CHESS, Stella; EISENBERG, Leon. "Our memorial to Leo Kanner". *Journal of Autism & Developmental Disorders* 11, n. 3, pp. 257-69, set. 1981.

SCHREIBMAN, Laura Ellen. *The Science and Fiction of Autism.* Cambridge, MA: Harvard University Press, 2005.

SCHULTZ, Robert T. et al. "Abnormal ventral temporal cortical activity during face discrimination among individuals with autism and Asperger syndrome". *Archives of General Psychiatry* 57, n. 4, pp. 331-40, abr. 2000.

SCHWEINHART, Lawrence J.; BARNES, Helen V.; WEIKART, David P. *Significant Benefits: The High/Scope Perry Preschool Study Through Age 27.* Ypsilanti, MI: High Scope Press, 1993.

SCHWEINHART, Lawrence J. et al. *Lifetime Effects: The High/Scope Perry Preschool Study Through Age 40*. Ypsilanti, MI: High Scope Press, 2005.

SCOCCA, Tom. "Silly in Philly". *Metro Times*, 9 ago. 2000. Disponível em: <www2.metrotimes.com/archives/story.asp?id=277>.

SCORGIE, Kate; SOBSEY, Dick. "Transformational outcomes associated with parenting children who have disabilities". *Mental Retardation* 38, n. 3, pp. 195-206, jun. 2000.

SCOTT, Joyce. *EnTWINed*. Oakland, CA: Judith Scott Foundation, 2006.

SEA, Scott. "Planet autism". *Salon*, 27 set. 2003. Disponível em: <dir.salon.com/story/mwt/feature/2003/09/27/autism/index.html>.

SEBAT, Jonathan. "Relating copy-number variants to head and brain size in neuropsychiatric disorders". Press Release. Nova York: Simons Foundation Autism Research Initiative, [s.d.]. Disponível em: <sfari.org/funding/grants/abstracts/relating-copy-number-variants-to-head-and--brain-size-in-neuropsychiatric-disorders>.

SEBAT, Jonathan et al. "Strong association of de novo copy number mutations with autism". *Science* 316, n. 5823, pp. 445-9, 20 abr. 2007.

SECHEHAYE, Marguerite. *Autobiography of a Schizophrenic Girl: The True Story of "Renee"*. Nova York: Grune & Stratton, 1951.

SEEMAN, Philip et al. "Dopamine supersensitivity correlates with D2High states, implying many paths to psychosis". *Proceedings of the National Academy of Sciences* 102, n. 9, pp. 3513-8, mar. 2005.

SEGAL, David. "Financial fraud is focus of attack by prosecutors". *New York Times*, 11 mar. 2009.

SÉGUIN, Édouard. *Idiocy and Its Treatment by the Physiological Method*. Publicado originalmente em 1866. Reimpr. Nova York: Columbia University Educational Reprints, 1907.

SEIDEL, Kathleen. "Evidence of venom: An open letter to David Kirby". Neurodiversity.com, maio 2005. Disponível em: <www.neurodiversity.com/evidence_of_venom.html>.

SELIGMAN, Martin E. P. *Learned Optimism*. Nova York: Alfred A. Knopf, 1991. [Ed. bras.: *Aprenda a ser otimista*. Rio de Janeiro: Nova Era, 2005.]

SELTEN, Jean-Paul; CANTOR-GRAAE, Elizabeth; KAHN, Rene S. "Migration and schizophrenia". *Current Opinion in Psychiatry* 20, n. 2, pp. 111-5, mar. 2007.

SELTZER, Marsha Mailick; KRAUSS, Marty Wyngaarden. "Quality of life of adults with mental retardation/developmental disabilities who live with family". *Mental Retardation & Developmental Disabilities Research Reviews* 7, n. 2, pp. 105-14, maio 2001.

"SEMENYA: I accept myself". *Independent Online*, 8 set. 2009.

SEROUSSI, Karyn. *Unraveling the Mystery of Autism and Pervasive Developmental Disorder: A Mother's Story of Research and Recovery*. Nova York: Simon & Schuster, 2000.

SESSIONS, Laura. "New study questions teen risk factors". *Washington Post*, 30 nov. 2000.

SEWELL, R. Andrew; RANGANATHAN, Mohini; D'SOUZA, Deepak Cyril. "Cannabinoids and psychosis". *International Review of Psychosis* 21, n. 2, pp. 152-62, abr. 2009.

SEX, Lies and Gender. Documentário cinematográfico. Direção: David Elisco. Washington, D. C.: National Geographic Television, 2010.

SHADISH, William R. et al. "Effects of family and marital psychotherapies: A metaanalysis". *Journal of Consulting & Clinical Psychology* 61, n. 6, pp. 992-1002, dez. 1993.

SHAKESPEARE, Tom; WRIGHT, Michael; THOMPSON, Sue. *A Small Matter of Equality: Living with Restricted Growth*. Yeovil: Restricted Growth Association, maio 2007.

SHAPIRO, Danielle. "Mothers in Congo get help in raising children of rape". *Christian Science Monitor*, 9 maio 2010.

SHAPIRO, Joseph P. *No Pity: People with Disabilities Forging a New Civil Rights Movement*. Nova York: Times Books, 1993.

SHAWN, Allen. *Twin: A Memoir*. Nova York: Viking, 2010. [Ed. bras. *Gêmeos*. São Paulo: Companhia das Letras, 2013.]

SHEARER, A. Eliot et al. "Deafness in the genomics era". *Hearing Research* 282, n. 1/2, pp. 1-9, dez. 2011.

SHERER, Michelle R.; SCHREIBMAN, Laura. "Individual behavioral profiles and predictors of treatment effectiveness for children with autism". *Journal of Consulting & Clinical Psychology* 73, n. 3, pp. 525-38, jun. 2005.

SHERMAN, Stephanie L. et al. "Epidemiology of Down syndrome". *Mental Retardation & Developmental Disabilities Research Reviews* 13, n. 3, pp. 221-7, out. 2007.

SHIANG, R. et al. "Mutations in the transmembrane domain of FGFR3 cause the most common genetic form of dwarfism, achondroplasia". *Cell* 78, n. 2, pp. 335-42, 29 jul. 1994.

SHIN, Mikyong et al. "Prevalence of Down syndrome among children and adolescents in 10 regions". *Pediatrics* 124, n. 6, pp. 1565-71, dez. 2009.

SHIRLEY, Eric D.; AIN, Michael C. "Achondroplasia: Manifestations and treatment". *Journal of the American Academy of Orthopedic Surgeons* 17, n. 4, pp. 231-41, abr. 2009.

SHOCKLEY, Paul. "Grabe gets life in son's murder". *Daily Sentinel*, 31 mar. 2010.

SHODA, Yuichi; MISCHEL, Walter; PEAKE, Philip K. "The nature of adolescent competencies predicted by preschool delay of gratification". *Journal of Personality & Social Psychology* 54, n. 4, pp. 687-96, 1988.

_____. "Predicting adolescent cognitive and self-regulatory competencies from preschool delay of gratification: Identifying diagnostic conditions". *Developmental Psychology* 26, n. 6, pp. 978-86, 1990.

SHONKOFF, Jack P.; MEISELS, Samuel J. (Orgs.). *Handbook of Early Childhood Intervention*. Cambridge, Reino Unido: Cambridge University Press, 2000.

SHORTER, Edward. *The Kennedy Family and the Story of Mental Retardation*. Filadélfia: Temple University Press, 2000.

SHRESTHA, Laura B. "Life expectancy in the United States". Washington, D. C.: Congressional Research Service, 2006.

SHRIVER, Eunice Kennedy. "Hope for retarded children". *Saturday Evening Post*, 22 set. 1962.

SHUFEIT, Lawrence J.; WURSTER, Stanley R. "Frequency of divorce among parents of handicapped children". ERIC Document Reproduction Service N. ED 113 909. Washington, D. C.: National Institute of Education, 1975.

SHULMAN, Robin. "Child study center cancels autism ads". *Washington Post*, 19 dez. 2007.

SICKMUND, Melissa. "Juveniles in court". National Report Series Bulletin. Rockville, MD: Office of Juvenile Justice and Delinquency Prevention, jun. 2003.

SIEBERS, Tobin. *Disability Theory*. Ann Arbor: University of Michigan Press, 2008.

SIEGEL, Bryna. *The World of the Autistic Child*. Nova York: Oxford University Press, 1996.

SIEGEL, Bryna. *Helping Children with Autism Learn: Treatment Approaches for Parents and Professionals*. Oxford; Nova York: Oxford University Press, 2003.

SILBERMAN, Steve. "The geek syndrome". *Wired*, dez. 2001.

SIMONS, Abby. "'The killing of one of our own': More than 200 honored Krissy Bates, hours after a Blaine man was charged in her killing". *Minneapolis Star Tribune*, 22 jan. 2011.

_____. "Man guilty of murdering transgender victim". *Minneapolis Star Tribune*, 24 nov. 2011.

SIMONTON, Dean Keith; SONG, Anna V. "Eminence, IQ, physical and mental health, and achievement domain: Cox's 282 geniuses revisited". *Psychological Science* 20, n. 4, pp. 429-34, abr. 2009.

SINCLAIR, Jim. "Don't mourn for us". *Our Voice* 1, n. 3. Syracuse, NY: Autism Network International, 1993. Disponível em: <www.autreat.com/dont_mourn.html>.

_____. "Why I dislike 'person-first' language". Syracuse, NY: Jim Sinclair, 1999. Disponível em: <web.archive.org/web/20030527100525/http://web.syr.edu/~jisincla/person_first.htm>.

SINGAL, Daniel. "The other crisis in American education". *Atlantic Monthly*, nov. 1991.

SINGER, George H. S.; IRVIN, Larry K. (Orgs.). *Support for Caregiving Families: Enabling Positive Adaptation to Disability*. Baltimore: Paul H. Brookes, 1989.

SINGER, Judy. "Why can't you be normal for once in your life: From a 'problem with no name' to a new kind of disability". In: CORKER, M.; FRENCH, S. (Orgs.). *Disability Discourse*. Maidenhead: Open University Press, 1999.

SINGER, Peter. "Sanctity of life or quality of life?". *Pediatrics* 72, n. 1, pp. 128-9, jul. 1983.

_____. *Practical Ethics*. 2 ed. Cambridge, Reino Unido: Cambridge University Press, 1993. [Ed. bras.: *Ética prática*. São Paulo: Martins Fontes, 2002.]

_____. *Rethinking Life and Death: The Collapse of Our Traditional Ethics*. Nova York: St. Martin's Griffin, 1994.

_____. "A convenient truth". *New York Times*, 26 jan. 2007.

SISK, Elisabeth A. et al. "Obstructive sleep apnea in children with achondroplasia: Surgical and anesthetic considerations". *Archives of Otolaryngology — Head & Neck Surgery* 120, n. 2, pp. 248--54, fev. 1999.

SKOTARA, Nils et al. "The influence of language deprivation in early childhood on L2 processing: An ERP comparison of deaf native signers and deaf signers with a delayed language acquisition". *BMC Neuroscience* 13, n. 44 (publicação não definitiva 3 maio 2012).

SKOTKO, Brian. "Mothers of children with Down syndrome reflect on their postnatal support". *Pediatrics* 115, n. 1, pp. 64-77, jan. 2005.

_____. "Prenatally diagnosed Down syndrome: Mothers who continued their pregnancies evaluate their health care providers". *American Journal of Obstetrics & Gynecology* 192, n. 3, pp. 670-7, mar. 2005.

SKOTKO, Brian; LEVINE, Susan P. "What the other children are thinking: Brothers and sisters of persons with Down syndrome". *American Journal of Medical Genetics, Part C: Seminars in Medical Genetics* 142C, n. 3, pp. 180-6, ago. 2006.

SLENCZYNSKA, Ruth; BIANCOLLI, Louis. *Forbidden Childhood*. Nova York: Doubleday, 1957.

SLOBODA, John. "Musical ability". In: *Ciba Foundation Symposium 178: The Origins and Development of High Ability*. Nova York: John Wiley & Sons, 1993. pp. 106-18.

SLUMING, Vanessa et al. "Broca's area supports enhanced visuospatial cognition in orchestral musicians". *Journal of Neuroscience* 27, n. 14, pp. 3799-806, 4 abr. 2007.

SMILEY, Lauren. "Girl/boy interrupted: A new treatment for transgender kids puts puberty on hold so that they won't develop into their biological sex". *SF Weekly*, 11 jul. 2007.

SMITH, David. "Gender row athlete Caster Semenya wanted to boycott medal ceremony". *Guardian*, 21 ago. 2009.

SMITH, Dylan M. et al. "Happily hopeless: Adaptation to a permanent, but not to a temporary, disability". *Health Psychology* 28, n. 6, pp. 787-91, nov. 2009.

SMITH, Gwendolyn Ann. *Remembering Our Dead*. Site de informações. Gender Education & Advocacy, 2005. Disponível em: <www.gender.org/remember>.

SMITH, Helena. "Rape victims' babies pay the price of war". *Observer*, 16 abr. 2000.

SMITH, Joel. "Murder of autistics". *This Way of Life* [s.d.]. Disponível em: <www.geocities.com/growingjoel/murder.html>.

SMITH, Merrill D. *Sex Without Consent: Rape and Sexual Coercion in America*. Nova York: New York University Press, 2001.

_____ (Org.). *Encyclopedia of Rape*. Westport, CT: Greenwood Press, 2004.

SMITH, Nicholas A.; SCHMUCKLER, Mark A. "Dial A440 for absolute pitch: Absolute pitch memory by non-absolute pitch possessors". *Journal of the Acoustical Society of America* 123, n. 4, pp. 77-84, abr. 2008.

SMITH, Richard J. H. et al. "Deafness and hereditary hearing loss overview". *GeneReviews* (internet), pp. 1-22, 1999-2012.

SMITH, Russell. "The impact of hate media in Rwanda". BBC News, 3 dez. 2003. Disponível em: <news.bbc.co.ru/2/hi/africa/3257748.stm>.

SMITH, Yolanda L. S.; VAN GOOZEN, Stephanie H. M.; COHEN-KETTENIS, Peggy T. "Adolescents with gender identity disorder who were accepted or rejected for sex reassignment surgery: A prospective follow-up study". *Journal of the American Academy of Child & Adolescent Psychiatry* 40, n. 4, pp. 472-81, abr. 2001.

SMITH, Yolanda L. S. et al. "Sex reassignment: Outcomes and predictors of treatment for adolescent and adult transsexuals". *Psychological Medicine* 35, n. 1, pp. 89-99, jan. 2005.

SNYDER, Howard; SICKMUND, Melissa. *Juvenile Offenders and Victims: 2006 National Report*. Bureau of Justice Statistics Special Report NCJ 212906. Washington, D. C.: U. S. Department of Justice, Office of Justice Programs, Office of Juvenile Justice & Delinquency Prevention, 2006.

SNYDER, Sharon; MITCHELL, David T. *Cultural Locations of Disability*. Chicago: University of Chicago Press, 2006.

SOBSEY, Dick. "Altruistic filicide: Bioethics or criminology?". *Health Ethics Today* 12, n. 1, pp. 9-11, nov. 2001.

SOCIEDADE NACIONAL DE SÍNDROME DE DOWN. "Cosmetic surgery for children with Down syndrome". Declaração de posição. Nova York, [s.d.]. Disponível em: <www.ndss.org/index.php?option=com_content&view=article&id=153&limitstart=6>.

SOLINGER, Rickie (Org.). *Abortion Wars: A Half Century of Struggle, 1950-2000*. Berkeley: University of California Press, 1998.

_____. *Wake Up Little Susie: Single Pregnancy and Race Before Roe v. Wade*. Londres; Nova York: Routledge, 2000.

_____. *Beggars and Choosers: How the Politics of Choice Shapes Adoption, Abortion, and Welfare in the United States*. Nova York: Hill & Wang, 2001.

SOLNIT, Albert J.; STARK, Mary H. "Mourning and the birth of a defective child". *Psychoanalytic Study of the Child* 16, pp. 523-37, 1961.

SOLOMON, Andrew. *The Irony Tower: Soviet Artists in a Time of Glasnost*. Nova York: Alfred A. Knopf, 1991.

_____. "Defiantly deaf". *New York Times Magazine*, 29 ago. 1994.

_____. "Questions of genius". *New Yorker*, 26 ago. 1996.

_____. "The amazing life of Laura". *Glamour*, jul. 2003.

_____. "The pursuit of happiness". *Allure*, set. 2004.

_____. "The autism rights movement". *New York*, 25 maio 2008.

_____. "Meet my real modern family". *Newsweek*, 30 jan. 2011.

SOLOMON, Maynard. *Mozart: A Life*. Nova York: HarperCollins, 1996.

SOLOMON, Olga. "What a dog can do: Children with autism and therapy dogs in social interaction". *Ethos* 38, n. 1, pp. 143-66, mar. 2010.

SOMEYA, Shinichi et al. "Age-related hearing loss in C57BL/6J mice is mediated by Bak-dependent mitochondrial apoptosis". *Proceedings of the National Academy of Sciences* 106, n. 46, pp. 19432-7, 17 nov. 2009.

SOMMERVILLE, Diane Miller. *Rape and Race in the Nineteenth-Century South*. Chapel Hill: University of North Carolina Press, 2004.

SONTAG, Deborah. "A schizophrenic, a slain worker, troubling questions". *New York Times*, 17 jun. 2011.

SOPER, Kathryn Lynard. *Gifts: Mothers Reflect on How Children with Down Syndrome Enrich Their Lives*. Bethesda, MD: Woodbine House, 2007.

SOUTHERN POVERTY LAW CENTER. "SPLC sues Mississippi county to stop 'shocking' abuse of children at detention center". Press Release. Montgomery, AL, 20 abr. 2009. Disponível em: <www.splcenter.org/get-informed/news/splc-sues-mississippi-county-to-stop-shocking-abuse-of-children--at-detention-center>.

SPACK, Norman. "An endocrine perspective on the care of transgender adolescents". *Journal of Gay & Lesbian Mental Health* 13, n. 4, pp. 309-19, out. 2009.

SPEAKE, Jennifer (Org.). *The Oxford Dictionary of Proverbs*. Oxford; Nova York: Oxford University Press, 2009.

SPITZER, Walter. "The real scandal of the MMR debate". *Daily Mail*, 20 dez. 2001.

SPURBECK, Jarorg. "NY senator's grandkids made him realize 'gay is OK'". *Yahoo! News*, 26 jun. 2011.

"STANDING TALL: Experts debate the cosmetic use of growth hormones for children". Noticiário de televisão. Jamie Cohen, correspondente. ABC News, 19 jun. 2003. Disponível em: <abcnews.go.com/Health/story?id=116731>.

STARTUP, Mike; JACKSON, M. C.; BENDIX, S. "North Wales randomized controlled trial of cognitive behaviour therapy for acute schizophrenia spectrum disorders: Outcomes at 6 and 12 months". *Psychological Medicine* 34, n. 3, pp. 413-22, abr. 2004.

STARTUP, Mike et al. "North Wales randomized controlled trial of cognitive behaviour therapy for acute schizophrenia spectrum disorders: Two-year follow-up and economic evaluation". *Psychological Medicine* 35, n. 9, pp. 1307-16, 2005.

STATE v. *Peter James Gifran von Kalkstein Bleach et al*. (Purulia arms dropping case). Sessões de Julgamento n. 1, Tribunal de Calcutá, publ. jun. 1997.

STEADMAN, Henry J. et al. "Violence by people discharged from acute psychiatric inpatient facilities and by others in the same neighborhoods". *Archives of General Psychiatry* 55, n. 5, pp. 393-401, maio 1998.

STEFANATOS, Gerry A. "Regression in autistic spectrum disorders". *Neuropsychology Review* 18, pp. 305-19, dez. 2008.

STEFANATOS, Gerry A.; BARON, Ida Sue. "The ontogenesis of language impairment in autism: A neuro-psychological perspective". *Neuropsychology Review* 21, n. 3, pp. 252-70, set. 2011.

STEFANSSON, Hreinn et al. "Large recurrent microdeletions associated with schizophrenia". *Nature* 455, n. 7210, pp. 232-6, 11 set. 2008.

STEIN, Allen. "Stoughton cop resigns after he left beat to see dwarf porn star". *Enterprise News*, 20 jul. 2010.

STEIN, Rob. "New safety, new concerns in tests for Down syndrome". *Washington Post*, 24 fev. 2009.

STEINBERG, Laurence; CAUFFMAN, Elizabeth. "Maturity of judgment in adolescence: Psychosocial factors in adolescent decision making". *Law & Human Behavior* 20, n. 3, pp. 249-72, jun. 1996.

STEPHENS, Ronald D.; ARNETTE, June Lane. "From the courthouse to the schoolhouse: Making successful transitions". OJJDP: Juvenile Justice Bulletin NCJ-178900. Washington, D. C.: U. S. Department of Justice, Office of Justice Programs, Office of Juvenile Justice & Delinquency Prevention, 2000.

STEVENS, Wallace. *The Collected Poems of Wallace Stevens.* Nova York: Vintage, 1990.

STEWART, Felicia H.; TRUSSELL, James. "Prevention of pregnancy resulting from rape: A neglected preventive health measure". *American Journal of Preventive Medicine* 19, n. 4, pp. 228-9, nov. 2000.

STIGLMAYER, Alexandra (Org.). *Mass Rape: The War Against Women in Bosnia-Herzegovina.* Trad. de Marion Faber. Lincoln: University of Nebraska Press, 1994.

STOKES, Dennis C. et al. "Respiratory complications of achondroplasia". *Journal of Pediatrics* 102, n. 4, pp. 534-41, abr. 1983.

STOKOE, William. *Sign Language Structure: An Outline of the Visual Communication Systems of the American Deaf.* Estudos de Linguística, documentos ocasionais, n. 8. Buffalo, NY: Departamento de Antropologia e Linguística da Universidade de Buffalo, 1960. Republicado em *Journal of Deaf Studies & Deaf Education* 10, n. 1, pp. 3-37, inverno 2005.

STONE, Carole. "First person: Carole Stone on life with her schizophrenic brother". *Guardian*, 12 nov. 2005.

STONEMAN, Zolinda. "Supporting positive sibling relationships during childhood". *Mental Retardation & Developmental Disability Research Reviews* 7, n. 2, pp. 134-42, maio 2001.

STONEMAN, Zolinda; BERMAN, Phyllis Waldman (Orgs.). *The Effects of Mental Retardation, Disability, and Illness on Sibling Relationships.* Baltimore: Paul H. Brookes, 1993.

STONEMAN, Zolinda; CRAPPS, John M. "Mentally retarded individuals in family care homes: Relationships with the family-of-origin". *American Journal on Mental Retardation* 94, n. 4, pp. 420-30, jan. 1990.

STONEMAN, Zolinda et al. "Childcare responsibilities, peer relations, and sibling conflict: Older siblings of mentally retarded children". *American Journal on Mental Retardation* 93, n. 2, pp. 174-83, set. 1988.

_____. "Ascribed role relations between children with mental retardation and their younger siblings". *American Journal on Mental Retardation* 95, n. 5, pp. 537-50, mar. 1991.

STOPPER, Michael J. (Org.). *Meeting the Social and Emotional Needs of Gifted and Talented Children.* Londres: David Fulton, 2000.

STORES, R. et al. "Daytime behaviour problems and maternal stress in children with Down's syndrome, their siblings, and non-intellectually disabled and other intellectually disabled peers". *Journal of Intellectual Disability Research* 42, n. 3, pp. 228-37, jun. 1998.

STOUT, David. "Supreme Court bars death penalty for juvenile killers". *New York Times*, 1 mar. 2005.
_____. "House votes to expand hate-crime protection". *New York Times*, 4 maio 2007.

STRATTON, Charles Sherwood. *Sketch of the Life: Personal Appearance, Character and Manners of Charles S. Stratton, the Man in Miniature, Known as General Tom Thumb, and His Wife, Lavinia Warren Stratton, Including the History of Their Courtship and Marriage, With Some Account of Remarkable Dwarfs, Giants, & Other Human Phenomena, of Ancient and Modern Times, Also, Songs Given at Their Public Levees.* Nova York: Samuel Booth, 1874.

STRAUSS, David; EYMAN, Richard K. "Mortality of people with mental retardation in California with and without Down syndrome, 1986-1991". *American Journal on Mental Retardation* 100, n. 6, pp. 643-51, maio 1996.

STUCKLESS, E. Ross; BIRCH, Jack W. "The influence of early manual communication on the linguistic development of deaf children". *American Annals of the Deaf* 142, n. 3, pp. 71-9, jul. 1997.

SULLIVAN, Patrick F.; KENDLER, Kenneth S.; NEALE, Michael C. "Schizophrenia as a complex trait: Evidence from a meta-analysis of twin studies". *Archives of General Psychiatry* 60, n. 12, pp. 1187-92, dez. 2003.

SUMMERS, Carl R.; WHITE, K. R.; SUMMERS, M. "Siblings of children with a disability: A review and analysis of the empirical literature". *Journal of Social Behavior & Personality* 9, n. 5, pp. 169-84, 1994.

"SUSPENDED jail term for French mother who killed autistic son". *BBC Monitoring International Reports*, 2 mar. 2001.

SUSSER, Ezra S.; LIN, Shang P. "Schizophrenia after prenatal exposure to the Dutch Hunger Winter of 1944-1945". *Archives of General Psychiatry* 49, n. 12, pp. 983-8, dez. 1992.

SUSSKIND, Yifat. "The murder of Du'a Aswad". *Madre*, 22 maio 2007.

SUWAKI, Hiroshi; FUKUI, Susumi; KONUMA, Kyohei. "Methamphetamine abuse in Japan". In: MILLER, Marissa J.; KOZEL, Nicholas J. (Orgs.). *Methamphetamine Abuse: Epidemiologic Issues and Implications*, 84-98. Monografia de pesquisa 115. Washington, D. C.: National Institute on Drug Abuse, 1991.

SWAAB, Dick F. "Sexual differentiation of the brain and behavior". *Best Practice & Research Clinical Endocrinology & Metabolism* 21, n. 3, pp. 431-44, set. 2007.

SWILLER, Josh. *The Unheard: A Memoir of Deafness and Africa.* Nova York: Macmillan, 2007.

SWOYER, Chris. "The linguistic relativity hypothesis". In: ZALTA, Edward N. (Org.). *The Stanford Encyclopedia of Philosophy.* Stanford, CA: Stanford University, 2003.

"SYRACUSE: Woman who killed autistic son is freed". *New York Times*, 12 maio 2005.

SZASZ, Thomas Stephen. *The Myth of Mental Illness: Foundations of a Theory of Personal Conduct.* Nova York: Harper & Row, 1974. [Ed. bras.: *O mito da doença mental.* São Paulo: Círculo do Livro, 1974.]
_____. *Insanity: The Idea and Its Consequences.* Nova York: Wiley, 1987.

SZIGETI, Joseph. *Szigeti on the Violin.* Nova York: Dover, 1979.

TAI, Sara; TURKINGTON, Douglas. "The evolution of cognitive behavior therapy for schizophrenia: Current practice and recent developments". *Schizophrenia Bulletin* 35, n. 5, pp. 865-73, set. 2009.

TAKEUCHI, Annie H.; HULSE, Stewart H. "Absolute pitch". *Psychological Bulletin* 113, n. 2, pp. 345-61, 1993.

TANNER, Lindsey. "Physicians could make the perfect imperfect baby". *Los Angeles Times*, 31 dez. 2006.

TARIN, Juan J.; HAMATANI, Toshio; CANO, Antonio. "Acute stress may induce ovulation in women". *Reproductive Biology & Endocrinology* 8, p. 53, 26 maio 2010.

TARKAN, Laurie. "New study implicates environmental factors in autism". *New York Times*, 4 jul. 2011.

TAYLOR, Louise. "'We'll kill you if you cry': Sexual violence in the Sierra Leone conflict". Nova York: Human Rights Watch, 2003.

TAYLOR, William; JONES, Clive. "William Hay, M. P. for Seaford (1695-1755)". *Parliamentary History 29*, suppl. s1, pp. lxi-lxxxvii, out. 2010.

TCHEKHÓV, Anton. *The Cherry Orchard*. Trad. de David Mamet. Nova York: Grove Press, 1987. [Ed. bras.: *O jardim das cerejeiras*. Rio de Janeiro: GRD, 1967.]

TEKIN, Mustafa. "Genomic architecture of deafness in Turkey reflects its rich past". *International Journal of Modern Anthropology*, 2009, pp. 39-51.

TEKIN, Mustafa; ARNOS, Kathleen S.; PANDYA, Arti. "Advances in hereditary deafness". *Lancet 358*, pp. 1082-90, 29 set. 2001.

TEMPLE Grandin. Longa-metragem. Santa Monica, CA: HBO Films, 2010.

TEMPLE-RASTON, Dina. *Justice on the Grass*. Nova York: Free Press, 2005.

TENNYSON, Alfred. *The Complete Works of Alfred Lord Tennyson*. Londres: Frederick Stokes, 1891.

TEPLIN, Linda A. et al. "Psychiatric disorders in youth in juvenile detention". *Archives of General Psychiatry 59*, n. 12, pp. 1133-43, 2002.

TERESZCUK, Alexis. "The little couple slam dwarf tossing". *Radar Online*, 20 mar. 2012.

TERMAN, Lewis M. "A new approach to the study of genius". *Psychological Review*, 29, n. 4, pp. 310-8, 1922.

_____. *Genetic Studies of Genius*. Stanford, CA: Stanford University Press, 1926. v. 1: *Mental and Physical Traits of a Thousand Gifted Children*.

_____. *The Gifted Group at Mid-Life: Thirty-Five Years Follow-Up of the Superior Child*. Stanford, CA: Stanford University Press, 1959.

TEVENAL, Stephanie; VILLANUEVA Miako. "Are you getting the message? The effects of SimCom on the message received by deaf, hard of hearing, and hearing students". *Sign Language Studies 9*, n. 3, pp. 266-86, primavera 2009.

THARINGER, Deborah; HORTON, Connie Burrows; MILLEA, Susan. "Sexual abuse and exploitation of children and adults with mental retardation and other handicaps". *Child Abuse & Neglect 14*, n. 3, pp. 301-12, 1990.

"THE HOMOSEXUAL in America". *Time*, 21 jan. 1966.

"THE LITTLE boy who was neglected so badly by his mother that he became a dwarf". *Daily Mail*, 28 ago. 2010.

"THE MISTREATMENT of Ashley X". *Family Voyage*, 4 jan. 2007. Disponível em: <thefamilyvoyage. blogspot.com/2007/01/mistreatment-of-ashley-x.html>.

THE Woman Who Thinks Like a Cow. Documentário cinematográfico. Direção: Emma Sutton. Entrevistas com Temple Grandin, Eustacia Cutler, Chloe Silverman, Douglas Hare, Bernard Rimland, Nancy Minshew, Francesca Happe. *Horizon*, transmitido originalmente em 8 jun. 2006. Londres: British Broadcasting Corporation, 2006.

"THERAPY to change 'feminine' boy created a troubled man, family says". Noticiário de televisão. Scott Bronstein e Jessi Joseph, correspondentes. Cable News Network, 8 jun. 2011. Disponível em: <edition.cnn.com/2011/US/06/07/sissy.boy.experiment/>.

THOMPSON, Sue; SHAKESPEARE, Tom; WRIGHT, Michael J. "Medical and social aspects of the life course for adults with a skeletal dysplasia: A review of current knowledge". *Disability & Rehabilitation* 30, n. 1, pp. 1-12, jan. 2008.

THOMSON, Rosemarie Garland. *Extraordinary Bodies: Figuring Physical Disability in American Culture and Literature*. Nova York: Columbia University Press, 1997.

THORNBERRY, Terence P. *Violent Families and Youth Violence*. Folha de informações 21. Washington, D. C.: U. S. Department of Justice, Office of Justice Programs, Office of Juvenile Justice and Delinquency Prevention, 1994.

THORNHILL, Randy; PALMER, Craig T. *A Natural History of Rape: Biological Bases of Sexual Coercion*. Cambridge, MA: MIT Press, 2000.

THRASHER, Steven. "Camila Guzman, transgender murder victim, remembered in East Harlem vigil". *Village Voice*, 12 ago. 2011.

THROUGH Deaf Eyes. Documentário cinematográfico. Direção: Lawrence Hott e Diane Garey. Washington, D. C.: WETA-TV/Florentine Films/Hott Productions em associação com a Universidade Gallaudet, 2007.

TINBERGEN, Elisabeth A.; TINBERGEN, Nikolaas. "Early childhood autism: An ethological approach". *Advances in Ethology, Journal of Comparative Ethology*, supl. n. 10, pp. 1-53, 1972.

TJADEN, Patricia; THOENNES, Nancy. *Full Report of the Prevalence, Incidence, and Consequences of Violence Against Women: Findings from the National Violence Against Women Survey*. Relatório NCJ 183781. Washington, D. C.: National Institute of Justice, 2000.

TOLAN, Patrick (Org.). *Multi-Systemic Structural-Strategic Interventions for Child and Adolescent Behavior Problems*. Nova York: Haworth, 1990.

TOLAN, Patrick et al. "Family therapy with delinquents: A critical review of the literature". *Family Processes* 25, n. 4, pp. 619-50, dez. 1986.

TOLAN, Patrick; THOMAS, Peter. "The implications of age of onset for delinquency risk II: Longitudinal data". *Journal of Abnormal Child Psychology* 23, n. 2, pp. 157-81, abr. 1995.

TOLSTÓI, Liev. *Anna Karenina*. Trad. de Constance Garnett. Nova York: Spark Educational Publishing, 2004. [Ed. bras.: *Anna Kariênina*. São Paulo: Cosac Naify, 2005.]

TOMASELLI, Sylvana; PORTER, Roy (Orgs.). *Rape: An Historical and Cultural Enquiry*. Oxford: Blackwell, 1986.

TOMMASINI, Anthony. "A showman revs up the classical genre". *New York Times*, 10 nov. 2003.

_____. "Views back (and forward) on an outdoor stage". *New York Times*, 17 jul. 2008.

TOPPO, Greg. "10 years later, the real story behind Columbine". *USA Today*, 14 abr. 2009.

TORGOVNIK, Johnathan. *Nowhere to Go: The Tragic Odyssey of the Homeless Mentally Ill*. Nova York: Harper and Row, 1988.

_____. *Out of the Shadows: Confronting America's Mental Illness Crisis*. Nova York: Wiley, 1997.

_____. *Surviving Schizophrenia: A Manual for Families, Patients and Providers*. 5 ed. Nova York: HarperCollins, 2006.

_____. *Intended Consequences: Rwandan Children Born of Rape*. Nova York: Aperture, 2009.

TORREY, E. Fuller et al. "Paternal age as a risk factor for schizophrenia: How important is it?". *Schizophrenia Research* 114, n. 1/3, pp. 1-5, out. 2009.

TOYOTA Motor Manufacturing v. Williams. 534 US 184 (2002).

"TRANSGENDER children face unique challenges". Noticiário de televisão. Produção: Joneil Adrian. Barbara Walters, correspondente. *20/20,* ABC News, 27 abr. 2007. Disponível em: <abcnews.go.com/2020/story?id=3091754>.

"TRANSGENDER person slain in northeast". Noticiário de televisão. Pat Collins, correspondente. NBC Washington, 21 jul. 2011. Disponível em: <www.nbcwashington.com/news/local/Transgender-Person-Slain-in-Northeast-125919853.html>.

TRAVIS, John. "Genes of silence: Scientists track down a slew of mutated genes that cause deafness". *Science News,* 17 jan. 1998.

"TREATMENT keeps girl child-sized". Noticiário de televisão. BBC News, 4 jan. 2007. Disponível em: <news.bbc.co.RU/2/hi/americas/6229799.stm>.

"TREATMENT not jail: A plan to rebuild community mental health". *Sacramento Bee,* 17 mar 1999.

TREFFERT, Darold A. "The savant syndrome: An extraordinary condition". *Philosophical Transactions of the Royal Society,* parte B 364, n. 1522, pp. 1351-7, maio 2009.

TRENT, James W., Jr. *Inventing the Feeble Mind: A History of Mental Retardation in the United States.* Berkeley: University of California Press, 1995.

TRETTER, Anne E. et al. "Antenatal diagnosis of lethal skeletal dysplasias". *American Journal of Medical Genetics* 75, n. 5, pp. 518-22, dez. 1998.

TROTTER, Tracy L.; HALL, Judith G.; AMERICAN ACADEMY OF PEDIATRICS COMMITTEE ON GENETICS. "Health supervision for children with achondroplasia". *Pediatrics* 116, n. 3, pp. 771-83, 2005.

TRUMAN, Jennifer L. *Criminal Victimization, 2010.* Bureau of Justice Statistics Special Report NCJ 235508. Washington, D. C.: U. S. Department of Justice, Bureau of Justice Statistics, 2011.

TRUMBALL, Robert. "Dacca raising the status of women while aiding rape victims". *New York Times,* 12 maio 1972.

TSAI, Luke. "Comorbid psychiatric disorders of autistic disorder". *Journal of Autism & Developmental Disorders* 26, n. 2, pp. 159-63, abr. 1996.

TSOUDEROS, Trine. "'Miracle drug' called junk science". *Chicago Tribune,* 21 maio 2009.

TUCKER, Bonnie Poitras. "Deaf culture, cochlear implants, and elective disability". *Hastings Center Report* 28, n. 4, pp. 6-14, 1 jul. 1998.

TURKEL, Henry. "Medical amelioration of Down's syndrome incorporating the orthomolecular approach". *Journal of Orthomolecular Psychiatry* 4, n. 2, pp. 102-15, 2º trim. 1975.

TURNBULL, Ann P.; PATTERSON, Joan M.; BEHR, Shirley K. (Orgs.). *Cognitive Coping, Families, and Disability.* Baltimore: Paul H. Brookes, 1993.

TURNBULL, H. Rutherford, III; GUESS, Doug; TURNBULL, Anne P. "Vox populi and Baby Doe". *Mental Retardation* 26, n. 3, pp. 127-32, jun. 1988.

TURNER, David M.; STAGG, Kevin (Orgs.). *Social Histories of Disability and Deformity: Bodies, Images and Experiences.* Londres; Nova York: Routledge, 2006.

TURPIN v. Sortini, 31. Cal.3d 220, 643 P.2d 954 (Califórnia, 1982).

"TWO families grapple with sons' gender preferences: Psychologists take radically different approaches in therapy". Programa de rádio. Alix Spiegel, correspondente. *All Things Considered,*

National Public Radio, 7 maio 2008. Disponível em: <www.npr.org/templates/story/story.php?storyId=90247842>.

UDDIN, Lucina Q. et al. "Neural basis of self and other representation in autism: An fMRI study of self-face recognition". *PLoS One* 3, n. 10, pp. K3526, 2008.

UK HEALTH PROTECTION AGENCY. "Measles notifications and deaths in England and Wales, 1940-2008". Londres: Health Protection Agency, 2010.

UK PARLIAMENT. "Human Fertilisation and Embryology Act 2008". Lei promulgada em 13 nov. 2008. Disponível em: <www.opsi.gov.UK/acts/acts2008/ukpga_20080022_en_1>.

UNFORGOTTEN: Twenty-Five Years After Willowbrook. Documentário cinematográfico. Direção: Danny Fisher. Inclui "Willowbrook: The last great disgrace", documentário cinematográfico de Geraldo Rivera para ABC News (1972). Nova York: City Lights Pictures, 2008.

UNICEF INNOCENTI RESEARCH CENTRE. *Birth Registration and Armed Conflict.* Siena, 2007.

UNITED NATIONS OFFICE FOR THE COORDINATION OF HUMANITARIAN AFFAIRS. "Our bodies, their battleground: Gender-based violence in conflict zones". *IRIN News*, 1 set. 2004.

UNIVERSIDADE COLUMBIA. CENTRO NACIONAL DE DROGADICÇÃO E TOXICOMANIA. *Criminal Neglect: Substance Abuse, Juvenile Justice and the Children Left Behind.* Nova York, 2004.

UNIVERSIDADE DA CALIFÓRNIA, Los Angeles. "Drug reverses mental retardation in mice". Press Release. Los Angeles: University of California Health Sciences Center, 20 jun. 2008. Disponível em: <www.newswise.com/articles/view/541960>.

UNIVERSIDADE DE MIAMI, Escola de Medicina. "Costs associated with cochlear implants". Miami, 2009. Disponível em: <cochlearimplants.med.miami.edu/implants/08_Costs%20Associated%20with%20Cochlear%20Implants.asp>.

UNIVERSITY COLLEGE OF LONDON. "First baby tested for breast cancer form BRCA1 before conception born in U. K". Press Release, 9 jan 2009.

U. S. DEPARTMENT OF HEALTH AND HUMAN SERVICES, AGENCY FOR HEALTHCARE RESEARCH AND QUALITY. *Preventing Violence and Related Health-Risking Social Behaviors in Adolescents.* National Institutes of Health State-of-the-Science Conference Statement, 13/15 out. 2004. Rockville, MD, 2004.

U. S. DEPARTMENT OF HEALTH AND HUMAN SERVICES, CENTERS FOR DISEASE CONTROL AND PREVENTION. "Sexual Assault Awareness Month, abr. 2005". *Morbidity & Mortality Weekly Report* 54, n. 12, p. 311, 1 abr. 2005.

_____. "Down syndrome cases at birth increased". Atlanta, GA: U. S. Centers for Disease Control and Prevention, 2009. Disponível em: <www.cdc.gov/features/dsdownsyndrome/>.

U. S. DEPARTMENT OF HEALTH AND HUMAN SERVICES, NATIONAL INSTITUTE OF MENTAL HEALTH. *Schizophrenia.* NIH Publication n. 06-3517. Washington, D. C., 2007. Disponível em: <www.nimh.nih.gov/publicat/schizoph.cfm>.

U. S. DEPARTMENT OF HEALTH AND HUMAN SERVICES, NATIONAL INSTITUTE OF NEUROLOGICAL DISORDERS AND STROKE. *Autism Fact Sheet.* NIH Publication n. 09-1877. Bethesda, MD, abr. 2009.

_____. *Newborn Hearing Screening.* Washington, D. C.: National Institutes of Health, 2010.

_____. "Quick statistics". Bethesda, MD: National Institute on Deafness and Other Communication Disorders, 2010.

U. S. DEPARTMENT OF HEALTH AND HUMAN SERVICES, OFFICE OF THE SURGEON GENERAL. *Youth Violence: A Report of the Surgeon General.* Washington, D. C., 2001.

U. S. DEPARTMENT OF HEALTH AND HUMAN SERVICES, SUBSTANCE ABUSE AND MENTAL HEALTH SERVICES ADMINIS-TRATION. *Drug and Alcohol Treatment in Juvenile Correctional Facilities: The DASIS Report*. Rockville, MD, 2002.

_____. *Results from the 2008 National Survey on Drug Use and Health: National Findings*. Rockville, MD, 2008.

VAN, John. "Little people veto a miniaturized village". *Chicago Tribune*, 16 jun. 1989.

VAN BUREN, Abigail. "A fable for parents of a disabled child". *Chicago Tribune*, 5 nov. 1989.

VANDENBURG, Martina; ASKIN, Kelly. "Chechnya: Another battleground for the perpetration of gender based crimes". *Human Rights Review* 2, n. 3, pp. 140-9, abr. 2001.

VAN DYKE, Don C. et al. (Orgs.). *Medical and Surgical Care for Children with Down Syndrome: A Guide for Parents*. Bethesda, MD: Woodbine House, 1995.

VAN ETTEN, Angela Muir. "Dwarf tossing and exploitation". *Huffington Post*, 19 out. 2011. Disponível em: <www.huffingtonpost.com/angela-van-etten/dwarf-tossing_b_1020953.html>.

VAN GULDEN, Holly. "Talking with children about difficult history". Oakland, CA: Pact, An Adoption Alliance, 1998. Disponível em: <www.pactadopt.org/press/articles/diffhis.html>.

VAN OS, Jim; SELTEN, Jean-Paul. "Prenatal exposure to maternal stress and subsequent schizophrenia: The May 1940 invasion of The Netherlands". *British Journal of Psychiatry* 172, n. 4, pp. 324-6, abr. 1998.

VARGAS BARRETO, Bernardo et al. "Complications of Ilizarov leg lengthening: A comparative study between patients with leg length discrepancy and short stature". *International Orthopaedics* 31, n. 5, pp. 587-91, out. 2007.

VAUGHAN, Kevin. "Questions for killers' families: In suit, Rohrboughs seeking to interview Harrises, Klebolds". *Denver Rocky Mountain News*, 12 out. 2004.

VAUGHAN, Kevin; KASS, Jeff. "Columbine cover-up alleged: Released reports conclude officials hid damaging evidence". *Denver Rocky Mountain News*, 16 set. 2004.

VERHOVEK, Sam Howe. "Parents defend decision to keep disabled girl small". *Los Angeles Times*, 3 jan. 2007.

VERSTRAETEN, Thomas et al. "Safety of thimerosal-containing vaccines: A two-phased study of computerized health maintenance organization databases". *Pediatrics* 112, n. 5, pp. 1039-48, nov. 2003.

VICKREY VAN CLEVE, John (Org.). *Deaf History Unveiled: Interpretations from the New Scholarship*. Washington, D. C.: Gallaudet University Press, 1999.

VIDAL, Gore. *Matters of Fact and Fiction*. Londres: Heinemann, 1977. [Ed. bras.: *De fato e de ficção*. São Paulo: Companhia das Letras, 1987.]

VIRGINIA FUSION CENTER. *Bloods Street Gang Intelligence Report*. Richmond, VA: Commonwealth of Virginia Department of State Police, nov. 2008.

VITRÚVIO. *The Ten Books on Architecture (De Architectura)*. Nova York: Dover, 1960. [Ed. bras.: *Tratado de arquitetura*. São Paulo: Martins Fontes, 2007. Coleção Todas as Artes.]

VOLLUM, Scott; LONGMIRE, Dennis R. "Covictims of capital murder: Statements of victims' family members and friends made at the time of execution". *Violence & Victims* 22, n. 5, pp. 601-19, out. 2007.

VOLTA, Alessandro. "On the electricity excited by the mere contact of conducting substances of different kinds". *Philosophical Transactions of the Royal Society* 90, pp. 403-31, 1800.

VON RHEIN, John. "Bend the rules, but don't break the bond". *Chicago Tribune*, 18 ago. 2002.

WAHL, Otto F. *Media Madness: Public Images of Mental Illness*. New Brunswick, NJ: Rutgers University Press, 1995.

WAHLBERG, Karl-Erik et al. "Gene-environment interaction in vulnerability to schizophrenia: Findings from the Finnish Adoptive Family Study of Schizophrenia". *American Journal of Psychiatry* 154, n. 3, pp. 355-62, mar. 1997.

WAKEFIELD, Andrew J. et al. "Ileal-lymphoid-nodular hyperplasia, non-specific colitis, and pervasive developmental disorder in children". *Lancet* 351, n. 9103, pp. 637-41, 28 fev. 1998.

WAKIN, Daniel J. "Burned out at 14, Israeli concert pianist is back where he 'really belongs'". *New York Times*, 2 nov. 2007.

WALKER, Elaine et al. "Schizophrenia: Etiology and course". *Annual Review of Psychology* 55, pp. 401--30, fev. 2004.

WALKER, Elaine; MITTAL, Vijay; TESSNER, Kevin. "Stress and the hypothalamic pituitary adrenal axis in the developmental course of schizophrenia". *Annual Review of Clinical Psychology* 4, pp. 189-216, jan. 2008.

WALKER, Lou Ann. "Losing the language of silence". *Nova York Magazine*, 13 jan. 2008.

WALLACE, Cameron et al. "Serious criminal offending and mental disorder: Case linkage study". *British Journal of Psychiatry* 172, n. 6, pp. 477-84, jun. 1998.

WALLIS, Claudia. "A powerful identity, a vanishing diagnosis". *New York Times*, 2 nov. 2009.

WALSH, Maryellen. *Schizophrenia: Straight Talk for Family and Friends*. Nova York: Quill/William Morrow, 1985.

WALSH, Michael; RUDULPH, Elizabeth. "Evgeni Kissin, new kid". *Time*, 29 out. 1990.

WALTZMAN, Susan B. et al. "Open-set speech perception in congenitally deaf children using cochlear implants". *American Journal of Otology* 18, n. 3, pp. 342-9, 1997.

WANG, Shirley S. "NYU bows to critics and pulls ransom-note ads". *Wall Street Journal Health Blog*, 19 dez. 2007. Disponível em: <blogs.wsj.com/health/2007/12/19/nyu-bows-to-critics-and-pulls--ransom-note-ads/>.

WARMAN, Debbie M.; BECK, T. "Cognitive behavioral therapy". Arlington, VA: National Alliance on Mental Illness, 2003. Disponível em: <www.nami.org/Template.cfm?Section=About_Treatments_and_Supports&template=/ContentManagement/ContentDisplay.cfm&ContentID=7952>.

WARNER, Judith. "The Columbine syndrome". *New York Times*, 4 ago. 2007.

WAX, Emily. "Rwandans are struggling to love children of hate". *Washington Post*, 28 mar. 2004.

WEATHERS, Helen. "A British tycoon and father of two has been a man and a woman... and a man again... and knows which sex he'd rather be". *Daily Mail Online*, 4 jan. 2009.

WEBER, Wim. "France's highest court recognizes 'the right not to be born'". *Lancet* 358, n. 9297, pp. 1972, 8 dez. 2001.

WEINBERGER, Daniel R. "A brain too young for good judgment". *New York Times*, 10 mar. 2001.

WEINREICH, Susan. "Reflections on a childhood before the onset of schizophrenia". *Mental Health News*, outono 2005.

WEINTRAUB, Kit. "A mother's perspective". Crosswicks, NJ: Association for Science in Autism Treatment, 2007. Disponível em: <www.asatonline.org/forum/articles/mother.htm>.

WEISS, Meira. *Conditional Love: Parents' Attitudes Toward Handicapped Children*. Westport, CT: Bergin & Garvey, 1994.

WELBORN, Larry. "Mom who drugged son gets deal: She pleads guilty to child endangerment for giving boy pills during suicide try". *Orange County Register*, 24 maio 2003.

WELCH, Killian A. et al. "The impact of substance use on brain structure in people at high risk of developing schizophrenia". *Schizophrenia Bulletin* 37, n. 5, pp. 1066-76, set. 2011.

WELLES, Elizabeth B. "Foreign language enrollments in United States institutions of higher education, outono 2002". *Profession*, pp. 128-53, 2004.

WERKER, Janet F. "Becoming a native listener". *American Scientist* 77, n. 1, pp. 54-9, jan./fev. 1989.

_____. "Infant-directed speech supports phonetic category learning in English and Japanese". *Cognition* 103, n. 1, pp. 147-62, abr. 2007.

WERKER, Janet F.; TEES, Richard C. "Cross-language speech perception: Evidence for perceptual reorganization during the first year of life". *Infant Behavior & Development* 25, n. 1, pp. 121-33, jan./mar. 2002.

WERNER, Emily; DAWSON, Geraldine. "Validation of the phenomenon of autistic regression using home videotapes". *Archives of General Psychiatry* 62, n. 8, pp. 889-95, ago. 2005.

WERNER, Emmy; SMITH, Ruth. *Journeys from Childhood to Midlife: Risk, Resilience, and Recovery*. Ithaca, NY: Cornell University Press, 2001.

WHARTON, Edith. *A Backward Glance*. Nova York: D. Appleton-Century, 1934.

WHEELER, Alexandra et al. "Cochlear implants: The young people's perspective". *Journal of Deaf Studies & Deaf Education* 12, n. 3, pp. 303-16, verão 2007.

WHEELER, John. "Let's Talk About Conquering Deafness. Join the Dialogue: Introduction". Washington, D. C.: Deafness Research Foundation, 2000.

WHEELER, Patricia G. et al. "Short stature and functional impairment: A systematic review". *Archives of Pediatric & Adolescent Medicine* 158, n. 3, pp. 236-43, mar. 2004.

WHITAKER, Robert. *Mad in America: Bad Science, Bad Medicine e the Enduring Mistreatment of the Mentally Ill*. Cambridge, MA: Perseus, 2002.

WHITCHER-GENTZKE, Ann. "Dalai Lama brings message of compassion to UB". *UB Reporter*, 21 set. 2006.

WHITE, Richard. "Mike Tindall gropes blonde". *Sun*, 15 set. 2011.

WHORF, Benjamin Lee. *Language, Thought, and Reality: Selected Writings of Benjamin Lee Whorf*. Cambridge, MA: MIT Press, 1956.

WIDOM, Cathy. *The Cycle of Violence*. National Institute of Justice, Research in Brief, NCJ 136607. Washington, D. C.: U. S. Department of Justice, Office of Justice Programs, National Institute of Justice, set. 1992.

WIDOM, Cathy; MAXFIELD, Michael G. *An Update on the "Cycle of Violence"*. National Institute of Justice, Research in Brief, NCJ 184894. Washington, D. C.: U. S. Department of Justice, Office of Justice Programs, National Institute of Justice, fev. 2001.

WIENER, Norbert. *Ex-Prodigy: My Childhood and Youth*. Nova York: Simon & Schuster, 1953.

_____. *I Am a Mathematician: The Later Life of a Prodigy*. Garden City, NY: Doubleday, 1956.

WILBUR, Richard. *Collected Poems 1943-2004*. Orlando, FL: Harcourt, 2004.

WILBUR, Ronnie B. "What does the study of signed languages tell us about 'language'?". *Sign Language & Linguistics* 9, n. 1/2, pp. 5-32, 2006.

WILCOX, Allen J. et al. "Likelihood of conception with a single act of intercourse: Providing benchmark rates for assessment of post-coital contraceptives". *Contraception* 63, n. 4, pp. 211-5, abr. 2001.

WILFOND, Benjamin S. et al. "Navigating growth attenuation in children with profound disabilities: Children's interests, family decision-making, and community concerns". *Hastings Center Report* 40, n. 6, pp. 27-40, nov./dez. 2010.

WILKINSON, Stephanie. "Drop the Barbie! If you bend gender far enough, does it break?". *Brain, Child: The Magazine for Thinking Mothers*, outono 2001.

WILL, George. "Golly, what did Jon do?". *Newsweek*, 29 jan. 2007.

WILLARD, Tom. "N. Y. Times reports on proposed signing town". *DeafWeekly*, 23 mar. 2005.

WILLIAMS, Katie R. "The Son-Rise Program intervention for autism: Prerequisites for evaluation". *Autism* 10, n. 1, pp. 86-102, jan. 2006.

WILLIAMS, Katie R.; WISHART, J. G. "The Son-Rise Program intervention for autism: An investigation into family experiences". *Journal of Intellectual Disability Research* 47, n. 4/5, pp. 291-9, maio/jun. 2003.

WILLIAMS, Katrina et al. "Selective serotonin reuptake inhibitors (SSRIS) for autism spectrum disorders (ASD)". *Evidence-Based Child Health: A Cochrane Review Journal* 6, n. 4, pp. 1044-78, jul. 2011.

WILLIAMS, Lena. "College for deaf is shut by protest over president". *New York Times*, 8 mar. 1988.

WILLOUGHBY, Jennifer C.; GLIDDEN, Laraine Masters. "Fathers helping out: Shared child care and marital satisfaction of parents of children with disabilities". *American Journal on Mental Retardation* 99, n. 4, pp. 399-406, jan. 1995.

WINATA, Sunaryana et al. "Congenital non-syndromal autosomal recessive deafness in Bengkala, an isolated Balinese village". *Journal of Medical Genetics* 32, pp. 336-43, 1995.

WING, Lorna; GOULD Judith; GILLBERG Christopher. "Autism spectrum disorders in the DSM-V: Better or worse than the DSM-IV?". *Research in Developmental Disabilities* 32, n. 2, pp. 768-73, mar./abr. 2011.

WINGERSON, Lois. "Gender identity disorder: Has accepted practice caused harm?". *Psychiatric Times*, 19 maio 2009.

WINNER, Ellen. *Gifted Children: Myths and Realities*. Nova York: Basic Books, 1996.

WINNICOTT, Donald Woods. *Through Paediatrics to Psycho-Analysis*. Londres: Hogarth Press, 1958, 1975.

_____. *The Child, the Family, and the Outside World*. Reading, MA: Addison-Wesley, 1987.

WINSHIP, Scott. "Mobility impaired". *National Review*, 14 nov. 2011.

WINTERS, Kelly. "Issues of GID diagnosis for transsexual women and men". San Diego, CA: GID Reform Advocates, 30 set. 2007.

WISELY, Dale W.; MASUR, Frank T.; MORGAN, Sam B. "Psychological aspects of severe burn injuries in children". *Health Psychology* 2, n. 1, pp. 45-72, inverno 1983.

WITTGENSTEIN, Ludwig. *Tractatus Logico-Philosophicus*. Trad. de C. K. Ogden. Londres: Routledge & Kegan Paul, 1922.

WOLF, Ken. "Big world, little people". *Newsday*, 20 abr. 1989.

WOLIN, John. "Dwarf like me". *Miami Herald*, 24 jan. 1993.

WONG, Sophia Isako. "At home with Down syndrome and gender". *Hypatia* 17, n. 3, pp. 89-119, verão 2002.

WOODS, Scott W. et al. "The case for including Attemuated Psychotic Symphons Syndrome in DSM-V as a psychosis risk syndrome". *Schizophrenia Research*, v. 123, n. 2-3, nov. 2010.

WOOLFENDEN, Susan R.; WILLIAMS, Katrina; PEAT, Jennifer K. "Family and parenting interventions for conduct disorder and delinquency: A meta-analysis of randomized controlled trials". *Archives of Disease in Childhood* 86, n. 4, pp. 251-6, abr. 2002.

WORLD PROFESSIONAL ASSOCIATION FOR TRANSGENDER HEALTH. *Harry Benjamin International Gender Dysphoria Association's Standards of Care for Gender Identity Disorders*. 6 versão. Minneapolis, 2001. Disponível em: <www.wpath.org/Documents2/socv6.pdf>.

WRITERS Reading at Sweetwaters Anthology. Ann Arbor, MI: Word'n Woman Press, 2007.

WU, Eric Q. et al. "The economic burden of schizophrenia in the United States in 2002". *Journal of Clinical Psychiatry* 66, n. 9, pp. 1122-9, set. 2005.

WYDEN, Peter. *Conquering Schizophrenia: A Father, His Son, and a Medical Breakthrough*. Nova York: Alfred A. Knopf, 1998.

WYNN, Julia et al. "Mortality in achondroplasia study: A 42-year follow-up". *American Journal of Medical Genetics* 143A, n. 21, pp. 2502-11, nov. 2007.

YANG, Quanhe et al. "Mortality associated with Down's syndrome in the U. S. A. from 1983 to 1997: A population-based study". *Lancet* 359, pp. 1019-25, 2002.

YANG, Xia et al. "Tissue-specific expression and regulation of sexually dimorphic genes in mice". *Genome Research* 16, n. 8, pp. 995-1004, ago. 2006.

YEAGLE, Patrick. "Dog fight ends with hall pass". *Illinois Times*, 9 set. 2010.

YEH, Peter. "Accuracy of prenatal diagnosis and prediction of lethality for fetal skeletal dysplasias". *Prenatal Diagnosis* 31, n. 5, pp. 515-8, maio 2011.

YOUNG, Carl R.; BOWERS JR., Malcolm B.; MAZURE, Carolyn M. "Management of the adverse effects of clozapine". *Schizophrenia Bulletin* 24, n. 3, pp. 381-90, 1998.

ZAHN, Margaret A. et al. "Causes and correlates of girls' delinquency". U. S. Department of Justice, Office of Justice Programs, Office of Juvenile Justice & Delinquency Prevention, abr. 2010.

ZAMMIT, Stanley et al. "Self reported cannabis use as a risk factor for schizophrenia in Swedish conscripts of 1969: Historical cohort study". *British Medical Journal* 325, n. 7374, pp. 1199, 23 nov. 2002.

ZEITLER, Daniel M.; BUDENZ, Cameron L.; ROLAND, John Thomas, Jr. "Revision cochlear implantation". *Current Opinion in Otolaryngology & Head & Neck Surgery* 17, n. 5, pp. 334-8, out. 2009.

ZENA, Mishka (pseud. Elizabeth Gillespie). "Eugenics too close to home: Tomato Lichy, U. K. activist". Endless Pondering, 10 mar. 2008. Disponível em: <www.mishkazena.com/2008/03/10/eugenics-too-close-to-home-tomato-livy-RU-activist>.

ZENG, Fan-Gang et al. "Cochlear implants: System design, integration and evaluation". *IEEE Review of Biomedical Engineering* 1, n. 1, pp. 115-42, jan. 2008.

ZENG, Ling-Hui et al. "Rapamycin prevents epilepsy in a mouse model of tuberous sclerosis complex". *Annals of Neurology* 63, n. 4, pp. 444-53, abr. 2008.

ZHAO, Hong-Bo et al. "Gap junctions and cochlear homeostasis". *Journal of Membrane Biology* 209, n. 2-3, pp. 177-86, maio 2006.

ZIGLER, Edward; STYFCO, Sally J. *The Hidden History of Head Start*. Oxford; Nova York: Oxford University Press, 2010.

ZIMMERMAN, Andrew W. *Autism: Current Theories and Evidence*. Totowa, NJ: Humana Press, 2008.

ZIMMERMAN, Andrew W.; CONNORS, Susan L. (Orgs.). *Maternal Influences on Fetal Neurodevelopment.* Nova York: Springer, 2010.

ZIMMERMAN, Rachel. "Treating the body vs. the mind". *Wall Street Journal*, 15 fev. 2005.

ZIMONJIC, Peter. "Church supports baby euthanasia". *The Times*, 12 nov. 2006.

ZIRINSKY, William. "Sam's story". *Exceptional Parent*, jun. 1997.

_____. "Saying goodbye to our cherished boy, Sam Zirinsky". *Crazy Wisdom Community Journal*, maio/ago. 2004.

_____. "Life with my two little girls". *Crazy Wisdom Community Journal*, jan./abr. 2006.

_____. "If you could see her through my eyes: A journey of love and dying in the fall of 2007". *Crazy Wisdom Community Journal*, jan./abr. 2008.

ZIRKEL, Perry A. "Does *Brown v. Board of Education* play a prominent role in special education law?". *Journal of Law & Education* 34, n. 2, abr. 2005.

ZORN, Eric. "At 15, Lauren is coming forward for kids like her". *Chicago Tribune*, 24 abr. 2003.

ZUCKER, Kenneth J.; BRADLEY, Susan J. *Gender Identity Disorder and Psychosexual Problems in Children and Adolescents.* Nova York: Guilford Press, 1995.

ZUCKOFF, Mitchell. *Choosing Naia: A Family's Journey.* Boston: Beacon Press, 2002.

ZYMAN, Samuel. "New music from a very new composer". *Juilliard Journal*, maio 2003.

Índice remissivo

35delG, mutação, 80
60 *Minutes* (programa de TV), 494

AA *ver* Alcoólicos Anônimos
AAC *ver* análise aplicada do comportamento
abandono, 471, 600; crime e, 642, 653, 661
Abas, Elisha, 497
Abi-Dargham, Anissa, 373
Ablon, Joan, 164, 178
abordagem bilíngue e bicultural (Bi-Bi), 88, 131
aborto, 31, 100, 135, 193, 566, 568-71, 573; autismo
   e, 281, 330; cuidado de deficiente comparado a, 40; deficiência e, 41, 44, 50, 56, 227-8,
   569, 787; deficiências múltiplas graves e,
   461-2; estupro e, 35, 560, 563, 566, 569-71,
   573-4, 576-7, 589, 591, 599, 607, 611, 618; história nos EUA, 568, 569-70, 572-3; ilegal, 568;
   involuntário, 41; seletivo, 33, 228, 330, 460,
   581; síndrome de Down e, 223, 227-8, 232,
   238-9, 264, 792; terapêutico, 569
aborto espontâneo, 206, 563, 565, 704, 803
abrigos, 595, 754
abuso sexual, 23, 91, 93-4, 572; autismo e, 295;

crime e, 661-2; de crianças, *ver* maus-tratos
   a crianças; estupro e, 577, 594-6; síndrome
   de Down e, 234, 254; transgêneros e, 714
abuso verbal, 641
Academia Americana em Roma, 545
Academia de Música, Berlim, 524
Academia Hebraica para Crianças Especiais, 438
Academia Reed, 280-1
acampamentos de verão, 438-9
acasalamento preferencial, 297
aceitação, 63-4, 163-4, 785, 795, 807; de si próprio, 17, 41, 45, 166, 191, 336, 393; do autismo, 306
ácido valproico *ver* Depakote
acomodação: autismo e, 335; nanismo e, 154;
   surdez e, 66
acondroplasia, 35, 144-5, 147, 153, 155, 157-9, 161,
   165, 173, 178, 189, 191-2, 194, 788; diagnóstico
   precoce da, 159; genes e, 189-90, 192
aconselhamento pré-natal inadequado, 55
ACTH (hormônio adrenocorticotrópico), injeções de, 247
aculturação, ironia da, 43

1003

Adahy, Kelly (nascida Kerry), 759-2, 764

Adams, John, 546

Adelson, Anna, 172, 174, 176, 182

Adelson, Betty, 143, 172-4, 176, 190

Adelson, David, 172

Adelson, Saul, 172, 174

admiração, crise da, 549

adoção, 45, 57, 640, 787, 790; autismo e, 293; de crianças surdas, 82; deficiências e, 33; deficiências múltiplas e, 437, 440, 443, 467; estupro comparado a, 555; estupro e, 560, 563, 566, 570, 575, 577, 581, 585, 599, 610, 616; nanismo e, 151, 182, 190; no Vietnã, 118; prodígios e, 509, 511; síndrome de Down e, 239, 242; transgênero e, 702, 773

adolescentes: anões, 156, 158, 163-5, 175, 196; autistas, 285, 325; cérebro dos, 634; deficiências múltiplas e os, 439; deficientes, 36; esquizofrenia nos, 348, 351, 357-8, 375, 398; identidade do surdo, 13, 129; síndrome de Down, 249; transgêneros, 705, 714, 720, 732, 743

adultério, estupro como, 556

afogamento, 344, 410, 423

África, 139, 172; ver também Ruanda

África do Sul, 394

África Ocidental, declínio da diversidade na, 139

afro-americanos, 15, 20, 62, 100, 112, 128, 171, 179, 216; autismo e, 307-8; causa gay rejeitada pelos, 31; crime e, 644-8, 656, 666; desculpas do autor a, 20; direitos civis e, 62, 219; em gangues, 666, 668; estupro e os, 557; gays, 20, 62; leis de Jim Crow e os, 42; provocação do autor a, 20; surdos, 66

Against Our Will (Brownmiller), 558

Age of Autism (blog), 332

agentes tensoativos para os pulmões, 699

agranulocitose, 367

agressões, 630, 635, 638-9, 645, 673; detenção juvenil e, 640; transgêneros e, 753

aids (síndrome de imunodeficiência adquirida) e HIV (vírus da imunodeficiência humana), 118, 265, 748, 793; estupro e, 586, 611, 613, 615, 617, 620

Ain, Michael, 165, 194

aka (tribo centro-africana), 172

Akayesu, Jean-Paul, 619

Albury, Casey, 343

álcool, 322, 353, 373, 378, 383, 413, 546, 634, 639, 659; anões e o, 186; crime e, 634, 635, 645, 662; estupro e, 595, 605

alcoólica fetal, síndrome, 638

Alcoólicos Anônimos (AA), 49, 322, 635

alcoolismo, 625, 627, 637, 644-5, 732; prodígios e, 486

alegria, 398, 422, 438, 561, 810; prodígios e, 515, 521, 547, 550

Alemanha, 166, 218, 256, 481, 758; concurso de piano na, 521

alfafetoproteína, exame de sangue da, 235

Aliados das Famílias de Jovens Trans (AFJT), 700, 742-5

Aliança Nacional para Pesquisas sobre Esquizofrenia e Depressão (atual Fundação para a Pesquisa do Cérebro e do Comportamento), 359

alimentos, 112, 361, 666; aplacar a dor com, 605-6; asma e, 120; autismo e, 266, 268, 270-1, 273, 284-5, 291, 317-8; deficiências múltiplas e, 450, 457, 468; esquizofrenia e, 410; favoritos, 18, 111, 271; nas prisões, 641; prodígios e, 501, 511, 514, 546; roubo de, 638

Allan, Clare, 396

Allen, Woody, 146, 422

Allport, Susan, 426

altruísmo, filicídio e, 345, 347

altura, 199, 720

alucinações, 592; esquizofrenia e, 349, 356, 358, 361, 382, 390, 392, 394, 399, 401, 414

Alzheimer, mal de, 241, 296, 297, 348

ambiente: autismo e, 297, 313-4; cérebro e, 35; esquizofrenia e, 361, 372-3; genes e, 297

ambivalência, 34, 54, 471, 547, 794; estupro e, 554, 584, 588

Amenia, NY, 211

American Psychologist, 37

amigos: autismo e, 274, 278; deficiências múltiplas e, 426, 435, 438, 442; prodígios e, 515, 533; síndrome de Down e, 255, 262

Amir, Menachem, 558

Amish, 142

amniocentese, 189, 268, 788, 803; síndrome de Down e, 206, 226, 229-30, 235, 240, 242

amor, 58, 77, 180, 587, 664, 801, 810; alteração e, 457; autismo e, 267, 270-2, 274, 286, 293, 325-6, 330, 332, 341, 346-7; cegueira deliberada v., 646; concepção da mãe do autor sobre, 27; crime e, 631, 639, 642, 646, 651-2, 655, 657, 669, 674-5, 681-3, 686; deficiências múltiplas e, 422, 424, 427, 435, 438-40, 445, 449, 453, 456-7, 459, 466; esquizofrenia e, 362, 382, 390, 405, 407, 412-4; estupro e, 555, 565, 569, 583, 597, 600, 609, 612-3, 615, 621; moderno, 33; prodígios e, 501, 503, 508, 511; romântico, 27; sofrimento e, 59, 60; transgênero e, 713, 717, 723-5, 754

amor dos pais, 11, 17, 28, 35, 37, 39, 52, 62-4, 76, 148, 390, 413, 471-2, 503, 511, 518, 636, 783-4, 795, 806, 808; autismo e, 267, 271-2, 274, 286, 332, 347; criminosos e, 642, 646, 651-2, 655, 666, 681-3, 686; deficiências múltiplas e, 422, 424, 427, 435, 440, 445, 449, 453, 456-7, 466; estupro e, 555, 565, 569, 583, 585, 597, 613, 615, 621; transgêneros e, 716, 725, 777

amuleto, 561

analfabetismo, 48, 98

análise aplicada do comportamento (AAC), 280, 289, 309, 316, 333, 713

Ananda Marga, 663, 665-6, 670-1

Anaya, Luis Alberto, 658, 659, 669, 677

Andersen, Hans Christian, 337

Andreasen, Nancy, 370, 495

Andrews, Nigel, 58

androgênios, 302, 703, 772

Andrus, Cecil D., 570

Andry, Nicholas, 198

anestesia: anões e, 159, 182; autismo e, 269

Angello, Michele, 707, 733, 765

animais, estudos com: autismo e, 301; dexametasona nos, 30; esquizofrenia e, 361; síndrome de Down e, 241

aniversário, festas de, 19, 78, 272, 799

"anjo da almofada", uso do termo, 452, 454, 457

Annas, George, 462

anões e nanismo, 14, 16, 57, 61,142, 203, 415, 623; acondroplático, *ver* acondroplasia; anões, arremesso de, 170; como deficiência, 154, 177, 191, 327, 706; como diferença, 43, 157, 166, 194, 197, 200; como irascíveis, 151; convenções de, 58, 142-3, 145-6, 154, 163, 168, 175, 197; definição, 157; em contos de fadas e folclore, 177-8; gays, 177; namoro, sexo e parto de, 181-2; reuniões de "boliche de anões", 170

anomalias genitais, 430

anorexia nervosa, 49, 511

anormal, anormalidade: concepção de Foucault sobre, 45; restrições ao uso da palavra, 43

anosognosia, 393

ANS *ver* Associação Nacional de Surdos

ansiedade, 234, 262; autismo e, 266, 304, 317; deficiências múltiplas e, 440, 450; esquizofrenia e, 357, 362, 375, 409; estupro e, 573-4, 606; prodígios e, 508, 511, 514; transgêneros e, 697, 700-1, 707, 726, 730, 733

antiaborto, movimento, 564, 570-1, 581

anticonvulsivantes, 468

antidepressivos, 54, 169, 304, 313, 317, 321, 325, 502, 592, 606, 640

antielitismo, 533, 538, 549

Antioch College, 560

antioxidantes, 375

antipsicóticos, 358, 365-8, 373, 375, 378-81, 384, 386-7, 403, 410; abuso de crianças e, 759; autismo e, 317; Orgulho Louco, movimento do, e, 394-6

antissemitismo, 22, 688; *ver também* Holocausto

Antonovsky, Aaron, 37

antrópico, princípio, 809

apoio à criança, 599

aprendizado, síndrome de Down e, 257

aprendizagem, transtornos de, 167, 211, 301, 579, 637; transgêneros e, 726, 748

Archives of Neurology, 469

Archives of Pediatric & Adolescent Medicine, 453

Arden, Jay, 462-7

Aristóteles, 69, 496, 517, 708

Arizona, 399

armas, 605, 761; crime e, 626, 630, 634, 639, 645, 652, 662, 665, 667, 673; estupro e, 577, 579, 594

Armstrong, Kit, 530, 531, 539

Armstrong, May, 530, 532

Arnold, Gary, 154

Arnsten, Susan, 246-9, 251-2, 470

Arquidiocese de Nova York, 259

arrependimento: aborto e, 572; mudança de gênero e, 718, 737; prodígios e, 503, 508, 533

arritmia cardíaca, 369

arte, artistas, 140, 436; autismo e, 276, 278, 325; com síndrome de Down, 256

As Nature Made Him (Reimer), 712

Asch, Adrienne, 228, 788

Ashkenazy, Vladimir, 501

Ashley X, 451-8, 469

Ashley, tratamento de, pesquisa da MSNBC sobre atitudes públicas em relação a, 455

asiáticos, 15, 216-7, 615; como prodígios musicais, 489, 519, 520, 522, 525-32, 539-41; dominantes entre prodígios, 529

Asilo Americano para a Educação e Instrução dos Surdos, 68

asma, 119-20, 313, 496, 700-1

Asperger, Hans, 276

Asperger, síndrome de, 276, 327-30, 335; diagnóstico de, 293, 306, 409; linguagem e, 276, 314; prodígios e, 497

Aspies for Freedom (site), 330

assassinato, 35, 626, 649-51, 658; de autistas, 323, 343-7, 460; de bebês, *ver* infanticídio; de deficientes, 41; de esquizofrênicos, 390; deficiências múltiplas e, 460-2; delinquência juvenil e, 630-1, 666-8, 676; praticados por

esquizofrênicos, 392, 399, 401; praticados por homens, 32; provedor de abortos, 31; transgêneros e, 756-8, 761

assimilacionismo, 62, 137, 200

Associação Americana de Medicina (AAM), 568, 707

Associação Americana de Psiquiatria (AAP), 276, 395, 706

Associação Americana para Promover o Ensino da Fala aos Surdos, 68

Associação de Pilotos Surdos, 88

Associação de Saúde Mental do Condado de Nassau, 323

Associação do Crescimento Restrito, 164

Associação Internacional de Intervenção Precoce em Psicose, 374

Associação Nacional de Pesquisa e Terapia da Homossexualidade, 731

Associação Nacional de Surdos (ANS), 68, 80, 86, 87, 88, 114, 116, 139

Associação para Cidadãos Retardados, 219

Associação para Cidadãos Retardados de Hartford, 423

ataque cardíaco, 374, 386

ataque de nervos, 316, 318, 325

ataques do Onze de Setembro, 649

ateísmo, 48

Atenas, Grécia, 295, 482, 556

Atlantic Monthly, 218, 533, 732

atletismo *ver* esportes e atletismo

ATOHI, gene, 135

atores: com nanismo, 171; com síndrome de Down, 256; infantis, 485

atraso global do desenvolvimento, 288

atresia das cóanas, 430

audição, 53, 66, 71, 80, 92, 124-5, 127-9, 133, 304, 538, 548; de Jackie Roth, 76, 78; em Bengkala, 109; ouvido, infecções de, e, 158; residual, 76, 111, 116

audição, aparelhos de, 76, 83, 93, 110, 126, 129-30, 132, 135, 201

auditivo, sistema, 115, 134; estimulação elétrica do, 112

Auer, Leopold, 524
Auriemma, Angelica, 344
Auriemma, Ioanna, 344
Austrália, 114, 375, 394, 457, 758
autenticidade: gênero e, 765; transgênero e, 721, 723
Autism Every Day (documentário), 291
autismo, 15-6, 57, 62, 246, 264-347, 793; amor e, 267, 270-2, 274, 286, 293, 325-6, 330, 332, 341, 346-7; ansiedade e, *ver* ansiedade, autismo e; aumento do, 264, 309-10, 313; causas do, 36, 275-6, 292, 296-300, 302-3, 310-14, 320; classe social e, 52-3; como deficiência, 267, 336, 345; como diferença, 43; como hiperônimo, 296, 300, 360; como identidade, 13, 49, 267, 345, 708; como idiopatia, 292, 302; como síndrome, 264-5, 267, 298, 300; como superexpressão da masculinidade cognitiva, 302; como transtorno geral, 265; concepção de Asperger do, 276; custo do, 309; desafio do, 348; desconformidade de gênero, comparada com, 704; diagnóstico do, 306, 309-11, 331, 337; diagnóstico psiquiátrico com, 303; educação e, *ver* educação, autismo e; em homens e em mulheres, 303; espectro do, 276, 305, 309, 313, 328-9, 331, 334-5, 497; esquizofrenia comparada ao, 298, 300, 360-1, 372, 374, 382, 397, 415; filicídio e, 323, 343-7, 460; genética e, 296-301, 304, 313-4, 324, 330, 335, 361; grau de penetrância no, 298; idade de instalação do, 266; institucionalização e, 270-4, 290-1, 325, 429; intervenção precoce no, 268, 284, 289, 315, 374, 678; neurodiversidade e, 267, 283, 312, 326-7, 329-33, 335-6, 393, 538; personalidade e, 300, 306; pessoas de destaque com, 276-7, 324-6, 337; prodígios musicais e, 496; regressão no, 310-3; savantismo e, 303, 324; sexualidade e, 274, 286, 318; síndrome de Down comparada ao, 61, 234, 429; sintomas do, 265-6, 292, 299-301, 305, 310, 313, 324, 334; subtipos de, 301; transgênero comparado a, 711, 757; tratamento do, 266-7, 273, 290, 315-6, 319-20, 327, 713; uso da palavra, 275; vacinas e, 297, 310-2, 314, 320, 331, 333

Autismo Fala, 304, 312
Autistics.org (site), 335
autoaceitação, 17, 41, 45, 166, 191, 336, 393
autoajuda, livros de, 363
Autobiography of a Face (Grealy), 50
autocensura, 36, 39
autoconfiança, 164, 495, 726, 797
autoconhecimento, 676, 703
autocontrole, 413, 524, 634, 637
autodefesa, esquizofrenia e, 393-7
autodefesa, grupos de, 255, 283
autodesenvolvimento, 52
autodesprezo, 64, 90, 99
autodestrutivo, comportamento, 23, 545, 641, 662; *ver também* alcoolismo
autodeterminação, 394
autoestima, 64, 102, 233, 333, 602; crime e, 639; de anões, 164-5, 196, 202; esquizofrenia e, 394, 396; transgêneros e, 701, 707
automutilação: autismo e, 273, 281-2, 294, 318, 337; transgêneros e, 714, 732
autopiedade, 350, 660
Avega (Association des Veuves du Genocide Agahozo), 612
Avery Fisher, prêmio de incentivo, 536
"Awakening, The" (Babel), 499

Bâ, Amadou Hampaté, 139
babás, vínculos de crianças deficientes com, 437, 439
Babel, Isaac, 499
Baby Doe, emenda (1984), 227
Bach, Johann Sebastian, 516, 525, 535
Bach, Terry, 642, 677
Backlar, Patricia, 363
baclofeno, 468
Baggs, Amanda, 283, 335
Baglio, Joe, 390-1
Baglio, Johnny, 391-2
Baglio, Rosemary, 390, 392
Baglio, Sal, 391, 392

Bahan, Benjamin, 105

Bailey, Sharon, 565

Bali, surdez em, 57, 106-9, 116

Ball State University, 573

Ball, Kay, 570

balões, cor dos, 19-20

Balzer, Carsten, 758

Bangladesh, estupro como arma de guerra em, 613

banhos, banhar-se: deficiências múltiplas e, 423; vítimas de abuso sexual e, 596, 599

Barchas, Jack, 375

Barenboim, Daniel, 478, 505

Barnes & Noble, 215, 246

Barnes, Charlie, 82-6

Barnes, Margaret, 83, 85

Barnes, Patrick, 82, 84-5

Barnes, Rachel, 82-6

Barnum, P. T., 155

Baron-Cohen, Simon, 302, 334

Barrett, Delia, 591-3

Barrett, Emily, 588-9, 591-3

Barrett, Flora, 588-9

Barrett, Gideon, 593

Barrett, Phil, 588, 590

Barrington, Daines, 485

Bartoli, Cecilia, 438

Barwiolek, Alan, 87

basquete, 639

Bates, Krissy, 758

Bateson, Gregory, 362

batismo, 465

Bauer, Bruce, 51

Bauer, Patricia E., 792

Bauman, Dirksen, 80

Bauman, Margaret, 303

Bawcombe, Candy, 508-11, 513, 549-50

Bawcombe, Katie, 549-50

Baynton, Douglas, 71

BBC (British Broadcasting Corporation), 191, 503

BDSM (*bondage*, dominação, submissão e sado-masoquismo), 600-1, 603

Beale, Tania, 467-8, 470

Beam, Cris, 726, 748

bebê de Rosemary, O (filme), 682

bebês: "não existe bebê" (Winnicott), 12; assassinato de, *ver* infanticídio; cegos v. videntes, 46; de dois rostos, 794; de proveta, 791; deficientes, 37, 42; designer de, 791; dor dos, 56; falar com, 475; prematuros, 59, 144, 461, 699, 787

Beck, James, 399

Beck, Martha, 38, 244, 257

Beethoven, Ludwig van, 484, 521, 525, 533

behaviorismo, 218

Behrman, Andy, 408

Beijing, 519

beijo, 271, 286

beisebol, jogadores surdos de, 102, 123-4

beleza, 54, 87, 199, 435, 543, 782; crueldade e, 603

Bell, Alan, 534-5

Bell, Alexander Graham, 68, 79

Bell, Joshua, 534-7, 541

Bell, Shirley, 534-7

Belo, Carlos, 617

bem-estar, falta de um padrão universal de, 45

Benderly, Beryl Lieff, 81

Bengkala (Desa Kolok), Bali, 106-9, 136

Benshoof, Janet, 618, 620

Benson, Ian, 743

Berlim Oriental, 478

Bernstein, Leonard, 517

Berry, Danielle (nascida Dan Bunten), 737

Bertling, Tom, 81

Bérubé, Michael, 224, 240, 257, 789

Best, John, Jr, 332

Bettelheim, Bruno, 35, 275, 303

Bíblia, 31, 380, 567, 778; Gênesis na, 774

"bicha": uso da palavra, 394

Biden, Joe, 42

Bienvenu, M. J., 79, 81, 88

Bier, August, 306

biodiversidade, perda da, 139

biópsia de vilo corial (BVC), 190, 206, 240

bipolar, transtorno, 234, 274, 313, 327, 408, 579; genética e, 299, 360-1; neurodiversidade e, 330

bisfenol A, 313
Bishop, Elizabeth, 672
Bishop, Linda, 394
bissexualidade, 741
Black Watch, 413
Blacking, John, 475
Blais, Charles-Antoine, 343, 345
Blake, William, 87
Blanchard, Ray, 30-1
Blaxill, Elise, 314
Blaxill, Mark, 314
Blaxill, Michaela, 314
Bleuler, Eugen, 275, 360
Bloch, Nancy, 80
Blocker, Robert, 529
Bloods (gangue de rua), 647-8
Bloom, Amy, 694, 736
Bloomington, Orquestra Sinfônica de, 535
bloqueadores hormonais, 719-20, 738, 767
Blume, Harvey, 329
Boggs, Mary, 144-5
Boggs, Sam, 144-5
Bolsão da Rubéola, 135, 139
Bond, Justin Vivian, 769
Bonnet, Catherine, 611
Borthwick, Chris, 469, 470
Bósnia, 616
Boston College, 383
Boston, MA, 544
Botstein, Leon, 485, 497, 533
Boudreault, Patrick, 69, 114, 128, 136, 790
Bowlby, John, 219, 660
Boylan, Deedie, 722, 724
Boylan, Hildegarde, 723-4
Boylan, Jennifer Finney (nascida Jim), 722-5
Boynton, Lisa, 582-4, 597
Boynton, Louise, 582-3
Bragg, Bernard, 87
Brahms, Johannes, 491
brancos, 216-7, 759; estupro e, 557
Bravin, Phil, 74
break (dança), 54
Breathing for a Living (Rothenberg), 788

Brederlow, Rolf (Bobby), 256
Breggin, Peter, 395
Bremmer, Brandenn, 497
Brendel, Alfred, 532
Bresnahan, Micki, 287
Brevard, Aleshia, 726
Bridge Centre, clínica de fertilização, 791
Bridgewater, Hospital Estadual de, 392
Brier, Mrs. Bernice (secretária escolar), 21
Brill, Stephanie, 697, 706, 721, 729, 732-3, 742-3, 748, 769
Brison, Susan, 573
Bristo, Marca, 228
Britain's Got Talent (programa de TV), 543
Britt, Gabriel, 344
Britten, Benjamin, 548
Bronfman, Naum, 481
Bronfman, Polina, 481
Bronfman, Yefim (Fima), 481
Brookings, Instituto, 793
Brooks, David, 524
Brown, Cheryl, 182, 184-6, 188
Brown III, Clinton, 182-3, 185-8
Brown, Clinton, sr., 182, 184-5, 187-8
Brown, Icilda, 306-8
Brown, Marvin, 306-8
Brownmiller, Susan, 558, 576, 610
Brubaker, Joyce, 87
Brubeck, Dave, 542
brutalidade: beleza e, 603; hábito da, 642
Buckland, Frank, 676
Buddy Walk, 227
budismo, 64, 117, 120
bulimia, 49, 606
bullying, 684
Bunyan, John, 365
Burbank, CA, 98
Burch, Susan, 43
Burke, Chris, 256, 258
Burke, Phyllis, 713, 731
Burke, Teresa Blankmeyer, 125
Burleton, Jenn, 743
Burnham: caso, 594

1009

Burnham, Rebecca, 594

Burnham, Victor, 594

Burns, Betsy, 268-70, 272-5

Burns, Larry A., 401

Bush, George W., 228, 256

BusinessWeek, 113

Butler, Judith, 764

Butt, Cadence (nascida Jared), 727-9

Butt, Chad, 728

Butt, Karen, 727-8

Butt, Rex, 727-8

cabeça, dores de, 90, 92-3, 320

cabeça, tamanho da: autismo e, 300; deficiências múltiplas e, 420

cabelos loiros, 12

cadeiras de rodas, 434, 442, 450-1, 468, 543

cães de serviço, 316

Caesar, Berel, 370

cálcio, 320

Califano, Joseph A., Jr., 625, 641, 678

Califórnia, 692; "três condenações", lei das, na, 679; autismo na, 309; instituições para jovens na, 640

Callahan, Marnie, 386

Callahan, Nora, 386

Camacho, Debbie, 19

Camacho, Marshall, 759, 763

caminhar, 164, 184, 187, 222, 318, 321, 409

Camp David, 26

Campeonato Mundial da Associação Internacional de Federações de Atletismo, 772

Canadá, 105, 239, 343

canal de tv da justiça, 773

câncer, 60, 93, 213, 264, 300, 340; da mandíbula, 50; de colo de útero, 340, 625; de cólon, 509, 590, 775; de mama, 203, 298, 453, 691, 791; de pulmão, 312, 373, 392

Canguilhem, Georges, 704

Cannon, Albert, 754-6

Cannon, Mark, 756

Cannon, Shakona, 754, 757

cantores: ouvido absoluto e, 494

Capital Consequences (King), 651

Caplan, Arthur, 453, 456

Carbone, Vincent, 338

Carnegie Hall, 478, 484, 486-7, 492, 500, 522, 536

Carothers, Carol, 638

Carrey, Jim, 438

carrinhos: bebês anões e, 164

carros e direção, 278, 322, 337, 634, 659; de anões, 185-6; Down, síndrome de, e, 212; esquizofrenia e, 368; evitar gangues, 645; roubo de, 650, 665; sob a influência, 635

Carson, Breechelle, 659-60

Carson, Jamaal, 659-60

Casa Seashore, 337

casamento, 33, 39, 249, 659; "revolucionário", 664; anões e, 146, 148, 153, 181; consequências do estupro no, 615; de cegos, 79; de pessoas de mesmo sexo, 62, 762, 773, 799, 801; de surdos, 79; deficiências múltiplas e, 435; esquizofrenia e, 362, 364, 368; estupro no, 559, 594-6; inter-racial, 774; prodígios e, 500, 511, 513, 527; sexo no, 525; transgênero, 734, 773

casas maternais, 570

"Case Against Perfection, The" (Sandel), 792

Caspi, Avshalom, 654

Castington (prisão de segurança máxima), 676

castração, 498, 712, 718, 720

catapora, vacina contra, 312

católicos, 12, 90, 92, 168, 226, 242, 434; aborto e, 193, 589; abuso sexual e, 94; estupro e, 566, 590; transgêneros e, 709

Cavaleiros Silenciosos (liga de beisebol de surdos), 102

CDC *ver* Centros de Controle e Prevenção de Doenças

cegueira mental, 292

cegueira, cegos, 23, 45, 46-7, 188; como doença v. identidade, 46; deficiências múltiplas e, 420, 430, 433; processos de vida injusta e, 56; surdos comparados a, 69, 73, 79

celebração: surdez e, 67, 81

Celebrity Apprentice (programa de tv), 171

Centro Comunitário dos Surdos Judeus, 126

Centro de Adicção e Saúde Mental, Serviço de Identidade de Gênero do, 731

Centro de Aprendizado para Surdos, 119

Centro de Detenção de Menores, Minneapolis, 645

Centro de Estudos da Criança da Universidade de Nova York, 328

Centro de Gênero da Criança e do Adolescente da UC em San Francisco, 706

Centro de Paternidade de Yale, 679

Centro de Recursos do Norte da Virgínia, 82

Centro de Recursos Educacionais Católicos, 731

Centro Lexington para Surdos, 65-6, 68, 71, 73-4, 76, 86, 135

Centro Médico Albert Einstein, 134

Centro Médico da Universidade Cornell, 279

Centro Nacional pela Igualdade dos Transgêneros, 698, 753

Centro Nova York para Autismo, 289

Centros de Controle e Prevenção de Doenças (CDCS), 309-10, 314, 559

centros de recuperação para esquizofrênicos, 392, 404

cérebro, 112, 134, 138, 532; acondroplasia e, 158; autismo e, 265, 286, 292, 297, 299, 301-2, 311, 314, 372, 374; campo estriado, 361; cerebelo, 436; córtex auditivo do, 494; córtex cerebral, 460, 465; córtex frontal, 361; criatividade v. psicose no, 496; de George, filho do autor, 805-7; deficiências múltiplas e, 427, 436, 451, 459-61, 465, 468; do adolescente, 634; esquerdo v. direito, hemisférios do, 69; esquizofrenia e, 351, 357-8, 361, 372-5, 385; fatores ambientais e o, 35; hipocampo, 361; holoprosencefalia e o, 427; identidade de gênero e, 704; imagem do, 292; implante coclear e o, 113-4; lobo frontal do, 372; lobo pré-frontal do, 372; lobo temporal do, 372; música e, 481, 494; proteína, síntese da, no, 301; síndrome de Down e, 206, 241, 247; tálamo, 496; transgêneros e, 736

cesariana, incisão, 182, 446, 612, 800

Chamberlin, Judi, 394

Champoux, Maribeth, 654

Chancellor, Alexander, 172

Chandler, Barbara, 258

Chappell, Deshawn James, 399-400, 402

Chappell, Yvette, 400

CHARGE, síndrome, 430

Charles, Beverly, 166, 167

Charles, Janet, 166, 167

Chauhan, Apryl, 110-1

Chauhan, Raj, 110-1

Chauhan, Zahra, 110-1

Chengdu, China, 529

cherokee, 179

Chicago Tribune, 346, 522

Chicago, IL, 523; gangues em, 659; juizados de menores em, 632

Child Sacrificed to the Deaf Culture, A (Bertling), 81

China, 64, 519-22, 528; gênios na, 519; política do filho único na, 45; praça Tiananmen, massacre da, 539; prodígios na, 519-21, 527, 540; Revolução Cultural na, 519, 529, 539; surdos na, 88

Chopin, Frédéric, 491, 504, 518, 521, 523, 528

choque, nanismo e, 148, 150

choro, 271, 281, 289, 295, 667, 769; deficiências múltiplas e, 431, 433, 450, 463; esquizofrenia e, 378, 385, 398; estupro e, 561; raiva v., 605

Chung, Joyce, 323, 327, 331, 336

Churchi, Johnny, 344

Ciência Cristã, 363

cigarros, 312, 380, 391

Cincinnati Enquirer, 344

cinema, 98, 102, 137, 139, 681; autismo e, 291, 315; esquizofrenia e, 398

Cirque du Soleil, 54

cirurgia, 50-2, 93; alongamento de membros, 14, 52, 152, 195-6, 198; anões e, 160, 183-4; cerebral, 112; deficiências múltiplas e, 430, 432, 451, 453-4; mudança de sexo, 51, 697, 706, 712, 719-20, 737; transgêneros e, 695,

697, 702, 706-7, 715, 718-21, 725, 737-8, 743, 769; *ver também* coclear, implante

cisgênero, uso do termo, 699

citomegalovírus, 118

Clapton, Eric, 386

Clark, Camille, 330, 333

Clark, Charlotte, 376-9, 381

Clark, George, 376-9

Clark, Jackie, 377-9, 381

classe social *ver* socioeconômica, condição

Classificação Estatística Internacional de Doenças (CID), 707

Clayton, Ellen Wright, 462

Clerc, Laurent, 68, 105, 136

Cliburn (concurso), 509-10

Cliburn, Van, 487, 509

Clínica Tavistock, 720

Clinton, administração, 154, 169

Cloud, John, 533

clozapina, 367-8, 378-9

Coates, Susan, 733

cocaína, 373, 634, 656-7

Cochlear (empresa), 113, 116

cóclea, 79, 90, 113-4

coclear, implante, 13, 51, 93, 113-6, 118-9, 121-2, 124-5, 127-9, 132-3, 135-8, 264, 455, 460, 538; cirurgia de mudança de sexo comparada ao, 721; esquizofrenia e, 373, 385

codeína, xarope de, 601

coerência, 37, 63, 292, 327, 393, 405, 435, 676

cognição: deficiências múltiplas e, 422

cognitivo-comportamental, terapia, 374-5

Cohen-Kettenis, Peggy, 707

Colégio de Obstetras e Ginecologistas dos Estados Unidos, 239

Coletivo Radical de Saúde Mental de Asheville, 395

Collins, Jim, 715, 717

coloboma, 430

colônias americanas: o estupro nas, 557

Columbia Artists Management, 505-6

Columbine: massacre na escola, 681-6, 688-9, 691-2, 797

coluna, 160, 180

Comenga, Brittany, 130-2

Comenga, Nicholas, 129-32

Comenga, Ralph, 129-30, 132

Comissão de Oportunidades Iguais no Emprego, EUA, 154

Comissão Presidencial para Pessoas com Deficiências Intelectuais, 256

Comitê de Saúde e Bem-Estar do Senado da Louisiana, 571

Comitê Hospitalar sobre o Aborto, EUA, 569

Comitê Olímpico Internacional (COI), 772

compaixão, 119, 435, 796; medo de perder a, 64

comportamental, terapia, 288, 316; criminosos e, 625

comportamentos de gênero, escala de, 705

compulsão, 402, 680

comunicação facilitada, 294-5

Comunicação Simultânea, 104

Comunicação Total, 104

comunidade, 58; de anões, 149, 191; de surdos, 74, 81, 85, 112, 117, 128, 131-3; prodígios e a, 474; transgêneros e a, 709, 761

"Conceived in Rape: A Story of Hope" (Kiessling), 571

concepção, 11, 556

Conceptually Accurate Signed English, 104

Concerto do imperador (Beethoven), 526

Concerto em sol menor (Mendelssohn), 509

Concerto para dois violinos (Bach), 535

Concerto para piano nº 2 (Chopin), 521

Concerto para piano nº 2 (Rachmaninoff), 492

Concurso Internacional para Jovens Pianistas, 521

Concurso Internacional Tchaikóvski de Jovens Músicos, 521

condicionamento, 316

conexina, mutações do gene da, 79, 80

Conferência Nacional Sobre Autismo, 341

confiança, 363, 382, 599, 655, 676, 714, 801

conformidade, 14, 21, 198, 533

Congo, congoleses, 616, 618, 620

Congresso de Milão, 68, 71

Congresso dos Estados Unidos, 42, 220, 265; discriminação de gênero e, 697; Spitzer, depoimento de, ao, 283

Congresso Internacional de Genética, 217

conhecimento, 14, 45, 59, 430, 676-7, 807; gênero e, 703

Connecticut, 423

consciência, 469, 474, 809

Conselho de Direitos Humanos das Nações Unidas, 618

Conselho de Educação v. Rowley, 72

Conselho de Medicina de Maryland, 321

Conselho de Pesquisa da Família, 713

Conselho do Presidente sobre Bioética, 228

Conselho Médico Geral, RU, 311

Conselho Nacional Para a Deficiência, 329

Conservatório de Música de New England, 551

Conservatório de Música, anexo à escola primária, 519, 521

Conservatório Rodolfo Halffter, 517

controle: auto, 413, 524, 634, 637; estupro e, 558, 599; interno v. externo, 435; parental, 501-6, 642

Convenção das Nações Unidas sobre os Direitos da Criança, 616

Convenção de Genebra, 618

Convenção Nacional Republicana (2000), 256

conversão, terapias de, 69

Conway, Lynn, 698

Copenhague, 324

Copenhague, interpretação de, 15

coração, 460; defeitos do, 430; doenças do, 312

coragem, 363, 680, 796

Coreia, 530, 545

Corgi, Fiona, 284-6

Corgi, Luke, 284, 286

Corgi, Marcus, 284-6

Corgi, Nancy, 284-6

Coro Masculino de Dallas, 509

corpo caloso, agenesia parcial do, 260

Corte Federal de Reclamações de Atlanta, 312

Corvino, John, 790

Corwin, Jeffrey T., 134

Costa, Alberto, 241, 242

Cotanche, Douglas, 134

Cottrell, Terrance, 344

Count Us In (Kingsley e Levitz), 210, 212, 215, 256

Courtman-Davies, Mary, 83

Coyle, Joseph, 313

crack, fim da epidemia de, 630

Craigslistlieder (Kahane), 551

Crandall, Richard, 164

creches, 218

criação, 208, 252, 295, 427, 471; natureza v., 35, 219, 220, 654, 736, 808; prodígios e, 474, 515, 518, 530

criatividade, 324, 495-7, 518, 535; transgêneros e, 733

Crick, Francis, 362

criminosos, crime, 53, 57, 61, 264, 623-93, 793; "crianças difíceis" e, 637; aborto como, 570; como doença, 655; contra a humanidade, 619; contrição do, 393; custo do, 678, 679; delinquência e, 637, 654, 660-2, 677; em Columbine, 681-6, 688-9, 691-2; em perspectiva histórica, 632; esquerda v. direita, pontos de vista sobre, 633, 681; esquizofrenia e, 399-401, 637; estupro como, 557-9, 568; exceção de competência e, 631, 633; fatores de risco para, 659-61; feminino v. masculino, 662; filicídio como, 323, 343-7; genética e, 631, 654, 661; homossexualidade como, 28-9, 680; identidade e, 13, 642, 671, 673; institucionalização do, 624, 628, 632, 635, 638, 640-1, 643-6, 648-9; intervenção precoce e, 678; maus-tratos graves contra jovens presos e, 640; natureza v. criação e, 35, 654; ódio, 757-8; *parens patriae* e, 632-3; prevenção do, 677, 679-80; punição v. reabilitação, 624; reabilitação e, 632, 641, 652, 659; reincidência e, 625, 641, 678-9; retardo mental e, 217; solução para, 677; *ver também* encarceramento, prisões, assassinato

1013

crises, 260, 301; deficiências múltiplas e, 421-2, 427, 429, 442-3; mioclônicas, 247

cristianismo, cristãos, 180, 467, 562, 810; evangélicos, 30, 602, 606; transgêneros e, 709, 731; *ver também* católicos

Croácia, 616

cromossomos, 244, 772; expressão gênica e, 361; telômeros nos, 38; vigésimo-primeiro, 206, 217, 234; XY, 712

Cronin, John Victor, 346

Cronin, Richard, 346

Csikszentmihalyi, Mihaly, 529

culpa: autismo e, 275, 309; crime e, 623, 643, 645, 649, 653, 675; deficiências múltiplas e, 429, 436, 445; dos pais, 27, 35, 39, 80, 122, 147, 163, 218, 253, 271, 309, 362, 429, 436, 498, 596, 686, 762; esquizofrenia e, 350, 356, 362-3, 406; estupro e, 35, 557, 566, 582, 594, 596, 611; nanismo e, 147; transgênero e, 711

cultura: dualidade, 694; nanismo e, 191-2; perda de, 139; surdos, *ver* cultura e identidade de surdos

cultura e identidade de surdos, 13, 14, 49, 65-6, 68, 73, 80-1, 86, 91, 117, 125, 127, 131, 133, 229, 415, 470, 538, 707; autismo comparado à surdez, 336; exposição sobre, 81; Jacob Shamberg, opinião de, sobre, 100; na China, 88; perda da, 136-40; Rory Osbrink in, 123-4

Cummings Jr., James Joseph, 344

Cummings, James Joseph, sr., 344

Cura para meu filho, Uma, 320

Cura Para o Autismo Já, 265, 304, 326

Curlender v. Bio-Science Laboratories, 56

Curtis, Instituto de Música, 504, 521

Cutler, Eustacia, 276, 325

D'Alton, Mary, 143

D'Souza, Cyril, 373, 388

Dachau, 303

Dahmer, Jeffrey, 650-1

Dahmer, Lionel, 650-1

Dakota do Sul, 136

dalai-lama, 64

dança, 108, 226, 249, 252

Dança Nova Inglaterra, 249

Dandy-Walker, síndrome de, 436

dano à coluna, 47, 181

Darrow, Clarence, 35

darwinismo social, 69

Davidson, Justin, 489, 508, 516, 538, 541

Davidson, Larry, 382

Davis, Alissa, 756

Davis, Bill, 337, 339-42

Davis, Christopher, 337-42

Davis, Jae, 337-41

Davis, Jessie, 337, 339, 341

Davis, Lennard, 73

Dawes, Daniela, 344

Dawes, Jason, 344

Dawson, Geraldine, 302

De Vivo, Darryl, 441

Deafweekly.com (site), 136

debilidade, deficiência v., 43

DeCrescenzo, Teresa, 706

defeituoso, 15

Defensores da Reformulação do TIG, 705

deficiência física: como identidade horizontal, 13

deficiência grave, definição de, 418

deficiência mental, tristeza dos pais e, 37

deficiências múltiplas graves (DMG), 16, 418-72; abandono e, 467-8; amparo e, 420, 453, 455, 460, 462, 469-70; definição de, 418; imprecisão de critério para, 419; institucionalização e, 423, 425, 429, 439-40, 446, 457; irmãos e, 446, 456; morte e, 460-2; síndrome CHARGE e, 430; tratamento de Ashley e, 451-9; vínculo materno e, 427, 436

deficientes, deficiências, 33-4, 36, 38-44, 46-8, 86, 175, 774, 784, 793, 803; aborto e, 41, 44, 50, 56, 228, 569, 787; altamente funcionais v. menos funcionais, 458; como diferentes, 43; debilidade v., 43; diagnóstico e, 42; em crianças v. adultos, 37; envelhecimento prematuro e, 37; estatísticas sobre, 36; inocência coletiva e, 677; institucionalização e,

40-1; internas v. externas, 33; modelo social de, 47; morte de, 34, 757; prodígios comparados a, 473-4; reintegração de, 219, 224; rejeição pelos gays da causa dos, 31; reprodução e, 786-7, 789, 791-2; resiliência e, 37; segregação de, 219; terminologia politicamente correta e, 327; uso da palavra, 418; *ver também* deficiências múltiplas e outras doenças específicas

DeGroot, Christopher, 344

Dekker, Thomas, 393

De L'Épée, abade, 67

DeLee, Dwight, 756-7

delírio, esquizofrenia e, 349, 356, 358, 381, 393-4, 401, 404, 407

Delli-Bovi, Adam, 246-9, 250, 252, 470

Delli-Bovi, Jan, 246-7

Delli-Bovi, Teegan, 248, 250-1

Deméter-Perséfone, mito de, 278

Denmark, Clark, 105

Dennis, Carina, 791

Depakote (ácido valproico), 408

Departamento de Correção Comunitária do Condado de Hennepin, 676

Departamento de Correção, Massachusetts, 402

Departamento de Educação dos EUA, Seção para Crianças Excepcionais, 219

Departamento de Justiça dos EUA, 633

Departamento de Retardo Mental e Deficiências de Desenvolvimento do Estado de Nova York, 214

Departamento de Retardo Mental, Connecticut, 423

Departamento de Saúde e Serviços Humanos dos Estados Unidos, 210, 256

dependência, 61, 78, 239, 402, 413, 569; deficiências múltiplas e, 438, 440, 450, 470

depressão, 93, 100, 117, 595, 626, 627, 751; aborto e, 572; autismo comparado à, 298, 300; autismo e, 266, 270, 274, 276, 281, 304, 313, 317, 320, 325; crime e, 639, 652, 660, 685; deficiências múltiplas e, 445; do autor, 46, 54,

60, 811; em anões, 164, 169, 181; em surdos, 85, 99, 100; esquizofrenia e, 349, 351, 353, 375, 394, 407; estupro e, 573-4, 578, 602; genética e, 360; medicamentos para, *ver* antidepressivos; pós-parto, 561, 567; prodígios e, 484, 486, 500, 502, 507, 533, 545; síndrome de Down e, 213, 215, 234; transgêneros e, 697, 700-1, 707, 727-8, 731, 734, 753-4

DES *ver* dietilestilbestrol

Desa Kolok *ver* Bengkala, Bali

desapego, 33

desenvolvimentista de diferença individual baseado no relacionamento, modelo (DIR^Ó/ Floortime™) *ver* Floortime™, modelo

desespero, 47, 62, 64, 100, 129, 440, 472, 811; abuso sexual e, 23; autismo e, 285; crime e, 636, 665; estupro e, 578; prodígios e, 484, 502, 511; transgêneros e, 698

desinstitucionalização, 370

deslocamento sentado de anões, 159

despedida de surdos, 88

Destrancando o Autismo, 342

Deus, 248, 274, 420, 435, 445, 470, 605, 649, 657, 692, 774, 777; estupro e, 562, 571, 584, 597, 607; transgêneros e, 710, 717, 769

Devor, Holly, 699

dexametasona, 30

DeZeeuw, Kathleen, 565, 584

DeZeeuw, Patrick, 584

DFNBI gene, 79

diabetes, 313, 601-2

diagnóstico genético pré-implantação (DGPI), 789

Dickinson, Emily, 357

Diekema, Douglas, 453

dietilestilbestrol (DES), 704

diferença e deficiência, 61

diferença, escolha baseada na, 789-92, 794

digitação, autismo e, 287, 294, 296, 303, 335, 342

dignidade, 456, 743, 789, 792

DiMenna, Stephen, 642

Dinamarca, 41

dinheiro, 77, 86, 98, 171, 370, 391, 579, 763; abor-

1015

to e, 601; Buddy Walk e, 227; empréstimos de, 590; felicidade e, 47; prodígios e, 499, 515, 519, 521, 526, 545; roubo de, 635, 645-6, 652

Dinklage, Peter, 171

diprosopia (duplicação craniofacial), 794

Dirac, Paul, 15

direção *ver* carros e direção

direito à vida, movimento de, 570, 572

direitos civis, 31, 41, 62, 188, 219

direitos do deficiente, 41, 42, 44-5, 47, 55, 453, 455, 460, 462, 796

direitos dos presos, 633

direitos humanos, 394, 615, 773, 789

discriminação: contra anões, 165; contra deficientes, 42, 220, 228, 455; contra gays, 30, 696; contra transgêneros, 706, 753; no emprego, 696, 753

discurso oral, 13, 67-8, 70-1, 81, 83-4, 86, 88, 96, 98, 103, 105, 111-3, 115-7, 124, 127, 130, 132-3; implantes cocleares e, 113-6, 123, 132

disforia de gênero, 697, 721, 725, 733

displasia diastrófica, 157-8, 183-4

displasia espondiloepifisária congênita, 157-8, 189

displasia espondilometafisiária, de Kozlowski, 178

displasia esquelética, 147, 155, 159, 189, 191-2, 198; *ver também* acondroplasia

disruptores endócrinos, 704

dissociação, 651

dissuasão, 624

distonia focal, 484

diversidade, 157, 261, 324, 329, 769, 793, 796; concepção de Canguilhem sobre, 704; perda de, 31, 139-41, 191; *ver também* neurodiversidade

Divisão de Serviços da Criança e da Família de Utah, 293

divórcio, 34, 39, 161, 347, 351, 378, 404, 588, 626, 659, 664, 670, 783; anões e, 202-3; estupro e, 596; prodígios e, 500, 528; surdez e, 92-3, 99; transgêneros e, 773

Djourno, André, 112

DNA, 79, 362, 621; estupro e, 563

Dodgers, 124

doença, 15, 26, 784, 787; criminalidade como, 655; homossexualidade como, 14, 28-30; identidade v., 14-5, 17, 26, 46-9, 267, 345; síndrome v., 264; uso do termo, 15

doença degenerativa do quadril, 54

doença mental, 366, 374; anorexia como, 49; desinstitucionalização e, 370; espectro da, 361; Foucault, concepção de, 369; homossexualidade como, 30; modelo biológico de, 395; *ver também* bipolar, transtorno

doenças: redução de, 264; *ver também* doenças específicas,

Donovan, Clara, 432

Donovan, Cris, 430-1, 433-4

Donovan, Ella, 432

Donovan, Liam, 430-3

Donovan, Paul, 430-3

dopamina, esquizofrenia e, 361, 372-3

dor, 48, 196, 811; autismo e, 282, 346; felicidade e, 56

Down, John Langdon, 216

Down, síndrome de, 16, 38, 60, 61, 152, 204-63, 415, 470, 549, 707, 788, 789; aborto e, 223, 227-8, 232, 238-9, 264, 792; autismo comparado a, 61, 234, 429; características da, 206; causas da, 238; como deficiência, 204, 206, 213, 217, 225, 227-8, 245; como identidade, 229; como trissomia, 217, 234; concepção de Peter Singer sobre, 227; criminalidade comparada à, 623, 677; em perspectiva histórica, 216-21; esquizofrenia comparada a, 429; etapas de desenvolvimento da, 234; fator de risco para, 217; genética e, 35, 206, 217, 223, 228, 234-5, 238, 242, 298, 361, 789; genocídio e, 460; incidência de, 206; institucionalização e, 208, 211, 217-8, 235, 239, 252-4, 429; intervenção precoce na, 208-9, 220-1, 223-4, 231, 236-7, 248, 259, 315, 678; outras palavras usadas para, 216-7; personalidade e, 234, 246, 255, 261; pessoas de destaque com, 256-7; processos de vida injusta e, 55; propósito dos pais e, 39; rosto de bebê e imaturidade aparente na, 245; televisão e, 209, 236, 256, 258, 796; tratamento para, 235, 241; trauma de, 348

Drake, Stephen, 346

Dreger, Alice Domurat, 52, 458, 725

drogadicção, 23, 223, 680, 714; *ver também* alcoolismo

drogas recreativas, 180, 351, 586, 655-7, 659-60, 662; crime e, 634-5, 639, 649, 652-3, 662, 675; esquizofrenia e, 373, 383, 413; estupro e, 560; tráfico, 635, 639, 652-3, 655-6, 675; tratamento para o uso de, 634-6, 657; *ver também* cocaína; heroína; LSD; maconha

drogas, abuso de, 39, 322, 378, 399, 659; crime e, 634, 636, 643; transgêneros e, 754; tratamento para, 634-6, 641, 657

drogas, *ver* medicação

DSM (Manual diagnóstico e estatístico de transtornos mentais), 697, 706, 736

DSM-V, 376, 706, 731

DSM-IV, 704

dualismo: na interpretação de Copenhague, 15; no eu, 15

Duchesneau, Sharon, 789, 791

Duckworth, Angela Lee, 524

Duckworth, Kenneth, 388

Duras, Monique, 192-5

Durga (deidade hinduísta), 794

Dwarfism (Adelson), 143

Ebbetts, Mitt, 675

ectrodactilia (síndrome da garra de lagosta), 786

Edison, Thomas, 68

educação, 796; autismo e, 281, 285, 289-91, 294, 304, 309, 315, 318-9, 322, 325, 339-40, 347; crime e, 639, 641, 658-9, 677; de anões, 144-5, 159, 165, 167, 169, 174, 180, 185, 195; de filhos de estupro, 579; de prodígios, 478, 488-91, 494, 502, 505, 508-12, 515, 517, 519-20, 526, 530, 532-3, 535-6, 540-1, 545, 549, 551; de sur-

dos, 13, 65-8, 71-3, 75-7, 81, 83-6, 88-9, 91, 95, 97, 99, 101-2, 106, 116, 118, 123-4, 130, 132, 573-4; deficiência e, 39, 42, 224; deficiências múltiplas e, 434, 438, 450; do autor, 18-20, 22, 24-5; Down, síndrome de, e, 209, 211, 217, 224, 233, 248, 256, 259, 261; esquizofrenia e, 377, 383, 400, 402-3; moral, 623; música, supressão da, na, 538, 543; necessidades especiais, 219; precoce, 218, 220; transgêneros e, 709, 714, 740, 745, 747, 750, 753, 761, 768

educação musical, supressão da, 538, 543

EEG (eletroencefalograma), 420

Efé (tribo centro-africana), 172

efeito da ordem de nascimento fraternal, 30

Effexor (venlafaxina), 262

ego, 495

Ehrensaft, Diane, 706

Einstein, Albert, 337

Eisner, Michael, 102

Eldridge, Sherrie, 581

elfos, 171

Emmett (menino autista), 274

emoções: crime e, 637, 641, 653, 667, 674; deficiências múltiplas e, 428; esquizofrenia e, 382, 405; música e, 476, 480, 486, 490, 496-7, 500, 502, 507; prodígios e, 476, 480, 486, 496-8, 502, 505-7

empatia, 31, 38, 58, 124, 165, 261, 276, 631; deficiências múltiplas e, 435; falta de, 283, 371; mulheres identificadas com, 302

emprego: esquizofrenia e, 368, 383, 398, 400; Lei da Não Discriminação no Emprego, 696; transgêneros e, 753

encarceramento, prisões, 652, 655, 659, 665, 673, 675-6, 678-9; como lugar de contágio, 625; custo do, 678-9; esquizofrenia e, 387, 637; expansão do, 631; no Mississippi, 640; transgêneros e, 733; três princípios básicos do, 624-5; *ver também* Hennepin, Lar-Escola do Condado de, Castington, prisão de segurança máxima

encefalopatia estática, 451

Endellion (quarteto de cordas), 512

engatinhar de bebês anões, 159

Entrevista Diagnóstica para Autismo — Revisada, 305

Entrevista Diagnóstica para Transtornos Sociais e de Comunicação (DISCO), 305

envelhecimento: assincronia, 497; como deficiência, 48; deficiências múltiplas e o, 440, 450; efeitos do estresse sobre, 37, 59; estabelecimento do autismo e o, 266; internação e o, 254; materno, e síndrome de Down, 217, 239; mental, 246, 251; paterno, e autismo, 297; paterno, e esquizofrenia, 361; prodígios e, 534

enxaqueca, 90, 92-3

epilepsia: autismo comparado à, 296; displasia cortical focal, 300; simultânea com autismo, 299, 300, 317

epilépticos, ataques, 463

Epístola de São Paulo aos Romanos, 67

Epstein, Julia, 454

Equador, 517-8

equitação, 151

ereções, 181, 601, 605, 719

Ericsson, K. Anders, 523

Erikson, Erik H., 217

Erikson, Neil, 217

Escala de Avaliação do Autismo na Infância, 305

Escola Bancroft, 337

escola charter do Centro Nova York para Autismo, 289

Escola de Artes Cênicas, 566

Escola de Design de Rhode Island (RISD), 402

Escola de Direito de Columbia, 587

Escola Higashi, 322

Escola para Surdos de Maryland, 131

Escola para Surdos do Texas, 119

escolha como peso, 783

escravidão sexual, 613, 616-7

escrita: autismo e, 288, 294; esquizofrenia comparada à, 355

Espanha, 517, 758

Espectro de Gênero, 743

esperança, 48, 59, 64, 140, 258, 363, 415, 669, 676; autismo e, 290-1

esperma, doadores de, 792, 798

espinha bífida, 44, 56, 788

espiritualidade, 39, 180, 808

esportes e atletismo, 474; anões e, 159; beisebol, 123-4; música como, 489, 494; teste de gênero e, 772

esquizofrenia, 16, 35, 57, 61, 327, 348-415, 757, 793; autismo comparado à, 298, 300, 360-1, 372, 374, 382, 397, 415; autorrepresentação e, 393-7; causas da, 363, 364; como doença de substituição e supressão, 348; como evitada, ridicularizada e incompreendida, 398; como psicose, 349, 351, 354, 356, 358-9, 361-2, 373-5, 378-9, 385, 394, 404-5; como um mundo de vozes, 349, 354, 366, 381, 383, 393, 400, 407; criação do termo, 360; criminalidade comparada à, 623; crônica e residual, fase, 358; custo da, 387; depressão e, 349, 351, 353, 375, 394, 407; desinstitucionalização e, 370; equívocos sobre a, 407; estágios da, 349, 357-8, 374, 376; estupro comparado a, 555; genética e, 299, 360, 362-4, 372-3; idade de instalação da, 348, 397; identidade e, 394-7, 408, 415; incidência da, 360, 373; infância, 275, 357; institucionalização e, 364, 370, 387, 400, 429, 638; intervenção precoce, 374, 376, 385; melhores resultados para, 388-9; movimento de recuperação e, 385-6; mudança de paradigma na, 362; na pré-adolescência, 357; nas famílias, 360-4, 375; neurodiversidade e, 330; no mundo em desenvolvimento v. Ocidente, 389; refratária ao tratamento, 387; síndrome de Down comparada à, 429; sintomas de, 356-8, 365, 372-3, 375, 381-2, 388-9, 393, 402, 405, 409; surto psicótico e, 358-9; tratamento da, 264, 365-8, 370-1, 373-4, 376, 378-83, 385-8, 390, 394-6, 400-1, 404-5, 408, 410, 415

esquizofrenia infantil, 275, 357

esquizofrenia, fase pré-mórbida da, 357

esquizofrenia, fase prodrômica da, 357, 374-5

esquizofrenia, fase progressiva da, 358

esquizofrenogênicas, mães, 362-3

estacionamento reservado para deficientes, anões e, 154, 157

Estados Unidos: ascensão social nos, 793; creches nos, 218; custo do tratamento de esquizofrênicos nos, 387; educação de surdos nos, 65-6, 68, 71; epidemia de rubéola nos, 135; esquizofrênicos sem-teto nos, 387; esterilização forçada nos, 42; gastos com pessoas com deficiência intelectual nos, 254; gravidez decorrente de estupro nos, 563; incidência de autismo nos, 309; incidência de síndrome de Down nos, 206, 229, 239; lei do aborto nos, 568-70, 572, 573; manifestações de Orgulho Louco nos, 394; nascidos com deficiências múltiplas nos, 419; número de doentes mentais presos nos, 401; pesquisa de síndrome de Down nos, 226; política para transgêneros nos, 721; processos de vida injusta nos, 55; síndrome de Down, grupos de defesa nos, 255; transgêneros pós-cirúrgicos nos, 698; vítimas de estupro nos, 559; ver também temas específicos

estafa: cuidado de esquizofrênicos e, 388; prodígios e, 474, 477

estereótipos, 22, 684; gênero, 697, 731-2, 735, 738, 766

esterilização, 482, 569; de surdos, 68; involuntária, 41, 452-4, 610; síndrome de Down e, 217

estética, cirurgia, 51

Estigma (Goffman), 43

estradiol, 718

estrangulamento, 270, 343-4

estranho no ninho, Um (filme), 398

estranhos, 361, 414, 499; filhos como, 11, 16-7

estresse, 252, 592; deficiências múltiplas e, 426, 429, 441, 456; envelhecimento e, 39, 59; esquizofrenia e, 372, 398, 429; parto prematuro e, 595; prodígios e, 513, 537

estresse pós-traumático, transtorno de: estupro e, 561, 573, 579

estrogênio, 702, 704, 718, 720, 734

estupro, 16, 57, 61, 379, 554-622, 793; "médico", 572; "segundo", 572; aborto e, ver aborto, estupro e; adoção e, ver adoção, estupro e; autismo e, 294; como estratégia as reprodutiva, 576; crianças defeituosas e, 295; culpa e, 35, 557, 566, 582; definição, 558; dificuldades emocionais e, 13; em conflitos no mundo, 613, 615; em perspectiva histórica, 556, 558-9; em Ruanda, 57, 610-3, 615-21; encarceramento e, 577-8, 590, 617; falta de limites e, 608; fisioterapia comparada a, 459; fracasso na condenação ao, 560, 574, 588; genocida, 611-4, 616-21; guarda compartilhada e, 588, 596; identidade e, 555, 562, 584, 604, 612; infanticídio e, 611, 614; não denunciado, 557; no casamento, 559, 594-6; perdão e, 584; problemas de nacionalidade e, 615; rejeição de filhos concebidos em, 565, 571, 575; reuniões com mães biológicas e, 581; sigilo e, 554, 566, 580, 582-3, 593; suicídio e, 570, 573-4, 578, 597, 602, 611, 618; transgêneros e, 714; vínculos permanentes e, 587

estupro estatutário, 598

Ética Prática (Singer), 460

etnia, 12, 21, 143

eugenia, 33, 41, 44, 136, 190, 217-8, 774, 802; inteligência e, 482

Europa Oriental, 173, 529

Evancho, Jackie, 544

Evans, Bobbe, 402-6

Evans, Nicholas, 139

Evans, William, 129

Evelyn, Just, 725

Evidence of Harm (Kirby), 311

Evidence of Harm (grupo de discussão), 333

exame de gênero, atletismo e, 772

exame quádruplo, 206

Exceptional Child in the Family, The (Ross), 426

exercício: esquizofrenia e, 379-80

exorcismo, 344

Expecting Adam (Beck), 244

expressões faciais, 104
extraordinário: uso do termo, 794
Extraordinary Bodies (Thomson), 154
extrofia cloacal: pesquisa sobre, 712
Eyrès, Charles, 112
Ezell, Julie, 581
Ezell, Lee, 581

facadas, 649
facas, 630, 669
Facebook, 20
Faculdade de Tecnologia Comunitária Ivy, 574
Fairchild, Tierney Temple, 229
fala dirigida a crianças, 475
faloplastia, 719
família: 11-64, 784-813; criminalidade juvenil e, 631, 642, 654, 659-62, 676-8, 680; cuidado de esquizofrênicos e, 389; deficiências múltiplas e, 428; esquizofrenia e, 360-4, 375; estupro e, 554; internação de esquizofrênicos e, 387; normal, 488; *ver também* pais; mães
Família (comunidade), 247
família substituta, 33, 52, 635, 675, 678, 759; deficiências múltiplas e, 467-8; transgêneros e, 751-2
familiares, valores, 681
Famílias do Coletivo Mentalmente Doente, 389
famílias monoparentais: criminalidade e, 659-60
"Fantasie-Impromptu" (Chopin), 528
Farrington, David P., 662
fase psicótica da esquizofrenia, 358
Father's Story, A (Dahmer), 650
FBI (Federal Bureau of Investigation), 347, 558, 655
FDA (Food and Drug Administration), 113, 115, 122, 136, 199
Featherstone, Deirdre, 230-3
fecal, incontinência, 23
Feldman, David Henry, 475
Feldman, Esther, 126
Feldman, Felix, 125, 127-8, 136
Feldman, Miriam, 126-7

Feldman, Rachel, 126
felicidade, 34, 50, 64, 77, 127, 228; autismo e, 274, 305, 332, 335; crianças deficientes e, 37-8, 41; deficiências múltiplas e, 435, 451; diferença e, 29; dinheiro e, 47; do autor, 20-1, 27-8, 811; Down, síndrome de e, 253, 255; esquizofrenia e, 378, 394; família, 17; nanismo e, 153, 164; prodígios e, 474, 513, 531, 547; resiliência e, 37; sofrimento e, 56; transgêneros e, 711, 717, 725, 733, 738
feminismo, 44, 453-4, 547, 738, 773; aborto e, 564; antiaborto, 564, 571; entupro e, 558-9, 576; lésbicas, divergências com, 696; ruandense, 612
fenda palatina, 33, 158, 183; aborto e, 50; cirurgia da, 51
fenilcetonúria, 300
fenótipo, 297, 360
Fergusons, gangue dos, 647
ferimentos: prodígios e, 513
Ferraiolo, Anne (mãe), 714-7
Ferraiolo, Anthony, 714, 716
Ferraiolo, Felix, 714
Ferraiolo, Frank, 714
Ferraiolo, Michelle, 713, 715
Ferraiolo, Tony (nascido Anne), 713-4, 716-7, 725
Ferster, Charles, 316
fertilidade: institutos de, 791; tecnologias de, 33
feto, 134, 414, 569; com síndrome de Down, 206; detecção sonora do, 69; exame pré-natal e, 206; *ver também* aborto
fezes: autismo e, 266, 270, 272, 282, 291, 325, 337, 342; comer, 388
fibroblastos, receptor tipo 3 de fator de crescimento de (FGFR3), 189
fibromialgia, 602
fibrose cística, 788
Fidelity Investments, 170
fígado: funcionamento do, 369
Fight Crime: Invest in Kids, 624
Filarmônica de Los Angeles, 551
filhos: como estranhos, 11, 16, 17; *ver também* bebês

filhos birraciais de estupro, 560, 577-9, 616

filhos de cor, identidade vertical dos, 12

filhos de surdos, 72, 96

filhos trocados na mitologia, 283

filicídio, autismo e, 323, 343-7, 460

filme, *ver* cinema

Fink, Darlene, 760

Finkel, Bobby, 19

Finkel, sra., 19

Finlândia, 41

Fischer, Patricia, 409-10, 412-4

Fischer, Sam, 409-10, 412-4

Fischer, Winston, 409-10, 412-4

física, 531; Copenhague, interpretação de, 15

fisioterapeutas, 259

Fleischmann, Carly, 287, 304

Fleisher, Julian, 484

Fleisher, Leon, 483-4, 486, 508

Fletcher, Joseph, 218

Floortime™ (desenvolvimentista de diferença individual baseado no relacionamento, modelo), 316

Flores, Indonesia, 172

Flórida, 170, 773

Flórida, inspetores gerais da, 641

Floril, Elizabeth, 517

Floril, Jaime Iván, 517

Floril, Jonathan, 517-8

flutuação de gênero, 697

Folnegovi -Šmalc, Vera, 573

fome: esquizofrenia e, 372

fonemas, 70, 114, 130

fonoaudiologia: ataque cardíaco e, 374; autismo e, 294, 316; síndrome de Down e, 259; surdez e, 99, 101, 111, 126, 132

Foos, Gina, 190

Forbidden Childhood (Slenczynska), 499

Força-Tarefa Nacional de Gays e Lésbicas, 697, 753

Forrest, Peter, 397-8

Forrest, Walter, 397-8

Fort Worth, TX, 509

Fortas, Abe, 633

Foster, Gretel, 602

Foster, Larry, 602

Foucault, Michel, 45, 198, 369, 395, 558

Fox News, 790

FPM (feminino para masculino), transgênero, 699

Framingham, MA, 368

França, 170, 193, 195, 281; processos de vidas injustas na, 55; surdos na, 68

Frank, Arthur, 198

Frank, Barney, 697

Frankel, Scott, 501, 503

Franklin and Marshall College, 338, 341

Franklin, Jennifer, 278-81, 334

Frazier, Jean, 382, 387

Freud, Anna, 471

Freud, Sigmund, 34, 275, 362, 429, 471, 557

freudiana, teoria, aspectos da psique humana na, 495

Friedman, Richard C., 408, 694

Frith, Uta, 292

Fromm-Reichmann, Frieda, 362

Fukuyama, Francis, 33

fumar, 312, 366, 373, 661

Fundação Cooke (atual Centro Cooke), 259, 261

Fundação da Baixa Estatura, 164

Fundação do Crescimento Humano, 148, 173

Fundo de Educação e Defesa dos Direitos da Deficiência, 454

Fundo para Educação e Defesa Legal de Transgêneros, 757

GABA (ácido gama-amino-butírico), 373

Galeno, 556

Galileu, 548

Gallaudet (pesquisa), 115

Gallaudet, rev. Thomas, 67

Galton, Francis, 482

gama-amino-butírico, ácido *ver* GABA

Gandy, Brianna, 638

gangues, 639, 659, 665, 667-8, 670-2, 674; de asiáticos, 660; em Minnesota, 645-6, 648, 656,

1021

658, 665; Sureños, 658, 663, 665, 667, 671, 673

ganho de peso: deficiências múltiplas e, 431; esquizofrenia e, 366, 378-9, 396

Garcia, John, 746-7

Garcia, Keely, 746-7

Garcia, Shannon, 742-3, 746-7

Garelick, Rhonda, 549

Garey, Diane, 139

Garfias, Robert, 475

Garfield, N. J., 280

Garfield, Paula, 125

Garner, Craig C., 241

gastrointestinais: transtornos, 299, 303, 310

gay *ver* homossexualidade, homossexual

gêmeos: autismo e, 288, 298, 313; esquizofrenia e, 360; transgêneros e, 712-3, 715

Gêmeos (Shawn), 446

gêmeos fraternos: autismo em, 298

Gender Shock (Burke), 713, 731

Gender Trouble (Butler), 764

gênero, 175, 361; abolição do, 773; ameaças a, 694; John Money, concepção de, 712; naturalidade sobre, 764; sexo v., 695

gênero, ambiguidade de, 697, 735, 765

genética, genes, 35, 47, 786, 788, 802; alcoolismo e, 637; autismo e, 296-301, 304, 313-4, 324, 330, 335, 361; crime e, 631, 654, 661; epistáticos ou modificadores, 297; esquizofrenia e, 299, 360, 362-3, 364, 372-3; estupro e, 576, 584, 604; expressão de, 361-2; genialidade e, 482; identidade de gênero e, 703; mal de Huntington e, 298; nanismo e, 142, 147, 157-8, 184, 189, 191-2, 789; pleiotrópico, 299; síndrome de Down e, 35, 206, 217, 223, 228, 234-5, 238, 242, 298, 361, 789; surdez e, 79-80, 106, 114, 135, 789, 791; transgênero e, 703; transtorno bipolar e, 299, 360-1; *ver também* pré-natal, exame

genético, aconselhamento, 192-3, 240

genéticos, exames, 56, 189-91, 230, 330; escolha pela diferença e, 789, 791-2, 794

genialidade, 473; definição, 474; influências contra a, 548-9; loucura associada a, 496-7; origem da, 481-2; prática v., 524; talento v., 525; *ver também* prodígios

gênicas, terapias, 135

genitoplastia, 719

genocídio, 460; estupro e, 559, 610-4, 616-21; tentativas de evitar e curar autismo comparadas a, 330; tentativas de evitar nascimento de portadores de síndrome de Down comparadas a, 228

genoma, 45, 298-9, 361, 407

genótipo, 297, 310, 360

George, Carol, 427

Gertz, Genie, 87

Geschwind, Daniel, 300, 305

Geschwind, Norman, 496

Gibbs, Sergeant, 412

Gibson, Carol, 190

Giffords, Gabrielle, 400

Gil, Ana Milena, 564

Gingold, Josef, 535

GJB2 (gene), 79

Glaser, Gabrielle, 394

Glass, Philip, 278

Glee (programa de TV), 256

Glickman, Ken (também chamado Professor Glick), 87

Glickman, Neil, 82

globalização, 774

glóbulos brancos do sangue, 367

glutamato, 373

GNRH (hormônio liberador de gonadotrofina), inibidores do, 720

Goethe, Johann Wolfgang von, 553

Goffman, Erving, 43, 369

Goldsmith, Lynn T., 475

gonadectomia, 718

Goodwin, Betsy, 225-6

Goodwin, Carson, 225-6

Gopalan, Gaurav, 758

Gordon, Corinna, 585-6

Gordon, Donna, 585-7

Gordon, Tina, 585-7, 597

Gotkin, Janet, 365

Gottschall, Jonathan, 576

Gottschall, Tiffani, 576

Gould Farm, 410

Gould, R. Max, 65, 74

Grabe, Jacob, 345

Grã-Bretanha *ver* Reino Unido

Graffman, Gary, 521, 529

Grammont, Madeline, 371

Grammont, William, 371

Grammy, prêmio (2006), 543

Grand Central Station, reunião sobre saúde mental, 406

Grande Depressão, 568

Grandin, Temple, 276-7, 324-6, 335, 342

Granger, Thomas, 632

gravação do som, surgimento da, 538

gravemente afetados pelo autismo, 290

gravidez, 560-91, 625; andrógênios e, 302; de alto risco, 143; deficiências múltiplas e, 461-2; dexametasona e, 30; esquizofrenia e, 372, 380; estupro e, 554, 556, 560-1, 563-6, 568-71, 573-7, 581-3, 589-90, 595, 599, 601, 607, 610-1, 613-4, 616, 618-20; forçada, 610-2, 614, 616, 618-9; interrupção da, *ver* aborto; ISRSS e, 313; mentir sobre a, 667; nanismo e, 151, 161-2, 182; parto pré-termo e, 596; prodígios e, 511; transgêneros e, 770; uso de drogas e, 636; *ver também* aborto

gravidez, teste de, 566, 590

Grealy, Lucy, 50-1

Grécia antiga, 482, 556

Green, Ashley, 594-8

Green, Joanne, 51

Green, Lateisha Latoya Kyesha (Teish; nascida Moses), 754-5, 757

Green, Martin, 595-6, 598

Green, Michael Foster, 407

Green, Richard, 696

Green, Roxanne, 754-5, 757

Green, Sylvia, 596, 598-9

Greenberg, Ann, 219

Greenberg, Jay, 494-5, 533

Greenberg, Orna, 494

Greenberg, Robert, 494-6, 533

Greengard, Paul, 241

Greenspan, Stanley, 316

Greenwich, CT, 226

Gregoli, Elaine, 222-3, 229, 254

Gregoli, Joe, 222

Gregoli, Lynn, 222-3, 231

greve de fome, 395

Grinker, Roy Richard, 331, 336

gripe, 372

Grisso, Thomas, 633

Groopman, Jerome, 429

Gross, Miraca, 497, 533

Grupo de Apoio de Pais de Manhattan, 258

Grupo de Apoio Social de Denver, 389

Grupo de Trabalho Atenuação do Crescimento e Ética de Seattle, 455

Grupo de Trabalho de Atenuação de Crescimento e Ética de Seattle, 454

grupos de apoio: autismo e, 271; deficiência, 39; deficiências múltiplas e, 435; esquizofrenia e, 389; síndrome de Down, 259

Guardian, 172, 532

Guarr, Amy, 743

Guatemala, 443, 613, 663-5, 670-2

Guerra Fria, 140, 486

Gulden, Holly van, 581

Gunther, Daniel, 452-3, 455

Guzmán, Camila, 758

Habyarimana, Juvénal, 610

Hadden, David, 419-20, 422-3, 425-6

Hadden, Jamie, 419-24, 426

Hadden, Liza, 421-3, 425-6

Hadden, Sam, 421-3, 425-6

Hadden, Sara, 419-24, 426, 808

Haldol (haloperidol), 317, 410

Hall, Will, 396

Hallam, Arthur Henry, 782

Hallmayer, Joachim, 313

Hamlen, Charles, 486, 531

Hamurabi, código de, 556

1023

Handbook of Attachment (George e Solomon), 427

Händel, George Frederick, 475

Hansen, Cece, 268-70, 272-5

Hansen, Jeff, 268, 270, 272-4

Hansen, Molly, 268, 270, 272, 274

Haraway, Donna, 45

Harlem, Nova York, NY, 19, 289

Harm Reduction Guide to Coming off Psychiatric Drugs and Withdrawal (Hall), 396

Harmon, Kristen, 81

Harris, Eric, 681, 683-6, 688, 690

Harris, Judith, 662

Harris, Lynn, 155, 172

Harry Benjamin, protocolo, 718

Hartford Courant, 423

Hartsdale, NY, 214

Harvey, Bunny, 544, 546-7

Hashimi, Sam (depois Samantha Kane; Charles), 737

hassídicos, judeus, 140

Hating Autism (blog), 332

Hay, William, 146

Haynes, Dante, 755-6

HBO (Home Box Office Network), 149, 171

Head Start, 220, 574-5

Heal Africa, 620

Hedley, Lisa, 149-52, 194

Hedley, Rose, 149-52, 194

Heffernan, Virginia, 192

Heifetz, Jascha, 499

Heinz, Ethan, 626-8

Helena Independent Record, 779

Heller, Stefan, 135

Helms, Emenda (1973), 618

Helping Children with Autism Learn (Siegel), 316

hemorragia, 461, 463

Hennepin, condado de, 667, 676

Hennepin, Lar-Escola do Condado de, 628, 639, 641, 643-4, 646, 648, 653, 657, 659, 675; Castington, Unidade Prisional Juvenil comparada a, 676; descrição do, 641; Krish-na Mirador no, 663, 667, 669; Ryan Nordstrom no, 661; Tyndall Wilkie no, 675

Henriques, Brenda, 566-8, 597

Henriques, Lourdes, 566-7

Henriques, Rebeca, 567

Henriques, Vicente, 566-7

hepatite, 776

Heppner, Cheryl, 82

Hereditary Genius (Galton), 482

Herman, Dave, 651

Herman, Esther, 651

heroína, 634-6

Hesley Village and College, 318-9

Hessey, Dan, 117-9

Hessey, Emma, 117-9

Hessey, Nancy, 117-9

Heumann, Judity, 72

hidrocefalia, 56, 158, 160, 193, 805

Hilliard, Shelley, 758

hiperandrogenismo, 772

hiperatividade, autismo e, 266, 291

hipocalcemia, 320

hipocondroplasia, 189

hipomania, 409

histerectomia, 117, 452-3, 719

Hitler, Adolf, 35, 41, 482, 499

HIV *ver* aids (síndrome de imunodeficiência adquirida) e HIV (vírus da imunodeficiência humana)

Hlibok, Greg, 73, 75, 135

Hoang Pham, 505

Hockenberry, John, 47

Hodges, Nicolas, 503, 550

Hoffman, Dustin, 169

Hofstadter, Chip, 567

Holanda, 372

Hollander, Elinor, 464, 466, 468

Hollander, Imogen, 462-8

Hollander, Julia, 462-8, 470, 472

Hollander, Lorin, 500

Holmes, Oliver Wendell, 217

Holmes, Tyler (nascido Serena), 734, 736

Holocausto, 303, 482, 610

holoprosencefalia, 427

Holt, Bill, 786

homens trans, 697, 717-8, 721, 741, 770, 772-3; mães de, 731; uso do termo, 695

homicídio culposo por negligência médica, 55

homicídio culposo, negligência, 424

homofobia, 23, 29, 32, 696, 752, 785

homossexualidade, homossexuais, 21, 23-6, 28-9, 31-2, 62, 67, 351, 380, 411, 413, 538, 648, 706, 727, 754; "tratamento" para, 30; amigos de família de Solomon, 28-9; anões e, 175, 177; antigays, leis, 29; aprisionamento por, 25; autismo comparado a, 62; bares gays, 26; casamento de, 62, 799, 801; cegueira comparada a, 46; como crime, 28-9; como doença, 14, 28-30; como escolha v. condição congênita, 29; como identidade horizontal, 13; como pecado, 29; como prodígios, 502, 506-7; deficiência e, 48; direitos de, 17; gays, direitos dos, 41, 394, 696, 713; idade da compreensão da, 18; identidade gay, 29, 696, 732, 785; nanismo comparado a, 146; Orgulho Gay, 32; pedofilia v., 24; prevenção pré-natal da, 30; relação dos afro-americanos com a, 20, 62; Semana da Humildade Gay, 32; suposta incontinência fecal de, 23; surdos, 78; surdos comparados a, 14, 31, 67, 69; transgêneros e, 716, 731, 741

Honecker, Erich, 478

Honest Whore, The (Dekker), 393

Horace Mann School: abuso sexual de estudantes na, 23-5

hormônio adrenocorticotrópico, injeções de, *ver* ACTH

hormônio do crescimento humano (HGH), 33, 147, 160, 167, 198

hormônios, 452, 772; ACTH, 247; crescimento *ver* hormônio do crescimento humano; esquizofrenia e, 358, 372; pré-natal, 297, 320, 372; *ver também* estrogênio; transgêneros e, 695, 697, 702-3, 706, 714, 717-20, 738; vínculo materno e, 426

Hospice des Incurables, 216

hospitais, 56, 93, 100, 110; anões e, 152, 155, 167,

173-4, 183-4, 200, 202; autismo e, 270, 273, 307, 310, 337; deficiências múltiplas e, 434, 443, 446, 452-4, 457, 461-3, 465-7; em Ruanda, 611; Emma Hessey em, 118; esquizofrenia e, 352-5, 363, 367, 378-9, 382, 387, 389-90, 392, 394, 398, 401, 403-6, 409-10; psiquiátricos, 168-9; Rory Osbrink in, 122; síndrome de Down e, 221, 237, 258; transgêneros e, 734

Hospital Beth Israel, 172

Hospital Columbia-Presbyterian, 420

Hospital Estadual de Oregon, 398

Hospital Four Winds, 404-6

Hospital Geral de Massachusetts, 390

Hospital Infantil de Boston, 310

Hospital Infantil de Filadélfia, 409

Hospital Infantil de Seattle, 452-4

Hospital Infantil do Colorado, 118

Hospital Infatil de Birmingham, 161

Hospital Psiquiátrico Langley Porter, 352

Hott, Lawrence, 138

House, Howard, 122

Houston, TX, 461

Houten, Leslie van, 649

Houten, Paul van, 649

Howe, Samuel G., 216

Howells, William Dean, 812

Hrdy, Sarah Blaffer, 426

Hubbard, Ruth, 44-5

Huet, Marie-Hélène, 147

Hughes, Fred, 577-8, 580

Humatrope, 199

Humphries, Tom, 73, 81

Hunt, Linda, 154

Hunt, Nigel, 256

Hunter College, 289, 439

Huntington, mal de, 44, 297-8

Huntsman, Mia, 752

hutus em Ruanda, 610-3, 615

Hyde, emenda, 570

Hyman, Steven, 310, 334

id, 495

Idade da Razão, 481

idade mental, 246, 251

identidade, 15, 429, 455; de surdos, *ver* cultura e identidade dos surdos; doença v., 14-5, 17, 26, 46-9, 267, 345; horizontal *ver* identidades horizontais; gay *ver* homossexualidade, homossexuais; nacional, 616; transmissão generacional da, 12; uso do termo, 15; vertical *ver* identidades verticais; *ver também* temas específicos

identidade, políticas de, 16, 65, 336, 793, 795; de transgêneros, 742, 744

identidades horizontais, 17, 47, 57, 138, 165; como afronta aos pais, 14; como categoria coletiva, 49; de sobreviventes de estupro em Ruanda, 612; definição, 12; desaparecimento de, 31; estupro como, 555; inocência coletiva e, 677; movimento do Orgulho Louco e, 394-7; movimentos sociais e, 41; ódio por, 29; palavras de Tomás de Aquino e, 32; proliferação de, 34; resiliência e, 37; *ver também* identidade

identidades verticais, 15, 21, 31, 41, 138, 165; colapso familiar e, 34; definição, 12; *ver também* identidade

Igreja da Comunidade Metropolitana (ICM), 750

Igreja da Trindade (Boston), 544

Igreja Pentecostal de Deus em Cristo, 644, 647

Illinois: aborto em, 569; juizados de menores em, 632

iluminação, 39

imagem, diagnóstico por, 292

imaginação, 349, 553

imaginacionismo, 147, 275

imigrantes, 17, 217, 373

imigrantes ilegais, 17

imortalidade dos pais, 11

império hitita, surdez no, 80

importância de ser prudente, A (Wilde), 25

In My Language (vídeo), 335

In re Gault, 633

in vitro, fertilização, 189, 791, 799, 803

incapacitação, 625

incesto, 91, 93-4, 584, 588, 628; aborto e, 569, 572; estupro e, 572

inclusão, 224, 233, 248, 256, 259, 795

Inclusion Daily Express, 346, 462

inconsciente, 494

incontinência no autismo, 321-2, 340

incorporação à corrente dominante, 224, 285, 795

independência, 52, 332, 387, 399, 769

Índia, 316, 388, 664, 794

individualismo, 45

Indonésia: surdez na, 172

infanticídio, 32, 227, 462; estupro e, 611, 614

Infantile Autism (Rimland), 275

infelicidade, 29, 60, 63; família, 16

Inglaterra *ver* Reino Unido

INS *ver* Institutos Nacionais de Saúde

Insel, Thomas, 265, 299, 309, 313, 327, 331, 334; sobre esquizofrenia, 363

inseticidas, 297

insônia, estupro e, 573, 592

instalações residenciais para deficientes, 371, 387, 398

institucionalismo, 40

institucionalização (internação), 40, 41, 183; autismo e, 270-4, 290-1, 325, 429; deficiências múltiplas e, 423, 425, 429, 439-40, 446, 457; esquizofrenia e, 364, 370, 387, 400, 429, 638; síndrome de Down e, 208, 211, 217-8, 235, 239, 252, 254, 429

Institute of Living, 366

Instituto Americano de Leis (ALI), 569

Instituto Americano de Língua de Sinais, 437

Instituto de Instrução de Surdos-Mudos, 67

Instituto de Música de Cleveland, 502

Instituto de Retardo Mental, 208

Instituto Elliott, 572

Instituto Nacional de Saúde Infantil e Desenvolvimento Humano, 240

Instituto Nacional de Saúde Mental, 265

Instituto Nacional Real para Surdos, 85

Instituto Técnico Nacional para Surdos, 99, 104

Institutos Nacionais de Saúde (INS), 226, 625, 654

insuficiência cardíaca congestiva, 59

integração, 765

intelectual, deficiência, 13, 15, 159, 172, 205, 216-8, 220, 227, 247-8, 309; aborto e, 569; autismo e, 265, 269; deficiência e, 418; deficiências múltiplas e, 420, 422; estatísticas sobre, 205; estupro e, 582; linguagem e, 287; *ver também* Down, síndrome de

inteligência, 498, 524, 533, 540; autismo e, 304; crime e, 637; esquizofrenia e, 393; medição de, 482

interação social, autismo e, 277

interahamwe (milícias ruandenses), 610, 614, 619-20

Intercâmbio de Recursos Genéticos do Autismo, 304

intercurso sexual, 33, 558, 576, 719

interesse pessoal, 48

internet, 34, 40, 78, 140, 156, 177, 330, 463; acasalamento seletivo e, 297; autismo comparado a, 277; prodígios e, 533; transgêneros e, 700, 740, 762

interseccionalidade, 62

intersexual, 713; uso do termo, 695

intromissão, 471

Irã, 105

Iraque, 758; estupro no, 620; homens gays no, 29; ocupação do Kuwait pelo, 616

irlandesa, mitologia, 283

irmãos, 252, 391, 397, 456; como amigos, 515; de crianças com síndrome de Down, 245; deficiências múltiplas e, 446

Ismail, Zahra, 615

isolamento social: crime e, 643; deficiências múltiplas e, 426, 435, 445; prodígios e, 542; transgêneros e, 702

ISRSS (inibidor seletivo da recaptação de serotonina), 313, 317

Isserlis, Steven, 490

Itália: prodígios na, 483, 487, 491; Renascimento, 482, 498

Itard, Jean Marc Gaspard, 216

Iugoslávia, 613

Iversen, Portia, 304, 313

Jackson, Michael, 486

Jacobi, Hospital, 307

James, Amula, 561-2

James, Marina, 560-2, 597

James, Nina, 561

James, William, 363

Janice (mulher trans), 743

Japão, 42, 322, 521, 614; metanfetamina no, 373; pesquisa de vacina no, 310; provérbio no, 486

jardim das cerejeiras, O (Tchékhov), 319

jardim de infância, 21, 218, 233, 541

Jaspers, Karl, 407

jazz, 543

Jazz at Lincoln Center, 551

Jealous, Benjamin, 62

Jefferson, Thomas, 337, 395

Jesus Cristo, 32, 380, 518, 606, 647

Jogos de Inverno para Surdos (1975), 126

Jogos Olímpicos Especiais, 42

John Tracy, Clínica, 81, 96

Johns Hopkins, 121, 129, 152, 167, 173, 194, 792; Centro de Genética e Políticas Públicas no, 791; extrofia cloacal, pesquisa no, 712

Johns Hopkins Moore, Clínica, 173

Johnson, Ann Braden, 370, 371

Johnson, Bruce, 169

Johnson, Freddie, 734

Johnson, Louie, 734-5

Jones, Claire, 777-8

Jones, James Earl, 116

Jordan, I. King, 74

Jordânia, 377

Jost, Alison, 397

Joubert, síndrome de, 300, 436

Judd, Terence, 498

judeus, judaísmo, 21, 31, 87, 140, 168, 248, 438, 470, 648; como prodígios, 477, 483, 529; conversão ao, 562; identidade dos, 15, 708; na Itália, 483; soviéticos, 477; surdez e, 125-6; *ver também* antissemitismo

Juilliard, 494, 505, 510-1, 515, 539-40, 545

juízes, 631-2, 635-6, 771, 773

Kabekatyo, Jeanne Muliri, 620

Kahane, Gabriel, 525, 541, 550-2

Kahane, Jeffrey, 550, 552

Kahane, Martha, 550-1

Kalasky, Denise, 572

Kaleb (criança autista com o cão-guia Chewey), 316

Kalimba, Célestin, 612

Kamil, Amos, 23-5

Kandel, Eric, 265, 356, 362

Kannapell, Barbara, 81

Kanner, Leo, 275-6

Kant, Immanuel, 481

Kanta (habitante de Bengkala), 106, 108

Kantaras v. Kantaras (processo sobre a guarda de criança transgênero), 773

Kantaras, Michael, 773

Kantor, Anna Pavlovna, 476, 478, 479

Kaplínsky, Veda, 486, 497, 504, 508, 525; Conrad Tao e, 539-40

Karajan, Herbert von, 478

Karpasea-Jones, Joanna, 787-8

Kass, Leon, 228

kata kolok (língua de sinais de Bengkala), 106-8

Katzenberg, Jeffrey, 102

Kaufman, Barry Neil, 319

Kaufman, Samahria Lyte, 319

Kazdin, Alan, 679

Kebyar (habitante de Bengkala), 109

Keller, Helen, 72, 337, 421

Kelly, Andy, 162

Kelly, Chris, 160-2

Kelly, Donna, 162

Kelly, Jake, 161-3

"Kelly's Blues" (Peterson), 543

Kemp, Joan, 564, 571

Kennedy Krieger, 337

Kennedy, Barbara, 155

Kennedy, Dan, 155, 157, 197

Kennedy, John F., 219

Kennedy, Rebecca, 155-7

Kennedy, Rosemary, 219

Kenney, Ray, 66

Kent, Deborah, 45-6

Kent, Dick, 46

Key, Aiden, 695

Kiessling, Rebecca, 571

Kigali, Ruanda, 610, 616, 618, 620

King, Larry, 649

King, Martin Luther, 367

King, Rachel, 651

Kingsley, Charles, 207-8, 212-3

Kingsley, Emily Perl, 204-5, 207-8, 210-3, 215-6, 232, 796

Kingsley, Jason, 207-13, 215, 242, 246, 248, 256, 260-1

Kingston British Whig, 557

Kirby, David, 311

Kirchner, Carl, 96

Kissin, Evgeny (Zhenya), 476-9, 481

Kissina, Alla, 477, 479

Kissina, Emilia, 476-7, 479

Kitahara, Kiyo, 322

Kitchens, Lee, 157

Klagsbrun, Sam, 404-6

Klebold, Dylan, 681-8, 690-2

Klebold, Sue, 681-6, 688-92, 797

Klebold, Tom, 681-92

Klin, Ami, 315

Kniest, displasia de, 200-2

Knife, The (álbum), 411

Knoll, Carrie, 427

Koch, Kathleen Leahy, 570

Kohl, rev. Kristina, 750-1

Konstantinova, Nadejda, 60

Koos, Alexia, 726

Koos, Bill (nascido Sari), 726

Koos, Hendrik, 726

Kopits, Steven, 173, 183

Koplewicz, Harold, 328

Korpai, Jimmy, 171

Kosovo, guerra do, 614

Koss, Mary P., 577

Kraus, Lili, 509, 510-1

Kriens, Christian, 498

Kroeber, Alfred, 482, 548

Krueger, Hailey, 749-53
Krueger, Hannah (nascida Jayden), 749-53
Krystal, John, 361, 376, 394
Kunc, Norman, 459
Kuwait: ocupação iraquiana do, 616
Kyuhyun, Huaj, 660-1

LaBianca, Rosemary, 649
Laboratório Cold Spring Harbor, 302
laços, 672; pais e filho, 348, 442, 447, 453
Ladd, Paddy, 128
Laing, R. D., 369, 395
Lambert, Leona, 750, 752
Lamott, Anne, 178
Lancaster, PA, 337-9, 341-2
Lancet, 310-1
Lane, Harlan, 89, 128, 138
Lang Guoren, 519-21, 523, 528
Lang Lang, 489, 519-22, 528, 530, 541
Lanier, Ilene, 289-90
Lankford, Grace Ward, 509-11
Laos, 660
Lappé, Marc, 792
Larry King Live (programa de TV), 649
Latinos, 19, 143
Laurent, SD, cidade proposta de, 136
Leaming, Colgan, 245
Leclerc, Annie, 471
Leete, Esso, 389
Legal Aid Corporation, Reino Unido, 311
legitimação, estupro e, 603
Lehr, Ben, 293-4, 296
Lehr, Bob, 293, 295-6
Lehr, Sue, 293-4, 296
Lei da Educação para Pessoas com Deficiência (1990), 71, 224
Lei de Combate ao Autismo (2006), 265
Lei de Fertilização Humana e Embriologia (Reino Unido), 789
Lei de Justiça Juvenil e Prevenção da Delinquência (1974), 633
Lei de Seguridade Social (1935), 219
Lei de Reabilitação (1973-EUA), 42, 220

Lei dos Americanos com Deficiências (LAD;1990), 42, 89, 154, 188, 220; doença mental e, 399; superdotados e, 532
Lei Nenhuma Criança Deixada para Trás, 533
lei, cumprimento da: abuso e, 254; estupro e, 558
Leigh, Irene, 133
leis contra gays, 29
leitura, 304; síndrome de Down e, 209-10
leitura labial, 13, 68, 70, 72, 76, 90-1, 123, 126
Lejeune, Jérôme, 217
Leonardo da Vinci, 548
Les Eyzies-de-Tayac, 281
lésbicas, lesbianismo, 87, 706, 714-6, 752, 770; Anne O'Hara como, 762-3; como mães de transgêneros, 31; como professoras, 24-5; dexametasona e, 30; direitos das, 696; feministas, divergências com, 696
Leubner, Daniel, 344
Lev, Zvia, 345
Levin, Robert, 487, 490
Levine, James, 507
Levítico, 176
Levitin, Daniel, 493
Levitz, Mitchell, 256
Levy, Jerry, 360, 382
Lewis, Jerry, 47
LGBT *ver* homossexualidade, homossexuais
Li, Minduo, 527
liberação, movimentos de (década de 1960), 369
liberdade, 87, 89, 109, 370, 446, 540; falta de, 641
Lichy, Tomato, 125
Lieber, Clínica, 359
Lieber, Connie, 358-9
Lieber, Janice, 358-9
Lieber, Steve, 359
Lieberman, Jeffrey, 374, 376, 386, 388
Liechtenstein, 20
Life Goes On (programa de TV), 256, 258
Lincoln, Abraham, 68
Lindsey, Benjamim, 632
língua: cirurgia para redução da, para pessoas

com síndrome de Down, 235; fortalecimento da, em crianças surdas, 111

Língua Britânica de Sinais, 105

língua chinesa, 69

língua de sinais americana (LSA), 13, 68, 70-3, 76-8, 80-1, 86-9, 92, 94, 96, 99, 101, 103-4, 111, 123, 130-1, 133, 136, 437, 470, 508, 538, 573; aumento no uso da, 137, 141; desempenho musical comparado à, 490; família Hessey e a, 119; gramática, 104; implantes v., 103, 114, 117; inglês comparado à, 104; Miriam Feldman e a, 126; nuances na, 73; validade da, 81; variações regionais, 87

língua francesa, 67, 69-70

língua inglesa, 68-9, 71-2, 81, 88, 90, 103-4, 108, 132-3, 146; língua de sinais comparada à, 104

língua italiana, 70

língua russa, 70

linguagem, 16, 51; aquisição da, período de, 70, 114-5; autismo e, 266, 269, 272, 276, 280, 285, 287, 290, 294-6, 299, 311, 314, 316, 321-2, 330, 332, 334-5, 338, 342; como identidade vertical, 12; deficiências múltiplas e, 421, 437, 457; dos médicos, 429; esquizofrenia e, 356, 371, 401, 407; fala dirigida a crianças, 475; kata kolok (língua de sinais de Bengkala), 106-8; língua oral, ver discurso oral; música como, 475, 480-1, 489, 494, 508, 529, 541, 552; música descrita com, 547; perda da, 140; prodígios e, 476, 479, 481, 487, 489, 496, 508; Sinais (LSA), ver língua de sinais americana; sinais, diversidade de, 104; síndrome de Down e, 233, 243; Whorf-Sapir, hipótese de, 80

linguagem francesa de sinais, 105

Lista de Checagem de Comportamento Autista, 305

Lista de Verificação de Autismo em Crianças Pequenas (CHAT), 305

Little People (Kennedy), 157

Littleton, CO, Columbine em, 681-6, 688-9, 691-2

Lives of Dwarfs, The (Adelson), 143, 176

Living with Difference (Ablon), 164

Ljungqvist, Arne, 772

lobotomia, 365

Locke, John, 481, 708

lombar, cirurgia, 160

Lombroso, Cesare, 496

Londres, 531, 791

Long Island, 170

Long Island, Hospital Judaico de, 363

Longino, 481

Lopez, Emma, 655-6

Lopez, Karina, 655, 657, 659, 669, 677

Los Angeles Times, 528, 789

Los Angeles, CA, 278; escola pública em, 97; gangues em, 663, 665

Lotto, Miyoko, 487, 489

Loughner, Jared L., 399, 400, 402

Lovaas, O. Ivar, 280, 713

Lowell, Edgar L., 81

LSD (ácido lisérgico, dietilamida), 351, 383, 649

Lucrécio, 549

Luginbuhl, Lynn, 738-9, 741

Lundeen, Erika, 447, 449

Lupron, 320, 720-1, 767

Lutero, Martinho, 283

luto, 34, 125, 177, 683; estupro e, 582; transgêneros e, 711

Luto e melancolia (Freud), 428

Ma, Yo-Yo, 504

MacCarron, Louise, 513

Mackay, Anne, 24-5

MacKinnon, Catharine, 576

maconha, 373, 383, 634, 649, 657, 666

Madden, Catherine, 230-3

Madden, Wilson, 230-1, 233

Madonna (entretenimento), 492

mãe dividida, A (Parker), 471

mães, 135, 218, 471; "geladeira", 275, 325; autismo e as, 275, 297, 306, 313, 324; bem-estar das, 596; crianças surdas rejeitadas pelas, 75-6, 78; de prematuros, 59; esquizofrenogênicas, 362-3; estupro e as, 554-5, 561-2, 564-8, 574-7, 579-80, 582-6; imaginacionismo e as, 147, 275; nova de síndrome de Down,

218; solteiras, 636, 654, 699; transgêneros e as, 731, 736; vínculo com as, 219, 427, 436

Magic, Fundação, 148

Mahkorn, Sandra K., 572

Mahler, Gustav, 504

Mahler, Margaret, 275

Mahler, Thérèse, 504

Makya, Luke, 625-6, 628

Makya, Pete, 625-8, 630

Malcolm, Audrey, 644-8

Malcolm, Dashonte (Cool), 644-8

Malden, MA, 391

Mallon, Gerald, 706

Malloy, Carol, 663-5, 667-70, 672, 674

Maloof, George E., 572

mama, câncer de, 203, 298, 453, 691, 791

Mamãe e Eu (turma), 279

mamas, 452-3; cirurgia de mudança de gênero e, 698; extirpação das, ver mastectomia; transgêneros e, 698, 702, 714-5, 720, 767, 770

Manhattan School of Music, 489, 518, 543

Marneffe, Daphne de, 471

Mannes College for Music, 491-2

Manson, Charles, 649

manualismo ver língua de sinais americana

mãos, distonia focal e as, 484

Marcolo, Bridget, 383, 385

Marcolo, George, 383-4

Marcolo, Giuseppe, 383-4

Marengo, Angela, 655, 659

Marengo, Cesar, 655, 659

Marino, Lou, 102

Markcrow, Patrick, 344

Marsaja, I Gede, 106-8

Marsh, Diane, 344

Marsh, Noel, 651-3

Marsh, Tyrone, 651-3

marshmallow, teste do, 524

Martha's Vineyard, 68

Martínez, Dolores (nascida Diego), 733-4, 736

Marx, Caleb, 729-31

Marx, Jonah, 729-31

Marx, Lily, 729-31

Mass Health, 285

Massachusetts, 368, 389, 402; puritanos, 557

MassResistance, 30

mastectomia, 719

Masten, Ann S., 37

masturbação, 24, 318

Matamura, Marie Rose, 612-3

matemática, 474, 530, 532

Matricardi, Lisa, 536-7

maturidade, paternidade e, 653

Matusky, Barbara, 129-32

maus-tratos: castigo v., 601; crime e, 654, 660-1, 675; em centros de reabilitação, 254; estupro e, 559, 563, 576, 594-5, 597, 600; no sistema prisional juvenil, 640; verbais, 641; ver também maus-tratos a crianças

maus-tratos a crianças, 587; físicos, 15, 91, 93, 234, 572, 604-5, 609, 619, 625, 654, 661, 713, 759; sexuais, 23, 91, 93-4, 234, 572, 582-3, 597, 599-601, 605, 608-9, 626, 628, 662, 680

maus-tratos físicos, 15, 91-3, 572, 584, 596; a crianças, ver maus-tratos a crianças; a prodígios, 499, 501, 520; crime e, 654, 661; nanismo e, 147, 157; síndrome de Down e, 234; ver também violência doméstica

Mayberg, Helen, 365

Mayerson, Arlene, 47

Mayo, Frank, 778

mbuti (tribo centro-africana), 172

McCarron, Karen, 345-6

McCarron, Katie, 345-6

McCarthy, Jenny, 312

McCourt, Bridget, 765-6

McCourt, Matt, 765-6

McCullough, Candace, 789, 791

McDonald, Anne, 457, 469

McDonald, Jess M., 661

McDonald, Roy J., 62

McFeely, Chuck, 634-5, 637

McFeely, Josiah, 634-5

McFeely, Kayla, 635-7

McFeely, Lauren, 635

McFeely, Mackenzie, 635-7

McFeely, Madison, 635-7

McFeely, Sophia, 634-5, 637

McGlashan, Thomas, 374-5

McGovern, Cammie, 345

McKerrow, Carol, 774-5, 777, 779-81

Mckerrow, Loren, 774, 776, 778

McKerrow, Marc, 774, 776, 778-9

McKerrow, Paul (depois Kim Reed), 774-8, 780-1

McKerrow, Todd, 774-5, 777, 779

McKusick, Victor, 157

McLaughlin, Janice, 229

McLean, 353-5, 382

Mclean, Lashai, 758

McOrmond-Plummer, Louise, 594

Mead, Margaret, 217, 549

Meadowmount, 535

mecânica quântica, 16

medicação, 16, 520; anticonvulsivante, 317; autismo e, 273, 291, 297, 301, 313, 317, 319-20, 325; deficiências múltiplas e, 439, 442, 464, 468; esquizofrenia e, 352-3, 358, 365, 367-8, 371, 373-6, 378-81, 383-4, 386-7, 390, 394-6, 400-1, 403, 405, 407, 410, 413; evitar a homossexualidade com, 30-1; para depressão, *ver* antidepressivos; para síndrome de Down, 241; prodígios e, 537

Medicaid, 339

medicina, 28; deficiência e, 42, 45; pediátrica, 33; prevenção da deficiência e, 44; escola de, 165; *ver também* médicos

médicos, 33, 55, 92, 118, 128, 138, 340, 504; aborto e, 568, 572; anões e, 147, 155, 161, 165-6, 168, 173, 183, 192-3, 200; autismo e, 270, 273, 279, 288, 290, 293, 303, 306, 319, 325; deficiências múltiplas e, 420, 427, 430, 436, 439, 441-2, 446-7, 452-3, 455, 460-1, 465-6, 469; esquizofrenia e, 363-4, 375, 382, 385, 396, 399, 403, 414; gay, 28; linguagem dos, 429; prodígios e, 504; síndrome de Down e, 208, 217, 225-6, 229-30, 235, 258; transgêneros e, 699, 702, 709, 727, 739, 761

medo, 182, 271, 363-4, 390, 411, 605; crime e, 642; da maternidade, 587; de prodígios, 496;

estupro e, 565, 574, 584, 587, 601, 604; ovulação e, 563; transgêneros e, 753, 754

Mehta, Zarin, 497

Mellaril (tioridazina), 317, 359

memantina, 241

membros, alongamento de, 14, 52, 152, 195, 197-8, 454, 530

memória, 241, 278, 301, 365, 720; esquizofrenia e, 348, 356-7, 385

Mendelssohn, Felix, 509, 522

meningite, 115, 121-2, 135

menino selvagem de Aveyron, 216

menstruação, 452-3

mentira, 638, 663, 667, 733

Menuhin, Yehudi, 525

Menvielle, Edgardo, 707, 737

mercúrio, 310, 314, 320

meritocracia, mundo da música clássica como, 482, 529

Merkin, Lewis, 78

metanfetamina, 373

Método de Sugestão Rápida, 316

Metropolitan Opera, 507, 546

Metropolitan Transportation Authority de Nova York, 188

Meyer, Edgar, 536

Meyer-Bahlburg, Heino, 703, 705, 736, 764

Meyerding, Jane, 335

mGluR5, receptor, 301

Michaels, Bobby, 578-9

Michaels, Clarabel, 577-8

Michaels, Lori, 577, 578-9

Michalko, Rod, 47

Michigan, 29, 170

Michigan, Universidade de, Hospital da, 200, 202

Middletown, 425

Midgette, Anne, 480

Midori (violinista), 515

mielinização, 358

Miller, Arthur, 218

Miller, Karla, 461

Miller, Marvin, T., 136

Miller, Paul Steven, 154, 169

MindFreedom International, 395

Mingfang Ting, 539-40

Ministério de Educação dos EUA, 309

Minneapolis, MN, 644-6, 648, 663, 665, 669, 672, 758, 803

Minnesota, 664-5; gangues em, 645-6, 648, 656, 658, 665; *ver também* Hennepin, Lar-Escola do Condado de

minoria, autodefinição de, 42

Minter, Shannon, 721, 773

mioclônicos, espasmos, 247

miopia, 12

Mirador, Ashoka, 664, 666, 672

Mirador, Basho, 664

Mirador, Krishna, 662-5, 667-73, 676

Mirador, Raul, 663-5, 668, 670-2

Mirveta (vítima de estupro), 614

Mischel, Walter, 524

Miskiewicz, Jadwiga, 344

misoginia, 556, 594, 611

Miss América Surda (concurso), 87

Miss Missouri Surda, 87

Mississippi: prisão de jovens no, 640

"mistureba" em centros de detenção juvenis, 641

MIT (Instituto de Tecnologia de Massachusetts), 531

Mitchell, David, 42, 44

Mitchell, Jonathan, 332

Mitchell, Juliet, 282

Mithen, Steven, 475

mito: estupro no, 556; grego, 278-9, 556; irlandês, 283

mito grego, autismo e, 278-9

Mobley, William C., 241

modelo, 53

modelo social de deficiência, 698, 787

modernidade, 33, 44

Molsami (habitante de Bengkala), 109

Mom, I Need to Be a Girl (Evelyn), 725

Mondini, malformação de, 90, 92

Money, John, 712

Mongólia, mongois, 216-7, 320

mongoloide, mongoloide idiota, uso das palavras, 216

Monroe, Karen, 486, 497, 530

Montan, Barb, 101-3

Montan, Chris, 101-2

Montan, Nils, 102

Montan, Spencer, 101-3

Montessori, Maria, 218

montessorianas, escolas, 102, 488

Morath, Inge, 218

mórmons gays, 62

Morquio, síndrome de, 191

Morris, Alix, 446-50

Morris, Dylan, 448-9

Morris, Eve, 446-50

Morris, Jan, 694, 696

Morris, John, 446-50

Morrison, Jim, 353

morte, 34, 48, 318, 372, 388; acondroplasia e, 158, 189; de anorexia, 49; de esquizofrênicos, 349, 365, 369, 389, 394, 398, 410; de sarampo, 310; deficiências múltiplas e, 423, 425, 427, 444, 460-2, 464; prodígios e, 506, 519, 520; *ver também* filicídio; assassinato

Moscou, Rússia, 60, 476, 478, 492

Moulton, Arden, 225, 256

Moulton, Stephanie, 399

Moussaoui, Zacarias, 649

movimento de recuperação, no tratamento da esquizofrenia, 385-6

Movius, Aidan, 336

Movius, Kate, 336

Mowl, Gary, 104

Mozart, Wolfgang Amadeus, 337, 501, 510, 522

MPF (masculino para feminino), transgênero, 699

muçulmanos, islã, 143, 650

mudança de sexo, cirurgia de, 51, 698, 706, 712, 720, 737

mudo: uso da palavra, 69

Mueller, Gillian, 197

Muhly, Frank, 544, 547

1033

Muhly, Nico, 541, 544-7

Mukamakuza, Alphonsine, 618-9

Mukamana, Espérance, 612

Mukamana, Marianne, 614

Mukhopadhyay, Soma, 316

mulheres: bebês mortos por, *ver* infanticídio; chinesas, 44; como empáticas, 302; concepção de hospitalidade das, 44; desconforto do autor com, 22; dificuldades das, 15; direitos da, 17, 41, 738 2; terapia com parceiras substitutas com, 27; *ver também* feminismo; mães; gravidez

mulheres trans, 697, 717-8, 726, 741, 743, 758, 772; mães de, 731; uso do termo, 695

Mulliken, John, 147

Mullins, Aimee, 53-4

multiculturalismo, 43, 62, 136, 549

Murphy, Kirk, 712

Murphy, rev. Lawrence C., 94

Musée de Préhistoire, 281

música, 122, 125-6, 250, 252, 278, 411; "cruzamento" clássico-popular na, 537; clássica v. popular, 541; como linguagem, 475, 480-1, 489, 494, 529, 541, 552; como preferível ao silêncio, 547; componentes do talento para a, 490; de câmara, 512; decidir não dedicar a vida à, 504; deficiências múltiplas e, 438, 467; estudo da, 497, 520, 523-5, 530; invenção da gravação e a, 538; jazz, 543; outras carreiras v., 504; ouvido absoluto e, 493; prodígios e, 474-552

mutações privadas, 361

nacionalidade: estupro e, 615; identidade e, 12, 774

nacionalidade, direito a, 616

Naiman, Alec, 88

namoro, 262, 513; de anões, 169, 181

"nanico": derivação e uso da palavra, 155, 172, 186

Nanicos da América, 155

nanismo pituitário, 147, 155, 198, 264

nanismo psicossocial, 147

Nanquim, Massacre de, 614

narcisismo: dos pais, 514, 643, 788; prodígios e, 486, 500

Narrow, William, 706

nascença, defeitos de, 51, 474

nascidos no inverno, esquizofrenia e, 372

nascimento: injusto, 56; inverno, esquizofrenia e, 372

nascimento, baixo peso no, 220

nascimento, certidões de, 702, 773

Nash, Anna Livia, 278-81, 334

Nash, Garret, 279

natação, 272, 295

natalidade, controle da, 33, 212, 783

Nate Nate, Miss (née Eugene Davis), 758

Nathan, David, 384-5

natimortos, 206, 575

Natural History of Rape, A (Thornhill e Palmer), 576

Nature (revista), 791

natureza, 45, 463, 468; criação v, 35, 219-20, 654, 736, 808

Naylor, Jan, 344

Naylor, Sarah, 344

Nazeer, Kamran, 292, 304, 317

nazistas, 481-2, 610

NBC, 171

Ndayambaje, Jean Damascène, 612

Ne'eman, Ari, 277, 328-9, 331, 496

Nebraska, 632; agressores sexuais em, 609

necrófilos, 27

negação, 393, 447, 497; crime e, 644, 651; esquizofrenia e, 364, 372; estupro e, 564, 572, 580-1, 608, 611; nanismo e, 148, 151

Nelson, Cora, 625-8, 630

Nelson, Gareth, 330

nervosas, crises, 168-9, 532, 585

"Nessun dorma" (Puccini), 543

Neugeboren, Jay, 408, 470

Neugeboren, Robert, 408

Neuro Toxicology (revista), 315

neurociência, 495-6

neurodiversidade, 267, 283, 312, 326-7, 329-33, 335-6, 393, 538, 797; criação do termo, 329
Neurodiversity.com (site), 306
neurofibromatose, 300
neuroimagem, 69
neurolépticos, 264, 366
neurologia, 329
neurológica, síndrome, 414
neurologistas, deficiências múltiplas e, 420, 436, 439, 441, 465
neurônios espelho, 292
neuropatia hereditária, 787
neuroprotetores, 375
neurotransmissores, 296, 302, 361, 373, 408
Nevada: prisão de jovens em, 641
New Deal, 218
New York, 26, 29, 489
New York Post, 219
New York Times, 13, 40, 65, 80, 94, 149, 394, 493, 524; anões e o, 155, 178, 190, 192, 199; autismo e o, 315, 328, 345; crítica musical no, 522-3, 552; *midget* e o, 155; prisão de jovens no, 640; síndrome de Down e o, 241; tratamento de Ashley no, 455
New York Times Magazine, 23, 149
New Yorker, 29, 429
New, Maria, 30-1
Newsday, 166
Newsweek, 245
Newton, Isaac, 337, 548
Ngabonziza, Jean-de-Dieu, 619
Ngarda (habitante de Bengkala), 109
Niebuhr, Reinhold, 49
Nigéria, 388
Nimura, Janice, 516
nirvana, 64
Nixon, Richard M., 42, 96, 220
Niyonsenga, Marcelline, 616-7
Noda, Ken, 505-7, 513, 536
Noda, Takayo, 505-6, 508
Nolan, Christopher, 466, 469
noradrenalina, 373
Nordstrom, Ryan, 661

Normal (Bloom), 736
normal, normalidade, 45, 80, 165, 305, 332, 395, 413, 787, 794; deficiências múltiplas e, 444-5; evitar o uso da palavra, 43; família e, 488, 687; prodígios e, 525, 528, 530; psicose comparada a, 407
Nova York, estado de, 62, 170, 221, 254, 259; assassinato de transgêneros no, 757; deficiências múltiplas no, 443, 462
Nova York, NY, 92-3, 226, 506, 771; assassinato de transgêneros em, 758; Carnegie Hall em, 478, 484, 486-7, 492, 500, 522, 536; escolas em, 18-9, 21-2, 24-5, 65-6, 68, 99, 259, 280, 289, 489, 491-2, 494, 505, 511, 515, 518, 539-40, 545, 566; estreia de Marc Yu em, 525; Gabriel Kahane em, 551; Grand Central Station em, 589; indiferença em, 492; metrô de, 187; oportunidades sexuais em, 26
Noy, Pinchas, 496
nucleotídeos, 158
Nyirahabimana, Alphonsine, 612
Nyiregyházi, Ervin, 499

O'Brien, Dan, 606-8, 610
O'Hara, Anne, 758-62, 797
O'Hara, Bridget, 90-4
O'Hara, Clay, 759-63
O'Hara, Luke, 90-4
O'Hara, Mary, 90-3
O'Hara, Matilda, 91, 93-4
O'Leary, Sue, 778
Oaks, David W., 395
Obama, Barack, 329
obesidade, 680
Observer, 614
obsessões, 411, 412, 650, 725, 737
obsessões sexuais, 650
ocular, nervo, 93
ódio, 29, 34, 44, 100; crime e, 642, 648, 652, 663, 666, 669, 674, 688; em Ruanda, 611; estupro e, 565, 587, 613; prodígios e, 499, 508, 518
ódio, crimes de, 757-8
olanzapina (Zyprexa), 375

1035

Olhe nos meus olhos (Robison), 277

olhos: deficiências múltiplas e, 430, 432, 436, 445; olhar alguém nos, 277, 315, 318, 330, 411

Oliver, Michael, 43

Olshansky, Simon, 37, 217, 428

ômega-3, ácidos graxos, 375

"O mio babbino caro" (Puccini), 544

onda/partícula, 15

ônibus escolares, 23, 763

ooforectomia, 719

ópera, 462, 543, 546

oportunidade sexual, 26

Oprah (programa de TV), 489, 722-3

Oração da Serenidade, 49, 267

ordem de não ressuscitação, 455, 468

"orelha de couve-flor", 158, 183

orfanatos, 303

Organização Mundial de Saúde, 388, 707

Organização Para Pesquisa do Autismo, 341

orgasmo, 181, 556, 719; masculino, 718

orgulho: concepção de Erving Goffman sobre, 43; de anões, 148, 151, 155-6, 191, 195; de surdos, 77, 85, 99; dos pais, 33; gay, 32

Orgulho Louco, movimento do, 394-7, 415

Orquestra de Cleveland, 501-2

Orr, Cynthia Hujar, 401

Ortopedia (Andry), 198

Osbrink, Bob, 121-5

Osbrink, Mary, 121-2

Osbrink, Rory, 121-4

Osman, Anneke, 766-7

Osman, Ben, 767

Osman, Nicole, 766-7

otimista, 38-9, 50, 63, 145, 669, 673

Out of Bedlam (Johnson), 370

ouvido absoluto, 493-4

ovários, 720; extração dos, 719

ovulação, 563

óvulo, doadoras de, 792, 801-2

Oxford: pronto-socorro em, 462; unidade de terapia infantil especial, 463

PA *ver* pai de Ashley

Padden, Carol, 73, 81, 141

Paganini, Niccolò, 496, 501

Page, Tim, 329

Pagliaro, Jamie, 289

pai de Ashley (PA), 451-9

pais, 79, 246, 784-813; abusadores, 15, 597-8, 604, 608-9, 714; ausentes, 638, 652-4, 736; concepções de paternidade, 652-3; estupro e, 555, 562, 565, 570, 572, 584, 591-3, 595, 597; gays, 785; mais velhos, autismo e, 297; mais velhos, esquizofrenia e, 361; responsabilidade de cuidar, 38; transgêneros e, 736

Pais de Crianças Anãs, 174

País de Gales, 310

Pais de Pessoas Pequenas e Nanismo do Yahoo!, grupos de discussão, 176

pais, paternidade, ambiguidade da, 34; culpa dos, 35, 80, 122, 163, 218, 253, 271; de anões, 14, 35, 58, 142-3, 147-169, 171-2, 174, 176-9, 182, 184-6, 188-9; de cegos, 46; de crianças autistas, 53, 265-96, 304, 306-8, 310-4, 316-47; de crianças com síndrome de Down, 204-63; de crianças surdas, 13, 66-7, 71-2, 75-81, 89, 91-3, 95-8, 100-3, 109-10, 112, 115-32, 138; de criminosos, 624, 630-93; de deficientes, 33-4, 36-7, 39-40, 42, 44-6, 52, 55, 58, 62; de esquizofrênicos, 348, 350-2, 354-6, 358-9, 361-4, 366-8, 371, 377, 379-84, 386, 388-91, 393, 398, 402-4, 409, 411, 555; de gays, 14-5, 21, 23-4, 29, 49, 63; de prodígios, 473-553; deficiências múltiplas e, 419-57, 461-72; filhos como estranhos para os, 11; imortalidade, fantasia de, dos, 11; maturidade e, 653; narcisismo dos, 514, 643, 788; natureza v. criação e, 35; recompensas da, 428; reprodução v. produção pelos, 11; surdos, 72, 75-8, 81, 89; *ver também* pais; mães

Palencia, Elaine Fowler, 418

Paley, Dror, 196

Palmer, Christina, 80, 117, 136

Palmer, Craig, T., 576

Palmer, Greg, 257

Palmer, Ned, 257

pânico, crises de, 316, 325, 592

Papineni, Padmasayee, 565

Paquistão, 377

Parada do Orgulho Gay do Mid-Hudson (2009), 729

paralisia cerebral, 126, 220, 271, 441, 447-9, 451, 459, 787

paranoicos, pensamentos, 355, 366, 378, 389, 406

Pardes, Herbert, 359

Paremski, Mikhail, 490-1

Paremski, Misha, 490, 492

Paremski, Natalie, 490-2

Paremski, Natasha, 490-2, 551

parens patriae, 632-3

Parens, Erik, 228

Paris, France, 67, 216, 532

Park, Clara Claiborne, 38-9

Parker, Rozsika, 471

Parkinson, mal de, 297

Parks, Leslie, 160

parto ver gravidez, reprodução

Pasquiou, Pierre, 344

patinação artística, 126

Patterson, Dan, 650

Patterson, David, 234

Pauley, Jane, 209, 242

Paulo, são, 67

Paxil, 317

Pearsall, Chet, 767-8

Pearsall, Hugh, 767-8

Pearsall, Vicky, 767-8

Pearson, John, 745-6

Pearson, Kim, 700, 703, 738, 742-5, 749

Pearson, Shawn-Dedric, 744-5

Pease, Doug, 366-7, 369

Pease, Malcolm, 366-8

Pease, Penny, 366, 368-9

Pease, Peter, 367-8

Peasley, Ericka, 191-2

pecado, homossexualidade como, 29

Peck, Caleb, 202-3

Peck, Josh, 201

Peck, Kiki, 200-2

Pediatrics, 458

pedofilia, 24

pelo facial, 403, 405, 702, 714, 717-8, 720, 734, 770

pena de morte, 29, 625, 632-3, 651

peniana, inversão, 719

pênis: ausência de, 712; cirurgicamente construído, 719; queimadura de, 712; reconstrução do, 712; transgêneros e, 700, 702, 712, 717, 719, 747, 769

Penn State, 338, 341

Penrose, Lionel, 217

Penrose, Roger, 808

pensamento espacial, avaliações do, 323

pensamento positivo, 363

pensamentos excêntricos, 375, 401

People First, 255

Pepper, Rachel, 697

pequena grande família, A (programa de TV), 148

pequenos professores, uso do termo, 276

perda, luto e, 125

perdão, 629, 784

perfeccionismo, 52, 54, 235, 239

perfeição, 471, 498, 684

Perlman, Itzhak, 501, 515

pernas protéticas, 54

personalidade: autismo e, 300, 306; concepção de Peter Singer sobre a, 460, 469; crime e, 631, 634, 637; esquizofrenia e, 365; nanismo e, 151, 164; pessoa, 470; síndrome de Down e, 234, 246, 255, 261; transgêneros e, 704

pés tortos, 51, 158, 183-4, 455

Pesquisa Nacional sobre Uso de Drogas e Saúde, 387

pessimismo, 38, 50

Pessoas Pequenas da América, 142-5, 147-8, 150, 154-7, 165-8, 171, 173-6, 193, 393, 415; anões designados por, 157; Conselho Consultivo Médico de, 158; convenções de, 58, 142-3, 145-6, 163, 168, 171, 175, 197; exames genéticos e, 189, 191; primeiro encontro de, 154; site de, 181

Petersen, Drew, 487-8, 490

Petersen, Eric, 489

Petersen, Joe, 487-8

Petersen, Sue, 487-8

Peterson, Oscar, 543

PFALG (Pais, Famílias e Amigos de Lésbicas e Gays), 728

piano, prodígios e, 476-7, 479-80, 483-4, 486, 488-92, 499, 501-6, 508-10, 512-4, 516-7, 519-21, 523, 525-9, 531-2, 539-43, 549-50

Pidgin Signed English (língua franca inglês/sinais), 104

pigmeus, 172

pilotos surdos, 88

Pima College, 400

Pistorius, Oscar, 54

pituitária, glândula, 161

Plank, Alex, 327

plástica, cirurgia, 50-2, 235

plástico, 297, 313

Platão, 481, 517

Playboy, 22

pleiotrópicos, genes, 299

Plum, Frederick, 360

Plutão (corpo celeste), 199

pobreza, pobres, 17, 47, 48, 191, 218, 789; autismo e, 347; crime e, 643, 655, 659, 662; deficiência e, 42, 223; Head Start e, 220; prodígios e, 499; síndrome de Down e, 240; surdez e, 75; transgêneros e, 749, 750-1, 753

poder, 45, 48, 77, 180, 409, 430; dos pais, 514; estupro e, 558, 599

"poemas de nosso clima, Os" (Stevens), 7

poesia, 257, 672; autismo e, 278-9, 316; de Tennyson, 782; deficiência e, 416-9, 466; esquizofrenia e, 380-1; psicose e, 357

"polegar de carona", 158

polícia, 626, 656, 658, 675, 759, 779; delinquência juvenil e, 631, 633, 636, 652, 656, 661, 666, 684, 689; em Ruanda, 619; estupros denunciados à, 574, 577, 582, 589, 590, 600

Poling, Hannah, 312

Polisi, Joseph, 497, 548

política: anões e a, 177, 181, 196; desinstitucionalização e, 370; identidade, 16, 65, 336; re-

tórica do antielitismo na, 533; surdos, 74, 85, 97, 584

Popenoe, Paul, 482

pornografia, 662

Portugal, 758

pós-aborto, síndrome, 572

pós-industriais, sociedades, 41

Pott, Paul, 543

Potter, Lauren, 256

Povinelli, Mark, 171

PPA ver Pessoas Pequenas da América

prazer, 471, 547, 549, 556

prazer, princípio do, 357

pré-adolescência, esquizofrenia na, 357

preconceito, 20, 32, 42; contra a expressão da condição de transgênero, 696; contra anões, 143, 155, 165; contra cegueira, 45; contra deficientes, 36, 45, 48, 220; contra gays, 32, 62; contra síndrome de Down, 235; contra terapia para criminosos, 677; contra transgêneros, 61, 753; contra vítimas de estupro e seus filhos, 584

pré-eclâmpsia, 358

"Pregnancy and Sexual Assault" (Mahkorn), 572

Prell, Gustaf, 734

prematuros, bebês, 59, 144, 461, 699, 787

pré-natal, exame, 33, 36, 80; para síndrome de Down, 206, 223, 226, 228-30, 235, 239-40

Presidente Surdo Agora, movimento pró, 74

pretos ver afro-americanos

Previdência Social, 89, 214, 295, 579

Price, Marion, 514-5

Price, Ravi, 514-5

Price, Solanda, 514-6

Price, Vikram, 514-5

Pride, Curtis, 124

Prigov, Anatole, 194-5

Prigov, Oleg, 192-4

Primeira Guerra Mundial, 320

primeiras manifestações vitais, 568

Princeton Record Exchange, 411

Prisão do Condado de Los Angeles, 401

prisões *ver* encarceramento, prisões

prisoneiros, audição de, 71

pro-ana, movimento, 49

processamento de objetos, 293

processos, 691, 738, 773; deficiências múltiplas e, 447-8, 457, 462

procuradoria-geral, EUA, 641

Prodigal Sons (documentário), 778

prodígios, 16, 57, 61, 473-553, 793; atores infantis comparados a, 485; autismo e, 496; controle paterno e, 501, 503-4; crise da meia-idade dos, 506; dano a, 474, 497, 513-6, 553; definição de, 474; dois grupos de, 534; estafa e, 474, 477; expectativas sobre, 475, 509, 522; gays, 502, 506-7; identidade dos, 497, 507, 537, 549; mercado para, 516; nível de técnica assincrônico, 497; predomínio de asiáticos entre os, 529; suicídio de, 497, 506

prodígios musicais, empresários de, 516

produção, ter um bebê como, 11

professores, 535, 549, 759, 763; autismo e, 289, 339, 341; da Horace Mann School, 23-5; de educação infantil, 21, 541; de música, 476, 478, 483, 486-7, 501, 508-9, 511, 519-20, 524, 527, 531, 535, 539-40; de surdos, 66, 68, 97, 130; inclusão e, 225; síndrome de Down e, 248, 259; transgênero e, 710, 761

Programa de Observação Diagnóstica do Autismo — Genérico, 305

Programa Nacional de Compensação por Danos Causados por Vacinas, 312

programas de abrigo, 404

Projeto de Aids do condado de Boulder, 118

Projeto de Identidade de Gênero Infantil do Hospital Roosevelt, 733

Projeto do Genoma Humano, 45

Projeto Guerra e Identidade Infantil, 610

Projeto Perry de educação infantil, 679

Prokofiev, Serguei, 491, 511, 549

Prolixin (flufenazina), injeções de, 391

pró-mia, movimento, 49

promiscuidade, estupro e, 557, 583

propósito na vida, 39, 440, 717

prostitutas, 661, 754

proteína, produção excessiva de, 301

prótese de pernas, 54

Providence, RI, 544

Prozac (fluoxetina), 241, 317

pseudoacondroplasia, 157, 189

psicanálise, 218, 275, 362, 374, 402, 410, 471, 812; estupro e, 557

psicólogos, 150, 193, 401, 760

psicose, 71; abuso de drogas e, 373; descrição de Dickinson da, 357; desequilíbrio de neurotransmissores e, 361; esquizofrenia como, 349, 351, 354, 356, 358-9, 361-2, 373-5, 378-9, 385, 394, 404-5; genialidade e, 496; pensamento normal comparado à, 407; percepção e, 393

psicótico, surto, 358-9

psiquiatras, psiquiatria, 30, 273; aborto e, 569; biológica, 370; esquizofrenia e, 384, 392, 401, 408, 414; estupro e, 567; prodígios e, 486; transgêneros e, 736, 738

psiquiatria biológica, 370

psiquiátricos, hospitais, 367, 370, 389, 392

puberdade, 320, 357, 705, 720, 770

puberdade, bloqueadores da, 702, 720-1, 767

Puccini, Giacomo, 543

pulmão, câncer de, 312, 373, 392

punição: abuso v., 601; alteração de competência e, 631; de crimes de guerra, 619; de criminosos, 624, 631, 641, 675

Putten, Alex van, 179

Putten, Carlton van, 179

Putten, Taylor van, 178-80, 187

Putten, Tracey van, 178-9

Quake, Stephen, 240

Quasthoff, Thomas, 552

Que Possamos Ter Escolha, 255

quelação, 320

Quem tem medo de Virginia Woolf? (filme), 315

quimioterapia, 340, 392

Quinta sinfonia (Greenberg), 495

Quinteto de Cordas (Greenberg), 495

Rabin, Michael, 498

raça, 175, 773-4

Rachmaninoff, Sergei, 492, 499

racismo, 62, 100, 410, 578, 727

Radiguet, Raymond, 474

Radio City, 171

RadioShack, 294

raiva, 63, 93, 605, 635, 665, 760; choro v., 605; crime e, 623, 638-9, 642, 647, 656, 663, 667, 684-5, 688, 690; de anões, 169, 177, 180, 185; de Nancy Corgi, 285; de prodígios, 501, 547; deficiências múltiplas e, 424, 429, 464; estupro e, 567, 582, 587, 608; prodígios e, 533; transgêneros e, 715, 761

rapamicina, 301

Raphael-Leff, Joan, 571

Rapin, Isabelle, 275, 305, 327

rastejamento de crianças anãs, 159

Ravinia, Festival de, 522

reabilitação residencial, 213

Reação Feminista em Ativismo da Deficiência, 454

Reagan, Ronald (governo Reagan), 220, 227, 633

Real Rape, Real Pain (McOrmond-Plummer e Patricia Easteal), 594

realidade, 393; crime e, 639, 674, 685; deficiências múltiplas e, 426, 435; esquizofrenia e, 349, 354, 357, 404, 413

realismo, 39

Reardon, David, 572

receptores de dopamina D2, função similar na criatividade e na psicose, 496

reciprocidade, 470

recompensas: de prodígios, 508; dos pais, 428

reconhecimento facial, 293

recuperação, grupos de, doze passos, 49

Rede de Autorrepresentação Autista, 277, 328

Rede de Clientes de Saúde Mental da Califórnia, 395

Rede de Filhos do DES, 704

reencontro, O (filme), 98

reforma religiosa, acampamentos de, 30

Rehnquist, William, 72

Reimer, David, 712

reincidência, 625, 641

Reiner, William G., 712

Reino Unido, 50, 57, 86, 256, 310, 375, 789; aborto no, 569; Alto Comissariado nas Nações Unidas para Refugiados, 616; bebês dos Bálcãs filhos de estupro e o, 616; cirurgia de mudança de gênero no, 720; deficiência no, 42; deficiências múltiplas no, 462-5, 467-8; estupro no, 556; lei consuetudinária no, 568; prisão no, 676; surdos no, 67, 82, 84-6; vacinas no, 310-1

Reischer, Electa, 377-8, 380-1

rejeição: de filhos de estupro, 565, 571, 575; transgêneros e, 711

Rekers, George, 713

relacionamento, 332; bebê como parte do, 12; esquizofrenia e, 362, 382, 398, 411

Relatório do Centro Hastings, 198, 455

Relatório Feito para a Legislatura de Massachusetts (Howe), 216

religião, 143, 175, 518; aborto e, 31; como identidade vertical, 12; deficiências múltiplas e, 420, 435; estupro e, 562, 564, 571, 584, 595; exorcismo e, 344; minoritárias, 29; pensamento positivo como, 363; posições antigays e, 32, 713; transgêneros e, 709, 731, 761; *ver também* Deus

remédio para dormir, *ver* sedativos,

Renascimento, 482, 498, 556

renda de seguridade suplementar federal (SSI), 246, 413

renda, relação entre altura e, 165

Reno, NV, 154

Renoir, Pierre-Auguste, 490

reprodução, 426; deficiências e, 786-7, 789; esquizofrenia e, 360; estupro como estratégia de, 576; mau uso da palavra, 11; *ver também* genéticos, exames

Republicanos, 62

residência apoiada, 368

residência comunitária, 214, 308, 323, 366, 379, 400; deficiências múltiplas e, 423, 425, 439 resiliência, 37, 497, 723, 727, 769

ressonância magnética, 114

restaurantes, 186

Restrição ao Benefício de Companheiro Doméstico de Funcionário Público, lei de, 29

retardo mental *ver* intelectual, deficiência

retardo no crescimento, 430

retardo no desenvolvimento, 430

Rethinking Life and Death (Singer), 460

retribuição, 624-5, 679

Rett, síndrome de, 300-1

Reynolds, Dave, 346

Richards, Renée, 769

Richardson, John, 199

Ricker, Ruth, 156, 165

Ricky (estuprador), 573-5

Riddle of Gender, The (Rudacille), 706

Ridley, Matt, 35

Rilke, Rainer Maria, 380

rim policístico, 56

Rimland, Bernard, 275

Rimmer, Susan Harris, 617

Rimsky-Korsakov, Nikolai, 516

riqueza, 47, 749

Rirota, Robert, 498, 519, 544

Risch, Neil, 313

risco de psicose, síndrome de, 376

Risperdal, 291, 410

Ritalina (metilfenidato), 627

Ritter, Bryan, 750-1

Ritter, Jane, 749-52

Ritter, Lillian, 750-1

Rivers, Joan, 171

Riverside, 97

RNA mensageiro, 207

Rob, Arnie & Dawn in the Morning (programa de rádio), 748

Robards, Christopher, 260

Robards, David, 258, 260-1, 263

Robards, Karen, 258-1, 263

Robards, Kate, 261

Robards, Tom, 258-9, 261-2

Robbins, Maggie, 470

Robison, John Elder, 277, 293, 324

rock and roll, 411

Roe v. Wade, 570, 572

rolamento de tronco para crianças anãs, 159

Rolling Stone, 712

Rollins College, 351

Roloff, Amy, 148-9

Roloff, Jeremy, 149

Roloff, Matt, 148

Roloff, Zach, 148

Roma, 545, 556

Roma, Estatuto de (1998), 619

romance, 258, 262, 341, 406; prodígios e, 506-7, 511

Romance of the Violin (álbum), 537

Roman-Jimenez, Angelica, 242, 244

Roman-Jimenez, Erica, 242, 244

Roman-Jimenez, Leah, 243-4

Romantismo, 481, 501

Romênia, 303

Romero, Jade, 700-2

Romero, Joseph, 699-702

Romero, Josie (nascida Joseph Romero II; Joey), 699-03, 725

Romero, Venessia, 699-703

Rômulo e Remo, 556

Rood, Eli (nascido Emma), 769-70, 772

Rood, Joanna, 770-1

Rood, Kate, 770, 772

Rose, Xenia, 405

Rosenbaum, Jill L., 654

Ross, Alan O., 426

Ross, David, 493

rosto de bebê, 245

Roth, Ellen, 76-7, 78

Roth, Jackie, 71, 73, 75-8, 95, 140

Roth, sra. (avó de Jackie), 75-8

Roth, Rob, 139

Roth, Rose, 75, 77-8

Roth, Walter, 75, 77-8

Rothenberg, Laura, 788

Rothstein, Edward, 525

roubo, 638, 653, 665, 680, 689

roubos, 635, 645-6

Royal Albert Hall, 528

Royal College de Obstetras e Ginecologistas, 42

Royal College of Art, 85

Ruanda, 57, 610-3, 615-21

Ruben, Robert, 116

rubéola, 56, 135, 297, 372

Rubinstein, Arthur, 475

Rudacille, Deborah, 706

Ruddick, William, 44

Rudner, Aaron, 87

Rumi, 64

Russell, Diana E. H., 594

Russell, William Walker, III, 249-50

Rússia, 60, 87, 499

sabinas, rapto das, 556

Sacks, Oliver, 342

SafeMinds, 265

Safire, William, 199

Saini Sunpura (criança com disopropia), 794

Saint Paul, Orquestra de Câmara, 536

Saks, Elyn, 374, 393

Salce, Gisberta, Junior, 758

Saletan, William, 791

Salon, 172

salpingectomia, 719

Sandeen, Autumm, 749

Sandel, Michael, 792

Sandi, 109

Sands, Christian, 541, 543

Sands, Stephanie, 541-3

Sands, Sylvester, 541-3

Sanghavi, Darshak, 190

Santia (habitante de Bengkala), 108

sarampo, 115, 310

sarampo-caxumba-rubéola, vacina para, 310

Sargent, Ginny, 148

SAT (teste de avaliação escolar): pontos no, 524

Saturday Evening Post, 219

saúde, 16, 59, 712

saúde física, 39, 59

saúde mental: aborto e, 570, 572; criminosos e,

637; ilusões, 59; pensamento positivo e, 363; prodígios e, 498, 506, 535; transgêneros e, 706-7

saúde pública, 315

savant, 303, 324

Saxton, Marsha, 44

Sayers, Edna Edith, 137

Schafer, Lenny, 312, 331, 333

Schaller, Susan, 70

Schekter, Ruth, 441, 443-5, 797

Schmitz, Barbara, 604, 606-9

Schmitz, Elaine, 604

Schmitz, Jim, 604

Schmitz, Pauline, 607, 609

Schnabel, Artur, 483, 485-6, 508

Schopenhauer, Artur, 481, 549

Schorr, Lev, 483

Schreibman, Laura, 309

Schubert, Franz, 510

Schumann, Robert, 501

Schwartz, Robert G., 633

Science, 134

Scorgie, Kate, 59

Scott, Judith, 256

SD ver Down, síndrome de

Sea, Scott, 282

Seattle Post-Intelligencer, 457

Sebat, Jonathan, 299, 302

SEC (Comissão de Câmbio e Valores Mobiliários), EUA, 170

secretário nacional de Saúde (EUA), 678

SED ver displasia espondiloepifisária congênita

sedativos, 317, 319, 366, 405; estupro e, 560

Segredo, O (livro de autoajuda), 363

segregação de crianças com necessidades especiais, 219

Séguin, Édouard, 216

Segunda Guerra Mundial, 28, 218, 372, 390, 483

seguro, companhias de, 51

seguro-saúde, 29, 51, 77, 121, 184, 240, 596; autismo e, 285, 309, 315, 339, 347; esquizofrenia e, 385, 387, 392, 405; transgêneros e, 707, 720

Seidel, Kathleen, 306, 312, 330-3, 336

Seifert, Ruth, 610

Semenya, Caster, 772

sem-teto, 387, 500, 754

Senado, EUA, 365

Senado, Nova York, 62

Senado, Vermont, 740

Send in the Idiots (Nazeer), 292

Senegal, 389

senhorios, discriminação de esquizofrênicos por, 399

sequestro, 665, 667

Serkin, Rudolf, 504

serotonina, 373, 654

Serviço de Desenvolvimento da Identidade de Gênero, 720

Serviço Nacional de Saúde Britânico, 463-4, 466-7, 720

Serviços de Proteção à Infância, 575

Serviços Sociais e de Reabilitação do Kansas (SSR), 752

Seventeen, 535

sexismo, 62, 706, 727

sexo oral, 577

sexualidade, sexo, 21, 341, 606, 634, 662; autismo e, 274, 286, 318; com prostitutas, 661; de anões, 181; esquizofrenia e, 377, 379, 406, 411-3; estupro como, 558; gênero v., 695; no casamento, 525; prodígios e, 500, 506; síndrome de Down e, 212, 258; terapia com parceira substituta e, 27

Shadish, William R., 678

Shady Grove, Centro de Fertilidade, 789

Shakespeare, Tom, 191

Shamberg, Caitlin, 99

Shamberg, Jacob, 95-7, 99-100, 139

Shamberg, Michael, 95-6, 98, 100-1

Shann, Frank, 460

Shannon, Bill, 54

Shawn, Allen, 446

Shelton, Heidi, 346

Shelton, Zach, 346

Shenyang, 519-20

Shestack, Dov, 304

Shestack, John, 304

Shockley, William, 482

Shriver, Eunice Kennedy, 219

Siebers, Tobin, 36, 61

Siegel, Bryna, 316

sigilo, 22; deficiências múltiplas e, 436; esquizofrenia e, 364; estupro e, 554, 566, 580, 582-3, 593, 609; transgênero e, 723

Sign Language Structure (Stokoe), 69

Signed Exact English, 104

Silverman, Michael, 757

Simpson, Alexa, 639

Simpson, Jackson, 639

sináptica, eliminação (poda), 358

Sinclair, Jim, 53, 327, 330

síndrome, 15; autismo como, 264-5, 267

síndrome de imunodeficiência adquirida ver aids

síndrome de psicose atenuada, 376

Sinfônica de Dallas, 511

Singal, Daniel, 532

Singer, Alison Tepper, 287, 332

Singer, Judy, 329, 333

Singer, Max, 436-9

Singer, Peter, 227, 436-9, 455, 460, 469-70; defensores de transgêneros comparados a, 774

Singer, Susanna, 436-9

Singh, Lali, 794

Singh, Sushma, 794

Singh, Vinod, 794

Singing Neanderthals, The (Mithen), 475

sino-americanos, 23

Sino-Japonesa, Guerra, 614

"Sissy Boy Syndrome" and the Development of Homosexuality, The (Green), 696

sistema de alteração de competência, 631-2

sistema de clã, 106

sistema de proteção de menores, 584, 661

sistematizadores: acasalamento preferencial e, 297; homens como, 302

Slate, 282, 791

Slatkin, Alexandra, 288, 291

Slatkin, David, 288-91

1043

Slatkin, Harry, 288-91

Slatkin, Laura, 288-91, 345

Slenczynska, Ruth, 499

Smart, Elizabeth, 168

Smith, Dylan, 236, 238

Smith, Helena, 614

Smith, Jeff, 236-7

Smith, Joel, 345

Smith, Michelle, 235-8

Smith, Steven R., 48

Smith, Vermon, 329

Smith, Windy, 256

Smithers, Bobby, 363

Smithers, Freda, 364

Smithers, Paul, 364

Smithers, Philip, 363-4

Smithsonian, 81

Smythe, Ringo, 579

Sneider, Leslye, 168, 170

SNSD, *ver* Sociedade Nacional de Síndrome de Down,

Snyder, Sharon, 42, 44

sobrevivência, 426, 581, 611, 643

Sobsey, Dick, 59

Sociedade Americana de Medicina Reprodutiva, 790

Sociedade de Autismo, 343

Sociedade de Autismo da América, 309, 342

Sociedade de Autismo de Montreal, 345

Sociedade de Prevenção do Pauperismo, 632

Sociedade Nacional de Síndrome de Down (SNSD), 225-7, 235

Sociedade Nacional para Crianças Autistas, 276

sociedades pré-industriais, 41

socioeconômica, condição, 191; ascensão social e, 793; deficiência e, 53; mobilidade social e, 34, 529; prodígios e, 529; síndrome de Down e, 239

sociolinguística, 80

sodomia, 558, 595, 632

sofrimento, 59-60, 64, 176, 792; autismo e, 291, 320, 335, 343; de pais v. filho, 52; deficiências

múltiplas e, 456; esquizofrenia e, 396-7, 415; prodígios e, 514, 534; tédio v., 549

soldados, 411

solidão, 34, 63, 604, 811; crime e, 642; de prodígios, 497, 537; do surdo, 67, 76; dos anões, 142, 145, 167; esquizofrenia e, 349, 355; síndrome de Down e, 212, 225, 255

Solinger, Rickie, 570

Solnit, Albert, 218

Solomon, Andrew (autor), 18-22, 24-7, 29; amigo autista de, 278; apego a coisas infantis pelo, 22; casamento do, 799, 801; como gay, 13, 15, 18, 20-1, 23-6, 28-9, 31-2, 48-9, 63, 197, 228, 459, 648, 680, 782, 785, 797; como pai, 785, 796, 798-802, 804-10, 812-3; como Percy, 23; depressão do, 46, 55, 60, 811; desculpas de, 20; dislexia do, 18, 31, 49; educação do, 18-20, 22, 24-5; experiências heterossexuais do, 27, 785; formação familiar do, 140; homofobia sentida pelo, 23; impopularidade do, 19; Liechtenstein, visita ao, do, 20; nobreza e, 782; passeio com o cachorro do, 26; pensamentos suicidas do, 22; solidão do, 25; terapia substituta do, 27

Solomon, Andrew, família e amigos: Blaine Smith (mãe da filha do autor), 798-801, 803-4, 809; Carolyn Solomon (mãe do autor), 13-4, 18-21, 23, 63, 782, 784; Blaine comparada a, 801; controle de, 21; ensinando a ler, 18, 31, 49; entendimento do que é ser gay de, 21, 29, 31, 63; influência de, 19; judaísmo visto por, 22, 31; trauma do autorreconhecimento, 22; vulnerabilidade da, 20; David Solomon (irmão do autor), 19, 28, 46, 140, 805-6; Elmer Gross (amigo da família), 28-9; George (filho do), 801, 804-7, 809; Howard Solomon (pai do autor), 14, 18, 24, 29, 49, 63, 782, 784, 811; como avô, 801, 805-6, 810; formação de, 140; leitura em voz alta por, 22; viagem a negócios do, 20; John Habich Solomon (marido do autor, pai biológico de Lucy e Oliver), 796, 798-803, 805, 807, 809; Laura Scher (parceira de Tammy, mãe biológica de Oliver e Lucy, mãe substituta de George), 798-9, 801-3, 805, 809; Lucy (filha de Laura e Tammy), 798, 802, 804, 809; Oliver (filho de Laura e Tammy), 798, 800, 802, 804, 809; pequena Blaine (filha do autor), 800, 803, 805, 809; Richard Hubbard (parceiro de Blaine), 799, 800; Tammy Ward (parceira de Laura), 798-9, 801-2, 809; Willy Forauer (parceiro de Elmer), 28

Solomon, Judith, 427

som, 111, 113-6, 122, 124, 134, 496; discriminação dos, 76, 116, 126, 339; feto e, 69

Sonata para piano nº 3 em si menor (Chopin), 523

Sonne, Thorkil, 324

Son-Rise, programa, 319

Sony Classical, 495

Spack, Norman, 704-5, 719, 721, 758, 764

Spade, Bruce, 317-9

Spade, Harriet, 317, 319

Spade, Robin, 317, 319

Spence, Sarah, 334

Spiegel, Barbara, 147, 152, 155

Spitzer, Walter O., 283

Sprague Hall, 542

Springfield, IL, 170

Spurbeck, Jared, 62

SSIS *ver* renda de seguridade suplementar federal

St. Paul, internato, 740

Stable, Jose, 344

Stable, Ulysses, 344

Staecker, Hinrich, 134

Stálin, Joseph, 481

Stanford-Binet, teste de inteligência, 482

Stark, Mary, 218

State, Matthew, 298

Staten Island, NY, 170

States, Arnie, 748

status, 86, 470, 615

Stayner, David, 382

Stephenson, Elisa, 575-6

Stephenson, Marcus, 574-6

Stephenson, Melinda, 573-6

Stevens, Glenn, 759, 763

Stevens, Sufjan, 552

Stevens, Wallace, 7

Stewart, Darius, 645-6, 648

Stigma Inc., 556, 588

Stiles, Jennifer, 625, 627, 629-30

Stiles, Mandy, 625-6, 629

Stiles, Sondra, 627-30

Stillman, Bruce, 315

Stillman, Robert J., 789

Stillwater, MN, prisão de segurança máxima, 673

Stokoe, William, 69, 80, 136

Stramondo, Joe, 154, 171, 190

Suara Putra (habitante de Bengkala), 109

Suarayasa (habitante de Bengkala), 108

sublime, definição, 549

Sudarma (habitante de Gengkala), 109

Suécia, 128, 373

Suíça, 41

suicídio, 22-3, 93, 99, 281, 304, 751; aborto e, 572; de Dylan Klebold, 682, 688, 690; de prodígios, 497, 506; encarceramento e, 640; esquizofrenia e, 349, 366, 371, 410, 413; estupro e, 570, 573-4, 578, 597, 602, 611, 618; pensamento do autor em, 22; transgênero e, 698, 700, 709, 712-3, 731, 734, 743, 757

Sukesti, Cening (habitante de Bengkala), 108

superdotados *ver* prodígios

superego, 495

superioridade, 482, 496, 680

Suprema Corte (EUA), 72, 217, 773; delinquência juvenil e a, 632; *Roe v. Wade* e a, 570, 572

surdez ligada ao cromossomo X, 79

surdez mitocondrial, 79

surdez, surdo, 16, 53, 57, 61, 65-141, 549, 623, 707; amor e, 330; audição residual de, 76, 111, 116; autismo comparado à, 316, 336; causas da, 79-80, 90, 106, 115, 118, 121, 134, 264; cegueira comparada à, 69, 73, 79; como deficiência, 73, 89, 101, 327, 706; como doença, 14; deficiências múltiplas e, 428; discurso oral e, *ver* discurso oral; educação de, *ver* educação de surdos; em Bali, 57, 106-9, 116;

esquizofrenia comparada a, 393, 415; gay, 78; gays comparados a, 14, 31, 67, 69; genética e, 79-80, 106, 114, 135, 789, 791; genocídio e, 460; intervenção precoce na, 81, 110, 115; leitura labial e, 13, 70, 72, 76, 90-1, 123, 126; linguagem de sinais e, *ver* língua de sinais americana; prodígios comparados a, 475, 508; sindrômica v. não sindrômica, 79; transgêneros comparados a, 711; vida injusta, processos de, 55; *ver também* coclear, implante

surdidade, 137

surdos filhos de surdos, 72, 82, 89, 105, 118, 791

Sureños (gangue), 658, 663, 665, 667, 671, 673

Susser, Ezra, 388

Swiller, Josh, 133

Szasz, Thomas, 370

Tailândia, 105, 118

Taiyuan, 519

talento musical, 490, 525

talentos extraordinários *ver* prodígios

talidomida, 297

Tammy (esquizofrênica), 378, 380

tanatofórica, displasia, 189

Tanglewood Music Center, 545

Tao, Conrad, 539, 540-1

Tao, Sam, 539

Taos, NM, 321

Tashkent, 481

Tate, Malcolm, 390

tato, deficiências múltiplas e o, 423, 425

Taussig, Frederick J., 568-9

Taylor, Billy, 542

Tay-Sachs, mal de, 56

Tchékhov, Anton, 319

Tchetchênia, 613

TDA *ver* transtorno de déficit de atenção

TDHA *ver* transtorno de déficit de atenção e hiperatividade

teatro: de surdos, 87, 94, 137, 336; no Lar-Escola do Condado de Hennepin, 641-2

Teatro Surdo de Nova York, 87

tecnologia: ao vivo e, 538

telefonemas: ameaçando crianças transgêneros, 761; de conteúdo sexual, 632

teletipo, 88

televisão, 47, 60, 137, 793; anões e, 148-9, 167, 171; síndrome de Down e, 207, 236, 256, 258, 796

telômeros, 38

Templeton National Report on Acceleration, 533

Tennessee, sistema de orfanatos no, 760

Tennyson, Alfred, Lord, 782

teoria da evolução, estupro e, 576

terapia da opção, 319

terapia de família: baseada em sistemas, 362; crime e, 641, 679; transgêneros e, 744

terapia de integração sensorial, 316

terapia do abraço, 320

terapia sexual com substituta, 27

terapia, terapeutas, 765; autismo e, 288, 290, 295, 316, 329; criminosos e, 625, 628, 641, 661, 675, 677-9; deficiências múltiplas e, 448, 459; esquizofrenia e, 351, 353, 362, 382-3, 398, 405; estupro e, 561, 567, 574-5, 579, 583, 597, 608; neurologia v., 329; transgêneros e, 698, 709, 711, 713, 715, 718, 729, 731-2, 737, 739, 744, 750, 752; *ver também* psicanálise

terapias reparativas para a homossexualidade, 698, 729, 732

terapias verbais, 374

Terman, Lewis M., 482

"teste triplo" (exame genético pré-natal), 206

testemunhas de Jeová, 307

testes, 713, 772

testosterona, 302, 320, 702, 717-8, 734, 770; atletismo e, 772

TGD-SOE (transtorno global do desenvolvimento sem outra especificação), 279

Thomson, Rosemarie Garland, 154

Thorazine, 365, 379

Thornhill, Randy, 576

Through Deaf Eyes (filme), 139

TIG *ver* transtorno de identidade de gênero

Tiller, George, 31

Tilt (Burns), 270

Time, 28, 54, 533

timerosal, 310-1

Timor Leste, 613, 615, 617

Timothy, síndrome de, 300

Tipton, Sean, 790

tocar e brincar, 515

tolerância, 20, 34, 41, 445, 793, 795, 812

Tolstói, Lev, 500

"Tomando o trem" (Palencia), 416-7

Tomás, são, evangelho gnóstico de, 32

tomboys, 738

Tommasini, Anthony, 522

tomografia, 805-7

Tompkins, Felicity, 652-3

Tompkins, Steve, 651-2

Tóquio, Japão, 322

Torrey, E. Fuller, 363, 370

tortura: antipsicóticos como instrumento de, 365; estupro de guerra como forma de, 619

Toscanini, Arturo, 500

toxinas ambientais, 297

Tracy, Spencer, e esposa, 96

Transamérica (filme), 744

transexuais, 697, 706, 773; uso do termo, 695

transferência retossigmoide, 719

transformação, 16, 39, 59, 244; esquizofrenia e, 358; prodígios e, 497

Transgênero, Dia da Lembrança, 758

transição de gênero, 16, 61, 694-783, 793, 797; "pasta de segurança" e, 710; argumentos biológicos não genéticos e, 704; arrependimento pós-cirúrgico e, 737; assassinato e, 756-8, 761; ativismo e defesa e, 696, 703, 706-7, 711, 717, 728, 731, 742-4, 746, 749, 773-4; cirurgia de mudança de sexo e, 51; como anormalidade, 704; como condição física, 707; como identidade, 49, 695, 704-5, 707-8, 710, 721, 723, 725, 732, 742; cultura e, 35; genética e, 703, 736; homossexualidade simultânea com, 696; mães lésbicas e, 31; pobre-za e, 749-53; rejeição e, 748; sigilo e revelação, 697, 702; uso do termo, 695

Transitioning to Adulthood, 289

translucência nucal (exame genético pré-natal), 239

Transparent (Beam), 726

transtorno de déficit de atenção (TDA), 726

transtorno de déficit de atenção e hiperatividade (TDAH), 299, 317, 579, 627, 629, 700

transtorno de identidade de gênero (TIG), 697, 704, 706-8, 731, 733, 736, 760, 770; em homens v. mulheres, 738; sintomas de, 705

transtorno de oposição e desafio, 751

transtorno de personalidade limítrofe, 409

transtorno desintegrativo da infância, 276

transtorno obsessivo-compulsivo, 298, 409

Trapani, Crissy, 200-1, 203

tratamento para deter o crescimento, 452-5, 457

trauma, 518; aborto, 572; crime e, 651, 653-4, 662, 667, 686, 688; esquizofrenia e, 358, 362, 372, 415; estupro e, 555, 571-3, 580, 583, 597, 615; extremo, 303; surto psicótico e, 358; transgênero e, 714

"trauma de transferência", 254

travesti, uso do termo, 695

treinamento de integração auditiva, 316

Trent, Tyra, 758

Tribunal Penal Internacional, 619

Tribunal Penal Internacional para Ruanda, 619

Tri-City Authority, 391

Tripod, 97, 99, 101-3

Tripod Captioned Films, 102

tristeza, 25, 77, 85, 90, 125, 219, 291, 471, 811; criminosos e, 642, 653; de Elmer e Willy, 28; deficiências múltiplas e, 425, 430, 439; do autor, 20, 24, 63, 785, 797, 804; esquizofrenia e, 350, 398; nanismo e, 148, 150, 169; prodígios e, 535, 539, 548; transgêneros e, 715, 776

tristeza crônica, 428

troca de imagens, método da, 290

tubarões, 134

tubas uterinas, 719

tumor de colo de útero, 340

tutsi, em Ruanda, 610-1, 613-4, 619, 621

Tuyisenge, Clémence, 617

Tye, Marcal Carnero, 758

U. S. News & World Report, 564

UALC *ver* União Americana pelas Liberdades Civis

UCLA, 178, 280, 673, 712

Uganda, 29

ultrassom, 192, 206

Unamuno, Miguel de, 38

Uncle Charlie's Uptown, 26

Undercoffer, Martha, 176

União Americana pelas Liberdades Civis (ACLU), 633, 771

União Soviética: antipsicóticos na, 365; artistas na, 140; prodígios na, 477-9, 481, 490

Unidade, Igreja da, 745

Unstrange Minds (Grinker), 331

Universidade Brown, 551

Universidade Columbia, 289, 359

Universidade Cornell, 289

Universidade da Califórnia, em San Diego, 121

Universidade de Boston, Laboratório de Pesquisa Celular e Molecular da Audição da, 134

Universidade de Indiana, 536

Universidade de Massachusetts, 284

Universidade de Sheffield, 135

Universidade de St. Andrew, 512

Universidade de Vermont, 739

Universidade do Arizona, 123

Universidade Estadual da Califórnia, em Northridge, 95, 101, 132

Universidade Gallaudet, 68, 73, 86, 88, 99, 124, 132-3, 137, 139, 791

Universidade Harvard, 353, 369, 371, 488

Universidade Hofstra, 185

Universidade Rutgers, 338

Universidade Stanford, 178, 313

uretroplastia, 719

urinar, 712, 714, 717

urinárias, anomalias, 430

Ursinho Puff, livros do, 22

Utah, 293, 531

útero, retirada do, *ver* histerectomia

Uwamahoro, Christine, 620-1

vacinas, 135, 264, 678; autismo e, 297, 310-2, 314, 320, 331, 333

Vaduz, Liechtenstein, 20

vagina, 718

vaginectomia, 719

vaginoplastia, 718, 722

valor próprio, 506

valproato, 297

Vancouver, Canadá, 255

Vanessa-Mae (violinista), 503

vasectomia, 212

Vatos Locos, gangue, 673

Veditz, George, 68

Verdi, Bettina, 708-9, 711

Verdi, Eric, 708-9

Verdi, Greg, 708-10

Verdi, Paula (nascida Paul), 708-10

vergonha, 75, 90, 281, 793; esquizofrenia e, 363; estupro e, 556-7, 562, 567, 570, 581, 584, 588; nanismo e, 168; prodígios e, 500

vertigem, 92, 114

veteranos deficientes, 219

viagem, para surdos, 85, 87-8

Victims and Victors (Reardon), 572, 584

vida: injusta, 56, 461; nostalgia da, 507; prática v., 525; significativa, 435

vida injusta, processos de, 56

vida, apoio à, 443, 461, 511

vida, expectativa de: deficiência e, 440, 468; esquizofrenia e, 369; síndrome de Down e, 239, 254

Vidal, Gore, 518

Vietnã, 105, 615; adoção no, 118

Vigiar e punir (Foucault), 198

Vila Sésamo (programa de TV), 209

vínculo, 811; deficiências múltiplas e, 426-7, 435-6; falta de, 662; materno, 219, 427, 436

vingança, 625, 666

1048

violência doméstica, 579, 626, 635, 651, 655, 660; estupro e, 559, 594-5, 597, 599, 620

violência e agressão, 167, 751; aborto como, 570; autismo e, 266, 270, 273, 286, 291, 308, 318-9, 341; cultura e, 654; de filhos de estupro, 579; dos pais, 597, 604, 608; em casa, *ver* violência doméstica; esquizofrenia e, 366, 386, 390, 392, 397, 399-401; estupro como, 558-9, 563-4, 577-8; na delinquência juvenil, 630-1, 637, 639, 660-1, 672, 678, 681-6, 688-9, 691-2; no Lar-Escola Condado de Hennepin, 641; transgêneros e, 712, 733

violinistas, violino: cérebro dos, 494; estudo do, 524-5; prodígios e, 486, 498, 503, 511, 514-6, 529, 534-5

violoncelo, tocar, 494-5, 504, 512

vírus, exposição pré-natal a, 264, 297, 372

visão, problemas de, 93

visitas domiciliares pré-natais, redução da criminalidade e, 678

Vitrúvio, 199

Vivaldi, Antonio, 516

Volkmar, Fred, 282, 303

Volta, Alessandro, 112

von Karajan, Herbert, 478

von Rhein, John, 522

vulnerabilidade, 20, 24, 33, 59, 281, 811; ao crime, 654; deficiências múltiplas e, 440; esquizofrenia e, 360, 364, 372; estupro e, 555, 577, 599, 601; genialidade e, 498

Wainwright, Rufus, 552

Waits, Tom, 116

Wakefield, Andrew, 310-1

Walker, Bree, 786, 790

Walker, Herschel, 171

Wall Street Journal, 328, 401

Wallace, Chris, 51

Walsh, Maryellen, 362

Walt Disney Music, 101-2

Walters, Barbara, 682, 698

Wanderer (Schubert), 510

Washington Post, 77, 328, 480, 790, 792

Washington, DC, assassinato de transgêneros em, 758

Washington, Sistema de Proteção e Advocacia de, 454

Wasmuth, John, 189

Waterman, David, 512-3

Waterman, Fanny, 512

Watson, Bill, 350-1

Watson, Harry, 350-2, 354-6

Watson, James D., 35, 362

Watson, Kitty, 350-2, 354-6

Watson, Pamela, 350-1, 353-5

Weilerstein, Alisa, 552

Weinblatt, Dr., 441-2

Weinreich, Susan, 402-6

Weintraub, Kit, 332

Werner, Emmy, 769

Westchester Arc, 213

Wharton, Edith, 812

Wheeler, Jack, 138

"Welcome to Beirut", 266

"Welcome to Holland" (Kingsley), 204-5, 211, 236, 266

Whitson, Debra L., 347

Whorf-Sapir, hipótese de, 80

Whybra, Julian, 498

Wieck, Clara, 501

Wieder Harry, 177, 181

Wieder, Charlotte, 177

Wiener, Norbert, 534

Wigler, Michael, 299-300, 302

Wilbur, Richard, 419

Wilkie, Tyndall, 675

Will, George, 240

Williams, Brandon, 344

Williams, Megan, 95-6, 98-101

Williams, Rob, 748

Willke, J. C., 571

Willowbrook, Escola Estadual de, 40, 207, 218

Winner, Ellen, 525

Winnicott, D. W., 12

Winters, Kelly, 705

Winthrop, Greta, 427-8

Winthrop, Jeannine, 428

Winthrop, Louis, 427-8
Winthrop, Maisie, 427-8
Wisconsin, gangues de asiáticos no, 660
Wittgenstein, Ludwig, 16
Wolf, Amy, 321-3
Wolf, Angela, 321, 323
Wolf, Noah, 322
Wolin, John, 166, 181-2
Woman I Was Born to Be, The (Brevard), 726
Wong, Sophia Isako, 428-9
Woodcock, Kathryn, 133
Woods, Mindy, 600-3
World of Nigel Hunt, The, 256
Wright, Bob, 312
Wright, Doug, 63
Wright, Katie, 312
Wright, Suzanne, 312
Wrong Planet, site do, 327

X frágil, síndrome do, 300-1
xadrez, 474
xenofobia, 17

Yahoo!, 333
YAI/Instituto Nacional para Pessoas com Deficiências, 223
Yale, Universidade, 293, 315, 502; Centro de Estudos da Criança na, 282
Youth on Trial (Grisso e Schwartz), 633
Yu, Chloe, 525-7, 529-30
Yu, Marc, 525-8, 538

Zhou Xiulan, 519-20
Zibolsky, Kay, 565
Zimmerman, Luke, 256
Zinman, Sally, 395
Zirinsky, Bill, 441, 443-5
Zirinsky, Juliana, 442-5
Zirinsky, Leela, 444
Zirinsky, Sam, 441-5
Zoloft (sertralina), 317
Zucker, Kenneth J., 731-2
Zukerman, Pinchas, 501
Zyman, Samuel, 494
Zyprexa (olanzapina), 375, 405, 408

1ª EDIÇÃO [2013] 11 reimpressões

ESTA OBRA FOI COMPOSTA EM DANTE PELO ESTÚDIO O.L.M. / FLAVIO PERALTA
E IMPRESSA EM OFSETE PELA GRÁFICA SANTA MARTA SOBRE PAPEL PÓLEN
DA SUZANO S.A. PARA A EDITORA SCHWARCZ EM DEZEMBRO DE 2024

A marca FSC® é a garantia de que a madeira utilizada na fabricação do papel deste livro provém de florestas que foram gerenciadas de maneira ambientalmente correta, socialmente justa e economicamente viável, além de outras fontes de origem controlada.